독자의 1초를
아껴주는 정성을
만나보세요!

세상이 아무리 바쁘게 돌아가더라도 책까지 아무렇게나 빨리 만들 수는 없습니다.

인스턴트 식품 같은 책보다 오래 익힌 술이나 장맛이 밴 책을 만들고 싶습니다.

땀 흘리며 일하는 당신을 위해 한 권 한 권 마음을 다해 만들겠습니다.

마지막 페이지에서 만날 새로운 당신을 위해 더 나은 길을 준비하겠습니다.

 **길벗 IT 도서 열람 서비스**

도서 일부 또는 전체 콘텐츠를 확인하고 읽어볼 수 있습니다.
길벗만의 차별화된 독자 서비스를 만나보세요.

더북(TheBook) ▶ https://thebook.io

더북은 (주)도서출판 길벗에서 제공하는 IT 도서 열람 서비스입니다.

머신 러닝 교과서: 파이토치 편
Machine Learning with PyTorch and Scikit-Learn

초판 발행 · 2023년 11월 30일

지은이 · 세바스찬 라시카, 유시 (헤이든) 류, 바히드 미자리리
옮긴이 · 박해선
발행인 · 이종원
발행처 · (주)도서출판 길벗
출판사 등록일 · 1990년 12월 24일
주소 · 서울시 마포구 월드컵로 10길 56(서교동)
대표 전화 · 02)332-0931 | **팩스** · 02)323-0586
홈페이지 · www.gilbut.co.kr | **이메일** · gilbut@gilbut.co.kr

기획 및 책임편집 · 안윤경(yk78@gilbut.co.kr) | **디자인** · 송민우 | **제작** · 이준호, 손일순, 이진혁, 김우식
영업마케팅 · 임태호, 전선하, 차명환, 박민영, 지운집, 박성용 | **영업관리** · 김명자 | **독자지원** · 윤정아, 전희수

교정교열 · 김윤지 | **전산편집** · 박진희 | **출력·인쇄** · 정민 | **제본** · 정민

▶ 잘못 만든 책은 구입한 서점에서 바꿔 드립니다.
▶ 이 책은 저작권법에 따라 보호받는 저작물이므로 무단전재와 무단복제를 금합니다.
  이 책의 전부 또는 일부를 이용하려면 반드시 사전에 저작권자와 ㈜도서출판 길벗의 서면 동의를 받아야 합니다.

ISBN 979-11-407-0736-2 93000
(길벗 도서번호 080311)

정가 58,000원

독자의 1초를 아껴주는 정성 길벗출판사

(주)도서출판 길벗 | IT교육서, IT단행본, 경제경영서, 어학&실용서, 인문교양서, 자녀교육서 www.gilbut.co.kr
길벗스쿨 | 국어학습, 수학학습, 어린이교양, 주니어 어학학습, 학습단행본 www.gilbutschool.co.kr

페이스북 · www.facebook.com/gbitbook
예제소스 · https://github.com/gilbutITbook/080311

MACHINE LEARNING
WITH PYTORCH
AND SCIKIT-LEARN

머신 러닝
교과서
파이토치 편

세바스찬 라시카, 유시 (헤이든) 류, 바히드 미자리리 지음
박해선 옮김

길벗

생성형 AI의 발전과 함께 인공 지능 분야가 큰 관심을 받고 있습니다. 이 혁신의 물결 속에서, 여러 인공 지능 분야가 빠른 속도로 발전하고 있고 심지어 현직 전문가들조차 따라잡기 어려울 지경에 이르렀습니다. 이런 변화의 시기에 맞추어 출간된 〈머신 러닝 교과서: 파이토치 편〉 한국어 번역본은 한국 독자들이 이 기술 발전의 흐름을 파악하는 데 매우 중요한 역할을 할 것입니다.

이번 번역본은 머신 러닝의 전문 용어와 개념을 한국어 독자들에게 쉽고 명확하게 풀어 내어, 원본의 내용과 뉘앙스를 잘 살렸을 뿐만 아니라 번역가의 꼼꼼한 주석 및 메모를 통해 독자들이 복잡한 개념을 이해할 수 있도록 돕습니다.

머신 러닝과 파이토치에 입문하신 것을 환영하며 이 책을 시작으로 번역가의 다른 머신 러닝 도서도 읽어 보기를 적극 추천합니다.

김택민_틱톡/머신 러닝 엔지니어

최근 몇 년 동안 방대한 양의 데이터를 이해하고 의사 결정을 자동화하는 머신 러닝은 의료, 로봇 공학, 생물학, 물리학, 소비재, 인터넷 서비스 및 기타 다양한 산업 분야에서 광범위하게 적용되고 있습니다.

과학에서 일어나는 커다란 발전은 대개 강력한 아이디어와 훌륭한 도구의 조합에서 비롯됩니다. 머신 러닝도 예외는 아닙니다. 데이터 기반 학습 방법의 성공은 이 분야의 60년 역사에 걸쳐 수천 명의 재능 있는 연구자들의 독창적인 아이디어가 바탕이 되었습니다. 하지만 최근 인기는 확장성과 접근성을 높여 주는 하드웨어 및 소프트웨어 솔루션의 발전에도 힘입은 바가 큽니다. 수치 연산, 데이터 분석, 머신 러닝을 위한 파이썬 기반의 넘파이(NumPy)와 사이킷런(scikit-learn) 같은 훌륭한 라이브러리 생태계가 학계와 산업계에서 널리 채택되었습니다. 이는 파이썬이 가장 인기 있는 프로그래밍 언어가 되는 데 큰 도움이 되었습니다.

최근 딥러닝 기술의 등장으로 컴퓨터 비전, 텍스트, 음성 및 기타 작업에서 큰 발전을 이룬 것이 이에 대한 좋은 예시입니다. 이런 방식은 지난 40년 간의 신경망 이론에 기반하고 있으며, GPU 및 고도로 최적화된 계산 루틴과 결합하여 놀라운 성과를 거두기 시작했습니다.

지난 5년 동안 파이토치를 개발하면서 저희의 목표는 연구자들에게 딥러닝 알고리즘을 표현할 수 있는 가장 유연한 도구를 제공하는 동시에 근본적인 엔지니어링 복잡성을 처리하는 것이었습니다. 이를 위해 우수한 파이썬 생태계의 도움을 받았습니다. 결과적으로 매우 재능 있는 사람들로 구성된 커뮤니티가 파이토치를 기반으로 다양한 영역에서 고급 딥러닝 모델을 구축하는 것을 볼 수 있어 기뻤습니다. 이 책의 저자들도 그중 한 명입니다.

저는 긴밀한 유대 관계를 가진 이 커뮤니티에서 세바스찬을 몇 년 전부터 알고 지냈습니다. 그는 정보를 쉽게 설명하고 복잡한 내용을 쉽게 이해하게 만드는 데 탁월한 재능을 가지고 있습니다. 세바스찬은 널리 사용되는 여러 머신 러닝 소프트웨어 패키지에 기여했으며 딥러닝과 데이터 시각화에 대한 수십 개의 훌륭한 튜토리얼을 작성했습니다.

머신 러닝을 실제로 적용하려면 아이디어와 도구 모두에 대한 숙달이 필요합니다. 이론적 개념을 이해하는 것은 물론 설치해야 할 소프트웨어 패키지를 찾는 것도 처음 시작할 때 부담스럽게 느껴질 수 있습니다.

다행히도 지금 손에 들고 있는 이 책은 머신 러닝 개념과 실용적인 엔지니어링 단계를 결합하여 이 여정을 안내하는 훌륭한 역할을 합니다. 데이터 기반 기술의 기초부터 가장 새로운 딥러닝 아키텍처에 이르는 즐거운 여행을 시작할 수 있습니다. 소개된 방법을 실제 작업에 적용한 구체적인 코드 예제를 각 장마다 제공합니다.

2015년에 초판이 나왔을 때, 이 책은 머신 러닝과 파이썬 도서 카테고리에서 매우 높은 기준이 되었습니다. 하지만 이 책의 우수함은 거기서 멈추지 않았습니다. 새로운 영역에서 일어나는 딥러닝 혁명에 맞추어 세바스찬과 팀은 매 판마다 자료를 계속 업그레이드하고 개선했습니다. 이번 새로운 파이토치 편에서는 트랜스포머 아키텍처와 그래프 신경망에 대한 새로운 장을 만나 볼 수 있습니다. 이 방법들은 딥러닝의 최첨단 영역에 해당하며 지난 2년 동안 텍스트 이해와 분자 구조 분야에서 큰 반향을 일으켰습니다. 허깅 페이스(Hugging Face), 파이토치 라이트닝(PyTorch Lightning), 파이토치 지오메트릭(PyTorch Geometric)과 같이 생태계에서 널리 사용되는 새롭고 인기 있는 소프트웨어 패키지를 사용하여 실습할 수 있습니다.

이 책의 이론과 실습의 탁월한 균형은 저자들의 고급 연구 전문 지식과 실제 문제 해결 경험을 고려할 때 놀라운 일이 아닙니다. 세바스찬 라시카와 바히드 미자리리는 컴퓨터 비전과 계산 생물학을 위한 딥러닝 연구 배경을 바탕으로 이 책을 집필했습니다. 헤이든 류는 이벤트 예측, 추천 시스템 및 산업 분야의 여러 작업에 머신 러닝을 적용한 경험을 가지고 있습니다. 모든 저자가 교육에 대한 깊은 열정을 공유하고 있으며, 이는 단순한 것부터 고급 내용으로 이어지는 이 책의 방식에 반영되어 있습니다.

이 책이 머신 러닝이라는 흥미진진한 분야에 대한 폭넓은 개요와 실용적인 통찰이 담긴 보물 같은 책이 될 것이라고 확신합니다. 이 책이 여러분이 어떤 문제 영역에서든지 머신 러닝을 적용하여 도움을 얻는 데 영감을 주기를 바랍니다.

드미트로 줄가코프(Dmytro Dzhulgakov)
파이토치 핵심 메인테이너

세바스찬 라시카(Sebastian Raschka) 박사는 위스콘신-매디슨 대학교의 통계학 조교수로 머신 러닝과 딥러닝에 중점을 두고 있습니다. 그의 최근 연구는 제한된 데이터로 작업하기 위한 퓨-샷(few-shot) 학습과 순서가 있는 타깃에 대한 심층 신경망 개발과 같은 일반적인 문제에 초점이 맞추어져 있습니다. 세바스찬은 오픈 소스 기여자로도 활발히 활동 중이며, Grid.ai의 수석 AI 교육자라는 새로운 역할을 통해 사람들이 머신 러닝과 AI에 입문할 수 있도록 돕는 데 열정을 쏟을 계획입니다.

트랜스포머와 그래프 신경망에 관한 새로운 장을 함께 작업할 수 있어 즐거웠던 지티안 자오와 벤자민 카우프만에게 큰 감사를 표합니다. 두 사람이 없었다면 이 책을 완성할 수 없었을 것입니다. 헤이든과 바히드의 도움도 매우 고맙습니다. 마지막으로 원고의 여러 부분에 대해 유용한 토론을 해 준 Andrea Panizza, Tony Gitter, Adam Bielski에게 감사의 말을 전하고 싶습니다.

유시 (헤이든) 류(Yuxi (Hayden) Liu)는 구글의 머신 러닝 소프트웨어 엔지니어로, 여러 데이터 기반 분야에서 머신 러닝 과학자로 일해 왔습니다. 헤이든은 여러 권의 머신 러닝 도서를 저술했습니다. 그의 첫 번째 저서인 〈Python Machine Learning By Example〉은 2017년과 2018년에 아마존에서 해당 카테고리 베스트셀러 1위를 차지했으며 여러 언어로 번역되었습니다.[1] 다른 저서로는 〈R Deep Learning Projects〉, 〈Hands-On Deep Learning Architectures with Python〉, 〈PyTorch 1.x Reinforcement Learning Cookbook〉 등이 있습니다.

함께 작업한 모든 훌륭한 분들, 특히 공동 저자, 팩트의 편집자, 리뷰어에게 감사의 말씀을 전하고 싶습니다. 이들이 없었다면 이 책을 읽고 실전 문제에 적용하기 어려웠을 것입니다. 마지막으로 베스트셀러 머신 러닝 도서의 파이토치 에디션을 집필할 수 있도록 격려해 주신 모든 독자에게 감사의 말씀을 전합니다.

---

1   역주 이 책의 번역서는 〈예제로 배우는 파이썬 머신러닝〉(제이펍, 2022)입니다.

바히드 미자리리(Vahid Mirjalili) 박사는 컴퓨터 비전 애플리케이션에 중점을 둔 딥러닝 연구자입니다. 바히드는 미시간 주립대학교에서 기계 공학과 컴퓨터 공학으로 박사 학위를 받았습니다. 박사 과정 중에 그는 실전 문제를 해결하기 위한 새로운 컴퓨터 비전 알고리즘을 개발했으며, 컴퓨터 비전 커뮤니티에서 많이 인용되는 여러 논문을 발표했습니다.

벤자민 카우프만(Benjamin Kaufman)은 위스콘신-매디슨 대학교에서 생의학 데이터 과학 박사 과정을 밟고 있습니다. 그의 연구는 신약 발견을 위한 머신 러닝 방법의 개발과 적용에 중점을 두고 있습니다. 이 분야의 연구를 통해 그래프 신경망에 대해 더 깊이 이해할 수 있었습니다.

지티안 자오(Jitian Zhao)는 위스콘신대학교 매디슨 캠퍼스에서 박사 과정을 밟으며 대규모 언어 모델에 대한 관심이 높습니다. 그녀는 실전 응용 프로그램과 이론을 모두 탐구하며 열정적으로 딥러닝을 연구하고 있습니다.

부모님의 지원에 감사드리고 싶습니다. 부모님은 항상 꿈을 추구하도록 격려해 주셨고 좋은 사람이 되라고 동기를 부여해 주셨습니다.

로만 테지코프(Roman Tezikov)는 산업 연구 엔지니어이자 딥러닝 애호가로 고급 컴퓨터 비전, NLP 및 MLOps 분야에서 4년 이상의 경력을 보유하고 있습니다. ML-REPA 커뮤니티의 공동 창시자로서 ML 재현성 및 파이프라인 자동화에 관한 여러 워크숍과 밋업을 조직했습니다. 현재 그의 업무 과제 중 하나는 패션 업계에서 컴퓨터 비전을 활용하는 것입니다. 또한, 가속화된 딥러닝을 위한 파이토치 프레임워크인 Catalyst의 핵심 개발자이기도 합니다.

박해선 haesun.park@tensorflow.blog

기계 공학을 전공했지만 졸업 후에는 줄곧 코드를 읽고 쓰는 일을 했습니다. 텐서플로 블로그 (tensorflow.blog)를 운영하고 있고, 머신 러닝과 딥러닝에 관한 책을 집필하고 번역하면서 소프트 웨어와 과학의 경계를 흥미롭게 탐험하고 있습니다.

〈챗GPT로 대화하는 기술〉(한빛미디어, 2023), 〈혼자 공부하는 데이터 분석 with 파이썬〉(한빛 미디어, 2023), 〈혼자 공부하는 머신러닝+딥러닝〉(한빛미디어, 2020), 〈Do it! 딥러닝 입문〉(이 지스퍼블리싱, 2019)을 집필했습니다.

〈핸즈온 머신러닝 3판〉(한빛미디어, 2023), 〈만들면서 배우는 생성 AI 2판〉(한빛미디어, 2023), 〈코딩 뇌를 깨우는 파이썬〉(한빛미디어, 2023), 〈트랜스포머를 활용한 자연어 처리〉(한빛미디어, 2022), 〈케라스 창시자에게 배우는 딥러닝 2판〉(길벗, 2022), 〈개발자를 위한 머신러닝&딥러닝〉(한빛미디어, 2022), 〈XGBoost와 사이킷런을 활용한 그레이디언트 부스팅〉(한빛미디어, 2022), 〈구글 브레인 팀에게 배우는 딥러닝 with TensorFlow.js〉(길벗, 2022), 〈파이썬 라이브 러리를 활용한 머신러닝 개정 2판〉(한빛미디어, 2022), 〈머신러닝 파워드 애플리케이션〉(한빛미 디어, 2021), 〈파이토치로 배우는 자연어 처리〉(한빛미디어, 2021), 〈머신 러닝 교과서 3판〉(길벗, 2021), 〈딥러닝 일러스트레이티드〉(시그마프레스, 2021), 〈GAN 인 액션〉(한빛미디어, 2020)을 포함하여 여러 권의 책을 우리말로 옮겼습니다.

지식 자체 만을 원해서라기보다 다른 무엇인가를 위해서 배우는 경우가 많습니다. 특히 소프트웨어가 그렇죠. 목적 없이 어떤 것을 알아 가는 기쁨을 누리는 일은 요즘처럼 바쁜 세상에서 좀처럼 허락되지 않는 것 같습니다. 그럼에도 고집 많은 프로그래머들은 여전히 한 가지를 깊이 파고들어 웅덩이를 만들고 그 안에 들어가 한동안 나오지 않고는 합니다. 이럴 때 잠시 해커가 된 것 같은 기쁨을 맛볼 수 있습니다. 저도 책을 쓰거나 번역할 때 이따금 비슷한 감정을 느낍니다. 여러분의 웅덩이는 어떤 곳에 있나요?

주로 연구 분야에서 사용되던 파이토치는 최근 몇 년간 빠르게 인기를 얻어 성장하고 있습니다. 이에 발 맞추어 텐서플로와 파이토치 중 어느 라이브러리를 공부해야 하는지 묻는 질문도 부쩍 늘었습니다. 오른발잡이 축구 선수가 다른 발로도 공을 찰 수 있다면 더할 나위 없듯이 이제는 두 라이브러리를 모두 알아 둘 필요가 있다는 것을 부정하기 어렵네요. 최근에는 케라스 코어(Keras Core)가 텐서플로, 파이토치, JAX를 모두 지원하기로 발표함으로써 이런 세간의 의식을 더욱 뒷받침하고 있습니다.

때마침 〈머신 러닝 교과서 3판〉의 딥러닝 파트를 파이토치 버전으로 개편한 새로운 책을 출간하게 되어 매우 기쁩니다. 저자들에게 다시 한 번 고맙다는 말을 전하고 싶습니다. 만약 〈머신 러닝 교과서 3판〉을 이 책과 함께 본다면 텐서플로와 파이토치의 유사점과 차이점을 금방 익힐 수 있을 것입니다. 게다가 이 책은 이전에 짧게 다루었던 트랜스포머를 크게 확장하여 하나의 장으로 다루고 있습니다. 또한, 그래프 신경망에 대한 내용도 다루고 있습니다. 〈머신 러닝 교과서 3판〉과 이 책의 차이점에 대한 더 자세한 내용은 제 블로그(https://bit.ly/pytorch-diff)를 참고해 주세요.

불쑥 드린 요청에 흔쾌히 추천사를 써 주신 김택민 님에게 정말 감사드립니다. 덕분에 마지막까지 힘을 낼 수 있었습니다. 또한, 좋은 책을 맡겨 주신 길벗 출판사와 안윤경 팀장님에게 감사드립니다. 언제나 격려해 주시는 니트머스 김용재 대표님과 좋은 책을 만들 수 있도록 집필 공간을 제공해 주신 마포중앙도서관 교육센터 팀에게 깊이 감사드립니다. 언제나 명랑한 우리 가족 주연이와 진우에게도 고맙고 사랑한다는 말을 전합니다.

이 책의 정오표는 블로그(https://tensorflow.blog/python-ml-pt/)에 등록해 놓겠습니다. 책을 보기 전에 꼭 확인해 주세요. 이 책에 관한 이야기라면 무엇이든 환영합니다. 언제든지 블로그나 이메일로 알려 주세요.

2023년 11월

박해선

뉴스와 소셜 미디어를 보면서 머신 러닝이 이 시대에서 가장 각광받는 기술 중 하나가 되었다는 사실을 알고 있을 것입니다. 마이크로소프트, 구글, 페이스북, 애플, 아마존, IBM 등과 같은 거대 기업들은 타당한 이유가 있기 때문에 머신 러닝을 연구하고 적용하는 데 막대한 투자를 하고 있습니다. 머신 러닝이 현대의 유행어처럼 들릴지 모르지만 결코 하나의 유행은 아닙니다. 놀라운 이 분야는 새로운 가능성을 열었고 일상생활에 없어서는 안 될 존재가 되었습니다. 스마트폰의 AI 음성 비서와 대화하고, 고객에게 상품을 추천하고, 신용 카드의 부정 거래를 방지하고, 스팸 메일을 걸러 내고, 질병을 감지하고 진단하는 등 예를 들면 끝이 없습니다.

여러분이 뛰어난 문제 해결 전문가로서 머신 러닝 기술자가 되기를 원하거나 머신 러닝 연구 분야에서 경험을 쌓기를 고려한다면 이 책이 도움이 될 것입니다. 초보자는 머신 러닝의 이론적 배경에 압도될 수 있습니다. 최근에 출간된 활용서들을 보면 고성능 학습 알고리즘을 구현하면서 머신 러닝을 배울 수 있을 것입니다.

실용적인 코드 예제와 머신 러닝 애플리케이션 예제를 다루어 보는 것이 이 분야를 시작하는 좋은 방법입니다. 배운 것을 구체적인 예제로 실제 만들어 보면 광범위한 개념을 이해하는 데 도움이 됩니다. 하지만 좋은 만큼 책임도 뒤따른다는 것을 잊지 마세요! 책에서는 파이썬 프로그래밍 언어와 파이썬 기반의 머신 러닝 라이브러리를 사용하여 머신 러닝을 실습해 볼 수 있습니다. 거기에 더해서 머신 러닝 알고리즘의 수학적 이론을 소개합니다. 성공적으로 머신 러닝을 사용하기 위해 꼭 필요한 부분입니다. 따라서 책은 다른 활용서와는 달리 필수적인 머신 러닝 이론을 설명합니다. 또한, 머신 러닝 알고리즘의 작동 방식과 사용 방법, 특히 빠지기 쉬운 실수를 피하는 방법을 쉽고 알차게 설명합니다.

이 책에서는 이 분야에서 첫걸음을 떼는 데 필요한 핵심 주제와 개념을 다룹니다. 더 많은 지식을 배우고 싶다면 이 책에서 소개한 자료를 참고하여 이 분야의 중요한 혁신 기술들을 따라 갈 수 있을 것입니다.

또한 이 책은 다양한 작업과 데이터셋에 머신 러닝과 딥러닝을 적용하는 방법을 배우는 데 이상적입니다. 최신 기술 트렌드를 따라잡고 싶은 프로그래머라면 이 책을 꼭 읽어 보세요. 또한, 학생이나 경력 전환을 고려하고 있는 분들에게도 이 책은 머신 러닝 세계에 대한 입문서이자 종합적인 안내서가 될 것입니다.

책 구성

1장은 여러 종류의 문제를 해결하기 위한 머신 러닝의 주요 하위 분야를 소개합니다. 또한, 전형적인 머신 러닝 모델을 만드는 핵심 단계를 설명합니다. 이어지는 장에서 이 단계들을 배워 가겠습니다.

2장은 머신 러닝의 초창기로 돌아가서 이진 퍼셉트론 분류기와 아달린 뉴런을 소개합니다. 이 장은 패턴 분류 기초를 소개하고 최적화 알고리즘과 머신 러닝의 상호 작용에 초점을 맞춥니다.

3장은 분류를 위한 머신 러닝의 핵심 알고리즘을 소개합니다. 가장 인기 있고 포괄적인 오픈 소스 머신 러닝 라이브러리인 사이킷런을 사용하여 실용적인 예를 학습합니다.

4장은 일부 정보가 누락된 데이터처럼 가공되지 않은 데이터셋을 다룰 때 자주 발생하는 문제들을 설명합니다. 데이터셋에서 가장 유용한 특성을 구별하는 방법을 설명하고 머신 러닝 알고리즘을 위해 다양한 종류의 특성을 적절한 형태로 만드는 방법을 알려 줍니다.

5장은 데이터셋에 있는 특성 개수를 줄이는 필수적인 기술을 설명합니다. 판단에 유용한 정보가 많이 유지되도록 만듭니다. 주성분 분석을 사용한 대표적인 차원 축소 기법을 설명하고 이를 지도 학습, 비선형 변환과 비교합니다.

6장은 예측 모델의 성능을 예측할 때 해야 할 것과 해서는 안 될 것을 설명합니다. 또한, 모델 성능을 측정하기 위한 다양한 지표와 머신 러닝 알고리즘을 세부 튜닝하는 기법도 소개합니다.

7장은 여러 학습 알고리즘을 효과적으로 연결하는 다양한 방법을 소개합니다. 개별 학습기의 약점을 보완하기 위해 앙상블을 구축하여 보다 정확하고 안정적인 예측을 만드는 방법을 설명합니다.

8장은 머신 러닝 알고리즘을 위해 텍스트 데이터를 의미 있는 표현으로 변환하여 글쓴이 의견을 예측하는 핵심 단계를 설명합니다.

9장은 연속적인 값을 예측하기 위해 타깃과 특성 사이의 선형 관계를 모델링하는 필수 기술을 설명합니다. 여러 선형 모델을 소개한 후 다중 회귀와 트리 기반 모델도 소개합니다.

10장은 머신 러닝의 또 다른 하위 분야인 비지도 학습을 다룹니다. 세 가지 기본 군집 알고리즘을 사용하여 데이터셋에서 유사성을 가진 그룹을 찾을 것입니다.

11장은 2장에서 소개한 그레이디언트 기반의 최적화 개념을 확장하여 유명한 역전파 알고리즘에 기반을 둔 강력한 다층 신경망을 파이썬으로 구축합니다.

12장은 이전 장에서 얻은 지식을 바탕으로 신경망을 더 효율적으로 훈련시킬 수 있는 실용적인 가이드를 제공합니다. 이 장은 최신 GPU의 다중 코어를 활용할 수 있는 오픈 소스 파이썬 라이브러리인 파이토치에 초점을 맞춥니다.

13장은 이전 장에 이어서 파이토치의 고급 개념과 기능을 소개합니다. 파이토치는 아주 방대하고 복잡한 라이브러리입니다. 이 장에서는 동적 계산 그래프와 자동 미분과 같은 개념을 안내합니다. 또한, 파이토치의 객체 지향 API를 사용하여 복잡한 신경망을 구현하는 방법을 소개합니다. 파이토치 라이트닝을 사용하여 모범 사례를 따르고 상용구 코드를 최소화하는 방법도 배웁니다.

14장은 합성곱 신경망(Convolutional Neural Network, CNN)을 소개합니다. CNN은 특별히 이미지 데이터셋에 잘 맞는 심층 신경망 구조의 한 종류입니다. 전통적인 방식에 비해 성능이 뛰어나기 때문에 컴퓨터 비전 분야에 CNN이 널리 적용되어 다양한 이미지 인식 작업에서 최고 수준의 성능을 보여 주고 있습니다. 이 장에서 이미지 분류를 위해 합성곱 층을 강력한 특성 추출기로 사용할 수 있는 방법을 배웁니다.

15장은 딥러닝에서 인기 있는 또 다른 신경망 구조인 순환 신경망(Recurrent Neural Network, RNN)을 소개합니다. 이 신경망은 특히 텍스트, 순차 데이터, 시계열 데이터에 잘 맞습니다. 먼저 간단한 예제로 영화 감상평을 예측하는 순환 신경망을 만듭니다. 그다음 예제에서는 책 내용으로 훈련하여 완전히 새로운 텍스트를 생성하는 순환 신경망을 만듭니다.

16장은 자연어 처리의 최신 동향에 초점을 맞추고 어텐션 메커니즘이 긴 시퀀스에 있는 복잡한 관계를 모델링하는 데 어떻게 도움이 되는지 설명합니다. 특히 이 장에서는 잘 알려진 트랜스포머 아키텍처와 BERT 및 GPT 같은 최신 트랜스포머 모델에 대해 설명합니다.

17장은 신경망으로 진짜처럼 보이는 새 이미지를 생성할 수 있는 적대 훈련 방법을 소개합니다. 먼저 데이터 압축에 사용할 수 있는 신경망 구조인 오토인코더를 간단히 소개합니다. 그다음 오토인코더의 디코더 부분을 진짜 이미지와 합성 이미지를 구별할 수 있는 두 번째 신경망에 연결하는 방법을 설명합니다. 두 신경망이 적대 훈련 방법으로 서로 경쟁합니다. 이를 통해 새로운 손글씨 숫자를 생성하는 생성적 적대 신경망을 구현하겠습니다.

18장에서는 표 형식의 데이터 세트, 이미지, 텍스트로 작업하는 것 이상의 내용을 다룹니다. 이 장에서는 소셜 미디어 네트워크와 분자 등 그래프 구조의 데이터에서 작동하는 그래프 신경망을 소개합니다. 이 장에서는 그래프 합성곱의 기본 사항을 설명한 후, 분자 데이터에 대한 예측 모델을 구현하는 예제를 소개합니다.

19장은 로봇이나 자율 주행 시스템을 훈련하는 데 널리 사용하는 머신 러닝의 하위 카테고리인 강화 학습(Reinforcement Learning, RL)을 다룹니다. 먼저 기본적인 강화 학습 개념인 에이전트/환경 상호 작용, RL 시스템의 보상 과정, 경험을 통한 학습 개념을 소개합니다. 두 개의 주요 강화 학습 카테고리를 배운 후 Q-러닝(Q-learning) 알고리즘을 사용하여 그리드 월드(grid world) 환경을 탐험할 수 있는 에이전트를 만들고 훈련하겠습니다. 마지막으로 이 장에서는 심층 신경망을 사용한 Q-러닝인 심층 Q-러닝 알고리즘을 소개합니다.

책을 보는 데 필요한 것

책의 코드 예제는 파이썬 3.10.x에서 테스트했습니다. 운영 체제로는 macOS, 리눅스(Linux), 마이크로소프트 윈도(Windows) 최신 버전을 권장합니다. 책은 과학 컴퓨팅을 위한 필수 파이썬 라이브러리인 사이파이(SciPy), 넘파이(NumPy), 사이킷런(Scikit-learn), 맷플롯립(Matplotlib), 판다스(Pandas)를 주로 사용합니다.

1장에서 파이썬 환경을 설정하고 핵심 라이브러리를 사용하는 팁을 안내합니다. 예제를 위해 추가로 필요한 라이브러리가 있습니다. 이런 라이브러리의 설치 안내는 각 장에 포함되어 있습니다. 자연어 처리를 위한 NLTK 라이브러리(8장), 통계 데이터 시각화를 위한 mlxtend 라이브러리(9장), 이미지를 디스크에서 읽기 위한 imageio(14장), GPU에서 신경망을 훈련하기 위한 파이토치(PyTorch)(12장에서 17장까지)입니다.

대상 독자

파이썬을 사용하여 데이터에서 아주 중요한 문제에 대한 답을 찾는다면 이 책을 읽어 보세요. 데이터 과학을 처음 시작하는 사람이나 기존 지식을 확장하는 사람에게도 필수적이고 놓쳐서는 안 될 책입니다.

 스터디를 위한 질의응답 오픈채팅방과 디스코드에 참여해 보세요!

- 텐서 ~ 스터디 오픈채팅방: http://bit.ly/tensor-chat
- 디스코드: https://discord.gg/fD3KzsZzJS

이 책의 역자인 박해선 님이 직접 운영하는 커뮤니티입니다. 책을 학습하다가 궁금한 점이 있다면 문의해 주세요. 이 분야의 재미있는 이야기를 함께 나누어도 좋습니다. 누구나 들어오셔서 편하게 인사해 주세요. 감사합니다!

예제 파일 내려받기

책에서 사용하는 예제 파일은 길벗출판사 웹 사이트에서 도서 이름으로 검색하여 내려받거나 깃허브에서 내려받을 수 있습니다.

- **길벗출판사 웹 사이트**: http://www.gilbut.co.kr
- **길벗출판사 깃허브**: https://github.com/gilbutITbook/080311
- **역자 깃허브**: https://github.com/rickiepark/ml-with-pytorch

예제 파일 구조 및 참고 사항

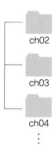

ch02

ch03

ch04

- 책의 모든 예제 코드는 파이썬 3.10, 사이킷런 1.2.X, 파이토치 2.X를 기준으로 합니다.
- 코랩에서 파이썬 3.10, 사이킷런 1.2.X, 파이토치 2.X로 테스트했습니다.
- 책의 예제 코드는 주피터 노트북과 코랩용 파일로 제공됩니다.
- 각 장의 코드는 ch02, ch03처럼 하위 폴더로 구분되어 있습니다.
- 각 장에서 필요한 예제 데이터셋도 코드와 함께 폴더에 담겨 있습니다.

〈머신 러닝 교과서: 파이토치 편〉은 AI의 기초를 실습 중심으로 탄탄하게 다지기에 훌륭한 책입니다. 파이토치 라이브러리를 활용하여 기본적인 텐서 조작, 입력 파이프라인 구축부터 CNN, RNN, Transformer, GNN, GAN 등 다양한 도메인의 필수 모델 구현까지 직접 해 볼 수 있습니다. 더불어 원리에 대한 최소한의 수식과 이론적인 배경을 제공하여 실습 내용을 효과적으로 이해할 수 있습니다. 딥러닝 관련 논문을 처음 접한다면 모델 구현에 어려움을 겪을 수 있는데, 수식 및 모델을 Bottom Up 방식으로 구현하는 부분은 많은 도움이 될 것입니다. AI 기초를 실습으로 쌓아 나가고 싶거나 논문 구현에 어려움을 겪고 있다면 이 책을 추천합니다.

실습 환경 MacBook Air M1(2020년), macOS Ventura Version 13.0, miniforge3 (conda) 가상 환경

김주원_Google ML BootCamp 3기, 네이버 부스트캠프 AI Tech 5기 수료

세바스찬 라시카의 인기 도서인 〈Machine Learning with Pytorch and Scikit-Learn〉의 분위기를 번역서로 그대로 옮겼습니다. 파이토치로 해 볼 수 있는 다양한 딥러닝 관련 예제가 이론 설명과 함께 잘 설명되어 있고, 함께 제공되는 역자의 노트북 파일을 통해 쉽게 학습할 수 있습니다. 또한, 그래프 머신 러닝이나 파이토치 라이트닝과 같이 나름 최신 경향에 대한 설명도 포함되어 있어, 파이토치로 새로운 기술을 배우고자 하는 사람들에게 도움이 될 것이라고 생각합니다. 머신 러닝을 제대로 배우고자 하는 사람에게 추천합니다.

실습 환경 Ubuntu 20.04 LTS(i7 8700K/64GB/1080Ti)

강찬석_LG전자 소프트웨어 엔지니어

딥러닝의 트랜스포머 구조를 기반으로 한 ChatGPT나 Stable Diffusion이 벌써 우리 일상에 성큼 다가왔지만, 여전히 산업계에서는 여러 가지 이유로 클래식한 머신 러닝 알고리즘 역시 많이 활용하고 있습니다. 책의 전반부에서는 Scikit-Learn을 활용하여 여러 가지 클래식 머신 러닝 알고리즘들을 이론과 실제 코드로 제대로 설명합니다. 각 장 곳곳에 머신 러닝 알고리즘의 근간이 되는 선형대수나 최적화 이론에 대해 설명한 Note 섹션은 학습자에게 많은 도움이 될 것으로 보입니다. 이 책의 또 다른 장점은 명확하게 책의 난이도 수준을 벗어나는 내용에 대해서는 참고 문헌을 제시하여 좀 더 수준 있는 학습을 원하는 사람 역시 만족할 수 있을 것입니다. 각 장이 잘 정리되어 있으므로 입문자는 처음부터 차근차근 학습하면서 활용하기 좋으며, 머신 러닝에 익숙한 사람은 레퍼런스 도서처럼 활용하여 특정 장을 발췌해서 읽은 후 업무에 활용할 수 있을 것입니다.

실습 환경 Windows 11, PyCharm Community 2023.2.2, Python 3.8, Scikit-Learn 1.2.2

이근호_머신 러닝 엔지니어

〈머신 러닝 교과서: 파이토치 편〉은 기존 다른 입문서와 달리 기본 개념을 탄탄하게 설명할 뿐만 아니라 수식 그리고 코드까지 완벽하게 보여 주는 책입니다. 이런 책일수록 역자가 중요한데 박해선 님은 머신 러닝 분야에서 수많은 책을 집필 및 번역한 전문가로, 특히 어려운 부분에 역주로 매우 자세하게 설명하고 있어 이해하기 쉽습니다. 또한, 이번 책은 머신 러닝과 딥러닝 모델뿐만 아니라 그래프 신경망 이론(GNN)과 같이 다른 곳에서 찾아보기 힘든 이론도 수록되어 있어 기초 이론을 공부하는 사람에게 추천합니다.

실습 환경 Ubuntu 23.04 로컬 환경

이영빈_모두의 연구소 AI교육

매우 기초적인 부분부터 시작하는 이 책은 단순히 프레임워크에 의존하는 것이 아니라 원리를 이해시키는 데 집중하는 책입니다. 물론 시간이 지날수록 편하게 사용할 수 있는 라이브러리들이 많이 나오고, 심지어 수학과 코딩을 하지 않더라도 머신 러닝이나 딥러닝을 할 수 있다고 합니다. 그러나 이 책은 그런 쉬운 길보다는 넘파이를 이용하여 퍼셉트론을 구현해 본다거나, 감성 분석을 할 때 내부에서 일어나는 수학적인 맥락은 무엇인지 알아보고 있습니다. 또한, 선형 회귀에서 파라미터 값을 구하는 것은 어떻게 구하는지, 이상치가 있을 때 제거하는 방법 대신 쓸 수 있는 알고리즘은 무엇인지 같은 내용까지 다루고 선형 회귀와 비선형 회귀 모델링을 비교하며 단순히 각각의 알고리즘만 익히는 것이 아닌 어떤 때 어떤 모델을 사용해야 하는지에 대한 팁도 알 수 있었습니다. 머신 러닝에 관한 모든 기초 분야를 다루고 있기 때문에 기초를 학습하고 싶을 때 이 책을 훑어 보면 기초를 다잡을 수 있습니다.

실습 환경 Windows 10, colab

송진영_데이터 분석가

인공 지능이 처음이라면 이 책으로 시작해서 이 책으로 끝내도 되겠습니다. 초보자를 위한 데이터 전처리에서 모델링까지 전체적인 프로세스의 설명과 인공 지능의 유형 분류로 책을 시작하여 사이킷런의 각 유형별 핵심 알고리즘을 충분한 코드와 살짝 난이도를 느낄 수준의 이론적 배경을 곁들여 설명해 줍니다. 또한, 고전 머신 러닝을 다루는 부분 이후에 등장하는 딥러닝 부분은 넓은 영역을 다루는 충실한 내용을 갖추고 있으며, 요즘 대세인 파이토치로 진행합니다. 이 모든 과정은 인공 지능 분야 국내 최고의 역자 박해선 님의 검수를 거친 실행 가능한 코드 파일과 같이 제공되어 사소한 오류로 진행하지 못하는 일 없이 전 과정을 직접 실행해 볼 수 있습니다. 초급부터 고급까지 전 영역을 아우르는 완벽한 교과서라고 할 수 있을 것입니다.

실습 환경 로컬 환경에서 구축한 intel-scikit-learnX로 코드 수정하여 실행

조 힘찬빛_SK Siltron 데이터 사이언티스트

1장

컴퓨터는
데이터에서 배운다

머신 러닝(machine learning)은 데이터를 이해하는 알고리즘의 과학이자 애플리케이션입니다. 컴퓨터 과학 전체에서 가장 흥미진진한 분야가 아닐까 싶습니다! 우리는 데이터가 풍부한 시대에 살고 있습니다. 스스로 학습할 수 있는 머신 러닝 알고리즘을 사용하면 이 데이터를 지식으로 바꿀 수 있습니다. 최근 개발된 강력한 오픈 소스 라이브러리 덕택에 지금이 머신 러닝 분야에 뛰어들기 아주 좋은 시기입니다. 책으로 데이터에서 패턴을 감지하고 미래 사건을 예측할 수 있는 강력한 알고리즘을 활용하는 방법을 배울 수 있을 것입니다.

이 장에서 머신 러닝의 주요 개념과 종류를 배웁니다. 관련 용어를 소개하고, 머신 러닝 기술을 실제 문제 해결에 성공적으로 적용할 수 있는 초석을 다집니다.

이 장에서는 다음 주제를 다룹니다.

- 머신 러닝의 일반적 개념 이해하기
- 세 종류의 학습과 기본 용어 알아보기
- 성공적인 머신 러닝 시스템을 설계하는 필수 요소 알아보기
- 데이터 분석과 머신 러닝을 위한 파이썬을 설치하고 설정하기

1.1 데이터를 지식으로 바꾸는 지능적인 시스템 구축

MACHINE LEARNING

현대 기술 시대에는 정형 또는 비정형 데이터가 매우 풍부합니다. 20세기 후반에 데이터에서 지식을 추출하여 예측하는 자기 학습(self-learning) 알고리즘과 관련된 **인공 지능**(Artificial Intelligence, AI)의 하위 분야로 머신 러닝이 출현했습니다. 사람이 수동으로 대량의 데이터를 분석하여 규칙을 유도하고 모델을 만드는 대신, 머신 러닝이 데이터에서 더 효율적으로 지식을 추출하여 예측 모델과 데이터 기반의 의사 결정 성능을 점진적으로 향상시킬 수 있습니다.

컴퓨터 과학 연구에서 머신 러닝은 점점 더 중요해지며, 우리 일상생활에서도 아주 큰 역할을 하고 있습니다. 머신 러닝 덕택에 견고한 이메일 스팸 필터, 편리한 텍스트와 음성 인식 소프트웨어, 믿을 수 있는 웹 검색 엔진, 재미있는 영화 추천, 모바일 수표 입금(check deposit), 음식 배달

시간 예측 등을 사용합니다. 아마도 곧 안전하고 효율적인 자율 주행 자동차도 사용할 수 있을 것입니다. 또한, 의료 애플리케이션에서도 큰 진전이 있었습니다. 예를 들어 연구자들은 딥러닝 모델을 사용하여 피부암을 거의 사람 수준의 정확도로 진단할 수 있다는 것을 보였습니다(https://www.nature.com/articles/nature21056). 최근에는 딥마인드(DeepMind)의 연구원들이 또 하나의 이정표를 세웠습니다. 딥러닝으로 3D 단백질 구조를 예측하여 물리학 기반 방식의 성능을 뛰어넘었습니다(https://deepmind.com/blog/article/alphafold-a-solution-to-a-50-year-old-grand-challenge-in-biology). 정확한 3D 단백질 구조 예측은 생물학 및 제약 연구에서 필수적인 역할을 하지만, 최근 의료 분야에는 다른 중요한 머신 러닝 애플리케이션이 많습니다. 예를 들어 연구자들은 코로나19 환자의 산소 필요량을 4일 전에 미리 예측하는 시스템을 설계하여 병원이 환자에게 의료 자원을 할당하는 데 도움을 주었습니다(https://ai.meta.com/blog/new-ai-research-to-help-predict-covid-19-resource-needs-from-a-series-of-x-rays/). 이 시대의 또 다른 중요한 주제는 기후 변화이며, 이는 가장 크고 중요한 도전 과제 중 하나입니다. 오늘날 기후 변화에 대응하기 위한 지능형 시스템을 개발하기 위해 많은 노력을 기울이고 있습니다(https://www.forbes.com/sites/robtoews/2021/06/20/these-are-the-startups-applying-ai-to-tackle-climate-change). 기후 변화에 대처하기 위한 여러 접근법 중 하나는 새롭게 떠오르는 정밀 농업 분야입니다. 연구자들은 컴퓨터 비전 기반 머신 러닝 시스템을 설계하여 비료 사용과 낭비를 최소화하기 위해 자원 배분을 최적화하고 있습니다.

MACHINE LEARNING

1.2 / 머신 러닝의 세 가지 종류

이 절에서는 머신 러닝의 세 가지 종류인 **지도 학습**(supervised learning), **비지도 학습**(unsupervised learning), **강화 학습**(reinforcement learning)을 살펴보겠습니다. 이 세 가지 학습 종류의 근본적인 차이를 배웁니다. 그리고 개념을 이해할 수 있는 예제를 사용하여 실전 문제에 적용할 수 있는 직관을 길러 봅니다.

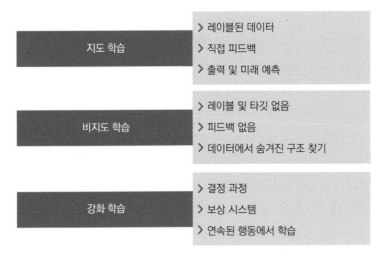

1.2.1 지도 학습으로 미래 예측

지도 학습의 주요 목적은 레이블(label)[1]된 훈련 데이터에서 모델을 학습하여 본 적 없는 미래 데이터에 대해 예측을 만드는 것입니다. 여기에서 **지도**(supervised)는 희망하는 출력 신호(레이블)가 있는 일련의 샘플(데이터 입력)을 의미합니다. 지도 학습은 데이터 입력과 레이블 사이의 관계를 모델링하는 과정입니다. 지도 학습을 '레이블 학습'이라고 생각할 수도 있습니다.

그림 1-2는 전형적인 지도 학습 작업 흐름을 나타냅니다. 레이블된 훈련 데이터가 머신 러닝 알고리즘에 전달되어 예측 모델을 훈련하고 그다음 새로운 레이블되지 않은 데이터 입력에 대해 예측을 수행합니다.

---

1 역주 머신 러닝에서 특정 샘플에 할당된 클래스(class)를 레이블이라고 합니다. 즉, 레이블의 범주(category)가 클래스입니다. 책에서는 혼동을 피하기 위해 category가 레이블 범주를 의미하지 않을 때는 '카테고리'로 번역합니다. 또한, 프로그래밍 언어의 클래스는 '파이썬 클래스', 'SGDClassifier 클래스'처럼 명확하게 구분하여 사용합니다.

▼ 그림 1-2 지도 학습 과정

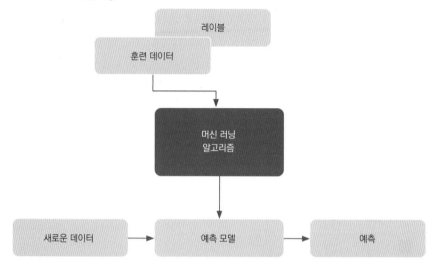

스팸 메일을 필터링하는 예를 생각해 보죠. 레이블된 이메일 데이터셋에서 지도 학습 머신 러닝 알고리즘을 사용하여 모델을 훈련할 수 있습니다. 이 데이터셋은 스팸 또는 스팸이 아닌 이메일로 정확하게 표시되어 있습니다. 훈련된 모델은 새로운 이메일이 두 개의 범주(category) 중 어디에 속하는지 예측합니다. 이메일 스팸 필터의 예처럼 개별 클래스 레이블이 있는 지도 학습을 **분류**(classification)라고 합니다. 지도 학습의 또 다른 종류는 연속적인 값을 출력하는 **회귀**(regression)입니다.

분류: 클래스 레이블 예측

분류는 지도 학습의 하위 카테고리입니다. 과거의 관측을 기반으로 새로운 샘플[2] 또는 새로운 데이터 포인트의 범주형 클래스 레이블을 예측하는 것이 목적입니다. 클래스 레이블은 이산적 (discrete)이고 순서가 없어 샘플이 속한 그룹으로 이해할 수 있습니다. 앞서 언급한 스팸 메일 감지는 전형적인 **이진 분류**(binary classification) 작업의 예입니다. 스팸과 스팸이 아닌 이메일 두 개의 클래스 사이를 구분하려고 머신 러닝 알고리즘이 일련의 규칙을 학습합니다.

그림 1-3은 30개의 훈련 샘플이 있는 이진 분류 작업의 개념을 나타냅니다. 15개의 샘플은 클래스 A로 레이블되어 있고, 다른 15개의 샘플은 클래스 B로 레이블되어 있습니다. 각 샘플이 두 개의 x_1, x_2 값에 연관되어 있으므로 2차원 데이터셋입니다. 지도 학습 알고리즘을 사용하여 두 클래

2　**역주**　원서에서는 'instance'를 여러 의미로 사용합니다. 혼동을 피하기 위해 'example'을 의미할 때는 '샘플'로, 'instance-based'는 '사례 기반'으로, 파이썬 객체를 나타낼 때는 '인스턴스'로 번역합니다.

스를 구분할 수 있는 규칙을 학습합니다. 이 규칙은 점선으로 나타난 **결정 경계**(decision boundary) 입니다. 새로운 데이터의 x_1, x_2 값이 주어지면 두 개의 범주 중 하나로 분류합니다.

▼ 그림 1-3 새로운 데이터 분류하기

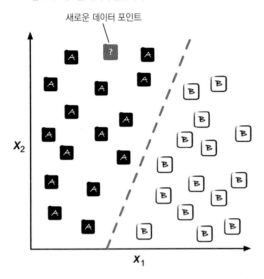

두 개 이상의 클래스 레이블을 가진 경우가 많습니다. 지도 학습 알고리즘으로 학습한 예측 모델은 훈련 데이터셋에 있는 여러 클래스 레이블 중 하나를 새로운 샘플 또는 새로운 데이터 포인트에 할당할 수 있습니다.

이런 **다중 분류**(multiclass classification)의 전형적인 예는 손으로 쓴 글자 인식입니다. 여기에서 글자("A", "B", "C" 등)는 예측하려는 대상이며 순서가 없는 범주나 클래스 레이블로 표현됩니다. 알파벳 각 글자를 손으로 쓴 이미지 샘플을 모아서 훈련 데이터셋을 구성합니다. 새로운 글자를 입력으로 제공하면 예측 모델이 일정한 정확도로 알파벳 글자를 예측할 것입니다. 하지만 0에서 9까지 숫자가 훈련 데이터셋에 없다면 이 머신 러닝 시스템은 숫자를 인식하지 못할 것입니다.

회귀: 연속적인 출력 값 예측

이전 절에서 분류 작업은 범주형 순서가 없는 레이블을 샘플에 할당하는 것이라고 배웠습니다. 두 번째 지도 학습의 종류는 연속적인 출력 값을 예측하는 **회귀** 분석입니다. 회귀는 **예측 변수**(predictor variable)(또는 **설명 변수**(explanatory variable))와 연속적인 **반응 변수**(response variable)(또는 **결과**(outcome))가 주어졌을 때 출력 값을 예측하기 위해 두 변수 사이의 관계를 찾습니다.

머신 러닝 분야에서는 예측 변수를 보통 "특성(feature)"이라고 부르며, 반응 변수를 "타깃(target)"이라고 부릅니다. 이 책에서는 이런 관례를 따르겠습니다.

예를 들어 학생들의 수학 SAT 점수를 예측한다고 가정해 보죠(SAT는 미국 대학 입시에 자주 사용되는 표준 시험입니다). 시험 공부에 투자한 시간과 최종 점수 사이에 관계가 있다면 두 값으로 훈련 데이터를 만들고 모델을 학습할 수 있습니다. 이 모델은 시험에 응시하려는 학생들이 공부한 시간을 이용하여 시험 점수를 예측합니다.

Note ☰ | **평균으로 회귀**

회귀는 1886년 프란시스 갈톤(Francis Galton)이 쓴 "Regression towards Mediocrity in Hereditary Stature"에서 유래되었습니다. 갈톤은 사람 키의 분산이 시대가 흘러도 증가하지 않는 생물학적 현상을 설명했습니다. 그는 부모의 키가 자녀에게 전달되지 않는 것을 관찰했습니다. 오히려 자녀 키는 인구 전체 평균으로 회귀합니다.

그림 1-4는 **선형 회귀**(linear regression)의 개념을 나타냅니다. 특성 x와 타깃 y가 주어지면 데이터 포인트와 직선 사이 거리가 최소가 되는 직선을 그을 수 있습니다. 일반적으로 평균 제곱 거리를 사용합니다.

이렇게 데이터에서 학습한 직선의 기울기와 절편(intercept)[3]을 사용하여 새로운 데이터의 출력 값을 예측합니다.

▼ 그림 1-4 선형 회귀의 예

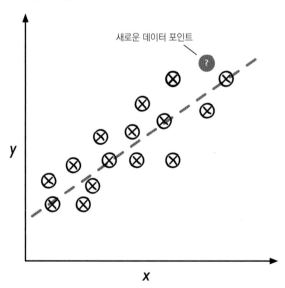

새로운 데이터 포인트

y

x

---

3 [역주] 원서에서는 방정식의 상수 항을 가리킬 때 절편(intercept)과 편향(bias)을 혼용하여 사용합니다. 번역서에서는 혼동을 피하기 위해 절편으로 통일합니다. 편향은 과대적합과 과소적합, 분산-편향 트레이드오프를 설명할 때 사용하겠습니다.

1.2.2 강화 학습으로 반응형 문제 해결

강화 학습은 머신 러닝의 또 다른 종류입니다. 강화 학습은 환경과 상호 작용하여 시스템(**에이전트**(agent)) 성능을 향상하는 것이 목적입니다. 환경의 현재 상태 정보는 **보상**(reward) 신호를 포함하기 때문에 강화 학습을 지도 학습과 관련된 분야로 생각할 수 있습니다. 강화 학습의 피드백은 정답(ground truth) 레이블이나 값이 아닙니다. 보상 함수로 얼마나 행동이 좋은지를 측정한 값입니다. 에이전트는 환경과 상호 작용하여 보상이 최대화되는 일련의 행동을 강화 학습으로 학습합니다. 탐험적인 시행착오(trial and error) 방식이나 신중하게 세운 계획을 사용합니다.

강화 학습의 대표적인 예는 체스 게임입니다. 에이전트는 체스판의 상태(환경)에 따라 기물의 이동을 결정합니다. 보상은 게임을 종료했을 때 승리하거나 패배하는 것으로 정의할 수 있습니다.

▼ 그림 1-5 강화 학습

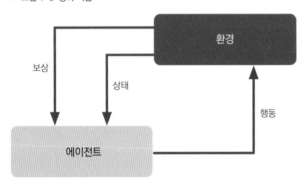

강화 학습에는 여러 하위 분류가 있습니다. 일반적인 구조는 강화 학습 에이전트가 환경과 상호 작용하여 보상을 최대화하는 것입니다. 각 상태는 양의 보상이나 음의 보상과 연관됩니다. 보상은 체스 게임의 승리나 패배처럼 전체 목표를 달성하는 것으로 정의할 수 있습니다. 예를 들어 체스에서 기물의 이동으로 나타난 결과는 각기 다른 환경 상태로 생각할 수 있습니다.

체스 예제를 좀 더 살펴보죠. 체스판 위의 특정 상황이 승리로 이어질 가능성이 높은 상태와 연관될 수 있습니다. 예를 들어 상대 체스 기물을 잡거나 퀸을 위협하는 것입니다. 반면 어떤 위치는 게임에 질 가능성이 높은 상태와 연관됩니다. 예를 들어 다음 차례에 상대에게 기물을 잃게 되는 경우입니다. 체스 게임에서 보상(승리하면 양의 보상, 게임에 지면 음의 보상)은 게임이 끝날 때까지 주어지지 않습니다. 또한, 최종 보상은 상대의 플레이 방식에 따라 다릅니다. 예를 들어 상대가 퀸을 잃었지만 결국 게임에서 이길 수 있습니다.

강화 학습은 행동을 수행하고 즉시 얻거나 지연된 피드백을 통해 얻은 전체 보상을 최대화하는 일련의 행동을 학습합니다.

1.2.3 비지도 학습으로 숨겨진 구조 발견

지도 학습에서는 모델을 훈련할 때 사전에 옳은 답(레이블 또는 타깃)을 알고 있습니다. 강화 학습에서는 에이전트의 특정 행동을 보상하는 방법을 정의합니다. 비지도 학습에서는 레이블되지 않거나 구조를 알 수 없는 데이터를 다룹니다. 비지도 학습 기법을 사용하면 알려진 출력 값이나 보상 함수의 도움을 받지 않고 의미 있는 정보를 추출하기 위해 데이터 구조를 탐색할 수 있습니다.

군집: 서브그룹 찾기

군집(clustering)은 그룹 소속에 대한 사전 정보 없이 쌓여 있는 데이터를 의미 있는 서브그룹(subgroup) 또는 **클러스터**(cluster)로 조직하는 탐색적 데이터 분석 또는 패턴 발견 기법입니다. 분석 과정에서 만든 각 클러스터는 어느 정도 유사성을 공유하고 다른 클러스터와는 비슷하지 않은 샘플 그룹을 형성합니다. 이따금 군집을 **비지도 분류**(unsupervised classification)라고 하는 이유가 여기 있습니다. 클러스터링은 정보를 조직화하고 데이터에서 의미 있는 관계를 유도하는 훌륭한 도구입니다. 예를 들어 마케터가 관심사를 기반으로 고객을 그룹으로 나누어 각각에 맞는 마케팅 프로그램을 개발할 수 있습니다.

그림 1-6은 군집이 어떻게 레이블되지 않은 데이터를 특성 x_1과 x_2의 유사도를 기반으로 세 개의 개별적인 그룹 또는 클러스터(A, B, C 순서는 의미가 없습니다)로 조직화하는지 보여 줍니다.

▼ 그림 1-6 군집의 예

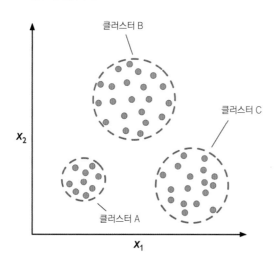

차원 축소: 데이터 압축

비지도 학습의 또 다른 하위 분야는 **차원 축소**(dimensionality reduction)입니다. 고차원의 데이터를 다루어야 하는 경우는 흔합니다. 즉, 하나의 관측 샘플에 많은 측정 지표가 있습니다. 이로 인해 머신 러닝 알고리즘의 계산 성능과 저장 공간의 한계에 맞닥뜨릴 수 있습니다. 비지도 차원 축소는 잡음(noise) 데이터를 제거하기 위해 특성 전처리 단계에서 종종 적용하는 방법입니다. 이런 잡음 데이터는 특정 알고리즘의 예측 성능을 감소시킬 수 있습니다. 차원 축소는 관련 있는 정보를 대부분 유지하면서 더 작은 차원을 가진 부분 공간(subspace)[4]으로 데이터를 압축합니다.

이따금 차원 축소는 데이터 시각화에도 유용합니다. 예를 들어 고차원 특성을 1차원 또는 2차원, 3차원 특성 공간으로 투영하여 3D와 2D 산점도(scatterplot)나 히스토그램(histogram)으로 시각화합니다. 그림 1-7은 비선형(nonlinear) 차원 축소를 적용하여 3D 스위스롤(Swiss Roll) 모양의 데이터를 새로운 2D 특성의 부분 공간으로 압축하는 예를 보여 줍니다.[5]

▼ 그림 1-7 3차원에서 2차원으로 줄인 차원 축소의 예

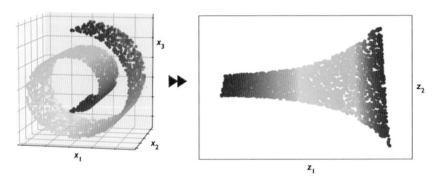

---

4   **역주** 머신 러닝에서는 입력 데이터의 특성을 하나의 축으로 생각하여 벡터 공간이란 표현이 자주 등장합니다. 특성을 줄여 차원이 낮아진 데이터는 부분 공간이라고 표현합니다.

5   **역주** 스위스롤은 크림이나 잼을 넣어 돌돌 말은 형태의 케이크로 롤케이크라고도 합니다. 이 예는 지역 선형 임베딩(Locally Linear Embedding, LLE)을 사용하여 스위스롤 데이터셋의 2D 매니폴드(manifold)를 펼친 것입니다. 매니폴드 학습은 5장에서 간략히 소개합니다. LLE에 대한 자세한 내용은 〈핸즈온 머신러닝 3판〉(한빛미디어, 2023) 8장을 참고하세요.

1.3 기본 용어와 표기법 소개

지금까지 지도 학습, 비지도 학습, 강화 학습 세 개의 머신 러닝 종류를 살펴보았습니다.[6] 이제 책에서 사용할 기본 용어를 알아보겠습니다. 다음 절에서 데이터셋의 다양한 측면을 언급할 때 사용하는 일반적인 용어를 다룹니다. 또한, 좀 더 정확하고 효율적으로 소통하기 위한 수학 표기법을 소개합니다.

머신 러닝은 방대한 분야고 여러 학문이 관련되어 있기 때문에 여러 다른 용어로 같은 개념을 설명하는 경우를 머지않아 만나게 될 것입니다. 이어지는 두 번째 절에서는 머신 러닝 문헌에서 가장 널리 사용되는 용어를 소개합니다. 다양한 머신 러닝 자료를 읽을 때 참고로 사용하면 좋습니다.

1.3.1 이 책에서 사용하는 표기법과 규칙

그림 1-8의 표는 머신 러닝 분야의 고전적인 예제인 붓꽃(Iris) 데이터셋 일부를 보여 줍니다(자세한 정보는 https://archive.ics.uci.edu/ml/datasets/iris를 참고하세요). 붓꽃 데이터셋은 Setosa, Versicolor, Virginica 세 종류 150개의 붓꽃 샘플을 담고 있습니다.

각 붓꽃 샘플은 데이터셋에서 하나의 행(row)으로 표현됩니다. 센티미터 단위의 측정값은 열(column)에 저장되어 있으며 데이터셋의 **특성**(feature)이라고도 합니다.

6 　**역주** 지도 학습과 비지도 학습이 섞여 있는 준지도 학습(semi-supervised learning)도 있습니다. 준지도 학습에서는 레이블된 데이터셋과 레이블이 없는 데이터셋을 모두 사용합니다. 자기 지도 학습(self-supervised learning)은 입력이 타깃이 되는 지도 학습의 특별한 경우입니다. 대표적인 자기 지도 학습의 예는 오토인코더(autoencoder)입니다. 오토인코더에 대한 자세한 내용은 〈케라스 창시자에게 배우는 딥러닝 2판〉(길벗, 2022) 12장을 참고하세요.

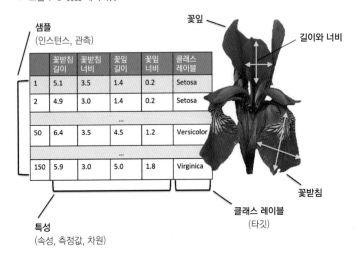

▼ 그림 1-8 붓꽃 데이터셋

간단하게 표기하고 효율적으로 코드를 구현할 수 있도록 기초적인 선형대수학(linear algebra)을 사용하겠습니다. 다음 장부터는 행렬(matrix)과 벡터(vector) 표기로 데이터를 표현합니다. 일반적인 관례에 따라서 샘플은 특성 행렬 X에 있는 행으로 나타내고, 특성은 열을 따라 저장합니다.[7]

150개의 샘플과 네 개의 특성을 가진 붓꽃 데이터셋은 150×4 크기의 행렬 $X \in \mathbb{R}^{150 \times 4}$로 쓸 수 있습니다.

$$
\begin{bmatrix}
x_1^{(1)} & x_2^{(1)} & x_3^{(1)} & x_4^{(1)} \\
x_1^{(2)} & x_2^{(2)} & x_3^{(2)} & x_4^{(2)} \\
\vdots & \vdots & \vdots & \vdots \\
x_1^{(150)} & x_2^{(150)} & x_3^{(150)} & x_4^{(150)}
\end{bmatrix}
$$

> **Note ≡ 표기법**
>
> 책의 나머지 부분에서 다른 설명이 없다면 위 첨자 i는 i번째 훈련 샘플을 나타냅니다. 아래 첨자 j는 훈련 데이터셋의 j번째 차원을 나타냅니다.
>
> 굵은 소문자는 벡터($x \in \mathbb{R}^{n \times 1}$)를 나타내고, 굵은 대문자는 행렬($X \in \mathbb{R}^{n \times m}$)을 나타냅니다. 벡터나 행렬에 있는 하나의 원소를 나타낼 때는 이탤릭체를 사용합니다(각각 $x^{(n)}$ 또는 $x_{(m)}^{(n)}$).[8]

○ 계속

7 　역주　사이킷런과 텐서플로는 이처럼 샘플이 입력 배열의 첫 번째 차원을 따라 놓여 있을 것으로 기대합니다.

8 　역주　책에서 샘플 개수는 n, 특성 개수는 m으로 나타냅니다.

예를 들어 x_1^{150}은 150번째 샘플의 1번째 차원인 꽃받침 길이를 나타냅니다. 행렬 X에 있는 각 행은 하나의 꽃 샘플을 나타내고 4차원 행 벡터 $\boldsymbol{x}^{(i)} \in \mathbb{R}^{1 \times 4}$로 쓸 수 있습니다.

$$\boldsymbol{x}^{(i)} = \begin{bmatrix} x_1^{(i)} & x_2^{(i)} & x_3^{(i)} & x_4^{(i)} \end{bmatrix}$$

각 특성 차원은 150차원의 열 벡터 $\boldsymbol{x}_j \in \mathbb{R}^{150 \times 1}$입니다. 예를 들어 다음과 같습니다.

$$\boldsymbol{x}_j = \begin{bmatrix} x_j^{(1)} \\ x_j^{(2)} \\ \vdots \\ x_j^{(150)} \end{bmatrix}$$

비슷하게 타깃 변수(여기에서는 클래스 레이블)를 150차원의 열 벡터로 저장합니다.

$$\boldsymbol{y} = \begin{bmatrix} y^{(1)} \\ \vdots \\ y^{(150)} \end{bmatrix} \left(y \in \{ \text{Setosa, Versicolor, Virginica} \} \right)$$

1.3.2 머신 러닝 용어

머신 러닝은 여러 연구 분야의 과학자들이 관여하기 때문에 분야가 방대하고 관련된 학문이 많습니다. 이 과정에서 많은 용어와 개념이 재발견되거나 재정의되었고 이미 알고 있는 내용이 다른 이름으로 등장하기도 합니다. 다음 목록에서 이 책과 다른 머신 러닝 책을 읽을 때 자주 등장하는 용어와 동의어를 정리했습니다.

- **훈련 샘플**: 데이터셋을 나타내는 테이블의 행. 동의어로는 관측(observation), 레코드(record), 인스턴스(instance), 예시(example)가 있습니다(대부분의 경우 샘플은 훈련 예시의 집합을 의미합니다).[9]
- **훈련**: 모델 피팅(fitting). 모수 모델(parametric model)의 경우 파라미터 추정(parameter estimation)과 비슷합니다.
- **특성(x)**: 데이터 테이블이나 데이터 행렬의 열. 동의어로는 예측 변수(predictor variable), 변수, 입력, 속성(attribute), 공변량(covariate)이 있습니다.
- **타깃(y)**: 동의어로는 결과(outcome), 출력(output), 반응 변수, 종속 변수(dependent variable), (클래스) 레이블(label), 정답(ground truth)이 있습니다.

---

9 **역주** 번역서에서는 예시와 샘플을 구분하지 않고 샘플로 통일했습니다.

- **손실 함수**(loss function): 종종 비용 함수(cost function)와 동의어로 사용합니다. 일부 자료에서는 손실 함수를 하나의 데이터 포인트에 대해 측정한 손실로 사용하고, 비용 함수는 전체 데이터셋에 대해 계산한 손실(평균 또는 합)로 사용합니다.

1.4 / 머신 러닝 시스템 구축 로드맵

이전 절에서 머신 러닝의 기초 개념과 세 종류의 학습 방법을 설명했습니다. 이 절에서는 학습 알고리즘과 함께 머신 러닝 시스템의 중요한 다른 부분을 알아보겠습니다.

그림 1-9는 예측 모델링에 머신 러닝을 사용하는 전형적인 작업 흐름을 보여 줍니다. 이어지는 절에서 설명하겠습니다.

❤ 그림 1-9 예측 모델링의 작업 흐름

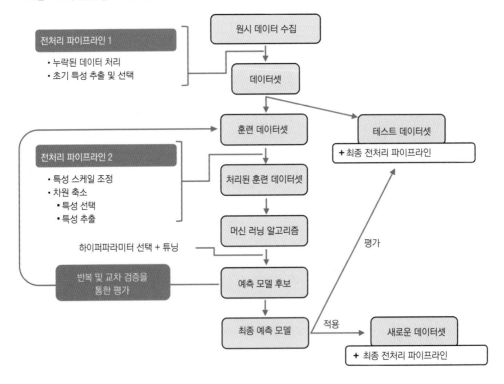

1.4.1 전처리: 데이터 형태 갖추기

머신 러닝 시스템을 구축할 수 있는 로드맵(roadmap)을 이야기해 보죠. 주어진 원본 데이터의 형태와 모습이 학습 알고리즘이 최적의 성능을 내기에 적합한 경우는 매우 드뭅니다. 데이터 전처리는 모든 머신 러닝 애플리케이션에서 가장 중요한 단계 중 하나입니다.

이전 절에서 예로 든 붓꽃 데이터셋을 생각해 보면 원본 데이터는 일련의 꽃 이미지들이고, 여기에서 의미 있는 특성을 추출해야 합니다. 유용한 특성은 꽃의 색깔, 색조, 채도가 될 수 있습니다. 높이, 꽃의 길이와 너비도 가능합니다.

많은 머신 러닝 알고리즘에서 최적의 성능을 내려면 선택된 특성이 같은 스케일을 가져야 합니다. 특성을 [0, 1] 범위로 변환하거나 평균이 0이고 단위 분산을 가진 표준 정규 분포(standard normal distribution)로 변환하는 경우가 많습니다. 이어지는 장에서 볼 것입니다.

일부 선택된 특성은 매우 상관관계가 높아 어느 정도 중복된 정보를 가질 수 있습니다. 이때는 차원 축소 기법을 사용하여 특성을 저차원 부분 공간으로 압축합니다. 특성 공간의 차원을 축소하면 저장 공간이 덜 필요하고 학습 알고리즘을 더 빨리 실행할 수 있습니다. 어떤 경우에는 차원 축소가 모델의 예측 성능을 높이기도 합니다. 데이터셋에 관련 없는 특성(또는 잡음)이 매우 많을 경우, 즉 신호 대 잡음비(Signal-to-Noise Ratio, SNR)[10]가 낮은 경우입니다.

머신 러닝 알고리즘이 훈련 데이터셋에서 잘 작동하고 새로운 데이터에서도 잘 일반화되는지 확인하려면 데이터셋을 랜덤하게 훈련 데이터셋과 테스트 데이터셋으로 나누어야 합니다. 훈련 데이터셋에서 머신 러닝 모델을 훈련하고 최적화합니다. 테스트 데이터셋은 별도로 보관하고 최종 모델을 평가하는 맨 마지막에 사용합니다.

1.4.2 예측 모델 훈련과 선택

이후 장들에서 보겠지만 여러 머신 러닝 알고리즘은 각기 다른 문제를 해결하기 위해 개발되었습니다. 데이비드 월퍼트(David Wolpert)의 공짜 점심 없음(no free lunch) 이론의 중요한 핵심 포인트는 아무런 대가도 치르지 않고 학습할 수는 없다는 것입니다.[11] 잘 알려진 속담과 연관 지어 생각할 수 있습니다. "가진 도구가 망치밖에 없다면 모든 문제가 못으로 보일 것입니다."(에이브러

---

10 역주 신호 대 잡음비(SNR=신호/잡음)는 잡음 대비 신호의 크기를 나타냅니다.

11 The Lack of a Priori Distinctions Between Learning Algorithms, D. H. Wolpert 1996; No free lunch theorems for optimization, D. H. Wolpert and W. G. Macready, 1997

햄 매슬로(Abraham Maslow)[12], 1966) 예를 들어 분류 알고리즘은 저마다 태생적인 편향이 있습니다. 작업에서 아무런 가정도 하지 않는다면 어떤 하나의 분류 모델이 더 우월하다고 말할 수 없습니다. 현실에서는 가장 좋은 모델을 훈련하고 선택하기 위해 최소한 몇 가지 알고리즘을 비교해야 합니다. 여러 모델을 비교하기 전에 먼저 성능을 측정할 지표를 결정해야 합니다. 분류에서 널리 사용되는 지표는 **정확도**(accuracy)입니다. 정확도는 정확히 분류된 샘플 비율입니다.

다음 질문이 생길 법합니다. 모델 선택에 테스트 데이터셋을 사용하지 않고 최종 모델을 평가하려고 따로 보관한다면, 테스트 데이터셋과 실제 데이터에서 어떤 모델이 잘 동작할지 어떻게 알 수 있을까요? 이 질문에 나온 이슈를 해결하기 위해 다양한 교차 검증 기법을 사용합니다. 교차 검증에서는 모델의 일반화 성능을 예측하기 위해 훈련 데이터를 훈련 데이터셋과 검증 데이터셋으로 더 나눕니다.

또한, 머신 러닝 라이브러리들에서 제공하는 알고리즘의 기본 하이퍼파라미터가 현재 작업에 최적이라고 기대할 수 없습니다. 이어지는 장에서 모델 성능을 상세하게 조정하기 위해 하이퍼파라미터 최적화 기법을 많이 사용할 것입니다.

하이퍼파라미터(hyperparameter)는 데이터에서 학습하는 파라미터가 아니라 모델 성능을 향상하기 위해 사용하는 다이얼로 생각할 수 있습니다.[13] 이어지는 장에서 실제 예제를 보면 명확하게 이해할 수 있을 것입니다.

1.4.3 모델을 평가하고 본 적 없는 샘플로 예측

훈련 데이터셋에서 최적의 모델을 선택한 후에는 테스트 데이터셋을 사용하여 이전에 본 적이 없는 데이터에서 얼마나 성능을 내는지 예측하여 일반화 오차를 예상합니다. 이 성능에 만족한다면 이 모델을 사용하여 미래의 새로운 데이터를 예측할 수 있습니다. 이전에 언급한 특성 스케일 조정과 차원 축소 같은 단계에서 사용한 파라미터는 훈련 데이터셋만 사용하여 얻은 것임을 주목해야 합니다. 나중에 동일한 파라미터를 테스트 데이터셋은 물론 새로운 모든 샘플을 변환하는 데 사용합니다. 그렇지 않으면 테스트 데이터셋에서 측정한 성능은 과도하게 낙관적인 결과가 됩니다.[14]

---

12 **역주** 에이브러햄 매슬로는 미국 심리학자입니다. 이 말은 그가 1966년에 출간한 〈Psychology of Science〉에 실려 있습니다.

13 **역주** 하이퍼파라미터는 머신 러닝 라이브러리의 함수나 클래스 매개변수로 전달합니다. 모델이 학습하는 파라미터를 하이퍼파라미터와 구분하려고 모델 파라미터라고도 칭합니다. 혼동을 피하기 위해 함수나 클래스의 파라미터는 매개변수로 번역합니다.

14 **역주** 예를 들어 테스트 데이터셋에서 따로 계산한 평균과 표준 편차를 사용하여 테스트 데이터셋을 전처리하면 훈련 데이터셋과는 다른 비율로 변환되기 때문에 훈련 데이터셋에서 학습한 모델이 잘 작동하지 않을 것입니다. 새로운 데이터 하나에서 예측을 만들 때는 이런 통계를 구할 수도 없습니다. 테스트 데이터셋을 본 적 없는 새로운 데이터와 동일하게 취급하지 않으면 낙관적인 결과를 얻게 됩니다.

1.5 머신 러닝을 위한 파이썬

파이썬(Python)은 데이터 과학 분야에서 가장 인기 있는 프로그래밍 언어입니다. 개발자와 오픈 소스 공동체가 매우 활발히 활동하고 있기 때문에 과학 컴퓨팅과 머신 러닝을 위한 유용한 라이브 러리가 많이 개발되어 있습니다.

계산량이 많은 작업에서는 파이썬 같은 인터프리터 언어의 성능이 저수준 프로그래밍 언어보다 낮습니다. 포트란(Fortran)과 C 언어로 만든 저수준 모듈 위에 구축된 넘파이(NumPy)와 사이파이 (SciPy) 같은 라이브러리 덕택에 다차원 배열에서 벡터화된 연산을 빠르게 수행할 수 있습니다.

이 책에서는 사이킷런(Scikit-learn) 라이브러리로 대부분 머신 러닝 프로그래밍 작업을 하겠습니다. 사이킷런은 현재 가장 인기 있고 사용하기 쉬운 오픈 소스 머신 러닝 라이브러리 중 하나입니다. 책의 후반부에서 머신 러닝의 하위 분야인 딥러닝(deep learning)을 다룰 때 최신 버전의 파이토치 라이브러리를 사용하겠습니다. 이 라이브러리는 그래픽 카드를 활용하여 심층 신경망 모델을 매우 효율적으로 훈련합니다.

1.5.1 파이썬과 PIP에서 패키지 설치

파이썬은 세 개의 주요 운영 체제인 마이크로소프트 윈도(Microsoft Windows), macOS, 리눅스 (Linux)에서 사용할 수 있습니다. 파이썬 공식 사이트(https://www.python.org)에서 문서와 설 치 파일을 다운로드할 수 있습니다.

이 책의 코드는 파이썬 3.9에서 작성하고 테스트했습니다. 현재 파이썬 3의 최신 버전을 사용하는 것이 좋습니다. 일부 코드는 파이썬 2.7과 호환될 수 있지만 파이썬 2.7의 공식 지원이 2019년 말 에 끝났기 때문에 상당수의 오픈 소스 라이브러리는 이미 파이썬 2.7에 대한 지원을 중단했습니다 (https://python3statement.org/). 따라서 파이썬 3.9 또는 그 이상을 사용하길 권장합니다.

터미널(또는 윈도의 경우 파워셸(PowerShell))에서 다음 명령을 실행하여 파이썬 버전을 확인할 수 있습니다.

```
> python --version
```

또는

```
> python3 --version
```

책에서 사용할 패키지는 pip 설치 프로그램으로 설치할 수 있습니다. 이 프로그램은 파이썬 3.3 버전부터 파이썬 표준 라이브러리에 포함되었습니다. 자세한 pip 설명은 온라인 문서(https://docs.python.org/3/installing/index.html)를 참고하세요.

파이썬을 설치하고 난 후 터미널(Terminal)에서 pip 명령으로 필요한 파이썬 패키지를 설치할 수 있습니다.

```
> pip install 패키지 이름
```

설치한 패키지를 업데이트할 때는 --upgrade 옵션을 사용합니다.

```
> pip install --upgrade 패키지 이름
```

1.5.2 아나콘다 파이썬 배포판과 패키지 관리자 사용

과학 컴퓨팅을 위한 파이썬 설치에 추천하는 오픈 소스 패키지 관리 시스템으로는 아나콘다 (Anaconda)에서 제공하는 콘다(conda)가 있습니다. 콘다는 무료이며 퍼미시브 오픈 소스 라이선스 (permissive open-source license)를 따릅니다. 다양한 운영 체제에서 데이터 과학, 수학 및 공학을 위한 파이썬 패키지의 설치 및 버전 관리를 지원하는 것이 콘다의 목표입니다. 콘다는 아나콘다, 미니콘다(Miniconda), 미니포지(Miniforge) 등 다양한 형태로 제공됩니다.

- 아나콘다에는 다양한 과학 컴퓨팅 패키지가 사전 설치되어 있습니다. https://docs.anaconda.com/anaconda/install/에서 아나콘다 인스톨러를 다운로드할 수 있습니다. 아나콘다에 대해 빠르게 훑어볼 수 있는 가이드는 https://docs.anaconda.com/anaconda/user-guide/getting-started/에 있습니다.

- 미니콘다(https://docs.conda.io/en/latest/miniconda.html)는 아나콘다의 경량 인스톨러입니다. 기본적으로 아나콘다와 비슷하지만 사전 설치된 패키지가 없어 (저를 포함하여) 많은 사람이 선호합니다.

- 미니포지는 미니콘다와 유사하지만 커뮤니티에서 유지 관리하며 미니콘다 및 아나콘다와는 다른 패키지 저장소(콘다-포지(conda-forge))를 사용합니다. 미니포지는 미니콘다를 대체할 수 있는 훌륭한 대안입니다. 다운로드 및 설치 가이드는 깃허브 저장소(https://github.com/conda-forge/miniforge)에서 확인할 수 있습니다.

아나콘다, 미니콘다, 미니포지를 사용하여 콘다를 설치한 후 다음 명령으로 파이썬 패키지를 설치할 수 있습니다.

> `conda install 패키지 이름`

기존 패키지를 업데이트하려면 다음 명령을 사용합니다.

> `conda update 패키지 이름`

공식 콘다 채널에 없는 패키지는 커뮤니티에서 관리하는 콘다-포지 프로젝트(https://conda-forge.org) 채널에 있을 수 있습니다. 다음과 같이 --channel conda-forge 옵션을 통해 사용할 수 있습니다.

> `conda install 패키지 이름 --channel conda-forge`

콘다 채널과 콘다-포지 채널에 없는 패키지는 앞서 설명한 pip를 사용하여 설치할 수 있습니다.

> `pip install 패키지 이름`

1.5.3 과학 컴퓨팅, 데이터 과학, 머신 러닝을 위한 패키지

이 책의 머신 러닝 파트에서는 데이터를 저장하고 조작하는 데 넘파이 다차원 배열을 주로 사용합니다. 이따금 판다스(Pandas)도 사용합니다. 판다스는 넘파이 위에 구축된 라이브러리고 테이블 형태의 데이터를 아주 쉽게 다룰 수 있는 고수준 도구를 제공합니다. 종종 정량적인 데이터를 시각화하면 이해하는 데 매우 도움이 됩니다. 이를 위해 많은 옵션을 제공하는 맷플롯립(Matplotlib) 라이브러리를 사용하겠습니다.

(3장에서 11장까지) 책에서 사용하는 주요 머신 러닝 라이브러리는 사이킷런입니다. 그다음 12장에서 딥러닝을 위한 파이토치 라이브러리를 소개합니다.

책에서 사용하는 주요 파이썬 패키지 버전은 다음과 같습니다. 여러분 컴퓨터에 설치된 패키지와 버전이 같은지 확인하세요. 예제 코드를 정상적으로 실행하려면 버전을 맞추는 것이 좋습니다.

- 넘파이 1.21.2
- 사이파이 1.7.0
- 사이킷런 1.2
- 맷플롯립 3.4.3
- 판다스 1.3.2

패키지를 설치한 후에는 파이썬에서 패키지를 임포트한 후 __version__ 속성을 사용하여 패키지 설치 버전을 다시 확인할 수 있습니다.

```
>>> import numpy
>>> numpy.__version__
'1.21.2'
```

편의를 위해 책의 코드 저장소(https://github.com/rickiepark/ml-with-pytorch)에 python-environment-check.py 스크립트가 포함되어 있습니다. 이 스크립트를 실행하면 파이썬 버전과 패키지 버전을 모두 확인할 수 있습니다.

특정 장에서 추가 패키지가 필요한 경우 설치에 관한 정보를 제공합니다. 예를 들어 지금은 파이토치 설치에 대해 신경 쓰지 마세요. 12장에서 필요한 팁과 가이드를 제공합니다.

책의 코드와 정확히 일치하는데도 오류가 발생한다면 디버깅을 하는 데 시간을 보내거나 역자에게 문의하기 전에 기본 패키지의 버전을 확인하는 것이 좋습니다. 간혹 이전 버전과 호환되지 않는 변경 사항이 최신 버전의 라이브러리에 추가되어 오류가 발생할 수 있습니다.

현재 파이썬 환경에 있는 패키지 버전을 변경하지 않으려면 책에 사용된 패키지를 설치할 때 가상 환경을 사용하는 것이 좋습니다. 콘다 관리자 없이 파이썬을 사용하는 경우 venv 라이브러리를 사용하여 새 가상 환경을 만들 수 있습니다. 예를 들어 다음 두 명령을 통해 가상 환경을 생성하고 활성화할 수 있습니다.

```
> python3 -m venv /Users/sebastian/Desktop/pyml-book
> source /Users/sebastian/Desktop/pyml-book/bin/activate
```

터미널 또는 파워셸을 새로 열 때마다 가상 환경을 활성화해야 한다는 점에 유의하세요. venv에 대한 자세한 정보는 https://docs.python.org/3/library/venv.html에서 확인할 수 있습니다.

콘다 패키지 관리자와 함께 아나콘다를 사용하는 경우 다음과 같이 가상 환경을 생성하고 활성화할 수 있습니다.

```
> conda create -n pyml python=3.9
> conda activate pyml
```

1.6 요약

이 장에서는 매우 넓은 시각으로 머신 러닝을 바라보았습니다. 큰 그림에 익숙해졌고 이어지는 장에서 자세히 살펴볼 주요 개념을 둘러보았습니다. 지도 학습의 주요 하위 분야 두 개는 분류와 회귀입니다. 분류 모델은 샘플을 알려진 클래스로 분류합니다. 회귀 분석은 타깃 변수의 연속된 출력을 예측합니다. 비지도 학습은 레이블되지 않은 데이터에서 구조를 찾는 유용한 기법입니다. 또 전처리 단계에서 데이터 압축에도 유용하게 사용합니다.

머신 러닝을 적용하는 전형적인 로드맵도 간략히 살펴보았습니다. 이를 바탕으로 이어지는 장에서 좀 더 깊은 주제와 실전 예제를 다루겠습니다. 마지막으로 파이썬 환경과 필수 패키지를 설치하고 업데이트해서 머신 러닝을 작업할 준비를 마쳤습니다.

책 뒷부분에서 머신 러닝 이외에도 데이터셋을 전처리하는 여러 기법을 소개합니다. 머신 러닝 알고리즘의 성능을 최대로 끌어내는 데 도움이 될 것입니다. 분류 알고리즘을 폭넓게 다루겠지만 회귀 분석과 군집 알고리즘도 살펴볼 것입니다.

이제 강력한 기술들이 가득한 머신 러닝의 세계로 떠나는 흥미로운 여행을 앞두고 있습니다. 한 번에 한 걸음씩 각 장을 거치면서 점진적으로 지식을 쌓도록 하겠습니다. 다음 장에서 머신 러닝 초기의 분류 알고리즘 중 하나를 구현하면서 시작해 보죠. 3장을 이해하는 데 도움이 될 것입니다. 여기에서는 사이킷런 오픈 소스 머신 러닝 라이브러리로 많은 고급 머신 러닝 알고리즘을 다룹니다.

2 장

간단한 분류
알고리즘 훈련

이 장에서는 분류를 위한 초창기 머신 러닝 알고리즘인 퍼셉트론과 적응형 선형 뉴런 두 개를 사용합니다. 파이썬을 사용해서 단계적으로 퍼셉트론을 구현하고 붓꽃 데이터셋에서 훈련하여 꽃 품종을 분류합니다. 분류를 위한 머신 러닝 알고리즘 개념을 이해하고, 파이썬을 사용한 효율적인 구현 방법을 익히는 데 도움이 될 것입니다.

적응형 선형 뉴런으로는 기본적인 최적화를 설명합니다. 3장에서 사이킷런 머신 러닝 라이브러리에 있는 강력한 분류 모델을 사용하는 기초를 다질 수 있을 것입니다.

이 장에서는 다음 주제를 다룹니다.

- 머신 러닝 알고리즘을 직관적으로 이해하기
- 판다스, 넘파이, 맷플롯립으로 데이터를 읽고 처리하고 시각화하기
- 파이썬으로 선형 분류 알고리즘 구현하기

2.1 인공 뉴런: 초기 머신 러닝의 간단한 역사

퍼셉트론(perceptron)과 이와 관련된 알고리즘을 자세히 설명하기 전에 초창기 머신 러닝을 간단히 둘러보겠습니다. AI를 설계하기 위해 생물학적 뇌가 동작하는 방식을 이해하려는 시도로, 1943년 워렌 맥컬록(Warren McCulloch)과 월터 피츠(Walter Pitts)는 처음으로 간소화된 뇌의 뉴런 개념을 발표했습니다.[1] 이를 **맥컬록-피츠**(MCP) 뉴런이라고 합니다.

뉴런들은 뇌의 신경 세포와 서로 연결되어 있습니다. 그림 2-1과 같이 화학적·전기적 신호를 처리하고 전달하는 데 관여합니다.

---

1 A Logical Calculus of the Ideas Immanent in Nervous Activity, W. S. McCulloch and W. Pitts, Bulletin of Mathematical Biophysics, 5(4): 115–133, 1943

❤ 그림 2-1 화학적 · 전기적 신호를 처리하는 뉴런

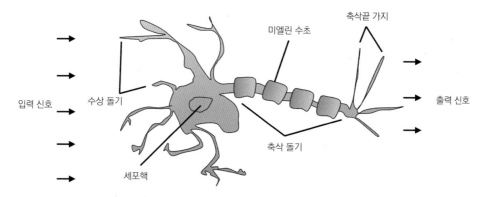

맥컬록과 피츠는 신경 세포를 이진 출력을 내는 간단한 논리 회로로 표현했습니다. 수상 돌기에 여러 신호가 도착하면 세포체에 합쳐집니다. 합쳐진 신호가 특정 임계 값을 넘으면 출력 신호가 생성되고 축삭 돌기를 이용하여 전달됩니다.

몇 년 후에 프랑크 로젠블라트(Frank Rosenblatt)는 MCP 뉴런 모델을 기반으로 퍼셉트론 학습 개념을 처음 발표했습니다.[2] 퍼셉트론 규칙에서 로젠블라트는 자동으로 최적의 가중치를 학습하는 알고리즘을 제안했습니다. 이 가중치는 뉴런의 출력 신호를 낼지 말지를 결정하기 위해 입력 특성에 곱하는 계수입니다. 지도 학습과 분류 개념으로 말하면 이런 알고리즘을 사용하여 새로운 데이터 포인트가 한 클래스에 속하는지 아닌지를 예측할 수 있습니다.

2.1.1 인공 뉴런의 수학적 정의

좀 더 형식적으로 말하면 **인공 뉴런**(artificial neuron) 아이디어를 0과 1 두 개의 클래스가 있는 이진 분류(binary classification) 작업으로 볼 수 있습니다. 그다음 입력 값 x와 이에 상응하는 가중치 벡터 w의 선형 조합으로 결정 함수 $\sigma(z)$를 정의합니다. 최종 입력(net input)인 z는 $z = w_1 x_1 + w_2 x_2 + \cdots + w_m x_m$ 입니다.

$$w = \begin{bmatrix} w_1 \\ \vdots \\ w_m \end{bmatrix}, \quad x = \begin{bmatrix} x_1 \\ \vdots \\ x_m \end{bmatrix}$$

2　The Perceptron: A Perceiving and Recognizing Automaton, F. Rosenblatt, Cornell Aeronautical Laboratory, 1957

이제 특정 샘플 $x^{(i)}$의 최종 입력이 사전에 정의된 임계 값 θ보다 크면 클래스 1로 예측하고, 그렇지 않으면 클래스 0으로 예측합니다. 퍼셉트론 알고리즘에서 결정 함수 $\sigma(\cdot)$는 **단위 계단 함수**(unit step function)[3]를 변형한 것입니다.

$$\sigma(z) = \begin{cases} 1 & z \geq \theta \text{ 일 때} \\ 0 & \text{그 외} \end{cases}$$

코드 구현을 간단하게 하기 위해 이 공식을 조금 수정하겠습니다. 첫째, 임계 값 θ를 식의 왼쪽으로 이동합니다.

$$z \geq \theta$$
$$z - \theta \geq 0$$

둘째, 절편 유닛 $b=-\theta$를 정의하고 이를 z 식에 포함시킵니다.

$$z = w_1 x_1 + \ldots + w_m x_m + b = \boldsymbol{w}^T \boldsymbol{x} + b$$

셋째, 절편 유닛을 도입하고 최종 입력 z를 재정의했으므로 결정 함수를 다음과 같이 재정의할 수 있습니다.

$$\sigma(z) = \begin{cases} 1 & z \geq 0 \text{ 일 때} \\ 0 & \text{그 외} \end{cases}$$

Note ☰ **선형대수 기초: 점곱과 행렬 전치**

이어지는 절에서는 기초적인 선형대수 표기법을 자주 사용합니다. 예를 들어 x와 w 값을 곱해 더한 것을 벡터 점곱(dot product)으로 간략히 나타냅니다. 위 첨자 T는 열 벡터를 행 벡터로 또는 그 반대로 바꾸는 **전치**(transpose)를 의미합니다. 예를 들어 다음과 같은 두 열 벡터가 있다고 가정해 보죠.

$$\boldsymbol{a} = \begin{bmatrix} a_1 \\ a_2 \\ a_3 \end{bmatrix}, \quad \boldsymbol{b} = \begin{bmatrix} b_1 \\ b_2 \\ b_3 \end{bmatrix}$$

그러면 벡터 $\boldsymbol{a}$의 전치를 $\boldsymbol{a}^T=[a_1\ a_2\ a_3]$으로 쓰고 점곱을 다음과 같이 쓸 수 있습니다.

$$\boldsymbol{a}^T \boldsymbol{b} = \sum_i a_i b_i = a_1 \cdot b_1 + a_2 \cdot b_2 + a_3 \cdot b_3$$

또한, 전치 연산은 행렬에 적용하여 대각 원소를 기준으로 반전시킬 수 있습니다. 예를 들어 다음과 같습니다.

$$\begin{bmatrix} 1 & 2 \\ 3 & 4 \\ 5 & 6 \end{bmatrix}^T = \begin{bmatrix} 1 & 3 & 5 \\ 2 & 4 & 6 \end{bmatrix}$$

전치 연산은 행렬에서만 정의되어 있습니다. 하지만 머신 러닝 분야에서는 $n \times 1$ 또는 $1 \times m$ 행렬을 '벡터'라고 합니다. 책에서는 아주 기초적인 선형대수만 사용합니다. 빠르게 기억을 되살리려면 지코 콜터(Zico Kolter)가 쓴 훌륭한 선형대수 소개 자료인 "Linear Algebra Review and Reference"(http://www.cs.cmu.edu/~zkolter/course/linalg/linalg_notes.pdf)를 참고하세요.

---

3 [역주] 단위 계단 함수는 $z \geq 0$일 때 1, 그렇지 않으면 0을 반환하는 함수입니다.

그림 2-2는 퍼셉트론 결정 함수로 최종 입력 $z = w^T x + b$가 이진 출력(0 또는 1)으로 압축되는 방법(왼쪽 그림)과 이를 사용하여 선형 결정 경계로 분리가 가능한 두 개의 클래스 사이를 구별하는 방법(오른쪽 그림)을 보여 줍니다.

▼ 그림 2-2 이진 분류 문제에서 선형 결정 경계를 만드는 임계 함수

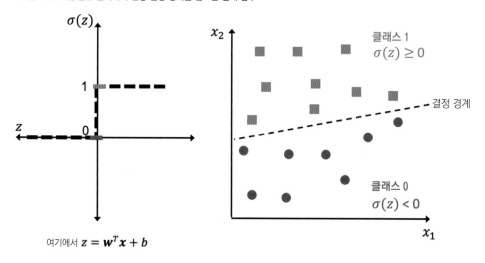

여기에서 $z = w^T x + b$

2.1.2 퍼셉트론 학습 규칙

MCP 뉴런과 로젠블라트의 임계 퍼셉트론 모델 이면에 있는 전반적인 아이디어는 뇌의 뉴런 하나가 작동하는 방식을 흉내 내려는 환원주의(reductionism)[4] 접근 방식을 사용한 것입니다. 즉, 출력을 내거나 내지 않는 두 가지 경우만 있습니다. 따라서 로젠블라트의 초기 퍼셉트론 학습 규칙은 매우 간단합니다. 퍼셉트론 알고리즘을 요약하면 다음 과정과 같습니다.

1. 가중치를 0 또는 랜덤한 작은 값으로 초기화합니다.

2. 각 훈련 샘플 $x^{(i)}$에서 다음 작업을 합니다.

   a. 출력 값 $\hat{y}$를 계산합니다.

   b. 가중치와 절편을 업데이트합니다.

---

4 역주 환원주의는 복잡하고 추상적인 개념을 더 단순한 요소로 명확하게 정의할 수 있다는 믿음입니다. 예를 들어 생물의 어떤 현상을 물리적, 화학적으로 설명할 수 있다고 주장합니다.

여기에서 출력 값은 앞서 정의한 단위 계단 함수로 예측한 클래스 레이블입니다. 가중치 벡터 $\mathbf{w}$에 있는 개별 가중치 w_j와 절편 유닛이 동시에 업데이트되는 것을 다음과 같이 쓸 수 있습니다.[5]

$$w_j := w_j + \Delta w_j$$
$$\text{그리고 } b := b + \Delta b$$

업데이트 값("델타")은 다음과 같이 계산됩니다.

$$\Delta w_j = \eta\left(y^{(i)} - \hat{y}^{(i)}\right)x_j^{(i)}$$
$$\text{그리고 } \Delta b = \eta\left(y^{(i)} - \hat{y}^{(i)}\right)$$

절편 유닛과 달리 각 가중치 w_j는 데이터셋에 있는 특성 x_j에 대응됩니다. 이 특성은 위에서 정의된 업데이트 값 Δw_j를 결정하는 데 사용됩니다.

여기에서 η는 **학습률**(learning rate)입니다(일반적으로 0.0에서 1.0 사이 실수입니다). $y^{(i)}$는 i번째 훈련 샘플의 **진짜 클래스 레이블**(true class label)입니다. $\hat{y}^{(i)}$는 **예측 클래스 레이블**(predicted class label)입니다. 가중치 벡터의 모든 가중치와 절편 유닛을 동시에 업데이트한다는 점이 중요합니다. 즉, 모든 가중치와 절편 유닛이 각자의 업데이트 값 Δw_j와 Δb에 의해 업데이트되기 전에 예측 레이블 $\hat{y}^{(i)}$를 다시 계산하지 않습니다. 구체적으로 2차원 데이터셋에서는 다음과 같이 업데이트됩니다.

$$\Delta w_1 = \eta(y^{(i)} - \text{output}^{(i)})x_1^{(i)};$$
$$\Delta w_2 = \eta(y^{(i)} - \text{output}^{(i)})x_2^{(i)};$$
$$\Delta b = \eta(y^{(i)} - \text{output}^{(i)})$$

파이썬으로 퍼셉트론 규칙을 구현하기 전에 간단한 사고 실험을 하여 이 규칙이 얼마나 멋지고 간단하게 작동하는지 알아보겠습니다. 퍼셉트론이 클래스 레이블을 정확히 예측한 두 경우는 가중치와 절편 유닛이 변경되지 않고 그대로 유지됩니다. 따라서 업데이트 값은 0이 됩니다.

$$(1)\ y^{(i)} = 0,\ \ \hat{y}^{(i)} = 0,\ \ \Delta w_j = \eta(0 - 0)x_j^{(i)} = 0,\ \ \Delta b = \eta(0 - 0) = 0$$

$$(2)\ y^{(i)} = 1,\ \ \hat{y}^{(i)} = 1,\ \ \Delta w_j = \eta(1 - 1)x_j^{(i)} = 0,\ \ \Delta b = \eta(1 - 1) = 0$$

5　**역주** 다른 도서에서는 퍼셉트론 학습 규칙과 경사 하강법의 가중치 업데이트 식의 부호가 책과 다르게 표현되는 경우가 종종 있습니다. 즉, $w_j := w_j - \Delta w_j$와 $\Delta w_j = \eta\left(\hat{y}^{(i)} - y^{(i)}\right)x_j^{(i)}$처럼 씁니다. 부호 위치를 바꾸었을 뿐 전체 식이 의미하는 바는 동일하므로 혼동하지 마세요.

잘못 예측했을 때는 가중치를 양성 또는 음성 타깃 클래스 방향으로 이동시킵니다.

$$(3)\ y^{(i)} = 1,\quad \hat{y}^{(i)} = 0,\quad \Delta w_j = \eta(1-0)x_j^{(i)} = \eta x_j^{(i)},\quad \Delta b = \eta(1-0) = \eta$$

$$(4)\ y^{(i)} = 0,\quad \hat{y}^{(i)} = 1,\quad \Delta w_j = \eta(0-1)x_j^{(i)} = -\eta x_j^{(i)},\quad \Delta b = \eta(0-1) = -\eta$$

곱셈 계수 역할을 하는 특성 값 $x_j^{(i)}$를 좀 더 잘 이해하기 위해 다른 예를 살펴보겠습니다.

$$y^{(i)} = 1,\quad \hat{y}^{(i)} = 0,\quad \eta = 1$$

$x_j^{(i)} = 1.5$일 때 이 샘플을 0으로 잘못 분류했다고 가정합니다. 이때 가중치가 2.5만큼 증가되어 다음번에 이 샘플을 만났을 때 최종 입력 $z = x_j^{(i)} \times w_j + b$가 더 큰 양수가 됩니다. 따라서 단위 계단 함수의 임계 값보다 커져 샘플이 클래스 1로 분류될 가능성이 높아질 것입니다.

$$\Delta w_j = (1-0)1.5 = 1.5,\quad \Delta b = (1-0) = 1$$

가중치 업데이트 Δw_j는 $x_j^{(i)}$ 값에 비례합니다. 예를 들어 다른 샘플 $x_j^{(i)} = 2$를 0으로 잘못 분류했다면 이 샘플을 다음번에 올바르게 분류하기 위해 더 크게 결정 경계를 움직입니다.

$$\Delta w_j = (1-0)2 = 2,\quad \Delta b = (1-0) = 1$$

퍼셉트론은 두 클래스가 선형적으로 구분될 때, 즉 두 클래스가 선형 결정 경계로 완벽하게 나뉠 수 있는 경우에만 수렴이 보장됩니다. (관심 있는 독자는 제 강의 노트에서 수학 증명을 볼 수 있습니다. https://sebastianraschka.com/pdf/lecture-notes/stat479ss19/L03_perceptron_slides.pdf) 그림 2-3은 선형적으로 구분되는 데이터와 그렇지 못한 데이터의 예를 보여 줍니다.

▼ 그림 2-3 선형적으로 구분되는 데이터셋과 그렇지 못한 클래스의 예

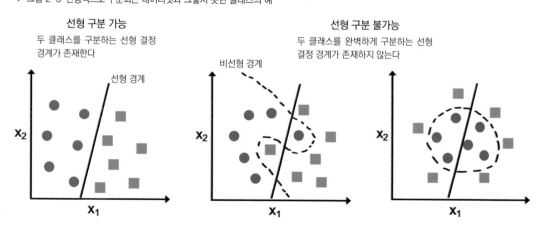

두 클래스를 선형 결정 경계로 나눌 수 없다면 훈련 데이터셋을 반복할 최대 횟수(에포크(epoch))를 지정하고 분류 허용 오차를 지정할 수 있습니다. 그렇지 않으면 퍼셉트론은 가중치 업데이트를 멈추지 않습니다. 나중에 이 장에서 클래스가 선형적으로 완벽하게 구분되지 않더라도 선형 결정 경계를 만들고 수렴하는 아달린(Adaline) 알고리즘을 다루겠습니다. 3장에서는 비선형 결정 경계를 만들 수 있는 알고리즘에 대해 배우겠습니다.

Note ☰   **예제 코드 다운로드**

책에 있는 모든 예제 코드는 역자의 깃허브(https://github.com/rickiepark/ml-with-pytorch)나 길벗출판사의 깃허브(https://github.com/gilbutITbook/080311)에서 다운로드할 수 있습니다.

다음 절에서 실제로 구현하기 전에 방금 배운 것을 일반적인 퍼셉트론 개념을 표현한 간단한 다이어그램으로 요약해 보죠.

▼ 그림 2-4 모델의 가중치와 절편이 오차 함수를 기반으로 업데이트된다

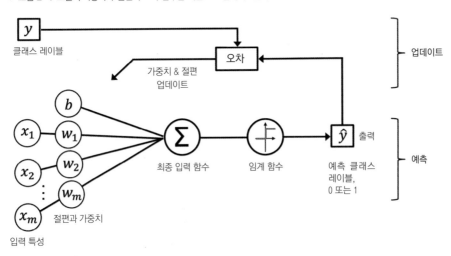

그림 2-4는 퍼셉트론이 샘플 x를 입력으로 받아 절편 유닛 b와 가중치 w를 연결하여 최종 입력을 계산하는 방법을 보여 줍니다. 그다음 최종 입력은 임계 함수로 전달되어 샘플의 예측 클래스 레이블인 0 또는 1의 이진 출력을 만듭니다. 학습 단계에서 이 출력을 사용하여 예측 오차를 계산하고 가중치와 절편 유닛을 업데이트합니다.

2.2 파이썬으로 퍼셉트론 학습 알고리즘 구현

이전 절에서 로젠블라트의 퍼셉트론 규칙이 어떻게 작동하는지 배웠습니다. 이제 파이썬으로 구현해 봅시다. 그다음 1장에서 소개한 붓꽃 데이터셋에 적용해 보겠습니다.

2.2.1 객체 지향 퍼셉트론 API

객체 지향 방식을 사용하여 퍼셉트론 인터페이스를 가진 파이썬 클래스를 정의하겠습니다. Perceptron 객체를 초기화한 후 fit 메서드로 데이터에서 학습하고, 별도의 predict 메서드로 예측을 만듭니다. 관례에 따라 객체의 초기화 과정에서 생성하지 않고 다른 메서드를 호출하여 만든 속성은 밑줄(_)을 추가합니다. 예를 들어 self.w_와 같습니다.

> Note ☰ **파이썬 과학 컴퓨팅을 위한 추가 자료**
>
> 파이썬의 과학 라이브러리에 익숙하지 않거나 기억을 되살리고 싶다면 다음 자료를 참고하세요.
> - **넘파이**: https://sebastianraschka.com/blog/2020/numpy-intro.html
> - **판다스**: https://pandas.pydata.org/pandas-docs/stable/user_guide/10min.html
> - **맷플롯립**: https://matplotlib.org/stable/tutorials/introductory/usage.html

퍼셉트론 구현은 다음과 같습니다.

```
import numpy as np

class Perceptron:
    """퍼셉트론 분류기

    매개변수
    ------------
    eta : float
        학습률 (0.0과 1.0 사이)
    n_iter : int
        훈련 데이터셋 반복 횟수
```

```
random_state : int
    가중치 무작위 초기화를 위한 난수 생성기 시드

속성
-----------

w_ : 1d-array
    학습된 가중치
b_ : 스칼라
    학습된 절편 유닛

errors_ : list
    에포크마다 누적된 분류 오류

"""
def __init__(self, eta=0.01, n_iter=50, random_state=1):
    self.eta = eta
    self.n_iter = n_iter
    self.random_state = random_state


def fit(self, X, y):
    """훈련 데이터 학습

    매개변수
    ----------
    X : {array-like}, shape = [n_samples, n_features]
        n_samples개의 샘플과 n_features개의 특성으로 이루어진 훈련 데이터
    y : array-like, shape = [n_samples]
        타깃 값

    반환값
    -------
    self : object

    """
    rgen = np.random.RandomState(self.random_state)
    self.w_ = rgen.normal(loc=0.0, scale=0.01,
                          size=X.shape[1])
    self.b_ = np.float_(0.)
    self.errors_ = []

    for _ in range(self.n_iter):
        errors = 0
        for xi, target in zip(X, y):
```

```
            update = self.eta * (target - self.predict(xi))
            self.w_ += update * xi
            self.b_ += update
            errors += int(update != 0.0)
        self.errors_.append(errors)
    return self

def net_input(self, X):
    """입력 계산"""
    return np.dot(X, self.w_) + self.b_

def predict(self, X):
    """단위 계단 함수를 사용하여 클래스 레이블을 반환합니다"""
    return np.where(self.net_input(X) >= 0.0, 1, 0)
```

이 퍼셉트론 구현을 사용하여 학습률 eta(η)와 에포크 횟수(훈련 데이터셋을 반복하는 횟수) n_iter로 새로운 Perceptron 객체를 초기화합니다.

fit 메서드에서 절편 self.b_를 0으로 초기화하고 self.w_ 가중치를 벡터 $\mathbb{R}^m$으로 초기화합니다. 여기에서 m은 데이터셋에 있는 차원(특성) 개수입니다.

초기 가중치 벡터는 rgen.normal(loc=0.0, scale=0.01, size=X.shape[1])을 사용하여 표준 편차가 0.01인 정규 분포에서 뽑은 랜덤한 작은 수를 담고 있습니다. 여기에서 rgen은 넘파이 난수(random number) 생성기로, 사용자가 지정한 랜덤 시드(seed)로 이전과 동일한 결과를 재현할 수 있습니다.

기술적으로 가중치를 0으로 설정할 수 있습니다(사실 원본 퍼셉트론 알고리즘이 이렇게 했습니다). 하지만 0으로 설정한다면 학습률 η(eta)가 결정 경계에 영향을 미치지 못합니다. 모든 가중치가 0으로 초기화되어 있다면 학습률 파라미터 eta는 가중치 벡터의 방향이 아니라 크기에만 영향을 미칩니다.[6] 혹시 삼각법을 알고 있다면 벡터 $v1=[1\ 2\ 3]$이 있을 때 $v1$과 벡터 $v2=0.5 \times v1$ 사이 각은 다음 코드에서 보듯이 정확히 0이 됨을 알 수 있습니다.[7]

---

6 [역주] 퍼셉트론 학습 규칙에서 초기 가중치를 0으로 놓으면 $w^{(1)}=w^{(0)}+\Delta w^{(1)}=w^{(0)}+\eta(y^{(1)}-\hat{y}^{(1)})x^{(1)}=w^{(0)}+\eta(y^{(1)}-\sigma(w^{(0)}x^{(1)}))x^{(1)}=\eta(y^{(1)}-\sigma(0)x^{(1)})=\eta(y^{(1)}-1)x^{(1)}$과 같습니다. 이렇게 η가 가중치 벡터의 크기에만 영향을 미칩니다. $w^{(0)}$이 0이 아니라면 η 값의 크기에 따라 $w^{(1)}$ 방향이 바뀔 수 있습니다.

7 [역주] η로 크기만 변경되었을 때는 벡터 방향이 바뀌지 않는다는 것을 설명하려고 벡터 점곱 $a \cdot b = |a||b|\cos\theta$ 식을 사용하여 크기만 다른 두 벡터의 각도를 계산합니다.

```
>>> v1 = np.array([1, 2, 3])
>>> v2 = 0.5 * v1
>>> np.arccos(v1.dot(v2) / (np.linalg.norm(v1) *
...              np.linalg.norm(v2)))
0.0
```

np.arccos 함수는 역코사인 삼각 함수고 np.linalg.norm은 벡터 길이를 계산하는 함수입니다. (균등 분포가 아니라 정규 분포를 사용하고 표준 편차 0.01을 선택한 것에는 특별한 이유가 없습니다. 앞서 언급한 것처럼 벡터의 모든 원소가 0이 되는 것을 피하기 위해 랜덤한 작은 값을 얻기만 하면 됩니다.)

추가적으로 이 장을 읽은 후 self.w_ = rgen.normal(loc=0.0, scale=0.01, size=X.shape[1])을 self.w_ = np.zeros(X.shape[1])로 바꾼 후 다음 절에 나온 퍼셉트론 훈련 코드를 eta 값을 바꾸어 가며 실행해 보세요. 결정 경계가 바뀌지 않는 것을 확인할 수 있을 것입니다.

> Note ≡ **넘파이 배열 인덱싱**
>
> 1차원 배열의 넘파이 인덱싱(indexing)은 대괄호([ ])를 사용하는 파이썬 리스트와 비슷하게 작동합니다. 2차원 배열에서 첫 번째 인덱스는 행 번호고, 두 번째 인덱스는 열 번호를 나타냅니다. 예를 들어 X[2, 3]이라고 쓰면 2차원 배열 X의 세 번째 행과 네 번째 열을 선택합니다.

fit 메서드는 가중치를 초기화한 후 훈련 데이터셋에 있는 모든 개개의 샘플을 반복 순회하면서 이전 절에서 설명한 퍼셉트론 학습 규칙에 따라 가중치를 업데이트합니다.

클래스 레이블은 predict 메서드에서 예측합니다. fit 메서드에서 훈련하는 동안 가중치를 업데이트하기 위해 predict 메서드를 호출하여 클래스 레이블에 대한 예측을 얻습니다. predict 메서드는 모델이 학습되고 난 후 새로운 데이터의 클래스 레이블을 예측하는 데도 사용할 수 있습니다. 에포크마다 self.errors_ 리스트에 잘못 분류된 횟수를 기록합니다. 나중에 훈련하는 동안 얼마나 퍼셉트론을 잘 수행했는지 분석할 수 있습니다. net_input 메서드에서 사용한 np.dot 함수는 벡터 점곱 $w^T x + b$를 계산합니다.

2.2.2 붓꽃 데이터셋에서 퍼셉트론 훈련

앞서 만든 퍼셉트론 구현을 테스트하기 위해 두 개의 특성(차원)만 사용하여 이 장의 나머지 예제를 만들겠습니다. 퍼셉트론 규칙이 2차원에 국한된 것은 아니지만 학습 목적으로 산점도에 훈련 모델의 결정 경계를 그리기 위해 꽃받침 길이와 꽃잎 길이만 사용합니다.

또한, 퍼셉트론이 이진 분류기이기 때문에 붓꽃 데이터셋에서 두 개의 꽃 Setosa와 Versicolor만 사용하겠습니다. 하지만 퍼셉트론 알고리즘은 다중 클래스 분류로 확장할 수 있습니다. 예를 들어 **일대다**(One-versus-All, OvA) 전략을 사용합니다.

---

8 **역주** 넘파이 배열 객체의 dot 메서드와 np.dot 함수는 동일한 점곱을 수행합니다. 일반적으로 명확한 표현을 위해 np.dot 함수를 좀 더 선호합니다.

9 **역주** 이 코드는 리스트 안에 for 문장을 놓는 파이썬의 리스트 내포(list comprehension)를 사용했습니다. zip 함수는 전달된 매개변수에서 원소를 하나씩 꺼내어 튜플로 반환하는 반복자를 만듭니다. 예를 들어 a=[1,2,3], b=[4,5,6]이라면 이 코드는 sum([1*4, 2*5, 3*6])을 계산합니다.

먼저 pandas 라이브러리를 사용하여 UCI 머신 러닝 저장소에서 붓꽃 데이터셋을 DataFrame 객체로 직접 로드(load)하겠습니다. 데이터가 제대로 로드되었는지 확인하기 위해 tail 메서드로 마지막 다섯 줄을 출력해 봅니다.

```
>>> import os
>>> import pandas as pd
>>> s = 'https://archive.ics.uci.edu/ml/'\
...     'machine-learning-databases/iris/iris.data'
>>> print('URL:', s)
URL: https://archive.ics.uci.edu/ml/machine-learning-databases/iris/iris.data
>>> df = pd.read_csv(s,
...                  header=None,
...                  encoding='utf-8')
>>> df.tail()
```

앞의 코드를 실행하면 그림 2-5와 같이 붓꽃 데이터셋의 마지막 다섯 줄을 확인할 수 있습니다.

▼ 그림 2-5 붓꽃 데이터셋의 마지막 다섯 줄

	0	1	2	3	4
145	6.7	3.0	5.2	2.3	Iris-virginica
146	6.3	2.5	5.0	1.9	Iris-virginica
147	6.5	3.0	5.2	2.0	Iris-virginica
148	6.2	3.4	5.4	2.3	Iris-virginica
149	5.9	3.0	5.1	1.8	Iris-virginica

Note ≡ **붓꽃 데이터셋 로드**

책 깃허브에는 붓꽃 데이터셋이 포함되어 있습니다(책에서 사용하는 다른 데이터셋도 모두 포함되어 있습니다).[10] 인터넷에 연결되어 있지 않거나 이따금 UCI 서버(https://archive.ics.uci.edu/ml/machine-learning-databases/iris/iris.data)에 접근할 수 없을 때 사용할 수 있습니다. 이때 로컬 디렉터리에서 붓꽃 데이터를 로드하려면 첫 번째 코드를 두 번째 코드처럼 바꿉니다.

◎ 계속

---

10 **역주** 장별로 구분한 폴더에 데이터가 함께 들어 있습니다. 예를 들어 이 장의 붓꽃 데이터셋은 https://github.com/gilbutITbook/080311/tree/main/ch02나 https://github.com/rickiepark/ml-with-pytorch/tree/main/ch02에서 찾을 수 있습니다.

```
df = pd.read_csv('https://archive.ics.uci.edu/ml/'
                 'machine-learning-databases/iris/iris.data',
                 header=None, encoding='utf-8')
```

```
df = pd.read_csv('your/local/path/to/iris.data',
                 header=None, encoding='utf-8')
```

그다음 50개의 Iris-setosa와 50개의 Iris-versicolor 꽃에 해당하는 처음 100개의 클래스 레이블을 추출합니다.[11] 클래스 레이블을 두 개의 정수 클래스 1(versicolor)과 0(setosa)으로 바꾼 후 벡터 y에 저장합니다. 판다스 DataFrame의 values 속성은 넘파이 배열을 반환합니다.[12]

비슷하게 100개의 훈련 샘플에서 첫 번째 특성 열(꽃받침 길이)과 세 번째 특성 열(꽃잎 길이)을 추출하여 특성 행렬 X에 저장합니다. 2차원 산점도(scatter plot)로 시각화해 봅시다.

```
>>> import matplotlib.pyplot as plt
>>> import numpy as np
>>> # setosa와 versicolor를 선택합니다
>>> y = df.iloc[0:100, 4].values
>>> y = np.where(y == 'Iris-setosa', 0, 1)
>>> # 꽃받침 길이와 꽃잎 길이를 추출합니다
>>> X = df.iloc[0:100, [0, 2]].values
>>> # 산점도를 그립니다
>>> plt.scatter(X[:50, 0], X[:50, 1],
...             color='red', marker='o', label='Setosa')
>>> plt.scatter(X[50:100, 0], X[50:100, 1],
...             color='blue', marker='s', label='Versicolor')
>>> plt.xlabel('Sepal length [cm]')
>>> plt.ylabel('Petal length [cm]')
>>> plt.legend(loc='upper left')
>>> plt.show()
```

---

11 역주 iris.data 파일은 Iris-setosa, Iris-versicolor, Iris-virginica가 순서대로 50개씩 들어 있는 CSV 파일입니다.

12 역주 values 속성보다 to_numpy() 메서드를 사용하는 것이 권장되는 방식입니다.

이 코드를 실행하면 산점도를 그림 2-6과 같이 그립니다.

▼ 그림 2-6 꽃받침 길이와 꽃잎 길이를 사용한 setosa와 versicolor의 산점도

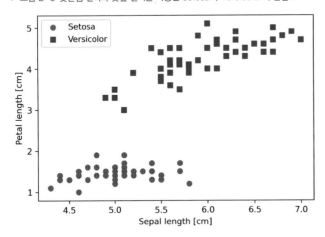

이 산점도는 붓꽃 데이터셋에 있는 샘플들이 꽃받침 길이(cm)와 꽃잎 길이(cm) 두 개의 특성 축을 따라 분포된 형태를 보여 줍니다. 이런 2차원 부분 공간에서는 선형 결정 경계로 Setosa와 Versicolor 꽃을 구분하기 충분할 것 같습니다. 따라서 퍼셉트론 같은 선형 분류기가 이 데이터셋의 꽃을 완벽하게 분류할 것입니다.

이제 붓꽃 데이터셋에서 추출한 일부 데이터에서 퍼셉트론 알고리즘을 훈련해 보죠. 에포크 대비잘못 분류된 오차를 그래프로 그려서, 알고리즘이 수렴하여 두 붓꽃 클래스를 구분하는 결정 경계를 찾는지 확인하겠습니다.

```
>>> ppn = Perceptron(eta=0.1, n_iter=10)
>>> ppn.fit(X, y)
>>> plt.plot(range(1, len(ppn.errors_) + 1),
...          ppn.errors_, marker='o')
>>> plt.xlabel('Epochs')
>>> plt.ylabel('Number of updates')
>>> plt.show()
```

샘플을 잘못 분류할 때마다 퍼셉트론의 가중치와 절편이 업데이트되기 때문에 잘못 분류된 오차의 개수와 업데이트 횟수가 같습니다. 이 코드를 실행하면 그림 2-7과 같이 에포크 대비 잘못 분류된 오차를 그래프로 보여 줍니다.

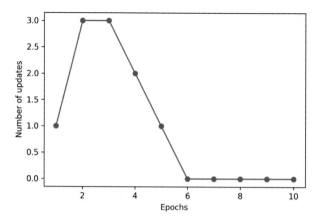

▼ 그림 2-7 에포크 대비 잘못 분류된 오차의 그래프

그림 2-7에서 볼 수 있듯이 퍼셉트론은 여섯 번째 에포크 이후에 수렴했고 훈련 샘플을 완벽하게 분류했습니다. 간단한 함수를 만들어 2차원 데이터셋의 결정 경계를 시각화해 보겠습니다.

```python
from matplotlib.colors import ListedColormap

def plot_decision_regions(X, y, classifier, resolution=0.02):

    # 마커와 컬러맵을 설정합니다[13]
    markers = ('o', 's', '^', 'v', '<')
    colors = ('red', 'blue', 'lightgreen', 'gray', 'cyan')
    cmap = ListedColormap(colors[:len(np.unique(y))])

    # 결정 경계를 그립니다
    x1_min, x1_max = X[:, 0].min() - 1, X[:, 0].max() + 1
    x2_min, x2_max = X[:, 1].min() - 1, X[:, 1].max() + 1
    xx1, xx2 = np.meshgrid(np.arange(x1_min, x1_max, resolution),
                           np.arange(x2_min, x2_max, resolution))
    lab = classifier.predict(np.array([xx1.ravel(), xx2.ravel()]).T)
    lab = lab.reshape(xx1.shape)
    plt.contourf(xx1, xx2, lab, alpha=0.3, cmap=cmap)
    plt.xlim(xx1.min(), xx1.max())
    plt.ylim(xx2.min(), xx2.max())
```

---

13 **역주** 마커 기호 의미는 다음과 같습니다.
o: 원, s: 사각형, ^: 삼각형, v: 뒤집힌 삼각형, <: 왼쪽으로 누운 삼각형
맷플롯립의 전체 마커 리스트는 온라인 문서(https://bit.ly/2CN8fvU)를 참고하세요.

```
# 샘플의 산점도를 그립니다
for idx, cl in enumerate(np.unique(y)):
    plt.scatter(x=X[y == cl, 0],
                y=X[y == cl, 1],
                alpha=0.8,
                c=colors[idx],
                marker=markers[idx],
                label=f'Class {cl}',
                edgecolor='black')
```

먼저 colors와 markers를 정의하고 ListedColormap을 사용하여 colors 리스트에서 컬러맵을 만듭니다. 두 특성의 최솟값과 최댓값을 찾고 이 벡터로 넘파이 meshgrid 함수로 그리드(grid) 배열 xx1과 xx2 쌍을 만듭니다.[14] 두 특성의 차원에서 퍼셉트론 분류기를 훈련했기 때문에 그리드 배열을 펼치고 훈련 데이터와 같은 개수의 열이 되도록 행렬을 만듭니다.[15] predict 메서드로 그리드 각 포인트에 대응하는 클래스 레이블 lab을 예측합니다.

클래스 레이블 lab을 xx1, xx2 같은 차원의 그리드로 크기를 변경한 후 맷플롯립의 contourf 함수로 등고선 그래프를 그립니다. 그리드 배열에 대해 예측한 클래스를 각기 다른 색깔로 매핑하여 결정 영역을 나타냅니다.

```
>>> plot_decision_regions(X, y, classifier=ppn)
>>> plt.xlabel('Sepal length [cm]')
>>> plt.ylabel('Petal length [cm]')
>>> plt.legend(loc='upper left')
>>> plt.show()
```

이 코드를 실행하면 그림 2-8과 같이 결정 경계 그래프를 그립니다.

---

14 [역주] meshgrid 함수는 축에 해당하는 1차원 배열을 전달받아 벡터 공간의 모든 좌표를 담은 행렬을 반환합니다. 예를 들어 x축과 y축에 좌표 값이 두 개씩 있다면 좌표 평면은 총 네 개의 포인트로 구성됩니다. x1, x2 = np.meshgrid([0,1], [2,3])일 때 (0, 2), (1, 2), (0, 3), (1, 3) 네 개의 포인트에 대한 x축 값 x1 = [[0, 1], [0, 1]]과 y축 값 x2 = [[2,2], [3,3]]이 반환됩니다.

15 [역주] ravel 메서드는 입력된 배열을 1차원으로 펼칩니다. 그다음 펼쳐진 두 개의 배열을 행으로 붙여서 하나의 행렬을 만듭니다. 마지막으로 행렬을 전치(.T 속성)하여 두 개의 열이 되도록 바꿉니다. 이 두 열이 xy 평면의 좌표 값입니다.

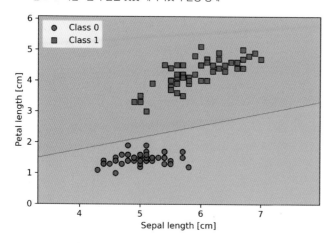

그림 2-8에서 볼 수 있듯이 퍼셉트론이 학습한 결정 경계는 두 개의 붓꽃으로 구성된 데이터셋의 모든 샘플을 완벽하게 분류합니다.

> Note ≡ **퍼셉트론의 수렴**
>
> 퍼셉트론이 두 개의 붓꽃 클래스를 완벽하게 분류했지만 퍼셉트론의 가장 큰 문제점은 수렴에 있습니다. 프랑크 로젠블라트는 퍼셉트론 학습 규칙이 두 개의 클래스가 선형적인 초평면으로 구분될 수 있을 때 수렴한다는 것을 수학적으로 증명했습니다. 선형 결정 경계로 완벽하게 클래스가 구분되지 않는다면 최대 에포크를 지정하지 않는 한 가중치 업데이트 과정이 멈추지 않습니다. 관심 있는 독자는 제 강의 노트에 있는 증명을 참고하세요.
>
> https://sebastianraschka.com/pdf/lecture-notes/stat479ss19/L03_perceptron_slides.pdf

2.3 적응형 선형 뉴런과 학습의 수렴

MACHINE LEARNING

이 절에서 단일층 신경망의 또 다른 종류인 **적응형 선형 뉴런**(ADAptive LInear NEuron, ADALINE)을 살펴보겠습니다. 버나드 위드로우(Bernard Widrow)와 그의 박사 과정 학생인 테드 호프(Tedd Hoff)가 프랑크 로젠블라트의 퍼셉트론 알고리즘 이후 채 몇 년이 지나지 않아 **아달린**(Adaline)을 발표했습니다.[16] 아달린은 퍼셉트론의 향상된 버전으로 볼 수 있습니다.

---

16 An Adaptive "Adaline" Neuron Using Chemical "Memistors", Technical Report Number 1553-2, B. Widrow and others, Stanford Electron Labs, Stanford, CA, October 1960

아달린은 연속 함수(continuous function)로 손실 함수를 정의하고 최소화하는 핵심 개념을 보여 주기 때문에 아주 흥미롭습니다. 이어지는 장에서 설명할 로지스틱 회귀(logistic regression), 서포트 벡터 머신(support vector machine), 다층 신경망(multilayer neural network) 같은 분류를 위한 다른 머신 러닝 모델과 선형 회귀 모델을 이해하는 데 도움이 될 것입니다.

아달린 규칙(위드로우-호프 규칙이라고도 함)과 로젠블라트 퍼셉트론의 가장 큰 차이점은 가중치를 업데이트하는 데 퍼셉트론처럼 단위 계단 함수 대신 선형 활성화 함수를 사용하는 것입니다. 아달린에서 선형 활성화 함수 $\sigma(z)$는 단순한 항등 함수(identity function)입니다. 즉, $\sigma(z) = z$ 입니다.

선형 활성화 함수가 가중치 학습에 사용되지만 최종 예측을 만들기 위해서는 여전히 임계 함수를 사용합니다. 앞서 보았던 단위 계단 함수와 비슷합니다.

퍼셉트론과 아달린 알고리즘의 주요 차이점을 그림 2-9에 나타냈습니다.

▼ 그림 2-9 퍼셉트론과 아달린 알고리즘의 비교

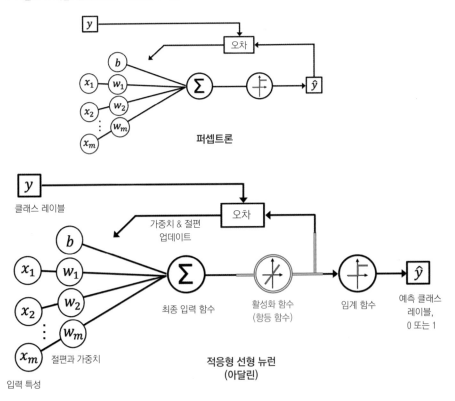

아달린 알고리즘은 진짜 클래스 레이블과 선형 활성화 함수의 실수 출력 값을 비교하여 모델의 오차를 계산하고 가중치를 업데이트합니다. 반대로 퍼셉트론은 진짜 클래스 레이블과 예측 클래스 레이블을 비교합니다.

2.3.1 경사 하강법으로 손실 함수 최소화

지도 학습 알고리즘의 핵심 구성 요소 중 하나는 학습 과정 동안 최적화하기 위해 정의한 **목적 함수**(object function)입니다. 종종 최소화하려는 손실 함수 또는 비용 함수가 목적 함수가 됩니다. 아달린은 계산된 출력과 진짜 클래스 레이블 사이의 **평균 제곱 오차**(Mean Squared Error, MSE)로 모델 파라미터[17]를 학습하기 위한 손실 함수 L을 정의합니다.

$$L(\boldsymbol{w}, b) = \frac{1}{n}\sum_{i=1}^{n}\left(y^{(i)} - \sigma(z^{(i)})\right)^2$$

단위 계단 함수 대신 연속적인 선형 활성화 함수를 사용하는 장점은 손실 함수가 미분 가능해진다는 것입니다. 이 손실 함수의 또 다른 장점은 볼록 함수라는 것입니다. 간단하지만 강력한 최적화 알고리즘인 **경사 하강법**(gradient descent)을 적용하여 붓꽃 데이터셋의 샘플을 분류하도록 손실 함수를 최소화하는 가중치를 찾을 수 있습니다.

그림 2-10에서는 경사 하강법 이면에 있는 핵심 아이디어를 지역 또는 전역 최솟값에 도달할 때까지 언덕을 내려오는 것으로 묘사하고 있습니다. 각 반복에서 경사의 반대 방향으로 진행합니다. 진행 크기는 경사의 기울기와 학습률로 결정합니다(간단하게 그리기 위해 그림 2-10은 하나의 가중치 w만 나타냈습니다).

❤ 그림 2-10 경사 하강법 알고리즘

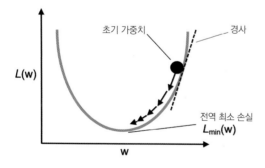

---

17 역주 모델 파라미터는 가중치와 절편을 의미합니다.

경사 하강법을 사용하면 손실 함수 $L(\boldsymbol{w}, b)$의 그레이디언트[18] $\nabla L(\boldsymbol{w}, b)$ 반대 방향으로 조금씩 모델 파라미터를 업데이트할 수 있습니다.

$$\boldsymbol{w} := \boldsymbol{w} + \Delta \boldsymbol{w}, \quad b := b + \Delta b$$

파라미터 변화 $\triangle \boldsymbol{w}$와 $\triangle b$는 음의 그레이디언트에 학습률 η를 곱한 것으로 정의합니다.

$$\Delta \boldsymbol{w} = -\eta \nabla_{\boldsymbol{w}} L(\boldsymbol{w}, b), \quad \Delta b = -\eta \nabla_b L(\boldsymbol{w}, b)$$

손실 함수의 그레이디언트를 계산하려면 각 가중치 w_j에 대한 손실 함수의 편도 함수를 계산해야 합니다.

$$\frac{\partial L}{\partial w_j} = -\frac{2}{n} \sum_i \left(y^{(i)} - \sigma(z^{(i)}) \right) x_j^{(i)}$$

비슷하게 절편에 대한 손실의 편도 함수를 계산합니다.

$$\frac{\partial L}{\partial b} = -\frac{2}{n} \sum_i \left(y^{(i)} - \sigma(z^{(i)}) \right)$$

분자에 있는 2는 단순한 상수 곱셈 계수이므로 알고리즘에 영향을 미치지 않고 삭제할 수 있습니다. 상수 계수를 삭제하는 것은 학습률을 2배로 줄이는 것과 동일한 효과가 있습니다. 이어지는 노트에서 이 상수 계수가 어디서 왔는지 설명합니다.

이제 가중치 업데이트를 다음과 같이 쓸 수 있습니다.

$$\Delta w_j = -\eta \frac{\partial L}{\partial w_j} \text{과} \quad \Delta b = -\eta \frac{\partial L}{\partial b}$$

모든 파라미터를 동시에 업데이트하기 때문에 아달린 학습 규칙은 다음과 같습니다.

$$\boldsymbol{w} := \boldsymbol{w} + \Delta \boldsymbol{w}, \quad b := b + \Delta b$$

---

18 [역주] gradient는 문맥에 따라 손실 함수의 미분 값이란 의미로 사용할 때는 '그레이디언트' 그대로 쓰고, 그 외에는 '경사'로 번역했습니다 (slope는 '기울기'로 번역했습니다).

Note ≡ | **평균 제곱 오차 미분**

미분에 익숙하다면 j번째 가중치에 대한 MSE 손실 함수의 편도 함수를 다음과 같이 얻을 수 있습니다.

$$\frac{\partial L}{\partial w_j} = \frac{\partial}{\partial w_j} \frac{1}{n} \sum_i \left(y^{(i)} - \sigma(z^{(i)}) \right)^2 = \frac{1}{n} \frac{\partial}{\partial w_j} \sum_i \left(y^{(i)} - \sigma(z^{(i)}) \right)^2$$

$$= \frac{2}{n} \sum_i \left(y^{(i)} - \sigma(z^{(i)}) \right) \frac{\partial}{\partial w_j} \left(y^{(i)} - \sigma(z^{(i)}) \right)$$

$$= \frac{2}{n} \sum_i \left(y^{(i)} - \sigma(z^{(i)}) \right) \frac{\partial}{\partial w_j} \left(y^{(i)} - \sum_j \left(w_j x_j^{(i)} + b \right) \right)$$

$$= \frac{2}{n} \sum_i \left(y^{(i)} - \sigma(z^{(i)}) \right) \left(-x_j^{(i)} \right) = -\frac{2}{n} \sum_i \left(y^{(i)} - \sigma(z^{(i)}) \right) x_j^{(i)}$$

편도 함수 $\frac{\partial L}{\partial b}$을 구하는데 같은 방식을 사용할 수 있습니다. 이 경우 $\frac{\partial}{\partial b} \left(y^{(i)} - \sum_i \left(w_j^{(i)} x_j^{(i)} + b \right) \right)$가 −1이므로 마지막 단계에서 $-\frac{2}{n} \sum_i \left(y^{(i)} - \sigma(z^{(i)}) \right)$가 됩니다.

아달린 학습 규칙이 퍼셉트론 규칙과 동일하게 보이지만 $z^{(i)} = \mathbf{w}^T \mathbf{x}^{(i)} + b$인 $\sigma(z^{(i)})$는 정수 클래스 레이블이 아니고 실수입니다. 또한, 훈련 데이터셋에 있는 모든 샘플을 기반으로 가중치 업데이트를 계산합니다(각 샘플마다 가중치를 업데이트하지는 않습니다). 이 방식을 **배치 경사 하강법**(batch gradient descent)이라고도 합니다. 이 장과 책에서 이에 관련된 개념을 이야기할 때 혼동을 피하고 명확하게 하기 위해 이 방식을 완전 배치 경사 하강법(full batch gradient descent)이라고 하겠습니다.

2.3.2 파이썬으로 아달린 구현

퍼셉트론 규칙과 아달린이 매우 비슷하기 때문에 앞서 정의한 퍼셉트론 구현에서 fit 메서드를 바꾸어 경사 하강법으로 손실 함수가 최소화되도록 가중치와 절편 파라미터를 업데이트합니다.

```
class AdalineGD:
    """적응형 선형 뉴런 분류기

    매개변수
    ------------
    eta : float
      학습률 (0.0과 1.0 사이)
    n_iter : int
      훈련 데이터셋 반복 횟수
    random_state : int
```

가중치 무작위 초기화를 위한 난수 생성기 시드

속성
----
w_ : 1d-array
    학습된 가중치
b_ : 스칼라
    학습된 절편 유닛
losses_ : list
    각 에포크의 평균 제곱 오차 손실 함수 값

"""
```python
def __init__(self, eta=0.01, n_iter=50, random_state=1):
    self.eta = eta
    self.n_iter = n_iter
    self.random_state = random_state

def fit(self, X, y):
    """훈련 데이터 학습

    매개변수
    ----------
    X : {array-like}, shape = [n_samples, n_features]
        n_samples개의 샘플과 n_features개의 특성으로 이루어진 훈련 데이터
    y : array-like, shape = [n_samples]
        타깃 값

    반환값
    -------
    self : object

    """
    rgen = np.random.RandomState(self.random_state)
    self.w_ = rgen.normal(loc=0.0, scale=0.01,
                          size=X.shape[1])
    self.b_ = np.float_(0.)
    self.losses_ = []

    for i in range(self.n_iter):
        net_input = self.net_input(X)
        output = self.activation(net_input)
        errors = (y - output)
        self.w_ += self.eta * 2.0 * X.T.dot(errors) / X.shape[0]
```

```
            self.b_ += self.eta * 2.0 * errors.mean()
            loss = (errors**2).mean()
            self.losses_.append(loss)
        return self

    def net_input(self, X):
        """최종 입력 계산"""
        return np.dot(X, self.w_) + self.b_

    def activation(self, X):
        """선형 활성화 계산"""
        return X

    def predict(self, X):
        """단위 계단 함수를 사용하여 클래스 레이블을 반환합니다"""
        return np.where(self.activation(self.net_input(X))
                        >= 0.5, 1, 0)
```

퍼셉트론처럼 개별 훈련 샘플마다 평가한 후 가중치를 업데이트하지 않고 전체 훈련 데이터셋을 기반으로 그레이디언트를 계산합니다. 절편 유닛의 경우 self.eta * 2.0 * errors.mean()을 계산합니다. 여기에서 errors는 편도 함수 값 $\frac{\partial}{\partial b}$을 담은 배열입니다. 비슷한 방식으로 가중치를 업데이트합니다. 하지만 편도 함수 $\frac{\partial L}{\partial w_j}$을 통한 가중치 업데이트는 특성 값 x_j를 사용합니다. 각 가중치에 대한 특성 값과 errors를 곱해 계산할 수 있습니다.

```
for w_j in range(self.w_.shape[0]):
    self.w_[w_j] += self.eta *
        (2.0 * (X[:, w_j]*errors)).mean()
```

for 루프를 사용하지 않고 더 효율적으로 가중치 업데이트를 구현하려면 특성 행렬과 오차 벡터 사이의 행렬-벡터 곱셈을 사용할 수 있습니다.

```
self.w_ += self.eta * 2.0 * X.T.dot(errors) / X.shape[0]
```

이 코드의 activation 메서드는 단순한 항등 함수(identity function)이기 때문에 아무런 영향을 미치지 않습니다. 단일층 신경망을 통해 정보가 어떻게 흘러가는지 일반적인 개념을 표시하려고 (activation 메서드에서 계산되는) 활성화 함수를 추가했습니다. 입력 데이터의 특성에서 최종 입력, 활성화, 출력 순으로 진행됩니다.

다음 장에서는 항등 함수가 아니고 비선형 활성화 함수를 사용하는 로지스틱 회귀 분류기를 배울 것입니다. 로지스틱 회귀 모델은 활성화 함수와 손실 함수만 다르고 아달린과 매우 비슷합니다.

이전 퍼셉트론 구현과 마찬가지로 손실 값을 self.losses_ 리스트에 모아서 훈련이 끝난 후 알고리즘이 수렴하는지 확인해 보겠습니다.

> **Note ≡ 행렬 곱셈**
>
> 행렬–벡터 곱셈은 벡터 점곱을 계산하는 것과 비슷합니다. 행렬의 각 행을 하나의 행 벡터처럼 취급합니다. 이런 벡터화된 방식은 간결한 기호로 표현할 수 있고 넘파이를 사용하여 매우 효율적으로 계산할 수 있습니다. 예를 들어 다음과 같습니다.
>
> $$\begin{bmatrix} 1 & 2 & 3 \\ 4 & 5 & 6 \end{bmatrix} \times \begin{bmatrix} 7 \\ 8 \\ 9 \end{bmatrix} = \begin{bmatrix} 1\times7+2\times8+3\times9 \\ 4\times7+5\times8+6\times9 \end{bmatrix} = \begin{bmatrix} 50 \\ 122 \end{bmatrix}$$
>
> 이 식에서 행렬과 벡터를 곱했지만 수학적으로는 정의되지 않습니다. 그러나 관례상 이런 벡터를 3×1 행렬로 간주합니다.

실전에서는 최적으로 수렴하는 좋은 학습률 η를 찾기 위해 여러 번 실험을 해야 합니다. 두 개의 학습률 $\eta=0.1$과 $\eta=0.0001$을 선택해 보죠. 에포크 횟수 대비 손실 함수의 값을 그래프로 나타내면 아달린 구현이 훈련 데이터에서 얼마나 잘 학습하는지 볼 수 있습니다.

> **Note ≡ 하이퍼파라미터**
>
> 에포크 횟수(n_iter)와 학습률 η(eta)는 퍼셉트론과 아달린 학습 알고리즘의 하이퍼파라미터(또는 튜닝 파라미터)입니다. 6장에서 분류 모델이 최적의 성능을 내기 위해 다양한 하이퍼파라미터 값을 자동으로 찾는 방법을 살펴보겠습니다.

두 학습률에서 에포크 횟수 대비 손실 그래프를 그려 봅니다.

```
>>> fig, ax = plt.subplots(nrows=1, ncols=2, figsize=(10, 4))
>>> ada1 = AdalineGD(n_iter=15, eta=0.1).fit(X, y)
>>> ax[0].plot(range(1, len(ada1.losses_) + 1),
...           np.log10(ada1.losses_), marker='o')
>>> ax[0].set_xlabel('Epochs')
>>> ax[0].set_ylabel('log(Mean squared error)')
>>> ax[0].set_title('Adaline - Learning rate 0.1')
>>> ada2 = AdalineGD(n_iter=15, eta=0.0001).fit(X, y)
>>> ax[1].plot(range(1, len(ada2.losses_) + 1),
...           ada2.losses_, marker='o')
```

```
>>> ax[1].set_xlabel('Epochs')
>>> ax[1].set_ylabel('Mean squared error')
>>> ax[1].set_title('Adaline - Learning rate 0.0001')
>>> plt.show()
```

출력된 손실 함수 그래프에서 볼 수 있듯이 두 개의 다른 문제가 발생했습니다. 그림 2-11의 왼쪽 그래프는 학습률이 너무 클 때 발생합니다. 손실 함수를 최소화하지 못하고 MSE는 에포크마다 점점 더 커집니다. 전역 최솟값을 지나쳤기 때문입니다. 반면 오른쪽 그래프에서는 손실이 감소하지만 학습률 η=0.0001은 너무 작기 때문에 알고리즘이 전역 최솟값에 수렴하려면 아주 많은 에포크가 필요합니다.

✔ 그림 2-11 최적이 아닌 학습률에 대한 오차 그래프

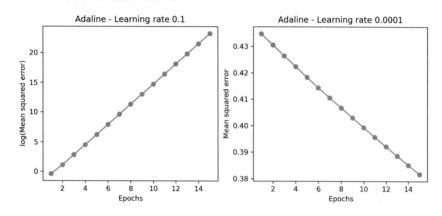

그림 2-12는 손실 함수 L을 최소화하려고 특정 가중치 값을 바꾸었을 때 어떤 일이 일어나는지 보여 줍니다. 왼쪽 그림은 적절하게 선택한 학습률의 경우입니다. 손실이 점차 감소하여 전역 최솟값의 방향으로 이동합니다.

오른쪽 그림은 너무 큰 학습률을 선택하여 전역 최솟값을 지나쳤습니다.

✔ 그림 2-12 적절하게 선택된 학습률과 너무 큰 학습률의 비교

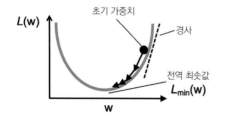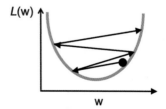

2.3.3 특성 스케일을 조정하여 경사 하강법 결과 향상

책에서 살펴볼 머신 러닝 알고리즘들은 최적의 성능을 위해 어떤 식으로든지 특성 스케일을 조정하는 것이 필요합니다. 이것은 3장과 4장에서 자세히 살펴보겠습니다.

경사 하강법은 특성 스케일을 조정하여 혜택을 볼 수 있는 많은 알고리즘 중 하나입니다. 이 절에서는 **표준화**(standardization)라고 하는 특성 스케일 방법을 사용하겠습니다. 이 정규화 과정은 경사 하강법 학습이 좀 더 빠르게 수렴되도록 돕습니다. 하지만 원본 데이터셋을 정규 분포로 만드는 것은 아닙니다. 표준화는 각 특성의 평균을 0에 맞추고 특성의 표준 편차를 1(단위 분산)로 만듭니다. 예를 들어 j번째 특성을 표준화하려면 모든 샘플에서 평균 μ_j를 빼고 표준 편차 σ_j로 나누면 됩니다.

$$x'_j = \frac{x_j - \mu_j}{\sigma_j}$$

여기에서 x_j는 n개의 모든 훈련 샘플에서 j번째 특성 값을 포함한 벡터입니다. 표준화 기법을 데이터셋의 각 특성 j에 적용합니다.

표준화가 경사 하강법 학습에 도움이 되는 이유 중 하나는 모든 가중치(및 편향)에 적합한 학습률을 찾기가 더 쉽기 때문입니다. 특성의 스케일이 매우 다른 경우, 한 가중치를 업데이트하는 데 적합한 학습률이 다른 가중치를 업데이트하는 데는 너무 크거나 작아서 잘 업데이트하지 못할 수 있습니다. 전반적으로 표준화된 특성을 사용하면 최적화 알고리즘이 좋은 또는 최적의 솔루션(전역 손실 최솟값)을 찾기 위해 거쳐야 하는 단계가 줄어들어 학습이 안정화될 수 있습니다. 그림 2-13은 표준화되지 않은 특성(왼쪽 그림)과 표준화된 특성(오른쪽 그림)을 사용한 그레이디언트 업데이트를 보여 줍니다. 여기에서 동심원은 2차원 분류 문제에서 두 개의 모델 가중치의 함수로서 손실의 표면을 나타낸 것입니다.

❤ 그림 2-13 원본 특성과 표준화된 특성의 그레이디언트 업데이트 비교

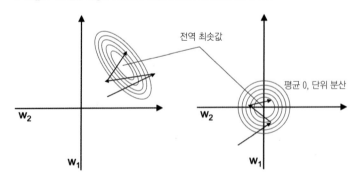

표준화는 넘파이 내장 함수 mean과 std로 간단하게 처리할 수 있습니다.

```
>>> X_std = np.copy(X)
>>> X_std[:,0] = (X[:,0] - X[:,0].mean()) / X[:,0].std()
>>> X_std[:,1] = (X[:,1] - X[:,1].mean()) / X[:,1].std()
```

표준화한 후 다시 아달린 모델을 훈련하고 학습률 $\eta = 0.5$에서 몇 번의 에포크 만에 수렴하는지 확인해 보겠습니다.

```
>>> ada_gd = AdalineGD(n_iter=20, eta=0.5)
>>> ada_gd.fit(X_std, y)
>>> plot_decision_regions(X_std, y, classifier=ada_gd)
>>> plt.title('Adaline - Gradient descent')
>>> plt.xlabel('Sepal length [standardized]')
>>> plt.ylabel('Petal length [standardized]')
>>> plt.legend(loc='upper left')
>>> plt.tight_layout()
>>> plt.show()
>>> plt.plot(range(1, len(ada_gd.losses_) + 1),
...          ada_gd.losses_, marker='o')
>>> plt.xlabel('Epochs')
>>> plt.ylabel('Mean squared error')
>>> plt.tight_layout()
>>> plt.show()
```

이 코드를 실행하면 그림 2-14와 같은 결정 경계 그래프와 손실이 감소되는 그래프를 볼 수 있습니다.

▼ 그림 2-14 아달린의 결정 경계와 에포크 횟수에 대한 MSE 그래프

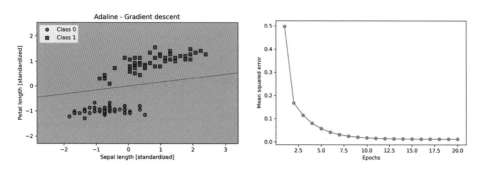

이 그래프에서 볼 수 있듯이 표준화된 특성에서 훈련하니 아달린 모델이 수렴되었습니다. 모든 샘플이 완벽하게 분류되더라도 MSE가 0이 되지는 않습니다.

2.3.4 대규모 머신 러닝과 확률적 경사 하강법

이전 절에서 전체 훈련 데이터셋에서 계산한 그레이디언트의 반대 방향으로 한 걸음씩 진행하여 손실 함수를 최소화하는 방법을 배웠습니다. 이 방식을 이따금 **완전 배치 경사 하강법**이라고도 부릅니다. 수백만 개의 데이터 포인트가 있는 매우 큰 데이터셋을 생각해 보죠. 많은 머신 러닝 애플리케이션에서 이런 데이터셋은 드문 일이 아닙니다. 이때 완전 배치 경사 하강법을 실행하면 계산 비용이 매우 많이 듭니다. 전역 최솟값으로 나아가는 단계마다 매번 전체 훈련 데이터셋을 다시 평가해야 하기 때문입니다.

확률적 경사 하강법(stochastic gradient descent)은 배치 경사 하강법의 다른 대안으로 인기가 높습니다. 이따금 반복 또는 온라인 경사 하강법이라고도 부릅니다. 다음 첫 번째 수식처럼 모든 샘플 $x^{(i)}$에 대하여 누적된 오차의 합을 기반으로 가중치를 업데이트하는 대신 두 번째 수식처럼 각 훈련 샘플에 대해 점진적으로 파라미터를 업데이트합니다.

$$\Delta w_j = \frac{2\eta}{n} \sum_i \left(y^{(i)} - \sigma\big(z^{(i)}\big) \right) x_j^{(i)}$$

$$\Delta w_j = \eta \left(y^{(i)} - \sigma\big(z^{(i)}\big) \right) x_j^{(i)}, \quad \Delta b = \eta \left(y^{(i)} - \sigma\big(z^{(i)}\big) \right)$$

확률적 경사 하강법을 경사 하강법의 근사로 생각할 수 있지만 가중치가 더 자주 업데이트되기 때문에 수렴 속도가 훨씬 빠릅니다. 그레이디언트가 하나의 훈련 샘플을 기반으로 계산되므로 오차의 궤적은 배치 경사 하강법보다 훨씬 어지럽습니다. 비선형 손실 함수를 다룰 때 얕은 지역 최솟값을 더 쉽게 탈출할 수 있어 장점이 되기도 합니다. 나중에 11장에서 이것을 배우겠습니다. 확률적 경사 하강법에서 만족스러운 결과를 얻으려면 훈련 샘플 순서를 무작위로 주입하는 것이 중요합니다. 또한, 순환되지 않도록 에포크마다 훈련 데이터셋을 섞는 것이 좋습니다.

> Note ≡ **훈련하는 동안 학습률 조정하기**
>
> 확률적 경사 하강법 구현에서 종종 고정된 학습률 η를 시간이 지남에 따라 적응적 학습률로 대체합니다. 예를 들어 다음과 같습니다.
>
> $$\frac{c_1}{[number\ of\ iterations] + c_2}$$
>
> 여기에서 c_1과 c_2는 상수입니다. 확률적 경사 하강법은 전역 최솟값에 도달하지 못하지만 매우 가까운 지역에 근접합니다. 적응적 학습률을 사용하면 최솟값에 더욱 가깝게 다가갈 수 있습니다.

확률적 경사 하강법의 또 다른 장점은 **온라인 학습**(online learning)으로 사용할 수 있다는 것입니다. 온라인 학습에서 모델은 새로운 훈련 데이터가 도착하는 대로 훈련됩니다. 많은 양의 훈련 데이터가 있을 때도 유용합니다. 예를 들어 고객 데이터를 처리하는 웹 애플리케이션입니다. 온라인 학습을 사용해서 시스템은 변화에 즉시 적응합니다. 저장 공간에 제약이 있다면 모델을 업데이트한 후 훈련 데이터를 버릴 수 있습니다.

> Note ☰ **미니 배치 경사 하강법**
>
> 완전 배치 경사 하강법과 확률적 경사 하강법 사이의 절충점이 **미니 배치 경사 하강법**(mini-batch gradient descent)입니다. 미니 배치 경사 하강법은 훈련 데이터의 작은 일부분으로 완전 배치 경사 하강법을 적용한다고 이해할 수 있습니다. 예를 들어 한 번에 32개의 샘플을 사용합니다. 완전 배치 경사 하강법에 비해 장점은 가중치 업데이트가 더 자주 일어나므로 수렴 속도가 더 빠릅니다. 또한, 미니 배치 경사 하강법은 확률적 경사 하강법에서 훈련 샘플을 순회하는 for 반복을 선형대수 개념(예를 들어 점곱을 통한 가중치 합 계산)을 사용한 벡터화된 연산으로 바꾸어 주므로 학습 알고리즘의 계산 효율성이 크게 향상됩니다.

경사 하강법으로 아달린 학습 규칙을 구현했기 때문에 학습 알고리즘을 조금만 수정하면 확률적 경사 하강법으로 가중치를 업데이트할 수 있습니다. fit 메서드 안에서 각 훈련 샘플에 대해 가중치를 업데이트할 것입니다. 추가로 partial_fit 메서드도 구현하겠습니다. 이 메서드는 가중치를 다시 초기화하지 않아 온라인 학습에서 사용할 수 있습니다. 훈련 후에는 알고리즘이 수렴하는지 확인하려고 에포크마다 훈련 샘플의 평균 손실을 계산합니다. 손실 함수를 최적화할 때 반복적인 순환이 일어나지 않도록 매 에포크가 일어나기 전에 훈련 샘플을 섞는 옵션을 추가합니다. random_state 매개변수로는 재현 가능하도록 랜덤 시드를 지정할 수 있습니다.

```
class AdalineSGD:
    """ADAptive LInear NEuron 분류기

    매개변수
    ------------
    eta : float
        학습률 (0.0과 1.0 사이)
    n_iter : int
        훈련 데이터셋 반복 횟수
    shuffle : bool (default: True)
        True로 설정하면 같은 반복이 되지 않도록 에포크마다 훈련 데이터를 섞습니다
    random_state : int
        가중치 무작위 초기화를 위한 난수 생성기 시드

    속성
    -----------
```

```
    w_ : 1d-array
      학습된 가중치
    b_ : 스칼라
      학습된 절편 유닛
    losses_ : list
      각 에포크마다 모든 훈련 샘플에 대해 평균한 평균 제곱 오차 손실 함수 값

    """
    def __init__(self, eta=0.01, n_iter=10,
                 shuffle=True, random_state=None):
        self.eta = eta
        self.n_iter = n_iter
        self.w_initialized = False
        self.shuffle = shuffle
        self.random_state = random_state

    def fit(self, X, y):
        """훈련 데이터 학습

        매개변수
        ----------
        X : {array-like}, shape = [n_samples, n_features]
            n_samples개의 샘플과 n_features개의 특성으로 이루어진 훈련 데이터
        y : array-like, shape = [n_samples]
            타깃 벡터

        반환값
        -------
        self : object

        """
        self._initialize_weights(X.shape[1])
        self.losses_ = []
        for i in range(self.n_iter):
            if self.shuffle:
                X, y = self._shuffle(X, y)
            losses = []
            for xi, target in zip(X, y):
                losses.append(self._update_weights(xi, target))
            avg_loss = np.mean(losses)
            self.losses_.append(avg_loss)
        return self

    def partial_fit(self, X, y):
```

```python
    """가중치를 다시 초기화하지 않고 훈련 데이터를 학습합니다"""
    if not self.w_initialized:
        self._initialize_weights(X.shape[1])
    if y.ravel().shape[0] > 1:
        for xi, target in zip(X, y):
            self._update_weights(xi, target)
    else:
        self._update_weights(X, y)
    return self

def _shuffle(self, X, y):
    """훈련 데이터를 섞습니다"""
    r = self.rgen.permutation(len(y))
    return X[r], y[r]

def _initialize_weights(self, m):
    """랜덤한 작은 수로 가중치를 초기화합니다"""
    self.rgen = np.random.RandomState(self.random_state)
    self.w_ = self.rgen.normal(loc=0.0, scale=0.01,
                                size=m)
    self.b_ = np.float_(0.)
    self.w_initialized = True

def _update_weights(self, xi, target):
    """아달린 학습 규칙을 적용하여 가중치를 업데이트합니다"""
    output = self.activation(self.net_input(xi))
    error = (target - output)
    self.w_ += self.eta * 2.0 * xi * (error)
    self.b_ += self.eta * 2.0 * error
    loss = error**2
    return loss

def net_input(self, X):
    """최종 입력 계산"""
    return np.dot(X, self.w_) + self.b_

def activation(self, X):
    """선형 활성화 계산"""
    return X

def predict(self, X):
    """단위 계단 함수를 사용하여 클래스 레이블을 반환합니다"""
    return np.where(self.activation(self.net_input(X))
                    >= 0.5, 1, 0)
```

AdalineSGD 분류기에서 사용하는 _shuffle 메서드는 다음과 같이 작동합니다. np.random 모듈의
permutation 함수로 0에서 100까지 중복되지 않은 랜덤한 숫자 시퀀스(sequence)를 생성합니다.
이 숫자 시퀀스를 특성 행렬과 클래스 레이블 벡터를 섞는 인덱스로 사용합니다.

그다음 fit 메서드로 AdalineSGD 분류기를 훈련하고, plot_decision_regions로는 훈련 결과를 그
래프로 그립니다.

```
>>> ada_sgd = AdalineSGD(n_iter=15, eta=0.01, random_state=1)
>>> ada_sgd.fit(X_std, y)
>>> plot_decision_regions(X_std, y, classifier=ada_sgd)
>>> plt.title('Adaline - Stochastic gradient descent')
>>> plt.xlabel('Sepal length [standardized]')
>>> plt.ylabel('Petal length [standardized]')
>>> plt.legend(loc='upper left')
>>> plt.tight_layout()
>>> plt.show()
>>> plt.plot(range(1, len(ada_sgd.losses_) + 1), ada_sgd.losses_,
...          marker='o')
>>> plt.xlabel('Epochs')
>>> plt.ylabel('Average loss')
>>> plt.tight_layout()
>>> plt.show()
```

앞 코드를 실행하여 출력되는 두 그래프는 그림 2-15와 같습니다.

❤ 그림 2-15 확률적 경사 하강법을 사용한 아달린의 결정 경계와 평균 손실 그래프

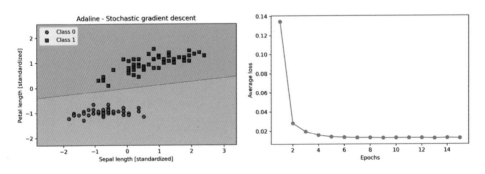

여기에서 보듯이 평균 손실이 상당히 빠르게 감소합니다. 15번째 에포크 이후 최종 결정 경계
는 배치 경사 하강법과 거의 비슷해 보입니다. 스트리밍 데이터를 사용하는 온라인 학습 방식으
로 모델을 훈련하려면 개개의 샘플마다 partial_fit 메서드를 호출하면 됩니다. 예를 들어 ada.
partial_fit(X_std[0, :], y[0])과 같습니다.

2.4 요약

이 장에서 지도 학습의 기초적인 선형 분류기 개념을 배웠습니다. 퍼셉트론을 구현한 후 벡터화된 경사 하강법 방식으로 적응형 선형 뉴런을 어떻게 효율적으로 훈련하는지도 배웠습니다. 또한, 확률적 경사 하강법을 사용하여 온라인 학습으로 훈련하는 방법을 배웠습니다.

이제 파이썬으로 간단한 분류기를 구현하는 방법을 알았습니다. 다음 장에서 파이썬의 사이킷런 머신 러닝 라이브러리에 있는 강력한 고급 머신 러닝 분류기를 사용해 보겠습니다. 이런 모델들은 학계와 산업계에서 널리 사용합니다.

퍼셉트론과 아달린 알고리즘 구현에 사용한 객체 지향 방식이 사이킷런 API를 이해하는 데 도움이 될 것입니다. 이 장에서 사용한 핵심 구조인 fit, predict 메서드와 동일한 바탕으로 구현되었기 때문입니다. 이런 핵심 개념을 기초로 클래스 확률 모델링을 위한 로지스틱 회귀와 비선형 결정 경계를 위한 서포트 벡터 머신을 배우겠습니다. 이외에도 다른 종류의 지도 학습 알고리즘으로 앙상블 분류기에 널리 사용되는 트리 기반 알고리즘을 소개하겠습니다.

3 장

사이킷런을 타고
떠나는 머신 러닝
분류 모델 투어

이 장에서는 인기 있고 강력한 머신 러닝 알고리즘을 둘러보겠습니다. 이런 알고리즘들은 산업계는 물론 학계에서도 널리 사용됩니다. 분류에 사용할 수 있는 지도 학습 알고리즘의 차이점을 배우는 한편, 각 알고리즘의 강점과 약점도 이해해 봅시다. 이 장에서는 처음으로 사이킷런 라이브러리를 사용합니다. 사이킷런은 사용하기 쉬운 인터페이스를 제공하므로 이런 알고리즘을 효율적이고 생산적으로 적용할 수 있습니다.

이 장에서는 다음 주제를 다룹니다.

- 강력하고 인기 있는 분류 알고리즘인 로지스틱 회귀, 서포트 벡터 머신, 결정 트리, k-최근접 이웃 소개하기
- 예제와 설명을 위해 사이킷런 머신 러닝 라이브러리 사용하기(사이킷런은 광범위한 머신 러닝 알고리즘을 사용하기 쉬운 파이썬 API로 제공)
- 선형 또는 비선형 결정 경계를 갖는 분류 알고리즘의 강점과 약점 설명하기

3.1 분류 알고리즘 선택

특정 문제에 알맞은 분류 알고리즘을 선택하려면 연습과 경험이 필요합니다. 알고리즘은 저마다 특징이 있고 일정한 가정을 전제로 합니다. 데이비드 월퍼트의 **공짜 점심 없음 이론**을 되새겨 보면 모든 경우에 뛰어난 성능을 낼 수 있는 분류 모델은 없습니다.[1] 실제로 최소한 몇 개의 학습 알고리즘 성능을 비교하고 해당 문제에 최선인 모델을 선택하는 것이 항상 권장됩니다. 특성이나 샘플의 개수에 따라 다르고 데이터셋에 있는 잡음 데이터의 양과 클래스가 선형적으로 구분되는지 아닌지에 따라서도 다를 것입니다.

결국 분류 모델의 예측 성능과 계산 성능은 학습에 사용하려는 데이터에 크게 의존합니다. 머신 러닝 알고리즘을 훈련하기 위한 다섯 가지 주요 단계를 정리하면 다음과 같습니다.

---

1 The Lack of A Priori Distinctions Between Learning Algorithms, Wolpert and David H, Neural Computation 8.7 (1996): 1341–1390

1. 특성을 선택하고 훈련 샘플을 모읍니다.

2. 성능 지표를 선택합니다.

3. 학습 알고리즘을 선택하고 모델을 훈련합니다.

4. 모델의 성능을 평가합니다.

5. 알고리즘 설정을 바꾸고 모델을 튜닝합니다.

책은 단계적으로 머신 러닝 지식을 배우도록 구성되어 있습니다. 이 장에서는 여러 알고리즘의 주요 개념에 주로 초점을 맞춥니다. 특성 선택, 성능 지표, 하이퍼파라미터 튜닝 같은 주제는 이어지는 장에서 자세히 살펴보겠습니다.

3.2 사이킷런 첫걸음: 퍼셉트론 훈련

MACHINE LEARNING

2장에서는 두 개의 분류 알고리즘을 배웠습니다. **퍼셉트론**과 **아달린**을 파이썬으로 직접 구현했습니다. 이제 사용하기 쉬운 인터페이스로 분류 알고리즘을 최적화하여 구현한 사이킷런 API를 살펴보겠습니다. 사이킷런 라이브러리는 많은 학습 알고리즘을 제공할 뿐만 아니라, 데이터 전처리나 세부 조정, 모델 평가를 위해 편리하게 사용할 수 있는 함수가 많습니다. 자세한 내용과 관련 개념은 4장과 5장에서 다루겠습니다.

2장에서 구현한 것과 비슷한 퍼셉트론 모델을 훈련하는 것으로 사이킷런 라이브러리를 시작합니다. 예제를 간단하게 만들기 위해 이어지는 절에서는 계속 익숙한 붓꽃 데이터를 사용합니다. 붓꽃 데이터셋은 간단하지만 인기가 많고 알고리즘을 테스트하고 실험할 때 자주 사용되기 때문에 사이킷런에 이미 포함되어 있습니다. 시각화를 위해 붓꽃 데이터셋에서 두 개의 특성만 사용합니다.

150개의 꽃 샘플에서 꽃잎 길이와 꽃잎 너비를 특성 행렬 X에 할당하고 꽃 품종에 해당하는 클래스 레이블을 벡터 y에 할당합니다.[2]

---

2 **역주** load_iris 함수는 파이썬 딕셔너리와 유사한 사이킷런의 Bunch 클래스 객체를 반환합니다. 이 객체에는 특성 행렬에 해당하는 data 속성, 타깃 벡터에 해당하는 target 속성, 특성 이름을 담은 feature_names 속성, 타깃 이름을 담은 target_names 속성, 데이터셋에 대한 설명을 담은 DESCR 속성이 있습니다. 사이킷런은 붓꽃 데이터셋 외에도 여러 가지 간단한 데이터셋을 포함하고 있습니다. 전체 데이터셋 목록은 온라인 문서(http://bit.ly/sklearn-toy-datasets)를 참고하세요.

```
>>> from sklearn import datasets
>>> import numpy as np
>>> iris = datasets.load_iris()
>>> X = iris.data[:, [2, 3]]
>>> y = iris.target
>>> print('클래스 레이블:', np.unique(y))
클래스 레이블: [0 1 2]
```

np.unique(y) 함수는 iris.target에 저장된 세 개의 고유한 클래스 레이블을 반환합니다. 결과에서 보듯이 붓꽃의 클래스 이름인 Iris-setosa, Iris-versicolor, Iris-virginica는 이미 정수로 저장되어 있습니다(여기에서는 0, 1, 2). 사이킷런의 많은 함수와 클래스 메서드는 문자열 형태의 클래스 레이블을 다룰 수 있습니다.[3] 정수 레이블이 권장되는 이유는 사소한 실수를 피할 수 있고 작은 메모리 영역을 차지하므로 계산 성능을 향상시키기 때문입니다. 클래스 레이블을 정수로 인코딩하는 것은 대부분 머신 러닝 라이브러리들의 공통된 관례이기도 합니다.

처음 본 데이터에서 훈련된 모델 성능을 평가하기 위해 데이터셋을 훈련 데이터셋과 테스트 데이터셋으로 분할합니다. 6장에서 모델 평가와 관련된 모범 사례를 자세히 설명하겠습니다. 사이킷런 model_selection 모듈의 train_test_split 함수를 사용해서 X와 y 배열을 랜덤하게 나눕니다. 30%는 테스트 데이터(45개의 샘플), 70%는 훈련 데이터(105개의 샘플)가 됩니다.[4]

```
>>> from sklearn.model_selection import train_test_split
>>> X_train, X_test, y_train, y_test = train_test_split(
...     X, y, test_size=0.3, random_state=1, stratify=y)
```

train_test_split 함수가 분할하기 전에 데이터셋을 미리 섞습니다. 그렇지 않으면 클래스 0과 클래스 1에 있는 샘플이 모두 훈련 데이터셋에 들어가고 테스트 데이터셋은 클래스 2의 샘플 45개만으로 구성됩니다.[5] 데이터셋을 분할 전 무작위로 섞기 위해 사용되는 유사 난수 생성기에 random_state 매개변수로 고정된 랜덤 시드(random_state=1)를 전달합니다. random_state를 고정하면 실행 결과를 재현할 수 있습니다.

마지막으로 stratify=y를 통해 계층화(stratification) 기능을 사용합니다. 여기에서 계층화는 train_test_split 함수가 훈련 데이터셋과 테스트 데이터셋의 클래스 레이블 비율을 입력 데이터

---

3   역주 LabelEncoder 클래스를 사용하여 레이블을 0~n_classes−1 사이의 정수로 바꾸거나 OvR 방식을 사용하는 경우 0, 1을 사용하는 이진 분류 문제로 만듭니다.

4   역주 train_test_split 함수의 test_size 매개변수 기본값은 0.25입니다.

5   역주 2장에서 UCI 서버에서 다운로드한 데이터셋과 마찬가지로 세 개의 붓꽃 데이터가 순서대로 50개씩 나열되어 있습니다.

셋과 동일하게 만든다는 의미입니다. 넘파이 bincount 함수를 사용하여 배열에 있는 고유한 값의 등장 횟수를 헤아릴 수 있습니다. 계층화가 잘 되었는지 확인해 보죠.

```
>>> print('y의 레이블 카운트:', np.bincount(y))
y의 레이블 카운트: [50 50 50]
>>> print('y_train의 레이블 카운트:', np.bincount(y_train))
y_train의 레이블 카운트: [35 35 35]
>>> print('y_test의 레이블 카운트:', np.bincount(y_test))
y_test의 레이블 카운트: [15 15 15]
```

2장 **경사 하강법** 예제에서 보았던 것처럼 많은 머신 러닝 알고리즘과 최적화 알고리즘은 최상의 성능을 위해 특성 스케일 조정이 필요합니다. 여기에서는 사이킷런의 preprocessing 모듈의 StandardScaler 클래스를 사용하여 특성을 표준화하겠습니다.

```
>>> from sklearn.preprocessing import StandardScaler
>>> sc = StandardScaler()
>>> sc.fit(X_train)
>>> X_train_std = sc.transform(X_train)
>>> X_test_std = sc.transform(X_test)
```

앞 코드는 preprocessing 모듈에서 StandardScaler 클래스를 로드하고 새로운 StandardScaler 객체를 sc 변수에 할당합니다. StandardScaler의 fit 메서드는 훈련 데이터셋의 각 특성 차원마다 μ(샘플 평균)와 σ(표준 편차)를 계산합니다. transform 메서드를 호출하면 계산된 μ와 σ를 사용하여 훈련 데이터셋을 표준화합니다. 그다음 훈련 데이터셋과 테스트 데이터셋의 샘플이 서로 같은 비율로 이동되도록 동일한 μ와 σ를 사용하여 테스트 데이터셋을 표준화합니다.

훈련 데이터를 표준화한 후 퍼셉트론 모델을 훈련합니다. 사이킷런의 알고리즘은 대부분 기본적으로 **OvR**(One-versus-Rest) 방식을 사용하여 다중 분류(multiclass classification)를 지원합니다. 세 개의 붓꽃 클래스를 퍼셉트론에 한 번에 주입하겠습니다. 코드는 다음과 같습니다.

```
>>> from sklearn.linear_model import Perceptron
>>> ppn = Perceptron(eta0=0.1, random_state=1)
>>> ppn.fit(X_train_std, y_train)
```

사이킷런의 인터페이스는 2장에서 직접 구현한 퍼셉트론과 비슷합니다. linear_model 모듈에서 Perceptron 클래스를 로드하고 새로운 Perceptron 객체를 생성한 후 fit 메서드를 사용하여 모델을 훈련합니다. 모델 매개변수 eta0은 2장에서 직접 구현한 퍼셉트론에서 사용했던 학습률 eta와 같습니다.

2장에서 했던 것처럼 적절한 학습률을 찾으려면 어느 정도 실험이 필요합니다. 학습률이 너무 크면 알고리즘은 전역 최솟값을 지나칩니다. 학습률이 너무 작으면 학습 속도가 느리기 때문에 특히 대규모 데이터셋에서 수렴하기까지 많은 에포크가 필요합니다. 에포크마다 훈련 데이터셋을 섞은 결과가 나중에 그대로 재현되도록 random_state 매개변수를 사용합니다.

사이킷런에서 모델을 훈련하고 2장 퍼셉트론 구현처럼 predict 메서드로 예측을 만들 수 있습니다. 코드는 다음과 같습니다.

```
>>> y_pred = ppn.predict(X_test_std)
>>> print('잘못 분류된 샘플 개수: %d' % (y_test != y_pred).sum())
잘못 분류된 샘플 개수: 1
```

코드를 실행하면 이 퍼셉트론 모델이 45개의 샘플에서 한 개를 잘못 분류합니다. 테스트 데이터셋에 대한 분류 오차는 약 0.022 또는 2.2%입니다($1/45 \approx 0.022$).

> Note ≡　**분류 오차 vs 정확도**
>
> 분류 오차 대신 많은 머신 러닝 기술자는 모델의 분류 **정확도**(accuracy)를 계산합니다. 계산은 다음과 같습니다.
>
> 　1 − 오차 = 0.978 또는 97.8%
>
> 분류 오차와 정확도 중 어느 것을 선택해도 괜찮습니다.

사이킷런 라이브러리는 metrics 모듈 아래에 다양한 성능 지표를 구현해 놓았습니다. 예를 들어 테스트 데이터셋에서 퍼셉트론의 분류 정확도는 다음과 같이 계산합니다.

```
>>> from sklearn.metrics import accuracy_score
>>> print('정확도: %.3f' % accuracy_score(y_test, y_pred))
정확도: 0.978
```

y_test는 진짜 클래스 레이블이고 y_pred는 앞서 예측한 클래스 레이블입니다. 사이킷런의 분류기(classifier)는 분류기의 예측 정확도를 계산하는 score 메서드를 가지고 있습니다. 이 메서드는 predict 메서드와 accuracy_score 메서드를 연결하여 정확도를 계산합니다.

```
>>> print('정확도: %.3f' % ppn.score(X_test_std, y_test))
정확도: 0.978
```

이 장에서는 테스트 데이터셋을 기반으로 모델 성능을 평가합니다. 6장에서 **과대적합**(overfitting)을 감지하고 방지하기 위해 학습 곡선과 같은 그래프 분석을 포함하여 다양한 기법을 배울 것입니다. 이 장에서 나중에 다시 보겠지만 과대적합이란 훈련 데이터에 있는 패턴은 감지하지만 본 적 없는 데이터에 일반화되지 못하는 것을 의미합니다.

마지막으로 2장에서 만든 plot_decision_regions 함수를 사용하여 새로운 퍼셉트론 모델의 결정 경계를 그려서 세 개의 붓꽃 샘플을 잘 구분하는지 시각화하겠습니다. 여기에서는 조금 수정해서 테스트 데이터셋의 샘플을 작은 원으로 다르게 표시하겠습니다.

```python
from matplotlib.colors import ListedColormap
import matplotlib.pyplot as plt

def plot_decision_regions(X, y, classifier, test_idx=None,
                          resolution=0.02):

    # 마커와 컬러맵을 설정합니다
    markers = ('o', 's', '^', 'v', '<')
    colors = ('red', 'blue', 'lightgreen', 'gray', 'cyan')
    cmap = ListedColormap(colors[:len(np.unique(y))])

    # 결정 경계를 그립니다
    x1_min, x1_max = X[:, 0].min() - 1, X[:, 0].max() + 1
    x2_min, x2_max = X[:, 1].min() - 1, X[:, 1].max() + 1
    xx1, xx2 = np.meshgrid(np.arange(x1_min, x1_max, resolution),
                           np.arange(x2_min, x2_max, resolution))
    lab = classifier.predict(np.array([xx1.ravel(), xx2.ravel()]).T)
    lab = lab.reshape(xx1.shape)
    plt.contourf(xx1, xx2, lab, alpha=0.3, cmap=cmap)
    plt.xlim(xx1.min(), xx1.max())
    plt.ylim(xx2.min(), xx2.max())

    for idx, cl in enumerate(np.unique(y)):
        plt.scatter(x=X[y == cl, 0],
                    y=X[y == cl, 1],
                    alpha=0.8,
                    c=colors[idx],
                    marker=markers[idx],
                    label=f'Class {cl}',
                    edgecolor='black')
```

```
    # 테스트 샘플을 부각하여 그립니다[6]
    if test_idx:
        X_test, y_test = X[test_idx, :], y[test_idx]

        plt.scatter(X_test[:, 0], X_test[:, 1],
                    c='none', edgecolor='black', alpha=1.0,
                    linewidth=1, marker='o',
                    s=100, label='Test set')
```

수정된 plot_decision_regions 함수에 결과 그래프에 표시할 테스트 샘플 인덱스를 지정할 수 있습니다. 코드는 다음과 같습니다.

```
>>> X_combined_std = np.vstack((X_train_std, X_test_std))
>>> y_combined = np.hstack((y_train, y_test))
>>> plot_decision_regions(X=X_combined_std,
...                       y=y_combined,
...                       classifier=ppn,
...                       test_idx=range(105, 150))
>>> plt.xlabel('Petal length [standardized]')
>>> plt.ylabel('Petal width [standardized]')
>>> plt.legend(loc='upper left')
>>> plt.tight_layout()
>>> plt.show()
```

결과 그래프에서 볼 수 있듯이 세 개의 붓꽃 클래스는 선형 결정 경계로 완벽하게 분류되지 못합니다.

▼ 그림 3-1 붓꽃 데이터셋에서 훈련한 다중 분류 퍼셉트론의 결정 경계

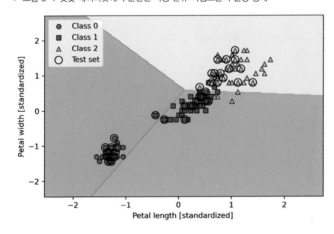

---

6 <u>역주</u> 맷플롯립 scatter 함수의 s 매개변수는 마커 크기를 지정합니다. 기본값은 36입니다. facecolors='none'으로 지정하면 마커 안을 비웁니다.

2장에서 이야기했던 것을 떠올리면 퍼셉트론 알고리즘은 선형적으로 구분되지 않는 데이터셋에는 수렴하지 못합니다. 실전에서 보통 퍼셉트론 알고리즘을 추천하지 않는 이유입니다. 다음 절에서 클래스가 선형적으로 완벽하게 구분되지 않더라도 최솟값에 수렴하는 좀 더 강력한 선형 분류 모델을 알아보겠습니다.

> **Note ≡** **추가적인 퍼셉트론 설정**
>
> Perceptron은 물론 사이킷런의 함수나 클래스는 많은 매개변수를 가지고 있습니다.[7] 여기에서는 복잡하지 않도록 생략했습니다. 파이썬의 help 함수를 사용하여 매개변수에 대한 상세 내용을 볼 수 있습니다(예를 들어 help(Perceptron)). 또는 사이킷런의 훌륭한 온라인 문서를 참고하세요(http://scikit-learn.org/stable/).

3.3 로지스틱 회귀를 사용한 클래스 확률 모델링

MACHINE LEARNING

퍼셉트론 규칙은 머신 러닝 분류 알고리즘을 배우기에 간단하고 좋은 모델이지만 가장 큰 단점은 클래스가 선형적으로 구분되지 않을 때 수렴할 수 없다는 것입니다. 이전 절의 분류 작업이 그런 예입니다. 에포크마다 적어도 하나의 샘플이 잘못 분류되기 때문에 가중치 업데이트가 끝도 없이 계속됩니다. 물론 학습률을 바꾸거나 에포크 횟수를 늘릴 수 있지만 퍼셉트론은 이 데이터셋에 절대 수렴하지 못합니다.

여전히 간단하지만 선형 이진 분류 문제에 더 강력한 다른 알고리즘인 **로지스틱 회귀**(logistic regression)를 살펴보는 것이 현명한 방법입니다. 이름이 회귀이지만 로지스틱 회귀는 회귀가 아니라 분류 모델입니다.

---

7 역주 Perceptron 클래스는 SGDClassifier(loss='perceptron')과 거의 같습니다. loss를 제외하고 SGDClassifier에 있는 거의 모든 매개변수를 지원합니다. 하지만 클래스 분류 확률을 제공하는 predict_prob(), predict_log_prob() 메서드는 지원하지 않습니다.

3.3.1 로지스틱 회귀의 이해와 조건부 확률

로지스틱 회귀는 구현하기 매우 쉽고 선형적으로 구분되는 클래스에 뛰어난 성능을 내는 분류 모델입니다. 산업계에서 가장 널리 사용되는 분류 알고리즘 중 하나입니다. 퍼셉트론이나 아달린과 마찬가지로 로지스틱 회귀 모델도 이진 분류를 위한 선형 모델입니다.[8]

> **Note ☰ 다중 클래스를 위한 로지스틱 회귀**
>
> 로지스틱 회귀는 손쉽게 다중 클래스 설정으로 일반화할 수 있습니다. 이를 **다항 로지스틱 회귀**(multinomial logistic regression) 또는 **소프트맥스 회귀**(softmax regression)라고 부릅니다. 다항 로지스틱 회귀에 대한 자세한 내용은 이 책의 범위를 넘어섭니다. 관심 있는 독자는 제 강의 노트에서 자세한 정보를 확인하세요.[9]
>
> https://sebastianraschka.com/pdf/lecture-notes/stat453ss21/L08_logistic__slides.pdf
> 또는 https://www.youtube.com/watch?v=L0FU8NFpx4E
>
> 다중 클래스 환경에서 로지스틱 회귀를 사용하는 또 다른 방법은 앞서 언급한 OvR 기법입니다.

이진 분류를 위한 확률 모델로서 로지스틱 회귀 모델 이면에 있는 아이디어를 설명하기 위해 먼저 **오즈비**(odds ratio)를 소개합니다. 오즈는 특정 이벤트가 발생할 확률입니다. 오즈비는 $\frac{P}{(1-P)}$처럼 쓸 수 있습니다. 여기에서 P는 양성 샘플일 확률입니다. 양성 샘플은 좋은 것을 의미하지 않고 예측하려는 대상을 말합니다. 예를 들어 특정 증상을 보이는 환자가 어떤 질병에 걸렸을 확률입니다. 양성 샘플이 클래스 레이블 $y=1$인 샘플이고 증상을 특성 x로 생각할 수 있습니다. 따라서 확률 p를 특성이 x인 샘플이 클래스 1에 속할 조건부 확률 $p := p(y = 1 \mid x)$로 정의할 수 있습니다.

오즈비에 로그 함수(로그 오즈)를 취해 로짓(logit) 함수를 정의합니다.

$$\text{logit}(P) = \log \frac{P}{(1-P)}$$

여기에서 $\log$는 컴퓨터 과학에서 널리 사용되는 자연 로그입니다. logit 함수는 0과 1 사이의 입력 값을 받아 실수 범위 값으로 변환합니다.

로지스틱 모델에서는 가중치가 적용된 입력(2장의 최종 입력)과 로그 오즈 사이에 선형 관계가 있다고 가정합니다.

$$\text{logit}(p) = w_1 x_1 + \cdots + w_m x_m + b = \sum_{i=j} w_j x_j + b = w^T x + b$$

8　[역주] 잠시 후에 설명하지만 사이킷런의 로지스틱 회귀 구현은 다중 분류도 지원합니다.

9　[역주] 《핸즈온 머신러닝 3판》(한빛미디어, 2023) 4장에서 소프트맥스 회귀에 대한 자세한 내용을 볼 수 있습니다.

앞의 식은 로그 오즈와 최종 입력 사이에 선형 관계에 대한 가정을 나타내지만 실제 관심 대상은 샘플의 클래스 소속 확률인 p입니다. logit 함수는 확률을 실수에 매핑하므로 이 함수의 역함수를 사용하여 실수 범위를 확률 p에 대한 $[0, 1]$ 범위로 다시 매핑할 수 있습니다.

logit 함수를 거꾸로 뒤집은 함수를 **로지스틱 시그모이드 함수**(logistic sigmoid function)라고 합니다. 함수 모양이 S자 형태를 띠기 때문에 간단하게 줄여서 **시그모이드 함수**(sigmoid function)라고도 합니다.

$$\sigma(z) = \frac{1}{1 + e^{-z}}$$

여기에서 z는 가중치와 입력(즉, 훈련 샘플의 특성)의 선형 조합으로 이루어진 최종 입력입니다. $z = w^T x + b$입니다.

시그모이드 함수가 어떤 모습인지 −7에서 7까지 그려 보겠습니다.

```
>>> import matplotlib.pyplot as plt
>>> import numpy as np
>>> def sigmoid(z):
...     return 1.0 / (1.0 + np.exp(-z))
>>> z = np.arange(-7, 7, 0.1)
>>> sigma_z = sigmoid(z)
>>> plt.plot(z, sigma_z)
>>> plt.axvline(0.0, color='k')
>>> plt.ylim(-0.1, 1.1)
>>> plt.xlabel('z')
>>> plt.ylabel('$\sigma (z)$')
>>> # y축의 눈금과 격자선
>>> plt.yticks([0.0, 0.5, 1.0])
>>> ax = plt.gca()
>>> ax.yaxis.grid(True)
>>> plt.tight_layout()
>>> plt.show()
```

앞 코드를 실행하면 S자 형태의 (시그모이드) 곡선이 그려집니다.

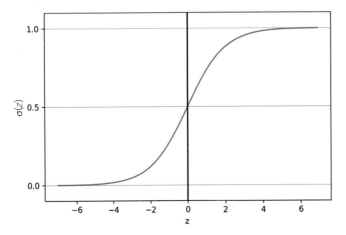

z가 무한대로 가면($z \rightarrow \infty$) e^{-z}가 매우 작아지기 때문에 $\sigma(z)$는 1에 가까워집니다. 비슷하게 $z \rightarrow -\infty$ 이면 점점 분모가 커지기 때문에 $\sigma(z)$는 0에 수렴합니다. 이 시그모이드 함수는 실수 입력 값을 [0, 1] 사이의 값으로 변환합니다. 중간은 $\sigma(0) = 0.5$입니다.

로지스틱 회귀 모델을 직관적으로 이해하기 위해 2장과 연관 지어 생각해 보겠습니다. 아달린에서 활성화 함수로 항등 함수 $\sigma(z) = z$를 사용했습니다. 로지스틱 회귀에서는 앞서 정의한 시그모이드 함수가 활성화 함수가 됩니다.

아달린과 로지스틱 회귀의 차이점은 활성화 함수이며 그림 3-3에 나타냈습니다.

▼ 그림 3-3 아달린과 로지스틱 회귀 비교

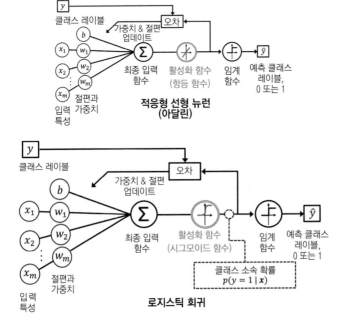

가중치와 절편 파라미터 w와 b를 사용하여 특성 x에 대한 시그모이드 함수의 출력을 특정 샘플이 클래스 1에 속할 확률 $\sigma(z) = p(y = 1|\boldsymbol{x}; \boldsymbol{w}, b)$로 해석합니다. 예를 들어 어떤 붓꽃 샘플이 $\sigma(z) = 0.8$이라면 이 샘플은 Iris-versicolor일 확률이 80%란 뜻입니다. 이 샘플이 Iris-setosa일 확률은 $p(y=0|\boldsymbol{x}; \boldsymbol{w}, b) = 1 - p(y=1|\boldsymbol{x}; \boldsymbol{w}, b)$처럼 계산되어 20%가 됩니다. 예측 확률은 임계 함수를 사용하여 간단하게 이진 출력으로 바꿀 수 있습니다.

$$\hat{y} = \begin{cases} 1 & \sigma(z) \geq 0.5\text{일 때} \\ 0 & \text{그 외} \end{cases}$$

앞의 시그모이드 함수 그래프를 보면 다음과 동일하다는 것을 알 수 있습니다.

$$\hat{y} = \begin{cases} 1 & z \geq 0.0\text{일 때} \\ 0 & \text{그 외} \end{cases}$$

실제로 클래스 레이블을 예측하는 것 외에 클래스에 소속될 확률(임계 함수를 적용하기 전 시그모이드 함수 출력)을 추정하는 것이 유용한 애플리케이션도 많습니다. 예를 들어 어떤 날에 비가 오는지 예측하는 것뿐만 아니라 비 올 확률을 예측해야 하는 날씨 예보에 로지스틱 회귀를 사용할 수 있습니다. 비슷하게 어떤 증상이 있는 환자가 특정 질병을 가질 확률을 예측하는 데 로지스틱 회귀를 사용할 수 있습니다. 이것이 로지스틱 회귀가 의학 분야에 널리 사용되는 이유입니다.

3.3.2 로지스틱 손실 함수의 가중치 학습

로지스틱 회귀 모델이 확률과 클래스 레이블을 어떻게 예측하는지 배웠습니다. 이제 모델 파라미터인 가중치 w와 절편 유닛 b를 어떻게 학습하는지 간단하게 살펴보겠습니다. 이전 장에서 다음과 같은 평균 제곱 오차 손실 함수를 정의했습니다.

$$L(\boldsymbol{w}, b|\boldsymbol{x}) = \sum_i \frac{1}{2} \left(\sigma(z^{(i)}) - y^{(i)} \right)^2$$

아달린 분류 모델에서 이 함수를 최소화하는 파라미터를 학습합니다. 로지스틱 회귀의 손실 함수를 유도하는 방법을 설명하기 위해 먼저 로지스틱 회귀 모델을 만들 때 최대화하려는 가능도(likelihood) L을 정의하겠습니다. 데이터셋에 있는 각 샘플이 서로 독립적이라고 가정합니다. 공식은 다음과 같습니다.[10]

$$\mathcal{L}(\boldsymbol{w}, b|\boldsymbol{x}) = p(y|\boldsymbol{x}; \boldsymbol{w}, b) = \prod_{i=1}^{n} p(y^{(i)}|\boldsymbol{x}^{(i)}; \boldsymbol{w}, b) = \prod_{i=1}^{n} \left(\sigma(z^{(i)})\right)^{y^{(i)}} \left(1 - \sigma(z^{(i)})\right)^{1-y^{(i)}}$$

실전에서는 이 공식의 (자연) 로그를 최대화하는 것이 더 쉽습니다. 이 함수를 로그 가능도 함수라고 합니다.

$$l(\boldsymbol{w}, b|\boldsymbol{x}) = \log \mathcal{L}(\boldsymbol{w}, b|\boldsymbol{x}) = \sum_{i=1} \left[y^{(i)} \log\left(\sigma(z^{(i)})\right) + \left(1 - y^{(i)}\right) \log\left(1 - \sigma(z^{(i)})\right) \right]$$

첫째, 로그 함수를 적용하면 가능도가 매우 작을 때 일어나는 수치상의 언더플로(underflow)를 미연에 방지합니다. 둘째, 계수의 곱을 계수의 합으로 바꿀 수 있습니다. 미적분을 기억하고 있을지 모르지만 이렇게 하면 도함수를 구하기 쉽습니다.

Note ≡ **로그 가능도 함수 유도하기**

데이터가 주어졌을 때 모델의 가능도 $\mathcal{L}(\boldsymbol{w}, b \mid \mathbf{x})$에 대한 표현을 다음과 같이 구할 수 있습니다. 클래스 레이블이 0과 1인 이진 분류 문제일 경우 레이블 1을 베르누이 변수(Bernoulli variable) $Y \sim Bern(p)$로 생각할 수 있습니다. 이 변수는 p의 확률로 1 또는 0 두 값을 가질 수 있습니다. 하나의 데이터 포인트에 대해 이 확률을 $P(Y=1 \mid X = x^{(i)}) = \sigma(z^{(i)})$와 $P(Y=0 \mid X = x^{(i)}) = 1 - \sigma(z^{(i)})$로 쓸 수 있습니다.

두 식을 합치고 $P(Y = y^{(i)} \mid X = x^{(i)}) = p(y^{(i)} \mid x^{(i)})$를 사용해서 간단히 나타내면 베르누이 변수의 확률 질량 함수를 얻을 수 있습니다.

$$p(y^{(i)} \mid x^{(i)}) = \left(\sigma(z^{(i)})\right)^{y^{(i)}} \left(1 - \sigma(z^{(i)})\right)^{1-y^{(i)}}$$

모든 훈련 샘플이 독립적이라는 가정하에 모든 이벤트가 발생할 확률을 계산하는 곱셈 규칙을 사용하여 훈련 레이블의 가능도를 다음과 같이 쓸 수 있습니다.

$$\mathcal{L}(\mathbf{w}, b \mid \mathbf{x}) = \prod_{i=1}^{n} p(y^{(i)} \mid \mathbf{x}^{(i)}; \boldsymbol{w}, b)$$

⊙ 계속

---

10 **역주** $\prod$ 기호는 수열의 곱(https://bit.ly/2NDA1zn)을 나타냅니다. 여기에서는 n개의 샘플이 해당 클래스에 속할 확률을 곱한 것입니다. 양성 샘플일 경우 $1-y^{(i)}$가 0이 되어 두 번째 항이 1이 되고 양성 샘플일 확률 $\sigma(z^{(i)})$만 남습니다. 반대로 음성 샘플일 경우 $y^{(i)}$가 0이 되어 첫 번째 항이 1이 되고 음성 샘플일 확률 $1-\sigma(z^{(i)})$만 남습니다. 따라서 가능도가 최대가 되려면 양성 샘플의 $\sigma(z^{(i)})$는 가능한 크고 음성 샘플의 $\sigma(z^{(i)})$는 가능한 작아야 합니다.

이제 베르누이 변수의 확률 질량 함수로 대체하면 모델 파라미터 업데이트를 통해 최대화시킬 가능도 공식을 얻을 수 있습니다.

$$\mathcal{L}(\mathbf{w}, b \mid \mathbf{x}) = \prod_{i=1}^{n} \left(\sigma\left(z^{(i)}\right)\right)^{y^{(i)}} \left(1 - \sigma\left(z^{(i)}\right)\right)^{1-y^{(i)}}$$

경사 상승법 같은 최적화 알고리즘을 사용하여 이 로그 가능도 함수를 최대화할 수 있습니다(경사 상승법은 함수를 최소화하는 것이 아니라 최대화한다는 점만 제외하면 2장에서 설명한 경사 하강법과 동일한 방식으로 작동합니다). 또는 로그 가능도 함수를 다시 손실 함수 L로 표현하여 2장처럼 경사 하강법을 사용하여 최소화할 수 있습니다.

$$L(\mathbf{w}, b) = \sum_{i=1}^{n} \left[-y^{(i)} \log\left(\sigma\left(z^{(i)}\right)\right) - \left(1 - y^{(i)}\right) \log\left(1 - \sigma\left(z^{(i)}\right)\right)\right]$$

이 손실 함수를 더 잘 이해하기 위해 샘플이 하나일 때 손실을 계산해 보죠.

$$L(\sigma(z), y; \mathbf{w}, b) = -y \log(\sigma(z)) - (1 - y) \log(1 - \sigma(z))$$

식을 보면 $y=0$일 때 첫 번째 항이 0이 됩니다. $y=1$일 때는 두 번째 항이 0이 됩니다.

$$L(\sigma(z), y; \mathbf{w}, b) = \begin{cases} -\log(\sigma(z)) & y=1\text{일 때} \\ -\log(1 - \sigma(z)) & y=0\text{일 때} \end{cases}$$

간단한 코드로 샘플이 하나인 경우 $\sigma(z)$ 값에 대한 분류 손실을 그려 보겠습니다.

```
>>> def loss_1(z):
...     return - np.log(sigmoid(z))
>>> def loss_0(z):
...     return - np.log(1 - sigmoid(z))
>>> z = np.arange(-10, 10, 0.1)
>>> sigma_z = sigmoid(z)
>>> c1 = [loss_1(x) for x in z]
>>> plt.plot(sigma_z, c1, label='L(w, b) if y=1')
>>> c0 = [loss_0(x) for x in z]
>>> plt.plot(sigma_z, c0, linestyle='--', label='L(w, b) if y=0')
>>> plt.ylim(0.0, 5.1)
>>> plt.xlim([0, 1])
>>> plt.xlabel('$\sigma(z)$')
>>> plt.ylabel('L(w, b)')
```

```
>>> plt.legend(loc='best')
>>> plt.tight_layout()
>>> plt.show()
```

결과 그래프의 x축은 0에서 1까지 범위의 시그모이드 활성화 값입니다(시그모이드 함수의 입력인 z는 −10에서 10까지 범위입니다). y축은 해당하는 로지스틱 손실입니다.

❤ 그림 3-4 로지스틱 회귀에서 사용하는 손실 함수 그래프

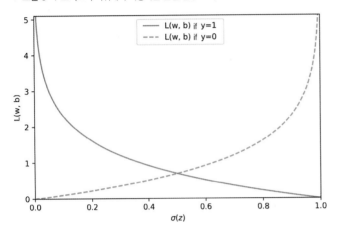

클래스 1에 속한 샘플을 정확히 예측하면 손실이 0에 가까워지는 것을 볼 수 있습니다(실선). 비슷하게 클래스 0에 속한 샘플을 $y=0$으로 정확히 예측하면 y축의 손실이 0에 가까워집니다(점선). 예측이 잘못되면 손실이 무한대가 됩니다. 잘못된 예측에 점점 더 큰 손실을 부여한다는 점이 중요합니다.

3.3.3 아달린 구현을 로지스틱 회귀 알고리즘으로 변경

로지스틱 회귀를 구현하려면 2장 아달린 구현에서 손실 함수 L을 새로운 손실 함수로 바꾸기만 하면 됩니다.

$$L(\boldsymbol{w}, b) = \frac{1}{n}\sum_{i=1}^{n}\left[-y^{(i)}\log\big(\sigma(z^{(i)})\big) - \big(1 - y^{(i)}\big)\log\big(1 - \sigma(z^{(i)})\big)\right]$$

이 함수로 에포크마다 모든 훈련 샘플을 분류하는 손실을 계산합니다. 선형 활성화 함수를 시그모이드 활성화로 바꾸어야 합니다. 아달린 코드에 이런 변경 사항을 반영하면 로지스틱 회귀 모델을

얻을 수 있습니다. 다음은 완전 배치 경사 하강법을 구현한 코드입니다(확률적 경사 하강법 버전
에도 동일한 변경을 적용할 수 있습니다).

```python
class LogisticRegressionGD:
    """경사 하강법을 사용한 로지스틱 회귀 분류기

    매개변수
    ------------
    eta : float
      학습률 (0.0과 1.0 사이)
    n_iter : int
      훈련 데이터셋 반복 횟수
    random_state : int
      가중치 무작위 초기화를 위한 난수 생성기 시드


    속성
    -----------
    w_ : 1d-array
      학습된 가중치
    b_ : 스칼라
      학습된 절편 유닛
    losses_ : list
      각 에포크의 평균 제곱 오차 손실 함수 값

    """
    def __init__(self, eta=0.01, n_iter=50, random_state=1):
        self.eta = eta
        self.n_iter = n_iter
        self.random_state = random_state

    def fit(self, X, y):
        """훈련 데이터 학습

        매개변수
        ----------
        X : {array-like}, shape = [n_samples, n_features]
          n_samples개의 샘플과 n_features개의 특성으로 이루어진 훈련 데이터
        y : array-like, shape = [n_samples]
          타깃 값

        반환값
        -------
```

```
        self : LogisticRegressionGD 객체

        """
        rgen = np.random.RandomState(self.random_state)
        self.w_ = rgen.normal(loc=0.0, scale=0.01, size=X.shape[1])
        self.b_ = np.float_(0.)
        self.losses_ = []
        for i in range(self.n_iter):
            net_input = self.net_input(X)
            output = self.activation(net_input)
            errors = (y - output)
            self.w_ += self.eta * 2.0 * X.T.dot(errors) / X.shape[0]
            self.b_ += self.eta * 2.0 * errors.mean()
            loss = (-y.dot(np.log(output))
                    - ((1 - y).dot(np.log(1 - output)))
                      / X.shape[0])
            self.losses_.append(loss)
        return self

    def net_input(self, X):
        """최종 입력 계산"""
        return np.dot(X, self.w_) + self.b_

    def activation(self, z):
        """로지스틱 시그모이드 활성화 계산"""
        return 1. / (1. + np.exp(-np.clip(z, -250, 250)))

    def predict(self, X):
        """단위 계단 함수를 사용하여 클래스 레이블을 반환합니다"""
        return np.where(self.activation(self.net_input(X)) >= 0.5, 1, 0)
```

여기에서 직접 구현한 로지스틱 모델은 이진 분류 문제에만 적용할 수 있습니다.

Iris-setosa와 Iris-versicolor 붓꽃만 가지고 (클래스 0과 클래스 1) 로지스틱 회귀 구현이 작동
하는지 확인해 보겠습니다.

```
>>> X_train_01_subset = X_train_std[(y_train == 0) | (y_train == 1)]
>>> y_train_01_subset = y_train[(y_train == 0) | (y_train == 1)]
>>> lrgd = LogisticRegressionGD(eta=0.3,
...                             n_iter=1000,
...                             random_state=1)
```

```
>>> lrgd.fit(X_train_01_subset,
...          y_train_01_subset)
>>> plot_decision_regions(X=X_train_01_subset,
...                       y=y_train_01_subset,
...                       classifier=lrgd)
>>> plt.xlabel('Petal length [standardized]')
>>> plt.ylabel('Petal width [standardized]')
>>> plt.legend(loc='upper left')
>>> plt.tight_layout()
>>> plt.show()
```

만들어진 결정 영역 그래프는 그림 3-5와 같습니다.

▼ 그림 3-5 로지스틱 모델이 만든 결정 경계

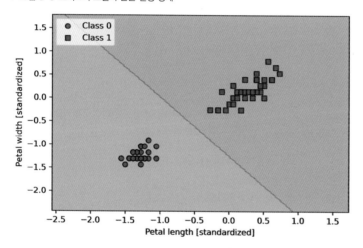

Note ≣ **로지스틱 회귀를 위한 경사 하강법 학습 알고리즘**

앞의 LogisticRegressionGD 코드와 2장의 AdalineGD 코드를 비교해 보면 (2를 곱한 것만 빼고) 가중치와 절편 업데이트 규칙이 바뀌지 않았습니다. 미분을 사용하면 경사 하강법을 통한 파라미터 업데이트가 로지스틱 회귀와 아달린에서 비슷하다는 것을 알 수 있습니다. 다음에 나오는 경사 하강법 학습 규칙의 유도는 로지스틱 회귀를 위한 경사 하강법 이면에 있는 수학적 개념에 관심 있는 독자를 위한 것입니다. 이 장의 나머지 내용을 따라가기 위해 필수적이지 않습니다.

그림 3-6은 j번째 가중치에 대해 로그 가능도 함수의 편도 함수를 계산하는 방법을 보여 줍니다.

○ 계속

▼ 그림 3-6 로그 가능도 함수의 편도 함수 계산

$$\frac{\partial L}{\partial w_j} = \underbrace{\frac{\partial L}{\partial a} \frac{da}{dz} \frac{\partial z}{\partial w_j}}_{\text{연쇄 법칙 적용}} \qquad a = \sigma(z) = \frac{1}{1 + e^{-z}}$$

1) 개별 항 유도   2) 연쇄 법칙으로 결합 및 단순화

$$\left.\begin{array}{l} \dfrac{\partial L}{\partial a} = \dfrac{a - y}{a \cdot (1 - a)} \\[2mm] \dfrac{da}{dz} = \dfrac{e^{-z}}{(1 + e^{-z})^2} = a \cdot (1 - a) \end{array}\right\} \longrightarrow \quad \dfrac{\partial L}{\partial z} = a - y \Big\} \longrightarrow \quad \begin{array}{l} \dfrac{\partial L}{\partial w_j} = (a - y)x_j \\[2mm] \phantom{\dfrac{\partial L}{\partial w_j}} = -(y - a)x_j \end{array}$$

$$\dfrac{\partial z}{\partial w_j} = x_j \Big\}$$

간단하게 나타내기 위해 전체 훈련 샘플에 대해 평균하는 것은 뺐습니다.

2장에서 경사의 반대 방향으로 이동해야 한다고 설명했습니다. 따라서 $\frac{\partial L}{\partial w_j} = -(y - a)x_j$의 부호를 뒤집고 학습률 η를 포함하여 j번째 가중치를 다음과 같이 업데이트합니다.

$$w_j := w_j + \eta(y - a)x_j$$

절편 유닛에 대한 손실 함수의 편도 함수를 여기에서 유도하지는 않겠지만 연쇄 법칙을 사용하여 전반적으로 동일한 개념을 따라 적용하면 다음과 같은 업데이트 규칙을 얻습니다.

$$b := b + \eta(y - a)$$

가중치와 절편 유닛의 업데이트가 모두 2장 아달린의 규칙과 동일합니다.

3.3.4 사이킷런을 사용하여 로지스틱 회귀 모델 훈련

앞 절에서 아달린과 로지스틱 회귀의 개념적 차이를 설명하기 위해 코드 예제와 수학 공식을 살펴보았습니다. 이제 사이킷런에서 로지스틱 회귀를 사용하는 법을 배워 봅시다. 이 구현은 매우 최적화되어 있고 다중 분류도 지원합니다. 최신 사이킷런 버전에서는 다중 클래스를 위한 기법으로 다항 회귀(multinomial regression) 또는 OvR이 자동으로 선택됩니다. 다음 코드에서 sklearn.linear_model.LogisticRegression의 fit 메서드를 사용하여 표준화 처리된 붓꽃 데이터셋의 클래스 세 개를 대상으로 모델을 훈련합니다. 또한, 여기에서는 multi_class='ovr'로 설정했습니다. multi_class='multinomial'로 했을 때 결과는 독자들에게 숙제로 남겨 놓겠습니다. 사이킷런의

LogisticRegression 클래스의 기본값은 `multinomial`이며 붓꽃 데이터셋처럼 상호 배타적인 클래스를 가진 문제에 권장됩니다. 여기에서 '상호 배타적'이란 각 훈련 샘플이 하나의 클래스에만 속할 수 있다는 의미입니다(이에 반해 다중 레이블 분류의 경우 훈련 샘플 하나가 여러 개의 클래스에 속할 수 있습니다).

코드 예제를 살펴보죠.

```
>>> from sklearn.linear_model import LogisticRegression
>>> lr = LogisticRegression(C=100.0, solver='lbfgs',
...                         multi_class='ovr')
>>> lr.fit(X_train_std, y_train)
>>> plot_decision_regions(X_combined_std,
...                       y_combined,
...                       classifier=lr,
...                       test_idx=range(105, 150))
>>> plt.xlabel('Petal length [standardized]')
>>> plt.ylabel('Petal width [standardized]')
>>> plt.legend(loc='upper left')
>>> plt.tight_layout()
>>> plt.show()
```

훈련 데이터에 모델을 훈련한 후 결정 영역, 훈련 샘플, 테스트 샘플을 그림 3-7과 같이 그립니다.

❤ 그림 3-7 사이킷런의 다중 분류 로지스틱 회귀 모델이 만든 결정 경계

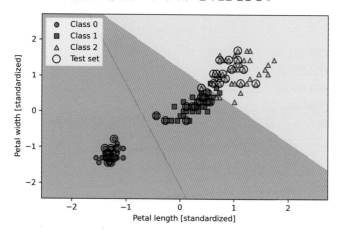

LogisticRegression 모델을 훈련하는 앞 코드를 보니 이상한 것이 하나 보이네요. "C 매개변수는 도대체 뭘까요?" 다음 절에서 과대적합과 규제 개념을 소개하면서 이 매개변수를 설명하겠습니다. 다음 주제로 넘어가기 전에 클래스 소속 확률 이야기를 마무리해 봅시다.

훈련 샘플이 어떤 클래스에 속할 확률은 predict_proba 메서드를 사용하여 계산합니다. 예를 들어 테스트 데이터셋에 있는 처음 세 개의 샘플 확률을 다음과 같이 예측할 수 있습니다.

```
>>> lr.predict_proba(X_test_std[:3, :])
```

이 코드는 다음 배열을 반환합니다.

```
array([[1.52213484e-12, 3.85303417e-04, 9.99614697e-01],
       [9.93560717e-01, 6.43928295e-03, 1.14112016e-15],
       [9.98655228e-01, 1.34477208e-03, 1.76178271e-17]])
```

첫 번째 행은 첫 번째 붓꽃의 클래스 소속 확률입니다. 두 번째 행은 두 번째 꽃의 클래스 소속 확률에 해당합니다. 당연하지만 열을 모두 더하면 1이 됩니다(lr.predict_proba(X_test_std[:3, :]).sum(axis=1) 코드를 실행해서 확인할 수 있습니다).

첫 번째 행에서 가장 큰 값은 대략 0.999 정도입니다. 첫 번째 샘플이 클래스 3(Iris-virginica)에 속할 확률이 99.9%라는 뜻입니다. 눈치챘을지 모르지만 행에서 가장 큰 값의 열이 예측 클래스 레이블이 됩니다. 예를 들어 넘파이 argmax 함수를 사용하면 다음과 같이 씁니다.

---

11 **역주** LogisticRegression의 multi_class 매개변수 기본값은 'auto'입니다. 'auto'로 설정하면 이진 분류이거나 solver='liblinear'일 경우에 'ovr'을 선택하고 그 외에는 'multinomial'을 선택합니다.

```
>>> lr.predict_proba(X_test_std[:3, :]).argmax(axis=1)
```

출력된 클래스 인덱스는 다음과 같습니다(각각 Iris-virginica, Iris-setosa, Iris-setosa에 해당합니다).

```
array([2, 0, 0])
```

이전 코드에서 조건부 확률을 계산하고 넘파이 argmax 함수를 사용하여 직접 클래스 레이블로 바꾸었습니다. 실제 사이킷런을 사용할 때는 predict 메서드를 직접 호출하여 훨씬 손쉽게 클래스 레이블을 얻습니다.

```
>>> lr.predict(X_test_std[:3, :])
array([2, 0, 0])
```

마지막으로 샘플 하나의 클래스 레이블을 예측할 때 주의할 점이 있습니다. 사이킷런은 입력 데이터로 2차원 배열을 기대합니다. 하나의 행을 2차원 포맷으로 먼저 변경해야 합니다. 하나의 행을 2차원 배열로 변환하는 한 가지 방법은 넘파이 reshape 메서드를 사용하여 새로운 차원을 추가하는 것입니다.[12] 예를 들어 다음과 같습니다.

```
>>> lr.predict(X_test_std[0, :].reshape(1, -1))
array([2])
```

3.3.5 규제를 사용하여 과대적합 피하기

과대적합(overfitting)은 머신 러닝에서 자주 발생하는 문제입니다. 모델이 훈련 데이터로는 잘 동작하지만 본 적 없는 데이터(테스트 데이터)로는 잘 일반화되지 않는 현상입니다. 모델이 과대적합일 때 분산이 크다고 말합니다. 모델 파라미터가 너무 많아 주어진 데이터에서 너무 복잡한 모델을 만들기 때문입니다. 비슷하게 모델이 **과소적합**(underfitting)일 때도 있습니다(편향이 큽니다). 훈련 데이터에 있는 패턴을 감지할 정도로 충분히 모델이 복잡하지 않다는 것을 의미합니다. 이 때문에 새로운 데이터에서도 성능이 낮을 것입니다.

---

12 역주 다른 방법으로는 np.expand_dims(X_test_std[0, :], axis=0)처럼 사용할 수 있습니다. 가장 간단한 방법은 X_test_std [0:1, :]처럼 인덱스 슬라이싱을 사용하는 것입니다.

지금까지 분류를 위한 선형 모델만 보았지만 과대적합과 과소적합 문제는 그림 3-8과 같이 선형 결정 경계와 복잡한 비선형 결정 경계를 비교해서 설명하는 것이 좋습니다.

▼ 그림 3-8 과대적합과 과소적합된 모델의 예

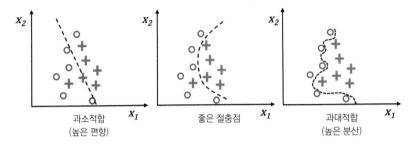

<table>
<tr><td>과소적합
(높은 편향)</td><td>좋은 절충점</td><td>과대적합
(높은 분산)</td></tr>
</table>

> **Note ≣ 편향-분산 트레이드오프**
>
> 연구자들은 종종 '편향(bias)'과 '분산(variance)' 또는 '편향-분산 트레이드오프(tradeoff)'란 용어를 사용하여 모델의 성능을 설명합니다. 모델의 '분산이 높다' 또는 '편향이 크다'고 말하는 대화, 책, 글을 보았을지 모릅니다. 이것은 무슨 뜻일까요? 일반적으로 '높은 분산'은 과대적합에 비례하고 '높은 편향'은 과소적합에 비례합니다.
>
> 머신 러닝 모델에서 **분산**은 모델을 여러 번 훈련했을 때 특정 샘플에 대한 예측의 일관성(또는 변동성)을 측정합니다. 예를 들어 훈련 데이터셋의 일부분을 사용하여 여러 번 훈련하는 경우입니다. 이런 모델은 훈련 데이터의 무작위성에 민감하다고 말할 수 있습니다. 반대로 **편향**은 다른 훈련 데이터셋에서 여러 번 훈련했을 때 예측이 정확한 값에서 얼마나 벗어났는지 측정합니다. 편향은 무작위성이 아니라 구조적인 에러를 나타냅니다.
>
> '편향'과 '분산' 용어의 기술적인 정의와 유도에 관심이 있다면 제 강의 노트를 참고하세요.
>
> https://sebastianraschka.com/pdf/lecture-notes/stat451fs20/08-model-eval-1-intro__notes.pdf

좋은 편향-분산 트레이드오프를 찾는 한 가지 방법은 규제를 사용하여 모델의 복잡도를 조정하는 것입니다. **규제**(regularization)는 공선성(collinearity)(특성 간의 높은 상관관계)을 다루거나 데이터에서 잡음을 제거하여 과대적합을 방지할 수 있는 매우 유용한 방법입니다.

규제는 과도한 파라미터(가중치) 값을 제한하기 위해 추가적인 정보를 주입하는 개념입니다. 가장 널리 사용하는 규제 형태는 다음과 같은 **L2 규제**입니다(이따금 L2 축소 또는 가중치 감쇠라고 부릅니다).[13]

$$\frac{\lambda}{2n}\|\boldsymbol{w}\|^2 = \frac{\lambda}{2n}\sum_{j=1}^{m} w_j^2$$

---

13 역주 L2 규제에 사용하는 식은 L2 노름의 제곱이지만 보통 L2 규제라고 합니다. 4장에서 L1, L2 규제에 대해 자세히 소개합니다.

이 식에서 λ는 규제 하이퍼파라미터입니다. 분모의 2는 단순히 스케일링 계수이며 손실의 그레이디언트를 계산할 때 상쇄됩니다. 샘플 크기 n은 손실과 정규화 항의 스케일을 유사하게 조정하기 위해 추가합니다.

로지스틱 회귀의 손실 함수는 규제 항을 추가해서 규제를 적용합니다. 규제 항은 모델 훈련 과정에서 가중치를 줄이는 역할을 합니다.

$$L(\boldsymbol{w}, b) = \frac{1}{n}\sum_{i=1}^{n}\left[-y^{(i)}\log\left(\sigma\left(z^{(i)}\right)\right) - \left(1 - y^{(i)}\right)\log\left(1 - \sigma\left(z^{(i)}\right)\right)\right] + \frac{\lambda}{2n}\|\boldsymbol{w}\|^2$$

규제가 없는 손실의 편도 함수는 다음과 같이 정의됩니다.

$$\frac{\partial L(\boldsymbol{w}, b)}{\partial w_j} = \left(\frac{1}{n}\sum_{i=1}^{n}\left(\sigma\left(\boldsymbol{w}^T\boldsymbol{x}^{(i)}\right) - y^{(i)}\right)x_j^{(i)}\right)$$

손실에 규제 항을 추가하면 편도 함수가 다음과 같이 바뀝니다.

$$\frac{\partial L(\boldsymbol{w}, b)}{\partial w_j} = \left(\frac{1}{n}\sum_{i=1}^{n}\left(\sigma\left(\boldsymbol{w}^T\boldsymbol{x}^{(i)}\right) - y^{(i)}\right)x_j^{(i)}\right) + \frac{\lambda}{n}w_j$$

규제 하이퍼파라미터 λ를 사용하여 가중치를 작게 유지하면서 훈련 데이터에 얼마나 잘 맞출지를 조정할 수 있습니다. λ 값을 증가하면 규제 강도가 높아집니다. 2장에서 배운 것처럼 절편 유닛은 기본적으로 음의 임계 값에 해당하는 역할을 하므로 일반적으로 규제에 포함하지 않습니다.

사이킷런의 LogisticRegression 클래스의 C 매개변수는 다음 절에서 볼 서포트 벡터 머신 형식에서 따왔습니다. C 매개변수는 규제 하이퍼파라미터 λ의 역수입니다. 결과적으로 역 규제 파라미터 C의 값을 감소시키면 규제 강도가 증가합니다. 두 개의 가중치에 대해 L2 규제 효과를 그래프로 나타내 보겠습니다.[14]

---

14 [역주] LogisticRegression의 penalty 매개변수의 기본값이 L2 규제를 의미하는 'l2'이며 'l1'으로 바꾸어 L1 규제를 사용할 수도 있습니다. C 매개변수의 기본값은 1.0입니다.

```
>>> weights, params = [], []
>>> for c in np.arange(-5, 5):
...     lr = LogisticRegression(C=10.**c,
...                             multi_class='ovr')
...     lr.fit(X_train_std, y_train)
...     weights.append(lr.coef_[1])
...     params.append(10.**c)
>>> weights = np.array(weights)
>>> plt.plot(params, weights[:, 0],
...          label='Petal length')
>>> plt.plot(params, weights[:, 1], linestyle='--',
...          label='Petal width')
>>> plt.ylabel('Weight coefficient')
>>> plt.xlabel('C')
>>> plt.legend(loc='upper left')
>>> plt.xscale('log')
>>> plt.show()
```

이 코드를 실행하면 역 규제 매개변수 C의 값을 바꾸면서 열 개의 로지스틱 회귀 모델을 훈련합니다. 시연을 위해 모든 분류기에서 클래스 1의 가중치 값만 사용합니다(여기에서는 데이터셋에 있는 두 번째 클래스인 Iris-versicolor). 다중 분류에는 OvR 기법을 사용합니다.[15]

결과 그래프에서 볼 수 있듯이 C 매개변수가 감소하면 가중치 절댓값이 줄어듭니다. 즉, 규제 강도가 증가합니다.

▼ 그림 3-9 규제 강도 매개변수가 L2 규제 모델에 미치는 영향

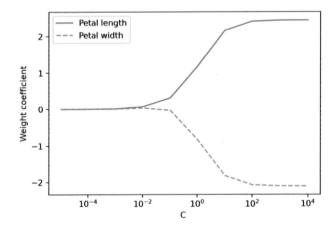

---

15 [역주] multi_class='multinomial'로 지정하더라도 C 값에 따른 가중치 변화를 볼 수 있지만 다른 클래스의 영향 때문에 그림 3-9보다 복잡하고 불규칙한 그래프가 그려집니다.

규제 강도를 높이면 과대적합을 줄일 수 있으므로 기본적으로 모든 모델을 강력히 규제하지 않는 이유가 궁금할지 모르겠습니다. 그 이유는 규제 강도를 조정할 때 주의해야 하기 때문입니다. 예를 들어 규제 강도가 너무 커서 가중치가 ϕ에 가까워지면 그림 3-8에 나타난 것처럼 과소적합 때문에 모델 성능이 크게 나빠질 수 있습니다.

Note ≡ **로지스틱 회귀에 대한 추가 자료**

개별 분류 알고리즘을 상세히 다루는 것은 책 범위를 넘어섭니다. 로지스틱 회귀에 대해 자세히 알고 싶은 독자에게는 'Logistic Regression: From Introductory to Advanced Concepts and Applications, Dr. Scott Menard's, Sage Publications, 2009'를 추천합니다.

MACHINE LEARNING

3.4 서포트 벡터 머신을 사용한 최대 마진 분류

서포트 벡터 머신(Support Vector Machine, SVM)은 강력하고 널리 사용되는 학습 알고리즘입니다. SVM은 퍼셉트론의 확장으로 생각할 수 있습니다. 앞서 퍼셉트론 알고리즘을 사용하여 분류 오차를 최소화했습니다. SVM의 최적화 대상은 마진(margin)을 최대화하는 것입니다. 마진은 클래스를 구분하는 초평면(결정 경계)과 이 초평면에 가장 가까운 훈련 샘플 사이의 거리로 정의합니다. 이런 샘플을 **서포트 벡터**(support vector)라고 합니다.

그림 3-10에 나타나 있습니다.

▼ 그림 3-10 서포트 벡터 머신

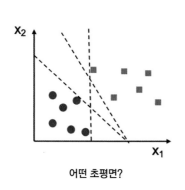

어떤 초평면?

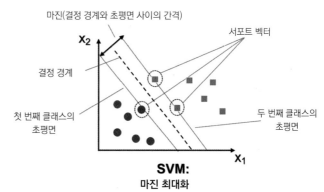

SVM:
마진 최대화

3.4.1 최대 마진

큰 마진의 결정 경계를 원하는 이유는 일반화 오차가 낮아지는 경향이 있기 때문입니다. 반면 작은 마진의 모델은 과대적합되기 쉽습니다.

안타깝게도 SVM의 주요 개념은 비교적 간단하지만, 그 이면에 있는 수학은 상당히 고급이며 제약이 있는 최적화 문제에 대한 충분한 지식이 필요합니다.

따라서 SVM의 최대 마진 최적화에 대한 자세한 내용은 이 책의 범위를 벗어납니다. 하지만 더 자세히 알고 싶다면 다음 자료를 참고하세요.

- Chris J. C. Burges의 A Tutorial on Support Vector Machines for Pattern Recognition(Data Mining and Knowledge Discovery, 2(2): 121-167, 1998)
- 블라드미르 바프닉의 책 The Nature of Statistical Learning Theory, Springer Science+ Business Media, 2000
- Andrew Ng의 강의 노트(https://see.stanford.edu/materials/aimlcs229/cs229-notes3.pdf)

3.4.2 슬랙 변수를 사용하여 비선형 분류 문제 다루기

최대 마진 분류 이면에 있는 수학 개념에 너무 깊이 들어가지 않겠습니다. 1995년 블라드미르 바프닉(Vladimir Vapnik)이 소개한 슬랙 변수만 간략히 소개하겠습니다. 이를 **소프트 마진 분류**(soft margin classification)라고 합니다.[16] 슬랙 변수는 선형적으로 구분되지 않는 데이터에서 SVM 최적화 목적 함수에 있는 선형 제약 조건을 완화할 필요가 있기 때문에 도입되었습니다. 이를 통해 적절히 손실을 손해 보면서 분류 오차가 있는 상황에서 최적화 알고리즘이 수렴합니다.

결국 슬랙 변수를 사용하면 SVM의 C 매개변수가 도입됩니다. C를 사용하여 분류 오차에 대한 페널티를 조정할 수 있습니다. C 값이 크면 오차에 대한 손실이 커집니다. C 값이 작으면 분류 오차에 덜 엄격해집니다. C 매개변수를 사용하여 마진 폭을 제어할 수 있고, 결국 그림 3-11과 같이 편향-분산의 트레이드오프를 조정합니다.

---

16 **역주** 이전 절에서 소개한 슬랙 변수가 없는 경우를 하드 마진(hard-margin) 분류라고도 합니다.

▼ 그림 3-11 규제 매개변수 C의 값이 분류에 미치는 영향

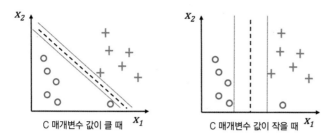

이 개념은 규제와 관련이 있습니다. 규제가 있는 로지스틱 회귀 모델을 다룬 이전 절에서 언급했 듯이 C 값을 줄이면 편향(과소적합)이 늘고 모델 분산(과대적합)이 줄어듭니다.

이제 선형 SVM에 대한 기본 개념을 배웠습니다. 붓꽃 데이터셋의 꽃 분류 문제에 SVM 모델을 훈련해 보죠.

```
>>> from sklearn.svm import SVC
>>> svm = SVC(kernel='linear', C=1.0, random_state=1)
>>> svm.fit(X_train_std, y_train)
>>> plot_decision_regions(X_combined_std,
...                       y_combined,
...                       classifier=svm,
...                       test_idx=range(105, 150))
>>> plt.xlabel('Petal length [standardized]')
>>> plt.ylabel('Petal width [standardized]')
>>> plt.legend(loc='upper left')
>>> plt.tight_layout()
>>> plt.show()
```

앞 코드를 실행하면 그림 3-12와 같이 붓꽃 데이터셋에서 훈련한 SVM 분류기의 결정 영역 세 개 가 나타납니다.[17]

17　역주 svm 객체의 dual_coef_ 속성에서 서포트 벡터를 확인할 수 있습니다.

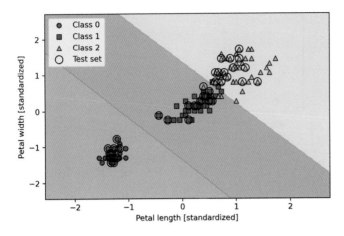

> **Note ☰ 로지스틱 회귀 vs 서포트 벡터 머신**
>
> 실제 분류 작업에서 선형 로지스틱 회귀와 선형 SVM은 종종 매우 비슷한 결과를 만듭니다. 로지스틱 회귀는 훈련 데이터의 조건부 가능도를 최대화하기 때문에 SVM보다 이상치에 민감합니다. SVM은 결정 경계에 가장 가까운 포인트(서포트 벡터)에 대부분 관심을 둡니다. 반면 로지스틱 회귀는 모델이 간단하고 구현하기 쉬우며 수학적으로 설명하기 더 용이한 장점이 있습니다. 또한, 로지스틱 회귀 모델은 업데이트가 용이하므로 스트리밍 데이터를 다룰 때 적합합니다.

3.4.3 사이킷런의 다른 구현

이전 절에서 보았던 사이킷런의 LogisticRegression 클래스는 solver='liblinear'로 지정하여 LIBLINEAR 라이브러리를 사용할 수 있습니다. 국립 타이완 대학교(National Taiwan University)에서 개발한 것으로 최적화가 매우 잘된 C/C++ 라이브러리입니다(http://www.csie.ntu.edu.tw/~cjlin/liblinear/).

SVM을 훈련하는 SVC 클래스는 LIBSVM 라이브러리를 사용합니다.[18] 이 라이브러리는 SVM에 특화된 C/C++ 라이브러리입니다(http://www.csie.ntu.edu.tw/~cjlin/libsvm/).

순수한 파이썬 구현에 비해 LIBLINEAR와 LIBSVM은 많은 선형 분류기를 아주 빠르게 훈련할 수 있는 장점이 있습니다. 이따금 데이터셋이 너무 커서 컴퓨터 메모리 용량에 맞지 않는 경우

---

18 **역주** 사이킷런에서는 선형 SVM 모델을 위해 분류를 위한 LinearSVC와 회귀를 위한 LinearSVR 클래스를 제공합니다. 이 클래스들은 모두 LIBLINEAR 라이브러리를 사용합니다. 선형 SVM 문제에서는 'linear' 커널을 사용하는 SVC, SVR보다 빠릅니다.

가 있습니다. 사이킷런은 이에 대한 대안으로 SGDClassifier 클래스를 제공합니다. 이 클래스는 partial_fit 메서드를 사용하여 온라인 학습을 지원합니다. SGDClassifier 클래스 이면에 있는 개념은 2장에서 아달린을 위해 구현한 확률적 경사 하강법과 비슷합니다.

퍼셉트론(loss='perceptron'), 로지스틱 회귀(loss='log'), 서포트 벡터 머신(loss='hinge')의 확률적 경사 하강법 버전은 다음과 같습니다.[19]

```
>>> from sklearn.linear_model import SGDClassifier
>>> ppn = SGDClassifier(loss='perceptron')
>>> lr = SGDClassifier(loss='log')
>>> svm = SGDClassifier(loss='hinge')
```

MACHINE LEARNING

3.5 / 커널 SVM을 사용하여 비선형 문제 풀기

머신 러닝 기술자 사이에서 SVM이 인기가 높은 또 다른 이유는 비선형 분류 문제를 풀기 위해 커널 방법을 사용할 수 있기 때문입니다. 가장 널리 사용되는 SVM 방법인 **커널 SVM**(kernel SVM)의 주요 개념을 설명하기 전에 먼저 비선형 분류 문제가 어떤 모습인지 보기 위해 합성 데이터셋을 만들겠습니다.

3.5.1 선형적으로 구분되지 않는 데이터를 위한 커널 방법

다음 코드에서 넘파이 logical_xor 함수를 사용하여 XOR 형태의 간단한 데이터셋을 만듭니다. 대략 100개의 샘플은 클래스 레이블 1로 할당되고 나머지 100개의 샘플은 클래스 레이블 −1로 할당됩니다.

---

19 **역주** SGDClassifier의 주요 매개변수로는 penalty(규제, 기본값 'l2'), max_iter(에포크 횟수, 기본값 1000), n_jobs(병렬로 사용할 코어 개수, 기본값 1) 등이 있습니다. 사이킷런 1.3 버전에서 loss 매개변수 중 'log'가 'log_loss'로 바뀔 예정입니다(만약 사이킷런 1.3 버전을 사용한다면 125쪽 위에서 8번째 줄, 358쪽 아래에서 1번째 줄, 363쪽 아래에서 2번째 줄의 'log'를 'log_loss'로 바꾸어 사용하세요).

```
>>> import matplotlib.pyplot as plt
>>> import numpy as np
>>> np.random.seed(1)
>>> X_xor = np.random.randn(200, 2)
>>> y_xor = np.logical_xor(X_xor[:, 0] > 0,
...                        X_xor[:, 1] > 0)
>>> y_xor = np.where(y_xor, 1, 0)
>>> plt.scatter(X_xor[y_xor == 1, 0],
...             X_xor[y_xor == 1, 1],
...             c='royalblue', marker='s',
...             label='Class 1')
>>> plt.scatter(X_xor[y_xor == 0, 0],
...             X_xor[y_xor == 0, 1],
...             c='tomato', marker='o',
...             label='Class 0')
>>> plt.xlim([-3, 3])
>>> plt.ylim([-3, 3])
>>> plt.xlabel('Feature 1')
>>> plt.ylabel('Feature 2')
>>> plt.legend(loc='best')
>>> plt.tight_layout()
>>> plt.show()
```

코드를 실행하면 그림 3-13과 같이 랜덤한 잡음이 섞인 XOR 데이터셋이 만들어집니다.

❤ 그림 3-13 XOR 데이터셋

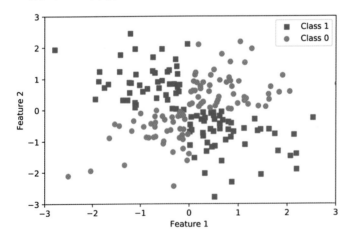

확실히 양성 클래스와 음성 클래스를 선형 초평면으로 구분할 수 없을 것 같습니다. 앞 절에서 배운 선형 로지스틱 회귀나 선형 SVM을 사용한 결정 경계가 여기에 해당합니다.

이렇게 선형적으로 구분되지 않는 데이터를 다루는 **커널 방법**(kernel method)의 기본 아이디어는 매핑 함수 ϕ를 사용하여 원본 특성의 비선형 조합을 선형적으로 구분되는 고차원 공간에 투영하는 것입니다. 그림 3-14에서 볼 수 있듯이 2차원 데이터셋을 다음과 같은 투영을 통해 새로운 3차원 특성 공간으로 변환하면 클래스를 구분할 수 있습니다.

$$\phi(x_1, x_2) = (z_1, z_2, z_3) = (x_1, x_2, x_1^2 + x_2^2)$$

다음의 동심원 데이터셋처럼 고차원 공간에서 두 클래스를 구분하는 선형 초평면은 원본 특성 공간으로 되돌리면 비선형 결정 경계가 됩니다.

❤ 그림 3-14 커널 방법을 사용한 비선형 데이터셋 분류 과정

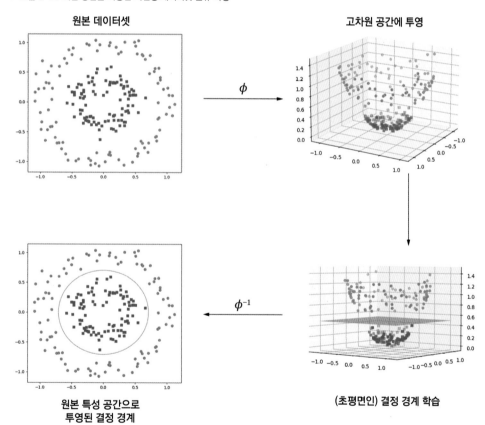

3.5.2 커널 기법을 사용하여 고차원 공간에서 분할 초평면 찾기

SVM으로 비선형 문제를 풀기 위해 매핑 함수 ϕ를 사용하여 훈련 데이터를 고차원 특성 공간으로 변환합니다. 그다음 이 새로운 특성 공간에서 데이터를 분류하는 선형 SVM 모델을 훈련합니다. 동일한 매핑 함수 ϕ를 사용하여 새로운 본 적 없는 데이터를 변환하고 선형 SVM 모델을 사용하여 분류할 수 있습니다.

이런 매핑 방식의 한 가지 문제점은 새로운 특성을 만드는 계산 손실이 매우 비싸다는 것입니다. 특히 고차원 데이터일 때 더욱 그렇습니다. 여기에 소위 **커널 기법**(kernel trick)이 등장하게 됩니다. SVM을 훈련하기 위해 콰드라틱 프로그래밍 문제를 어떻게 푸는지 상세히 다루지는 않겠습니다. 실전에서 필요한 것은 점곱 $x^{(i)T}x^{(j)}$를 $\phi\left(x^{(i)}\right)^{T}\phi\left(x^{(j)}\right)$로 바꾸는 것입니다. 두 포인트 사이 점곱을 계산하는 데 드는 높은 손실을 절감하기 위해 **커널 함수**(kernel function)를 정의합니다.

$$\mathcal{K}\left(x^{(i)}, x^{(j)}\right) = \phi\left(x^{(i)}\right)^{T}\phi\left(x^{(j)}\right)$$

가장 널리 사용되는 커널 중 하나는 **방사 기저 함수**(Radial Basis Function, RBF)입니다. **가우스 커널**(Gaussian kernel)이라고도 합니다.[20]

$$\mathcal{K}\left(x^{(i)}, x^{(j)}\right) = \exp\left(-\frac{\left\|x^{(i)} - x^{(j)}\right\|^{2}}{2\sigma^{2}}\right)$$

간단하게 다음과 같이 쓰기도 합니다.

$$\mathcal{K}\left(x^{(i)}, x^{(j)}\right) = \exp\left(-\gamma\left\|x^{(i)} - x^{(j)}\right\|^{2}\right)$$

여기에서 $\gamma = \frac{1}{2\sigma^{2}}$ 은 최적화 대상 파라미터가 아닙니다.

---

20 **역주** 가우스 커널을 사용하여 계산된 값은 지수 함수의 테일러 급수 전개를 생각하면 무한 차원의 다항식을 사용하여 만든 것으로 생각할 수 있습니다. 커널 방법은 이렇게 고차원 표현을 실제 만들지 않고 커널 함수의 계산 결과만 사용합니다. 고차원 표현을 명시적으로 만들지 않기 때문에 이 공간에 대한 결정 경계를 찾을 수 없습니다. 커널 방법을 사용할 때는 SVM의 목적 함수에 커널 함수를 적용하여 w와 b를 소거합니다. 이렇게 바뀐 목적 함수를 쌍대 형식(dual form)이라고 부릅니다. 예측은 새로운 데이터와 서포트 벡터에 커널 함수를 적용하여 계산합니다. SVC 클래스의 kernel 매개변수가 `linear`가 아닌 경우 항상 쌍대 문제가 되며 가중치 파라미터 coef_ 속성은 정의되지 않습니다. LinearSVC 클래스는 dual 매개변수의 기본값 True를 False로 바꾸어 쌍대 문제가 아니라 원 문제(primal problem)를 풀 수도 있습니다.

대략적으로 말하면 **커널**(kernel)이란 용어를 샘플 간의 **유사도 함수**(similarity function)로 해석할 수 있습니다. 음수 부호가 거리 측정을 유사도 점수로 바꾸는 역할을 합니다. 지수 함수로 얻게 되는 유사도 점수는 1(매우 비슷한 샘플)과 0(매우 다른 샘플) 사이 범위를 가집니다.

지금까지 커널 기법에 대한 개요를 정의했습니다. 이제 커널 SVM을 훈련하여 XOR 데이터를 구분하는 비선형 결정 경계를 그릴 수 있는지 알아보겠습니다. 앞서 임포트한 사이킷런의 SVC 클래스를 사용하고 kernel='linear' 매개변수를 kernel='rbf'로 바꿉니다.

```
>>> svm = SVC(kernel='rbf', random_state=1, gamma=0.10, C=10.0)
>>> svm.fit(X_xor, y_xor)
>>> plot_decision_regions(X_xor, y_xor, classifier=svm)
>>> plt.legend(loc='upper left')
>>> plt.tight_layout()
>>> plt.show()
```

결과 그래프에서 볼 수 있듯이 커널 SVM은 비교적 XOR 데이터를 잘 구분합니다.

▼ 그림 3-15 커널 방법을 사용한 XOR 데이터셋의 결정 경계

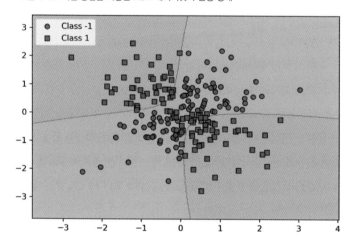

gamma=0.1로 지정한 γ 매개변수를 가우스 구(Gaussian sphere)의 크기를 제한하는 매개변수로 이해할 수 있습니다. γ 값을 크게 하면 서포트 벡터의 영향이나 범위가 줄어듭니다. 결정 경계는 더욱 샘플에 가까워지고 구불구불해집니다. γ를 잘 이해하기 위해 붓꽃 데이터셋에서 RBF 커널 SVM을 적용해 보죠.

```
>>> svm = SVC(kernel='rbf', random_state=1, gamma=0.2, C=1.0)
>>> svm.fit(X_train_std, y_train)
>>> plot_decision_regions(X_combined_std,
```

```
...                          y_combined, classifier=svm,
...                          test_idx=range(105, 150))
>>> plt.xlabel('Petal length [standardized]')
>>> plt.ylabel('Petal width [standardized]')
>>> plt.legend(loc='upper left')
>>> plt.tight_layout()
>>> plt.show()
```

비교적 γ 값을 작게 했기 때문에 RBF 커널 SVM 모델이 만든 결정 경계는 그림 3-16과 같이 부드럽습니다.

❤ 그림 3-16 작은 γ 값으로 RBF 커널 SVM 모델이 학습한 붓꽃 데이터셋의 결정 경계

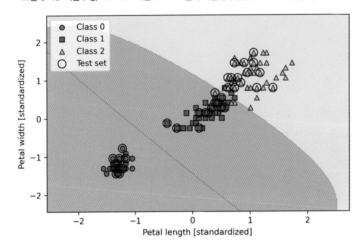

이번에는 γ 값을 크게 하고 결정 경계에 미치는 영향을 관찰해 보겠습니다.

```
>>> svm = SVC(kernel='rbf', random_state=1, gamma=100.0, C=1.0)
>>> svm.fit(X_train_std, y_train)
>>> plot_decision_regions(X_combined_std,
...                          y_combined, classifier=svm,
...                          test_idx=range(105,150))
>>> plt.xlabel('Petal length [standardized]')
>>> plt.ylabel('Petal width [standardized]')
>>> plt.legend(loc='upper left')
>>> plt.tight_layout()
>>> plt.show()
```

결과 그래프를 보면 비교적 큰 γ 값을 사용했기 때문에 클래스 0과 클래스 1 주위로 결정 경계가 매우 가깝게 나타납니다.

✔ 그림 3-17 큰 γ 값으로 RBF 커널 SVM 모델이 학습한 붓꽃 데이터셋의 결정 경계

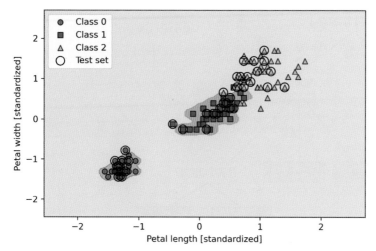

이런 분류기는 훈련 데이터에서는 잘 맞지만 본 적 없는 데이터에서는 일반화 오차가 높을 것입니다. 알고리즘이 훈련 데이터셋 변화에 너무 민감할 때 γ 매개변수가 과대적합 또는 분산을 조절하는 중요한 역할도 한다는 것을 알 수 있습니다.[21]

MACHINE LEARNING

3.6 결정 트리 학습

결정 트리(decision tree) 분류기는 설명이 중요할 때 아주 유용한 모델입니다. 결정 트리라는 이름처럼 일련의 질문에 대한 결정을 통해 데이터를 분해하는 모델로 생각할 수 있습니다.

결정 트리를 사용하여 어떤 날의 활동을 결정하는 예를 생각해 보죠.

---

21 [역주] SVM 모델에 규제를 가할 때는 gamma와 C 매개변수를 동시에 조절하는 것이 좋습니다.

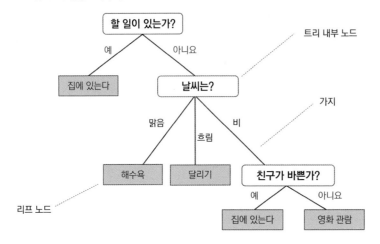

결정 트리는 훈련 데이터에 있는 특성을 기반으로 샘플의 클래스 레이블을 추정할 수 있는 일련의 질문을 학습합니다. 그림 3-18은 범주형 변수를 사용한 결정 트리를 설명하고 있지만 동일한 개념이 붓꽃 데이터셋 같은 실수형 특성에도 적용됩니다. 예를 들어 꽃받침 너비 특성 축에 기준 값을 정하고 "꽃받침 너비가 2.8센티미터보다 큰가요?"라는 예/아니요 질문을 할 수 있습니다.

결정 알고리즘을 사용하면 트리의 루트(root)에서 시작해서 **정보 이득**(Information Gain, IG)이 최대가 되는 특성으로 데이터를 나눕니다. 정보 이득에 대해서는 다음 절에서 자세히 설명하겠습니다. 반복 과정을 통해 리프 노드(leaf node)가 순수해질 때까지 모든 자식 노드에서 이 분할 작업을 반복합니다. 즉, 각 노드의 모든 훈련 샘플은 동일한 클래스에 속합니다. 실제로 이렇게 하면 노드가 많은 깊은 트리가 만들어지고 과대적합될 가능성이 높습니다. 일반적으로 트리의 최대 깊이를 제한하여 트리를 **가지치기**(pruning)합니다.

3.6.1 정보 이득 최대화: 자원을 최대로 활용

가장 정보가 풍부한 특성으로 노드를 나누기 위해 트리 알고리즘으로 최적화할 목적 함수를 정의합니다. 이 목적 함수는 각 분할에서 정보 이득을 최대화합니다. 정보 이득은 다음과 같이 정의합니다.

$$IG\left(D_p, f\right) = I\left(D_p\right) - \sum_{j=1}^{m} \frac{N_j}{N_p} I\left(D_j\right)$$

여기에서 f는 분할에 사용할 특성입니다. D_p와 D_j는 부모와 j번째 자식 노드의 데이터셋입니다. I는 **불순도**(impurity) 지표입니다. N_p는 부모 노드에 있는 전체 샘플 개수입니다. N_j는 j번째 자식 노드에 있는 샘플 개수입니다. 여기에서 볼 수 있듯이 정보 이득은 단순히 부모 노드의 불순도와 자식 노드의 불순도 합의 차이입니다. 자식 노드의 불순도가 낮을수록 정보 이득이 커집니다. 구현을 간단하게 하고 탐색 공간을 줄이기 위해 (사이킷런을 포함해서) 대부분의 라이브러리는 이진 결정 트리를 사용합니다. 즉, 부모 노드는 두 개의 자식 노드 D_{left}와 D_{right}로 나누어집니다.

$$IG\left(D_p, f\right) = I\left(D_p\right) - \frac{N_{left}}{N_p} I\left(D_{left}\right) - \frac{N_{right}}{N_p} I\left(D_{right}\right)$$

이진 결정 트리에 널리 사용되는 세 개의 불순도 지표 또는 분할 조건은 **지니 불순도**(Gini impurity, I_G), **엔트로피**(entropy, I_H), **분류 오차**(classification error, I_E)입니다. 샘플이 있는 모든 클래스($p\left(i|t\right) \neq 0$)에 대한 엔트로피 정의는 다음과 같습니다.

$$I_H\left(t\right) = -\sum_{i=1}^{c} p\left(i|t\right)\log_2 p\left(i|t\right)$$

여기에서 $p\left(i|t\right)$는 특정 노드 t에서 클래스 i에 속한 샘플 비율입니다. 한 노드의 모든 샘플이 같은 클래스이면 엔트로피는 0이 됩니다. 클래스 분포가 균등하면 엔트로피는 최대가 됩니다. 예를 들어 이진 클래스일 경우 $p\left(i=1|t\right) = 1$ 또는 $p\left(i=0|t\right) = 0$이면 엔트로피는 0입니다. 클래스가 $p\left(i=1|t\right) = 0.5$와 $p\left(i=0|t\right) = 0.5$처럼 균등하게 분포되어 있으면 엔트로피는 1이 됩니다. 엔트로피 조건을 트리의 상호 의존 정보를 최대화하는 것으로 이해할 수 있습니다.[22]

그래프를 통해 직관적으로 이해하기 위해 다음 코드를 통해 다양한 클래스 확률에 대한 엔트로피 값을 시각화해 보겠습니다.

```
>>> def entropy(p):
...     return - p * np.log2(p) - (1 - p) * np.log2((1 - p))
>>> x = np.arange(0.0, 1.0, 0.01)
>>> ent = [entropy(p) if p != 0 else None for p in x]
>>> plt.ylabel('Entropy')
>>> plt.xlabel('Class-membership probability p(i=1)')
>>> plt.plot(x, ent)
>>> plt.show()
```

---

22 **역주** $\log_2(0.5)$는 −1이므로 두 노드가 균등하게 분포되어 있으면 $I_H(t) = -(0.5*(-1) + 0.5*(-1)) = 1$이 됩니다.

앞의 코드가 출력한 그래프는 그림 3-19와 같습니다.

▼ 그림 3-19 클래스 소속 확률에 따른 엔트로피 값

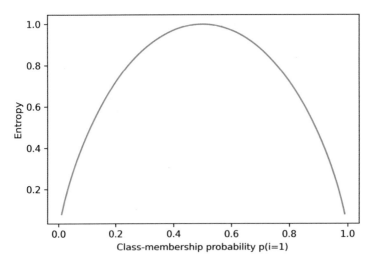

지니 불순도는 잘못 분류될 확률을 최소화하기 위한 기준으로 이해할 수 있습니다.

$$I_G(t) = \sum_{i=1}^{c} p(i|t)(1 - p(i|t)) = 1 - \sum_{i=1}^{c} p(i|t)^2$$

엔트로피와 비슷하게 지니 불순도는 클래스가 완벽하게 섞여 있을 때 최대가 됩니다. 예를 들어 이진 클래스 환경($c=2$)에서는 다음과 같습니다.

$$I_G(t) = 1 - \sum_{i=1}^{c} 0.5^2 = 0.5$$

실제로는 지니 불순도와 엔트로피 모두 매우 비슷한 결과가 나옵니다. 보통 불순도 조건을 바꾸어 트리를 평가하는 것보다 가지치기 수준을 바꾸면서 튜닝하는 것이 훨씬 낫습니다. 그림 3-21에서 보겠지만 지니 불순도와 엔트로피 그래프는 매우 비슷한 모양을 가집니다.

또 다른 불순도 지표는 분류 오차입니다.[23]

$$I_E = 1 - \max\{p(i|t)\}$$

---

23 **역주** 분류 오차 불순도 지표도 마찬가지로 두 클래스가 같은 비율일 때 최대(0.5)가 되고 한 클래스의 비율이 커질수록 줄어듭니다.

가지치기에는 좋은 기준이지만 결정 트리를 구성하는 데는 권장되지 않습니다. 노드의 클래스 확률 변화에 덜 민감하기 때문입니다. 그림 3-20에서 두 개의 분할 시나리오를 보면서 이를 알아보겠습니다.

❤ 그림 3-20 두 개의 분할 시나리오

부모 노드에서 데이터셋 D_p로 시작합니다. 이 데이터셋은 클래스 1이 40개의 샘플, 클래스 2가 40개의 샘플로 이루어져 있습니다. 이를 두 개의 데이터셋 D_{left}와 D_{right}로 나눕니다. 분류 오차를 분할 기준으로 사용했을 때 정보 이득은 시나리오 A · B가 동일합니다($IG_E = 0.25$).

$$I_E\left(D_p\right) = 1 - 0.5 = 0.5$$

$$A : I_E\left(D_{left}\right) = 1 - \frac{3}{4} = 0.25$$

$$A : I_E\left(D_{right}\right) = 1 - \frac{3}{4} = 0.25$$

$$A : IG_E = 0.5 - \frac{4}{8}0.25 - \frac{4}{8}0.25 = 0.25$$

$$B : I_E\left(D_{left}\right) = 1 - \frac{4}{6} = \frac{1}{3}$$

$$B : I_E\left(D_{right}\right) = 1 - 1 = 0$$

$$B : IG_E = 0.5 - \frac{6}{8} \times \frac{1}{3} - 0 = 0.25$$

지니 불순도는 시나리오 A($IG_G = 0.125$)보다 시나리오 B($IG_G = 0.1\overline{6}$)가 더 순수하기 때문에 값이 높습니다.

$$I_G\left(D_p\right) = 1 - \left(0.5^2 + 0.5^2\right) = 0.5$$

$$A : I_G\left(D_{left}\right) = 1 - \left(\left(\frac{3}{4}\right)^2 + \left(\frac{1}{4}\right)^2\right) = \frac{3}{8} = 0.375$$

$$A : I_G\left(D_{right}\right) = 1 - \left(\left(\frac{1}{4}\right)^2 + \left(\frac{3}{4}\right)^2\right) = \frac{3}{8} = 0.375$$

$$A : IG_G = 0.5 - \frac{4}{8}0.375 - \frac{4}{8}0.375 = 0.125$$

$$B : I_G\left(D_{left}\right) = 1 - \left(\left(\frac{2}{6}\right)^2 + \left(\frac{4}{6}\right)^2\right) = \frac{4}{9} = 0.\overline{4}$$

$$B : I_G\left(D_{right}\right) = 1 - \left(1^2 + 0^2\right) = 0$$

$$B : IG_G = 0.5 - \frac{6}{8}0.\overline{4} - 0 = 0.1\overline{6}$$

비슷하게 엔트로피 기준도 시나리오 A(IG_H=0.19)보다 시나리오 B(IG_H=0.31)를 선호합니다.

$$I_H\left(D_p\right) = -\left(0.5 \log_2\left(0.5\right) + 0.5 \log_2\left(0.5\right)\right) = 1$$

$$A : I_H\left(D_{left}\right) = -\left(\frac{3}{4}\log_2\left(\frac{3}{4}\right) + \frac{1}{4}\log_2\left(\frac{1}{4}\right)\right) = 0.81$$

$$A : I_H\left(D_{right}\right) = -\left(\frac{1}{4}\log_2\left(\frac{1}{4}\right) + \frac{3}{4}\log_2\left(\frac{3}{4}\right)\right) = 0.81$$

$$A : IG_H = 1 - \frac{4}{8}0.81 - \frac{4}{8}0.81 = 0.19$$

$$B : I_H\left(D_{left}\right) = -\left(\frac{2}{6}\log_2\left(\frac{2}{6}\right) + \frac{4}{6}\log_2\left(\frac{4}{6}\right)\right) = 0.92$$

$$B : I_H\left(D_{right}\right) = 0$$

$$B : IG_H = 1 - \frac{6}{8}0.92 - 0 = 0.31$$

앞서 나온 세 개의 불순도 기준을 시각적으로 비교하기 위해 클래스 1의 확률 범위 [0, 1]에 대한 불순도 인덱스를 그려 보겠습니다. 지니 불순도가 엔트로피와 분류 오차의 중간임을 관찰하기 위해 스케일 조정된 엔트로피(entropy / 2)를 추가하겠습니다. 코드는 다음과 같습니다.

```
>>> import matplotlib.pyplot as plt
>>> import numpy as np
>>> def gini(p):
...     return p*(1 - p) + (1 - p)*(1 - (1-p))
```

```
>>> def entropy(p):
...     return - p*np.log2(p) - (1 - p)*np.log2((1 - p))
>>> def error(p):
...     return 1 - np.max([p, 1 - p])
>>> x = np.arange(0.0, 1.0, 0.01)
>>> ent = [entropy(p) if p != 0 else None for p in x]
>>> sc_ent = [e*0.5 if e else None for e in ent]
>>> err = [error(i) for i in x]
>>> fig = plt.figure()
>>> ax = plt.subplot(111)
>>> for i, lab, ls, c, in zip([ent, sc_ent, gini(x), err],
...                           ['Entropy', 'Entropy (scaled)',
...                            'Gini impurity',
...                            'Misclassification error'],
...                           ['-', '-', '--', '-.'],
...                           ['black', 'lightgray',
...                            'red', 'green', 'cyan']):
...     line = ax.plot(x, i, label=lab,
...                    linestyle=ls, lw=2, color=c)
>>> ax.legend(loc='upper center', bbox_to_anchor=(0.5, 1.15),
...           ncol=5, fancybox=True, shadow=False)
>>> ax.axhline(y=0.5, linewidth=1, color='k', linestyle='--')
>>> ax.axhline(y=1.0, linewidth=1, color='k', linestyle='--')
>>> plt.ylim([0, 1.1])
>>> plt.xlabel('p(i=1)')
>>> plt.ylabel('impurity index')
>>> plt.show()
```

앞 코드가 만든 그래프는 그림 3-21과 같습니다.

❤ 그림 3-21 0과 1 사이에서 클래스 소속 확률 변화에 따른 불순도 지표

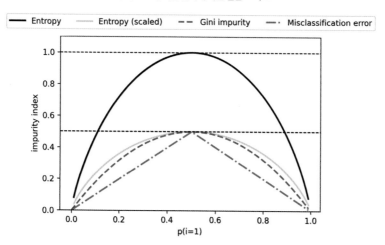

3.6.2 결정 트리 만들기

결정 트리는 특성 공간을 사각 격자로 나누기 때문에 복잡한 결정 경계를 만들 수 있습니다. 결정 트리가 깊어질수록 결정 경계가 복잡해지고 과대적합되기 쉽기 때문에 주의해야 합니다. 사이킷 런을 사용하여 지니 불순도 조건으로 최대 깊이가 4인 결정 트리를 훈련해 보겠습니다.

결정 트리 알고리즘은 특성의 스케일을 조정할 필요가 없지만 그래프 표현을 위해 조정할 수도 있습니다. 코드는 다음과 같습니다.

> Note ☰　**역주** DecisionTreeClassifier의 criterion 매개변수 기본값은 지니 불순도를 의미하는 'gini'입니다. 그 외 엔트로피 불순도를 나타내는 'entropy'를 지정할 수 있습니다.
>
> max_depth의 기본값은 None으로 모든 리프 노드가 순수해질 때까지 트리가 성장합니다. 노드 분할을 위해 고려할 특성의 개수를 지정하는 max_features 기본값은 None으로 전체 특성을 사용합니다. 이 매개변수에 특성의 개수나 특성의 비율을 지정할 수 있으며 'auto'와 'sqrt'로 지정하면 특성 개수의 제곱근을 사용하고 'log2'로 지정하면 특성 개수의 이진 로그 값을 사용합니다.

```
>>> from sklearn.tree import DecisionTreeClassifier
>>> tree_model = DecisionTreeClassifier(criterion='gini',
...                                     max_depth=4,
...                                     random_state=1)
>>> tree_model.fit(X_train, y_train)
>>> X_combined = np.vstack((X_train, X_test))
>>> y_combined = np.hstack((y_train, y_test))
>>> plot_decision_regions(X_combined,
...                       y_combined,
...                       classifier=tree_model,
...                       test_idx=range(105, 150))
>>> plt.xlabel('Petal length [cm]')
>>> plt.ylabel('Petal width [cm]')
>>> plt.legend(loc='upper left')
>>> plt.tight_layout()
>>> plt.show()
```

코드를 실행하면 축에 나란히 놓인 전형적인 결정 트리의 결정 경계를 얻습니다.

▼ 그림 3-22 결정 트리가 학습한 붓꽃 데이터셋의 결정 경계

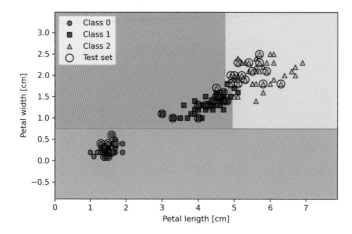

사이킷런에는 다음 코드처럼 훈련이 끝난 결정 트리 모델을 손쉽게 시각화할 수 있는 멋진 기능이 있습니다.

```
>>> from sklearn import tree
>>> feature_names = ['Sepal length', 'Sepal width',
...                    'Petal length', 'Petal width']
>>> tree.plot_tree(tree_model,
...                 feature_names=feature_names,
...                 filled=True)
>>> plt.show()
```

▼ 그림 3-23 붓꽃 데이터셋에서 훈련한 결정 트리 모델

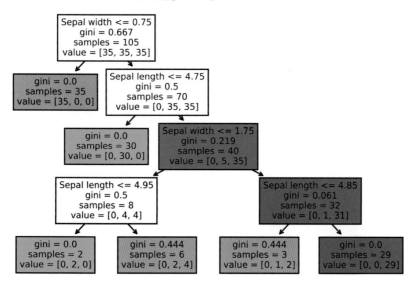

앞서 호출한 plot_tree 함수에서 filled=True로 설정하면 다수 클래스 레이블을 기준으로 노드에 색상이 지정됩니다. 그 외 다른 매개변수는 온라인 문서(https://scikit-learn.org/stable/modules/generated/sklearn.tree.plot_tree.html)를 참고하세요.

결정 트리 이미지를 보면 결정 트리가 훈련 데이터셋에서 선택한 분할을 손쉽게 분석할 수 있습니다. 각 노드의 분할 기준에 따라 왼쪽 가지는 "True"에 해당하고 오른쪽 가지는 "False"에 해당합니다.

루트 노드를 보면 맨 처음 105개의 샘플로 시작합니다. 첫 번째 분할은 꽃받침 너비 ≤ 0.75cm 기준을 사용하여 루트 노드를 35개(왼쪽 자식 노드)와 70개(오른쪽 자식 노드)의 두 자식 노드로 분할합니다. 첫 번째 분할로 왼쪽 자식 노드는 이미 Iris-setosa 클래스의 샘플만 가진 순수 노드가 되었습니다(지니 불순도=0). 오른쪽에서 분할이 더 일어나 Iris-versicolor와 Iris-virginica 클래스의 샘플을 구분합니다.

이 트리와 트리의 결정 영역 그래프를 보면 이 결정 트리가 붓꽃 클래스를 구분하는 일을 잘 수행한다는 것을 알 수 있습니다. 아쉽지만 사이킷런은 현재 결정 트리를 수동으로 사후 가지치기할 수 있는 기능을 제공하지 않습니다. 이전 코드 예제에서 결정 트리의 max_depth를 3으로 바꾸고 현재 모델과 비교해 보세요. 관심 있는 독자를 위해 예제로 남겨 놓겠습니다.

또는 사이킷런은 비용 복잡도 사후 가지치기를 제공합니다. 이 고급 주제에 대해 관심이 있다면 다음 튜토리얼을 참고하세요.

https://scikit-learn.org/stable/auto_examples/tree/plot_cost_complexity_pruning.html

> Note ≡ 역주 max_depth 외에 사이킷런의 결정 트리에서 지원하는 대표적인 사전 가지치기 설정은 다음과 같습니다.
>
> - max_leaf_nodes: 리프 노드의 최대 개수를 지정합니다. 기본값은 None으로 제한이 없습니다.
> - min_samples_leaf: 리프 노드가 되기 위한 최소 샘플 개수나 샘플의 비율을 지정합니다. 기본값은 1입니다.
> - min_samples_split: 노드 분할을 위한 최소 샘플 개수나 샘플의 비율을 지정합니다. 기본값은 2입니다.
> - min_impurity_decrease: 노드 분할이 감소시킬 최소 불순도를 지정합니다. 기본값은 0입니다.
> - min_weight_fraction_leaf: 리프 노드가 되기 위한 모든 입력 샘플의 가중치 합에 대한 최소 비율을 지정합니다. 기본값은 0입니다. 만약 fit() 메서드에서 sample_weight 매개변수를 지정하지 않으면 모든 샘플의 가중치는 같습니다.
>
> 감소되는 불순도 크기는 (현재 노드의 불순도) * (현재 노드의 샘플 개수) – (오른쪽 자식 노드의 불순도) * (오른쪽 자식 노드의 샘플 개수) – (왼쪽 자식 노드의 불순도) * (왼쪽 자식 노드의 샘플 개수)를 계산한 후 전체 샘플 개수로 나누어 구합니다.

○ 계속

사이킷런 0.22 버전에서 사후 가지치기 중 하나인 **비용 복잡도 가지치기**(cost complexity pruning) 기능이 추가되었습니다. 이 방식은 현재 노드의 복잡도와 하위 트리의 복잡도 차이가 가장 작은 가지를 제거합니다. 사이킷런은 불순도를 기준으로 가지치기를 진행하며 ccp_alpha 매개변수의 값이 클수록 가지치기 정도가 늘어납니다. 기본값은 0으로 가지치기를 수행하지 않습니다. 이 매개변수는 결정 트리뿐만 아니라 결정 트리를 기반으로 하는 엑스트라 트리(ExtraTree), 엑스트라 트리즈(ExtraTrees), 랜덤 포레스트(RandomForest), 그레이디언트 부스팅(GradientBoosting)에도 추가되었습니다.

3.6.3 랜덤 포레스트로 여러 개의 결정 트리 연결

앙상블 방법은 뛰어난 분류 성능과 과대적합에 안정적이기 때문에 지난 10년간 머신 러닝 애플리케이션에서 큰 인기를 누렸습니다. 나중에 7장에서 **배깅**(bagging)과 **부스팅**(boosting)을 포함하여 여러 종류의 앙상블 방법을 배우겠지만 여기에서는 확장성이 좋고 사용하기 쉬운 결정 트리 기반의 **랜덤 포레스트**(random forest) 알고리즘을 소개하겠습니다. 랜덤 포레스트는 결정 트리의 **앙상블**(ensemble)로 생각할 수 있습니다. 랜덤 포레스트 이면의 아이디어는 여러 개의 (깊은) 결정 트리를 평균 내는 것입니다. 개개의 트리는 분산이 높은 문제가 있지만 앙상블은 견고한 모델을 만들어 일반화 성능을 높이고 과대적합의 위험을 줄입니다. 랜덤 포레스트 알고리즘은 다음 네 단계로 요약할 수 있습니다.

1. n개의 랜덤한 **부트스트랩**(bootstrap) 샘플을 뽑습니다(훈련 데이터셋에서 중복을 허용하면서 랜덤하게 n개의 샘플을 선택합니다).

2. 부트스트랩 샘플에서 결정 트리를 학습합니다. 각 노드에서 다음과 같이 합니다.

   a. 중복을 허용하지 않고 랜덤하게 d개의 특성을 선택합니다.

   b. 정보 이득과 같은 목적 함수를 기준으로 최선의 분할을 만드는 특성을 사용해서 노드를 분할합니다.

3. 단계 1~2를 k번 반복합니다.

4. 각 트리의 예측을 모아 **다수결 투표**(majority voting)로 클래스 레이블을 할당합니다. 다수결 투표는 7장에서 자세히 설명하겠습니다.

단계 **2**에서 각각의 결정 트리를 훈련할 때 조금 다른 점이 있습니다. 각 노드에서 최선의 분할을 찾기 위해 모든 특성을 평가하는 것이 아니라 랜덤하게 선택된 일부 특성만 사용합니다.

랜덤 포레스트는 결정 트리만큼 해석이 쉽지는 않지만 하이퍼파라미터 튜닝에 많은 노력을 기울이지 않아도 되는 것이 큰 장점입니다. 일반적으로 랜덤 포레스트는 가지치기할 필요가 없습니다. 앙상블 모델이 개별 결정 트리의 예측을 평균하는 데서 오는 잡음으로부터 매우 안정되어 있기 때문입니다. 실전에서 신경 써야 할 파라미터는 랜덤 포레스트가 만들 트리 개수(단계 **3**) 하나입니다. 일반적으로 트리 개수가 많을수록 계산 비용이 증가하는 만큼 랜덤 포레스트 분류기의 성능이 좋아집니다.

실전에서 자주 사용되지는 않지만 랜덤 포레스트 분류기에서 최적화할 만한 다른 하이퍼파라미터는 부트스트랩 샘플의 크기 n(단계 **1**)과 각 분할에서 무작위로 선택할 특성 개수 d(단계 **2-a**)입니다. 하이퍼파라미터를 튜닝하는 기법은 6장에서 설명하겠습니다. 부트스트랩 샘플의 크기 n을 사용하면 랜덤 포레스트의 편향-분산 트레이드오프를 조절할 수 있습니다.

부트스트랩 샘플 크기가 작아지면 개별 트리의 다양성이 증가합니다. 특정 훈련 샘플이 부트스트랩 샘플에 포함될 확률이 낮기 때문입니다. 결국 부트스트랩 샘플 크기가 감소하면 랜덤 포레스트의 무작위성이 증가하고 과대적합의 영향이 줄어듭니다. 일반적으로 부트스트랩 샘플이 작을수록 랜덤 포레스트의 전체적인 성능이 줄어듭니다. 훈련 성능과 테스트 성능 사이에 격차가 작아지지만 전체적인 테스트 성능이 감소하기 때문입니다. 반대로 부트스트랩 샘플 크기가 증가하면 과대적합 가능성이 늘어납니다. 부트스트랩 샘플과 개별 결정 트리가 서로 비슷해지기 때문에 원본 훈련 데이터셋에 더 가깝게 학습됩니다.

사이킷런의 RandomForestClassifier를 포함하여 대부분의 라이브러리에서는 부트스트랩 샘플 크기를 원본 훈련 데이터셋의 샘플 개수와 동일하게 합니다.[24] 보통 이렇게 하면 균형 잡힌 편향-분산 트레이드오프를 얻습니다. 분할에 사용할 특성 개수 d는 훈련 데이터셋에 있는 전체 특성 개수보다 작게 지정하는 편입니다. 사이킷런과 다른 라이브러리에서 사용하는 적당한 기본값은 $d = \sqrt{m}$ 입니다.[25] 여기에서 m은 훈련 데이터셋에 있는 특성 개수입니다.

사이킷런에 이미 준비되어 있기 때문에 직접 개별 결정 트리를 만들어 랜덤 포레스트 분류기를 구성할 필요가 없습니다.

```
>>> from sklearn.ensemble import RandomForestClassifier
>>> forest = RandomForestClassifier(n_estimators=25,
...                                  random_state=1,
...                                  n_jobs=2)
>>> forest.fit(X_train, y_train)
>>> plot_decision_regions(X_combined, y_combined,
...                       classifier=forest, test_idx=range(105,150))
>>> plt.xlabel('Petal length [cm]')
>>> plt.ylabel('Petal width [cm]')
>>> plt.legend(loc='upper left')
>>> plt.tight_layout()
>>> plt.show()
```

앞 코드를 실행하면 그림 3-24와 같이 랜덤 포레스트의 트리 앙상블이 만든 결정 영역을 볼 수 있습니다.

---

24 **역주** 사이킷런 0.22 버전에서 부트스트랩 샘플 크기를 제어할 수 있는 max_samples 매개변수가 추가되었습니다. 원하는 부트스트랩 샘플 크기나 샘플의 비율을 지정합니다. 기본값은 None으로 훈련 데이터셋의 크기와 동일한 부트스트랩 샘플을 만듭니다.

25 **역주** RandomForestClassifier 클래스의 max_features 매개변수 기본값이 'auto'로 특성 개수의 제곱근입니다(사이킷런 1.3 버전에서 기본값이 'auto'에서 'sqrt'로 바뀝니다). 랜덤 포레스트의 회귀를 구현한 RandomForestRegressor 클래스의 max_features 기본값은 훈련 데이터셋의 특성 개수와 동일합니다(사이킷런 1.3 버전에서 기본값이 'auto'에서 'sqrt'로 바뀝니다).

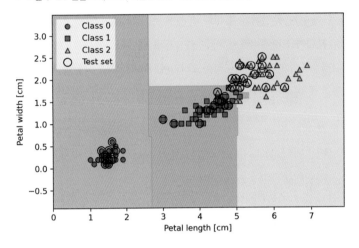

▼ 그림 3-24 랜덤 포레스트가 학습한 붓꽃 데이터셋의 결정 경계

앞 코드에서 n_estimators 매개변수로 25개의 결정 트리를 사용하여 랜덤 포레스트를 훈련했습니다. 기본적으로 노드를 분할하는 불순도 지표는 지니 불순도입니다. 작은 훈련 데이터셋에서 소규모 랜덤 포레스트를 훈련하지만 사용법을 보이기 위해 n_jobs 매개변수를 사용했습니다. 이 매개변수는 컴퓨터의 멀티 코어를 사용해서 모델 훈련을 병렬화합니다(여기에서는 두 개의 코어를 사용합니다). 컴퓨터가 다중 처리(multiprocessing)를 지원하지 않는 경우 이 코드에서 오류가 발생할 수 있습니다. 이 경우 n_jobs 매개변수를 생략하거나 n_jobs=None으로 설정하세요.

3.7 k-최근접 이웃: 게으른 학습 알고리즘

이 장에서 언급할 마지막 지도 학습 알고리즘은 **k-최근접 이웃**(K-Nearest Neighbor, KNN)입니다. 이 알고리즘은 지금까지 설명했던 학습 알고리즘과는 근본적으로 다릅니다. KNN은 전형적인 **게으른 학습기**(lazy learner)입니다. 단순하기에 게으르다고 말하는 것이 아니라 알고리즘은 훈련 데이터에서 판별 함수(discriminative function)를 학습하는 대신 훈련 데이터셋을 메모리에 저장하기 때문입니다.

> Note ≡ **모수 모델 vs 비모수 모델**
>
> 머신 러닝 알고리즘은 **모수 모델**(parametric model)과 **비모수 모델**(nonparametric model)로 묶을 수 있습니다. 모수 모델은 새로운 데이터 포인트를 분류할 수 있는 함수를 학습하기 위해 훈련 데이터셋에서 모델 파라미터를 추정합니다.[26] 훈련이 끝나면 원본 훈련 데이터셋이 더 이상 필요하지 않습니다. 전형적인 모수 모델은 퍼셉트론, 로지스틱 회귀, 선형 SVM입니다. 반대로 비모수 모델은 고정된 개수의 파라미터로 설명될 수 없습니다. 훈련 데이터의 양에 따라 파라미터 개수도 늘어납니다. 지금까지 본 모델 중 비모수 모델 두 개는 결정 트리/랜덤 포레스트와 (선형이 아닌) 커널 SVM입니다.[27]
>
> KNN은 비모수 모델에 속하며 인스턴스 기반 모델이라고 합니다. 인스턴스 기반 모델은 훈련 데이터셋을 메모리에 저장하는 것이 특징입니다. 게으른 학습은 인스턴스 기반 학습의 특별한 경우이며 학습 과정에 비용이 전혀 들지 않습니다.

KNN 알고리즘은 매우 간단해서 다음 단계로 요약할 수 있습니다.

1. 숫자 k와 거리 측정 기준을 선택합니다.

2. 분류하려는 샘플에서 k개의 최근접 이웃을 찾습니다.

3. 다수결 투표를 통해 클래스 레이블을 할당합니다.

그림 3-25는 새로운 데이터 포인트(물음표로 표시된 포인트)가 어떻게 이웃 다섯 개의 다수결 투표를 기반으로 삼각형 클래스 레이블에 할당되는지 보여 줍니다.

❤ 그림 3-25 k-최근접 이웃의 작동 방식

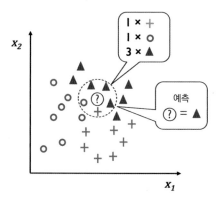

---

26 **역주** 모델의 파라미터를 추정한다(estimate) 하고 타깃을 예측한다(predict) 말하지만, 일반적으로 구분하지 않고 사용하는 경우가 많습니다. 책에서도 단어 의미를 엄격히 고려하기보다는 원문 표현을 그대로 옮겼습니다.

27 **역주** 결정 트리는 분할을 위한 노드가 늘어나고 커널 SVM은 쌍대 형식을 풀기 위한 커널 함수 계산이 늘어납니다.

선택한 거리 측정 기준에 따라서 KNN 알고리즘이 훈련 데이터셋에서 분류하려는 포인트와 가장 가까운 (가장 비슷한) 샘플 k개를 찾습니다. 새로운 데이터 포인트의 클래스 레이블은 이 k개의 최근접 이웃에서 다수결 투표를 하여 결정됩니다.

Note ≣ 메모리 기반 방식의 장단점

이런 메모리 기반 방식의 분류기는 수집된 새로운 훈련 데이터에 즉시 적응할 수 있는 것이 주요 장점입니다. 새로운 샘플을 분류하는 계산 복잡도는 단점입니다. 데이터셋의 차원(특성)이 적고 알고리즘이 훈련 데이터를 쿼리하는 데 효율적인 데이터 구조로 구현되어 있지 않다면 최악의 경우 훈련 데이터셋의 샘플 개수에 선형적으로 증가합니다. 이런 데이터 구조에는 사이킷런에서 제공하는 k-d 트리(https://en.wikipedia.org/wiki/K-d_tree)와 볼(ball) 트리(https://en.wikipedia.org/wiki/Ball_tree)가 있습니다.

또한, 데이터 쿼리를 위한 계산 비용 외에도 대용량 데이터셋은 한정된 저장 용량 측면에서 문제가 될 수 있습니다.

하지만 비교적 중소 규모의 데이터셋을 다루는 많은 경우 메모리 기반 방식은 우수한 예측 및 계산 성능을 제공하며 많은 실전 문제를 위한 좋은 선택이 될 수 있습니다. 최근접 이웃 방법을 사용한 최근 예로는 약물 표적 (pharmaceutical drug target)의 속성을 예측하는 것(Machine Learning to Identify Flexibility Signatures of Class A GPCR Inhibition, Biomolecules, 2020, Joe Bemister-Buffington, Alex J. Wolf, Sebastian Raschka, and Leslie A. Kuhn, https://www.mdpi.com/2218-273X/10/3/454)과 최첨단 언어 모델(Efficient Nearest Neighbor Language Models, 2021, Junxian He, Graham Neubig, and Taylor Berg-Kirkpatrick, https://arxiv.org/abs/2109.04212)이 있습니다.

다음 코드를 실행하면 유클리드(euclidean) 거리 측정 방식을 사용한 사이킷런의 KNN 모델을 만듭니다.

```
>>> from sklearn.neighbors import KNeighborsClassifier
>>> knn = KNeighborsClassifier(n_neighbors=5, p=2,
...                            metric='minkowski')
>>> knn.fit(X_train_std, y_train)
>>> plot_decision_regions(X_combined_std, y_combined,
...                 classifier=knn, test_idx=range(105,150))
>>> plt.xlabel('Petal length [standardized]')
>>> plt.ylabel('Petal width [standardized]')
>>> plt.legend(loc='upper left')
>>> plt.tight_layout()
>>> plt.show()
```

KNN 모델에 다섯 개의 이웃을 지정했으므로 이 데이터셋에서 그림 3-26과 같이 비교적 부드러운 결정 경계를 얻었습니다.

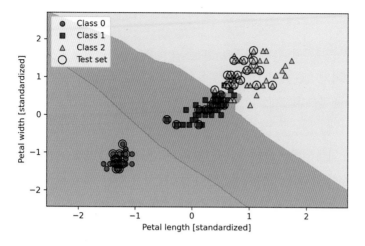

▼ 그림 3-26 k-최근접 이웃 모델이 학습한 붓꽃 데이터셋의 결정 경계

> Note ≡ **동점 처리**
>
> 다수결 투표가 동일할 경우 사이킷런의 KNN 구현은 분류하려는 데이터 포인트에 더 가까운 이웃을 예측으로 선택합니다. 이웃들의 거리가 같다면 훈련 데이터셋에서 먼저 나타난 샘플의 클래스 레이블을 선택합니다.

적절한 k를 선택하는 것은 과대적합과 과소적합 사이에서 올바른 균형을 잡기 위해 중요합니다. 데이터셋의 특성에 알맞은 거리 측정 지표를 선택해야 합니다. 붓꽃 데이터셋의 센티미터 단위를 가진 특성처럼 실수 값을 가진 특성에는 보통 간단한 유클리드 거리를 사용합니다. 유클리드 거리를 사용하려면 각 특성이 동일하게 취급되도록 표준화를 하는 것이 중요합니다. 앞 코드에서 사용한 minkowski 거리는 유클리드 거리와 맨해튼(Manhattan) 거리를 일반화한 것으로 다음과 같이 쓸 수 있습니다.

$$d\left(\boldsymbol{x}^{(i)}, \boldsymbol{x}^{(j)}\right) = \sqrt[p]{\sum_k \left| x_k^{(i)} - x_k^{(j)} \right|^p}$$

p=2 매개변수로 지정하면 유클리드 거리가 되고 p=1로 지정하면 맨해튼 거리가 됩니다.[28] 사이킷런에는 다른 거리 측정 기준이 많으며 metric 매개변수로 지정할 수 있습니다. 다음 주소를 참고하세요.

---

28 **역주** KNeighborsClassifier 클래스의 metric 매개변수의 기본값이 'minkowski'이고 p의 기본값은 2입니다. algorithm 매개변수의 기본값은 'auto'로 minkowski 거리를 사용하면 k-d 트리 알고리즘이 됩니다. knn 객체의 _fit_method 속성에서 사용된 알고리즘을 확인할 수 있습니다.

https://scikit-learn.org/stable/modules/generated/sklearn.metrics.DistanceMetric.html

마지막으로 KNN은 차원의 저주 때문에 과대적합되기 쉽다는 것이 중요합니다. 차원의 저주(curse of dimensionality)는 고정된 크기의 훈련 데이터셋이 차원이 늘어남에 따라 특성 공간이 점점 희소해지는 현상입니다.[29] 고차원 공간에서는 가장 가까운 이웃이라도 좋은 추정 값을 만들기에는 너무 멀리 떨어져 있다는 뜻입니다.

로지스틱 회귀에 관한 절에서 과대적합을 피하기 위한 방법으로 규제 개념을 설명했습니다. 결정 트리나 KNN처럼 규제를 적용할 수 없는 모델[30]에서는 특성 선택과 차원 축소 기법을 사용하면 차원의 저주를 피하는 데 도움이 됩니다. 이는 다음 장에서 자세히 설명하겠습니다.

> Note ≡ **GPU를 지원하는 다른 머신 러닝 구현**
>
> 대규모 데이터셋으로 작업할 때, k-최근접 이웃을 실행하거나 많은 추정기를 사용하여 랜덤 포레스트를 훈련하려면 상당한 컴퓨팅 자원과 시간이 필요할 수 있습니다. 최신 버전의 NVIDIA CUDA 라이브러리와 호환되는 NVIDIA GPU가 장착된 컴퓨터가 있는 경우, RAPIDS 생태계(https://docs.rapids.ai/api)를 고려하는 것이 좋습니다. 예를 들어 RAPIDS의 cuML(https://docs.rapids.ai/api/cuml/stable/) 라이브러리는 처리 속도를 가속화하기 위해 사이킷런의 많은 머신 러닝 알고리즘을 GPU를 지원하도록 구현합니다. cuML에 대한 소개는 https://docs.rapids.ai/api/cuml/stable/estimator_intro.html을 참고하세요. RAPIDS 생태계에 대해 더 자세한 내용은 무료로 공개된 다음 저널 기사를 참고하세요. Machine Learning in Python: Main Developments and Technology Trends in Data Science, Machine Learning, and Artificial Intelligence(https://www.mdpi.com/2078-2489/11/4/193)

3.8 요약

이 장에서 선형 또는 비선형 문제에 적용할 수 있는 여러 종류의 머신 러닝 알고리즘을 배웠습니다. 모델 해석이 중요할 때는 결정 트리가 사용하기 좋습니다. 로지스틱 회귀는 확률적 경사 하강법을 사용한 온라인 학습뿐만 아니라 특정 이벤트 확률을 예측하는 것에도 사용할 수 있습니다.

---

29 역주 길이가 1인 2차원 정사각형에 0.1 간격마다 샘플을 놓으려면 10×10개가 필요합니다. 10차원 입방체에는 10^{100}개의 샘플이 필요합니다. 샘플 개수가 고정되어 있을 때 특성이 늘어나면 특성 공간은 급격하게 희소해집니다.

30 역주 여기에서는 L1/L2 규제를 말합니다. 일반적으로 결정 트리를 가지치기하고 KNN의 이웃 개수를 늘리면 규제 효과를 볼 수 있습니다.

서포트 벡터 머신은 강력한 선형 모델이지만 커널 트릭을 사용하여 비선형 문제에도 확장할 수 있습니다. 이 모델은 예측 성능을 높이기 위해 튜닝할 하이퍼파라미터가 많습니다. 대조적으로 랜덤 포레스트 같은 앙상블 모델은 매개변수 튜닝이 많이 필요하지 않고 결정 트리만큼 쉽게 과대적합되지 않습니다. 실전에서 여러 종류의 문제에 적용하기 좋습니다. KNN 분류기는 게으른 학습을 통한 다른 종류의 분류 방식을 사용합니다. 모델 훈련 없이 예측을 만들지만 예측 단계의 계산 비용이 높습니다.

적절한 학습 알고리즘을 선택하는 것보다 더 중요한 것은 훈련 데이터셋에 있는 가용한 데이터입니다. 어떤 알고리즘도 정보가 풍부하고 판단에 도움이 되는 특성 없이는 좋은 예측을 만들 수 없습니다.

다음 장에서 강력한 머신 러닝 모델을 만들기 위해 필요한 데이터 전처리, 특성 선택, 차원 축소에 관한 중요한 개념을 설명하겠습니다. 나중에 6장에서 모델 성능을 평가 비교하고 여러 알고리즘을 세밀하게 튜닝하는 방법을 배우겠습니다.

4^장

좋은 훈련 데이터셋 만들기: 데이터 전처리

데이터 품질과 데이터에 담긴 유용한 정보의 양은 머신 러닝 알고리즘을 얼마나 잘 학습할 수 있는지 결정하는 중요한 요소입니다. 머신 러닝 알고리즘에 데이터를 주입하기 전에 조사하고 전처리하는 것이 매우 중요합니다. 이 장에서 좋은 머신 러닝 모델을 구축하는 데 도움이 되는 핵심적인 전처리 기법을 다루겠습니다.

이 장에서는 다음 주제를 다룹니다.

- 데이터셋에서 누락된 값을 제거하거나 대체하기
- 머신 러닝 알고리즘을 위해 범주형 데이터 변환하기
- 모델과 관련이 높은 특성 선택하기

4.1 누락된 데이터 다루기

실제 애플리케이션에서는 여러 가지 이유로 훈련 샘플에 하나 이상의 값이 누락된 경우가 드물지 않습니다. 데이터 수집 과정에 오류가 있거나 어떤 측정 방법은 적용이 불가능할 수 있습니다. 또는 설문에서 특정 필드가 그냥 비워져 있을 수도 있습니다. 일반적으로 누락된 값은 데이터 테이블에 빈 공간이나 예약된 문자열로 채워집니다. 숫자가 아니라는 의미(not a number)의 NaN이나 NULL(관계형 데이터베이스에서 모르는 값을 지칭하는 데 주로 사용)과 같은 값을 사용합니다. 안타깝게도 대부분의 수치 계산 라이브러리는 누락된 값을 다룰 수 없거나 단순히 이를 무시했을 때 예상치 못한 결과를 만듭니다. 분석을 더 진행하기 전에 누락된 값을 처리하는 것이 중요합니다.

이 절에서 데이터셋에서 샘플을 제거하거나 다른 샘플이나 특성에서 누락된 값을 대체하는 실용적인 몇 가지 기법을 살펴보겠습니다.

4.1.1 테이블 형태 데이터에서 누락된 값 식별

누락된 값을 다루는 기법들을 설명하기 전에 이해를 돕기 위해 CSV로부터 간단한 예제 데이터셋을 만들어 보죠.

```
>>> import pandas as pd
>>> from io import StringIO
>>> csv_data = \
... '''A,B,C,D
... 1.0,2.0,3.0,4.0
... 5.0,6.0,,8.0
... 10.0,11.0,12.0,'''
>>> # 파이썬 2.7을 사용하는 경우
>>> # 다음과 같이 문자열을 유니코드로 변환해야 합니다
>>> # csv_data = unicode(csv_data)
>>> df = pd.read_csv(StringIO(csv_data))
>>> df
      A     B     C    D
0   1.0   2.0   3.0  4.0
1   5.0   6.0   NaN  8.0
2  10.0  11.0  12.0  NaN
```

앞 코드에서 read_csv 함수를 사용하여 CSV 포맷의 데이터를 판다스 DataFrame으로 읽어 들입니다. 두 개의 누락된 값은 NaN으로 바뀌었습니다. 예제를 위해 StringIO 함수를 사용했습니다. 이 함수를 사용하면 하드 디스크에 있는 일반 CSV 파일처럼 csv_data에 저장된 문자열을 읽어 판다스 DataFrame으로 변환할 수 있습니다.

아주 큰 DataFrame일 경우 수동으로 누락된 값을 찾는 것은 매우 번거롭습니다. isnull 메서드는 셀(cell)이 수치 값을 담고 있는지(False) 또는 누락되어 있는지(True)를 나타내는 불리언 값이 채워진 DataFrame을 반환합니다. 다음과 같이 sum 메서드를 사용하면 누락된 값의 개수를 얻을 수 있습니다.[1]

```
>>> df.isnull().sum()
A    0
B    0
C    1
D    1
dtype: int64
```

이런 식으로 열마다 누락된 값의 개수를 헤아릴 수 있습니다. 이어지는 절에서 누락된 값을 다루는 여러 가지 전략을 살펴보겠습니다.

---

1   **역주** 판다스에서 데이터프레임의 원소를 종종 셀이라고 부릅니다. isnull 메서드는 셀 값이 None 또는 np.nan(np.NaN)일 경우 True를 반환합니다. 넘파이의 sum 메서드와 마찬가지로 판다스의 sum 메서드는 불리언 값 True를 1로 카운팅합니다. sum 메서드의 axis 매개변수가 기본값 0일 경우 하나의 행으로, 1일 경우 하나의 열로 더해집니다. isnull 메서드의 다른 이름은 isna입니다.

사이킷런이 넘파이 배열을 다룰 수 있도록 개발되었지만 이따금 판다스의 DataFrame을 사용하여 데이터를 전처리하는 것이 더 편리합니다. 대부분의 사이킷런 함수가 DataFrame 객체 입력을 지원하지만 사이킷런 API에서는 넘파이 배열 처리가 더 성숙하기 때문에 가능하면 넘파이 배열을 사용하는 것이 좋습니다.[2] 사이킷런의 추정기에 주입하기 전에 DataFrame의 values 속성을 사용하여 언제나 넘파이 배열을 얻을 수 있습니다.

```
>>> df.values
array([[  1.,   2.,   3.,   4.],
       [  5.,   6.,  nan,   8.],
       [ 10.,  11.,  12.,  nan]])
```

4.1.2 누락된 값이 있는 훈련 샘플이나 특성 제외

누락된 데이터를 다루는 가장 쉬운 방법 중 하나는 데이터셋에서 해당 훈련 샘플(행)이나 특성(열)을 완전히 삭제하는 것입니다. 누락된 값이 있는 행은 dropna 메서드를 사용하여 쉽게 삭제할 수 있습니다.[3]

```
>>> df.dropna(axis=0)
     A    B    C    D
0  1.0  2.0  3.0  4.0
```

비슷하게 axis 매개변수를 1로 지정해서 NaN이 하나라도 있는 열을 삭제할 수 있습니다.

```
>>> df.dropna(axis=1)
      A     B
0   1.0   2.0
1   5.0   6.0
2  10.0  11.0
```

dropna 메서드는 몇 가지 편리한 매개변수를 제공합니다.

2　역주 3장에서 보았던 load_iris 함수처럼 사이킷런에 내장 데이터셋을 적재하는 함수에 as_frame 매개변수를 True로 지정하면 판다스 데이터프레임으로 반환합니다. 사이킷런 0.24 버전에서는 openml.org에서 데이터를 다운로드받는 fetch_openml 함수의 as_frame 매개변수 기본값이 False에서 'auto'로 바뀝니다. 'auto'일 경우 데이터가 희소하지 않으면 기본적으로 판다스 데이터프레임이 반환됩니다.

3　역주 dropna 메서드의 axis 매개변수 기본값은 0입니다. inplace 매개변수를 기본값 False에서 True로 바꾸면 새로운 데이터프레임을 반환하지 않고 df 변수에 다시 매핑합니다.

```
>>> # 모든 열이 NaN일 때만 행을 삭제합니다
>>> # (여기에서는 모든 값이 NaN인 행이 없기 때문에 전체 배열이 반환됩니다)
>>> df.dropna(how='all')
      A     B     C    D
0   1.0   2.0   3.0  4.0
1   5.0   6.0   NaN  8.0
2  10.0  11.0  12.0  NaN
>>> # NaN이 아닌 값이 네 개보다 작은 행을 삭제합니다
>>> df.dropna(thresh=4)
     A    B    C    D
0  1.0  2.0  3.0  4.0
>>> # 특정 열에 NaN이 있는 행만 삭제합니다(여기에서는 'C'열)⁴
>>> df.dropna(subset=['C'])
      A     B     C    D
0   1.0   2.0   3.0  4.0
2  10.0  11.0  12.0  NaN
```

누락된 데이터를 제거하는 것이 간단해 보이지만 단점도 있습니다. 예를 들어 너무 많은 데이터를 제거하면 안정된 분석이 불가능할 수 있습니다. 또는 너무 많은 특성 열을 제거하면 분류기가 클래스를 구분하는 데 필요한 중요한 정보를 잃을 위험이 있습니다. 다음 절에서 누락된 값을 다루는 데 아주 널리 사용되는 방법 중 하나인 보간(interpolation) 기법을 살펴보겠습니다.

4.1.3 누락된 값 대체

종종 훈련 샘플을 삭제하거나 특성 열을 통째로 제거하기 어려울 때가 있습니다. 유용한 데이터를 너무 많이 잃기 때문입니다. 이런 경우 여러 가지 보간 기법을 사용하여 데이터셋에 있는 다른 훈련 샘플로부터 누락된 값을 추정할 수 있습니다.

가장 흔한 보간 기법 중 하나는 평균으로 대체하는 것입니다. 각 특성 열의 전체 평균으로 누락된 값을 바꾸는 것입니다. 다음과 같이 사이킷런의 SimpleImputer 클래스를 사용하면 간편하게 처리할 수 있습니다.

```
>>> from sklearn.impute import SimpleImputer
>>> import numpy as np
>>> imr = SimpleImputer(missing_values=np.nan, strategy='mean')
>>> imr = imr.fit(df.values)
```

---

4 **[역주]** 비슷하게 특정 행(예를 들어 인덱스가 2인 행)에 NaN이 있는 열을 삭제하려면 df.dropna(axis=1, subset=[2])처럼 씁니다.

```
>>> imputed_data = imr.transform(df.values)
>>> imputed_data
array([[  1.,   2.,   3.,   4.],
       [  5.,   6.,   7.5,  8.],
       [ 10.,  11.,  12.,   6.]])
```

여기에서는 NaN 값을 각 특성 열에서 계산한 평균으로 바꾸었습니다. strategy 매개변수에 설정할
수 있는 다른 값으로 median[5] 또는 most_frequent가 있습니다. most_frequent는 가장 많이 나타난
값으로 누락된 값을 대체합니다. 이 옵션은 범주형 특성 값을 대체할 때 유용합니다. 예를 들어 빨
강, 초록, 파랑 같은 색 이름이 인코딩된 특성 열을 다루는 경우입니다. 이 장 후반에서 이런 예를
만날 것입니다.

> Note ≡ 역주 SimpleImputer 클래스의 missing_values 기본값이 np.nan입니다. strategy 매
> 개변수에 mean, median, most_frequent 외에 constant를 사용할 수 있으며 기본값은 mean입니다.
> strategy='constant'일 때 fill_value 매개변수에 채우려는 값을 지정합니다. SimpleImputer에는 axis 매
> 개변수가 없습니다. 행 방향으로 대체할 값을 계산하려면 FunctionTransformer를 사용하여 처리할 수 있습니다.
> 다음 코드는 입력 행렬의 행과 열을 바꾸어 대체할 값을 계산한 후 다시 변환된 행렬의 열과 행을 바꿉니다.
>
> ```
> >>> from sklearn.preprocessing import FunctionTransformer
> >>> ftr_imr = FunctionTransformer(lambda X: imr.fit_transform(X.T).T, validate=False)
> >>> imputed_data = ftr_imr.fit_transform(df.values)
> >>> imputed_data
> array([[ 1.        ,  2.        ,  3.        ,  4.        ],
>        [ 5.        ,  6.        ,  6.33333333,  8.        ],
>        [10.        , 11.        , 12.        , 11.        ]])
> ```
>
> SimpleImputer 클래스의 add_indicator 매개변수를 True로 지정하면 indicator_ 속성이 추가되고
> transform 메서드가 누락된 값의 위치가 포함된 배열을 반환합니다.
>
> ```
> >>> imr = SimpleImputer(add_indicator=True)
> >>> imputed_data = imr.fit_transform(df.values)
> >>> imputed_data
> array([[ 1.,  2.,  3.,  4.,  0.,  0.],
>        [ 5.,  6.,  7.5,  8.,  1.,  0.],
>        [10., 11., 12.,  6.,  0.,  1.]])
> ```

⊙ 계속

---

5 역주 median은 데이터를 순서대로 나열했을 때 중간에 위치한 값을 의미합니다.

추가된 indicator_ 속성은 MissingIndicator 클래스의 객체입니다. MissingIndicator 객체의 features_ 속성은 누락된 값이 있는 특성의 인덱스를 담고 있습니다.

```
>>> imr.indicator_.features_
array([2, 3])
```

MissingIndicator 객체의 fit_transform 메서드를 호출하면 features_ 속성에 담긴 특성에서 누락된 값의 위치를 나타내는 배열을 반환합니다. 여기에서는 세 번째, 네 번째 특성의 누락된 값의 위치입니다. 이 배열 값이 SimpleImputer 객체의 transform 메서드가 반환한 배열의 마지막 두 열에 해당합니다.

```
>>> imr.indicator_.fit_transform(df.values)
array([[False, False],
       [ True, False],
       [False,  True]])
```

사이킷런 0.24 버전에서는 SimpleImputer 클래스에 원본 특성으로 변환하는 inverse_transform 메서드가 추가되었습니다.

```
>>> imr.inverse_transform(imputed_data)
array([[ 1.,  2.,  3.,  4.],
       [ 5.,  6., nan,  8.],
       [10., 11., 12., nan]])
```

SimpleImputer는 한 특성의 통계 값을 사용하여 누락된 값을 채웁니다. 이와 달리 IterativeImputer 클래스는 다른 특성을 사용하여 누락된 값을 예측합니다. 먼저 initial_strategy 매개변수에 지정된 방식으로 누락된 값을 초기화합니다. 그다음 누락된 값이 있는 한 특성을 타깃으로 삼고 다른 특성을 사용해서 모델을 훈련하여 예측합니다. 이런 식으로 누락된 값이 있는 모든 특성을 순회합니다.

initial_strategy 매개변수에 지정할 수 있는 값은 SimpleImputer와 동일하게 'mean', 'median', 'most_frequent', 'constant'가 가능합니다.

예측할 특성을 선택하는 순서는 누락된 값이 가장 적은 특성부터 선택하는 'ascending', 누락된 값이 가장 큰 특성부터 선택하는 'descending', 왼쪽에서 오른쪽으로 선택하는 'roman', 오른쪽에서 왼쪽으로 선택하는 'arabic', 랜덤하게 고르는 'random'이 있습니다. 기본값은 'ascending'입니다.

특성 예측은 종료 조건을 만족할 때까지 반복합니다. 각 반복 단계에서 이전 단계와 절댓값 차이 중 가장 큰 값이 누락된 값을 제외하고 가장 큰 절댓값에 tol 매개변수를 곱한 것보다 작을 경우 종료합니다. tol 매개변수 기본값은 1e-3입니다. 또는 max_iter 매개변수에서 지정한 횟수에 도달할 때 종료합니다. max_iter의 기본값은 10입니다.

예측에 사용하는 모델은 estimator 매개변수에서 지정할 수 있으며 기본적으로 BayesianRidge 클래스를 사용합니다. 예측에 사용할 특성 개수는 n_nearest_features에서 지정할 수 있으며 상관 계수가 높은 특성을 우선하여 랜덤하게 선택합니다. 기본값은 None으로 모든 특성을 사용합니다.

IterativeImputer 클래스는 아직 실험적이기 때문에 사용하려면 먼저 enable_iterative_imputer 모듈을 임포트해야 합니다.

○ 계속

```
>>> from sklearn.experimental import enable_iterative_imputer
>>> from sklearn.impute import IterativeImputer
>>> iimr = IterativeImputer()
>>> iimr.fit_transform(df.values)
array([[ 1.       ,  2.       ,  3.       ,  4.       ],
       [ 5.       ,  6.       ,  7.00047063,  8.       ],
       [10.       , 11.       , 12.       , 12.99964527]])
```

KNNImputer 클래스는 k-최근접 이웃 방법을 사용하여 누락된 값을 채웁니다. 최근접 이웃의 개수는 n_neighbors 매개변수로 지정하며 기본값은 5입니다. 샘플 개수가 n_neighbors보다 작으면 SimpleImputer (strategy='mean')과 결과가 같습니다.

```
>>> from sklearn.impute import KNNImputer
>>> kimr = KNNImputer()
>>> kimr.fit_transform(df.values)
array([[ 1. ,  2. ,  3. ,  4. ],
       [ 5. ,  6. ,  7.5,  8. ],
       [10. , 11. , 12. ,  6. ]])
```

누락된 값을 채우는 더 쉬운 방법은 판다스의 fillna 메서드에 매개변수로 누락된 값을 채울 방법을 전달하는 것입니다. 예를 들어 다음 명령을 사용하면 판다스 DataFrame 객체에서 바로 평균값으로 누락된 값을 대체할 수 있습니다.

```
>>> df.fillna(df.mean())
```

	A	B	C	D
0	1.0	2.0	3.0	4.0
1	5.0	6.0	7.5	8.0
2	10.0	11.0	12.0	6.0

▼ 그림 4-1 누락된 값을 평균으로 대체하기

Note ≡ **누락된 데이터를 대체하는 다른 방법**

최근접 이웃 방식을 사용하여 누락된 특성을 대체하는 KNNImputer를 포함하여 다른 대체 기법에 대해서는 사이킷런의 온라인 문서(https://scikit-learn.org/stable/modules/impute.html)를 참고하세요.

Note ☰ 역주 fillna 메서드의 method 매개변수를 사용하여 누락된 값을 채울 수도 있습니다. 'bfill' 또는 'backfill'은 누락된 값을 다음 행의 값으로 채웁니다. 'ffill' 또는 'pad'는 누락된 값을 이전 행의 값으로 채웁니다.

```
>>> df.fillna(method='bfill') # method='backfill'과 같습니다
```

	A	B	C	D
0	1.0	2.0	3.0	4.0
1	5.0	6.0	12.0	8.0
2	10.0	11.0	12.0	NaN

```
>>> df.fillna(method='ffill') # method='pad'와 같습니다
```

	A	B	C	D
0	1.0	2.0	3.0	4.0
1	5.0	6.0	3.0	8.0
2	10.0	11.0	12.0	8.0

axis=1로 지정하면 행이 아니라 열을 사용합니다. 예를 들어 다음과 같이 지정하면 이전 열의 값으로 누락된 값을 채웁니다.

```
>>> df.fillna(method='ffill', axis=1)
```

	A	B	C	D
0	1.0	2.0	3.0	4.0
1	5.0	6.0	6.0	8.0
2	10.0	11.0	12.0	12.0

4.1.4 사이킷런 추정기 API 익히기

이전 절에서 사이킷런의 SimpleImputer 클래스를 사용하여 데이터셋에 있는 누락된 값을 대체했습니다. SimpleImputer 클래스는 사이킷런의 **변환기**(transformer) API의 일부입니다. 변환기 API를 사용하면 데이터 변환에 관련된 파이썬 클래스를 구현할 수 있습니다(사이킷런의 변환기 API를 16장에서 자세히 다룰 자연어 처리 분야에서 사용되는 트랜스포머 아키텍처와 혼동하지 마세요). 이런 추정기의 주요 메서드 두 개는 fit과 transform입니다. fit 메서드를 사용하여 훈련

데이터에서 모델 파라미터를 학습합니다. transform 메서드를 사용하여 학습한 파라미터로 데이터를 변환합니다. 변환하려는 데이터 배열은 모델 학습에 사용한 데이터의 특성 개수와 같아야 합니다.

그림 4-2는 훈련 데이터셋에서 학습한 변환기가 훈련 데이터셋과 테스트 데이터셋을 변환하는 과정을 보여 줍니다.

▼ 그림 4-2 데이터 변환을 위한 사이킷런 API

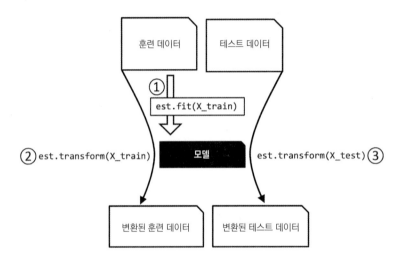

3장에서 사용한 분류기는 변환기 API와 개념상 매우 유사한 API를 가진 사이킷런의 **추정기**(estimator)입니다. 추정기는 predict 메서드가 있지만 transform 메서드도 가질 수 있습니다. 이 장 뒷부분에서 이런 예를 보겠습니다. 분류를 위한 추정기를 훈련할 때 fit 메서드를 사용해서 모델의 파라미터를 학습했습니다. 지도 학습 작업에서는 모델을 훈련할 때 추가적으로 클래스 레이블을 제공합니다. 그다음 predict 메서드를 사용하여 레이블이 없는 새로운 데이터 샘플에 대한 예측을 만듭니다.

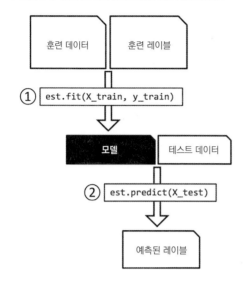

MACHINE LEARNING

4.2 / 범주형 데이터 다루기

지금까지는 수치형 데이터만 사용했습니다. 실제 데이터셋은 하나 이상의 범주형 특성이 포함된 경우가 많습니다. 이 절에서 간단하지만 효과적인 예를 사용하여 이런 데이터를 수치 계산용 라이브러리에서 어떻게 다루는지 알아보겠습니다.

범주형 데이터에 관해 이야기할 때 순서가 있는 것과 없는 것을 구분해야 합니다. 순서가 있는 특성은 정렬하거나 차례대로 놓을 수 있는 범주형 특성으로 생각할 수 있습니다. 예를 들어 티셔츠 사이즈는 $XL > L > M$으로 순서를 정할 수 있으므로 순서가 있는 특성입니다. 반대로 순서가 없는 특성은 차례를 부여할 수 없습니다. 앞의 예에서 티셔츠 컬러는 순서가 없는 특성입니다. 일반적으로 빨강이 파랑보다 더 크다고 말할 수 없습니다.

4.2.1 판다스를 사용한 범주형 데이터 인코딩

범주형 데이터를 다루는 여러 기법을 살펴보기 전에 예제를 위한 새로운 DataFrame을 만들어 보죠.

```
>>> import pandas as pd
>>> df = pd.DataFrame([
...                    ['green', 'M', 10.1, 'class2'],
...                    ['red', 'L', 13.5, 'class1'],
...                    ['blue', 'XL', 15.3, 'class2']])
>>> df.columns = ['color', 'size', 'price', 'classlabel']
>>> df
   color size  price classlabel
0  green    M   10.1     class2
1    red    L   13.5     class1
2   blue   XL   15.3     class2
```

앞 출력에서 볼 수 있듯이 새롭게 만든 DataFrame에는 순서가 없는 특성(color)과 순서가 있는 특성(size), 수치형 특성(price)이 있습니다. 클래스 레이블은 마지막 열에 저장되어 있습니다(지도 학습을 위해 데이터셋을 만든다고 가정합니다). 책에서 다루는 분류 학습 알고리즘은 순서가 있는 클래스 레이블을 사용하지 않습니다.[6]

4.2.2 순서가 있는 특성 매핑

학습 알고리즘이 순서 특성을 올바르게 인식하려면 범주형의 문자열 값을 정수로 바꾸어야 합니다. 안타깝지만 size 특성의 순서를 올바르게 자동으로 바꾸어 주는 함수는 없기 때문에 매핑 함수를 직접 만들어야 합니다. 여기에서는 특성 간의 산술적인 차이를 이미 알고 있다 가정합니다. 예를 들어 다음과 같습니다.

$$XL = L + 1 = M + 2$$

```
>>> size_mapping = {
...                 'XL': 3,
...                 'L': 2,
...                 'M': 1}
```

---

6 **역주** 순서가 있는 레이블을 다루는 문제를 순서를 가진 분류(ordinal classification) 또는 순서를 가진 회귀(ordinal regression)라고 부릅니다. 예를 들어 영화 평점을 1~5까지 다섯 개의 순서가 있는 레이블로 예측하는 문제입니다. 사이킷런은 아직 이에 대한 기능을 제공하지 않습니다. Mord 파이썬 패키지를 확인해 보세요(https://github.com/fabianp/mord).

```
>>> df['size'] = df['size'].map(size_mapping)
>>> df
   color  size  price classlabel
0  green     1   10.1     class2
1    red     2   13.5     class1
2   blue     3   15.3     class2
```

만약 나중에 정수 값을 다시 원래 문자열 표현으로 바꾸고 싶다면 간단히 거꾸로 매핑하는 딕셔너리 inv_size_mapping = {v: k for k, v in size_mapping.items()}를 정의하면 됩니다.[7] 앞서 size_mapping 딕셔너리와 비슷하게 판다스의 map 메서드를 사용하여 변환된 특성 열에 적용할 수 있습니다. 다음과 같이 사용합니다.

```
>>> inv_size_mapping = {v: k for k, v in size_mapping.items()}
>>> df['size'].map(inv_size_mapping)
0     M
1     L
2    XL
Name: size, dtype: object
```

4.2.3 클래스 레이블 인코딩

많은 머신 러닝 라이브러리는 클래스 레이블이 정수로 인코딩되었을 것이라고 기대합니다. 사이킷런의 분류 추정기 대부분은 자체적으로 클래스 레이블을 정수로 변환해 주지만 사소한 실수를 방지하기 위해 클래스 레이블을 정수 배열로 전달하는 것이 좋은 습관입니다. 클래스 레이블을 인코딩하려면 앞서 순서 특성을 매핑한 것과 비슷한 방식을 사용합니다. 클래스 레이블은 순서가 없다는 것을 기억하세요. 특정 문자열 레이블에 할당한 정수는 아무런 의미가 없습니다. enumerate를 사용하여 클래스 레이블을 0부터 할당합니다.[8]

```
>>> import numpy as np
>>> class_mapping = {label:idx for idx,label in
...                  enumerate(np.unique(df['classlabel']))}
>>> class_mapping
{'class1': 0, 'class2': 1}
```

---

7 **역주** 2장에 나온 리스트 내포와 비슷하게 중괄호 안에 포함된 for 반복문을 딕셔너리 내포라고 합니다. 여기에서는 size_mapping의 키, 값 쌍을 뒤집은 딕셔너리를 만듭니다.

8 **역주** enumerate는 반복 가능한 객체(문자열, 리스트, 넘파이 배열 등)를 입력으로 받아 인덱스와 값의 튜플을 차례대로 반환하는 파이썬 내장 함수입니다.

그다음 매핑 딕셔너리를 사용하여 클래스 레이블을 정수로 변환합니다.

```
>>> df['classlabel'] = df['classlabel'].map(class_mapping)
>>> df
   color  size  price  classlabel
0  green     1   10.1           1
1    red     2   13.5           0
2   blue     3   15.3           1
```

다음과 같이 매핑 딕셔너리의 키-값 쌍을 뒤집어서 변환된 클래스 레이블을 다시 원본 문자열로
바꿀 수 있습니다.

```
>>> inv_class_mapping = {v: k for k, v in class_mapping.items()}
>>> df['classlabel'] = df['classlabel'].map(inv_class_mapping)
>>> df
   color  size  price classlabel
0  green     1   10.1     class2
1    red     2   13.5     class1
2   blue     3   15.3     class2
```

다른 방법으로 사이킷런에 구현된 LabelEncoder 클래스를 사용하면 편리합니다.

```
>>> from sklearn.preprocessing import LabelEncoder
>>> class_le = LabelEncoder()
>>> y = class_le.fit_transform(df['classlabel'].values)
>>> y
array([1, 0, 1])
```

fit_transform 메서드는 fit 메서드와 transform 메서드를 합쳐 놓은 단축 메서드입니다.
inverse_transform 메서드를 사용하면 정수 클래스 레이블을 원본 문자열 형태로 되돌릴 수 있습
니다.[9]

```
>>> class_le.inverse_transform(y)
array(['class2', 'class1', 'class2'], dtype=object)
```

---

9 역주 LabelEncoder 객체의 classes_ 속성에 각 클래스의 레이블이 저장되어 있습니다.

4.2.4 순서가 없는 특성에 원-핫 인코딩 적용

'4.2.2절 순서가 있는 특성 매핑'에서 간단한 딕셔너리 매핑 방식을 사용하여 순서를 가진 size 특성을 정수로 변환했습니다. 사이킷런의 분류용 추정기는 클래스 레이블을 순서가 없는 범주형 데이터로 다루기 때문에 LabelEncoder를 사용하여 간편하게 문자열 레이블을 정수로 인코딩했습니다. 순서가 없는 color 열에도 비슷한 방식을 사용할 수 있습니다.

```
>>> X = df[['color', 'size', 'price']].values
>>> color_le = LabelEncoder()
>>> X[:, 0] = color_le.fit_transform(X[:, 0])
>>> X
array([[1, 1, 10.1],
       [2, 2, 13.5],
       [0, 3, 15.3]], dtype=object)
```

앞 코드를 실행하면 넘파이 배열 X의 첫 번째 열은 이제 다음과 같은 새로운 color 값을 가집니다.

- blue = 0

- green = 1

- red = 2

Note ≡ 　역주 LabelEncoder는 타깃 레이블을 인코딩하기 위한 클래스이므로 입력 데이터로 1차원 배열을 기대합니다. 앞 코드에서 color 열만 추출해서 LabelEncoder 객체에 주입한 이유입니다. 데이터셋에 변경해야 할 열이 많다면 동일한 작업을 반복해야 하므로 번거롭습니다. 범주형 데이터를 정수로 인코딩하는 OrdinalEncoder와 판다스 데이터프레임의 열마다 다른 변환을 적용하도록 도와주는 ColumnTransformer를 이용하면 여러 개의 열을 한 번에 정수로 변환할 수 있습니다. 코드는 다음과 같습니다.

```
>>> from sklearn.compose import ColumnTransformer
>>> from sklearn.preprocessing import OrdinalEncoder
>>> ord_enc = OrdinalEncoder(dtype=int)
>>> col_trans = ColumnTransformer([('ord_enc', ord_enc, ['color'])])
>>> X_trans = col_trans.fit_transform(df)
>>> X_trans
array([[1],
       [2],
       [0]])
```

◑ 계속

ColumnTransformer는 첫 번째 매개변수로 트랜스포머(transformer)의 리스트를 받습니다. 트랜스포머는 이름, 변환기, 변환할 열의 리스트로 이루어진 튜플입니다. 여기에서 이름은 ord_enc, 변환기는 OrdinalEncoder 객체, 변환할 열은 color 하나를 지정했습니다. 결과에서 알 수 있듯이 color 열이 정수 값으로 변환되었습니다.

ColumnTransformer에 사용한 변환기는 named_transformers_ 속성에서 앞서 지정한 ord_enc 이름으로 참조할 수 있습니다. 정수로 인코딩된 값을 다시 문자열로 변환하려면 다음과 같이 OrdinalEncoder의 inverse_transform 메서드를 호출합니다.

```
>>> col_trans.named_transformers_['ord_enc'].inverse_transform(X_trans)
array([['green'],
       ['red'],
       ['blue']], dtype=object)
```

OrdinalEncoder 클래스의 dtype 매개변수 기본값은 np.float64로 실수로 인코딩합니다. 앞에서는 정수로 인코딩하기 위해 int로 지정했습니다. categories 매개변수의 기본값은 'auto'로 훈련 데이터셋에서 자동으로 범주를 인식합니다. 또는 categories 매개변수에 직접 범주 리스트를 전달할 수 있습니다. 인식된 범주는 categories_ 속성에 저장됩니다.

사이킷런 0.24 버전에서는 OneHotEncoder에 handle_unknown과 unknown_value 매개변수가 추가되었습니다. handle_unknown의 기본값은 'error'로 알 수 없는 범주 데이터가 transform 메서드로 전달될 때 에러가 발생됩니다. handle_unknown='use_encoded_value'로 설정하면 알 수 없는 범주를 unknown_value에 지정한 정수 값으로 설정합니다.

여기에서 멈추고 이 배열을 분류기에 주입하면 범주형 데이터를 다룰 때 흔히 저지르는 실수 중 하나가 됩니다. 문제가 무엇인지 눈치챘나요? 컬러 값에 어떤 순서가 없지만 이전 장에서 다루었던 일반적인 분류 모델은 green이 blue보다 크고 red는 green보다 크다고 가정할 것입니다. 이 가정이 옳지 않지만 분류기가 의미 있는 결과를 만들 수 있습니다. 그렇지만 이 결과는 최선이 아닐 것입니다.

이 문제를 해결하기 위한 통상적인 방법은 **원-핫 인코딩**(one-hot encoding) 기법입니다. 이 방식의 아이디어는 순서 없는 특성에 들어 있는 고유한 값마다 새로운 더미(dummy) 특성을 만드는 것입니다. 여기에서는 color 특성을 세 개의 새로운 특성인 blue, green, red로 변환합니다. 이진 값을 사용하여 특정 샘플의 color를 나타냅니다. 예를 들어 blue 샘플은 blue=1, green=0, red=0으로 인코딩됩니다. 사이킷런의 preprocessing 모듈에 구현된 OneHotEncoder를 사용하여 이런 변환을 수행할 수 있습니다.

```
>>> from sklearn.preprocessing import OneHotEncoder
>>> X = df[['color', 'size', 'price']].values
>>> color_ohe = OneHotEncoder()
>>> color_ohe.fit_transform(X[:, 0].reshape(-1, 1)).toarray()
array([[0., 1., 0.],
       [0., 0., 1.],
       [1., 0., 0.]])
```

배열의 다른 두 열을 수정하지 않기 위해 OneHotEncoder를 하나의 열(X[:, 0].reshape(-1, 1))에만 적용했습니다. 여러 개의 특성이 있는 배열에서 특정 열만 변환하려면 ColumnTransformer를 사용합니다. 이 클래스는 다음과 같이 (name, transformer, column(s)) 튜플의 리스트를 받습니다.

```
>>> from sklearn.compose import ColumnTransformer
>>> X = df[['color', 'size', 'price']].values
>>> c_transf = ColumnTransformer([
...     ('onehot', OneHotEncoder(dtype=int), [0]),
...     ('nothing', 'passthrough', [1, 2])
... ])
>>> c_transf.fit_transform(X)
array([[0.0, 1.0, 0.0, 1, 10.1],
       [0.0, 0.0, 1.0, 2, 13.5],
       [1.0, 0.0, 0.0, 3, 15.3]])
```

앞의 코드 예에서 첫 번째 열만 변환하기 위해 지정했고 나머지 두 열은 변경하지 않고 그대로 두기 위해 'passthrough'로 지정했습니다.

원-핫 인코딩으로 더미 변수를 만드는 더 편리한 방법은 판다스의 get_dummies 메서드를 사용하는 것입니다. DataFrame에 적용하면 get_dummies 메서드는 문자열 열만 변환하고 나머지 열은 그대로 둡니다.

```
>>> pd.get_dummies(df[['price', 'color', 'size']])
   price  size  color_blue  color_green  color_red
0  10.1   1             0            1          0
1  13.5   2             0            0          1
2  15.3   3             1            0          0
```

Note ≡ 　역주 get_dummies 메서드에서 columns 매개변수를 사용하면 다음과 같이 변환하려는 특성을 구체적으로 지정할 수 있습니다.

```
>>> pd.get_dummies(df[['price', 'color', 'size']], columns=['size'])
```

	price	color	size_1	size_2	size_3
0	10.1	green	1	0	0
1	13.5	red	0	1	0
2	15.3	blue	0	0	1

원-핫 인코딩된 데이터셋을 사용할 때 다중 공선성(multicollinearity) 문제를 유념하세요. 어떤 알고리즘에는 이슈가 될 수 있습니다(예를 들어 역행렬을 구해야 하는 경우). 특성 간의 상관관계가 높으면 역행렬을 계산하기 어려워 수치적으로 불안정해집니다. 변수 간의 상관관계를 감소하려면 원-핫 인코딩된 배열에서 특성 열 하나를 삭제합니다. 이렇게 특성을 삭제해도 잃는 정보는 없습니다. 예를 들어 color_blue 열을 삭제해도 샘플이 color_green=0이고 color_red=0일 때 blue임을 알 수 있습니다.[10]

get_dummies를 사용할 때 drop_first 매개변수를 True로 지정하여 첫 번째 열을 삭제할 수 있습니다. 다음 예를 참고하세요.

```
>>> pd.get_dummies(df[['price', 'color', 'size']],
...                drop_first=True)
   price  size  color_green  color_red
0  10.1     1            1          0
1  13.5     2            0          1
2  15.3     3            0          0
```

OneHotEncoder에서 중복된 열을 삭제하려면 다음과 같이 drop='first'와 categories='auto'로 지정해야 합니다.[11]

10 　역주 한 열이 다른 열에 의존적이거나 열 값이 모두 0인 경우를 열 랭크 부족(column rank deficient)이라고 합니다. 사이킷런이 사용하는 LAPACK 라이브러리는 이런 경우를 허용하므로 랭크 부족을 신경 쓰지 않아도 됩니다.

11 　역주 drop='first'로 설정하면 인코딩된 특성 중 첫 번째 열을 삭제합니다. drop='if_binary'로 설정하면 두 개의 범주를 가진 특성일 경우에만 인코딩된 첫 번째 열을 삭제합니다.

```
>>> color_ohe = OneHotEncoder(categories='auto', drop='first')
>>> c_transf = ColumnTransformer([
...             ('onehot', color_ohe, [0]),
...             ('nothing', 'passthrough', [1, 2])
... ])
>>> c_transf.fit_transform(X)
array([[1.0, 0.0, 1, 10.1],
       [0.0, 1.0, 2, 13.5],
       [0.0, 0.0, 3, 15.3]], dtype=object)
```

Note ☰ **순서가 없는 명목형 데이터(nominal data)를 위한 다른 인코딩 방법**

원-핫 인코딩이 순서가 없는 범주형 변수를 인코딩하는 가장 일반적인 방법이지만 다른 방법도 있습니다. 일부 방법은 카디널리티(cardinality)가 높은 (고유한 범주 레이블이 많은) 범주형 특성을 다룰 때 유용합니다. 예를 들어 다음과 같습니다.

- 원-핫 인코딩과 비슷하게 여러 개의 이진 특성을 만들지만 특성 열이 더 적게 필요한 이진 인코딩(binary encoding)입니다. 예를 들어 K-1개가 아니라 log2(K)개를 사용합니다. 여기에서 K는 고유한 범주 개수입니다. 이진 인코딩에서는 먼저 숫자가 이진 표현으로 변환되고 그다음 각 이진수 위치가 새로운 특성 열을 형성하게 됩니다.

- 범주 레이블을 훈련 세트에 등장하는 횟수나 빈도로 바꾸는 카운트 또는 빈도 인코딩입니다.

이런 방법을 포함하여 다른 범주형 인코딩 방법을 사이킷런과 호환되는 category_encoders 라이브러리(https://contrib.scikit-learn.org/category_encoders/)에서 제공합니다.

이런 방법이 원-핫 인코딩보다 더 좋은 성능을 낸다고 보장하지는 못하지만 범주형 변수의 인코딩 방식을 모델 성능을 향상하기 위한 추가적인 하이퍼파라미터로 고려할 수 있습니다.

순서가 있는 특성 인코딩하기

순서가 있는 특성의 범주 사이에서 수치적 크기에 대해 확신이 없거나 두 범주 사이의 순서를 정의할 수 없다면 임계 값을 사용하여 0/1로 인코딩할 수 있습니다. 예를 들어 M, L, XL 값을 가진 특성 size를 두 개의 새로운 특성 'x > M'과 'x > L'로 나눌 수 있습니다.

```
>>> df = pd.DataFrame([['green', 'M', 10.1, 'class2'],
...                    ['red', 'L', 13.5, 'class1'],
...                    ['blue', 'XL', 15.3, 'class2']])
>>> df.columns = ['color', 'size', 'price', 'classlabel']
>>> df
```

	color	size	price	classlabel
0	green	M	10.1	class2
1	red	L	13.5	class1
2	blue	XL	15.3	class2

판다스 데이터프레임의 apply 메서드를 사용하여 임계 값 기준으로 특성을 인코딩하는 lambda 함수를 적용할 수 있습니다.

```
>>> df['x > M'] = df['size'].apply(lambda x: 1 if x in {'L', 'XL'} else 0)
>>> df['x > L'] = df['size'].apply(lambda x: 1 if x == 'XL' else 0)
>>> del df['size']
>>> df
```

	color	price	classlabel	x > M	x > L
0	green	10.1	class2	0	0
1	red	13.5	class1	1	0
2	blue	15.3	class2	1	1

4.3 데이터셋을 훈련 데이터셋과 테스트 데이터셋으로 나누기

1장과 3장에서 데이터셋을 훈련 데이터셋과 테스트 데이터셋으로 분할하는 개념을 소개했습니다. 모델을 실전에 투입하기 전에 테스트 데이터셋에 있는 레이블과 예측을 비교합니다. 이는 편향되지 않은 성능을 측정하기 위해서라는 것을 기억하세요. 이 절에서는 새로운 Wine 데이터셋을 사용하겠습니다. 이 데이터셋을 전처리한 후 차원을 축소하기 위해 몇 가지 특성 선택 기법을 살펴보겠습니다.

Wine 데이터셋은 공개 데이터셋으로 UCI 머신 러닝 저장소(https://archive.ics.uci.edu/ml/datasets/Wine)에서 다운로드할 수 있습니다. 178개의 와인 샘플과 여러 가지 화학 성분을 나타내는 13개의 특성으로 구성되어 있습니다.

Note ≡ **Wine 데이터셋 받기**

Wine 데이터셋(그리고 책에서 사용하는 다른 모든 데이터셋)은 책의 깃허브에 포함되어 있습니다. 인터넷을 사용하지 않을 때 이따금 UCI 서버(https://archive.ics.uci.edu/ml/machine-learning-databases/wine/wine.data)에 접속되지 않을 때 사용할 수 있습니다. 예를 들어 로컬 디렉터리에서 Wine 데이터셋을 로드하려면 첫 번째 코드를 두 번째 코드처럼 바꿉니다.

```
df = pd.read_csv('https://archive.ics.uci.edu/ml/'
                 'machine-learning-databases/wine/wine.data',
                 header=None)
```

```
df = pd.read_csv('your/local/path/to/wine.data',
                 header=None)
```

판다스 라이브러리를 사용하면 UCI 머신 러닝 저장소로부터 Wine 데이터셋을 바로 읽어 들일 수 있습니다.

```
>>> df_wine = pd.read_csv('https://archive.ics.uci.edu/'
                          'ml/machine-learning-databases/'
                          'wine/wine.data', header=None)
>>> df_wine.columns = ['Class label', 'Alcohol',
...                    'Malic acid', 'Ash',
...                    'Alcalinity of ash', 'Magnesium',
...                    'Total phenols', 'Flavanoids',
...                    'Nonflavanoid phenols',
...                    'Proanthocyanins',
...                    'Color intensity', 'Hue',
...                    'OD280/OD315 of diluted wines',
...                    'Proline']
>>> print('클래스 레이블', np.unique(df_wine['Class label']))
클래스 레이블 [1 2 3]
>>> df_wine.head()
```

와인 샘플 178개의 화학 성분을 나타내는 Wine 데이터셋의 특성 13개는 그림 4-4의 표와 같습니다.[12]

---

12 **역주** 이 테이블에는 총 14개의 열이 있습니다. 첫 번째 열이 클래스 레이블이고 그다음 13개의 열이 특성에 해당합니다.

	Class label	Alcohol	Malic acid	Ash	Alcalinity of ash	Magnesium	Total phenols	Flavanoids	Nonflavanoid phenols	Proanthocyanins	Color intensity	Hue	OD280/OD315 of diluted wines	Proline
0	1	14,23	1,71	2,43	15,6	127	2,80	3,06	0,28	2,29	5,64	1,04	3,92	1065
1	1	13,20	1,78	2,14	11,2	100	2,65	2,76	0,26	1,28	4,38	1,05	3,40	1050
2	1	13,16	2,36	2,67	18,6	101	2,80	3,24	0,30	2,81	5,68	1,03	3,17	1185
3	1	14,37	1,95	2,50	16,8	113	3,85	3,49	0,24	2,18	7,80	0,86	3,45	1480
4	1	13,24	2,59	2,87	21,0	118	2,80	2,69	0,39	1,82	4,32	1,04	2,93	735

샘플은 1, 2, 3 세 개의 클래스 중 하나에 속해 있습니다. 이탈리아의 동일 지역에서 자랐지만 세 종류의 다른 와인 포도 품종을 의미합니다. 자세한 내용은 데이터셋 설명을 참고하세요(https:// archive.ics.uci.edu/ml/machine-learning-databases/wine/wine.names).

사이킷런의 model_selection 모듈에 있는 train_test_split 함수를 사용하면 가장 간편하게 데이터셋을 랜덤한 훈련 데이터셋과 테스트 데이터셋으로 나눌 수 있습니다.

```
>>> from sklearn.model_selection import train_test_split
>>> X, y = df_wine.iloc[:, 1:].values, df_wine.iloc[:, 0].values
>>> X_train, X_test, y_train, y_test =\
...     train_test_split(X, y,
...                      test_size=0.3,
...                      random_state=0,
...                      stratify=y)
```

먼저 인덱스 1에서 인덱스 13까지 특성을 넘파이 배열로 변환하여 X 변수에 할당합니다. 첫 번째 열의 클래스 레이블은 y 변수에 할당합니다. 그다음 train_test_split 함수를 사용하여 X와 y를 랜덤하게 훈련 데이터셋과 테스트 데이터셋으로 분할합니다.

test_size=0.3으로 지정했기 때문에 와인 샘플의 30%가 X_test와 y_test에 할당됩니다. 나머지 샘플 70%는 X_train과 y_train에 각각 할당됩니다. stratify 매개변수에 클래스 레이블 배열 y를 전달하면 훈련 데이터셋과 테스트 데이터셋에 있는 클래스 비율이 원본 데이터셋과 동일하게 유지됩니다.

데이터셋을 훈련 데이터셋과 테스트 데이터셋으로 나누면 학습 알고리즘에 도움이 될 수 있는 유익한 정보를 감추게 됩니다. 테스트 데이터셋으로 너무 많은 정보를 떼어 놓아서는 안 됩니다. 반대로 테스트 데이터셋이 작으면 일반화 오차에 대한 추정은 더 부정확해질 것입니다. 훈련 데이터셋과 테스트 데이터셋으로 나눌 때 이 트레이드오프의 균형을 맞추어야 합니다. 실전에서 가장 많이 사용하는 비율은 데이터셋의 크기에 따라 60:40, 70:30 또는 80:20입니다. 대용량의 데이터셋일 경우에는 90:10 또는 99:1의 비율로 훈련 데이터셋과 테스트 데이터셋을 나누는 것도 보통이고 적절합니다. 예를 들어 데이터셋에 10만 개 이상의 훈련 샘플이 있다면 일반화 성능을 잘 추정하기 위해 1만 개의 샘플만 테스트로 떼어 놓아도 괜찮습니다. 더 자세한 내용은 제가 쓴 '머신 러닝의 모델 평가와 모델 선택, 알고리즘 선택'(http://arxiv.org/pdf/1811.12808.pdf)을 참고하세요.[13] 6장에서 모델 평가에 대해 더 자세히 다루겠습니다.

또한, 떼어 놓았던 테스트 데이터셋을 버리지 말고 훈련과 평가 후에 전체 데이터셋으로 모델을 다시 훈련하여 모델의 예측 성능을 향상시키는 방법이 널리 사용됩니다. 이런 방식이 일반적으로 권장되지만, 데이터셋이 작고 테스트 데이터셋에 이상치가 들어 있다면 일반화 성능은 오히려 나빠질 수 있습니다. 전체 데이터셋을 사용하여 모델을 다시 훈련한 후에는 이 모델의 성능을 평가할 독립된 데이터셋이 남아 있지도 않습니다.

MACHINE LEARNING

4.4 　 특성 스케일 맞추기

특성 스케일 조정은 전처리 파이프라인에서 잊어버리기 쉽지만 아주 중요한 단계입니다. **결정 트리와 랜덤 포레스트**(random forest)는 특성 스케일 조정에 대해 걱정할 필요가 없는 몇 안 되는 머신 러닝 알고리즘 중 하나입니다. 이런 알고리즘들은 스케일에 영향을 받지 않습니다. 2장에서 **경사 하강법**(gradient descent) 알고리즘을 구현하면서 보았듯이 대부분의 머신 러닝과 최적화 알고리즘은 특성의 스케일이 같을 때 훨씬 성능이 좋습니다.

특성 스케일 조정의 중요성은 간단한 예를 들어 설명할 수 있습니다. 두 개의 특성에서 첫 번째 특성이 1에서 10 사이 스케일을 가지고 있고 두 번째 특성은 1에서 10만 사이 스케일을 가진다고 가정해 보죠. 2장의 아달린에서 제곱 오차 함수를 생각해 보면 알고리즘은 대부분 두 번째 특성에 대한 큰 오차에 맞추어 가중치를 최적화할 것입니다. 유클리드 거리 지표를 사용한 **k-최근접 이웃**

---

13 역주 이 글은 역자의 블로그에 번역되어 있습니다(https://bit.ly/2pUx9AA).

(K-Nearest Neighbor, KNN)을 또 다른 예로 들 수 있습니다. 샘플 간의 거리를 계산하면 두 번째 특성 축에 좌우될 것입니다.

그럼 스케일이 다른 특성을 맞추는 대표적인 방법 두 가지인 **정규화**(normalization)와 **표준화**(standardization)에 대해 알아보겠습니다. 이 용어는 분야마다 조금씩 다르게 사용됩니다. 문맥에 따라 의미를 이해하는 것이 좋습니다. 대부분 정규화는 특성의 스케일을 [0, 1] 범위에 맞추는 것을 의미합니다. **최소-최대 스케일 변환**(min-max scaling)의 특별한 경우입니다. 데이터를 정규화하기 위해 다음과 같이 각 특성의 열마다 최소-최대 스케일 변환을 적용하여 샘플 $x^{(i)}$에서 새로운 값 $x_{norm}^{(i)}$ 를 계산합니다.

$$x_{norm}^{(i)} = \frac{x^{(i)} - x_{\min}}{x_{\max} - x_{\min}}$$

여기에서 $x^{(i)}$는 특정 샘플이고, $x_{\min}$은 특성 중에서 가장 작은 값이고 $x_{\max}$는 가장 큰 값입니다.

사이킷런에 구현된 최소-최대 스케일 변환 기능은 다음과 같이 사용합니다.

```
>>> from sklearn.preprocessing import MinMaxScaler
>>> mms = MinMaxScaler()
>>> X_train_norm = mms.fit_transform(X_train)
>>> X_test_norm = mms.transform(X_test)
```

최소-최대 스케일 변환을 통한 정규화는 정해진 범위의 값이 필요할 때 유용하게 사용할 수 있는 일반적인 기법입니다. 표준화는 많은 머신 러닝 알고리즘, 특히 경사 하강법 같은 최적화 알고리즘에서 널리 사용됩니다. 3장에서 보았던 로지스틱 회귀와 SVM 같은 여러 선형 모델은 가중치를 0 또는 0에 가까운 작은 난수로 초기화합니다. 표준화를 사용하면 특성의 평균을 0에 맞추고 표준 편차를 1로 만들어 정규 분포와 같은 특징을 가지도록 만듭니다. 이는 가중치를 더 쉽게 학습할 수 있도록 만듭니다. 하지만 표준화가 분포 모양을 바꾸지 않으며 정규 분포가 아닌 데이터를 정규 분포로 바꾸는 것은 아닙니다. 또한, 평균이 0이고 단위 분산을 갖는 것 외에도 표준화는 이상치 정보가 유지되기 때문에 제한된 범위로 데이터를 조정하는 최소-최대 스케일 변환에 비해 알고리즘이 이상치에 덜 민감합니다.[14]

---

14 **[역주]** 최소-최대 스케일 변환은 데이터셋에 비정상적으로 아주 큰 값이나 아주 작은 값이 들어 있을 때 다른 샘플들을 좁은 구간에 촘촘하게 모으게 만듭니다.

표준화 공식은 다음과 같습니다.

$$x_{std}^{(i)} = \frac{x^{(i)} - \mu_x}{\sigma_x}$$

여기에서 μ_x는 어떤 특성의 샘플 평균이고 σ_x는 그에 해당하는 표준 편차입니다.

표 4-1은 0에서 5까지 숫자로 이루어진 간단한 예시 데이터셋에 표준화와 정규화 두 개의 특성 스케일 변환 기법을 적용한 결과를 보여 줍니다.

▼ 표 4-1 표준화와 최소–최대 정규화 비교

입력	표준화	최소–최대 정규화
0.0	−1.46385	0.0
1.0	−0.87831	0.2
2.0	−0.29277	0.4
3.0	0.29277	0.6
4.0	0.87831	0.8
5.0	1.46385	1.0

표 4-1의 표준화와 정규화는 다음 코드로 만들 수 있습니다.

```
>>> ex = np.array([0, 1, 2, 3, 4, 5])
>>> print('표준화:', (ex - ex.mean()) / ex.std())
표준화: [-1.46385011 -0.87831007 -0.29277002  0.29277002  0.87831007  1.46385011]
>>> print('정규화:', (ex - ex.min()) / (ex.max() - ex.min()))
정규화: [ 0.   0.2 0.4 0.6 0.8 1. ]
```

MinMaxScaler 클래스와 비슷하게 사이킷런은 표준화를 위한 클래스도 제공합니다.

```
>>> from sklearn.preprocessing import StandardScaler
>>> stdsc = StandardScaler()
>>> X_train_std = stdsc.fit_transform(X_train)
>>> X_test_std = stdsc.transform(X_test)
```

여기에서도 StandardScaler 클래스의 fit 메서드를 훈련 데이터셋에만 딱 한 번 적용한 것을 주목하세요. 여기에서 학습한 파라미터로 테스트 데이터셋과 새로운 데이터 포인트를 모두 변환합니다.

사이킷런에서 특성 스케일을 조정하는 다른 좋은 방법은 RobustScaler입니다. RobustScaler는 이상치가 많이 포함된 작은 데이터셋을 다룰 때 특히 도움이 되기 때문에 추천합니다. 비슷한 이유로 이 데이터셋에 적용된 머신 러닝 알고리즘이 과대적합되기 쉽다면 RobustScaler가 좋은 선택입니다. RobustScaler는 특성 열마다 독립적으로 작용하며 중간 값을 뺀 다음 데이터셋의 1사분위수와 3사분위수(즉, 25백분위수와 75백분위수)를 사용해서 데이터셋의 스케일을 조정합니다. 극단적인 값과 이상치에 영향을 덜 받습니다. 관심 있는 독자는 RobustScaler의 사이킷런 문서(https://scikit-learn.org/stable/modules/generated/sklearn.preprocessing.RobustScaler.html)를 참고하세요.

Note ≡ 역주 RobustScaler는 중간 값(q_2)을 빼고 1사분위수(q_1)와 3사분위수(q_3)의 차이로 나누어 데이터의 스케일을 조정합니다.

$$x_{robust}^{(i)} = \frac{x^{(i)} - q_2}{q_3 - q_1}$$

RobustScaler 사용법은 StandardScaler와 동일합니다.

```
>>> from sklearn.preprocessing import RobustScaler
>>> rbs = RobustScaler()
>>> X_train_robust = rbs.fit_transform(X_train)
>>> X_test_robust = rbs.transform(X_test)
```

결과를 비교하기 위해 넘파이를 사용하여 직접 ex 배열을 변환해 보겠습니다.

```
>>> (ex - np.percentile(ex, 50)) / (np.percentile(ex, 75) - np.percentile(ex, 25))
array([-1. , -0.6, -0.2,  0.2,  0.6,  1. ])
```

이외에도 MaxAbsScaler는 각 특성별로 데이터를 최대 절댓값으로 나눕니다. 따라서 각 특성의 최댓값은 1이 됩니다. 전체 특성은 [-1, 1] 범위로 변경됩니다.

```
>>> from sklearn.preprocessing import MaxAbsScaler
>>> mas = MaxAbsScaler()
>>> X_train_maxabs = mas.fit_transform(X_train)
>>> X_test_maxabs = mas.transform(X_test)
```

넘파이를 사용하여 계산하면 다음과 같습니다.

```
>>> ex / np.max(np.abs(ex))
array([0. , 0.2, 0.4, 0.6, 0.8, 1. ])
```

StandardScaler, MinMaxScaler, RobustScaler, MaxAbsScaler에 대응하는 scale(), minmax_scale(), robust_scale(), maxabs_scale() 함수가 있습니다. 이 함수들은 1차원 배열도 입력받을 수 있습니다. ex 배열에 이 함수들을 적용하여 결과를 비교해 봅시다.

◐ 계속

```
>>> from sklearn.preprocessing import scale, minmax_scale, robust_scale, maxabs_
scale
>>> print('StandardScaler:', scale(ex))
>>> print('MinMaxScaler:', minmax_scale(ex))
>>> print('RobustScaler:', robust_scale(ex))
>>> print('MaxAbsScaler:', maxabs_scale(ex))
StandardScaler: [-1.46385011 -0.87831007 -0.29277002  0.29277002  0.87831007
1.46385011]
MinMaxScaler: [0.  0.2 0.4 0.6 0.8 1. ]
RobustScaler: [-1.  -0.6 -0.2  0.2  0.6  1. ]
MaxAbsScaler: [0.  0.2 0.4 0.6 0.8 1. ]
```

MaxAbsScaler, maxabs_scale()은 데이터를 중앙에 맞추지 않기 때문에 희소 행렬을 사용할 수 있습니다.

```
>>> from scipy import sparse
>>> X_train_sparse = sparse.csr_matrix(X_train)
>>> X_train_maxabs = mas.fit_transform(X_train_sparse)
```

RobustScaler는 fit() 메서드에 희소 행렬을 사용할 수 없지만 transform() 메서드에서 변환은 가능합니다.

```
>>> X_train_robust = rbs.transform(X_train_sparse)
```

StandardScaler는 with_mean=False로 지정하면 희소 행렬을 사용할 수 있습니다.

마지막으로 Normalizer 클래스와 normalize() 함수는 특성이 아니라 샘플별로 정규화를 수행합니다. 또한, 희소 행렬도 처리할 수 있습니다. 기본적으로 각 샘플의 L2 노름이 1이 되도록 정규화합니다.

```
>>> from sklearn.preprocessing import Normalizer
>>> nrm = Normalizer()
>>> X_train_l2 = nrm.fit_transform(X_train)
```

Normalizer 클래스의 norm 매개변수에 사용할 노름을 지정할 수 있습니다. 'l1', 'l2', 'max'가 가능합니다. 기본값은 'l2'입니다. 이들의 차이점을 알아보기 위해 ex 배열을 사용하여 직접 계산해 보겠습니다. 원래 특성을 제곱한 행을 하나 더 추가하고 0 나눗셈 오류를 다루기 번거로우므로 편의상 0을 제외합니다.

```
>>> ex_2f = np.vstack((ex[1:], ex[1:]**2))
>>> ex_2f
array([[ 1,  2,  3,  4,  5],
       [ 1,  4,  9, 16, 25]])
```

L2 노름의 공식은 다음과 같습니다.

$$\|\boldsymbol{x}\| = \sqrt{x_1^2 + x_2^2 + \cdots + x_n^2}$$

샘플별로 특성의 제곱을 더하기 위해 sum() 함수에서 axis=1을 사용합니다. 이 값의 제곱근을 구하면 L2 노름입니다. 그다음 각 샘플의 특성을 해당 L2 노름으로 나눕니다.

● 계속

```
>>> l2_norm = np.sqrt(np.sum(ex_2f ** 2, axis=1))
>>> print(l2_norm)
[ 7.41619849 31.28897569]
>>> ex_2f / l2_norm.reshape(-1, 1)
array([[0.13483997, 0.26967994, 0.40451992, 0.53935989, 0.67419986],
       [0.03196014, 0.12784055, 0.28764125, 0.51136222, 0.79900347]])
```

Normalizer 클래스에 norm='l1'으로 지정하면 절댓값인 L1 노름을 사용합니다. L1 노름의 공식은 다음과 같습니다.

$$\|\boldsymbol{x}\|_1 = |x_1| + |x_2| + \cdots + |x_n|$$

Normalizer(norm='l1')은 다음과 같이 절댓값인 L1 노름을 사용하여 각 샘플을 나눕니다.

```
>>> l1_norm = np.sum(np.abs(ex_2f), axis=1)
>>> print(l1_norm)
[15 55]
>>> ex_2f / l1_norm.reshape(-1, 1)
array([[0.06666667, 0.13333333, 0.2       , 0.26666667, 0.33333333],
       [0.01818182, 0.07272727, 0.16363636, 0.29090909, 0.45454545]])
```

Normalizer(norm='max')는 각 샘플의 최대 절댓값을 사용하여 나눕니다.

```
>>> max_norm = np.max(np.abs(ex_2f), axis=1)
>>> print(max_norm)
[ 5 25]
>>> ex_2f / max_norm.reshape(-1, 1)
array([[0.2 , 0.4 , 0.6 , 0.8 , 1.  ],
       [0.04, 0.16, 0.36, 0.64, 1.  ]])
```

4.5 유용한 특성 선택

모델이 테스트 데이터셋보다 훈련 데이터셋에서 성능이 훨씬 높다면 **과대적합**(overfitting)에 대한 강력한 신호입니다. 3장에서 언급했듯이 과대적합은 모델 파라미터가 훈련 데이터셋에 있는 특정 샘플들에 대해 너무 가깝게 맞추어져 있다는 의미입니다. 새로운 데이터에는 잘 일반화하지 못하기 때문에 모델 분산이 크다고 말합니다. 과대적합의 이유는 주어진 훈련 데이터에 비해 모델이 너무 복잡하기 때문입니다. 일반화 오차를 감소시키기 위해 많이 사용하는 방법은 다음과 같습니다.

- 더 많은 훈련 데이터를 모읍니다.
- 규제를 통해 복잡도를 제한합니다.
- 파라미터 개수가 적은 간단한 모델을 선택합니다.
- 데이터 차원을 줄입니다.

훈련 데이터를 더 모으는 것이 불가능할 때가 많습니다. 6장에서 더 많은 훈련 데이터가 도움이 되는지 확인하는 좋은 방법을 배우겠습니다. 다음 절에서는 규제와 차원 축소를 사용하여 과대적합을 줄이는 방법을 살펴보겠습니다. 특성 선택을 통해 차원을 축소하면 데이터에 학습되는 파라미터 개수가 줄어들기 때문에 더 간단한 모델을 만듭니다. 그다음 5장에서 추가적인 특성 추출 기법을 살펴보겠습니다.

4.5.1 모델 복잡도 제한을 위한 L1 규제와 L2 규제

3장에서 **L2 규제**(L2 regularization)는 개별 가중치 값을 제한하여 모델 복잡도를 줄이는 한 방법이라고 배웠습니다. 가중치 벡터 w의 L2 규제는 다음과 같이 정의합니다.

$$L2 : \left\| w \right\|_2^2 = \sum_{j=1}^{m} w_j^2$$

모델 복잡도를 줄이는 또 다른 방법은 **L1 규제**(L1 regularization)입니다.

$$L1 : \left\| w \right\|_1 = \sum_{j=1}^{m} \left| w_j \right|$$

가중치 제곱을 그냥 가중치 절댓값으로 바꾼 것입니다. L2 규제와 대조적으로 L1 규제는 보통 희소한 특성 벡터를 만듭니다. 대부분의 특성 가중치가 0이 됩니다. 실제로 관련 없는 특성이 많은 고차원 데이터셋일 경우 이런 희소성이 도움이 될 수 있습니다. 특히 훈련 샘플보다 관련 없는 특성이 더 많은 경우입니다. 이런 맥락으로 보면 L1 규제는 특성 선택의 기법이 될 수 있습니다.

4.5.2 L2 규제의 기하학적 해석

이전 절에서 언급한 대로 L2 규제는 손실 함수에 페널티 항(penalty term)을 추가합니다. 규제가 없는 손실 함수로 훈련한 모델에 비해 가중치 값을 아주 작게 만드는 효과를 냅니다.

L1 규제가 어떻게 희소성을 만드는지 잘 이해하기 위해 한 걸음 물러서서 규제의 기하학적 해석에 대해 고찰해 보겠습니다. 두 개의 가중치 값 w_1과 w_2에 대한 볼록한 손실 함수의 등고선을 그려 보죠.

2장 아달린에서 사용했던 **제곱 오차합**(SSE) 손실 함수를 생각해 보겠습니다. 이 함수는 정답 레이블 y와 예측 클래스 레이블 $\hat{y}$ 사이의 거리를 제곱하고 훈련 세트에 있는 전체 샘플 개수 N으로 나누어 평균을 계산합니다. MSE가 함수가 구 모양이어서 로지스틱 회귀의 손실 함수보다 그리기 쉽습니다. 여기에서 얻은 개념은 로지스틱 회귀에도 동일하게 적용 가능합니다. 그림 4-5와 같이 우리의 목표는 훈련 데이터에서 손실 함수를 최소화하는 가중치 값의 조합을 찾는 것임을 기억하세요(타원의 중심 포인트).[15]

▼ 그림 4-5 평균 제곱 오차 손실 함수 최소화

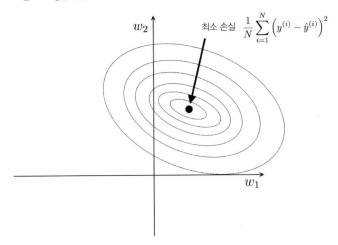

규제를 더 작은 가중치를 얻기 위해 손실 함수에 추가하는 페널티 항으로 생각할 수 있습니다. 다른 말로 하면 큰 가중치를 제한합니다. 규제 파라미터 λ로 규제의 강도를 크게 하면 가중치가 0에 가까워지고 훈련 데이터에 대한 모델 의존성은 줄어듭니다. L2 페널티 항에 대한 이 개념을 그림 4-6에 나타내 보죠.

---

15 **역주** 손실 함수를 지면에 수직인 축에 놓으면 오목한 그릇과 같은 그래프를 상상할 수 있습니다. 그림 4-5는 손실 함수 그래프를 w_1, w_2축에 투영한 것입니다.

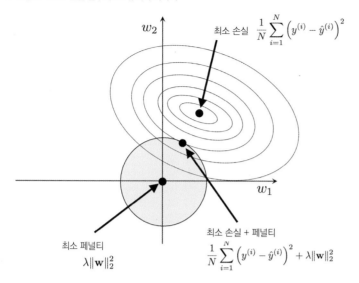

이차식인 L2 규제 항은 회색 공으로 표현되어 있습니다. 가중치 값은 규제 예산을 초과할 수 없습니다. 즉, 가중치 값의 조합이 회색 공 바깥에 놓일 수 없습니다. 반면 우리는 여전히 손실 함수를 최소화해야 합니다. 페널티 제약이 있는 상황에서 최선은 L2 회색 공과 규제가 없는 손실 함수의 등고선이 만나는 지점입니다. 규제 파라미터 λ가 커질수록 페널티 손실이 빠르게 증가하여 L2 공을 작게 만듭니다. 예를 들어 규제 파라미터를 무한대로 증가하면 가중치 값이 L2 공의 중심인 0이 될 것입니다. 이 예시에서 중요한 핵심을 정리하면 우리의 목표는 규제가 없는 손실과 페널티 항의 합을 최소화하는 것입니다. 이는 모델을 학습할 만한 충분한 훈련 데이터가 없을 때 편향을 추가하여 모델을 간단하게 만듦으로써 분산을 줄이는 것으로 해석할 수 있습니다.

4.5.3 L1 규제를 사용한 희소성

L1 규제와 희소성을 이야기해 보죠. L1 규제 이면에 있는 주요 개념은 앞 절에서 논의한 것과 유사합니다. L1 페널티는 가중치 절댓값의 합이기 때문에 그림 4-7과 같이 다이아몬드 모양의 제한 범위를 그릴 수 있습니다(L2 항은 이차식이라는 것을 기억하세요).

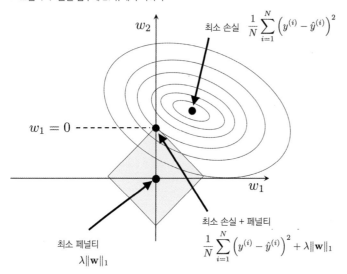

그림 4-7에서 $w_1=0$일 때 손실 함수의 등고선이 L1 다이아몬드와 만나는 것을 볼 수 있습니다. L1 규제의 등고선은 날카롭기 때문에 손실 함수의 포물선과 L1 다이아몬드의 경계가 만나는 최적점은 축에 가깝게 위치할 가능성이 높습니다. 이것이 희소성이 나타나는 이유입니다.

Note ≣ **L1 규제와 희소성**

L1 규제가 희소한 모델을 만드는 이유에 대한 수학적 상세는 책 범위를 넘어섭니다. 관심이 있다면 Trevor Hastie, Robert Tibshirani, Jerome Friedman이 쓴 〈The Elements of Statistical Learning〉(Springer Science+Business Media, 2009)의 3.4절에서 L2와 L1 규제에 대한 자세한 설명을 참고하세요.

사이킷런에서 L1 규제를 지원하는 모델은 `penalty` 매개변수를 `'l1'`으로 지정하여 희소한 모델을 만들 수 있습니다.

```
>>> from sklearn.linear_model import LogisticRegression
>>> LogisticRegression(penalty='l1')
```

`'lbfgs'`는 L1 규제를 지원하지 않기 때문에 다른 알고리즘을 선택해야 합니다(예를 들어 `'liblinear'`).[16] 표준화 전처리된 Wine 데이터에 L1 규제가 있는 로지스틱 회귀를 적용하면 다음과 같은 희소한 모델을 만듭니다.

---

16 역주 LogisticRegression 클래스의 solver 중 `'lbfgs'`, `'newton-cg'`, `'sag'`는 L2 규제만 지원합니다. `'saga'`, `'liblinear'`는 L1, L2 규제를 모두 지원합니다.

```
>>> lr = LogisticRegression(penalty='l1',
...                         C=1.0,
...                         solver='liblinear',
...                         multi_class='ovr')
>>> # C=1.0이 기본입니다
>>> # 규제 효과를 높이거나 낮추려면 C 값을 증가시키거나 감소시킵니다
>>> lr.fit(X_train_std, y_train)
>>> print('훈련 정확도:', lr.score(X_train_std, y_train))
훈련 정확도: 1.0
>>> print('테스트 정확도:', lr.score(X_test_std, y_test))
테스트 정확도: 1.0
```

훈련과 테스트 정확도(둘 다 100%)를 보면 모델이 두 데이터셋에 완벽하게 작동한다는 것을 알수 있습니다. lr.intercept_ 속성으로 절편을 확인해 보면 세 개의 값이 들어 있는 배열이 반환됩니다.

```
>>> lr.intercept_
array([-1.26392152, -1.21596534, -2.37040177])
```

solver='liblinear'로 초기화한 LogisticRegression 객체를 다중 클래스 데이터셋에 적용하면 OvR(One-versus-Rest) 방식을 사용합니다. 따라서 첫 번째 절편은 클래스 1을 클래스 2·3과 구분하는 모델에 속한 것입니다. 두 번째는 클래스 2를 클래스 1·3과 구분하는 모델의 절편입니다. 세 번째는 클래스 3을 클래스 1·2와 구분하는 모델의 절편입니다.

```
>>> lr.coef_
array([[ 1.24567209,  0.18072301,  0.74682115, -1.16438451,  0.        ,
         0.        ,  1.1595535 ,  0.        ,  0.        ,  0.        ,
         0.        ,  0.55864751,  2.50891241],
       [-1.53644846, -0.38769843, -0.99485417,  0.36489012, -0.05989298,
         0.        ,  0.66853184,  0.        ,  0.        , -1.93460212,
         1.23246414,  0.        , -2.23212696],
       [ 0.1355558 ,  0.16880291,  0.35718019,  0.        ,  0.        ,
         0.        , -2.43768478,  0.        ,  0.        ,  1.5635432 ,
        -0.81834553, -0.4930494 ,  0.        ]])
```

lr.coef_ 속성에 있는 가중치는 클래스마다 벡터 하나씩 세 개의 행이 있는 가중치 배열입니다. 각 행은 13개의 가중치를 가집니다. 각 가중치와 13차원의 Wine 데이터셋의 특성을 곱해 최종 입력을 계산합니다.

$$z = w_1 x_1 + \cdots + w_m x_m + b = \sum_{j=1}^{m} x_j w_j + b = \boldsymbol{w}^T \boldsymbol{x} + b$$

특성 선택의 도구로 활용되는 L1 규제는 결과적으로 데이터셋에 관련이 적은 특성이 있더라도 견고한 모델을 만들어 줍니다. 엄밀히 말하면 앞 예제에서 가중치 벡터는 0이 아닌 원소가 더 많기 때문에 꼭 희소하지 않습니다. 규제 강도를 높여 희소성을 더 강하게 할 수 있습니다(0인 원소가 더 많아집니다). 다시 말하면 C 매개변수 값을 낮춥니다.

규제에 관한 이 장 마지막 예제로 규제 강도를 달리하여 특성의 가중치 변화를 그래프로 그려 보겠습니다.

```
>>> import matplotlib.pyplot as plt
>>> fig = plt.figure()
>>> ax = plt.subplot(111)
>>> colors = ['blue', 'green', 'red', 'cyan',
...           'magenta', 'yellow', 'black',
...           'pink', 'lightgreen', 'lightblue',
...           'gray', 'indigo', 'orange']
>>> weights, params = [], []
>>> for c in np.arange(-4., 6.):
...     lr = LogisticRegression(penalty='l1', C=10.**c,
...                             solver='liblinear',
...                             multi_class='ovr', random_state=0)
...     lr.fit(X_train_std, y_train)
...     weights.append(lr.coef_[1])
...     params.append(10**c)
>>> weights = np.array(weights)
>>> for column, color in zip(range(weights.shape[1]), colors):
...     plt.plot(params, weights[:, column],
...              label=df_wine.columns[column + 1],
...              color=color)
>>> plt.axhline(0, color='black', linestyle='--', linewidth=3)
>>> plt.xlim([10**(-5), 10**5])
>>> plt.ylabel('Weight coefficient')
>>> plt.xlabel('C (inverse regularization strength)')
>>> plt.xscale('log')
>>> plt.legend(loc='upper left')
>>> ax.legend(loc='upper center',
```

```
...                 bbox_to_anchor=(1.38, 1.03),
...                 ncol=1, fancybox=True)
>>> plt.show()
```

결과 그래프를 보면 L1 규제에 대해 더 잘 이해할 수 있습니다. 여기에서 볼 수 있듯이 강한 규제 파라미터($C \langle 0.1$)로 모델을 제약하면 모든 가중치가 0이 됩니다. C는 규제 파라미터 λ의 역수입니다.

▼ 그림 4-8 규제 강도 하이퍼파라미터 C 값의 영향

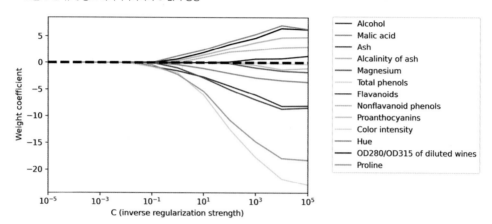

4.5.4 순차 특성 선택 알고리즘

모델 복잡도를 줄이고 과대적합을 피하는 다른 방법은 특성 선택을 통한 **차원 축소**(dimensionality reduction)입니다. 규제가 없는 모델에서 특히 유용합니다. 차원 축소 기법에는 두 개의 주요 카테고리인 **특성 선택**(feature selection)과 **특성 추출**(feature extraction)이 있습니다. 특성 선택은 원본 특성에서 일부를 선택합니다. 특성 추출은 일련의 특성에서 얻은 정보로 새로운 특성을 만듭니다.

이 절에서 전통적인 특성 선택 알고리즘을 살펴보겠습니다. 그다음 5장에서 데이터셋을 저차원 특성 부분 공간으로 압축하는 특성 추출 기법에 대해 배우겠습니다.

순차 특성 선택(sequential feature selection) 알고리즘은 탐욕적 탐색 알고리즘(greedy search algorithm)으로 초기 d 차원의 특성 공간을 $k < d$인 k 차원의 특성 부분 공간으로 축소합니다. 특성 선택 알고리즘은 주어진 문제에 가장 관련이 높은 특성 부분 집합을 자동으로 선택하는 것이 목적입니다. 관계없는 특성이나 잡음을 제거하여 계산 효율성을 높이고 모델의 일반화 오차를 줄입니다. 규제를 제공하지 않는 알고리즘을 사용할 때 유용합니다.

전통적인 순차 특성 선택 알고리즘은 **순차 후진 선택**(Sequential Backward Selection, SBS)입니다. 계산 효율성을 향상하기 위해 모델 성능을 가능한 적게 희생하면서 초기 특성의 부분 공간으로 차원을 축소합니다. 과대적합의 문제를 안고 있는 모델이라면 SBS가 예측 성능을 높일 수도 있습니다.

Note ≡ **탐욕적 탐색 알고리즘**

탐욕적 알고리즘(greedy algorithm)은 조합 탐색(combinatorial search) 문제의 각 단계에서 국부적으로 최적의 선택을 합니다. 일반적으로 해당 문제에 대한 차선의 솔루션을 만듭니다. **완전 탐색 알고리즘**(exhaustive search algorithm)은 모든 가능한 조합을 평가하므로 최적의 솔루션을 찾을 것이라고 보장됩니다. 실전에서는 완전 탐색이 계산하기 불가능한 경우가 많고 탐욕적 알고리즘이 덜 복잡하고 효율적으로 계산할 수 있는 솔루션을 만들 수 있습니다.

SBS 알고리즘 이면의 아이디어는 매우 간단합니다. SBS는 새로운 특성의 부분 공간이 목표하는 특성 개수가 될 때까지 전체 특성에서 순차적으로 특성을 제거합니다. 각 단계에서 어떤 특성을 제거할지 판단하기 위해 최대화할 기준 함수를 정의합니다.

기준 함수에서 계산한 값은 어떤 특성을 제거하기 전후의 모델 성능 차이입니다. 각 단계에서 제거할 특성은 기준 값이 가장 큰 특성으로 정의할 수 있습니다. 이해하기 쉽게 말하면 각 단계에서 제거했을 때 성능 손실이 최소가 되는 특성을 제거합니다. SBS 정의에 따라 이 알고리즘을 간단히 네 단계로 정리할 수 있습니다.

1. 알고리즘을 $k=d$로 초기화합니다. d는 전체 특성 공간 X_d의 차원입니다.

2. 조건 $x^- = \text{argmax} J(X_k - x)$를 최대화하는 특성 x^-를 결정합니다. 여기에서 $x \in X_k$입니다.

3. 특성 집합에서 특성 x^-를 제거합니다. 즉, $X_{k-1} := X_k - x^-; k := k-1$입니다.

4. k가 목표하는 특성 개수가 되면 종료합니다. 아니면 단계 2로 돌아갑니다.

Note ≡ **순차 특성 알고리즘 자료**

〈Comparative Study of Techniques for Large-Scale Feature Selection〉(F. Ferri, P. Pudil, M. Hatef, J. Kittler, 1994)의 403~413쪽에서 여러 가지 순차 특성 선택 알고리즘에 대한 자세한 평가를 볼 수 있습니다.

알고리즘 구현 능력과 코딩 기술을 익히기 위해 이 알고리즘을 파이썬으로 직접 구현해 보죠.

```
from sklearn.base import clone
from itertools import combinations
import numpy as np
from sklearn.metrics import accuracy_score
from sklearn.model_selection import train_test_split

class SBS:
    def __init__(self, estimator, k_features,
                 scoring=accuracy_score,
                 test_size=0.25, random_state=1):
        self.scoring = scoring
        self.estimator = clone(estimator)
        self.k_features = k_features
        self.test_size = test_size
        self.random_state = random_state

    def fit(self, X, y):

        X_train, X_test, y_train, y_test = \
            train_test_split(X, y, test_size=self.test_size,
                             random_state=self.random_state)

        dim = X_train.shape[1]
        self.indices_ = tuple(range(dim))
        self.subsets_ = [self.indices_]
        score = self._calc_score(X_train, y_train,
                                 X_test, y_test, self.indices_)
        self.scores_ = [score]

        while dim > self.k_features:
            scores = []
            subsets = []

            for p in combinations(self.indices_, r=dim-1):
                score = self._calc_score(X_train, y_train,
                                         X_test, y_test, p)
                scores.append(score)
                subsets.append(p)

            best = np.argmax(scores)
            self.indices_ = subsets[best]
            self.subsets_.append(self.indices_)
            dim -= 1
```

```
            self.scores_.append(scores[best])
        self.k_score_ = self.scores_[-1]

        return self

    def transform(self, X):
        return X[:, self.indices_]

    def _calc_score(self, X_train, y_train, X_test, y_test, indices):
        self.estimator.fit(X_train[:, indices], y_train)
        y_pred = self.estimator.predict(X_test[:, indices])
        score = self.scoring(y_test, y_pred)
        return score
```

이 구현에서 목표 특성 개수를 지정하기 위해 k_features 매개변수를 정의했습니다. 기본적으로 사이킷런의 accuracy_score 함수를 사용하여 특성의 부분 집합에 대한 모델(분류를 위한 추정기) 성능을 평가합니다.

fit 메서드의 while 루프 안에서 itertools.combinations 함수에 의해 생성된 특성 조합을 평가하고 원하는 차원이 남을 때까지 특성을 줄입니다. 각 반복에서 내부적으로 만든 X_test 테스트 데이터셋에 기초한 최적 조합의 정확도 점수를 self.scores_ 리스트에 모읍니다. 이 점수를 사용하여 나중에 결과를 평가하겠습니다. 최종 선택된 특성의 열 인덱스는 self.indices_에 할당됩니다. transform 메서드에서 선택된 특성 열로 구성된 새로운 데이터 배열을 반환할 때 사용합니다. fit 메서드 안에서 명시적으로 특성에 대한 기준 값을 계산하는 대신 최적의 특성 조합에 포함되지 않은 특성을 제외했습니다.

사이킷런의 KNN 분류기를 사용하여 이 SBS 구현이 잘 동작하는지 확인해 보죠.

```
>>> import matplotlib.pyplot as plt
>>> from sklearn.neighbors import KNeighborsClassifier
>>> knn = KNeighborsClassifier(n_neighbors=5)
>>> sbs = SBS(knn, k_features=1)
>>> sbs.fit(X_train_std, y_train)
```

SBS 구현이 fit 메서드 안에서 데이터셋을 훈련 데이터셋과 테스트 데이터셋으로 나누지만 여전히 이 알고리즘에 X_train 데이터만 주입합니다. SBS의 fit 메서드는 훈련과 테스트(검증)를 위한 새로운 서브셋(subset)을 만듭니다. 여기에서 테스트 데이터셋을 **검증 데이터셋**(validation dataset)이라고도 부릅니다. 이 방식을 사용하려면 훈련 데이터에서 원래 테스트 데이터셋을 미리 떼어 놓아야 합니다.

SBS 알고리즘은 각 단계에서 가장 좋은 특성 조합의 점수를 모았습니다. 이제 재미있는 부분입니다. 검증 데이터셋에서 계산한 KNN 분류기의 정확도를 그려 보겠습니다. 코드는 다음과 같습니다.

```
>>> k_feat = [len(k) for k in sbs.subsets_]
>>> plt.plot(k_feat, sbs.scores_, marker='o')
>>> plt.ylim([0.7, 1.02])
>>> plt.ylabel('Accuracy')
>>> plt.xlabel('Number of features')
>>> plt.grid()
>>> plt.tight_layout()
>>> plt.show()
```

그림 4-9에서 볼 수 있듯이 특성 개수가 줄었을 때 검증 데이터셋에서 KNN 분류기의 정확도가 향상되었습니다. 3장 KNN 알고리즘에서 설명했던 **차원의 저주**가 감소하기 때문입니다. 또 $k = \{3, 7, 8, 9, 10, 11, 12\}$에서 분류기가 100% 정확도를 달성한 것을 볼 수 있습니다.

▼ 그림 4-9 특성 개수가 모델 정확도에 미치는 영향

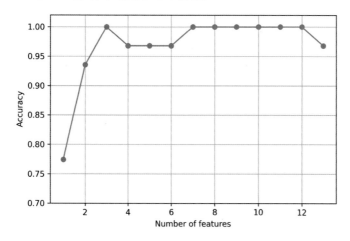

궁금하니 가장 작은 개수의 조합($k=3$)에서 높은 검증 데이터셋 성능을 내는 특성이 어떤 것인지 확인해 보죠.

```
>>> k3 = list(sbs.subsets_[10])
>>> print(df_wine.columns[1:][k3])
Index(['Alcohol', 'Malic acid', 'OD280/OD315 of diluted wines'], dtype='object')
```

이 코드는 sbs.subsets_ 속성의 11번째 위치에 있는 세 개의 특성에 대한 열 인덱스를 얻습니다.[17] 이 열 인덱스로부터 판다스 Wine DataFrame의 특성 이름을 출력합니다.

이제 원래 테스트 데이터셋에서 KNN 분류기의 성능을 평가해 보죠.

```
>>> knn.fit(X_train_std, y_train)
>>> print('훈련 정확도:', knn.score(X_train_std, y_train))
훈련 정확도: 0.967741935483871
>>> print('테스트 정확도:', knn.score(X_test_std, y_test))
테스트 정확도: 0.9629629629629629
```

전체 특성 조합을 사용하여 훈련 데이터셋에서 약 97% 정확도와 테스트 데이터셋에서 약 96% 정확도를 얻었습니다. 새로운 데이터에도 잘 일반화될 것으로 보입니다. 이제 선택된 세 개의 특성에서 KNN 성능이 얼마나 되는지 확인해 보죠.

```
>>> knn.fit(X_train_std[:, k3], y_train)
>>> print('훈련 정확도:', knn.score(X_train_std[:, k3], y_train))
훈련 정확도: 0.9516129032258065
>>> print('테스트 정확도:', knn.score(X_test_std[:, k3], y_test))
테스트 정확도: 0.9259259259259259
```

Wine 데이터셋에 있는 원본 특성의 4분의 1보다도 적은 특성을 사용했지만 테스트 데이터셋의 예측 정확도는 조금만 감소했습니다. 이 세 개의 특성에 담긴 판별 정보가 원래 데이터셋보다 적지 않다는 뜻입니다. Wine 데이터셋은 작은 데이터셋이라는 점을 유념하세요. 무작위성에 매우 민감합니다. 즉, 데이터셋을 훈련 데이터셋과 테스트 데이터셋으로 나눈 것과 훈련 데이터셋을 다시 훈련 서브셋과 검증 서브셋으로 나눈 방식에 영향을 받습니다.

특성 개수를 줄여서 KNN 모델의 성능이 증가하지는 않았지만 데이터셋 크기를 줄였습니다. 데이터 수집 비용이 높은 실전 애플리케이션에서는 유용할 수 있습니다. 또 특성 개수를 크게 줄였기 때문에 더 간단한 모델을 얻었고 해석하기도 쉽습니다.

---

17 **역주** 전체 특성으로 시작해서 하나씩 제거하기 때문에 subsets_ 속성의 11번째 원소가 특성이 세 개 남았을 때입니다.

Note ≡ **사이킷런의 특성 선택 알고리즘**

이전에 구현한 간단한 SBS에 관련된 여러 가지 순차 특성 선택 구현이 파이썬 패키지 mlxtend에 구현되어 있습니다 (http://rasbt.github.io/mlxtend/user_guide/feature_selection/SequentialFeatureSelector/). mlxtend에는 많은 기능이 포함되어 있지만, 사이킷런 팀과 협력하여 최근 v0.24 버전에 사용하기 쉽고 간소화된 버전을 추가했습니다. 사용법과 동작은 이 장에서 구현한 SBS 코드와 매우 유사합니다. 자세한 내용은 온라인 문서(https://scikit-learn.org/stable/modules/generated/sklearn.feature_selection.SequentialFeatureSelector.html)를 참고하세요.

사이킷런에는 특성 선택 알고리즘이 많이 준비되어 있습니다. 특성 가중치에 기반을 둔 **재귀적 특성 제거**(recursive feature elimination), 특성 중요도를 사용한 트리 기반 방법, 일변량 통계 테스트(univariate statistical test)가 있습니다. 전체 특성 선택 방법에 대한 설명은 책 범위를 넘어섭니다. 사이킷런의 온라인 문서(http://scikit-learn.org/stable/modules/feature_selection.html)에서 좋은 예제와 설명을 참고하세요.

Note ≡ 〔업주〕 사이킷런에서 제공하는 순차 특성 선택 알고리즘인 SequentialFeatureSelector 클래스를 Wine 데이터셋에 적용해 보겠습니다.

이 코드는 https://github.com/rickiepark/ml-with-pytorch/blob/main/ch04/SequentialFeatureSelector.ipynb에 있습니다.

먼저 SequentialFeatureSelector를 임포트합니다.

```
>>> from sklearn.feature_selection import SequentialFeatureSelector
```

사용할 모델 객체를 첫 번째 매개변수로 전달합니다. 선택할 특성의 개수는 n_features_to_select에서 지정합니다. 기본값은 입력 특성의 절반입니다. 0~1 사이 실수를 지정하면 선택할 특성의 비율로 인식합니다.

direction 매개변수로 특성 선택 방향(전진 또는 후진)을 선택합니다. 기본값은 전진을 의미하는 'forward'고 후진을 선택하려면 'backward'로 지정합니다.

SequentialFeatureSelector는 특성을 선택하기 위해 교차 검증을 사용합니다. cv 매개변수에서 교차 검증 횟수를 지정할 수 있습니다. 기본값은 5입니다. 회귀 모델일 경우 KFold, 분류 모델일 경우 StratifiedKFold를 사용하여 폴드를 나눕니다. 두 클래스에 대한 자세한 내용은 6장을 참고하세요.

하나의 특성을 선택할 때마다 현재 남은 특성 개수(m)에 대해 교차 검증을 수행하므로 $m \times cv$개의 모델을 만듭니다. 이렇게 단계마다 많은 모델을 만들기 때문에 일반적으로 RFE나 SelectFromModel보다 느립니다. n_jobs 매개변수를 1 이상으로 지정하여 여러 코어를 사용하는 것이 좋습니다.

다음 코드에서 전진 선택 방법으로 n_features_to_select에 한 개의 특성에서 12개의 특성까지 지정해 보겠습니다. 모델을 훈련한 후 선택된 특성은 support_ 속성에 True로 표시됩니다. 이 속성을 사용하여 X_train_std에서 선택된 특성만 사용하겠습니다. 그다음 훈련 데이터셋에 대한 점수를 계산하여 scores 리스트에 추가합니다.

```
>>> scores = []
>>> for n_features in range(1, 13):
...     sfs = SequentialFeatureSelector(knn, n_features_to_select=n_features,
...                                     n_jobs=-1)
```

◐ 계속

```
...     sfs.fit(X_train_std, y_train)
...     f_mask = sfs.support_
...     knn.fit(X_train_std[:, f_mask], y_train)
...     scores.append(knn.score(X_train_std[:, f_mask], y_train))
```

scores 리스트에 담긴 정확도 점수를 앞에서와 같이 그래프로 출력해 보겠습니다.

```
>>> plt.plot(range(1, 13), scores, marker='o')
>>> plt.ylim([0.7, 1.02])
>>> plt.ylabel('Accuracy')
>>> plt.xlabel('Number of features')
>>> plt.grid()
>>> plt.tight_layout()
>>> plt.show()
```

▼ 그림 4-10 순차 특성 선택에 따른 성능

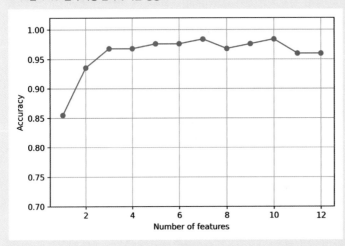

일곱 개의 특성과 열 개의 특성을 선택했을 때 높은 성능을 내고 있습니다. 가능한 적은 특성을 선택하는 것이 유리하다면 일곱 개를 적절한 개수로 볼 수 있습니다. n_features_to_select=7로 하여 다시 순차 전진 선택 모델을 훈련해 보겠습니다.

```
>>> sfs = SequentialFeatureSelector(knn, n_features_to_select=7, n_jobs=-1)
>>> sfs.fit(X_train_std, y_train)
```

선택한 특성 개수는 n_features_to_select_ 속성에 저장되어 있습니다. support_ 속성을 사용하여 선택한 특성의 이름을 확인해 보겠습니다.

```
>>> print(sfs.n_features_to_select_)
7
>>> f_mask = sfs.support_
```

◐ 계속

```
>>> df_wine.columns[1:][f_mask]
Index(['Alcohol', 'Ash', 'Magnesium', 'Flavanoids', 'Color intensity', 'Hue', 'Proline'],
      dtype='object')
```

앞서 직접 구현한 SBS 클래스에서 선택한 특성과 겹치는 것은 Alcohol뿐입니다. 선택한 일곱 개의 특성으로 훈련 데이터셋과 테스트 데이터셋의 정확도를 사용해 보겠습니다.

```
>>> knn.fit(X_train_std[:, f_mask], y_train)
>>> print('훈련 정확도:', knn.score(X_train_std[:, f_mask], y_train))
훈련  정확도: 0.9838709677419355
>>> print('테스트 정확도:', knn.score(X_test_std[:, f_mask], y_test))
테스트 정확도: 0.9814814814814815
```

MACHINE LEARNING

4.6 랜덤 포레스트의 특성 중요도 사용

이전 절에서 로지스틱 회귀의 L1 규제를 사용하여 관련이 적은 특성의 가중치를 0으로 만드는 방법을 배웠습니다. SBS 알고리즘을 사용하여 특성을 선택하고 KNN 알고리즘에 적용하는 방법도 보았습니다. 데이터셋에서 유용한 특성을 선택하는 또 다른 방법은 3장에서 소개한 앙상블 기법인 **랜덤 포레스트**를 사용하는 것입니다. 랜덤 포레스트를 사용하면 앙상블에 참여한 모든 결정 트리에서 계산한 평균적인 불순도 감소로 특성 중요도를 측정할 수 있습니다. 데이터셋이 선형적으로 구분 가능한지 여부를 가정할 필요가 없습니다. 편리하게도 사이킷런의 랜덤 포레스트 구현은 특성 중요도 값을 이미 수집하고 있습니다.[18] RandomForestClassifier 모델을 훈련한 후 feature_importances_ 속성에서 확인할 수 있습니다. 다음 코드에서 Wine 데이터셋에서 500개의 트리를 가진 랜덤 포레스트를 훈련하고 각각의 중요도에 따라 13개의 특성에 순위를 매깁니다. 트리 기반 모델은 표준화나 정규화를 할 필요가 없다고 3장에서 이야기했던 것을 기억하세요.

---

18 [역주] 결정 트리와 랜덤 포레스트의 특성 중요도 계산 방법은 5장 6번 주석을 참고하세요.

```
>>> from sklearn.ensemble import RandomForestClassifier
>>> feat_labels = df_wine.columns[1:]
>>> forest = RandomForestClassifier(n_estimators=500,
...                                 random_state=1)
>>> forest.fit(X_train, y_train)
>>> importances = forest.feature_importances_
>>> indices = np.argsort(importances)[::-1]
>>> for f in range(X_train.shape[1]):
...     print("%2d) %-*s %f" % (f+1, 30,
...                             feat_labels[indices[f]],
...                             importances[indices[f]]))
>>> plt.title('Feature Importance')
>>> plt.bar(range(X_train.shape[1]),
...         importances[indices],
...         align='center')
>>> plt.xticks(range(X_train.shape[1]),
...            feat_labels[indices], rotation=90)
>>> plt.xlim([-1, X_train.shape[1]])
>>> plt.tight_layout()
>>> plt.show()
 1) Proline                     0.185453
 2) Flavanoids                  0.174751
 3) Color intensity             0.143920
 4) OD280/OD315 of diluted wines 0.136162
 5) Alcohol                     0.118529
 6) Hue                         0.058739
 7) Total phenols               0.050872
 8) Magnesium                   0.031357
 9) Malic acid                  0.025648
10) Proanthocyanins             0.025570
11) Alcalinity of ash           0.022366
12) Nonflavanoid phenols        0.013354
13) Ash                         0.013279
```

코드를 실행하면 Wine 데이터셋 특성의 상대적인 중요도에 따른 순위를 그래프로 그립니다. 특성 중요도는 합이 1이 되도록 정규화된 값입니다.

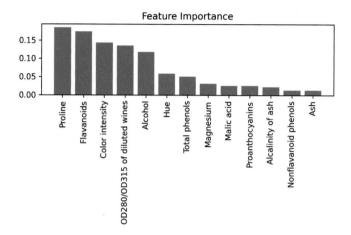

500개의 결정 트리에서 평균적인 불순도 감소를 기반으로 이 데이터셋에서 가장 판별력이 좋은 특성은 Proline, Flavanoids, Color intensity, OD280/OD315 of diluted wines, Alcohol입니다. 재미있게도 이 그래프에서 높은 순위에 위치한 특성 중 두 개는 이전 절에서 구현한 SBS 알고리즘으로 선택한 세 개의 특성에 들어 있습니다(Alcohol과 OD280/OD315 of diluted wines).

모델 해석을 중요하게 고려한다면 랜덤 포레스트 기법에서 언급할 만한 중요한 참고 사항이 있습니다. 랜덤 포레스트에서 두 개 이상의 특성이 매우 상관관계가 높다면 하나의 특성은 매우 높은 순위를 갖지만 다른 특성 정보는 완전히 잡아내지 못할 수 있습니다. 특성 중요도 값을 해석하는 것보다 모델의 예측 성능에만 관심이 있다면 이 문제를 신경 쓸 필요는 없습니다.

특성 중요도에 관한 이 절을 마무리하기 위해 사이킷런의 SelectFromModel을 살펴보겠습니다. 이 클래스는 모델 훈련이 끝난 후 사용자가 지정한 임계 값을 기반으로 특성을 선택합니다.[19] Pipeline의 중간 단계에서 RandomForestClassifier를 특성 선택기로 사용할 때 유용합니다. 6장에서 살펴볼 Pipeline 클래스는 여러 전처리 단계를 하나의 추정기 인터페이스로 연결해 줍니다. 예를 들어 다음 코드에서는 임계 값을 0.1로 하여 가장 중요한 다섯 개의 특성으로 데이터셋을 줄였습니다.[20]

---

19 [역주] 기본적으로 기반 모델의 coef_나 feature_importances_ 속성과 임계 값을 비교하여 특성을 선택합니다. 사이킷런 0.24 버전에서 비교할 속성을 지정할 수 있는 importance_getter 매개변수가 추가되었습니다. 또한, 임계 값을 지정하는 threshold 매개변수를 'median' 또는 'mean'으로 지정하여 중간 값이나 평균값을 지정할 수 있습니다. 이 매개변수의 기본값은 'mean'입니다.

20 [역주] SelectFromModel 클래스의 fit() 메서드는 전달된 기반 모델의 fit() 메서드를 호출하여 훈련시킵니다. 앞에서 랜덤 포레스트 모델을 이미 훈련시켰기 때문에 여기에서는 바로 transform() 메서드를 사용할 수 있습니다.

```
>>> from sklearn.feature_selection import SelectFromModel
>>> sfm = SelectFromModel(forest, threshold=0.1, prefit=True)
>>> X_selected = sfm.transform(X_train)
>>> print('이 임계 조건을 만족하는 샘플의 수:', X_selected.shape[1])
이 임계 조건을 만족하는 샘플의 수: 5
>>> for f in range(X_selected.shape[1]):
...     print("%2d) %-*s %f" % (f+1, 30,
...                             feat_labels[indices[f]],
...                             importances[indices[f]]))
1) Proline                        0.185453
2) Flavanoids                     0.174751
3) Color intensity                0.143920
4) OD280/OD315 of diluted wines   0.136162
5) Alcohol                        0.118529
```

Note ≡ **역주** RFE는 재귀적 특성 제거 방법을 사용합니다. 처음에 모든 특성을 사용하여 모델을 만들고 특성 중요도가 가장 낮은 특성을 제거합니다. 그다음 제외된 특성을 빼고 나머지 특성으로 새로운 모델을 만듭니다. 이런 식으로 미리 정의한 특성 개수가 남을 때까지 계속합니다.

RFE 클래스의 n_features_to_select 매개변수에 선택할 특성의 개수를 지정합니다. 사이킷런 0.24 버전부터 [0, 1] 범위의 실수를 지정하여 선택할 특성의 비율을 지정할 수도 있습니다. 기본값은 입력 특성 개수의 절반입니다.

step 매개변수에서 각 반복에서 제거할 특성의 개수를 지정합니다. (0, 1) 사이의 값을 지정하면 삭제할 특성의 비율이 됩니다. 기본값은 1입니다.

기본적으로 기반 모델의 coef_나 feature_importances_ 속성을 기준으로 특성을 제거합니다. 사이킷런 0.24 버전에서 사용할 속성을 지정할 수 있는 importance_getter 매개변수가 추가되었습니다.

SelectFromModel과 비교하기 위해 다섯 개의 특성을 골라 보겠습니다.

```
>>> from sklearn.feature_selection import RFE
>>> rfe = RFE(forest, n_features_to_select=5)
>>> rfe.fit(X_train, y_train)
```

ranking_ 속성에는 선택한 특성의 우선순위가 들어 있습니다. 1은 기반 모델이 선택한 다섯 개의 특성입니다.

```
>>> rfe.ranking_
array([1, 5, 9, 6, 4, 3, 1, 8, 7, 1, 2, 1, 1])
```

선택된 특성은 support_ 속성에 True로 표시됩니다. 이 값을 f_mask로 저장하여 특성의 이름을 표시하는 데 사용하겠습니다.

```
>>> f_mask = rfe.support_
```

● 계속

훈련된 기반 모델(랜덤 포레스트)은 estimator_ 속성에 저장되어 있습니다. 이 모델은 n_features_to_select개의 특성을 사용하여 훈련되어 있습니다. 이 모델의 특성 중요도를 저장하여 앞에서와 같이 중요도 순서대로 출력해 보겠습니다.

```
>>> importances = rfe.estimator_.feature_importances_
>>> indices = np.argsort(importances)[::-1]
>>> for i in range(5)
...     print("%2d) %-*s %f" % (i+1, 30,
...                             feat_labels[f_mask][indices[i]],
...                             importances[indices[i]]))
1) Proline                         0.261512
2) Color intensity                 0.216477
3) Flavanoids                      0.212259
4) OD280/OD315 of diluted wines    0.188924
5) Alcohol                         0.120828
```

기반 모델을 동일한 랜덤 포레스트로 사용했기 때문에 SelectFromModel 클래스로 선택한 특성과 순서가 약간 바뀌었을 뿐 같은 것을 볼 수 있습니다.

4.7 요약

누락된 데이터를 다루는 유용한 방법을 살펴보면서 이 장을 시작했습니다. 머신 러닝 알고리즘에 데이터를 주입하기 전에 범주형 변수를 올바르게 인코딩해야 합니다. 순서가 있는 것과 없는 특성 값을 정수 표현으로 매핑하는 법을 배웠습니다.

모델 복잡도를 감소시킴으로써 과대적합을 피하는 데 도움이 되는 L1 규제에 대해 설명했습니다. 관련 없는 특성을 제거하는 다른 방법으로는 순차 특성 선택 알고리즘을 사용하여 데이터셋에서 의미 있는 특성을 선택했습니다.

다음 장에서 차원 축소, 즉 특성 추출에 관한 또 다른 유용한 방법을 배울 것입니다. 특성 선택에서처럼 특성을 완전히 제거하는 대신 저차원 부분 공간으로 특성을 압축합니다.

5^장

차원 축소를
사용한 데이터
압축

4장에서 여러 가지 특성 선택 방식을 사용하여 데이터셋의 차원을 축소하는 방법을 배웠습니다. 차원 축소를 위한 특성 선택의 또 다른 방식은 **특성 추출**(feature extraction)입니다. 이 장에서 데이터셋의 정보를 요약하는 세 가지 기본적인 기술을 배울 것입니다. 이들은 원본 데이터셋을 좀 더 낮은 차원의 새로운 특성 부분 공간으로 변환합니다. 데이터 압축은 머신 러닝에서 중요한 주제입니다. 현대 기술의 시대에서 생산되고 수집되는 막대한 양의 데이터를 저장하고 분석하는 데 도움이 될 것입니다.

이 장에서는 다음 주제를 다룹니다.

- **주성분 분석**(Principal Component Analysis, PCA)을 사용한 비지도(unsupervised) 데이터 압축하기
- 지도(supervised) 방식의 차원 축소 기법인 **선형 판별 분석**(Linear Discriminant Analysis, LDA)을 이용하여 클래스 구별 능력 최대화하기
- 비선형 차원 축소와 시각화를 위한 t-SNE에 대한 간략한 소개

5.1 주성분 분석을 통한 비지도 차원 축소

특성 선택과 마찬가지로 여러 가지 특성 추출 기법을 사용하여 데이터셋의 특성 개수를 줄일 수 있습니다. 특성 선택과 특성 추출의 차이는 원본 특성을 유지하느냐에 있습니다. **순차 후진 선택** (sequential backward selection) 같은 특성 선택 알고리즘을 사용할 때는 원본 특성을 유지하지만 특성 추출은 새로운 특성 공간으로 데이터를 변환하거나 투영합니다.

차원 축소 관점에서 보면 특성 추출은 대부분의 관련 있는 정보를 유지하면서 데이터를 압축하는 방법으로 이해할 수 있습니다. 특성 추출이 저장 공간을 절약하거나 학습 알고리즘의 계산 효율성을 향상할 뿐만 아니라 **차원의 저주**(curse of dimensionality) 문제를 감소시켜 예측 성능을 향상하기도 합니다. 특히 규제가 없는 모델로 작업할 때 그렇습니다.

5.1.1 주성분 분석의 주요 단계

이 절에서 비지도 선형 변환 기법인 PCA를 설명합니다. 주로 특성 추출과 차원 축소 용도로 많은 분야에서 널리 사용합니다. PCA를 많이 사용하는 애플리케이션에는 탐색적 데이터 분석과 주식 거래 시장의 잡음 제거, 생물정보학 분야에서 게놈(genome) 데이터나 유전자 발현(gene expression) 분석 등이 있습니다.

PCA는 특성 사이의 상관관계를 기반으로 하여 데이터에 있는 어떤 패턴을 찾을 수 있습니다. 요약해서 말하면 PCA는 고차원 데이터에서 분산이 가장 큰 방향을 찾고 좀 더 작거나 같은 수의 차원을 갖는 새로운 부분 공간으로 이를 투영합니다. 새로운 부분 공간의 직교 좌표(주성분(principal component))는 주어진 조건하에서 분산이 최대인 방향으로 해석할 수 있습니다. 새로운 특성 축은 그림 5-1과 같이 서로 직각을 이룹니다.

❤ 그림 5-1 PCA를 사용하여 데이터에서 가장 분산이 큰 방향 찾기

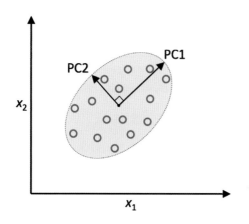

그림 5-1에서 x_1과 x_2는 원본 특성 축이고 PC1과 PC2는 주성분입니다.

PCA를 사용하여 차원을 축소하기 위해 $d \times k$ 차원의 변환 행렬 W를 만듭니다. 이 행렬로 훈련 샘플의 특성 벡터 x를 새로운 k 차원의 특성 부분 공간으로 매핑합니다. 이 부분 공간은 원본 d 차원의 특성 공간보다 작은 차원을 가집니다. 예를 들어 다음과 같은 과정을 따릅니다. 특성 벡터 x가 있다고 가정해 보죠.

$$x = \left[x_1, x_2, \cdots, x_d \right], \quad x \in \mathbb{R}^d$$

이 벡터는 변환 행렬 $W \in \mathbb{R}^{d \times k}$에 의해 변환됩니다.

$$xW = z$$

출력된 결과 벡터는 다음과 같습니다.

$$z = [z_1, z_2, \cdots, z_k], \quad z \in \mathbb{R}^k$$

원본 d 차원 데이터를 새로운 k 차원의 부분 공간(일반적으로 $k << d$)으로 변환하여 만들어진 첫 번째 주성분이 가장 큰 분산을 가질 것입니다. 모든 주성분은 다른 주성분들과 상관관계가 없다는 (직교한다는) 제약하에 가장 큰 분산을 가집니다. 입력 특성에 상관관계가 있더라도 만들어진 주성분은 서로 직각을 이룸(상관관계가 없을) 것입니다. PCA 방향은 데이터 스케일에 매우 민감합니다. 특성의 스케일이 다르고 모든 특성의 중요도를 동일하게 취급하려면 PCA를 적용하기 전에 특성을 표준화 전처리해야 합니다.

차원 축소를 위한 PCA 알고리즘을 자세히 알아보기 전에 사용할 방법을 몇 단계로 나누어 정리해 보겠습니다.

1. d 차원 데이터셋을 표준화 전처리합니다.

2. 공분산 행렬(covariance matrix)을 만듭니다.

3. 공분산 행렬을 고유 벡터(eigenvector)와 고윳값(eigenvalue)으로 분해합니다.

4. 고윳값을 내림차순으로 정렬하고 그에 해당하는 고유 벡터의 순위를 매깁니다.

5. 고윳값이 가장 큰 k개의 고유 벡터를 선택합니다. 여기에서 k는 새로운 특성 부분 공간의 차원입니다($k \leq d$).

6. 최상위 k개의 고유 벡터로 투영 행렬(projection matrix) W를 만듭니다.

7. 투영 행렬 W를 사용해서 d 차원 입력 데이터셋 X를 새로운 k 차원의 특성 부분 공간으로 변환합니다.

다음 절에서 연습을 위해 파이썬으로 PCA를 하나씩 구현해 보겠습니다. 그다음 사이킷런을 사용하여 좀 더 편리하게 PCA를 수행하는 방법을 알아봅니다.

5.1.2 주성분 추출 단계

이 절에서 PCA 처음 네 단계를 처리합니다.

1. 데이터를 표준화 전처리합니다.

2. 공분산 행렬을 구성합니다.

3. 공분산 행렬의 고윳값과 고유 벡터를 구합니다.

4. 고윳값을 내림차순으로 정렬하여 고유 벡터의 순위를 매깁니다.

먼저 4장에서 사용했던 Wine 데이터셋을 로드하겠습니다.

```
>>> import pandas as pd
>>> df_wine = pd.read_csv(
...     'https://archive.ics.uci.edu/ml/'
...     'machine-learning-databases/wine/wine.data',
...     header=None
... )
```

◐ 계속

```
df = pd.read_csv(
    'https://archive.ics.uci.edu/ml/'
    'machine-learning-databases/wine/wine.data',
    header=None
)
```

```
df = pd.read_csv(
    'your/local/path/to/wine.data',
    header=None
)
```

그다음 Wine 데이터셋을 70%와 30% 비율로 훈련 데이터셋과 테스트 데이터셋으로 나누고 표준화를 적용하여 단위 분산을 갖도록 합니다.

```
>>> from sklearn.model_selection import train_test_split
>>> X, y = df_wine.iloc[:, 1:].values, df_wine.iloc[:, 0].values
>>> X_train, X_test, y_train, y_test = \
>>>     train_test_split(X, y, test_size=0.3,
...                      stratify=y,
...                      random_state=0)
>>> # 특성을 표준화 전처리합니다
>>> from sklearn.preprocessing import StandardScaler
>>> sc = StandardScaler()
>>> X_train_std = sc.fit_transform(X_train)
>>> X_test_std = sc.transform(X_test)
```

앞 코드를 실행하여 필수적인 전처리 단계를 완료한 후 공분산 행렬을 만드는 두 번째 단계를 진행합니다. 공분산 행렬은 $d \times d$ 차원의 대칭 행렬로 특성 상호 간의 공분산을 저장합니다. d는 데이터셋에 있는 차원 개수입니다. 예를 들어 전체 샘플에 대한 두 특성 x_j와 x_k 사이의 공분산은 다음 식으로 계산할 수 있습니다.

$$\sigma_{jk} = \frac{1}{n-1} \sum_{i=1}^{n} (x_j^{(i)} - \mu_j)(x_k^{(i)} - \mu_k)$$

여기에서 μ_j와 μ_k는 특성 j와 k의 샘플 평균입니다. 데이터셋을 표준화 전처리했기 때문에 샘플 평균은 0입니다. 두 특성 간 양의 공분산은 특성이 함께 증가하거나 감소하는 것을 나타냅니다. 반면 음의 공분산은 특성이 반대 방향으로 달라진다는 것을 나타냅니다. 예를 들어 세 개의 특성으로 이루어진 공분산 행렬은 다음과 같이 쓸 수 있습니다. (Σ는 그리스 문자 시그마의 대문자입니다. 합 기호와 혼동하지 마세요.)

$$\sum = \begin{bmatrix} \sigma_1^2 & \sigma_{12} & \sigma_{13} \\ \sigma_{21} & \sigma_2^2 & \sigma_{23} \\ \sigma_{31} & \sigma_{32} & \sigma_3^2 \end{bmatrix}$$

공분산 행렬의 고유 벡터가 주성분(최대 분산의 방향)을 표현합니다.[1] 이에 대응되는 고윳값은 주성분의 크기입니다. Wine 데이터셋의 경우 13×13 차원의 공분산 행렬로부터 13개의 고유 벡터와 고윳값을 얻을 수 있습니다.

이제 세 번째 단계를 위해 공분산 행렬의 고유 벡터와 고윳값의 쌍을 구해 보죠. 선형대수학 수업을 들었다면 고유 벡터 v는 다음 식을 만족한다고 배웠을 것입니다.[2]

$$\Sigma v = \lambda v$$

여기에서 λ는 스케일을 담당하는 고윳값입니다. 고유 벡터와 고윳값을 직접 계산하는 것은 재미없고 복잡한 작업이기 때문에 넘파이의 linalg.eig 함수를 사용하여 Wine 데이터셋의 공분산 행렬에 대한 고유 벡터와 고윳값 쌍을 계산하겠습니다.[3]

```
>>> import numpy as np
>>> cov_mat = np.cov(X_train_std.T)
>>> eigen_vals, eigen_vecs = np.linalg.eig(cov_mat)
>>> print('\n고윳값 \n', eigen_vals)
고윳값
[ 4.84274532  2.41602459  1.54845825  0.96120438  0.84166161  0.6620634  0.51828472
  0.34650377  0.3131368   0.10754642  0.21357215  0.15362835  0.1808613 ]
```

numpy.cov 함수를 사용하여 표준화 전처리된 훈련 데이터셋의 공분산 행렬을 계산합니다. 그다음 linalg.eig 함수를 사용하여 고윳값 분해를 수행합니다. 이를 통해 13개의 고윳값이 들어 있는 벡터(eigen_vals)와 각 고윳값에 대응하는 고유 벡터가 열에 저장된 13×13 차원의 행렬(eigen_vecs)을 얻습니다.[4]

---

1   역주 원점에 중앙이 맞추어진 행렬 X가 있고 이 행렬의 주성분 벡터를 w라고 가정합니다. X를 w에 투영한 Xw의 분산이 최대가 되는 w를 찾으려고 합니다. 분산$(Xw) = \frac{1}{(n-1)}(Xw)^T Xw = w^T \frac{1}{(n-1)} X^T Xw = w^T Cw$처럼 공분산 행렬 C로 표현됩니다. 분산(Xw)을 λ로 놓으면 $Cw = \lambda w$처럼 쓸 수 있습니다. 즉, 공분산 행렬의 가장 큰 고윳값(λ)에 해당하는 벡터 w를 찾는 문제가 됩니다.

2   역주 이 식의 Σ도 합 기호가 아니라 공분산 행렬을 나타냅니다.

3   역주 np.cov 함수는 특성이 열에 놓여 있을 것으로 기대하므로 훈련 데이터를 전치해서 전달합니다.

4   역주 고유 벡터는 원본 특성 공간에서 어떤 방향을 나타냅니다. 원본 데이터셋의 특성이 13개이므로 고유 벡터의 차원도 13입니다.

5.1.3 총 분산과 설명된 분산

데이터셋 차원을 새로운 특성 부분 공간으로 압축하여 줄여야 하기에 가장 많은 정보(분산)를 가진 고유 벡터(주성분) 일부만 선택합니다. 고윳값은 고유 벡터의 크기를 결정하므로 고윳값을 내림차순으로 정렬합니다. 고윳값 순서에 따라 최상위 k개의 고유 벡터를 선택합니다. 가장 정보가 많은 k개의 고유 벡터를 선택하기 전에 고윳값의 **설명된 분산 비율**(explained variance ratio)을 그래프로 그려 보죠. 고윳값 λ_j의 설명된 분산 비율은 전체 고윳값의 합에서 고윳값 λ_j의 비율입니다.

$$\text{설명된 분산 비율} = \frac{\lambda_j}{\sum_{j=1}^{d}\lambda_j}$$

---

5 〔역주〕 에르미트 행렬은 실수 대칭 행렬을 복소수로 일반화한 것입니다. 전치 행렬의 각 원소를 켤레 복소수로 만든 켤레 전치 행렬이 자기 자신과 같은 행렬을 말합니다.

넘파이 cumsum 함수로 설명된 분산의 누적 합을 계산하고 맷플롯립의 step 함수로 그래프를 그려 보겠습니다.

```
>>> tot = sum(eigen_vals)
>>> var_exp = [(i / tot) for i in
...             sorted(eigen_vals, reverse=True)]
>>> cum_var_exp = np.cumsum(var_exp)
>>> import matplotlib.pyplot as plt
>>> plt.bar(range(1,14), var_exp, align='center',
...         label='Individual explained variance')
>>> plt.step(range(1,14), cum_var_exp, where='mid',
...          label='Cumulative explained variance')
>>> plt.ylabel('Explained variance ratio')
>>> plt.xlabel('Principal component index')
>>> plt.legend(loc='best')
>>> plt.tight_layout()
>>> plt.show()
```

결과 그래프는 첫 번째 주성분이 거의 분산의 40%를 커버하고 있음을 보여 줍니다.

또 처음 두 개의 주성분이 데이터셋에 있는 분산의 대략 60%를 설명합니다.

❤ 그림 5-2 주성분으로 찾은 총 분산의 비율

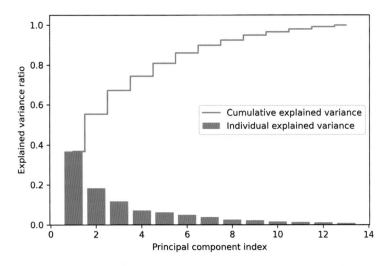

설명된 분산 그래프가 4장에서 랜덤 포레스트로 계산한 특성 중요도를 떠올리게 하지만 PCA는 비지도 학습이란 점을 기억하세요. 클래스 레이블에 관한 정보는 사용하지 않았습니다. 랜덤 포레스트는 클래스 소속 정보를 사용하여 노드의 불순도를 계산하는 반면,[6] 분산은 특성 축을 따라 값들이 퍼진 정도를 측정합니다.

5.1.4 특성 변환

공분산 행렬을 고유 벡터와 고윳값 쌍으로 성공적으로 분해한 후 Wine 데이터셋을 새로운 주성분 축으로 변환하는 나머지 세 단계를 진행해 보죠. 이 절에서 진행할 남은 단계는 다음과 같습니다.

1. 고윳값이 가장 큰 k개의 고유 벡터를 선택합니다. 여기에서 k는 새로운 특성 부분 공간의 차원입니다($k \le d$).

2. 최상위 k개의 고유 벡터로 투영 행렬 W를 만듭니다.

3. 투영 행렬 W를 사용해서 d 차원 입력 데이터셋 X를 새로운 k 차원의 특성 부분 공간으로 변환합니다.

좀 더 쉽게 설명하면 고윳값의 내림차순으로 고유 벡터를 정렬하고 선택된 고유 벡터로 투영 행렬을 구성합니다. 이 투영 행렬을 사용하여 데이터를 저차원 부분 공간으로 변환합니다.

먼저 고윳값의 내림차순으로 고유 벡터와 고윳값의 쌍을 정렬하겠습니다.

```
>>> # (고윳값, 고유 벡터) 튜플의 리스트를 만듭니다
>>> eigen_pairs = [(np.abs(eigen_vals[i]), eigen_vecs[:, i])
...                 for i in range(len(eigen_vals))]
>>> # 높은 값에서 낮은 값으로 (고윳값, 고유 벡터) 튜플을 정렬합니다
>>> eigen_pairs.sort(key=lambda k: k[0], reverse=True)
```

다음 가장 큰 두 개의 고윳값에 해당하는 고유 벡터를 선택합니다. 이 데이터셋에 있는 분산의 약 60%를 잡아낼 수 있을 것입니다. 이 예제에서는 나중에 2차원 산점도를 그리기 위해 두 개의 고유 벡터만 선택했습니다. 실전에서는 계산 효율성과 모델 성능 사이의 절충점을 찾아 주성분 개수를 결정해야 합니다.

```
>>> w = np.hstack((eigen_pairs[0][1][:, np.newaxis],
...                 eigen_pairs[1][1][:, np.newaxis]))
```

---

6 **역주** 결정 트리의 특성 중요도는 노드에 사용된 특성별로 (부모 노드의 샘플 비율×불순도) – (왼쪽 자식 노드의 샘플 비율×불순도) – (오른쪽 자식 노드의 샘플 비율×불순도)를 계산하여 더하고, 특성 중요도의 합이 1이 되도록 정규화한 것입니다. 여기에서 샘플 비율은 전체 샘플 개수에 대한 비율입니다. 랜덤 포레스트의 특성 중요도는 각 결정 트리 특성 중요도의 합을 트리 개수로 나눈 것입니다.

```
>>> print('투영 행렬 W:\n', w)
투영 행렬 W:
 [[-0.13724218  0.50303478]
 [ 0.24724326  0.16487119]
 [-0.02545159  0.24456476]
 [ 0.20694508 -0.11352904]
 [-0.15436582  0.28974518]
 [-0.39376952  0.05080104]
 [-0.41735106 -0.02287338]
 [ 0.30572896  0.09048885]
 [-0.30668347  0.00835233]
 [ 0.07554066  0.54977581]
 [-0.32613263 -0.20716433]
 [-0.36861022 -0.24902536]
 [-0.29669651  0.38022942]]
```

앞 코드를 실행하여 최상위 두 개의 고유 벡터로부터 13×2 차원의 투영 행렬 W를 만듭니다.

Note ☰   **거울 투영(mirrored projection)**

사용하는 넘파이와 LAPACK 버전에 따라 부호가 반대인 행렬 W를 얻을 수 있습니다. 이는 문제가 아닙니다. 만약 v가 행렬 Σ의 고유 벡터이면 다음과 같습니다.

$$\Sigma v = \lambda v$$

여기에서 v는 고유 벡터고 $-v$ 또한 고유 벡터입니다. 다음과 같이 기초대수학을 사용하면 방정식의 양쪽에 α를 곱할 수 있습니다.

$$\alpha \sum v = \alpha \lambda v$$

행렬 곱셈은 스칼라 곱셈에 대해 결합법칙이 성립하므로 다음과 같이 다시 정렬할 수 있습니다.

$$\sum (\alpha v) = \lambda (\alpha v)$$

이렇게 쓰면 αv는 $\alpha = 1$과 $\alpha = -1$일 때 같은 고윳값 λ를 갖는 고유 벡터임을 알 수 있습니다.

투영 행렬을 사용하면 샘플 x(13차원의 행 벡터)를 PCA 부분 공간(두 개의 주성분)에 투영하여 x'를 얻을 수 있습니다. 두 개의 특성으로 구성된 2차원 샘플 벡터입니다.

$$x' = xW$$

```
>>> X_train_std[0].dot(w)
array([ 2.38299011,  0.45458499])
```

비슷하게 전체 124×13 차원의 훈련 데이터셋을 행렬 점곱으로 두 개의 주성분에 투영할 수 있습니다.

$$X' = XW$$

```
>>> X_train_pca = X_train_std.dot(w)
```

마지막으로 124×2 차원의 행렬로 변환된 Wine 훈련 데이터셋을 2차원 산점도로 시각화해 봅시다.

```
>>> colors = ['r', 'b', 'g']
>>> markers = ['o', 's', '^']
>>> for l, c, m in zip(np.unique(y_train), colors, markers):
...     plt.scatter(X_train_pca[y_train==l, 0],
...                 X_train_pca[y_train==l, 1],
...                 c=c, label=f'Class {l}', marker=m)
>>> plt.xlabel('PC 1')
>>> plt.ylabel('PC 2')
>>> plt.legend(loc='lower left')
>>> plt.tight_layout()
>>> plt.show()
```

결과 그래프에서 볼 수 있듯이 데이터가 y축(두 번째 주성분)보다 x축(첫 번째 주성분)을 따라 더 넓게 퍼져 있습니다. 이전 절에서 만든 설명된 분산의 그래프와 동일한 결과입니다.[7] 선형 분류기가 클래스들을 잘 분리할 수 있을 것 같다고 직관적으로 알 수 있습니다.

❤ 그림 5-3 PCA를 사용하여 2차원으로 투영된 Wine 데이터셋의 산점도

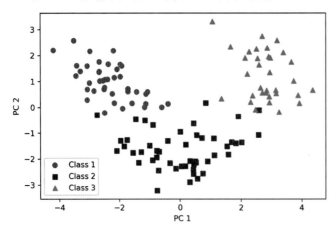

---

7 **역주** 주성분은 고윳값의 크기로 정렬하기 때문에 첫 번째 주성분이 가장 큰 분산을 가집니다.

산점도를 그리기 위한 목적으로 클래스 레이블 정보를 사용했습니다. 하지만 PCA는 어떤 클래스 레이블 정보도 사용하지 않는 비지도 학습 기법이라는 점을 잊지 마세요.

5.1.5 사이킷런의 주성분 분석

이전 절에서처럼 단계별로 PCA를 구현해 보면 PCA의 작동 원리를 이해하는 데 도움이 됩니다. 이제는 사이킷런에 구현된 PCA 클래스를 사용하는 법을 알아보겠습니다.

PCA 클래스는 사이킷런의 변환기 클래스 중 하나입니다. 훈련 데이터를 사용하여 모델을 훈련하고 같은 모델 파라미터를 사용하여 훈련 데이터셋과 테스트 데이터셋을 변환합니다. 사이킷런의 PCA 클래스를 Wine 데이터셋의 훈련 데이터셋에 적용하고 로지스틱 회귀로 변환된 샘플 데이터를 분류해 보겠습니다. 결정 경계는 2장에서 만든 plot_decision_regions 함수를 사용하여 그립니다.

```python
from matplotlib.colors import ListedColormap
def plot_decision_regions(X, y, classifier, test_idx=None, resolution=0.02):

    # 마커와 컬러맵을 준비합니다
    markers = ('o', 's', '^', 'v', '<')
    colors = ('red', 'blue', 'lightgreen', 'gray', 'cyan')
    cmap = ListedColormap(colors[:len(np.unique(y))])
    # 결정 경계를 그립니다
    x1_min, x1_max = X[:, 0].min() - 1, X[:, 0].max() + 1
    x2_min, x2_max = X[:, 1].min() - 1, X[:, 1].max() + 1
    xx1, xx2 = np.meshgrid(np.arange(x1_min, x1_max, resolution),
                           np.arange(x2_min, x2_max, resolution))
    lab = classifier.predict(np.array([xx1.ravel(), xx2.ravel()]).T)
    lab = lab.reshape(xx1.shape)
    plt.contourf(xx1, xx2, lab, alpha=0.3, cmap=cmap)
    plt.xlim(xx1.min(), xx1.max())
    plt.ylim(xx2.min(), xx2.max())
    # 클래스 샘플을 표시합니다
    for idx, cl in enumerate(np.unique(y)):
        plt.scatter(x=X[y == cl, 0],
                    y=X[y == cl, 1],
                    alpha=0.8,
                    c=colors[idx],
                    marker=markers[idx],
                    label=f'Class {cl}',
                    edgecolor='black')
```

앞의 plot_decision_regions 함수를 plot_decision_regions_script.py 같은 파일로 저장하고
현재 파이썬 셸에서 임포트하여 사용할 수 있습니다.

```
>>> from sklearn.linear_model import LogisticRegression
>>> from sklearn.decomposition import PCA
>>> # PCA 변환기와 로지스틱 회귀 추정기를 초기화합니다
>>> pca = PCA(n_components=2)
>>> lr = LogisticRegression(multi_class='ovr',
...                         random_state=1,
...                         solver='lbfgs')
>>> # 차원 축소
>>> X_train_pca = pca.fit_transform(X_train_std)
>>> X_test_pca = pca.transform(X_test_std)
>>> # 축소된 데이터셋으로 로지스틱 회귀 모델 훈련
>>> lr.fit(X_train_pca, y_train)
>>> plot_decision_regions(X_train_pca, y_train, classifier=lr)
>>> plt.xlabel('PC 1')
>>> plt.ylabel('PC 2')
>>> plt.legend(loc='lower left')
>>> plt.tight_layout()
>>> plt.show()
```

이 코드를 실행하면 두 개의 주성분 축으로 줄어든 훈련 데이터에서 만든 결정 경계를 볼 수 있습
니다.

▼ 그림 5-4 차원 축소를 위해 사이킷런의 PCA를 적용한 후 훈련 샘플과 로지스틱 회귀의 결정 경계

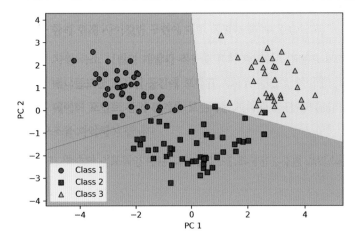

사이킷런의 PCA 투영과 우리가 직접 만든 PCA 구현을 비교했을 때 두 그래프가 거울에 비친 것처럼 뒤집힌 경우가 있습니다. 두 그래프 중 하나에 문제가 있기 때문이 아니고 계산 방법에 따라 고유 벡터는 음수나 양수 부호를 가질 수 있기 때문입니다.

이것이 문제가 되지 않지만 필요하다면 데이터에 −1을 곱해서 이미지를 뒤집을 수 있습니다. 고유 벡터는 일반적으로 단위 길이가 1이 되도록 정규화되어 있습니다. 예제를 마무리하기 위해 테스트 데이터셋을 변환하고 로지스틱 회귀가 클래스를 잘 구분하는지 결정 경계를 그려 봅시다.

```
>>> plot_decision_regions(X_test_pca, y_test, classifier=lr)
>>> plt.xlabel('PC 1')
>>> plt.ylabel('PC 2')
>>> plt.legend(loc='lower left')
>>> plt.tight_layout()
>>> plt.show()
```

이 코드를 실행하여 테스트 데이터셋에서 결정 경계를 그리고 나면 로지스틱 회귀가 2차원 특성 부분 공간에서 매우 잘 작동한다는 것을 알 수 있습니다. 테스트 데이터셋에 있는 샘플 몇 개만 분류하지 못했습니다.

▼ 그림 5-5 PCA 기반의 특성 공간에 놓인 테스트 샘플과 로지스틱 회귀의 결정 경계

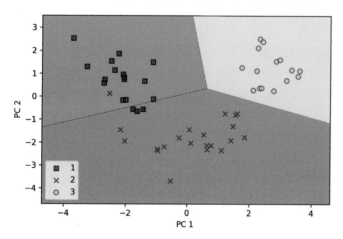

전체 주성분의 설명된 분산 비율을 알고 싶다면 n_components 매개변수를 None으로 지정하고 PCA 클래스의 객체를 만들면 됩니다. explained_variance_ratio_ 속성에서 모든 주성분의 설명된 분산 비율을 확인할 수 있습니다.

```
>>> pca = PCA(n_components=None)
>>> X_train_pca = pca.fit_transform(X_train_std)
```

```
>>> pca.explained_variance_ratio_
array([0.36951469,  0.18434927,  0.11815159,  0.07334252,  0.06422108,  0.05051724,
       0.03954654,  0.02643918,  0.02389319,  0.01629614,  0.01380021,  0.01172226,  0.00820609])
```

PCA 클래스의 객체를 만들 때 n_components=None이라고 지정했기 때문에 차원 축소를 수행하는 대신 분산의 크기 순서대로 모든 주성분이 반환됩니다.

Note ≡ 역주 n_components에 (0, 1) 사이 실수를 입력하면 설명된 분산의 비율을 나타내며 자동으로 이 비율을 달성하기 위해 필요한 주성분 개수를 선택합니다.

```
>>> pca = PCA(n_components=0.95)
>>> print('주성분 개수:', pca.n_components_)
주성분 개수: 10
>>> print('설명된 분산 비율:', np.sum(pca.explained_variance_ratio_))
설명된 분산 비율: 0.9662714406558742
```

n_components='mle'로 지정하면 토마스 민카(Thomas Minka)가 제안한 차원 선택 방식을 사용합니다(Minka, T. P. "Automatic choice of dimensionality for PCA", In NIPS, pp. 598-604).

```
>>> pca = PCA(n_components='mle')
>>> print('주성분 개수:', pca.n_components_)
주성분 개수: 9
>>> print('설명된 분산 비율:', np.sum(pca.explained_variance_ratio_))
설명된 분산 비율: 0.9499753029186232
```

PCA의 가장 큰 제약 사항 중 하나는 배치로만 실행되기 때문에 대용량 데이터셋을 처리하려면 많은 메모리가 필요하다는 점입니다. IncrementalPCA를 사용하면 데이터셋의 일부를 사용하여 반복적으로 훈련할 수 있습니다.

partial_fit() 메서드는 네트워크나 로컬 파일 시스템으로부터 조금씩 데이터를 받아서 훈련할 수 있습니다. fit() 메서드는 numpy.memmap을 사용하여 로컬 파일로부터 데이터를 조금씩 읽어 올 수 있습니다. 한 번에 읽어 올 데이터 크기는 IncrementalPCA 클래스의 batch_size로 지정합니다. 기본값은 특성 개수의 5배입니다.

IncrementalPCA의 n_components 매개변수는 정수 값만 입력할 수 있습니다. 다음은 partial_fit() 메서드를 사용하여 앞의 PCA로 찾은 주성분의 결과와 비교하는 간단한 예입니다.

```
>>> from sklearn.decomposition import IncrementalPCA
>>> ipca = IncrementalPCA(n_components=9)
>>> for batch in range(len(X_train_std)//25+1):
...     X_batch = X_train_std[batch*25:(batch+1)*25]
...     ipca.partial_fit(X_batch)
>>> print('주성분 개수:', ipca.n_components_)
주성분 개수: 9
>>> print('설명된 분산 비율:', np.sum(ipca.explained_variance_ratio_))
설명된 분산 비율: 0.9478392700446645
```

특성 기여도 평가하기

이 절에서는 주성분에 대한 원본 특성의 기여도를 평가하는 방법을 간략하게 살펴보겠습니다. 앞서 배웠듯이 PCA를 통해 특성의 선형 조합인 주성분을 만듭니다. 이따금 원본 특성이 주성분에 얼마나 기여하는지 알고 싶을 때가 있습니다. 이런 기여도를 흔히 **로딩**(loadings)이라고 합니다.

로딩은 고유 벡터에 고윳값의 제곱근을 곱해 계산할 수 있습니다. 이 결과 값을 원래 특성과 주성분 간의 상관관계로 해석할 수 있습니다. 이를 설명하기 위해 첫 번째 주성분에 대한 로딩을 그래프로 그려 보겠습니다.

먼저 고유 벡터에 고윳값의 제곱근을 곱해 13×13 차원의 로딩 행렬을 계산합니다.

```
>>> loadings = eigen_vecs * np.sqrt(eigen_vals)
```

그다음 첫 번째 주성분에 대한 로딩인 이 행렬의 첫 번째 열 loadings[:, 0]을 그래프로 그립니다.

```
>>> fig, ax = plt.subplots()
>>> ax.bar(range(13), loadings[:, 0], align='center')
>>> ax.set_ylabel('Loadings for PC 1')
>>> ax.set_xticks(range(13))
>>> ax.set_xticklabels(df_wine.columns[1:], rotation=90)
>>> plt.ylim([-1, 1])
>>> plt.tight_layout()
>>> plt.show()
```

그림 5-6을 보면 Alcohol은 첫 번째 주성분과 음의 상관관계(약 -0.3)를 갖는 반면, Malic acid는 양의 상관관계(약 0.54)를 갖습니다. 값이 1이면 완벽한 양의 상관관계를 나타내며, -1이면 완벽한 음의 상관관계를 나타냅니다.

▼ 그림 5-6 첫 번째 주성분과 특성 간의 상관관계

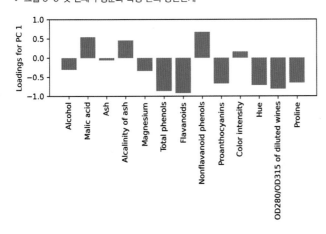

앞의 코드 예제에서는 직접 만든 PCA 구현으로 로딩을 계산했습니다. 비슷한 방식으로 훈련된 사이킷런의 PCA 객체에서 로딩을 얻을 수 있습니다. 여기에서 pca.components_는 고유 벡터를 나타내고 pca.explained_variance_는 고윳값을 나타냅니다.

```
>>> sklearn_loadings = pca.components_.T * np.sqrt(pca.explained_variance_)
```

앞에서와 비슷한 막대 그래프를 그려서 사이킷런의 PCA 로딩을 비교해 보겠습니다.

```
>>> fig, ax = plt.subplots()
>>> ax.bar(range(13), sklearn_loadings[:, 0], align='center')
>>> ax.set_ylabel('Loadings for PC 1')
>>> ax.set_xticks(range(13))
>>> ax.set_xticklabels(df_wine.columns[1:], rotation=90)
>>> plt.ylim([-1, 1])
>>> plt.tight_layout()
>>> plt.show()
```

그림 5-7과 같이 동일한 막대 그래프가 그려집니다.

❤ 그림 5-7 사이킷런을 사용한 첫 번째 주성분과 특성 간의 상관관계

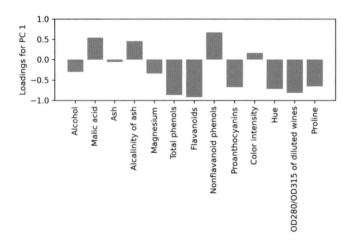

비지도 특성 추출 기법인 PCA를 살펴보았으니 다음 절에서는 클래스 레이블 정보를 고려하는 선형 변환 기법인 **선형 판별 분석**(Linear Discriminant Analysis, LDA)에 대해 소개하겠습니다.

5.2 / 선형 판별 분석을 통한 지도 방식의 데이터 압축

선형 판별 분석(Linear Discriminant Analysis, LDA)은 규제가 없는 모델에서 차원의 저주로 인한 과대 적합 정도를 줄이고 계산 효율성을 높이기 위한 특성 추출의 기법으로 사용할 수 있습니다. LDA 이면에 있는 일반적인 개념은 PCA와 매우 비슷합니다. PCA가 데이터셋에 있는 분산이 최대인 직교 성분 축을 찾으려고 하는 반면, LDA 목표는 클래스를 최적으로 구분할 수 있는 특성 부분 공간을 찾는 것입니다. 이어지는 절에서 LDA와 PCA 사이의 유사성에 대해 자세히 소개하고 단 계별로 LDA를 구현해 보겠습니다.

5.2.1 주성분 분석 vs 선형 판별 분석

PCA와 LDA 모두 데이터셋의 차원 개수를 줄일 수 있는 선형 변환 기법입니다. 전자는 비지도 학 습 알고리즘이지만 후자는 지도 학습 알고리즘입니다. 따라서 LDA가 PCA보다 분류 작업에서 더 뛰어난 특성 추출 기법이라고 생각할 수 있습니다. 마르티네스(A. M. Martinez)는 PCA를 통한 전 처리가 특정 이미지 인식 작업에 더 뛰어난 분류 결과를 내는 경향이 있다고 보고했습니다. 예를 들어 각 클래스에 속한 샘플이 몇 개 되지 않을 때입니다.[8]

> Note ≡ **피셔의 LDA**
>
> LDA를 이따금 피셔의 LDA(Fisher's LDA)라고도 부릅니다. 로널드 피셔(Ronald A. Fisher)가 1936년에 이 진 분류 문제를 위한 피셔 선형 판별 공식을 처음 고안했습니다.[9] 피셔 선형 판별은 나중에 라다크리슈나 라오(C. Radhakrishna Rao)에 의해 클래스 공분산이 동일하고 정규 분포라는 가정하에 1948년 다중 클래스 문제로 일반 화되었습니다. 이것이 지금 LDA라고 부르는 것입니다.[10]

---

8 PCA Versus LDA, A. M. Martinez and A. C. Kak, IEEE Transactions on Pattern Analysis and Machine Intelligence, 23(2): 228–233, 2001

9 The Use of Multiple Measurements in Taxonomic Problems, R. A. Fisher, Annals of Eugenics, 7(2): 179–188, 1936

10 The Utilization of Multiple Measurements in Problems of Biological Classification, C. R. Rao, Journal of the Royal Statistical Society, Series B (Methodological), 10(2): 159–203, 1948

그림 5-8은 이진 분류 문제를 위한 LDA 개념을 요약하여 나타냅니다. 클래스 1의 샘플은 동그라미고 클래스 2의 샘플은 덧셈 기호입니다.

❤ 그림 5-8 이진 분류를 위한 LDA의 개념

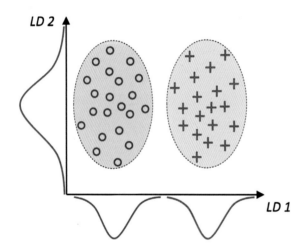

x축(LD 1)으로 투영하는 선형 판별 벡터는 두 개의 정규 분포 클래스를 잘 구분합니다. y축(LD 2)으로 투영하는 선형 판별 벡터는 데이터셋에 있는 분산을 많이 잡아내지만 클래스 판별 정보가 없기 때문에 좋은 선형 판별 벡터가 되지 못합니다.

LDA는 데이터가 정규 분포라고 가정합니다. 또한, 클래스가 동일한 공분산 행렬을 가지고 훈련 샘플은 서로 통계적으로 독립적이라고 가정합니다. 하나 이상의 가정이 (조금) 위반되더라도 여전히 LDA는 차원 축소를 상당히 잘 수행합니다.[11]

5.2.2 선형 판별 분석의 내부 동작 방식

코드 구현을 시작하기 전에 LDA 수행에 필요한 주요 단계를 간단히 요약해 봅시다.

1. d 차원의 데이터셋을 표준화 전처리합니다(d는 특성 개수입니다).

2. 각 클래스에 대해 d 차원의 평균 벡터를 계산합니다.

3. 클래스 간의 산포 행렬(scatter matrix) S_B와 클래스 내 산포 행렬 S_w를 구성합니다.

4. $S_W^{-1}S_B$ 행렬의 고유 벡터와 고윳값을 계산합니다.

5. 고윳값을 내림차순으로 정렬하여 고유 벡터의 순서를 매깁니다.

6. 고윳값이 가장 큰 k개의 고유 벡터를 선택하여 $d \times k$ 차원의 변환 행렬 W를 구성합니다. 이 행렬의 열이 고유 벡터입니다.

7. 변환 행렬 W를 사용하여 샘플을 새로운 특성 부분 공간으로 투영합니다.

여기에서 볼 수 있듯이 LDA는 행렬을 고윳값과 고유 벡터로 분해하여 새로운 저차원 특성 공간을 구성한다는 점에서 PCA와 매우 닮았습니다. 앞서 언급한 것처럼 LDA는 단계 2에서 계산하는 평균 벡터를 만드는 데 클래스 레이블 정보를 사용합니다. 클래스 레이블별로 데이터를 나누어 평균을 구합니다. 이어지는 절에서 코드를 구현해 가면서 이 일곱 단계를 자세히 설명하겠습니다.

5.2.3 산포 행렬 계산

이 장 서두의 PCA 절에서 Wine 데이터셋의 특성을 이미 표준화했기 때문에 단계 1은 건너뛰고 바로 평균 벡터 계산을 진행합니다. 평균 벡터를 사용하여 클래스 간의 산포 행렬과 클래스 내 산포 행렬을 구성합니다. 평균 벡터 m_i는 클래스 i의 샘플에 대한 특성의 평균값 μ_m을 저장합니다.

---

11 Pattern Classification 2nd Edition, R. O. Duda, P. E. Hart, and D. G. Stork, New York, 2001

$$m_i = \frac{1}{n_i} \sum_{x \in D_i} x_m$$

세 개의 평균 벡터가 만들어집니다.

$$m_i = \begin{bmatrix} \mu_{i,alcohol} \\ \mu_{i,malic\ acid} \\ \vdots \\ \mu_{i,proline} \end{bmatrix} \quad i \in \{1,2,3\}$$

이런 평균 벡터는 다음 코드를 통해 계산할 수 있습니다. 여기에서는 세 개의 레이블 각각에 대해 하나의 평균 벡터를 계산합니다.

```
>>> np.set_printoptions(precision=4)
>>> mean_vecs = []
>>> for label in range(1,4):
...     mean_vecs.append(np.mean(
...                     X_train_std[y_train==label], axis=0))
...     print('MV %s: %s\n' %(label, mean_vecs[label-1]))
MV 1: [ 0.9066 -0.3497  0.3201 -0.7189  0.5056  0.8807  0.9589 -0.5516  0.5416  0.2338
  0.5897  0.6563  1.2075]

MV 2: [-0.8749 -0.2848 -0.3735  0.3157 -0.3848 -0.0433  0.0635 -0.0946  0.0703 -0.8286
  0.3144  0.3608 -0.7253]

MV 3: [ 0.1992  0.866   0.1682  0.4148 -0.0451 -1.0286 -1.2876  0.8287 -0.7795  0.9649
 -1.209  -1.3622 -0.4013]
```

평균 벡터를 사용하여 클래스 내 산포 행렬 S_W를 계산할 수 있습니다.

$$S_W = \sum_{i=1}^{c} S_i$$

이 행렬은 개별 클래스 i의 산포 행렬 S_i를 더해 구합니다.

$$S_i = \sum_{x \in D_i} (x - m_i)^T (x - m_i)$$

```
>>> d = 13 # 특성 개수
>>> S_W = np.zeros((d, d))
>>> for label, mv in zip(range(1, 4), mean_vecs):
...     class_scatter = np.zeros((d, d))
>>>     for row in X_train_std[y_train == label]:
...         row, mv = row.reshape(d, 1), mv.reshape(d, 1)
...         class_scatter += (row - mv).dot((row - mv).T)
...     S_W += class_scatter
>>> print('클래스 내의 산포 행렬: ',
...       f'{S_W.shape[0]}x{S_W.shape[1]}'
클래스 내의 산포 행렬: 13x13
```

산포 행렬을 계산할 때 훈련 데이터셋의 클래스 레이블이 균등하게 분포되어 있다고 가정합니다. 클래스 레이블의 개수를 출력해 보면 이 가정이 틀렸다는 것을 알 수 있습니다.

```
>>> print('클래스 레이블 분포: ',
...       np.bincount(y_train)[1:])
클래스 레이블 분포: [41 50 33]
```

개별 산포 행렬 S_i를 산포 행렬 S_W로 모두 더하기 전에 스케일을 조정해야 합니다. 산포 행렬을 클래스 샘플 개수 n_i로 나누면 사실 산포 행렬을 계산하는 것이 공분산 행렬 $\sum_i$를 계산하는 것과 같아집니다. 즉, 공분산 행렬은 산포 행렬의 정규화 버전입니다.

$$\Sigma_i = \frac{1}{n_i} S_i = \frac{1}{n_i} \sum_{x \in D_i} (x - m_i)^T (x - m_i)$$

```
>>> d = 13 # 특성 개수
>>> S_W = np.zeros((d, d))
>>> for label, mv in zip(range(1, 4), mean_vecs):
...     class_scatter = np.cov(X_train_std[y_train==label].T)
...     S_W += class_scatter
>>> print('스케일 조정된 클래스 내의 산포 행렬: ',
...       f'{S_W.shape[0]}x{S_W.shape[1]}')
스케일 조정된 클래스 내의 산포 행렬: 13x13
```

클래스 내 산포 행렬(또는 공분산 행렬)을 계산한 후 다음 단계로 넘어가 클래스 간의 산포 행렬 S_B를 계산하겠습니다.

$$S_B = \sum_{i=1}^{c} n_i (m_i - m)^T (m_i - m)$$

여기에서 **m**은 모든 클래스의 샘플을 포함하여 계산된 전체 평균입니다.

```
>>> mean_overall = np.mean(X_train_std, axis=0)
>>> mean_overall = mean_overall.reshape(d, 1)
>>> d = 13 # 특성 개수
>>> S_B = np.zeros((d, d))
>>> for i, mean_vec in enumerate(mean_vecs):
...     n = X_train_std[y_train == i + 1, :].shape[0]
...     mean_vec = mean_vec.reshape(d, 1) # 열 벡터로 만들기
...     S_B += n * (mean_vec - mean_overall).dot(
...     (mean_vec - mean_overall).T)
>>> print('클래스 간의 산포 행렬: '
...       f'{S_B.shape[0]}x{S_B.shape[1]}')
클래스 간의 산포 행렬: 13x13
```

5.2.4 새로운 특성 부분 공간을 위해 선형 판별 벡터 선택

LDA의 남은 단계는 PCA와 유사합니다. 공분산 행렬에 대한 고윳값 분해를 수행하는 대신 행렬 $S_W^{-1}S_B$의 고윳값을 계산하면 됩니다.

```
>>> eigen_vals, eigen_vecs =\
...             np.linalg.eig(np.linalg.inv(S_W).dot(S_B))
```

고유 벡터와 고윳값 쌍을 계산한 후 내림차순으로 고윳값을 정렬합니다.

```
>>> eigen_pairs = [(np.abs(eigen_vals[i]), eigen_vecs[:,i])
...                 for i in range(len(eigen_vals))]
>>> eigen_pairs = sorted(eigen_pairs,
...                 key=lambda k: k[0], reverse=True)
>>> print('내림차순의 고윳값:\n')
>>> for eigen_val in eigen_pairs:
...     print(eigen_val[0])
내림차순의 고윳값:
349.61780890599397
172.7615221897939
2.7503677390586895e-14
2.7503677390586895e-14
2.4010440900940612e-14
2.4010440900940612e-14
2.2711972797109696e-14
```

2.2711972797109696e-14
1.5155189429341637e-14
5.818499407806176e-15
1.808279531061809e-15
1.808279531061809e-15

LDA에서 선형 판별 벡터는 최대 $c-1$개입니다. c는 클래스 레이블의 개수입니다. 클래스 간의 산포행렬 S_B가 랭크(rank) 1 또는 그 이하인 c개의 행렬을 합한 것이기 때문입니다.[12] 0이 아닌 고윳값이 두 개만 있는 것을 볼 수 있습니다(고윳값 3에서 13번째는 넘파이 부동 소수 연산의 정확도 때문에 완전히 0으로 출력되지 않았습니다).

> Note ≡ **공선성**
>
> 드물게 완벽하게 공선성을 가지는 경우(모든 샘플이 동일 선상에 위치한 경우) 공분산 행렬의 랭크는 1입니다. 이때는 0이 아닌 고윳값을 가진 고유 벡터가 하나만 만들어집니다.

선형 판별 벡터(고유 벡터)로 잡은 클래스 판별 정보가 얼마나 많은지 측정하기 위해 PCA 절에서 만든 설명된 분산 그래프와 비슷하게 고윳값의 내림차순으로 선형 판별 벡터를 그려 보겠습니다.

```
>>> tot = sum(eigen_vals.real)
>>> discr = [(i / tot) for i in sorted(eigen_vals.real,
...                                     reverse=True)]
>>> cum_discr = np.cumsum(discr)
>>> plt.bar(range(1, 14), discr, align='center',
...         label='Individual discriminability')
>>> plt.step(range(1, 14), cum_discr, where='mid',
...          label='Cumulative discriminability')
>>> plt.ylabel('Discriminability ratio')
>>> plt.xlabel('Linear Discriminants')
>>> plt.ylim([-0.1, 1.1])
>>> plt.legend(loc='best')
>>> plt.tight_layout()
>>> plt.show()
```

---

12 **역주** 클래스별 평균 벡터인 mean_vec을 (13, 1) 크기의 열 벡터로 만든 후 외적을 하여 (13, 13) 행렬을 만들었습니다. 이 행렬은 행과 열이 같은 배수로 증가하기 때문에 최대 랭크가 1입니다. 마지막 클래스의 평균 벡터는 다른 클래스의 평균 벡터에 종속적이므로 전체 산포 행렬 S_B의 랭크는 $c-1$이 됩니다.

결과 그래프에서 볼 수 있듯이 처음 두 개의 선형 판별 벡터가 Wine 데이터셋에 있는 정보 중 거의 100%를 잡아냅니다.

▼ 그림 5-9 유용한 정보 100%를 잡아내는 두 개의 판별 벡터

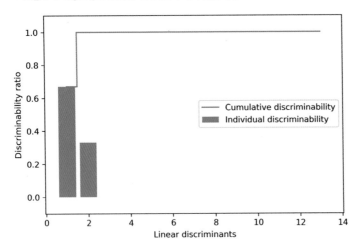

두 개의 판별 고유 벡터를 열로 쌓아서 변환 행렬 W를 만들어 봅시다.

```
>>> w = np.hstack((eigen_pairs[0][1][:, np.newaxis].real,
...                 eigen_pairs[1][1][:, np.newaxis].real))
>>> print('변환 행렬 W:\n', w)
변환 행렬 W:
[[-0.1481 -0.4092]
 [ 0.0908 -0.1577]
 [-0.0168 -0.3537]
 [ 0.1484  0.3223]
 [-0.0163 -0.0817]
 [ 0.1913  0.0842]
 [-0.7338  0.2823]
 [-0.075  -0.0102]
 [ 0.0018  0.0907]
 [ 0.294  -0.2152]
 [-0.0328  0.2747]
 [-0.3547 -0.0124]
 [-0.3915 -0.5958]]
```

5.2.5 새로운 특성 공간으로 샘플 투영

이전 절에서 만든 변환 행렬 W를 훈련 데이터셋에 곱해서 데이터를 변환할 수 있습니다.

$$X' = XW$$

```
>>> X_train_lda = X_train_std.dot(w)
>>> colors = ['r', 'b', 'g']
>>> markers = ['o', 's', '^']
>>> for l, c, m in zip(np.unique(y_train), colors, markers):
...     plt.scatter(X_train_lda[y_train==l, 0],
...                 X_train_lda[y_train==l, 1] * (-1),
...                 c=c, label= f'Class {l}', marker=m)
>>> plt.xlabel('LD 1')
>>> plt.ylabel('LD 2')
>>> plt.legend(loc='lower right')
>>> plt.tight_layout()
>>> plt.show()
```

그림 5-10에서 볼 수 있듯이 이제 세 개의 와인 클래스를 새로운 특성 부분 공간에서 선형적으로 완벽하게 구분할 수 있습니다.

❤ 그림 5-10 처음 두 개의 판별 벡터로 투영하여 완벽하게 구분할 수 있는 와인 클래스

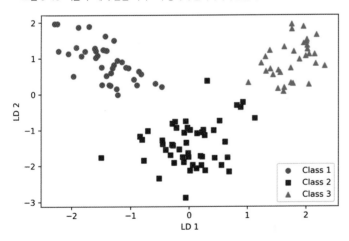

5.2.6 사이킷런의 LDA

단계별로 구현해 보면 LDA의 작동 원리를 알고 LDA와 PCA 사이의 차이점을 이해하는 데 도움이 됩니다. 이제 사이킷런에 구현된 LDA 클래스를 살펴보죠.

```
>>> from sklearn.discriminant_analysis import LinearDiscriminantAnalysis as LDA
>>> lda = LDA(n_components=2)
>>> X_train_lda = lda.fit_transform(X_train_std, y_train)
```

다음 LDA로 변환한 저차원 훈련 데이터셋에 로지스틱 회귀 분류기가 잘 동작하는지 확인해 보겠습니다.

```
>>> lr = LogisticRegression(multi_class='ovr', random_state=1,
...                         solver='lbfgs')
>>> lr = lr.fit(X_train_lda, y_train)
>>> plot_decision_regions(X_train_lda, y_train, classifier=lr)
>>> plt.xlabel('LD 1')
>>> plt.ylabel('LD 2')
>>> plt.legend(loc='lower left')
>>> plt.tight_layout()
>>> plt.show()
```

결과 그래프를 보면 클래스 2의 샘플 하나가 로지스틱 회귀 모델의 결정 경계에 가까이 놓여 있습니다.

▼ 그림 5-11 클래스 중 하나를 잘못 분류하는 로지스틱 회귀 모델

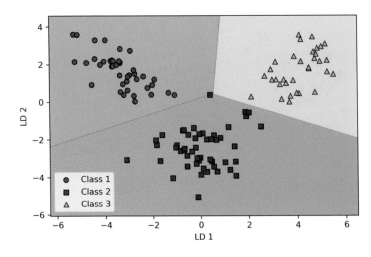

규제 강도를 낮추어 로지스틱 회귀 모델이 훈련 데이터셋의 모든 샘플을 더 확실하게 분류하도록 결정 경계를 옮길 수 있습니다. 하지만 더 중요한 것은 테스트 데이터셋의 결과입니다.

```
>>> X_test_lda = lda.transform(X_test_std)
>>> plot_decision_regions(X_test_lda, y_test, classifier=lr)
>>> plt.xlabel('LD 1')
>>> plt.ylabel('LD 2')
>>> plt.legend(loc='lower left')
>>> plt.tight_layout()
>>> plt.show()
```

다음 그래프에서 볼 수 있듯이 로지스틱 회귀 분류기는 원본 13개의 와인 특성 대신 2차원의 특성 부분 공간을 사용해서 테스트 데이터셋에 있는 모든 샘플을 완벽하게 분류했습니다.

❤ 그림 5-12 테스트 세트를 완벽하게 분류하는 로지스틱 회귀 모델

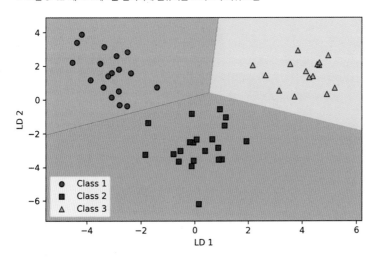

Note ≡ 역주 이전 절에서 단계별로 설명한 LDA 구현은 LinearDiscriminantAnalysis 클래스의 solver 매개변수가 'eigen'일 때입니다. 실제 사이킷런의 LDA 구현은 책과는 조금 다릅니다.

전체 평균과 클래스별 평균 사이의 관계는 다음과 같습니다.

$$m = \sum_{i=1}^{c} \frac{n_i}{n} m_i$$

이를 클래스 내 산포 행렬 S_W에 적용하고 클래스별 산포 행렬 S_i를 클래스별 공분산 행렬 $\sum_i$로 정의하면 다음과 같이 쓸 수 있습니다.

$$S_W = \sum_{i=1}^{c} \frac{n_i}{n} S_i = \sum_{i=1}^{c} \frac{n_i}{n} \Sigma_i$$

● 계속

먼저 클래스 비율을 계산하고 그다음 클래스 내 산포 행렬 S_w를 계산해 보죠.

```
>>> y_uniq, y_count = np.unique(y_train, return_counts=True)
>>> priors = y_count / X_train_std.shape[0]
>>> priors
array([0.3306, 0.4032, 0.2661])
>>> s_w = np.zeros((X_train_std.shape[1], X_train_std.shape[1]))
>>> for i, label in enumerate(y_uniq):
>>>     s_w += priors[i] * np.cov(X_train_std[y_train==label].T, bias: True)
```

앞 코드에서 np.cov() 함수를 사용할 때 bias 매개변수를 True로 지정했습니다. 기본적으로 np.cov() 함수는 공분산 행렬을 계산할 때 $\frac{1}{n-1}$을 곱합니다. 사이킷런 구현을 따라 bias=True로 설정하면 $\frac{1}{n}$을 곱하도록 바꿀 수 있습니다.

클래스 간의 산포 행렬도 클래스 비율을 곱해 계산합니다.

$$S_B = \sum_{i=i}^{c} \frac{n_i}{n} (m_i - m)(m_i - m)^T$$

```
s_b = np.zeros((X_train_std.shape[1], X_train_std.shape[1]))
for i, mean_vec in enumerate(mean_vecs):
    n = X_train_std[y_train == i + 1].shape[0]
    mean_vec = mean_vec.reshape(-1, 1)
    s_b += priors[i] * (mean_vec - mean_overall).dot((mean_vec - mean_overall).T)
```

$S_w^{-1}S_B$를 직접 구해 고윳값 분해를 하는 대신 scipy.linalg.eigh 함수에 S_B와 S_w를 전달하면 $S_B w = \lambda S_w w$ 식의 고윳값을 바로 계산할 수 있습니다. 계산 후에 고윳값 크기의 역순으로 고유 벡터를 정렬하여 최종 고유 벡터를 구합니다.

```
import scipy
ei_val, ei_vec = scipy.linalg.eigh(s_b, s_w)
ei_vec = ei_vec[:, np.argsort(ei_val)[::-1]]
```

여기에서 계산한 것과 LinearDiscriminantAnalysis 클래스의 결과와 같은지 확인해 보죠. 이 데이터셋의 클래스는 세 개이기 때문에 n_components를 설정하지 않아도 자동으로 두 개의 고유 벡터만 사용합니다.

```
lda_eigen = LDA(solver='eigen')
lda_eigen.fit(X_train_std, y_train)
```

클래스 내 산포 행렬은 lda_eigen 객체의 covariance_ 속성에 저장되어 있습니다.

```
>>> np.allclose(s_w, lda_eigen.covariance_)
True
```

◑ 계속

클래스 간의 산포 행렬은 따로 제공되지는 않지만 총 산포 행렬(total scatter matrix) S_T에서 클래스 내 산포 행렬 S_W를 빼서 구할 수 있습니다.

$$S_T = \frac{1}{n} \sum_{x \in D_i} (x - m)(x - m)^T = S_B + S_W$$

```
>>> Sb = np.cov(X_train_std.T, bias=True) - lda_eigen.covariance_
>>> np.allclose(Sb, s_b)
True
```

구해진 고유 벡터는 scalings_ 속성에 저장되어 있습니다. 클래스가 세 개이므로 두 개의 고유 벡터(선형 판별 벡터)를 비교해 봅니다.

```
>>> np.allclose(lda_eigen.scalings_[:, :2], ei_vec[:, :2])
True
```

transform 메서드는 단순히 샘플과 고유 벡터의 점곱으로 구현할 수 있습니다.

```
>>> np.allclose(lda_eigen.transform(X_test_std), np.dot(X_test_std, ei_vec[:, :2]))
True
```

LinearDiscriminantAnalysis 클래스의 solver 매개변수 기본값은 'svd'로 특이 값 분해를 사용합니다. 산포 행렬을 직접 계산하지 않기 때문에 특성이 많은 데이터셋에도 잘 작동합니다.

MACHINE LEARNING

5.3 비선형 차원 축소와 시각화

이전 절에서는 PCA와 LDA 같은 특성 추출을 위한 선형 변환 기법에 대해 살펴보았습니다. 이 절에서는 비선형 차원 축소 기법을 고려하는 것이 왜 가치가 있는지에 대해 설명하겠습니다.

특히 주목할 만한 비선형 차원 축소 기법 중 하나는 고차원 데이터셋을 2차원 또는 3차원으로 시각화하기 위해 논문에서 자주 사용되는 t-SNE(t-distributed Stochastic Neighbor Embedding)입니다. t-SNE를 적용하여 손글씨 이미지를 2차원 특성 공간에 출력하는 방법을 살펴보겠습니다.

5.3.1 비선형 차원 축소를 고려하는 이유는 무엇인가요?

많은 머신 러닝 알고리즘은 입력 데이터가 선형적으로 구분 가능하다는 가정을 합니다. 퍼셉트론은 수렴하기 위해 훈련 데이터가 선형적으로 완벽하게 분리 가능해야 한다고 배웠습니다. 지금까지 다루었던 다른 알고리즘들은 선형적으로 완벽하게 분리되지 못한 이유를 잡음 때문이라고 가정합니다. 예를 들어 아달린, 로지스틱 회귀, (기본) SVM입니다.

실전 애플리케이션에서 더 자주 맞닥뜨리게 될 비선형 문제를 다루어야 한다면 PCA와 LDA 같은 차원 축소를 위한 선형 변환 기법은 최선의 선택이 아닙니다.

❤ 그림 5-13 선형 문제와 비선형 문제의 차이점

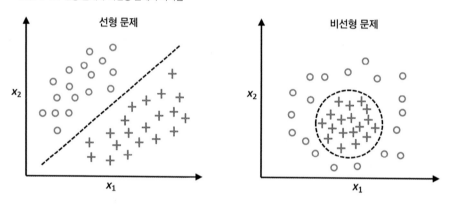

사이킷런 라이브러리에는 비선형 차원 축소를 위한 고급 기법이 구현되어 있지만 이 책의 범위를 벗어납니다. 관심 있는 독자는 http://scikit-learn.org/stable/modules/manifold.html에서 예제와 함께 현재 사이킷런 구현에 대한 설명을 볼 수 있습니다.

비선형 차원 축소 기법의 개발과 적용을 흔히 매니폴드 학습(manifold learning)이라고 합니다. 여기에서 매니폴드란 고차원 공간에 포함된 저차원 공간을 의미합니다. 매니폴드 학습을 위한 알고리즘은 데이터 포인트 간의 관계를 보존하는 저차원 공간에 데이터를 투영하기 위해 데이터의 복잡한 구조를 파악해야 합니다.

매니폴드 학습의 대표적인 예는 그림 5-14에 표시된 3차원 스위스롤입니다.

다양한 각도에서 바라본 3차원 스위스롤

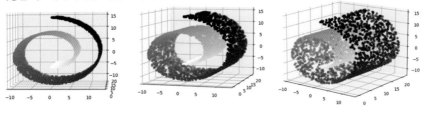

2차원 특성 공간에 투영된 스위스롤

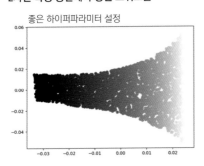

좋은 하이퍼파라미터 설정

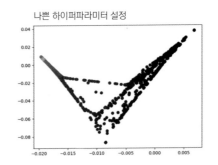

나쁜 하이퍼파라미터 설정

비선형 차원 축소와 매니폴드 학습 알고리즘은 매우 강력하지만, 이런 기법은 사용하기 어렵기로 악명이 높습니다. 이상적이지 않은 하이퍼파라미터를 선택할 경우 득보다 실이 많을 수 있다는 점에 유의해야 합니다. 이런 어려움이 있는 이유는 쉽게 시각화하기 어렵고 (그림 5-14의 스위스롤과 달리) 구조가 명확하지 않은 고차원 데이터셋으로 작업하는 경우가 많기 때문입니다. 게다가 데이터셋을 (더 복잡한 관계를 파악하기에 충분하지 않은) 2차원 또는 3차원으로 투영하지 않는다면 결과의 품질을 평가하기가 어렵거나 심지어 불가능합니다. 따라서 많은 사람이 여전히 차원 축소를 위해 PCA 및 LDA와 같은 간단한 기법에 의존하고 있습니다.

5.3.2 t-SNE를 사용한 데이터 시각화

비선형 차원 축소에 대해 소개하고 몇 가지 도전 과제를 논의했으니 복잡한 데이터셋을 2차원 또는 3차원으로 시각화하는 데 자주 사용되는 t-SNE 예제를 살펴보겠습니다.

간단히 말해, t-SNE는 고차원(원본) 특성 공간에서 샘플 쌍의 거리를 기반으로 데이터 포인트를 모델링합니다. 그다음 새로운 저차원 공간에서 원본 공간에 있는 쌍 거리의 확률 분포에 가까운 쌍 거리의 확률 분포를 찾습니다. 즉, t-SNE는 원본 공간의 쌍 거리가 유지되도록 데이터 포인트를 저차원 공간에 임베딩하는 방법을 학습합니다. 이 방법에 대한 자세한 내용은 논문[13]에서 확인할 수 있습니다. 하지만 이 논문 제목에서 알 수 있듯이 t-SNE는 시각화를 위한 기법이므로 투영을 위해 전체 데이터셋이 필요합니다. (PCA와 달리 투영 행렬을 사용하지 않고) 데이터 포인트를 직접 투영하기 때문에 새로운 데이터 포인트에 t-SNE를 적용할 수 없습니다.

다음 코드는 64차원 데이터셋에 t-SNE를 적용하는 간단한 데모를 보여 줍니다. 먼저 저해상도 손글씨 숫자(숫자 0~9) 데이터셋을 사이킷런으로부터 로드합니다.

```
>>> from sklearn.datasets import load_digits
>>> digits = load_digits()
```

이 숫자는 8×8 흑백 이미지입니다. 다음 코드는 총 1,797개의 이미지로 구성된 데이터셋에서 처음 네 개의 이미지를 출력합니다.

```
>>> fig, ax = plt.subplots(1, 4)
>>> for i in range(4):
>>>     ax[i].imshow(digits.images[i], cmap='Greys')
>>> plt.show()
```

그림 5-15에서 볼 수 있듯이 이미지는 8×8 픽셀(즉, 이미지당 64픽셀)의 비교적 낮은 해상도입니다.

▼ 그림 5-15 저해상도 손글씨 숫자 이미지

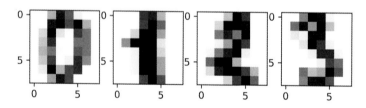

digits.data 속성은 샘플이 행이고 열이 픽셀에 해당하는 표 형식으로 데이터를 제공합니다.

```
>>> digits.data.shape
(1797, 64)
```

그다음 특성(픽셀)을 새 변수 X_digits에 할당하고 레이블을 또 다른 새 변수 y_digits에 할당합니다.

---

13 Visualizing data using t-SNE by Maaten and Hinton, Journal of Machine Learning Research, 2018
   https://www.jmlr.org/papers/volume9/vandermaaten08a/vandermaaten08a.pdf

```
>>> y_digits = digits.target
>>> X_digits = digits.data
```

이제 사이킷런에서 t-SNE 클래스를 가져와서 새로운 tsne 객체를 훈련합니다. fit_transform 메서드를 사용하여 t-SNE 훈련과 데이터 변환을 한 번에 수행하겠습니다.

```
>>> from sklearn.manifold import TSNE
>>> tsne = TSNE(n_components=2, init='pca',
...             random_state=123)
>>> X_digits_tsne = tsne.fit_transform(X_digits)
```

이 코드를 사용하여 64차원 데이터셋을 2차원 공간에 투영했습니다. 한 논문[14]에서 권장하는 대로 PCA를 사용하여 t-SNE 임베딩을 초기화하기 위해 init='pca'로 지정했습니다.

t-SNE에는 복잡도(perplexity) 및 학습률(**엡실론**(epsilon))과 같은 하이퍼파라미터가 있지만 이 예제에서는 생략했습니다(즉, 사이킷런 기본값을 사용했습니다). 실제로는 이런 매개변수도 살펴보는 것이 좋습니다. 이런 매개변수와 결과에 미치는 영향에 대한 자세한 내용을 Distill에 있는 훌륭한 글[15]에서 확인할 수 있습니다.

마지막으로 다음 코드를 사용하여 2D t-SNE 임베딩을 시각화해 보겠습니다.

```
>>> import matplotlib.patheffects as PathEffects
>>> def plot_projection(x, colors):
...     f = plt.figure(figsize=(8, 8))
...     ax = plt.subplot(aspect='equal')
...     for i in range(10):
...         plt.scatter(x[colors==i, 0],
...                     x[colors==i, 1])
...     for i in range(10):
...         xtext, ytext = np.median(x[colors==i, :], axis=0)
...         txt = ax.text(xtext, ytext, str(i), fontsize=24)
...         txt.set_path_effects([
...             PathEffects.Stroke(linewidth=5, foreground="w"),
...             PathEffects.Normal()])
>>> plot_projection(X_digits_tsne, y_digits)
>>> plt.show()
```

---

14 Initialization is critical for preserving global data structure in both t-SNE and UMAP by Kobak and Linderman, Nature Biotechnology Volume 39, pages 156-157, 2021, https://www.nature.com/articles/s41587-020-00809-z

15 How to Use t-SNE Effectively by Wattenberg, Viegas, and Johnson, Distill, 2016, https://distill.pub/2016/misread-tsne/

PCA와 마찬가지로 t-SNE는 비지도 방법입니다. 앞의 코드에서는 colors 매개변수를 사용하여 시각화 목적으로만 클래스 레이블 y_digits(0~9)를 사용합니다. 맷플롯립의 PathEffects는 시각화 목적으로 사용했으며 클래스 레이블을 각 숫자에 속하는 데이터 포인트의 (np.median으로) 중앙에 표시합니다. 결과 그래프는 그림 5-16과 같습니다.

▼ 그림 5-16 손글씨 숫자를 2D 특성 공간으로 축소한 t-SNE의 임베딩 시각화

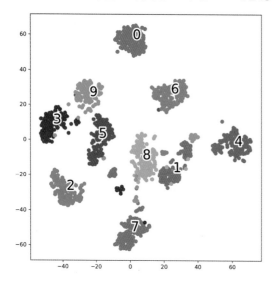

여기에서 보듯이 t-SNE는 완벽하지는 않지만 서로 다른 숫자(클래스)를 잘 분리할 수 있습니다. 하이퍼파라미터를 조정하면 더 분리를 잘할 수 있습니다. 하지만 읽기 어려운 손글씨로 인해 어느 정도의 클래스 혼합은 피할 수 없을 수도 있습니다. 예를 들어 개별 이미지를 조사하면 숫자 3의 샘플이 실제로 숫자 9처럼 보이는 등 문제가 있습니다.

> Note ≡ **UMAP**
>
> 또 다른 인기 있는 시각화 기법은 **UMAP**(Uniform Manifold Approximation and Projection)입니다. UMAP는 t-SNE와 비슷하게 좋은 결과를 만들 수 있지만(예를 들어 앞서 언급한 Kobak 및 Linderman 논문 참고), 일반적으로 더 빠르며 PCA와 비슷하게 새로운 데이터를 투영하는 데도 사용할 수 있으므로 머신 러닝 맥락으로 보면 차원 축소 기법으로 더 매력적입니다. 관심 있는 독자는 원본 논문[16]에서 UMAP에 대한 자세한 정보를 확인할 수 있습니다. 사이킷런과 호환되는 UMAP의 구현은 https://umap-learn.readthedocs.io에서 확인할 수 있습니다.

---

16 UMAP: Uniform manifold approximation and projection for dimension reduction by McInnes, Healy, and Melville, 2018 https://arxiv.org/abs/1802.03426

5.4 요약

이 장에서 특성 추출을 위한 두 개의 기본적인 차원 축소 기법을 배웠습니다. PCA와 LDA입니다. PCA는 클래스 레이블을 사용하지 않고 직교하는 특성 축을 따라 분산이 최대가 되는 저차원 부분 공간으로 데이터를 투영합니다. PCA와 다르게 LDA는 지도 학습 방법의 차원 축소 기법입니다. 훈련 데이터셋에 있는 클래스 정보를 사용하여 선형 특성 공간에서 클래스 구분 능력을 최대화합니다. 마지막으로 2차원 또는 3차원으로 데이터를 시각화하는 데 사용하는 비선형 특성 추출 기법인 t-SNE를 배웠습니다.

이런 핵심 데이터 전처리 기법으로 PCA와 LDA를 익혔으므로 다음 장에서 여러 가지 전처리 기법을 연결하고 모델 성과를 평가하기 위한 모범 사례를 배우겠습니다.

차원 축소를 사용한 데이터 압축

6장

모델 평가와 하이퍼파라미터 튜닝의 모범 사례

이전 장에서 머신 러닝의 핵심 분류 알고리즘과 이런 알고리즘에 데이터를 주입하기 전에 전처리하는 방법에 대해 배웠습니다. 알고리즘을 미세 조정하여 높은 성능의 머신 러닝 모델을 만들고 성능을 평가하는 방법을 배울 차례입니다!

이 장에서는 다음 주제를 다룹니다.

- 머신 러닝 모델 성능 평가하기
- 머신 러닝 알고리즘에서 일반적으로 발생하는 문제 분석하기
- 머신 러닝 모델 세부 튜닝하기
- 여러 가지 성능 지표를 사용하여 모델의 예측 성능 평가하기

6.1 파이프라인을 사용한 효율적인 워크플로

이전 장들에서 여러 가지 전처리 기법을 적용했습니다. 4장에서는 특성의 스케일을 조정하기 위해 표준화를 적용했고 5장에서는 데이터 압축을 위해 주성분 분석을 적용했습니다. 이때 테스트 데이터셋에 있는 별도의 샘플처럼 새로운 데이터의 스케일을 조정하고 압축하기 위해 훈련 데이터셋에서 학습한 파라미터를 재사용해야 한다고 배웠습니다. 이를 위해 아주 유용하게 사용할 수 있는 사이킷런의 Pipeline 클래스를 이 절에서 배우겠습니다. 이 도구를 사용하면 여러 개의 변환 단계를 포함한 모델을 학습하고 새로운 데이터에 대한 예측을 만들 수 있습니다.

6.1.1 위스콘신 유방암 데이터셋

이 장에서 위스콘신 유방암 데이터셋을 사용하겠습니다. 여기에는 악성과 양성인 종양 세포 샘플 569개가 포함되어 있습니다. 데이터셋의 첫 두 열에는 샘플의 고유 ID 번호와 진단 결과(M=악성, B=양성)가 들어 있습니다. 세 번째에서 32번째까지 열에는 세포 핵의 디지털 이미지에서 계산된 30개의 실수 값 특성이 담겨 있습니다. 이 특성을 사용하여 종양이 악성인지 양성인지 예측하는 모델을 만들 것입니다. 위스콘신 유방암 데이터셋은 UCI 머신 러닝 저장소에 보관되어 있습니다.

이 데이터셋에 대한 자세한 내용은 https://archive.ics.uci.edu/ml/datasets/Breast+Cancer+Wisconsin+(Diagnostic)을 참고하세요.

Note ≡ **위스콘신 유방암 데이터셋 받기**

유방암 데이터셋(그리고 책에서 사용하는 다른 모든 데이터셋)은 책의 깃허브에 포함되어 있습니다. 인터넷을 사용하지 않을 때나 이따끔 UCI 서버(https://archive.ics.uci.edu/ml/machine-learning-databases/breast-cancer-wisconsin/wdbc.data)에 접속되지 않을 때 사용할 수 있습니다. 예를 들어 로컬 디렉터리에서 유방암 데이터셋을 로드하려면 첫 번째 코드를 두 번째 코드처럼 바꿉니다.

```
df = pd.read_csv(
    'https://archive.ics.uci.edu/ml/'
    'machine-learning-databases'
    '/breast-cancer-wisconsin/wdbc.data',
    header=None
)
```

```
df = pd.read_csv(
    'your/local/path/to/wdbc.data',
    header=None
)
```

이 절에서는 세 단계로 나누어 데이터셋을 읽고 훈련 데이터셋과 테스트 데이터셋으로 분할하겠습니다.

1. pandas를 사용하여 UCI 서버에서 직접 데이터셋을 읽어 들입니다.

```
>>> import pandas as pd
>>> df = pd.read_csv('https://archive.ics.uci.edu/ml/'
...                  'machine-learning-databases'
...                  '/breast-cancer-wisconsin/wdbc.data',
...                  header=None)
```

2. 그다음 30개의 특성을 넘파이 배열 X에 할당합니다. LabelEncoder 객체를 사용하여 클래스 레이블을 원본 문자열 표현('M'과 'B')에서 정수로 변환합니다.[1]

```
>>> from sklearn.preprocessing import LabelEncoder
>>> X = df.loc[:, 2:].values
>>> y = df.loc[:, 1].values
```

---

1 [역주] LabelEncoder는 레이블을 알파벳 순서대로 정렬하기 때문에 'B'가 0, 'M'이 1로 매핑됩니다.

```
>>> le = LabelEncoder()
>>> y = le.fit_transform(y)
>>> le.classes_
array(['B', 'M'], dtype=object)
```

3. 클래스 레이블(진단 결과)을 배열 y에 인코딩하면 악성(malignant) 종양은 클래스 1로 표현되고 양성(benign) 종양은 클래스 0으로 각각 표현됩니다. 두 개의 더미 클래스 레이블 샘플로 LabelEncoder 객체의 transform 메서드를 호출해서 이 매핑을 다시 확인해 보죠.

```
>>> le.transform(['M', 'B'])
array([1, 0])
```

4. 다음 절에서 첫 번째 모델 파이프라인을 구성하기 전에 데이터셋을 훈련 데이터셋(전체 데이터의 80%)과 별도의 테스트 데이터셋(전체 데이터의 20%)으로 나눕니다.

```
>>> from sklearn.model_selection import train_test_split
>>> X_train, X_test, y_train, y_test = \
>>>     train_test_split(X, y,
...                      test_size=0.20,
...                      stratify=y,
...                      random_state=1)
```

6.1.2 파이프라인으로 변환기와 추정기 연결

많은 머신 러닝 알고리즘이 최적의 성능을 위해 입력 특성이 같은 스케일을 가져야 한다는 것을 이전 장에서 배웠습니다. 위스콘신 유방암 데이터셋의 특성은 다양한 스케일로 측정되었기 때문에 로지스틱 회귀 같은 선형 분류기에 주입하기 전에 특성을 표준화해야 합니다. 5장에서 소개한 차원 축소를 위한 특성 추출 기법으로 **주성분 분석**(PCA)을 소개했습니다. 여기에서는 주성분 분석을 통해 초기 30차원에서 좀 더 낮은 2차원 부분 공간으로 데이터를 압축한다고 가정하겠습니다.

훈련 데이터셋과 테스트 데이터셋을 각각 학습하고 변환하는 단계를 구성하는 대신 StandardScaler, PCA, LogisticRegression 객체를 하나의 파이프라인으로 연결할 수 있습니다.

```
>>> from sklearn.preprocessing import StandardScaler
>>> from sklearn.decomposition import PCA
>>> from sklearn.linear_model import LogisticRegression
>>> from sklearn.pipeline import make_pipeline
>>> pipe_lr = make_pipeline(StandardScaler(),
```

```
...                    PCA(n_components=2),
...                    LogisticRegression(random_state=1))
>>> pipe_lr.fit(X_train, y_train)
>>> y_pred = pipe_lr.predict(X_test)
>>> test_acc = pipe_lr.score(X_test, y_test)
>>> print(f'테스트 정확도: {test_acc:.3f}')
테스트 정확도: 0.956
```

make_pipeline 함수는 여러 개의 사이킷런 변환기(입력에 대해 fit 메서드와 transform 메서드를 지원하는 객체)와 그 뒤에 fit 메서드와 predict 메서드를 구현한 사이킷런 추정기를 연결할 수 있습니다. 앞선 예제에서는 StandardScaler, PCA 두 개의 변환기와 LogisticRegression 추정기를 make_pipeline 함수의 입력으로 넣었습니다. 이 함수는 이 객체들을 사용하여 사이킷런의 Pipeline 클래스 객체를 생성하여 반환합니다.

사이킷런의 Pipeline 클래스를 메타 추정기(meta-estimator)나 개별 변환기와 추정기를 감싼 래퍼(wrapper)로 생각할 수 있습니다. Pipeline 객체의 fit 메서드를 호출하면 데이터가 중간 단계에 있는 모든 변환기의 fit 메서드와 transform 메서드를 차례로 거쳐 추정기 객체(파이프라인의 마지막 단계)에 도달합니다. 추정기는 변환된 훈련 데이터셋을 사용하여 학습합니다.

앞선 예제에서 pipe_lr 파이프라인의 fit 메서드를 호출할 때 먼저 훈련 데이터셋에 StandardScaler의 fit 메서드와 transform 메서드가 호출됩니다. 변환된 훈련 데이터는 파이프라인의 다음 요소인 PCA 객체로 전달됩니다. 이전 단계와 비슷하게 스케일 조정된 입력 데이터에 PCA의 fit 메서드와 transform 메서드가 호출됩니다. 그다음 파이프라인의 최종 요소인 추정기에 훈련 데이터가 전달됩니다.

마침내 LogisticRegression 추정기가 StandardScaler와 PCA로 변환된 훈련 데이터로 학습합니다. 다시 언급하지만 파이프라인의 중간 단계 횟수는 제한이 없습니다. 하지만 파이프라인을 예측 작업에 사용하려면 파이프라인의 마지막 요소는 추정기가 되어야 합니다.

파이프라인의 마지막 단계가 추정기라면 파이프라인에서 fit 메서드를 호출하는 것과 비슷하게 predict 메서드도 제공합니다. Pipeline 인스턴스의 predict 메서드를 호출할 때 주입된 데이터는 중간 단계의 transform 메서드를 통과합니다. 마지막 단계에서 추정기 객체가 변환된 데이터에 대한 예측을 반환합니다.

사이킷런의 파이프라인은 매우 유용한 래퍼 도구입니다. 책 나머지 부분에서 자주 사용하게 될 것입니다. Pipeline 객체가 동작하는 방식을 확실하게 이해하기 위해 그림 6-1을 자세히 살펴보세요. 이전 문단에서 설명한 것을 요약했습니다.

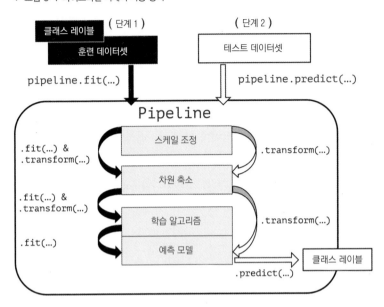

Note ☰ 참고 훈련 데이터셋을 전처리할 때 사용한 파라미터로 테스트 데이터셋을 변환해야 합니다. 비슷하게 다음 절에서 소개할 교차 검증도 훈련 폴드에서 학습한 파라미터를 사용하여 테스트 폴드를 전처리해야 합니다. 이렇게 하려면 전처리 과정이 교차 검증 반복 안으로 들어가야 합니다. 전처리 과정을 Pipeline 클래스로 감싸서 교차 검증 함수로 전달하면 손쉽게 구현할 수 있습니다.

사이킷런 0.23 버전에서 추정기 객체를 주피터 노트북에서 시각화해 주는 기능이 추가되었습니다. 특히 파이프라인 구조를 시각적으로 잘 요약해 주며 다음과 같이 사용합니다.

```
>>> from sklearn import set_config
>>> set_config(display='diagram')
>>> pipe
```

▼ 그림 6-2 주피터 노트북에 시각화된 사이킷런 추정기

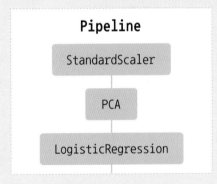

6.2 k-겹 교차 검증을 사용한 모델 성능 평가

이 절에서는 보편적인 교차 검증 기법인 **홀드아웃 방법**(holdout method)과 **k-겹 교차 검증**(k-fold cross-validation)을 배우겠습니다. 이런 방법들은 모델의 일반화 성능, 즉 처음 본 데이터에 모델이 얼마나 잘 동작하는지 신뢰할 만한 추정을 하도록 도와줍니다.

6.2.1 홀드아웃 방법

전통적이고 널리 사용되는 머신 러닝 모델의 일반화 성능 추정 방법은 홀드아웃 방법입니다. 홀드아웃 방법은 초기 데이터셋을 별도의 훈련 데이터셋과 테스트 데이터셋으로 나눕니다. 전자는 모델 훈련에 사용하고 후자는 일반화 성능을 추정하는 데 사용합니다. 일반적인 머신 러닝 애플리케이션에서는 처음 본 데이터에서 예측 성능을 높이기 위해 하이퍼파라미터를 튜닝하고 비교해야 합니다. 이 과정을 모델 선택이라고 합니다. 모델 선택이란 이름은 주어진 분류 문제에서 튜닝할 파라미터(또는 하이퍼파라미터)의 최적 값을 선택해야 하는 것을 의미합니다. 모델 선택에 같은 테스트 데이터셋을 반복해서 재사용하면 훈련 데이터셋의 일부가 되는 셈이고 결국 모델은 과대적합될 것입니다. 아직도 많은 사람이 모델 선택을 위해 테스트 데이터셋을 사용합니다. 이는 좋은 머신 러닝 작업 방식이 아닙니다.

모델 선택에 홀드아웃 방법을 사용하는 가장 좋은 방법은 데이터를 훈련 데이터셋, 검증 데이터셋, 테스트 데이터셋 세 개의 부분으로 나누는 것입니다. 훈련 데이터셋은 여러 가지 모델을 훈련하는 데 사용합니다. 검증 데이터셋에 대한 성능은 모델 선택에 사용합니다. 훈련과 모델 선택 단계에서 모델이 만나지 못한 테스트 데이터셋을 분리했기 때문에 새로운 데이터에 대한 일반화 능력을 덜 편향되게 추정할 수 있는 장점이 있습니다. 그림 6-3은 홀드아웃 방법의 개념을 보여 줍니다. 검증 데이터셋을 사용하여 반복적으로 다른 파라미터 값에서 모델을 훈련한 후 성능을 평가합니다. 만족할 만한 하이퍼파라미터 값을 얻었다면 테스트 데이터셋에서 모델의 일반화 성능을 추정합니다.

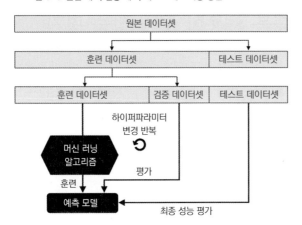

홀드아웃 방법은 훈련 데이터를 훈련 데이터셋과 검증 데이터셋으로 나누는 방법에 따라 성능 추정이 민감할 수 있다는 것이 단점입니다. 검증 데이터셋의 성능 추정이 어떤 샘플을 사용하느냐에 따라 달라질 것입니다. 다음 절에서 좀 더 안정적인 성능 추정 기법인 k-겹 교차 검증을 알아보겠습니다. 이 방법은 훈련 데이터를 k개의 부분으로 나누어 k번 홀드아웃 방법을 반복합니다.

6.2.2 k-겹 교차 검증

k-겹 교차 검증에서는 중복을 허용하지 않고 훈련 데이터셋을 k개의 폴드(fold)로 랜덤하게 나눕니다. $k-1$개의 폴드(이를 **훈련 폴드**(training fold)라고 합니다)로 모델을 훈련하고 나머지 하나의 폴드(이를 **테스트 폴드**(test fold)라고 합니다)로 성능을 평가합니다. 이 과정을 k번 반복하여 k개의 모델과 성능 추정을 얻습니다.

> Note ≡ **중복을 허용할 샘플링과 허용하지 않는 샘플링**
>
> 3장에서 중복을 허용한 샘플링과 허용하지 않는 샘플링의 예를 보았습니다. 3장을 읽지 않았거나 기억을 되살리고 싶다면 '3.6.3절 랜덤 포레스트로 여러 개의 결정 트리 연결'에 있는 노트를 참고하세요.

그다음 서로 다른 독립적인 폴드에서 얻은 성능 추정을 기반으로 모델의 평균 성능을 계산합니다. 홀드아웃 방법에 비해 훈련 데이터셋의 분할에 덜 민감한 성능 추정을 얻을 수 있습니다. 일반적으로 모델 튜닝에 k-겹 교차 검증을 사용합니다. 즉, 테스트 데이터셋에서 모델의 성능을 평가할 때 만족할 만한 일반화 성능을 내는 최적의 하이퍼파라미터 값을 찾기 위해 사용합니다.

만족스러운 하이퍼파라미터 값을 찾은 후에는 전체 훈련 데이터셋을 사용하여 모델을 다시 훈련합니다. 그다음 독립적인 테스트 데이터셋을 사용하여 최종 성능 추정을 합니다. k-겹 교차 검증 후에 전체 훈련 데이터셋으로 모델을 학습하는 이유는 첫째 (k개의 개별 모델이 아니라) 하나의 최종 모델이 필요하고, 둘째 훈련 샘플이 많을수록 학습 알고리즘이 더 정확하고 안정적인 모델을 만들기 때문입니다.

k-겹 교차 검증이 중복을 허용하지 않는 리샘플링 기법이기 때문에 각 반복에서 샘플이 정확히 한 번만 사용되며 훈련 폴드와 테스트 폴드가 중첩되지 않습니다. 또한, 모든 테스트 폴드가 중첩되지 않습니다. 즉, 테스트 폴드 간에 중복되는 샘플이 없습니다.[2] 이로 인해 홀드아웃 방법보다 모델 성능의 추정에 분산이 낮습니다. 그림 6-4는 $k=10$일 때 k-겹 교차 검증의 개념을 요약한 것입니다. 훈련 데이터는 열 개의 폴드로 나누어지고 열 번의 반복 동안 아홉 개의 폴드는 훈련에, 한 개의 폴드는 모델 평가를 위해 사용됩니다.

또한, 각 폴드의 추정 성능 E_i(예를 들어 분류 정확도 또는 오차)를 사용하여 모델의 평균 성능 E를 계산합니다.

▼ 그림 6-4 k-겹 교차 검증

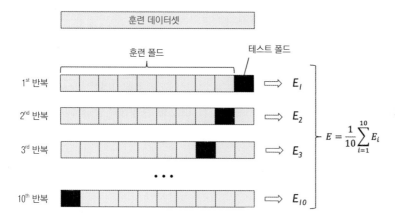

요약하면 k-겹 교차 검증에서 모든 데이터 포인트가 평가에 사용되기 때문에 검증 세트를 사용하는 홀드아웃 방법보다 k-겹 교차 검증이 데이터셋을 더 잘 활용합니다.

2　[역주] 교차 검증 반복에서 테스트에 사용되는 폴드를 종종 검증 폴드라고도 합니다.

경험적으로 보았을 때 k-겹 교차 검증에서 좋은 기본값은 $k = 10$입니다. 예를 들어 론 코하비(Ron Kohavi)는 여러 종류의 실제 데이터셋에서 수행한 실험을 통해 10-겹 교차 검증이 가장 뛰어난 편향-분산 트레이드오프를 가진다고 제안했습니다.[3]

비교적 작은 훈련 데이터셋으로 작업한다면 폴드 개수를 늘리는 것이 좋습니다. k 값이 증가하면 더 많은 훈련 데이터가 각 반복에 사용되고 모델 성능을 평균하여 일반화 성능을 추정할 때 더 낮은 편향을 만듭니다. k 값이 아주 크면 교차 검증 알고리즘의 실행 시간이 늘어나고 분산이 높은 추정을 만듭니다. 이는 훈련 폴드가 서로 많이 비슷해지기 때문입니다. 다른 말로 하면 대규모 데이터셋으로 작업할 때는 $k = 5$와 같은 작은 k 값을 선택해도 모델의 평균 성능을 정확하게 추정할 수 있습니다. 또한, 폴드마다 모델을 학습하고 평가하는 계산 비용을 줄일 수 있습니다.

> Note ≡ **LOOCV 방법**
>
> k-겹 교차 검증의 특별한 경우는 LOOCV(Leave-One-Out Cross-Validation) 방법입니다. LOOCV에서는 폴드 개수가 훈련 샘플 개수와 같습니다($k = n$). 즉, 하나의 훈련 샘플이 각 반복에서 테스트로 사용됩니다. 이 방법은 아주 작은 데이터셋을 사용할 때 권장됩니다.[4]

기본 k-겹 교차 검증 방법보다 좀 더 향상된 방법은 계층적 k-겹 교차 검증(stratified k-fold cross-validation)입니다. 좀 더 나은 편향과 분산 추정을 만듭니다. 특히 앞에서 언급한 론 코하비가 보인 것처럼 클래스 비율이 동등하지 않을 때입니다. 계층적 교차 검증은 각 폴드에서 클래스 비율이 전체 훈련 데이터셋에 있는 클래스 비율을 대표하도록 유지합니다. 사이킷런의 StratifiedKFold 반복자를 사용하여 예시를 만들어 보겠습니다. StratifiedKFold 클래스의 shuffle 매개변수를 True로 지정하면 폴드를 나누기 전에 샘플을 섞습니다. 기본값은 False입니다. shuffle=False일 때 random_state 매개변수를 지정하면 경고가 발생하며 사이킷런 0.24 버전부터는 에러가 발생합니다.

```
>>> import numpy as np
>>> from sklearn.model_selection import StratifiedKFold
>>> kfold = StratifiedKFold(n_splits=10).split(X_train, y_train)
>>> scores = []
>>> for k, (train, test) in enumerate(kfold):
...     pipe_lr.fit(X_train[train], y_train[train])
```

---

3 A Study of Cross-Validation and Bootstrap for Accuracy Estimation and Model Selection, Kohavi, Ron, International Joint Conference on Artificial Intelligence (IJCAI), 14 (12): 1137–43, 1995
   https://www.ijcai.org/Proceedings/95-2/Papers/016.pdf

4 역주 사이킷런의 sklearn.model_selection 패키지 밑에 LOOCV 방법을 구현한 LeaveOneOut 클래스가 있습니다.

```
...         score = pipe_lr.score(X_train[test], y_train[test])
...         scores.append(score)
...         print(f'폴드: {k+1:02d}, '
...               f'클래스 분포: {np.bincount(y_train[train])}, '
...               f'정확도: {score:.3f}')
폴드:  1, 클래스 분포: [256 153], 정확도: 0.935
폴드:  2, 클래스 분포: [256 153], 정확도: 0.935
폴드:  3, 클래스 분포: [256 153], 정확도: 0.957
폴드:  4, 클래스 분포: [256 153], 정확도: 0.957
폴드:  5, 클래스 분포: [256 153], 정확도: 0.935
폴드:  6, 클래스 분포: [257 153], 정확도: 0.956
폴드:  7, 클래스 분포: [257 153], 정확도: 0.978
폴드:  8, 클래스 분포: [257 153], 정확도: 0.933
폴드:  9, 클래스 분포: [257 153], 정확도: 0.956
폴드: 10, 클래스 분포: [257 153], 정확도: 0.956
>>> mean_acc = np.mean(scores)
>>> std_acc = np.std(scores)
>>> print(f'\nCV 정확도: {mean_acc:.3f} +/- {std_acc:.3f}')
CV 정확도: 0.950 +/- 0.014
```

먼저 sklearn.model_selection 모듈에 있는 StratifiedKFold 클래스를 훈련 데이터셋의 y_train 클래스 레이블을 전달하여 초기화합니다. n_splits 매개변수로 폴드 개수를 지정합니다. kfold 반복자를 사용하여 k개의 폴드를 반복하여 얻은 train의 인덱스를 이 장 서두에서 정의한 로지스틱 회귀 파이프라인을 훈련하는 데 사용할 수 있습니다. pipe_lr 파이프라인을 사용하므로 각 반복에서 샘플의 스케일이 적절하게 조정됩니다(예를 들어 표준화를 통해서). 그다음 테스트 인덱스를 사용하여 모델의 정확도 점수를 계산합니다. 이 점수를 리스트에 모아서 추정한 정확도의 평균과 표준 편차를 계산합니다.

앞 코드가 k-겹 교차 검증의 작동 방법을 설명하는 데 유용하지만 사이킷런은 k-겹 교차 검증 함수를 제공합니다. 좀 더 간단하게 계층별 k-겹 교차 검증을 사용하여 모델을 평가할 수 있습니다.[5]

```
>>> from sklearn.model_selection import cross_val_score
>>> scores = cross_val_score(estimator=pipe_lr,
...                          X=X_train,
...                          y=y_train,
```

---

5 **역주** cross_val_score 함수는 estimator 매개변수에 전달된 모델이 회귀일 때는 단순 분할 클래스인 KFold를 사용하고 분류일 때는 StratifiedKFold를 사용합니다. cv 매개변수에 KFold 등의 클래스 객체를 직접 전달할 수도 있습니다.

```
...                       cv=10,
...                       n_jobs=1)
>>> print(f'CV 정확도 점수: {scores}')
CV 정확도 점수: [0.93478261  0.93478261  0.95652174
                0.95652174  0.93478261  0.95555556
                0.97777778  0.93333333  0.95555556
                0.95555556]
>>> print(f'CV 정확도: {np.mean(scores):.3f} '
...       f'+/- {np.std(scores):.3f}')
CV 정확도: 0.950 +/- 0.014
```

Note ≡ **[역주]** cross_val_score 함수가 검증에 사용하는 기본 측정 지표는 회귀일 때는 R^2, 분류일 때는 정확도입니다. scoring 매개변수를 사용하여 다른 지표로 바꿀 수 있습니다. 사이킷런 0.19 버전에서는 교차 검증에 여러 측정 지표를 사용할 수 있는 cross_validate 함수가 추가되었습니다. 이 함수는 각 폴드에서 훈련과 테스트에 걸린 시간을 반환하고 scoring 매개변수에 지정한 평가 지표마다 훈련 점수와 테스트 점수를 반환합니다. 반환된 딕셔너리에서 훈련 점수와 테스트 점수를 추출하려면 'train_XXXX', 'test_XXXX' 형식의 키를 사용하면 됩니다. 앞 코드는 다음과 같이 바꾸어 쓸 수 있습니다.

```
>>> from sklearn.model_selection import cross_validate
>>> scores = cross_validate(estimator=pipe_lr,
...                         X=X_train,
...                         y=y_train,
...                         scoring=['accuracy'],
...                         cv=10,
...                         n_jobs=-1)
>>> print('CV 정확도 점수: %s' % scores['test_accuracy'])
CV 정확도 점수: [0.93478261 0.93478261 0.95652174
                0.95652174 0.93478261 0.95555556
                0.97777778 0.93333333 0.95555556
                0.95555556]
>>> print('CV 정확도: %.3f +/- %.3f' % (np.mean(scores['test_accuracy']),
...       np.std(scores['test_accuracy'])))
CV 정확도: 0.950 +/- 0.014
```

cross_val_predict 함수는 cross_val_score와 비슷한 인터페이스를 제공하지만 훈련 데이터셋의 각 샘플이 테스트 폴드가 되었을 때 만들어진 예측을 반환합니다. 따라서 cross_val_predict 함수의 결과를 사용하여 모델의 성능(예를 들어 정확도)을 계산하면 cross_val_score 함수의 결과와 다르며 바람직한 일반화 성능 추정이 아닙니다. cross_val_predict 함수는 훈련 데이터셋에 대한 예측 결과를 시각화하거나 7장에서 소개하는 스태킹(Stacking) 앙상블(Ensemble) 방법처럼 다른 모델에 주입할 훈련 데이터를 만들기 위해 사용할 수 있습니다.

● 계속

```
>>> from sklearn.model_selection import cross_val_predict
>>> preds = cross_val_predict(estimator=pipe_lr,
...                           X=X_train,
...                           y=y_train,
...                           cv=10,
...                           n_jobs=-1)
>>> preds[:10]
array([0, 0, 0, 0, 0, 0, 0, 1, 1, 1])
```

method 매개변수에 반환될 값을 계산하기 위한 모델의 메서드를 지정할 수 있습니다. 예를 들어 method='predict_proba'로 지정하면 예측 확률을 반환합니다. 'predict', 'predict_proba', 'predict_log_proba', 'decision_function' 등이 가능하며 기본값은 'predict'입니다.

```
>>> from sklearn.model_selection import cross_val_predict
>>> preds = cross_val_predict(estimator=pipe_lr,
...                           X=X_train,
...                           y=y_train,
...                           cv=10,
...                           method='predict_proba',
...                           n_jobs=-1)
>>> preds[:10]
array([[9.93982352e-01, 6.01764759e-03],
       [7.64328337e-01, 2.35671663e-01],
       [9.72683946e-01, 2.73160539e-02],
       [8.41658121e-01, 1.58341879e-01],
       [9.97144940e-01, 2.85506043e-03],
       [9.99803660e-01, 1.96339882e-04],
       [9.99324159e-01, 6.75840609e-04],
       [2.12145074e-06, 9.99997879e-01],
       [1.28668437e-01, 8.71331563e-01],
       [7.76260670e-04, 9.99223739e-01]])
```

cross_val_score 함수의 아주 유용한 기능은 각 폴드의 평가를 컴퓨터에 있는 복수 개의 CPU 코어에 분산할 수 있다는 점입니다. 앞서 StratifiedKFold 예에서처럼 n_jobs 매개변수를 1로 설정하면 하나의 CPU 코어만 성능 평가에 사용합니다. n_jobs=2로 설정하면 두 개의 CPU 코어에 교차 검증을 10회씩 분산할 수 있습니다. n_jobs=-1로 설정하면 컴퓨터에 설치된 모든 CPU 코어를 사용하여 병렬 처리합니다.

6.3 학습 곡선과 검증 곡선을 사용한 알고리즘 디버깅

이 절에서 학습 알고리즘의 성능 향상에 도움이 되는 간단하지만 아주 강력한 두 개의 분석 도구를 살펴보겠습니다. 학습 곡선과 검증 곡선입니다. 다음 절에서 학습 곡선을 사용하여 학습 알고리즘이 문제에 과대적합(높은 분산)되는지 또는 과소적합(높은 편향)되는지 분석하는 방법을 설명합니다. 또한, 학습 알고리즘의 보편적인 문제를 다루는 데 도움이 되는 검증 곡선에 대해 알아보겠습니다.

6.3.1 학습 곡선으로 편향과 분산 문제 분석

주어진 훈련 데이터셋에 비해 모델이 너무 복잡하면, 예를 들어 매우 깊은 결정 트리 같은 경우 모델이 훈련 데이터에 과대적합되고 처음 본 데이터에 잘 일반화되지 못하는 경향이 있습니다. 보통 훈련 샘플을 더 모으면 과대적합을 줄이는 데 도움이 됩니다.

---

6 Model evaluation, model selection, and algorithm selection in machine learning. Raschka S. arXiv preprint arXiv:1811.12808, 2018. https://arxiv.org/abs/1811.12808 역주 이 글은 역자의 블로그에 번역되어 있습니다(https://bit.ly/2pUx9AA).

7 Analysis of Variance of Cross-validation Estimators of the Generalization Error, M. Markatou, H. Tian, S. Biswas, and G. M. Hripcsak, Journal of Machine Learning Research, 6: 1127–1168, 2005

하지만 실전에서는 데이터를 더 모으는 것이 매우 비싸거나 그냥 불가능할 때도 많습니다. 모델의 훈련 정확도와 검증 정확도를 훈련 데이터셋의 크기 함수로 그래프를 그려 보면 모델에 높은 분산의 문제가 있는지 높은 편향의 문제가 있는지 쉽게 감지할 수 있습니다. 더 많은 데이터를 모으는 것이 문제를 해결할 수 있을지 판단이 가능해집니다.

사이킷런으로 학습 곡선을 그리는 방법을 보기 전에 그림 6-5에서 두 종류의 문제에 대해 논의해 보죠.

▼ 그림 6-5 편향-분산 트레이드오프

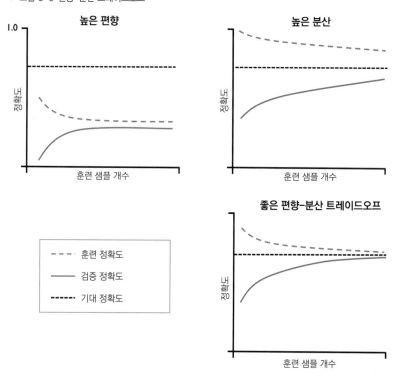

왼쪽 위 그래프는 편향이 높은 모델을 보여 줍니다. 이 모델은 훈련 정확도와 교차 검증 정확도가 모두 낮습니다. 훈련 데이터에 과소적합되었다는 것을 나타냅니다. 이 문제를 해결하는 일반적인 방법은 모델의 파라미터 개수를 늘리는 것입니다. 예를 들어 추가적인 특성을 수집하거나 만듭니다. 또는 **서포트 벡터 머신**(SVM)이나 로지스틱 회귀 분류기에서 규제 강도를 줄입니다.

오른쪽 위 그래프는 분산이 높은 모델을 보여 줍니다. 훈련 정확도와 교차 검증 정확도 사이에 큰 차이가 있다는 것을 나타냅니다. 과대적합 문제를 해결하려면 더 많은 훈련 데이터를 모으거나 모델 복잡도를 낮추거나 규제를 증가시킬 수 있습니다. 규제가 없는 모델에서는 특성 선택(4장)이나 특성 추출(5장)을 통해 특성 개수를 줄여 과대적합을 감소할 수 있습니다. 더 많은 훈련 데이터를 수집하는 것이 보통 과대적합의 가능성을 줄이지만 항상 도움이 되는 것은 아닙니다. 예를 들어 훈련 데이터에 잡음이 아주 많거나 모델이 이미 거의 최적화가 된 경우입니다.

다음 절에서 검증 곡선을 사용하여 이런 문제들을 다루는 법을 알아보겠습니다. 먼저 사이킷런의 학습 곡선 함수를 사용하여 모델을 평가해 보죠.

```python
>>> import matplotlib.pyplot as plt
>>> from sklearn.model_selection import learning_curve
>>> pipe_lr = make_pipeline(StandardScaler(),
...                         LogisticRegression(penalty='l2',
...                                            max_iter=10000))
>>> train_sizes, train_scores, test_scores =\
...                 learning_curve(estimator=pipe_lr,
...                                X=X_train,
...                                y=y_train,
...                                train_sizes=np.linspace(
...                                        0.1, 1.0, 10),
...                                cv=10,
...                                n_jobs=1)
>>> train_mean = np.mean(train_scores, axis=1)
>>> train_std = np.std(train_scores, axis=1)
>>> test_mean = np.mean(test_scores, axis=1)
>>> test_std = np.std(test_scores, axis=1)
>>> plt.plot(train_sizes, train_mean,
...          color='blue', marker='o',
...          markersize=5, label='Training accuracy')
>>> plt.fill_between(train_sizes,
...                  train_mean+train_std,
...                  train_mean-train_std,
...                  alpha=0.15, color='blue')
>>> plt.plot(train_sizes, test_mean,
...          color='green', linestyle='--',
...          marker='s', markersize=5,
...          label='Validation accuracy')
>>> plt.fill_between(train_sizes,
...                  test_mean+test_std,
...                  test_mean-test_std,
...                  alpha=0.15, color='green')
>>> plt.grid()
>>> plt.xlabel('Number of training examples')
>>> plt.ylabel('Accuracy')
```

```
>>> plt.legend(loc='lower right')
>>> plt.ylim([0.8, 1.03])
>>> plt.show()
```

LogisticRegression 클래스 객체를 만들 때 max_iter=10000 매개변수 값을 전달했습니다(기본값은 1000입니다). 이는 (다음 절에 나올) 큰 규제 매개변수 값이나 작은 데이터셋 크기에서 발생할 수 있는 수렴 문제를 피하기 위해서입니다. 이 코드를 실행하면 다음 학습 곡선을 얻게 됩니다.

▼ 그림 6-6 훈련 샘플 개수에 따라 훈련 세트와 검증 세트의 정확도를 보여 주는 학습 곡선

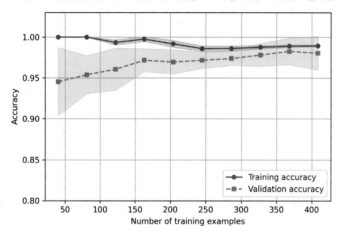

learning_curve 함수의 train_sizes 매개변수를 통해 학습 곡선을 생성하는 데 사용할 훈련 샘플의 개수나 비율을 지정할 수 있습니다. 여기에서는 train_sizes=np.linspace(0.1, 1.0, 10)으로 지정해서 일정한 간격으로 훈련 데이터셋의 비율 열 개를 설정했습니다. 기본적으로 learning_curve 함수는 계층별 k-겹 교차 검증을 사용하여 분류기의 교차 검증 정확도를 계산합니다. cv 매개변수를 통해 k 값을 10으로 지정했기 때문에 계층별 10-겹 교차 검증을 사용합니다.

반환된 훈련과 테스트 교차 검증 점수로부터 훈련 데이터셋 크기별로 평균 정확도를 계산하여 맷플롯립의 plot 함수를 사용해서 그래프를 그립니다. fill_between 함수를 사용하여 그래프에 평균 정확도의 표준 편차를 그려서 추정 분산을 나타냈습니다.

앞의 학습 곡선 그래프에서 볼 수 있듯이 모델 훈련에 250개의 샘플 이상을 사용할 때 훈련과 검증 데이터셋에서 잘 작동합니다. 훈련 데이터셋이 250개의 샘플보다 줄어들면 훈련 정확도가 증가하면서 훈련 정확도와 검증 정확도 사이의 차이는 넓어집니다. 이는 과대적합이 증가한다는 증거입니다.

Note ≡ 　역주　 learning_curve 함수의 train_sizes 매개변수의 기본값은 np.linspace(0.1, 1.0, 5)입니다. cv 매개변수의 기본값은 5입니다. 회귀 문제일 경우 KFold를, 분류 문제일 경우 StratifiedKFold를 사용합니다. shuffle 매개변수를 True로 지정하면 훈련 데이터셋을 사용하기 전에 섞습니다. return_times 매개변수를 True로 지정하면 훈련과 평가에 걸린 시간을 반환합니다. 사이킷런 0.24 버전에서 모델의 fit 메서드에 필요한 매개변수와 값을 딕셔너리 형태로 지정할 수 있는 fit_params 매개변수가 추가되었습니다.

사이킷런 1.2 버전에서 learning_curve 함수의 반환값을 사용하여 학습 곡선을 손쉽게 그려 주는 LearningCurveDisplay 클래스가 추가되었습니다. 다음과 같이 learning_curve 함수의 반환값 세 개를 전달하여 이 클래스의 객체를 만듭니다. 그다음 plot 메서드를 호출합니다. score_type 매개변수에 그래프에 나타낼 점수를 지정할 수 있습니다. 기본값은 테스트 점수를 의미하는 'test'입니다. 훈련 세트 점수에 해당하는 'train' 또는 두 점수를 모두 그리는 'both'가 있습니다. 사이킷런 1.3 버전에서는 score_type의 기본값이 'both'로 바뀌었습니다.

```
from sklearn.model_selection import LearningCurveDisplay
display = LearningCurveDisplay(train_sizes=train_sizes,
                              train_scores=train_scores,
                              test_scores=test_scores,
                              score_name='Accuracy')
display.plot(score_type='both')
plt.legend(loc='lower right')
plt.show()
```

❤ 그림 6-7 LearningCurveDisplay 클래스로 그린 학습 곡선

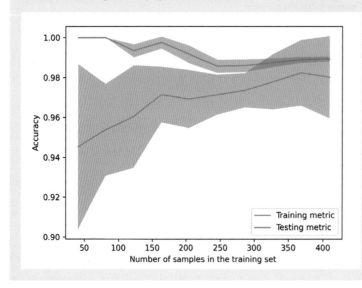

254

6.3.2 검증 곡선으로 과대적합과 과소적합 조사

검증 곡선은 과대적합과 과소적합 문제를 해결하여 모델 성능을 높일 수 있는 유용한 도구입니다. 검증 곡선은 학습 곡선과 관련이 있지만 샘플 크기의 함수로 훈련 정확도와 테스트 정확도를 그리는 대신 모델 파라미터 값의 함수로 그립니다. 예를 들어 로지스틱 회귀에 있는 규제 매개변수 C 입니다.

사이킷런으로 검증 곡선을 만드는 방법을 알아보죠.

```
>>> from sklearn.model_selection import validation_curve
>>> param_range = [0.001, 0.01, 0.1, 1.0, 10.0, 100.0]
>>> train_scores, test_scores = validation_curve(
...                 estimator=pipe_lr,
...                 X=X_train,
...                 y=y_train,
...                 param_name='logisticregression__C',
...                 param_range=param_range,
...                 cv=10)
>>> train_mean = np.mean(train_scores, axis=1)
>>> train_std = np.std(train_scores, axis=1)
>>> test_mean = np.mean(test_scores, axis=1)
>>> test_std = np.std(test_scores, axis=1)
>>> plt.plot(param_range, train_mean,
...          color='blue', marker='o',
...          markersize=5, label='Training accuracy')
>>> plt.fill_between(param_range, train_mean+train_std,
...                  train_mean-train_std, alpha=0.15,
...                  color='blue')
>>> plt.plot(param_range, test_mean,
...          color='green', linestyle='--',
...          marker='s', markersize=5,
...          label='Validation accuracy')
>>> plt.fill_between(param_range,
...                  test_mean+test_std,
...                  test_mean-test_std,
...                  alpha=0.15, color='green')
>>> plt.grid()
>>> plt.xscale('log')
>>> plt.legend(loc='lower right')
>>> plt.xlabel('Parameter C')
>>> plt.ylabel('Accuracy')
>>> plt.ylim([0.8, 1.0])
```

```
>>> plt.tight_layout()
>>> plt.show()
```

이 코드를 실행하면 C 매개변수에 대한 검증 곡선 그래프를 얻게 됩니다.

▼ 그림 6-8 SVM 하이퍼파라미터 C에 대한 검증 곡선

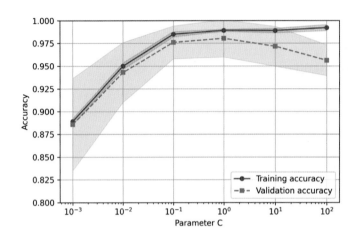

learning_curve 함수와 비슷하게 validation_curve 함수는 기본적으로 계층별 k-겹 교차 검증을 사용하여 모델의 성능을 추정합니다.[8] validation_curve 함수 안에서 평가하기 원하는 매개변수를 지정합니다. 이 경우에는 LogisticRegression 분류기의 규제 매개변수인 C입니다. 사이킷런의 파이프라인 안에 있는 LogisticRegression 객체의 매개변수를 지정하려면 'logisticregression__C'처럼 씁니다.[9] param_range 매개변수에는 값 범위를 지정합니다. 이전 절의 학습 곡선 예와 비슷하게 평균 훈련 정확도와 교차 검증 정확도를 그리고 이에 상응하는 표준 편차를 나타냈습니다.

C 값이 바뀜에 따라 정확도 차이가 미묘하지만 규제 강도를 높이면(C 값을 줄이면) 모델이 데이터에 조금 과소적합되는 것을 볼 수 있습니다. 규제 강도가 낮아지는 큰 C 값에서는 모델이 데이터에 조금 과대적합되는 경향을 보입니다. 이 경우에 적절한 C 값은 0.1과 1.0 사이입니다.

---

8 **역주** 또한, learning_curve 함수와 동일한 cv, fit_params, n_jobs 매개변수를 제공합니다. 사이킷런 1.3 버전에서 LearningCurve Display 클래스와 비슷한 ValidationCurveDisplay 클래스가 추가되었습니다. 자세한 내용은 사이킷런 온라인 문서(https://bit.ly/3PPjW7w)를 참고하세요.

9 **역주** 7장에 있는 예제처럼 Pipeline 클래스에 추정기나 변환기를 추가할 때 이름을 직접 지정할 수 있습니다. make_pipeline 함수는 파이썬 클래스 이름의 소문자 버전을 만들어 사용합니다. 추정기나 변환기의 매개변수를 참조할 때는 객체와 매개변수를 밑줄 문자 두 개로 연결합니다.

6.4 그리드 서치를 사용한 머신 러닝 모델 세부 튜닝

머신 러닝에는 두 종류의 파라미터가 있습니다. 하나는 훈련 데이터에서 학습되는 파라미터입니다. 예를 들어 로지스틱 회귀의 가중치입니다. 다른 하나는 별도로 최적화되는 학습 알고리즘의 파라미터입니다. 후자는 모델의 튜닝 파라미터고, 하이퍼파라미터라고도 부릅니다. 예를 들어 로지스틱 회귀의 규제 매개변수나 결정 트리의 최대 깊이 매개변수입니다.

이전 절에서 검증 곡선을 사용하여 하이퍼파라미터 하나를 튜닝하여 모델 성능을 향상시켰습니다. 이 절에서는 그리드 서치라는 인기 있는 하이퍼파라미터 최적화 기법을 알아보겠습니다. 하이퍼파라미터 값에 대한 최적의 조합을 찾음으로써 모델 성능을 향상시키는 데 큰 도움이 됩니다.

6.4.1 그리드 서치를 사용한 하이퍼파라미터 튜닝

그리드 서치를 사용하는 방법은 아주 간단합니다. 리스트로 지정된 여러 가지 하이퍼파라미터 값 전체를 모두 조사합니다. 이 리스트에 있는 값의 모든 조합에 대해 모델 성능을 평가하여 최적의 조합을 찾습니다.

```
>>> from sklearn.model_selection import GridSearchCV
>>> from sklearn.svm import SVC
>>> pipe_svc = make_pipeline(StandardScaler(),
...                          SVC(random_state=1))
>>> param_range = [0.0001, 0.001, 0.01, 0.1,
...                1.0, 10.0, 100.0, 1000.0]
>>> param_grid = [{'svc__C': param_range,
...                'svc__kernel': ['linear']},
...               {'svc__C': param_range,
...                'svc__gamma': param_range,
...                'svc__kernel': ['rbf']}]
>>> gs = GridSearchCV(estimator=pipe_svc,
...                   param_grid=param_grid,
...                   scoring='accuracy',
...                   cv=10,
...                   refit=True,
```

```
...                        n_jobs=-1)
>>> gs = gs.fit(X_train, y_train)
>>> print(gs.best_score_)
0.9846859903381642
>>> print(gs.best_params_)
{'svc__C': 100.0, 'svc__gamma': 0.001, 'svc__kernel': 'rbf'}
```

이 코드에서 sklearn.model_selection 모듈에 있는 GridSearchCV 클래스의 객체를 만들고 서포트 벡터 머신(SVM)을 위한 파이프라인을 훈련하고 튜닝합니다. GridSearchCV 클래스의 param_grid에 튜닝하려는 매개변수를 딕셔너리의 리스트로 지정합니다. 선형 SVM의 경우 규제 매개변수 C만 튜닝합니다. RBF 커널 SVM에서는 svc__C와 svc__gamma 매개변수를 튜닝합니다. svc__gamma 매개변수는 커널 SVM에만 해당됩니다.

GridSearchCV는 서로 다른 하이퍼파라미터 설정으로 훈련된 모델을 비교하기 위해 k-겹 교차 검증을 사용합니다. cv=10으로 지정했으므로 10-겹 교차 검증을 수행하고 열 개의 폴드에 대한 평균 정확도(scoring='accuracy')를 계산하여 모델 성능을 평가합니다. GridSearchCV가 모든 CPU 코어로 여러 폴드에서 병렬로 모델을 훈련하여 그리드 서치 속도를 높일 수 있도록 n_jobs=-1로 설정했습니다. 하지만 이 설정으로 문제가 발생하는 경우 n_jobs=None으로 변경하여 단일 코어를 사용할 수 있습니다.

훈련 데이터셋을 사용하여 그리드 서치를 수행한 후 최상의 모델 점수는 best_score_ 속성에서 얻고 이 모델의 매개변수는 best_params_ 속성에서 확인할 수 있습니다. 이 경우에는 svc__C=100.0인 RBF 커널 SVM 모델이 가장 좋은 k-겹 교차 검증 정확도 98.5%를 달성했습니다.

마지막으로 독립적인 테스트 데이터셋을 사용하여 최고 모델의 성능을 추정합니다. 이 모델은 GridSearchCV 객체의 best_estimator_ 속성에서 얻을 수 있습니다.

```
>>> clf = gs.best_estimator_
>>> clf.fit(X_train, y_train)
>>> print(f'테스트 정확도: {clf.score(X_test, y_test):.3f}')
테스트 정확도: 0.974
```

그리드 서치를 수행한 후 clf.fit(X_train, y_train)을 실행하여 최상의 매개변수 조합과 훈련 데이터셋에서 모델(gs.best_estimator_)을 수동으로 다시 훈련할 필요가 없습니다. GridSearchCV 클래스의 refit 매개변수를 True로 지정하면(True가 이 매개변수의 기본값입니다) 전체 훈련 데이터셋에서 자동으로 gs.best_estimator_를 다시 훈련합니다.

Note ≡ 　역주 GridSearchCV 클래스와 cross_validate 함수에서 return_train_score 매개변수를 True
로 지정하면 훈련 폴드에 대한 점수를 계산하여 반환합니다. 훈련 데이터셋에 대한 점수를 보고 과대적합과 과소적
합에 대한 정보를 얻을 수 있지만 실행 시간이 오래 걸릴 수 있습니다. param_range에 여덟 개의 값이 지정되어 있
기 때문에 SVC 모델은 'linear' 커널에 대해 여덟 번, 'rbf' 커널에 대해 64번의 교차 검증이 수행됩니다. 따라
서 훈련 폴드마다 반환되는 점수는 총 72개입니다. 이 값은 GridSearchCV 클래스의 cv_results_ 딕셔너리 속성
에 split{폴드번호}_train_score와 같은 키에 저장되어 있습니다. 예를 들어 첫 번째 폴드의 점수는 'split0_
train_score' 키로 저장되어 있습니다.

```
>>> gs = GridSearchCV(estimator=pipe_svc,
...                    param_grid=param_grid,
...                    scoring='accuracy',
...                    cv=10,
...                    return_train_score=True,
...                    n_jobs=-1)
>>> gs = gs.fit(X_train, y_train)
>>> gs.cv_results_['split0_train_score']
array([0.6405868 , 0.93643032, 0.97555012, 0.98777506, 0.98533007,
       0.99266504, 0.99755501, 1.        , 0.62591687, 0.62591687,
       0.62591687, 0.62591687, 0.62591687, 0.62591687, 0.62591687,
       0.62591687, 0.62591687, 0.62591687, 0.62591687, 0.62591687,
       0.62591687, 0.62591687, 0.62591687, 0.62591687, 0.62591687,
       0.62591687, 0.62591687, 0.62591687, 0.62591687, 0.62591687,
       0.62591687, 0.62591687, 0.62591687, 0.7799511 , 0.94621027,
       0.96577017, 0.62591687, 0.62591687, 0.62591687, 0.62591687,
       0.78484108, 0.94621027, 0.9804401 , 0.99266504, 1.        ,
       1.        , 1.        , 1.        , 0.94621027, 0.97799511,
       0.99266504, 1.        , 1.        , 1.        , 1.        ,
       1.        , 0.97799511, 0.98777506, 0.99511002, 1.        ,
       1.        , 1.        , 1.        , 1.        , 0.98533007,
       0.99266504, 1.        , 1.        , 1.        , 1.        ,
       1.        , 1.        ])
```

전체 훈련 점수의 평균값은 'mean_train_score' 키에 저장되어 있습니다.

```
>>> gs.cv_results_['mean_train_score']
array([0.6402928 , 0.93724074, 0.97240801, 0.98510406, 0.98803447,
       0.99145447, 0.99707019, 0.9992677 , 0.62637307, 0.62637307,
       0.62637307, 0.62637307, 0.62637307, 0.62637307, 0.62637307,
       0.62637307, 0.62637307, 0.62637307, 0.62637307, 0.62637307,
       0.62637307, 0.62637307, 0.62637307, 0.62637307, 0.62637307,
       0.62637307, 0.62637307, 0.62637307, 0.62637307, 0.62637307,
       0.62637307, 0.62637307, 0.62637307, 0.77070249, 0.94700817,
```

◐ 계속

```
                 0.97167094, 0.62637307, 0.62637307, 0.62637307, 0.62637307,
                 0.77949371, 0.94725326, 0.97704753, 0.99291848, 1.         ,
                 1.        , 1.        , 1.        , 0.94652096, 0.97753354,
                 0.99023257, 1.        , 1.        , 1.        , 1.         ,
                 1.        , 0.97680064, 0.98852287, 0.99755799, 1.         ,
                 1.        , 1.        , 1.        , 1.        , 0.98803387,
                 0.99291848, 1.        , 1.        , 1.        , 1.         ,
                 1.        , 1.        ])
```

비슷하게 첫 번째 폴드에 대한 테스트 점수는 'split0_test_score' 키에 저장되어 있습니다.

```
>>> gs.cv_results_['split0_test_score']
array([0.63043478, 0.89130435, 0.95652174, 0.97826087, 0.95652174,
       0.93478261, 0.95652174, 0.93478261, 0.63043478, 0.63043478,
       0.63043478, 0.63043478, 0.63043478, 0.63043478, 0.63043478,
       0.63043478, 0.63043478, 0.63043478, 0.63043478, 0.63043478,
       0.63043478, 0.63043478, 0.63043478, 0.63043478, 0.63043478,
       0.63043478, 0.63043478, 0.63043478, 0.63043478, 0.63043478,
       0.63043478, 0.63043478, 0.63043478, 0.69565217, 0.93478261,
       0.95652174, 0.63043478, 0.63043478, 0.63043478, 0.63043478,
       0.69565217, 0.93478261, 0.93478261, 1.        , 0.63043478,
       0.63043478, 0.63043478, 0.63043478, 0.93478261, 0.97826087,
       1.        , 1.        , 0.63043478, 0.63043478, 0.63043478,
       0.63043478, 0.97826087, 0.97826087, 0.97826087, 1.         ,
       0.63043478, 0.63043478, 0.63043478, 0.63043478, 0.97826087,
       0.95652174, 0.95652174, 1.        , 0.63043478, 0.63043478,
       0.63043478, 0.63043478])
```

GridSearchCV 클래스의 객체에서도 최종 모델의 score, predict, transform 메서드를 바로 호출할 수 있습니다.

```
>>> print('테스트 정확도: %.3f' % gs.score(X_test, y_test))
테스트 정확도: 0.974
```

6.4.2 랜덤 서치로 하이퍼파라미터 설정을 더 넓게 탐색하기

그리드 서치는 완전 탐색(exhaustive search)이기 때문에 사용자가 지정한 파라미터 그리드(parameter grid)에 최적의 하이퍼파라미터가 포함되어 있다면 반드시 찾을 수 있습니다. 하지만 하이퍼파라미터 그리드 설정이 크면 그리드 서치 비용이 많이 소요됩니다. 여러 파라미터 조합을 샘플링하는 또 다른 방식은 **랜덤 서치**(randomized search)입니다. 랜덤 서치에서는 분포(또는 이산적인 집합)에서 랜덤하게 하이퍼파라미터 설정을 샘플링합니다. 그리드 서치와 달리 랜덤 서치는 하이퍼파라미터 공간에 대해 완전 탐색을 수행하지 않습니다. 비용과 시간 측면에서 더 효율적으로 넓은 범위의 하이퍼파라미터 값을 탐색할 수 있습니다. 이런 개념이 그림 6-9에 나타나 있습니다. 이 그림은 그리드 서치와 랜덤 서치를 통해 탐색하는 아홉 개의 하이퍼파라미터 설정을 보여 줍니다.

❤ 그림 6-9 아홉 개의 하이퍼파라미터 설정을 샘플링하는 그리드 서치와 랜덤 서치

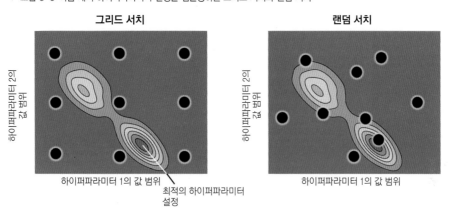

그리드 서치는 사용자가 지정한 이산적인 옵션만 탐색하므로 탐색 공간이 너무 듬성듬성하면 좋은 하이퍼파라미터 설정을 놓칠 수 있습니다. 관심이 있는 독자는 논문[10]에서 랜덤 서치에 대한 추가 세부 사항과 경험적 연구를 확인할 수 있습니다.

랜덤 탐색을 사용하여 SVM을 튜닝하는 방법을 살펴보죠. 사이킷런에는 이전 절에서 사용한 GridSearchCV와 유사한 RandomizedSearchCV 클래스가 있습니다. 가장 큰 차이점은 분포를 파라미터 그리드의 일부로 지정하고 평가할 하이퍼파라미터 설정의 총 개수를 지정할 수 있다는 것입니다. 예를 들어 이전 절의 그리드 서치 예제에서 SVM을 튜닝할 때 여러 하이퍼파라미터에 사용한 범위를 고려해 보죠.

```
>>> import scipy.stats
>>> param_range = [0.0001, 0.001, 0.01, 0.1,
...                1.0, 10.0, 100.0, 1000.0]
```

---

10 Random Search for Hyper-Parameter Optimization by J. Bergstra, Y. Bengio, Journal of Machine Learning Research, pp. 281-305, 2012, https://www.jmlr.org/papers/volume13/bergstra12a/bergstra12a.pdf

RandomizedSearchCV는 범주형 하이퍼파라미터의 경우 파라미터 그리드에 사용한 입력처럼 이산적인 값 리스트를 받을 수 있습니다. 하지만 이런 리스트를 샘플링 분포로 대체할 수 있다는 것이 랜덤 서치의 주요한 이점입니다. 예를 들어 앞의 리스트를 사이파이의 분포로 다음과 같이 바꿀 수 있습니다.

```
>>> param_range = scipy.stats.loguniform(0.0001, 1000.0)
```

일반 균등 분포 대신 로그 균등 분포(log uniform distribution)를 사용하면 충분히 많은 시도를 할 경우 [0.0001, 0.001] 범위에서 [10.0, 100.0]과 동일한 개수의 샘플을 뽑습니다. 어떻게 동작하는지 확인하기 위해 다음과 같이 이 분포에서 rvs(10) 메서드로 열 개의 샘플을 뽑아 보겠습니다.

```
>>> np.random.seed(1)
>>> param_range.rvs(10)
array([8.30145146e-02, 1.10222804e+01, 1.00184520e-04, 1.30715777e-02,
       1.06485687e-03, 4.42965766e-04, 2.01289666e-03, 2.62376594e-02,
       5.98924832e-02, 5.91176467e-01])
```

> **Note ≡ 분포 지정하기**
>
> RandomizedSearchCV에는 rvs() 메서드로 샘플링을 하는 어떤 분포도 사용할 수 있습니다. scipy.stats에서 제공하는 전체 분포는 다음 주소에서 확인할 수 있습니다.
>
> https://docs.scipy.org/doc/scipy/reference/stats.html#probability-distributions

이전 절에서 GridSearchCV로 했던 것처럼 RandomizedSearchCV를 사용해서 SVM을 튜닝해 보죠.

```
>>> from sklearn.model_selection import RandomizedSearchCV
>>> pipe_svc = make_pipeline(StandardScaler(),
...                          SVC(random_state=1))
>>> param_grid = [{'svc__C': param_range,
...                'svc__kernel': ['linear']},
...               {'svc__C': param_range,
...                'svc__gamma': param_range,
...                'svc__kernel': ['rbf']}]
>>> rs = RandomizedSearchCV(estimator=pipe_svc,
...                         param_distributions=param_grid,
...                         scoring='accuracy',
...                         refit=True,
...                         n_iter=20,
```

```
...                             cv=10,
...                             random_state=1,
...                             n_jobs=-1)
>>> rs = rs.fit(X_train, y_train)
>>> print(rs.best_score_)
0.9670531400966184
>>> print(rs.best_params_)
{'svc__C': 0.05971247755848464, 'svc__kernel': 'linear'}
```

코드를 보면 GridSearchCV와 사용법이 매우 비슷합니다. 분포를 사용하여 파라미터 범위를 지정하고 n_iter=20으로 반복 횟수를 20으로 지정한 것만 다릅니다.

6.4.3 SH 방식을 사용한 자원 효율적인 하이퍼파라미터 탐색

랜덤 탐색의 아이디어를 한 단계 더 발전시켜 사이킷런은 적절한 하이퍼파라미터 설정을 보다 효율적으로 찾는 SH(Successive Halving) 방식의 일종인 HalvingRandomSearchCV를 제공합니다. SH 방식은 후보 설정 집합에서 하나의 설정이 남을 때까지 적합하지 않은 하이퍼파라미터 설정을 연속적으로 버립니다. 이 과정을 다음 단계로 요약할 수 있습니다.

1. 랜덤 샘플링을 통해 후보 설정의 집합을 샘플링합니다.

2. 제한된 자원, 예를 들어 (전체 훈련 세트가 아니라) 훈련 데이터의 일부로 모델을 훈련합니다.

3. 예측 성능을 기준으로 하위 50%를 버립니다.

4. 가용한 자원을 늘려 단계 2로 돌아갑니다.

하나의 하이퍼파라미터 설정이 남을 때까지 이 단계가 반복됩니다. 그리드 서치를 위한 SH 방식인 HalvingGridSearchCV도 제공합니다. 이 클래스는 랜덤 샘플 대신 사용자가 지정한 모든 하이퍼파라미터 설정을 단계 1에서 사용합니다.

다음 코드처럼 HalvingRandomSearchCV를 임포트한 후 SH 방식의 랜덤 서치를 사용할 수 있습니다.

```
>>> from sklearn.model_selection import HalvingRandomSearchCV
>>> hs = HalvingRandomSearchCV(pipe_svc,
...                            param_distributions=param_grid,
...                            n_candidates='exhaust',
...                            resource='n_samples',
```

```
...                    factor=1.5,
...                    random_state=1,
...                    n_jobs=-1)
```

(기본값인) resource='n_samples'로 지정하면 반복마다 제한할 자원으로 훈련 세트 크기를 사용합니다. factor 매개변수를 통해 반복마다 얼마나 많은 후보를 제거할지 지정할 수 있습니다. 예를 들어 factor=2로 지정하면 후보의 절반을 제거합니다. factor=1.5로 지정하면 후보 중에서 $100\%/1.5 \approx 66\%$만 다음 반복으로 넘어갑니다. RandomizedSearchCV처럼 반복 횟수를 고정하여 지정하는 대신 (기본값인) n_candidates='exhaust'로 지정하면 마지막 반복에서 최대 자원(여기에서는 훈련 샘플)이 사용되도록 하이퍼파라미터 설정을 샘플링합니다.

RandomizedSearchCV와 비슷하게 탐색을 수행할 수 있습니다.

```
>>> hs = hs.fit(X_train, y_train)
>>> print(hs.best_score_)
0.9617647058823529
>>> print(hs.best_params_)
{'svc__C': 4.934834261073341, 'svc__kernel': 'linear'}
>>> clf = hs.best_estimator_
>>> print(f'테스트 정확도: {hs.score(X_test, y_test):.3f}')
테스트 정확도: 0.982
```

HalvingRandomSearchCV 모델과 이전 절의 GridSearchCV, RandomizedSearchCV와 비교하면 테스트 세트에서 조금 더 성능이 낮습니다(98.2% vs 97.4%).

> Note ≡ **hyperopt를 사용한 하이퍼파라미터 튜닝**
>
> 인기 있는 하이퍼파라미터 최적화 라이브러리 중 하나는 hyperopt(https://github.com/hyperopt/hyperopt)입니다. 랜덤 서치와 TPE(Tree-structured Parzen Estimators) 메서드를 포함하여 여러 종류의 하이퍼파라미터 최적화 방법을 제공합니다. TPE는 하이퍼파라미터 평가를 독립적인 이벤트로 간주하지 않고 이전의 하이퍼파라미터 평가와 성능 점수를 기반으로 지속적으로 업데이트하는 확률 모델 기반의 베이즈 최적화 방법입니다. TPE에 대한 자세한 내용은 논문[11]을 참고하세요.
>
> hyperopt는 하이퍼파라미터 최적화를 위한 범용적인 인터페이스를 제공합니다. 이에 반해 사이킷런에 특화된 패키지인 hyperopt-sklearn(https://github.com/hyperopt/hyperopt-sklearn)도 있습니다.

---

11 Algorithms for Hyper-Parameter Optimization. Bergstra J, Bardenet R, Bengio Y, Kegl B. NeurIPS 2011. pp. 2546-2554, https://dl.acm.org/doi/10.5555/2986459.2986743

6.4.4 중첩 교차 검증을 사용한 알고리즘 선택

이전 절에서 보았듯이 그리드 서치나 랜덤 서치와 k-겹 교차 검증을 함께 사용하면 머신 러닝 모델의 성능을 세부 튜닝하기에 좋습니다. 여러 종류의 머신 러닝 알고리즘을 비교하려면 중첩 교차 검증(nested cross-validation) 방법이 권장됩니다. 오차 예측에 대한 편향을 연구하는 중에 바르마(Varma)와 사이먼(Simon)은 중첩된 교차 검증을 사용했을 때 테스트 데이터셋에 대한 추정 오차는 거의 편향되지 않는다는 결론을 얻었습니다.[12]

중첩 교차 검증은 바깥쪽 k-겹 교차 검증 루프가 데이터를 훈련 폴드와 테스트 폴드로 나누고 안쪽 루프가 훈련 폴드에서 k-겹 교차 검증을 수행하여 모델을 선택합니다. 모델이 선택되면 테스트 폴드를 사용하여 모델 성능을 평가합니다. 그림 6-10은 바깥 루프에 다섯 개의 폴드를 사용하고 안쪽 루프에 두 개의 폴드를 사용하는 중첩 교차 검증의 개념을 보여 줍니다. 이런 방식은 계산 성능이 중요한 대용량 데이터셋에서 유용합니다. 중첩 교차 검증의 폴드 개수를 고려하여 5×2 교차 검증이라고도 합니다.[13]

▼ 그림 6-10 중첩 교차 검증

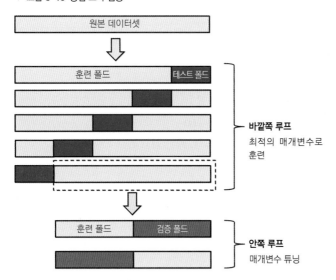

---

12 Bias in Error Estimation When Using Cross-Validation for Model Selection by S. Varma and R. Simon, BMC Bioinformatics, 7(1): 91, 2006, https://bmcbioinformatics.biomedcentral.com/articles/10.1186/1471-2105-7-91

13 **역주** 전처리 과정이 복잡하면 계산 시간이 오래 걸릴 수 있습니다. Pipeline 클래스와 make_pipeline 함수의 memory 매개변수에 캐싱 디렉터리를 지정하면 전처리 결과를 로컬 디스크에 저장한 후 재사용합니다.

사이킷런에서는 다음과 같이 그리드 서치를 사용한 중첩 교차 검증을 수행할 수 있습니다.

```
>>> param_range = [0.0001, 0.001, 0.01, 0.1,
...                1.0, 10.0, 100.0, 1000.0]
>>> param_grid = [{'svc__C': param_range,
...                'svc__kernel': ['linear']},
...               {'svc__C': param_range,
...                'svc__gamma': param_range,
...                'svc__kernel': ['rbf']}]
>>> gs = GridSearchCV(estimator=pipe_svc,
...                   param_grid=param_grid,
...                   scoring='accuracy',
...                   cv=2)
>>> scores = cross_val_score(gs, X_train, y_train,
...                          scoring='accuracy', cv=5)
>>> print(f'CV 정확도: {np.mean(scores):.3f} '
...       f'+/- {np.std(scores):.3f}')
CV 정확도: 0.974 +/- 0.015
```

반환된 평균 교차 검증 점수는 모델의 하이퍼파라미터를 튜닝했을 때 처음 본 데이터에서 기대할 수 있는 추정 값이 됩니다. 예를 들어 중첩 교차 검증을 사용하여 SVM 모델과 단일 결정 트리 분류기를 비교할 수 있습니다. 간단한 예를 위해 max_depth 매개변수만 튜닝해 보겠습니다.

```
>>> from sklearn.tree import DecisionTreeClassifier
>>> gs = GridSearchCV(
...       estimator=DecisionTreeClassifier(random_state=0),
...       param_grid=[{'max_depth': [1, 2, 3, 4, 5, 6, 7, None]}],
...       scoring='accuracy',
...       cv=2
... )
>>> scores = cross_val_score(gs, X_train, y_train,
...                          scoring='accuracy', cv=5)
>>> print(f'CV 정확도: {np.mean(scores):.3f} '
...       f'+/- {np.std(scores):.3f}')
CV 정확도: 0.934 +/- 0.016
```

결과에서 알 수 있듯이 SVM 모델의 중첩 교차 검증 성능(97.4%)은 결정 트리의 성능(93.4%)보다 훨씬 뛰어납니다. 이 데이터셋과 동일 분포에서 발생되는 새로운 데이터를 분류하기 위해서는 SVM이 더 좋은 선택일 것입니다.

6.5 여러 가지 성능 평가 지표

이전 장과 절에서는 정확도를 사용하여 여러 머신 러닝 모델을 평가했습니다. 이 지표는 일반적으로 분류 모델의 성능을 정량화하는 데 유용합니다. 주어진 문제에 모델이 적합한지 측정할 수 있는 다른 성능 지표도 여럿 있습니다. 정밀도(precision), 재현율(recall), F1-점수, 매튜 상관 계수(Matthews Correlation Coefficient, MCC)입니다.

6.5.1 오차 행렬

여러 가지 지표를 자세히 알아보기 전에 학습 알고리즘의 성능을 행렬로 펼쳐 놓은 **오차 행렬**(confusion matrix)[14]을 살펴보겠습니다. 오차 행렬은 그림 6-11과 같이 **진짜 양성**(True Positive, TP), **진짜 음성**(True Negative, TN), **거짓 양성**(False Positive, FP), **거짓 음성**(False Negative, FN)의 개수를 적은 단순한 정방 행렬입니다.

▼ 그림 6-11 오차 행렬

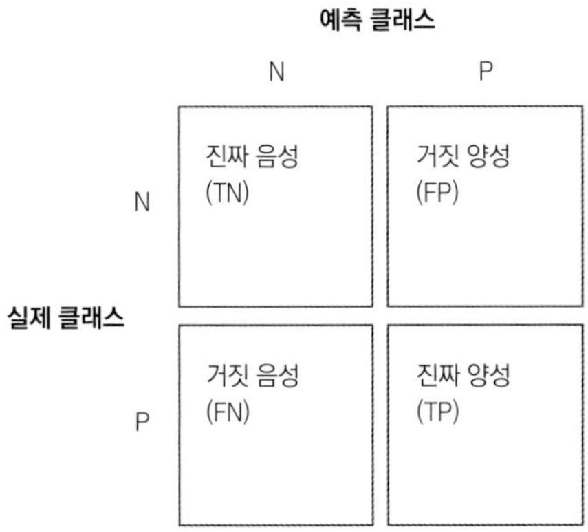

이 행렬은 타깃 클래스와 예측 클래스의 레이블을 직접 세어 계산할 수 있지만 사이킷런에서 제공하는 편리한 confusion_matrix 함수를 사용할 수 있습니다.

---

14 역주 confusion matrix를 '혼동 행렬'이라고 번역하는 경우가 많지만 처음 접하는 경우에는 어떤 의미인지 파악하기 어렵습니다. 책에서는 좀 더 쉽게 이해할 수 있도록 '오차 행렬'이라고 옮겼습니다.

```
>>> from sklearn.metrics import confusion_matrix
>>> pipe_svc.fit(X_train, y_train)
>>> y_pred = pipe_svc.predict(X_test)
>>> confmat = confusion_matrix(y_true=y_test, y_pred=y_pred)
>>> print(confmat)
[[71  1]
 [ 2 40]]
```

코드를 실행해서 얻은 배열은 분류기가 테스트 데이터셋에서 만든 에러의 종류를 알려 줍니다. 맷플롯립의 matshow 함수를 사용하여 이 배열을 앞서 보았던 오차 행렬 그림으로 나타내 보겠습니다.

```
>>> fig, ax = plt.subplots(figsize=(2.5, 2.5))
>>> ax.matshow(confmat, cmap=plt.cm.Blues, alpha=0.3)
>>> for i in range(confmat.shape[0]):
...     for j in range(confmat.shape[1]):
...         ax.text(x=j, y=i, s=confmat[i, j],
...                 va='center', ha='center')
>>> ax.xaxis.set_ticks_position('bottom')
>>> plt.xlabel('Predicted label')
>>> plt.ylabel('True label')
>>> plt.show()
```

그림 6-12와 같이 오차 행렬 그림에 레이블을 추가하면 이해하기 좀 더 쉽습니다.

❤ 그림 6-12 유방암 데이터셋의 오차 행렬

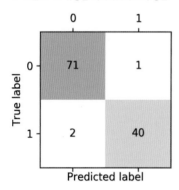

Note ≡　**역주** 사이킷런 ConfusionMatrixDisplay 클래스를 사용하면 오차 행렬을 쉽게 그릴 수 있습니다. from_estimator 메서드의 첫 번째 매개변수로 훈련된 모델을 전달하고 그다음 테스트 데이터셋의 특성과 타깃 데이터를 전달하면 됩니다.

```
>>> from sklearn.metrics import ConfusionMatrixDisplay
>>> ConfusionMatrixDisplay.from_estimator(pipe_svc, X_test, y_test)
>>> plt.show()
```

❤ 그림 6-13 ConfusionMatrixDisplay 클래스로 그린 오차 행렬

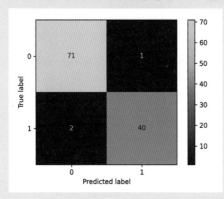

confusion_matrix() 함수와 ConfusionMatrixDisplay 클래스는 normalize 매개변수를 사용하여 오차 행렬의 값을 정규화할 수 있습니다. 'true', 'pred'는 각각 행과 열 방향으로 정규화합니다. 'all'로 지정하면 전체 출력 값을 정규화합니다.

```
>>> ConfusionMatrixDisplay.from_estimator(pipe_svc, X_test, y_test,
...                                       normalize='all')
>>> plt.show()
```

❤ 그림 6-14 정규화된 오차 행렬

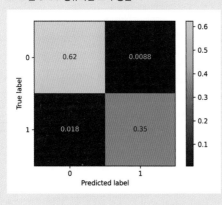

이 예에서 클래스 1(악성 종양)이 양성 클래스입니다. 모델은 71개의 샘플을 정확하게 클래스 0(TN)으로 분류했습니다. 40개의 샘플은 클래스 1(TP)로 올바르게 분류했습니다. 클래스 1에 해당하는 두 개의 샘플을 클래스 0(FN)으로 잘못 분류했고 양성 종양인 하나의 샘플을 악성 종양(FP)으로 잘못 분류했습니다.[15] 다음 절에서 이 정보를 이용하여 여러 가지 오차 지표를 계산해 보겠습니다.

6.5.2 분류 모델의 정밀도와 재현율 최적화

예측 오차(ERR)와 정확도(ACC) 모두 얼마나 많은 샘플을 잘못 분류했는지 일반적인 정보를 알려 줍니다. 오차는 잘못된 예측의 합을 전체 예측 샘플 개수로 나눈 것입니다. 정확도는 옳은 예측의 합을 전체 예측 샘플 개수로 나누어 계산합니다.

$$ERR = \frac{FP + FN}{FP + FN + TP + TN}$$

예측 정확도는 오차에서 바로 계산할 수 있습니다.

$$ACC = \frac{TP + TN}{FP + FN + TP + TN} = 1 - ERR$$

거짓 양성 비율(False Positive Rate, FPR)과 진짜 양성 비율(True Positive Rate, TPR)은 클래스 비율이 다른 경우 유용한 성능 지표입니다.[16]

$$FPR = \frac{FP}{N} = \frac{FP}{FP + TN}$$

$$TPR = \frac{TP}{P} = \frac{TP}{FN + TP}$$

예를 들어 종양 진단 문제에서는 환자가 적절한 치료를 받을 수 있도록 악성 종양을 감지하는 데 관심이 있습니다. 또 불필요하게 환자에게 걱정을 끼치지 않도록 음성 종양이 악성으로 분류되는 경우(FP)를 줄이는 것이 중요합니다. FPR에 비해서 TPR은 전체 양성 샘플(P) 중에서 올바르게 분류된 양성(또는 관심) 샘플의 비율을 알려 줍니다.

---

15 **역주** 악성 종양이 관심 대상인 양성(positive) 클래스입니다. 음성 클래스인 양성(benign) 종양과 단어가 같기 때문에 혼동하기 쉬우니 주의하세요.

16 **역주** TPR과 FPR은 오차 행렬에서 행(실제 클래스)끼리 계산하기 때문에 클래스 비율에 영향을 받지 않습니다.

정밀도(PRE)와 재현율(REC) 성능 지표는 진짜 양성과 진짜 음성 샘플의 비율과 관련이 있습니다. 사실 REC는 TPR의 다른 이름입니다.

$$REC = TPR = \frac{TP}{P} = \frac{TP}{FN + TP}$$

다른 말로 하면 재현율은 관련된 샘플(양성)을 얼마나 많이 (진짜 양성으로) 감지했는지 정량화합니다. 정밀도는 예측된 샘플(진짜 양성과 거짓 양성의 합) 중 실제로 관련된 샘플(진짜 양성)의 수를 정량화합니다.

$$PRE = \frac{TP}{TP + FP}$$

악성 종양 감지 문제에서 재현율을 최적화하면 악성 종양을 감지하지 못할 확률을 최소화하는 데 도움이 됩니다. 하지만 건강한 환자임에도 악성 종양으로 예측하는 비용이 발생합니다(높은 FP 때문입니다). 반대로 정밀도를 최적화하면 환자가 악성 종양을 가졌는지 정확히 예측하게 됩니다. 하지만 악성 종양 환자를 자주 놓치는 결과를 초래합니다(높은 FN 때문입니다).

PRE와 REC 최적화로 인한 장단점의 균형을 맞추기 위해 PRE와 REC 조화 평균인 F1-점수를 자주 사용합니다.

$$F1 = 2\frac{PRE \times REC}{PRE + REC}$$

> **Note ≡ 정밀도와 재현율에 관한 추가 자료**
>
> 정밀도와 재현율 같이 여러 가지 성능 지표에 대해 좀 더 자세한 설명을 읽고 싶다면 David M. W. Powers의 기술 리포트 Evaluation: From Precision, Recall and F-Measure to ROC, Informedness, Markedness & Correlation[17]을 참고하세요.

마지막으로 오차 행렬을 요약하는 방법으로 생물학 연구 분야에 많이 사용되는 MCC가 있습니다. MCC는 다음과 같이 계산합니다.

$$MCC = \frac{TP \times TN - FP \times FN}{\sqrt{(TP + FP)(TP + FN)(TN + FP)(TN + FN)}}$$

---

[17] https://arxiv.org/pdf/2010.16061.pdf

PRE, REC, F1 점수와 달리 MCC는 –1과 1 사이의 범위이며 오차 행렬의 모든 요소를 고려합니다. 예를 들어 F1 점수는 TN을 고려하지 않습니다. MCC 값이 F1 점수보다 이해하기 어렵지만 한 논문[18]에서 언급한 것처럼 더 좋은 지표로 간주됩니다.

이런 성능 지표들이 모두 사이킷런에 구현되어 있습니다. 다음 예처럼 sklearn.metrics 모듈에서 임포트하여 사용합니다.

```
>>> from sklearn.metrics import precision_score
>>> from sklearn.metrics import recall_score, f1_score
>>> from sklearn.metrics import matthews_corrcoef
>>> pre_val = precision_score(y_true=y_test, y_pred=y_pred)
>>> print(f'정밀도: {pre_val:.3f}')
정밀도: 0.976
>>> rec_val = recall_score(y_true=y_test, y_pred=y_pred)
>>> print(f'재현율: {rec_val:.3f}')
재현율: 0.952
>>> f1_val = f1_score(y_true=y_test, y_pred=y_pred)
>>> print(f'F1: {f1_val:.3f}')
F1: 0.964
>>> mcc_val = matthews_corrcoef(y_true=y_test, y_pred=y_pred)
>>> print(f'MCC: {mcc_val:.3f}')
MCC: 0.943
```

또한, GridSearchCV의 scoring 매개변수를 사용하여 정확도 대신 다른 성능 지표를 사용할 수 있습니다. scoring 매개변수에 사용할 수 있는 전체 리스트는 온라인 문서를 참고하세요(http://scikit-learn.org/stable/modules/model_evaluation.html).

사이킷런에서 양성 클래스는 레이블이 1인 클래스입니다. 양성 레이블을 바꾸고 싶다면 make_scorer 함수를 사용하여 자신만의 함수를 만들 수 있습니다. 그다음 GridSearchCV의 scoring 매개변수에 전달할 수 있습니다. 예를 들어 f1_score를 측정 지표로 사용하는 경우는 다음과 같습니다.

```
>>> from sklearn.metrics import make_scorer, f1_score
>>> scorer = make_scorer(f1_score, pos_label=0)
>>> c_gamma_range = [0.01, 0.1, 1.0, 10.0]
>>> param_grid = [{'svc__C': c_gamma_range,
...                'svc__kernel': ['linear']},
...               {'svc__C': c_gamma_range,
```

---

18 The advantages of the Matthews correlation coefficient (MCC) over F1 score and accuracy in binary classification evaluation by D. Chicco and G. Jurman, BMC Genomics, pp. 281-305, 2012
https://bmcgenomics.biomedcentral.com/articles/10.1186/s12864-019-6413-7

```
...                   'svc__gamma': c_gamma_range,
...                   'svc__kernel': ['rbf']}]
>>> gs = GridSearchCV(estimator=pipe_svc,
...                   param_grid=param_grid,
...                   scoring=scorer,
...                   cv=10)
>>> gs = gs.fit(X_train, y_train)
>>> print(gs.best_score_)
0.9861994953378878
>>> print(gs.best_params_)
{'svc__C': 10.0, 'svc__gamma': 0.01, 'svc__kernel': 'rbf'}
```

6.5.3 ROC 곡선 그리기

ROC(Receiver Operating Characteristic) 그래프는 분류기의 임계 값을 바꾸어 가며 계산된 FPR과 TPR 점수를 기반으로 분류 모델을 선택하는 유용한 도구입니다. ROC 그래프의 대각선은 랜덤 추측으로 해석할 수 있고 대각선 아래에 위치한 분류 모델은 랜덤 추측보다 나쁜 셈입니다. 완벽한 분류기의 그래프는 TPR이 1이고 FPR이 0인 왼쪽 위 구석에 위치합니다. ROC 곡선의 아래 면적인 ROC AUC(ROC Area Under the Curve)를 계산하여 분류 모델의 성능을 종합할 수 있습니다.

ROC 곡선과 비슷하게 분류 모델의 확률 임계 값을 바꾸어 가며 정밀도-재현율 곡선을 그릴 수 있습니다. 정밀도-재현율 곡선을 그리는 함수도 사이킷런에 구현되어 있습니다(http://scikit-learn.org/stable/modules/generated/sklearn.metrics.precision_recall_curve.html).

다음 코드를 실행하여 위스콘신 유방암 데이터셋에서 두 개의 특성을 추출하여 종양의 악성 여부를 예측하는 분류 모델의 ROC 곡선을 그려 보겠습니다. 앞서 정의한 같은 로지스틱 회귀 파이프라인을 사용하지만 이번에는 두 개의 특성만 사용합니다. 다른 특성에 있는 유용한 정보를 사용하지 않기 때문에 분류 작업이 더 어려워지므로 만들어진 ROC 곡선이 시각적으로 잘 표현됩니다. 비슷한 이유로 StratifiedKFold의 폴드 개수를 세 개로 줄입니다. 코드는 다음과 같습니다.

```
>>> from sklearn.metrics import roc_curve, auc
>>> from numpy import interp
>>> pipe_lr = make_pipeline(
...     StandardScaler(),
...     PCA(n_components=2),
...     LogisticRegression(penalty='l2', random_state=1,
...                        solver='lbfgs', C=100.0)
... )
```

```
>>> X_train2 = X_train[:, [4, 14]]
>>> cv = list(StratifiedKFold(n_splits=3).split(X_train, y_train))
>>> fig = plt.figure(figsize=(7, 5))
>>> mean_tpr = 0.0
>>> mean_fpr = np.linspace(0, 1, 100)
>>> all_tpr = []
>>> for i, (train, test) in enumerate(cv):
...     probas = pipe_lr.fit(
...         X_train2[train],
...         y_train[train]
...     ).predict_proba(X_train2[test])
...     fpr, tpr, thresholds = roc_curve(y_train[test],
...                                      probas[:, 1],
...                                      pos_label=1)
...     mean_tpr += interp(mean_fpr, fpr, tpr)
...     mean_tpr[0] = 0.0
...     roc_auc = auc(fpr, tpr)
...     plt.plot(fpr,
...              tpr,
...              label=f'ROC fold {i+1} (area = {roc_auc:.2f})')
>>> plt.plot([0, 1],
...          [0, 1],
...          linestyle='--',
...          color=(0.6, 0.6, 0.6),
...          label='Random guessing (area = 0.5)')
>>> mean_tpr /= len(cv)
>>> mean_tpr[-1] = 1.0
>>> mean_auc = auc(mean_fpr, mean_tpr)
>>> plt.plot(mean_fpr, mean_tpr, 'k--',
...          label=f'Mean ROC (area = {mean_auc:.2f})', lw=2)
>>> plt.plot([0, 0, 1],
...          [0, 1, 1],
...          linestyle=':',
...          color='black',
...          label='Perfect performance (area = 1.0)')
>>> plt.xlim([-0.05, 1.05])
>>> plt.ylim([-0.05, 1.05])
>>> plt.xlabel('False positive rate')
>>> plt.ylabel('True positive rate')
>>> plt.legend(loc='lower right')
>>> plt.show()
```

이전 코드에서 자주 보았던 사이킷런의 StratifiedKFold를 사용했습니다. 각 반복에서 sklearn. metrics 모듈의 roc_curve 함수를 사용하여 pipe_lr 파이프라인에 있는 LogisticRegression 모델의 ROC 값을 계산했습니다. 또 사이파이(SciPy)의 interp 함수를 사용하여 세 개의 폴드에 대한 ROC 곡선을 보간하여 평균을 구했습니다. 그다음 auc 함수를 사용하여 곡선 아래 면적을 계산합니다. 만들어진 ROC 곡선을 보면 폴드에 따라 어느 정도 분산이 있음을 알 수 있습니다. 평균 ROC AUC(0.76)는 완벽한 경우(1.0)와 랜덤 추측(0.5)[19] 사이에 있습니다.

▼ 그림 6-15 ROC 곡선

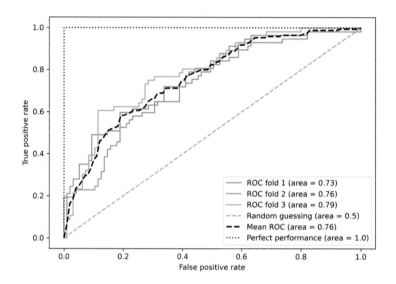

ROC AUC 점수에만 관심이 있다면 sklearn.metrics 모듈의 roc_auc_score 함수를 사용할 수도 있습니다. 비슷하게 이 모듈에는 이전 절에서 소개했던 다른 측정 함수(예를 들어 precision_ score)가 포함되어 있습니다.

ROC AUC로 분류 모델의 성능을 조사하면 불균형한 데이터셋에서 분류기의 성능에 대해 더 많은 통찰을 얻을 수 있습니다. 정확도를 ROC 곡선 하나의 구분점으로 해석할 수 있지만 브래들리(A. P. Bradley)는 ROC AUC와 정확도가 대부분 서로 비례한다는 것을 보였습니다.[20]

---

19 [역주] 무작위로 분류하면 클래스별로 오차율이 비슷해지므로 FPR과 TPR이 같아져 $y=x$ 직선이 됩니다. 이 그래프의 아래 면적이 0.5입니다.

20 The use of the area under the roc curve in the evaluation of machine learning algorithms, A. P. Bradley, Pattern Recognition, 30(7): 1145–1159, 1997, https://reader.elsevier.com/reader/sd/pii/S0031320396001422

Note ≡   역주 RocCurveDisplay 클래스와 PrecisionRecallDisplay 클래스를 사용하면 ROC 곡선과 정밀
도-재현율 곡선을 쉽게 그릴 수 있습니다.

RocCurveDisplay 객체에는 FPR과 TPR 값이 저장되어 있어 평균을 구할 때 활용할 수 있습니다. 다음은 앞에서처럼 교차 검증의 ROC 곡선을 그리는 코드입니다.

```
>>> from sklearn.metrics import RocCurveDisplay
>>> fig, ax = plt.subplots(figsize=(7, 5))
>>> mean_tpr = 0.0
>>> mean_fpr = np.linspace(0, 1, 100)
>>> for i, (train, test) in enumerate(cv):
...     pipe_lr.fit(X_train2[train], y_train[train])
...     roc_disp = RocCurveDisplay.from_estimator(pipe_lr,
...                                     X_train2[test], y_train[test],
...                                     name=f'Fold {i}', ax=ax)
...     mean_tpr += interp(mean_fpr, roc_disp.fpr, roc_disp.tpr)
...     mean_tpr[0] = 0.0
>>> plt.plot([0, 1], [0, 1],
...         linestyle='--', color=(0.6, 0.6, 0.6),
...         label='Random guessing')
>>> mean_tpr /= len(cv)
>>> mean_tpr[-1] = 1.0
>>> mean_auc = auc(mean_fpr, mean_tpr)
>>> plt.plot(mean_fpr, mean_tpr, 'k--',
...         label='Mean ROC (area = %0.2f)' % mean_auc, lw=2)
>>> plt.plot([0, 0, 1], [0, 1, 1],
...         linestyle=':', color='black',
...         label='Perfect performance')
>>> plt.xlim([-0.05, 1.05])
>>> plt.ylim([-0.05, 1.05])
>>> plt.xlabel('False positive rate')
>>> plt.ylabel('True positive rate')
>>> plt.legend(loc="lower right")
>>> plt.show()
```

● 계속

▼ 그림 6-16 RocCurveDisplay 클래스로 그린 ROC 곡선

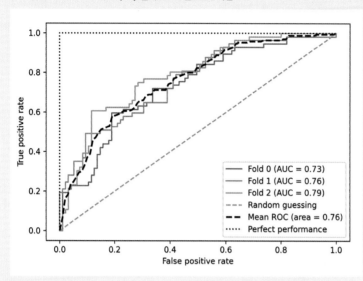

정밀도-재현율 곡선도 비슷한 방식으로 그릴 수 있습니다. RocCurveDisplay 클래스를 PrecisionRecall
Display 클래스로 바꿉니다. PrecisionRecallDisplay 객체에서 정밀도와 재현율을 추출하여 평균값을 계산할
때 사용합니다. 다만 재현율과 정밀도가 1에서부터 기록되기 때문에 두 배열을 뒤집어 정밀도 평균값을 계산합니다.

```
>>> from sklearn.metrics import PrecisionRecallDisplay
>>> fig, ax = plt.subplots(figsize=(7, 5))
>>> mean_precision = 0.0
>>> mean_recall = np.linspace(0, 1, 100)
>>> for i, (train, test) in enumerate(cv):
...     pipe_lr.fit(X_train2[train], y_train[train])
...     pr_disp = PrecisionRecallDisplay.from_estimator(pipe_lr,
...                                                     X_train2[test],
...                                                     y_train[test],
...                                                     name=f'Fold {i}', ax=ax)
...     mean_precision += interp(mean_recall,
...                             pr_disp.recall[::-1],
...                             pr_disp.precision[::-1])
>>> plt.plot([0, 1], [1, 0],
...         linestyle='--', color=(0.6, 0.6, 0.6),
...         label='Random guessing')
>>> mean_precision /= len(cv)
>>> mean_auc = auc(mean_recall, mean_precision)
>>> plt.plot(mean_recall, mean_precision, 'k--',
...         label='Mean ROC (area = %0.2f)' % mean_auc, lw=2)
```

◆ 계속

```
>>> plt.plot([0, 1, 1], [1, 1, 0],
...          linestyle=':', color='black',
...          label='Perfect performance')
>>> plt.xlim([-0.05, 1.05])
>>> plt.ylim([-0.05, 1.05])
>>> plt.xlabel('Recall')
>>> plt.ylabel('Precision')
>>> plt.legend(loc="lower left")
>>> plt.show()
```

❤ 그림 6-17 PrecisionRecallDisplay 클래스로 그린 정밀도-재현율 곡선

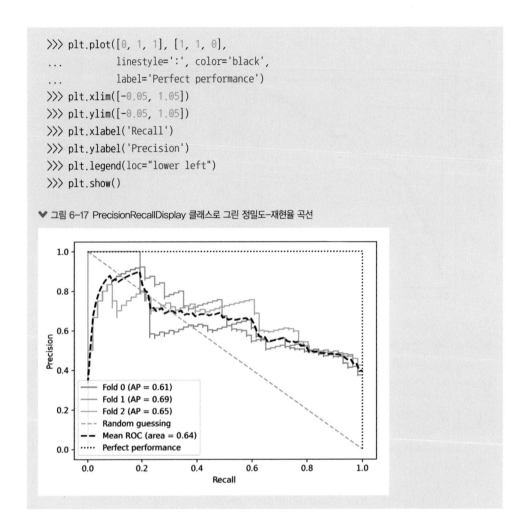

6.5.4 다중 분류의 성능 지표

이 절에서 언급한 성능 지표는 이진 분류에 대한 것입니다. 사이킷런은 이런 평균 지표에 마크로 (macro)와 마이크로(micro) 평균 방식을 구현하여 **OvA**(One-versus-All) 방식을 사용하는 다중 분류로 확장합니다. 마이크로 평균은 클래스별로 TP, TN, FP, FN을 계산합니다. 예를 들어 k개의 클래스가 있는 경우 정밀도의 마이크로 평균은 다음과 같이 계산합니다.

$$PRE_{micro} = \frac{TP_1 + \cdots + TP_k}{TP_1 + \cdots + TP_k + FP_1 + \cdots + FP_k}$$

278

마크로 평균은 단순하게 클래스별 정밀도의 평균입니다.

$$PRE_{macro} = \frac{PRE_1 + \cdots + PRE_k}{k}$$

마이크로 평균은 각 샘플이나 예측에 동일한 가중치를 부여하고자 할 때 사용합니다. 마크로 평균은 모든 클래스에 동일한 가중치를 부여하여 분류기의 전반적인 성능을 평가합니다. 이 방식에서는 가장 빈도 높은 클래스 레이블의 성능이 중요합니다.

사이킷런에서 이진 성능 지표로 다중 분류 모델을 평가하면 정규화 또는 가중치가 적용된 마크로 평균이 기본으로 적용됩니다.[21] 가중치가 적용된 마크로 평균은 평균을 계산할 때 각 클래스 레이블의 샘플 개수를 가중하여 계산합니다. 가중치가 적용된 마크로 평균은 레이블마다 샘플 개수가 다른 불균형한 클래스를 다룰 때 유용합니다.

사이킷런에서 가중치가 적용된 마크로 평균이 다중 분류 문제에서 기본값이지만 sklearn.metrics 모듈 아래에 있는 측정 함수들은 average 매개변수로 평균 계산 방식을 지정할 수 있습니다. 예를 들어 precision_score나 make_scorer 함수입니다.

```
>>> pre_scorer = make_scorer(score_func=precision_score,
...                          pos_label=1,
...                          greater_is_better=True,
...                          average='micro')
```

6.5.5 불균형한 클래스 다루기

이 장에서 불균형한 클래스에 대해 여러 번 언급했지만 실제로 이런 경우에 적절한 처리 방법을 설명하지 않았습니다. 클래스 불균형은 실전 데이터를 다룰 때 매우 자주 나타나는 문제입니다. 한 개 또는 여러 개의 클래스 샘플이 데이터셋에 너무 많을 때입니다. 이런 문제가 일어날 수 있는 분야는 스팸 필터링, 부정 감지, 질병 차단 등입니다.

---

21 [역주] sklearn.metrics 모듈의 classification_report 함수는 정밀도, 재현율, F1-점수를 한 번에 계산하여 출력해 줍니다. 이 함수를 다중 분류 모델에 적용하면 가중치가 적용된 마크로 평균을 계산합니다. 사이킷런 0.20 버전부터는 마이크로, 마크로, 가중치 마크로 값을 모두 계산하여 반환합니다. precision_score, recall_score 등의 함수에 average 매개변수 기본값은 이진 분류일 경우에 해당하는 'binary'입니다. 다중 분류에서 마이크로, 마크로, 가중치 마크로 평균을 사용하려면 각각 'micro', 'macro', 'weighted'로 지정합니다.

이 장에서 사용한 위스콘신 유방암 데이터셋이 90%는 건강한 환자라고 가정해 보겠습니다. 지도 학습 알고리즘을 사용하지 않고 모든 샘플에 대해 다수의 클래스(양성 종양)를 예측하기만 해도 테스트 데이터셋에서 90% 정확도를 달성할 수 있습니다. 이런 데이터셋에서 90% 정도의 테스트 정확도를 달성한 모델은 데이터셋에 있는 특성에서 어떤 유용한 것을 학습하지 못한 것입니다.

이 절에서 불균형한 데이터셋을 다룰 때 도움이 되는 몇 가지 기법을 알아보겠습니다. 이 문제에 대한 기법을 설명하기 전에 212개의 악성 종양(클래스 1)과 357개의 양성 종양(클래스 0)을 가진 유방암 데이터셋에서 불균형한 데이터셋을 만들어 보죠.

```
>>> X_imb = np.vstack((X[y==0], X[y==1][:40]))
>>> y_imb = np.hstack((y[y==0], y[y==1][:40]))
```

이 코드에서 357개의 양성 종양 샘플 전체와 40개의 악성 종양 샘플을 연결하여 불균형이 심한 데이터셋을 만들었습니다. 무조건 다수 클래스(양성 종양의 클래스 0)를 예측하는 모델은 거의 90%의 정확도를 달성할 것입니다.

```
>>> y_pred = np.zeros(y_imb.shape[0])
>>> np.mean(y_pred==y_imb) * 100
89.92443324937027
```

이런 데이터셋에 분류 모델을 훈련할 때 모델을 비교하기 위해 정확도를 사용하는 것보다 다른 지표를 활용하는 것이 낫습니다. 애플리케이션에서 주요 관심 대상이 무엇인지에 따라 정밀도, 재현율, ROC 곡선 등을 사용할 수 있습니다. 예를 들어 추가적인 검사가 필요한 악성 종양 환자의 대부분을 구별하는 것이 가장 중요할 수 있습니다. 여기에서는 재현율 지표를 선택해야 합니다. 스팸 필터의 경우 햄 이메일이 너무 자주 스팸으로 처리되는 것을 원하지 않습니다. 여기에서는 정밀도가 더 적절한 지표입니다.

머신 러닝 모델을 평가하는 것과 별개로 클래스 불균형은 모델이 훈련되는 동안 학습 알고리즘 자체에 영향을 미칩니다. 머신 러닝 알고리즘이 일반적으로 훈련하는 동안 처리한 샘플에서 계산한 보상 또는 손실 함수의 합을 최적화합니다. 결정 규칙은 다수 클래스 쪽으로 편향되기 쉽습니다.

다른 말로 하면 알고리즘이 훈련 과정에서 비용을 최소화하거나 보상을 최대화하기 위해 데이터셋에서 가장 빈도가 높은 클래스의 예측을 최적화하는 모델을 학습합니다.

모델을 훈련하는 동안 불균형한 클래스를 다루는 한 가지 방법은 소수 클래스에서 발생한 예측 오류에 큰 벌칙을 부여하는 것입니다. 사이킷런에서는 대부분의 분류기에 구현된 class_weight 매개변수를 class_weight='balanced'로 설정해서 이런 벌칙을 편리하게 조정할 수 있습니다.[22]

불균형한 클래스를 다루는 데 널리 사용하는 다른 전략은 소수 클래스의 샘플을 늘리거나 다수 클래스의 샘플을 줄이거나 인공적으로 훈련 샘플을 생성하는 것입니다. 아쉽지만 여러 도메인에 걸쳐 가장 잘 작동하는 보편적인 솔루션이나 기법은 없습니다. 실전에서는 주어진 문제에 여러 전략을 시도해서 결과를 평가하고 가장 적절한 기법을 선택하는 것이 좋습니다.

사이킷런 라이브러리는 데이터셋에서 중복을 허용한 샘플 추출 방식으로 소수 클래스의 샘플을 늘리는 데 사용할 수 있는 resample 함수를 제공합니다. 다음 코드는 불균형한 위스콘신 유방암 데이터셋에서 소수 클래스(여기에서는 클래스 1)를 선택하여 클래스 0인 샘플 개수와 동일할 때까지 새로운 샘플을 반복적으로 추출합니다.

```
>>> from sklearn.utils import resample
>>> print('샘플링하기 전 클래스 1의 샘플 개수:',
...       X_imb[y_imb == 1].shape[0])
샘플링하기 전 클래스 1의 샘플 개수: 40
>>> X_upsampled, y_upsampled = resample(X_imb[y_imb==1],
...                                      y_imb[y_imb==1],
...                                      replace=True,
...                                      n_samples=X_imb[y_imb==0].shape[0],
...                                      random_state=123)
>>> print('샘플링한 후 클래스 1의 샘플 개수:',
...       X_upsampled.shape[0])
샘플링한 후 클래스 1의 샘플 개수: 357
```

샘플을 추출한 후 클래스 0인 원본 샘플과 업샘플링(upsampling)된 클래스 1을 연결하여 균형 잡힌 데이터셋을 얻을 수 있습니다.

```
>>> X_bal = np.vstack((X[y==0], X_upsampled))
>>> y_bal = np.hstack((y[y==0], y_upsampled))
```

---

22 [역주] class_weight 매개변수에 클래스 레이블과 가중치 값을 쌍으로 갖는 딕셔너리를 직접 주입할 수도 있습니다. 'balanced'로 지정하면 클래스별 평균 샘플 개수(전체 샘플 개수/클래스 개수)를 각 레이블의 샘플 개수로 나누어 score 점수를 가중 평균합니다.

그 결과 다수 클래스를 예측하는 규칙은 50% 정확도를 달성합니다.

```
>>> y_pred = np.zeros(y_bal.shape[0])
>>> np.mean(y_pred==y_bal) * 100
50.0
```

비슷하게 데이터셋에서 다수 클래스의 훈련 샘플을 삭제하여 다운샘플링(downsampling)할 수 있습니다. resample 함수를 사용하여 다운샘플링을 수행하려면 이전 예에서 클래스 레이블 1과 0을 서로 바꾸면 됩니다.

Note ≡ **클래스 불균형 문제를 해결하기 위해 새로운 훈련 데이터 생성하기**

불균형한 클래스를 다루는 또 다른 기법은 인공적인 훈련 샘플을 생성하는 것입니다. 이 방법은 책 범위를 벗어납니다. 인공적인 훈련 샘플 생성에 가장 널리 사용되는 알고리즘은 아마도 SMOTE(Synthetic Minority Over-sampling TEchnique)입니다. 나이트시 차울라(Nitesh Chawla) 등이 쓴 원본 연구 논문에서 이 기법에 대한 자세한 내용을 배울 수 있습니다.[23] 또한, 불균형한 데이터셋을 위한 파이썬 라이브러리인 imbalanced-learn을 확인해 보세요. 여기에는 SMOTE 알고리즘이 구현되어 있습니다. imbalanced-learn에 관한 자세한 내용은 다음 주소를 참고하세요.

https://github.com/scikit-learn-contrib/imbalanced-learn

MACHINE LEARNING

6.6 요약

이 장 서두에서 머신 러닝 모델을 효율적으로 훈련하고 평가하기 위해 여러 개의 변환기와 분류기를 모델 파이프라인으로 연결하는 방법을 설명했습니다. 이런 파이프라인을 사용하여 모델 선택과 평가를 위한 핵심 기법 중 하나인 k-겹 교차 검증을 수행했습니다. k-겹 교차 검증으로 학습 곡선과 검증 곡선을 그려서 과대적합과 과소적합 같은 머신 러닝 모델에서 흔히 나타나는 문제를 분석했습니다.

---

23 SMOTE: Synthetic Minority Over-sampling Technique, Journal of Artificial Intelligence Research, 16: 321-357, 2002
   https://www.jair.org/index.php/jair/article/view/10302

모델을 세부 튜닝하기 위해 그리드 서치를 사용했습니다. 그다음 오차 행렬과 다양한 성능 지표를 사용하여 해당 문제에 맞는 모델의 성능을 평가하고 최적화했습니다. 마지막으로 많은 실전 애플리케이션에서 흔히 발생하는 불균형한 데이터를 다루기 위한 여러 방법을 설명하면서 이 장을 마쳤습니다. 이제 성공적인 분류 작업을 위한 지도 학습 알고리즘 모델을 구축하는 데 필요한 모든 기술을 배웠습니다.

다음 장에서 앙상블 방법을 살펴보겠습니다. 이 방법은 여러 개의 모델과 분류 알고리즘을 연결하여 머신 러닝 시스템의 예측 성능을 더욱 끌어올릴 수 있습니다.

7장

다양한 모델을
결합한
앙상블 학습

이전 장에서 다양한 분류 모델을 평가하고 튜닝하는 모범 사례를 집중적으로 알아보았습니다. 이 장에서는 이런 기술을 토대로 분류기 집합을 구성하는 여러 가지 방법을 살펴보겠습니다. 분류기 집합은 개별 분류기보다 더 뛰어난 예측 성능을 내는 경우가 많습니다. 다음 방법들을 배우겠습니다.

- 다수결 투표를 기반으로 예측 만들기
- 중복을 허용하여 랜덤하게 훈련 데이터셋을 뽑는 배깅(bagging)을 사용해서 과대적합 감소하기
- 앞선 모델의 오차를 학습하는 약한 학습기(weak learner)로 구성된 부스팅(boosting)으로 강력한 모델 구축하기

7.1 / 앙상블 학습

앙상블 학습(ensemble learning)의 목표는 여러 분류기를 하나의 메타 분류기로 연결하여 개별 분류기보다 더 좋은 일반화 성능을 달성하는 것입니다. 예를 들어 10명의 전문가로부터 예측을 얻을 수 있다고 가정해 보죠. 앙상블 방법은 전문가 10명의 예측을 묶어 전문가 1명보다 더 정확하고 안정된 예측을 만들 수 있습니다. 이 장에서 보겠지만 앙상블 분류기를 만드는 방법에는 여러 가지가 있습니다. 이 절에서는 앙상블의 작동 원리와 높은 일반화 성능을 내는 이유에 대해 알아보겠습니다.

이 장에서는 가장 인기 있는 앙상블 방법인 **과반수 투표**(majority voting) 방식을 집중해서 다루겠습니다. 과반수 투표는 분류기의 과반수가 예측한 클래스 레이블을 선택하는 단순한 방법입니다. 즉, 50% 이상 투표를 받은 클래스 레이블을 선택합니다. 엄밀히 말하면 과반수 투표란 용어는 이진 클래스 분류에 해당하지만 다중 클래스 문제에도 쉽게 일반화할 수 있습니다. 이를 **다수결 투표** (plurality voting)라고 합니다(영국에서는 과반수 투표와 다수결 투표를 각각 '절대적' 과반수와 '상대적' 과반수라는 용어를 사용하여 구분합니다).

이때는 가장 많은 투표(최빈값(mode))를 받은 클래스 레이블을 선택하면 됩니다. 그림 7-1에 과반수 투표와 다수결 투표의 개념을 나타냈습니다. 이 앙상블은 열 개의 분류기로 구성되어 있고 각각의 심벌(삼각형, 사각형, 원)은 고유한 클래스 레이블을 나타냅니다.[1]

▼ 그림 7-1 여러 가지 투표 방법

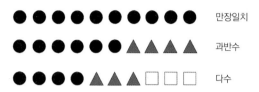

먼저 훈련 데이터셋을 사용하여 m개의 다른 분류기($C_1, ..., C_m$)를 훈련시킵니다. 앙상블 방법에 따라 결정 트리, 서포트 벡터 머신, 로지스틱 회귀 분류기와 같은 여러 가지 알고리즘을 사용하여 구축할 수 있습니다. 또는 같은 분류 알고리즘을 사용하고 훈련 데이터셋의 부분 집합(subset)을 달리하여 학습할 수도 있습니다. 유명한 앙상블 방법 중 하나는 서로 다른 결정 트리를 연결한 랜덤 포레스트(random forest)입니다. 그림 7-2는 과반수 투표를 사용한 일반적인 앙상블 방법입니다.

▼ 그림 7-2 일반적인 앙상블 방법

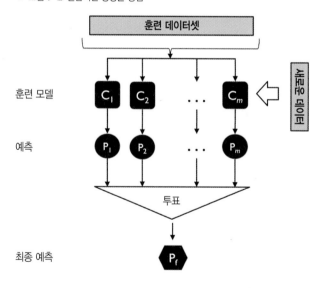

---

1 [역주] 이 장은 분류 모델의 앙상블을 다루지만 대부분의 앙상블 알고리즘은 회귀 모델도 지원합니다. 회귀 모델의 앙상블일 경우에는 추정기의 예측을 평균하여 최종 예측을 만듭니다.

과반수 투표나 다수결 투표로 클래스 레이블을 예측하려면 개별 분류기 C_j의 예측 레이블을 모아 가장 많은 표를 받은 레이블 $\hat{y}$를 선택합니다.

$$\hat{y} = mode\{C_1(\boldsymbol{x}), C_2(\boldsymbol{x}), \ldots, C_m(\boldsymbol{x})\}$$

(통계학에서 최빈값은 집합에서 가장 많이 나타나는 이벤트 또는 결과입니다. 예를 들어 mod{1, 2, 1, 1, 2, 4, 5, 4}=1입니다.)

예를 들어 class1=-1이고 class2=+1인 이진 분류 작업에서 과반수 투표 예측은 다음과 같이 쓸 수 있습니다.

$$C(\boldsymbol{x}) = sign\left[\sum_j^m C_j(\boldsymbol{x})\right] = \begin{cases} 1 & \sum_j C_j(\boldsymbol{x}) \geq 0 \text{ 일 때} \\ -1 & \text{그 외} \end{cases}$$

앙상블 방법이 개별 분류기보다 성능이 뛰어난 이유를 설명하기 위해 간단한 조합 이론을 적용해 보겠습니다. 다음 예에서 이진 분류 작업에 대해 동일한 에러율(error rate) ε을 가진 n개의 분류기를 가정해 보죠. 또한, 모든 분류기는 독립적이고 발생하는 오차는 서로 상관관계가 없다고 가정합니다. 이런 가정하에 이 분류기의 앙상블이 만드는 오차 확률을 이항 분포(binomial distribution)의 확률 질량 함수(probability mass function)로 표현할 수 있습니다.

$$P(y \geq k) = \sum_k^n \left\langle\begin{matrix} n \\ k \end{matrix}\right\rangle \varepsilon^k (1-\varepsilon)^{n-k} = \varepsilon_{ensemble}$$

여기에서 $\left\langle\begin{matrix} n \\ k \end{matrix}\right\rangle$는 이항 계수(binomial coefficient)로 n개의 원소에서 k개를 뽑는 조합의 가짓수입니다. 이 식은 앙상블의 예측이 틀릴 확률을 계산합니다. 좀 더 구체적으로 예를 들어 보죠. 에러율이 $0.25(\varepsilon=0.25)$인 분류기 11개($n=11$)로 구성된 앙상블의 에러율은 다음과 같습니다.[2]

$$P(y \geq k) = \sum_{k=6}^{11} \left\langle\begin{matrix} n \\ k \end{matrix}\right\rangle 0.25^k (1-0.25)^{11-k} = 0.034$$

2　**역주** 실패할 확률이 25%일 때 11개의 분류기로 구성된 앙상블이 실패하려면 여섯 개 이상이 실패해야 합니다. 11개의 분류기에서 실패할 여섯 개를 조합할 수 있는 가짓수는 $\left\langle\begin{matrix} 11 \\ 6 \end{matrix}\right\rangle$입니다. 결국 여섯 개의 분류기가 실패할 확률은 $\left\langle\begin{matrix} 11 \\ 6 \end{matrix}\right\rangle 0.25^6 (1-0.25)^{(11-6)}$이 됩니다. 이런 방식으로 11개가 모두 실패할 경우까지 확률을 더합니다.

앞서 보았듯이 모든 가정을 만족한다면 앙상블의 에러율(0.034)은 개별 분류기의 에러율(0.25)보다 훨씬 낮습니다. 만약 에러율이 0.5인 분류기가 짝수 개일 때 예측이 반반으로 나뉘면 에러로 취급됩니다. 이상적인 앙상블 분류기와 다양한 범위의 분류기를 가진 경우와 비교하기 위해 파이썬으로 확률 질량 함수를 구현해 보겠습니다.[3]

```
>>> from scipy.special import comb
>>> import math
>>> def ensemble_error(n_classifier, error):
...     k_start = int(math.ceil(n_classifier / 2.))
...     probs = [comb(n_classifier, k) *
...             error**k *
...             (1-error)**(n_classifier-k)
...             for k in range(k_start, n_classifier+1)]
...     return sum(probs)
>>> ensemble_error(n_classifier=11, error=0.25)
0.03432750701904297
```

ensemble_error 함수를 구현한 후 분류기 에러가 0.0에서 1.0까지 걸쳐 있을 때 앙상블의 에러율을 계산하겠습니다. 그다음 앙상블과 개별 분류기 에러 사이의 관계를 선 그래프로 시각화해 보죠.

```
>>> import numpy as np
>>> import matplotlib.pyplot as plt
>>> error_range = np.arange(0.0, 1.01, 0.01)
>>> ens_errors = [ensemble_error(n_classifier=11, error=error)
...                 for error in error_range]
```

3　**역주** 확률 질량 함수의 누적 값은 사이파이 binom.cdf()를 사용하면 간단하게 구할 수 있습니다. 실패 확률 25%인 분류기가 여섯 개 이상 실패할 확률을 누적한 것은 성공 확률 75%인 분류기가 다섯 개 이하로 성공할 확률을 누적한 것과 같으므로 다음과 같이 구할 수 있습니다.
　　`from scipy.stats import binom; binom.cdf(5, 11, 0.75)`

```
>>> plt.plot(error_range, ens_errors,
...          label='Ensemble error',
...          linewidth=2)
>>> plt.plot(error_range, error_range,
...          linestyle='--', label='Base error',
...          linewidth=2)
>>> plt.xlabel('Base error')
>>> plt.ylabel('Base/Ensemble error')
>>> plt.legend(loc='upper left')
>>> plt.grid(alpha=0.5)
>>> plt.show()
```

결과 그래프에서 볼 수 있듯이 앙상블의 에러 확률은 개별 분류기보다 항상 좋습니다. 다만 개별 분류기가 무작위 추측($\varepsilon < 0.5$)보다 성능이 좋아야 합니다.

y축은 분류기 에러(점선)와 앙상블 에러(실선)를 나타냅니다.

▼ 그림 7-3 개별 분류기와 앙상블의 에러 비교

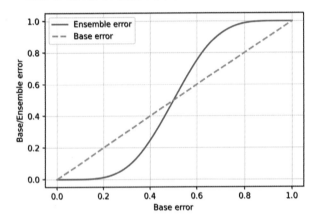

7.2 / 다수결 투표를 사용한 분류 앙상블

이전 절에서 간략히 앙상블 학습을 소개했습니다. 이제 파이썬으로 간단한 다수결 투표 앙상블 분류기를 구현하여 예제를 만들어 보겠습니다.

7.2.1 간단한 다수결 투표 분류기 구현

이 절에서 구현할 알고리즘은 여러 가지 분류 모델의 신뢰도에 가중치를 부여하여 연결할 수 있습니다. 여기에서는 특정 데이터셋에서 개별 분류기의 약점을 보완하는 강력한 메타 분류기를 구축하는 것이 목표입니다. 수학적으로 표현하면 가중치가 적용된 다수결 투표는 다음과 같이 쓸 수 있습니다.

$$\hat{y} = \arg\max_i \sum_{j=1}^{m} w_j \chi_A \left(C_j \left(\boldsymbol{x} \right) = i \right)$$

여기에서 w_j는 개별 분류기 C_j에 연관된 가중치입니다. $\hat{y}$는 앙상블이 예측한 클래스 레이블입니다. A는 고유한 클래스 레이블의 집합입니다. χ_A(그리스어로 카이(chi))는 특성 함수(characteristic function) 또는 지시 함수(indicator function)입니다. 이 함수는 j 번째 분류기의 예측 클래스가 i일 때 $(C_j(\boldsymbol{x}) = i)$ 1을 반환합니다. 가중치가 동일하면 이 식을 다음과 같이 간단히 쓸 수 있습니다.

$$\hat{y} = mode\left\{ C_1 \left(\boldsymbol{x} \right), C_2 \left(\boldsymbol{x} \right), \cdots, C_m \left(\boldsymbol{x} \right) \right\}$$

가중치 개념을 더욱 잘 이해하기 위해 좀 더 구체적인 예제를 살펴보겠습니다. 세 개의 분류기 $C_j (j \in \{1, 2, 3\})$가 있고 샘플 $\boldsymbol{x}$의 클래스 레이블$(C_j(\boldsymbol{x}) \in \{0, 1\})$을 예측해야 한다고 가정합시다. 세 개의 분류기 중 두 개가 클래스 0을 예측하고 C_3 하나가 샘플을 클래스 1로 예측했습니다. 분류기 세 개의 예측 가중치가 동일하다면 다수결 투표는 이 샘플이 클래스 0에 속한다고 예측할 것입니다.

$$C_1 \left(\boldsymbol{x} \right) \to 0, \, C_2 \left(\boldsymbol{x} \right) \to 0, \, C_3 \left(\boldsymbol{x} \right) \to 1$$

$$\hat{y} = mode\left\{ 0, 0, 1 \right\} = 0$$

이제 C_3에 가중치 0.6을 할당하고 C_1과 C_2에 0.2를 부여해 보겠습니다.[4]

---

4   역주 다음 식에서 i_0은 클래스 0일 때는 1이고, 그 외에는 0입니다. 마찬가지로 i_1은 클래스 1일 때 1이고, 그 외에는 0입니다. 결국 [0.4, 0.6]에서 가장 큰 값의 인덱스를 찾는 문제가 됩니다.

$$\hat{y} = \arg\max_i \sum_{j=1}^{m} w_j \chi_A \left(C_j \left(\boldsymbol{x} \right) = i \right)$$

$$= \arg\max_i \left[0.2 \times i_0 + 0.2 \times i_0 \, , \, 0.6 \times i_1 \right] = 1$$

직관적으로 생각했을 때 $3 \times 0.2 = 0.6$이기 때문에 C_3의 예측이 C_1이나 C_2의 예측보다 3배 더 가중됩니다. 즉, 다음과 같이 쓸 수 있습니다.

$$\hat{y} = mode\{0, 0, 1, 1, 1\} = 1$$

argmax와 bincount 함수[5]를 사용하여 가중치가 적용된 다수결 투표를 파이썬 코드로 구현할 수 있습니다. bincount 함수는 각 클래스 레이블의 발생 횟수를 계산합니다. argmax 함수는 다수 클래스 레이블에 해당하는 가장 높은 카운트의 인덱스 위치를 반환합니다(클래스 레이블이 0부터 시작한다고 가정합니다).

```
>>> import numpy as np
>>> np.argmax(np.bincount([0, 0, 1],
...           weights=[0.2, 0.2, 0.6]))
1
```

3장에서 로지스틱 회귀에 대해 언급했던 것처럼 사이킷런의 일부 분류기는 predict_proba 메서드에서 예측 클래스 레이블의 확률을 반환할 수 있습니다. 앙상블의 분류기가 잘 보정(calibration)[6]되어 있다면 다수결 투표에서 클래스 레이블 대신 예측 클래스 확률을 사용하는 것이 좋습니다. 확률을 사용하여 클래스 레이블을 예측하는 다수결 투표 버전은 다음과 같이 쓸 수 있습니다.

$$\hat{y} = \arg\max_i \sum_{j=1}^{m} w_j p_{ij}$$

여기에서 P_{ij}는 클래스 레이블 i에 대한 j번째 분류기의 예측 확률입니다.

---

5 **역주** bincount 함수는 0 이상의 정수로 된 배열을 입력받아 각 정수가 등장하는 횟수를 카운트합니다. 정수 값에 해당하는 인덱스 위치에 카운트가 저장된 배열이 반환됩니다. 예를 들어 np.bincount([0, 2, 0])은 [2, 0, 1]이 반환됩니다. 정수가 아니라 실수가 입력되면 소수점 이하를 버립니다. weights 배열이 주어지면 카운트 대신 입력 배열과 같은 위치의 weights 값을 더합니다. 본문의 예에서처럼 np.bincount([0, 0, 1], weights=[0.2, 0.2, 0.6])은 [0.4, 0.6] 넘파이 배열이 반환됩니다. np.argmax는 배열에서 가장 큰 값을 가진 위치의 인덱스를 반환합니다.

6 **역주** 보정이 잘 되어 있다는 뜻은 predict_proba 메서드에서 0.7의 확률을 얻은 샘플 중에 실제로 70%가 양성 클래스에 속한다는 의미입니다. 사이킷런에서는 sklearn.calibration.CalibratedClassifierCV 클래스를 사용하여 보정된 분류기를 훈련시킬 수 있습니다.

앞선 예제에 이어서 클래스 레이블 $i \in \{0,1\}$인 이진 분류 문제에서 세 개의 분류기로 구성된 앙상블 $C_j(j \in \{1,2,3\})$를 가정해 보죠. 어떤 샘플 x에 대한 분류기 C_j는 다음과 같은 클래스 소속 확률을 반환합니다.

$$C_1(x) \rightarrow [0.9, 0.1], C_2(x) \rightarrow [0.8, 0.2], C_3(x) \rightarrow [0.4, 0.6]$$

그다음 이전과 같은 가중치(0.2, 0.2, 0.6)를 사용하면 각 클래스 확률을 다음과 같이 계산할 수 있습니다.

$$p(i_0 \mid x) = 0.2 \times 0.9 + 0.2 \times 0.8 + 0.6 \times 0.4 = 0.58$$

$$p(i_1 \mid x) = 0.2 \times 0.1 + 0.2 \times 0.2 + 0.6 \times 0.6 = 0.42$$

$$\hat{y} = \arg\max_i \left[p(i_0 \mid x), p(i_1 \mid x) \right] = 0$$

넘파이의 average[7]와 argmax 함수를 사용하여 클래스 확률 기반으로 가중치가 적용된 다수결 투표를 구현할 수 있습니다.

```
>>> ex = np.array([[0.9, 0.1],
...                [0.8, 0.2],
...                [0.4, 0.6]])
>>> p = np.average(ex, axis=0, weights=[0.2, 0.2, 0.6])
>>> p
array([ 0.58,  0.42])
>>> np.argmax(p)
0
```

이들을 모두 결합하여 MajorityVoteClassifier 파이썬 클래스를 구현해 봅시다.

```
from sklearn.base import BaseEstimator
from sklearn.base import ClassifierMixin
from sklearn.preprocessing import LabelEncoder
from sklearn.base import clone
from sklearn.pipeline import _name_estimators
import numpy as np
import operator
```

---

7 **역주** np.average 함수에 weights 매개변수가 주어지면 weights 배열의 비율을 더할 원소에 곱해 가중 평균을 구합니다. weights 배열의 길이는 하나의 행으로 평균하는 경우(axis=0) 행의 개수와 같아야 하고 하나의 열로 평균하는 경우(axis=1) 열의 개수와 같아야 합니다.

```python
class MajorityVoteClassifier(BaseEstimator, ClassifierMixin):
    def __init__(self, classifiers, vote='classlabel', weights=None):

        self.classifiers = classifiers
        self.named_classifiers = {
            key: value for key,
            value in _name_estimators(classifiers)
        }
        self.vote = vote
        self.weights = weights

    def fit(self, X, y):
        if self.vote not in ('probability', 'classlabel'):
            raise ValueError(f"vote는 'probability' "
                             f"또는 'classlabel'"이어야 합니다
                             f"; (vote={self.vote})가 입력되었습니다.")
        if self.weights and
        len(self.weights) != len(self.classifiers):
            raise ValueError(f'분류기와 가중치'
                             f' 개수는 같아야 합니다'
                             f'; 가중치 {len(self.weights)} 개,'
                             f' 분류기 {len(self.classifiers)} 개')
        # self.predict 메서드에서 np.argmax를 호출할 때
        # 클래스 레이블이 0부터 시작되어야 하므로 LabelEncoder를 사용합니다
        self.lablenc_ = LabelEncoder()
        self.lablenc_.fit(y)
        self.classes_ = self.lablenc_.classes_
        self.classifiers_ = []
        for clf in self.classifiers:
            fitted_clf = clone(clf).fit(X,
                              self.lablenc_.transform(y))
            self.classifiers_.append(fitted_clf)
        return self
```

나머지 메서드를 구현하기 전에 잠시 한숨 돌리면서 복잡해 보일 수 있는 부분을 설명하겠습니다. BaseEstimator와 ClassifierMixin 클래스를 상속하여 기본적인 기능들을 자동으로 갖춥니다. 여기에는 분류기의 매개변수를 설정하고 반환하는 get_params와 set_params 메서드가 있고 예측 정확도를 계산하는 score 메서드가 포함됩니다.[8]

---

8 역주 BaseEstimator로부터 상속받는 get_params와 set_params 메서드는 사이킷런의 파이프라인과 그리드 탐색에 꼭 필요한 메서드입니다. 이 두 메서드는 생성자에 명시된 매개변수만 참조하므로 __init__ 함수에 *args나 **kargs를 사용해서는 안 됩니다. ClassifierMixin 클래스에서 상속되는 score 메서드는 정확도를 계산합니다. 이와 비슷하게 회귀 모델의 경우는 RegressorMixin을 상속하며 R^2 점수를 계산하는 score 메서드가 추가됩니다.

그다음 predict 메서드를 만듭니다. 이 메서드는 vote='classlabel'로 MajorityVoteClassifier 객체가 만들어졌다면 클래스 레이블에 기반을 둔 다수결 투표를 사용하여 클래스 레이블을 예측합니다. vote='probability'로 만들어졌을 경우에는 클래스 소속 확률을 기반으로 클래스 레이블을 예측합니다. ROC AUC를 계산하기 위해 평균 확률을 반환하는 predict_proba 메서드도 추가하겠습니다.

```python
    def predict(self, X):
        if self.vote == 'probability':
            maj_vote = np.argmax(self.predict_proba(X), axis=1)
        else: # 'classlabel' 투표

            # clf.predict 메서드를 사용하여 결과를 모읍니다
            predictions = np.asarray([
                clf.predict(X) for clf in self.classifiers_
            ]).T

            maj_vote = np.apply_along_axis(
                lambda x: np.argmax(
                    np.bincount(x, weights=self.weights)
                ),
                axis=1, arr=predictions
            )
        maj_vote = self.lablenc_.inverse_transform(maj_vote)
        return maj_vote

    def predict_proba(self, X):
        probas = np.asarray([clf.predict_proba(X)
                             for clf in self.classifiers_])
        avg_proba = np.average(probas, axis=0,
                               weights=self.weights)
        return avg_proba

    def get_params(self, deep=True):
        if not deep:
            return super().get_params(deep=False)
        else:
            out = self.named_classifiers.copy()
            for name, step in self.named_classifiers.items():
                for key, value in step.get_params(
                        deep=True).items():
                    out[f'{name}__{key}'] = value
            return out
```

앙상블에 있는 각 분류기의 매개변수에 접근하기 위해 _name_estimators 함수[9]를 사용했고 따로 get_params 메서드를 정의했습니다. 처음에는 조금 복잡해 보일지 모르지만 다음 절에서 그리드 서치를 사용하여 하이퍼파라미터를 튜닝할 때 완전히 이해될 것입니다.

> **Note ☰** **사이킷런의 VotingClassifier**
>
> MajorityVoteClassifier 클래스는 학습 목적으로 구현한 것입니다. 책 1판에서 구현한 것을 기반으로 사이킷런에 좀 더 수준 높은 다수결 투표 분류기를 추가했습니다. 이 앙상블 분류기는 sklearn.ensemble.VotingClassifier로 사이킷런 0.17 버전 또는 그 이후 버전에서 사용할 수 있습니다.[10] VotingClassifier에 대한 더 자세한 내용은 사이킷런의 온라인 문서(https://scikit-learn.org/stable/modules/generated/sklearn.ensemble.VotingClassifier.html)를 참고하세요.

7.2.2 다수결 투표 방식을 사용하여 예측 만들기

이제 이전 절에서 구현한 MajorityVoteClassifier 클래스를 사용하여 볼 차례입니다. 먼저 테스트를 위한 데이터셋을 준비하겠습니다. 앞서 CSV 파일에서 데이터셋을 읽는 것은 연습해 보았습니다. 여기에서는 좀 더 간편한 방법인 사이킷런의 datasets 모듈을 사용하여 붓꽃 데이터셋을 읽어 보죠. 꽃받침 너비와 꽃잎 길이 두 개의 특성만 사용하여 예제를 구성해 보겠습니다. MajorityVoteClassifier 클래스를 다중 분류 문제에 적용할 수 있지만 나중에 ROC AUC를 계산하기 위해 Iris-versicolor와 Iris-virginica 클래스에 해당하는 샘플만 분류하겠습니다. 코드는 다음과 같습니다.[11]

```
>>> from sklearn import datasets
>>> from sklearn.model_selection import train_test_split
>>> from sklearn.preprocessing import StandardScaler
>>> from sklearn.preprocessing import LabelEncoder
>>> iris = datasets.load_iris()
>>> X, y = iris.data[50:, [1, 2]], iris.target[50:]
>>> le = LabelEncoder()
>>> y = le.fit_transform(y)
```

---

9 **역주** pipeline 모듈에 있는 _name_estimators 함수는 추정기 객체의 리스트를 입력받아 소문자 클래스 이름과 객체로 이루어진 튜플의 리스트를 반환합니다. 클래스의 객체가 두 개 이상 있으면 소문자 클래스 이름 뒤에 '-'와 1부터 증가되는 숫자를 덧붙입니다.

10 **역주** 여기에서 구현한 MajorityVoteClassifier의 vote 매개변수는 VotingClassifier의 voting 매개변수에 해당됩니다. voting 매개변수의 기본값은 다수결 투표를 기반으로 예측하는 'hard'고, 확률을 기반으로 하는 'soft'도 있습니다. VotingClassifier 클래스의 사용법은 7.2.2절 끝에 있는 역주 노트를 참고하세요.

11 **역주** 예제 붓꽃 데이터셋에는 setosa, versicolor, virginica 샘플이 순서대로 저장되어 있기 때문에 50번째 이후의 샘플만 추출했습니다. versicolor, virginica의 레이블은 각각 1, 2이기 때문에 LabelEncoder 클래스를 사용하여 0, 1로 변경합니다.

Note ☰   사이킷런은 ROC AUC를 계산하기 위해 (가능하면) predict_proba 메서드를 사용합니다. 3장에서 로지스틱 회귀 모델의 클래스 확률이 어떻게 계산되는지 보았습니다. 결정 트리에서는 훈련할 때 각 노드에서 생성되는 빈도 벡터(frequency vector)로부터 확률을 계산합니다. 이 벡터는 노드의 클래스 레이블 빈도 값으로 채워집니다. 그다음 빈도 값의 합이 1이 되도록 정규화됩니다. 비슷하게 k-최근접 이웃 알고리즘에서도 클래스 레이블을 모아 정규화된 클래스 레이블의 빈도를 반환합니다.[12] 결정 트리와 k-최근접 이웃 분류기에서 반환되는 정규화된 확률이 로지스틱 회귀 모델에서 얻은 확률과 비슷하게 보입니다. 하지만 이들은 실제로 확률 질량 함수로부터 얻어진 것이 아님을 기억하세요.

그다음 붓꽃 데이터 샘플을 50%는 훈련 데이터로 나누고, 50%는 테스트 데이터로 나눕니다.

```
>>> X_train, X_test, y_train, y_test =\
...       train_test_split(X, y,
...                        test_size=0.5,
...                        random_state=1,
...                        stratify=y)
```

훈련 데이터셋을 사용하여 서로 다른 세 개의 분류기를 훈련합니다.

- 로지스틱 회귀 분류기

- 결정 트리 분류기

- k-최근접 이웃 분류기

각 분류기를 앙상블로 묶기 전에 훈련 데이터셋에서 10-겹 교차 검증으로 성능을 평가해 보죠.

```
>>> from sklearn.model_selection import cross_val_score
>>> from sklearn.linear_model import LogisticRegression
>>> from sklearn.tree import DecisionTreeClassifier
>>> from sklearn.neighbors import KNeighborsClassifier
>>> from sklearn.pipeline import Pipeline
>>> import numpy as np
>>> clf1 = LogisticRegression(penalty='l2',
...                           C=0.001,
...                           random_state=1)
>>> clf2 = DecisionTreeClassifier(max_depth=1,
...                               criterion='entropy',
```

---

12 역주 결정 트리는 리프 노드의 클래스별 샘플 비율이 클래스 확률이 됩니다. 예를 들어 어떤 리프 노드의 클래스별 샘플 개수가 [10, 20, 70] 이라면 이 리프 노드에 도달한 샘플의 클래스 확률은 [0.1, 0.2, 0.7]이 됩니다. k-최근접 이웃 분류기는 주어진 샘플의 최근접 이웃 클래스별 샘플 비율이 클래스 확률이 됩니다. 예를 들어 k=5인 최근접 이웃 분류기에서 이웃한 샘플의 클래스별 빈도가 [1, 1, 3]이라면 이 샘플의 클래스 확률은 [0.2, 0.2, 0.6]이 됩니다.

```
...                                     random_state=0)
>>> clf3 = KNeighborsClassifier(n_neighbors=1,
...                             p=2,
...                             metric='minkowski')
>>> pipe1 = Pipeline([['sc', StandardScaler()],
...                   ['clf', clf1]])
>>> pipe3 = Pipeline([['sc', StandardScaler()],
...                   ['clf', clf3]])
>>> clf_labels = ['Logistic regression', 'Decision tree', 'KNN']
>>> print('10-겹 교차 검증:\n')
>>> for clf, label in zip([pipe1, clf2, pipe3], clf_labels):
...     scores = cross_val_score(estimator=clf,
...                              X=X_train,
...                              y=y_train,
...                              cv=10,
...                              scoring='roc_auc')
...     print(f'ROC AUC: {scores.mean():.2f} '
...           f'(+/- {scores.std():.2f}) [{label}]')
```

다음 출력 결과에서 볼 수 있듯이 각 분류기의 예측 성능은 거의 비슷합니다.

```
10-겹 교차 검증:
ROC AUC: 0.92 (+/- 0.15) [Logistic regression]
ROC AUC: 0.87 (+/- 0.18) [Decision tree]
ROC AUC: 0.85 (+/- 0.13) [KNN]
```

로지스틱 회귀와 k-최근접 이웃 분류기는 왜 파이프라인으로 훈련시켰는지 궁금할 수 있습니다. 3장에서 이야기한 것처럼 로지스틱 회귀와 (유클리드 거리를 사용하는) k-최근접 이웃 알고리즘은 결정 트리와는 달리 스케일에 민감합니다. 붓꽃 데이터셋의 특성이 모두 같은 스케일(cm)로 측정되었지만 특성을 표준화 전처리하는 것은 좋은 습관입니다.

이제 진짜 재미있는 부분으로 넘어가죠. 다수결 투표 앙상블을 위해 MajorityVoteClassifier 클래스로 각 분류기를 하나로 연결하겠습니다.

```
>>> mv_clf = MajorityVoteClassifier(
...     classifiers=[pipe1, clf2, pipe3]
... )
>>> clf_labels += ['Majority voting']
>>> all_clf = [pipe1, clf2, pipe3, mv_clf]
>>> for clf, label in zip(all_clf, clf_labels):
...     scores = cross_val_score(estimator=clf,
```

```
...                          X=X_train,
...                          y=y_train,
...                          cv=10,
...                          scoring='roc_auc')
...     print(f'ROC AUC: {scores.mean():.2f} '
...           f'(+/- {scores.std():.2f}) [{label}]')
ROC AUC: 0.87 (+/- 0.15) [Logistic regression]
ROC AUC: 0.89 (+/- 0.18) [Decision tree]
ROC AUC: 0.88 (+/- 0.13) [KNN]
ROC AUC: 0.94 (+/- 0.05) [Majority voting]
```

결과에서 보듯이 10-겹 교차 검증으로 평가했을 때 MajorityVoteClassifier의 성능이 개별 분류기보다 뛰어납니다.

Note ≣ 역주 사이킷런의 VotingClassifier를 사용해 보겠습니다. estimators 매개변수에는 분류기 이름과 객체로 구성된 튜플의 리스트를 입력합니다. 앞에서 만든 MajorityVoteClassifier는 vote 매개변수에 상관없이 predict_proba 메서드를 실행할 수 있지만 사이킷런의 VotingClassifier는 voting='hard'일 경우 predict_proba 메서드를 지원하지 않습니다. ROC AUC를 계산하기 위해서는 예측 확률이 필요하므로 voting='soft'로 지정합니다.

```
>>> from sklearn.model_selection import cross_validate
>>> from sklearn.ensemble import VotingClassifier
>>> vc = VotingClassifier(estimators=[
...     ('lr', pipe1), ('dt', clf2), ('knn', pipe3)], voting='soft')
>>> scores = cross_validate(estimator=vc, X=X_train, y=y_train,
...                         cv=10, scoring='roc_auc')
>>> print("ROC AUC: : %0.2f (+/- %0.2f) [%s]"
...       % (scores['test_score'].mean(),
...          scores['test_score'].std(), 'VotingClassifier'))
ROC AUC: : 0.98 (+/- 0.05) [VotingClassifier]
```

VotingClassifier의 fit 메서드를 호출할 때 사이킷런 0.23 버전에서 추가된 verbose 매개변수를 True로 지정하여 진행 과정을 출력할 수 있습니다. 여기에서는 앞서 만든 vc 객체의 set_params 메서드를 사용하여 verbose 매개변수를 설정하겠습니다.

```
>>> vc.set_params(verbose=True)
>>> vc = vc.fit(X_train, y_train)
[Voting] ..................... (1 of 3) Processing lr, total=   0.0s
[Voting] ..................... (2 of 3) Processing dt, total=   0.0s
[Voting] ..................... (3 of 3) Processing knn, total=   0.0s
```

◯ 계속

voting='soft'일 때 predict 메서드는 predict_proba 메서드에서 얻은 가장 큰 확률의 클래스를 예측으로 삼습니다. predict_proba 메서드는 각 분류기의 클래스 확률을 평균하여 반환합니다.

```
>>> vc.predict_proba(X_test[:10])
array([[0.80858947, 0.19141053],
       [0.80798659, 0.19201341],
       [0.80742142, 0.19257858],
       [0.81176637, 0.18823363],
       [0.81195778, 0.18804222],
       [0.17701319, 0.82298681],
       [0.17670572, 0.82329428],
       [0.17845724, 0.82154276],
       [0.1796252 , 0.8203748 ],
       [0.81076201, 0.18923799]])
```

7.2.3 앙상블 분류기의 평가와 튜닝

이 절에서는 본 적 없는 데이터에 대한 MajorityVoteClassifier의 일반화 성능을 확인하기 위해 테스트 데이터셋에 대한 ROC 곡선을 그려 보겠습니다. 테스트 데이터셋은 모델 선택에 사용하지 않았다는 것을 기억하세요. 테스트 데이터셋의 목적은 편향되지 않은 분류기의 일반화 성능을 추정하기 위해서입니다.

```
>>> from sklearn.metrics import roc_curve
>>> from sklearn.metrics import auc
>>> colors = ['black', 'orange', 'blue', 'green']
>>> linestyles = [':', '--', '-.', '-']
>>> for clf, label, clr, ls \
...         in zip(all_clf, clf_labels, colors, linestyles):
...     # 양성 클래스의 레이블이 1이라고 가정합니다
...     y_pred = clf.fit(X_train,
...                      y_train).predict_proba(X_test)[:, 1]
...     fpr, tpr, thresholds = roc_curve(y_true=y_test,
...                                      y_score=y_pred)
...     roc_auc = auc(x=fpr, y=tpr)
...     plt.plot(fpr, tpr,
...              color=clr,
...              linestyle=ls,
...              label='%s (auc = %0.2f)' % (label, roc_auc))
>>> plt.legend(loc='lower right')
```

```
>>> plt.plot([0, 1], [0, 1],
...          linestyle='--',
...          color='gray',
...          linewidth=2)
>>> plt.xlim([-0.1, 1.1])
>>> plt.ylim([-0.1, 1.1])
>>> plt.grid(alpha=0.5)
>>> plt.xlabel('False positive rate (FPR)')
>>> plt.ylabel('True positive rate (TPR)')
>>> plt.show()
```

구해진 ROC 곡선에서 보듯이 앙상블 분류기는 테스트 데이터셋에서도 좋은 성능을 냅니다 (ROC AUC=0.95). 로지스틱 회귀도 같은 데이터에서 비슷한 성능을 내고 있습니다. 이는 아마도 작은 데이터셋에서 생기는 높은 분산 때문입니다(이 경우 데이터셋을 어떻게 나누었는지에 민감합니다).

▼ 그림 7-4 앙상블 분류기와 개별 분류기의 ROC 비교

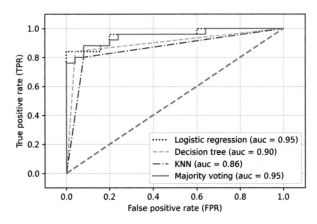

이 분류 문제에서는 두 개의 특성만 선택했기 때문에 앙상블의 결정 경계가 어떤 모습인지 확인해 볼 수 있습니다.

사실 로지스틱 회귀와 k-최근접 이웃 파이프라인에 이미 전처리 단계가 포함되어 있기 때문에 모델 훈련 전에 따로 특성을 표준화할 필요는 없습니다. 여기에서는 결정 트리의 결정 경계를 다른 모델과 같은 스케일로 나타내기 위해 사용했습니다. 코드는 다음과 같습니다.

```
>>> sc = StandardScaler()
>>> X_train_std = sc.fit_transform(X_train)
>>> from itertools import product
>>> x_min = X_train_std[:, 0].min() - 1
```

```
>>> x_max = X_train_std[:, 0].max() + 1
>>> y_min = X_train_std[:, 1].min() - 1
>>> y_max = X_train_std[:, 1].max() + 1
>>> xx, yy = np.meshgrid(np.arange(x_min, x_max, 0.1),
...                      np.arange(y_min, y_max, 0.1))
>>> f, axarr = plt.subplots(nrows=2, ncols=2,
...                         sharex='col',
...                         sharey='row',
...                         figsize=(7, 5))
>>> for idx, clf, tt in zip(product([0, 1], [0, 1]),
...                         all_clf, clf_labels):
...     clf.fit(X_train_std, y_train)
...     Z = clf.predict(np.c_[xx.ravel(), yy.ravel()])
...     Z = Z.reshape(xx.shape)
...     axarr[idx[0], idx[1]].contourf(xx, yy, Z, alpha=0.3)
...     axarr[idx[0], idx[1]].scatter(X_train_std[y_train==0, 0],
...                                   X_train_std[y_train==0, 1],
...                                   c='blue',
...                                   marker='^',
...                                   s=50)
...     axarr[idx[0], idx[1]].scatter(X_train_std[y_train==1, 0],
...                                   X_train_std[y_train==1, 1],
...                                   c='green',
...                                   marker='o',
...                                   s=50)
...     axarr[idx[0], idx[1]].set_title(tt)
>>> plt.text(-3.5, -4.5,
...          s='Sepal width [standardized]',
...          ha='center', va='center', fontsize=12)
>>> plt.text(-10.5, 4.5,
...          s='Petal length [standardized]',
...          ha='center', va='center',
...          fontsize=12, rotation=90)
>>> plt.show()
```

아마 예상할 수 있겠지만 앙상블 분류기의 결정 경계는 개별 분류기의 결정 경계를 혼합한 것처럼 보입니다. 처음 볼 때는 다수결 투표 결정 경계가 *sepal width* ≥ 1을 기준으로 *y*축에 수직으로 그어진 결정 트리의 경계와 비슷하게 보입니다.

하지만 자세히 보면 k-최근접 이웃 분류기의 비선형성이 섞여 있는 것을 알 수 있습니다.

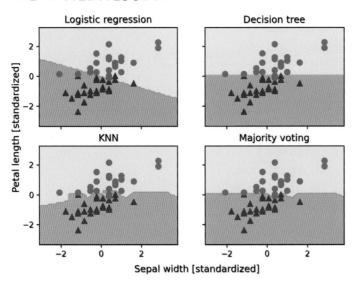

앙상블을 위해 개별 분류기의 매개변수를 튜닝하기 전에 GridSearchCV 객체 안에 있는 매개변수
에 어떻게 접근할 수 있는지 get_params 메서드를 호출해서 알아보겠습니다.

```
>>> mv_clf.get_params()
{'pipeline-1': Pipeline(steps=[('sc', StandardScaler()),
                        ['clf', LogisticRegression(C=0.001, random_state=1)]]),
 'decisiontreeclassifier': DecisionTreeClassifier(criterion='entropy', max_depth=1,
                                        random_state=0),
 'pipeline-2': Pipeline(steps=[('sc', StandardScaler()),
                        ['clf', KNeighborsClassifier(n_neighbors=1)]]),
 'pipeline-1__memory': None,
 'pipeline-1__steps': [('sc', StandardScaler()),
                        ['clf', LogisticRegression(C=0.001, random_state=1)]],
 'pipeline-1__verbose': False,
 'pipeline-1__sc': StandardScaler(),
 'pipeline-1__clf': LogisticRegression(C=0.001, random_state=1),
 'pipeline-1__sc__copy': True,
 'pipeline-1__sc__with_mean': True,
 'pipeline-1__sc__with_std': True,
 'pipeline-1__clf__C': 0.001,
 'pipeline-1__clf__class_weight': None,
 'pipeline-1__clf__dual': False,
 'pipeline-1__clf__fit_intercept': True,
 'pipeline-1__clf__intercept_scaling': 1,
 'pipeline-1__clf__l1_ratio': None,
```

```
'pipeline-1__clf__max_iter': 100,
'pipeline-1__clf__multi_class': 'auto',
'pipeline-1__clf__n_jobs': None,
'pipeline-1__clf__penalty': 'l2',
'pipeline-1__clf__random_state': 1,
'pipeline-1__clf__solver': 'lbfgs',
'pipeline-1__clf__tol': 0.0001,
'pipeline-1__clf__verbose': 0,
'pipeline-1__clf__warm_start': False,
'decisiontreeclassifier__ccp_alpha': 0.0,
'decisiontreeclassifier__class_weight': None,
'decisiontreeclassifier__criterion': 'entropy',
'decisiontreeclassifier__max_depth': 1,
'decisiontreeclassifier__max_features': None,
'decisiontreeclassifier__max_leaf_nodes': None,
'decisiontreeclassifier__min_impurity_decrease': 0.0,
'decisiontreeclassifier__min_samples_leaf': 1,
'decisiontreeclassifier__min_samples_split': 2,
'decisiontreeclassifier__min_weight_fraction_leaf': 0.0,
'decisiontreeclassifier__random_state': 0,
'decisiontreeclassifier__splitter': 'best',
'pipeline-2__memory': None,
'pipeline-2__steps': [('sc', StandardScaler()),
                      ['clf', KNeighborsClassifier(n_neighbors=1)]],
'pipeline-2__verbose': False,
'pipeline-2__sc': StandardScaler(),
'pipeline-2__clf': KNeighborsClassifier(n_neighbors=1),
'pipeline-2__sc__copy': True,
'pipeline-2__sc__with_mean': True,
'pipeline-2__sc__with_std': True,
'pipeline-2__clf__algorithm': 'auto',
'pipeline-2__clf__leaf_size': 30,
'pipeline-2__clf__metric': 'minkowski',
'pipeline-2__clf__metric_params': None,
'pipeline-2__clf__n_jobs': None,
'pipeline-2__clf__n_neighbors': 1,
'pipeline-2__clf__p': 2,
'pipeline-2__clf__weights': 'uniform'}
```

get_params 메서드에서 반환되는 값을 살펴보면 개별 분류기의 속성에 접근하는 방법을 알 수 있습니다. 예시를 보이기 위해 그리드 서치로 로지스틱 회귀 분류기의 규제 매개변수 C와 결정 트리의 깊이를 튜닝해 보죠.

```
>>> from sklearn.model_selection import GridSearchCV
>>> params = {'decisiontreeclassifier__max_depth': [1, 2],
...           'pipeline-1__clf__C': [0.001, 0.1, 100.0]}
>>> grid = GridSearchCV(estimator=mv_clf,
...                     param_grid=params,
...                     cv=10,
...                     scoring='roc_auc')
>>> grid.fit(X_train, y_train)
```

그리드 서치 실행이 완료되면 각각의 하이퍼파라미터 조합과 10-겹 교차 검증으로 계산한 평균 ROC AUC 점수를 다음과 같이 출력할 수 있습니다.

```
>>> for r, _ in enumerate(grid.cv_results_['mean_test_score']):
...     mean_score = grid.cv_results_['mean_test_score'][r]
...     std_dev = grid.cv_results_['std_test_score'][r]
...     params = grid.cv_results_['params'][r]
...     print(f'{mean_score:.3f} +/- {std_dev:.2f} {params}')
0.983 +/- 0.05 {'decisiontreeclassifier__max_depth': 1,
               'pipeline-1__clf__C': 0.001}
0.983 +/- 0.05 {'decisiontreeclassifier__max_depth': 1,
               'pipeline-1__clf__C': 0.1}
0.967 +/- 0.10 {'decisiontreeclassifier__max_depth': 1,
               'pipeline-1__clf__C': 100.0}
0.983 +/- 0.05 {'decisiontreeclassifier__max_depth': 2,
               'pipeline-1__clf__C': 0.001}
0.983 +/- 0.05 {'decisiontreeclassifier__max_depth': 2,
               'pipeline-1__clf__C': 0.1}
0.967 +/- 0.10 {'decisiontreeclassifier__max_depth': 2,
               'pipeline-1__clf__C': 100.0}
>>> print(f'최상의 매개변수: {grid.best_params_}')
최상의 매개변수: {'decisiontreeclassifier__max_depth': 1,
               'pipeline-1__clf__C': 0.001}
>>> print(f'ROC AUC: {grid.best_score_:.2f}')
ROC AUC: 0.98
```

여기에서 볼 수 있듯이 규제 매개변수가 가장 낮을 때(C=0.001) 최상의 교차 검증 결과를 얻었습니다. 반면 트리 깊이는 성능에 전혀 영향을 주지 않는 것 같습니다. 이 데이터를 분할하는 데는 깊이가 1인 결정 트리로 충분합니다. 테스트 데이터셋을 모델 평가에 한 번 이상 사용해서는 안 된다는 것을 기억하세요. 이 절에서는 튜닝된 하이퍼파라미터로 일반화 성능을 추정하지 않겠습니다. 또 다른 앙상블 학습 방법인 **배깅**(bagging)으로 바로 넘어가죠.

Note ≡ 　스태킹을 사용한 앙상블 만들기

이 절에서 구현한 다수결 투표 방식을 **스태킹**(stacking)과 혼동하지 마세요. 스태킹 알고리즘은 두 개의 층을 가진 앙상블로 이해할 수 있습니다. 첫 번째 층의 개별 분류기 예측이 두 번째 층으로 주입됩니다. 두 번째 층에서 또 다른 분류기(전형적으로 로지스틱 회귀)가 최종 예측을 만들기 위해 첫 번째 층의 예측을 사용하여 학습됩니다. 스태킹에 대한 더 자세한 정보는 다음 자료를 참고하세요.

- 데이비드 H. 월퍼트 논문[13]에 스태킹 알고리즘이 자세히 설명되어 있습니다.
- 유튜브[14]에 있는 스태킹에 대한 비디오 튜토리얼을 볼 수 있습니다.
- mlxtend 라이브러리에 사이킷런과 호환되는 스태킹 분류기[15]가 있습니다.
- 사이킷런 0.22 버전에서 StackingClassifier[16]가 추가되었습니다. 더 자세한 내용은 온라인 문서를 참고하세요.

Note ≡ 　역주 앞서 만든 분류기를 사용해서 사이킷런의 StackingClassifier에 그리드 서치를 적용해 보겠습니다. StackingClassifier는 VotingClassifier와 비슷하게 estimators 매개변수로 분류기 이름과 객체로 구성된 튜플의 리스트를 입력받습니다. final_estimator 매개변수로는 최종 결정을 위한 분류기를 지정합니다. 매개변수 그리드를 지정할 때는 튜플에 사용한 분류기 이름을 접두사로 사용합니다.

```
>>> from sklearn.ensemble import StackingClassifier
>>> stack = StackingClassifier(estimators=[
...                        ('lr', pipe1), ('dt', clf2), ('knn', pipe3)],
...                        final_estimator=LogisticRegression())
>>> params = {'dt__max_depth': [1, 2],
...          'lr__clf__C': [0.001, 0.1, 100.0]}
>>> grid = GridSearchCV(estimator=stack,
...                    param_grid=params,
...                    cv=10,
...                    scoring='roc_auc')
>>> grid.fit(X_train, y_train)
```

ⓞ 계속

---

13 Stacked generalization, David H. Wolpert, Neural Networks, 5(2): 241–259, 1992
　　https://www.sciencedirect.com/science/article/pii/S0893608005800231

14 https://www.youtube.com/watch?v=8T2emza6g80

15 http://rasbt.github.io/mlxtend/user_guide/classifier/StackingCVClassifier/

16 https://scikit-learn.org/stable/modules/generated/sklearn.ensemble.StackingClassifier.html

```
>>> for r, _ in enumerate(grid.cv_results_['mean_test_score']):
...     print("%0.3f +/- %0.2f %r"
...           % (grid.cv_results_['mean_test_score'][r],
...              grid.cv_results_['std_test_score'][r] / 2.0,
...              grid.cv_results_['params'][r]))
0.950 +/- 0.07 {'dt__max_depth': 1, 'lr__clf__C': 0.001}
0.983 +/- 0.02 {'dt__max_depth': 1, 'lr__clf__C': 0.1}
0.967 +/- 0.05 {'dt__max_depth': 1, 'lr__clf__C': 100.0}
0.950 +/- 0.07 {'dt__max_depth': 2, 'lr__clf__C': 0.001}
0.983 +/- 0.02 {'dt__max_depth': 2, 'lr__clf__C': 0.1}
0.967 +/- 0.05 {'dt__max_depth': 2, 'lr__clf__C': 100.0}
```

그리드 서치가 찾은 최적의 매개변수와 정확도는 다음과 같습니다.

```
>>> print('최적의 매개변수: %s' % grid.best_params_)
>>> print('정확도: %.2f' % grid.best_score_)
최적의 매개변수: {'dt__max_depth': 1, 'lr__clf__C': 0.1}
정확도: 0.98
```

MACHINE LEARNING

7.3 배깅: 부트스트랩 샘플링을 통한 분류 앙상블

배깅은 이전 절에서 구현한 MajorityVoteClassifier와 매우 밀접한 앙상블 학습 기법입니다. 앙상블에 있는 개별 분류기를 동일한 훈련 데이터셋으로 학습하는 것이 아니라 원본 훈련 데이터셋에서 부트스트랩(bootstrap) 샘플(중복을 허용한 랜덤 샘플)을 뽑아서 사용합니다. 배깅을 bootstrap aggregating이라고도 합니다.

그림 7-6에 배깅 개념을 요약했습니다.

▼ 그림 7-6 배깅

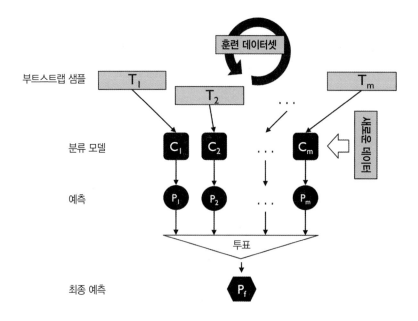

다음 절에서 사이킷런을 사용하여 와인 샘플을 분류하는 간단한 배깅 예제를 살펴보겠습니다.

7.3.1 배깅 알고리즘의 작동 방식

배깅 분류기의 부트스트랩 샘플링의 작동 방식을 확실히 이해하기 위해 그림 7-7에 나오는 예를 생각해 보죠. 다음에 (1에서 7까지 인덱스가 부여된) 일곱 개의 훈련 샘플이 있습니다. 배깅 단계마다 중복을 허용하여 랜덤하게 샘플링됩니다. 각각의 부트스트랩 샘플을 사용하여 분류기 C_j를 학습합니다. 일반적으로 가지치기하지 않는 결정 트리를 분류기로 사용합니다.

그림 7-7에서 볼 수 있듯이 각 분류기는 훈련 데이터셋에서 추출한 랜덤한 부분 집합을 사용합니다. 배깅을 통해 얻은 이 랜덤한 샘플을 배깅 1, 배깅 2 등으로 표시했습니다. 중복을 허용한 샘플링을 하기 때문에 각 부분 집합에는 일부가 중복되어 있고 원본 샘플 중 일부는 포함되어 있지 않습니다. 개별 분류기가 부트스트랩 샘플에 학습되고 나면 다수결 투표를 사용하여 예측을 모읍니다.

▼ 그림 7-7 배깅의 예

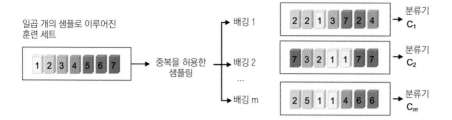

배깅은 3장에서 소개한 랜덤 포레스트 분류기와도 관련이 있습니다. 사실 랜덤 포레스트는 개별 결정 트리를 학습할 때 랜덤하게 특성의 부분 집합을 선택하는 배깅의 특별한 경우입니다.

Note ≡ **배깅을 사용한 모델 앙상블**

1994년 레오 브레이만(Leo Breiman)이 기술 보고서에서 배깅을 처음 제안했습니다. 배깅으로 불안정한 모델의 정확도를 향상하고 과대적합의 정도를 감소시킬 수 있다는 것을 보였습니다. 배깅에 관해 더 자세히 알고 싶다면 온라인에 공개된 그의 리포트를 꼭 한 번 읽어 보세요.[17]

7.3.2 배깅으로 Wine 데이터셋의 샘플 분류

배깅을 적용하기 위해 4장에서 소개한 Wine 데이터셋으로 좀 더 복잡한 분류 문제를 만들어 보죠. 여기에서는 와인 클래스 2와 클래스 3을 사용하고 두 개의 특성 Alcohol과 OD280/OD315 of diluted wines만 사용하겠습니다.

```
>>> import pandas as pd
>>> df_wine = pd.read_csv('https://archive.ics.uci.edu/ml/'
...                       'machine-learning-databases/wine/wine.data',
...                       header=None)
>>> df_wine.columns = ['Class label', 'Alcohol',
...                    'Malic acid', 'Ash',
...                    'Alcalinity of ash',
...                    'Magnesium', 'Total phenols',
```

---

17 Bagging predictors, L. Breiman, Machine Learning, 24(2): 123-140, 1996

　역주 이 논문은 다음 주소에서 읽을 수 있습니다. https://bit.ly/2q88MiO

```
...                      'Flavanoids', 'Nonflavanoid phenols',
...                      'Proanthocyanins',
...                      'Color intensity', 'Hue',
...                      'OD280/OD315 of diluted wines',
...                      'Proline']
>>> # 클래스 1 제외하기
>>> df_wine = df_wine[df_wine['Class label'] != 1]
>>> y = df_wine['Class label'].values
>>> X = df_wine[['Alcohol',
...              'OD280/OD315 of diluted wines']].values
```

그다음 클래스 레이블을 이진 형태로 인코딩하고 80%는 훈련 데이터셋으로, 20%는 테스트 데이터셋으로 분리합니다.

```
>>> from sklearn.preprocessing import LabelEncoder
>>> from sklearn.model_selection import train_test_split
>>> le = LabelEncoder()
>>> y = le.fit_transform(y)
>>> X_train, X_test, y_train, y_test =\
...         train_test_split(X, y,
...                          test_size=0.2,
...                          random_state=1,
...                          stratify=y)
```

Note ≡ **Wine 데이터셋 받기**

Wine 데이터셋(그리고 책에서 사용하는 다른 모든 데이터셋)은 책의 깃허브에 포함되어 있습니다. 인터넷을 사용하지 않을 때나 이따금 UCI 서버(https://archive.ics.uci.edu/ml/machine-learning-databases/wine/wine.data)에 접속되지 않을 때 사용할 수 있습니다. 예를 들어 로컬 디렉터리에서 Wine 데이터셋을 로드하려면 첫 번째 코드를 두 번째 코드처럼 바꿉니다.

```
df = pd.read_csv('https://archive.ics.uci.edu/ml/'
                 'machine-learning-databases'
                 '/wine/wine.data',
                 header=None)
```

```
df = pd.read_csv('your/local/path/to/wine.data',
                 header=None)
```

사이킷런에는 BaggingClassifier 분류기가 이미 구현되어 있습니다. 이 클래스는 ensemble 모듈에서 임포트할 수 있습니다. 여기에서는 훈련 데이터셋으로부터 추출한 부트스트랩 샘플에서 가지치기가 없는 500개의 결정 트리를 학습하여 앙상블을 만들겠습니다.[18]

```
>>> from sklearn.ensemble import BaggingClassifier
>>> tree = DecisionTreeClassifier(criterion='entropy',
...                               random_state=1,
...                               max_depth=None)
>>> bag = BaggingClassifier(estimator=tree,
...                         n_estimators=500,
...                         max_samples=1.0,
...                         max_features=1.0,
...                         bootstrap=True,
...                         bootstrap_features=False,
...                         n_jobs=1,
...                         random_state=1)
```

그다음 배깅 분류기와 가지치기가 없는 단일 결정 트리에서 훈련 데이터셋과 테스트 데이터셋의 예측 정확도를 계산하여 성능을 비교하겠습니다.

```
>>> from sklearn.metrics import accuracy_score
>>> tree = tree.fit(X_train, y_train)
>>> y_train_pred = tree.predict(X_train)
>>> y_test_pred = tree.predict(X_test)
>>> tree_train = accuracy_score(y_train, y_train_pred)
>>> tree_test = accuracy_score(y_test, y_test_pred)
>>> print(f'결정 트리의 훈련 정확도/테스트 정확도 '
...       f'{tree_train:.3f}/{tree_test:.3f}')
결정 트리의 훈련 정확도/테스트 정확도 1.000/0.833
```

출력된 정확도 값을 보면 가지치기가 없는 결정 트리는 모든 훈련 샘플을 정확하게 예측했습니다. 테스트 데이터셋의 정확도는 확실히 낮기 때문에 모델의 분산이 높다는 것(과대적합)을 나타냅니다.

```
>>> bag = bag.fit(X_train, y_train)
>>> y_train_pred = bag.predict(X_train)
>>> y_test_pred = bag.predict(X_test)
>>> bag_train = accuracy_score(y_train, y_train_pred)
```

---

18 **역주** 사이킷런 0.20 버전부터는 전처리 단계가 포함된 파이프라인도 BaggingClassifier와 BaggingRegressor의 estimator에 사용할 수 있습니다. 코드에서 BaggingClassifier의 max_samples, max_features, bootstrap, bootstrap_features에 지정한 값은 모두 기본값입니다. n_estimators의 기본값은 10입니다.

```
>>> bag_test = accuracy_score(y_test, y_test_pred)
>>> print(f'배깅의 훈련 정확도/테스트 정확도 '
...       f'{bag_train:.3f}/{bag_test:.3f}')
배깅의 훈련 정확도/테스트 정확도 1.000/0.917
```

결정 트리와 배깅 분류기의 훈련 정확도가 훈련 데이터셋에서 비슷하지만 (둘 다 100%) 테스트 데이터셋의 정확도로 미루어 보아 배깅 분류기가 일반화 성능이 더 나을 것 같습니다. 다음에는 결정 트리와 배깅 분류기의 결정 경계를 비교해 봅시다.

```
>>> x_min = X_train[:, 0].min() - 1
>>> x_max = X_train[:, 0].max() + 1
>>> y_min = X_train[:, 1].min() - 1
>>> y_max = X_train[:, 1].max() + 1
>>> xx, yy = np.meshgrid(np.arange(x_min, x_max, 0.1),
...                      np.arange(y_min, y_max, 0.1))
>>> f, axarr = plt.subplots(nrows=1, ncols=2,
...                         sharex='col',
...                         sharey='row',
...                         figsize=(8, 3))
>>> for idx, clf, tt in zip([0, 1],
...                         [tree, bag],
...                         ['Decision tree', 'Bagging']):
...     clf.fit(X_train, y_train)
...
...     Z = clf.predict(np.c_[xx.ravel(), yy.ravel()])
...     Z = Z.reshape(xx.shape)
...     axarr[idx].contourf(xx, yy, Z, alpha=0.3)
...     axarr[idx].scatter(X_train[y_train==0, 0],
...                        X_train[y_train==0, 1],
...                        c='blue', marker='^')
...     axarr[idx].scatter(X_train[y_train==1, 0],
...                        X_train[y_train==1, 1],
...                        c='green', marker='o')
...     axarr[idx].set_title(tt)
>>> axarr[0].set_ylabel('OD280/OD315 of diluted wines', fontsize=12)
>>> plt.tight_layout()
>>> plt.text(0, -0.2,
...          s='Alcohol',
...          ha='center', va='center', fontsize=12, transform=axarr[1].transAxes)
>>> plt.show()
```

결과 그래프에서 보듯이 결정 트리의 선형 결정 경계가 배깅 앙상블에서 더 부드러워졌습니다.

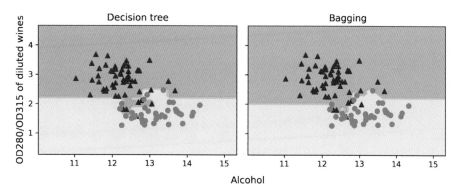

❤ 그림 7-8 결정 트리와 배깅의 결정 경계

이 절에서는 아주 간단한 배깅 예제를 보았습니다. 실전에서 고차원 데이터셋을 사용하는 더 복잡한 분류 문제라면 단일 결정 트리가 쉽게 과대적합될 수 있습니다. 이런 경우에 배깅 알고리즘의 강력함이 제대로 발휘될 수 있습니다. 마지막으로 배깅 알고리즘은 모델의 분산을 감소하는 효과적인 방법이지만 모델의 편향을 낮추는 데는 효과적이지 않습니다. 즉, 모델이 너무 단순해서 데이터에 있는 경향을 잘 잡아내지 못합니다. 이것이 배깅을 수행할 때 편향이 낮은 모델, 예를 들어 가지치기하지 않은 결정 트리를 분류기로 사용하여 앙상블을 만드는 이유입니다.

Note ≡   역주 랜덤 포레스트와 배깅은 모두 기본적으로 부트스트랩 샘플링을 사용하기 때문에 분류기마다 훈련에 사용하지 않는 여분의 샘플이 남습니다. 이를 OOB(Out Of Bag) 샘플이라고 합니다. 이를 사용하면 검증 데이터셋을 만들지 않고 앙상블 모델을 평가할 수 있습니다. 사이킷런에서는 oob_score 매개변수를 True로 설정하면 됩니다. 이 매개변수의 기본값은 False입니다.

사이킷런의 랜덤 포레스트는 분류일 경우 OOB 샘플에 대한 각 트리의 예측 확률을 누적하여 가장 큰 확률을 가진 클래스를 타깃과 비교하여 정확도를 계산합니다. 회귀일 경우에는 각 트리의 예측 평균에 대한 R^2 점수를 계산합니다. 이 점수는 oob_score_ 속성에 저장되어 있습니다. RandomForestClassifier에 Wine 데이터셋을 적용하여 OOB 점수를 계산해 보겠습니다.

```
>>> from sklearn.ensemble import RandomForestClassifier
>>> rf = RandomForestClassifier(oob_score=True,
...                             random_state=1)
>>> rf.fit(X_train, y_train)
>>> print('랜덤 포레스트의 훈련 정확도/테스트 정확도 %.3f/%.3f' %
...       (rf.score(X_train, y_train), rf.score(X_test, y_test)))
>>> print('랜덤 포레스트의 OOB 정확도 %.3f' % rf.oob_score_)
랜덤 포레스트의 훈련 정확도/테스트 정확도 1.000/0.917
랜덤 포레스트의 OOB 정확도 0.884
```

● 계속

배깅의 OOB 점수 계산 방식은 랜덤 포레스트와 거의 동일합니다. 다만 estimator에 지정된 분류기가 predict_proba 메서드를 지원하지 않을 경우 예측 클래스를 카운팅하여 가장 높은 값의 클래스를 사용해서 정확도를 계산합니다. 본문에서 만든 것과 동일한 BaggingClassifier 모델을 만들고 OOB 점수를 계산해 보겠습니다.

```
>>> bag = BaggingClassifier(estimator=tree,
...                         n_estimators=500,
...                         oob_score=True,
...                         random_state=1)
>>> bag.fit(X_train, y_train)
>>> print('배깅의 훈련 정확도/테스트 정확도 %.3f/%.3f' %
...       (bag.score(X_train, y_train), bag.score(X_test, y_test)))
>>> print('배깅의 OOB 정확도 %.3f' % bag.oob_score_)
배깅의 훈련 정확도/테스트 정확도 1.000/0.917
배깅의 OOB 정확도 0.895
```

7.4 / 약한 학습기를 이용한 에이다부스트

앙상블 메서드에 관한 마지막 절로 **부스팅**(boosting)을 설명하겠습니다. 특히 가장 유명한 부스팅 구현인 **에이다부스트**(AdaBoost, Adaptive Boosting)에 초점을 맞추겠습니다.

> Note ≡ **에이다부스트 소개**
>
> 에이다부스트 이면에 있는 원래 아이디어는 1990년에 로버트 샤파이어(Robert E. Schapire)가 고안했습니다.[19] 로버트 샤파이어와 요아브 프룬드(Yoav Freund)가 ICML 1996에 에이다부스트 알고리즘을 발표한 이후에 에이다부스트는 수년간 널리 사용되는 앙상블 방법 중 하나가 되었습니다.[20] 2003년에 프룬드와 샤파이어는 이 놀라운 작업에 대한 공로로 괴델 상(Gödel Prize)을 받았습니다. 이 상은 컴퓨터 과학 분야에서 가장 뛰어난 연구 논문에 수여하는 최고의 상입니다.

---

19 The Strength of Weak Learnability, R. E. Schapire, Machine Learning, 5(2): 197–227, 1990
  http://rob.schapire.net/papers/strengthofweak.pdf
20 Experiments with a New Boosting Algorithm by Y. Freund, R. E. Schapire, and others, ICML, volume 96, 148–156, 1996

부스팅에서 앙상블은 **약한 학습기**(weak learner)라고도 하는 매우 간단한 분류기로 구성됩니다. 이 분류기는 랜덤 추측보다 조금 성능이 좋을 뿐입니다. 약한 학습기의 전형적인 예는 깊이가 1인 결정 트리입니다. 부스팅의 핵심 아이디어는 분류하기 어려운 훈련 샘플에 초점을 맞추는 것입니다. 즉, 잘못 분류된 훈련 샘플을 그다음 약한 학습기가 학습하여 앙상블 성능을 향상시킵니다.

이어지는 절에서 일반적인 부스팅 알고리즘의 절차와 에이다부스트(AdaBoost)에 대해 소개하겠습니다. 마지막으로 사이킷런을 사용하여 실제 분류 예제를 다루어 보겠습니다.

7.4.1 부스팅 작동 원리

배깅과는 달리 부스팅의 초창기 방법은 중복을 허용하지 않고 훈련 데이터셋에서 랜덤 샘플을 추출하여 부분 집합을 구성합니다. 원본 부스팅 과정은 다음 네 개의 주요 단계로 요약할 수 있습니다.

1. 훈련 데이터셋 D에서 중복을 허용하지 않고 랜덤한 부분 집합 d_1을 뽑아 약한 학습기 C_1을 훈련합니다.

2. 훈련 데이터셋에서 중복을 허용하지 않고 두 번째 랜덤한 훈련 부분 집합 d_2를 뽑고 이전에 잘못 분류된 샘플의 50%를 더해서 약한 학습기 C_2를 훈련합니다.

3. 훈련 데이터셋 D에서 C_1과 C_2에서 잘못 분류한 훈련 샘플 d_3을 찾아 세 번째 약한 학습기인 C_3을 훈련합니다.

4. 약한 학습기 C_1, C_2, C_3을 다수결 투표로 연결합니다.

레오 브레이만이 언급한 것처럼[21] 부스팅은 배깅 모델에 비해 분산은 물론 편향도 감소시킬 수 있습니다. 실제로는 에이다부스트 같은 부스팅 알고리즘이 분산이 높다고 알려져 있습니다. 즉, 훈련 데이터에 과대적합되는 경향이 있습니다.[22]

여기에서 언급한 원본 부스팅 방법과는 다르게 에이다부스트는 약한 학습기를 훈련할 때 훈련 데이터셋 전체를 사용합니다.[23] 훈련 샘플은 반복마다 가중치가 다시 부여되며 이 앙상블은 이전 학습기의 실수를 학습하는 강력한 분류기를 만듭니다.

---

21 Bias, variance, and arcing classifiers, L. Breiman, 1996

22 An improvement of AdaBoost to avoid overfitting, G. Raetsch, T. Onoda, and K. R. Mueller, Proceedings of the International Conference on Neural Information Processing, CiteSeer, 1998

23 역주 사이킷런의 에이다부스트 구현은 기본적으로 부트스트랩 샘플링을 사용합니다.

에이다부스트 알고리즘을 구체적으로 깊게 알아보기 전에 그림 7-9로 에이다부스트의 기본 개념을 좀 더 잘 이해해 보겠습니다.

▼ 그림 7-9 약한 학습기를 향상시키는 에이다부스트의 개념

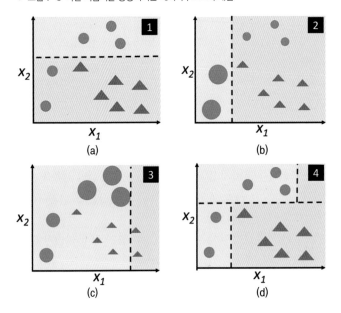

이 에이다부스트 예시를 하나씩 따라가 보죠. 그림 7-9(a)는 이진 분류를 위한 훈련 데이터셋을 보여 줍니다. 여기에서 모든 샘플은 동일한 가중치를 가집니다. 이 훈련 데이터셋을 바탕으로 깊이가 1인 결정 트리(파선)를 훈련하여 샘플을 두 개의 클래스(삼각형과 원)로 나눕니다. 물론 가능한 손실 함수(또는 결정 트리 앙상블일 경우 불순도 점수)를 최소화하는 트리를 훈련합니다.

다음 단계(그림 7-9(b))에서 이전에 잘못 분류된 샘플 두 개(원)에 큰 가중치를 부여합니다. 또한, 옳게 분류된 샘플의 가중치는 낮춥니다. 다음 결정 트리는 가장 큰 가중치를 가진 훈련 샘플에 더 집중할 것입니다. 아마도 이런 훈련 샘플은 분류하기 어려운 샘플일 것입니다.

그림 7-9(b)에 있는 약한 학습기는 세 개의 원 모양 샘플을 잘못 분류합니다. 그림 7-9(c)에서 이 샘플들에 큰 가중치가 부여됩니다.

이 에이다부스트 앙상블이 세 번의 부스팅 단계만 가진다고 가정하면 그림 7-9(d)에서처럼 서로 다른 가중치가 부여된 훈련 데이터셋에서 훈련된 세 개의 약한 학습기를 다수결 투표 방식으로 합칩니다.

이제 에이다부스트의 기본 개념을 잘 이해했을 것입니다. 의사 코드를 사용하여 자세히 알고리즘을 살펴보죠. 여기에서 곱셈 기호(×)는 원소별 곱셈을 말하고 점 기호(·)는 두 벡터 사이의 점곱을 의미합니다.

1. 가중치 벡터 w를 동일한 가중치로 설정합니다. $\sum_i w_i = 1$

2. m번 부스팅 반복의 j번째에서 다음을 수행합니다.

   a. 가중치가 부여된 약한 학습기를 훈련합니다. $C_j = \text{train}(X, y, w)$

   b. 클래스 레이블을 예측합니다. $\hat{y} = \text{predict}(C_j, X)$

   c. 가중치가 적용된 에러율을 계산합니다. $\varepsilon = w \cdot (\hat{y} \neq y)$

   d. 학습기 가중치를 계산합니다. $\alpha_j = 0.5 \log \dfrac{1-\varepsilon}{\varepsilon}$

   e. 가중치를 업데이트합니다. $w := w \times \exp(-\alpha_j \times \hat{y} \times y)$

   f. 합이 1이 되도록 가중치를 정규화합니다. $w := \dfrac{w}{\sum_i w_i}$

3. 최종 예측을 계산합니다. $\hat{y} = \left(\sum_{j=1}^{m} \left(\alpha_j \times \text{predict}(C_j, X) \right) > 0 \right)$

단계 **2-c**에서 $(\hat{y} \neq y)$ 표현은 1 또는 0으로 구성된 이진 벡터를 의미합니다. 예측이 잘못되면 1이고 그렇지 않으면 0입니다.

에이다부스트 알고리즘이 간단해 보이지만, 그림 7-10의 표와 같이 열 개의 훈련 샘플로 구성된 훈련 데이터셋을 사용하여 구체적인 예제를 살펴보겠습니다.

▼ 그림 7-10 에이다부스트 알고리즘을 적용한 열 개의 훈련 샘플

샘플 인덱스	x	y	가중치	$\hat{y}(x <= 3.0)$?	정답인가?	업데이트된 가중치
1	1.0	1	0.1	1	Yes	0.072
2	2.0	1	0.1	1	Yes	0.072
3	3.0	1	0.1	1	Yes	0.072
4	4.0	−1	0.1	−1	Yes	0.072
5	5.0	−1	0.1	−1	Yes	0.072
6	6.0	−1	0.1	−1	Yes	0.072
7	7.0	1	0.1	−1	No	0.167
8	8.0	1	0.1	−1	No	0.167
9	9.0	1	0.1	−1	No	0.167
10	10.0	−1	0.1	−1	Yes	0.072

이 표의 첫 번째 열은 1에서 10까지 훈련 샘플의 인덱스를 나타냅니다. 두 번째 열에 각 샘플의 특성 값이 있습니다. 이 데이터는 1차원 데이터셋입니다. 세 번째 열은 각 훈련 샘플 x_i에 대한 진짜 클래스 레이블 y_i입니다. 여기에서 $y_i \in \{1, -1\}$입니다. 네 번째 열은 초기 가중치를 보여 줍니다. 초기에 가중치를 동일하게 초기화합니다(같은 상수 값을 할당합니다). 그다음 합이 1이 되도록 정규화합니다. 샘플이 열 개인 훈련 데이터셋에서는 가중치 벡터 w에 있는 각 가중치 w_i를 0.1로 할당합니다. 예측 클래스 레이블 $\hat{y}$는 다섯 번째 열에 나와 있습니다. 분할 기준은 $x \leq 3.0$이라고 가정합니다. 표의 마지막 열은 의사 코드에서 정의한 업데이트 규칙에 의해 업데이트된 가중치를 보여 줍니다.

가중치 계산 공식이 처음에는 조금 복잡해 보일 수 있으므로 단계별로 계산을 수행해 보겠습니다. 단계 **2**-c에 나와 있는 가중치된 에러율 ε(epsilon)을 먼저 계산해 보죠.

```
>>> y = np.array([1, 1, 1, -1, -1, -1, 1, 1, 1, -1])
>>> yhat = np.array([1, 1, 1, -1, -1, -1, -1, -1, -1, -1])
>>> correct = (y==yhat)
>>> weights = np.full(10, 0.1)
>>> print(weights)
[0.1 0.1 0.1 0.1 0.1 0.1 0.1 0.1 0.1 0.1]
>>> epsilon = np.mean(~correct)
>>> print(epsilon)
0.3
```

correct는 True와 False로 구성된 불리언 배열입니다. True는 예측이 맞았다는 것을 나타냅니다. ~correct로 이 배열을 뒤집고 np.mean(~correct)로 잘못 예측한 비율, 즉 분류 오차를 계산합니다 (True는 1, False는 0으로 카운트됩니다).

그다음 단계 **2**-d에 나오는 학습기 가중치 α_j를 계산합니다. 나중에 단계 **2**-e에서 가중치를 업데이트할 때와 단계 **3**에서 다수결 투표 예측을 위한 가중치에 사용됩니다.

```
>>> alpha_j = 0.5 * np.log((1-epsilon) / epsilon)
>>> print(alpha_j)
0.42364893019360184
```

학습기 가중치 α_j(alpha_j)를 계산한 후 다음 식을 사용하여 가중치 벡터를 업데이트할 수 있습니다.

$$w := w \times \exp\left(-\alpha_j \times \hat{y} \times y\right)$$

여기에서 $\hat{y} \times y$는 예측 클래스 레이블 벡터와 진짜 클래스 레이블 벡터 사이의 원소별 곱셈입니다. 예측 $\hat{y}_i$가 맞으면 $\hat{y}_i \times y_i$는 양의 값이 되고 α_j도 양의 값이기 때문에 i번째 가중치가 감소합니다.[24]

```
>>> update_if_correct = 0.1 * np.exp(-alpha_j*1*1)
>>> print(update_if_correct)
0.06546536707079771
```

비슷하게 예측 레이블 $\hat{y}_i$가 맞지 않으면 i번째 가중치가 다음과 같이 증가합니다.

```
>>> update_if_wrong_1 = 0.1 * np.exp(-alpha_j*1*-1)
>>> print(update_if_wrong_1)
0.1527525231651947
```

또는 다음과 같습니다.

```
>>> update_if_wrong_2 = 0.1 * np.exp(-alpha_j*-1*1)
>>> print(update_if_wrong_2)
0.1527525231651947
```

이 값을 사용하여 다음과 같이 가중치를 업데이트할 수 있습니다.

```
>>> weights = np.where(correct==1,
...                    update_if_correct,
...                    update_if_wrong_1)
>>> print(weights)
array([0.06546537, 0.06546537, 0.06546537, 0.06546537, 0.06546537,
       0.06546537, 0.15275252, 0.15275252, 0.15275252, 0.06546537])
```

앞의 코드는 모든 올바른 예측에 update_if_correct 값을 할당하고 모든 잘못된 예측에 update_if_wrong_1 값을 할당합니다. update_if_wrong_2는 update_if_wrong_1과 같기 때문에 사용하지 않았습니다.

가중치 벡터의 각 가중치를 업데이트하고 난 후 가중치의 합이 1이 되도록 정규화합니다(단계 **2**-f).

$$w := \frac{w}{\sum_i w_i}$$

---

24 [역주] 약한 학습기가 무작위 추측보다 좋다고($\varepsilon < 0.5$) 가정하기 때문에 α_j는 양수로 생각합니다. 실전 구현에서는 예측이 맞은 샘플의 가중치는 업데이트하지 않습니다.

코드로는 다음과 같이 계산할 수 있습니다.

```
>>> normalized_weights = weights / np.sum(weights)
>>> print(normalized_weights)
[0.07142857 0.07142857 0.07142857 0.07142857 0.07142857 0.07142857
 0.16666667 0.16666667 0.16666667 0.07142857]
```

옳게 분류된 샘플에 대응하는 가중치는 다음 부스팅 단계에서 초깃값 0.1보다 0.0714로 감소됩니다. 비슷하게 잘못 분류된 샘플의 가중치는 0.1에서 0.1667로 증가합니다.

7.4.2 사이킷런에서 에이다부스트 사용

이전 절에서 에이다부스트를 간략하게 소개했습니다. 이제 실제 사용하는 부분으로 넘어가서 사이킷런으로 에이다부스트 앙상블 분류기를 훈련시켜 보죠. 이전 절에서 배깅 분류기를 훈련할 때 사용한 Wine 데이터셋을 사용하겠습니다.

estimator 속성으로 깊이가 1인 결정 트리를 전달하여 트리 500개로 구성된 AdaBoostClassifier를 훈련시키겠습니다.[25]

```
>>> from sklearn.ensemble import AdaBoostClassifier
>>> tree = DecisionTreeClassifier(criterion='entropy',
...                               random_state=1,
...                               max_depth=1)
>>> ada = AdaBoostClassifier(estimator=tree,
...                          n_estimators=500,
...                          learning_rate=0.1,
...                          random_state=1)
>>> tree = tree.fit(X_train, y_train)
>>> y_train_pred = tree.predict(X_train)
>>> y_test_pred = tree.predict(X_test)
>>> tree_train = accuracy_score(y_train, y_train_pred)
>>> tree_test = accuracy_score(y_test, y_test_pred)
>>> print(f'결정 트리의 훈련 정확도/테스트 정확도 '
...       f'{tree_train:.3f}/{tree_test:.3f}')
결정 트리의 훈련 정확도/테스트 정확도 0.916/0.875
```

---

25 역주 AdaBoostClassifier의 estimator 기본값은 깊이가 1인 DecisionTreeClassifier입니다. AdaBoostRegressor의 estimator 기본값은 깊이가 3인 DecisionTreeRegressor입니다. AdaBoostClassifier는 원본 에이다부스트 알고리즘의 변종인 SAMME와 SAMME.R 알고리즘을 사용합니다. algorithm 매개변수는 기본값 'SAMME.R'과 'SAMME' 중 하나를 선택할 수 있습니다. AdaBoostRegressor는 AdaBoost.R2 알고리즘을 사용합니다. 에이다부스트 알고리즘에 대한 자세한 내용은 〈핸즈온 머신러닝 3판〉(한빛미디어, 2023) 7장을 참고하세요.

여기에서 보듯이 깊이가 1인 결정 트리는 훈련 데이터에 과소적합된 것 같습니다. 이전 절에서 보았던 가지치기가 없는 결정 트리와는 반대입니다.[26]

```
>>> ada = ada.fit(X_train, y_train)
>>> y_train_pred = ada.predict(X_train)
>>> y_test_pred = ada.predict(X_test)
>>> ada_train = accuracy_score(y_train, y_train_pred)
>>> ada_test = accuracy_score(y_test, y_test_pred)
>>> print(f'에이다부스트의 훈련 정확도/테스트 정확도 '
...       f'{ada_train:.3f}/{ada_test:.3f}')
에이다부스트의 훈련 정확도/테스트 정확도 1.000/0.917
```

에이다부스트 모델은 훈련 데이터셋의 모든 클래스 레이블을 정확하게 예측하고 깊이가 1인 결정 트리에 비해 테스트 데이터셋 성능도 좀 더 높습니다. 훈련 성능과 테스트 성능 사이에 간격이 크므로 모델의 편향을 줄임으로써 추가적인 분산이 발생했습니다.

예시를 위해 간단한 예제를 사용했지만 에이다부스트 분류기의 성능이 깊이가 1인 결정 트리에 비해 좀 더 향상되었습니다. 이전 절에 훈련했던 배깅 분류기의 정확도와 매우 비슷한 점수를 달성했습니다. 테스트 데이터셋을 반복적으로 사용하여 모델을 선택하는 것은 나쁜 방법입니다. 6장에서 자세히 언급했듯이 일반화 성능을 매우 낙관적으로 추정하게 됩니다.

끝으로 결정 영역의 모습을 확인해 보죠.

```
>>> x_min = X_train[:, 0].min() - 1
>>> x_max = X_train[:, 0].max() + 1
>>> y_min = X_train[:, 1].min() - 1
>>> y_max = X_train[:, 1].max() + 1
>>> xx, yy = np.meshgrid(np.arange(x_min, x_max, 0.1),
...                      np.arange(y_min, y_max, 0.1))
>>> f, axarr = plt.subplots(1, 2,
...                         sharex='col',
...                         sharey='row',
...                         figsize=(8, 3))
>>> for idx, clf, tt in zip([0, 1],
...                         [tree, ada],
...                         ['Decision Tree', 'AdaBoost']):
...     clf.fit(X_train, y_train)
```

---

26 **역주** 사이킷런 추정기의 fit 메서드는 ada.fit(...).predict(...)처럼 다른 메서드를 연결하여 쓸 수 있도록 객체 자신을 반환합니다. 그 외는 이 절의 예제에서처럼 fit 메서드의 반환값을 다시 변수에 저장할 필요가 없습니다. 정확도를 계산하려면 ada.score(X_train, y_train)처럼 모델에서 제공하는 score 메서드를 사용하는 것이 더 편리합니다.

```
...         Z = clf.predict(np.c_[xx.ravel(), yy.ravel()])
...         Z = Z.reshape(xx.shape)
...         axarr[idx].contourf(xx, yy, Z, alpha=0.3)
...         axarr[idx].scatter(X_train[y_train==0, 0],
...                            X_train[y_train==0, 1],
...                            c='blue',
...                            marker='^')
...         axarr[idx].scatter(X_train[y_train==1, 0],
...                            X_train[y_train==1, 1],
...                            c='green',
...                            marker='o')
...         axarr[idx].set_title(tt)
>>>     axarr[0].set_ylabel('OD280/OD315 of diluted wines', fontsize=12)
>>> plt.tight_layout()
>>> plt.text(0, -0.2,
...          s='Alcohol',
...          ha='center',
...          va='center',
...          fontsize=12, transform=axarr[1].transAxes)
>>> plt.show()
```

결정 영역을 그려 보면 에이다부스트 모델의 결정 경계가 깊이가 1인 결정 트리의 결정 경계보다 확실히 더 복잡합니다. 또한, 에이다부스트 모델이 이전 절에서 훈련한 배깅 분류기와 매우 비슷하게 특성 공간을 분할하고 있습니다.

❤ 그림 7-11 결정 트리와 에이다부스트의 결정 경계

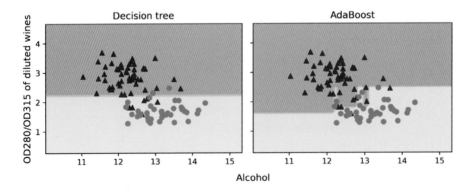

앙상블 기법을 마무리하면서 언급할 것은 앙상블 학습은 개별 분류기에 비해 계산 복잡도가 높다는 점입니다. 실전에서는 비교적 많지 않은 예측 성능 향상을 위해 계산 비용에 더 투자할 것인지 주의 깊게 생각해야 합니다.

이 트레이드오프(trade-off)의 예로 자주 인용되는 것은 앙상블 기법을 사용하여 우승자가 가려진 100만 달러 넷플릭스 대회(Netflix Prize)입니다. 자세한 알고리즘 내용은 온라인에 공개되어 있습니다.[27] 우승 팀은 100만 달러 상금을 받았지만 복잡도가 높아 실제 애플리케이션에 적용하기 어렵기 때문에 넷플릭스는 이 모델을 구현하지 않았습니다.

"새로운 방법들을 오프라인에서 평가했지만 추가로 얻을 수 있는 정확도 향상이 운영 시스템에 적용하기 위해 필요한 노력만큼 가치가 있어 보이지 않았습니다."[28]

7.5 그레이디언트 부스팅: 손실 그레이디언트 기반의 앙상블 훈련

MACHINE LEARNING

그레이디언트 부스팅(gradient boosting)은 이전 절에서 소개한 부스팅 개념을 활용한 또 다른 알고리즘입니다. 즉, 연속적으로 약한 학습기를 훈련하여 강력한 앙상블을 만듭니다. 그레이디언트 부스팅은 XGBoost와 같은 인기가 많은 머신 러닝 라이브러리의 기본이 되기 때문에 매우 중요한 주제입니다. XGBoost는 캐글(Kaggle) 경연 대회 우승자들이 사용하여 유명해졌습니다.

처음에는 그레이디언트 부스팅 알고리즘이 조금 어렵게 보일 수 있습니다. 이어지는 절에서 일반적인 개념부터 시작해서 단계적으로 알아보겠습니다. 그다음 분류 작업에 그레이디언트 부스팅을 사용하는 방법을 소개하고 예를 들어 살펴볼 것입니다. 기본적인 그레이디언트 부스팅 개념을 소개한 후에 마지막으로 인기 있는 XGBoost 같은 라이브러리를 짧게 살펴보고 실전에 그레이디언트 부스팅을 사용하는 방법을 알아보겠습니다.

---

27 The BigChaos Solution to the Netflix Grand Prizeby A. Toescher, M. Jahrer, and R. M. Bell, Netflix prize documentation, 2009, http://www.stat.osu.edu/~dmsl/GrandPrize2009_BPC_BigChaos.pdf

28 http://techblog.netflix.com/2012/04/netflix-recommendations-beyond-5-stars.html

7.5.1 에이다부스트와 그레이디언트 부스팅 비교

기본적으로 그레이디언트 부스팅은 앞서 소개한 에이다부스트와 매우 비슷합니다. 에이다부스트는 이전 트리의 오차를 기반으로 깊이가 1인 결정 트리를 훈련합니다. 각 반복에서 이 오차를 사용하여 샘플 가중치와 개별 트리를 앙상블로 합칠 때 결정 트리의 분류기 가중치를 계산합니다. 최대 반복 횟수(결정 트리 개수)에 도달하면 훈련을 멈춥니다. 에이다부스트와 비슷하게 그레이디언트 부스팅은 예측 오차를 사용하여 반복적인 스타일로 결정 트리를 훈련합니다. 하지만 그레이디언트 부스팅 트리는 에이다부스트에서 사용하는 트리보다 깊으며 일반적으로 깊이가 3~6인 트리를 사용합니다(또는 리프 노드가 최대 8~64개인 트리). 또한, 에이다부스트와 달리 그레이디언트 부스팅은 예측 오차를 사용하여 샘플 가중치를 할당하지 않고 다음 트리를 훈련하는 타깃 변수로 직접 사용합니다. 에이다부스트처럼 개별 트리에 가중치를 부여하지 않고 그레이디언트 부스팅은 모든 트리에 적용되는 학습률을 사용합니다.

여기에서 보듯이 에이다부스트와 그레이디언트 부스팅은 유사점이 많지만 핵심 부분에서 차이가 있습니다. 다음 절에서 그레이디언트 부스팅 알고리즘을 개략적으로 소개하겠습니다.

7.5.2 그레이디언트 부스팅 알고리즘 소개

이 절에서는 분류를 위한 그레이디언트 부스팅 알고리즘을 알아보겠습니다. 간단하게 이진 분류 예를 사용하겠습니다. 로지스틱 손실을 사용한 다중 클래스 일반화에 대해서는 원본 그레이디언트 부스팅 논문[29]의 4.6절을 참고하세요.

> Note ≣ **회귀를 위한 그레이디언트 부스팅**
>
> 그레이디언트 부스팅 과정이 에이다부스트보다 조금 더 복잡합니다. 그래서 프리드먼의 논문에 나온 간단한 회귀 예제를 제외했습니다. 하지만 관심 있는 독자는 제가 회귀를 위한 그레이디언트 부스팅에 대해 설명한 유튜브 영상[30]을 참고하세요.

---

29 Greedy function approximation: A gradient boosting machine, Jerome H. Friedman, 2001
   https://projecteuclid.org/journals/annals-of-statistics/volume-29/issue-5/Greedy-function-approximation-A-gradient-boostingmachine/10.1214/aos/1013203451.full

30 https://www.youtube.com/watch?v=zblsrxc7XpM

그레이디언트 부스팅은 일련의 트리를 만듭니다. 각 트리는 이전 트리의 오차(레이블과 예측 값 사이의 차이)에서 훈련됩니다. 반복마다 각 트리를 올바른 방향으로 조금씩 업데이트하기 때문에 트리 앙상블이 향상됩니다. 이런 업데이트는 손실 그레이디언트를 기반으로 하며 여기에서 그레이디언트 부스팅이란 이름이 나왔습니다.

다음 단계는 일반적인 그레이디언트 부스팅 알고리즘을 소개합니다. 주요 단계를 설명한 후 부분적으로 자세히 살펴보고 이어지는 절에서 예제를 만들어 보겠습니다.

1. 상수 예측 값을 반환하는 모델을 초기화합니다. 이를 위해 하나의 리프 노드(즉, 루트 노드)를 갖는 트리를 사용합니다. 트리가 반환하는 값을 $\hat{y}$로 표시하며 나중에 정의할 미분 가능한 손실 함수 L을 최소화하는 값을 찾습니다.

$$F_0(x) = \arg\min_{\hat{y}} \sum_{i=1}^{n} L(y_i, \hat{y})$$

여기에서 n은 데이터셋에 있는 훈련 샘플 개수를 나타냅니다.

2. 사용자가 지정한 총 트리 개수가 M일 때 $m=1, \cdots, M$인 각 트리에 대해서 아래 단계 2-a에서 단계 2-d까지 나온 계산을 수행합니다.

   a. 예측 값 $F(x_i) = \hat{y}_i$와 클래스 레이블 y_i 사이의 차이를 계산합니다. 이 값을 이따금 **의사 응답**(pseudo-response) 또는 **의사 잔차**(pseudo-residual)라고 부릅니다. 이 의사 잔차를 예측 값에 대한 손실 함수의 음의 그레이디언트로 쓸 수 있습니다.

   $$r_{im} = -\left[\frac{\partial L(y_i, F(x_i))}{\partial F(x_i)}\right]_{F(x)=F_{m-1}(x)} \qquad \text{여기에서 } i = 1, \ldots, n$$

   앞의 식에서 $F(x)$는 이전 트리의 예측 $F_{m-1}(x)$입니다. 따라서 첫 번째 반복에서는 이 값이 (하나의 리프 노드를 가진) 단계 1의 트리가 출력하는 상수 값에 해당됩니다.

   b. 의사 잔차 r_{im}에서 트리를 훈련합니다. R_{jm}을 반복 m에서 결과 트리의 리프 노드($j=1, \ldots, J_m$)라고 하겠습니다.[31]

   c. 각 리프 노드 R_{jm}에 대해서 다음 출력 값을 계산합니다.

   $$\gamma_{jm} = \arg\min_{\gamma} \sum_{x_i \in R_{jm}} L(y_i, F_{m-1}(x_i) + \gamma)$$

---

31 [역주] J_m은 리프 노드의 수를 나타냅니다.

다음 절에서 손실 함수를 최소화하여 γ_{jm}을 어떻게 계산하는지 자세히 알아보겠습니다. 리프 노드 R_{jm}은 하나 이상의 샘플을 포함할 수 있으므로 합을 계산합니다.

d. 출력 값 γ_m을 이전 트리에 더해 모델을 업데이트합니다.

$$F_m(x) = F_{m-1}(x) + \eta\gamma_m$$

하지만 현재 트리의 전체 예측 값 γ_m을 이전 트리 F_{m-1}에 더하지 않고 학습률 η로 γ_m의 값을 조정합니다. 일반적으로 학습률은 0.01에서 1 사이의 작은 값입니다. 다른 말로 하면 과대적합을 피하기 위해 모델을 조금씩 점진적으로 업데이트합니다.

일반적인 그레이디언트 부스팅 구조를 살펴보았으므로 이 메커니즘을 분류 문제를 위한 그레이디언트 부스팅에 적용해 보겠습니다.

7.5.3 분류를 위한 그레이디언트 부스팅 알고리즘

이 절에서 이진 분류를 위한 그레이디언트 부스팅 알고리즘을 구현하기 위한 상세 사항을 알아보겠습니다. 3장에서 로지스틱 회귀를 위해 소개한 로지스틱 손실 함수를 사용하겠습니다. 하나의 훈련 샘플에 대해 로지스틱 손실 함수를 다음과 같이 쓸 수 있습니다.

$$L_i = -y_i \log p_i (1 - y_i) \log(1 - p_i)$$

3장에서 로그 오즈를 소개했습니다.

$$\hat{y} = \log(\text{odds}) = \log\left(\frac{p}{1-p}\right)$$

이 로그 오즈를 다음과 같이 로지스틱 함수로 재작성하겠습니다(여기에서 중간 단계는 생략합니다).

Note ☰ 〔역주〕 로그 오즈 식에서 로그를 풀어 쓰면 다음과 같습니다.

$$\hat{y_i} = \log p_i - \log(1 - p_i)$$

이 식을 로지스틱 손실 함수 식의 $\log p_i$에 대입하면 다음과 같습니다.

$$L_i = -y_i(\hat{y_i} + \log(1 - p_i)) - (1 - y_i)\log(1 - p_i)$$

⊙ 계속

두 번째 항을 풀어 쓰면 두 개의 $y_i \log(1 - p_i)$ 항을 소거할 수 있습니다.

$$= -y_i(\hat{y}_i + \log(1 - p_i)) - \log(1 - p_i) + y_i \log(1 - p_i)$$

$$= -y_i\hat{y}_i - \log(1 - p_i)$$

그다음 다음과 같이 로그를 분수로 바꾸어서 쓸 수 있습니다.

$$= -y_i\hat{y}_i + \log\left(\frac{1}{1 - p_i}\right)$$

$$= \log\left(1 + \frac{p_i}{1 - p_i}\right) - y_i\hat{y}_i$$

로그 오즈 식으로부터 $\frac{p_i}{1 - p_i} = e^{\hat{y}_i}$ 이므로 다음과 같이 쓸 수 있습니다.

$$= \log(1 + e^{\hat{y}_i}) - y_i\hat{y}_i$$

$$L_i = \log\left(1 + e^{\hat{y}_i}\right) - y_i\hat{y}_i$$

로그 오즈 $\hat{y}$에 대한 손실 함수의 편도 함수를 다음과 같이 쓸 수 있습니다.

$$\frac{\partial L_i}{\partial \hat{y}_i} = \frac{e^{\hat{y}_i}}{1 + e^{\hat{y}_i}} - y_i = p_i - y_i$$

이런 수학적 정의를 내린 후 이전 절에서 본 일반적인 그레이디언트 부스팅 단계 1에서 단계 2-d 까지 이진 분류에 맞게 재구성해 보겠습니다.

1. 로지스틱 손실을 최소화하는 루트 노드를 만듭니다. 이 루트 노드가 로그 오즈 $\hat{y}$를 반환하면 손실이 최소가 됩니다.

2. 사용자가 지정한 총 트리 개수가 M일 때 $m=1, \cdots, M$인 각 트리에 대해서 아래 단계 2-a에서 단계 2-d까지 나온 계산을 수행합니다.

   a. 로그 오즈를 (3장에서) 로지스틱 회귀에서 썼던 로지스틱 함수를 사용하여 확률로 바꿉니다.

$$p = \frac{1}{1 + e^{-\hat{y}}}$$

그다음 로그 오즈에 대한 손실의 음의 편도 함수인 의사 잔차를 계산합니다. 결과는 클래스 레이블과 예측 확률 사이의 차입니다.

$$-\frac{\partial L_i}{\partial \hat{y}_i} = y_i - p_i$$

b. 의사 잔차로 새로운 트리를 훈련합니다.

c. 각 리프 노드 R_{jm}에서 로지스틱 손실 함수를 최소화하는 값 γ_{jm}을 계산합니다. 여러 개의 훈련 샘플을 포함하는 리프 노드를 다루기 위해 합을 계산합니다.

$$\begin{aligned}
\gamma_{jm} &= \arg\min_{\gamma} \sum_{x_i \in R_{jm}} L(y_i, F_{m-1}(x_i) + \gamma) \\
&= \arg\min_{\gamma} \sum_{x_i \in R_{jm}} \log(1 + e^{\hat{y}_i + \gamma}) - y_i(\hat{y}_i + \gamma)
\end{aligned}$$

중간 유도 과정을 생략하고 결과를 보면 다음과 같습니다.

$$\gamma_{jm} = \frac{\sum_i y_i - p_i}{\sum_i p_i(1 - p_i)}$$

여기에서 합 기호는 훈련 세트 전체가 아니라 리프 노드 R_{jm}에 있는 샘플에 대해서만 더합니다.

d. 단계 **2-c**의 감마에 학습률 η를 곱한 값을 더해 모델을 업데이트합니다.

$$F_m(x) = F_{m-1}(x) + \eta \gamma_m$$

Note ☰ 　**참조** 단계 **2-c**에서 γ_{jm}을 유도하는 과정은 다음과 같습니다.

먼저 $\arg\min_{\gamma} \sum_{x_i \in R_{jm}} \log(1 + e^{\hat{y}_i + \gamma}) - y_i(\hat{y}_i + \gamma)$ 를 직접 푸는 것이 어렵기 때문에 L을 2차 테일러 다항식으로 근사합니다.

$$L(y_i, F_{m-1}(x_i) + \gamma) \approx L(y_i, F_{m-1}(x_i)) + \frac{\partial}{\partial F} L(y_i, F_{m-1}(x_i))\gamma + \frac{1}{2}\frac{\partial^2}{\partial F^2} L(y_i, F_{m-1}(x_i))\gamma^2$$

이 식이 최소가 되는 감마를 찾기 위해 미분하여 0일 때 감마를 구합니다.

$$\frac{\partial}{\partial \gamma} \sum_{x_i \in Rjm} \left(L(y_i, F_{m-1}(x_i)) + \frac{\partial}{\partial F} L(y_i, F_{m-1}(x_i))\gamma + \frac{1}{2}\frac{\partial^2}{\partial F^2} L(y_i, F_{m-1}(x_i))\gamma^2 \right) = 0$$

◑ 계속

미분을 적용하면 첫 번째 항은 감마에 대한 함수가 아니므로 소거됩니다.

$$\sum_{x_i \in R_{jm}} \left(\frac{\partial}{\partial F} L(y_i, F_{m-1}(x_i)) + \frac{\partial^2}{\partial F^2} L(y_i, F_{m-1}(x_i)) \gamma \right) = 0$$

이를 감마에 대해 정리하면 다음과 같습니다.

$$\gamma = -\frac{\sum_{x_i \in R_{jm}} \frac{\partial}{\partial F} L(y_i, F_{m-1}(x_i))}{\sum_{x_i \in R_{jm}} \frac{\partial^2}{\partial F^2} L(y_i, F_{m-1}(x_i))}$$

$-\frac{\partial L_i}{\partial \hat{y}_i} = y_i - p_i$ 이므로 앞의 식은 다음과 같이 쓸 수 있습니다.

$$= \frac{\sum_{x_i \in R_{jm}} y_i - p_i}{\sum_{x_i \in R_{jm}} \frac{\partial}{\partial F} (p_i - y_i)}$$

분모의 미분을 계산하면 y_i는 소거되고 p_i는 $p = \frac{1}{1 + e^{-\hat{y}}}$ 로 바꾸어 쓸 수 있습니다. 따라서 다음과 같이 계산됩니다.

$$= \frac{\sum_{x_i \in R_{jm}} y_i - p_i}{\sum_{x_i \in R_{jm}} \frac{\partial}{\partial F} (1 + e^{-\hat{y}_i})^{-1}} = \frac{\sum_{x_i \in R_{jm}} y_i - p_i}{\sum_{x_i \in R_{jm}} e^{-\hat{y}_i}(1 + e^{-\hat{y}_i})^{-2}}$$

분모의 첫 번째 곱셈 항에 1을 더하고 빼서 덧셈 항으로 분리합니다.

$$= \frac{\sum_{x_i \in R_{jm}} y_i - p_i}{\sum_{x_i \in R_{jm}} (1 + e^{-\hat{y}_i} - 1)(1 + e^{-\hat{y}_i})^{-2}}$$

$$= \frac{\sum_{x_i \in R_{jm}} y_i - p_i}{\sum_{x_i \in R_{jm}} (1 + e^{-\hat{y}_i})(1 + e^{-\hat{y}_i})^{-2} - (1 + e^{-\hat{y}_i})^{-2}} = \frac{\sum_{x_i \in R_{jm}} y_i - p_i}{\sum_{x_i \in R_{jm}} (1 + e^{-\hat{y}_i})^{-1} - (1 + e^{-\hat{y}_i})^{-2}}$$

다시 분모를 p_i로 바꾸어 쓰면 다음과 같습니다.

$$= \frac{\sum_{x_i \in R_{jm}} y_i - p_i}{\sum_{x_i \in R_{jm}} p_i - p_i^2} = \frac{\sum_{x_i \in R_{jm}} y_i - p_i}{\sum_{x_i \in R_{jm}} p_i(1 - p_i)}$$

> **Note ≡** | **로그 오즈와 확률**
>
> 트리가 확률이 아니라 로그 오즈를 출력하는 이유가 무엇일까요? 이는 확률 값을 더해서 의미 있는 결과를 얻지 못하기 때문입니다(따라서 기술적으로 말하면 분류를 위한 그레이디언트 부스팅은 회귀 트리를 사용합니다).

이 절에서 일반적인 그레이디언트 부스팅 알고리즘을 이진 분류에 적용했습니다. 이를 위해 손실 함수를 로지스틱 손실로 바꾸고 예측 값을 로그 오즈로 바꾸었습니다. 하지만 많은 개별 단계가 여전히 추상적으로 보일 수 있습니다. 다음 절에서 이런 단계를 구체적인 예에 적용해 보겠습니다.

7.5.4 그레이디언트 부스팅 분류 예제

이전 두 개의 절에서 이진 분류를 위한 그레이디언트 부스팅의 수학 이론을 소개했습니다. 이런 개념을 명확하게 이해하기 위해서 간단한 예시를 들어 보겠습니다. 이 예시의 훈련 데이터셋은 그림 7-12에 나온 세 개의 샘플로 구성됩니다.

▼ 그림 7-12 그레이디언트 부스팅 예시를 위한 간단한 데이터셋

	특성 x_1	특성 x_2	클래스 레이블 y
1	1.12	1.4	1
2	2.45	2.1	0
3	3.54	1.2	1

단계 1은 루트 노드를 만들고 로그 오즈를 계산합니다. 단계 2-a는 로그 오즈를 클래스 소속 확률로 바꾸고 의사 잔차를 계산합니다. 3장에서 배운 것처럼 오즈는 성공 횟수를 실패 횟수로 나누어 계산할 수 있습니다. 여기에서 레이블 1이 성공이고 레이블 0이 실패이므로 오즈 odds=2/1입니다. 단계 1과 단계 2-a를 수행하면 그림 7-13과 같은 결과를 얻습니다.

▼ 그림 7-13 단계 1과 단계 2-a를 적용한 첫 번째 반복의 결과

	특성 x_1	특성 x_2	클래스 레이블 y	단계 1 $\hat{y} = \log(odds)$	단계 2 $p = \dfrac{1}{1+e^{-\hat{y}}}$	단계 2-a $r = y - p$
1	1.12	1.4	1	0.69	0.67	0.33
2	2.45	2.1	0	0.69	0.67	-0.67
3	3.54	1.2	1	0.69	0.67	0.33

그다음 단계 **2**-b에서 의사 잔차 r을 사용하여 새로운 트리를 훈련합니다. 그다음 단계 **2**-c에서 그림 7-14와 같은 트리의 출력 값 γ를 계산합니다.

▼ 그림 7-14 잔차로 트리를 훈련하고 각 리프 노드의 출력 값을 계산하는 단계 **2**-b와 단계 **2**-c

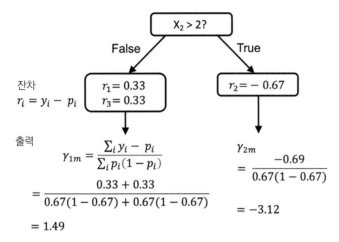

(한 개 이상의 샘플을 가진 리프 노드의 작동 방식을 설명하기 위해 인위적으로 두 개의 리프 노드만 가진 트리로 제한합니다.)

그다음 마지막 단계 **2**-d에서 모델을 업데이트합니다. 학습률을 $\eta=0.1$로 가정하면 첫 번째 훈련 샘플에 대한 예측은 그림 7-15와 같습니다.

▼ 그림 7-15 첫 번째 훈련 샘플에 대한 모델 업데이트

	특성 x_1	특성 x_2	클래스 레이블 y
1	1.12	1.4	1
2	2.45	2.1	0
3	3.54	1.2	1

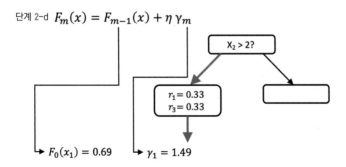

첫 번째 반복 $m=1$의 단계 **2**-a에서 단계 **2**-d까지 완료했으므로 두 번째 반복 $m=2$에 대해 단계 **2**-a에서 단계 **2**-d까지 수행할 수 있습니다. 두 번째 반복에서는 업데이트된 모델이 반환한 로그 오즈를 사용합니다. 예를 들어 $F_1(x_1)=0.839$를 단계 **2**-a의 입력으로 사용합니다. 두 번째 반복에서 얻은 값은 그림 7-16과 같습니다.

❤ 그림 7-16 첫 번째 반복과 두 번째 반복의 값

	x_1	x_2	y	단계 1 $F_0(x)=\hat{y}$ $=\log(odds)$	단계 2-a $p=\dfrac{1}{1+e^{-\hat{y}}}$	단계 2-a $r=y-p$	새로운 $\log(odds)$ $\hat{y}=F_1(x)$	단계 2-a p	단계 2-a r
1	1.12	1.4	1	0.69	0.67	0.33	0.839	0.698	0.302
2	2.45	2.1	0	0.69	0.67	-0.67	0.378	0.593	-0.593
3	3.54	1.2	1	0.69	0.67	0.33	0.839	0.698	0.302

반복 $m=1$ 　　　 반복 $m=2$

예측 확률이 양성 클래스의 경우 더 높고 음성 클래스의 경우 더 낮습니다. 따라서 잔차도 점점 작아집니다. M개의 트리를 훈련하거나 잔차가 사용자가 지정한 임계 값보다 작아질 때까지 단계 **2**-a~**2**-d가 반복됩니다. 그레이디언트 부스팅 알고리즘이 완료되면 3장의 로지스틱 회귀처럼 최종 모델인 $F_M(x)$의 확률 값이 0.5를 기준으로 판단하여 어떤 클래스 레이블인지 예측할 수 있습니다. 하지만 로지스틱 회귀와 달리 그레이디언트 부스팅은 여러 개의 트리로 구성되며 비선형 결정 경계를 만듭니다. 다음 절에서는 그레이디언트 부스팅의 실제 예를 살펴보겠습니다.

7.5.5 XGBoost 사용하기

그레이디언트 부스팅의 핵심적인 세부 사항을 살펴보았으니 마지막으로 그레이디언트 부스팅 구현을 사용해 보겠습니다.

사이킷런에서는 sklearn.ensemble.GradientBoostingClassifier[32]에 그레이디언트 부스팅이 구현되어 있습니다. 그레이디언트 부스팅 알고리즘은 순차적이므로 훈련 속도가 느릴 수 있습니다. 하지만 최근에 유명한 그레이디언트 부스팅 구현인 XGBoost가 등장했습니다.

XGBoost는 몇 가지 트릭과 근사 방법을 도입하여 훈련 속도를 높입니다. 그래서 이름이 XGBoost(eXtreme Gradient Boosting)입니다. 또한, 이런 기법을 적용하여 매우 좋은 예측 성능을 달성합니다. 사실 XGBoost는 캐글 경연 대회에서 우승자들이 사용한 도구로 유명세를 얻었습니다.

---

32 https://scikit-learn.org/stable/modules/generated/sklearn.ensemble.GradientBoostingClassifier.html

XGBoost 다음으로 유명한 그레이디언트 부스팅 구현은 LightGBM과 CatBoost입니다. LightGBM에서 영감을 얻어 사이킷런은 원본 그레이디언트 부스팅(GradientBoosting Classifier)보다 훨씬 성능이 좋은 HistGradientBoostingClassifier를 제공합니다.

이런 구현에 대한 더 자세한 내용은 다음을 참고하세요.

- XGBoost: https://xgboost.readthedocs.io/en/stable/
- LightGBM: https://lightgbm.readthedocs.io/en/latest/
- CatBoost: https://catboost.ai
- HistGradientBoostingClassifier: https://scikit-learn.org/stable/modules/generated/sklearn.ensemble.HistGradientBoostingClassifier.html

하지만 XGBoost가 가장 유명한 그레이디언트 부스팅 구현이므로 이를 사용하는 방법을 알아보겠습니다. 먼저 pip를 사용해서 설치해야 합니다.[33]

```
> pip install xgboost
```

Note ≡ XGBoost 설치

이 장에서는 XGBoost 1.5 버전을 사용합니다. 이 버전은 다음과 같이 설치할 수 있습니다.

```
> pip install XGBoost==1.5.0
```

다음 주소에서 설치와 관련된 자세한 정보를 얻을 수 있습니다.

https://xgboost.readthedocs.io/en/stable/install.html

다행히 XGBoost의 XGBClassifier는 사이킷런 API를 따르기 때문에 비교적 쉽게 사용할 수 있습니다.

```
>>> import xgboost as xgb
>>> model = xgb.XGBClassifier(n_estimators=1000, learning_rate=0.01,
...                           max_depth=4, random_state=1,
...                           use_label_encoder=False)
>>> gbm = model.fit(X_train, y_train)
>>> y_train_pred = gbm.predict(X_train)
>>> y_test_pred = gbm.predict(X_test)
```

---

33 **역주** 코랩에는 기본적으로 xgboost와 lightgbm이 설치되어 있습니다.

```
>>> gbm_train = accuracy_score(y_train, y_train_pred)
>>> gbm_test = accuracy_score(y_test, y_test_pred)
>>> print(f'XGboost 훈련 정확도/테스트 정확도 '
...       f'{gbm_train:.3f}/{gbm_test:.3f}')
XGboost 훈련 정확도/테스트 정확도 0.968/0.917
```

1,000개의 트리(반복)와 학습률 0.01로 그레이디언트 부스팅 트리를 훈련했습니다. 일반적으로 0.01과 0.1 사이의 학습률이 권장됩니다. 하지만 학습률은 매 반복의 예측 스케일을 조정하는 데 사용합니다. 따라서 직관적으로 학습률을 낮출수록 정확한 예측을 달성하기 위해 더 많은 추정기가 필요합니다.

그다음 개별 결정 트리의 max_depth를 4로 지정합니다. 약한 학습기를 부스팅하기 때문에 이 값은 2와 6 사이가 적당하지만 데이터셋에 따라 큰 값이 잘 동작할 수도 있습니다.

마지막으로 use_label_encoder=False로 지정하여 XGBoost가 더 이상 기본적으로 레이블을 변환하지 않는다는 경고 메시지를 출력하지 않도록 합니다. 이는 사용자가 0부터 시작하는 정수 포맷의 레이블을 제공한다는 의미입니다(이 책 전체에서 이런 포맷을 따르고 있으므로 걱정할 필요가 없습니다).

설정할 수 있는 옵션이 많습니다. 자세한 내용은 이 책의 범위를 넘어섭니다. 하지만 관심 있는 독자는 온라인 문서[34]를 참고하세요.

Note ≣ **역주** 그레이디언트 부스팅은 이미지, 텍스트 같은 데이터를 제외하고 구조적인 데이터셋에서 현재 가장 높은 성능을 내는 알고리즘 중 하나입니다. 사이킷런에는 GradientBoostingClassifier와 GradientBoostingRegressor 클래스로 구현되어 있습니다. 본문에서 사용한 훈련 데이터를 이용하여 그레이디언트 부스팅 모델을 훈련시켜 보죠.

```
>>> from sklearn.ensemble import GradientBoostingClassifier
>>> gbrt = GradientBoostingClassifier(n_estimators=20, random_state=42)
>>> gbrt.fit(X_train, y_train)
>>> gbrt_train = gbrt.score(X_train, y_train)
>>> gbrt_test = gbrt.score(X_test, y_test)
>>> print(f'GradientBoostingClassifier 훈련 정확도/테스트 정확도 '
...       f'{gbrt_train:.3f}/{gbrt_test:.3f}')
GradientBoostingClassifier 훈련 정확도/테스트 정확도 1.000/0.917
```

20개의 트리를 사용하여 에이다부스트 모델과 동일한 성능을 냈습니다. 여기에서는 그레이디언트 부스팅의 결정 경계가 배깅의 결정 경계와 유사합니다.

● 계속

---

34 https://xgboost.readthedocs.io/en/latest/python/python_api.html#xgboost.XGBClassifier

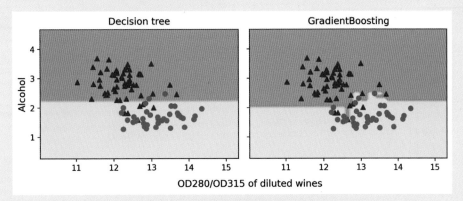

❤ 그림 7-17 결정 트리와 그레이디언트 부스팅의 결정 경계

그레이디언트 부스팅에서 중요한 매개변수 중 하나는 각 트리가 오차에 기여하는 정도를 조절하는 learning_rate 입니다. learning_rate가 작으면 성능은 높아지지만 많은 트리가 필요합니다. 이 매개변수의 기본값은 0.1입니다.

그레이디언트 부스팅이 사용하는 손실 함수는 loss 매개변수에서 지정합니다. GradientBoostingClassifier 일 경우 로지스틱 회귀를 의미하는 'deviance'(사이킷런 1.3 버전에서 'deviance'가 'log_loss'로 바뀝니다), GradientBoostingRegressor일 경우 최소 제곱을 의미하는 'ls'가 기본값입니다.

그레이디언트 부스팅이 오차를 학습하기 위해 사용하는 학습기는 DecisionTreeRegressor입니다. Decision TreeRegressor의 불순도 조건은 'squared_error', 'absolute_error' 등입니다. 따라서 그레이디언트 부스 팅의 criterion 매개변수도 DecisionTreeRegressor의 불순도 조건을 따라서 'squared_error', 'mae', 그 리고 제롬 프리드먼이 제안한 MSE 버전인 'friedman_mse'(기본값) 등을 사용합니다. 하지만 'mae'일 경우 그레 이디언트 부스팅의 결과가 좋지 않기 때문에 이 옵션은 사이킷런 0.24 버전부터 경고가 발생하고 사이킷런 1.1 버전에 서 삭제될 예정입니다.

subsample 매개변수를 기본값 1.0보다 작은 값으로 지정하면 훈련 데이터셋에서 subsample 매개변수에 지정된 비율만큼 랜덤하게 샘플링하여 트리를 훈련합니다. 이를 확률적 그레이디언트 부스팅이라고 부릅니다. 이는 랜덤 포 레스트나 에이다부스트의 부트스트랩 샘플링과 비슷하게 과대적합을 줄이는 효과를 냅니다. 또한, 남은 샘플을 사용 하여 OOB 점수를 계산할 수 있습니다. subsample 매개변수가 1.0보다 작을 때 그레이디언트 부스팅 객체의 oob_ improvement_ 속성에 이전 트리의 OOB 손실 값에서 현재 트리의 OOB 손실을 뺀 값이 기록되어 있습니다. 이 값 에 음수를 취해서 누적하면 트리가 추가되면서 과대적합되는 지점을 찾을 수 있습니다.

```
>>> gbrt = GradientBoostingClassifier(n_estimators=100,
...                                    subsample=0.5,
...                                    random_state=1)
>>> gbrt.fit(X_train, y_train)
>>> oob_loss = np.cumsum(-gbrt.oob_improvement_)
>>> plt.plot(range(100), oob_loss)
>>> plt.xlabel('number of trees')
>>> plt.ylabel('loss')
>>> plt.show()
```

◐ 계속

❤ 그림 7-18 그레이디언트 부스팅의 OOB 손실

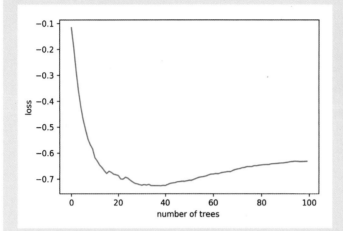

사이킷런 0.20 버전부터는 그레이디언트 부스팅에 조기 종료(early stopping) 기능을 지원하기 위한 매개변수 n_iter_no_change, validation_fraction, tol이 추가되었습니다. 훈련 데이터에서 validation_fraction 비율(기본값 0.1)만큼 떼어 내어 측정한 손실이 n_iter_no_change 반복 동안에 tol 값(기본값 1e-4) 이상 향상되지 않으면 훈련이 멈춥니다.

히스토그램 기반 부스팅은 입력 특성을 256개의 구간으로 나누어 노드를 분할에 사용합니다. 일반적으로 샘플 개수가 1만 개보다 많은 경우 그레이디언트 부스팅보다 히스토그램 기반 부스팅이 훨씬 빠릅니다. 앞에서와 같은 데이터를 HistGradientBoostingClassifier에 적용해 보겠습니다.

```
>>> from sklearn.ensemble import HistGradientBoostingClassifier
>>> hgbc = HistGradientBoostingClassifier(random_state=1)
>>> hgbc.fit(X_train, y_train)
>>> hgbc_train = gbrt.score(X_train, y_train)
>>> hgbc_test = gbrt.score(X_test, y_test)
>>> print(f'HistGradientBoostingClassifier 훈련 정확도/테스트 정확도 '
...       f'{hgbc_train:.3f}/{hgbc_test:.3f}')
HistGradientBoostingClassifier 훈련 정확도/테스트 정확도 1.000/0.917
```

사이킷런 0.24 버전부터 HistGradientBoostingClassifier와 HistGradientBoostingRegressor에서 범주형 특성을 그대로 사용할 수 있습니다. categorical_features 매개변수에 불리언 배열이나 정수 인덱스 배열을 전달하여 범주형 특성을 알려 주어야 합니다.

또 다른 인기 높은 히스토그램 기반 부스팅 알고리즘은 마이크로소프트에서 만든 LightGBM(https://lightgbm.readthedocs.io/)입니다. 사실 사이킷런의 히스토그램 기반 부스팅은 LightGBM에서 영향을 많이 받았습니다. 다음 명령으로 lightgbm을 설치합니다.

```
> pip install lightgbm
```

○ 계속

LightGBM도 코랩에 설치되어 있으므로 바로 테스트해 볼 수 있습니다.

```
>>> from lightgbm import LGBMClassifier
>>> lgb = LGBMClassifier(verbose=-1, random_state=1)
>>> lgb.fit(X_train, y_train)
>>> lgb_train = lgb.score(X_train, y_train)
>>> lgb_test = lgb.score(X_test, y_test)
>>> print(f'LightGBM 훈련 정확도/테스트 정확도 '
...       f'{lgb_train:.3f}/{lgb_test:.3f}')
LightGBM 훈련 정확도/테스트 정확도 0.979/0.917
```

MACHINE LEARNING

7.6 요약

이 장에서 가장 인기 있고 널리 사용되는 앙상블 학습의 기법을 살펴보았습니다. 앙상블 방법은 개별 분류기의 약점을 보완하기 위해 다양한 모델을 결합합니다. 머신 러닝 경연 대회는 물론 현업 애플리케이션을 위해서도 안정적이고 성능이 높은 모델을 만들 수 있어 매우 매력적입니다.

이 장 서두에서 다양한 분류 알고리즘을 결합할 수 있는 MajorityVoteClassifier 파이썬 클래스를 구현했습니다. 배깅은 훈련 데이터셋에서 랜덤한 부트스트랩 샘플을 추출하고 다수결 투표를 통해 훈련된 개별 분류기를 결합함으로써 모델의 분산을 감소시키는 기법입니다. 마지막으로 에이다부스트와 그레이디언트 부스팅은 오차로부터 점진적으로 학습하는 약한 학습기를 기반으로 하는 알고리즘입니다.

여기까지 여러 장을 거치면서 다양한 학습 알고리즘과 튜닝, 평가 기법을 많이 배웠습니다. 다음 장에서는 인터넷과 소셜 미디어 세상에서 흥미로운 주제가 된 특별한 머신 러닝 애플리케이션인 감성 분석에 관해 살펴보겠습니다.

8장

감성 분석에
머신 러닝 적용

인터넷과 소셜 미디어 시대에서 사람들 의견, 리뷰(review), 추천은 정치와 비즈니스에 가치 있는 정보입니다. 최신 기술 덕택에 이제는 이런 데이터를 매우 쉽게 수집하고 분석할 수 있습니다. 이 장에서 **자연어 처리**(Natural Language Processing, NLP)의 하위 분야인 **감성 분석**(sentiment analysis)을 자세히 알아보고, 머신 러닝을 적용하여 글쓴이의 성향에 따라 문서를 분류하는 방법을 배우겠습니다. 특별히 **IMDb**(Internet Movie Database)의 영화 리뷰 5만 개로 이루어진 데이터셋을 사용합니다. 각 리뷰가 긍정(positive)인지 부정(negative)인지 구별하는 예측기를 구축하겠습니다.

이 장에서는 다음 주제를 다룹니다.

- 텍스트 데이터의 정제와 준비하기
- 텍스트 문서로부터 특성 벡터 구축하기
- 영화 리뷰를 긍정 또는 부정으로 분류하는 머신 러닝 모델 훈련하기
- 외부 메모리 학습(out-of-core learning)을 사용하여 대용량 텍스트 데이터셋 다루기
- 문서를 카테고리로 묶기 위해 문서의 토픽(topic) 추론하기

8.1 텍스트 처리용 IMDb 영화 리뷰 데이터 준비

이따금 **의견 분석**(opinion mining)이라고도 하는 감성 분석은 광범위한 NLP 연구 분야 중 인기 있는 하위 분야입니다. 이 분야에서는 문서 성향을 분석하는 것을 주로 다룹니다. 감성 분석에서 인기 있는 작업은 특정 주제에 대해 작가가 표현한 의견이나 감정을 기반으로 문서를 분류하는 것입니다.

이 장에서 마스(Maas) 등이 수집한 대규모 IMDb의 영화 리뷰 데이터셋을 사용하겠습니다.[1] 이 영화 리뷰 데이터셋은 긍정 또는 부정으로 레이블되어 있는 영화 리뷰 5만 개로 구성되어 있습니다. 여기에서 긍정이란 IMDb에서 별 여섯 개 이상을 받은 영화를 말합니다. 부정은 IMDb에서 별 다섯 개 아래를 받은 영화를 말합니다. 다음 절에서 데이터셋을 다운로드하고 머신 러닝 라이브러리에 맞는 형태로 전처리합니다. 이런 영화 리뷰 데이터에서 의미 있는 특성을 추출하여 리뷰를 쓴 사람이 어떤 영화를 좋아하는지 싫어하는지 예측하는 머신 러닝 모델을 구축해 보겠습니다.

8.1.1 영화 리뷰 데이터셋 구하기

영화 리뷰 데이터셋의 압축 파일은 Gzip 압축된 타볼(tarball) 파일로 http://ai.stanford.edu/~amaas/data/sentiment/에서 다운로드할 수 있습니다.

- 리눅스(Linux)나 macOS를 사용하면, 새로운 터미널(Terminal) 윈도를 열고 cd 명령으로 다운로드 디렉터리로 이동하세요. tar -zxf aclImdb_v1.tar.gz 명령을 실행하여 데이터셋의 압축을 풉니다.
- 윈도(Windows)를 사용하면, 7-Zip(http://www.7-zip.org) 같은 무료 압축 유틸리티를 설치하여 다운로드받은 파일의 압축을 풀 수 있습니다.
- 또는 파이썬에서 다음과 같이 직접 Gzip 압축된 타볼 파일의 압축을 풀 수 있습니다.

```
>>> import tarfile
>>> with tarfile.open('aclImdb_v1.tar.gz', 'r:gz') as tar:
...     tar.extractall()
```

8.1.2 영화 리뷰 데이터셋을 더 간편한 형태로 전처리

데이터셋의 압축을 성공적으로 푼 후 압축이 풀린 개개의 텍스트 문서를 하나의 CSV 파일로 합치겠습니다. 다음 코드에서 영화 리뷰를 읽어 하나의 판다스 DataFrame 객체로 만듭니다. 보통의 데

---

1 Learning Word Vectors for Sentiment Analysis, A. L. Maas, R. E. Daly, P. T. Pham, D. Huang, A. Y. Ng, and C. Potts, Proceedings of the 49th Annual Meeting of the Association for Computational Linguistics: Human Language Technologies, pages 142–150, Portland, Oregon, USA, Association for Computational Linguistics, June 2011

스크톱 컴퓨터에서는 약 10분 정도 걸릴 수 있습니다. 진행 과정을 확인하고 완료될 때까지 예상 시간을 추측하기 위해 제가 몇 년 전에 개발한 PyPrind(Python Progress Indicator)(https://pypi.python.org/pypi/PyPrind/) 패키지를 설치한 후 진행합니다.[2]

```
>>> import pyprind
>>> import pandas as pd
>>> import os
>>> # 'basepath'를 압축 해제된 영화 리뷰 데이터셋이 있는
>>> # 디렉터리로 바꾸세요
>>> basepath = 'aclImdb'
>>>
>>> labels = {'pos': 1, 'neg': 0}
>>> pbar = pyprind.ProgBar(50000, stream=sys.stdout)
>>> df = pd.DataFrame()
>>> for s in ('test', 'train'):
...     for l in ('pos', 'neg'):
...         path = os.path.join(basepath, s, l)
...         for file in sorted(os.listdir(path)):
...             with open(os.path.join(path, file),
...                       'r', encoding='utf-8') as infile:
...                 txt = infile.read()
...             df = df.append([[txt, labels[l]]],
...                            ignore_index=True)
...             pbar.update()
>>> df.columns = ['review', 'sentiment']
0%                      100%
[##############################] | ETA: 00:00:00
Total time elapsed: 00:03:37
```

앞의 코드에서 5만 번 반복하는 새로운 진행 막대 객체 pbar를 만들었습니다. 이 횟수는 읽어 들일 문서 개수와 같습니다. 중첩된 for 반복문에서 aclImdb 디렉터리의 하위 디렉터리 train, test와 그 아래 pos와 neg 디렉터리에서 개별 텍스트 파일을 읽습니다. 그다음 정수 클래스 레이블(1=긍정, 0=부정)과 함께 판다스 데이터프레임 df에 추가합니다.

---

2 **역주** PyPrind는 pip install pyprind 명령으로 설치합니다.

합친 데이터셋의 클래스 레이블이 순서대로 나열되어 있으므로 np.random 모듈의 permutation 함수를 사용하여 이 데이터프레임을 섞겠습니다. 나중에 로컬 디스크에서 데이터를 조금씩 읽어 훈련 데이터셋과 테스트 데이터셋으로 나눌 때 좋습니다.

편의상 여기에서 합쳐서 섞은 영화 리뷰 데이터셋을 CSV 파일로 저장합니다.

```
>>> import numpy as np
>>> np.random.seed(0)
>>> df = df.reindex(np.random.permutation(df.index))
>>> df.to_csv('movie_data.csv', index=False, encoding='utf-8')
```

이 장 뒤에서 이 데이터셋을 사용할 것이므로 올바른 형태로 데이터가 저장되었는지 빠르게 확인해 보죠. CSV 파일을 읽어 처음 세 개의 샘플을 출력해 보겠습니다.

```
>>> df = pd.read_csv('movie_data.csv', encoding='utf-8')
>>> df.head(3)
```

주피터 노트북에서 이 코드를 실행하면 그림 8-1과 같이 데이터셋의 처음 세 개의 샘플을 볼 수 있습니다.

❤ 그림 8-1 IMDb의 샘플 데이터

	review	sentiment
0	In 1974, the teenager Martha Moxley (Maggie Gr...	1
1	OK... so... I really like Kris Kristofferson a...	0
2	***SPOILER*** Do not read this, if you think a...	0

다음 절로 넘어가기 전에 이 DataFrame이 5만 개의 행을 가지고 있는지 확인해 보겠습니다.

```
>>> df.shape
(50000, 2)
```

8.2 BoW 모델 소개

4장에서 텍스트나 단어 같은 범주형 데이터를 머신 러닝 알고리즘에 주입하기 전에 수치 형태로 변환해야 한다고 설명했습니다. 이 절에서 텍스트를 수치 특성 벡터로 표현하는 **BoW**(Bag-of-Word)를 소개하겠습니다. BoW 모델의 아이디어는 매우 간단하며 다음과 같이 정리할 수 있습니다.

1. 전체 문서에 대해 고유한 토큰(token), 예를 들어 단어로 이루어진 어휘 사전(vocabulary)을 만듭니다.

2. 특정 문서에 각 단어가 얼마나 자주 등장하는지 헤아려 문서의 특성 벡터를 만듭니다.

각 문서에 있는 고유한 단어는 BoW 어휘 사전에 있는 모든 단어의 일부분에 지나지 않으므로 특성 벡터는 대부분이 0으로 채워집니다. 그래서 이 특성 벡터를 **희소**(sparse)하다고 합니다. 추상적으로 들리더라도 너무 걱정하지 마세요. 이어지는 절에서 간단한 BoW 모델을 만드는 과정을 단계별로 진행해 보겠습니다.

8.2.1 단어를 특성 벡터로 변환

사이킷런에 구현된 CountVectorizer 클래스를 사용하여 각각의 문서에 있는 단어 카운트를 기반으로 BoW 모델을 만들 수 있습니다. 다음 코드에서 보듯이 CountVectorizer는 문서 또는 문장으로 이루어진 텍스트 데이터 배열을 입력받아 BoW 모델을 만듭니다.

```
>>> import numpy as np
>>> from sklearn.feature_extraction.text import CountVectorizer
>>> count = CountVectorizer()
>>> docs = np.array([
...         'The sun is shining',
...         'The weather is sweet',
...         'The sun is shining, the weather is sweet, and one and one is two'])
>>> bag = count.fit_transform(docs)
```

CountVectorizer의 fit_transform 메서드를 호출하면 BoW 모델의 어휘 사전을 구축하고 다음 세 문장을 희소한 특성 벡터로 변환합니다.

- 'The sun is shining'

- 'The weather is sweet'

- 'The sun is shining, the weather is sweet, and one and one is two'

어휘 사전의 내용을 출력해 보면 BoW 모델의 개념을 이해하는 데 도움이 됩니다.

```
>>> print(count.vocabulary_)
{'and': 0,
 'two': 7,
 'shining': 3,
 'one': 2,
 'sun': 4,
 'weather': 8,
 'the': 6,
 'sweet': 5,
 'is': 1}
```

이전 결과에서 볼 수 있듯이 어휘 사전은 고유 단어와 정수 인덱스가 매핑된 파이썬 딕셔너리에 저장되어 있습니다. 그다음 만들어진 특성 벡터를 출력해 봅시다.

```
>>> print(bag.toarray())
[[0 1 0 1 1 0 1 0 0]
 [0 1 0 0 0 1 1 0 1]
 [2 3 2 1 1 1 2 1 1]]
```

특성 벡터의 각 인덱스는 CountVectorizer의 어휘 사전 딕셔너리에 저장된 정수 값에 해당됩니다. 예를 들어 인덱스 0에 있는 첫 번째 특성은 'and' 단어의 카운트를 의미합니다. 이 단어는 마지막 문서에만 나타나네요. 인덱스 1에 있는 (특성 벡터의 두 번째 열) 단어 'is'는 세 문장에 모두 등장합니다. 특성 벡터의 이런 값들을 **단어 빈도**(term frequency)라고도 합니다. 문서 d에 등장한 단어 t의 횟수를 $tf(t, d)$와 같이 씁니다. BoW 모델은 문장이나 문서에 등장하는 단어의 순서를 상관하지 않습니다. 특성 벡터에 나타나는 단어 빈도의 순서는 보통 어휘 사전의 알파벳 순서를 따릅니다.

방금 만든 BoW 모델에 있는 아이템 시퀀스(item sequence)를 **1-그램**(1-gram) 또는 **유니그램**(unigram) 모델이라고 합니다. 어휘 사전에 있는 각 아이템 또는 토큰이 하나의 단어를 표현합니다. 일반화하면 NLP에서 연속된 아이템(단어, 문자, 기호)의 시퀀스를 **n-그램**(n-gram)이라고 합니다. n-그램에서 n에 어떤 값을 선택할지는 애플리케이션마다 다릅니다. 예를 들어 카나리스(Kanaris) 등은 3 또는 4의 n-그램이 이메일 스팸 필터링에서 좋은 성능을 낸다고 밝혔습니다.[3]

n-그램의 개념을 정리해 보죠. 첫 번째 문서 "the sun is shining"을 1-그램과 2-그램으로 표현하면 다음과 같이 나타납니다.

- **1-그램**: "the", "sun", "is", "shining"
- **2-그램**: "the sun", "sun is", "is shining"

사이킷런의 CountVectorizer 클래스에서 ngram_range 매개변수를 사용하여 다양한 n-그램 모델을 만들 수 있습니다. 기본값은 1-그램을 사용하지만 CountVectorizer 객체를 만들 때 ngram_range=(2,2)처럼 지정하여 2-그램 표현으로 바꿀 수 있습니다.

8.2.2 tf-idf를 사용하여 단어 적합성 평가

텍스트 데이터를 분석할 때 클래스 레이블이 다른 문서에 같은 단어들이 나타나는 경우를 종종 보게 됩니다. 일반적으로 자주 등장하는 단어는 유용하거나 판별에 필요한 정보를 가지고 있지 않습니다. 이 절에서는 특성 벡터에서 자주 등장하는 단어의 가중치를 낮추는 기법인 **tf-idf**(term frequency-inverse document frequency)를 배우겠습니다. tf-idf는 단어 빈도와 **역문서 빈도**(inverse document frequency)의 곱으로 정의됩니다.

$$tf\text{-}idf(t,d) = tf(t,d) \times idf(t,d)$$

여기에서 $tf(t,d)$는 이전 절에서 보았던 단어 빈도입니다. $idf(t, d)$는 역문서 빈도로 다음과 같이 계산합니다.

$$idf(t,d) = log\frac{n_d}{1 + df(d,t)}$$

---

3   Words versus character n-grams for anti-spam filtering, Ioannis Kanaris, Konstantinos Kanaris, Ioannis Houvardas, and Efstathios Stamatatos, International Journal on Artificial Intelligence Tools, World Scientific Publishing Company, 16(06): 1047-1067, 2007

여기에서 n_d는 전체 문서 개수고 $df(d, t)$는 단어 t가 포함된 문서 d의 개수입니다. 분모에 상수 1을 추가하는 것은 선택 사항입니다. 훈련 샘플에 한 번도 등장하지 않는 단어가 있는 경우[4] 분모가 0이 되지 않게 만듭니다. log는 문서 빈도 $df(d, t)$가 낮을 때 역문서 빈도 값이 너무 커지지 않도록 만듭니다.

사이킷런 라이브러리에는 CountVectorizer 클래스에서 만든 단어 빈도를 입력받아 tf-idf로 변환하는 TfidfTransformer 클래스가 구현되어 있습니다.

```
>>> from sklearn.feature_extraction.text import TfidfTransformer
>>> tfidf = TfidfTransformer(use_idf=True,
...                          norm='l2',
...                          smooth_idf=True)
>>> np.set_printoptions(precision=2)
>>> print(tfidf.fit_transform(count.fit_transform(docs))
...       .toarray())
[[ 0.    0.43 0.    0.56 0.56 0.    0.43 0.    0.  ]
 [ 0.    0.43 0.    0.    0.    0.56 0.43 0.    0.56]
 [ 0.5   0.45 0.5  0.19 0.19 0.19 0.3  0.25 0.19]]
```

이전 절에서 보았듯이 세 번째 문서에서 단어 'is'가 가장 많이 나타났기 때문에 단어 빈도가 가장 컸습니다. 동일한 특성 벡터를 tf-idf로 변환하면 단어 'is'는 비교적 작은 tf-idf를 가집니다 (0.45). 이 단어는 첫 번째와 두 번째 문서에도 나타나므로 판별에 유용한 정보를 가지고 있지 않을 것입니다.

수동으로 특성 벡터에 있는 각 단어의 tf-idf를 계산해 보면 TfidfTransformer가 앞서 정의한 표준 tf-idf 공식과 조금 다르게 계산한다는 것을 알 수 있습니다. 사이킷런에 구현된 역문서 빈도 공식은 다음과 같습니다.[5]

$$idf(t, d) = log \frac{1+n_d}{1+df(d, t)}$$

비슷하게 사이킷런에서 계산하는 tf-idf는 앞서 정의한 공식과 조금 다릅니다.

$$tf\text{-}idf(t, d) = tf(t, d) \times (idf(t, d) + 1)$$

---

4 **역주** 다른 전처리 과정과 마찬가지로 훈련 데이터셋에서 학습한 tf-idf를 사용하여 테스트 데이터셋과 새로운 샘플을 변환해야 합니다. 이런 경우 훈련 데이터셋에는 없던 단어가 발생할 수 있습니다.

5 **역주** TfidfTransformer의 smooth_idf 매개변수가 기본값 True일 때 이 공식이 사용됩니다. 이는 마치 모든 단어를 포함한 문서 하나가 더 있는 것 같은 효과를 냅니다. 이를 통해 분모가 0이 되는 것을 막습니다. False로 바꾸면 분모와 분자에 1을 더하지 않습니다.

앞의 식에서 '+1'을 더한 것은 모든 문서에 등장하는 단어가 가중치 0이 되는 것(즉, idf(t, d)=log(1)=0)을 막기 위해서입니다.

일반적으로 tf-idf를 계산하기 전에 단어 빈도(tf)를 정규화하지만 TfidfTransformer 클래스는 tf-idf를 직접 정규화합니다. 사이킷런의 TfidfTransformer는 기본적으로 L2 정규화를 적용합니다(norm='l2'). 정규화되지 않은 특성 벡터 v를 L2-노름으로 나누면 길이가 1인 벡터가 반환됩니다.

$$v_{norm} = \frac{v}{\|v\|_2} = \frac{v}{\sqrt{v_1^2 + v_2^2 + \cdots + v_n^2}} = \frac{v}{\left(\sum_{i=1}^{n} v_i^2\right)^{1/2}}$$

TfidfTransformer의 작동 원리를 이해하기 위해 세 번째 문서에 있는 단어 'is'의 tf-idf를 예로 들어 계산해 보죠. 세 번째 문서에서 단어 'is'의 단어 빈도는 3입니다(tf=3). 이 단어는 세 개의 문서에 모두 나타나기 때문에 문서 빈도가 3입니다(df=3). 따라서 역문서 빈도는 다음과 같이 계산됩니다.

$$idf\left("is", d_3\right) = \log \frac{1+3}{1+3} = 0$$

이제 tf-idf를 계산하기 위해 역문서 빈도에 1을 더하고 단어 빈도를 곱합니다.

$$tf\text{-}idf\left("is", d_3\right) = 3 \times \left(0+1\right) = 3$$

세 번째 문서에 있는 모든 단어에 대해 이런 계산을 반복하면 tf-idf 벡터 [3.39, 3.0, 3.39, 1.29, 1.29, 1.29, 2.0, 1.69, 1.29]를 얻습니다. 이 특성 벡터의 값은 앞서 사용했던 TfidfTransformer에서 얻은 값과 다릅니다. tf-idf 계산에서 빠트린 마지막 단계는 다음과 같은 L2-정규화입니다.

$$tf\text{-}idf\left(d_3\right)_{norm} = \frac{[3.39, 3.0, 3.39, 1.29, 1.29, 1.29, 2.0, 1.69, 1.29]}{\sqrt{3.39^2 + 3.0^2 + 3.39^2 + 1.29^2 + 1.29^2 + 1.29^2 + 2.0^2 + 1.69^2 + 1.29^2}}$$

$$= \left[0.5, 0.45, 0.5, 0.19, 0.19, 0.19, 0.3, 0.25, 0.19\right]$$

$$tf\text{-}idf\left("is", d_3\right) = 0.45$$

결과에서 보듯이 사이킷런의 TfidfTransformer에서 반환된 결과와 같아졌습니다. tf-idf 계산 방법을 이해했으므로 다음 절로 넘어가 이 개념을 영화 리뷰 데이터셋에 적용해 보죠.

8.2.3 텍스트 데이터 정제

이전 절에서 BoW 모델과 단어 빈도, tf-idf에 관해 배웠습니다. BoW 모델을 만들기 전에 첫 번째로 수행할 중요한 단계는 불필요한 문자를 삭제하여 텍스트 데이터를 정제하는 일입니다. 왜 이것이 중요한지 알아보죠. 랜덤하게 섞은 영화 리뷰 데이터셋의 첫 번째 문서에서 마지막 50개의 문자를 출력해 보겠습니다.

```
>>> df.loc[0, 'review'][-50:]
'is seven.<br /><br />Title (Brazil): Not Available'
```

여기에서 볼 수 있듯이 HTML 마크업(markup)은 물론 구두점과 글자가 아닌 문자가 포함되어 있습니다. HTML 마크업에는 유용한 의미가 많지 않지만 구두점은 특정 NLP 문제에서 쓸모 있는 추가 정보가 될 수 있습니다. 여기에서는 문제를 간단하게 만들기 위해 :) 같은 이모티콘 문자를 제외하고 모든 구두점 기호를 삭제합니다. 이런 이모티콘은 확실히 감성 분석에 유용하기 때문입니다.

파이썬의 **정규 표현식**(regular expression) 라이브러리 re를 사용하여 이런 작업을 수행하겠습니다.

```
>>> import re
>>> def preprocessor(text):
...     text = re.sub('<[^>]*>', '', text)
...     emoticons = re.findall('(?::|;|=)(?:-)?(?:\)|\(|D|P)',
...                            text)
...     text = (re.sub('[\W]+', ' ', text.lower()) +
...             ' '.join(emoticons).replace('-', ''))
...     return text
```

앞 코드에서 첫 번째 정규 표현식 <[^>]*>를 사용하여 영화 리뷰에서 모든 HTML 마크업을 삭제합니다. 많은 프로그래머는 일반적으로 HTML을 파싱(parsing)하는 데 정규식을 사용하지 말라고 조언하지만, 이 데이터셋을 정제하는 데는 정규 표현식으로 충분합니다. 여기에서 관심사는 HTML을 제거하는 것이고 이를 사용할 계획이 없기 때문에 정규식을 사용했습니다. 만약 텍스트에서 HTML을 제거하는 고급 도구를 사용하고 싶다면 파이썬의 HTML 파서 모듈을 살펴보세요 (https://docs.python.org/3/library/html.parser.html). HTML 마크업을 제거한 후 이모티콘을 찾아 저장하기 위해 좀 더 복잡한 정규 표현식을 사용합니다. 그다음 텍스트를 소문자로 바꾸고 [\W]+를 사용하여 텍스트에서 단어가 아닌 문자를 모두 제거합니다.[6]

---

6 **역주** 정규식에서 대괄호 안에는 매칭될 문자를 나열합니다. 시작에 '^' 문자가 오면 반대로 매칭되지 않을 문자를 말합니다. '<[^>]*>'는 '<' 괄호로 시작해서 '>' 괄호가 나올 때까지 '>' 괄호가 아닌 문자를 0개 이상(*) 매칭한다는 뜻입니다. '[\W]+'는 '[^A-Za-z0-9_]+'와 동일합니다. '+' 기호는 문자를 한 개 이상 매칭시킵니다.

마지막으로 임시로 저장한 이모티콘을 처리 완료된 문자열 끝에 추가합니다. 추가적으로 이모티콘을 같게 만들기 위해 코를 나타내는 문자(-)를 삭제합니다.

정제된 문자열 끝에 이모티콘 문자를 추가하는 방식이 썩 우아한 처리 방법은 아니지만 어휘 사전을 단어 하나의 토큰으로 구성한다면 단어의 순서는 BoW 모델에서 중요하지 않습니다. 문서를 개별 단어 또는 토큰으로 나누는 방법에 대해 더 이야기하기 전에 앞서 만든 preprocessor 함수가 제대로 동작하는지 확인해 보겠습니다.

```
>>> preprocessor(df.loc[0, 'review'][-50:])
'and i suggest that you go see it before you judge '
>>> preprocessor("</a>This :) is :( a test :-)!")
'this is a test :) :( :)'
```

마지막으로 다음 절에서 정제된 텍스트 데이터를 반복해서 사용하기 때문에 데이터프레임에 있는 모든 영화 리뷰에 preprocessor 함수를 적용해 놓겠습니다.[7]

```
>>> df['review'] = df['review'].apply(preprocessor)
```

---

7 역주 데이터프레임 열(Series 객체)의 apply 메서드는 해당 열의 모든 원소에 전달된 함수를 적용합니다.

8.2.4 문서를 토큰으로 나누기

영화 리뷰 데이터셋을 전처리한 후에는 어떻게 텍스트 문서를 낱개의 토큰으로 나눌지 생각해야합니다. 문서를 토큰화하는 한 가지 방법은 공백 문자를 기준으로 개별 단어로 나누는 것입니다.

```
>>> def tokenizer(text):
...     return text.split()
>>> tokenizer('runners like running and thus they run')
['runners', 'like', 'running', 'and', 'thus', 'they', 'run']
```

토큰화 방법 중에는 단어를 변하지 않는 기본 형태인 어간으로 바꾸는 **어간 추출**(stemming)이란 다른 방법이 있습니다. 여러 가지 형태를 갖는 단어를 같은 어간으로 매핑할 수 있습니다. 초기 어간 추출 알고리즘은 1979년 마틴 포터(Martin F. Porter)에 의해 개발되었고 **포터 어간 추출기**(Porter stemmer) 알고리즘이라고 불립니다.[8] 파이썬의 **NLTK**(Natural Language ToolKit)(http://www.nltk.org) 패키지에 포터 어간 추출 알고리즘이 구현되어 있습니다. 다음 코드 예에서 이를 사용하겠습니다. conda install nltk나 pip install nltk 명령으로 손쉽게 NLTK 패키지를 설치하세요.

> Note ≡　**NLTK 도서**
>
> NLTK 패키지가 이 장의 주요 관심사는 아니지만, 수준 높은 NLP 애플리케이션에 관심이 있다면 NLTK 웹 사이트를 방문해 보고 http://www.nltk.org/book/에 공개되어 있는 공식 NLTK 도서도 읽어 보세요.

다음 코드에서 포터 어간 추출 알고리즘의 사용 방법이 나와 있습니다.

```
>>> from nltk.stem.porter import PorterStemmer
>>> porter = PorterStemmer()
>>> def tokenizer_porter(text):
...     return [porter.stem(word) for word in text.split()]
>>> tokenizer_porter('runners like running and thus they run')
['runner', 'like', 'run', 'and', 'thu', 'they', 'run']
```

nltk 패키지의 PorterStemmer 클래스를 사용하여 단어의 어간으로 바꾸기 위해 tokenizer 함수를 변경했습니다. 앞의 예를 보면 단어 'running'이 어간 'run'으로 바뀌었습니다.

---

8 An algorithm for suffix stripping, Martin F. Porter, Program: Electronic Library and Information Systems, 14(3): 130–137, 1980

다음 절로 넘어가서 BoW 모델을 사용하여 머신 러닝 모델을 훈련시키기 전에 **불용어**(stop-word) 제거에 대해 짧게 소개하겠습니다. 불용어는 모든 종류의 텍스트에 아주 흔하게 등장하는 단어입니다. 불용어에는 문서의 종류를 구별하는 데 사용할 수 있는 정보가 없거나 아주 조금만 있습니다. 불용어 예로는 is, and, has, like 등이 있습니다. 불용어 제거는 tf-idf보다 기본 단어 빈도나 정규화된 단어 빈도를 사용할 때 더 유용합니다. tf-idf에는 자주 등장하는 단어의 가중치가 이미 낮추어져 있습니다.

영화 리뷰 데이터에서 불용어를 제거하기 위해 NLTK 라이브러리에서 제공하는 179개의 불용어를 사용하겠습니다. 이 불용어는 nltk.download 함수를 호출하여 다운로드합니다.

```
>>> import nltk
>>> nltk.download('stopwords')
```

불용어 집합을 다운로드한 후 다음과 같이 영어의 불용어를 불러들여 적용할 수 있습니다.[10]

```
>>> from nltk.corpus import stopwords
>>> stop = stopwords.words('english')
>>> [w for w in tokenizer_porter('a runner likes running and runs a lot')[-10:] if w
not in stop]
['runner', 'like', 'run', 'run', 'lot']
```

---

9 Influence of Word Normalization on Text Classification, Michal Toman, Roman Tesar, and Karel Jezek, Proceedings of InSciT, pages 354–358, 2006

10 역주 현재 NLTK에서 다운로드할 수 있는 불용어는 영어를 포함하여 총 21개의 언어입니다. 불용어 데이터 파일(https://bit.ly/2DqKPvW)을 다운로드하여 압축을 풀면 전체 언어를 확인할 수 있습니다.

8.3 문서 분류를 위한 로지스틱 회귀 모델 훈련

이 절에서 BoW 모델을 기반으로 영화 리뷰를 긍정과 부정 리뷰로 분류하는 로지스틱 회귀 모델을 훈련시켜 보겠습니다. 먼저 정제된 텍스트 문서가 저장된 DataFrame을 2만 5,000개는 훈련 데이터셋으로 나누고 2만 5,000개는 테스트 데이터셋으로 나눕니다.

```
>>> X_train = df.loc[:25000, 'review'].values
>>> y_train = df.loc[:25000, 'sentiment'].values
>>> X_test = df.loc[25000:, 'review'].values
>>> y_test = df.loc[25000:, 'sentiment'].values
```

그다음 GridSearchCV 객체에서 5-겹 계층별 교차 검증을 사용하여 로지스틱 회귀 모델에 대한 최적의 매개변수 조합을 찾습니다.

```
>>> from sklearn.model_selection import GridSearchCV
>>> from sklearn.pipeline import Pipeline
>>> from sklearn.linear_model import LogisticRegression
>>> from sklearn.feature_extraction.text import TfidfVectorizer
>>> tfidf = TfidfVectorizer(strip_accents=None,
...                         lowercase=False,
...                         preprocessor=None)
>>> small_param_grid = [
...     {
...         'vect__ngram_range': [(1, 1)],
...         'vect__stop_words': [None],
...         'vect__tokenizer': [tokenizer, tokenizer_porter],
...         'clf__penalty': ['l2'],
...         'clf__C': [1.0, 10.0]
...     },
...     {
...         'vect__ngram_range': [(1, 1)],
...         'vect__stop_words': [stop, None],
...         'vect__tokenizer': [tokenizer],
...         'vect__use_idf': [False],
...         'vect__norm': [None],
...         'clf__penalty': ['l2'],
```

```
...            'clf__C': [1.0, 10.0]
...        },
...    ]
>>> lr_tfidf = Pipeline([
...    ('vect', tfidf),
...    ('clf', LogisticRegression(solver='liblinear'))
... ])
>>> gs_lr_tfidf = GridSearchCV(lr_tfidf, small_param_grid,
...                            scoring='accuracy', cv=5,
...                            verbose=2, n_jobs=1)
>>> gs_lr_tfidf.fit(X_train, y_train)
```

로지스틱 회귀 분류기의 solver 매개변수에 비교적 대용량 데이터셋에서 기본 옵션('lbfgs')보다 성능이 좋은 'liblinear'를 지정했습니다.

> **Note ≡ n_jobs 매개변수를 사용한 멀티프로세싱**
>
> 앞의 코드 예제에서 컴퓨터에 있는 모든 CPU 코어를 사용하여 그리드 서치의 속도를 높이려면 (n_jobs=1 대신) n_jobs=-1로 지정하는 것이 좋습니다. 일부 시스템에서는 멀티프로세싱을 위해 n_jobs=-1로 지정할 때 tokenizer 와 tokenizer_porter 함수의 직렬화에 문제가 발생할 수 있습니다. 이런 경우 [tokenizer, tokenizer_porter]를 [str.split]로 바꾸어 문제를 해결할 수 있습니다. 다만 str.split로 바꾸면 어간 추출을 하지 못합니다.

앞 코드에서 GridSearchCV 객체와 매개변수 그리드를 초기화할 때 매개변수 조합의 개수를 적절히 제한했습니다. 어휘 사전의 크기는 물론 특성 벡터의 개수가 그리드 서치 비용을 매우 높일 수 있기 때문입니다. 표준 데스크톱 컴퓨터를 사용하는 경우 이 그리드 서치를 완료하려면 5~10분 정도 걸릴 수 있습니다.

이전 절에서 사용했던 CountVectorizer와 TfidfTransformer를 두 기능을 하나로 합친 TfidfVectorizer로 대체했습니다. param_grid는 두 개의 매개변수 딕셔너리로 구성되어 있습니다. 첫 번째 딕셔너리는 TfidfVectorizer의 기본 매개변수 셋팅(use_idf=True, norm='l2')을 사용하여 tf-idf를 계산합니다. 두 번째 딕셔너리는 단어 빈도를 사용하여 모델을 훈련시키기 위해 use_idf=False, norm=None으로 지정했습니다. 로지스틱 회귀 분류기는 penalty 매개변수를 통해 L2 규제를 적용하고 규제 매개변수 C에 여러 값을 지정해서 규제 강도를 비교합니다. 앞의 코드에서 'clf__penalty': ['l2']를 'clf__penalty': ['l2', 'l1']로 바꾸어 L1 규제를 추가할 수도 있습니다.

그리드 서치가 완료된 후 최적의 매개변수 조합을 출력합니다.

```
>>> print(f'최적의 매개변수 조합: {gs_lr_tfidf.best_params_}')
최적의 매개변수 조합: {'clf__C': 10.0, 'clf__penalty': 'l2', 'vect__ngram_range': (1, 1),
'vect__stop_words': None, 'vect__tokenizer': <function tokenizer at 0x169932dc0>}
```

이 출력에서 볼 수 있듯이 포터 어간 추출을 하지 않는 tokenizer 함수와 tf-idf를 사용하고 불용어 제거는 사용하지 않는 경우 최상의 그리드 서치 결과를 얻었습니다. 이때 로지스틱 회귀 분류기는 L2 규제를 사용하고 규제 강도 C의 값은 10.0입니다.

그리드 서치로 찾은 최상의 모델을 사용하여 훈련 데이터셋에 대한 모델의 5-겹 교차 검증 정확도와 테스트 데이터셋에 대한 분류 정확도를 출력해 보겠습니다.

```
>>> print(f'CV 정확도: {gs_lr_tfidf.best_score_:.3f}')
CV 정확도: 0.897
>>> clf = gs_lr_tfidf.best_estimator_
>>> print(f'테스트 정확도: {clf.score(X_test, y_test):.3f}')
테스트 정확도: 0.899
```

결과를 보면 이 머신 러닝 모델이 영화 리뷰가 긍정인지 부정인지 89.9% 정확도로 예측하리라 기대할 수 있습니다.

Note ≡ 나이브 베이즈 분류기

텍스트 분류에서 여전히 널리 사용하는 알고리즘은 이메일 스팸 필터링에 적용하여 큰 인기를 얻은 나이브 베이즈(Naïve Bayes) 분류기입니다. 나이브 베이즈 분류기는 구현하기 쉽고 계산 비용이 크지 않지만 다른 알고리즘에 비해 비교적 작은 데이터셋에 잘 동작합니다. 책에서 나이브 베이즈 분류기에 대해서 다루지 않지만 관심 있는 독자는 아카이브(arXiv) 웹 사이트에서 나이브 베이즈 텍스트 분류에 관한 제 논문을 참고하세요.[11] 이 논문에 나온 다양한 나이브 베이즈 분류기를 사이킷런에서 제공합니다. 각 구현 클래스의 링크를 담고 있는 개요 페이지는 다음과 같습니다.

https://scikit-learn.org/stable/modules/naive_bayes.html

Note ≡ 역주 네이버 영화 리뷰 감성 분류[12]

IMDb 영화 리뷰 데이터셋과 비슷한 네이버 영화 리뷰를 진행해 봅시다. 데이터셋(https://github.com/e9t/nsmc)을 사용하여 한글 문장을 감성 분류해 보는 예제입니다. 이 데이터는 네이버 영화 사이트에 있는 리뷰 20만 개를 모은 것입니다. 네이버 영화 리뷰 데이터셋 깃허브에서 직접 데이터를 다운로드해도 되지만 편의를 위해 이 책의 깃허브 ch08 폴더에 데이터셋을 넣어 놓았습니다.

---

11 Naive Bayes and Text Classification I–Introduction and Theory, S. Raschka, Computing Research Repository (CoRR), abs/1410.5329, 2014, https://arxiv.org/pdf/1410.5329.pdf
12 역주 이 예제 코드는 https://github.com/rickiepark/ml-with-pytorch/blob/main/ch08/naver_movie_review.ipynb에서 볼 수 있습니다.

20만 개의 데이터 중 15만 개는 훈련 데이터셋으로 ratings_train.txt 파일에 저장되어 있고 5만 개는 테스트 데이터 셋으로 ratings_test.txt 파일에 저장되어 있습니다. 리뷰의 길이는 140을 넘지 않습니다. 부정 리뷰는 1~4의 점수를 매긴 리뷰고 긍정 리뷰는 6~10의 점수를 매긴 리뷰입니다. 훈련 데이터셋과 테스트 데이터셋의 부정과 긍정 리뷰는 약 50%씩 구성되어 있습니다.

한글은 영어와 달리 조사와 어미가 발달해 있기 때문에 BoW나 어간 추출보다 표제어 추출 방식이 적합합니다. 이런 작업을 형태소 분석이라고 부릅니다. 파이썬에서 한글 형태소 분석을 하기 위한 대표적인 패키지는 konlpy와 soynlp입니다. 두 패키지를 모두 사용하여 네이버 영화 리뷰를 긍정과 부정으로 분류해 보겠습니다. 먼저 이 예제를 실행하려면 konlpy와 soynlp가 필요합니다. 다음 명령을 실행해서 두 패키지를 설치해 주세요.

```
> pip install konlpy soynlp
```

그다음 konlpy, pandas, numpy를 임포트합니다.

```
>>> import konlpy
>>> import pandas as pd
>>> import numpy as np
```

감성 분류를 시작하기 전에 훈련 데이터셋과 테스트 데이터셋을 각각 판다스 데이터프레임으로 읽은 후 넘파이 배열로 준비하겠습니다. 먼저 훈련 데이터셋부터 읽어 보죠. ratings_train.txt 파일은 하나의 리뷰가 한 행을 구성하며 각필드는 탭으로 구분되어 있기 때문에 판다스의 read_csv() 함수로 간편하게 읽어 들일 수 있습니다. read_csv()는 기본적으로 콤마를 기준으로 필드를 구분하므로 delimiter='\t'로 지정하여 탭으로 변경합니다. 기본적으로 판다스는 빈 문자열을 NaN으로 인식합니다. 빈 문자열을 그대로 유지하기 위해 keep_default_na 매개변수를 False로 지정합니다.

```
>>> df_train = pd.read_csv('ratings_train.txt',
...                        delimiter='\t', keep_default_na=False)
```

데이터프레임의 head() 메서드를 호출하면 처음 다섯 개의 행을 출력합니다. 이 예제에서 사용할 데이터는 document 열과 label 열입니다. label은 리뷰가 긍정(1)인지 부정(0)인지를 나타내는 값입니다.

```
>>> df_train.head()
```

	id	document	label
0	9976970	아 더빙.. 진짜 짜증나네요 목소리	0
1	3819312	흠… 포스터보고 초딩영화줄….오버연기조차 가볍지 않구나	1
2	10265843	너무재밓었다그래서보는것을추천한다	0
3	9045019	교도소 이야기구먼 ..솔직히 재미는 없다..평점 조정	0
4	6483659	사이몬페그의 익살스런 연기가 돋보였던 영화!스파이더맨에서 늙어보이기만 했던 커스틴 …	1

데이터프레임의 열을 선택하여 Series 객체의 values 속성을 사용하면 document 열과 label 열을 넘파이 배열로 저장할 수 있습니다. 각각 훈련 데이터셋의 특성과 타깃 값으로 저장합니다.

⟳ 계속

```
>>> X_train = df_train['document'].values
>>> y_train = df_train['label'].values
```

ratings_test.txt 파일에 대해서도 동일한 작업을 수행합니다.

```
>>> df_test = pd.read_csv('ratings_test.txt',
...                        delimiter='\t', keep_default_na=False)
>>> X_test = df_test['document'].values
>>> y_test = df_test['label'].values
```

훈련 데이터셋과 테스트 데이터셋의 크기를 확인해 보죠. 각각 15만 개와 5만 개의 샘플을 가지고 있고 양성 클래스와 음성 클래스의 비율은 거의 50%에 가깝습니다.

```
>>> print(len(X_train), np.bincount(y_train))
150000 [75173 74827]
>>> print(len(X_test), np.bincount(y_test))
50000 [24827 25173]
```

훈련 데이터셋과 테스트 데이터셋을 준비했으므로 형태소 분석기를 사용해서 본격적인 감성 분류 작업을 시작해 보겠습니다.

konlpy는 다섯 개의 한국어 형태소 분석기를 파이썬 클래스로 감싸서 제공하는 래퍼 패키지입니다. konlpy가 제공하는 형태소 분석기에 대한 자세한 내용은 온라인 문서(https://konlpy.org/ko/latest/)를 참고하세요. 이 예에서는 스칼라로 개발된 open-korean-text 한국어 처리기(https://github.com/open-korean-text/open-korean-text)를 제공하는 Okt 클래스를 사용해 보겠습니다. open-korean-text는 비교적 성능이 높고 별다른 설치 없이 구글 코랩에서도 바로 사용할 수 있습니다.

만약 코랩이나 클라우드 환경이 아닌 로컬 PC에서 실행한다면 JDK를 설치해야 합니다.[13] 오라클의 다운로드 사이트(https://www.oracle.com/java/technologies/javase/javase-jdk8-downloads.html)에서 자신의 PC 환경에 맞는 JDK를 다운로드하세요.[14] 다운로드한 파일을 실행하여 JDK를 설치합니다. 나중에 설치 경로를 환경 변수에 등록해야 하므로 경로를 잘 기억해 두세요. 예를 들어 C:\Program Files\Java\jre1.8.0_271과 같은 형태입니다.

JDK 설치가 완료되었다면 제어판을 실행합니다. **시스템 > 고급 시스템 설정 > 환경 변수 > 시스템 변수** 항목에서 **Path**를 더블클릭하여 설치할 때 나왔던 경로를 추가한 후 **확인** 버튼을 누릅니다.

konlpy.tag 패키지에서 Okt 클래스를 임포트하고 객체를 만든 후 훈련 데이터셋에 있는 문장 하나를 morphs() 메서드를 사용하여 형태소로 나누어 보겠습니다.

```
>>> from konlpy.tag import Okt
>>> okt = Okt()
>>> print(X_train[4])
```

◑ 계속

---

13 **역주** JDK를 설치하지 않으면 JVMNotFoundException: No JVM shared library file (jvm.dll) found. Try setting up the JAVA_HOME environment variable properly. 오류 메시지가 나옵니다.

14 **역주** 오라클 웹 사이트에 회원가입이 되어 있어야 합니다.

사이몬페그의 익살스런 연기가 돋보였던 영화!스파이더맨에서 늙어보이기만 했던 커스틴 던스트가 너무나도 이뻐보였다.

```
>>> print(okt.morphs(X_train[4]))
['사이', '몬페', '그', '의', '익살스런', '연기', '가', '돋보였던', '영화', '!', '스파이더
맨', '에서', '늙어', '보이기만', '했던', '커스틴', '던스트', '가', '너무나도', '이뻐', '보
였다']
```

한글 문장에서 조사와 어미가 잘 구분되어 출력된 것을 볼 수 있습니다. '사이몬페그'와 같은 고유 명사는 처리하는 데 어려움을 겪고 있네요. 완벽하지는 않지만 이 클래스를 사용해서 분류 문제를 풀어 보겠습니다.

TfidfVectorizer는 기본적으로 공백을 기준으로 토큰을 구분하지만 tokenizer 매개변수에 토큰화를 위한 사용자 정의 함수를 전달할 수 있습니다. 따라서 앞서 테스트했던 okt.morphs 메서드를 전달하면 형태소 분석을 통해 토큰화를 수행할 수 있습니다. tokenizer 매개변수를 사용할 때 패턴을 token_pattern=None으로 지정하여 token_pattern 매개변수가 사용되지 않는다는 경고 메시지가 나오지 않게 합니다.

TfidfVectorizer를 ngram_range=(1, 2)로 설정하여 유니그램과 바이그램을 사용하고 min_df=3으로 지정하여 3회 미만으로 등장하는 토큰은 무시합니다. 또한, max_df=0.9로 두어 가장 많이 등장하는 상위 10%의 토큰도 무시하겠습니다. 이런 작업이 불용어로 생각할 수 있는 토큰을 제거할 것입니다.

컴퓨팅 파워가 충분하다면 하이퍼파라미터 탐색 단계에서 TfidfVectorizer의 매개변수도 탐색해 보는 것이 좋습니다. 여기에서는 임의의 매개변수 값을 지정하여 데이터를 미리 변환하고 하이퍼파라미터 탐색에서는 분류기의 매개변수만 탐색하겠습니다.

```
>>> from sklearn.feature_extraction.text import TfidfVectorizer
>>> tfidf = TfidfVectorizer(ngram_range=(1, 2),
...                         min_df=3,
...                         max_df=0.9,
...                         tokenizer=okt.morphs,
...                         token_pattern=None)
>>> tfidf.fit(X_train)
>>> X_train_okt = tfidf.transform(X_train)
>>> X_test_okt = tfidf.transform(X_test)
```

X_train_okt와 X_test_okt가 준비되었으므로 SGDClassifier 클래스를 사용해서 감성 분류 문제를 풀어 보겠습니다. 탐색할 SGDClassifier의 매개변수는 규제를 위한 alpha 매개변수입니다. RandomizedSearchCV 클래스를 사용하기 위해 loguniform 함수로 탐색 범위를 지정하겠습니다. 여기에서는 SGDClassifier의 손실 함수로 로지스틱 손실('log')을 사용하지만 다른 손실 함수를 매개변수 탐색에 포함할 수 있습니다. 총 반복 횟수(n_iter)는 50회로 지정합니다. 만약 CPU 코어가 여러 개라면 n_jobs 매개변수를 1 이상으로 설정하여 수행 속도를 높일 수 있습니다.

```
>>> from sklearn.model_selection import RandomizedSearchCV
>>> from sklearn.linear_model import SGDClassifier
>>> from sklearn.utils.fixes import loguniform
>>> sgd = SGDClassifier(loss='log', random_state=1)
```

● 계속

```
>>> param_dist = {'alpha': loguniform(0.0001, 100.0)}
>>> rsv_okt = RandomizedSearchCV(estimator=sgd,
...                              param_distributions=param_dist,
...                              n_iter=50,
...                              random_state=1,
...                              verbose=1)
>>> rsv_okt.fit(X_train_okt, y_train)
```

하이퍼파라미터 탐색으로 찾은 최상의 점수와 매개변수 값을 확인해 보죠.

```
>>> print(rsv_okt.best_score_)
0.8251533333333334
>>> print(rsv_okt.best_params_)
{'alpha': 0.0001001581395585897}
```

테스트 데이터셋 X_test_okt에서 점수도 확인해 보겠습니다.

```
>>> rsv_okt.score(X_test_okt, y_test)
0.8189
```

약 82%의 정확도를 냈습니다. 간단한 작업으로 꽤 좋은 성능을 냈습니다. konlpy의 다른 형태소 분석 클래스를 사용하거나 SGDClassifier 외에 다른 분류기를 시도하지 않을 이유는 없습니다. 충분한 컴퓨팅 파워가 없다면 사이킷런 0.24 버전에서 추가되는 HalvingRandomSearchCV 클래스를 사용해 볼 수도 있습니다.

이번에는 또 다른 파이썬 형태소 분석기인 soynlp를 사용해 보겠습니다. soynlp는 순수하게 파이썬으로 구현된 형태소 분석 패키지입니다. 깃허브(https://github.com/lovit/soynlp)에서 소스 코드뿐만 아니라 다양한 튜토리얼도 함께 제공합니다. soynlp는 세 개의 토큰화 클래스를 제공합니다. 기본적으로 띄어쓰기가 잘 되어 있다면 LTokenizer가 잘 맞습니다. 이외에는 MaxScoreTokenizer와 RegexTokenizer가 있습니다. 이 예에서는 LTokenizer를 사용해 보겠습니다. 먼저 soynlp.tokenizer에서 LTokenizer를 임포트합니다.

```
>>> from soynlp.tokenizer import LTokenizer
```

LTokenizer 클래스의 객체를 만든 후 앞에서처럼 훈련 데이터셋에 있는 샘플(X_train[4]) 하나의 형태소를 분석해 보겠습니다.

```
>>> lto = LTokenizer()
>>> print(lto.tokenize(X_train[4]))
['사이몬페그의', '익살스런', '연기가', '돋보였던', '영화!스파이더맨에서', '늙어보이기만', '했던', '커스틴', '던스트가', '너무나도', '이뻐보였다']
```

soynlp는 말뭉치의 통계 데이터를 기반으로 동작하기 때문에 기본 LTokenizer 객체로는 공백으로만 토큰화를 수행합니다. LTokenizer에 필요한 통계 데이터를 생성하기 위해 WordExtractor를 사용해 보겠습니다.

```
>>> from soynlp.word import WordExtractor
```

● 계속

WordExtractor 객체를 만든 후 train() 메서드에 X_train을 전달하여 훈련합니다. 훈련이 끝나면 word_scores() 메서드에서 단어의 점수를 얻을 수 있습니다. 반환된 scores 객체는 단어마다 결합 점수(cohesion score)와 브랜칭 엔트로피(branching entropy)를 가진 딕셔너리입니다.

```
>>> word_ext = WordExtractor()
>>> word_ext.train(X_train)
>>> scores = word_ext.word_scores()
training was done. used memory 1.737 Gb
all cohesion probabilities was computed. # words = 85683
all branching entropies was computed # words = 101540
all accessor variety was computed # words = 101540
```

soynlp 깃허브의 튜토리얼(https://github.com/lovit/soynlp/blob/master/tutorials/wordextractor_lecture.ipynb)을 따라 결합 점수(cohesion_forward)와 브랜칭 엔트로피(right_branching_entropy)에 지수 함수를 적용한 값과 결합 점수(cohesion_forward)를 곱해 최종 점수를 만들겠습니다.

```
>>> import math
>>> score_dict = {key: scores[key].cohesion_forward *
...                math.exp(scores[key].right_branching_entropy)
...                for key in scores}
```

이제 이 점수를 LTokenizer의 scores 매개변수로 전달하여 객체를 만들고 앞에서 테스트한 샘플에 다시 적용해 보겠습니다.

```
>>> lto = LTokenizer(scores=score_dict)
>>> print(lto.tokenize(X_train[4]))
['사이', '몬페그의', '익살스', '런', '연기', '가', '돋보', '였던', '영화', '!스파이더맨에
서', '늙어', '보이기만', '했던', '커스틴', '던스트가', '너무', '나도', '이뻐', '보였다']
```

단어 점수를 활용했기 때문에 토큰 추출이 훨씬 잘된 것을 볼 수 있습니다. lto.tokenize 메서드를 TfidfVectorizer 클래스에 전달하여 konlpy를 사용했을 때와 같은 조건으로 훈련 데이터셋과 테스트 데이터셋을 변환해 보겠습니다.

```
>>> tfidf = TfidfVectorizer(ngram_range=(1, 2),
...                         min_df=3,
...                         max_df=0.9,
...                         tokenizer=lto.tokenize,
...                         token_pattern=None)
>>> tfidf.fit(X_train)
>>> X_train_soy = tfidf.transform(X_train)
>>> X_test_soy = tfidf.transform(X_test)
```

동일한 SGDClassifier 객체와 매개변수 분포를 지정하고 하이퍼파라미터 탐색을 수행해 보겠습니다.

⊙ 계속

```
>>> rsv_soy = RandomizedSearchCV(estimator=sgd,
...                              param_distributions=param_dist,
...                              n_iter=50,
...                              random_state=1,
...                              verbose=1)
>>> rsv_soy.fit(X_train_soy, y_train)
```

soynlp를 사용했을 때 최상의 점수와 매개변수는 다음과 같습니다.

```
>>> print(rsv_soy.best_score_)
0.8141066666666665
>>> print(rsv_soy.best_params_)
{'alpha': 0.0001001581395585897}
```

마지막으로 테스트 데이터셋에 대한 점수를 확인해 보겠습니다.

```
>>> rsv_soy.score(X_test_soy, y_test)
0.8085
```

Okt를 사용했을 때보다는 좀 더 낮지만 약 81% 정도의 정확도를 얻었습니다.

MACHINE LEARNING

8.4 대용량 데이터 처리: 온라인 알고리즘과 외부 메모리 학습

이전 절의 예제를 실행하면 그리드 서치 안에서 5만 개의 영화 리뷰를 위한 특성 벡터를 만드는 데 계산 비용이 많이 소요된다는 것을 알 수 있습니다. 많은 실전 애플리케이션에서는 심지어 컴퓨터 메모리를 초과하는 대량의 데이터를 다루는 경우가 드물지 않습니다. 모든 사람이 슈퍼컴퓨터를 쓸 수 있는 것은 아니므로 대량의 데이터셋을 다룰 수 있는 **외부 메모리 학습**(out-of-core learning) 기법을 사용합니다. 이 방법은 데이터셋을 작은 배치(batch)로 나누어 분류기를 점진적으로 학습시킵니다.

2장에서 한 번에 샘플 하나를 사용하여 모델의 가중치를 업데이트하는 최적화 알고리즘인 **확률적 경사 하강법**(stochastic gradient descent)을 소개했습니다. 이 절에서는 사이킷런에 있는 SGDClassifier의 partial_fit 메서드를 사용하여 로지스틱 회귀 모델을 훈련하겠습니다. 이를 위해 로컬 디스크에서 문서를 직접 읽어 작은 크기의 미니 배치(mini-batch)로 만듭니다.

먼저 tokenizer 함수를 만들어 이 장 서두에서 생성했던 movie_data.csv 파일로부터 읽은 텍스트 데이터를 정제하고 불용어를 제외한 후 단어 토큰으로 분리합니다.

```
>>> import numpy as np
>>> import re
>>> from nltk.corpus import stopwords
>>> stop = stopwords.words('english')
>>> def tokenizer(text):
...     text = re.sub('<[^>]*>', '', text)
...     emoticons = re.findall('(?::|;|=)(?:-)?(?:\)|\(|D|P)', text)
...     text = re.sub('[\W]+', ' ', text.lower()) \
...             + ' '.join(emoticons).replace('-', '')
...     tokenized = [w for w in text.split() if w not in stop]
...     return tokenized
```

그다음 한 번에 문서 하나씩 읽어서 반환하는 stream_docs 제너레이터(generator) 함수를 정의합니다.[15]

```
>>> def stream_docs(path):
...     with open(path, 'r', encoding='utf-8') as csv:
...         next(csv) # 헤더 넘기기
...         for line in csv:
...             text, label = line[:-3], int(line[-2])
...             yield text, label
```

---

15 [역주] 파이썬의 제너레이터 함수는 yield 문을 사용하여 반복자(iterator)처럼 동작하는 함수로 for 반복문에 사용할 수 있습니다. 파이썬의 제너레이터에 대한 자세한 내용은 역자의 블로그(https://bit.ly/2KGrQxk)를 참고하세요.

stream_docs 함수가 제대로 작동하는지 확인하기 위해 movie_data.csv 파일에서 첫 번째 문서를 읽어 보죠. 리뷰 텍스트와 이에 상응하는 클래스 레이블이 하나의 튜플로 반환됩니다.

```
>>> next(stream_docs(path='movie_data.csv'))
('In 1974, the teenager Martha Moxley ... ',1)
```

이제 stream_docs 함수에서 문서를 읽어 size 매개변수에서 지정한 만큼 문서를 반환하는 get_minibatch 함수를 정의하겠습니다.[16]

```
>>> def get_minibatch(doc_stream, size):
...     docs, y = [], []
...     try:
...         for _ in range(size):
...             text, label = next(doc_stream)
...             docs.append(text)
...             y.append(label)
...     except StopIteration:
...         pass
...     return docs, y
```

안타깝지만 외부 메모리 학습에 CountVectorizer 클래스를 사용할 수 없습니다. 이 클래스는 전체 어휘 사전을 메모리에 가지고 있어야 하기 때문입니다. 또 TfidfVectorizer 클래스는 역문서 빈도를 계산하기 위해 훈련 데이터셋의 특성 벡터를 모두 메모리에 가지고 있어야 합니다. 사이킷런에서 텍스트 처리에 사용할 수 있는 다른 유용한 클래스는 HashingVectorizer입니다. HashingVectorizer는 데이터 종류에 상관없이 사용할 수 있으며 오스틴 애플비(Austin Appleby)가 만든 32비트 MurmurHash3 함수[17]를 사용한 해싱(hashing) 트릭을 사용합니다.

```
>>> from sklearn.feature_extraction.text import HashingVectorizer
>>> from sklearn.linear_model import SGDClassifier
>>> vect = HashingVectorizer(decode_error='ignore',
...                          n_features=2**21,
...                          preprocessor=None,
...                          tokenizer=tokenizer)
>>> clf = SGDClassifier(loss='log', random_state=1, max_iter=1)
>>> doc_stream = stream_docs(path='movie_data.csv')
```

---

16 **역주** StopIteration 예외는 next 함수에서 더 이상 반환할 값이 없을 때 발생합니다.

17 MurmurHash에 대한 더 자세한 정보는 위키백과(https://en.wikipedia.org/wiki/MurmurHash)를 참고하세요.

앞 코드에서 tokenizer 함수와 특성 개수를 2**21로 설정하여 HashingVectorizer 클래스를 초기화했습니다. 또한, SGDClassifier 클래스의 loss 매개변수를 'log'로 지정하여 로지스틱 회귀 모델로 초기화합니다. HashingVectorizer에서 특성 개수를 크게 하면 해시 충돌 가능성을 줄일 수 있지만 로지스틱 회귀 모델의 가중치 개수도 늘어납니다.

이제 재미있는 부분입니다. 필요한 함수들이 모두 준비되었으므로 다음과 같이 외부 메모리 학습을 시작할 수 있습니다.

```
>>> import pyprind
>>> pbar = pyprind.ProgBar(45)
>>> classes = np.array([0, 1])
>>> for _ in range(45):
...     X_train, y_train = get_minibatch(doc_stream, size=1000)
...     if not X_train:
...         break
...     X_train = vect.transform(X_train)
...     clf.partial_fit(X_train, y_train, classes=classes)
...     pbar.update()
0%                          100%
[############################] | ETA: 00:00:00
Total time elapsed: 00:00:39
```

여기에서도 학습 알고리즘의 진행 과정을 모니터링하기 위해 PyPrind 패키지를 사용했습니다. 진행 막대 객체를 45번 반복으로 초기화하고 이어지는 for 반복문에서 45개의 미니 배치를 반복합니다. 각 미니 배치는 1,000개의 문서로 구성됩니다. 점진적인 학습 과정이 끝나면 마지막 5,000개의 문서를 사용하여 모델의 성능을 평가합니다.

```
>>> X_test, y_test = get_minibatch(doc_stream, size=5000)
>>> X_test = vect.transform(X_test)
>>> print(f'정확도: {clf.score(X_test, y_test):.3f}')
정확도: 0.868
```

> Note ≡ **NoneType 에러**
>
> NoneType 에러가 발생했다면 아마도 X_test, y_test = get_minibatch(...) 코드를 두 번 실행했을 것입니다. 앞의 루프에서 반복마다 1,000개의 문서를 45번 뽑았습니다. 따라서 테스트를 위해 정확히 5,000개의 문서만 남아 있어 다음과 같이 가져옵니다.
>
> ```
> >>> X_test, y_test = get_minibatch(doc_stream, size=5000)
> ```
>
> 이 코드를 두 번 실행하면 제너레이터에 충분한 문서가 남아 있지 않기 때문에 X_test가 None이 됩니다. 따라서 NoneType 에러가 발생하면 그 앞의 stream_docs(...) 코드부터 다시 시작해야 합니다.

결과에서 볼 수 있듯이 모델의 정확도는 약 87%입니다. 이전 절에서 그리드 서치로 하이퍼파라미터 튜닝을 하여 달성한 정확도보다 조금 낮습니다. 그렇지만 외부 메모리 학습은 매우 메모리 효율적이고 모델 훈련이 채 1분도 걸리지 않습니다.

마지막으로 나머지 5,000개의 문서를 사용하여 모델을 업데이트합니다.

```
>>> clf = clf.partial_fit(X_test, y_test)
```

> Note ≡ **word2vec 모델**
>
> BoW 모델을 대체할 수 있는 최신 방법은 구글이 2013년에 공개한 **word2vec** 알고리즘입니다.[18]
>
> word2vec 알고리즘은 신경망을 기반으로 한 비지도 학습 알고리즘으로 자동으로 단어 사이의 관계를 학습합니다. word2vec 아이디어는 비슷한 의미를 가진 단어를 비슷한 클러스터로 모으는 것입니다. word2vec에서 만든 벡터 공간을 사용하면 모델이 간단한 벡터 연산으로 단어를 생성할 수 있습니다. 예를 들어 king-man+woman= queen입니다.
>
> 원본 C 언어 구현과 관련 논문이나 다른 구현을 담은 링크는 다음 주소를 참고하세요.[19]
>
> https://code.google.com/p/word2vec/

MACHINE LEARNING

8.5 잠재 디리클레 할당을 사용한 토픽 모델링

토픽 모델링(topic modeling)은 레이블이 없는 텍스트 문서에 토픽을 할당하는 광범위한 분야입니다. 예로 들 수 있는 전형적인 애플리케이션은 대량의 뉴스 기사 데이터셋을 분류하는 일입니다. 토픽 모델링 애플리케이션은 이런 기사에 카테고리 레이블을 할당합니다. 예를 들어 스포츠, 금

---

18 Efficient Estimation of Word Representations in Vector Space, T. Mikolov, K. Chen, G. Corrado, and J. Dean
https://arxiv.org/abs/1301.3781

19 역주 인기 있는 또 다른 단어 임베딩은 스탠포드 대학교에서 개발한 GloVe입니다. word2vec과 GloVe는 모두 단어 수준의 임베딩 기법입니다. 최근에는 BERT나 GPT 같은 문장 수준의 임베딩 기법이 인기가 높습니다. GloVe 임베딩과 케라스를 사용한 IMDb 감성 분류 예는 〈케라스 창시자에게 배우는 딥러닝 2판〉(길벗, 2022) 11장을 참고하세요.

융, 세계 뉴스, 정치, 지역 뉴스 등입니다.[20] 1장에서 소개한 머신 러닝의 카테고리로 보면 토픽 모델링을 비지도 학습의 하위 분야인 클러스터링으로 생각할 수 있습니다.

이 절에서 인기 있는 토픽 모델링 기법인 **잠재 디리클레 할당**(Latent Dirichlet Allocation, LDA)을 소개하겠습니다. 잠재 디리클레 할당을 종종 LDA로 줄여서 말합니다. 5장에서 소개한 지도 방식의 차원 축소 기법인 선형 판별 분석(LDA)과 혼동하지 마세요.

8.5.1 LDA를 사용한 텍스트 문서 분해

LDA 이면의 수학은 꽤 복잡하고 베이지안 추론(Bayesian inference)에 관한 지식이 필요합니다. 여기에서는 이 주제를 엔지니어 관점에서 접근하여 일반적인 용어를 사용해서 LDA를 이해해 보겠습니다. LDA에 대해 자세히 알고 싶은 독자는 관련 논문을 참고하세요.[21]

LDA는 여러 문서에 걸쳐 자주 등장하는 단어의 그룹을 찾는 확률적 생성 모델입니다. 각 문서를 여러 단어가 혼합된 것으로 가정하면 토픽은 자주 등장하는 단어들로 나타낼 수 있습니다. LDA의 입력은 앞서 보았던 BoW 모델입니다.

LDA는 입력으로 받은 BoW 행렬을 두 개의 행렬로 분해합니다.

- 문서-토픽 행렬
- 단어-토픽 행렬

이 두 행렬을 곱해서 가능한 작은 오차로 BoW 입력 행렬을 재구성할 수 있도록 LDA가 BoW 행렬을 분해합니다. 실제로는 LDA가 BoW 행렬에서 찾은 토픽이 관심 대상입니다. 유일한 단점은 미리 토픽 개수를 정해야 한다는 것입니다. 즉, 토픽 개수는 LDA의 하이퍼파라미터로 수동으로 지정해야 합니다.

---

20 **역주** 잠재 디리클레 할당에서 토픽은 우리가 일상적으로 이야기하는 주제가 아닙니다. 문서 샘플을 정해진 개수의 토픽으로 표현하기 때문에 어떤 성분에 가깝습니다. 실제 어떤 주제들이 나타나도록 토픽을 사전에 정의할 수 없습니다. 토픽 모델링의 결과를 보고 나서 각 토픽이 어떤 성향을 띠는지 알 수 있을 뿐입니다.

21 Latent Dirichlet Allocation, David M. Blei, Andrew Y. Ng, and Michael I. Jordan, Journal of Machine Learning Research 3, pages: 993-1022, Jan 2003, https://www.jmlr.org/papers/volume3/blei03a/blei03a.pdf

8.5.2 사이킷런의 LDA

이 절에서 사이킷런에 구현된 LatentDirichletAllocation 클래스를 사용하여 영화 리뷰 데이터셋을 분해하고 여러 개의 토픽으로 분류해 보겠습니다. 다음 예에서는 열 개의 토픽으로 한정하여 분석을 하지만 독자들은 데이터셋에서 더 많은 토픽을 찾을 수 있도록 하이퍼파라미터를 늘려서 실험해 보세요.

먼저 이 장 서두에서 영화 리뷰 데이터로 만든 movie_data.csv 로컬 파일을 판다스의 DataFrame으로 읽어 들입니다.

```
>>> import pandas as pd
>>> df = pd.read_csv('movie_data.csv', encoding='utf-8')
```

그다음 이제 익숙한 CountVectorizer 클래스를 사용하여 LDA 입력으로 넣을 BoW 행렬을 만듭니다.

사이킷런은 영어 불용어를 내장하고 있어 stop_words='english'로 지정하여 간편하게 사용할 수 있습니다.[22]

```
>>> from sklearn.feature_extraction.text import CountVectorizer
>>> count = CountVectorizer(stop_words='english',
...                         max_df=.1,
...                         max_features=5000)
>>> X = count.fit_transform(df['review'].values)
```

단어의 최대 문서 빈도를 10%로 지정하여(max_df=.1) 여러 문서에 걸쳐 너무 자주 등장하는 단어를 제외했습니다. 자주 등장하는 단어를 제외하는 이유는 모든 문서에 걸쳐 등장하는 단어일 수 있고, 그런 단어는 문서의 특정 토픽 카테고리와 관련성이 적기 때문입니다. 또한, 가장 자주 등장하는 단어 5,000개로 단어 수를 제한했습니다(max_features=5000). 이는 데이터셋의 차원을 제한하여 LDA의 추론 성능을 향상시킵니다. max_df=.1과 max_features=5000은 임의로 선택한 하이퍼파라미터입니다. 하이퍼파라미터를 튜닝하여 결과를 비교해 보는 것이 좋습니다.[23]

---

22 역주 사이킷런에 있는 영어 불용어의 개수는 318개입니다.

23 역주 CountVectorizer 클래스는 최소 문서 빈도를 지정하는 min_df 매개변수도 제공합니다. max_df와 min_df는 0~1 사이의 실수로 지정할 경우에는 문서 빈도 비율을 나타내며, 정수로 입력하는 경우 문서 개수를 의미합니다. max_df의 기본값은 1.0이고 min_df의 기본값은 1입니다. TfidfVectorizer도 동일한 매개변수를 제공합니다.

다음 코드는 문서에서 열 개의 토픽을 추정하도록 LatentDirichletAllocation 추정기를 BoW 행렬에 학습하는 방법을 보여 줍니다(이 모델 학습은 노트북이나 일반 데스크톱 컴퓨터에서 5분 정도 걸립니다).[24]

```
>>> from sklearn.decomposition import LatentDirichletAllocation
>>> lda = LatentDirichletAllocation(n_components=10,
...                                 random_state=123,
...                                 learning_method='batch')
>>> X_topics = lda.fit_transform(X)
```

learning_method='batch'로 설정했으므로 lda 추정기가 한 번 반복할 때 가능한 모든 훈련 데이터(BoW 행렬)를 사용하여 학습됩니다. 'online' 설정보다 느리지만 더 정확한 결과를 만듭니다(learning_method='online'으로 설정하는 것은 2장과 이 장에서 언급한 온라인 학습이나 미니 배치 학습과 비슷합니다).

> **Note ≡ 기댓값 최대화**
>
> 사이킷런의 LDA 구현은 **기댓값 최대화**(Expectation–Maximization, EM) 알고리즘을 사용하여 반복적으로 파라미터 추정 값을 업데이트합니다. 이 장에서 EM 알고리즘을 설명하지는 않지만 이에 대해 궁금한 독자들은 EM 알고리즘을 잘 정리한 위키피디아 문서를 참고하세요.[25] 또한, 콜로라도 리드(Colorado Reed)가 작성한 튜토리얼에서 자세한 LDA 사용 방법을 참고하세요.[26]

LDA를 학습하고 나면 lda 객체의 components_ 속성에 열 개의 토픽에 대해 오름차순으로 단어(여기에서는 5,000개)의 중요도를 담은 행렬이 저장됩니다.

```
>>> lda.components_.shape
(10, 5000)
```

결과를 분석하기 위해 열 개의 토픽에서 가장 중요한 단어를 다섯 개씩 출력해 보죠. 단어 중요도는 오름차순으로 정렬되어 있습니다. 최상위 다섯 개를 출력하려면 토픽 배열을 역순으로 정렬해야 합니다.

---

24 <small>**역주**</small> 전체 문서의 개수는 5만 개고 토픽의 개수는 열 개이므로 변환된 X_topics의 크기는 (50000, 10)입니다. 사이킷런 0.20 버전에서 LatentDirichletAllocation 클래스의 learning_method 매개변수 기본값이 'online'에서 'batch'로 바뀌었습니다.

25 https://ko.wikipedia.org/wiki/기댓값_최대화_알고리즘

26 Latent Dirichlet Allocation: Towards a Deeper Understanding
https://people.eecs.berkeley.edu/~cjrd/static/pdfs/lda_tutorial.pdf

```
>>> n_top_words = 5
>>> feature_names = count.get_feature_names()
>>> for topic_idx, topic in enumerate(lda.components_):
...     print(f'토픽 {(topic_idx + 1)}:')
...     print(" ".join([feature_names[i]
...                     for i in topic.argsort()\
...                     [:-n_top_words - 1:-1]]))
토픽 1:
worst minutes awful script stupid
토픽 2:
family mother father children girl
토픽 3:
american war dvd music tv
토픽 4:
human audience cinema art sense
토픽 5:
police guy car dead murder
토픽 6:
horror house sex girl woman
토픽 7:
role performance comedy actor performances
토픽 8:
series episode war episodes tv
토픽 9:
book version original read novel
토픽 10:
action fight guy guys cool
```

각 토픽에서 가장 중요한 단어 다섯 개를 기반으로 LDA가 다음 토픽을 구별했다고 추측할 수 있습니다.

1. 대체적으로 형편없는 영화(실제 토픽 카테고리가 되지 못함)

2. 가족 영화

3. 전쟁 영화

4. 예술 영화

5. 범죄 영화

6. 공포 영화

7. 코미디 영화

8. TV 쇼와 관련된 영화

9. 소설을 원작으로 한 영화

10. 액션 영화

카테고리가 잘 선택되었는지 확인하기 위해 공포 영화 카테고리에서 세 개의 영화 리뷰를 출력해 보죠(공포 영화는 카테고리 6이므로 인덱스는 5입니다).

```
>>> horror = X_topics[:, 5].argsort()[::-1]
>>> for iter_idx, movie_idx in enumerate(horror[:3]):
...     print(f'\n공포 영화 #{(iter_idx + 1)}:')
...     print(df['review'][movie_idx][:300], '...')
공포 영화 #1:
House of Dracula works from the same basic premise as House of Frankenstein from the
year before; namely that Universal's three most famous monsters; Dracula, Franken-
stein's Monster and The Wolf Man are appearing in the movie together. Naturally, the
film is rather messy therefore, but the fact that ...

공포 영화 #2:
Okay, what the hell kind of TRASH have I been watching now? "The Witches' Mountain" has
got to be one of the most incoherent and insane Spanish exploitation flicks ever and
yet, at the same time, it's also strangely compelling. There's absolutely nothing that
makes sense here and I even doubt there ...

공포 영화 #3:
<br /><br />Horror movie time, Japanese style. Uzumaki/Spiral was a total freakfest
from start to finish. A fun freakfest at that, but at times it was a tad too reliant on
kitsch rather than the horror. The story is difficult to summarize succinctly: a care-
free, normal teenage girl starts coming fac ...
```

앞 코드에서 공포 영화 카테고리 중 최상위 세 개의 리뷰에서 300자씩 출력했습니다. 정확히 어떤 영화에 속한 리뷰인지는 모르지만 공포 영화의 리뷰임을 알 수 있습니다(하지만 영화 #2는 1번 카테고리인 '대체적으로 형편없는 영화'에 속한다고 볼 수도 있습니다).

요약

이 장에서는 문서의 성향을 기반으로 텍스트 문서를 분류하기 위해 머신 러닝 알고리즘을 어떻게 사용하는지 배웠습니다. 이는 NLP 분야의 기본적인 감성 분석 작업입니다. 문서를 BoW 모델을 사용하여 특성 벡터로 인코딩하는 것뿐만 아니라 tf-idf를 사용한 적합성을 기준으로 단어 빈도에 가중치를 부여하는 방법도 배웠습니다.

텍스트 데이터를 다룰 때는 작업 과정에서 생성된 특성 벡터가 크기 때문에 계산 비용이 많이 듭니다. 마지막 절에서 외부 메모리 학습이나 점진적 학습을 사용하여 전체 데이터셋을 컴퓨터 메모리에 적재하지 않고 머신 러닝 모델을 훈련하는 방법을 배웠습니다.

마지막으로 LDA를 사용한 비지도 학습으로 영화 리뷰를 여러 카테고리로 분류하는 토픽 모델링 개념을 소개했습니다.

지금까지 이 책에서는 많은 머신 러닝 개념, 모범 사례, 분류를 위한 지도 학습 모델에 대해 다루었습니다. 다음 장에서는 지도 학습의 또 다른 하위 범주인 회귀 분석에 대해 살펴보겠습니다. 회귀 분석은 지금까지 다루었던 분류 모델의 범주형 클래스 레이블이 아니라 연속적인 출력 변수를 예측합니다.

9 장

회귀 분석으로 연속적 타깃 변수 예측

이전 장들에서 **지도 학습** 이면에 있는 많은 개념을 배웠습니다. 그룹 소속이나 범주형 변수를 예측하는 분류 작업을 위해 여러 모델을 훈련시켜 보았습니다. 이 장에서는 지도 학습의 또 다른 하위 카테고리인 **회귀 분석**(regression analysis)을 다루어 보겠습니다.

회귀 모델은 연속적인 타깃 변수를 예측하는 데 사용되기 때문에 산업 현장의 애플리케이션은 물론 과학 문제를 해결하기 위한 매력적인 도구입니다. 변수 간의 관계를 이해하거나 트렌드를 분석하고 날씨를 예측할 수 있습니다. 한 가지 예로 향후 몇 달간 회사 영업 실적을 예측할 수 있습니다.

이 장에서는 회귀 모델의 주요 개념과 다음 주제를 다룹니다.

- 데이터 탐색과 시각화하기
- 선형 회귀 모델을 구현하는 여러 가지 방법 알아보기
- 이상치에 민감하지 않은 회귀 모델 훈련하기
- 회귀 모델을 평가하고 문제점 분석하기
- 비선형 데이터에 회귀 모델 학습하기

9.1 선형 회귀

선형 회귀는 하나 이상의 특성과 연속적인 타깃 변수 사이의 관계를 모델링하는 것이 목적입니다. 지도 학습의 다른 카테고리인 분류 알고리즘과 달리 회귀는 범주형 클래스 레이블이 아니라 연속적인 출력 값을 예측합니다.

다음 절에서 가장 기본적인 **단순 선형 회귀**(simple linear regression)를 소개하고 일반화된 **다중 선형 회귀**(multiple linear regression)(여러 개의 특성을 다루는 선형 회귀)로 확장하는 방법을 알아보겠습니다.

9.1.1 단순 선형 회귀

단순 선형 회귀는 하나의 특성(**설명 변수**(explanatory variable)[1] x)과 연속적인 타깃(**응답 변수** (response variable) y) 사이의 관계를 모델링합니다. 특성이 하나인 선형 모델 공식은 다음과 같습니다.

$$y = w_1 x + b$$

여기에서 b는 y축 절편을 나타내고 w_1은 특성의 가중치입니다. 특성과 타깃 사이의 관계를 나타내는 선형 방정식의 가중치를 학습하는 것이 목적입니다. 이 방정식으로 훈련 데이터셋이 아닌 새로운 샘플의 타깃 값을 예측할 수 있습니다.

앞서 정의한 선형 방정식으로부터 선형 회귀를 그림 9-1과 같이 샘플 포인트를 가장 잘 맞추어 통과하는 직선으로 이해할 수 있습니다.

❤ 그림 9-1 하나의 특성을 가진 선형 회귀의 예

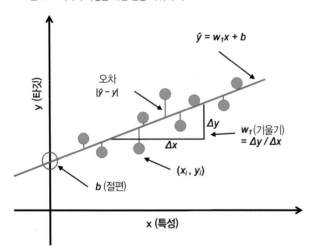

데이터에 가장 잘 맞는 이런 직선을 **회귀 직선**(regression line)이라고도 합니다. 회귀 직선과 훈련 샘플 사이의 직선 거리를 **오프셋**(offset) 또는 예측 오차인 **잔차**(residual)라고 합니다.

---

1 **역주** 저자는 이 장에서 '설명 변수'란 용어를 즐겨 사용하지만 다른 장과 일관성을 유지하고 혼동을 막기 위해 번역서는 '특성'으로 통일했습니다.

9.1.2 다중 선형 회귀

이전 절에서 소개한 선형 회귀처럼 특성이 하나인 특별한 경우를 단순 선형 회귀라고 합니다. 당연히 선형 회귀 모델은 여러 개의 특성이 있는 경우로 일반화할 수 있습니다. 이를 **다중 선형 회귀**라고 합니다.

$$y = w_1 x_1 + \dots + w_m x_m + b = \sum_{i=1}^{m} w_i x_i + b = w^T x + b$$

여기에서 w_0은 y축의 절편이고 x_0=1입니다.

그림 9-2는 두 개의 특성을 가진 다변량 회귀 모델이 학습한 2차원 초평면을 보여 줍니다.

▼ 그림 9-2 두 개의 특성을 가진 선형 회귀 모델

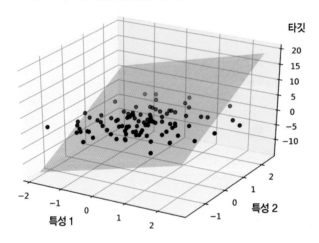

여기에서 보듯이 정적인 이미지로 그려진 다변량 회귀의 초평면은 3차원 산점도만 되어도 이해하기 어렵습니다. (세 개 또는 그 이상의 특성에서 학습한 다변량 회귀 모델의) 산점도에서 2차원 초평면을 시각화하는 좋은 방법이 없기 때문에 이 장에서는 단변량 회귀를 사용하여 하나의 특성을 가진 예제와 그래프를 주로 다루겠습니다. 단변량 회귀와 다변량 회귀는 같은 개념과 평가 기법을 사용하기 때문에 이 장에서 나오는 코드는 두 종류의 회귀 모델에 모두 호환됩니다.

9.2 에임스 주택 데이터셋 탐색

첫 번째 선형 회귀 모델을 만들기 전에 새로운 데이터셋을 소개하겠습니다. 2006년부터 2010년까지 아이오와주 에임스에 있는 개별 주거용 부동산에 대한 정보를 포함하고 있는 에임스 주택 데이터셋(Ames Housing dataset)입니다. 이 데이터셋은 2011년에 Dean De Cock에 의해 수집되었으며, 추가 정보는 다음 주소를 참고하세요.

- **이 데이터셋의 설명 보고서**: http://jse.amstat.org/v19n3/decock.pdf
- **데이터셋의 특성에 대한 자세한 문서**: http://jse.amstat.org/v19n3/decock/DataDocumentation.txt
- **탭(tab)으로 구분된 데이터셋**: http://jse.amstat.org/v19n3/decock/AmesHousing.txt

새로운 데이터셋을 만나게 되면 간단한 그래프를 그려서 데이터를 탐색하는 것이 작업 대상을 이해하는 데 도움이 됩니다. 다음 절에서 이런 작업을 수행해 보겠습니다.

9.2.1 데이터프레임으로 에임스 주택 데이터셋 읽기

이 절에서 에임스 주택 데이터셋을 판다스의 read_csv 함수로 읽어 들이겠습니다. 이 함수는 빠르고 많은 기능이 있으며 텍스트로 저장된 CSV 형태의 파일을 다룰 때 사용하기 좋습니다.

에임스 주택 데이터셋은 2,930개의 샘플과 80개의 특성으로 구성되어 있습니다. 문제를 간단하게 하기 위해 다음 목록에 있는 일부 특성만 사용하겠습니다. 하지만 다른 변수가 궁금하다면 이 절 시작 부분에 제시한 링크에서 제공하는 전체 데이터셋에 대한 설명을 참고하세요. 이 장을 읽은 후 이 데이터셋에 있는 다른 변수를 시도해 보세요.

이 장에서 다룰 특성과 타깃은 다음과 같습니다.

- **Overall Qual**: 1(매우 나쁨)에서 10(훌륭함)까지 주택의 전반적인 건축 재료와 마감에 대한 등급
- **Overall Cond**: 1(매우 나쁨)에서 10(훌륭함)까지 주택의 전반적인 상태에 대한 등급
- **Gr Liv Area**: 평방 피트(square feet) 단위의 (지상) 거실 면적

- **Central Air**: 중앙 에어컨(N=없음, Y=있음)

- **Total Bsmt SF**: 평방 피트 단위의 지하실 총 면적

- **SalePrice**: 판매 가격(미국 달러)

이 장 나머지 부분에서는 판매 가격(SalePrice)을 타깃 값으로 삼겠습니다. 다섯 개의 특성 중 하나 이상을 사용하여 이 값을 예측하겠습니다. 데이터셋을 더 탐색하기 전에 판다스 DataFrame으로 데이터를 불러옵니다.

```
import pandas as pd

columns = ['Overall Qual', 'Overall Cond', 'Gr Liv Area',
           'Central Air', 'Total Bsmt SF', 'SalePrice']
df = pd.read_csv('http://jse.amstat.org/v19n3/decock/AmesHousing.txt',
                 sep='\t',
                 usecols=columns)
df.head()
```

데이터셋이 잘 적재되었는지 확인하기 위해 그림 9-3과 같이 처음 다섯 개의 행을 출력합니다.

▼ 그림 9-3 에임스 주택 데이터셋의 처음 행 다섯 개

	Overall Qual	Overall Cond	Total Bsmt SF	Central Air	Gr Liv Area	SalePrice
0	6	5	1080.0	Y	1656	215000
1	5	6	882.0	Y	896	105000
2	6	6	1329.0	Y	1329	172000
3	7	5	2110.0	Y	2110	244000
4	5	5	928.0	Y	1629	189900

데이터셋을 로드한 후 DataFrame의 차원을 출력하여 행의 개수가 예상과 같은지 확인해 보겠습니다.

```
>>> df.shape
(2930, 6)
```

여기에서 보듯이 이 DataFrame은 예상대로 2,930개의 행이 포함되어 있습니다.

그림 9-3에서 볼 수 있듯이 string 타입으로 인코딩된 'Central Air' 변수를 처리해야 합니다. 4장에서 배운 것처럼 .map 메서드를 사용하여 DataFrame 열을 변환할 수 있습니다. 다음 코드는 문자열 'Y'를 정수 1로, 문자열 'N'을 정수 0으로 변환합니다.

```
>>> df['Central Air'] = df['Central Air'].map({'N': 0, 'Y': 1})
```

마지막으로 데이터프레임의 열에 누락된 값이 있는지 확인해 보겠습니다.

```
>>> df.isnull().sum()
Overall Qual     0
Overall Cond     0
Total Bsmt SF    1
Central Air      0
Gr Liv Area      0
SalePrice        0
dtype: int64
```

출력을 보면 Total Bsmt SF 특성에 하나의 누락된 값이 포함되어 있습니다. 데이터셋이 비교적 크기 때문에 이 누락된 특성 값을 처리하는 가장 쉬운 방법은 데이터셋에서 해당 샘플을 제거하는 것입니다(다른 방법은 4장을 참고하세요).

```
>>> df = df.dropna(axis=0)
>>> df.isnull().sum()
Overall Qual     0
Overall Cond     0
Total Bsmt SF    0
Central Air      0
Gr Liv Area      0
SalePrice        0
dtype: int64
```

9.2.2 데이터셋의 중요 특징 시각화

탐색적 데이터 분석(Exploratory Data Analysis, EDA)은 머신 러닝 모델을 훈련하기 전에 첫 번째로 수행할 중요하고 권장되는 단계입니다. 이 절 나머지 부분에서 EDA 그래픽 도구 중에서 간단하지만 유용한 기법들을 사용해 보겠습니다. 이런 도구는 이상치를 감지하고 데이터 분포를 시각화하거나 특성 간의 관계를 나타내는 데 도움이 됩니다.

먼저 **산점도 행렬**(scatterplot matrix)을 그려서 데이터셋에 있는 특성 간의 상관관계를 한 번에 시각화해 보겠습니다. 산점도 행렬을 그리기 위해 mlxtend 라이브러리(http://rasbt.github.io/mlxtend/)의 scatterplotmatrix 함수를 사용하겠습니다. 이 파이썬 라이브러리는 머신 러닝과 데이터 과학 애플리케이션에서 편리하게 사용할 수 있는 다양한 함수를 제공합니다.

conda install mlxtend나 pip install mlxtend로 mlxtend 패키지를 설치할 수 있습니다. 이 장에서는 mlxtend 0.19.0 버전을 사용하겠습니다.

설치가 완료되면 다음과 같이 임포트한 후 산점도 행렬을 만들 수 있습니다.

```
>>> import matplotlib.pyplot as plt
>>> from mlxtend.plotting import scatterplotmatrix
>>> scatterplotmatrix(df.values, figsize=(12, 10),
...                    names=df.columns, alpha=0.5)
>>> plt.tight_layout()
>>> plt.show()
```

그림 9-4와 같이 산점도 행렬은 데이터셋에 있는 특성 간의 관계를 시각적으로 잘 요약해 줍니다.

❤ 그림 9-4 에임스 주택 데이터셋의 산점도 행렬

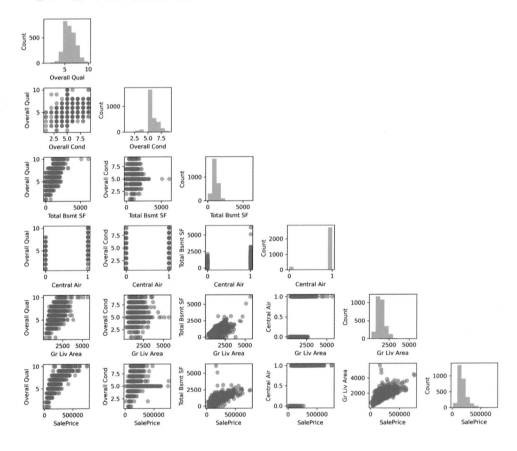

이제 산점도 행렬을 사용하여 데이터가 어떻게 분포되어 있는지, 이상치가 포함되어 있는지 빠르게 확인할 수 있습니다. 예를 들어 맨 아래 행의 왼쪽에서 다섯 번째 열을 보면 거실 면적(Gr Liv Area)과 판매 가격(SalePrice) 간에 다소 선형적인 관계가 있음을 알 수 있습니다.

또한, 산점도 행렬의 주대각선에 있는 히스토그램을 보면 SalePrice 변수가 약간의 이상치로 한쪽으로 치우쳐져 있는 것을 볼 수 있습니다.

Note ≡　**선형 회귀의 정규 분포 가정**

일반적으로 알고 있는 것과 달리 선형 회귀 모델을 훈련할 때 특성과 타깃이 정규 분포일 필요는 없습니다. 정규 분포 가정은 특정 통계와 가설 검증에 필요합니다. 이에 대한 내용은 책 범위를 넘어섭니다.[2]

9.2.3 상관관계 행렬을 사용한 분석

이전 절에서 히스토그램과 산점도로 에임스 주택 데이터셋 특성들의 분포를 그려 보았습니다. 다음으로 **상관관계 행렬**(correlation matrix)을 만들어 변수 간의 선형 관계를 정량화하고 요약해 보겠습니다. 상관관계 행렬은 '5.1절 주성분 분석을 통한 비지도 차원 축소'에서 본 **공분산 행렬** (covariance matrix)과 밀접하게 관련되어 있습니다. 직관적으로 생각하면 상관관계 행렬을 스케일 조정된 공분산 행렬로 생각할 수 있습니다. 사실 특성이 표준화되어 있으면 상관관계 행렬과 공분산 행렬이 같습니다.

상관관계 행렬은 **피어슨의 상관관계 계수**(Pearson product-moment correlation coefficient)를 포함하고 있는 정방 행렬입니다(종종 피어슨의 r이라고 말합니다). 이 계수는 특성 사이의 선형 의존성을 측정합니다. 상관관계 계수의 범위는 -1~1입니다. $r=1$이면 두 특성이 완벽한 양의 상관관계를 가집니다. $r=0$이면 아무런 상관관계가 없습니다. $r=-1$이면 완벽한 음의 상관관계를 가집니다. 앞서 언급한 것처럼 피어슨의 상관관계 계수는 단순히 두 특성 x와 y 사이의 공분산(분자)을 표준편차의 곱(분모)으로 나눈 것입니다.

$$r = \frac{\sum_{i=1}^{n}\left[\left(x^{(i)} - \mu_x\right)\left(y^{(i)} - \mu_y\right)\right]}{\sqrt{\sum_{i=1}^{n}\left(x^{(i)} - \mu_x\right)^2}\sqrt{\sum_{i=1}^{n}\left(y^{(i)} - \mu_y\right)^2}} = \frac{\sigma_{xy}}{\sigma_x \sigma_y}$$

2　다음 자료를 참고하세요.
　Introduction to Linear Regression Analysis, Montgomery, Douglas C. Montgomery, Elizabeth A. Peck, and G. Geoffrey Vining, Wiley, 2012, pages: 318–319

여기에서 μ는 해당 특성의 샘플 평균이고, σ_{xy}는 특성 x와 y 사이의 공분산입니다. σ_x와 σ_y는 특성의 표준 편차입니다.

Note ≡ **표준화된 특성의 공분산 vs 상관관계**

표준화된 특성 간의 공분산은 사실 선형 상관관계 계수와 같습니다. 이를 확인하기 위해 먼저 특성 x와 y를 표준화해서 z-점수를 계산해 보죠. 이를 각각 x'와 y'라고 하겠습니다.

$$x' = \frac{x - \mu_x}{\sigma_x},\ y' = \frac{y - \mu_y}{\sigma_y}$$

두 특성 사이의 (모집단) 공분산은 다음과 같이 계산합니다.

$$\sigma_{xy} = \frac{1}{n}\sum_i^n \left(x^{(i)} - \mu_x\right)\left(y^{(i)} - \mu_y\right)$$

표준화를 하면 특성의 평균이 0이 되므로 전처리된 특성 사이의 공분산은 다음과 같이 계산할 수 있습니다.

$$\sigma'_{xy} = \frac{1}{n}\sum_i^n (x'^{(i)} - 0)(y'^{(i)} - 0)$$

변수를 치환하면 다음 식을 얻습니다.

$$\sigma'_{xy} = \frac{1}{n}\sum_i^n \left(\frac{x - \mu_x}{\sigma_x}\right)\left(\frac{y - \mu_y}{\sigma_y}\right)$$

$$\sigma'_{xy} = \frac{1}{n \cdot \sigma_x \sigma_y}\sum_i^n \left(x^{(i)} - \mu_x\right)\left(y^{(i)} - \mu_y\right)$$

결국 이 식은 다음과 같이 쓸 수 있습니다.

$$\sigma'_{xy} = \frac{\sigma_{xy}}{\sigma_x \sigma_y}$$

다음 예제에서는 앞서 산점도 행렬로 그렸던 다섯 개의 특성에 넘파이 corrcoef 함수를 사용해 보겠습니다. mlxtend의 heatmap 함수를 사용하여 상관관계 행렬을 히트맵으로 나타내겠습니다.

```
>>> import numpy as np
>>> from mlxtend.plotting import heatmap
>>> cm = np.corrcoef(df.values.T)
>>> hm = heatmap(cm, row_names=df.columns, column_names=df.columns)
>>> plt.tight_layout()
>>> plt.show()
```

결과 그래프에서 볼 수 있듯이 상관관계 행렬은 선형 상관관계를 바탕으로 특성을 선택하는 데 유용한 정보를 요약해 줍니다.

▼ 그림 9-5 일부 변수의 상관관계 행렬

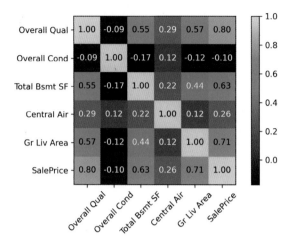

선형 회귀 모델을 훈련하려면 타깃 변수 SalePrice와 상관관계가 높은 특성이 좋습니다. 이 상관관계 행렬을 살펴보면 타깃 변수 SalePrice가 Gr Liv Area와 상관관계가 높습니다(0.71). 따라서 다음 절에서 간단한 선형 회귀 개념을 소개할 때 사용하기 좋은 특성입니다.

MACHINE LEARNING

9.3 최소 제곱 선형 회귀 모델 구현

이 장을 시작할 때 선형 회귀는 훈련 데이터의 훈련 샘플에 가장 잘 맞는 직선을 찾는 것으로 이해할 수 있다고 말했습니다. 이때 가장 잘 맞는다는 말을 정의하거나 그런 모델을 학습할 수 있는 방법을 언급하지 않았습니다. 이어지는 절에서 **최소 제곱법**(Ordinary Least Squares, OLS)을 사용하여 누락된 퍼즐을 맞추어 보겠습니다(이따금 **선형 최소 제곱법**(linear least squares)이라고도 합니다). 훈련 샘플까지 수직 거리(잔차 또는 오차)의 제곱합을 최소화하는 선형 회귀 직선의 모델 파라미터를 추정하는 방법입니다.

9.3.1 경사 하강법으로 회귀 모델의 파라미터 구하기

2장에서 선형 활성화 함수를 사용한 인공 뉴런인 **아달린**(Adaline)을 구현했습니다. 또 손실 함수 $L(\boldsymbol{w})$를 정의하고 **경사 하강법**(GD)과 **확률적 경사 하강법**(SGD) 같은 최적화 알고리즘을 사용하여 이 함수를 최소화하는 가중치를 학습했습니다.

아달린의 손실 함수는 **평균 제곱 오차**(Mean Squared Error, MSE)로, OLS에서 사용할 손실 함수와 같습니다.

$$L(\boldsymbol{w}, b) = \frac{1}{2n} \sum_{i=1}^{n} (y^{(i)} - \hat{y}^{(i)})^2$$

여기에서 $\hat{y}$는 예측 값으로 $\hat{y} = \boldsymbol{w}^T \boldsymbol{x} + b$입니다($\frac{1}{2}$을 곱한 것은 경사 하강법의 업데이트 공식을 간단하게 유도하기 위해서입니다[3]). 근본적으로 OLS 회귀는 임계 함수가 없는 아달린으로 해석할 수 있습니다. 클래스 레이블 0이나 1 대신 연속적인 타깃 값을 얻습니다. 시연을 위해 2장 아달린의 경사 하강법 코드에서 단위 계단 함수를 제거하여 첫 번째 선형 회귀 모델을 구현해 보겠습니다.

```python
class LinearRegressionGD:
    def __init__(self, eta=0.01, n_iter=50, random_state=1):
        self.eta = eta
        self.n_iter = n_iter
        self.random_state = random_state
    def fit(self, X, y):
        rgen = np.random.RandomState(self.random_state)
        self.w_ = rgen.normal(loc=0.0, scale=0.01, size=X.shape[1])
        self.b_ = np.array([0.])
        self.losses_ = []
        for i in range(self.n_iter):
            output = self.net_input(X)
            errors = (y - output)
            self.w_ += self.eta * 2.0 * X.T.dot(errors) / X.shape[0]
            self.b_ += self.eta * 2.0 * errors.mean()
            loss = (errors**2).mean()
            self.losses_.append(loss)
        return self
    def net_input(self, X):
        return np.dot(X, self.w_) + self.b_
    def predict(self, X):
        return self.net_input(X)
```

3　**역주** 경사 하강법 공식의 유도는 '2.3.1절 경사 하강법으로 손실 함수 최소화'의 노트를 참고하세요.

경사 하강법으로 가중치 업데이트하기

그레이디언트의 반대 방향으로 가중치를 업데이트하는 방법에 대해 기억을 되살리려면 '2.3절 적응형 선형 뉴런과 학습의 수렴'을 참고하세요.

LinearRegressionGD를 실행해 보기 위해 에임스 주택 데이터셋에서 Area(평방 피트 단위의 거실 면적) 특성으로 사용하여 SalePrice를 예측하는 모델을 훈련시켜 보겠습니다. 또한, 경사 하강법 알고리즘이 잘 수렴하도록 특성을 표준화 전처리하겠습니다. 코드는 다음과 같습니다.

```
>>> X = df[['Gr Liv Area']].values
>>> y = df['SalePrice'].values
>>> from sklearn.preprocessing import StandardScaler
>>> sc_x = StandardScaler()
>>> sc_y = StandardScaler()
>>> X_std = sc_x.fit_transform(X)
>>> y_std = sc_y.fit_transform(y[:, np.newaxis]).flatten()
>>> lr = LinearRegressionGD(eta=0.1)
>>> lr.fit(X_std, y_std)
```

np.newaxis와 flatten을 사용하여 y_std를 계산합니다. 사이킷런에 있는 대부분의 데이터 전처리 클래스는 데이터가 2차원 배열로 저장되어 있다고 기대합니다. 앞 코드에서 y[:, np.newaxis]에 사용된 np.newaxis는 배열에 새로운 차원을 추가합니다. StandardScaler가 스케일 조정된 결과를 반환하면 flatten() 메서드를 사용하여 원래 1차원 배열 형태로 되돌렸습니다.

2장에서 언급한 것처럼 경사 하강법 같은 최적화 알고리즘을 사용할 때 훈련 데이터셋을 반복하는 에포크(전체 반복)의 함수로 비용을 그래프로 그려 보는 것이 좋습니다. 알고리즘이 비용 함수의 최솟값으로 수렴하는지 확인할 수 있습니다(여기에서는 전역 최솟값(global cost minimum) 입니다[4]).

```
>>> plt.plot(range(1, lr.n_iter+1), lr.losses_)
>>> plt.ylabel('MSE')
>>> plt.xlabel('Epoch')
>>> plt.show()
```

---

4 역주 평균 제곱 오차 함수는 볼록 함수(convex function)이므로 지역 최솟값(local minimum)이 없고 항상 전역 최솟값에 수렴합니다.

그림 9-6에서 볼 수 있듯이 경사 하강법 알고리즘은 열 번째 에포크에서 수렴했습니다.

▼ 그림 9-6 에포크 횟수에 대한 손실 함수 그래프

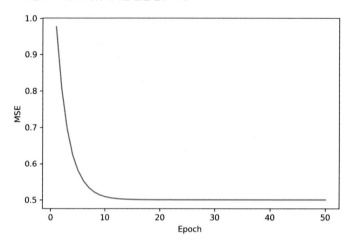

그다음 이 선형 회귀 모델이 훈련 데이터에 얼마나 잘 맞는지 그려 보죠. 이를 위해 훈련 샘플의
산점도와 회귀 직선을 그려 주는 헬퍼(helper) 함수를 만들겠습니다.

```
>>> def lin_regplot(X, y, model):
...     plt.scatter(X, y, c='steelblue', edgecolor='white', s=70)
...     plt.plot(X, model.predict(X), color='black', lw=2)
```

이제 lin_regplot 함수를 사용하여 주택 가격과 방 개수에 관한 그래프를 그려 보죠.

```
>>> lin_regplot(X_std, y_std, lr)
>>> plt.xlabel('Living area above ground (standardized)')
>>> plt.ylabel('Sale price (standardized)')
>>> plt.show()
```

그림 9-7에서 보듯이 이 선형 회귀 직선은 거실 면적이 늘어남에 따라 주택 가격이 증가하는 일반
적인 경향을 반영하고 있습니다.

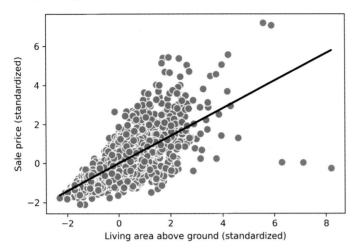

✔ 그림 9-7 거실 면적과 주택 가격 사이의 선형 회귀 모델

이런 경향은 매우 직관적으로 보이지만, 이 데이터는 방 개수가 주택 가격을 잘 설명하지 못하는 경우도 많다는 것을 알려 줍니다. 이 장 후반에서 회귀 모델의 성능을 어떻게 정량화하는지 설명하겠습니다. 흥미롭게도 몇 개의 이상치를 볼 수 있습니다. 예를 들어 표준화된 거실 면적이 6보다 큰 세 개의 데이터 포인트가 있습니다. 이 장의 뒷부분에서 이상치를 처리하는 방법에 대해 설명하겠습니다.

어떤 애플리케이션에서는 예측된 출력 값을 원본 스케일로 복원하여 제공해야 합니다. 예측한 가격을 미국 달러 단위 가격으로 되돌리려면 간단하게 StandardScaler의 inverse_transform 메서드를 호출하면 됩니다.[5]

```
>>> feature_std = sc_x.transform(np.array([[2500]]))
>>> target_std = lr.predict(feature_std)
>>> target_reverted = sc_y.inverse_transform(target_std.reshape(-1, 1))
>>> print(f'판매 가격: ${target_reverted.flatten()[0]:.2f}')
판매 가격: $292507.07
```

이 코드에서는 앞서 훈련한 선형 회귀 모델을 사용하여 거실 면적이 2,500평방 피트인 주택 가격을 예측했습니다. 모델은 이런 주택 가격을 292,507.07달러로 산정했습니다.

---

5 **역주** 이 메서드는 표준화를 거꾸로 되돌립니다. 즉, 표준 편차를 곱한 후 평균을 더합니다.

표준화 처리된 변수를 사용할 때 기술적으로는 절편(즉, 파라미터 b)을 업데이트할 필요가 없습니다. 이 경우에는 y축 절편이 항상 0이기 때문입니다.[6] 가중치를 출력해 보면 간단하게 확인할 수 있습니다.

```
>>> print(f'기울기: {lr.w_[0]:.3f}')
기울기: 0.707
>>> print(f'절편: {lr.b_[0]:.3f}')
절편: -0.000
```

9.3.2 사이킷런으로 회귀 모델의 가중치 추정

이전 절에서 회귀 분석을 위한 모델을 구현했습니다. 실전에서는 더 효율적인 구현이 필요합니다. 예를 들어 회귀를 위한 사이킷런의 추정기는 사이파이의 최소 제곱 구현(scipy.linalg.lstsq)을 사용합니다. 이 함수는 선형대수학 패키지(LAPACK)를 기반으로 매우 최적화된 코드를 사용합니다.[7] 사이킷런의 선형 회귀 구현은 표준화되지 않은 특성에도 (더) 잘 동작합니다. 경사 하강법 기반의 최적화를 사용하지 않기 때문에 표준화 전처리 단계를 건너뛸 수 있습니다.

```
>>> from sklearn.linear_model import LinearRegression
>>> slr = LinearRegression()
>>> slr.fit(X, y)
>>> print(f'기울기: {slr.coef_[0]:.3f}')
기울기: 111.666
>>> print(f'절편: {slr.intercept_:.3f}')
절편: 13342.979
```

이 코드를 실행하면 알 수 있지만 사이킷런의 LinearRegression을 표준화되지 않은 Gr Liv Area와 SalePrice 변수에 훈련시키면 특성이 표준화되지 않았기 때문에 모델의 가중치가 달라집니다. 하지만 Gr Liv Area에 대한 SalePrice 그래프를 그려서 직접 만든 경사 하강법 구현과 비교해 보면 데이터를 비슷하게 잘 학습했다는 것을 알 수 있습니다.

```
>>> lin_regplot(X, y, slr)
>>> plt.xlabel('Living area above ground in square feet')
>>> plt.ylabel('Sale price in U.S. dollars')
>>> plt.tight_layout()
>>> plt.show()
```

6 　역주　앞서 타깃 데이터 y도 표준화를 했기 때문입니다. 모델 성능에 영향을 미치지 않기 때문에 일반적으로 타깃 값은 표준화하지 않습니다.

7 　역주　기본적으로 SVD 방법으로 유사 역행렬을 구해서 해를 계산합니다.

예를 들어 직접 만든 경사 하강법 구현과 대체적인 모습이 동일합니다.

▼ 그림 9-8 사이킷런을 사용한 선형 회귀 그래프

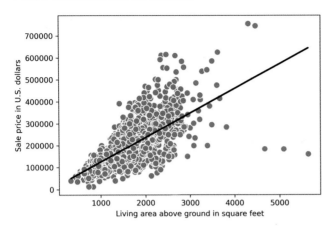

9

회귀 분석으로 연속적 타깃 변수 예측

Note ☰   선형 회귀를 푸는 해석적 방법

머신 러닝 모델의 대안으로는 연립 일차 방정식(system of linear equation)으로 OLS 문제를 푸는 정규 방정식 (normal equation)이 있습니다. 이 공식은 대부분의 기초 통계 교과서에서 찾을 수 있습니다.[8]

$$w = \left(X^T X\right)^{-1} X^T y$$

파이썬에서는 다음과 같이 구현할 수 있습니다.

```
# 1로 채워진 열 벡터 추가
>>> Xb = np.hstack((np.ones((X.shape[0], 1)), X))
>>> z = np.linalg.inv(np.dot(Xb.T, Xb))
>>> w = np.dot(z, np.dot(Xb.T, y))
>>> print(f'기울기: {w[1]:.3f}')
기울기: 111.666
>>> print(f'절편: {w[0]:.3f}')
절편: 13342.979
```

이 방식은 해석적으로 최적의 해를 찾는 것을 보장합니다. 매우 큰 데이터셋을 다룬다면 이 (정규 방정식) 공식에 있는 역행렬을 구할 때 계산 비용이 너무 많이 듭니다. 또는 훈련 샘플을 담은 행렬이 특이 행렬(singular matrix, 비가역 행렬)일 수 있습니다. 이것이 반복적인 방법이 선호되는 이유입니다.

정규 방정식을 구하는 방법에 대해 관심이 있다면 레스트 대학교(University of Leicester) 스티븐 폴락(Stephen Pollock) 박사의 강의에서 'The Classical Linear Regression Model' 장을 참고하세요.[9]

○ 계속

---

8 **역주** 정규 방정식을 유도하는 과정은 역자의 블로그를 참고하세요(https://bit.ly/2GC0R8J).

9 http://www.le.ac.uk/users/dsgp1/COURSES/MESOMET/ECMETXT/06mesmet.pdf

또한, 경사 하강법, 확률적 경사 하강법, 정규 방정식, QR 분해, 특이 값 분해를 사용한 선형 회귀를 비교하고 싶다면 이런 방식들을 옵션에서 고를 수 있는 mlxtend에 구현된 LinearRegression 클래스(http://rasbt.github.io/mlxtend/user_guide/regressor/LinearRegression/)를 사용하세요. 회귀 모델을 위한 또 다른 훌륭한 파이썬 라이브러리는 고급 선형 회귀 모델을 구현한 Statsmodels입니다(https://www.statsmodels.org/stable/examples/index.html#regression).

Note ≡   **역주** QR 분해는 실수 행렬을 직교 행렬(orthogonal matrix) Q와 상삼각 행렬(upper triangular matrix) R의 곱으로 표현하는 행렬 분해 방법입니다. 직교 행렬은 전치 행렬과 역행렬이 같습니다. 따라서 선형 회귀 공식을 w에 정리하면 다음과 같이 쓸 수 있습니다.

$$w = X^{-1}y = (QR)^{-1}y = R^{-1}Q^{-1}y = R^{-1}Q^{T}y$$

np.linalg.qr() 함수를 사용하여 QR 분해를 수행한 후 np.linalg.inv() 함수로 상삼각 행렬의 역행렬을 구하여 계산할 수 있습니다.

```
>>> Q, R = np.linalg.qr(Xb)
>>> w = np.dot(np.linalg.inv(R), np.dot(Q.T, y))
>>> print(f'기울기: {w[1]:.3f}')
기울기: 111.666
>>> print(f'절편: {w[0]:.3f}')
절편: 13342.979
```

LinearRegression 클래스가 사용하는 scipy.linalg.lstsq 함수는 X의 유사역행렬(pseudo-inverse matrix) X^{+}을 구해 다음과 같이 바로 해를 구합니다.

$$w = X^{+}y$$

유사역행렬은 특이 값 분해(SVD)로 얻은 V, Σ, U로 계산합니다.

$$X^{+} = V\sum{}^{+}U^{T}$$

여기에서 Σ^{+}은 Σ 원소의 역수를 취하고 어떤 임계 값보다 작은 값은 0으로 만들어 얻을 수 있습니다. 예를 들어 Σ의 행마다 가장 큰 값을 골라 1×10^{-15}을 곱한 후 이보다 작은 원소를 0으로 만듭니다. 넘파이 np.linalg.pinv() 함수를 사용하면 이런 작업을 모두 알아서 처리해 주므로 X^{+}을 손쉽게 얻을 수 있습니다.

```
>>> w = np.dot(np.linalg.pinv(Xb), y)
>>> print(f'기울기: {w[1]:.3f}')
기울기: 111.666
>>> print(f'절편: {w[0]:.3f}')
절편: 13342.979
```

9.4 RANSAC을 사용하여 안정된 회귀 모델 훈련

선형 회귀 모델은 이상치(outlier)에 크게 영향을 받을 수 있습니다. 어떤 상황에서는 데이터의 아주 작은 일부분이 추정 모델의 가중치에 큰 영향을 끼칩니다. 이상치를 감지하는 데 사용할 수 있는 통계적 테스트가 많지만 책 범위를 넘어섭니다. 이상치를 제거하려면 항상 해당 분야의 지식뿐만 아니라 데이터 과학자로서 식견도 필요합니다.

이상치를 제거하는 방식 대신 **RANSAC**(RANdom SAmple Consensus) 알고리즘을 사용하는 안정된 회귀 모델에 대해 알아보겠습니다. 이 알고리즘은 정상치(inlier)라는 일부 데이터로 회귀 모델을 훈련합니다.

반복적인 RANSAC 알고리즘을 다음과 같이 정리할 수 있습니다.

1. 랜덤하게 일부 샘플을 정상치로 선택하여 모델을 훈련합니다.

2. 훈련된 모델에서 다른 모든 포인트를 테스트합니다. 사용자가 입력한 허용 오차 안에 속한 포인트를 정상치에 추가합니다.

3. 모든 정상치를 사용하여 모델을 다시 훈련합니다.

4. 훈련된 모델과 정상치 간의 오차를 추정합니다.

5. 성능이 사용자가 지정한 임계 값에 도달하거나 지정된 반복 횟수에 도달하면 알고리즘을 종료합니다. 그렇지 않으면 단계 **1**로 돌아갑니다.

사이킷런의 RANSACRegressor 클래스에 구현된 RANSAC 알고리즘과 함께 선형 모델을 사용해 보겠습니다.

```
>>> from sklearn.linear_model import RANSACRegressor
>>> ransac = RANSACRegressor(
...     LinearRegression(),
...     max_trials=100, # 기본값
...     min_samples=0.95,
...     residual_threshold=None, # 기본값
...     random_state=123)
>>> ransac.fit(X, y)
```

RANSACRegressor의 최대 반복 횟수를 100으로 설정했습니다. min_samples=0.95로 하여 랜덤하게 선택할 샘플의 최소 개수를 적어도 데이터셋의 95퍼센트로 지정했습니다.

사이킷런에서 (residual_threshold=None으로 지정하면) 기본적으로 정상치 임계 값 **MAD** 추정으로 결정됩니다. MAD는 타깃 값 y의 **중앙값 절대 편차**(Median Absolute Deviation)를 의미합니다.[10] 적절한 정상치 임계 값은 문제에 따라 다릅니다. 이것이 RANSAC의 단점 중 하나입니다. 최근에 좋은 정상치 임계 값을 자동으로 선택하기 위한 여러 가지 방법이 개발되었습니다.[11]

RANSAC 모델을 훈련한 후 학습된 RANSAC-선형 회귀 모델에서 정상치와 이상치를 얻을 수 있습니다. 이를 선형 모델과 함께 그려 보죠.

```
>>> inlier_mask = ransac.inlier_mask_
>>> outlier_mask = np.logical_not(inlier_mask)
>>> line_X = np.arange(3, 10, 1)
>>> line_y_ransac = ransac.predict(line_X[:, np.newaxis])
>>> plt.scatter(X[inlier_mask], y[inlier_mask],
...             c='steelblue', edgecolor='white',
...             marker='o', label='Inliers')
>>> plt.scatter(X[outlier_mask], y[outlier_mask],
...             c='limegreen', edgecolor='white',
...             marker='s', label='Outliers')
>>> plt.plot(line_X, line_y_ransac, color='black', lw=2)
>>> plt.xlabel('Living area above ground in square feet')
>>> plt.ylabel('Sale price in U.S. dollars')
>>> plt.legend(loc='upper left')
>>> plt.tight_layout()
>>> plt.show()
```

다음 산점도에서 볼 수 있듯이 동그라미로 표시된 정상치에 선형 회귀 모델이 훈련되었습니다.

---

10 역주 MAD는 np.median(np.abs(y-np.median(y)))처럼 계산합니다.

11 이에 대한 자세한 내용은 다음을 참고하세요.
Automatic Estimation of the Inlier Threshold in Robust Multiple Structures Fitting, R. Toldo, A. Fusiello's, Springer, 2009 (in Image Analysis and Processing-ICIAP 2009, pages: 123-131)

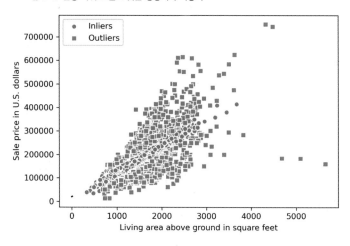

다음 코드로 이 모델의 기울기와 절편을 출력하면 이전 절에서 RANSAC을 사용하지 않고 구한 직선과 조금 다른 것을 알 수 있습니다.

```
>>> print(f'기울기: {ransac.estimator_.coef_[0]:.3f}')
기울기: 106.348
>>> print(f'절편: {ransac.estimator_.intercept_:.3f}')
절편: 20190.093
```

residual_threshold 매개변수를 None으로 설정했기 때문에 RANSAC은 MAD를 사용하여 정상치와 이상치를 구분하기 위한 임계 값을 계산합니다. 이 데이터셋의 경우 MAD는 다음과 같이 계산할 수 있습니다.

```
>>> def median_absolute_deviation(data):
...     return np.median(np.abs(data-np.median(data)))
>>> median_absolute_deviation(y)
37000.00
```

따라서 더 적은 수의 데이터 포인트를 이상치로 식별하고 싶다면 앞의 MAD보다 큰 residual_threshold 값을 선택하세요. 예를 들어 그림 9-10은 residual_threshold가 6만 5,000인 RANSAC 선형 회귀 모형의 정상치와 이상치를 보여 줍니다.

❤ 그림 9-10 residual_threshold 값을 크게 한 RANSAC 선형 회귀 모델이 식별한 정상치와 이상치

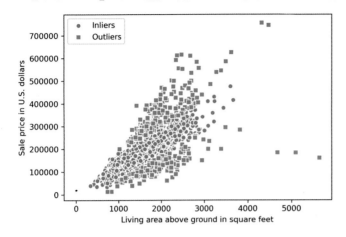

RANSAC을 사용하면 데이터셋에 있는 이상치의 잠재적인 영향을 감소시킵니다. 하지만 이 방법이 본 적 없는 데이터에 대한 예측 성능에 긍정적인 영향을 미치는지 미치지 못하는지 알지 못합니다. 다음 절에서 회귀 모델을 평가하는 다른 방법을 알아보겠습니다. 이는 예측 모델 시스템을 구축하는 아주 중요한 부분입니다.

9.5 선형 회귀 모델의 성능 평가

이전 절에서 훈련 데이터에서 회귀 모델을 학습시키는 방법을 배웠습니다. 이전 장에서 훈련하는 동안 본 적 없는 데이터에서 모델을 테스트하는 것이 편향되지 않은 일반화 성능을 추정하기 위해 중요하다는 것을 배웠습니다.

6장에서 배운 것을 떠올리면 데이터셋을 훈련 데이터셋과 테스트 데이터셋으로 나누어 훈련 데이터셋에서는 모델을 훈련하고 테스트 데이터셋에서는 일반화 성능을 추정하기 위해 처음 본 데이터에서 성능을 평가했습니다. 여기에서는 간단한 회귀 모델 대신에 데이터셋에 있는 모든 변수를 사용하여 다변량 회귀 모델을 훈련하겠습니다.

```
>>> from sklearn.model_selection import train_test_split
>>> target = 'SalePrice'
>>> features = df.columns[df.columns != target]
```

```
>>> X = df[features].values
>>> y = df[target].values
>>> X_train, X_test, y_train, y_test = train_test_split(
...     X, y, test_size=0.3, random_state=123)
>>> slr = LinearRegression()
>>> slr.fit(X_train, y_train)
>>> y_train_pred = slr.predict(X_train)
>>> y_test_pred = slr.predict(X_test)
```

모델이 여러 개의 특성을 사용하기 때문에 2차원 그래프로 선형 회귀 직선(정확히 말하면 초평면 (hyperplane))을 그릴 수 없습니다. 그 대신 회귀 모델을 조사하기 위해 잔차(실제 값과 예측 값 사이의 차이 또는 수직 거리) 대 예측 값 그래프를 그릴 수 있습니다. **잔차 그래프**(residual plot)는 회귀 모델을 진단할 때 자주 사용하는 그래프 도구입니다. 비선형성과 이상치를 감지하고 오차가 랜덤하게 분포되어 있는지를 확인하는 데 도움이 됩니다.

다음 코드에서 예측 값에서 타깃 값을 뺀 잔차 그래프를 그려 보겠습니다.

```
>>> x_max = np.max(
...     [np.max(y_train_pred), np.max(y_test_pred)])
>>> x_min = np.min(
...     [np.min(y_train_pred), np.min(y_test_pred)])
>>> fig, (ax1, ax2) = plt.subplots(
...     1, 2, figsize=(7, 3), sharey=True)
>>> ax1.scatter(
...     y_test_pred, y_test_pred-y_test,
...     c='limegreen', marker='s',
...     edgecolor='white',
...     label='Test data')
>>> ax2.scatter(
...     y_train_pred, y_train_pred-y_train,
...     c='steelblue', marker='o', edgecolor='white',
...     label='Training data')
>>> ax1.set_ylabel('Residuals')
>>> for ax in (ax1, ax2):
...     ax.set_xlabel('Predicted values')
...     ax.legend(loc='upper left')
...     ax.hlines(y=0, xmin=x_min-100, xmax=x_max+100,\
...               color='black', lw=2)
>>> plt.tight_layout()
>>> plt.show()
```

이 코드를 실행하면 그림 9-11과 같이 테스트 데이터셋과 훈련 데이터셋에 대해서 y축의 원점을 지나는 직선과 잔차 그래프가 만들어집니다.

▼ 그림 9-11 잔차 그래프

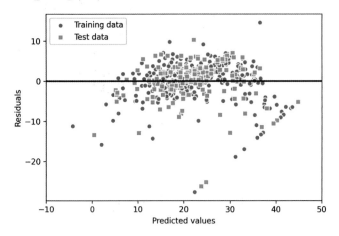

예측이 완벽하면 잔차는 정확히 0이 됩니다. 현실적으로 실제 애플리케이션에서는 절대 일어나지 않을 것입니다. 좋은 회귀 모델이라면 오차가 랜덤하게 분포되고 잔차는 중앙선 주변으로 랜덤하게 흩어져야 합니다. 잔차 그래프에 패턴이 나타나면 특성에서 어떤 정보를 잡아내지 못하고 잔차로 새어 나갔다고 말합니다. 앞선 잔차 그래프에서 이런 현상을 조금 볼 수 있습니다. 또한, 잔차 그래프를 사용하여 이상치를 감지할 수 있습니다. 중앙선에서 큰 편차를 낸 포인트입니다.

모델 성능을 정량적으로 측정하는 또 다른 방법은 **평균 제곱 오차**(Mean Squared Error, MSE)입니다. 선형 회귀 모델을 훈련하기 위해 최소화하는 손실 함수로 앞서 사용했습니다. 다음 식은 경사 하강법에서 손실 함수의 편도 함수를 간단히 하기 위해 사용되는 1/2 계수가 없는 버전의 MSE입니다.

$$MSE = \frac{1}{n} \sum_{i=1}^{n} \left(y^{(i)} - \hat{y}^{(i)} \right)^2$$

분류 문제의 예측 정확도와 비슷하게 MSE를 사용하여 6장에서 보았던 교차 검증과 모델 선택을 수행할 수 있습니다.

분류 정확도처럼 MSE도 샘플 크기 n에 대해 정규화합니다. 이렇게 하면 샘플 크기가 다른 경우를 비교할 수 있습니다(예를 들어 학습 곡선).

훈련 데이터셋과 테스트 데이터셋의 예측에 대한 MSE를 계산해 보죠.

```
>>> from sklearn.metrics import mean_squared_error
>>> mse_train = mean_squared_error(y_train, y_train_pred)
>>> mse_test = mean_squared_error(y_test, y_test_pred)
>>> print(f'훈련 MSE: {mse_train:.2f}')
훈련 MSE: 1497216245.85
>>> print(f'테스트 MSE: {mse_test:.2f}')
테스트 MSE: 1516565821.00
```

훈련 데이터셋의 MSE가 테스트 세트보다 작습니다. 이는 모델이 훈련 데이터에 약간 과대적합되었다는 지표입니다. 오차를 원래 단위 척도(달러 제곱 대신 달러)로 표시하는 것이 더 직관적일 수 있습니다. 이를 위해 **평균 제곱근 오차**(Root Mean Squared Error, RMSE)라고 하는 MSE의 제곱근을 계산하거나 잘못된 예측을 약간 덜 강조하는 **평균 절대 오차**(Mean Absolute Error, MAE)를 계산할 수 있습니다.

$$MAE = \frac{1}{n}\sum_{i=1}^{n}|y^{(i)} - \hat{y}^{(i)}|$$

MSE와 비슷하게 MAE를 계산할 수 있습니다.

```
>>> from sklearn.metrics import mean_absolute_error
>>> mae_train = mean_absolute_error(y_train, y_train_pred)
>>> mae_test = mean_absolute_error(y_test, y_test_pred)
>>> print(f'훈련 MAE: {mae_train:.2f}')
훈련 MAE: 25983.03
>>> print(f'테스트 MAE: {mae_test:.2f}')
테스트 MAE: 24921.29
```

테스트 세트의 MAE를 기반으로 모델이 평균적으로 약 2만 5,000달러의 오차를 가진다고 말할 수 있습니다.

MAE나 MSE를 사용하여 모델을 비교할 때 분류 정확도와 달리 제한이 없다는 점을 유념해야 합니다. MAE와 MSE에 대한 해석은 데이터셋과 특성 스케일에 따라 달라집니다. 예를 들어 판매 가격이 1,000단위(K)로 기록되어 있다면 이 모델은 1,000을 곱하지 않은 데이터로 훈련한 동일 모델보다 더 낮은 MSE를 만듭니다. 즉, |$500K − 550K| 〈 |$500,000 − 550,000|입니다.

훈련 데이터셋의 MSE가 19.96이고 테스트 데이터셋의 MSE는 27.20으로 훨씬 큽니다. 이는 모델이 훈련 데이터셋에 과대적합되었다는 신호입니다. 하지만 분류 정확도와 달리 MSE는 값에 제한이 없습니다. 다른 말로 하면 주택 가격이 1,000단위로 기록되어 있다면 동일한 모델이

1,000을 곱하지 않은 데이터로 훈련한 모델보다 더 낮은 MSE를 만듭니다. 즉, $(\$10K - \$15K)^2 <$ $(\$10,000 - \$15,000)^2$입니다.

따라서 **결정 계수**(coefficient of determination, R^2)가 더 유용할 수 있습니다. 결정 계수는 모델 성능을 잘 해석하기 위해 만든 MSE의 표준화된 버전으로 생각할 수 있습니다. 다른 말로 하면 R^2은 타깃의 분산에서 모델이 잡아낸 비율입니다. R^2은 다음과 같이 정의합니다.

$$R^2 = 1 - \frac{SSE}{SST}$$

여기에서 SSE는 제곱 오차합(sum of squared errors)입니다. MSE와 비슷하지만 샘플 크기 n으로 정규화하지 않습니다.

$$SSE = \sum_{i=1}^{n} (y^{(i)} - \hat{y}^{(i)})^2$$

SST는 전체 제곱합(total sum of squares)입니다.

$$SST = \sum_{i=1}^{n} \left(y^{(i)} - \mu_y \right)^2$$

다른 말로 하면 SST는 단순히 타깃의 분산입니다.

R^2이 MSE를 단순히 스케일 조정한 것인지 간단히 확인해 보죠.

$$
\begin{aligned}
R^2 &= 1 - \frac{\frac{1}{n}SSE}{\frac{1}{n}SST} \\
&= \frac{\frac{1}{n}\sum_{i=1}^{n}(y^{(i)} - \hat{y}^{(i)})^2}{\frac{1}{n}\sum_{i=1}^{n}(y^{(i)} - \mu_y)^2} \\
&= 1 - \frac{MSE}{Var(y)}
\end{aligned}
$$

훈련 데이터셋에서 R^2은 0과 1 사이의 값을 가집니다. 테스트 데이터셋에서는 음수가 될 수 있습니다. R^2이 음수이면 회귀 모델이 샘플 평균을 나타내는 수평선보다 데이터를 더 잘 학습하지 못했다는 의미입니다(실제로 극단적으로 과대적합되거나 훈련 세트의 스케일을 조정한 것과 동일한 방식으로 테스트 세트의 스케일을 조정하지 않은 경우에 종종 발생합니다). $R^2 = 1$이면 MSE=0이고 모델이 데이터를 완벽히 학습한 것입니다.

훈련 데이터셋에서 앞서 만든 모델의 R^2을 평가하면 0.77이며 훌륭하지 않지만 일부 특성만 사용했다는 점을 고려하면 아주 나쁘지 않습니다. 테스트 데이터셋의 R^2은 조금 더 작은 0.75이므로 과대적합이 아주 조금만 있다는 것을 보여 줍니다.

```
>>> from sklearn.metrics import r2_score
>>> train_r2 = r2_score(y_train, y_train_pred)
>>> test_r2 = r2_score(y_test, y_test_pred)
>>> print(f'R^2 훈련: {train_r2:.3f}, 테스트: {test_r2:.3f}')
R^2 훈련: 0.77, 테스트: 0.75
```

9.6 회귀에 규제 적용

3장에서 설명한 것처럼 규제는 부가 정보를 손실에 더해 과대적합 문제를 방지하는 한 방법입니다. 복잡도에 대한 페널티(penalty)를 유도하여 모델 파라미터의 값을 감소시킵니다. 가장 널리 사용하는 선형 회귀 규제 방법은 **릿지 회귀**(Ridge Regression), **라쏘**(Least Absolute Shrinkage and Selection Operator, LASSO), **엘라스틱 넷**(Elastic Net)입니다.

릿지 회귀는 단순히 최소 제곱 손실 함수에 가중치의 제곱합을 추가한 L2 규제 모델입니다.

$$J\left(\boldsymbol{w}\right)_{Ridge} = \sum_{i=1}^{n}\left(y^{(i)} - \hat{y}^{(i)}\right)^2 + \lambda \left\| \boldsymbol{w} \right\|_2^2$$

여기에서 L2 항은 다음과 같습니다.

$$\lambda \left\| \boldsymbol{w} \right\|_2^2 = \lambda \sum_{j=1}^{m} w_j^2$$

하이퍼파라미터 λ를 증가시키면 규제 강도가 증가되고 모델의 가중치 값이 감소합니다. 3장에서 언급했듯이 절편 유닛 b는 규제하지 않습니다.

다른 접근 방법으로는 희소한 모델을 만들 수 있는 라쏘입니다. 규제 강도에 따라서 어떤 가중치는 0이 될 수 있습니다. 따라서 라쏘를 지도 학습의 특성 선택 기법으로 사용할 수 있습니다.

$$J\left(\boldsymbol{w}\right)_{LASSO} = \sum_{i=1}^{n}\left(y^{(i)} - \hat{y}^{(i)}\right)^2 + \lambda \left\| \boldsymbol{w} \right\|_1$$

여기에서 라쏘의 L1 페널티는 모델 가중치의 절댓값 합으로 정의합니다.

$$\lambda \left\| \boldsymbol{w} \right\|_1 = \lambda \sum_{j=1}^{m}\left| w_j \right|$$

하지만 라쏘는 $m \rangle n$일 경우(n은 훈련 샘플의 개수) 최대 n개의 특성을 선택하는 것이 한계입니다. 특성 선택이 필요한 일부 애플리케이션에서는 도움이 되지 않을 수 있습니다. 하지만 라쏘는 모델이 포화되는 것을 피하기 때문에 종종 실전에서는 라쏘의 성질이 유용합니다. 모델 포화(saturation)는 훈련 샘플의 개수가 특성 개수와 동일할 때 일어납니다. 이는 과모수화(overparameterization)의 한 형태입니다. 이로 인해 포화된 모델은 항상 훈련 데이터를 완벽하게 학습하지만 새로운 데이터에서는 단순히 보간(interpolation)만 수행하기 때문에 잘 일반화되지 않습니다.

릿지 회귀와 라쏘의 절충안은 엘라스틱 넷입니다. 희소한 모델을 만들기 위한 L1 페널티와 $m \rangle n$일 때 n보다 많은 특성을 선택할 수 있는 L2 페널티를 가집니다.

$$L(\boldsymbol{w})_{Elastic\ Net} = \sum_{i=1}^{n}\left(y^{(i)} - \hat{y}^{(i)}\right)^2 + \lambda_2 \|\boldsymbol{w}\|_2^2 + \lambda_1 \|\boldsymbol{w}\|_1$$

이런 규제 선형 모델은 모두 사이킷런에 준비되어 있습니다. 하이퍼파라미터 λ를 사용하여 규제 강도를 지정해야 하는 것만 제외하고 보통 회귀 모델과 사용법이 비슷합니다. 보통 λ는 k-겹 교차 검증으로 최적화합니다.

릿지 회귀 모델은 다음과 같이 초기화합니다.

```
>>> from sklearn.linear_model import Ridge
>>> ridge = Ridge(alpha=1.0)
```

규제 강도는 λ에 해당하는 alpha 매개변수로 제어합니다. 비슷하게 linear_model 모듈에서 라쏘 회귀 모델을 초기화할 수 있습니다.

```
>>> from sklearn.linear_model import Lasso
>>> lasso = Lasso(alpha=1.0)
```

마지막으로 ElasticNet 구현을 사용하여 L1과 L2 비율을 조절할 수 있습니다.

```
>>> from sklearn.linear_model import ElasticNet
>>> elanet = ElasticNet(alpha=1.0, l1_ratio=0.5)
```

예를 들어 l1_ratio를 1.0으로 설정하면 ElasticNet은 라쏘 회귀와 동일해집니다.[12] 여러 가지 선형 회귀 모델의 구현에 대한 자세한 정보는 온라인 문서(http://scikit-learn.org/stable/modules/linear_model.html)를 참고하세요.

9.7 / 선형 회귀 모델을 다항 회귀로 변환

이전 절에서는 특성과 타깃 사이의 관계가 선형이라고 가정했습니다. 선형 가정이 어긋날 때 대처할 수 있는 한 가지 방법이 다항식 항을 추가한 다항 회귀 모델을 사용하는 것입니다.

$$y = w_1 x + w_2 x^2 + \ldots + w_d x^d + b$$

여기에서 d는 다항식의 차수를 나타냅니다. 다항 회귀를 사용하여 비선형 관계를 모델링하지만 선형 회귀 가중치인 w 때문에 여전히 다중 선형 회귀 모델로 생각할 수 있습니다. 이어지는 절에서 기존 데이터셋에 다항식 항을 추가하고 다항 회귀 모델을 훈련하는 방법을 알아보겠습니다.

9.7.1 사이킷런을 사용하여 다항식 항 추가

사이킷런의 PolynomialFeatures 변환기 클래스를 사용하여 특성이 한 개인 간단한 회귀 문제에 이차 항($d=2$)을 추가하는 방법을 알아보겠습니다. 그런 다음 선형 회귀 모델과 다항 회귀 모델을 비교하겠습니다.

---

12 역주 사실 사이킷런의 Lasso 클래스는 l1_ratio=1.0인 ElasticNet 클래스를 사용합니다. 하지만 l1_ratio=0인 ElasticNet과 Ridge 클래스는 서로 다릅니다. 엘라스틱넷의 손실 함수에서 λ_1=alpha×(1-l1_ratio)/2이고 λ_2=alpha×l1_ratio입니다.

1. 이차 다항식 항을 추가합니다.[13]

```
from sklearn.preprocessing import PolynomialFeatures
>>> X = np.array([ 258.0, 270.0, 294.0, 320.0, 342.0,
...               368.0, 396.0, 446.0, 480.0, 586.0])\
...               [:, np.newaxis]
>>> y = np.array([ 236.4, 234.4, 252.8, 298.6, 314.2,
...               342.2, 360.8, 368.0, 391.2, 390.8])
>>> lr = LinearRegression()
>>> pr = LinearRegression()
>>> quadratic = PolynomialFeatures(degree=2)
>>> X_quad = quadratic.fit_transform(X)
```

2. 비교를 위해 평범한 선형 회귀 모델을 훈련합니다.

```
>>> lr.fit(X, y)
>>> X_fit = np.arange(250,600,10)[:, np.newaxis]
>>> y_lin_fit = lr.predict(X_fit)
```

3. 다항 회귀를 위해 변환된 특성에서 다변량 회귀 모델을 훈련합니다.

```
>>> pr.fit(X_quad, y)
>>> y_quad_fit = pr.predict(quadratic.fit_transform(X_fit))
```

4. 결과 그래프를 그립니다.

```
>>> plt.scatter(X, y, label='Training points')
>>> plt.plot(X_fit, y_lin_fit,
...          label='Linear fit', linestyle='--')
>>> plt.plot(X_fit, y_quad_fit,
...          label='Quadratic fit')
>>> plt.xlabel('Explanatory variable')
>>> plt.ylabel('Predicted or known target values')
>>> plt.legend(loc='upper left')
>>> plt.tight_layout()
>>> plt.show()
```

---

13 **역주** PolynomialFeatures 클래스는 원본 특성에서 degree만큼 중복을 허용한 조합으로 새로운 특성을 만들고 절편을 추가합니다. 특성 x_1을 degree=2로 설정하여 변환하면 x_1, x_1^2 절편에 해당하는 1을 포함하여 세 개의 특성이 만들어집니다. 특성이 x_1, x_2 두 개가 있다면 특성 끼리의 곱이 추가되어 1, x_1, x_1^2, x_2, x_2^2, $x_1 \times x_2$ 여섯 개의 특성이 만들어집니다. interaction_only=True로 설정하면 거듭제곱 항은 모두 제외됩니다. include_bias=False로 설정하면 절편에 해당하는 1을 포함시키지 않습니다. get_feature_names_out() 메서드를 사용하면 어떤 특성이 곱해져 만들어졌는지 손쉽게 알 수 있습니다.

결과 그래프에서 볼 수 있듯이 다항 회귀 모델이 선형 모델보다 특성과 타깃 사이의 관계를 훨씬 잘 잡아냈습니다.

▼ 그림 9-12 다항 회귀와 선형 회귀 비교

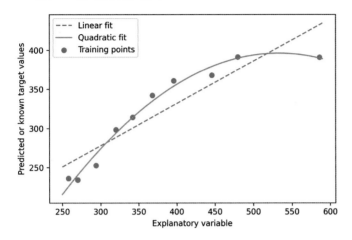

그다음 평가 지표로 MSE와 R^2 값을 계산해 보겠습니다.

```
>>> y_lin_pred = lr.predict(X)
>>> y_quad_pred = pr.predict(X_quad)
>>> mse_lin = mean_squared_error(y, y_lin_pred)
>>> mse_quad = mean_squared_error(y, y_quad_pred)
>>> print(f'훈련 MSE 선형: {mse_lin:.3f}'
          f', 다항: {mse_quad:.3f}')
훈련 MSE 선형: 569.780, 다항: 61.330
>>> r2_lin = r2_score(y, y_lin_pred)
>>> r2_quad = r2_score(y, y_quad_pred)
>>> print(f'훈련 R^2 선형: {r2_lin:.3f}'
          f', 다항: {r2_quad:.3f}')
훈련 R^2 선형: 0.832, 다항: 0.982
```

앞의 코드 실행 결과에서 볼 수 있듯이 MSE는 570(선형 모델)에서 61(다항 모델)로 감소했습니다. 결정 계수를 보았을 때도 간단한 이 예제에서 다항 모델($R^2 = 0.982$)이 선형 모델($R^2 = 0.832$)에 비해 더 잘 맞는다는 것을 보여 줍니다.

9.7.2 에임스 주택 데이터셋을 사용한 비선형 관계 모델링

이전 절에서 간단한 예제에서 비선형 관계를 학습하기 위해 다항 특성을 구성하는 방법을 배웠습니다. 이제 좀 더 실제적인 예를 알아보고 에임스 주택 데이터셋에 이런 개념을 적용해 보죠. 다음 코드를 실행하면 이차 다항식과 삼차 다항식을 사용하여 판매 가격과 거실 면적 사이의 관계를 모델링합니다. 그다음 선형 모델과 비교합니다.

먼저 그림 9-8에서 볼 수 있듯이 4,000평방 피트보다 넓은 거실 면적을 갖는 세 개의 이상치를 제거하여 이상치가 회귀 모델을 방해하지 않도록 합니다.

```
>>> X = df[['Gr Liv Area']].values
>>> y = df['SalePrice'].values
>>> X = X[(df['Gr Liv Area'] < 4000)]
>>> y = y[(df['Gr Liv Area'] < 4000)]
```

이제 회귀 모델을 훈련합니다.

```
>>> regr = LinearRegression()
>>> # 이차, 삼차 다항 특성을 만듭니다
>>> quadratic = PolynomialFeatures(degree=2)
>>> cubic = PolynomialFeatures(degree=3)
>>> X_quad = quadratic.fit_transform(X)
>>> X_cubic = cubic.fit_transform(X)
>>> # 모델을 훈련합니다
>>> X_fit = np.arange(X.min()-1, X.max()+2, 1)[:, np.newaxis]
>>> regr = regr.fit(X, y)
>>> y_lin_fit = regr.predict(X_fit)
>>> linear_r2 = r2_score(y, regr.predict(X))
>>> regr = regr.fit(X_quad, y)
>>> y_quad_fit = regr.predict(quadratic.fit_transform(X_fit))
>>> quadratic_r2 = r2_score(y, regr.predict(X_quad))
>>> regr = regr.fit(X_cubic, y)
>>> y_cubic_fit = regr.predict(cubic.fit_transform(X_fit))
>>> cubic_r2 = r2_score(y, regr.predict(X_cubic))
>>> # 결과 그래프를 그립니다
>>> plt.scatter(X, y, label='Training points', color='lightgray')
>>> plt.plot(X_fit, y_lin_fit,
...          label=f'Linear (d=1), $R^2$={linear_r2:.2f}',
...          color='blue',
...          lw=2,
...          linestyle=':')
```

```
>>> plt.plot(X_fit, y_quad_fit,
...          label=f'Quadratic (d=2), $R^2$={quadratic_r2:.2f}',
...          color='red',
...          lw=2,
...          linestyle='-')
>>> plt.plot(X_fit, y_cubic_fit,
...          label=f'Cubic (d=3), $R^2$={cubic_r2:.2f}',
...          color='green',
...          lw=2,
...          linestyle='--')
>>> plt.xlabel('Living area above ground in square feet')
>>> plt.ylabel('Sale price in U.S. dollars')
>>> plt.legend(loc='upper left')
>>> plt.show()
```

만들어진 그래프는 그림 9-13과 같습니다.

▼ 그림 9-13 판매 가격과 거실 면적에서 훈련된 여러 곡선 비교

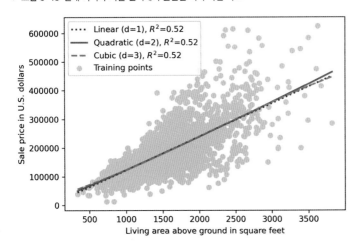

여기에서 보듯이 이차나 삼차 특성은 효과가 없습니다. 두 변수 사이의 관계가 선형이기 때문입니다. 따라서 Overall Qual 특성을 사용해 보죠. Overall Qual은 주택 건축 재료와 마감의 전반적인 품질을 평가하여 1에서 10 사이로 나타냅니다. 10이 가장 좋습니다.

```
>>> X = df[['Overall Qual']].values
>>> y = df['SalePrice'].values
```

X와 y 변수를 설정한 후 이전 코드를 재사용하면 그림 9-14에 있는 그래프를 얻을 수 있습니다.

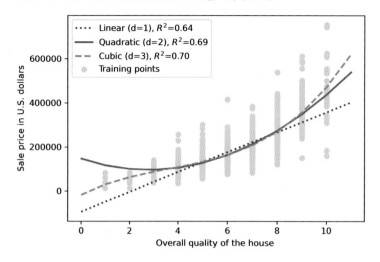

❤ 그림 9-14 판매 가격과 주택 품질 데이터에 대한 선형, 이차, 삼차 모델

여기에서 볼 수 있듯이 선형 모델보다 이차와 삼차 다항 모델이 판매 가격과 거실 면적 사이의 관계를 잘 잡아냈습니다. 다항 특성을 많이 추가할수록 모델 복잡도가 높아지고 과대적합의 가능성이 증가한다는 것을 기억하세요. 실전에서는 별도의 테스트 데이터셋에서 모델의 일반화 성능을 평가하는 것이 권장됩니다.

MACHINE LEARNING

9.8 랜덤 포레스트를 사용하여 비선형 관계 다루기

이 절에서 살펴볼 **랜덤 포레스트** 회귀는 이 장에 있는 다른 회귀 모델과는 개념적으로 다릅니다. 여러 개의 **결정 트리**를 앙상블한 랜덤 포레스트는 앞서 언급한 선형이나 다항 회귀 모델과 다르게 개별 선형 함수의 합으로 이해할 수 있습니다. 다른 말로 하면 결정 트리 알고리즘으로 입력 공간을 학습하기 좋은 더 작은 영역으로 분할합니다.

9.8.1 결정 트리 회귀

결정 트리 알고리즘의 장점은 임의의 특성에서 잘 동작하며 비선형 데이터를 다룰 때 특성 변환이 필요하지 않는다는 점입니다. 결정 트리는 가중치가 적용된 특성 조합을 고려하는 것이 아니라 한 번에 하나의 특성만 평가하기 때문입니다(따라서 결정 트리에서는 특성 정규화나 표준화가 필요하지 않습니다). 3장에서 보았듯이 결정 트리는 리프 노드가 순수 노드가 되거나 종료 기준을 만족할 때까지 반복적으로 노드를 분할합니다. 분류에서 결정 트리를 사용할 때 **정보 이득**(IG)이 최대화되는 특성 분할을 결정하기 위해 불순도 지표로 엔트로피를 정의했습니다. 이진 분할에서는 정보 이득이 다음과 같이 정의됩니다.

$$IG\left(D_p, x_i\right) = I\left(D_p\right) - \frac{N_{left}}{N_p} I\left(D_{left}\right) - \frac{N_{right}}{N_p} I\left(D_{right}\right)$$

여기에서 x는 분할이 수행될 특성입니다. N_p는 부모 노드의 샘플 개수입니다. I는 불순도 함수입니다. D_p는 부모 노드에 있는 훈련 샘플 집합이고 D_{left}와 D_{right}는 분할된 후 왼쪽 자식 노드와 오른쪽 자식 노드의 훈련 샘플 집합입니다. 정보 이득을 최대화하는 특성 분할을 찾는 것이 목적입니다. 다른 말로 하면 자식 노드에서 불순도가 최대로 감소되는 특성 분할을 찾아야 합니다. 분류에서 사용할 수 있는 불순도 지표로 지니 불순도와 엔트로피에 대해 3장에서 설명했습니다. 회귀에 결정 트리를 사용하려면 연속적인 특성에 적합한 불순도 지표가 필요하므로 MSE를 노드 t의 불순도 지표로 정의합니다.

$$I(t) = MSE(t) = \frac{1}{N_t} \sum_{i \in D_t} \left(y^{(i)} - \hat{y}_t\right)^2$$

여기에서 N_t는 노드 t에 있는 훈련 샘플 개수입니다. D_t는 노드 t에 있는 훈련 샘플의 집합, $y^{(i)}$는 정답 타깃 값, $\hat{y}_t$는 예측된 타깃 값(샘플 평균)입니다.

$$\hat{y}_t = \frac{1}{N_t} \sum_{i \in D_t} y^{(i)}$$

결정 트리 회귀에서는 MSE를 종종 **노드 내 분산**(within-node variance)이라고도 합니다. 이런 이유로 이 분할 기준을 **분산 감소**(variance reduction)라고 많이 부릅니다.

사이킷런에 구현된 DecisionTreeRegressor로 SalePrice와 Gr Living Are 변수 간의 관계를 모델링하여 결정 트리가 어떤 직선을 학습하는지 알아보죠. SalePrice와 Gr Living Are가 비선형 관계를 나타내는 것은 아니지만 이 특성 조합이 회귀 트리의 일반적인 특징을 잘 보여 줍니다.

```
>>> from sklearn.tree import DecisionTreeRegressor
>>> X = df[['Gr Liv Area']].values
>>> y = df['SalePrice'].values
>>> tree = DecisionTreeRegressor(max_depth=3)
>>> tree.fit(X, y)
>>> sort_idx = X.flatten().argsort()
>>> lin_regplot(X[sort_idx], y[sort_idx], tree)
>>> plt.xlabel('Living area above ground in square feet')
>>> plt.ylabel('Sale price in U.S. dollars')
>>> plt.show()
```

결과 그래프에서 볼 수 있듯이 결정 트리는 데이터에 있는 일반적인 경향을 잡아냅니다. 회귀 트리는 비선형 데이터에 있는 경향도 비교적 잘 포착할 수 있습니다. 하지만 기대하는 예측이 연속적이고 매끄러운 경우를 나타내지 못하는 것이 이 모델의 한계입니다.[14] 또한, 데이터에 과대적합되거나 과소적합되지 않도록 적절한 트리의 깊이를 주의 깊게 선택해야 합니다. 여기에서는 깊이 3이 좋은 선택인 것 같습니다.

▼ 그림 9-15 결정 트리 회귀

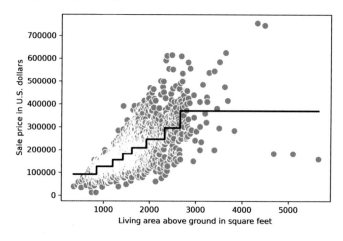

최대 깊이를 더 크게 하고 결정 트리를 실험해 보세요. Gr Living Area와 SalePrice 간의 관계는 다소 선형적이므로 Overall Qual 변수에 결정 트리를 적용해 보는 것도 좋습니다.

다음 절에서 회귀 트리를 더 안정적으로 훈련시킬 수 있는 랜덤 포레스트에 대해 알아보겠습니다.

---

14 [역주] 트리 기반 모델은 훈련 데이터셋의 범위 밖에 있는 데이터에 대해서는 예측을 하지 못합니다. 이 문제는 연속적인 타깃 값을 예측해야 하는 회귀에서 더 두드러집니다. 즉, 3,000 이상의 큰 거실 면적을 가진 샘플에 대한 예측은 전체 회귀 직선의 경향을 반영하지 못하고 가장 가까운 예측 값 약 39만 달러를 그대로 사용합니다.

9.8.2 랜덤 포레스트 회귀

3장에서 배운 것처럼 랜덤 포레스트 알고리즘은 여러 개의 결정 트리를 연결하는 앙상블 방법입니다. 랜덤 포레스트는 일반적으로 단일 결정 트리보다 더 나은 일반화 성능을 냅니다. 무작위성이 모델의 분산을 낮추어 주기 때문입니다. 랜덤 포레스트의 다른 장점은 데이터셋에 있는 이상치에 덜 민감하고 하이퍼파라미터 튜닝이 많이 필요하지 않다는 것입니다. 일반적으로 랜덤 포레스트에서 튜닝할 유일한 하이퍼파라미터는 앙상블의 트리 개수입니다. 회귀를 위한 기본적인 랜덤 포레스트 알고리즘은 3징에서 본 분류를 위한 랜덤 포레스트 알고리즘과 거의 동일합니다. 유일한 차이점은 개별 결정 트리를 성장시키기 위해 MSE 기준을 사용하는 것입니다. 타깃 값의 예측은 모든 결정 트리의 예측을 평균하여 계산합니다.

그럼 에임스 주택 데이터셋에 있는 모든 특성을 사용하여 랜덤 포레스트 회귀 모델을 훈련시켜 보죠. '9.5절 선형 회귀 모델의 성능 평가'에서 했던 것처럼 샘플의 70%로 훈련하고 30%는 성능 평가에 사용하겠습니다. 코드는 다음과 같습니다.

```
>>> target = 'SalePrice'
>>> features = df.columns[df.columns != target]
>>> X = df[features].values
>>> y = df[target].values
>>> X_train, X_test, y_train, y_test = train_test_split(
...     X, y, test_size=0.3, random_state=123)
>>> from sklearn.ensemble import RandomForestRegressor
>>> forest = RandomForestRegressor(
...     n_estimators=1000,
...     criterion='squared_error',
...     random_state=1,
...     n_jobs=-1)
>>> forest.fit(X_train, y_train)
>>> y_train_pred = forest.predict(X_train)
>>> y_test_pred = forest.predict(X_test)
>>> mae_train = mean_absolute_error(y_train, y_train_pred)
>>> mae_test = mean_absolute_error(y_test, y_test_pred)
>>> print(f'MAE 훈련: {mae_train:.2f}')
MAE 훈련: 8305.18
>>> print(f'MAE 테스트: {mae_test:.2f}')
MAE 테스트: 20821.77
>>> r2_train = r2_score(y_train, y_train_pred)
>>> r2_test = r2_score(y_test, y_test_pred)
>>> print(f'R^2 훈련: {r2_train:.2f}')
R^2 훈련: 0.98
```

```
>>> print(f'R^2 테스트: {r2_test:.2f}')
R^2 테스트: 0.85
```

결과에서 랜덤 포레스트는 훈련 데이터에 과대적합되는 경향을 볼 수 있습니다. 하지만 여전히 타깃과 특성 간의 관계를 비교적 잘 설명하고 있습니다(테스트 데이터셋의 $R^2 = 0.85$). 9.5절에서 같은 데이터셋에 훈련한 선형 모델은 덜 과대적합되었지만 테스트 세트에서의 성능이 더 나쁩니다 ($R^2 = 0.75$).

마지막으로 예측 잔차를 확인해 보죠.

```
>>> x_max = np.max([np.max(y_train_pred), np.max(y_test_pred)])
>>> x_min = np.min([np.min(y_train_pred), np.min(y_test_pred)])
>>> fig, (ax1, ax2) = plt.subplots(1, 2, figsize=(7, 3), sharey=True)
>>> ax1.scatter(y_test_pred, y_test_pred-y_test,
...             c='limegreen', marker='s', edgecolor='white',
...             label='Test data')
>>> ax2.scatter(y_train_pred, y_train_pred-y_train,
...             c='steelblue', marker='o', edgecolor='white',
...             label='Training data')
>>> ax1.set_ylabel('Residuals')
>>> for ax in (ax1, ax2):
...     ax.set_xlabel('Predicted values')
...     ax.legend(loc='upper left')
...     ax.hlines(y=0, xmin=x_min-100, xmax=x_max+100,
...               color='black', lw=2)
>>> plt.tight_layout()
>>> plt.show()
```

이미 R^2 결정 계수에서 나타났듯이 모델이 테스트 데이터보다 훈련 데이터에 잘 맞습니다. 잔차 그래프를 보면 y축 방향으로 테스트 데이터셋에 이상치가 보입니다. 또한, 잔차의 분포가 0을 중심으로 완전히 랜덤하지 않아 보입니다. 이는 모델이 특성의 정보를 모두 잡아낼 수 없다는 것을 나타냅니다. 그렇더라도 이 잔차 그래프는 이전 장에서 만든 선형 모델의 잔차 그래프에 비해 많이 개선되었습니다.

❤ 그림 9-16 랜덤 포레스트 회귀의 잔차 그래프

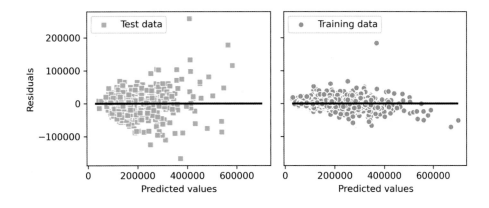

이상적으로는 모델의 오차가 랜덤하거나 예측할 수 없어야 합니다. 다른 말로 하면, 예측 오차가 특성에 담긴 어떤 정보와도 관계가 없어야 합니다. 현실 세계에 있는 분포나 패턴의 무작위성을 반영해야 합니다. 잔차 그래프를 조사하여 예측 오차에 패턴이 감지되면 잔차 그래프가 예측 정보를 담고 있다는 의미입니다. 일반적으로 특성의 정보가 잔차로 누설되는 것이 원인입니다.

안타깝지만 랜덤하지 않은 잔차 그래프 문제를 다루기 위한 보편적인 방법은 없으며 실험을 해 보아야 압니다. 가용한 데이터에 따라 특성을 변환하거나 학습 알고리즘의 하이퍼파라미터를 튜닝하여 모델을 향상시킬 수 있습니다. 또는 더 간단하거나 더 복잡한 모델을 선택할 수 있고, 이상치를 제거하거나 추가적인 특성을 포함하여 모델의 성능을 높일 수 있습니다.

9.9 요약

MACHINE LEARNING

이 장 앞부분에서 하나의 특성과 연속적인 타깃 간의 관계를 모델링하기 위해 간단한 선형 회귀 분석을 배웠습니다. 그다음 데이터에 있는 패턴과 이상치를 확인하기 위한 탐색적 데이터 분석 기법에 대해 설명했습니다. 예측 모델링 작업에서 중요한 첫 단계입니다.

경사 하강법 최적화를 사용한 선형 회귀를 첫 번째 모델로 구현했습니다. 그다음 회귀를 위한 사이킷런의 선형 모델을 사용하는 방법을 알아보았고 이상치를 다루기 위해 안정된 회귀 기법 (RANSAC)을 배웠습니다. 회귀 모델의 예측 성능을 측정하기 위해 평균 제곱 오차와 R^2 지표를 계산했습니다. 또한, 잔차 그래프를 사용하여 회귀 모델의 문제를 분석하는 방법을 설명했습니다.

모델의 복잡도를 줄이고 과대적합을 피하기 위해 회귀 모델에 규제를 어떻게 적용하는지 설명했습니다. 그다음 다항 특성 변환과 랜덤 포레스트 회귀를 포함하여 비선형 관계를 모델링하는 몇 가지 방법을 소개했습니다.

이전 장들에서 지도 학습, 분류, 회귀 분석에 대해 자세하게 논의했습니다. 다음 장에서는 머신 러닝의 흥미로운 또 다른 하위 분야인 비지도 학습(unsupervised learning)을 배워 보겠습니다. 타깃이 없을 때 데이터에 감춰진 구조를 찾아내기 위해 군집(clustering) 분석 방법을 어떻게 사용하는지도 배우겠습니다.

10장

레이블되지 않은 데이터 다루기: 군집 분석

이전 장들에서는 정답을 알고 있는 데이터를 사용하여 머신 러닝 모델을 구축하기 위해 지도 학습 기법을 사용했습니다. 즉, 훈련 데이터에 이미 클래스 레이블이 부여되어 있습니다. 이 장에서는 방향을 바꾸어 **비지도 학습**(unsupervised learning)의 한 분야인 군집 분석(clustering analysis)을 살펴보겠습니다. 이 기법을 사용하면 정답을 모르는 데이터 안에서 숨겨진 구조를 찾을 수 있습니다. 군집은 같은 클러스터(cluster) 안의 아이템이 다른 클러스터의 아이템보다 더 비슷해지도록 데이터에 있는 자연스러운 그룹(group)을 찾는 것입니다.[1]

탐험적 성질을 가진 군집 분석은 흥미로운 주제입니다. 이 장에서는 다음 개념을 배우겠습니다. 데이터를 의미 있는 구조로 조직하는 데 도움이 될 것입니다.

- 널리 알려진 k-평균 알고리즘을 사용하여 클러스터 중심 찾기
- 상향식 방법으로 계층적 군집 트리 만들기
- 밀집도 기반의 군집 알고리즘을 사용하여 임의의 모양을 가진 대상 구분하기

10.1 k-평균 알고리즘을 사용하여 유사한 객체 그룹핑

이 절에서는 가장 잘 알려진 **군집**(clustering) 알고리즘 중 하나인 **k-평균**(k-means)을 배우겠습니다. k-평균은 산업 현장은 물론 학계에서도 널리 사용됩니다. 군집은 비슷한 객체로 이루어진 그룹을 찾는 기법입니다. 한 그룹 안의 객체들은 다른 그룹에 있는 객체보다 더 관련되어 있습니다. 군집에 대한 상용 애플리케이션의 예로는 문서나 음악, 영화를 여러 주제의 그룹으로 모으는 경우를 들 수 있습니다. 또는 추천 엔진에서 하듯이 구매 이력의 공통 부분을 기반으로 관심사가 비슷한 고객을 찾는 것입니다.

---

1 **역주** 원서에서는 군집(clustering)과 클러스터(cluster)를 혼용하여 사용합니다. 번역서는 알고리즘을 말할 때는 '군집'을 사용하고, 군집 알고리즘으로 찾은 그룹을 말할 때는 '클러스터'를 사용하겠습니다.

10.1.1 사이킷런을 사용한 k-평균 군집

잠시 후에 보겠지만 k-평균 알고리즘은 구현하기 매우 쉽고 다른 군집 알고리즘에 비해 계산 효율성이 높기 때문에 인기가 많습니다. k-평균 알고리즘은 **프로토타입 기반 군집**(prototype-based clustering)에 속합니다.

이 장에서는 이외에도 **계층적 군집**(hierarchical clustering)과 **밀집도 기반 군집**(density-based clustering)을 소개하겠습니다.

프로토타입 기반 군집은 각 클러스터가 하나의 프로토타입으로 표현된다는 뜻입니다. 프로토타입은 연속적인 특성에서는 비슷한 데이터 포인트의 **센트로이드**(centroid)(평균)이거나, 범주형 특성에서는 **메도이드**(medoid)(가장 대표되는 포인트나 가장 자주 등장하는 포인트)가 됩니다. k-평균 알고리즘이 원형 클러스터를 구분하는 데 뛰어나지만, 이 알고리즘 단점은 사전에 클러스터 개수 k를 지정해야 하는 것입니다. 적절하지 않은 k를 고르면 군집 성능이 좋지 않습니다. 나중에 군집 품질을 평가하는 기법인 **엘보우 방법**(elbow method)과 **실루엣 그래프**(silhouette plot)를 설명하겠습니다. 이런 도구들은 최적의 k를 결정하는 데 도움이 됩니다.

k-평균 군집은 고차원 데이터에도 적용할 수 있지만 시각화를 위해 간단한 2차원 데이터셋을 사용하여 예제를 진행하겠습니다.

```
>>> from sklearn.datasets import make_blobs
>>> X, y = make_blobs(n_samples=150,
...                   n_features=2,
...                   centers=3,
...                   cluster_std=0.5,
...                   shuffle=True,
...                   random_state=0)
>>> import matplotlib.pyplot as plt
>>> plt.scatter(X[:,0],
...             X[:,1],
...             c='white',
...             marker='o',
...             edgecolor='black',
...             s=50)
>>> plt.xlabel('Feature 1')
>>> plt.ylabel('Feature 2')
>>> plt.grid()
>>> plt.tight_layout()
>>> plt.show()
```

방금 만든 이 데이터셋은 랜덤하게 생성된 150개의 포인트로 구성되어 있습니다. 2차원 산점도로 그려 보면 세 개의 밀집된 그룹을 형성하고 있습니다.

▼ 그림 10-1 레이블이 없는 데이터셋의 산점도

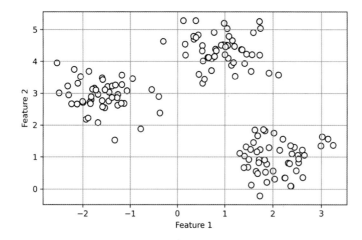

실제 군집 애플리케이션에서는 샘플에 대한 진짜 카테고리 정보(추론이 아니라 실증적인 정보)가 전혀 없습니다. 클래스 레이블이 있다면 이 작업은 지도 학습에 해당합니다. 그러므로 여기에서 목표는 특성의 유사도에 기초하여 샘플을 그룹으로 모으는 것입니다. 이런 문제에 사용할 수 있는 k-평균 알고리즘은 다음 네 단계로 요약됩니다.

1. 샘플 포인트에서 랜덤하게 k개의 센트로이드를 초기 클러스터 중심으로 선택합니다.

2. 각 샘플을 가장 가까운 센트로이드 $\mu^{(j)}$, $j \in \{1,...,k\}$에 할당합니다.

3. 할당된 샘플들의 중심으로 센트로이드를 이동합니다.

4. 클러스터 할당이 변하지 않거나 사용자가 지정한 허용 오차나 최대 반복 횟수에 도달할 때 까지 단계 **2~3**을 반복합니다.

그럼 샘플 간의 유사도를 어떻게 측정할까요? 거리의 반대 개념으로 유사도를 정의할 수 있습니다. 연속적인 특성을 가진 샘플을 클러스터로 묶는 데 널리 사용되는 거리는 m-차원 공간에 있는 두 포인트 x와 y 사이의 **유클리드 거리의 제곱**(squared Euclidean distance)입니다.

$$d\left(\boldsymbol{x}, \boldsymbol{y}\right)^2 = \sum_{j=1}^{m}\left(x_j - y_j\right)^2 = \left\|\boldsymbol{x} - \boldsymbol{y}\right\|_2^2$$

앞의 식에서 인덱스 j는 샘플 포인트 x와 y의 j번째 차원(특성 열)을 나타냅니다. 이 절에서는 이후부터 위 첨자 i와 j를 각각 샘플(데이터 레코드) 인덱스와 클러스터 인덱스로 사용하겠습니다.

유클리드 거리 지표를 기반으로 간단한 최적화 문제로 k-평균 알고리즘을 기술할 수 있습니다. 클러스터 내 **제곱 오차합**(SSE) 또는 **클러스터 관성**(cluster inertia)을 반복적으로 최소화하는 방법입니다.

$$SSE = \sum_{i=1}^{n} \sum_{j=1}^{k} w^{(i,j)} \left\| x^{(i)} - \mu^{(j)} \right\|_2^2$$

여기에서 $\mu^{(j)}$는 클러스터 j의 대표 포인트(센트로이드)입니다. 샘플 $x^{(i)}$가 클러스터 j 안에 있다면 $w^{(i,j)} = 1$이고, 아니면 $w^{(i,j)} = 0$입니다.

$$w^{(i,j)} = \begin{cases} 1 & x^{(i)} \in j \text{ 일 때} \\ 0 & \text{그 외} \end{cases}$$

간단한 k-평균 알고리즘 작동 방법을 배웠습니다. 이제 준비된 샘플 데이터셋에 사이킷런 cluster 모듈의 KMeans 클래스를 적용해 보죠.

```
>>> from sklearn.cluster import KMeans
>>> km = KMeans(n_clusters=3,
...             init='random',
...             n_init=10,
...             max_iter=300,
...             tol=1e-04,
...             random_state=0)
>>> y_km = km.fit_predict(X)
```

이 코드에서 클러스터 개수를 3으로 지정했습니다. 클러스터 개수를 사전에 지정해야 하는 것은 k-평균 알고리즘의 한계 중 하나입니다. n_init = 10으로 설정하면 k-평균 군집 알고리즘을 각기 다른 랜덤한 센트로이드에서 독립적으로 열 번 실행하여 가장 낮은 SSE를 만드는 하나를 최종 모델로 선택합니다. max_iter 매개변수는 한 번의 실행에서 수행할 최대 반복 횟수를 지정합니다(여기에서는 300). 사이킷런의 k-평균 구현은 최대 반복 횟수에 도달하기 전에 수렴하면 일찍 종료합니다. 수렴에 문제가 있다면 tol 매개변수 값을 늘리는 것이 한 가지 방법입니다. 이 매개변수는 수렴을 결정하는 클러스터 내 제곱 오차합의 변화량에 대한 허용 오차를 조정합니다. 앞 코드에서는 허용 오차를 1e-04(=0.0001)로 선택했습니다.[2]

2　[역주] 여기에서 지정한 n_init, max_iter, tol 값은 모두 KMeans 클래스의 기본값입니다. n_clusters의 기본값은 8입니다.

k-평균의 한 가지 문제는 하나 이상의 클러스터가 비어 있을 수 있다는 점입니다. 이런 문제는 k-메도이드(k-medoid)[3]나 나중에 이 절에서 설명할 퍼지 C-평균(C-means)에는 나타나지 않습니다. 하지만 사이킷런의 k-평균에는 이 문제가 고려되어 있습니다. 한 클러스터가 비어 있다면 알고리즘이 빈 클러스터의 센트로이드에서 가장 멀리 떨어진 샘플을 찾습니다. 그런 다음 가장 먼 포인트에 센트로이드를 다시 할당합니다.

> **Note ≡ 특성의 스케일**
>
> k-평균 알고리즘을 유클리드 거리 지표를 사용하여 실제 데이터에 적용할 때 특성이 같은 스케일로 측정되었는지 확인하세요. 필요하다면 z-점수 표준화나 최소-최대 스케일로 변환해야 합니다.

클러스터 레이블 y_km을 만들었고 k-평균 알고리즘의 도전 과제를 논의했습니다. 이제 데이터셋에서 k-평균이 식별한 클러스터와 클러스터 센트로이드를 함께 시각화해 보죠.

```
>>> plt.scatter(X[y_km==0, 0],
...             X[y_km==0, 1],
...             s=50, c='lightgreen',
...             marker='s', edgecolor='black',
...             label='Cluster 1')
>>> plt.scatter(X[y_km==1, 0],
...             X[y_km==1, 1],
...             s=50, c='orange',
...             marker='o', edgecolor='black',
...             label='Cluster 2')
>>> plt.scatter(X[y_km==2, 0],
...             X[y_km==2, 1],
...             s=50, c='lightblue',
...             marker='v', edgecolor='black',
...             label='Cluster 3')
>>> plt.scatter(km.cluster_centers_[:, 0],
...             km.cluster_centers_[:, 1],
...             s=250, marker='*',
...             c='red', edgecolor='black',
...             label='Centroids')
>>> plt.xlabel('Feature 1')
>>> plt.ylabel('Feature 2')
```

---

3 **역주** k-메도이드는 샘플 중 하나를 클러스터 중심으로 선택하기 때문에 빈 클러스터가 발생하지 않습니다. 초기에 랜덤하게 k개의 메도이드 (중심)를 선택합니다. 그다음 인접한 샘플을 클러스터에 할당하고 메도이드와 샘플 사이의 거리 합이 최소가 되는 새로운 메도이드를 찾는 식입니다. k-메도이드는 PAM(Partitioning Around Medoids)이라고도 하며, 사이킷런에는 구현되어 있지 않습니다.

```
>>> plt.legend(scatterpoints=1)
>>> plt.grid()
>>> plt.tight_layout()
>>> plt.show()
```

다음 산점도에서 k-평균 알고리즘이 원형 중심부에 세 개의 센트로이드를 할당한 것을 볼 수 있습니다. 이 데이터셋에서는 적절하게 그룹을 만든 것으로 보입니다.

❤ 그림 10-2 k-평균 알고리즘으로 찾은 클러스터와 센트로이드

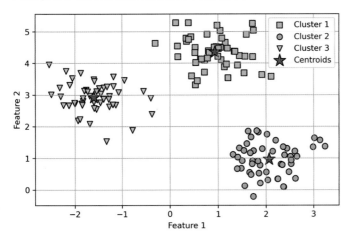

k-평균이 이런 작은 데이터셋에서 잘 작동하지만 k-평균 알고리즘은 클러스터 개수 *k*를 사전에 지정해야 하는 단점이 있습니다. 클러스터 개수를 얼마로 선택할지는 실제 애플리케이션에서는 명확하지 않을 수 있습니다. 특히 시각화할 수 없는 고차원 데이터셋에서 그렇습니다. k-평균의 다른 특징은 클러스터가 중첩되지 않고 계층적이지 않다는 것입니다. 또 각 클러스터에 적어도 하나의 샘플이 있다고 가정합니다. 나중에 이 장에서 계층적 군집과 밀집도 기반 군집 같은 다른 종류의 군집 알고리즘을 살펴보겠습니다. 이런 알고리즘들은 사전에 클러스터 개수를 지정할 필요가 없고 데이터셋에 원형 구조가 있다고 가정하지 않습니다.

다음 절에서 기본 k-평균 알고리즘의 인기 변종인 **k-평균++**(k-means++)를 소개하겠습니다. 이전 문단에서 언급한 k-평균의 가정과 단점을 해결하지는 못하지만 초기 클러스터 중심을 똑똑하게 할당하여 군집 결과의 품질을 크게 향상시킵니다.

10.1.2 k-평균++로 초기 클러스터 센트로이드를 똑똑하게 할당

지금까지 초기 센트로이드를 랜덤하게 할당하는 기본 k-평균 알고리즘을 다루었습니다. 초기 센트로이드가 좋지 않게 선택되면 이따금 나쁜 군집 결과를 만들거나 수렴이 느려집니다. 이 문제를 해결하는 한 가지 방법은 같은 데이터셋에서 k-평균 알고리즘을 여러 번 실행하여 SSE 입장에서 가장 성능이 좋은 모델을 선택하는 것입니다.

또 다른 방법은 k-평균++ 알고리즘을 통해 초기 센트로이드가 서로 멀리 떨어지도록 위치시키는 것입니다. 이는 기본 k-평균보다 일관되고 훌륭한 결과를 만듭니다.[4]

k-평균++의 초기화는 다음과 같이 정리할 수 있습니다.

1. 선택한 k개의 센트로이드를 저장할 빈 집합 $\mathbf{M}$을 초기화합니다.

2. 입력 샘플에서 첫 번째 센트로이드 $\boldsymbol{\mu}^{(i)}$를 랜덤하게 선택하고 $\mathbf{M}$에 할당합니다.

3. $\mathbf{M}$에 있지 않은 각 샘플 $\boldsymbol{x}^{(i)}$에 대해 $\mathbf{M}$에 있는 센트로이드까지 최소 제곱 거리 $d\left(\boldsymbol{x}^{(i)}, \mathbf{M}\right)^2$을 찾습니다.

4. 다음 식과 같은 가중치가 적용된 확률 분포를 사용하여 다음 센트로이드 $\boldsymbol{\mu}^{(p)}$를 랜덤하게 선택합니다. 예를 들어 배열에 있는 모든 포인트를 가져온 다음 가중치가 적용된 랜덤 샘플링을 수행합니다. 즉, 제곱 거리가 클수록 센트로이드로 선택될 가능성이 높습니다.[5]

$$\frac{d\left(\boldsymbol{\mu}^{(p)}, \mathbf{M}\right)^2}{\sum_i d\left(\boldsymbol{x}^{(i)}, \mathbf{M}\right)^2}$$

5. k개의 센트로이드를 선택할 때까지 단계 **3~4**를 반복합니다.

6. 그다음 기본 k-평균 알고리즘을 수행합니다.

사이킷런의 KMeans 클래스로 k-평균++를 사용하려면 init 매개변수를 'k-means++'로 지정하기만 하면 됩니다. 사실 'k-means++'가 실전에서 매우 권장되기 때문에 init 매개변수의 기본값입니다. 이전 예제에서 이를 사용하지 않았던 이유는 한 번에 너무 많은 개념을 설명하지 않기 위해서입니다. k-평균에 관한 이 절 나머지에서는 k-평균++를 사용하겠습니다. 클러스터 초기 센트로

---

4 k-means++: The Advantages of Careful Seeding, D. Arthur and S. Vassilvitskii in proceedings of the eighteenth annual ACM-SIAM symposium on Discrete algorithms, pages 1027-1035, Society for Industrial and Applied Mathematics, 2007

5 **역주** 사이킷런은 먼저 2+int(np.log(k))개의 센트로이드 후보를 본문에 언급한 확률 분포로 선택합니다. 그다음 센트로이드 집합 $\mathbf{M}$에 추가했을 때 최소 제곱 거리가 최소가 되는 후보를 다음 센트로이드로 선택합니다.

이드를 할당하기 위한 두 가지 방법(init='random'을 사용한 기본 k-평균 vs init='k-means++'를 사용한 k-평균++)으로 많은 실험을 해 보세요.

10.1.3 직접 군집 vs 간접 군집

직접 군집(hard clustering)은 데이터셋의 샘플이 정확히 하나의 클러스터에 할당되는 알고리즘 종류를 말합니다. 이전 절에서 설명한 k-평균과 k-평균++ 알고리즘이 이에 해당합니다. 반대로 **간접 군집**(soft clustering)(이따금 **퍼지 군집**(fuzzy clustering)으로도 부름) 알고리즘은 샘플을 하나 이상의 클러스터에 할당합니다. 간접 군집의 대표적인 예는 **퍼지 C-평균**(Fuzzy C-Means, FCM) 알고리즘입니다(**간접 k-평균**(soft k-means) 또는 **퍼지 k-평균**(fuzzy k-means)이라고도 합니다). 원래 아이디어는 조셉 던(Joseph C. Dunn)이 k-평균을 개선하기 위해 퍼지 군집의 초기 버전을 처음 제안한 1970년대로 거슬러 올라갑니다.[6] 약 10년 정도 지난 후에 제임스 베즈덱(James C. Bezdek)이 퍼지 군집 알고리즘의 개선 버전을 공개했고, 이것이 FCM 알고리즘이라고 불리게 되었습니다.[7]

FCM 처리 단계는 k-평균과 매우 비슷합니다. 다만 포인트가 직접적으로 클러스터에 할당되는 것을 각 클러스터에 속할 확률로 바꿉니다. k-평균에서는 샘플 x의 소속을 이진 희소 벡터로 표현할 수 있습니다.

$$\begin{bmatrix} x \in \mu^{(1)} & \rightarrow & w^{(i,j)} = 0 \\ x \in \mu^{(2)} & \rightarrow & w^{(i,j)} = 1 \\ x \in \mu^{(3)} & \rightarrow & w^{(i,j)} = 0 \end{bmatrix}$$

여기에서 값이 1인 인덱스 위치가 이 샘플이 할당된 클러스터 센트로이드 $\mu^{(j)}$를 나타냅니다($k=3$, $j \in \{1,2,3\}$이라고 가정합니다). 이와 다르게 FCM의 클래스 소속 벡터는 다음과 같이 표현할 수 있습니다.

$$\begin{bmatrix} x \in \mu^{(1)} & \rightarrow & w^{(i,j)} = 0.1 \\ x \in \mu^{(2)} & \rightarrow & w^{(i,j)} = 0.85 \\ x \in \mu^{(3)} & \rightarrow & w^{(i,j)} = 0.05 \end{bmatrix}$$

---

6 A Fuzzy Relative of the ISODATA Process and Its Use in Detecting Compact Well-Separated Clusters, J. C. Dunn, 1973

7 Pattern Recognition with Fuzzy Objective Function Algorithms, J. C. Bezdek, Springer Science+Business Media, 2013

여기에서 각 값은 [0, 1] 범위 안에 있으며, 각 클러스터 센트로이드의 확률을 나타냅니다. 한 샘플에 대한 클래스 소속 확률의 합은 1입니다. k-평균 알고리즘과 비슷하게 FCM 알고리즘은 네 개의 단계로 요약할 수 있습니다.

1. 센트로이드 개수 k를 지정하고 랜덤하게 각 포인트에 대해 클러스터 확률을 할당합니다.

2. 클러스터 센트로이드 $\mu^{(j)}, j \in \{1,...,k\}$를 계산합니다.

3. 각 샘플에 대해 클러스터 소속 확률을 업데이트합니다.

4. 클러스터 확률이 변하지 않거나 사용자가 지정한 허용 오차나 최대 반복 횟수에 도달할 때까지 단계 **2~3**을 반복합니다.

FCM의 목적 함수 J_m은 k-평균에서 최소화하는 클러스터 내 제곱 오차합과 매우 비슷합니다.

$$J_m = \sum_{i=1}^{n} \sum_{j=1}^{k} w^{m(i,j)} \left\| \boldsymbol{x}^{(i)} - \boldsymbol{\mu}^{(j)} \right\|_2^2$$

클러스터 소속 가중치 $w^{(i,j)}$는 k-평균처럼 이진 값($w^{(i,j)} \in \{0,1\}$)이 아닙니다. 클러스터 소속 확률을 나타내는 실수 값($w^{(i,j)} \in \{0,1\}$)입니다. $w^{(i,j)}$는 추가적인 지수를 포함합니다. **퍼지 계수**(fuzziness coefficient)(또는 **퍼지 지수**(fuzzifier))라고 하는 지수 m은 1보다 크거나 같으며(일반적으로 $m=2$) 퍼지의 정도를 제어합니다.

m이 클수록 클러스터 소속 확률 $w^{(i,j)}$가 작아져 더 복잡한(fuzzier) 클러스터를 만듭니다. 클러스터 소속 확률은 다음과 같이 계산합니다.

$$w^{(i,j)} = \left[\sum_{p=1}^{k} \left(\frac{\left\| \boldsymbol{x}^{(i)} - \boldsymbol{\mu}^{(j)} \right\|_2}{\left\| \boldsymbol{x}^{(i)} - \boldsymbol{\mu}^{(p)} \right\|_2} \right)^{\frac{2}{m-1}} \right]^{-1}$$

예를 들어 이전의 k-평균 예제처럼 세 개의 클러스터 중심을 선택한다면 $\boldsymbol{x}^{(i)}$가 $\boldsymbol{\mu}^{(j)}$ 클러스터에 속할 확률은 다음과 같이 계산할 수 있습니다.

$$w^{(i,j)} = \left[\left(\frac{\left\| \boldsymbol{x}^{(i)} - \boldsymbol{\mu}^{(j)} \right\|_2}{\left\| \boldsymbol{x}^{(i)} - \boldsymbol{\mu}^{(1)} \right\|_2} \right)^{\frac{2}{m-1}} + \left(\frac{\left\| \boldsymbol{x}^{(i)} - \boldsymbol{\mu}^{(j)} \right\|_2}{\left\| \boldsymbol{x}^{(i)} - \boldsymbol{\mu}^{(2)} \right\|_2} \right)^{\frac{2}{m-1}} + \left(\frac{\left\| \boldsymbol{x}^{(i)} - \boldsymbol{\mu}^{(j)} \right\|_2}{\left\| \boldsymbol{x}^{(i)} - \boldsymbol{\mu}^{(3)} \right\|_2} \right)^{\frac{2}{m-1}} \right]^{-1}$$

클러스터 중심 $\mu^{(j)}$는 샘플의 소속 확률($w^{m(i,j)}$)을 가중치로 주어 클러스터에 속한 모든 샘플의 평균으로 계산됩니다.

$$\mu^{(j)} = \frac{\sum_{i=1}^{n} w^{m(i,j)} x^{(i)}}{\sum_{i=1}^{n} w^{m(i,j)}}$$

클러스터 소속 확률을 계산하는 공식을 보면 FCM의 각 반복이 k-평균 반복보다 비용이 더 많이 든다는 것을 쉽게 알 수 있습니다. 하지만 FCM은 전형적으로 수렴에 도달하기까지 반복 횟수가 적게 듭니다. 실제로는 k-평균과 FCM이 매우 비슷한 군집 결과를 만든다고 알려져 있습니다.[8] 안타깝지만 FCM 알고리즘은 아직 사이킷런에 구현되어 있지 않습니다. 하지만 scikit-fuzzy 패키지에서 제공하는 FCM 구현을 사용할 수 있습니다(https://github.com/scikit-fuzzy/scikit-fuzzy).

10.1.4 엘보우 방법을 사용하여 최적의 클러스터 개수 찾기

비지도 학습에서 가장 어려운 점 하나는 최종 답을 모른다는 것입니다. 데이터셋에 진짜 클래스 레이블이 없기 때문에 6장에서 지도 학습의 성능 평가를 위해 사용한 기법들을 적용할 수 없습니다. 군집 품질을 평가하려면 알고리즘 자체의 지표를 사용해야 합니다. 예를 들어 k-평균 군집의 성능을 비교하기 위해 클래스 내 SSE(왜곡[9])를 사용합니다.

다행히 사이킷런을 사용하면 클래스 내 SSE를 직접 계산할 필요가 없습니다. KMeans 모델을 학습하면 inertia_ 속성에 이미 계산되어 있습니다.

```
>>> print(f'왜곡: {km.inertia_:.2f}')
왜곡: 72.48
```

클래스 내 SSE를 바탕으로 **엘보우 방법**이라고 하는 그래프를 사용하여 문제에 최적인 클러스터 개수 k를 추정할 수 있습니다. 직관적으로 생각했을 때 k가 증가하면 왜곡은 줄어들 것입니다. 샘플이 할당된 센트로이드에 더 가까워지기 때문입니다. 엘보우 방법 이면에 있는 아이디어는 왜곡이 빠르게 증가하는 지점의 k 값을 찾는 것입니다. k 값을 바꾸어 가며 왜곡 값을 그래프로 그리면 명확하게 알 수 있습니다.

---

8   Comparative Analysis of k-means and Fuzzy C-Means Algorithms, S. Ghosh, and S. K. Dubey, IJACSA, 4: 35–38, 2013

9   역주 클러스터 내 SSE를 관성(inertia) 또는 왜곡(distortion)이라고도 합니다.

```
>>> distortions = []
>>> for i in range(1, 11):
...     km = KMeans(n_clusters=i,
...                 init='k-means++',
...                 n_init=10,
...                 max_iter=300,
...                 random_state=0)
>>>     km.fit(X)
>>>     distortions.append(km.inertia_)
>>> plt.plot(range(1,11), distortions, marker='o')
>>> plt.xlabel('Number of clusters')
>>> plt.ylabel('Distortion')
>>> plt.tight_layout()
>>> plt.show()
```

그림 10-3의 그래프에서 볼 수 있듯이 $k=3$에서 엘보우가 나타납니다. 이 데이터셋에서는 $k=3$이 좋은 선택임을 알 수 있습니다.

❤ 그림 10-3 엘보우 방법을 사용하여 최적의 클러스터 개수 찾기

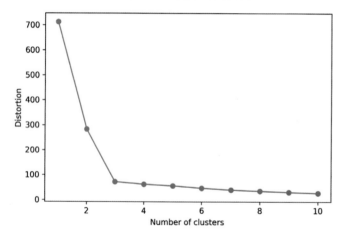

10.1.5 실루엣 그래프로 군집 품질을 정량화

군집 품질을 평가하는 또 다른 방법은 **실루엣 분석**(silhouette analysis)입니다. 이 방법은 k-평균 이외에 이 장 뒤에서 설명할 다른 군집 알고리즘에도 적용할 수 있습니다. 실루엣 분석은 클러스터 내 샘플들이 얼마나 조밀하게 모여 있는지를 측정하는 그래프 도구입니다. 데이터셋 샘플 하나에 대한 **실루엣 계수**(silhouette coefficient)를 계산하려면 다음 세 가지 단계를 적용합니다.

1. 샘플 $x^{(i)}$와 동일한 클러스터 내 모든 다른 포인트 사이의 거리를 평균하여 **클러스터 응집력**(cluster cohesion) $a^{(i)}$를 계산합니다.

2. 샘플 $x^{(i)}$와 가장 가까운 클러스터의 모든 샘플 간 평균 거리로 최근접 클러스터의 **클러스터 분리도**(cluster separation) $b^{(i)}$를 계산합니다.

3. 클러스터 응집력과 분리도 사이의 차이를 둘 중 큰 값으로 나누어 실루엣 $s^{(i)}$를 다음과 같이 계산합니다.

$$s^{(i)} = \frac{b^{(i)} - a^{(i)}}{\max\left\{b^{(i)}, a^{(i)}\right\}}$$

실루엣 계수는 −1과 1 사이 값을 가집니다. 앞 공식을 보면 클러스터 응집력과 분리도가 같으면 ($b^{(i)} = a^{(i)}$) 실루엣 계수가 0이 됩니다. 또한, $b^{(i)} \gg a^{(i)}$이면 이상적인 실루엣 계수 1에 가깝게 됩니다. $b^{(i)}$는 샘플이 다른 클러스터와 얼마나 다른지 나타내고, $a^{(i)}$는 클러스터 내 다른 샘플과 얼마나 비슷한지 나타내기 때문입니다.[10]

실루엣 계수는 사이킷런의 `metric` 모델 아래 `silhouette_samples` 함수로 계산할 수 있습니다. 또한, 편의를 위해 `silhouette_scores` 함수를 임포트할 수 있습니다. `silhouette_scores` 함수는 모든 샘플에 걸쳐 평균 실루엣 계수를 계산합니다. 이 값은 `numpy.mean(silhouette_samples(...))`처럼 계산하는 것과 동일합니다. 다음 코드를 실행하여 $k=3$인 k-평균 군집의 실루엣 계수 그래프를 그려 보겠습니다.

```
>>> km = KMeans(n_clusters=3,
...             init='k-means++',
...             n_init=10,
...             max_iter=300,
...             tol=1e-04,
...             random_state=0)
>>> y_km = km.fit_predict(X)
>>> import numpy as np
>>> from matplotlib import cm
>>> from sklearn.metrics import silhouette_samples
>>> cluster_labels = np.unique(y_km)
>>> n_clusters = cluster_labels.shape[0]
>>> silhouette_vals = silhouette_samples(
```

---

10 **역주** 클러스터 응집력 a가 작을수록 다른 샘플과 비슷하다는 뜻입니다. 응집력과 분리도가 같으면 클러스터가 중첩되어 있다는 의미입니다. 실루엣 계수는 원형 클러스터가 아닌 경우 잘 맞지 않습니다.

```
...        X, y_km, metric='euclidean'
... )
>>> y_ax_lower, y_ax_upper = 0, 0
>>> yticks = []
>>> for i, c in enumerate(cluster_labels):
...        c_silhouette_vals = silhouette_vals[y_km == c]
...        c_silhouette_vals.sort()
...        y_ax_upper += len(c_silhouette_vals)
...        color = cm.jet(float(i) / n_clusters)
...        plt.barh(range(y_ax_lower, y_ax_upper),
...                    c_silhouette_vals,
...                    height=1.0,
...                    edgecolor='none',
...                    color=color)
...        yticks.append((y_ax_lower + y_ax_upper) / 2.)
...        y_ax_lower += len(c_silhouette_vals)
>>> silhouette_avg = np.mean(silhouette_vals)
>>> plt.axvline(silhouette_avg,
...                color="red",
...                linestyle="--")
>>> plt.yticks(yticks, cluster_labels + 1)
>>> plt.ylabel('Cluster')
>>> plt.xlabel('Silhouette coefficient')
>>> plt.tight_layout()
>>> plt.show()
```

실루엣 그래프를 살펴보면 클러스터 크기를 확인하고 이상치를 가진 클러스터를 구별할 수 있습
니다.

▼ 그림 10-4 좋은 군집에 대한 실루엣 그래프

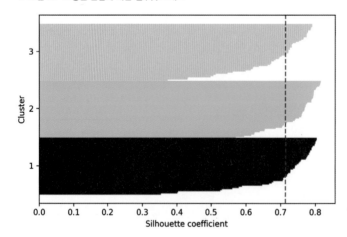

앞 실루엣 그래프에서 알 수 있듯이 실루엣 계수의 값이 0에 가깝지 않고 평균 실루엣 점수로부터 거의 비슷하게 멀리 떨어져 있습니다. 이는 군집이 잘 되었다는 것을 나타냅니다. 또한, 군집 품질을 요약하기 위해 평균 실루엣 계수를 그래프에 추가했습니다(점선).

나쁜 군집에 대해 실루엣 그래프가 어떻게 보이는지 알아보기 위해 두 개의 센트로이드로 k-평균 알고리즘을 적용해 보죠.

```
>>> km = KMeans(n_clusters=2,
...             init='k-means++',
...             n_init=10,
...             max_iter=300,
...             tol=1e-04,
...             random_state=0)
>>> y_km = km.fit_predict(X)
>>> plt.scatter(X[y_km==0,0],
...             X[y_km==0,1],
...             s=50,
...             c='lightgreen',
...             edgecolor='black',
...             marker='s',
...             label='Cluster 1')
>>> plt.scatter(X[y_km==1,0],
...             X[y_km==1,1],
...             s=50,
...             c='orange',
...             edgecolor='black',
...             marker='o',
...             label='Cluster 2')
>>> plt.scatter(km.cluster_centers_[:,0],
...             km.cluster_centers_[:,1],
...             s=250,
...             marker='*',
...             c='red',
...             label='Centroids')
>>> plt.xlabel('Feature 1')
>>> plt.ylabel('Feature 2')
>>> plt.legend()
>>> plt.grid()
>>> plt.tight_layout()
>>> plt.show()
```

결과 그래프에서 보듯이 하나의 센트로이드가 세 개의 원형 샘플 그룹 중 두 개 사이에 놓여 있습니다.

군집이 확실히 잘못된 것처럼 보이지만 이는 나름 최선의 결과입니다.

▼ 그림 10-5 최적이 아닌 군집

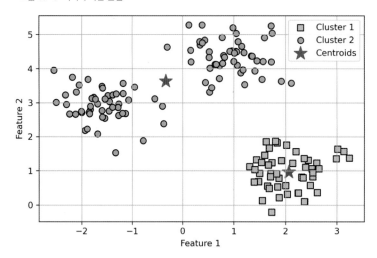

실전 문제에서는 일반적으로 고차원 데이터셋을 다루기 때문에 2차원 산점도로 데이터를 멋지게
표현할 수 없다는 것을 유념하세요. 이제 실루엣 그래프를 그려서 결과를 평가해 보죠.

```
>>> cluster_labels = np.unique(y_km)
>>> n_clusters = cluster_labels.shape[0]
>>> silhouette_vals = silhouette_samples(
...     X, y_km, metric='euclidean'
... )
>>> y_ax_lower, y_ax_upper = 0, 0
>>> yticks = []
>>> for i, c in enumerate(cluster_labels):
...     c_silhouette_vals = silhouette_vals[y_km==c]
...     c_silhouette_vals.sort()
...     y_ax_upper += len(c_silhouette_vals)
...     color = cm.jet(i / n_clusters)
...     plt.barh(range(y_ax_lower, y_ax_upper),
...             c_silhouette_vals,
...             height=1.0,
...             edgecolor='none',
...             color=color)
...     yticks.append((y_ax_lower+y_ax_upper) / 2)
...     y_ax_lower += len(c_silhouette_vals)
>>> silhouette_avg = np.mean(silhouette_vals)
>>> plt.axvline(silhouette_avg, color="red", linestyle="--")
```

```
>>> plt.yticks(yticks, cluster_labels + 1)
>>> plt.ylabel('Cluster')
>>> plt.xlabel('Silhouette coefficient')
>>> plt.tight_layout()
>>> plt.show()
```

만들어진 실루엣 그래프에서 보듯이 길이와 두께가 확연히 다릅니다. 이는 군집 결과가 나쁘거나 적어도 최적은 아니라는 증거입니다.

❤ 그림 10-6 최적이 아닌 군집의 실루엣 그래프

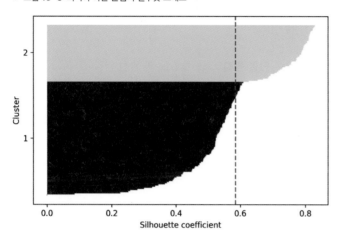

군집의 동작 방식에 대해 이해를 했으므로 다음 절에서 k-평균의 대안으로 계층 군집을 소개하겠습니다.

10.2 계층적인 트리로 클러스터 조직화

MACHINE LEARNING

이 절에서는 프로토타입 기반 군집의 또 다른 방법인 **계층 군집**(hierarchical clustering)을 알아보겠습니다. 계층 군집 알고리즘의 한 가지 장점은 **덴드로그램**(dendrogram)(이진 트리 형태로 계층 군집을 시각화할 수 있는 도구)을 그릴 수 있다는 것입니다. 덴드로그램은 의미 있는 분류 체계를 만들어 주므로 군집 결과를 이해하는 데 도움이 됩니다. 계층적인 알고리즘의 또 다른 장점은 클러스터 개수를 미리 지정할 필요가 없다는 것입니다.

계층 군집의 두 가지 방법은 **병합 계층 군집**(agglomerative hierarchical clustering)과 **분할 계층 군집** (divisive hierarchical clustering)입니다. 분할 군집에서는 전체 샘플을 포함하는 하나의 클러스터에서 시작하여 더 작은 클러스터로 반복적으로 나눕니다. 이는 클러스터 안에 샘플이 하나만 남을 때까지 계속됩니다. 이 절에서는 이와 반대인 병합 군집에 대해 집중해서 알아보겠습니다. 먼저 각 샘플이 독립적인 클러스터가 되고 하나의 클러스터가 남을 때까지 가장 가까운 클러스터를 합칩니다.

10.2.1 상향식으로 클러스터 묶기

병합 계층 군집의 두 가지 기본 알고리즘은 **단일 연결**(single linkage)과 **완전 연결**(complete linkage)입니다. 단일 연결을 사용하면 클러스터 쌍에서 가장 비슷한 샘플 간 거리를 계산합니다. 그다음 이 거리가 가장 작은 두 클러스터를 합칩니다. 완전 연결 방식은 단일 연결과 비슷하지만 클러스터 쌍에서 가장 비슷한 샘플을 비교하는 것이 아니라 가장 비슷하지 않은 샘플을 비교하여 병합을 수행합니다. 그림 10-7에 잘 나타나 있습니다.

▼ 그림 10-7 단일 연결과 완전 연결

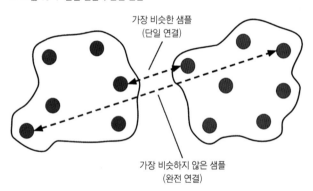

Note ≡ **다른 종류의 연결 방식**

병합 계층 군집에서 널리 사용하는 다른 알고리즘은 **평균 연결**(average linkage)과 **와드 연결**(Ward's linkage)입니다. 평균 연결은 두 클러스터에 있는 모든 샘플 사이의 평균 거리가 가장 작은 클러스터 쌍을 합칩니다. 와드 연결은 클러스터 내 SSE가 가장 작게 증가하는 두 클러스터를 합칩니다.

이 절에서 완전 연결 방식을 사용한 병합 군집을 다루어 보겠습니다. 완전 연결 계층 군집은 반복적인 과정이며, 다음 단계로 요약할 수 있습니다.

1. 모든 샘플의 거리 행렬을 계산합니다.

2. 모든 데이터 포인트를 단일 클러스터로 표현합니다.

3. 가장 비슷하지 않은 (멀리 떨어진) 샘플 사이 거리에 기초하여 가장 가까운 두 클러스터를 합칩니다.

4. 유사도 행렬을 업데이트합니다.

5. 하나의 클러스터가 남을 때까지 단계 **2~4**를 반복합니다.

이제 거리 행렬을 계산하는 방법을 알아보겠습니다(단계 **1**). 먼저 예제를 위해 랜덤한 샘플 데이터를 만들어 보죠. 행은 관측된 샘플을 나타내고(ID 0에서 4까지), 열은 샘플 특성입니다(X, Y, Z).

```
>>> import pandas as pd
>>> import numpy as np
>>> np.random.seed(123)
>>> variables = ['X', 'Y', 'Z']
>>> labels = ['ID_0','ID_1','ID_2','ID_3','ID_4']
>>> X = np.random.random_sample([5,3])*10
>>> df = pd.DataFrame(X, columns=variables, index=labels)
>>> df
```

이 코드를 실행하면 그림 10-8과 같이 랜덤하게 생성된 샘플로 채워진 데이터 프레임이 출력됩니다.

▼ 그림 10-8 랜덤하게 생성된 샘플

	X	Y	Z
ID_0	6.964692	2.861393	2.268515
ID_1	5.513148	7.194690	4.231065
ID_2	9.807642	6.848297	4.809319
ID_3	3.921175	3.431780	7.290497
ID_4	4.385722	0.596779	3.980443

10.2.2 거리 행렬에서 계층 군집 수행

계층 군집 알고리즘의 입력에 사용할 거리 행렬을 계산하기 위해 사이파이 spatial.distance 모듈에서 pdist 함수를 사용하겠습니다.

```
>>> from scipy.spatial.distance import pdist, squareform
>>> row_dist = pd.DataFrame(squareform(
...                         pdist(df, metric='euclidean')),
...                         columns=labels, index=labels)
>>> row_dist
```

앞 코드에서 특성 X, Y, Z를 기반으로 데이터셋 모든 샘플 쌍의 유클리드 거리를 계산했습니다.

pdist 함수는 축약된 거리 행렬을 반환합니다. 이를 squareform 함수에 넣어 그림 10-9와 같이 샘플 간 거리 대칭 행렬을 만듭니다.

▼ 그림 10-9 샘플 데이터의 거리 대칭 행렬

	ID_0	ID_1	ID_2	ID_3	ID_4
ID_0	0.000000	4.973534	5.516653	5.899885	3.835396
ID_1	4.973534	0.000000	4.347073	5.104311	6.698233
ID_2	5.516653	4.347073	0.000000	7.244262	8.316594
ID_3	5.899885	5.104311	7.244262	0.000000	4.382864
ID_4	3.835396	6.698233	8.316594	4.382864	0.000000

그다음 사이파이 cluster.hierarchy 모듈의 linkage 함수를 사용해서 완전 연결 병합을 적용해 보겠습니다. 이 함수는 **연결 행렬**(linkage matrix)을 반환합니다.

linkage 함수를 호출하기 전에 함수 설명을 자세히 살펴보죠.

```
>>> from scipy.cluster.hierarchy import linkage
>>> help(linkage)
[…]
Parameters:
  y : ndarray
    A condensed or redundant distance matrix. A condensed
    distance matrix is a flat array containing the upper
    triangular of the distance matrix. This is the form
    that pdist returns. Alternatively, a collection of m
    observation vectors in n dimensions may be passed as
    an m by n array.

  method : str, optional
    The linkage algorithm to use. See the Linkage Methods
    section below for full descriptions.
```

```
metric : str, optional
    The distance metric to use. See the distance.pdist
    function for a list of valid distance metrics.

Returns:
Z : ndarray
    The hierarchical clustering encoded as a linkage matrix.
[…]
```

함수 설명을 보면 pdist 함수에서 계산한 축약된 거리 행렬(상삼각 행렬(upper triangular matrix))을 입력 속성으로 사용할 수 있습니다. 아니면 linkage 함수에 초기 데이터 배열을 전달하고 'euclidean' 지표를 매개변수로 사용할 수 있습니다. 앞서 squareform 함수로 만든 거리 행렬은 linkage 함수가 기대한 값과 다르기 때문에 사용해서는 안 됩니다. 정리하면 다음 세 가지 방식을 생각할 수 있습니다.

- **잘못된 방식**: 다음 코드처럼 squareform 함수로 만든 거리 행렬을 사용하면 잘못된 결과를 얻습니다.

```
>>> from scipy.cluster.hierarchy import linkage
>>> row_clusters = linkage(row_dist,
...                        method='complete',
...                        metric='euclidean')
```

- **올바른 방식**: 다음 코드처럼 축약된 거리 행렬을 사용하면 올바른 연결 행렬을 얻습니다.

```
>>> row_clusters = linkage(pdist(df, metric='euclidean'),
...                        method='complete')
```

- **올바른 방식**: 다음 코드처럼 원본 샘플 행렬(소위 설계 행렬(design matrix))을 사용해도 이전 방식처럼 올바른 연결 행렬을 얻습니다.

```
>>> row_clusters = linkage(df.values,
...                        method='complete',
...                        metric='euclidean')
```

군집 결과를 자세히 살펴보기 위해 다음과 같이 군집 결과를 판다스 DataFrame으로 변환하겠습니다(주피터 노트북으로 볼 때 좋습니다).

```
>>> pd.DataFrame(row_clusters,
...         columns=['row label 1',
...                   'row label 2',
...                   'distance',
...                   'no. of items in clust.'],
...         index=['cluster %d' %(i+1) for i in
...                   range(row_clusters.shape[0])])
```

그림 10-10에서 볼 수 있듯이 연결 행렬의 행은 클러스터 병합을 나타냅니다. 첫 번째와 두 번째 열은 각 클러스터에서 완전 연결 방식으로 병합된 클러스터를 나타내고, 세 번째 열은 이런 클러스터 간 거리입니다.

마지막 열은 클러스터에 있는 샘플 개수입니다.[11]

❤ 그림 10-10 연결 행렬

	row label 1	row label 2	distance	no. of items in clust.
cluster 1	0.0	4.0	3.835396	2.0
cluster 2	1.0	2.0	4.347073	2.0
cluster 3	3.0	5.0	5.899885	3.0
cluster 4	6.0	7.0	8.316594	5.0

연결 행렬을 계산했으므로 이 결과를 덴드로그램으로 그릴 수 있습니다.

```
>>> from scipy.cluster.hierarchy import dendrogram
# 검은색 덴드로그램 만들기 (1/2 부분만)
# from scipy.cluster.hierarchy import set_link_color_palette
# set_link_color_palette(['black'])
>>> row_dendr = dendrogram(row_clusters,
...                       labels=labels,
...                       # 검은색 덴드로그램 만들기 (2/2 부분)
...                       # color_threshold=np.inf
...                       )
>>> plt.tight_layout()
>>> plt.ylabel('Euclidean distance')
>>> plt.show()
```

---

11 **역주** 세 번째 행의 5.0은 샘플 ID가 0.0과 4.0이 합쳐진 cluster 1을 나타내며, 덴드로그램의 가장 오른쪽 두 샘플이 합쳐진 가지입니다. 비슷하게 6.0은 샘플 ID 1.0과 2.0이 합쳐진 cluster 2를 나타내며, 가장 왼쪽 두 샘플이 합쳐진 가지입니다. 7.0은 샘플 ID 3.0과 5.0이 합쳐진 cluster 3을 나타냅니다. 세 번째 열의 거리 값은 덴드로그램에서 가지 높이로 표현됩니다.

그림 10-11과 같이 만들어진 덴드로그램의 가지가 다른 컬러로 보일 것입니다. 컬러는 덴드로그램의 거리 임계 값에 따라 맷플롯립 컬러 코드 리스트를 순환합니다.[12] 덴드로그램을 검은색으로 보려면 앞 코드에 있는 두 부분 주석을 해제하면 됩니다.

▼ 그림 10-11 덴드로그램

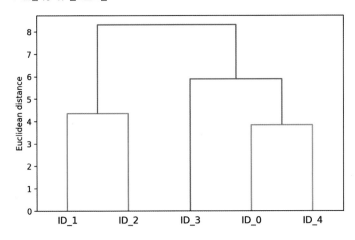

덴드로그램은 병합 계층 군집이 수행되는 동안에 만들어지는 클러스터들을 요약해 줍니다. 예를 들어 ID_0과 ID_4 또 그다음 ID_1과 ID_2가 유클리드 거리 측정을 기반으로 했을 때 가장 가까운 샘플임을 알 수 있습니다.

10.2.3 히트맵에 덴드로그램 연결

실전 애플리케이션에서는 계층 군집 덴드로그램이 **히트맵**(heat map)과 함께 자주 사용됩니다. 히트맵을 사용하면 훈련 샘플을 담고 있는 데이터 배열이나 행렬의 개별 값을 색으로 표현할 수 있습니다. 이 절에서는 덴드로그램을 히트맵 그래프에 추가하고 히트맵의 행에 나란히 놓는 방법을 설명하겠습니다.

덴드로그램을 히트맵에 추가하는 것은 조금 까다롭습니다. 단계별로 하나씩 진행해 보죠.

---

12 **역주** row_dendr['color_list']를 출력하면 덴드로그램에 사용된 컬러를 확인할 수 있습니다.

1. 새로운 figure 객체를 만들고 add_axes 메서드를 사용해서 덴드로그램의 x축 위치, y축 위치, 너비, 높이를 지정합니다. 그다음 덴드로그램을 반시계 방향으로 90도 회전시킵니다. 코드는 다음과 같습니다.

```
>>> fig = plt.figure(figsize=(8,8), facecolor='white')
>>> axd = fig.add_axes([0.09,0.1,0.2,0.6])
>>> row_dendr = dendrogram(row_clusters, orientation='left')
>>> # 노트: matplotlib < v1.5.1일 때는 use orientation='right'를 사용하세요
```

2. 그다음 파이썬 딕셔너리인 덴드로그램 객체의 leaves 키에서 얻은 클러스터 레이블을 따라 원본 DataFrame에 있는 데이터를 재정렬합니다. 코드는 다음과 같습니다.

```
>>> df_rowclust = df.iloc[row_dendr['leaves'][::-1]]
```

3. 이제 재정렬된 DataFrame에서 히트맵을 만들고 덴드로그램 다음에 위치시킵니다.

```
>>> axm = fig.add_axes([0.23,0.1,0.6,0.6])
>>> cax = axm.matshow(df_rowclust,
...                    interpolation='nearest', cmap='hot_r')
```

4. 마지막으로 미려하게 만들기 위해 축 눈금을 제거하고 그래프 테두리를 감추겠습니다. 컬러 막대를 추가하고 특성과 샘플 이름을 각각 x축과 y축 눈금의 레이블로 할당합니다.

```
>>> axd.set_xticks([])
>>> axd.set_yticks([])
>>> for i in axd.spines.values():
...     i.set_visible(False)
>>> fig.colorbar(cax)
>>> axm.set_xticklabels([''] + list(df_rowclust.columns))
>>> axm.set_yticklabels([''] + list(df_rowclust.index))
>>> plt.show()
```

이 단계를 수행하고 나면 덴드로그램과 히트맵이 함께 출력될 것입니다.

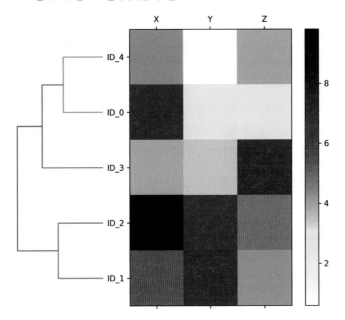

여기에서 보듯이 히트맵의 행 순서는 덴드로그램에 있는 샘플 군집을 반영합니다. 간단한 덴드로그램과 샘플과 특성 값에 컬러를 입힌 히트맵을 함께 나타내면 데이터셋을 훌륭하게 요약합니다.

10.2.4 사이킷런에서 병합 군집 적용

이전 절에서 사이파이를 사용하여 병합 계층 군집을 수행하는 방법을 배웠습니다. 사이킷런에도 AgglomerativeClustering 클래스가 구현되어 있으며 원하는 클러스터 개수를 지정할 수 있습니다.[13] 이 클래스를 사용하면 계층 군집의 트리 성장을 일찍 멈추게 할 수 있습니다.

n_cluster 매개변수를 3으로 지정하면 입력 샘플을 세 개의 클러스터로 만듭니다. 이전과 동일하게 유클리드 거리 측정을 기반으로 완전 연결 방식을 사용합니다.

```
>>> from sklearn.cluster import AgglomerativeClustering
>>> ac = AgglomerativeClustering(n_clusters=3,
...                              metric='euclidean',
```

---

13 [역주] AgglomerativeClustering의 linkage 매개변수는 'ward', 'complete', 'average'를 지원하며, 사이킷런 0.20 버전에서 'single'이 추가되었습니다. 기본값은 'ward'입니다. k-평균처럼 클러스터 개수를 사전에 지정해야 하지만 덴드로그램을 그려서 적절한 클러스터 개수를 가늠할 수 있습니다.

```
...                      linkage='complete')
>>> labels = ac.fit_predict(X)
>>> print(f'클러스터 레이블: {labels}')
클러스터 레이블: [1 0 0 2 1]
```

예측된 클러스터 레이블을 살펴보면 첫 번째와 다섯 번째 샘플(ID_0과 ID_4)이 하나의 클러스터
(레이블 1)에 할당되었고, 샘플 ID_1과 ID_2가 두 번째 클러스터(레이블 0)에 할당된 것을 볼 수
있습니다. 샘플 ID_3은 자기 자신이 클러스터가 되었습니다(레이블 2). 대체적으로 덴드로그램으
로 본 것과 결과가 동일합니다. 덴드로그램에서는 ID_3이 ID_1이나 ID_2보다는 ID_4와 ID_0에 더
가깝습니다. 사이킷런의 군집 결과에서는 이 점이 확실하지 않습니다. n_cluster=2로 설정하여
AgglomerativeClustering을 다시 실행해 보죠. 코드는 다음과 같습니다.

```
>>> ac = AgglomerativeClustering(n_clusters=2,
...                              metric='euclidean',
...                              linkage='complete')
>>> labels = ac.fit_predict(X)
>>> print(f'클러스터 레이블: {labels}')
클러스터 레이블: [0 1 1 0 0]
```

여기에서 볼 수 있듯이 기대했던 대로 이 군집 계층 트리에서 샘플 ID_3이 ID_0과 ID_4와 같은 클
러스터에 할당되었습니다.

10.3 DBSCAN을 사용하여 밀집도가 높은 지역 찾기

이 장에서 다양한 군집 알고리즘을 많이 다루지는 못하지만 **DBSCAN**(Density-Based Spatial
Clustering of Applications with Noise) 군집 알고리즘 하나를 더 소개하겠습니다. 이 알고리즘은 k-
평균처럼 원형 클러스터를 가정하지 않습니다. 또한, 임계치를 수동으로 지정해야 하는 계층적인
방식으로 데이터셋을 나누지 않습니다. 이름이 의미하듯이 밀집도 기반 군집 알고리즘은 샘플이
조밀하게 모인 지역에 클러스터 레이블을 할당합니다. DBSCAN에서 밀집도란 특정 반경 ε 안에
있는 샘플 개수로 정의합니다.

DBSCAN 알고리즘에서는 다음 조건에 따라 샘플에 특별한 레이블이 할당됩니다.

- 어떤 샘플의 특정 반경 ε 안에 있는 이웃 샘플이 지정된 개수(MinPts) 이상이면 **핵심 샘플**(core point)이 됩니다.
- ε 이내에 MinPts보다 이웃이 적지만 다른 핵심 샘플의 반경 ε 안에 있으면 **경계 샘플**(border point)이 됩니다.
- 핵심 샘플과 경계 샘플이 아닌 다른 모든 샘플은 **잡음 샘플**(noise point)이 됩니다.

핵심 샘플, 경계 샘플, 잡음 샘플로 레이블을 할당한 후에는 DBSCAN 알고리즘을 다음 두 단계로 요약할 수 있습니다.

1. 개별 핵심 샘플이나 (ε 이내에 있는 핵심 샘플을 연결한) 핵심 샘플의 그룹을 클러스터로 만듭니다.
2. 경계 샘플을 해당 핵심 샘플의 클러스터에 할당합니다.

DBSCAN을 구현하기 전에 어떤 결과를 만드는지 잘 이해하기 위해 핵심 샘플, 경계 샘플, 잡음 샘플을 그림 10-13으로 요약해 보죠.

▼ 그림 10-13 DBSCAN의 핵심 샘플, 경계 샘플, 잡음 샘플

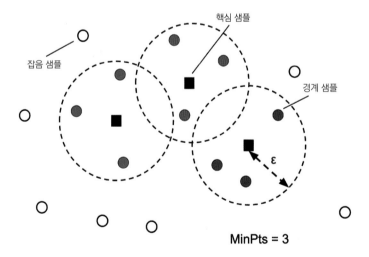

DBSCAN의 대표적인 장점 중 하나는 k-평균처럼 클러스터 모양을 원형으로 가정하지 않는다는 것입니다. 또한, DBSCAN은 k-평균이나 계층 군집과는 달리 모든 샘플을 클러스터에 할당하지 않고 잡음 샘플을 구분하는 능력이 있습니다.[14]

이해를 돕기 위해 반달 모양 형태를 가진 새 데이터셋을 만들어 k-평균 군집, 계층 군집, DBSCAN을 비교해 보겠습니다.

```
>>> from sklearn.datasets import make_moons
>>> X, y = make_moons(n_samples=200,
...                   noise=0.05,
...                   random_state=0)
>>> plt.scatter(X[:,0], X[:,1])
>>> plt.xlabel('Feature 1')
>>> plt.ylabel('Feature 2')
>>> plt.tight_layout()
>>> plt.show()
```

그림 10-14에서 보듯이 각각 100개의 샘플로 이루어진 두 개의 반달 모양 그룹을 구분할 수 있습니다.

▼ 그림 10-14 반달 모양 데이터셋

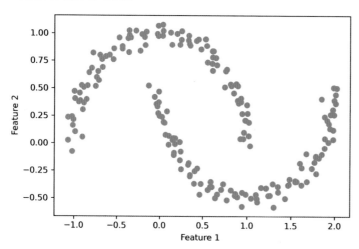

먼저 앞서 언급한 군집 알고리즘인 k-평균 알고리즘과 완전 연결 병합 군집 알고리즘 중 하나가 반달 모양을 별도의 클러스터로 구분할 수 있는지 확인해 보겠습니다. 코드는 다음과 같습니다.

---

14 역주 DBSCAN은 잡음 샘플에 −1 레이블을 할당합니다.

```
>>> f, (ax1, ax2) = plt.subplots(1, 2, figsize=(8, 3))
>>> km = KMeans(n_clusters=2,
...             random_state=0)
>>> y_km = km.fit_predict(X)
>>> ax1.scatter(X[y_km==0,0],
...             X[y_km==0,1],
...             c='lightblue',
...             edgecolor='black',
...             marker='o',
...             s=40,
...             label='cluster 1')
>>> ax1.scatter(X[y_km==1,0],
...             X[y_km==1,1],
...             c='red',
...             edgecolor='black',
...             marker='s',
...             s=40,
...             label='cluster 2')
>>> ax1.set_title('K-means clustering')
>>> ax1.set_xlabel('Feature 1')
>>> ax1.set_ylabel('Feature 2')
>>> ax1.legend()
>>> ac = AgglomerativeClustering(n_clusters=2,
...                              metric='euclidean',
...                              linkage='complete')
>>> y_ac = ac.fit_predict(X)
>>> ax2.scatter(X[y_ac==0,0],
...             X[y_ac==0,1],
...             c='lightblue',
...             edgecolor='black',
...             marker='o',
...             s=40,
...             label='Cluster 1')
>>> ax2.scatter(X[y_ac==1,0],
...             X[y_ac==1,1],
...             c='red',
...             edgecolor='black',
...             marker='s',
...             s=40,
...             label='Cluster 2')
>>> ax2.set_title('Agglomerative clustering')
>>> ax2.set_xlabel('Feature 1')
>>> ax2.set_ylabel('Feature 2')
```

```
>>> ax2.legend()
>>> plt.tight_layout()
>>> plt.show()
```

군집 결과를 그래프로 나타내면 k-평균이 두 클러스터를 구분할 수 없다는 것이 나타납니다. 또한, 계층 군집 알고리즘도 이런 복잡한 형태를 잘 처리하지 못합니다.

❤ 그림 10-15 반달 모양 데이터셋에 적용한 k-평균과 계층 군집

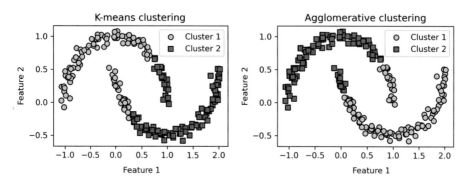

마지막으로 이 데이터셋에 DBSCAN 알고리즘을 적용해서 밀집도 기반 방식이 두 개의 반달 모양 클러스터를 찾을 수 있는지 알아보겠습니다.

```
>>> from sklearn.cluster import DBSCAN
>>> db = DBSCAN(eps=0.2,
...             min_samples=5,
...             metric='euclidean')
>>> y_db = db.fit_predict(X)
>>> plt.scatter(X[y_db==0,0],
...             X[y_db==0,1],
...             c='lightblue',
...             edgecolor='black',
...             marker='o',
...             s=40,
...             label='Cluster 1')
>>> plt.scatter(X[y_db==1,0],
...             X[y_db==1,1],
...             c='red',
...             edgecolor='black',
...             marker='s',
...             s=40,
...             label='Cluster 2')
```

```
>>> plt.xlabel('Feature 1')
>>> plt.ylabel('Feature 2')
>>> plt.legend()
>>> plt.tight_layout()
>>> plt.show()
```

DBSCAN 알고리즘은 성공적으로 반달 모양을 감지했습니다. 이 예제는 DBSCAN 장점 중 하나인 임의 형태의 데이터를 처리할 수 있는 능력을 잘 보여 줍니다.

▼ 그림 10-16 반달 모양 데이터셋에 적용한 DBSCAN

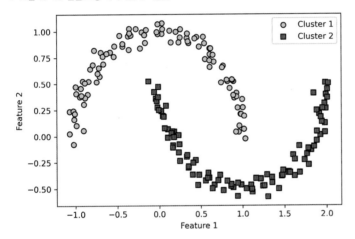

DBSCAN의 몇몇 단점도 이야기해 보죠. 데이터셋에서 훈련 샘플 개수가 고정되어 있다 가정하고, 특성 개수가 늘어나면 차원의 저주로 인한 역효과가 증가합니다.[15] 특히 유클리드 거리 측정을 사용할 때 문제가 됩니다. **차원의 저주**(curse of dimensionality)가 DBSCAN만의 문제는 아닙니다. 유클리드 거리 측정을 사용하는 다른 군집 알고리즘에도 영향을 미칩니다. 예를 들어 k-평균과 계층 군집 알고리즘도 해당됩니다. DBSCAN이 좋은 군집 결과를 만들려면 두 개의 하이퍼파라미터(MinPts와 ε)를 최적화해야 합니다. 데이터셋에 있는 밀집 영역의 크기가 많이 차이 나면 알맞은 MinPts와 ε 조합을 찾는 일이 어렵습니다.

---

15 <u>역주</u> 사이킷런 0.20 버전에서 여러 개의 CPU 코어를 사용할 수 있도록 DBSCAN에 n_jobs 매개변수가 추가되었습니다.

실전에서는 어떤 군집 알고리즘이 주어진 데이터셋에서 최상일지 확실하지 않습니다. 특히 시각화하기 어렵거나 불가능한 고차원 데이터셋일 때 그렇습니다. 또한, 성공적인 군집은 알고리즘이나 하이퍼파라미터에만 의존하는 것이 아니라는 점도 강조하고 싶습니다. 오히려 적절한 거리 지표를 선택하고 실험 환경을 구성하는 데 도움을 줄 수 있는 도메인(domain) 지식이 더 중요할 수 있습니다.

차원의 저주를 고려하면 군집을 수행하기 전에 차원 축소 기법을 적용하는 것이 일반적입니다. 비지도 학습용 데이터셋을 위한 차원 축소 기법에는 5장에서 다룬 주성분 분석과 t-SNE가 해당됩니다. 또한, 데이터셋을 2차원 부분 공간으로 압축하면 2차원 산점도에서 클러스터를 시각화하고 레이블을 할당할 수 있습니다. 특히 결과를 평가할 때 도움이 됩니다.

10.4 / 요약

MACHINE LEARNING

이 장에서 데이터에 감춰진 구조나 정보를 발견할 수 있는 세 종류의 군집 알고리즘을 배웠습니다. 프로토타입 기반 방식인 k-평균으로 이 장을 시작했습니다. k-평균은 지정된 클러스터 센트로이드 개수에 맞게 샘플을 원형의 클러스터로 묶습니다. 군집은 비지도 학습 방법이기 때문에 모델 성능을 평가하기 위해 사용할 정답 레이블이 없습니다. 군집 품질을 평가하기 위해서는 엘보우 방법이나 실루엣 분석처럼 알고리즘 자체의 성능 지표를 사용합니다.

---

16 A tutorial on spectral clustering, U. Von Luxburg, Statistics and Computing, 17(4): 395-416, 2007
http://arxiv.org/pdf/0711.0189v1.pdf

그다음 다른 종류의 군집 알고리즘인 병합 계층 군집을 살펴보았습니다. 계층 군집은 사전에 클러스터 개수를 지정할 필요가 없습니다. 군집 결과는 덴드로그램으로 시각화할 수 있어 결과를 이해하는 데 도움이 됩니다. 이 장에서 본 마지막 군집 알고리즘은 DBSCAN입니다. 밀집된 지역을 기반으로 샘플을 모으는 알고리즘이며, 이상치를 구분하고 원형이 아닌 클러스터를 찾아낼 수 있습니다.[17]

비지도 학습 분야에 대한 여행을 마치고 이제 지도 학습 분야에서 가장 흥미로운 머신 러닝 알고리즘인 다층 인공 신경망을 소개할 시간이 되었습니다. 신경망은 최근에 다시 부활된 후로 머신 러닝 연구에서 가장 뜨거운 주제가 되었습니다. 딥러닝 알고리즘의 발전 덕택에 신경망은 이미지 분류와 자연어 처리, 음성 인식 같은 복잡한 많은 작업에서 가장 뛰어난 성능을 내고 있습니다. 11장에서 다층 신경망 알고리즘을 직접 만들어 보겠습니다. 12장에서는 GPU 장치를 사용하여 다층 신경망 모델을 매우 효율적으로 훈련하는 데 특화된 파이토치 라이브러리를 배워 보겠습니다.

---

17 **역주** k-평균 알고리즘과 달리 병합 군집과 DBSCAN은 알고리즘 특성상 새로운 데이터 예측을 만들지 못합니다. 그래서 AgglomerativeClustering과 DBSCAN에는 fit_predict 메서드만 있습니다. k-평균은 새로운 샘플에 대한 예측으로 가장 가까운 센트로이드의 클러스터 레이블을 할당합니다.

11^장

다층 인공 신경망을
밑바닥부터 구현

여러분도 알고 있듯이 딥러닝은 언론에서 관심을 많이 받고 있습니다. 의심의 여지없이 머신 러닝 분야에서 가장 활발히 연구되는 주제입니다. 딥러닝(deep learning)은 여러 개의 층으로 이루어진 인공 신경망(Artificial Neural Network, ANN)을 효과적으로 훈련시키기 위한 머신 러닝의 하위 분야로 생각할 수 있습니다. 이 장에서는 기본적인 인공 신경망의 개념을 배우겠습니다. 이를 바탕으로 이어지는 장에서 고급 파이썬 딥러닝 라이브러리와 이미지나 텍스트 분석에 특히 잘 맞는 **심층 신경망**(Deep Neural Network, DNN) 구조를 소개하겠습니다.

이 장에서는 다음 주제를 다룹니다.

- 다층 신경망 개념 이해하기
- 신경망을 훈련시키기 위해 필요한 기본적인 역전파 알고리즘을 밑바닥부터 구현하기
- 이미지 분류 문제를 위해 간단한 다층 신경망 훈련하기

11.1 인공 신경망으로 복잡한 함수 모델링

2장에서 인공 뉴런을 사용한 머신 러닝 알고리즘을 둘러보면서 이 책을 시작했습니다. 인공 뉴런은 이 장에서 설명할 다층 인공 신경망의 구성 요소입니다.

인공 신경망 이면에 있는 기본 개념은 사람의 뇌가 어떻게 복잡한 문제를 푸는지에 대한 가설과 모델을 기반으로 합니다.[1] 인공 신경망이 최근 몇 년간 엄청난 인기를 끌고 있지만 신경망에 대한 초기 연구는 워렌 맥컬록(Warren McCulloch)과 월터 피츠(Walter Pitts)가 처음 뉴런의 작동 방식을 기술했던 1940년대로 거슬러 올라갑니다.[2]

맥컬록-피츠 뉴런 모델인 로젠블라트의 퍼셉트론이 1950년대 처음 구현된 이후 수십년 동안 많은 연구자와 머신 러닝 기술자는 신경망에 관심을 조금씩 잃었습니다. 다층 신경망을 훈련하기 위한 좋은 방법이 없었기 때문입니다. 마침내 루멜하트(D. E. Rumelhart), 힌튼(G. E. Hinton), 윌리엄

---

1   역주 뇌의 뉴런에서 영감을 얻은 부분이 있지만 인공 신경망은 사실 우리 뇌와는 아무 상관없습니다. 신경망 알고리즘이 뇌처럼 작동한다는 오해를 불러일으키지 않도록 뉴런 대신 유닛(unit)이나 노드(node)로 신경망 대신 네트워크라고 할 때도 많습니다. 이 장에서 신경망 알고리즘을 밑바닥부터 만들어 보면 단순한 수학 모델에 불과하다는 것을 이해할 수 있을 것입니다.

2   A logical calculus of the ideas immanent in nervous activity, W. S. McCulloch and W. Pitts, The Bulletin of Mathematical Biophysics, 5(4): 115-133, 1943

스(R. J. Williams)가 1986년에 신경망을 효과적으로 훈련시키는 역전파 알고리즘을 재발견하고 널리 알리면서 신경망에 대한 관심이 다시 살아났습니다.[3] 나중에 이를 자세히 알아보겠습니다. **인공 지능**(Artificial Intelligence, AI)과 머신 러닝, 신경망 역사에 관심이 있는 독자는 AI 겨울(https://en.wikipedia.org/wiki/AI_winter)에 대한 위키피디아 문서를 읽어 보세요. 이 기간에는 대부분의 연구자가 신경망 연구에 관심을 두지 않았습니다.

신경망이 요즘처럼 인기를 끌었던 때는 없습니다. 딥러닝 알고리즘과 여러 개의 층으로 이루어진 신경망 구조는 지난 10여 년간 일어난 많은 혁신의 결과물입니다. 신경망 구조는 여러 개의 층으로 이루어집니다. 신경망은 학문 연구 분야뿐만 아니라 페이스북, 마이크로소프트, 아마존, 우버, 구글 같은 거대 테크 기업에도 최고의 관심사입니다. 이런 회사들은 인공 신경망과 딥러닝 연구에 많은 투자를 하고 있습니다.

오늘날 딥러닝 알고리즘을 사용한 고급 신경망이 이미지나 음성 인식처럼 복잡한 문제를 푸는 최고의 솔루션으로 인식되고 있습니다. 다음은 최신 애플리케이션 중 일부입니다.

- 일련의 X선 사진으로 코로나19 환자의 악화 및 산소 요구량 예측하기[4]
- 바이러스 돌연변이 모델링[5]
- 소셜 미디어 플랫폼의 데이터를 활용하여 극심한 기상 현상 관리하기[6]
- 시각 장애인을 위한 사진 설명 개선하기[7]

11.1.1 단일층 신경망 요약

이 장은 다층 신경망의 작동 원리와 복잡한 문제를 풀기 위한 방법을 담고 있습니다. 다층 신경망 구조를 본격적으로 배우기 전에 단일층 신경망 네트워크 개념을 간단히 되새겨 보겠습니다. 이는 2장에서 소개한 소위 **아달린**(ADAptive LInear NEuron, Adaline) 알고리즘으로 그림 11-1과 같습니다.

3 Learning representations by back-propagating errors, David E. Rumelhart, Geoffrey E. Hinton, Ronald J. Williams, Nature, 323(6088): 533-536, 1986

4 https://arxiv.org/abs/2101.04909

5 https://science.sciencemag.org/content/371/6526/284

6 https://onlinelibrary.wiley.com/doi/abs/10.1111/1468-5973.12311

7 https://tech.fb.com/how-facebook-is-using-ai-to-improve-photo-descriptions-for-people-who-are-blind-or-visually-impaired/

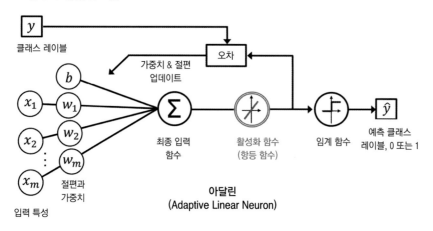

▼ 그림 11-1 아달린 알고리즘

2장에서 이진 분류를 수행하는 아달린 알고리즘을 구현했습니다. 경사 하강법 최적화 알고리즘을 사용하여 모델 가중치를 학습했습니다. (훈련 데이터셋을 한 번 순회하는) 에포크마다 가중치 벡터 w와 절편 유닛 b를 업데이트하기 위해 다음 공식을 사용합니다.

$$w := w + \Delta w, \quad b := b + \Delta b$$

여기에서 가중치 벡터 w에 있는 각 w_j와 절편 유닛에 대해 $\Delta w_j = -\eta \frac{\partial L}{\partial w_j}$이고 $\Delta b = -\eta \frac{\partial L}{\partial b}$입니다.

다른 말로 하면 전체 훈련 데이터셋에 대한 그레이디언트를 계산하고 그레이디언트 $\nabla L(w)$의 반대 방향으로 진행하도록 모델 가중치를 업데이트했습니다(간결성을 위해 이어지는 문단에서는 가중치에 초점을 맞추고 절편 유닛을 생략하지만, 2장에서 보았듯이 동일한 개념이 적용됩니다). 최적의 모델 가중치를 찾기 위해 **평균 제곱 오차**(Mean of Squared Error, MSE) 손실 함수 $L(w)$로 정의된 목적 함수를 최적화합니다. 또한, **학습률** η를 그레이디언트에 곱합니다. 학습률은 비용 함수의 전역 최솟값을 지나치지 않도록 학습 속도를 조절하기 위해 신중하게 선택해야 합니다.

경사 하강법 최적화에서는 에포크마다 모든 가중치를 동시에 업데이트합니다. 가중치 벡터 w에 있는 각각의 가중치 w_j에 대한 편도 함수는 다음과 같이 정의합니다.

$$\frac{\partial L}{\partial w_j} = \frac{\partial}{\partial w_j} \frac{1}{n} \sum_i \left(y^{(i)} - a^{(i)} \right)^2 = -\frac{2}{n} \sum_i \left(y^{(i)} - a^{(i)} \right) x_j^{(i)}$$

여기에서 $y^{(i)}$는 특정 샘플 $x^{(i)}$의 타깃 클래스 레이블입니다. $a^{(i)}$는 뉴런의 활성화 출력입니다. 아달린은 선형 함수를 사용하므로 활성화 함수 $\sigma(\cdot)$는 다음과 같이 정의합니다.

$$\sigma(\cdot) = z = a$$

여기에서 최종 입력 z는 입력층과 출력층을 연결하는 가중치의 선형 결합입니다.

$$z = \sum_j w_j x_j + b = \boldsymbol{w}^T \boldsymbol{x} + b$$

업데이트할 그레이디언트를 계산하기 위해 활성화 함수를 사용했지만, 예측을 위해서는 임계 함수를 구현하여 연속적인 출력 값을 이진 클래스 레이블로 압축했습니다.

$$\hat{y} = \begin{cases} 1 & z \geq 0 \text{일 때} \\ -1 & \text{그 외} \end{cases}$$

> **Note ≡ 단일층 네트워크**
>
> 아달린이 입력층과 출력층 두 개의 층으로 구성되어 있지만 입력층과 출력층 사이에 연결이 하나이기 때문에 단일층 (single-layer) 네트워크라고 합니다.[8]

또한, 모델의 학습을 가속시키기 위해 **확률적 경사 하강법**(stochastic gradient descent) 최적화 기법도 배웠습니다. 확률적 경사 하강법은 하나의 훈련 샘플(온라인 학습) 또는 적은 수의 훈련 샘플 (미니 배치 학습)을 사용해서 비용을 근사합니다. 나중에 이 장에서 **다층 퍼셉트론**(MLP)을 구현하고 훈련시킬 때 이 개념을 사용하겠습니다. 경사 하강법에 비해 더 자주 가중치를 업데이트하기 때문에 학습이 빠릅니다. 이에 더해서 들쭉날쭉한 학습 특성이 비선형 활성화 함수를 사용한 다층 신경망을 훈련시킬 때 장점이 될 수 있습니다. 이런 신경망의 비용 함수는 하나의 볼록 함수가 아니기 때문입니다. 확률적 경사 하강법에서 생기는 잡음은 지역 최솟값을 탈출하는 데 도움이 됩니다. 나중에 이 주제에 대해 자세히 논의하겠습니다.

11.1.2 다층 신경망 구조

이 절에서는 여러 개의 단일 뉴런을 연결하여 다층 피드포워드(feedforward) 신경망을 만드는 방법을 배우겠습니다. 완전 연결 네트워크의 특별한 경우로 **다층 퍼셉트론**(MuLtilayer Perceptron, MLP) 이라고도 합니다.

그림 11-2는 두 개의 층으로 구성된 MLP 개념을 보여 줍니다.

---

8 **[역주]** 신경망에서 입력층은 사실 입력 데이터 그 자체입니다. 실제 코드로 구현해 보면 이런 사실을 쉽게 알 수 있습니다.

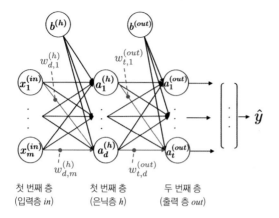

첫 번째 층 (입력층 in)   첫 번째 층 (은닉층 h)   두 번째 층 (출력 층 out)

그림 11-2에 나타난 MLP는 데이터 입력 다음에 은닉층 하나, 출력층 하나를 가집니다. 은닉층의 유닛은 입력층과 완전 연결되어 있고, 출력층은 은닉층과 완전 연결되어 있습니다. 하나 이상의 은닉층을 가진 네트워크를 **심층 신경망**(deep neural network)이라고 합니다. (이따금 입력이 하나의 층으로 간주되기도 합니다. 하지만 이 경우 단일층 신경망인 아달린 모델이 두 개의 층이 있는 신경망이 되므로 직관적이지 않습니다.)

Note ≡ **은닉층 추가**

깊은 네트워크 구조를 만들기 위해 MLP에 몇 개의 은닉층이든 추가할 수 있습니다. 실제로 신경망의 층과 유닛 개수는 추가적인 하이퍼파라미터입니다. 6장에서 설명한 교차 검증 기법으로 주어진 문제에 맞게 최적화해야 합니다.

신경망의 파라미터를 업데이트하기 위해 역전파로 계산하는 손실 그레이디언트는 네트워크에 층이 추가될수록 점점 더 작아집니다. 이런 그레이디언트 소실 문제는 모델을 학습하기 어렵게 만듭니다. 특별한 알고리즘들이 이런 심층 신경망 구조를 훈련시키기 위해 개발되었습니다. 이것이 **딥러닝**(deep learning)이 되었습니다. 이어지는 장에서 이에 대해 자세히 설명하겠습니다.

그림 11-2에서처럼 l번째 층에 있는 i번째 유닛의 활성화 출력을 $a_i^{(l)}$이라고 하겠습니다. 수식과 코드를 간단하게 만들기 위해 층을 나타내는 인덱스는 사용하지 않겠습니다. 그 대신 입력 특성에 대해서는 in 위 첨자를 사용하고 은닉층은 h 위 첨자, 출력층은 out 위 첨자를 사용하겠습니다. 예를 들어 $x_i^{(in)}$은 i번째 입력 특성이고, $a_i^{(h)}$는 은닉층의 i번째 유닛이고 $a_i^{(out)}$은 출력층의 i번째 유닛을 나타냅니다. 그림 11-2의 b는 절편 유닛을 나타냅니다. 실제로 $b^{(h)}$ 및 $b^{(out)}$은 해당 층의 노드 수와 동일한 개수의 원소를 가진 벡터입니다. 예를 들어 $b^{(h)}$는 d 개의 절편 유닛을 저장합니다. 여기에서 d는 은닉층의 노드 수입니다. 혼란스럽게 들리더라도 걱정하지 마세요. 나중에 가중치 행렬과 절편 유닛 벡터를 초기화하는 코드 구현을 살펴보면 이런 개념이 명확히 이해될 것입니다.

층 l에 있는 각 유닛이 층 $l+1$에 있는 모든 유닛과 연결되어 있습니다. 예를 들어 층 l에 있는 k번째 유닛과 층 $l+1$에 있는 j번째 유닛 사이의 연결은 $w_{j,k}^{(l)}$이라고 씁니다. 그림 11-2를 다시 보면 입력층과 은닉층을 연결하는 가중치 행렬을 $W^{(h)}$로 표시할 수 있습니다. 은닉층과 출력층을 연결하는 가중치 행렬은 $W^{(out)}$으로 나타낼 수 있습니다.

이진 분류 작업에서는 출력층의 유닛이 하나여도 충분하지만, 그림 11-2는 OvA(One-versus-All) 기법을 적용하여 다중 분류를 수행할 수 있는 일반적인 신경망 형태입니다. 작동 방식을 잘 이해하려면 4장에서 소개한 범주형 변수의 원-핫 표현을 떠올려 보세요.

예를 들어 잘 알고 있는 붓꽃 데이터셋의 클래스 레이블 세 개(0 = Setosa, 1 = Versicolor, 2 = Virginica)를 다음과 같이 인코딩할 수 있습니다.

$$0 = \begin{bmatrix} 1 \\ 0 \\ 0 \end{bmatrix}, 1 = \begin{bmatrix} 0 \\ 1 \\ 0 \end{bmatrix}, 2 = \begin{bmatrix} 0 \\ 0 \\ 1 \end{bmatrix}$$

원-핫 벡터 표현을 사용하면 훈련 데이터셋에 있는 고유한 클래스 레이블 개수에 구애받지 않고 분류 문제를 해결할 수 있습니다.

신경망을 나타내는 식을 처음 볼 때는 인덱스 표기법(위 첨자와 아래 첨자)이 조금 혼란스러울 수 있습니다. 처음에는 꽤 복잡해 보이지만 나중에 신경망을 벡터화하여 표현할 때 훨씬 이해하기 쉽습니다. 앞서 언급한 대로 입력층과 은닉층을 연결하는 가중치를 $d \times m$ 차원의 행렬 $W^{(h)}$로 나타냅니다. 여기에서 d는 은닉 유닛의 개수고 m은 입력 특성의 개수입니다.

11.1.3 정방향 계산으로 신경망 활성화 출력 계산

이 절에서는 MLP 모델의 출력을 계산하는 **정방향 계산**(forward propagation)[9] 과정을 설명하겠습니다. MLP 모델 학습과 어떻게 관련되는지 이해하기 위해 세 단계로 MLP 학습 과정을 요약해 보죠.

---

9 [역주] 실제로 무언가 전파되는 것이 아니라 수학 연산이라는 점을 부각하기 위해 고유 명사처럼 굳어진 역전파(backpropagation)와 달리 'forward propagation'은 '정방향 계산'이라고 번역했습니다.

1. 입력층에서 시작해서 정방향으로 훈련 데이터의 패턴을 네트워크에 전파하여 출력을 만듭니다.

2. 네트워크의 출력을 기반으로 나중에 설명할 비용 함수를 이용하여 최소화해야 할 오차를 계산합니다.

3. 네트워크에 있는 모든 가중치에 대한 도함수를 찾아 오차를 역전파하고 모델을 업데이트합니다.

이 세 단계를 여러 에포크 동안 반복하고 MLP 가중치와 절편 파라미터를 학습합니다. 그런 다음 클래스 레이블을 예측하기 위해 정방향 계산으로 네트워크의 출력을 만들고 임계 함수를 적용합니다. 이 클래스 레이블은 이전 절에서 설명했던 원-핫 인코딩으로 표현됩니다.

이제 훈련 데이터에 있는 패턴으로부터 출력을 만들기 위해 정방향 계산 과정을 따라가 보죠. 은닉층에 있는 모든 유닛은 입력층에 있는 모든 유닛과 연결되어 있기 때문에 먼저 다음과 같이 은닉층 $a_1^{(h)}$의 활성화 출력을 계산합니다.

$$z_1^{(h)} = x_1^{(in)} w_{1,1}^{(h)} + x_2^{(in)} w_{1,2}^{(h)} + \cdots + x_m^{(in)} w_{1,m}^{(h)} + b^{(h)}$$

$$a_1^{(h)} = \sigma\left(z_1^{(h)}\right)$$

여기에서 $z_1^{(h)}$는 최종 입력이고 $\sigma(\cdot)$는 활성화 함수입니다. 이 함수는 그레이디언트 기반 방식을 사용하여 뉴런과 연결된 가중치를 학습하기 위해 미분 가능해야 합니다. 이미지 분류 같은 복잡한 문제를 해결하기 위해서는 MLP 모델에 비선형 활성화 함수를 사용해야 합니다. 예를 들어 3장 로지스틱 회귀에 관한 절에서 보았던 시그모이드(로지스틱) 활성화 함수가 있습니다.

$$\sigma(z) = \frac{1}{1 + e^{-z}}$$

기억을 떠올려 보면 시그모이드 함수는 S자 모양의 그래프로 최종 입력 z를 0과 1 사이 로지스틱 분포로 매핑합니다. 이 그래프는 그림 11-3과 같이 $z = 0$에서 y축을 지납니다.

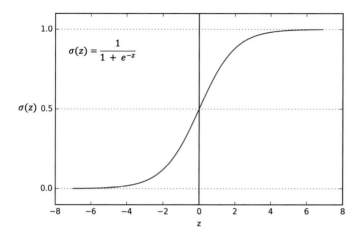

$$\sigma(z) = \frac{1}{1 + e^{-z}}$$

MLP는 대표적인 피드포워드 인공 신경망의 하나입니다. **피드포워드**(feed forward)란 용어는 각 층에서 입력을 순환시키지 않고 다음 층으로 전달한다는 의미입니다. 이 장 뒷부분과 15장에서 자세히 설명할 순환 신경망은 이와 다릅니다. MLP 네트워크에서 사용한 인공 뉴런이 퍼셉트론이 아니고 시그모이드이기 때문에 다층 퍼셉트론이란 용어가 혼동될 수 있습니다. MLP 뉴런을 0과 1 사이의 연속적인 값을 반환하는 로지스틱 회귀 유닛이라고 생각해도 좋습니다.

효율적이고 읽기 쉽게 코드를 작성하기 위해 기초적인 선형대수를 사용하여 활성화 출력을 좀 더 간단하게 써 보겠습니다. 이렇게 하면 계산 비용이 비싼 파이썬의 for 반복문을 중복하여 사용하지 않고 넘파이를 사용하여 벡터화된 구현을 만들 수 있습니다.

$$z^{(h)} = x^{(in)} W^{(h)T} + b^{(h)}$$

$$a^{(h)} = \sigma\left(z^{(h)}\right)$$

여기에서 $z^{(in)}$은 절편을 더한 $1 \times m$ 차원 특성 벡터입니다. $W^{(h)}$는 $m \times d$ 차원의 가중치 행렬입니다. d는 은닉층의 유닛 개수입니다. 따라서 전치 행렬(transposed matrix) $W^{(h)T}$는 $m \times d$ 차원입니다. 절편 벡터 $b^{(h)}$는 (은닉 노드당 하나씩) d개의 절편 유닛으로 구성됩니다.

행렬-벡터 곱셈을 하면 $1 \times d$ 차원의 최종 입력 벡터 $z^{(h)}$를 얻어 활성화 출력 $a^{(h)}$를 계산할 수 있습니다(여기에서 $a^{(h)} \in \mathbb{R}^{1 \times d}$).

또한, 훈련 데이터셋에 있는 모든 n개의 샘플에 이 계산을 일반화시킬 수 있습니다.

$$Z^{(h)} = X^{(in)} W^{(h)T} + b^{(h)}$$

여기에서 $X^{(in)}$은 $n \times m$ 행렬입니다. 행렬-행렬 곱셈을 하면 $n \times d$ 차원의 최종 입력 행렬 $Z^{(h)}$가 얻어집니다. 마지막으로 최종 입력 행렬의 각 값에 활성화 함수 $\sigma(\cdot)$를 적용하여 다음 층(여기에서는 출력층)에 전달할 $n \times d$ 차원의 활성화 행렬을 얻습니다.

$$A^{(h)} = \sigma\left(Z^{(h)}\right)$$

비슷하게 출력층의 활성화도 여러 샘플에 대한 벡터 표현으로 쓸 수 있습니다.

$$Z^{(out)} = A^{(h)} W^{(out)T} + b^{(out)}$$

여기에서 $n \times d$ 차원 행렬 $A^{(h)}$와 $t \times d$ 차원(t는 출력 유닛의 개수) 행렬 $W^{(out)}$의 전치를 곱하고 t 차원의 절편 벡터 $b^{(out)}$을 더해 $n \times t$ 차원의 행렬 $Z^{(out)}$을 얻습니다(이 행렬의 행은 각 샘플의 출력을 나타냅니다).

마지막으로 시그모이드 활성화 함수를 적용하여 실수로 된 네트워크 출력을 얻습니다.

$$A^{(out)} = \sigma\left(Z^{(out)}\right)$$

$Z^{(out)}$과 마찬가지로 $A^{(out)}$도 $n \times t$ 차원의 행렬입니다.

11.2 손글씨 숫자 분류

이전 절에서 신경망에 관한 많은 이론을 다루었습니다. 신경망을 처음 배우는 것이라면 조금 부담스러울 수 있습니다. MLP 모델의 가중치를 학습하기 위한 역전파 알고리즘을 계속 알아보기 전에 잠시 이론에서 벗어나 실제 신경망을 한번 만들어 보죠.

> **Note ☰ 역전파에 대한 추가 자료**
>
> 신경망 이론은 매우 복잡하므로 두 권의 도서를 추가로 추천합니다.[10] 이 도서들은 이 장에서 설명하는 개념을 더욱 자세히 또는 다른 관점에서 다룹니다.
>
> - 〈Deep Learning〉의 6장 심층 피드포워드 네트워크[11]
> - 〈Pattern Recognition and Machine Learning〉[12]
> - 제 딥러닝 코스 강의 슬라이드
>   - https://sebastianraschka.com/blog/2021/dl-course.html#l08-multinomial-logistic-regression—softmax-regression
>   - https://sebastianraschka.com/blog/2021/dl-course.html#l09-multilayer-perceptrons-and-backpropration

이 절에서 잘 알려진 **MNIST**(Mixed National Institute of Standards and Technology) 데이터셋의 손글씨 숫자를 분류하는 다층 신경망을 구현하여 훈련시켜 보겠습니다. 이 데이터셋은 얀 르쿤(Yann LeCun) 등이 만들었으며, 머신 러닝 알고리즘을 비교하는 데이터셋으로 널리 사용됩니다.[13]

11.2.1 MNIST 데이터셋 구하기

MNIST 데이터셋은 https://www.kaggle.com/datasets/hojjatk/mnist-dataset에 공개되어 있으며, 다음 네 부분으로 구성되어 있습니다.

1. **훈련 데이터셋 이미지**: train-images-idx3-ubyte.gz(9.5MB, 압축 해제 후 45MB, 6만 개의 샘플)

2. **훈련 데이터셋 레이블**: train-labels-idx1-ubyte.gz(29KB, 압축 해제 후 60KB, 6만 개의 레이블)

---

10 [역주] 텐서플로 2.0의 고수준 API인 케라스를 배우려면 〈케라스 창시자에게 배우는 딥러닝 2판〉(길벗, 2022)을 추천합니다. 딥러닝과 머신 러닝에 관해 다양한 주제를 깊이 있게 배우려면 〈핸즈온 머신러닝 3판〉(한빛미디어, 2023)을 추천합니다.

11 Deep Learning, I. Goodfellow, Y. Bengio, and A. Courville, MIT Press, 2016(이 도서는 http://www.deeplearningbook.org에서 무료로 읽을 수 있습니다.)
　　[역주] 이 도서의 번역서는 〈심층 학습〉(제이펍, 2018)입니다.

12 Pattern Recognition and Machine Learning, C. M. Bishop and others, Volume 1, Springer New York, 2006
　　[역주] 이 도서의 번역서는 〈패턴 인식과 머신 러닝〉(제이펍, 2018)입니다.

13 Gradient-Based Learning Applied to Document Recognition, Y. LeCun, L. Bottou, Y. Bengio, and P. Haffner, Proceedings of the IEEE, 86(11): 2278-2324, November 1998

3. **테스트 데이터셋 이미지**: t10k-images-idx3-ubyte.gz(1.6MB, 압축 해제 후 7.5MB, 1만 개의 샘플)

4. **테스트 데이터셋 레이블**: t10k-labels-idx1-ubyte.gz(4.5KB, 압축 해제 후 9.8KB, 1만 개의 레이블)

MNIST 데이터셋은 미국 NIST(National Institute of Standards and Technology)에서 만든 두 개의 데이터셋으로 구성되어 있습니다. 훈련 데이터셋은 각기 다른 250명의 사람이 쓴 손글씨 숫자입니다. 50%는 고등학교 학생이고 50%는 인구 조사국 직원입니다. 테스트 데이터셋은 같은 비율로 다른 사람들이 쓴 손글씨 숫자입니다.

위에서 언급한 데이터셋 파일을 다운로드하여 직접 넘파이 배열로 변환하는 대신, 사이킷런의 fetch_openml 함수를 사용하여 MNIST 데이터셋을 편리하게 로드할 수 있습니다.

```
>>> from sklearn.datasets import fetch_openml
>>> X, y = fetch_openml('mnist_784', version=1,
...                     return_X_y=True)
>>> X = X.values
>>> y = y.astype(int).values
```

사이킷런에서 fetch_openml 함수는 OpenML(https://www.openml.org/d/554)에서 MNIST 데이터셋을 판다스 DataFrame 및 Series 객체로 다운로드하므로 .values 속성을 사용하여 넘파이 배열을 얻습니다(1.0 이전 버전의 사이킷런을 사용하는 경우, fetch_openml이 넘파이 배열을 다운로드하므로 .values 속성을 사용하지 않아도 됩니다). $n \times m$ 크기의 X 배열은 각각 784픽셀의 이미지 70,000개로 구성되어 있고, y 배열은 그에 해당하는 70,000개의 클래스 레이블을 저장합니다. 다음과 같이 배열의 크기를 확인할 수 있습니다.

```
>>> print(X.shape)
(70000, 784)
>>> print(y.shape)
(70000,)
```

MNIST 데이터셋의 이미지는 28×28 픽셀로 구성되며 각 픽셀은 흑백 강도 값을 나타냅니다. 여기에서 fetch_openml은 이미 28×28 픽셀을 1차원 행 벡터로 풀었습니다. 이는 앞의 (행 또는 이미지당 784개 원소를 가진) X 배열의 행을 나타냅니다. fetch_openml 함수가 반환하는 두 번째 배열(y)에는 타깃 변수인 손글씨 숫자의 클래스 레이블(정수 0~9)이 포함됩니다.

그다음 아래와 같이 MNIST의 픽셀 값을 –1에서 1 범위(원래는 0에서 255)로 정규화하겠습니다.

```
>>> X = ((X / 255.) - .5) * 2
```

그 이유는 2장에서 설명한 것처럼 그레이디언트 기반의 최적화는 이런 조건에서 훨씬 더 안정적이기 때문입니다. 픽셀 단위로 이미지의 크기를 조정했는데, 이는 이전 장에서 사용한 특성 스케일링 방식과 다르다는 점에 유의하세요.

이전에는 훈련 데이터셋에서 스케일링 파라미터를 도출하고 이를 사용하여 훈련 데이터셋과 테스트 데이터셋의 각 열을 스케일링했습니다. 하지만 이미지 픽셀로 작업할 때는 중앙을 0에 맞추고 [-1, 1] 범위로 스케일링하는 것이 일반적이며 실제로도 잘 작동합니다.

MNIST에 있는 이미지 모습을 알아보기 위해 숫자 0에서 9까지 샘플을 그림으로 출력해 보겠습니다. 특성 행렬의 픽셀 벡터 784개를 원본 28×28 이미지로 크기를 변경한 후 맷플롯립의 imshow 함수로 그립니다.

```
>>> import matplotlib.pyplot as plt
>>> fig, ax = plt.subplots(nrows=2, ncols=5,
...                         sharex=True, sharey=True)
>>> ax = ax.flatten()
>>> for i in range(10):
...     img = X[y == i][0].reshape(28, 28)
...     ax[i].imshow(img, cmap='Greys')
>>> ax[0].set_xticks([])
>>> ax[0].set_yticks([])
>>> plt.tight_layout()
>>> plt.show()
```

2×5 크기의 격자에 각 숫자의 대표 이미지가 채워진 그림을 볼 수 있습니다.

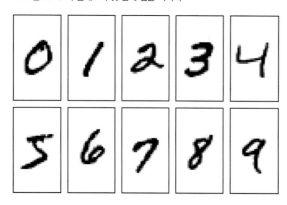

또 손글씨마다 얼마나 차이 나는지 보기 위해 같은 숫자의 샘플을 여러 개 출력해 보겠습니다.

```
>>> fig, ax = plt.subplots(nrows=5,
...                        ncols=5,
...                        sharex=True,
...                        sharey=True)
>>> ax = ax.flatten()
>>> for i in range(25):
...     img = X[y == 7][i].reshape(28, 28)
...     ax[i].imshow(img, cmap='Greys')
>>> ax[0].set_xticks([])
>>> ax[0].set_yticks([])
>>> plt.tight_layout()
>>> plt.show()
```

이 코드를 실행하면 숫자 7의 이미지 중에서 처음 25개를 보여 줍니다.

▼ 그림 11-5 숫자 7의 샘플 25개

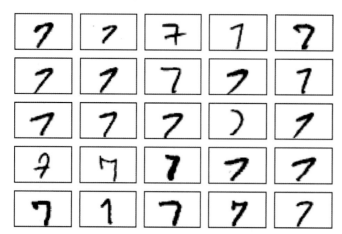

460

마지막으로 데이터셋을 훈련, 검증, 테스트 서브셋(subset)으로 나누어 보겠습니다. 다음 코드는 5만 5,000개의 이미지를, 훈련에 5,000개의 이미지를 사용하고 검증에 10,000개의 이미지를 테스트에 사용하도록 데이터셋을 분할합니다.

```
>>> from sklearn.model_selection import train_test_split
>>> X_temp, X_test, y_temp, y_test = train_test_split(
...     X, y, test_size=10000, random_state=123, stratify=y
... )
>>> X_train, X_valid, y_train, y_valid = train_test_split(
...     X_temp, y_temp, test_size=5000,
...     random_state=123, stratify=y_temp
... )
```

11.2.2 다층 퍼셉트론 구현

이 절에서 입력층, 은닉층, 출력층이 각각 하나씩 있는 MLP 구현을 작성하고 MNIST 데이터셋의 이미지를 분류해 보겠습니다. 가능한 간결한 코드를 유지하도록 하겠습니다. 처음에는 조금 복잡해 보일 수 있지만 길벗출판사 깃허브(https://github.com/gilbutITbook/080311)나 역자 깃허브(https://github.com/rickiepark/ml-with-pytorch)에서 이 장의 샘플 코드를 다운로드해 보세요. 파이썬을 지원하는 에디터에서 보면 주석과 함께 코드가 구문 강조되기 때문에 읽기 편합니다.

책과 함께 제공되는 주피터 노트북 파일에서 코드를 실행하지 않거나 인터넷에 연결되어 있지 않다면 이 장의 NeuralNetMLP 코드를 복사해서 작업 디렉터리에 파이썬 스크립트 파일(예를 들어 neuralnet.py)을 만드세요. 그다음 다음과 같이 현재 파이썬 세션에서 임포트할 수 있습니다.

```
from neuralnet import NeuralNetMLP
```

이 코드에는 아직 설명하지 않은 역전파 알고리즘 같은 부분들이 포함되어 있습니다. 전체 코드가 이해되지 않더라도 걱정하지 마세요. 이 장 뒷부분에서 세부적으로 설명하겠습니다. 여기에서 코드를 작성해 보면 나중에 이론을 따라가기 쉽습니다.

그럼 이제 MLP 구현을 살펴보죠. 먼저 로지스틱 시그모이드 활성화 함수를 계산하는 함수와 정수 클래스 레이블 배열을 원-핫 인코딩된 레이블로 변환하는 함수를 만듭니다.

```
import numpy as np

def sigmoid(z):
    return 1. / (1. + np.exp(-z))
def int_to_onehot(y, num_labels):
    ary = np.zeros((y.shape[0], num_labels))
    for i, val in enumerate(y):
        ary[i, val] = 1
    return ary
```

다음은 MLP의 메인 클래스인 NeuralNetMLP입니다. 이 클래스에는 세 개의 클래스 메서드 .__init__(), .forward(), .backward()가 있습니다. __init__ 생성자부터 하나씩 살펴보겠습니다.

```
class NeuralNetMLP:
    def __init__(self, num_features, num_hidden,
                 num_classes, random_seed=123):
        super().__init__()

        self.num_classes = num_classes

        # 은닉층
        rng = np.random.RandomState(random_seed)

        self.weight_h = rng.normal(
            loc=0.0, scale=0.1, size=(num_hidden, num_features))
        self.bias_h = np.zeros(num_hidden)

        # 출력층
        self.weight_out = rng.normal(
            loc=0.0, scale=0.1, size=(num_classes, num_hidden))
        self.bias_out = np.zeros(num_classes)
```

__init__ 생성자는 은닉층과 출력층의 가중치 행렬과 절편 벡터를 생성합니다. 그다음 forward 메서드에서 이런 가중치를 사용해서 어떻게 예측을 만드는지 알아보겠습니다.

```
    def forward(self, x):
        # 은닉층
        # 입력 차원: [n_examples, n_features]
        #         dot [n_hidden, n_features].T
        # 출력 차원: [n_examples, n_hidden]
        z_h = np.dot(x, self.weight_h.T) + self.bias_h
```

```
a_h = sigmoid(z_h)

# 출력층
# 입력 차원: [n_examples, n_hidden]
#        dot [n_classes, n_hidden].T
# 출력 차원: [n_examples, n_classes]
z_out = np.dot(a_h, self.weight_out.T) + self.bias_out
a_out = sigmoid(z_out)
return a_h, a_out
```

forward 메서드는 하나 이상의 훈련 샘플을 받고 예측을 반환합니다. 실제로 이 메서드는 은닉층과 출력층의 활성화 값인 a_h와 a_out을 모두 반환합니다. a_out은 클래스 레이블로 변환할 수 있는 클래스 소속 확률을 나타냅니다. 하지만 모델 파라미터, 즉 은닉층과 출력층의 가중치 및 절편 유닛을 최적화하려면 은닉층의 활성화 값인 a_h도 필요합니다.

마지막으로 신경망의 가중치와 절편 파라미터를 업데이트하는 backward 메서드에 대해 알아보겠습니다.

```
def backward(self, x, a_h, a_out, y):

    #########################
    ### 출력층 가중치
    #########################

    # 원-핫 인코딩
    y_onehot = int_to_onehot(y, self.num_classes)
    # 파트 1: dLoss/dOutWeights
    ## = dLoss/dOutAct * dOutAct/dOutNet * dOutNet/dOutWeight
    ## 재사용을 위해 DeltaOut = dLoss/dOutAct * dOutAct/dOutNet

    # 입력/출력 차원: [n_examples, n_classes]
    d_loss__d_a_out = 2.*(a_out - y_onehot) / y.shape[0]
    # 입력/출력 차원: [n_examples, n_classes]
    d_a_out__d_z_out = a_out * (1. - a_out) # 시그모이드 편미분
    # 출력 차원: [n_examples, n_classes]
    delta_out = d_loss__d_a_out * d_a_out__d_z_out

    # 출력 가중치를 위한 그레이디언트

    # [n_examples, n_hidden]
    d_z_out__dw_out = a_h
```

```
# 입력 차원: [n_classes, n_examples]
#          dot [n_examples, n_hidden]
# 출력 차원: [n_classes, n_hidden]
d_loss__dw_out = np.dot(delta_out.T, d_z_out__dw_out)
d_loss__db_out = np.sum(delta_out, axis=0)


#################################
# 파트 2: dLoss/dHiddenWeights
## = DeltaOut * dOutNet/dHiddenAct * dHiddenAct/dHiddenNet
#    * dHiddenNet/dWeight

# [n_classes, n_hidden]
d_z_out__a_h = self.weight_out

# 출력 차원: [n_examples, n_hidden]
d_loss__a_h = np.dot(delta_out, d_z_out__a_h)

# [n_examples, n_hidden]
d_a_h__d_z_h = a_h * (1. - a_h) # sigmoid derivative

# [n_examples, n_features]
d_z_h__d_w_h = x

# 출력 차원: [n_hidden, n_features]
d_loss__d_w_h = np.dot((d_loss__a_h * d_a_h__d_z_h).T,
                       d_z_h__d_w_h)
d_loss__d_b_h = np.sum((d_loss__a_h * d_a_h__d_z_h), axis=0)
return (d_loss__dw_out, d_loss__db_out,
        d_loss__d_w_h, d_loss__d_b_h)
```

backward 메서드는 **역전파**(backpropagation) 알고리즘을 구현하여 가중치 및 절편 파라미터에 대한 손실의 그레이디언트를 계산합니다. 아달린과 마찬가지로 이런 그레이디언트를 사용하여 경사 하강법으로 파라미터를 업데이트합니다. 다층 신경망은 단일층 신경망보다 더 복잡합니다. 수학적으로 그레이디언트를 계산하는 방법은 코드를 설명한 후 이후 절에서 살펴보겠습니다. 지금은 backward 메서드를 경사 하강법 업데이트를 위한 그레이디언트를 계산하는 한 방법이라고 생각하겠습니다. 간단히 만들기 위해 이 코드를 구현하는 데 사용한 손실 함수는 아달린에서 사용한 것과 동일한 MSE 손실입니다. 이후 장에서는 이진 로지스틱 회귀 손실을 여러 클래스로 일반화한 다중 카테고리 크로스 엔트로피(cross entropy) 손실과 같은 다른 손실 함수에 대해 살펴보겠습니다.

NeuralNetMLP 클래스의 객체 지향 구현이 익숙한 사이킷런 API와 다릅니다. 사이킷런은 .fit() 과 .predict() 메서드를 중심으로 구현됩니다. 대신 NeuralNetMLP 클래스의 주요 메서드는 .forward()와 .backward() 메서드입니다. 그 이유 중 하나는 네트워크를 통해 정보가 흐르는 방식 측면에서 복잡한 신경망을 조금 더 쉽게 이해할 수 있기 때문입니다.

또 다른 이유는 이 구현이 다음 장에서 더 복잡한 신경망을 구현하기 위해 소개하고 사용할 파이토치(PyTorch)와 같은 고급 딥러닝 라이브러리의 작동 방식과 비교적 유사하기 때문입니다.

NeuralNetMLP 클래스를 구현한 후 다음 코드를 사용하여 새로운 NeuralNetMLP 클래스의 객체를 만듭니다.

```
>>> model = NeuralNetMLP(num_features=28*28,
...                      num_hidden=50,
...                      num_classes=10)
```

model은 열 개의 정수 클래스(숫자 0~9)에 대해 784차원 벡터(이전에 정의한 X_train, X_valid 또는 X_test 형식)로 크기가 바뀐 MNIST 이미지를 받습니다. 은닉층은 50개의 노드로 구성됩니다. 또한, 이전에 정의한 .forward() 메서드를 보면 알 수 있듯이 첫 번째 은닉층과 출력층 다음에 시그모이드 활성화 함수를 사용합니다. 이후 장에서는 은닉층과 출력층을 위한 다른 활성화 함수에 대해 알아보겠습니다.

그림 11-6은 앞에서 만든 신경망 아키텍처를 요약한 것입니다.

❤ 그림 11-6 손글씨 숫자에 레이블을 지정하기 위한 신경망 아키텍처

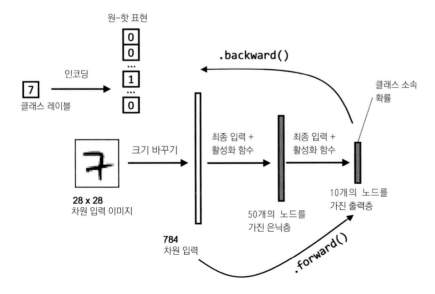

다음 절에서는 역전파를 통해 미니 배치 데이터로 신경망을 훈련할 수 있는 함수를 구현해 보겠습니다.

11.2.3 신경망 훈련 루프 코딩

이전 절에서 NeuralNetMLP 클래스를 구현하고 모델을 만들었으므로 다음 단계는 모델을 훈련하는 것입니다. 이 과정을 여러 단계로 진행하겠습니다. 첫째, 데이터 로딩을 위한 몇 가지 헬퍼 함수를 정의하겠습니다. 둘째, 이런 함수를 훈련 루프에 포함시키고 여러 에포크에 걸쳐 데이터셋을 반복하겠습니다.

가장 먼저 정의할 함수는 미니 배치 생성기입니다. 이 함수는 데이터셋을 받아 확률적 경사 하강법 훈련을 위해 원하는 크기의 미니 배치로 나눕니다. 코드는 다음과 같습니다.

```
>>> import numpy as np
>>> num_epochs = 50
>>> minibatch_size = 100
>>> def minibatch_generator(X, y, minibatch_size):
...     indices = np.arange(X.shape[0])
...     np.random.shuffle(indices)
...     for start_idx in range(0, indices.shape[0] - minibatch_size + 1,
...                            minibatch_size):
...         batch_idx = indices[start_idx:start_idx + minibatch_size]
...         yield X[batch_idx], y[batch_idx]
```

다음 함수로 넘어가기 전에 미니 배치 생성기가 의도한 대로 작동하고 원하는 크기의 미니 배치를 생성하는지 확인해 보겠습니다. 다음 코드는 데이터셋을 반복하면서 미니 배치의 차원을 출력합니다. 이어지는 코드 예제에서는 break 문을 제거하겠습니다. 코드는 다음과 같습니다.

```
>>> # 훈련 에포크를 반복합니다
>>> for i in range(num_epochs):
...     # 미니 배치를 반복합니다
...     minibatch_gen = minibatch_generator(
...         X_train, y_train, minibatch_size)
...     for X_train_mini, y_train_mini in minibatch_gen:
...         break
...     break
>>> print(X_train_mini.shape)
(100, 784)
```

```
>>> print(y_train_mini.shape)
(100,)
```

출력에서 볼 수 있듯이 이 함수는 의도한 대로 크기가 100인 미니 배치를 반환합니다.

다음으로 학습 과정을 모니터링하고 모델을 평가하기 위한 손실 함수와 성능 지표를 정의해야 합니다. MSE 손실 및 정확도 함수는 다음과 같이 구현할 수 있습니다.

```
>>> def mse_loss(targets, probas, num_labels=10):
...     onehot_targets = int_to_onehot(
...         targets, num_labels=num_labels
...     )
...     return np.mean((onehot_targets - probas)**2)
>>> def accuracy(targets, predicted_labels):
...     return np.mean(predicted_labels == targets)
```

앞의 함수를 테스트하고 이전 절에서 만든 모델의 검증 세트 MSE와 정확도를 계산해 보겠습니다.

```
>>> _, probas = model.forward(X_valid)
>>> mse = mse_loss(y_valid, probas)
>>> print(f'검증 세트 MSE: {mse:.1f}')
검증 세트 MSE: 0.3
>>> predicted_labels = np.argmax(probas, axis=1)
>>> acc = accuracy(y_valid, predicted_labels)
>>> print(f'검증 세트 정확도: {acc*100:.1f}%')
검증 세트 정확도: 9.4%
```

이 코드 예제에서 model.forward()는 은닉층과 출력층의 활성화 값을 반환합니다. (클래스 레이블마다 하나씩) 10개의 출력 노드가 있습니다. 따라서 mse_loss() 함수에서 MSE를 계산할 때 먼저 클래스 레이블을 원-핫 인코딩으로 변환했습니다. 실제로는 제곱 오차 행렬의 행과 열 중 어느쪽의 평균을 먼저 계산하든 차이가 없으므로 축 지정 없이 np.mean()을 호출하면 스칼라 값이 반환됩니다.

로지스틱 시그모이드 함수를 사용했기 때문에 출력층의 활성화는 [0, 1] 범위의 값입니다. 각 입력에 대해 출력층은 [0, 1] 범위의 값 열 개를 생성하므로 np.argmax() 함수를 사용하여 가장 큰값의 인덱스를 선택하면 예측 클래스 레이블을 얻게 됩니다. 그다음 accuracy() 함수에서 실제 레이블과 예측 클래스 레이블을 비교하여 정확도를 계산합니다. 앞의 결과에서 볼 수 있듯이 정확도는 그리 높지 않습니다. 열 개의 클래스가 동일한 비율로 포함되어 있는 데이터셋에서 훈련되지않은 모델이 무작위 예측을 생성하는 경우 약 10%의 예측 정확도를 기대할 수 있습니다.

이전 코드에서 타깃으로 y_train을 사용하고 모델에 X_train을 주입하여 예측된 레이블을 제공하면 전체 훈련 세트에 대한 성능을 계산할 수 있습니다. 하지만 실제로는 (대규모 행렬 곱셈으로 인해) 정방향 계산에서 모델에 입력할 수 있는 데이터의 양이 컴퓨터 메모리에 따라 제한됩니다. 따라서 미니 배치 생성기를 사용하여 MSE와 정확도를 계산하겠습니다. 다음 함수는 메모리 효율을 높이기 위해 한 번에 하나의 미니 배치씩 데이터셋을 반복하여 MSE와 정확도를 점진적으로 계산합니다.

```
>>> def compute_mse_and_acc(nnet, X, y, num_labels=10,
...                         minibatch_size=100):
...     mse, correct_pred, num_examples = 0., 0, 0
...     minibatch_gen = minibatch_generator(X, y, minibatch_size)
...     for i, (features, targets) in enumerate(minibatch_gen):
...         _, probas = nnet.forward(features)
...         predicted_labels = np.argmax(probas, axis=1)
...         onehot_targets = int_to_onehot(
...             targets, num_labels=num_labels
...         )
...         loss = np.mean((onehot_targets - probas)**2)
...         correct_pred += (predicted_labels == targets).sum()
...         num_examples += targets.shape[0]
...         mse += loss
...     mse = mse/i
...     acc = correct_pred/num_examples
...     return mse, acc
```

훈련 루프를 구현하기 전에 이 함수를 테스트하고 이전 절에서 만든 모델로 검증 세트 MSE와 정확도를 계산하여 의도한 대로 작동되는지 확인해 보겠습니다.

```
>>> mse, acc = compute_mse_and_acc(model, X_valid, y_valid)
>>> print(f'검증 세트 MSE: {mse:.1f}')
검증 세트 MSE: 0.3
>>> print(f'검증 세트 정확도: {acc*100:.1f}%')
검증 세트 정확도: 9.4%
```

결과에서 볼 수 있듯이 생성자 함수를 사용한 방식은 이전에 정의된 MSE 및 정확도 함수와 동일한 결과를 생성합니다. MSE에 작은 반올림 오차(0.27 대 0.28)가 있지만 무시할 수 있는 수준입니다.

이제 본론으로 들어가서 모델 훈련을 위한 코드를 구현해 보겠습니다.

```
>>> def train(model, X_train, y_train, X_valid, y_valid, num_epochs,
...           learning_rate=0.1):
...     epoch_loss = []
...     epoch_train_acc = []
...     epoch_valid_acc = []
...
...     for e in range(num_epochs):
...         # 미니 배치를 반복합니다
...         minibatch_gen = minibatch_generator(
...             X_train, y_train, minibatch_size)
...         for X_train_mini, y_train_mini in minibatch_gen:
...             #### 출력 계산 ####
...             a_h, a_out = model.forward(X_train_mini)
...             #### 그레이디언트 계산 ####
...             d_loss__d_w_out, d_loss__d_b_out, \
...             d_loss__d_w_h, d_loss__d_b_h = \
...                 model.backward(X_train_mini, a_h, a_out,
...                                y_train_mini)
...
...             #### 가중치 업데이트 ####
...             model.weight_h -= learning_rate * d_loss__d_w_h
...             model.bias_h -= learning_rate * d_loss__d_b_h
...             model.weight_out -= learning_rate * d_loss__d_w_out
...             model.bias_out -= learning_rate * d_loss__d_b_out
...
...         #### 에포크 로그 ####
...         train_mse, train_acc = compute_mse_and_acc(
...             model, X_train, y_train
...         )
...         valid_mse, valid_acc = compute_mse_and_acc(
...             model, X_valid, y_valid
...         )
...         train_acc, valid_acc = train_acc*100, valid_acc*100
...         epoch_train_acc.append(train_acc)
...         epoch_valid_acc.append(valid_acc)
...         epoch_loss.append(train_mse)
...         print(f'에포크: {e+1:03d}/{num_epochs:03d} '
...               f'| 훈련 MSE: {train_mse:.2f} '
...               f'| 훈련 정확도: {train_acc:.2f}% '
...               f'| 검증 정확도: {valid_acc:.2f}%')
...
...     return epoch_loss, epoch_train_acc, epoch_valid_acc
```

train() 함수는 여러 에포크를 반복합니다. 각 에포크에서 앞서 정의한 minibatch_generator() 함수를 사용하여 확률적 경사 하강법 훈련을 위해 전체 훈련 세트를 미니 배치로 반복합니다. 미니 배치에 대한 for 루프 안에서는 .forward() 메서드로 모델 출력인 a_h와 a_out을 구합니다. 그다음 모델의 .backward() 메서드를 통해 손실의 그레이디언트를 계산합니다(이에 대한 이론은 나중에 설명하겠습니다). 그레이디언트의 음수 값에 학습률을 곱한 다음 가중치에 더합니다. 이는 앞서 아달린에 대해 설명한 것과 동일한 개념입니다. 예를 들어 은닉층의 모델 가중치를 업데이트하는 코드는 다음과 같습니다.

```
model.weight_h -= learning_rate * d_loss__d_w_h
```

단일 가중치 w_j에 대해서는 다음과 같은 편도 함수를 사용한 업데이트와 같습니다.

$$w_j := w_j - \eta \frac{\partial L}{\partial w_j}$$

코드의 마지막 부분에서는 훈련 세트와 테스트 세트의 손실과 예측 정확도를 계산하여 훈련 진행 상황을 추적합니다.

이제 이 함수를 실행하여 50번의 에포크 동안 모델을 훈련시켜 보겠습니다.

```
>>> np.random.seed(123) # 훈련 세트 셔플링을 위해
>>> epoch_loss, epoch_train_acc, epoch_valid_acc = train(
...     model, X_train, y_train, X_valid, y_valid,
...     num_epochs=50, learning_rate=0.1)
```

훈련하는 동안 다음과 같은 출력이 표시됩니다.

```
에포크: 001/050 | 훈련 MSE: 0.05 | 훈련 정확도: 76.17% | 검증 정확도: 76.02%
에포크: 002/050 | 훈련 MSE: 0.03 | 훈련 정확도: 85.46% | 검증 정확도: 84.94%
에포크: 003/050 | 훈련 MSE: 0.02 | 훈련 정확도: 87.89% | 검증 정확도: 87.64%
에포크: 004/050 | 훈련 MSE: 0.02 | 훈련 정확도: 89.36% | 검증 정확도: 89.38%
에포크: 005/050 | 훈련 MSE: 0.02 | 훈련 정확도: 90.21% | 검증 정확도: 90.16%
...
에포크: 048/050 | 훈련 MSE: 0.01 | 훈련 정확도: 95.57% | 검증 정확도: 94.58%
에포크: 049/050 | 훈련 MSE: 0.01 | 훈련 정확도: 95.55% | 검증 정확도: 94.54%
에포크: 050/050 | 훈련 MSE: 0.01 | 훈련 정확도: 95.59% | 검증 정확도: 94.74%
```

이 모든 값을 출력하는 이유는 신경망 훈련에서 훈련과 검증 정확도를 비교하는 것이 매우 유용하기 때문입니다. 이를 통해 아키텍처와 하이퍼파라미터가 주어졌을 때 신경망 모델이 제대로 작동

하는지 판단할 수 있습니다. 예를 들어 훈련 및 검증 정확도가 낮다면 훈련 데이터셋에 문제가 있거나 하이퍼파라미터 설정이 이상적이지 않을 가능성이 높습니다.

일반적으로 (심층) 신경망을 훈련시키는 것은 지금까지 설명한 다른 모델에 비해 상대적으로 비용이 많이 듭니다. 따라서 특정 상황에서는 조기에 중단하고 다른 하이퍼파라미터 설정으로 다시 시도하는 것이 좋습니다. 또한, 훈련 데이터에 점점 더 과대적합하는 경향이 있다면 (즉, 훈련과 검증 데이터셋 성능 사이에 차이가 커지는 경우) 훈련을 조기에 중단하는 것이 좋습니다.

다음 절에서는 신경망 모델의 성능에 대해 조금 더 자세히 알아보겠습니다.

11.2.4 신경망 모델의 성능 평가

다음 절에서 신경망의 훈련 방법인 역전파에 대해 자세히 설명하기 전에 이전 절에서 훈련한 모델의 성능을 살펴보겠습니다.

train() 함수에서 각 에포크마다 훈련 손실과 훈련 및 검증 정확도를 수집했으므로 맷플롯립을 사용하여 결과를 시각화할 수 있습니다. 먼저 훈련 MSE 손실을 확인해 보겠습니다.

```
>>> plt.plot(range(len(epoch_loss)), epoch_loss)
>>> plt.ylabel('Mean squared error')
>>> plt.xlabel('Epoch')
>>> plt.show(loc='lower right')
```

앞 코드는 그림 11-7과 같이 50번의 에포크까지 비용을 출력합니다.

❤ 그림 11-7 훈련 에포크에 따른 MSE 그래프

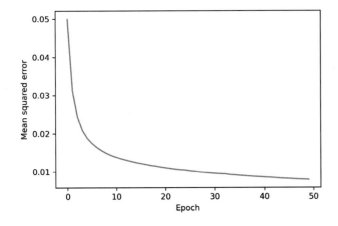

그림 11-7에서 볼 수 있듯이 비용은 10번의 에포크 동안 많이 감소합니다. 그리고 이후 10번의 에포크에서 천천히 수렴하는 것으로 보입니다. 하지만 40번째와 50번째 에포크 사이에 약간 경사가 있어서 에포크를 추가하여 훈련하면 비용이 더 감소할 것입니다.

다음 훈련 정확도와 검증 정확도를 살펴보죠.

```
>>> plt.plot(range(len(epoch_train_acc)), epoch_train_acc,
...          label='Training')
>>> plt.plot(range(len(epoch_valid_acc)), epoch_valid_acc,
...          label='Validation')
>>> plt.ylabel('Accuracy')
>>> plt.xlabel('Epochs')
>>> plt.legend(loc='lower right')
>>> plt.show()
```

앞 코드는 그림 11-8과 같이 50번의 훈련 에포크에 대한 정확도를 나타냅니다.

▼ 그림 11-8 훈련 에포크에 따른 분류 정확도

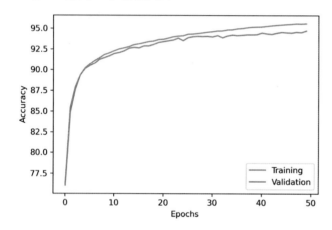

이 그래프는 훈련 에포크가 늘어날수록 훈련 정확도와 검증 정확도 사이 간격이 증가한다는 것을 보여 줍니다. 약 25번째 에포크에서 훈련 정확도와 검증 정확도 값이 거의 동일하고 그 이후에 네트워크는 훈련 데이터셋에 과대적합되기 시작합니다.

Note ≡　**과대적합 줄이기**

과대적합의 영향을 줄이는 한 가지 방법은 3장에서 소개한 L2 규제를 통해 규제 강도를 높이는 것입니다. 신경망에서 과대적합을 해결하기 위한 또 다른 방법은 14장에서 소개할 드롭아웃(dropout)입니다.

마지막으로 테스트 데이터셋에서 예측 정확도를 계산하여 모델 일반화 성능을 평가해 보죠.

```
>>> test_mse, test_acc = compute_mse_and_acc(model, X_test, y_test)
>>> print(f'테스트 정확도: {test_acc*100:.2f}%')
테스트 정확도: 94.51%
```

테스트 정확도가 지난 절에서 훈련 중에 출력된 마지막 에포크의 검증 세트 정확도(94.74%)에 매우 가까운 것을 볼 수 있습니다. 또한, 이에 해당하는 훈련 정확도는 95.59%로 조금 더 높습니다. 이로부터 모델이 훈련 데이터에 약간만 과대적합되었다는 것을 확인할 수 있습니다.

이 모델을 더 세밀하게 튜닝하면 은닉 유닛 개수나 학습률을 바꿀 수 있습니다. 최근 수년간 개발된 여러 다양한 기법을 사용할 수도 있지만 이는 책 범위를 넘어섭니다. 15장에서 이미지 데이터셋에서 좋은 성능을 내는 다른 신경망 구조를 배우겠습니다.

또한, 14장에서 적응적 학습률, SGD 기반의 고급 최적화 알고리즘, 배치 정규화, 드롭아웃 같은 성능 향상 기법을 더 소개하겠습니다.

이 책에서 다루지는 않지만 널리 사용하는 다른 기법은 다음과 같습니다.

- 잔차 신경망의 주요 특징인 스킵 연결(skip-connection) 추가하기[14]
- 학습률 스케줄러를 사용하여 훈련하는 동안 학습률 바꾸기[15]
- 인기 있는 인셉션 v3 구조에서 사용했던 것처럼 신경망의 앞쪽 층에 손실 함수 연결하기[16]

끝으로 이 MLP가 어떤 샘플에서 어려움을 겪고 있는지 알아보기 위해 테스트 세트에서 잘못 분류된 처음 25개의 샘플을 확인해 보겠습니다.

```
>>> X_test_subset = X_test[:1000, :]
>>> y_test_subset = y_test[:1000]
>>> _, probas = model.forward(X_test_subset)
>>> test_pred = np.argmax(probas, axis=1)
>>> misclassified_images = \
...     X_test_subset[y_test_subset != test_pred][:25]
```

14 Deep residual learning for image recognition. K. He, X. Zhang, S. Ren, J. Sun (2016). In Proceedings of the IEEE Conference on Computer Vision and Pattern Recognition, pp. 770–778 역주 잔차 신경망(ResNet)과 스킵 연결에 대한 자세한 설명은 〈핸즈온 머신러닝 3판〉(한빛미디어, 2023) 14장을 참고하세요.

15 Cyclical learning rates for training neural networks. L. N. Smith (2017). In 2017 IEEE Winter Conference on Applications of Computer Vision (WACV), pp. 464–472 역주 케라스에서 학습률 스케줄러를 사용하는 예제는 〈케라스 창시자에게 배우는 딥러닝 2판〉(길벗, 2022) 12장을 참고하세요.

16 Rethinking the Inception architecture for computer vision. C. Szegedy, V. Vanhoucke, S. Ioffe, J. Shlens, Z. Wojna (2016). In Proceedings of the IEEE Conference on Computer Vision and Pattern Recognition, pp. 2818–2826

```
>>> misclassified_labels = test_pred[y_test_subset != test_pred][:25]
>>> correct_labels = y_test_subset[y_test_subset != test_pred][:25]
>>> fig, ax = plt.subplots(nrows=5, ncols=5,
...                         sharex=True, sharey=True,
...                         figsize=(8, 8))
>>> ax = ax.flatten()
>>> for i in range(25):
...     img = misclassified_images[i].reshape(28, 28)
...     ax[i].imshow(img, cmap='Greys', interpolation='nearest')
...     ax[i].set_title(f'{i+1}) '
...                     f'True: {correct_labels[i]}\n'
...                     f'Predicted: {misclassified_labels[i]}')
>>> ax[0].set_xticks([])
>>> ax[0].set_yticks([])
>>> plt.tight_layout()
>>> plt.show()
```

5×5 격자 그래프를 볼 수 있습니다. 각 그래프 제목에 나타난 첫 번째 숫자는 그래프 번호입니다. 두 번째 숫자는 클래스 레이블(정답)이고 세 번째 숫자는 예측된 클래스 레이블(예측)을 나타냅니다.

▼ 그림 11-9 모델이 잘못 분류한 손글씨 숫자

그림 11-9에서 볼 수 있듯이 이 신경망은 샘플 19와 샘플 20처럼 가로줄이 포함된 경우 7로 인식하지 못합니다. 이 장의 앞부분에서 여러 가지 숫자 7 샘플을 출력한 그림을 되돌아보면, 가로줄이 있는 숫자 7이 데이터셋에 충분하게 들어 있지 않아 종종 잘못 분류된다는 가정을 할 수 있습니다.

11.3 인공 신경망 훈련

이제 실제 신경망 구현을 보았고 코드를 살펴보면서 기본적인 작동 방식을 이해했습니다. 가중치 학습에 필요한 손실 계산과 역전파 알고리즘 같은 개념을 좀 더 깊이 알아보죠.

11.3.1 손실 함수 계산

앞서 언급했듯이 그레이디언트를 쉽게 유도하기 위해 (아달린에서와 같이) MSE 손실을 사용하여 다층 신경망을 훈련했습니다. 이후 장에서는 신경망 분류 모델 훈련에 더 일반적으로 사용되는 (이진 로지스틱 회귀 손실을 일반화한) 다중 카테고리 크로스 엔트로피 손실과 같은 다른 손실 함수에 대해 설명하겠습니다.

이전 절에서 t개의 원소를 가진 출력 벡터를 반환하는 다중 분류 MLP를 구현했습니다. 원-핫 인코딩 표현의 $t \times 1$ 차원의 타깃 벡터와 비교해야 합니다. MLP를 사용하여 클래스 레이블이 2인 입력 이미지의 클래스 레이블을 예측한다면 세 번째 층의 활성화 출력과 타깃은 다음과 같을 것입니다.

$$a^{(out)} = \begin{bmatrix} 0.1 \\ 0.9 \\ \vdots \\ 0.3 \end{bmatrix}, \quad y = \begin{bmatrix} 0 \\ 1 \\ \vdots \\ 0 \end{bmatrix}$$

11

다층 인공 신경망을 밑바닥부터 구현

475

따라서 MSE 손실은 데이터셋 또는 미니 배치에 있는 n개의 샘플에 대한 평균을 구하는 것 외에도 네트워크에 있는 t개의 활성화 유닛의 합계 또는 평균을 구해야 합니다.

$$L(\boldsymbol{W}, \boldsymbol{b}) = \frac{1}{n} \sum_{1}^{n} \frac{1}{t} \sum_{j=1}^{t} \left(y_j^{[i]} - a_j^{(out)[i]} \right)^2$$

여기에서도 위 첨자 $[i]$는 훈련 데이터셋에 있는 특정 샘플의 인덱스입니다.

비용 함수 $L(\boldsymbol{W})$를 최소화하는 것이 목적이므로 네트워크의 모든 가중치에 대해 파라미터 $\boldsymbol{W}$의 편도 함수를 계산해야 합니다.

$$\frac{\partial L}{\partial w_{j,l}^{(l)}}$$

다음 절에서 비용 함수를 최소화하기 위한 편도 함수를 계산해 주는 역전파 알고리즘을 이야기하겠습니다.

$\boldsymbol{W}$는 여러 행렬로 구성되어 있습니다. 하나의 은닉층을 가진 다층 퍼셉트론에서는 $\boldsymbol{W}^{(h)}$가 입력층과 은닉층을 연결하는 가중치 행렬이고, $\boldsymbol{W}^{(out)}$이 은닉층과 출력층을 연결하는 가중치 행렬입니다. 3차원 텐서 $\boldsymbol{W}$를 그림으로 그려 보면 그림 11-10과 같습니다.

▼ 그림 11-10 3차원 텐서

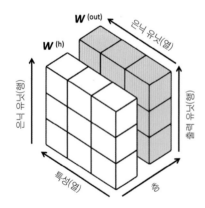

그림 11-10은 간단한 예입니다. MLP의 은닉 유닛, 출력 유닛, 입력 특성의 개수가 같지 않다면 $\boldsymbol{W}^{(h)}$와 $\boldsymbol{W}^{(out)}$은 같은 행과 열을 가지고 있지 않습니다.

조금 혼란스러울 수 있지만 다음 절을 기대해 보세요. 역전파 알고리즘과 함께 $\boldsymbol{W}^{(h)}$와 $\boldsymbol{W}^{(out)}$의 차원에 대해 자세히 설명하겠습니다. 또 NeuralNetMLP 코드를 한 번 더 읽어 보길 권합니다. 행렬과 벡터의 차원 변환에 대해 이해하기 쉽도록 주석을 추가했습니다.

11.3.2 역전파 알고리즘 이해

역전파 알고리즘이 신경망 커뮤니티에 소개된 지 30년이 넘었지만[17] 효과적인 인공 신경망 훈련을 위해 가장 많이 사용되는 알고리즘 중 하나로 남아 있습니다. 역전파 알고리즘의 역사에 대한 추가적인 자료에 관심 있다면 유르겐 슈미트후버(Juergen Schmidhuber) 글을 참고하세요.[18]

이 절에서는 간단하고 직관적으로 요약해 보려고 합니다. 수학적으로 상세히 알아보기 전에 환상적인 이 알고리즘의 큰 그림을 그려 보겠습니다. 핵심적으로 말해서 역전파 알고리즘을 다층 신경망에서 복잡한 비용 함수의 편미분을 효율적으로 계산하기 위한 방법으로 생각할 수 있습니다. 이 편미분을 사용하여 다층 인공 신경망의 가중치 파라미터를 학습합니다. 신경망은 전형적으로 고차원 특성 공간에서 비롯된 대규모 가중치를 다루어야 하기 때문에 학습하기 어렵습니다. 아달린이나 로지스틱 회귀처럼 단일층 신경망의 비용 함수와 달리 일반적인 신경망의 비용 함수 곡면은 볼록 함수가 아니거나 파라미터에 대해 매끄럽지 않습니다. 고차원 비용 함수의 곡면에는 전역 최솟값을 찾기 위해 넘어야 할 굴곡(지역 최솟값)이 많습니다.

미적분 수업에서 배운 연쇄 법칙(chain rule)을 기억할지 모르겠네요. 연쇄 법칙은 $f(g(x))$처럼 복잡하고 중첩된 함수의 도함수를 계산하는 방법입니다. 예를 들어 다음과 같습니다.

$$\frac{d}{dx}\left[f\left(g\left(x\right)\right)\right]=\frac{df}{dg}\cdot\frac{dg}{dx}$$

비슷하게 임의의 긴 합성 함수에 연쇄 법칙을 사용할 수 있습니다. 예를 들어 다섯 개의 다른 함수 $f(x)$, $g(x)$, $h(x)$, $u(x)$, $v(x)$가 있다고 가정해 보죠. F는 합성 함수로 $F(x) = f(g(h(u(v(x)))))$입니다. 연쇄 법칙을 적용하면 다음과 같이 이 함수의 도함수를 계산할 수 있습니다.

$$\frac{dF}{dx}=\frac{d}{dx}F\left(x\right)=\frac{d}{dx}f\left(g\left(h\left(u\left(v\left(x\right)\right)\right)\right)\right)=\frac{df}{dg}\cdot\frac{dg}{dh}\cdot\frac{dh}{du}\cdot\frac{du}{dv}\cdot\frac{dv}{dx}$$

컴퓨터 대수학(computer algebra)에서는 이런 문제를 효율적으로 풀기 위한 여러 가지 기법을 개발했습니다. 이를 **자동 미분**(automatic differentiation)이라고 합니다. 머신 러닝 애플리케이션에서 자동 미분에 대해 더 알고 싶다면 베이딘(A. G. Baydin)과 펄뮤터(B. A. Pearlmutter) 논문을 참고하세요.[19]

17 Learning representations by back-propagating errors, D. E. Rumelhart, G. E. Hinton, and R. J. Williams, Nature, 323: 6088, pages 533-536, 1986

18 "Who Invented Backpropagation?"(http://people.idsia.ch/~juergen/who-invented-backpropagation.html)

19 A. G. Baydin and B. A. Pearlmutter, Automatic Differentiation of Algorithms for Machine Learning, arXiv: 1404.7456, 2014 http://arxiv.org/pdf/1404.7456.pdf

역주 《핸즈온 머신러닝 3판》(한빛미디어, 2023) 부록 C에서 여러 가지 자동 미분 방법에 관한 설명을 볼 수 있습니다.

자동 미분은 정방향과 역방향 두 가지 모드가 있습니다. 역전파는 역방향 자동 미분의 특별한 경우입니다. 핵심은 정방향 모드로 연쇄 법칙을 적용하면 계산 비용이 많이 들 수 있다는 것입니다. 각 층마다 큰 행렬(야코비(Jacobian) 행렬[20])을 곱한 후 마지막에 벡터를 곱해 출력을 얻기 때문입니다.

역방향 모드는 오른쪽에서 왼쪽으로 연쇄 법칙을 거슬러 올라갑니다. 행렬과 벡터를 곱해 또 다른 벡터를 얻은 후 다음 행렬을 곱하는 식입니다. 행렬-벡터 곱셈은 행렬-행렬 곱셈보다 훨씬 계산 비용이 적게 듭니다. 신경망을 훈련할 때 역전파 알고리즘이 가장 인기 있는 알고리즘이 된 이유입니다.

> Note ≡ **미분 학습 자료**
>
> 역전파 알고리즘을 완전히 이해하려면 미분 개념을 사용해야 합니다. 이는 책 범위를 넘어섭니다. 하지만 기초적인 개념을 정리한 보너스 장을 준비했습니다(https://sebastianraschka.com/pdf/books/dlb/appendix_d_calculus.pdf). 여기에서 함수 미분, 편미분, 그레이디언트, 야코비 행렬에 대해 설명합니다. 미분에 대해 잘 모르거나 빠르게 정리하고 싶다면 다음 절을 진행하기 전에 참고 자료로 이 글을 읽어 보세요.[21]

11.3.3 역전파 알고리즘으로 신경망 훈련

이 절에서 역전파 알고리즘을 수학적으로 유도하여 신경망 가중치가 어떻게 효율적으로 학습되는지 이해해 보겠습니다. 수학에 대해 어느 정도 친숙한지에 따라 다르겠지만 처음에는 여기에 나오는 공식들이 조금 복잡해 보일 수 있습니다.

이전 절에서 마지막 층의 활성화 출력과 타깃 클래스 레이블 사이의 차이인 비용을 계산하는 방법을 보았습니다. 이제 수학적 측면에서 역전파 알고리즘이 MLP 가중치를 업데이트하는 방법을 알아보죠. 이 부분은 NeuralNetMLP( ) 클래스의 .backward( ) 메서드에 구현되어 있습니다. 이 장 서두에 나왔던 것을 떠올려 보면 먼저 출력층 활성화를 얻기 위해 정방향 계산을 수행해야 합니다. 공식은 다음과 같습니다.

---

20 **역주** 야코비 행렬은 벡터 함수의 도함수 행렬입니다. 각 훈련 샘플을 하나의 벡터 함수라고 보았을 때 각 가중치에 대한 편도 함수를 행렬로 표현한 것입니다.

21 **역주** 〈핸즈온 머신러닝 3판〉(한빛미디어, 2023) 깃허브에 있는 선형대수(https://bit.ly/homl3-linear-algebra)와 미분(https://bit.ly/homl3-calculus) 노트북도 참고하세요.

$$Z^{(h)} = X^{(in)}W^{(h)T} + b^{(h)} \qquad \text{(은닉층의 최종 입력)}$$

$$A^{(h)} = \sigma\big(Z^{(h)}\big) \qquad \text{(은닉층의 활성화 출력)}$$

$$Z^{(out)} = A^{(h)}W^{(out)T} + b^{(out)} \qquad \text{(출력층의 최종 입력)}$$

$$A^{(out)} = \sigma\big(Z^{(out)}\big) \qquad \text{(출력층의 활성화 출력)}$$

간단하게 말해서 입력 특성을 네트워크에 있는 연결을 통해 앞으로 전파하는 것입니다. 두 개의 입력 특성, 세 개의 은닉 유닛, 두 개의 출력 노드가 있는 신경망일 경우 그림 11-11과 같습니다.

❤ 그림 11-11 신경망의 입력 특성을 앞으로 전파하기

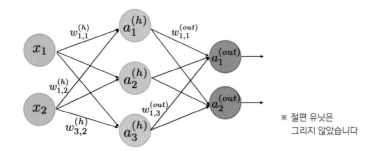

※ 절편 유닛은
그리지 않았습니다

역전파에서는 오차를 오른쪽에서 왼쪽으로 전파합니다. 이를 모델 가중치(및 절편 유닛)에 대한 손실의 그레이디언트를 계산하기 위해 정방향 연산에 연쇄 법칙을 적용하는 것으로 생각할 수 있습니다. 간단하게 설명하기 위해 출력층의 가중치 행렬에 있는 첫 번째 가중치를 업데이트하는 데 사용되는 편도 함수를 유도하는 과정을 살펴보겠습니다. 역전파 계산 경로는 아래 굵은 화살표로 강조 표시되어 있습니다.

❤ 그림 11-12 신경망의 오차 역전파

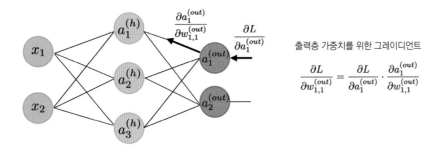

출력층 가중치를 위한 그레이디언트

$$\frac{\partial L}{\partial w_{1,1}^{(out)}} = \frac{\partial L}{\partial a_1^{(out)}} \cdot \frac{\partial a_1^{(out)}}{\partial w_{1,1}^{(out)}}$$

최종 입력 z를 명시적으로 포함시키면 이전 그림에 표시된 편도 함수는 다음과 같이 확장됩니다.

$$\frac{\partial L}{\partial w_{1,1}^{(out)}} = \frac{\partial L}{\partial a_1^{(out)}} \cdot \frac{\partial a_1^{(out)}}{\partial z_1^{(out)}} \cdot \frac{\partial z_1^{(out)}}{\partial w_{1,1}^{(out)}}$$

$w_{1,1}^{(out)}$을 업데이트하는 데 사용하는 이 편도 함수를 계산하기 위해 세 개의 편미분 항을 계산하여 곱할 수 있습니다. 단순하게 계산하기 위해 미니 배치에 있는 샘플에 대한 평균 계산을 생략하겠습니다. 따라서 이어지는 식에서 평균 계산을 위한 $\frac{1}{n}\sum_{i=1}^{n}$을 포함하지 않습니다.

첫 번째 출력 노드의 활성화 출력에 대한 (미니 배치 차원을 빼면 제곱 오차로 표현되는) MSE 손실의 편도 함수인 $\frac{\partial L}{\partial a_1^{(out)}}$부터 시작해 보죠.

$$\frac{\partial L}{\partial a_1^{(out)}} = \frac{\partial}{\partial a_1^{(out)}}\left(y_1 - a_1^{(out)}\right)^2 = 2\left(a_1^{(out)} - y\right)$$

다음 항은 출력층에 사용한 로지스틱 시그모이드 활성화 함수의 편미분입니다.

$$\frac{\partial a_1^{(out)}}{\partial z_1^{(out)}} = \frac{\partial}{\partial z_1^{(out)}}\frac{1}{1+e^{z_1^{(out)}}} = \quad \dots \quad = \left(\frac{1}{1+e^{z_1^{(out)}}}\right)\left(1 - \frac{1}{1+e^{z_1^{(out)}}}\right)$$

$$= a_1^{(out)}\left(1 - a_1^{(out)}\right)$$

마지막으로 가중치에 대한 최종 입력의 편미분을 구합니다.

$$\frac{\partial z_1^{(out)}}{\partial w_{1,1}^{(out)}} = \frac{\partial}{\partial w_{1,1}^{(out)}} a_1^{(h)} w_{1,1}^{(out)} + b_1^{(out)} = a_1^{(h)}$$

이를 모두 적용하면 다음 식을 얻습니다.

$$\frac{\partial L}{\partial w_{1,1}^{(out)}} = \frac{\partial L}{\partial a_1^{(out)}} \cdot \frac{\partial a_1^{(out)}}{\partial z_1^{(out)}} \cdot \frac{\partial z_1^{(out)}}{\partial w_{1,1}^{(out)}} = 2\left(a_1^{(out)} - y\right) \cdot a_1^{(out)}\left(1 - a_1^{(out)}\right) \cdot a_1^{(h)}$$

그다음 이 값을 사용하여 학습률이 η인 확률적 경사 하강법으로 가중치를 업데이트합니다.

$$w_{1,1}^{(out)} := w_{1,1}^{(out)} - \eta \frac{\partial L}{\partial w_{1,1}^{(out)}}$$

NeuralNetMLP() 클래스의 .backward() 메서드에서는 다음과 같이 벡터화된 형태로 $\frac{\partial L}{\partial w_{1,1}^{(out)}}$ 을 계산했습니다.

```
# 파트 1: dLoss/dOutWeights
## = dLoss/dOutAct * dOutAct/dOutNet * dOutNet/dOutWeight
## 재사용을 위해 DeltaOut = dLoss/dOutAct * dOutAct/dOutNet

# 입력/출력 차원: [n_examples, n_classes]
d_loss__d_a_out = 2.*(a_out - y_onehot) / y.shape[0]

# 입력/출력 차원: [n_examples, n_classes]
d_a_out__d_z_out = a_out * (1. - a_out) # 시그모이드 편미분

# 출력 차원: [n_examples, n_classes]
delta_out = d_loss__d_a_out * d_a_out__d_z_out # 델타 변수

# 출력 가중치를 위한 그레이디언트

# [n_examples, n_hidden]
d_z_out__dw_out = a_h

# 입력 차원: [n_classes, n_examples] dot [n_examples, n_hidden]
# 출력 차원: [n_classes, n_hidden]
d_loss__dw_out = np.dot(delta_out.T, d_z_out__dw_out)
d_loss__db_out = np.sum(delta_out, axis=0)
```

앞의 코드 주석에 나타나 있듯이 다음과 같은 '델타' 변수를 만들었습니다.

$$\delta_1^{(out)} = \frac{\partial L}{\partial a_1^{(out)}} \cdot \frac{\partial a_1^{(out)}}{\partial z_1^{(out)}}$$

$\delta^{(out)}$ 항이 은닉층 가중치의 편도 함수(또는 그레이디언트)를 계산하는 데 재사용할 수 있기 때문입니다.

그림 11-13은 은닉층에 있는 첫 번째 가중치에 대한 손실의 편도 함수를 계산하는 방법을 보여줍니다.

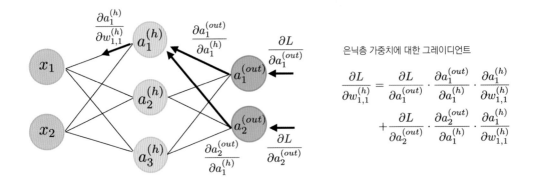

은닉층 가중치에 대한 그레이디언트

$$\frac{\partial L}{\partial w_{1,1}^{(h)}} = \frac{\partial L}{\partial a_1^{(out)}} \cdot \frac{\partial a_1^{(out)}}{\partial a_1^{(h)}} \cdot \frac{\partial a_1^{(h)}}{\partial w_{1,1}^{(h)}}$$

$$+ \frac{\partial L}{\partial a_2^{(out)}} \cdot \frac{\partial a_2^{(out)}}{\partial a_1^{(h)}} \cdot \frac{\partial a_1^{(h)}}{\partial w_{1,1}^{(h)}}$$

$w_{1,1}^{(h)}$ 가중치는 두 개의 출력 노드에 모두 연결되기 때문에 다변수 연쇄 법칙을 사용해서 굵은 화살표로 강조된 두 경로의 합을 구해야 합니다. 이전과 마찬가지로 최종 입력 z를 포함하도록 확장한 다음 개별 항을 계산할 수 있습니다.

$$\frac{\partial L}{\partial w_{1,1}^{(out)}} = \frac{\partial L}{\partial a_1^{(out)}} \cdot \frac{\partial a_1^{(out)}}{\partial z_1^{(out)}} \cdot \frac{\partial z_1^{(out)}}{\partial a_1^{(h)}} \cdot \frac{\partial a_1^{(h)}}{\partial z_1^{(h)}} \cdot \frac{\partial z_1^{(h)}}{\partial w_{1,1}^{(h)}}$$

$$+ \frac{\partial L}{\partial a_2^{(out)}} \cdot \frac{\partial a_2^{(out)}}{\partial z_2^{(out)}} \cdot \frac{\partial z_2^{(out)}}{\partial a_1^{(h)}} \cdot \frac{\partial a_1^{(h)}}{\partial z_1^{(h)}} \cdot \frac{\partial z_1^{(h)}}{\partial w_{1,1}^{(h)}}$$

앞서 구한 $\delta^{(out)}$을 사용하면 이 식은 다음과 같이 간소화됩니다.

$$\frac{\partial L}{\partial w_{1,1}^{(h)}} = \delta_1^{(out)} \cdot \frac{\partial z_1^{(out)}}{\partial a_1^{(h)}} \cdot \frac{\partial a_1^{(h)}}{\partial z_1^{(h)}} \cdot \frac{\partial z_1^{(h)}}{\partial w_{1,1}^{(h)}}$$

$$+ \delta_2^{(out)} \cdot \frac{\partial z_2^{(out)}}{\partial a_1^{(h)}} \cdot \frac{\partial a_1^{(h)}}{\partial z_1^{(h)}} \cdot \frac{\partial z_1^{(h)}}{\partial w_{1,1}^{(h)}}$$

앞의 개별 항들은 새로운 편미분이 없기 때문에 이전과 마찬가지로 쉽게 구할 수 있습니다. 예를 들어 $\frac{\partial a_1^{(h)}}{\partial z_1^{(h)}}$는 시그모이드 활성화 함수의 편미분이므로 $a_1^{(h)}(1 - a_1^{(h)})$가 되는 식입니다. 각 항을 구하는 부분은 독자분들의 숙제로 남겨 놓겠습니다.

11.4 / 신경망의 수렴

앞서 손글씨 숫자 분류를 위해 신경망을 훈련시킬 때 기본 경사 하강법을 사용하지 않고 미니 배치 방식을 사용했는지 궁금할지 모르겠습니다. 온라인 학습 방식을 구현할 때 확률적 경사 하강법에 대해 설명한 것을 떠올려 보세요. 온라인 학습에서는 한 번에 하나의 훈련 샘플($k=1$)에 대해 그레이디언트를 계산하여 가중치를 업데이트했습니다. 확률적이지만 매우 정확한 솔루션을 만들고 기본 경사 하강법보다 훨씬 빠르게 수렴합니다. 미니 배치 학습은 확률적 경사 하강법의 특별한 경우입니다. n개의 훈련 샘플 중 k개의 부분 집합에서 그레이디언트를 계산합니다($1 \langle k \langle n$). 미니 배치 학습은 벡터화된 구현을 만들어 계산 효율성을 높일 수 있다는 것이 온라인 학습보다 장점입니다. 기본 경사 하강법보다 훨씬 빠르게 가중치가 업데이트됩니다. 직관적으로 보았을 때 미니 배치 학습을 대통령 선거의 투표율을 예측하기 위해 (실제 선거와 동일하게) 전체 인구가 아니라 일부 표본 집단에 설문하는 것으로 생각할 수 있습니다.

다층 신경망은 아달린, 로지스틱 회귀, 서포트 벡터 머신 같은 알고리즘보다 훨씬 훈련하기 어렵습니다. 다층 신경망은 일반적으로 최적화해야 할 가중치가 수백 개, 수천 개, 심지어 수백만 개가 있습니다. 안타깝지만 손실 함수의 표면은 거칠어서 최적화 알고리즘이 쉽게 지역 최솟값에 갇힐 수 있습니다. 그림 11-14를 참고하세요.

❤ 그림 11-14 최적화 알고리즘이 지역 최솟값에 갇힐 수 있다

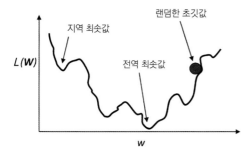

그림 11-14는 극도로 단순화한 것입니다. 신경망은 매우 많은 차원을 가지고 있어서 비용 함수의 곡면을 시각적으로 나타낼 수 없습니다. 여기에서는 하나의 가중치에 대한 비용 함수 곡선을 x축에 나타냈습니다. 이 그림은 알고리즘이 지역 최솟값에 갇혀서는 안 된다는 것을 설명합니다. 학습률을 크게 하면 지역 최솟값을 손쉽게 탈출할 수 있습니다. 반면 학습률이 너무 크면 전역 최솟값을 지나칠 수 있는 가능성이 높아집니다. 랜덤하게 가중치를 초기화하기 때문에 일반적으로 최적화 문제의 해는 잘못된 지점에서 출발하는 셈입니다.

11.5 / 신경망 구현에 관한 몇 가지 첨언

왜 오픈 소스 파이썬 머신 러닝 라이브러리를 사용하지 않고 손글씨 숫자를 분류하는 간단한 다층 인공 신경망을 구현하여 이론을 설명했는지 궁금할 것입니다. 사실 다음 장에서 더 복잡한 신경망 모델은 오픈 소스인 파이토치 라이브러리(https://pytorch.org)를 사용하여 훈련시킬 것입니다.

이 장에서 밑바닥부터 만든 구현이 처음에는 번거로워 보이지만 역전파와 신경망 훈련 이면에 있는 기초를 이해하기에는 좋은 방법입니다. 머신 러닝 기법을 적절하고 성공적으로 적용하려면 알고리즘 기본을 이해하는 것이 아주 중요합니다.

이제 피드포워드 신경망의 작동 방식을 배웠으므로 파이토치를 사용하여 고급 심층 신경망을 배울 준비가 되었습니다. 12장에서 보겠지만 이런 도구를 사용하면 신경망을 매우 효율적으로 만들 수 있습니다.

2016년 9월에 처음 출시된 파이토치는 **그래픽 처리 장치**(GPU)를 활용하여 다차원 배열 계산을 위한 수학 표현식을 최적화할 수 있어 DNN을 구축하는 머신 러닝 연구자들 사이에서 많은 인기를 얻고 있습니다.

마지막으로 사이킷런에는 기본 MLP 구현인 `MLPClassifier`[22]가 포함되어 있습니다. 이 구현은 기본 MLP를 훈련하는 데 매우 편리하고 훌륭하지만, 다층 신경망을 구현하고 훈련하려면 파이토치와 같은 전문 딥러닝 라이브러리를 사용하는 것이 좋습니다.

11.6 / 요약

이 장에서 머신 러닝 연구 분야에서 현재 가장 인기 있는 다층 인공 신경망의 기본 개념을 배웠습니다. 2장에서 간단한 단일층 신경망 구조로 머신 러닝으로의 여행을 시작했습니다. 여기에서는 여러 개의 뉴런을 연결하여 강력한 신경망 구조를 만들고 손글씨 숫자 인식 같은 복잡한 문제를

---

22 https://scikit-learn.org/stable/modules/generated/sklearn.neural_network.MLPClassifier.html

풀었습니다. 딥러닝에서 사용되는 신경망 모델의 구성 요소 중 하나인 역전파 알고리즘을 상세히 알아보았습니다. 이 장에서 역전파 알고리즘을 배웠으므로 더 복잡한 심층 신경망 구조를 알아볼 준비가 된 셈입니다. 남은 장에서는 다층 신경망을 효율적으로 구현하고 훈련할 수 있는 딥러닝 전문 오픈 소스 라이브러리인 파이토치와 고급 딥러닝 개념을 다루겠습니다.

12^장

파이토치를 사용한 신경망 훈련

이 장에서는 머신 러닝과 딥러닝의 수학 이론을 잠시 잊고 파이토치를 살펴보겠습니다. 파이토치는 현재 가장 인기 있는 딥러닝 라이브러리 중 하나입니다. 앞서 넘파이로 직접 구현한 것보다 신경망을 훨씬 효율적으로 만들 수 있습니다. 이 장에서 파이토치를 사용하여 어떻게 훈련 속도를 높일 수 있는지 알아보겠습니다.

이 장에서는 머신 러닝과 딥러닝을 훈련하는 새로운 방법을 다룹니다. 다음 주제들을 살펴볼 예정입니다.

- 파이토치를 사용하여 훈련 속도를 높이는 방법 살펴보기
- 파이토치의 Dataset과 DataLoader를 사용하여 입력 파이프라인과 효율적인 모델 훈련 구축하기
- 파이토치를 사용하여 최적화된 머신 러닝 코드 작성하기
- torch.nn 모듈을 사용하여 딥러닝 아키텍처 구성하기
- 인공 신경망을 위해 여러 가지 활성화 함수 선택하기

12.1 파이토치와 훈련 성능

MACHINE LEARNING

파이토치는 머신 러닝 작업 속도를 매우 빠르게 높여 줍니다. 어떻게 이것이 가능한지 이해해 보죠. 먼저 계산 비용이 높은 연산을 수행할 때 마주치게 되는 하드웨어 성능 이슈를 이야기해 보겠습니다. 그다음 파이토치가 무엇인지 이 장에서 어떤 방식으로 배울지 고수준에서 설명하겠습니다.

12.1.1 성능 문제

컴퓨터 프로세서의 성능은 최근 지속적으로 향상되었기 때문에 더 강력하고 복잡한 머신 러닝 시스템을 훈련할 수 있습니다. 결과적으로 머신 러닝 모델의 예측 성능을 향상시킬 수 있습니다. 요즘 가장 저렴한 데스크톱 컴퓨터 하드웨어조차도 여러 개의 코어로 이루어진 프로세서를 가지고 있습니다.

이전 장들에서 보았던 사이킷런의 많은 함수는 여러 프로세스로 연산을 분산할 수 있습니다. 그러나 기본적으로 파이썬은 GIL(Global Interpreter Lock)[1] 때문에 하나의 코어만 활용할 수 있습니다. 멀티프로세싱 라이브러리를 사용하여 여러 개의 코어에 연산을 분산할 수 있지만 최신의 고성능 데스크톱 컴퓨터라도 8개나 16개 이상의 코어를 가진 경우는 거의 없습니다.

11장에서 구현했던 아주 간단한 다층 퍼셉트론을 생각해 보면 하나의 은닉층이 100개의 유닛을 가졌습니다. 매우 단순한 이미지 분류 작업을 위해 약 8만 개의 가중치 파라미터($[784 \times 100+100]+[100 \times 10+10]=79,510$)를 최적화해야 합니다.[2] MNIST는 비교적 작은 이미지(28×28 픽셀)입니다. 은닉층을 추가하거나 고해상도 이미지를 다룰 경우에는 가중치 파라미터 개수가 급격히 늘어날 것입니다. 이런 작업은 금방 단일 프로세스로는 수행하기 어려워집니다. 그럼 어떻게 이런 문제를 효과적으로 해결할 수 있을까요?

이 문제에 대한 확실한 해결책은 일당백의 능력을 가진 GPU를 사용하는 것입니다. 그래픽 카드를 컴퓨터 안에 포함된 작은 컴퓨터 클러스터로 생각할 수 있습니다. 그림 12-1에서 볼 수 있듯이 최신 GPU는 최고 수준의 CPU에 비해 경쟁력이 있습니다.

▼ 그림 12-1 최신 CPU와 GPU 비교

명세	Intel® Core™ i9-13900K Processor	NVIDIA GeForce® RTX™ 4090
Base Clock Frequency	3.00GHz	2.23GHz
Cores	24(32threads)	16384
Memory Bandwidth	89.6GB/s	1,008GB/s
Floating-Point Calculations	845GFLOPS	82.58TFLOPS
Cost	~$600.00	~$1600.00

이 테이블에 있는 정보는 다음 웹 사이트를 참고했습니다(2023년 8월 기준).

---

1 역주 파이썬의 기본 C 구현인 CPython은 하나의 프로세스에 여러 개의 스레드(thread)가 있더라도 한 번에 하나의 스레드만 실행시킵니다. 이를 GIL이라고 하며 파이썬에서 C 확장 모듈의 복잡도를 낮추고 스레드 안전(thread safe)을 보장합니다. 멀티 코어의 이점을 누리지 못하지만 단일 스레드의 성능은 높습니다.

2 역주 이 다층 퍼셉트론은 입력 유닛(픽셀)이 784개, 은닉 유닛이 100개, 출력 유닛이 10개로 이루어져 있습니다. 각 유닛을 완전 연결하는 가중치 개수는 784×100+100×10입니다. 여기에 은닉 유닛과 출력 유닛의 절편 100+10개가 더 필요합니다.

- https://ark.intel.com/content/www/us/en/ark/products/230496/intel-core-i913900k-processor-36m-cache-up-to-5-80-ghz.html과 https://gadgetversus.com/processor/intel-core-i9-13900k-specs/

- https://www.techpowerup.com/gpu-specs/geforce-rtx-4090.c3889

최신 CPU 가격의 2.6배를 투자하면 코어 개수가 682배나 많고 초당 부동소수점 연산을 100배나 많이 할 수 있는 GPU를 구매할 수 있습니다. 그렇다면 머신 러닝 작업에 GPU를 사용하기 어려운 이유가 있을까요? 특정 GPU에 맞는 코드를 작성하는 일은 파이썬 인터프리터에서 코드를 실행하는 것처럼 간단하지 않습니다. CUDA나 OpenCL처럼 특정 GPU를 사용할 수 있도록 도와주는 특별한 패키지가 있습니다. 하지만 CUDA나 OpenCL에서 코드를 작성하는 것은 머신 러닝 알고리즘을 구현하고 실행하기에 편리한 환경이 아닙니다. 다행히도 바로 이런 이유 때문에 파이토치가 개발되었습니다!

12.1.2 파이토치란?

파이토치는 간편한 딥러닝 API를 포함하여 머신 러닝 알고리즘을 구현하고 실행하기 위한 확장성이 좋은 멀티플랫폼 프로그래밍 인터페이스입니다. 파이토치는 FAIR(Facebook AI Research) 연구소의 연구원과 엔지니어들이 개발했습니다. 개발 과정에서 커뮤니티의 기여도 많았습니다. 파이토치는 2016년 9월에 처음 출시되었으며, 수정된 BSD 라이선스에 따라 자유 소프트웨어 및 오픈 소스입니다. 학계와 산업계의 많은 머신 러닝 연구자와 실무자들이 딥러닝 솔루션을 개발하기 위해 파이토치를 채택했습니다(https://pytorch.org/ecosystem/). 예를 들어 테슬라 오토파일러(Tesla Autopilot), 우버(Uber)의 파이로(Pyro), 허깅 페이스(Hugging Face)의 트랜스포머스(Transformers)가 있습니다.

머신 러닝 모델 훈련의 성능을 향상시키기 위해 파이토치는 CPU, GPU 그리고 TPU와 같은 XLA 장치에서 실행할 수 있습니다. 하지만 GPU와 XLA 장치를 사용할 때 가장 뛰어난 성능을 발휘합니다. 파이토치는 공식적으로 CUDA GPU와 ROCm GPU를 지원합니다. 파이토치는 토치(Torch) 라이브러리(http://www.torch.ch)를 기반으로 개발되었습니다. 파이토치란 이름에서 알 수 있듯이 파이토치 개발의 주요 초점은 파이썬 인터페이스입니다.

파이토치는 일련의 노드로 구성된 계산 그래프를 중심으로 만들어졌습니다. 각 노드는 0개 이상의 입력 또는 출력을 가질 수 있는 연산을 나타냅니다. 파이토치는 연산을 평가하고, 계산을 실행하고, 구체적인 값을 즉시 반환하는 명령형 프로그래밍 환경을 제공합니다. 따라서 파이토치의 계산 그래프는 사전에 구성한 후 실행하는 것이 아니라 암묵적으로 정의됩니다.

수학적으로는 텐서를 스칼라(scalar), 벡터, 행렬 등 일반화 형태로 이해할 수 있습니다. 좀 더 구체적으로 말하면 스칼라는 랭크(rank) 0 텐서로 정의할 수 있고 벡터는 랭크 1 텐서, 행렬은 랭크 2 텐서로 정의할 수 있습니다. 세 번째 차원으로 쌓은 행렬은 랭크 3 텐서로 정의할 수 있습니다. 파이토치 텐서는 넘파이 배열과 비슷하지만 자동 미분을 위해 최적화되어 있고 GPU에서 실행할 수 있습니다.

텐서의 개념을 명확히 하기 위해 그림 12-2를 참고하세요. 첫 번째 행이 랭크 0과 랭크 1 텐서이고 두 번째 행이 랭크 2와 랭크 3 텐서입니다.

❤ 그림 12-2 여러 종류의 파이토치 텐서

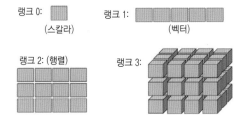

파이토치가 무엇인지 알았으니 사용하는 방법에 대해 살펴보겠습니다.

12.1.3 파이토치 학습 방법

먼저 파이토치의 프로그래밍 방식을 다루겠습니다. 특히 텐서를 만들고 조작하는 방법을 설명합니다. 그다음 데이터를 로드하는 방법과 데이터셋을 효율적으로 순환할 수 있는 torch.utils.data 모듈을 사용하는 방법을 알아보겠습니다. 또한, torch.utils.data.Dataset 모듈에 내장되어 제공하는 데이터셋에 대해 소개하고 사용하는 방법을 배우겠습니다.

이런 기초 사항을 배운 후 파이토치의 신경망 모듈인 torch.nn을 소개합니다. 그다음 모델 구축으로 넘어가서 모델을 구성하고 훈련하는 방법과 나중에 사용하기 위해 디스크에 훈련된 모델을 저장하는 방법도 알아보겠습니다.

12.2 / 파이토치 처음 시작하기

이 절에서 저수준 파이토치 API로 첫발을 내딛어 보겠습니다. 파이토치를 설치한 후 파이토치에서 텐서를 만들고 크기나 데이터 타입 등을 바꾸는 등 다양하게 조작하는 방법을 다루어 보겠습니다.

12.2.1 파이토치 설치

파이토치를 설치하려면 공식 웹 사이트(https://pytorch.org)에 있는 최신 가이드를 참조하는 것이 좋습니다. 아래에서는 대부분의 시스템에서 작동하는 기본 단계를 간략하게 설명합니다.

사용하는 시스템에 따라 다르지만 일반적으로 파이썬의 pip 인스톨러를 사용하여 PyPI로부터 파이토치를 설치할 수 있습니다. 터미널에서 다음 명령을 실행하세요.

```
> pip install torch torchvision
```

이 명령은 가장 최신의 안정 버전을 설치합니다. 이 글을 쓰는 시점에는 2.0.1입니다. 이어지는 코드 예제와 호환이 보장되는 2.0.1 버전을 설치하려면 앞의 명령을 다음과 같이 수정하세요.[3]

```
> pip install torch==1.9.0 torchvision==0.10.0
```

GPU를 사용하고 싶다면 CUDA와 cuDNN이 지원되는 NVIDIA 그래픽 카드가 필요합니다(신경망 훈련에는 GPU 사용이 권장됩니다). 이런 조건이 만족되면 CUDA 11.1의 경우 다음과 같이 파이토치 GPU 버전을 설치할 수 있습니다.[4]

```
> pip install torch==1.9.0+cu111 torchvision==0.10.0+cu111 -f https://download.pytorch.
  org/whl/torch_stable.html
```

CUDA 10.2의 경우는 다음과 같이 설치합니다.

3 　**역주** 최신 파이토치 버전에 맞는 코드는 번역서 깃허브를 참고하세요.

4 　**역주** 텐서플로 2.1 버전부터 CPU 버전과 GPU 버전의 텐서플로가 통합되었습니다. 따라서 tensorflow 패키지를 설치해도 GPU를 사용할 수 있습니다. 만약 GPU가 없다면 에러가 나고 자동으로 CPU를 사용합니다. CPU만 사용하는 경우라면 pip install tensorflow-cpu로 설치하면 패키지 다운로드 용량을 줄일 수 있습니다. 참고로 텐서플로 1.x는 1.15.5 버전까지 릴리스되었습니다.

```
> pip install torch==1.9.0 torchvision==0.10.0  -f https://download.pytorch.org/whl/
torch_stable.html
```

기본 macOS 바이너리는 CUDA를 지원하지 않으므로 소스에서 설치할 수 있습니다(https://pytorch.org/get-started/locally/#mac-from-source).

설치와 설정 과정에 대한 더 자세한 내용은 공식 문서(https://pytorch.org/get-started/locally/)를 참고하세요.

파이토치는 개발 속도가 빠르기 때문에 몇 달 간격으로 여러 기능이 변경된 새로운 버전이 릴리스됩니다. 파이토치 버전을 확인하려면 터미널에서 다음 명령을 입력하세요.

```
> python -c 'import torch; print(torch.__version__)'
```

> **Note ☰ 파이토치 설치 시 문제 해결하기**
>
> 설치 과정에 문제가 있다면 https://pytorch.org/get-started/locally/에 있는 시스템별, 플랫폼별 권고 사항을 읽어 보세요. 이 장에 있는 모든 코드는 CPU에서 실행 가능합니다. GPU를 사용하는 것은 전적으로 선택 사항입니다. 파이토치의 이점을 십분 활용하려면 GPU를 사용하는 것이 좋습니다. 예를 들어 CPU에서 훈련하는 데 일주일이 걸리는 신경망 모델을 최신 GPU에서는 몇 시간 만에 훈련할 수 있습니다. 그래픽 카드가 있다면 설치 페이지를 참고하여 적절히 설정하세요. 또한, 이 설정 가이드(https://sebastianraschka.com/pdf/books/dlb/appendix_h_cloud-computing.pdf)에서 우분투 머신에 NVIDIA 그래픽 카드 드라이버와 CUDA, cuDNN(GPU에서 파이토치를 사용하기 위해 필수는 아니지만 권장됨)을 설치하는 방법을 설명합니다. 17장에서 보겠지만 구글 코랩에서 무료로 GPU를 사용하여 모델을 훈련할 수 있습니다.[5]

12.2.2 파이토치에서 텐서 만들기

그럼 텐서를 만드는 몇 가지 방법에 대해 알아보죠. 그다음 텐서의 속성과 조작 방법을 알아보겠습니다. 먼저 다음과 같이 torch.tensor나 torch.from_numpy 함수를 사용하여 리스트나 넘파이 배열에서 간단히 텐서를 만들 수 있습니다.

---

5 역주 번역서에 있는 모든 주피터 노트북은 코랩에서 실행 가능합니다.

```
>>> import torch
>>> import numpy as np
>>> np.set_printoptions(precision=3)
>>> a = [1, 2, 3]
>>> b = np.array([4, 5, 6], dtype=np.int32)
>>> t_a = torch.tensor(a)
>>> t_b = torch.from_numpy(b)
>>> print(t_a)
>>> print(t_b)
tensor([1, 2, 3])
tensor([4, 5, 6], dtype=torch.int32)
```

텐서 t_a, t_b는 shape=(3,) 속성과 원본 데이터에서 유도된 dtype=int32 속성과 함께 출력됩니다. 넘파이 배열과 비슷하게 이 속성을 확인할 수 있습니다.

```
>>> t_ones = torch.ones(2, 3)
>>> t_ones.shape
torch.Size([2, 3])
>>> print(t_ones)
tensor([[1., 1., 1.],
        [1., 1., 1.]])
```

마지막으로 상수 값을 가진 텐서를 다음과 같이 만들 수도 있습니다.

```
>>> rand_tensor = torch.rand(2,3)
>>> print(rand_tensor)
tensor([[0.1409, 0.2848, 0.8914],
        [0.9223, 0.2924, 0.7889]])
```

12.2.3 텐서의 데이터 타입과 크기 조작

모델이나 연산에 맞는 입력을 준비하려면 텐서를 조작하는 방법을 배워야 합니다. 이 절에서 텐서의 데이터 타입과 크기를 조작하는 방법을 배우겠습니다. 파이토치의 to, reshape, transpose, squeeze(차원 삭제) 함수를 사용합니다.

torch.to() 함수는 텐서의 데이터 타입을 원하는 타입으로 바꿀 수 있습니다.

```
>>> t_a_new = t_a.to(torch.int64)
>>> print(t_a_new.dtype)
torch.int64
```

다른 데이터 타입은 https://pytorch.org/docs/stable/tensor_attributes.html을 참고하세요.

이어지는 장에서 보겠지만 어떤 연산은 특정 차원(즉, 랭크)의 입력 텐서를 필요로 합니다. 차원은 원소의 크기와 관련이 있습니다. 따라서 텐서의 크기를 바꾸고 차원을 추가하거나 불필요한 차원을 제거할 수 있어야 합니다. 파이토치는 이를 위해 torch.transpose(), torch.reshape(), torch.squeeze()와 같은 함수(또는 연산)를 제공합니다. 몇 가지 예를 들어 보겠습니다.

- **텐서 전치하기**
  ```
  >>> t = torch.rand(3, 5)
  >>> t_tr = torch.transpose(t, 0, 1)
  >>> print(t.shape, ' --> ', t_tr.shape)
  torch.Size([3, 5])  -->  torch.Size([5, 3])
  ```

- **텐서 크기 바꾸기(예를 들어 1D 벡터에서 2D 배열로)**
  ```
  >>> t = torch.zeros(30)
  >>> t_reshape = t.reshape(5, 6)
  >>> print(t_reshape.shape)
  torch.Size([5, 6])
  ```

- **불필요한 차원 삭제하기(크기가 1인 차원은 불필요합니다)**
  ```
  >>> t = torch.zeros(1, 2, 1, 4, 1)
  >>> t_sqz = torch.squeeze(t, 2)
  >>> print(t.shape, ' --> ', t_sqz.shape)
  torch.Size([1, 2, 1, 4, 1])  -->  torch.Size([1, 2, 4, 1])
  ```

12.2.4 텐서에 수학 연산 적용

대부분의 경우 머신 러닝 모델을 만들려면 선형대수 연산과 같은 수학 연산이 필수적입니다. 이 절에서는 널리 사용하는 선형대수 연산을 다루겠습니다. 원소별 곱셈, 행렬 곱셈, 텐서의 노름(norm) 연산 등입니다.

먼저 두 개의 랜덤한 텐서를 만들어 보죠. 하나는 [-1, 1) 사이의 균등 분포로 만들고 다른 하나는 표준 정규 분포를 사용해서 만듭니다.

```
>>> torch.manual_seed(1)
>>> t1 = 2 * torch.rand(5, 2) - 1
>>> t2 = torch.normal(mean=0, std=1, size=(5, 2))
```

torch.rand는 [0, 1) 범위의 균등 분포에서 뽑은 랜덤한 값으로 채워진 텐서를 반환합니다.

t1과 t2는 크기가 같습니다. 다음과 같이 t1과 t2를 원소별 곱셈할 수 있습니다.

```
>>> t3 = torch.multiply(t1, t2)
>>> print(t3)
tensor([[ 0.4426, -0.3114],
        [ 0.0660, -0.5970],
        [ 1.1249,  0.0150],
        [ 0.1569,  0.7107],
        [-0.0451, -0.0352]])
```

특정 축(들)을 따라 평균, 합, 표준 편차를 계산하려면 torch.mean(), torch.sum(), torch.std() 를 사용할 수 있습니다. 예를 들어 t1의 각 열 평균은 다음과 같이 계산할 수 있습니다.[6]

```
>>> t4 = torch.mean(t1, axis=0)
>>> print(t4)
tensor([-0.1373,  0.2028])
```

t1과 t2의 행렬 곱셈(즉, $t_1 \times t_2^T$ 여기에서 위 첨자 T는 전치를 의미)은 torch.matmul() 함수를 사용하여 계산할 수 있습니다.

```
>>> t5 = torch.matmul(t1, torch.transpose(t2, 0, 1))
>>> print(t5)
tensor([[ 0.1312,  0.3860, -0.6267, -1.0096, -0.2943],
        [ 0.1647, -0.5310,  0.2434,  0.8035,  0.1980],
        [-0.3855, -0.4422,  1.1399,  1.5558,  0.4781],
        [ 0.1822, -0.5771,  0.2585,  0.8676,  0.2132],
        [ 0.0330,  0.1084, -0.1692, -0.2771, -0.0804]])
```

한편 t1을 전치하여 $t_1^T \times t_2$를 계산하면 2×2 크기 배열을 얻습니다.

```
>>> t6 = torch.matmul(torch.transpose(t1, 0, 1), t2)
>>> print(t6)
tensor([[ 1.7453,  0.3392],
        [-1.6038, -0.2180]])
```

마지막으로 torch.linalg.norm() 함수를 사용하여 텐서의 L^p 노름을 계산합니다. 예를 들어 다음과 같이 t1의 노름 L^2을 계산할 수 있습니다.

6 　역주　axis 매개변수의 기본값은 None으로 모든 차원이 축소되어 스칼라 텐서가 되며 axis 대신에 dim 매개변수를 사용할 수 있습니다.

```
>>> norm_t1 = torch.linalg.norm(t1, ord=2, dim=1)
>>> print(norm_t1)
tensor([0.6785, 0.5078, 1.1162, 0.5488, 0.1853])
```

t1의 L^2 노름 계산이 맞는지 확인하려면 넘파이 함수를 사용해서 np.sqrt(np.sum(np.square(t1. numpy())), axis=1))로 비교해 볼 수 있습니다.

12.2.5 chunk( ), stack( ), cat( ) 함수

이 절에서 하나의 텐서를 여러 개의 텐서로 나누는 텐서플로 연산을 알아보겠습니다. 또는 반대로 여러 개의 텐서를 쌓거나 연결하여 하나의 텐서로 만드는 연산도 알아보겠습니다.

하나의 텐서를 두 개 이상의 텐서로 나누어야 한다고 가정해 보죠. 이를 위해 파이토치는 편리하게 torch.chunk() 함수를 제공합니다. 이 함수는 입력된 텐서를 동일한 크기의 텐서 리스트로 나눕니다. 두 번째 매개변수인 chunks 매개변수에 분할할 텐서 개수를 지정하고 dim 매개변수로 원하는 차원을 지정할 수 있습니다. 또는 torch.split()를 사용하여 원하는 크기를 리스트로 전달할 수도 있습니다. 예를 들어 이런 옵션을 확인해 보겠습니다.

- **분할 개수 지정하기**
  ```
  >>> torch.manual_seed(1)
  >>> t = torch.rand(6)
  >>> print(t)
  tensor([0.7576, 0.2793, 0.4031, 0.7347, 0.0293, 0.7999])
  >>> t_splits = torch.chunk(t, 3)
  >>> [item.numpy() for item in t_splits]
  [array([0.758, 0.279], dtype=float32),
   array([0.403, 0.735], dtype=float32),
   array([0.029, 0.8  ], dtype=float32)]
  ```

  이 예에서 크기 6인 텐서가 크기 2인 텐서 세 개로 나누어졌습니다. 텐서 크기를 chunks 값으로 나눌 수 없는 경우 마지막에 작은 크기의 청크가 만들어집니다.

- **다른 분할 크기 전달하기**

  분할 개수 대신에 출력 텐서의 크기를 직접 지정할 수도 있습니다. 다음 예에서는 크기 5인 텐서를 크기 3과 2인 텐서 두 개로 나눕니다.

```
>>> torch.manual_seed(1)
>>> t = torch.rand(5)
>>> print(t)
tensor([0.7576, 0.2793, 0.4031, 0.7347, 0.0293])
>>> t_splits = torch.split(t, split_size_or_sections=[3, 2])
>>> [item.numpy() for item in t_splits]
[array([0.758, 0.279, 0.403], dtype=float32),
 array([0.735, 0.029], dtype=float32)]
```

이따금 여러 개의 텐서를 연결하거나 쌓아서 하나의 텐서를 만들어야 하는 경우가 있습니다. 이런 경우 torch.stack()과 torch.cat() 같은 파이토치 함수를 사용하면 편리합니다. 예를 들어 크기가 3이고 1로 채워진 1D 텐서 A와 크기가 2이고 0으로 채워진 1D 텐서 B가 있다고 가정해 보죠. 이 두 텐서를 연결하여 크기가 5인 1D 텐서 C를 만들 수 있습니다.

```
>>> A = torch.ones(3)
>>> B = torch.zeros(2)
>>> C = torch.cat([A, B], axis=0)
>>> print(C)
tensor([1., 1., 1., 0., 0.])
```

텐서 A와 텐서 B의 크기가 모두 3이라면 두 텐서를 쌓아서 2D 텐서 S를 만들 수 있습니다.

```
>>> A = torch.ones(3)
>>> B = torch.zeros(3)
>>> S = torch.stack([A, B], axis=1)
>>> print(S)
tensor([[1., 0.],
        [1., 0.],
        [1., 0.]])
```

파이토치 API는 모델 구축, 데이터 처리 등에 사용할 수 있는 많은 연산을 제공합니다. 이 책에서 모든 함수를 다룰 수는 없기 때문에 가장 핵심적인 함수들을 다루겠습니다. 전체 연산과 함수 목록은 파이토치 문서(https://pytorch.org/docs/stable/index.html)를 참고하세요.

12.3 / 파이토치 입력 파이프라인 구축

심층 신경망 모델을 훈련할 때 일반적으로 이전 장에서 본 확률적 경사 하강법과 같은 반복적인 최적화 알고리즘을 사용하여 모델을 점진적으로 훈련합니다.

이 장의 서두에서 언급한 것처럼 torch.nn은 신경망 모델을 만들기 위한 모듈입니다. 훈련 데이터 셋이 작고 텐서로 메모리에 적재할 수 있는 경우에는 이 텐서를 바로 훈련에 사용할 수 있습니다. 하지만 일반적으로 데이터셋이 컴퓨터 메모리보다 클 경우 저장 장치(예를 들어 하드 드라이브나 SSD)에서 데이터를 나누어 배치 단위로 적재해야 합니다(이 장에서는 파이토치에서 사용하는 용어와 맞추기 위해 미니 배치 대신 배치라고 씁니다). 또한, 데이터를 변환하거나 전처리 단계를 수행하기 위한 데이터 처리 파이프라인이 필요할 수 있습니다. 예를 들어 평균을 0에 맞추고 스케일을 조정하거나 과대적합을 막고 훈련 과정을 증식하기 위해 노이즈를 삽입할 수 있습니다.

매번 전처리 함수를 수동으로 적용하는 것은 매우 번거로운 일입니다. 다행히 파이토치는 효율적이고 간편한 전처리 파이프라인을 만들어 주는 특별한 클래스를 제공합니다. 이 절에서 파이토치 Dataset과 DataLoader를 구축하여 데이터 로딩, 셔플링, 배치를 만드는 여러 가지 방법을 알아보겠습니다.

12.3.1 텐서에서 파이토치 DataLoader 만들기

데이터가 텐서, 파이썬 리스트, 넘파이 배열과 같은 형태로 준비되어 있다면 torch.utils.data. DataLoader() 함수를 사용하여 손쉽게 데이터셋을 만들 수 있습니다. 이 함수는 DataLoader 클래스의 객체를 반환합니다. 이 객체를 사용하여 입력 데이터셋에 있는 개별 원소를 순환시킬 수 있습니다. 간단한 예로 0에서 5까지 값을 가진 리스트에서 데이터셋을 만드는 코드를 보겠습니다.

```
>>> from torch.utils.data import DataLoader
>>> t = torch.arange(6, dtype=torch.float32)
>>> data_loader = DataLoader(t)
```

다음과 같이 데이터셋의 개별 원소를 순환할 수 있습니다.

```
>>> for item in data_loader:
...     print(item)
```

```
tensor([0.])
tensor([1.])
tensor([2.])
tensor([3.])
tensor([4.])
tensor([5.])
```

이 데이터셋에서 배치 크기 3의 배치를 만들려면 다음과 같이 batch_size 매개변수를 사용합니다.

```
>>> data_loader = DataLoader(t, batch_size=3, drop_last=False)
>>> for i, batch in enumerate(data_loader, 1):
...     print(f'배치 {i}:', batch)
배치 1: tensor([0., 1., 2.])
배치 2: tensor([3., 4., 5.])
```

앞의 코드는 이 데이터셋에서 두 개의 배치를 만듭니다. 처음 세 개의 원소가 배치 #1에 들어가고 남은 원소가 배치 #2에 들어갑니다. drop_last 매개변수는 텐서의 원소 개수를 원하는 배치 크기로 나눌 수 없는 경우에 유용합니다. drop_last를 True로 설정하면 완전히 채워지지 않은 마지막 배치를 삭제할 수 있습니다. drop_last의 기본값은 False입니다.

데이터셋을 직접 반복할 수도 있지만, 방금 본 것처럼 DataLoader를 사용하면 데이터셋을 자동 배치 또는 사용자 정의 배치로 구성할 수 있습니다.

12.3.2 두 개의 텐서를 하나의 데이터셋으로 연결

종종 데이터는 두 개(또는 그 이상)의 텐서로 구성됩니다. 예를 들어 특성을 위한 텐서와 레이블을 위한 텐서가 있습니다. 이런 경우 이 텐서를 연결하여 하나의 데이터셋으로 만들면 두 텐서의 원소를 튜플로 추출할 수 있습니다.

t_x와 t_y 두 개의 텐서가 있다고 가정해 보죠. 텐서 t_x의 각 샘플은 세 개의 특성을 가지고 있으며, t_y는 샘플의 클래스 레이블을 가지고 있습니다. 먼저 다음과 같이 이 두 텐서를 만듭니다.

```
>>> torch.manual_seed(1)
>>> t_x = torch.rand([4, 3], dtype=torch.float32)
>>> t_y = torch.arange(4)
```

이 두 텐서를 연결하여 데이터셋을 만들어 보죠. 먼저 다음과 같은 Dataset 클래스를 만들어야 합니다.

```
>>> from torch.utils.data import Dataset
>>> class JointDataset(Dataset):
...     def __init__(self, x, y):
...         self.x = x
...         self.y = y
...
...     def __len__(self):
...         return len(self.x)
...
...     def __getitem__(self, idx):
...         return self.x[idx], self.y[idx]
```

사용자 정의 Dataset 클래스는 나중에 데이터 로더가 사용할 다음 두 개의 메서드를 포함해야 합니다.

- **__init__()**: 기존 배열 읽기, 파일 로드, 데이터 필터링 등 초기화 로직이 일어나는 곳입니다.
- **__getitem__()**: 주어진 인덱스에 해당하는 샘플을 반환합니다.

그런 다음 다음과 같이 사용자 정의 데이터셋 클래스를 사용하여 t_x와 t_y의 조인트 데이터셋을 만듭니다.

```
>>> joint_dataset = JointDataset(t_x, t_y)
```

마지막으로 조인트 데이터셋의 각 샘플을 다음과 같이 출력할 수 있습니다.

```
>>> for example in joint_dataset:
...     print(' x: ', example[0], ' y: ', example[1])
 x:  tensor([0.7576, 0.2793, 0.4031])   y:  tensor(0)
 x:  tensor([0.7347, 0.0293, 0.7999])   y:  tensor(1)
 x:  tensor([0.3971, 0.7544, 0.5695])   y:  tensor(2)
 x:  tensor([0.4388, 0.6387, 0.5247])   y:  tensor(3)
```

텐서 형식의 데이터셋인 경우 사용자 정의 Dataset 클래스인 JointDataset을 사용하는 대신 간단하게 torch.utils.data.TensorDataset 클래스를 활용하여 다음과 같이 조인트 데이터셋을 생성할 수 있습니다.

```
>>> from torch.utils.data import TensorDataset
>>> joint_dataset = TensorDataset(t_x, t_y)
```

원본 특성(x)과 레이블(y) 사이의 원소별 대응이 깨지는 것이 일반적인 오류의 원인입니다(**예** 두 데이터셋이 개별적으로 섞이는 경우). 하지만 일단 하나의 데이터셋으로 합쳐지면 이런 작업을 적용해도 안전합니다.

디스크에 있는 이미지 파일 이름 리스트로 구성된 데이터셋이 있는 경우, 이런 파일 이름에서 이미지를 로드하는 함수를 정의할 수 있습니다. 이 장의 뒷부분에서 데이터셋에 여러 변환을 적용하는 예제를 살펴보겠습니다.

12.3.3 셔플, 배치, 반복

2장에서 언급했듯이 확률적 경사 하강법 최적화 방식으로 신경망 모델을 훈련하려면 훈련 데이터를 무작위로 섞은 배치로 만들어 주입하는 것이 중요합니다. 앞서 데이터 로더 객체의 batch_size 매개변수를 사용하여 배치 크기를 지정하는 방법을 보았습니다. 이제 배치를 만드는 것 외에도 데이터셋을 섞거나 재순환하는 방법을 알아보겠습니다. 계속해서 앞서 만든 joint_dataset을 사용하겠습니다.

먼저 joint_dataset을 사용하여 셔플링된 데이터 로더를 만들어 보죠.

```
>>> torch.manual_seed(1)
>>> data_loader = DataLoader(dataset=joint_dataset, batch_size=2, shuffle=True)
```

여기에서 각 배치는 두 개의 데이터 레코드(x)와 해당 레이블(y)을 포함합니다. 이제 다음과 같이 데이터 로더를 항목별로 순회합니다.

```
>>> for i, batch in enumerate(data_loader, 1):
...     print(f'배치 {i}:', 'x:', batch[0],
              '\n       y:', batch[1])
배치 1: x: tensor([[0.4388, 0.6387, 0.5247],
      [0.3971, 0.7544, 0.5695]])
       y: tensor([3, 2])
배치 2: x: tensor([[0.7576, 0.2793, 0.4031],
      [0.7347, 0.0293, 0.7999]])
       y: tensor([0, 1])
```

x와 y 항목 간 일대일 대응이 깨지지 않고 행이 섞여 있습니다.

또한, 여러 에포크 동안 모델을 훈련할 때 데이터셋을 원하는 에포크 수만큼 섞어서 반복해야 합니다. 따라서 배치 데이터셋을 두 번 반복해 보겠습니다.

```
>>> for epoch in range(2):
>>>     print(f'에포크 {epoch+1}')
>>>     for i, batch in enumerate(data_loader, 1):
...         print(f'배치 {i}:', 'x:', batch[0],
                   '\n      y:', batch[1])
에포크 1
배치 1: x: tensor([[0.7347, 0.0293, 0.7999],
      [0.3971, 0.7544, 0.5695]])
      y: tensor([1, 2])
배치 2: x: tensor([[0.4388, 0.6387, 0.5247],
      [0.7576, 0.2793, 0.4031]])
      y: tensor([3, 0])
에포크 2
배치 1: x: tensor([[0.3971, 0.7544, 0.5695],
      [0.7576, 0.2793, 0.4031]])
      y: tensor([2, 0])
배치 2: x: tensor([[0.7347, 0.0293, 0.7999],
      [0.4388, 0.6387, 0.5247]])
      y: tensor([1, 3])
```

이렇게 하면 두 개의 다른 배치 집합이 만들어집니다. 첫 번째 에포크의 첫 번째 배치에는 [y=1, y=2] 쌍이 포함되고 두 번째 배치에는 [y=3, y=0] 쌍이 포함됩니다. 두 번째 에포크에서는 두 배치에 각각 [y=2, y=0] 및 [y=1, y=3] 쌍이 포함됩니다. 각 반복마다 배치 내의 원소도 셔플됩니다.

12.3.4 로컬 디스크에 있는 파일에서 데이터셋 만들기

이 절에서 디스크에 저장된 이미지 파일에서 데이터셋을 만들겠습니다. 이 장의 깃허브 폴더 안에 이 절에서 사용할 이미지 폴더가 있습니다. 이 폴더를 다운로드하면 고양이와 강아지의 JPEG 이미지 여섯 개를 볼 수 있습니다.

작은 이 데이터셋으로 파일에서 데이터셋을 어떻게 만드는지 알아보겠습니다. 이를 위해 두 개의 추가 모듈을 사용합니다. PIL의 Image 모듈은 이미지 파일의 내용을 읽고, torchvision의 transforms는 이 원본 내용을 디코딩하고 이미지 크기를 바꿉니다.

Note ≡ PIL.Image와 torchvision.transforms 모듈은 이 책에서 다루지 않은 많은 유용한 함수를 제공합니다. 이런 함수에 대한 자세한 내용은 공식 문서를 참고하세요.

• PIL.Image: https://pillow.readthedocs.io/en/stable/reference/Image.html
• torchvision.transforms: https://pytorch.org/vision/stable/transforms.html

시작하기 전에 파일 내용을 살펴보죠. pathlib 라이브러리를 사용하여 이미지 파일의 리스트를 만들겠습니다.

```
>>> import pathlib
>>> imgdir_path = pathlib.Path('cat_dog_images')
>>> file_list = sorted([str(path) for path in
...                     imgdir_path.glob('*.jpg')])
>>> print(file_list)
['cat_dog_images/dog-03.jpg', 'cat_dog_images/cat-01.jpg', 'cat_dog_images/cat-02.jpg',
'cat_dog_images/cat-03.jpg', 'cat_dog_images/dog-01.jpg', 'cat_dog_images/dog-02.jpg']
```

그다음 맷플롯립을 사용하여 이미지 샘플을 출력해 보겠습니다.

```
>>> import matplotlib.pyplot as plt
>>> import os
>>> from PIL import Image
>>> fig = plt.figure(figsize=(10, 5))
>>> for i, file in enumerate(file_list):
...     img = Image.open(file)
...     print('Image shape:', np.array(img).shape)
...     ax = fig.add_subplot(2, 3, i+1)
...     ax.set_xticks([]); ax.set_yticks([])
...     ax.imshow(img)
...     ax.set_title(os.path.basename(file), size=15)
>>> plt.tight_layout()
>>> plt.show()
Image shape: (900, 1200, 3)
Image shape: (900, 1200, 3)
Image shape: (900, 1200, 3)
Image shape: (900, 742, 3)
Image shape: (800, 1200, 3)
Image shape: (800, 1200, 3)
```

그림 12-3에서 샘플 이미지를 볼 수 있습니다.

cat-01.jpg

cat-02.jpg

cat-03.jpg

dog-01.jpg

dog-02.jpg

dog-03.jpg

출력된 이미지와 크기를 보면 다른 비율의 이미지라는 것을 알 수 있습니다. 이미지의 가로세로 비율(또는 데이터 배열 크기)을 보면 일부 이미지는 900픽셀의 높이와 1200픽셀의 너비입니다 (900×1200). 다른 이미지는 800×1200이고, 또 하나는 900×742입니다. 나중에 이미지를 전처리하여 동일한 크기로 만들겠습니다. 레이블은 파일 이름 안에 포함되어 있습니다. 따라서 파일 이름 리스트에서 레이블을 추출하여 강아지는 1, 고양이는 0으로 할당합니다.

```
>>> labels = [1 if 'dog' in
...                 os.path.basename(file) else 0
...                     for file in file_list]
>>> print(labels)
[0, 0, 0, 1, 1, 1]
```

이제 파일 이름(또는 이미지 경로)의 리스트와 레이블의 리스트 두 개가 준비되었습니다. 이전 절에서 두 개의 배열을 사용해서 조인트 데이터셋을 만드는 방법을 배웠습니다. 여기에서는 다음과 같이 하겠습니다.

```
>>> class ImageDataset(Dataset):
...     def __init__(self, file_list, labels):
...         self.file_list = file_list
...         self.labels = labels
...
...     def __getitem__(self, index):
...         file = self.file_list[index]
...         label = self.labels[index]
```

```
...           return file, label
...
...       def __len__(self):
...           return len(self.labels)
>>> image_dataset = ImageDataset(file_list, labels)
>>> for file, label in image_dataset:
...     print(file, label)
cat_dog_images/cat-01.jpg 0
cat_dog_images/cat-02.jpg 0
cat_dog_images/cat-03.jpg 0
cat_dog_images/dog-01.jpg 1
cat_dog_images/dog-02.jpg 1
cat_dog_images/dog-03.jpg 1
```

이 조인트 데이터셋은 파일 이름과 레이블을 가지고 있습니다.

그다음 이 데이터셋에 변환을 적용해야 합니다. 파일 경로에서 이미지 콘텐츠를 로드하고, 원시 콘텐츠를 디코딩한 후 원하는 크기(圖 80×120)로 조정합니다. 앞서 언급했듯이 다음과 같이 torchvision.transforms 모듈을 사용하여 이미지의 크기를 조정하고 로드된 픽셀을 텐서로 변환합니다.

```
>>> import torchvision.transforms as transforms
>>> img_height, img_width = 80, 120
>>> transform = transforms.Compose([
...     transforms.ToTensor(),
...     transforms.Resize((img_height, img_width)),
... ])
```

방금 정의한 transform을 적용할 수 있도록 ImageDataset 클래스를 수정합니다.

```
>>> class ImageDataset(Dataset):
...     def __init__(self, file_list, labels, transform=None):
...         self.file_list = file_list
...         self.labels = labels
...         self.transform = transform
...
...     def __getitem__(self, index):
...         img = Image.open(self.file_list[index])
...         if self.transform is not None:
...             img = self.transform(img)
...         label = self.labels[index]
...         return img, label
```

```
...
...     def __len__(self):
...         return len(self.labels)
>>>
>>> image_dataset = ImageDataset(file_list, labels, transform)
```

마지막으로 맷플롯립을 사용하여 변환된 이미지를 시각화합니다.

```
>>> fig = plt.figure(figsize=(10, 6))
>>> for i, example in enumerate(image_dataset):
...     ax = fig.add_subplot(2, 3, i+1)
...     ax.set_xticks([]); ax.set_yticks([])
...     ax.imshow(example[0].numpy().transpose((1, 2, 0)))
...     ax.set_title(f'{example[1]}', size=15)
...
>>> plt.tight_layout()
>>> plt.show()
```

이 코드는 그림 12-4와 같이 샘플 이미지와 레이블을 출력합니다.

❤ 그림 12-4 레이블이 부여된 이미지

ImageDataset 클래스의 __getitem__ 메서드는 원시 콘텐츠(이미지 및 레이블)를 로딩하고, 이미지를 텐서로 디코딩하고, 이미지 크기를 조정하는 등 총 네 개의 단계를 하나의 함수로 감쌉니다. 그다음 이 함수는 데이터 로더를 통해 이전 절에서 배운 다른 연산(예 셔플링 및 배치 처리)을 적용할 수 있는 데이터셋을 반환합니다.

12.3.5 torchvision.datasets 라이브러리에서 데이터셋 로드

torchvision.datasets 라이브러리는 딥러닝 모델 훈련과 평가에 사용할 수 있는 다양한 이미지 데이터셋을 제공합니다. 비슷하게 torchtext.datasets 라이브러리는 자연어 데이터셋을 제공합니다. 여기에서는 torchvision.datasets를 사용합니다.

torchvision 데이터셋[7]은 구조가 잘 갖추어져 있으며, 특성과 레이블 포맷, 타입과 차원, 데이터셋의 원본 소스에 대한 링크 등 유익한 설명이 함께 제공됩니다. 또 다른 장점은 이런 데이터셋이 모두 torch.utils.data.Dataset의 서브클래스이기 때문에 이전 섹션에서 다룬 모든 함수를 바로 사용할 수 있다는 것입니다. 그럼 이런 데이터셋을 실제로 사용하는 방법을 살펴보겠습니다.

먼저 파이토치와 함께 torchvision을 아직 설치하지 않았다면 명령줄에서 pip로 torchvision 라이브러리를 설치해야 합니다.

> `pip install torchvision`

사용 가능한 데이터셋 목록은 https://pytorch.org/vision/stable/datasets.html에서 확인할 수 있습니다.

이어지는 단락에서는 두 개의 다른 데이터셋인 CelebA(celeb_a)와 MNIST 숫자 데이터셋을 가져오는 방법에 대해 설명합니다.

먼저 torchvision.datasets.CelebA[8]로 CelebA[9] 데이터셋을 가져와 보겠습니다. torchvision.datasets.CelebA에 대한 설명에서 데이터셋의 구조를 이해하는 데 도움이 되는 몇 가지 유용한 정보를 확인할 수 있습니다.

- 이 데이터셋은 'train', 'valid', 'test' 세 개의 서브셋을 가지고 있습니다. split 매개변수를 사용하여 특정 서브셋 또는 전체 서브셋을 선택할 수 있습니다.

- 이미지는 PIL.Image 포맷으로 저장되어 있습니다. transforms.ToTensor나 transforms.Resize와 같은 사용자 정의 transform 함수를 사용하여 변환된 버전을 얻을 수 있습니다.

- 'attributes', 'identity', 'landmarks'와 같은 다양한 종류의 타깃을 사용할 수 있습니다. 'attributes'는 표정, 메이크업, 머리카락 특징 등 이미지 속 인물의 40가지 얼굴 속성입니

---

7 https://pytorch.org/vision/stable/datasets.html

8 https://pytorch.org/vision/stable/datasets.html#celeba

9 http://mmlab.ie.cuhk.edu.hk/projects/CelebA.html

다. 'identity'는 이미지에 대한 인물 ID고 'landmarks'는 눈, 코의 위치 등 얼굴에서 추출한 포인트의 딕셔너리입니다.

그다음 torchvision.datasets.CelebA 클래스를 호출하여 데이터를 다운로드해서 지정된 폴더의 디스크에 저장하고, torch.utils.data.Dataset 객체로 로드합니다.

```
>>> import torchvision
>>> image_path = './'
>>> celeba_dataset = torchvision.datasets.CelebA(
...     image_path, split='train', target_type='attr', download=True
... )
1443490838/? [01:28<00:00, 6730259.81it/s]
26721026/? [00:03<00:00, 8225581.57it/s]
3424458/? [00:00<00:00, 14141274.46it/s]
6082035/? [00:00<00:00, 21695906.49it/s]
12156055/? [00:00<00:00, 12002767.35it/s]
2836386/? [00:00<00:00, 3858079.93it/s]
```

BadZipFile: File is not a zip file error 에러나 RuntimeError: The daily quota of the file img_align_celeba.zip is exceeded and it can't be downloaded와 같은 에러를 만날 수 있습니다. 이는 구글 드라이브의 제한 사항이며 나중에 다시 시도해야 합니다. 구글 드라이브의 일일 최대 허용 트래픽이 CelebA 파일로 인해 초과되었다는 의미입니다. 이 문제를 해결하기 위해 원본 소스(http://mmlab.ie.cuhk.edu.hk/projects/CelebA.html)에서 파일을 수동으로 다운로드할 수 있습니다. 다운로드 폴더인 celeba/에서 img_align_celeba.zip 파일의 압축을 풀 수 있습니다. image_path는 다운로드한 폴더의 루트인 celeba/입니다. 이미 파일을 한 번 다운로드한 경우 download=False로 설정합니다. 추가 정보 및 가이드는 이 장의 노트북[10]을 참고하세요.

생성된 데이터셋이 torch.utils.data.Dataset 클래스의 객체인지 확인해 봅시다.

```
>>> assert isinstance(celeba_dataset, torch.utils.data.Dataset)
```

앞서 언급했듯이 데이터셋은 이미 훈련, 테스트, 검증 세트로 분할되어 있습니다. 여기에서는 훈련 세트만 로드하고 'attributes' 타깃만 사용합니다. 다음 코드를 실행하여 데이터 샘플이 어떻게 보이는지 확인해 보겠습니다.

---

10 https://github.com/rickiepark/ml-with-pytorch/blob/main/ch12/ch12_part1.ipynb

```
>>> example = next(iter(celeba_dataset))
>>> print(example)
(<PIL.JpegImagePlugin.JpegImageFile image mode=RGB size=178x218 at 0x120C6C668>,
tensor([0, 1, 1, 0, 0, 0, 0, 0, 0, 0, 0, 1, 0, 0, 0, 0, 0, 0, 1, 1, 0, 1, 0, 0, 1, 0,
0, 1, 0, 0, 0, 1, 1, 0, 1, 0, 1, 0, 0, 1]))
```

이 데이터셋의 샘플은 (PIL.Image, attributes)의 튜플입니다. 훈련 중에 이 데이터셋을 지도 학습 딥러닝 모델에 전달하려면 (특성 텐서, 레이블)의 튜플로 다시 바꾸어야 합니다. attributes의 31번째 원소인 'Smiling' 카테고리를 레이블로 사용하겠습니다.

마지막으로 'Smiling' 레이블과 함께 처음 18개의 샘플을 시각화해 보겠습니다.

```
>>> from itertools import islice
>>> fig = plt.figure(figsize=(12, 8))
>>> for i, (image, attributes) in islice(enumerate(celeba_dataset), 18):
...     ax = fig.add_subplot(3, 6, i+1)
...     ax.set_xticks([]); ax.set_yticks([])
...     ax.imshow(image)
...     ax.set_title(f'{attributes[31]}', size=15)
>>> plt.show()
```

celeba_dataset에서 추출한 샘플과 레이블은 그림 12-5와 같습니다.

❤ 그림 12-5 이 데이터셋을 사용해서 웃는 얼굴인지 여부를 예측해야 한다

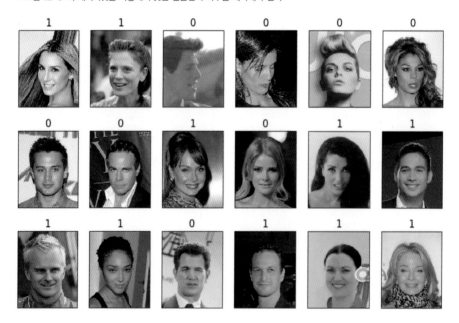

이것이 CelebA 이미지 데이터셋을 다운로드하고 사용하기 위해 필요한 전부입니다.

그다음 torchvision.datasets.MNIST에서 두 번째 데이터셋을 가져와 보겠습니다. MNIST 숫자 데이터셋을 다운로드하는 방법은 다음과 같습니다.

- 이 데이터셋은 'train'과 'test' 두 부분으로 나뉘어져 있습니다. 로드할 서브셋을 지정해야 합니다.
- PIL.Image 포맷으로 이미지가 저장되어 있습니다. transforms.ToTensor와 transforms.Resize 같은 사용자 정의 transform 함수를 사용해서 이미지를 변환할 수 있습니다.
- 타깃은 0에서 9까지 열 개의 클래스입니다.

'train' 서브셋을 다운로드하고 원소를 튜플로 바꾸어 열 개의 샘플을 시각화해 보겠습니다.

```
>>> mnist_dataset = torchvision.datasets.MNIST(image_path, 'train', download=True)
>>> assert isinstance(mnist_dataset, torch.utils.data.Dataset)
>>> example = next(iter(mnist_dataset))
>>> print(example)
(<PIL.Image.Image image mode=L size=28x28 at 0x126895B00>, 5)
>>> fig = plt.figure(figsize=(15, 6))
>>> for i, (image, label) in islice(enumerate(mnist_dataset), 10):
...     ax = fig.add_subplot(2, 5, i+1)
...     ax.set_xticks([]); ax.set_yticks([])
...     ax.imshow(image, cmap='gray_r')
...     ax.set_title(f'{label}', size=15)
>>> plt.show()
```

이 데이터셋에서 추출한 손글씨 숫자 샘플은 그림 12-6과 같습니다.

▼ 그림 12-6 손글씨 이미지가 어떤 숫자인지 예측해야 한다

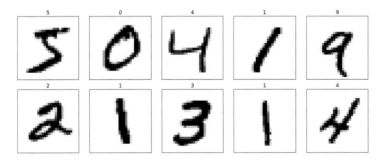

이것으로 데이터셋 구축 및 조작과 torchvision.datasets 라이브러리로 데이터셋을 다운로드하는 방법에 대한 내용을 마칩니다. 이제 파이토치에서 신경망 모델을 구축하는 방법을 살펴보겠습니다.

12.4 / 파이토치로 신경망 모델 만들기

지금까지 이 장에서 텐서를 조작하고 훈련할 때 순환시킬 수 있는 형태로 데이터를 구성하기 위한 텐서플로의 기본 기능을 배웠습니다. 이 절에서는 파이토치를 사용해서 첫 번째 예측 모델을 만들어 보겠습니다. 파이토치는 유연하지만 사이킷런과 같은 머신 러닝 라이브러리보다 좀 더 복잡하기 때문에 간단한 선형 회귀 모델부터 시작해 보겠습니다.

12.4.1 파이토치 신경망 모듈(torch.nn)

torch.nn은 신경망 구축과 훈련을 위해 우아하게 고안된 모듈입니다. 몇 줄의 코드로 프로토타입을 쉽게 만들고 복잡한 모델을 구성할 수 있습니다.

모델의 기능을 최대한 활용하고 주어진 문제에 맞게 커스터마이징하려면 이 모듈이 어떤 작업을 수행하는지 이해해야 합니다. 이런 이해를 돕기 위해 torch.nn 모듈의 기능을 사용하지 않고 기본적인 파이토치 텐서 연산만 사용하여 간단한 데이터셋으로 선형 회귀 모델을 훈련해 보겠습니다.

그다음 torch.nn과 torch.optim의 기능을 점진적으로 추가하겠습니다. 이어지는 절에서 볼 수 있듯이 이런 모듈을 사용하면 신경망 모델을 매우 쉽게 구축할 수 있습니다. 또한, 이전 절에서 배운 Dataset 및 DataLoader와 같이 파이토치에서 지원되는 데이터셋 파이프라인 기능도 활용하겠습니다. 이 책에서는 신경망 모델 구축에 torch.nn 모듈을 사용합니다.

파이토치에서 신경망을 구축하는 데 가장 일반적으로 사용되는 방법은 층을 쌓아 네트워크를 구성할 수 있는 nn.Module을 사용하는 것입니다. 이렇게 구성하면 정방향 계산을 제어하기 편리합니다. nn.Module 클래스를 사용하여 신경망 모델을 구축하는 예제를 살펴보겠습니다.

마지막으로 이어지는 절에서 보듯이 나중에 사용하기 위해 훈련된 모델을 저장하고 다시 로드할 수 있습니다.

12.4.2 선형 회귀 모델 만들기

이 절에서는 선형 회귀 문제를 푸는 간단한 모델을 만들어 보겠습니다. 먼저 넘파이로 작은 데이터셋을 만들고 그래프로 그려 봅니다.

```
>>> X_train = np.arange(10, dtype='float32').reshape((10, 1))
>>> y_train = np.array([1.0, 1.3, 3.1, 2.0, 5.0,
...                      6.3, 6.6, 7.4, 8.0,
...                      9.0], dtype='float32')
>>> plt.plot(X_train, y_train, 'o', markersize=10)
>>> plt.xlabel('x')
>>> plt.ylabel('y')
>>> plt.show()
```

그래프 결과는 그림 12-7과 같이 훈련 샘플이 나타난 산점도입니다.

❤ 그림 12-7 훈련 샘플의 산점도

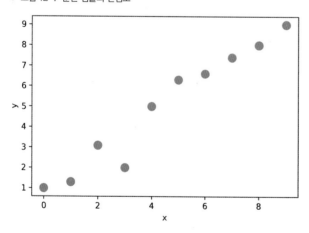

그다음 (평균을 빼고 표준 편차로 나누어) 특성을 표준화하고 훈련 세트를 위한 파이토치 Dataset 과 이에 해당하는 DataLoader를 만듭니다.

```
>>> from torch.utils.data import TensorDataset
>>> X_train_norm = (X_train - np.mean(X_train)) / np.std(X_train)
>>> X_train_norm = torch.from_numpy(X_train_norm)
```

```
>>> y_train = torch.from_numpy(y_train).float()
>>> train_ds = TensorDataset(X_train_norm, y_train)
>>> batch_size = 1
>>> train_dl = DataLoader(train_ds, batch_size, shuffle=True)
```

여기에서는 DataLoader의 배치 크기를 1로 설정했습니다.

이제 $z = wx + b$로 선형 회귀 모델을 정의합니다. 복잡한 신경망 모델을 위해 사전에 정의된 층을 제공하는 torch.nn 모듈을 사용할 수 있지만 처음에는 밑바닥부터 모델을 정의하는 방법을 배워 보겠습니다. 나중에 이 장에서 사전 정의된 층을 사용하는 방법을 알아보겠습니다.

이 회귀 문제에 대해 직접 선형 회귀 모델을 정의합니다. 모델의 파라미터로 가중치와 절편에 해당하는 weight와 bias를 정의합니다. 마지막으로 입력 데이터를 사용하여 출력을 생성하는 model() 함수를 정의합니다.

```
>>> torch.manual_seed(1)
>>> weight = torch.randn(1)
>>> weight.requires_grad_()
>>> bias = torch.zeros(1, requires_grad=True)
>>> def model(xb):
...     return xb @ weight + bias
```

모델을 정의한 후 최적의 모델 파라미터를 찾기 위해서 최소화할 손실 함수를 정의합니다. 여기에서는 손실 함수로 **평균 제곱 오차**(MSE)를 사용합니다.

```
>>> def loss_fn(input, target):
...     return (input-target).pow(2).mean()
```

또한, 모델 파라미터를 학습하기 위해 확률적 경사 하강법을 사용합니다. 이 절에서는 직접 확률적 경사 하강법 훈련을 구현하겠습니다. 하지만 다음 절에서 동일한 작업을 위해 최적화 패키지인 torch.optim에서 SGD 클래스를 사용합니다.

확률적 경사 하강법 알고리즘을 구현하려면 그레이디언트를 계산해야 합니다. 수동으로 그레이디언트를 계산하는 대신 파이토치의 torch.autograd.backward 함수를 사용하겠습니다. 13장에서 torch.autograd와 자동 미분을 구현하기 위한 다른 클래스와 함수를 소개하겠습니다.

이제 학습률을 설정하고 200번 에포크 동안 모델을 훈련합니다. 배치 데이터셋에서 모델을 훈련하는 코드는 다음과 같습니다.

```
>>> learning_rate = 0.001
>>> num_epochs = 200
>>> log_epochs = 10
>>> for epoch in range(num_epochs):
...     for x_batch, y_batch in train_dl:
...         pred = model(x_batch)
...         loss = loss_fn(pred, y_batch.long())
...         loss.backward()
...     with torch.no_grad():
...         weight -= weight.grad * learning_rate
...         bias -= bias.grad * learning_rate
...         weight.grad.zero_()
...         bias.grad.zero_()
...     if epoch % log_epochs==0:
...         print(f'에포크 {epoch}  손실 {loss.item():.4f}')
에포크 0   손실 5.1701
에포크 10   손실 30.3370
에포크 20   손실 26.9436
에포크 30   손실 0.9315
에포크 40   손실 3.5942
에포크 50   손실 5.8960
에포크 60   손실 3.7567
에포크 70   손실 1.5877
에포크 80   손실 0.6213
에포크 90   손실 1.5596
에포크 100   손실 0.2583
에포크 110   손실 0.6957
에포크 120   손실 0.2659
에포크 130   손실 0.1615
에포크 140   손실 0.6025
에포크 150   손실 0.0639
에포크 160   손실 0.1177
에포크 170   손실 0.3501
에포크 180   손실 0.3281
에포크 190   손실 0.0970
```

훈련된 모델을 확인하고 그래프로 그려 보겠습니다. 0에서 9까지 일정한 간격을 가진 넘파이 배열을 테스트 데이터로 만듭니다. 표준화된 특성으로 모델을 훈련했기 때문에 테스트 데이터에도 동일한 표준화를 적용합니다.

```
>>> print('최종 파라미터:', weight.item(), bias.item())
최종 파라미터: 2.669806480407715 4.879569053649902
>>> X_test = np.linspace(0, 9, num=100, dtype='float32').reshape(-1, 1)
```

```
>>> X_test_norm = (X_test - np.mean(X_train)) / np.std(X_train)
>>> X_test_norm = torch.from_numpy(X_test_norm)
>>> y_pred = model(X_test_norm).detach()
>>> fig = plt.figure(figsize=(13, 5))
>>> ax = fig.add_subplot(1, 2, 1)
>>> plt.plot(X_train_norm, y_train, 'o', markersize=10)
>>> plt.plot(X_test_norm, y_pred, '--', lw=3)
>>> plt.legend(['Training examples', 'Linear reg.'], fontsize=15)
>>> ax.set_xlabel('x', size=15)
>>> ax.set_ylabel('y', size=15)
>>> ax.tick_params(axis='both', which='major', labelsize=15)
>>> plt.show()
```

그림 12-8은 훈련 샘플의 산점도와 훈련된 선형 회귀 모델을 보여 줍니다.

❤ 그림 12-8 데이터에 잘 맞는 선형 회귀 모델

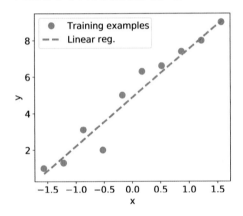

12.4.3 torch.nn과 torch.optim 모듈로 모델 훈련하기

이전 절에서 사용자 정의 함수 loss_fn()을 만들고 확률적 경사 하강법을 적용하여 모듈을 훈련했습니다. 하지만 손실 함수 작성과 그레이디언트 업데이트는 프로젝트마다 반복되는 작업입니다. torch.nn 모듈은 여러 가지 손실 함수를 제공하며 torch.optim 모듈은 계산된 그레이디언트를 기반으로 파라미터를 업데이트하는 데 가장 널리 사용되는 최적화 알고리즘을 지원합니다.

```
>>> import torch.nn as nn
>>> loss_fn = nn.MSELoss(reduction='mean')
>>> input_size = 1
>>> output_size = 1
```

```
>>> model = nn.Linear(input_size, output_size)
>>> optimizer = torch.optim.SGD(model.parameters(), lr=learning_rate)
```

여기에서는 직접 선형 층을 정의하지 않고 torch.nn.Linear 클래스를 사용했습니다.

이제 모델 훈련을 위해 optimizer 객체의 step() 메서드를 호출하면 됩니다. (이전 예제에서 만든 train_dl을 사용하여) 배치 데이터셋을 모델에 전달합니다.

```
>>> for epoch in range(num_epochs):
...     for x_batch, y_batch in train_dl:
...         # 1. 예측을 생성합니다
...         pred = model(x_batch)[:, 0]
...         # 2. 손실을 계산합니다
...         loss = loss_fn(pred, y_batch)
...         # 3. 그레이디언트를 계산합니다
...         loss.backward()
...         # 4. 그레이디언트를 사용하여 파라미터를 업데이트합니다
...         optimizer.step()
...         # 5. 그레이디언트를 0으로 초기화합니다
...         optimizer.zero_grad()
...     if epoch % log_epochs==0:
...         print(f'에포크 {epoch}  손실 {loss.item():.4f}')
```

모델을 훈련한 후 결과를 출력하여 이전 예제의 결과와 비슷한지 확인해 보죠. 다음과 같이 가중치와 절편 파라미터를 확인할 수 있습니다.

```
>>> print('최종 파라미터:', model.weight.item(), model.bias.item())
최종 파라미터: 2.646660089492798 4.883835315704346
```

12.4.4 붓꽃 데이터셋을 분류하는 다층 퍼셉트론 만들기

이전 예제에서 밑바닥부터 모델을 만드는 방법을 보았습니다. 이 모델을 확률적 경사 하강법으로 훈련했습니다. 아주 간단한 예제로 시작했지만 간단하더라도 처음부터 모델을 정의하는 것은 멋지지도 않고 좋은 방법도 아닙니다. 파이토치는 신경망 모델의 구성 요소로 사용할 수 있는 사전 정의된 층을 torch.nn 모듈을 통해 제공합니다. 이 절에서 이런 층을 사용하여 붓꽃 데이터셋에서 (세 개의 붓꽃 품종을 식별하는) 분류 문제를 해결하고 torch.nn 모듈을 사용하여 두 개의 층으로 구성된 퍼셉트론을 구축하는 방법을 알아보겠습니다. 먼저 sklearn.datasets에서 데이터를 다운로드합니다.

```
>>> from sklearn.datasets import load_iris
>>> from sklearn.model_selection import train_test_split
>>> iris = load_iris()
>>> X = iris['data']
>>> y = iris['target']
>>> X_train, X_test, y_train, y_test = train_test_split(
...     X, y, test_size=1./3, random_state=1)
```

랜덤하게 100개의 샘플(2/3)을 훈련용으로, 50개의 샘플(1/3)을 테스트용으로 선택합니다.

그다음 (평균을 빼고 표준 편차로 나누어) 특성을 표준화하고 훈련 세트를 위한 파이토치 Dataset 과 이에 해당하는 DataLoader를 만듭니다.

```
>>> X_train_norm = (X_train - np.mean(X_train)) / np.std(X_train)
>>> X_train_norm = torch.from_numpy(X_train_norm).float()
>>> y_train = torch.from_numpy(y_train)
>>> train_ds = TensorDataset(X_train_norm, y_train)
>>> torch.manual_seed(1)
>>> batch_size = 2
>>> train_dl = DataLoader(train_ds, batch_size, shuffle=True)
```

여기에서는 DataLoader의 배치 크기를 2로 설정했습니다.

이제 torch.nn 모듈을 사용해서 모델을 구축할 준비가 되었습니다. nn.Module 클래스를 사용해서 몇 개의 층을 쌓아 신경망을 만들 수 있습니다. 사용할 수 있는 전체 층 목록은 https://pytorch. org/docs/stable/nn.html에서 볼 수 있습니다. 여기에서는 완전 연결 층 또는 밀집 층이라고 부르는 Linear 층을 사용하겠습니다. 이 층은 $f(w \times x + b)$로 표현할 수 있습니다. x는 입력 특성을 담고 있는 텐서고 w와 b는 가중치 행렬과 절편 벡터입니다. f는 활성화 함수에 해당합니다.

신경망에 있는 각 층은 이전 층으로부터 입력을 받습니다. 따라서 차원(랭크와 크기)이 고정됩니다. 일반적으로 신경망 아키텍처를 설계할 때만 출력 차원을 고려할 필요가 있습니다. 여기에서 는 두 개의 은닉층을 가진 모델을 정의합니다. 첫 번째 층은 네 개의 특성으로 구성된 입력을 받아 16개의 뉴런에 투영합니다. 두 번째 층은 이전 층의 출력(크기 16)을 받아 (클래스 레이블이 세 개 이므로) 세 개의 출력 뉴런에 투영합니다. 이 모델을 만드는 코드는 다음과 같습니다.

```
>>> class Model(nn.Module):
...     def __init__(self, input_size, hidden_size, output_size):
...         super().__init__()
...         self.layer1 = nn.Linear(input_size, hidden_size)
...         self.layer2 = nn.Linear(hidden_size, output_size)
...     def forward(self, x):
```

```
...          x = self.layer1(x)
...          x = nn.Sigmoid()(x)
...          x = self.layer2(x)
...          return x
>>> input_size = X_train_norm.shape[1]
>>> hidden_size = 16
>>> output_size = 3
>>> model = Model(input_size, hidden_size, output_size)
```

첫 번째 층에 시그모이드 활성화 함수를 사용하고 마지막 (출력)층에 소프트맥스 활성화 함수를 사용했습니다. 마지막 층의 소프트맥스 활성화를 사용해서 다중 분류를 수행합니다(이것이 세 개의 뉴런을 가진 출력층을 만든 이유입니다). 나중에 이 장에서 다른 활성화 함수와 적용 사례를 살펴보겠습니다.

그다음 손실 함수는 크로스 엔트로피 손실로, 옵티마이저는 Adam으로 지정합니다.

> Note ≡   Adam 옵티마이저는 강력한 그레이디언트 기반 최적화 방법으로 14장에서 자세히 알아보겠습니다.

```
>>> learning_rate = 0.001
>>> loss_fn = nn.CrossEntropyLoss()
>>> optimizer = torch.optim.Adam(model.parameters(), lr=learning_rate)
```

이제 모델을 훈련합니다. 에포크 횟수를 100으로 지정하겠습니다. 붓꽃 분류 모델을 훈련하는 코드는 다음과 같습니다.

```
>>> num_epochs = 100
>>> loss_hist = [0] * num_epochs
>>> accuracy_hist = [0] * num_epochs
>>> for epoch in range(num_epochs):
...     for x_batch, y_batch in train_dl:
...         pred = model(x_batch)
...         loss = loss_fn(pred, y_batch)
...         loss.backward()
...         optimizer.step()
...         optimizer.zero_grad()
...         loss_hist[epoch] += loss.item() * y_batch.size(0)
...         is_correct = (torch.argmax(pred, dim=1) == y_batch).float()
...         accuracy_hist[epoch] += is_correct.sum()
...     loss_hist[epoch] /= len(train_dl.dataset)
...     accuracy_hist[epoch] /= len(train_dl.dataset)
```

loss_hist와 accuracy_hist 리스트에는 각 에포크의 훈련 손실과 훈련 정확도가 담겨 있습니다. 이를 사용하여 학습 곡선을 다음과 같이 그릴 수 있습니다.

```
>>> fig = plt.figure(figsize=(12, 5))
>>> ax = fig.add_subplot(1, 2, 1)
>>> ax.plot(loss_hist, lw=3)
>>> ax.set_title('Training loss', size=15)
>>> ax.set_xlabel('Epoch', size=15)
>>> ax.tick_params(axis='both', which='major', labelsize=15)
>>> ax = fig.add_subplot(1, 2, 2)
>>> ax.plot(accuracy_hist, lw=3)
>>> ax.set_title('Training accuracy', size=15)
>>> ax.set_xlabel('Epoch', size=15)
>>> ax.tick_params(axis='both', which='major', labelsize=15)
>>> plt.show()
```

(훈련 손실과 훈련 정확도에 대한) 학습 곡선은 그림 12-9와 같습니다.

▼ 그림 12-9 훈련 손실과 정확도 곡선

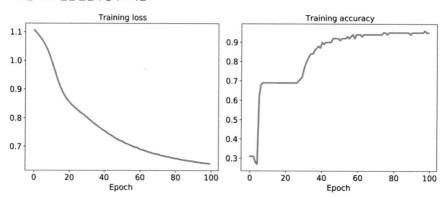

12.4.5 테스트 데이터셋에서 모델 평가하기

이제 훈련된 모델의 분류 정확도를 테스트 데이터셋에서 평가합니다.

```
>>> X_test_norm = (X_test - np.mean(X_train)) / np.std(X_train)
>>> X_test_norm = torch.from_numpy(X_test_norm).float()
>>> y_test = torch.from_numpy(y_test)
>>> pred_test = model(X_test_norm)
>>> correct = (torch.argmax(pred_test, dim=1) == y_test).float()
```

```
>>> accuracy = correct.mean()
>>> print(f'테스트 정확도: {accuracy:.4f}')
테스트 정확도: 0.9800
```

표준화된 특성으로 모델을 훈련했기 때문에 테스트 데이터에도 동일한 표준화를 적용했습니다. 분류 정확도는 0.98(즉, 98%)입니다.

12.4.6 훈련된 모델 저장하고 로드하기

나중을 위해 훈련된 모델을 디스크에 저장할 수 있습니다.

```
>>> path = 'iris_classifier.pt'
>>> torch.save(model, path)
```

save(model)을 호출하면 모델 아키텍처와 학습된 모든 파라미터를 저장합니다. 일반적으로 'pt' 또는 'pth' 확장자를 사용하여 모델을 저장합니다.

이제 저장된 모델을 다시 로드해 보죠. 모델 아키텍처와 가중치를 모두 저장했기 때문에 한 줄의 코드로 모델과 파라미터를 다시 로드할 수 있습니다.

```
>>> model_new = torch.load(path)
```

model_new.eval()을 호출하여 모델 아키텍처를 확인해 보겠습니다.

```
>>> model_new.eval()
Model(
  (layer1): Linear(in_features=4, out_features=16, bias=True)
  (layer2): Linear(in_features=16, out_features=3, bias=True)
)
```

마지막으로 다시 로드한 이 모델을 테스트 데이터셋에서 평가하여 이전과 같은 결과가 나오는지 확인해 보겠습니다.

```
>>> pred_test = model_new(X_test_norm)
>>> correct = (torch.argmax(pred_test, dim=1) == y_test).float()
>>> accuracy = correct.mean()
>>> print(f'테스트 정확도: {accuracy:.4f}')
테스트 정확도: 0.9800
```

학습된 훈련 파라미터만 저장하고 싶다면 다음과 같이 save(model.state_dict())를 사용합니다.

```
>>> path = 'iris_classifier_state.pt'
>>> torch.save(model.state_dict(), path)
```

저장된 파라미터를 로드하려면 먼저 이전처럼 모델을 구성해야 합니다. 그다음 로드한 파라미터를 모델에 주입합니다.

```
>>> model_new = Model(input_size, hidden_size, output_size)
>>> model_new.load_state_dict(torch.load(path))
```


12.5 다층 신경망의 활성화 함수 선택

지금까지 다층 피드포워드 신경망을 쉽게 이해하기 위해 시그모이드 활성화 함수만 설명했습니다. 11장에서 다층 퍼셉트론을 구현할 때 출력층과 은닉층에 이 함수를 사용했습니다.

이 책에서는 시그모이드 형태의 로지스틱 함수 $\sigma(z) = \dfrac{1}{1+e^{-z}}$ 을 **시그모이드 함수**라고 부릅니다. 머신 러닝 분야에서는 이렇게 부르는 경우가 많습니다. 다음 절에서 다층 신경망을 구현할 때 사용할 수 있는 다른 비선형 함수를 배워 보겠습니다.

기술적으로는 미분 가능하다면 어떤 함수라도 다층 신경망의 활성화 함수로 사용할 수 있습니다.[11] 아달린(2장)에서처럼 선형 활성화 함수도 사용할 수 있습니다. 실제로는 은닉층이나 출력층에 선형 활성화 함수를 사용하는 것이 그리 유용하지 않습니다. 복잡한 문제를 해결하기 위해서는 일반적인 인공 신경망에 비선형성이 필요하기 때문입니다. 선형 함수를 합치면 결국 하나의 선형 함수가 됩니다.

11장에서 사용한 로지스틱 (시그모이드) 활성화 함수가 뉴런 개념을 가장 비슷하게 흉내 낸 함수입니다. 이 함수 출력을 뉴런의 활성화 여부에 대한 확률로 생각할 수 있습니다. 로지스틱 (시그모이드) 활성화 함수는 큰 음수 입력이 들어오면 문제가 됩니다. 이 경우 시그모이드 함수의 출력이

---

11 **역주** 다음 절에서 볼 렐루 같은 함수는 사실 원점에서 미분 가능하지 않습니다. 원점에서 기울기가 정의되지 않지만 실전에서 잘 적용되기 때문에 일반적으로 0을 사용합니다.

0에 가까워지기 때문입니다. 시그모이드 함수가 0에 가까운 출력을 내면 신경망이 매우 느리게 학습합니다. 훈련 과정 동안 손실 함수 공간에 있는 지역 최솟값에 갇힐 가능성이 높습니다. 이런 이유로 은닉층에 하이퍼볼릭 탄젠트 함수를 더 선호합니다.

하이퍼볼릭 탄젠트 함수를 배우기 전에 로지스틱 함수를 간단히 요약하고 다중 레이블 분류 문제로 일반화해 보겠습니다.

12.5.1 로지스틱 함수 요약

이 절을 소개할 때 언급했듯이 로지스틱 함수는 시그모이드 함수의 특별한 경우입니다. 3장 로지스틱 회귀에 관한 절에서 로지스틱 함수를 사용하여 이진 분류 문제일 때 샘플 x가 양성 클래스(클래스 1)에 속할 확률을 모델링했습니다.

최종 입력 z는 다음 식으로 계산됩니다.

$$z = w_o x_o + w_1 x_1 + \cdots + w_m x_m = \sum_{i=0}^{m} w_i x_i = \boldsymbol{w}^T \boldsymbol{x}$$

로지스틱 (시그모이드) 함수는 다음과 같이 계산합니다.

$$\sigma_{\mathrm{logistic}}(z) = \frac{1}{1 + e^{-z}}$$

w_0은 절편 유닛입니다. (y축과 교차점입니다. 즉, $x_0 = 1$입니다.) 구체적인 예를 들기 위해 2차원 데이터 포인트 x와 다음과 같은 가중치 벡터 w로 구성된 모델을 가정해 보겠습니다.

```
>>> import numpy as np
>>> X = np.array([1, 1.4, 2.5]) ## 첫 번째 원소는 1이어야 합니다
>>> w = np.array([0.4, 0.3, 0.5])
>>> def net_input(X, w):
...     return np.dot(X, w)
>>> def logistic(z):
...     return 1.0 / (1.0 + np.exp(-z))
>>> def logistic_activation(X, w):
...     z = net_input(X, w)
...     return logistic(z)
>>> print('P(y=1|x) = %.3f' % logistic_activation(X, w))
P(y=1|x) = 0.888
```

이 특성과 가중치 값을 사용하여 최종 입력(z)을 계산하고 이것으로 로지스틱 뉴런의 활성화 출력을 구하면 0.888을 얻습니다. 이를 샘플 x가 양성 클래스에 속할 확률이 88.8%라고 해석할 수 있습니다.

11장에서 다중 클래스의 진짜 레이블 값을 표현하기 위해 원-핫 인코딩 기법을 사용했고 여러 개의 로지스틱 활성화 유닛으로 출력층을 구성했습니다. 하지만 다음 코드에서처럼 여러 개의 로지스틱 활성화 유닛으로 구성된 출력층은 의미 있게 해석할 만한 확률 값을 만들지 못합니다.

```
>>> # W : (n_output_units, n_hidden_units + 1) 크기의 배열
>>> #      첫 번째 열은 절편 유닛입니다
>>> W = np.array([[1.1, 1.2, 0.8, 0.4],
...               [0.2, 0.4, 1.0, 0.2],
...               [0.6, 1.5, 1.2, 0.7]])
>>> # A : (n_hidden_units + 1, n_samples) 크기의 배열
>>> #      이 배열의 첫 번째 열은 1입니다
>>> A = np.array([[1, 0.1, 0.4, 0.6]])
>>> Z = np.dot(W, A[0])
>>> y_probas = logistic(Z)
>>> print('최종 입력: \n', Z)
최종 입력:
 [ 1.78  0.76  1.65]
>>> print('유닛 출력: \n', y_probas)
유닛 출력:
 [ 0.85569687  0.68135373  0.83889105]
```

출력에서 볼 수 있듯이 클래스가 세 개일 때 결과 확률을 이해하기 어렵습니다. 그것은 세 값의 합이 1이 아니기 때문입니다. 사실 클래스 소속 확률을 구하는 것이 아니라 클래스 레이블을 예측하기 위해서만 사용한다면 큰 문제는 아닙니다. 앞의 출력 유닛 결과에서 클래스 레이블을 예측하는 방법은 가장 큰 값을 선택하는 것입니다.

```
>>> y_class = np.argmax(Z, axis=0)
>>> print('예측 클래스 레이블: %d' % y_class)
예측 클래스 레이블: 0
```

어떤 경우에는 다중 클래스 예측 문제에서 의미 있는 클래스 확률을 계산할 필요가 있습니다. 다음 절에서 이런 문제를 다루기 위해 로지스틱 함수를 일반화한 softmax 함수를 살펴보겠습니다.

12.5.2 소프트맥스 함수를 사용한 다중 클래스 확률 예측

이전 절에서 argmax 함수를 사용하여 클래스 레이블을 구하는 방법을 보았습니다. 앞서 '12.4.4절 붓꽃 데이터셋을 분류하는 다층 퍼셉트론 만들기'에서 다층 퍼셉트론의 마지막 층을 activation= 'softmax'로 설정했습니다. 이 softmax 함수는 간접적인 argmax 함수입니다. 하나의 클래스 인덱스를 찾는 대신 각 클래스의 확률을 반환하므로 다중 클래스 환경(다중 로지스틱 회귀(multinomial logistic regression))에서 의미 있는 클래스 확률을 계산할 수 있습니다.

softmax 함수는 특정 샘플의 최종 입력이 z일 때 i번째 클래스에 속할 확률을 지수적으로 가중된 선형 함수 합으로 나누어 정규화한 것입니다.

$$p(z) = \sigma(z) = \frac{e^{z_i}}{\sum_{j=1}^{M} e^{z_j}}$$

softmax 함수의 동작을 확인해 보기 위해 파이썬으로 직접 만들어 보죠.

```
>>> def softmax(z):
...     return np.exp(z) / np.sum(np.exp(z))
>>> y_probas = softmax(Z)
>>> print('확률:\n', y_probas)
확률:
[ 0.44668973  0.16107406  0.39223621]
>>> np.sum(y_probas)
1.0
```

여기에서 보듯이 예측된 클래스 확률 합은 기대했던 대로 1이 되었습니다. 예측 클래스 레이블은 로지스틱 출력에 argmax 함수를 적용한 것과 같습니다.

softmax 함수의 결과를 다중 클래스일 때 의미 있는 클래스 소속 확률을 만들기 위한 정규화된 출력으로 생각하는 것이 좋습니다. 따라서 파이토치에서 다중 클래스 분류 모델을 만들 때 입력 배치 샘플의 클래스 소속 확률을 추정하기 위해 torch.softmax() 함수를 사용합니다. 다음 코드에서 Z를 배치 크기를 위한 차원을 추가한 텐서로 바꾼 후 파이토치의 torch.softmax() 활성화 함수를 어떻게 사용하는지 알아보겠습니다.

```
>>> torch.softmax(torch.from_numpy(Z), dim=0)
tensor([0.4467, 0.1611, 0.3922], dtype=torch.float64)
```

다중 클래스 분류 문제에서 사용하는 비용 함수는 **크로스 엔트로피**(cross entropy) 함수입니다. 사실 3장에서 보았던 로지스틱 비용 함수는 크로스 엔트로피 함수의 이진 분류 버전이라고 볼 수 있습니다. 크로스 엔트로피 함수는 다음과 같습니다.

$$L(\boldsymbol{w}) = -\sum_{j=1}^{M} y_j \log(\sigma(z_j))$$

여기에서 M은 클래스 개수고 y_j는 j번째 클래스의 타깃 값, $\sigma(z_j)$는 j번째 클래스의 예측 확률 값입니다. 유도 과정을 간단하게 나타내기 위해 샘플 하나에 대한 비용 함수를 사용하겠습니다.

전체 공식 유도는 다소 장황하지만 결과적으로 로지스틱 비용 함수의 경사 하강법과 동일한 공식을 얻게 됩니다. 그럼 먼저 소프트맥스 함수를 k번째 클래스(즉, k번째 출력 뉴런)의 최종 입력 z_k로 미분해 보겠습니다.

$$\frac{\partial}{\partial z_k}\sigma(z_i) = \frac{\partial}{\partial z_k}\left(\frac{e^{z_i}}{\sum_{j=1}^{M} e^{z_j}}\right) = \frac{\frac{\partial}{\partial z_k}(e^{z_i})\sum_{j=1}^{M} e^{z_j} - e^{z_i}\frac{\partial}{\partial z_k}(\sum_{j=1}^{M} e^{z_j})}{\left(\sum_{j=1}^{M} e^{z_j}\right)^2}$$

여기에는 미분의 몫 법칙이 적용되었습니다. 분모는 제곱하고 분자와 분모를 교대로 미분하여 곱한 것을 뺄셈으로 연결했습니다. 이 식에서 $k=i$일 때와 $k \neq i$일 때를 나누어 생각해 보죠.

$k=i$이면 분자의 두 번째 미분 항에서 e^{z_i}만 남으므로 다음과 같이 됩니다.

$$= \frac{e^{z_i}\sum_{j=1}^{M} e^{z_j} - e^{z_i}e^{z_i}}{\left(\sum_{j=1}^{M} e^{z_j}\right)^2} = \frac{e^{z_i}}{\sum_{j=1}^{M} e^{z_j}} - \frac{e^{z_i}e^{z_i}}{\left(\sum_{j=1}^{M} e^{z_j}\right)^2} = \sigma(z_k)(1-\sigma(z_k))$$

$k \neq i$이면 분자의 첫 번째 미분이 0이 되므로 식은 다음과 같이 정리됩니다.

$$= \frac{0 - e^{z_i}e^{z_k}}{\left(\sum_{j=1}^{M} e^{z_j}\right)^2} = -\sigma(z_i)\sigma(z_k)$$

이번에는 비용 함수 $L(\boldsymbol{w})$를 z_k로 미분해 보겠습니다. 크로스 엔트로피 함수의 미분은 로그 함수를 제외하면 특별한 부분은 없습니다. 여기에서도 M은 클래스 개수입니다.

$$\frac{\partial}{\partial z_k}L(\boldsymbol{w}) = \frac{\partial}{\partial z_k}\left(-\sum_{j=1}^{M} y_j \log(\sigma(z_j))\right) = -\sum_{j=1}^{M} y_j\frac{\partial}{\partial z_k}\left(\log(\sigma(z_j))\right) = -\sum_{j=1}^{M} y_j\frac{1}{\sigma(z_j)}\frac{\partial\sigma(z_j)}{\partial z_k}$$

앞서 소프트맥스 함수를 미분한 결과를 적용하기 위해 $k=j$일 때와 $k \neq j$일 때로 합 기호를 나누어 보겠습니다.

$$= -y_k\frac{1}{\sigma(z_k)}\frac{\partial\sigma(z_k)}{\partial z_k} - \sum_{j\neq k}^{M} y_j\frac{1}{\sigma(z_j)}\frac{\partial\sigma(z_j)}{\partial z_k}$$

◑ 계속

이제 $k=j$일 때와 $k \neq j$일 때 구한 소프트맥스 함수의 도함수로 바꿀 수 있습니다.

$$= -y_k \frac{1}{\sigma(z_k)} \sigma(z_k)(1-\sigma(z_k)) - \sum_{j \neq k}^{M} y_j \frac{1}{\sigma(z_j)} \left(-\sigma(z_j)\sigma(z_k)\right)$$

약분 후에 정리하면 다음과 같이 간단하게 정리됩니다.

$$= -y_k + y_k\sigma(z_k) + \sum_{j \neq k}^{M} y_j\sigma(z_k) = -y_k + \sigma(z_k)\sum_{j=1}^{M} y_j = \sigma(z_k) - y_k$$

결국 k번째 출력 뉴런의 가중치 w_k에 대한 비용 함수의 미분은 연쇄 법칙으로 나누어 계산하면 다음과 같습니다.

$$\frac{\partial}{\partial w_k} L(\boldsymbol{w}) = \frac{\partial L(\boldsymbol{w})}{\partial z_k} \frac{\partial z_k}{\partial w_k} = (\sigma(z_k) - y_k)a$$

여기에서 a는 이전 층의 활성화 출력입니다. 이 결과는 3장에서 로지스틱 비용 함수에 시그모이드 함수를 적용하여 경사 하강법 공식을 유도한 것과 동일합니다.

12.5.3 하이퍼볼릭 탄젠트로 출력 범위 넓히기

인공 신경망의 은닉층에 많이 사용하는 또 다른 시그모이드 함수는 **하이퍼볼릭 탄젠트**(hyperbolic tangent)(보통 tanh라고 함)입니다. 이 함수는 스케일이 조정된 로지스틱 함수라고 생각할 수 있습니다.

$$\sigma_{\text{logistic}}(z) = \frac{1}{1 + e^{-z}}$$

$$\sigma_{\text{tanh}}(z) = 2 \times \sigma_{\text{logistic}}(2z) - 1 = \frac{e^z - e^{-z}}{e^z + e^{-z}}$$

로지스틱 함수에 비해 하이퍼볼릭 탄젠트 함수의 장점은 출력 범위를 (-1, 1) 사이로 넓혀서 역전파 알고리즘의 수렴을 향상시킬 수 있는 것입니다.[12]

반면 로지스틱 함수는 (0, 1) 범위의 출력 신호를 반환합니다. 로지스틱 함수와 하이퍼볼릭 탄젠트를 비교하기 위해 두 시그모이드 함수를 그래프로 그려 보죠.

---

12 Neural Networks for Pattern Recognition, C. M. Bishop, Oxford University Press, pages: 500–501, 1995

```
>>> import matplotlib.pyplot as plt
>>> def tanh(z):
...     e_p = np.exp(z)
...     e_m = np.exp(-z)
...     return (e_p - e_m) / (e_p + e_m)
>>> z = np.arange(-5, 5, 0.005)
>>> log_act = logistic(z)
>>> tanh_act = tanh(z)
>>> plt.ylim([-1.5, 1.5])
>>> plt.xlabel('Net input $z$')
>>> plt.ylabel('Activation $\sigma(z)$')
>>> plt.axhline(1, color='black', linestyle=':')
>>> plt.axhline(0.5, color='black', linestyle=':')
>>> plt.axhline(0, color='black', linestyle=':')
>>> plt.axhline(-0.5, color='black', linestyle=':')
>>> plt.axhline(-1, color='black', linestyle=':')
>>> plt.plot(z, tanh_act,
...          linewidth=3, linestyle='--',
...          label='Tanh')
>>> plt.plot(z, log_act,
...          linewidth=3,
...          label='Logistic')
>>> plt.legend(loc='lower right')
>>> plt.tight_layout()
>>> plt.show()
```

여기에서 볼 수 있듯이 두 시그모이드 곡선은 매우 비슷합니다. 하지만 tanh 함수가 logistic 함수보다 2배 큰 출력 범위를 가집니다.

❤ 그림 12-10 tanh와 logistic 함수

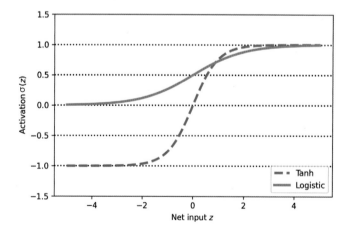

설명을 위해 logistic 함수와 tanh 함수를 직접 구현했습니다. 실제로는 넘파이 tanh 함수를 사용합니다.

또는 신경망 모델을 만들 때 파이토치의 torch.tanh(x) 함수를 사용하여 동일한 결과를 얻을 수 있습니다.

```
>>> np.tanh(z)
array([-0.9999092 , -0.99990829, -0.99990737, ...,  0.99990644,
        0.99990737,  0.99990829])
>>> torch.tanh(torch.from_numpy(z))
tensor([-0.9999, -0.9999, -0.9999,  ...,  0.9999,  0.9999,  0.9999],
       dtype=torch.float64)
```

또한, 사이파이 special 모듈에 로지스틱 함수가 있습니다.

```
>>> from scipy.special import expit
>>> expit(z)
array([0.00669285, 0.00672617, 0.00675966, ..., 0.99320669, 0.99324034,
       0.99327383])
```

비슷하게 다음과 같이 파이토치의 torch.sigmoid() 함수를 사용하여 동일한 계산을 수행할 수 있습니다.

```
>>> torch.sigmoid(torch.from_numpy(z))
tensor([0.0067, 0.0067, 0.0068,  ..., 0.9932, 0.9932, 0.9933],
       dtype=torch.float64)
```

Note ≡   torch.sigmoid(x)는 앞서 사용한 torch.nn.Sigmoid()(x)와 동일한 결과를 만듭니다. torch.nn.Sigmoid는 클래스이므로 모델 객체 생성자에 매개변수로 전달하여 동작을 제어하는 데 사용할 수 있습니다.[13] 반대로 torch.sigmoid는 함수입니다.

---

13 [역주] 또한, Sigmoid 클래스는 torch.nn.Sequential에 다른 모듈과 함께 사용할 수 있습니다.

12.5.4 렐루 활성화 함수

렐루(Rectified Linear Unit, ReLU)는 심층 신경망에 자주 사용되는 또 다른 활성화 함수입니다. 렐루를 알아보기 전에 잠시 하이퍼볼릭 탄젠트와 로지스틱 활성화 함수의 그레이디언트 소실 문제 (vanishing gradient problem)를 살펴보겠습니다.

최종 입력이 z_1= 20에서 z_2= 25로 바뀐다고 가정해 보죠. 하이퍼볼릭 탄젠트 활성화 함수를 계산하면 $\sigma(z_1)$=1.0과 $\sigma(z_2)$=1.0이므로 출력에 변화가 없습니다(tanh 함수의 점근성과 수치상의 오차 때문에 발생합니다).

이는 최종 입력에 대한 활성화 함수의 도함수가 z가 커짐에 따라 줄어든다는 뜻입니다. 결국 그레이디언트가 0에 아주 가까워지기 때문에 훈련 과정 동안 가중치가 매우 느리게 학습됩니다. 렐루 활성화 함수는 이런 문제를 해결합니다. 렐루 함수의 수학적 정의는 다음과 같습니다.

$$\sigma(z) = \max(0, z)$$

렐루도 신경망이 복잡한 함수를 학습하기에 좋은 비선형 함수입니다. 입력 값이 양수이면 입력에 대한 렐루의 도함수는 항상 1입니다. 이것이 그레이디언트 소실 문제를 해결해 주므로 심층 신경망에 적합합니다. 파이토치에서는 다음과 같이 torch.   ( )를 사용하여 렐루 함수를 적용할 수 있습니다.

```
>>> torch.relu(torch.from_numpy(z))
tensor([0.0000, 0.0000, 0.0000,  ..., 4.9850, 4.9900, 4.9950],
       dtype=torch.float64)
```

다음 장에서 다층 합성곱 신경망을 위한 활성화 함수로 렐루 활성화 함수를 사용해 보겠습니다.

인공 신경망에서 널리 사용하는 여러 가지 활성화 함수를 배웠습니다. 책에 등장하는 다양한 활성화 함수를 요약하면서 이 절을 마무리하겠습니다.

▼ 그림 12-11 이 책에서 다루는 활성화 함수

활성화 함수	공식	사례	1차원 그래프
선형 함수	$\sigma(z) = z$	아달린, 선형 회귀	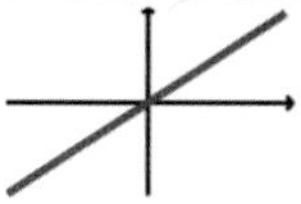
단위 계단 함수 (헤비사이드 함수)	$\sigma(z) = \begin{cases} 0 & z < 0 \\ 0.5 & z = 0 \\ 1 & z > 0 \end{cases}$	퍼셉트론 유형	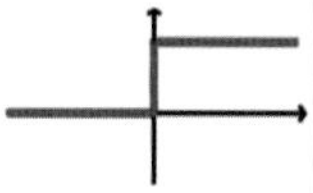
부호 함수	$\sigma(z) = \begin{cases} -1 & z < 0 \\ 0 & z = 0 \\ 1 & z > 0 \end{cases}$	퍼셉트론 유형	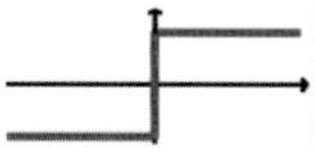
부분 선형 함수	$\sigma(z) = \begin{cases} 0 & z \leq -\frac{1}{2} \\ z + \frac{1}{2} & -\frac{1}{2} \leq z \leq \frac{1}{2} \\ 1 & z \geq \frac{1}{2} \end{cases}$	서포트 벡터 머신	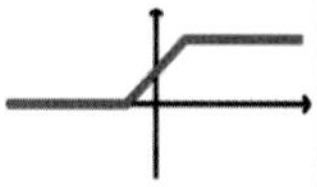
로지스틱 (시그모이드) 함수	$\sigma(z) = \dfrac{1}{1 + e^{-z}}$	로지스틱 회귀, 다층 신경망	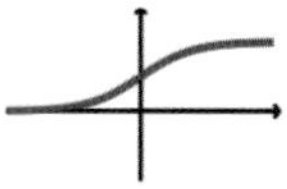
하이퍼볼릭 탄젠트 (tanh) 함수	$\sigma(z) = \dfrac{e^z - e^{-z}}{e^z + e^{-z}}$	다층 신경망, RNN	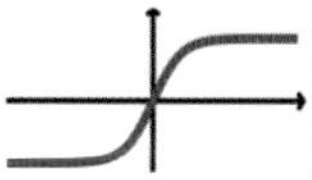
렐루 함수	$\sigma(z) = \begin{cases} 0 & z < 0 \\ z & z > 0 \end{cases}$	다층 신경망, CNN	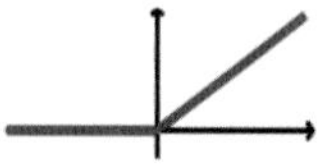

torch.nn 모듈에서 사용할 수 있는 모든 활성화 함수는 https://pytorch.org/docs/stable/nn.functional.html#non-linear-activation-functions에서 확인할 수 있습니다.

12.6 요약

이 장에서 딥러닝을 위해 특화된 수치 계산용 오픈 소스 라이브러리인 파이토치를 어떻게 사용하는지 배웠습니다. 파이토치는 GPU를 지원하기 위한 복잡도가 추가되어 넘파이에 비해 조금 불편하지만 대규모 다층 신경망을 매우 효율적으로 정의하고 훈련시킬 수 있습니다.

또한, 복잡한 머신 러닝 모델과 신경망 모델을 효율적으로 구축하고 실행시킬 수 있는 torch.nn 모듈을 배웠습니다. 기본적인 파이토치 텐서 기능을 사용하여 밑바닥부터 모델을 정의하는 방법을 살펴보았습니다. 모델을 직접 구현하는 것은 행렬-벡터 곱셈과 연산의 상세 사항을 모두 정의해야 하기 때문에 번거롭습니다. 장점은 기본적인 연산을 연결하여 더 복잡한 모델을 개발자가 직접 만들 수 있는 것입니다. 그다음 밑바닥부터 구현하는 것보다 훨씬 쉽게 신경망 모델을 만들 수 있는 torch.nn을 알아보았습니다.

마지막으로 다양한 활성화 함수를 배우고 동작 방식과 적용 사례를 알아보았습니다. 이 장에서는 하이퍼볼릭 탄젠트, 소프트맥스, 렐루 함수를 보았습니다.

다음 장에서 계속 이어서 파이토치를 더 자세히 알아보겠습니다. 파이토치 계산 그래프와 자동 미분 패키지에 대해 자세히 알아보겠습니다. 이를 통해 그레이디언트 계산과 같은 새로운 개념을 많이 배우게 될 것입니다.

13^장

13장

파이토치 구조
자세히 알아보기

12장에서 텐서를 만들고 조작하는 방법과 torch.utils.data 모듈을 사용하여 입력 파이프라인을 만드는 방법을 다루었습니다. 더 나아가 파이토치 신경망 모듈(torch.nn)을 사용하여 붓꽃 데이터셋을 분류하는 다층 퍼셉트론을 만들고 훈련했습니다.

이제 파이토치의 신경망 훈련과 머신 러닝에 대한 예제를 경험했으므로 파이토치 라이브러리에 집중해서 다양한 기능을 살펴보겠습니다. 이런 지식을 활용하여 이어지는 장에서 고급 딥러닝 모델을 만들어 보겠습니다.

이 장에서는 여러 가지 파이토치 API를 사용하여 신경망을 만듭니다. 특히 표준 구조를 매우 간편하게 만들 수 있는 다양한 층을 제공하는 torch.nn 모듈을 다시 사용하겠습니다. 또한, 이를 사용하여 사용자 정의 신경망 층을 만들 수 있습니다. 이는 커스터마이징이 많이 필요한 연구 중심 프로젝트에 매우 유용합니다. 나중에 이 장에서 사용자 층을 만들어 보겠습니다.

torch.nn 모듈을 사용하여 모델을 만드는 여러 가지 방법을 알아보기 위해 고전적인 XOR (eXclusive OR) 문제를 풀어 보겠습니다. 먼저 Sequential 클래스를 사용하여 다층 퍼셉트론 클래스를 만듭니다. 그다음 사용자 정의 층을 만들기 위해 nn.Module 클래스 상속과 같은 다른 방법을 살펴보겠습니다. 마지막으로 원본 입력에서 출력까지 머신 러닝 단계를 모두 다루는 두 개의 실전 프로젝트를 살펴보겠습니다.

이 장에서 다루는 주제는 다음과 같습니다.

- 파이토치 계산 그래프 이해하고 다루기
- 파이토치 텐서 객체 다루기
- 고전적인 XOR 문제를 풀어 보고 모델의 수용 능력(capacity) 이해하기
- 파이토치의 Sequential 클래스와 nn.Module 클래스를 사용하여 복잡한 신경망 모델 만들기
- 자동 미분과 torch.autograd를 사용하여 그레이디언트 계산하기

13.1 / 파이토치의 주요 특징

이전 장에서 파이토치는 머신 러닝 알고리즘을 구현하고 실행하기 위한 확장 가능한 멀티플랫폼 프로그래밍 인터페이스라는 것을 살펴보았습니다. 2016년에 처음 출시되었고 2018년에 1.0 버

전이 출시된 이후, 파이토치는 딥러닝을 위한 가장 인기 있는 두 가지 프레임워크 중 하나가 되었습니다. 파이토치는 정적 그래프에 비해 유연성이 뛰어난 동적 계산 그래프를 사용합니다. 동적 계산 그래프는 디버깅이 쉽습니다. 파이토치를 사용하면 그래프 선언과 그래프 평가 단계를 번갈아 가며 수행할 수 있고, 모든 변수를 참조하면서 코드를 한 줄씩 실행할 수 있습니다. 이는 신경망 개발과 훈련을 매우 편리하게 만들어 주는 매우 중요한 기능입니다.

파이토치는 오픈 소스 라이브러리로 누구나 무료로 사용할 수 있지만, 개발에 필요한 자금과 지원은 페이스북으로부터 받고 있습니다.[1] 여기에는 라이브러리를 지속적으로 확장하고 개선하는 대규모 소프트웨어 엔지니어 팀이 포함됩니다. 파이토치는 오픈 소스 라이브러리이기 때문에 페이스북 외부의 다른 개발자들도 적극적으로 기여하고 사용자 피드백을 제공하는 등 많은 지원을 받고 있습니다. 덕분에 파이토치 라이브러리는 학계 연구자와 개발자 모두에게 더욱 유용해졌습니다. 이런 요인으로 인해 새로운 사용자에게 유용한 광범위한 문서와 튜토리얼이 준비되어 있습니다.

이전 장에서도 언급했던 파이토치의 또 다른 주요 기능은 단일 또는 다중 **그래픽 처리 장치**(GPU)로 작업할 수 있다는 점입니다. 이를 통해 사용자는 대규모 데이터셋과 대규모 시스템에서 딥러닝 모델을 매우 효율적으로 훈련할 수 있습니다.

마지막으로 파이토치는 모바일 배포를 지원하므로 제품 환경에 매우 적합한 도구이기도 합니다.

다음 절에서는 파이토치에서 텐서와 함수가 계산 그래프를 통해 어떻게 상호 연결되는지 살펴보겠습니다.

MACHINE LEARNING

13.2 / 파이토치의 계산 그래프

파이토치는 유향 비순환 그래프(Directed Acyclic Graph, DAG)를 기반으로 계산을 수행합니다. 이 절에서 간단한 산술 계산을 위해 이런 그래프를 어떻게 만드는지 알아보겠습니다. 그다음 파이토치에서 그래프가 어떻게 즉석에서 생성되는지는 물론 동적 그래프 패러다임에 대해 살펴봅니다.

---

1 [역주] 2022년 9월 파이토치 프로젝트는 리눅스 재단(Linux Foundation)으로 이관되었습니다.

13.2.1 계산 그래프 이해

파이토치는 계산 그래프에 크게 의존하고 있습니다. 이 계산 그래프를 사용하여 입력에서 출력까지 텐서 간의 관계를 유도합니다. 랭크 0(스칼라)인 텐서 a, b, c를 사용하여 $z = 2 \times (a-b) + c$를 계산한다고 가정해 보죠.

이 계산은 그림 13-1과 같은 계산 그래프로 표현할 수 있습니다.

▼ 그림 13-1 계산 그래프의 작동 방식

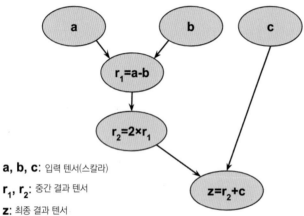

$z = 2 \times (a-b) + c$를 구현한 계산 그래프

a, b, c: 입력 텐서(스칼라)

r_1, r_2: 중간 결과 텐서

z: 최종 결과 텐서

여기에서 볼 수 있듯이 계산 그래프는 단순히 노드들의 네트워크입니다. 각 노드는 한 개 이상의 입력 텐서를 받고 0개 이상의 출력 텐서를 반환하는 연산으로 표현할 수 있습니다. 파이토치는 이 계산 그래프를 구성하고 이를 사용하여 그레이디언트를 계산합니다. 다음 절에서 파이토치를 사용하여 이런 계산 그래프를 만드는 예제를 알아보겠습니다.

13.2.2 파이토치로 그래프 만들기

이전 그림과 같이 $z = 2 \times (a-b) + c$를 평가하기 위한 그래프를 파이토치에서 생성하는 간단한 예를 살펴보겠습니다. a, b, c 변수는 스칼라(단일 숫자)이며, 이를 파이토치 텐서라고 정의합니다. 예를 들어 그래프를 만들려면 a, b, c가 입력 매개변수인 일반 파이썬 함수를 정의하면 됩니다.

```
>>> import torch
>>> def compute_z(a, b, c):
...     r1 = torch.sub(a, b)
```

```
...     r2 = torch.mul(r1, 2)
...     z = torch.add(r2, c)
...     return z
```

이제 계산을 수행하려면 이 함수의 매개변수로 텐서 객체를 전달하여 호출하면 됩니다. add, sub(또는 subtract), mul(또는 multiply)과 같은 파이토치 함수를 사용하면 더 높은 랭크를 가진 입력을 파이토치 텐서 객체 형태로 제공할 수도 있습니다. 다음 코드 예시에서는 스칼라 입력(랭크 0)과 리스트로 랭크 1 및 랭크 2 입력을 제공합니다.

```
>>> print('스칼라 입력:', compute_z(torch.tensor(1),
...     torch.tensor(2), torch.tensor(3)))
스칼라 입력: tensor(1)
>>> print('랭크 1 입력:', compute_z(torch.tensor([1]),
...     torch.tensor([2]), torch.tensor([3])))
랭크 1 입력: tensor([1])
>>> print('랭크 2 입력:', compute_z(torch.tensor([[1]]),
...     torch.tensor([[2]]), torch.tensor([[3]])))
랭크 2 입력: tensor([[1]])
```

이 절에서는 파이토치에서 계산 그래프를 만드는 것이 얼마나 간단한지 살펴보았습니다. 다음에는 모델 파라미터를 저장하고 업데이트하는 데 사용하는 파이토치 텐서를 살펴보겠습니다.

MACHINE LEARNING

13.3 모델 파라미터를 저장하고 업데이트하기 위한 파이토치 텐서 객체

12장에서 텐서 객체에 대해 다루었습니다. 파이토치에서는 그레이디언트를 계산해야 하는 특수한 텐서 객체를 사용하여 훈련 중에 모델의 파라미터를 저장하고 업데이트할 수 있습니다. 이런 텐서는 사용자가 지정한 초깃값 다음에 require_grad를 True로 지정하면 생성할 수 있습니다. 현재(2021년 중반) 부동소수점 텐서 및 복소수 dtype의 텐서만 그레이디언트를 요구할 수 있습니다. 다음 코드는 float32 타입의 텐서 객체를 생성합니다.

```
>>> a = torch.tensor(3.14, requires_grad=True)
>>> print(a)
tensor(3.1400, requires_grad=True)
>>> b = torch.tensor([1.0, 2.0, 3.0], requires_grad=True)
>>> print(b)
tensor([1., 2., 3.], requires_grad=True)
```

requires_grad의 기본값은 False입니다. 텐서 객체의 requires_grad_() 메서드를 호출하여 이 값을 True로 설정할 수도 있습니다.

> Note ≡   method_()는 파이토치에서 입력의 복사본을 만들지 않는 연산에 사용되는 제자리(in-place) 메서드 또는 함수입니다.

다음 예를 살펴보죠.

```
>>> w = torch.tensor([1.0, 2.0, 3.0])
>>> print(w.requires_grad)
False
>>> w.requires_grad_()
>>> print(w.requires_grad)
True
```

신경망 모델은 역전파하는 동안 대칭성을 깨기 위해 파라미터를 랜덤한 가중치로 초기화해야 합니다. 그렇지 않으면 다층 신경망이 로지스틱 회귀 같은 단일층 신경망보다 더 유용하지 않습니다. 파이토치 텐서를 만들 때 랜덤하게 초기화할 수 있습니다. 파이토치는 다양한 확률 분포를 기반으로 난수를 생성할 수 있습니다(https://pytorch.org/docs/stable/torch.html#random-sampling 참고). 다음 예에서 torch.nn.init 모듈(https://pytorch.org/docs/stable/nn.init.html 참고)에 있는 몇 가지 표준적인 초기화 방법을 살펴보겠습니다.

세이비어 글로럿(Xavier Glorot)과 요슈아 벤지오(Yoshua Bengio)가 제안한 고전적인 랜덤 초기화 방법인 글로럿 초기화로 텐서를 만드는 방법을 알아보겠습니다. 먼저 빈 텐서를 만들고 nn.init 모듈의 xavier_normal_() 함수를 호출하면 글로럿 초기화를 따르는 값으로 이 텐서를 채웁니다. 다음 예에서는 크기가 2×3인 텐서를 초기화합니다.

```
>>> import torch.nn as nn
>>> torch.manual_seed(1)
>>> w = torch.empty(2, 3)
>>> nn.init.xavier_normal_(w)
```

```
>>> print(w)
tensor([[ 0.4183,  0.1688,  0.0390],
        [ 0.3930, -0.2858, -0.1051]])
```

이제 조금 더 실용적인 예로 nn.Module을 상속한 클래스 안에서 두 개의 Tensor 객체를 정의하는 방법을 살펴보겠습니다.

```
>>> class MyModule(nn.Module):
...     def __init__(self):
...         super().__init__()
...         self.w1 = torch.empty(2, 3, requires_grad=True)
...         nn.init.xavier_normal_(self.w1)
...         self.w2 = torch.empty(1, 2, requires_grad=True)
...         nn.init.xavier_normal_(self.w2)
```

이 두 텐서를 가중치로 사용할 수 있으며 이 가중치의 그레이디언트는 자동 미분으로 계산될 것입니다.

Note ≡   **세이비어(또는 글로럿) 초기화**

딥러닝 개발 초창기에 무작위한 균등 분포나 정규 분포를 사용한 가중치 초기화가 모델을 훈련할 때 나쁜 성능을 만든다고 관측되었습니다.

2010년 세이비어 글로럿(Xavier Glorot)과 요슈아 벤지오(Yoshua Bengio)는 초기화 영향을 조사하여 심층 네트워크를 훈련하는 데 도움이 되는 안정적인 새로운 초기화 방법을 제안했습니다.

세이비어 초기화 이면에 있는 아이디어는 여러 층을 거치는 그레이디언트 분산 사이에서 균형을 맞추는 것입니다. 그렇지 않으면 하나의 층이 훈련하는 동안 너무 주목을 받거나 다른 층이 학습에 뒤처질 수 있습니다.

글로럿과 벤지오 논문에 따르면 균등 분포를 사용하여 가중치를 초기화하려면 다음과 같은 균등 분포 범위를 사용해야 합니다.

$$W \sim Uniform\left(-\frac{\sqrt{6}}{\sqrt{n_{in}+n_{out}}}, \frac{\sqrt{6}}{\sqrt{n_{in}+n_{out}}}\right)$$

여기에서 n_{in}은 가중치와 곱해지는 입력 뉴런 개수입니다. n_{out}은 다음 층으로 전달되는 출력 뉴런 개수입니다. 가우스 분포(정규 분포)로 가중치를 초기화할 때는 가우스 표준 편차를 $\sigma=\frac{\sqrt{2}}{\sqrt{n_{in}+n_{out}}}$로 선택하라고 권장하고 있습니다.

파이토치는 균등 분포와 정규 분포를 사용하는 세이비어 가중치 초기화를 모두 지원합니다.

글로럿과 벤지오의 초기화 기법에 대한 근거와 수학적 동기를 포함한 자세한 정보는 논문을 참고하세요.[2]

---

2   Understanding the difficulty of deep feedforward neural networks, Xavier Glorot and Yoshua Bengio, 2010
    http://proceedings.mlr.press/v9/glorot10a/glorot10a.pdf

파이토치 구조 자세히 알아보기

13.4 / 자동 미분으로 그레이디언트 계산

이미 알고 있겠지만 신경망을 최적화하려면 신경망의 가중치에 대한 비용의 그레이디언트를 계산해야 합니다. 이를 위해 확률적 경사 하강법과 같은 최적화 알고리즘이 필요합니다. 또한, 그레이디언트는 다른 곳에도 사용됩니다. 예를 들어 왜 신경망 모델이 한 테스트 샘플에 대해 특정 예측을 만드는지 분석하는 데 이용됩니다. 이 절에서는 어떤 변수에 대한 계산의 그레이디언트를 구하는 방법을 알아보겠습니다.

13.4.1 훈련 가능한 변수에 대한 손실의 그레이디언트 계산

파이토치는 **자동 미분**(automatic differentiation)을 지원합니다. 이를 중첩된 함수의 그레이디언트를 계산하기 위해 **연쇄 법칙**(chain rule)을 구현한 것으로 생각할 수 있습니다. 간단하게 하기 위해 그레이디언트라는 용어를 편도 함수와 그레이디언트를 모두 지칭하는 용어로 사용하겠습니다.

> **Note ☰** **편도 함수와 그레이디언트**
>
> 편도 함수(partial derivative) $\frac{\partial f}{\partial x_1}$를 여러 개의 입력을 가진 다변수 함수 $f(x_1, x_2, ...)$에서 함수의 입력 중 하나(여기에서는 x_1)에 대한 변화율로 이해할 수 있습니다. 함수의 그레이디언트 ∇f는 모든 입력의 편도 함수로 구성된 벡터 $\nabla f = \left(\frac{\partial f}{\partial x_1}, \frac{\partial f}{\partial x_2}, ...\right)$입니다.

어떤 출력이나 중간 텐서를 만드는 일련의 연산을 정의할 때 파이토치는 계산 그래프 안에서 의존성을 가지는 노드에 대해 이런 텐서의 그레이디언트를 계산하는 기능을 제공합니다. torch.autograd 모듈의 backward 메서드를 호출하여 이런 그레이디언트를 계산할 수 있습니다. 그래프의 리프 노드(leaf node)(마지막 노드)에 대해 주어진 텐서의 그레이디언트 합을 계산합니다.

$z = wx + b$ 식을 계산하고 손실로 타깃과 예측 사이에서 제곱 오차 $Loss = (y - z)^2$을 사용하는 간단한 예를 들어 보죠. 일반적인 경우 여러 개의 예측과 타깃이 있기 때문에 제곱 오차의 합으로 손실을 계산합니다. 파이토치에서 이 계산을 구현하기 위해 모델 파라미터 w와 b를 변수(requires_gradient 속성이 True인 텐서)로 정의하고 입력 x, y를 기본 텐서로 정의하겠습니다. 그다음 손실 텐서를 계산하고 이를 사용하여 모델 파라미터 w와 b를 계산합니다.

```
>>> w = torch.tensor(1.0, requires_grad=True)
>>> b = torch.tensor(0.5, requires_grad=True)
>>> x = torch.tensor([1.4])
>>> y = torch.tensor([2.1])
>>> z = torch.add(torch.mul(w, x), b)
>>> loss = (y-z).pow(2).sum()
>>> loss.backward()
>>> print('dL/dw : ', w.grad)
>>> print('dL/db : ', b.grad)
dL/dw :  tensor(-0.5600)
dL/db :  tensor(-0.4000)
```

z 값 계산은 신경망에서 정방향 계산입니다. loss 텐서의 backward 메서드를 사용해서 $\frac{\partial Loss}{\partial w}$와 $\frac{\partial Loss}{\partial b}$를 계산합니다. 이는 매우 간단한 예이므로 직접 도함수 $\frac{\partial Loss}{\partial w} = 2x(wx + b - y)$를 구해서 계산한 그레이디언트가 앞의 코드 예제에서 얻은 결과와 맞는지 확인할 수 있습니다.

```
>>> # 계산된 그레이디언트 확인
>>> print(2 * x * ((w * x + b) - y))
tensor([-0.5600], grad_fn=<MulBackward0>)
```

b에 대한 확인은 독자들에게 숙제로 남겨 놓겠습니다.

13.4.2 자동 미분 이해하기

자동 미분(automatic differentiation)은 특정 산술 연산의 그레이디언트를 계산하기 위한 일련의 컴퓨팅 기술입니다. 이 과정에서 (일련의 연산으로 표현된) 어떤 계산의 그레이디언트는 연쇄 법칙(chain rule)을 반복적으로 적용하여 얻은 그레이디언트를 누적하여 구합니다. 자동 미분의 이면에 있는 개념을 잘 이해하기 위해 연속된 계산 $y = f(g(h(x)))$를 생각해 보죠. 여기에서 x는 입력이고 y는 출력입니다. 이 계산은 여러 단계로 나눌 수 있습니다.

- $u_0 = x$
- $u_1 = h(x)$
- $u_2 = g(u_1)$
- $u_3 = f(u_2) = y$

도함수 $\frac{dy}{dx}$는 두 가지 방법으로 계산할 수 있습니다. 전진 모드에서는 $\frac{du_3}{dx} = \frac{du_3}{du_2}\frac{du_2}{du_0}$로 시작합니다. 후진 모드에서는 $\frac{dy}{du_0} = \frac{dy}{du_1}\frac{du_1}{du_0}$에서 시작합니다. 파이토치는 역전파 구현에 더 효율적인 후진 모드 자동 미분을 사용합니다. [3]

13.4.3 적대 샘플

입력 샘플에 대한 손실의 그레이디언트 계산은 적대 샘플(adversarial example)(또는 적대 공격 (adversarial attack))을 생성하는 데 사용될 수 있습니다. 컴퓨터 비전에서 적대 샘플은 눈치채기 어려운 작은 잡음(또는 변경)을 입력 샘플에 추가하여 만드는 샘플입니다. 결국 심층 신경망이 이 샘플을 잘못 분류하게 만듭니다. 적대 샘플은 이 책의 범위를 넘어섭니다. 관심이 있다면 크리스티안 세게디(Christian Szegedy)의 논문을 찾아보세요. [4]

13.5 torch.nn 모듈을 사용하여 일반적인 아키텍처 구현하기

이미 nn.Module 클래스를 사용하여 층을 순서대로 쌓은 피드포워드 신경망 모델(예를 들어 다층 퍼셉트론)을 만들어 보았습니다. nn.Module에 대해 자세히 알아보기 전에 nn.Sequential 클래스를 사용하여 비슷한 구조의 모델을 만드는 방법을 간단히 살펴보겠습니다.

---

3 역주 혼동을 피하기 위해 x와 y로 통일해서 표현하면 전진 모드는 $\frac{dy}{dx} = \frac{dy}{du_2}\left(\frac{du_2}{dx}\right) = \frac{dy}{du_2}\left(\frac{du_2}{du_1}\frac{du_1}{dx}\right)$과 같이 쓸 수 있습니다. 뒤쪽의 도함수 값이 먼저 계산되고 앞쪽의 값이 누적됩니다. 후진 모드는 $\frac{dy}{dx} = \left(\frac{dy}{du_1}\right)\frac{du_1}{dx} = \left(\frac{dy}{du_2}\frac{du_2}{du_1}\right)\frac{du_1}{dx}$과 같이 쓸 수 있습니다. 앞쪽의 도함수 값이 먼저 계산되고 뒤쪽의 값이 누적됩니다. 전진 모드와 후진 모드 자동 미분에 대한 더 자세한 내용은 〈핸즈온 머신러닝 3판〉(한빛미디어, 2023) 부록 C를 참고하세요.

4 Christian Szegedy et al., Intriguing properties of neural networks at https://arxiv.org/pdf/1312.6199.pdf

역주 적대 샘플에 대한 자세한 내용은 〈GAN 인 액션〉(한빛미디어, 2020) 10장을 참고하세요.

13.5.1 nn.Sequential 기반의 모델 구현하기

nn.Sequential[5]에서 모델 안의 층은 순서대로 연결됩니다. 다음 예는 두 개의 밀집 (완전) 연결된 층으로 모델을 만듭니다.

```
>>> model = nn.Sequential(
...     nn.Linear(4, 16),
...     nn.ReLU(),
...     nn.Linear(16, 32),
...     nn.ReLU()
... )
>>> model
Sequential(
  (0): Linear(in_features=4, out_features=16, bias=True)
  (1): ReLU()
  (2): Linear(in_features=16, out_features=32, bias=True)
  (3): ReLU()
)
```

nn.Sequential 클래스에 층을 전달하여 model 객체를 만들었습니다. 첫 번째 완전 연결 층의 출력이 첫 번째 ReLU 층의 입력으로 사용됩니다. 첫 번째 ReLU 층의 출력은 두 번째 완전 연결 층의 입력이 됩니다. 마지막으로 두 번째 완전 연결 층의 출력은 두 번째 ReLU 층의 입력으로 사용됩니다.

이 층의 설정을 바꿀 수 있습니다. 예를 들어 다른 활성화 함수, 가중치 초기화, 파라미터 규제 방법을 적용합니다. 가능한 옵션은 많으며 전체 목록은 공식 문서를 참고하세요.

- **활성화 함수 선택**: https://pytorch.org/docs/stable/nn.html#non-linear-activations-weighted-sum-nonlinearity
- **nn.init를 통한 파라미터 초기화**: https://pytorch.org/docs/stable/nn.init.html
- (과대적합을 막기위해) **torch.optim**에 있는 옵티마이저의 **weight_decay** 매개변수로 층 파라미터에 L2 규제 적용하기: https://pytorch.org/docs/stable/optim.html
- (과대적합을 막기 위해) 손실 텐서에 (잠시 후에 구현할) L1 페널티 항을 추가하여 층 파라미터에 L1 규제 적용하기

---

5 https://pytorch.org/docs/master/generated/torch.nn.Sequential.html#sequential

다음 코드 예제에서 첫 번째 완전 연결 층의 가중치 초깃값의 분포를 설정합니다. 그다음 두 번째 완전 연결 층의 가중치 행렬을 사용하여 L1 페널티 항을 계산합니다.

```
>>> nn.init.xavier_uniform_(model[0].weight)
>>> l1_weight = 0.01
>>> l1_penalty = l1_weight * model[2].weight.abs().sum()
```

여기에서 세이비어 초기화로 첫 번째 선형 층의 가중치를 초기화하고 두 번째 선형 층의 가중치로 L1 노름을 계산했습니다.

옵티마이저 종류와 훈련에 사용할 손실 함수를 지정할 수도 있습니다. 가능한 옵션이 많으므로 전체 목록은 공식 문서를 참고하세요.

- `torch.optim`에 있는 **옵티마이저**: https://pytorch.org/docs/stable/optim.html#algorithms
- **손실 함수**: https://pytorch.org/docs/stable/nn.html#loss-functions

13.5.2 손실 함수 선택하기

최적화 알고리즘 중에서는 SGD와 Adam이 가장 널리 사용되는 방법입니다. 손실 함수의 선택은 문제에 따라 다릅니다. 예를 들어 회귀 문제를 위해서는 평균 제곱 오차 손실을 사용할 수 있습니다.

크로스 엔트로피 손실 함수는 분류 작업에 사용할 수 있습니다. 15장에서 이에 대해 자세히 다룹니다.

또한, 이전 장에서 배운 기법도 사용할 수 있습니다(예를 들어 6장의 모델 평가 기법). 문제에 적절한 측정 지표를 연결하여 사용합니다. 예를 들어 정밀도, 재현율, 정확도, AUC, 거짓 음성과 거짓 양성 점수는 분류 모델을 평가하는 데 적절한 지표입니다.

이 예에서는 SGD 옵티마이저와 이진 분류를 위한 크로스 엔트로피 손실을 사용하겠습니다.

```
>>> loss_fn = nn.BCELoss()
>>> optimizer = torch.optim.SGD(model.parameters(), lr=0.001)
```

다음으로 좀 더 실용적인 예로 전통적인 XOR 분류 문제를 풀어 보겠습니다. 먼저 nn.Sequential() 클래스를 사용하여 모델을 만들겠습니다. 이 과정에서 비선형 결정 경계를 처리하기 위한 모델의 수용 능력(capacity)에 관해 배웁니다.[6] 그다음 nn.Module을 사용하여 유연성이 높고 층 제어가 용이한 모델을 만들어 보겠습니다.

13.5.3 XOR 분류 문제 풀어 보기

XOR 분류 문제는 두 개의 클래스 사이에서 비선형 결정 경계를 감지하는 모델의 수용 능력을 분석하기 위한 전통적인 문제입니다. 먼저 [-1, 1) 사이의 균등 분포에서 뽑은 두 개의 특성 (x_0, x_1)을 가진 200개의 훈련 샘플이 들어 있는 작은 데이터셋을 생성합니다. 그다음 다음 규칙에 따라 훈련 샘플 i에 정답 레이블을 부여합니다.

$$y^{(i)} = \begin{cases} 0 & x_0^{(i)} \times x_1^{(i)} < 0 \text{일 때} \\ 1 & \text{그 외} \end{cases}$$

절반의 데이터(100개의 훈련 샘플)는 훈련에 사용하고 남은 절반은 검증에 사용하겠습니다. 다음 코드는 데이터를 생성하고 훈련 데이터셋과 검증 데이터셋으로 나눕니다.

```
>>> import matplotlib.pyplot as plt
>>> import numpy as np
>>> torch.manual_seed(1)
>>> np.random.seed(1)
>>> x = np.random.uniform(low=-1, high=1, size=(200, 2))
>>> y = np.ones(len(x))
>>> y[x[:, 0] * x[:, 1]<0] = 0
>>> n_train = 100
>>> x_train = torch.tensor(x[:n_train, :], dtype=torch.float32)
>>> y_train = torch.tensor(y[:n_train], dtype=torch.float32)
>>> x_valid = torch.tensor(x[n_train:, :], dtype=torch.float32)
>>> y_valid = torch.tensor(y[n_train:], dtype=torch.float32)
>>> fig = plt.figure(figsize=(6, 6))
>>> plt.plot(x[y==0, 0], x[y==0, 1], 'o', alpha=0.75, markersize=10)
>>> plt.plot(x[y==1, 0], x[y==1, 1], '<', alpha=0.75, markersize=10)
>>> plt.xlabel(r'$x_1$', size=15)
>>> plt.ylabel(r'$x_2$', size=15)
>>> plt.show()
```

6　**역주** 여기에서 모델의 수용 능력이란 얼마나 복잡한 모델을 학습할 수 있는지를 의미합니다.

이 코드는 그림 13-2와 같은 산점도를 그립니다. 클래스 레이블에 따라 마커를 달리하여 훈련 데이터셋과 검증 데이터셋 샘플이 나타나 있습니다.

❤ 그림 13-2 훈련 세트와 검증 세트의 산점도

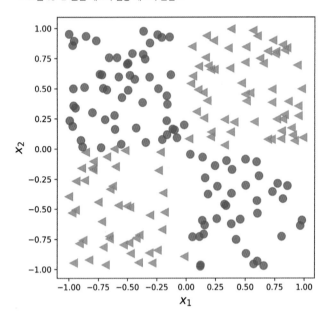

이전 절에서 파이토치에서 분류기를 구현하기 위해 필요한 도구를 다루었습니다. 이제 이 문제와 데이터셋에서 어떤 구조를 사용할지 결정해야 합니다. 경험적으로 보면 층이 많을수록 각 층에 뉴런 개수가 많을수록 모델의 수용 능력이 큽니다. 여기에서 모델의 수용 능력은 모델이 얼마나 복잡한 함수를 근사할 수 있는지를 측정한 것으로 생각할 수 있습니다. 많은 파라미터를 가지고 있으면 모델이 복잡한 함수를 근사할 수 있지만 모델이 클수록 훈련하기 힘듭니다(그리고 과대적합되기 쉽습니다). 실제로는 로지스틱 회귀, 즉 간단한 단일층 신경망처럼 간단한 기본 모델로 시작하는 것이 좋습니다.

```
>>> model = nn.Sequential(
...     nn.Linear(2, 1),
...     nn.Sigmoid()
... )
>>> model
Sequential(
  (0): Linear(in_features=2, out_features=1, bias=True)
  (1): Sigmoid()
)
```

모델을 정의한 후 이진 분류를 위한 크로스 엔트로피 손실 함수와 SGD 옵티마이저를 초기화합니다.

```
>>> loss_fn = nn.BCELoss()
>>> optimizer = torch.optim.SGD(model.parameters(), lr=0.001)
```

그다음 훈련 데이터의 배치 크기가 2인 데이터 로더를 만듭니다.

```
>>> from torch.utils.data import DataLoader, TensorDataset
>>> train_ds = TensorDataset(x_train, y_train)
>>> batch_size = 2
>>> torch.manual_seed(1)
>>> train_dl = DataLoader(train_ds, batch_size, shuffle=True)
```

이제 200번 에포크 동안 모델을 훈련하고 훈련 과정을 기록하겠습니다.

```
>>> torch.manual_seed(1)
>>> num_epochs = 200
>>> def train(model, num_epochs, train_dl, x_valid, y_valid):
...     loss_hist_train = [0] * num_epochs
...     accuracy_hist_train = [0] * num_epochs
...     loss_hist_valid = [0] * num_epochs
...     accuracy_hist_valid = [0] * num_epochs
...     for epoch in range(num_epochs):
...         for x_batch, y_batch in train_dl:
...             pred = model(x_batch)[:, 0]
...             loss = loss_fn(pred, y_batch)
...             loss.backward()
...             optimizer.step()
...             optimizer.zero_grad()
...             loss_hist_train[epoch] += loss.item()
...             is_correct = ((pred>=0.5).float() == y_batch).float()
...             accuracy_hist_train[epoch] += is_correct.mean()
...         loss_hist_train[epoch] /= n_train/batch_size
...         accuracy_hist_train[epoch] /= n_train/batch_size
...         pred = model(x_valid)[:, 0]
...         loss = loss_fn(pred, y_valid)
...         loss_hist_valid[epoch] = loss.item()
...         is_correct = ((pred>=0.5).float() == y_valid).float()
...         accuracy_hist_valid[epoch] += is_correct.mean()
...     return loss_hist_train, loss_hist_valid, \
...            accuracy_hist_train, accuracy_hist_valid
>>> history = train(model, num_epochs, train_dl, x_valid, y_valid)
```

훈련 에포크 기록에는 훈련 손실과 검증 손실, 훈련 정확도, 검증 정확도가 포함되어 있습니다. 이는 훈련이 끝난 후 시각적으로 조사하는 데 유용합니다. 다음 코드에서 훈련 손실과 검증 손실, 훈련 정확도와 검증 정확도를 사용하여 학습 곡선을 그려 보겠습니다.

```
>>> fig = plt.figure(figsize=(16, 4))
>>> ax = fig.add_subplot(1, 2, 1)
>>> plt.plot(history[0], lw=4)
>>> plt.plot(history[1], lw=4)
>>> plt.legend(['Train loss', 'Validation loss'], fontsize=15)
>>> ax.set_xlabel('Epochs', size=15)
>>> ax = fig.add_subplot(1, 2, 2)
>>> plt.plot(history[2], lw=4)
>>> plt.plot(history[3], lw=4)
>>> plt.legend(['Train acc.', 'Validation acc.'], fontsize=15)
>>> ax.set_xlabel('Epochs', size=15)
```

결과 그래프는 그림 13-3과 같이 손실과 정확도가 두 개의 그래프로 그려집니다.

❤ 그림 13-3 손실과 정확도 결과

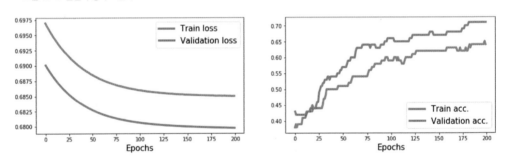

여기에서 볼 수 있듯이 은닉층이 없는 간단한 모델은 선형 결정 경계만 찾을 수 있습니다. 따라서 XOR 문제를 풀 수 없습니다. 이로 인해 훈련 데이터셋과 검증 데이터셋의 손실이 매우 높고 분류 정확도는 매우 낮습니다.

비선형 결정 경계를 찾기 위해 비선형 활성화 함수를 사용한 한 개 이상의 은닉층을 추가할 수 있습니다. 일반 근사 이론(universal approximation theorem)에 의하면 하나의 은닉층과 매우 많은 은닉 유닛을 가진 피드포워드 신경망은 임의의 연속 함수를 비교적 잘 근사할 수 있습니다.[7] 따라서 XOR 문제를 좀 더 만족스럽게 해결하는 한 가지 방법은 은닉층을 추가하고 검증 데이터셋에

---

7 역주 1989년 조시 시벤코(George Cybenko)가 발표한 이론으로 시벤코 정리라고도 부릅니다.

서 만족스러운 결과가 나올 때까지 은닉 유닛 개수를 바꾸면서 비교해 보는 것입니다. 은닉 유닛을 늘린다는 것은 층의 폭을 넓히는 것과 같습니다.

또는 더 많은 은닉층을 추가하여 모델의 깊이를 깊게 할 수도 있습니다. 네트워크의 폭 대신 깊이를 깊게 하면 비슷한 모델 수용 능력을 달성하는 데 필요한 파라미터 개수가 적다는 장점이 있습니다.

하지만 (넓은 모델에 비해) 깊은 모델은 그레이디언트가 폭주하거나 소멸될 수 있어 훈련하기 어렵다는 단점도 있습니다.

예를 위해 네 개의 은닉 유닛을 가진 한 개, 두 개, 세 개, 네 개의 은닉층을 추가해 보죠. 다음 예에서 세 개의 은닉층으로 구성된 피드포워드 신경망의 결과를 보여 줍니다.

```
>>> model = nn.Sequential(
...     nn.Linear(2, 4),
...     nn.ReLU(),
...     nn.Linear(4, 4),
...     nn.ReLU(),
...     nn.Linear(4, 1),
...     nn.Sigmoid()
... )
>>> loss_fn = nn.BCELoss()
>>> optimizer = torch.optim.SGD(model.parameters(), lr=0.015)
>>> model
Sequential(
  (0): Linear(in_features=2, out_features=4, bias=True)
  (1): ReLU()
  (2): Linear(in_features=4, out_features=4, bias=True)
  (3): ReLU()
  (4): Linear(in_features=4, out_features=1, bias=True)
  (5): Sigmoid()
)
>>> history = train(model, num_epochs, train_dl, x_valid, y_valid)
```

이전 코드를 다시 사용해서 그래프를 그리면 그림 13-4와 같습니다.

▼ 그림 13-4 두 개의 은닉층을 추가한 모델의 손실과 정확도 결과

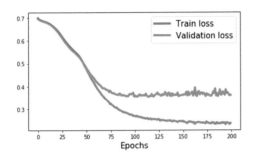
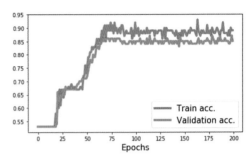

모델이 이 데이터에서 비선형 결정 경계를 찾은 것을 볼 수 있습니다. 이 모델은 훈련 데이터셋에 서 100% 정확도를 달성했습니다. 검증 데이터셋의 정확도는 95%로 모델이 약간 과대적합된 것 으로 보입니다.

13.5.4 nn.Module로 유연성이 높은 모델 만들기

이전 예제에서 파이토치 Sequential 클래스로 여러 개의 층을 가진 완전 연결 신경망을 만들었습 니다. 모델을 만드는 간편하고 일반적인 방법입니다. 하지만 안타깝지만 여러 개의 입력이나 출력 을 가지거나 중간 가지(branch)가 있는 복잡한 모델을 만들 수 없습니다. 그래서 nn.Module이 필요 합니다.

복잡한 모델을 만드는 또 다른 방법은 nn.Module 클래스를 상속하는 것입니다. 이 방식 은 nn.Module을 상속한 새로운 클래스를 만들고 __init__() 생성자 메서드를 정의합니다. forward() 메서드를 사용하여 정방향 계산을 정의합니다. 생성자 메서드 __init__()에서 클 래스 속성으로 층을 정의합니다. 이렇게 하면 self 식별자로 층을 참조할 수 있습니다. 그다음 forward() 메서드에서 신경망의 정방향 계산에 이런 층을 어떻게 사용할지 지정합니다. 클래스 상속으로 이전 모델을 구현하는 코드는 다음과 같습니다.

```
>>> class MyModule(nn.Module):
...     def __init__(self):
...         super().__init__()
...         l1 = nn.Linear(2, 4)
...         a1 = nn.ReLU()
...         l2 = nn.Linear(4, 4)
...         a2 = nn.ReLU()
...         l3 = nn.Linear(4, 1)
...         a3 = nn.Sigmoid()
```

```
...             l = [l1, a1, l2, a2, l3, a3]
...             self.module_list = nn.ModuleList(l)
...
...         def forward(self, x):
...             for f in self.module_list:
...                 x = f(x)
...             return x
```

모든 층을 nn.ModuleList 객체에 넣었습니다. 이 객체는 nn.Module 항목으로 구성된 list 객체입니다. 이렇게 하면 코드가 더 읽기 쉽고 따라하기 쉬워집니다.

이 새 클래스의 인스턴스를 정의하고 나면 이전과 마찬가지로 훈련할 수 있습니다.

```
>>> model = MyModule()
>>> model
MyModule(
  (module_list): ModuleList(
    (0): Linear(in_features=2, out_features=4, bias=True)
    (1): ReLU()
    (2): Linear(in_features=4, out_features=4, bias=True)
    (3): ReLU()
    (4): Linear(in_features=4, out_features=1, bias=True)
    (5): Sigmoid()
  )
)
>>> loss_fn = nn.BCELoss()
>>> optimizer = torch.optim.SGD(model.parameters(), lr=0.015)
>>> history = train(model, num_epochs, train_dl, x_valid, y_valid)
```

그다음 훈련 기록 외에 추가로 mlxtend 라이브러리를 사용하여 검증 데이터와 결정 경계를 시각화하겠습니다.

mlxtend는 다음과 같이 conda 또는 pip를 통해 설치할 수 있습니다.

```
> conda install mlxtend -c conda-forge
> pip install mlxtend
```

모델의 결정 경계를 계산하려면 MyModule 클래스에 predict() 메서드를 추가해야 합니다.

```
>>>         def predict(self, x):
...             x = torch.tensor(x, dtype=torch.float32)
...             pred = self.forward(x)[:, 0]
...             return (pred>=0.5).float()
```

이 메서드는 샘플에 대한 예측 클래스(0 또는 1)를 반환합니다.

다음 코드는 결정 경계와 함께 훈련 성능을 그래프로 그립니다.

```
>>> from mlxtend.plotting import plot_decision_regions
>>> fig = plt.figure(figsize=(16, 4))
>>> ax = fig.add_subplot(1, 3, 1)
>>> plt.plot(history[0], lw=4)
>>> plt.plot(history[1], lw=4)
>>> plt.legend(['Train loss', 'Validation loss'], fontsize=15)
>>> ax.set_xlabel('Epochs', size=15)
>>> ax = fig.add_subplot(1, 3, 2)
>>> plt.plot(history[2], lw=4)
>>> plt.plot(history[3], lw=4)
>>> plt.legend(['Train acc.', 'Validation acc.'], fontsize=15)
>>> ax.set_xlabel('Epochs', size=15)
>>> ax = fig.add_subplot(1, 3, 3)
>>> plot_decision_regions(X=x_valid.numpy(),
...                       y=y_valid.numpy().astype(np.integer),
...                       clf=model)
>>> ax.set_xlabel(r'$x_1$', size=15)
>>> ax.xaxis.set_label_coords(1, -0.025)
>>> ax.set_ylabel(r'$x_2$', size=15)
>>> ax.yaxis.set_label_coords(-0.025, 1)
>>> plt.show()
```

만들어진 그림 13-5는 손실, 정확도 그래프와 결정 경계가 함께 그려진 검증 샘플의 산점도로 구성됩니다.

❤ 그림 13-5 산점도를 포함한 결과

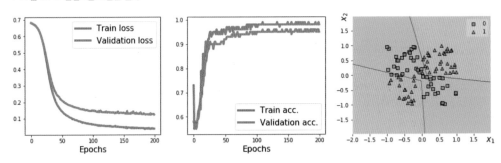

13.5.5 파이토치에서 사용자 정의 층 만들기

파이토치에서 제공하지 않는 층을 새로 정의해야 하는 경우 nn.Module 클래스를 상속하여 새로운 클래스를 정의할 수 있습니다. 새로운 층을 만들거나 기존 층을 커스터마이징할 때 특히 유용합니다.

사용자 정의 층의 개념을 설명하기 위해 간단한 예를 생각해 보죠. $w(x+\epsilon)+b$를 계산하는 새로운 선형 층을 정의한다고 가정해 보겠습니다. 여기에서 ϵ은 잡음을 위한 랜덤 변수입니다. 이 계산을 구현하기 위해 nn.Module 클래스를 상속한 새로운 클래스를 정의합니다. 이 새 클래스에서 생성자 __init__() 메서드와 forward() 메서드를 정의해야 합니다. 생성자에서는 이 층에 필요한 변수와 텐서를 정의합니다. 생성자에 input_size 매개변수가 있으면 변수를 만들고 초기화할 수 있습니다. 또는 (정확한 입력 크기를 미리 알 수 없다면) 변수 생성을 지연하고 다른 메서드에 변수 생성을 위임할 수 있습니다.

구체적인 예를 위해 앞서 소개한 $w(x+\epsilon)+b$ 계산을 수행하는 NoisyLinear라는 층을 만들어 봅시다.

```
>>> class NoisyLinear(nn.Module):
...     def __init__(self, input_size, output_size,
...                  noise_stddev=0.1):
...         super().__init__()
...         w = torch.Tensor(input_size, output_size)
...         self.w = nn.Parameter(w) # nn.Parameter는 모듈 파라미터 텐서입니다
...         nn.init.xavier_uniform_(self.w)
...         b = torch.Tensor(output_size).fill_(0)
...         self.b = nn.Parameter(b)
...         self.noise_stddev = noise_stddev
...
...     def forward(self, x, training=False):
...         if training:
...             noise = torch.normal(0.0, self.noise_stddev, x.shape)
...             x_new = torch.add(x, noise)
...         else:
...             x_new = x
...         return torch.add(torch.mm(x_new, self.w), self.b)
```

생성자에서 ϵ 분포의 표준 편차를 지정하는 noise_stddev 매개변수를 추가했습니다. ϵ은 가우스 분포에서 샘플링됩니다. 또한, forward() 메서드에서 training=False 매개변수를 사용합니다. 이 매개변수를 사용하여 층이 훈련에 사용되는지 또는 예측(이따금 이를 추론(inference)이라고 부릅니다)에만 사용되는지 구분합니다. 또한, 훈련과 예측에서 다르게 동작하는 기능들이 있습니다.

이런 예로 다음 장에 나오는 Dropout이 있습니다. 앞의 코드에서는 훈련할 때만 랜덤 벡터 ϵ을 생성하여 입력에 추가하고 추론이나 평가할 때는 사용하지 않습니다.

한걸음 나아가 NoisyLinear 층을 모델에 사용하기 전에 간단하게 테스트해 보겠습니다.

1. 다음 코드에서 이 층의 인스턴스 객체를 만들고 입력 텐서를 전달하여 실행합니다. 그다음 동일한 입력 텐서에서 이 층을 세 번 호출합니다.

```
>>> torch.manual_seed(1)
>>> noisy_layer = NoisyLinear(4, 2)
>>> x = torch.zeros((1, 4))
>>> print(noisy_layer(x, training=True))
tensor([[ 0.1154, -0.0598]], grad_fn=<AddBackward0>)
>>> print(noisy_layer(x, training=True))
tensor([[ 0.0432, -0.0375]], grad_fn=<AddBackward0>)
>>> print(noisy_layer(x, training=False))
tensor([[0., 0.]], grad_fn=<AddBackward0>)
```

> Note ≡ 처음 두 호출의 출력은 NoisyLinear 층이 입력 텐서에 랜덤한 잡음을 추가했기 때문에 다릅니다. 세 번째 호출은 training=False를 지정하여 잡음을 추가하지 않았기 때문에 [0, 0]을 출력합니다.

2. 이제 XOR 분류 문제를 풀기 위해 만들었던 모델과 비슷한 새로운 모델을 만들어 보겠습니다. 이전처럼 nn.Module 클래스를 사용하지만 이번에는 NoisyLinear 층을 다층 퍼셉트론의 첫 번째 은닉층으로 사용합니다. 코드는 다음과 같습니다.

```
>>> class MyNoisyModule(nn.Module):
...     def __init__(self):
...         super().__init__()
...         self.l1 = NoisyLinear(2, 4, 0.07)
...         self.a1 = nn.ReLU()
...         self.l2 = nn.Linear(4, 4)
...         self.a2 = nn.ReLU()
...         self.l3 = nn.Linear(4, 1)
...         self.a3 = nn.Sigmoid()
...
...     def forward(self, x, training=False):
...         x = self.l1(x, training)
...         x = self.a1(x)
...         x = self.l2(x)
...         x = self.a2(x)
...         x = self.l3(x)
```

```
...             x = self.a3(x)
...             return x
...
...     def predict(self, x):
...             x = torch.tensor(x, dtype=torch.float32)
...             pred = self.forward(x)[:, 0]
...             return (pred>=0.5).float()
...
>>> torch.manual_seed(1)
>>> model = MyNoisyModule()
>>> model
MyNoisyModule(
  (l1): NoisyLinear()
  (a1): ReLU()
  (l2): Linear(in_features=4, out_features=4, bias=True)
  (a2): ReLU()
  (l3): Linear(in_features=4, out_features=1, bias=True)
  (a3): Sigmoid()
)
```

3. 이전과 마찬가지로 모델을 훈련합니다. 이번에는 훈련 배치에 대한 예측을 계산하기 위해 pred
= model(x_batch)[:, 0] 대신 pred = model(x_batch, True)[:, 0]을 사용합니다.

```
>>> loss_fn = nn.BCELoss()
>>> optimizer = torch.optim.SGD(model.parameters(), lr=0.015)
>>> torch.manual_seed(1)
>>> loss_hist_train = [0] * num_epochs
>>> accuracy_hist_train = [0] * num_epochs
>>> loss_hist_valid = [0] * num_epochs
>>> accuracy_hist_valid = [0] * num_epochs
>>> for epoch in range(num_epochs):
...     for x_batch, y_batch in train_dl:
...         pred = model(x_batch, True)[:, 0]
...         loss = loss_fn(pred, y_batch)
...         loss.backward()
...         optimizer.step()
...         optimizer.zero_grad()
...         loss_hist_train[epoch] += loss.item()
...         is_correct = (
...             (pred>=0.5).float() == y_batch
...         ).float()
...         accuracy_hist_train[epoch] += is_correct.mean()
...     loss_hist_train[epoch] /= n_train/batch_size
```

```
...        accuracy_hist_train[epoch] /= n_train/batch_size
...        pred = model(x_valid)[:, 0]
...        loss = loss_fn(pred, y_valid)
...        loss_hist_valid[epoch] = loss.item()
...        is_correct = ((pred)>=0.5).float() == y_valid).float()
...        accuracy_hist_valid[epoch] += is_correct.mean()
```

4. 모델 훈련이 끝난 후 손실, 정확도, 결정 경계 그래프를 그립니다.

```
>>> fig = plt.figure(figsize=(16, 4))
>>> ax = fig.add_subplot(1, 3, 1)
>>> plt.plot(loss_hist_train, lw=4)
>>> plt.plot(loss_hist_valid, lw=4)
>>> plt.legend(['Train loss', 'Validation loss'], fontsize=15)
>>> ax.set_xlabel('Epochs', size=15)
>>> ax = fig.add_subplot(1, 3, 2)
>>> plt.plot(accuracy_hist_train, lw=4)
>>> plt.plot(accuracy_hist_valid, lw=4)
>>> plt.legend(['Train acc.', 'Validation acc.'], fontsize=15)
>>> ax.set_xlabel('Epochs', size=15)
>>> ax = fig.add_subplot(1, 3, 3)
>>> plot_decision_regions(
...        X=x_valid.numpy(),
...        y=y_valid.numpy().astype(np.integer),
...        clf=model
... )
>>> ax.set_xlabel(r'$x_1$', size=15)
>>> ax.xaxis.set_label_coords(1, -0.025)
>>> ax.set_ylabel(r'$x_2$', size=15)
>>> ax.yaxis.set_label_coords(-0.025, 1)
>>> plt.show()
```

5. 결과 그래프는 그림 13-6과 같습니다.

▼ 그림 13-6 첫 번째 은닉층으로 NoisyLinear를 사용한 결과

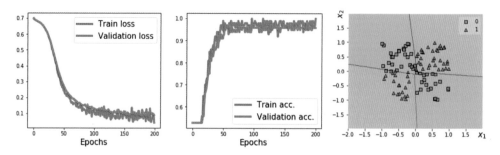

여기에서는 nn.Module 클래스를 상속하여 새로운 사용자 정의 층을 만들고 일반적인 torch.nn 층처럼 사용하는 방법을 배우는 것이 목적입니다. 이 예에서 NoisyLinear는 성능 향상에 도움이 되지 않지만 밑바닥부터 사용자 정의 층을 만들어 보는 것이 의도하는 바라는 것을 잊지 마세요. 일반적으로 새로운 사용자 정의 층을 만드는 것은 여러 애플리케이션에서 유용합니다. 예를 들어 기존 층을 넘어 새로운 층이 필요한 새로운 알고리즘을 만드는 경우입니다.

13.6 / 프로젝트 1: 자동차 연비 예측하기

지금까지 이 장에서는 주로 torch.nn 모듈에 집중했습니다. 간단하게 모델을 구축하기 위해 nn.Sequential을 사용했습니다. 그런 다음 nn.Module을 사용하여 더욱 유연한 모델을 만들고 사용자 정의 층을 추가한 피드포워드 신경망을 구현했습니다. 이 절에서는 자동차의 연비를 갤런당 마일(MPG)로 예측하는 실제 프로젝트를 진행하겠습니다. 데이터 전처리, 특성 엔지니어링, 훈련, 예측(추론) 및 평가와 같은 머신 러닝 작업의 기본 단계를 다룹니다.

13.6.1 특성 열 사용

머신 러닝과 딥러닝 애플리케이션에서 다양한 종류의 특성을 볼 수 있습니다. 연속 특성, 순서가 없는 범주형 특성, 순서가 있는 범주형 특성이 있습니다. 4장에서 다양한 종류의 특성을 다루는 방법을 배웠습니다. 수치형 데이터는 연속적이거나 이산적일 수 있지만 파이토치에서 '수치형' 데이터는 특별히 부동 소수 형태의 연속적인 데이터를 나타냅니다.

이따금 특성 집합은 다양한 특성 종류가 혼합되어 구성됩니다. 예를 들어 그림 13-7과 같이 일곱 개의 특성이 있는 경우를 생각해 보죠.

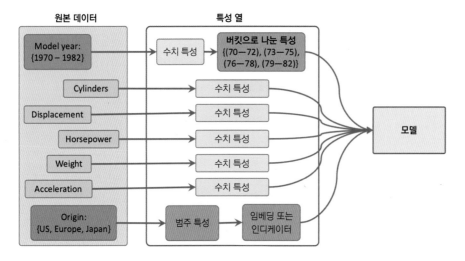

▼ 그림 13-7 Auto MPG 데이터 구조

그림 13-7에 있는 특성(Model Year, Cylinders, Displacement, Horsepower, Weight, Acceleration, Origin)은 Auto MPG 데이터셋에서 가져온 것입니다. 이 데이터셋은 널리 사용되는 머신 러닝 벤치마크 데이터셋으로 갤런당 마일(MPG) 단위로 자동차의 연료 효율성을 예측하는 문제입니다. 전체 데이터와 설명은 UCI 머신 러닝 저장소(https://archive.ics.uci.edu/ml/datasets/auto+mpg)에서 볼 수 있습니다.

Auto MPG 데이터셋 중 다섯 개의 특성(Cylinders, Displacement, Horsepower, Weight, Acceleration)은 수치형 (여기에서는 연속적인) 특성입니다. Model Year는 순서가 있는 범주형 특성으로 볼 수 있습니다. 마지막으로 Origin은 순서가 없는 특성이며 각각 US, 유럽, 일본을 의미하는 1, 2, 3 세 개의 값이 가능합니다.

먼저 데이터를 로드한 후 불완전한 행을 삭제하고, 훈련 데이터셋과 테스트 데이터셋으로 나누고 연속적인 특성에 표준화를 적용하는 것과 같은 필수적인 전처리 단계를 수행해 보죠.

```
>>> import pandas as pd
>>> dataset_path = tf.keras.utils.get_file(
... origin="https://archive.ics.uci.edu/static/public/9/auto+mpg.zip",
... extract=True)
>>> dataset_path = dataset_path.replace("auto+mpg.zip", "auto-mpg.data")
>>> column_names = ['MPG', 'Cylinders', 'Displacement', 'Horsepower',
...                  'Weight', 'Acceleration', 'Model Year', 'Origin']
>>> df = pd.read_csv(url, names=column_names,
...                  na_values="?", comment='\t',
...                  sep=" ", skipinitialspace=True)
>>> ## NA 행 삭제
```

```
>>> df = df.dropna()
>>> df = df.reset_index(drop=True)
>>>
>>> ## 훈련/테스트 분할:
>>> import sklearn
>>> import sklearn.model_selection
>>> df_train, df_test = sklearn.model_selection.train_test_split(
...     df, train_size=0.8, random_state=1
... )
>>> train_stats = df_train.describe().transpose()
>>>
>>> numeric_column_names = [
...     'Cylinders', 'Displacement',
...     'Horsepower', 'Weight',
...     'Acceleration'
... ]
>>> df_train_norm, df_test_norm = df_train.copy(), df_test.copy()
>>> for col_name in numeric_column_names:
...     mean = train_stats.loc[col_name, 'mean']
...     std  = train_stats.loc[col_name, 'std']
...     df_train_norm.loc[:, col_name] = \
...         (df_train_norm.loc[:, col_name] - mean)/std
...     df_test_norm.loc[:, col_name] = \
...         (df_test_norm.loc[:, col_name] - mean)/std
>>> df_train_norm.tail()
```

결과는 그림 13-8과 같습니다.

❤ 그림 13-8 전처리된 Auto MPG 데이터

	MPG	Cylinders	Displacement	Horsepower	Weight	Acceleration	Model Year	Origin
203	28.0	-0.824303	-0.901020	-0.736562	-0.950031	0.255202	76	3
255	19.4	0.351127	0.413800	-0.340982	0.293190	0.548737	78	1
72	13.0	1.526556	1.144256	0.713897	1.339617	-0.625403	72	1
235	30.5	-0.824303	-0.891280	-1.053025	-1.072585	0.475353	77	1
37	14.0	1.526556	1.563051	1.636916	1.470420	-1.359240	71	1

앞의 코드에서 만든 판다스의 DataFrame은 float 타입의 열이 다섯 개 있습니다.[8] 이 열들은 연속적인 특성으로 구성될 것입니다.

---

8 **역주** numeric_column_names 리스트에 나열된 열을 의미합니다.

그다음 훈련 모델의 학습 작업을 단순화하기 위해 연식(Model Year) 정보를 그룹으로 묶어 버킷 (bucket)으로 나누겠습니다. 구체적으로 말해서 다음과 같이 각 자동차를 네 개 중 한 개의 "year" 버킷에 할당합니다.

$$
\text{버킷} = \begin{cases} 0 & \text{year} < 73 \text{ 일 때} \\ 1 & 73 \leq \text{year} < 76 \text{ 일 때} \\ 2 & 76 \leq \text{year} < 79 \text{ 일 때} \\ 3 & \text{year} \geq 79 \text{ 일 때} \end{cases}
$$

이 간격은 버킷 개념을 설명하기 위해 임의로 선택한 것입니다. 자동차를 세 개의 버킷으로 그룹 짓기 위해 먼저 세 개의 분할 기준 [73, 76, 79]를 정의합니다. 이 기준은 한쪽만 닫힌 구간(half-closed interval)을 지정하는 데 사용됩니다. 예를 들어 (-∞, 73), [73, 76), [76, 79), [79, ∞)가 됩니다. 그런 다음 원래 숫자 특성을 torch.bucketize 함수(https://pytorch.org/docs/stable/generated/torch.bucketize.html)에 전달하여 버킷의 인덱스를 생성합니다. 코드는 다음과 같습니다.

```
>>> boundaries = torch.tensor([73, 76, 79])
>>> v = torch.tensor(df_train_norm['Model Year'].values)
>>> df_train_norm['Model Year Bucketed'] = torch.bucketize(
...     v, boundaries, right=True
... )
>>> v = torch.tensor(df_test_norm['Model Year'].values)
>>> df_test_norm['Model Year Bucketed'] = torch.bucketize(
...     v, boundaries, right=True
... )
>>> numeric_column_names.append('Model Year Bucketed')
```

버킷화된 특성 열을 numeric_column_names 파이썬 리스트에 추가했습니다.

다음으로 순서가 없는 범주형 특징인 Origin에 대한 리스트를 정의해 보겠습니다. 파이토치에서 범주형 특성을 다루는 방법에는 두 가지가 있습니다. 임베딩 층인 nn.Embedding[9]을 사용하거나 원-핫 인코딩 벡터(인디케이터(indicator)라고도 함)를 사용하는 것입니다. 인코딩 방식에서는 인 덱스 0이 [1, 0, 0], 인덱스 1이 [0, 1, 0]으로 인코딩되는 식입니다. 반면에 임베딩 층은 각 인덱 스를 훈련 가능한 float 타입의 랜덤 벡터에 매핑합니다(임베딩 층을 훈련 가능한 가중치 행렬을 원-핫 인코딩에 곱한 더 효율적인 구현이라고 생각할 수 있습니다).

---

9 https://pytorch.org/docs/stable/generated/torch.nn.Embedding.html

범주 개수가 많은 경우 범주 개수보다 적은 수의 차원을 가진 임베딩 층을 사용하면 성능을 향상시킬 수 있습니다.

다음 코드는 범주형 특성에 원-핫 인코딩 방식을 적용하여 이를 밀집 배열 형태로 변환합니다.

```
>>> from torch.nn.functional import one_hot
>>> total_origin = len(set(df_train_norm['Origin']))
>>> origin_encoded = one_hot(torch.from_numpy(
...     df_train_norm['Origin'].values) % total_origin)
>>> x_train_numeric = torch.tensor(
...     df_train_norm[numeric_column_names].values)
>>> x_train = torch.cat([x_train_numeric, origin_encoded], 1).float()
>>> origin_encoded = one_hot(torch.from_numpy(
...     df_test_norm['Origin'].values) % total_origin)
>>> x_test_numeric = torch.tensor(
...     df_test_norm[numeric_column_names].values)
>>> x_test = torch.cat([x_test_numeric, origin_encoded], 1).float()
```

범주형 특성을 3차원 밀집 특성으로 인코딩한 후, 이를 이전 단계에서 처리한 숫자 특성과 연결했습니다. 마지막으로 다음과 같이 정답 MPG 값으로부터 레이블 텐서를 생성합니다.

```
>>> y_train = torch.tensor(df_train_norm['MPG'].values).float()
>>> y_test = torch.tensor(df_test_norm['MPG'].values).float()
```

이 절에서는 파이토치에서 특성을 전처리하고 생성하는 가장 일반적인 접근 방식을 다루었습니다.

13.6.2 DNN 회귀 모델 훈련하기

특성과 레이블을 구성한 후, 훈련 데이터를 위해 배치 크기 8을 사용하는 데이터 로더를 생성하겠습니다.

```
>>> train_ds = TensorDataset(x_train, y_train)
>>> batch_size = 8
>>> torch.manual_seed(1)
>>> train_dl = DataLoader(train_ds, batch_size, shuffle=True)
```

다음으로 각각 여덟 개의 은닉 유닛과 네 개의 은닉 유닛을 가진 두 개의 완전 연결 층으로 구성된 모델을 만듭니다.

```
>>> hidden_units = [8, 4]
>>> input_size = x_train.shape[1]
>>> all_layers = []
>>> for hidden_unit in hidden_units:
...     layer = nn.Linear(input_size, hidden_unit)
...     all_layers.append(layer)
...     all_layers.append(nn.ReLU())
...     input_size = hidden_unit
>>> all_layers.append(nn.Linear(hidden_units[-1], 1))
>>> model = nn.Sequential(*all_layers)
>>> model
Sequential(
  (0): Linear(in_features=9, out_features=8, bias=True)
  (1): ReLU()
  (2): Linear(in_features=8, out_features=4, bias=True)
  (3): ReLU()
  (4): Linear(in_features=4, out_features=1, bias=True)
)
```

모델을 정의한 후 회귀를 위한 MSE 손실 함수를 정의하고 최적화를 위해 확률적 경사 하강법을
사용합니다.

```
>>> loss_fn = nn.MSELoss()
>>> optimizer = torch.optim.SGD(model.parameters(), lr=0.001)
```

이제 200번 에포크 동안 모델을 훈련하고 20번 에포크마다 훈련 손실을 출력하겠습니다.

```
>>> torch.manual_seed(1)
>>> num_epochs = 200
>>> log_epochs = 20
>>> for epoch in range(num_epochs):
...     loss_hist_train = 0
...     for x_batch, y_batch in train_dl:
...         pred = model(x_batch)[:, 0]
...         loss = loss_fn(pred, y_batch)
...         loss.backward()
...         optimizer.step()
...         optimizer.zero_grad()
...         loss_hist_train += loss.item()
...     if epoch % log_epochs==0:
...         print(f'에포크 {epoch}  손실 '
...                 f'{loss_hist_train/len(train_dl):.4f}')
에포크 0  손실 536.1047
```

```
에포크 20    손실 8.4361
에포크 40    손실 7.8695
에포크 60    손실 7.1891
에포크 80    손실 6.7062
에포크 100   손실 6.7599
에포크 120   손실 6.3124
에포크 140   손실 6.6864
에포크 160   손실 6.7648
에포크 180   손실 6.2156
```

200번의 에포크가 끝난 후, 훈련 손실은 약 5였습니다. 이제 테스트 데이터셋에서 훈련된 모델의 회귀 성능을 평가할 수 있습니다. 새로운 데이터 포인트의 타깃 값을 예측하기 위해 해당 데이터 포인트의 특성을 모델에 공급합니다.

```
>>> with torch.no_grad():
...     pred = model(x_test.float())[:, 0]
...     loss = loss_fn(pred, y_test)
...     print(f'테스트 MSE: {loss.item():.4f}')
...     print(f'테스트 MAE: {nn.L1Loss()(pred, y_test).item():.4f}')
테스트 MSE: 9.6130
테스트 MAE: 2.1211
```

테스트 세트의 MSE는 9.6이고 **평균 절대 오차**(MAE)는 2.1입니다. 이것으로 회귀 프로젝트를 끝내고 다음 절에서 분류 프로젝트를 진행하겠습니다.

MACHINE LEARNING

13.7 프로젝트 2: MNIST 손글씨 숫자 분류하기

이 분류 문제에서는 MNIST 손글씨 숫자를 분류합니다. 이전 절에서 파이토치에서 머신 러닝을 수행하기 위한 네 개의 단계를 자세히 다루었습니다. 이 절에서도 이를 반복하겠습니다.

12장에서 torchvision 모듈에서 데이터셋을 로드하는 방법을 배웠습니다. 그럼 먼저 torchvision 모듈을 사용하여 MNIST 데이터셋을 로드하겠습니다.

1. 설정 단계에서는 데이터셋을 로드하고 하이퍼파라미터(훈련 세트와 테스트 세트 크기, 미니 배치 크기)를 지정합니다.

```
>>> import torchvision
>>> from torchvision import transforms
>>> image_path = './'
>>> transform = transforms.Compose([
...     transforms.ToTensor()
... ])
>>> mnist_train_dataset = torchvision.datasets.MNIST(
...     root=image_path, train=True,
...     transform=transform, download=False
... )
>>> mnist_test_dataset = torchvision.datasets.MNIST(
...     root=image_path, train=False,
...     transform=transform, download=False
... )
>>> batch_size = 64
>>> torch.manual_seed(1)
>>> train_dl = DataLoader(mnist_train_dataset,
...                       batch_size, shuffle=True)
```

여기에서 배치 크기를 64로 하여 데이터 로더를 만들었습니다. 그다음 로딩된 데이터셋을 전처리하겠습니다.

2. 입력 특성과 레이블을 전처리합니다. 이 프로젝트에서 특성은 1단계에서 읽은 이미지의 픽셀입니다. torchvision.transforms.Compose를 사용하여 사용자 정의 변환을 정의합니다. 간단한 이 예제에서는 ToTensor() 메서드 하나로 변환이 구성됩니다. ToTensor() 메서드는 픽셀 특성을 실수 텐서로 변환하고 [0, 255] 범위의 픽셀을 [0, 1] 범위로 정규화합니다. 14장에서 더 복잡한 이미지 데이터셋을 다룰 때 몇 가지 추가적인 데이터 변환 방법을 살펴보겠습니다. 레이블은 0에서 9까지의 정수입니다. 따라서 스케일을 조정하거나 추가 변환을 수행할 필요가 없습니다. data 속성을 사용하여 원시 픽셀 값을 참조할 수 있으며, [0, 1] 범위로 변환되었다는 것을 잊지 마세요.

3. 신경망 모델을 만듭니다.

```
>>> hidden_units = [32, 16]
>>> image_size = mnist_train_dataset[0][0].shape
>>> input_size = image_size[0] * image_size[1] * image_size[2]
>>> all_layers = [nn.Flatten()]
```

```
>>> for hidden_unit in hidden_units:
...     layer = nn.Linear(input_size, hidden_unit)
...     all_layers.append(layer)
...     all_layers.append(nn.ReLU())
...     input_size = hidden_unit
>>> all_layers.append(nn.Linear(hidden_units[-1], 10))
>>> model = nn.Sequential(*all_layers)
>>> model
Sequential(
  (0): Flatten(start_dim=1, end_dim=-1)
  (1): Linear(in_features=784, out_features=32, bias=True)
  (2): ReLU()
  (3): Linear(in_features=32, out_features=16, bias=True)
  (4): ReLU()
  (5): Linear(in_features=16, out_features=10, bias=True)
)
```

Note ≡ 이 모델은 입력 이미지를 1차원 텐서로 펼치는 Flatten() 층으로 시작합니다. 이는 입력 이미지의 크기가 [1, 28, 28]이기 때문입니다. 이 모델에는 각각 32개와 16개의 유닛을 가진 두 개의 은닉층이 있습니다. 소프트맥스 함수가 활성화 함수고 열 개의 클래스를 나타내는 열 개의 유닛으로 구성된 출력층으로 끝납니다. 다음 단계에서는 훈련 세트에서 모델을 훈련하고 테스트 세트에서 평가하겠습니다.

4. 모델을 사용하여 훈련하고 평가하고 예측합니다.

```
>>> loss_fn = nn.CrossEntropyLoss()
>>> optimizer = torch.optim.Adam(model.parameters(), lr=0.001)
>>> torch.manual_seed(1)
>>> num_epochs = 20
>>> for epoch in range(num_epochs):
...     accuracy_hist_train = 0
...     for x_batch, y_batch in train_dl:
...         pred = model(x_batch)
...         loss = loss_fn(pred, y_batch)
...         loss.backward()
...         optimizer.step()
...         optimizer.zero_grad()
...         is_correct = (
...             torch.argmax(pred, dim=1) == y_batch
...         ).float()
...         accuracy_hist_train += is_correct.sum()
...     accuracy_hist_train /= len(train_dl.dataset)
```

```
...       print(f'에포크 {epoch}  정확도 '
...              f'{accuracy_hist_train:.4f}')
에포크 0   정확도 0.8531
...
에포크 9   정확도 0.9691
...
에포크 19   정확도 0.9813
```

다중 클래스 분류를 위해 크로스 엔트로피 손실 함수를, 경사 하강법을 위해 Adam 옵티마이저를
사용합니다. Adam 옵티마이저는 14장에서 설명하겠습니다. 20번 에포크 동안 모델을 훈련하고
에포크마다 훈련 정확도를 출력했습니다. 훈련된 모델은 훈련 세트에서 98.1%의 정확도에 도달
했습니다. 테스트 세트에서 평가해 보겠습니다.

```
>>> pred = model(mnist_test_dataset.data / 255.)
>>> is_correct = (
...     torch.argmax(pred, dim=1) ==
...     mnist_test_dataset.targets
... ).float()
>>> print(f'테스트 정확도: {is_correct.mean():.4f}')
테스트 정확도: 0.9645
```

테스트 정확도는 96.5%입니다. 지금까지 파이토치를 사용해서 분류 문제를 어떻게 해결하는지
알아보았습니다.

13.8 고수준 파이토치 API: 파이토치 라이트닝 소개

MACHINE LEARNING

최근 몇 년 동안 파이토치 커뮤니티는 파이토치를 기반으로 여러 가지 라이브러리와 API
를 개발했습니다. 대표적인 예로는 fastai(https://docs.fast.ai/), Catalyst(https://github.
com/catalyst-team/catalyst), 파이토치 라이트닝(PyTorch Lightning)(https://www.
pytorchlightning.ai, https://lightning-flash.readthedocs.io/en/latest/quickstart.html),
파이토치 이그나이트(PyTorch-Ignite)(https://github.com/pytorch/ignite) 등이 있습니다.

이 절에서는 널리 사용되는 파이토치 라이트닝(줄여서 라이트닝)을 살펴보겠습니다. 이 라이브러리는 반복적인 코드의 대부분을 제거함으로써 심층 신경망을 더 간단하게 훈련할 수 있습니다. 라이트닝은 단순성과 유연성에 중점을 두고 있지만, 멀티 GPU 지원 및 낮은 정밀도의 고속 훈련과 같은 많은 고급 기능도 사용할 수 있습니다. 이에 대한 자세한 내용은 공식 문서(https://pytorch-lightning.rtfd.io/en/latest/)를 참고하세요.

> **Note** ≡ 보너스로 파이토치 이그나이트에 대한 소개는 https://github.com/rickiepark/ml-with-pytorch/blob/main/ch13/ch13_part4_ignite.ipynb에 있습니다.

이전 '13.7절 프로젝트 2: MNIST 손글씨 숫자 분류하기'에서 MNIST 데이터셋에서 손글씨 숫자를 분류하기 위해 다층 퍼셉트론을 구현했습니다. 다음 절에서 라이트닝을 사용하여 이 분류기를 다시 구현해 보겠습니다.

> **Note** ≡ **파이토치 라이트닝 설치**
>
> 라이트닝은 pip나 conda를 통해 설치할 수 있습니다. 예를 들어 pip를 사용하여 라이트닝을 설치하는 명령은 다음과 같습니다.
>
> ```
> > pip install pytorch-lightning
> ```
>
> 다음은 conda를 사용하여 라이트닝을 설치하는 명령입니다.
>
> ```
> > conda install pytorch-lightning -c conda-forge
> ```
>
> 이어지는 절의 코드는 파이토치 라이트닝 2.0.6 버전을 기반으로 합니다. 2.0.6 버전을 설치하려면 앞의 명령에서 pytorch-lightning을 pytorch-lightning==2.0.6으로 바꾸세요.[10]

13.8.1 파이토치 라이트닝 모델 준비하기

먼저 다음 절에서 훈련할 모델을 구현하겠습니다. 라이트닝 모델을 정의하는 것은 일반 파이썬 및 파이토치 코드를 기반으로 하기 때문에 비교적 간단합니다. 라이트닝 모델을 구현하려면 파이토치 모듈 대신 LightningModule을 사용하면 됩니다. 트레이너(Trainer) API 및 자동 로깅과 같은 파이토치의 편의 기능을 활용하려면 다음 코드처럼 특정 이름을 가진 메서드를 정의하기만 하면 됩니다.

---

10 **역주** 번역서의 코드는 라이트닝 최신 버전에 맞추어 업데이트합니다. 현재 지원하는 버전을 확인하려면 깃허브를 참고하세요.

```python
import pytorch_lightning as pl
import torch
import torch.nn as nn
from torchmetrics import Accuracy


class MultiLayerPerceptron(pl.LightningModule):
    def __init__(self, image_shape=(1, 28, 28), hidden_units=(32, 16)):
        super().__init__()

        # PL 속성:
        self.train_acc = Accuracy(task="multiclass", num_classes=10)
        self.valid_acc = Accuracy(task="multiclass", num_classes=10)
        self.test_acc = Accuracy(task="multiclass", num_classes=10)

        # 이전 절과 비슷한 모델:
        input_size = image_shape[0] * image_shape[1] * image_shape[2]
        all_layers = [nn.Flatten()]
        for hidden_unit in hidden_units:
            layer = nn.Linear(input_size, hidden_unit)
            all_layers.append(layer)
            all_layers.append(nn.ReLU())
            input_size = hidden_unit

        all_layers.append(nn.Linear(hidden_units[-1], 10))
        self.model = nn.Sequential(*all_layers)

    def forward(self, x):
        x = self.model(x)
        return x

    def training_step(self, batch, batch_idx):
        x, y = batch
        logits = self(x)
        loss = nn.functional.cross_entropy(self(x), y)
        preds = torch.argmax(logits, dim=1)
        self.train_acc.update(preds, y)
        self.log("train_loss", loss, prog_bar=True)
        return loss

    def on_train_epoch_end(self):
        self.log("train_acc", self.train_acc.compute())
        self.train_acc.reset()
```

```python
    def validation_step(self, batch, batch_idx):
        x, y = batch
        logits = self(x)
        loss = nn.functional.cross_entropy(self(x), y)
        preds = torch.argmax(logits, dim=1)
        self.valid_acc.update(preds, y)
        self.log("valid_loss", loss, prog_bar=True)
        return loss

    def on_validation_epoch_end(self):
        self.log("valid_acc", self.valid_acc.compute(), prog_bar=True)
        self.valid_acc.reset()

    def test_step(self, batch, batch_idx):
        x, y = batch
        logits = self(x)
        loss = nn.functional.cross_entropy(self(x), y)
        preds = torch.argmax(logits, dim=1)
        self.test_acc.update(preds, y)
        self.log("test_loss", loss, prog_bar=True)
        self.log("test_acc", self.test_acc.compute(), prog_bar=True)
        return loss

    def configure_optimizers(self):
        optimizer = torch.optim.Adam(self.parameters(), lr=0.001)
        return optimizer
```

앞의 메서드를 하나씩 살펴보겠습니다. __init__ 생성자에는 이전 절에서 사용한 것과 동일한 모델 코드가 포함되어 있습니다. 새롭게 self.train_acc = Accuracy()와 같은 정확도 속성을 추가했습니다. 이를 통해 훈련 중에 정확도를 추적할 수 있습니다. Accuracy는 torchmetrics 모듈에서 임포트했습니다. 이 모듈은 라이트닝과 함께 자동으로 설치됩니다. torchmetrics를 임포트할 수 없는 경우 pip install torchmetrics를 통해 설치할 수 있습니다. 더 자세한 내용은 https://torchmetrics.readthedocs.io/en/latest/pages/quickstart.html에서 확인하세요.

forward 메서드는 입력 데이터로 모델을 호출할 때 로짓(네트워크에서 소프트맥스 층 전에 있는 마지막 완전 연결 층의 출력)을 반환하는 간단한 정방향 계산을 구현합니다. self(x)를 호출하여 forward 메서드에서 계산된 로짓은 다음에 설명할 훈련, 검증 및 테스트 단계에 사용됩니다.

training_step, on_train_epoch_end, validation_step, on_validation_epoch_end, test_step, configure_optimizers는 라이트닝에서 특별하게 인식하는 메서드입니다. 예를 들어 training_step은 훈련 중에 한 번의 정방향 계산을 정의하며, 정확도와 손실을 추적하여 나중에 분석할 수 있습니다. self.train_acc.update(preds, y)를 통해 정확도를 계산하지만 아직 로깅하지는 않습니다. training_step 메서드는 훈련 중 각 개별 배치에 대해 실행됩니다. 훈련 에포크가 끝날 때마다 실행되는 on_train_epoch_end 메서드는 훈련 과정에서 누적된 정확도 값으로 훈련 세트 정확도를 계산합니다.

validation_step과 test_step 메서드는 training_step 메서드와 유사하게 검증과 테스트 평가 과정을 정의합니다. training_step과 비슷하게, validation_step과 test_step은 단일 배치를 받으므로 torchmetric의 Accuracy에 정확도를 기록합니다.

마지막으로 configure_optimizers 메서드를 통해 훈련에 사용할 옵티마이저를 지정합니다. 다음 두 절에서는 데이터셋을 준비하고 모델을 훈련하는 방법에 대해 설명합니다.

13.8.2 라이트닝을 위한 데이터 로더 준비하기

라이트닝을 위해 데이터셋을 준비하는 방법은 크게 세 가지입니다.

- 데이터셋을 모델의 일부분으로 만듭니다.
- 이전처럼 데이터 로더를 만들어 라이트닝 트레이너(Trainer)의 fit 메서드에 전달합니다. 트레이너는 다음 절에서 소개합니다.
- LightningDataModule을 만듭니다.

여기에서는 가장 체계적인 방법인 LightningDataModule을 만들어 보겠습니다. LightningDataModule은 다음과 같이 다섯 개의 메서드로 구성됩니다.

```python
from torch.utils.data import DataLoader
from torch.utils.data import random_split
from torchvision.datasets import MNIST
from torchvision import transforms

class MnistDataModule(pl.LightningDataModule):
    def __init__(self, data_path='./'):
        super().__init__()
        self.data_path = data_path
```

```
            self.transform = transforms.Compose([transforms.ToTensor()])

    def prepare_data(self):
        MNIST(root=self.data_path, download=True)

    def setup(self, stage=None):
        # stage는 'fit', 'validate', 'test', 'predict' 중에 하나입니다
        mnist_all = MNIST(
            root=self.data_path,
            train=True,
            transform=self.transform,
            download=False
        )
        self.train, self.val = random_split(
            mnist_all, [55000, 5000], generator=torch.Generator().manual_seed(1)
        )
        self.test = MNIST(
            root=self.data_path,
            train=False,
            transform=self.transform,
            download=False
        )

    def train_dataloader(self):
        return DataLoader(self.train, batch_size=64, num_workers=2)

    def val_dataloader(self):
        return DataLoader(self.val, batch_size=64, num_workers=2)

    def test_dataloader(self):
        return DataLoader(self.test, batch_size=64, num_workers=2)
```

prepare_data 메서드에서는 데이터셋 다운로드와 같은 일반적인 단계를 정의합니다. setup 메서드에서는 훈련, 검증 및 테스트에 사용되는 데이터셋을 정의합니다. MNIST에는 전용 검증 세트가 없으므로, random_split 함수를 사용하여 60,000개 샘플로 구성된 훈련 세트를 훈련용 55,000개 샘플과 검증용 5,000개 샘플로 나눕니다.

데이터 로더 메서드는 설명이 필요 없으며 각 데이터 세트가 로드되는 방법을 정의합니다. 이제 이 데이터 모듈의 객체를 만들면 다음 절에서 학습, 검증 및 테스트에 사용할 수 있습니다.

```
torch.manual_seed(1)
mnist_dm = MnistDataModule()
```

13.8.3 라이트닝 Trainer 클래스를 사용하여 모델 훈련하기

이제 라이트닝 데이터 모듈과 특별한 이름을 가진 메서드를 준비한 이득을 누릴 수 있습니다. 라이트닝은 Trainer 클래스를 구현하여 zero_grad(), backward(), optimizer.step() 호출과 같은 모든 중간 단계를 대신 처리함으로써 매우 편리하게 모델을 훈련할 수 있습니다. 또한, 보너스로 (사용 가능한 경우) 하나 이상의 GPU를 쉽게 지정할 수 있습니다.

```python
mnistclassifier = MultiLayerPerceptron()
if torch.cuda.is_available(): # GPU를 가지고 있다면
    trainer = pl.Trainer(max_epochs=10, gpus=1)
else:
    trainer = pl.Trainer(max_epochs=10)
trainer.fit(model=mnistclassifier, datamodule=mnist_dm)
```

앞의 코드는 열 번의 에포크 동안 다층 퍼셉트론을 훈련합니다. 훈련하는 동안 에포크와 훈련 및 검증 손실과 같은 핵심 지표를 추적하는 편리한 진행 표시줄(progress bar)을 볼 수 있습니다.

```
Epoch 9: 100% 939/939 [00:07<00:00, 130.42it/s, loss=0.1, v_num=0, train_loss=0.260,
valid_loss=0.166, valid_acc=0.949]
```

훈련이 완료된 후에는 다음 절에서 살펴볼 것처럼 기록된 지표를 더 자세히 검사할 수도 있습니다.

13.8.4 텐서보드로 모델 평가하기

이전 절에서 Trainer 클래스의 편리함을 경험했습니다. 라이트닝의 또 다른 멋진 기능은 로깅 기능입니다. 앞서 라이트닝 모델에 몇 가지 self.log 단계를 지정했습니다. 훈련 후 또는 심지어 훈련 중에도 텐서보드에서 이를 시각화할 수 있습니다(라이트닝은 다른 로깅 툴도 지원하므로 자세한 내용은 공식 문서(https://lightning.ai/docs/pytorch/stable/api_references.html#loggers)를 참고하세요).

Note ☰　텐서보드 설치

텐서보드는 pip 또는 conda를 통해 설치할 수 있습니다. 예를 들어 pip를 통해 텐서보드를 설치하는 명령은 다음과
같습니다.

```
> pip install tensorboard
```

다음은 conda를 통해 라이트닝을 설치하는 명령어입니다.

```
> conda install tensorboard -c conda-forge
```

다음 절의 코드는 텐서보드 2.4 버전을 기반으로 합니다. 텐서보드 2.4 버전을 설치하려면 앞의 명령에서
tensorboard를 tensorboard==2.4로 바꾸세요.

기본적으로 라이트닝은 lightning_logs라는 하위 폴더에서 훈련 기록을 저장합니다. 훈련 실행을
시각화하기 위해 명령줄 터미널에서 다음 코드를 실행하면 웹 브라우저에서 텐서보드가 열립니다.

```
> tensorboard --logdir lightning_logs/
```

또는 주피터 노트북에서 코드를 실행하는 경우, 다음 코드를 주피터 노트북 셀에 추가하여 노트북
에 바로 텐서보드 대시보드를 표시할 수 있습니다.

```
%load_ext tensorboard
%tensorboard --logdir lightning_logs/
```

그림 13-9는 훈련 및 검증 정확도 그래프를 보여 주는 텐서보드 대시보드입니다. 왼쪽 아래 모
서리에 version_0 체크 상자가 있습니다. 훈련 코드를 여러 번 실행하면 라이트닝은 version_0,
version_1, version_2 등과 같은 별도의 하위 폴더에 기록합니다.

▼ 그림 13-9 텐서보드 대시보드

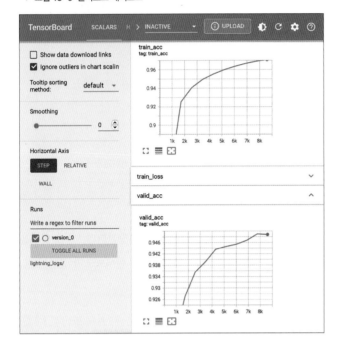

그림 13-9의 훈련 및 검증 정확도를 보면 몇 번의 에포크 동안 추가적으로 모델을 훈련하면 성능이 향상될 수 있다는 가설을 세울 수 있습니다.

라이트닝을 사용하면 훈련된 모델을 로드하고 에포크를 추가하여 편리하게 훈련할 수 있습니다. 앞서 언급했듯이 라이트닝은 하위 폴더를 통해 각각의 훈련 실행을 추적합니다. 그림 13-10에서는 재로딩을 위한 모델 체크포인트와 로그 파일이 포함된 version_0 하위 폴더의 내용을 볼 수 있습니다.

▼ 그림 13-10 파이토치 라이트닝 로그 파일

예를 들어 다음 코드를 사용하여 이 폴더에서 최신 모델 체크포인트를 로드하고 fit 메서드로 모델을 훈련할 수 있습니다.

```
if torch.cuda.is_available(): # GPU를 가지고 있다면
    trainer = pl.Trainer(max_epochs=15, callbacks=callbacks, gpus=1)
else:
    trainer = pl.Trainer(max_epochs=15, callbacks=callbacks)

trainer.fit(model=mnistclassifier, datamodule=mnist_dm, ckpt_path=path)
```

여기에서는 max_epochs를 15로 설정하여 모델을 다섯 번의 에포크 동안 더 훈련시켰습니다(앞서 열 번의 에포크 동안 훈련했습니다).

이제 그림 13-11의 텐서보드 대시보드에서 몇 번의 추가 에포크 동안 모델을 훈련한 것이 가치가 있는지 살펴보겠습니다.

❤ 그림 13-11 다섯 번의 에포크를 추가하여 훈련한 결과를 보여 주는 텐서보드 대시보드

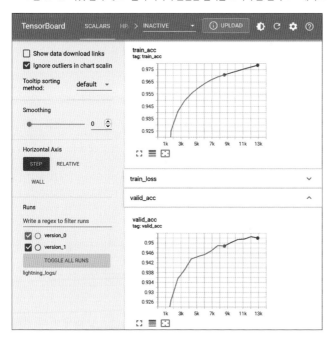

그림 13-11에서 볼 수 있듯이 텐서보드를 사용하면 이전 훈련(version_0) 옆에 추가 훈련(version_1)의 결과를 표시할 수 있어 매우 편리합니다. 실제로 다섯 번의 에포크를 더 훈련한 결과 검증 정확도가 향상되었습니다. 이 시점에서 더 많은 에포크에 대해 모델을 훈련하기로 결정할 수 있으며, 이는 독자 여러분에게 숙제로 남겨 두겠습니다.

훈련이 완료되면 다음 코드를 사용하여 테스트 세트에서 모델을 평가할 수 있습니다.

```
trainer.test(model=mnistclassifier, datamodule=mnist_dm)
```

총 15번의 에포크 동안 훈련한 후, 테스트 세트의 성능은 약 95%에 도달했습니다.

```
[{'test_loss': 0.14912301301956177, 'test_acc': 0.9499600529670715}]
```

파이토치 라이트닝은 모델을 자동으로 저장합니다. 나중에 모델을 재사용하려면 다음 코드를 통해 편리하게 로드할 수 있습니다.

```
model = MultiLayerPerceptron.load_from_checkpoint("path/to/checkpoint.ckpt")
```

> Note ≡ **파이토치 라이트닝에 대해 자세히 알아보기**
>
> 라이트닝에 대해 자세히 알아보려면 튜토리얼과 예제가 포함된 공식 웹 사이트(https://pytorch-lightning.readthedocs.io)를 참고하세요.
>
> 라이트닝은 또한 새로운 사용자와 기여자를 위한 활발한 커뮤니티를 슬랙(Slack)에서 운영하고 있습니다. 자세한 내용은 라이트닝 공식 웹 사이트(https://www.pytorchlightning.ai)를 참고하세요.

13.9 / 요약

이 장에서는 텐서플로에서 가장 핵심적이고 유용한 기능을 살펴보았습니다. 먼저 계산을 매우 편리하게 구현할 수 있는 파이토치의 동적 계산 그래프에 대해 설명했습니다. 또한, 파이토치 텐서 객체를 모델 파라미터로 정의하는 의미에 대해서도 다루었습니다.

어떤 함수의 편도 함수와 그레이디언트를 계산하는 개념을 다루었고 torch.nn 모듈에 대해 자세히 설명했습니다. 이 API는 복잡한 심층 신경망 모델을 간편하게 만들 수 있는 인터페이스를 제공합니다. 지금까지 설명한 내용을 바탕으로 회귀 문제와 분류 문제를 푸는 것으로 이 장을 마쳤습니다.

이제 파이토치의 핵심 메커니즘을 다루었으므로 다음 장에서 딥러닝에서 사용하는 **합성곱 신경망**(Convolutional Neural Network, CNN) 구조의 개념을 소개하겠습니다. CNN을 사용하면 컴퓨터 비전 분야에서 높은 성능을 발휘하는 강력한 모델을 만들 수 있습니다.

14장

심층 합성곱
신경망으로
이미지 분류

이전 장에서는 파이토치 신경망의 다양한 측면과 자동 미분 모듈을 자세히 살펴보았습니다. 텐서와 계산 그래프에 익숙해졌고, torch.nn으로 작업하는 방법을 배웠습니다. 이 장에서는 이미지 분류를 위한 **합성곱 신경망**(Convolutional Neural Network, CNN)을 배워 보겠습니다. 먼저 밑바닥부터 배우는 방식으로 CNN의 기본 구성 요소부터 알아봅시다. 그다음 CNN 구조를 더 깊게 알아보고 파이토치에서 CNN을 어떻게 구현하는지 설명합니다. 이 장에서는 다음 주제를 다룹니다.

- 1차원과 2차원의 합성곱 연산
- CNN 구조의 구성 요소
- 파이토치를 사용하여 심층 합성곱 신경망 구현하기
- 일반화 성능 향상을 위한 데이터 증식
- 웃고 있는 얼굴인지 아닌지 감지하는 CNN 분류기 구현하기

14.1 합성곱 신경망의 구성 요소

합성곱 신경망 또는 CNN은 뇌의 시각 피질이 물체를 인식할 때 동작하는 방식에서 영감을 얻은 모델입니다. CNN 개발은 1990년대로 거슬러 올라갑니다. 이 시기에 얀 르쿤(Yann LeCun)과 그의 동료들이 손글씨 숫자를 분류하는 새로운 신경망 구조를 발표했습니다.[1]

> Note ≡ **사람의 시각 피질**
>
> 데이비드 허블(David H. Hubel)과 토르스텐 비셀(Torsten Wiesel)이 1959년 뇌의 시각 피질이 어떻게 동작하는지 처음 발견했습니다. 마취된 고양이의 일차 시각 피질에 미세 전극을 넣었습니다. 그다음 고양이 앞에 여러 가지 패턴을 투영하여 뉴런이 다르게 반응하는지 관찰했습니다. 이를 통해 시각 피질이 여러 층으로 구성되어 있다는 것을 발견하게 되었습니다. 첫 번째 층은 주로 모서리와 직선을 감지하는 반면, 뒤쪽 층은 복잡한 모양과 패턴을 추출하는 데 초점을 맞춥니다.

---

1 Handwritten Digit Recognition with a Back-Propagation Network, Y LeCun, and others, 1989, published at Neural Information Processing Systems,(NIPS) conference

이미지 분류 작업에서 CNN이 탁월한 성능을 내기 때문에 이 특별한 종류의 피드포워드 신경망은 크게 주목받았고 컴퓨터 비전을 위한 머신 러닝 분야를 크게 발전시켰습니다. 몇 년이 지나서 2019년에 얀 르쿤은 인공 지능 분야에 대한 기여를 인정받아 (컴퓨터 과학 분야에서 가장 영예로운 상인) 튜링 상(Turing Award)을 받았습니다. 얀 르쿤 외에 이전에 소개했던 요슈아 벤지오와 제프리 힌트도 함께 받았습니다.

이어지는 절에서 CNN의 개념과 합성곱 구조를 '특성 추출 층'으로 설명하는 이유를 알아보겠습니다. 그다음 CNN에서 많이 사용되는 합성곱 연산의 이론적 정의와 1차원과 2차원 합성곱 계산을 위한 예제를 만들어 보겠습니다.

14.1.1 CNN과 특성 계층 학습

(관련이 높은) 핵심 특징을 올바르게 추출하는 것은 모든 머신 러닝 알고리즘의 성능에서 아주 중요한 요소입니다. 전통적인 머신 러닝 모델은 도메인 전문가가 만든 특성에 의존하거나 컴퓨터를 사용한 특성 추출 기법에 바탕을 두고 있습니다.

CNN과 같은 종류의 신경망은 원본 데이터에서 작업에 가장 유용한 특성을 자동으로 학습할 수 있습니다. 이런 이유 때문에 CNN 층을 특성 추출기로 생각하기도 합니다. (입력층 바로 다음에 있는) 층은 원본 데이터에서 저수준 특성을 추출합니다. (종종 다층 퍼셉트론(MLP)과 같은 완전 연결 층으로 만드는) 뒤쪽의 층은 이런 특성을 사용하여 연속적인 타깃 값이나 클래스 레이블을 예측합니다.

특정 종류의 다층 신경망과 특히 심층 합성곱 신경망은 각 층별로 저수준 특성을 연결하여 고수준 특성을 만듦으로써 소위 특성 계층을 구성합니다. 예를 들어 이미지를 다룬다면 모서리나 동그라미 같은 저수준 특성이 앞쪽 층에서 추출됩니다. 이 특성들이 연결되어 고수준 특성을 형성합니다. 이런 고수준 특성은 건물, 자동차, 강아지 같은 더 복잡한 모양을 형성할 수 있습니다.

그림 14-1에서 보듯이 CNN은 입력 이미지에서 **특성 맵**(feature map)을 만듭니다. 이 맵의 각 원소는 입력 이미지의 국부적인 픽셀 패치(patch)에서 유도됩니다.[2]

2 　[역주] 그림 14-1에서 오른쪽 이미지가 특성 맵입니다. 여기에서는 이미지에 있는 5×5 픽셀 패치가 특성 맵의 한 원소에 대응됩니다.

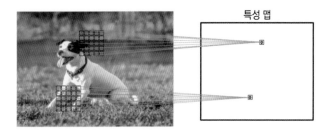
❤ 그림 14-1 이미지에서 특성 맵 만들기(언스플래시(Unsplash)에 있는 알렉산더 더머(Alexander Dummer)의 사진)

특성 맵

이런 국부적인 픽셀 패치를 **국부 수용장**(local receptive field)이라고 말합니다. CNN은 일반적으로 이미지 관련 작업을 매우 잘 수행합니다. 대체적으로 다음 두 개의 중요한 아이디어 때문입니다.

- **희소 연결**: 특성 맵에 있는 하나의 원소는 작은 픽셀 패치 하나에만 연결됩니다. (MLP처럼 모든 입력 이미지에 연결되는 것과 매우 다릅니다. 11장에서 전체 이미지에 연결된 완전 연결 네트워크를 어떻게 구현했는지 돌아보고 비교해 보세요.)
- **파라미터 공유**: 동일한 가중치가 입력 이미지의 모든 패치에 사용됩니다.

이 두 아이디어 결과로 일반적인 완전 연결 MLP를 합성곱 층으로 바꾸면 네트워크의 가중치(파라미터) 개수가 극적으로 감소하고 중요 특징을 잡아내는 능력이 향상됩니다. 이미지 데이터를 보면 가까이 있는 픽셀들이 멀리 떨어져 있는 픽셀보다 연관성이 높다고 가정할 수 있습니다.

일반적으로 CNN은 여러 개의 **합성곱**(conv) 층과 **풀링**(Pooling, P)이라고도 하는 서브샘플링 (subsampling) 층으로 이루어져 있습니다. 마지막에는 하나 이상의 완전 연결(FC) 층이 따라옵니다. 완전 연결 층은 모든 입력 유닛 i가 모든 출력 유닛 j에 가중치 w_{ij}로 연결되어 있는 (11장에서 배웠던) 다층 퍼셉트론입니다.

풀링 층(pooling layer)으로 알려진 서브샘플링 층은 학습되는 파라미터가 없습니다. 즉, 풀링 층에는 가중치나 절편 유닛이 없습니다. 합성곱이나 완전 연결 층은 훈련 도중 최적화되는 가중치와 절편을 가집니다.

이어지는 절에서 합성곱 층과 풀링 층을 자세히 배워 보고 작동 방식도 알아보겠습니다. 합성곱 연산의 작동 방식을 이해하기 위해 1차원 합성곱부터 시작하죠. 1차원 합성곱은 텍스트 같은 시퀀스 데이터를 다룰 때 이따금 사용됩니다. 1차원 합성곱에 대해 설명한 후 2차원 이미지에 적용하는 전형적인 2차원 합성곱을 다루어 보겠습니다.

14.1.2 이산 합성곱 수행

이산 합성곱(discrete convolution)(또는 간단히 합성곱)이 CNN의 기본 연산입니다. 이 연산의 작동 원리를 아는 것이 아주 중요합니다. 이 절에서 합성곱의 수학적 정의를 살펴보고 1차원 텐서(벡터)나 2차원 텐서(행렬)에서 합성곱을 계산하는 간단한 알고리즘을 설명하겠습니다.

이 절에 나오는 공식과 설명은 합성곱 연산의 작동 원리를 이해하는 것이 목적입니다. 나중에 이 장에서 보겠지만 텐서플로 같은 패키지의 실제 합성곱 연산은 훨씬 효율적으로 구현되어 있습니다.

> **Note ≡ 수학 표기**
>
> 이 장에서는 다차원 배열의 크기를 나타내기 위해 아래 첨자를 사용하겠습니다. 예를 들어 $A_{n_1 \times n_2}$는 크기가 $n_1 \times n_2$인 2차원 배열입니다. 대괄호 [ ]는 다차원 배열의 인덱스를 나타내는 데 사용합니다.
>
> 예를 들어 $A[i, j]$는 행렬 A의 i, j 인덱스에 있는 원소를 말합니다. 특수 문자 *는 벡터나 행렬 간 합성곱 연산을 의미합니다. 파이썬의 곱셈 연산자 *와 혼동하지 마세요.

1차원 이산 합성곱 연산 수행

앞으로 사용할 기본적인 정의와 기호를 설명하는 것부터 시작해 보죠. 두 개의 벡터 x와 w에 대한 이산 합성곱은 $y = x * w$처럼 나타냅니다. x는 입력(이따금 신호라고 부릅니다)이고 w는 **필터**(filter) 또는 **커널**(kernel)이라고 부릅니다. 이산 합성곱의 수학적 정의는 다음과 같습니다.

$$y = x * w \rightarrow y[i] = \sum_{k=-\infty}^{+\infty} x[i-k] w[k]$$

앞서 언급했듯이 여기에서 대괄호 [ ]는 벡터 원소의 인덱스를 나타내는 데 사용합니다. 인덱스 i는 출력 벡터 y의 각 원소에 대응합니다. 앞 공식에서 두 가지 특이한 점을 설명하겠습니다. $-\infty$에서 $+\infty$까지 인덱스와 x의 음수 인덱싱입니다.

첫째 인덱스 $-\infty$부터 $+\infty$까지 합은 특히 이상하게 보입니다. 머신 러닝 애플리케이션은 항상 유한한 특성 벡터를 다루기 때문입니다. 예를 들어 x가 0, 1, 2, …, 8, 9 인덱스로 열 개의 특성을 가지고 있다면 $-\infty$:-1과 10:$+\infty$ 인덱스는 x의 범위 밖입니다. 이전 공식에 있는 덧셈을 올바르게 계산하려면 x와 w가 0으로 채워져 있다고 가정해야 합니다. 또한, 출력 벡터 y도 0으로 채워진 무한 크기가 됩니다. 이는 실제 상황에서는 유용하지 않기 때문에 유한한 개수의 0으로 x가 패딩됩니다.

이 과정을 **제로 패딩**(zero padding) 또는 **패딩**(padding)이라고 합니다. 각 방향으로 추가된 패딩 수는 p로 나타냅니다. 1차원 벡터 x의 패딩 예가 그림 14-2에 나타나 있습니다.

▼ 그림 14-2 1차원 패딩 예

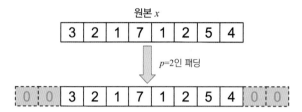

원본 입력 x와 필터 w가 각각 n개, m개의 원소를 가지고 $m \le n$이라고 가정해 보겠습니다. 패딩된 벡터 x^p 크기는 $n+2p$입니다. 이산 합성곱을 계산하기 위한 실제 공식은 다음과 같이 바뀝니다.

$$y = x * w \rightarrow y[i] = \sum_{k=0}^{k=m-1} x^p\big[i+(m-1)-k\big]w\big[k\big]$$

무한한 인덱스 문제를 해결했습니다. 둘째 이슈는 $i+m-k$로 x를 인덱싱하는 것입니다. x와 w가 이 식에서 다른 방향으로 인덱싱한다는 점이 중요합니다. 하나가 반대 방향으로 인덱싱되는 계산은 패딩된 후 x 또는 w 벡터 중 하나를 뒤집어 계산하는 것과 동일합니다. 필터 w를 뒤집어서 회전된 필터 w^r을 얻었다고 가정해 보죠. 점곱 $x[i:i+m]\cdot w^r$을 계산하면 $y[i]$ 원소 하나가 얻어집니다. $x[i:i+m]$은 크기가 m인 x의 패치입니다. 이 연산이 모든 출력 원소를 얻기 위해 슬라이딩 윈도우(sliding window) 방식으로 반복됩니다.

그림 14-3은 $x = [3\ 2\ 1\ 7\ 1\ 2\ 5\ 4]$고 $w = \begin{bmatrix} \frac{1}{2} & \frac{3}{4} & 1 & \frac{1}{4} \end{bmatrix}$일 때 처음 세 개의 출력 원소를 계산하는 경우를 보여 줍니다.

▼ 그림 14-3 이산 합성곱 계산 단계

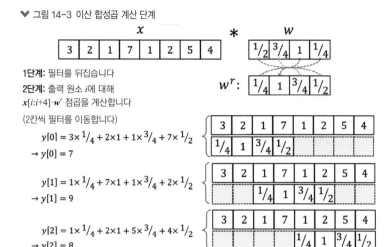

1단계: 필터를 뒤집습니다

2단계: 출력 원소 i에 대해 $x[i{:}i{+}4]{\cdot}w^r$ 점곱을 계산합니다

(2칸씩 필터를 이동합니다)

$$y[0] = 3 \times \tfrac{1}{4} + 2 \times 1 + 1 \times \tfrac{3}{4} + 7 \times \tfrac{1}{2}$$
$$\rightarrow y[0] = 7$$

$$y[1] = 1 \times \tfrac{1}{4} + 7 \times 1 + 1 \times \tfrac{3}{4} + 2 \times \tfrac{1}{2}$$
$$\rightarrow y[1] = 9$$

$$y[2] = 1 \times \tfrac{1}{4} + 2 \times 1 + 5 \times \tfrac{3}{4} + 4 \times \tfrac{1}{2}$$
$$\rightarrow y[2] = 8$$

이 예에서 패딩 크기는 0입니다($p=0$). 회전된 필터 w^r은 2칸씩 이동합니다. 이동하는 양은 **스트라이드**(stride)라고 하며, 또 하나의 합성곱 하이퍼파라미터입니다. 여기에서 스트라이드는 2입니다($s=2$). 스트라이드는 입력 벡터의 크기보다 작은 양수 값이어야 합니다. 다음 절에서 패딩과 스트라이드를 자세히 이야기해 보죠!

Note ☰   교차상관

입력 벡터와 필터 사이의 **교차상관**(cross-correlation)(또는 간단히 상관)을 $y = x * w$로 나타내며 합성곱과 매우 비슷합니다. 교차상관에서는 곱셈이 같은 방향으로 수행된다는 것이 차이점입니다. 따라서 필터 행렬 w를 차원별로 회전시킬 필요가 없습니다. 교차상관은 수학적으로 다음과 같이 정의됩니다.

$$y = x * w \rightarrow y[i] = \sum_{k=-\infty}^{+\infty} x[i+k]w[k]$$

패딩과 스트라이드 규칙은 교차상관에도 동일하게 적용될 수 있습니다. (파이토치를 포함하여) 대부분 딥러닝 프레임워크는 실제로 교차상관을 수행하지만 관례적으로 합성곱이라고 부릅니다.[3]

출력 특성 맵의 크기를 조절하기 위해 입력에 패딩하기

지금까지 유한한 크기의 출력 벡터를 얻기 위해 합성곱에 제로 패딩을 사용했습니다. 기술적으로 $p \geq 0$인 어떤 패딩도 적용할 수 있습니다. p 값에 따라 x에서 경계에 있는 셀은 중간 셀과 다르게 처리됩니다.

---

3 **역주** 합성곱과 교차상관은 필터를 뒤집느냐의 차이입니다. 하지만 신경망은 어차피 필터를 랜덤한 값으로 초기화한 후 학습하기 때문에 필터를 뒤집는 것이 의미가 없습니다. 텐서플로를 비롯하여 대부분 딥러닝 프레임워크는 교차상관으로 구현되어 있지만 관례상 합성곱이라고 부릅니다.

$n=5$, $m=3$, $p=0$인 경우를 생각해 보죠. $x[0]$은 하나의 출력 원소를 계산하는 데만 사용됩니다 (예를 들어 $y[0]$). 반면 $x[1]$은 두 개의 출력 원소를 계산하는 데 사용됩니다($y[0]$과 $y[1]$). x 원소를 이렇게 다르게 취급하기 때문에 가운데 있는 $x[2]$가 대부분의 계산에 사용되어 강조되는 효과를 냅니다. 여기에서는 $p=2$를 사용하면 이 문제를 피할 수 있습니다. x의 각 원소가 세 개의 y 원소 계산에 참여합니다.[4]

또한, 출력 y 크기는 사용한 패딩 방법에 따라 달라집니다.

실전에서 자주 사용하는 세 개의 패딩 방법은 풀(full) 패딩, 세임(same) 패딩, 밸리드(valid) 패딩입니다.

풀 패딩은 패딩 파라미터 p를 $p=m-1$로 설정합니다. 풀 패딩은 출력 크기를 증가시키기 때문에 합성곱 신경망 구조에서는 거의 사용되지 않습니다.

세임 패딩은 출력 크기가 입력 벡터 x와 같아야 할 때 사용합니다. 이때 패딩 파라미터 p는 입력과 출력 크기가 동일해야 하기 때문에 필터 크기에 따라 결정됩니다.[5]

마지막으로 밸리드 패딩 합성곱은 $p=0$인 경우를 말합니다(패딩 없음).

그림 14-4는 세 개의 패딩 모드를 보여 줍니다. 입력은 5×5 픽셀, 커널은 3×3 크기, 스트라이드는 1인 경우입니다.

▼ 그림 14-4 세 개의 패딩 모드

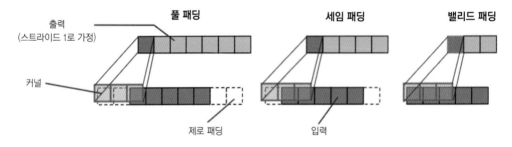

합성곱 신경망에서 가장 많이 사용되는 패딩 방법은 세임 패딩입니다. 다른 패딩 방식에 비해 장점은 세임 패딩이 벡터 크기를 유지시킨다는 것입니다. 컴퓨터 비전 분야의 이미지 관련된 작업이라면 입력 이미지의 높이와 너비가 유지됩니다. 이 때문에 네트워크 구조를 설계하기 쉽습니다.

4　역주 이 예는 스트라이드 1일 때를 가정한 것입니다.

5　역주 세임 패딩은 입력 벡터의 절반 크기에 내림 연산을 한 것이라서 하프(half) 패딩이라고도 합니다.

풀 패딩이나 세임 패딩에 비해 밸리드 패딩의 단점은 신경망에 층이 추가될수록 점진적으로 텐서 크기가 줄어드는 것입니다. 이는 신경망 성능을 나쁘게 만들 수 있습니다. 실전에서는 합성곱 층에 세임 패딩을 사용하여 너비와 높이를 유지시키고, Jost Tobias Springenberg, Alexey Dosovitskiy 등이 쓴 2015년 논문 "Striving for Simplicity: The All Convolutional Net"[6]에서 설명된 대로 풀링 층 또는 스트라이드가 2인 합성곱 층을 통해 공간 방향 크기를 줄여야 합니다.

풀 패딩은 입력보다 출력 크기를 증가시키므로 경계 부분의 영향을 최소화하는 것이 중요한 신호 처리 애플리케이션에서 보통 사용됩니다. 딥러닝에서는 경계 부분의 영향이 크지 않기 때문에 실전에서는 풀 패딩이 거의 사용되지 않습니다.

합성곱 출력 크기 계산

합성곱 출력 크기는 입력 벡터 위를 필터 w가 이동하는 전체 횟수로 결정됩니다. 입력 벡터의 크기는 n이고 필터 크기는 m이라고 가정해 보죠. 패딩이 p이고 스트라이드가 s인 $x * w$ 출력 크기는 다음과 같이 계산됩니다.

$$o = \left\lfloor \frac{n + 2p - m}{s} \right\rfloor + 1$$

여기에서 $\lfloor . \rfloor$는 버림 연산을 나타냅니다.

> Note ≡ **버림 연산**
>
> 버림 연산은 입력보다 작거나 같은 가장 큰 정수를 반환합니다. 예를 들어 다음과 같습니다.
>
> $$floor(1.77) = \lfloor 1.77 \rfloor = 1$$

다음 두 경우를 생각해 보죠.

- 입력 벡터 크기가 10이고 합성곱 커널 크기가 5, 패딩이 2, 스트라이드가 1일 때 출력 크기를 계산해 보세요.

$$n = 10, m = 5, p = 2, s = 1 \rightarrow o = \left\lfloor \frac{10 + 2 \times 2 - 5}{1} \right\rfloor + 1 = 10$$

(이때는 출력 크기가 입력과 동일하므로 세임 패딩입니다.)

---

6 https://arxiv.org/abs/1412.6806

- 커널 크기가 3이고 스트라이드가 2이면 같은 입력 벡터일 때 출력 크기가 어떻게 바뀔까요?

$$n = 10, m = 3, p = 2, s = 2 \rightarrow o = \left\lfloor \frac{10 + 2 \times 2 - 3}{2} \right\rfloor + 1 = 6$$

합성곱 출력 크기에 관한 자세한 내용은 관련 논문을 참고하세요.[7]

마지막으로 1차원 합성곱의 계산 방법을 익히기 위해 단순하게 구현해 보았습니다. 이 결과를 numpy.convolve 함수와 비교해 보죠. 코드는 다음과 같습니다.

```
>>> import numpy as np
>>> def conv1d(x, w, p=0, s=1):
...     w_rot = np.array(w[::-1])
...     x_padded = np.array(x)
...     if p > 0:
...         zero_pad = np.zeros(shape=p)
...         x_padded = np.concatenate([
...             zero_pad, x_padded, zero_pad
...         ])
...     res = []
...     for i in range(0, int((len(x_padded) - len(w_rot))) + 1, s):
...         res.append(np.sum(x_padded[i:i+w_rot.shape[0]] * w_rot))
...     return np.array(res)
>>> ## 테스트:
>>> x = [1, 3, 2, 4, 5, 6, 1, 3]
>>> w = [1, 0, 3, 1, 2]
>>> print('Conv1d 구현:',
...       conv1d(x, w, p=2, s=1))
Conv1d 구현: [  5. 14. 16. 26. 24. 34. 19. 22.]
>>> print('넘파이 결과:',
...       np.convolve(x, w, mode='same'))
넘파이 결과: [ 5 14 16 26 24 34 19 22]
```

---

7   A guide to convolution arithmetic for deep learning, Vincent Dumoulin and Francesco Visin, 2016
    https://arxiv.org/abs/1603.07285
    역주 이 논문은 역자의 블로그에 번역되어 있습니다(https://bit.ly/2DnFPFX).

지금까지 벡터에 대한 합성곱(1D 합성곱)을 살펴보았습니다. 개념을 쉽게 이해하기 위해 1D 경우로 시작했습니다. 다음 절에서 이미지 관련 작업에서 CNN의 기본 요소인 2D 합성곱에 대해 자세히 알아보겠습니다.

2D 이산 합성곱 수행

이전 절에서 배운 개념은 2차원으로 쉽게 확장 가능합니다. $m_1 \leq n_1$이고 $m_2 \leq n_2$인 행렬 $X_{n_1 \times n_2}$와 필터 행렬 $W_{m_1 \times m_2}$ 같은 2차원 입력을 다룰 때 X와 W의 2D 합성곱 결과는 행렬 $Y = X * W$가 됩니다. 수학적으로는 다음과 같이 정의됩니다.

$$Y = X * W \rightarrow Y[i,j] = \sum_{k_1=-\infty}^{+\infty} \sum_{k_2=-\infty}^{+\infty} X[i-k_1, j-k_2]\, W[k_1, k_2]$$

차원 하나를 제거하면 남은 공식이 이전의 1D 합성곱과 정확히 동일합니다. 사실 제로 패딩, 필터 행렬의 회전, 스트라이드 같은 이전에 언급한 모든 기법도 2D 합성곱에 적용할 수 있습니다. 양쪽 차원에 독립적으로 확장됩니다. 그림 14-5는 크기가 8×8인 입력 행렬과 3×3 크기의 커널을 사용한 2D 합성곱을 보여 줍니다. 입력 행렬이 $p=1$로 제로 패딩되어 있습니다. 이로 인해 이 2D 합성곱은 8×8 크기의 출력을 만듭니다.

▼ 그림 14-5 2D 합성곱의 출력

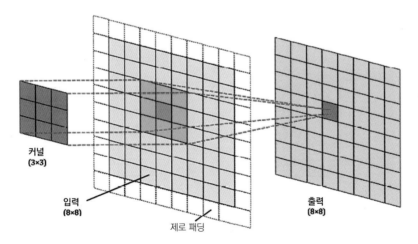

커널
(3×3)

입력
(8×8)

제로 패딩

출력
(8×8)

다음 예는 패딩 $p=(1, 1)$과 스트라이드 $s=(2, 2)$일 때 입력 행렬 $X_{3 \times 3}$과 커널 행렬 $W_{3 \times 3}$ 사이의 2D 합성곱 계산을 보여 줍니다. 여기에서는 입력 행렬의 네 면에 0이 한 줄씩 추가되어 $X_{5 \times 5}^{padded}$ 행렬을 만듭니다.

X   **W**

0	0	0	0	0
0	2	1	2	0
0	5	0	1	0
0	1	7	3	0
0	0	0	0	0

*

0.5	0.7	0.4
0.3	0.4	0.1
0.5	1	0.5

필터를 뒤집으면 다음과 같습니다.

$$W^r = \begin{bmatrix} 0.5 & 1 & 0.5 \\ 0.1 & 0.4 & 0.3 \\ 0.4 & 0.7 & 0.5 \end{bmatrix}$$

이 변환은 행렬의 전치와 다릅니다. 넘파이에서 필터를 역전시키려면 W_rot=W[::-1,::-1]처럼 씁니다. 그다음 패딩된 입력 행렬 X^{padded}를 따라 슬라이딩 윈도우처럼 역전된 필터를 이동하면서 원소별 곱의 합을 계산합니다. 그림 14-7에 ⊙ 연산자로 표기했습니다.

▼ 그림 14-7 합성곱 필터의 원소별 곱셈

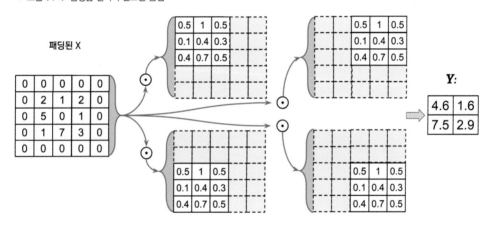

결괏값 **Y**는 2×2 행렬입니다.

단순한 알고리즘을 사용하여 2D 합성곱도 구현해 보겠습니다. scipy.signal 패키지는 2D 합성 곱을 계산할 수 있는 scipy.signal.convolve2d 함수를 제공합니다.

```
>>> import numpy as np
>>> import scipy.signal
>>> def conv2d(X, W, p=(0, 0), s=(1, 1)):
...     W_rot = np.array(W)[::-1,::-1]
...     X_orig = np.array(X)
...     n1 = X_orig.shape[0] + 2*p[0]
...     n2 = X_orig.shape[1] + 2*p[1]
...     X_padded = np.zeros(shape=(n1, n2))
...     X_padded[p[0]:p[0]+X_orig.shape[0],
...             p[1]:p[1]+X_orig.shape[1]] = X_orig
...
...     res = []
...     for i in range(0, int((X_padded.shape[0] - \
...                         W_rot.shape[0])/s[0])+1, s[0]):
...         res.append([])
...         for j in range(0, int((X_padded.shape[1] - \
...                         W_rot.shape[1])/s[1])+1, s[1]):
...             X_sub = X_padded[i:i+W_rot.shape[0],
...                             j:j+W_rot.shape[1]]
...             res[-1].append(np.sum(X_sub * W_rot))
...     return(np.array(res))
>>> X = [[1, 3, 2, 4], [5, 6, 1, 3], [1, 2, 0, 2], [3, 4, 3, 2]]
>>> W = [[1, 0, 3], [1, 2, 1], [0, 1, 1]]
>>> print('Conv2d 구현:\n',
...       conv2d(X, W, p=(1, 1), s=(1, 1)))
Conv2d 구현:
 [[ 11.  25.  32.  13.]
 [ 19.  25.  24.  13.]
 [ 13.  28.  25.  17.]
 [ 11.  17.  14.   9.]]
>>> print('사이파이 결과:\n',
...       scipy.signal.convolve2d(X, W, mode='same'))
사이파이 결과:
 [[11 25 32 13]
 [19 25 24 13]
 [13 28 25 17]
 [11 17 14  9]]
```

Note ☰ **합성곱 연산을 위한 효율적인 알고리즘**

이 2D 합성곱은 개념 이해를 목적으로 단순하게 구현했습니다. 메모리 효율과 계산 복잡도 측면에서 매우 비효율적이므로 실제 신경망 애플리케이션에 사용해서는 안 됩니다.

파이토치 같은 대부분의 라이브러리는 필터 행렬을 뒤집지 않습니다. 최근에 푸리에(Fourier) 변환을 사용하여 합성곱을 계산하는 훨씬 효율적인 알고리즘이 개발되었습니다. 또한, 신경망에서 사용하는 합성곱 커널 크기는 일반적으로 입력 이미지보다 훨씬 작습니다.

예를 들어 최신 CNN은 보통 1×1, 3×3, 5×5 크기의 커널을 사용합니다. 이런 합성곱 연산을 훨씬 효율적으로 수행하는 **위노그라드 최솟값 필터링**(Winograd's Minimal Filtering) 같은 알고리즘이 개발되었습니다. 이 알고리즘 내용은 책 범위를 넘어섭니다. 이를 더 알고 싶다면 관련 논문을 참고하세요.[8]

다음 절에서 CNN에서 사용되는 또 하나의 중요한 연산인 서브샘플링을 설명하겠습니다.

14.1.3 서브샘플링

서브샘플링은 전형적인 두 종류의 풀링 연산으로 합성곱 신경망에 적용됩니다. **최대 풀링**(max-pooling)과 **평균 풀링**(mean-pooling 또는 average-pooling)입니다. 풀링 층은 보통 $P_{n_1 \times n_2}$로 표시합니다. 아래 첨자는 최댓값과 평균 연산이 수행되는 이웃한 픽셀 크기입니다(각 차원별로 인접 픽셀 개수). 이런 이웃 픽셀 개수를 풀링 크기라고 합니다.

그림 14-8에 이 연산을 나타냈습니다. 최대 풀링은 이웃한 픽셀에서 최댓값을 취하고 평균 풀링은 픽셀의 평균을 계산합니다.

▼ 그림 14-8 최대 풀링과 평균 풀링

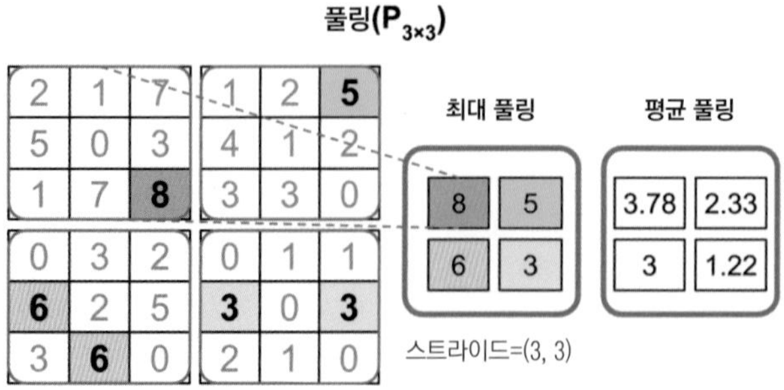

풀링($P_{3\times3}$)

최대 풀링 / 평균 풀링

스트라이드=(3, 3)

---

8 Fast Algorithms for Convolutional Neural Networks, Andrew Lavin and Scott Gray, 2015
   https://arxiv.org/abs/1509.09308

풀링의 장점은 두 가지입니다.

- 풀링(최대 풀링)은 지역 불변성을 만듭니다. 국부적인 작은 변화가 최대 풀링의 결과를 바꾸지 못한다는 의미입니다. 결국 입력 데이터에 있는 잡음에 좀 더 안정적인 특성을 생성합니다. 다음에서 보듯이 두 개의 다른 입력 행렬 X_1과 X_2가 같은 결과를 만듭니다.

$$
X_1 = \begin{bmatrix} 10 & 255 & 125 & 0 & 170 & 100 \\ 70 & 255 & 105 & 25 & 25 & 70 \\ 255 & 0 & 150 & 0 & 10 & 10 \\ 0 & 255 & 10 & 10 & 150 & 20 \\ 70 & 15 & 200 & 100 & 95 & 0 \\ 25 & 25 & 100 & 20 & 0 & 60 \end{bmatrix}
$$

$$
X_2 = \begin{bmatrix} 100 & 100 & 100 & 50 & 100 & 50 \\ 95 & 255 & 100 & 125 & 125 & 170 \\ 80 & 40 & 10 & 10 & 125 & 150 \\ 255 & 30 & 150 & 20 & 120 & 125 \\ 30 & 30 & 150 & 100 & 70 & 70 \\ 70 & 30 & 100 & 200 & 70 & 95 \end{bmatrix}
$$

$$
\xrightarrow{\text{최대 풀링}\ P_{2\times2}} \begin{bmatrix} 255 & 125 & 170 \\ 255 & 150 & 150 \\ 70 & 200 & 95 \end{bmatrix}
$$

- 풀링은 특성 크기를 줄이므로 계산 효율성을 높입니다. 또한, 특성 개수가 줄어들면 과대적합도 감소됩니다.

Note ≡ **겹치는 풀링 vs 겹치지 않는 풀링**

전통적으로 풀링은 겹치지 않는다고 가정합니다. 풀링이 겹치지 않도록 수행되기 때문에 일반적으로 스트라이드 크기를 풀링 크기와 같게 설정합니다. 예를 들어 겹치지 않는 풀링 층 $P_{n_1 \times n_2}$의 스트라이드는 $s = (n_1, n_2)$입니다. 스트라이드가 풀링 크기보다 작으면 겹쳐서 풀링이 일어납니다. 합성곱 네트워크에서 겹침 풀링이 사용되는 예는 관련 논문을 참고하세요.[9]

풀링이 아직 CNN 구조의 핵심 요소이지만 몇몇 CNN 구조는 풀링 층을 사용하지 않고 개발되었습니다. 특성 맵의 크기를 줄이기 위해 풀링 층을 사용하는 대신 스트라이드 2인 합성곱 층을 사용합니다.

---

9 ImageNet Classification with Deep Convolutional Neural Networks, A. Krizhevsky, I. Sutskever, and G. Hinton, 2012
   https://papers.nips.cc/paper/4824-imagenet-classification-with-deep-convolutional-neural-networks

스트라이드 2인 합성곱 층을 학습되는 가중치가 있는 풀링 층으로 생각할 수 있습니다. 풀링 층을 사용하거나 사용하지 않는 여러 가지 CNN 구조를 비교한 논문을 참고하세요.[10]

14.2 기본 구성 요소를 사용하여 심층 합성곱 신경망 구성

지금까지 합성곱 신경망의 기본 구성 요소를 배웠습니다. 이 장에서 설명한 개념들은 전통적인 다층 신경망보다 아주 어렵지 않습니다. 일반적인 신경망에서 가장 중요한 연산은 행렬-벡터 곱셈입니다. 예를 들어 행렬-벡터 곱셈을 사용하여 활성화 함수의 입력(또는 최종 입력) $z = Wx + b$를 계산합니다. 여기에서 x는 픽셀을 나타내는 열 벡터($\mathbb{R}^{n \times 1}$ 행렬)고 W는 입력 픽셀과 각 은닉 유닛을 연결하는 가중치 행렬입니다.

합성곱 신경망에서 이 연산은 합성곱 연산 $Z = W * X + b$로 바뀝니다. X는 높이×너비의 픽셀을 나타내는 행렬입니다.[11] 두 경우 모두 은닉 유닛의 활성화 출력 $A = \sigma(Z)$를 얻기 위해 활성화 함수에 입력으로 전달됩니다. 여기에서 σ는 활성화 함수입니다. 이전 절에서 설명한 것처럼 풀링으로 표현되는 서브샘플링도 합성곱 신경망의 구성 요소 중 하나입니다.

14.2.1 여러 개의 입력 또는 컬러 채널 다루기

합성곱 층의 입력 샘플에는 $N_1 \times N_2$ 차원(예를 들어 이미지의 높이와 너비 픽셀)인 하나 이상의 2D 배열 또는 행렬이 포함될 수 있습니다. 이런 $N_1 \times N_2$ 행렬을 **채널**(channel)이라고 합니다. 합성곱 층은 랭크 3 텐서를 입력으로 기대합니다. 예를 들어 3차원 배열 $X_{N_1 \times N_2 \times C_{in}}$을 사용해야 합니다. 여기에서 C_{in}이 입력 채널 크기입니다. 예를 들어 CNN의 첫 번째 층에 입력되는 이미지를 생각해 보죠. RGB 모드의 컬러 이미지라면 $C_{in} = 3$입니다(RGB의 빨간색, 초록색, 파란색 채

---

10 Striving for Simplicity: The All Convolutional Net, by Jost Tobias Springenberg, Alexey Dosovitskiy, Thomas Brox, and Martin Riedmiller
https://arxiv.org/abs/1412.6806

11 역주 일상생활에서 이미지 크기를 너비×높이로 말하지만 행렬로 표현할 때는 행을 먼저 쓰기 때문에 높이×너비로 사용합니다.

넣). 이미지가 그레이스케일(grayscale)이라면 흑백의 픽셀 강도를 가진 하나의 채널만 있으므로 C_{in}=1입니다.

Note ≡ **이미지 파일 읽기**

이미지를 다룰 때 메모리를 절약하기 위해 16비트, 32비트, 64비트 정수 타입 대신 uint8(부호 없는 8비트 정수) 데이터 타입의 넘파이 배열로 이미지를 읽을 수 있습니다.

부호 없는 8비트 정수는 [0, 255] 사이 값을 저장할 수 있는데 RGB 이미지의 픽셀 정보도 같은 범위이므로 충분합니다.

12장에서 torchvision으로 이미지를 로드/저장하고 조작하는 파이토치 모듈을 보았습니다. 이미지를 어떻게 읽을 수 있는지 정리해 보죠(이 샘플 RGB 이미지는 깃허브에 포함되어 있습니다).

```
>>> import torch
>>> from torchvision.io import read_image
>>> img = read_image('example-image.png')
>>> print('이미지 크기:', img.shape)
이미지 크기: torch.Size([3, 252, 221])
>>> print('채널 개수:', img.shape[0])
채널 개수: 3
>>> print('이미지 데이터 타입:', img.dtype)
이미지 데이터 타입: torch.uint8
>>> print(img[:, 100:102, 100:102])
tensor([[[179, 182],
         [180, 182]],
        [[134, 136],
         [135, 137]],
        [[110, 112],
         [111, 113]]], dtype=torch.uint8)
```

torchvision에서 입력과 출력 이미지 텐서의 형태는 Tensor[채널, 이미지 높이, 이미지 너비]입니다.

이제 입력 데이터 구조를 이해했습니다. 그럼 이전 절에서 언급한 합성곱 연산에서 여러 개의 입력 채널을 어떻게 다룰까요? 해답은 간단합니다. 각 채널별로 합성곱 연산을 수행하고 행렬 덧셈으로 결과를 합칩니다. 채널(c)별 합성곱은 개별적인 커널 행렬 $W[:,:,c]$를 사용합니다. 활성화 함수에 입력되는 결괏값은 다음 공식으로 계산됩니다.

$$
\begin{aligned}
&\text{샘플 } X_{n_1 \times n_2 \times C_{in}} \\
&\text{커널 행렬 } W_{m_1 \times m_2 \times C_{in}} \\
&\text{절편 } b \text{가 주어졌을 때}
\end{aligned}
\implies
\begin{cases}
Z^{Conv} = \displaystyle\sum_{c=1}^{C_{in}} W[:,:,c] * X[:,:,c] \\
\text{활성화 함수의 입력: } Z = Z^{Conv} + b_C \\
\text{특성 맵: } A = \sigma(Z)
\end{cases}
$$

최종 결과 **h**를 **특성 맵**이라고 합니다. 보통 CNN의 합성곱 층은 하나 이상의 특성 맵을 만듭니다. 여러 개의 특성 맵을 사용하면 커널 텐서는 $height \times width \times C_{in} \times C_{out}$으로 4차원이 됩니다. 높이와 너비는 커널의 크기, C_{in}은 입력 채널의 개수, C_{out}은 출력 특성 맵의 개수입니다. 이전 공식에 출력 특성 맵의 개수를 포함시키면 다음과 같습니다.

$$
\begin{array}{c}
\text{샘플 } X_{n_1 \times n_2 \times C_{in}} \\
\text{커널 행렬 } W_{m_1 \times m_2 \times C_{in} \times C_{out}} \\
\text{절편 } b_{C_{out}} \text{ 이 주어졌을 때}
\end{array}
\implies
\begin{cases}
Z^{Conv}[:,:,k] = \sum\limits_{c=1}^{C_{in}} W[:,:,c,k] * X[:,:,c] \\
Z[:,:,k] = Z^{Conv}[:,:,k] + b[k] \\
A[:,:,k] = \sigma(Z[:,:,k])
\end{cases}
$$

그림 14-9에 나온 합성곱 층과 풀링 층이 포함된 예제를 통해 신경망의 합성곱 계산을 정리하겠습니다. 이 예는 입력 채널이 세 개입니다. 커널 텐서는 4차원입니다. 각 커널 행렬은 $m_1 \times m_2$ 크기고 입력 채널에 한 개씩 총 세 개입니다. 이런 커널 텐서가 다섯 개의 출력 특성 맵을 만들기 위해 다섯 개가 있습니다. 마지막으로 특성 맵을 서브샘플링하기 위해 풀링 층이 있습니다.

▼ 그림 14-9 CNN 구성

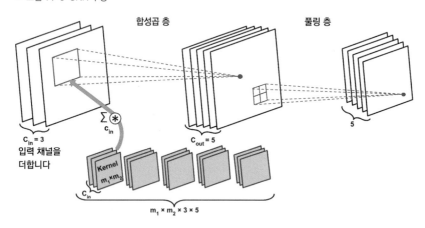

> **Note ≡** **그림 14-9에는 훈련할 모델 파라미터가 얼마나 많이 있을까?**
>
> 합성곱의 장점은 **가중치 공유**와 **희소 연결**입니다. 예를 들어서 알아보죠. 그림 14-9의 네트워크에 포함된 합성곱 층의 가중치는 4차원 텐서입니다. 커널의 가중치 개수는 $m_1 \times m_2 \times 3 \times 5$입니다. 합성곱 층의 출력 특성 맵마다 절편이 있으므로 절편 벡터의 크기는 5입니다. 풀링 층은 (훈련되는) 가중치가 없습니다. 결국 커널의 가중치 개수는 다음과 같이 쓸 수 있습니다.
>
> $$m_1 \times m_2 \times 3 \times 5 + 5$$
>
> 입력 텐서의 크기가 $n_1 \times n_2 \times 3$이고 합성곱의 패딩이 세임 패딩이라고 가정하면 출력 특성 맵의 크기는 $n_1 \times n_2 \times 5$가 됩니다.

● 계속

합성곱 층 대신에 완전 연결 층을 사용하면 이 크기는 훨씬 커집니다. 완전 연결 층에서 동일한 출력 유닛을 두었을 때 필요한 가중치 행렬의 파라미터 개수는 다음과 같습니다.[12]

$$(n_1 \times n_2 \times 3) \times (n_1 \times n_2 \times 5) = (n_1 \times n_2)^2 \times 3 \times 5$$

또한, 절편 벡터의 크기는 (출력 원소마다 하나씩이므로) $n_1 \times n_2 \times 5$입니다. $m_1 < n_1$이고 $m_2 < n_2$이면 훈련될 파라미터 개수의 차이가 아주 커집니다.

마지막으로 앞서 언급했듯이 일반적으로 합성곱 연산은 여러 컬러 채널을 가진 입력 이미지를 2차원 행렬이 쌓여 있는 것처럼 다룹니다. 즉, 그림 14-9와 같이 각 행렬에 따로 합성곱을 수행하고 그 결과를 더합니다. 하지만 3D 데이터셋을 사용한다면 합성곱 연산을 3D로 확장할 수도 있습니다.[13]

다음 절에서 신경망의 규제 방법을 알아보겠습니다.

14.2.2 L2 규제와 드롭아웃으로 신경망 규제

일반적인 (완전 연결) 신경망 또는 CNN 중 어떤 것을 사용하든지 네트워크 크기를 결정하는 것은 항상 어려운 문제입니다. 어느 정도 좋은 성능을 얻으려면 가중치 행렬 크기와 층 개수를 튜닝해야만 합니다.

13장에서 보았듯이 은닉층이 없는 간단한 신경망은 선형 결정 경계만 감지할 수 있어 XOR나 비슷한 문제를 해결하는 데 충분하지 않습니다. 네트워크의 수용 능력(capacity)은 얼마나 복잡한 함수를 근사할 수 있는지를 나타냅니다. 파라미터 개수가 비교적 적은 네트워크는 용량이 작기 때문에 **과소적합**되기 쉽습니다. 이는 복잡한 데이터셋에 내재된 구조를 학습할 수 없기 때문에 성능이 나빠집니다. 반면 아주 큰 네트워크는 **과대적합**될 가능성이 많습니다. 이런 네트워크가 훈련 데이터를 외워 버리면 훈련 데이터셋에서는 아주 잘 작동하지만 별도의 테스트 데이터셋에서는 나쁜 성능을 낼 것입니다. 실제 머신 러닝 문제를 다룰 때는 얼마나 네트워크가 커야 하는지 사전에 알 수 없습니다.

---

12 [역주] 완전 연결 층에서 이미지의 높이, 너비, 채널을 모두 일렬로 펼쳤다고 가정한 것입니다.

13 VoxNet: A 3D Convolutional Neural Network for Real-Time Object Recognition (2015), by Daniel Maturana and Sebastian Scherer, which can be accessed at https://www.ri.cmu.edu/pub_files/2015/9/voxnet_maturana_scherer_iros15.pdf [역주] 3D 데이터셋을 사용할 경우 특성 맵 차원을 포함하여 4D 특성 맵이 만들어집니다. 일반적으로 이런 데이터셋에는 케라스의 Conv3D 클래스를 사용합니다. https://keras.io/examples/vision/3D_image_classification/의 예제를 참고하세요.

이 문제를 해결하기 위한 한 가지 방법은 다음과 같습니다. 먼저 훈련 데이터셋에서 잘 동작하도록 비교적 큰 용량의 네트워크를 구축합니다(실제로 필요한 것보다 좀 더 큰 용량을 선택합니다). 그다음 과대적합을 막기 위해 한 개 이상의 규제 방법을 적용하여 별도의 테스트 데이터셋 같은 새로운 데이터에서 일반화 성능을 높입니다.

3장에서 L1 규제와 L2 규제를 소개했습니다. 두 기법은 손실 함수에 페널티를 추가하여 훈련 중에 가중치 크기를 작게 만들기 때문에 과대적합의 영향을 막거나 감소시킬 수 있습니다. L1 규제와 L2 규제 모두 신경망에 사용할 수 있지만 L2 규제가 둘 중에 더 많이 사용됩니다. 이외에도 이 절에서 볼 드롭아웃(dropout) 같은 신경망을 규제하는 다른 방법이 있습니다. 드롭아웃에 대해 설명하기 전에 합성곱이나 완전 연결 신경망(파이토치에서 완전 연결 신경망은 torch.nn.Linear를 사용하여 만듭니다)에서 L2 규제를 사용하는 방법을 알아보겠습니다. 다음과 같이 파이토치에서는 특정 층의 L2 페널티를 손실 함수에 손쉽게 더할 수 있습니다.

```
>>> import torch.nn as nn
>>> loss_func = nn.BCELoss()
>>> loss = loss_func(torch.tensor([0.9]), torch.tensor([1.0]))
>>> l2_lambda = 0.001
>>> conv_layer = nn.Conv2d(in_channels=3,
...                        out_channels=5,
...                        kernel_size=5)
>>> l2_penalty = l2_lambda * sum(
...     [(p**2).sum() for p in conv_layer.parameters()]
... )
>>> loss_with_penalty = loss + l2_penalty
>>> linear_layer = nn.Linear(10, 16)
>>> l2_penalty = l2_lambda * sum(
...     [(p**2).sum() for p in linear_layer.parameters()]
... )
>>> loss_with_penalty = loss + l2_penalty
```

Note ≡ **가중치 감쇠 vs L2 규제**

L2 규제를 사용하는 또 다른 방법은 다음과 같이 파이토치 옵티마이저의 weight_decay 매개변수에 양수 값을 지정하는 것입니다.

```
optimizer = torch.optim.SGD(
    model.parameters(),
    weight_decay=l2_lambda,
    ...
)
```

◑ 계속

L2 규제와 weight_decay 매개변수가 완전히 동일하지는 않지만 확률적 경사 하강법을 사용할 때는 같다고 볼 수 있습니다. 더 자세한 정보는 Ilya Loshchilov와 Frank Hutter의 2019년 논문 "Decoupled Weight Decay Regularization"[14]을 참고하세요.

최근에는 **드롭아웃**(dropout) 방법이 인기가 높습니다. (심층) 신경망에 적용하여 과대적합을 피할 수 있고 따라서 일반화 성능이 향상됩니다.[15] 드롭아웃은 보통 뒤쪽 층의 은닉 유닛에 적용하고 다음과 같이 동작합니다. 신경망을 훈련하는 동안 반복마다 은닉 유닛의 일부가 확률 p_{drop}만큼 랜덤하게 드롭아웃됩니다(또는 확률 $p_{keep}=1-p_{drop}$만큼 랜덤하게 일부가 유지됩니다).[16] 드롭아웃 확률은 사용자가 지정해야 합니다. 앞서 언급한 니티시 스리바스타바(Nitish Srivastava) 등의 논문에 따르면 많이 사용하는 값은 $p=0.5$입니다. 입력 뉴런의 일부를 드롭아웃할 때 없어진 (드롭아웃된) 뉴런을 보상하기 위해 남은 뉴런에 연결된 가중치 값을 크게 합니다.

랜덤한 드롭아웃의 영향으로 네트워크는 데이터에서 여분의 표현을 학습합니다. 따라서 네트워크가 일부 은닉 유닛의 활성화 값에 의존할 수 없습니다. 훈련 과정에서 언제든지 은닉 유닛이 꺼질 수 있기 때문입니다. 이는 네트워크가 데이터에서 더 일반적이고 안정적인 패턴을 학습하게 만듭니다.

랜덤한 드롭아웃은 과대적합을 효과적으로 방지합니다. 그림 14-10은 훈련 단계에서 $p=0.5$의 확률로 드롭아웃을 적용하는 사례를 보여 줍니다. 절반의 뉴런은 랜덤하게 활성화되지 않습니다 (훈련 시 정방향 계산에서 랜덤하게 드롭아웃될 유닛이 선택됩니다). 예측할 때는 모든 뉴런이 참여하여 다음 층의 활성화 함수 입력을 계산합니다.

▼ 그림 14-10 훈련과 평가 시에 드롭아웃 적용

훈련
드롭아웃 확률 p=50%

평가
모든 유닛이 사용됩니다

---

14 https://arxiv.org/abs/1711.05101

15 Dropout: a simple way to prevent neural networks from overfitting, by N. Srivastava, G. Hinton, A. Krizhevsky, I. Sutskever, and R. Salakhutdinov, Journal of Machine Learning Research 15.1, pages 1929–1958, 2014
    http://www.jmlr.org/papers/volume15/srivastava14a/srivastava14a.pdf

16 역주 정확하게 표현하면 각 훈련 샘플마다 은닉층의 유닛이 랜덤하게 드롭아웃됩니다.

여기에서 보듯이 훈련 단계에서만 유닛이 랜덤하게 꺼진다는 것이 중요합니다. 평가(추론) 단계에서는 모든 은닉 유닛이 활성화되어야 합니다(즉, $P_{drop}=0$이고 $P_{keep}=1$입니다). 훈련과 예측 단계의 전체 활성화 값의 스케일을 맞추기 위해 활성화된 뉴런 출력이 적절히 조정되어야 합니다(예를 들어 훈련할 때 드롭아웃 확률이 $p=0.5$라면 테스트할 때 활성화 출력을 절반으로 낮춥니다).

실전에서 예측을 만들 때 활성화 값의 출력을 조정하는 것은 불편하기 때문에 텐서플로나 다른 라이브러리들은 훈련 단계의 활성화를 조정합니다(예를 들어 드롭아웃 확률이 $p=0.5$라면 활성화 함수의 출력을 2배로 높입니다). 이런 방법을 역 드롭아웃(inverse dropout)이라고 부릅니다.

관계가 명백하지는 않지만 드롭아웃을 앙상블 모델의 합의(평균)로 이해할 수 있습니다. 7장에서 설명한 것처럼 앙상블 모델에서는 여러 개의 모델을 독립적으로 훈련합니다. 예측할 때 훈련된 전체 모델의 결과를 평균하거나 다수를 사용합니다. 앙상블 모델이 단일 모델보다 더 높은 성능을 낸다는 것을 보았습니다. 하지만 딥러닝에서 여러 개의 모델을 훈련하고 출력을 평균하는 것은 계산 비용이 많이 듭니다. 드롭아웃은 차선책으로 한 번에 많은 모델을 훈련하고 테스트 또는 예측할 때 평균값을 계산하는 효과적인 방법을 제공합니다.

앞서 언급했듯이 모델 앙상블과 드롭아웃 사이의 관계가 아주 분명하지는 않습니다. 하지만 드롭아웃에서 각 미니 배치에 대해 다른 모델을 만듭니다(정방향 계산에서 가중치를 랜덤하게 0으로 만들기 때문입니다).

그다음 미니 배치를 반복하면서 $M=2^h$개의 모델에서 샘플링합니다. 여기에서 h는 은닉 유닛의 개수입니다.

하지만 드롭아웃이 일반적인 앙상블과 구별되는 일면과 한계점은 이런 모델들이 가중치를 공유한다는 것입니다. 이는 규제의 한 형태로 볼 수 있습니다. 그다음 추론할 때(예를 들어 테스트 데이터셋에서 레이블을 예측할 때) 훈련하는 동안 샘플링한 이런 모든 모델에 대해 평균을 계산할 수 있습니다. 그렇지만 이는 매우 비용이 높습니다.

모델의 평균, 즉 모델 i가 반환하는 클래스 소속 확률의 기하 평균(geometric mean)은 다음과 같이 계산할 수 있습니다.

$$p_{Ensemble} = \left[\prod_{j=1}^{M} p^{\{i\}} \right]^{\frac{1}{M}}$$

드롭아웃에 숨겨져 있는 트릭은 앙상블 모델(여기에서는 M개의 모델)의 기하 평균이 훈련 과정에서 샘플링된 마지막 (또는 최종) 모델의 예측에 $1/(1 - p)$를 곱하는 것으로 근사할 수 있다는 것입니다. 이는 앞의 공식을 사용하여 명시적으로 기하 평균을 계산하는 것보다 훨씬 저렴합니다(사실 선형 모델을 가정하면 이 근사는 기하 평균과 정확히 동일합니다).[17]

14.2.3 분류를 위한 손실 함수

12장에서 렐루, 시그모이드, tanh 같은 여러 가지 활성화 함수를 보았습니다. 렐루와 같은 몇몇 활성화 함수는 모델에 비선형성을 더하기 위해 신경망의 중간 (은닉)층에 주로 사용됩니다. (이진 분류일 경우) 시그모이드와 (다중 분류일 경우) 소프트맥스 같은 함수는 마지막 (출력)층에 추가되어 클래스 소속 확률을 출력합니다. 시그모이드와 소프트맥스 활성화 함수가 출력층에 포함되지 않으면 모델은 클래스 소속 확률 대신 로짓(logit)을 계산할 것입니다.

분류 문제에 초점을 맞추어 보면 문제의 종류(이진 분류 대 다중 분류)와 출력의 형태(로짓 대 확률)에 따라 모델 훈련에 필요한 적절한 손실 함수를 선택해야 합니다. **이진 크로스 엔트로피**(binary cross-entropy)는 (하나의 출력 유닛을 가진) 이진 분류를 위한 손실 함수입니다. **범주형 크로스 엔트로피**(categorical cross-entropy)는 다중 분류를 위한 손실 함수입니다. torch.nn 모듈에서는 범주형 크로스 엔트로피 손실이 정수로 정답 레이블을 받습니다(예를 들어 세 개의 클래스 0, 1, 2 중 $y=2$).

그림 14-11의 표에 정수 레이블을 사용한 이진 분류와 다중 분류를 위해 torch.nn에서 제공하는 두 가지 손실 함수가 나타나 있습니다. 이 두 손실 함수는 각각 예측 값으로 로짓을 받거나 클래스 소속 확률을 받을 수 있는 옵션을 제공합니다.

---

17 역주 앙상블과 드롭아웃의 근사에 대한 이론적 배경은 이안 굿펠로우의 〈Deep Learning〉에서 7.12절을 참고하세요. 배깅 앙상블이 모델마다 중복을 허용한 랜덤한 샘플, 즉 부트스트랩 샘플링을 사용하듯이 드롭아웃으로 형성된 모델이 만나는 데이터는 원본 데이터셋의 일부이며 중복이 허용됩니다. 배깅과 다른 점은 드롭아웃된 모델은 완전히 수렴하는 모델이 아니며 가중치를 공유하여 다른 모델이 점진적으로 이를 개선하게 합니다.

클래스 소속 확률이 아니라 로짓으로 크로스 엔트로피 손실을 계산하는 것이 수치상의 안정성 때문에 일반적으로 선호됩니다. 이진 분류의 경우 손실 함수 nn.BCEWithLogitsLoss()에 로짓을 입력하거나, 로짓으로 확률을 계산하여 손실 함수 nn.BCELoss()에 제공할 수 있습니다. 다중 분류의 경우 로짓을 손실 함수 nn.CrossEntropyLoss()에 입력하거나 로짓으로 로그 확률을 계산하여 음의 로그 확률 손실 함수 nn.NLLLoss()에 제공할 수 있습니다.

다음 코드는 로짓이나 클래스 소속 확률이 손실 함수의 입력으로 주어졌을 때 이런 손실 함수를 사용하는 방법을 보여 줍니다.

```
>>> ####### 이진 크로스 엔트로피
>>> logits = torch.tensor([0.8])
>>> probas = torch.sigmoid(logits)
>>> target = torch.tensor([1.0])
>>> bce_loss_fn = nn.BCELoss()
>>> bce_logits_loss_fn = nn.BCEWithLogitsLoss()
>>> print(f'BCE (확률): {bce_loss_fn(probas, target):.4f}')
BCE (확률): 0.3711
>>> print(f'BCE (로짓): '
...       f'{bce_logits_loss_fn(logits, target):.4f}')
BCE (로짓): 0.3711
>>> ####### 범주형 크로스 엔트로피
>>> logits = torch.tensor([[1.5, 0.8, 2.1]])
>>> probas = torch.softmax(logits, dim=1)
>>> target = torch.tensor([2])
>>> cce_loss_fn = nn.NLLLoss()
>>> cce_logits_loss_fn = nn.CrossEntropyLoss()
>>> print(f'CCE (로짓): '
...       f'{cce_logits_loss_fn(logits, target):.4f}')
CCE (로짓): 0.5996
```

```
>>> print(f'CCE (확률): '
...       f'{cce_loss_fn(torch.log(probas), target):.4f}')
CCE (확률): 0.5996
```

가끔 범주형 크로스 엔트로피가 이진 분류에 사용되는 경우를 볼 수 있습니다. 일반적으로 이진 분류 작업에서 모델은 샘플마다 하나의 출력 값을 반환합니다. 이 출력을 양성 클래스(예를 들어 클래스 1)의 확률 $P[\text{class}=1|x]$로 해석할 수 있습니다. 이진 분류 문제에서 $P[\text{class}=0|x]=1-P[\text{class}=1|x]$입니다. 따라서 음성 클래스의 확률을 얻기 위해 출력 유닛을 추가할 필요가 없습니다. 하지만 이따금 샘플마다 두 개의 출력을 얻어 각 클래스에 대한 확률($P[\text{class}=0|x]$ 대 $P[\text{class}=1|x]$)로 해석하기도 합니다. 이런 경우에 (로지스틱 시그모이드 대신) 소프트맥스 함수를 사용하여 출력을 정규화(즉, 합이 1이 되도록) 하는 것이 좋습니다. 이때는 범주형 크로스 엔트로피가 손실 함수로 적절합니다.

14.3 파이토치를 사용하여 심층 합성곱 신경망 구현

13장에서 torch.nn 모듈을 사용하여 손글씨 숫자 인식 문제를 다루어 보았고 두 개의 선형 은닉 층을 가진 신경망으로 95.6%의 정확도를 달성했습니다.

여기에서는 손글씨 숫자 분류를 위해 CNN을 구현하여 이전 모델보다 더 높은 성능을 낼 수 있는지 확인해 보겠습니다. 12장에서 본 완전 연결 층이 이 문제를 잘 해결했습니다. 하지만 손으로 쓴 은행 계좌 번호를 인식하는 것 같은 일부 애플리케이션이라면 작은 실수에 큰 비용을 손해 볼 수 있습니다. 가능하면 오차를 줄이는 것이 좋을 것입니다.

14.3.1 다층 CNN 구조

여기에서 구현할 네트워크 구조는 그림 14-12에 나타나 있습니다. 입력은 28×28 크기의 그레이스케일 이미지입니다. 채널 개수(그레이스케일 이미지이므로 1)와 입력 이미지의 배치를 생각하면 입력 텐서의 차원은 batchsize×28×28×1이 됩니다.

입력 데이터는 5×5 크기의 커널을 가진 두 개의 합성곱 층을 지납니다. 첫 번째 합성곱은 32개의 특성 맵을 출력하고 두 번째는 64개의 특성 맵을 출력합니다. 각 합성곱 층 다음에는 서브샘플링으로 최대 풀링 연산 $P_{2\times2}$가 뒤따릅니다.[18] 그다음 완전 연결 층의 출력이 최종 소프트맥스 층인 두 번째 완전 연결 층으로 전달됩니다. 그림 14-12가 여기에서 구현하려는 네트워크 구조입니다.

▼ 그림 14-12 다층 CNN 구조

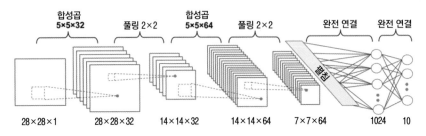

각 층의 텐서 차원은 다음과 같습니다.

- **입력**: $[\mathrm{batchsize}\times28\times28\times1]$
- **합성곱_1**: $[\mathrm{batchsize}\times28\times28\times32]$
- **풀링_1**: $[\mathrm{batchsize}\times14\times14\times32]$
- **합성곱_2**: $[\mathrm{batchsize}\times14\times14\times64]$
- **풀링_2**: $[\mathrm{batchsize}\times7\times7\times64]$
- **완전 연결_1**: $[\mathrm{batchsize}\times1024]$
- **완전 연결과 소프트맥스 층**: $[\mathrm{batchsize}\times10]$

합성곱 층에서 stride=1을 사용하여 특성 맵의 차원과 입력 차원을 동일하게 유지했습니다. 풀링 층에서는 kernel_size=2를 사용하여 이미지를 서브샘플링하고 출력 특성 맵의 크기를 줄입니다. 이 신경망을 torch.nn 모듈로 구현해 보겠습니다.

---

18 **역주** 합성곱 신경망은 일반적으로 층이 거듭될수록 특성 맵 크기가 줄어들고 개수는 늘어납니다. 이는 출력에 가까운 특성 맵일수록 더 큰 수용장을 바라볼 수 있는 효과를 냅니다.

14.3.2 데이터 적재와 전처리

먼저 13장에서처럼 torchvision 모듈을 사용하여 MNIST 데이터셋을 로드하고 훈련 세트와 테스트 세트를 만듭니다.

```
>>> import torchvision
>>> from torchvision import transforms
>>> image_path = './'
>>> transform = transforms.Compose([
...     transforms.ToTensor()
... ])
>>> mnist_dataset = torchvision.datasets.MNIST(
...     root=image_path, train=True,
...     transform=transform, download=True
... )
>>> from torch.utils.data import Subset
>>> mnist_valid_dataset = Subset(mnist_dataset,
...                              torch.arange(10000))
>>> mnist_train_dataset = Subset(mnist_dataset,
...                              torch.arange(
...                                  10000, len(mnist_dataset)
...                              ))
>>> mnist_test_dataset = torchvision.datasets.MNIST(
...     root=image_path, train=False,
...     transform=transform, download=False
... )
```

MNIST 데이터셋은 훈련 데이터셋과 테스트 데이터셋으로 미리 나누어져 제공됩니다. 여기에서는 추가로 훈련 데이터셋에서 검증 데이터셋을 만들어 보겠습니다. 따라서 처음 10,000개의 훈련 샘플을 검증 세트로 사용했습니다. 클래스 레이블 순서대로 이미지가 나열되어 있지 않으므로 검증 세트가 동일한 클래스로만 구성되는지 걱정하지 않아도 됩니다.

그다음 훈련 세트와 검증 세트에 대해 64개의 이미지 배치를 사용하는 데이터 로더를 만듭니다.

```
>>> from torch.utils.data import DataLoader
>>> batch_size = 64
>>> torch.manual_seed(1)
>>> train_dl = DataLoader(mnist_train_dataset,
...                       batch_size,
...                       shuffle=True)
>>> valid_dl = DataLoader(mnist_valid_dataset,
```

```
...                    batch_size,
...                    shuffle=False)
```

이 특성 값의 범위는 [0, 1]이고 이미지를 텐서로 변환했습니다. 레이블은 0에서 9까지의 정수로, 열 개의 숫자를 나타냅니다. 따라서 스케일 조정이나 추가 변환을 수행할 필요가 없습니다.

이제 데이터셋을 준비했으므로 앞서 본 CNN을 구현할 차례입니다.

14.3.3 torch.nn 모듈을 사용하여 CNN 구현

파이토치로 CNN을 구현하기 위해 torch.nn의 Sequential 클래스를 사용해서 합성곱, 풀링, 드롭 아웃, 완전 연결 층을 쌓겠습니다. torch.nn 모듈은 이런 층마다 클래스를 제공합니다. nn.Conv2d 는 2차원 합성곱 층이고 nn.MaxPool2d와 nn.AvgPool2d는 서브샘플링 (최대 풀링과 평균 풀링) 층 입니다. nn.Dropout은 규제를 위해 드롭아웃을 수행하는 층입니다. 각 클래스에 대해 좀 더 자세 히 알아보겠습니다.

파이토치에서 CNN 층 구성하기

Conv2d 클래스로 층을 구성하려면 채널 개수(출력 특성 맵의 개수 또는 출력 필터 개수)와 커널 크 기를 지정해야 합니다.

또한, 합성곱 층의 동작을 바꿀 수 있는 매개변수가 더 있습니다. 가장 많이 사용하는 것은 스트 라이드(기본값은 x, y차원으로 1입니다)와 패딩입니다. 패딩은 너비와 높이 방향 패딩의 양을 결 정합니다. 그 외 다른 매개변수는 공식 문서(https://pytorch.org/docs/stable/generated/ torch.nn.Conv2d.html)를 참고하세요.

일반적으로 이미지를 읽을 때 채널 차원은 기본적으로 텐서 배열의 첫 번째 차원이 됩니다(배치 차원이 있다면 채널은 두 번째 차원이 됩니다). 이를 'NCHW' 포맷이라고 합니다. N은 배치에 있 는 이미지 개수고, C는 채널을 나타냅니다. H와 W는 각각 높이와 너비입니다.

Conv2d 클래스는 기본적으로 입력이 NCHW 포맷일 것이라고 가정합니다(텐서플로와 같은 다른 도구는 NHWC 포맷을 사용합니다). 하지만 채널이 마지막 차원에 놓인 데이터가 있다면 이 채널 을 첫 번째 차원(또는 배치 차원까지 생각하면 두 번째 차원)으로 옮기기 위해 두 축을 바꾸어야 합니다. 층을 만들고 나면 배치를 위해 예약된 첫 번째 차원을 포함하여 4차원 텐서로 층을 호출 할 수 있습니다. 두 번째 차원은 채널에 해당됩니다. 나머지 두 차원은 공간 방향 차원입니다.

만들려는 CNN 모델의 구조에서 보면 합성곱 층 다음에 (특성 맵의 크기를 감소시키는) 서브샘플링을 위해 풀링 층이 뒤따릅니다. MaxPool2d와 AvgPool2d는 각각 최대 풀링과 평균 풀링을 구현합니다. kernel_size 매개변수는 최대나 평균을 계산하기 위한 윈도우(또는 이웃)의 크기를 결정합니다. 또한, 앞서 언급한 것처럼 stride 매개변수를 사용하여 풀링 층의 동작을 제어할 수도 있습니다.

마지막으로 Dropout 클래스는 규제를 위한 드롭아웃 층을 구현합니다. 드롭 확률 p_{drop}을 지정하는 p 매개변수를 사용하여 앞서 언급한 것처럼 훈련하는 동안 입력 유닛을 드롭아웃할 확률을 결정합니다. model.train()과 model.eval()을 통해 이 층을 호출할 때 훈련을 위해 호출하는 것인지 추론을 위해 호출하는 것인지 지정하여 드롭아웃 층의 동작을 제어할 수 있습니다. 드롭아웃을 사용할 때는 올바르게 작동하기 위해 이 두 가지 모드에서 다르게 적용됩니다. 예를 들어 노드는 평가나 추론이 아닌 훈련 중에만 무작위로 드롭됩니다.

파이토치로 CNN 구축하기

클래스에 대해 알아보았으므로 이제 그림 14-12에서 보았던 CNN 모델을 만들어 보겠습니다. 다음 코드에서 Sequential 클래스를 사용하고 합성곱과 풀링 층을 추가합니다.

```
>>> model = nn.Sequential()
>>> model.add_module(
...     'conv1',
...     nn.Conv2d(
...         in_channels=1, out_channels=32,
...         kernel_size=5, padding=2
...     )
... )
>>> model.add_module('relu1', nn.ReLU())
>>> model.add_module('pool1', nn.MaxPool2d(kernel_size=2))
>>> model.add_module(
...     'conv2',
...     nn.Conv2d(
...         in_channels=32, out_channels=64,
...         kernel_size=5, padding=2
...     )
... )
>>> model.add_module('relu2', nn.ReLU())
>>> model.add_module('pool2', nn.MaxPool2d(kernel_size=2))
```

모델에 합성곱 층 두 개를 추가했습니다. 각 합성곱 층은 5×5 크기 커널과 'same' 패딩을 사용합니다. 앞서 언급한 것처럼 padding=2를 사용하면 특성 맵의 공간 방향 차원(수직과 수평 차원)이 보존됩니다. 따라서 입력과 출력은 동일한 높이와 너비를 가집니다(채널 개수는 사용한 필터 개수에 따라 달라질 수 있습니다).

앞서 언급했듯이 출력 특성 맵의 공간 방향 차원은 다음과 같이 계산됩니다.

$$o = \left\lfloor \frac{n + 2p - m}{s} \right\rfloor + 1$$

여기에서 n은 입력 특성 맵의 공간 방향 차원입니다. p, m, s는 각각 패딩, 커널 크기, 스트라이드를 나타냅니다. $o=i$로 만들기 위해 $p=2$로 지정합니다.

풀링 크기 2×2와 스트라이드 2인 최대 풀링 층은 공간 방향 차원을 절반으로 줄입니다(MaxPool2d에 stride 매개변수를 지정하지 않으면 기본적으로 풀링 크기와 동일하게 설정됩니다).

이 단계에서 수동으로 특성 맵의 크기를 계산할 수 있지만 파이토치를 사용하면 더 편리합니다.

```
>>> x = torch.ones((4, 1, 28, 28))
>>> model(x).shape
torch.Size([4, 64, 7, 7])
```

크기가 (4, 1, 28, 28)인 입력(배치에 네 개의 이미지, 한 개의 채널, 크기가 28×28인 이미지)을 샘플로 제공하면 출력의 크기는 (4, 64, 7, 7)이 됩니다. 이는 64개의 채널이 있고 높이와 너비가 7×7인 특성 맵입니다. 첫 번째 차원은 배치 차원으로 여기에서는 임의로 4로 정했습니다.

다음에 추가할 층은 완전 연결 층입니다. 합성곱 층과 풀링 층 위에 분류기를 구현하기 위해서 필요합니다. 이 층의 입력은 랭크 2, 즉 [배치 크기×입력 유닛 개수]이어야 합니다. 따라서 앞 층의 출력을 밀집 층에 맞게 펼쳐야 합니다.

```
>>> model.add_module('flatten', nn.Flatten())
>>> x = torch.ones((4, 1, 28, 28))
>>> model(x).shape
torch.Size([4, 3136])
```

출력 결과에서 볼 수 있듯이 완전 연결 층의 입력 차원이 잘 설정되었습니다. 그다음 두 개의 완전 연결 층을 놓고 그 사이에 드롭아웃 층을 추가합니다.

```
>>> model.add_module('fc1', nn.Linear(3136, 1024))
>>> model.add_module('relu3', nn.ReLU())
>>> model.add_module('dropout', nn.Dropout(p=0.5))
>>> model.add_module('fc2', nn.Linear(1024, 10))
```

이름이 'fc2'인 마지막 완전 연결 층은 MNIST 데이터셋의 클래스 레이블 열 개에 대응하는 열 개의 출력 유닛을 가집니다. 또한, 입력 샘플의 클래스 소속 확률을 얻기 위해 소프트맥스 활성화 함수를 사용합니다. 따라서 각 샘플의 확률 합은 1이 됩니다. 하지만 소프트맥스 함수는 이미 파이토치 CrossEntropyLoss 안에서 사용되고 있기 때문에 출력층 다음에 명시적으로 이 함수를 하나의 층으로 추가할 필요가 없습니다. 다음 코드는 모델을 위한 손실 함수와 옵티마이저를 만듭니다.

```
>>> loss_fn = nn.CrossEntropyLoss()
>>> optimizer = torch.optim.Adam(model.parameters(), lr=0.001)
```

> Note ≡ **Adam 옵티마이저**
>
> 이 예제에서 CNN 모델을 훈련하기 위해 torch.optim.Adam 클래스를 사용했습니다. Adam 옵티마이저는 안정적인 그레이디언트 기반의 최적화 방법으로 비볼록 최적화(nonconvex optimization)와 머신 러닝 문제에 잘 맞습니다. Adam에 영향을 준 두 개의 옵티마이저는 RMSProp과 AdaGrad입니다.
>
> Adam의 주요 장점은 그레이디언트 모멘트(moment)의 이동 평균(running average)[19]을 바탕으로 업데이트 단계 크기를 선택한다는 것입니다. 자세한 내용은 Adam 옵티마이저의 논문을 참고하세요.[20]

이제 훈련 함수를 정의하여 모델을 훈련할 수 있습니다.

```
>>> def train(model, num_epochs, train_dl, valid_dl):
...     loss_hist_train = [0] * num_epochs
...     accuracy_hist_train = [0] * num_epochs
...     loss_hist_valid = [0] * num_epochs
...     accuracy_hist_valid = [0] * num_epochs
...     for epoch in range(num_epochs):
...         model.train()
...         for x_batch, y_batch in train_dl:
...             pred = model(x_batch)
...             loss = loss_fn(pred, y_batch)
...             loss.backward()
...             optimizer.step()
```

---

19 **[역주]** 이동 평균은 연속적인 일련의 값을 사용하여 평균을 구하는 방법입니다. Adam 옵티마이저는 전체 기간 중 최근 데이터에 큰 비중을 두어 계산하는 지수 이동 평균을 사용합니다. 여기에서는 지난 그레이디언트를 일종의 가속도(모멘트)처럼 취급합니다. 종종 이동 평균을 moving average라고도 합니다. 이동 평균과 Adam, RMSProp, AdaGrad 옵티마이저에 대한 자세한 내용은 〈핸즈온 머신러닝 3판〉(한빛미디어, 2023) 11장을 참고하세요.

20 Adam: A Method for Stochastic Optimization, Diederik P. Kingma and Jimmy Lei Ba, 2014. The article is freely available at https://arxiv.org/abs/1412.6980

```
...                 optimizer.zero_grad()
...                 loss_hist_train[epoch] += loss.item() * y_batch.size(0)
...                 is_correct = (
...                     torch.argmax(pred, dim=1) == y_batch
...                 ).float()
...                 accuracy_hist_train[epoch] += is_correct.sum()
...         loss_hist_train[epoch] /= len(train_dl.dataset)
...         accuracy_hist_train[epoch] /= len(train_dl.dataset)
...
...         model.eval()
...         with torch.no_grad():
...             for x_batch, y_batch in valid_dl:
...                 pred = model(x_batch)
...                 loss = loss_fn(pred, y_batch)
...                 loss_hist_valid[epoch] += \
...                     loss.item() * y_batch.size(0)
...                 is_correct = (
...                     torch.argmax(pred, dim=1) == y_batch
...                 ).float()
...                 accuracy_hist_valid[epoch] += is_correct.sum()
...         loss_hist_valid[epoch] /= len(valid_dl.dataset)
...         accuracy_hist_valid[epoch] /= len(valid_dl.dataset)
...
...         print(f'에포크 {epoch+1} 정확도: '
...               f'{accuracy_hist_train[epoch]:.4f} 검증 정확도: '
...               f'{accuracy_hist_valid[epoch]:.4f}')
...     return loss_hist_train, loss_hist_valid, \
...            accuracy_hist_train, accuracy_hist_valid
```

훈련을 위한 model.train()과 평가를 위한 model.eval()은 자동으로 드롭아웃 층의 모드를 설정하여 은닉 유닛의 스케일을 적절하게 조정하므로 이에 대해 신경 쓸 필요가 없습니다. 다음은 이 CNN 모델을 훈련하고 검증 데이터셋을 사용하여 훈련 진행 과정을 모니터링하겠습니다.

```
>>> torch.manual_seed(1)
>>> num_epochs = 20
>>> hist = train(model, num_epochs, train_dl, valid_dl)
에포크 1 정확도: 0.9503 검증 정확도: 0.9802
...
에포크 9 정확도: 0.9968 검증 정확도: 0.9892
...
에포크 20 정확도: 0.9979 검증 정확도: 0.9907
```

20번의 에포크 동안 훈련을 진행한 후 학습 곡선을 그릴 수 있습니다.

```
>>> import matplotlib.pyplot as plt
>>> x_arr = np.arange(len(hist[0])) + 1
>>> fig = plt.figure(figsize=(12, 4))
>>> ax = fig.add_subplot(1, 2, 1)
>>> ax.plot(x_arr, hist[0], '-o', label='Train loss')
>>> ax.plot(x_arr, hist[1], '--<', label='Validation loss')
>>> ax.legend(fontsize=15)
>>> ax.set_xlabel('Epoch', size=15)
>>> ax.set_ylabel('Loss', size=15)
>>> ax = fig.add_subplot(1, 2, 2)
>>> ax.plot(x_arr, hist[2], '-o', label='Train acc.')
>>> ax.plot(x_arr, hist[3], '--<', label='Validation acc.')
...
>>> ax.legend(fontsize=15)
>>> ax.set_xlabel('Epoch', size=15)
>>> ax.set_ylabel('Accuracy', size=15)
>>> plt.show()
```

❤ 그림 14-13 훈련 데이터와 검증 데이터의 손실과 정확도

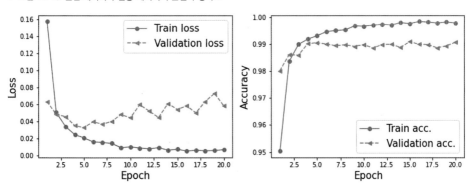

이제 훈련된 모델을 테스트 데이터셋에서 평가합니다.

```
>>> pred = model(mnist_test_dataset.data.unsqueeze(1) / 255.)
>>> is_correct = (
...     torch.argmax(pred, dim=1) == mnist_test_dataset.targets
... ).float()
>>> print(f'테스트 정확도: {is_correct.mean():.4f}')
테스트 정확도: 0.9914
```

이 CNN 모델은 99.1% 정확도를 달성했습니다. 13장에서 (합성곱 층이 아니라) 완전 연결 층을 사용하여 약 95% 정확도를 얻었습니다.

마지막으로 클래스 소속 확률 형태로 예측 결과를 얻은 후 torch.argmax 함수로 확률이 최대인 원소를 찾아 예측 레이블로 바꿀 수 있습니다. 12개의 배치 샘플에 대해 이를 수행하여 입력과 예측 레이블을 그래프로 그려 보겠습니다.

```
>>> fig = plt.figure(figsize=(12, 4))
>>> for i in range(12):
...     ax = fig.add_subplot(2, 6, i+1)
...     ax.set_xticks([]); ax.set_yticks([])
...     img = mnist_test_dataset[i][0][0, :, :]
...     pred = model(img.unsqueeze(0).unsqueeze(1))
...     y_pred = torch.argmax(pred)
...     ax.imshow(img, cmap='gray_r')
...     ax.text(0.9, 0.1, y_pred.item(),
...             size=15, color='blue',
...             horizontalalignment='center',
...             verticalalignment='center',
...             transform=ax.transAxes)
>>> plt.show()
```

그림 14-14는 손글씨 숫자와 예측 레이블을 보여 줍니다.

▼ 그림 14-14 손글씨 숫자의 예측 레이블

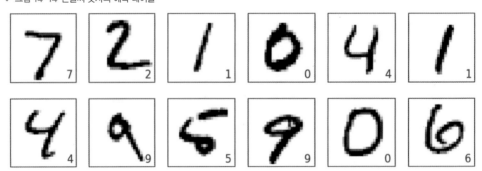

이 테스트에서는 예측 레이블이 모두 맞았습니다.

11장에서처럼 일부 잘못 분류된 숫자가 나오는 테스트 작업은 독자에게 숙제로 남겨 놓겠습니다.

14.4 합성곱 신경망을 사용하여 웃는 얼굴 분류

이 절에서 CNN으로 CelebA 데이터셋에 있는 이미지가 웃는 얼굴인지 분류해 보겠습니다. 12장에서 보았듯이 CelebA 데이터셋은 20만 2,599개의 유명 인사 얼굴 이미지를 담고 있습니다. 또한, 각 이미지마다 얼굴에 대한 특징 40개를 True/False로 제공합니다. 여기에는 웃는 얼굴인지(또는 아닌지)와 나이(젊은이 또는 노인)가 포함되어 있습니다.

지금까지 배운 것을 토대로 이 절에서 얼굴 이미지의 성별을 예측하는 CNN 모델을 만들어 보겠습니다. 난이도를 줄이기 위해 훈련 데이터의 일부(1만 6,000개의 훈련 샘플)만 사용하여 훈련 과정의 속도를 높이겠습니다. 하지만 일반화 성능을 높이고 작은 데이터셋에서 과대적합을 막기 위해 **데이터 증식**(data augmentation) 기법을 사용할 것입니다.

14.4.1 CelebA 데이터셋 로드

먼저 이전 절에서 MNIST 데이터셋을 위해 했던 것과 비슷하게 데이터를 적재해 보죠. CelebA 데이터는 훈련 데이터셋, 검증 데이터셋, 테스트 데이터셋으로 나뉘어 있습니다. 그다음 각 데이터셋에 있는 샘플 개수를 세는 간단한 함수를 구현하겠습니다.

```
>>> image_path = './'
>>> celeba_train_dataset = torchvision.datasets.CelebA(
...     image_path, split='train',
...     target_type='attr', download=True
... )
>>> celeba_valid_dataset = torchvision.datasets.CelebA(
...     image_path, split='valid',
...     target_type='attr', download=True
... )
>>> celeba_test_dataset = torchvision.datasets.CelebA(
...     image_path, split='test',
...     target_type='attr', download=True
... )
>>>
>>> print('훈련 세트:', len(celeba_train_dataset))
```

```
훈련 세트:   162770
>>> print('검증 세트:', len(celeba_valid_dataset))
검증 세트: 19867
>>> print('테스트 세트:', len(celeba_test_dataset))
테스트 세트:   19962
```

> **Note ☰** **CelebA 데이터셋을 다운로드하는 다른 방법**
>
> CelebA 데이터셋은 비교적 용량(약 1.5GB)이 크고, torchvision 다운로드 링크는 불안정한 것으로 유명합니다.
> 이전 코드를 실행하는 데 문제가 있는 경우 공식 CelebA 웹 사이트(https://mmlab.ie.cuhk.edu.hk/projects/
> CelebA.html)에서 수동으로 파일을 다운로드하거나 책에서 제공하는 다운로드 링크(https://drive.google.com/
> file/d/1m8-EBPgi5MRubrm6iQjafK2QMHDBMSfJ/view?usp=sharing)를 사용할 수 있습니다. 이 다운로드
> 링크를 사용하면 celeba.zip 파일이 다운로드됩니다. 코드를 실행 중인 현재 디렉터리에 이 파일의 압축을 풀어야 합
> 니다. 다운로드하고 celeba 폴더에 압축을 푼 후 download=True 대신 download=False로 설정하여 위 코드를
> 다시 실행하세요. 이 방식에 문제가 있는 경우 https://github.com/rickiepark/ml-with-pytorch에서 이슈나 토
> 론에 관련 정보를 남겨 주세요.

그다음 심층 신경망의 성능을 향상시킬 수 있는 데이터 증식에 대해 알아보겠습니다.

14.4.2 이미지 변환과 데이터 증식

데이터 증식은 부족한 훈련 데이터를 해결하기 위해 적용할 수 있는 다양한 기술의 집합입니다. 예를 들어 어떤 데이터 증식 기법은 데이터를 수정하거나 심지어 더 많은 데이터를 인공적으로 합성할 수도 있습니다. 따라서 과대적합을 줄이고 머신 러닝과 딥러닝 모델의 성능을 높일 수 있습니다. 데이터 증식이 이미지 데이터에만 적용되는 것은 아니지만 이미지 데이터에만 적용할 수 있는 변환 기법들이 있습니다. 예를 들어 이미지를 잘라 내거나 뒤집거나 대비, 명도, 채도를 바꿀 수 있습니다. torchvision.transforms 모듈에서 제공되는 이런 변환 기법을 살펴보겠습니다. 다음 코드에서 celeba_train_dataset 데이터셋에서 다섯 개의 샘플을 가져와 각기 다른 다섯 개의 변환을 적용합니다. (1) 이미지를 바운딩 박스로 잘라 내기, (2) 이미지를 수평으로 뒤집기, (3) 대비(contrast) 조정하기, (4) 명도(brightness) 조정하기, (5) 이미지 중앙부를 잘라서 원본 이미지 크기 (218, 178)로 확대하기. 다음 코드에서 이런 변환 결과를 그림으로 출력합니다. 비교를 위해 별도의 열에 나타냈습니다.

```
>>> fig = plt.figure(figsize=(16, 8.5))
>>> ## 1열: 바운딩 박스로 자르기
>>> ax = fig.add_subplot(2, 5, 1)
```

```
>>> img, attr = celeba_train_dataset[0]
>>> ax.set_title('Crop to a \nbounding-box', size=15)
>>> ax.imshow(img)
>>> ax = fig.add_subplot(2, 5, 6)
>>> img_cropped = transforms.functional.crop(img, 50, 20, 128, 128)
>>> ax.imshow(img_cropped)
>>>
>>> ## 2열: (수평으로) 뒤집기
>>> ax = fig.add_subplot(2, 5, 2)
>>> img, attr = celeba_train_dataset[1]
>>> ax.set_title('Flip (horizontal)', size=15)
>>> ax.imshow(img)
>>> ax = fig.add_subplot(2, 5, 7)
>>> img_flipped = transforms.functional.hflip(img)
>>> ax.imshow(img_flipped)
>>>
>>> ## 3열: 대비 조정
>>> ax = fig.add_subplot(2, 5, 3)
>>> img, attr = celeba_train_dataset[2]
>>> ax.set_title('Adjust constrast', size=15)
>>> ax.imshow(img)
>>> ax = fig.add_subplot(2, 5, 8)
>>> img_adj_contrast = transforms.functional.adjust_contrast(
...     img, contrast_factor=2
... )
>>> ax.imshow(img_adj_contrast)
>>>
>>> ## 4열: 명도 조정
>>> ax = fig.add_subplot(2, 5, 4)
>>> img, attr = celeba_train_dataset[3]
>>> ax.set_title('Adjust brightness', size=15)
>>> ax.imshow(img)
>>> ax = fig.add_subplot(2, 5, 9)
>>> img_adj_brightness = transforms.functional.adjust_brightness(
...     img, brightness_factor=1.3
... )
>>> ax.imshow(img_adj_brightness)
>>>
>>> ## 5열: 이미지 중앙 자르기 center
>>> ax = fig.add_subplot(2, 5, 5)
>>> img, attr = celeba_train_dataset[4]
>>> ax.set_title('Center crop\nand resize', size=15)
>>> ax.imshow(img)
```

```
>>> ax = fig.add_subplot(2, 5, 10)
>>> img_center_crop = transforms.functional.center_crop(
...     img, [0.7*218, 0.7*178]
... )
>>> img_resized = transforms.functional.resize(
...     img_center_crop, size=(218, 178)
... )
>>> ax.imshow(img_resized)
>>> plt.show()
```

그림 14-15에서 결과를 보여 줍니다.

▼ 그림 14-15 여러 가지 이미지 변환

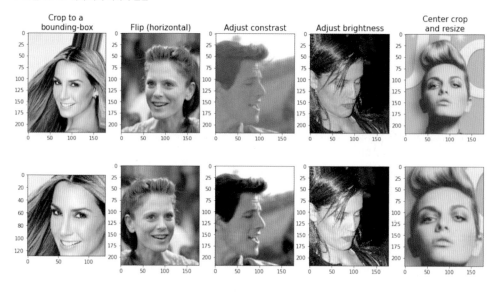

그림 14-15에서 원본 이미지는 첫 번째 행에 나타나 있고 변환된 버전은 두 번째 행에 있습니다. (가장 왼쪽 열에 있는) 첫 번째 변환에서 바운딩 박스를 네 개의 숫자로 지정했습니다. 바운딩 박스의 왼쪽 위 모서리 좌표(x=20, y=50)와 박스의 너비와 높이(너비=128, 높이=128)입니다. (imageio와 같은 패키지와 마찬가지로) 파이토치에서 로드한 이미지의 원점((0, 0)으로 표시되는 좌표)은 이미지의 왼쪽 위 모서리에 있습니다.

이전 코드에 있는 변환은 결정적입니다. 하지만 이런 변환은 모두 랜덤하게 수행할 수 있으며 모델 훈련을 위한 데이터 증식에 권장되는 방식입니다. 예를 들어 이미지에서 랜덤한 바운딩 박스(왼쪽 위 모서리 좌표를 랜덤하게 선택)를 잘라 낼 수 있습니다. 이미지를 절반의 확률로 수평 또는 수직으로 랜덤하게 뒤집을 수 있습니다. 또는 contrast_factor를 랜덤하게 선택하여 이미지 대비를 특정 범위를 가진 균등 분포에서 랜덤하게 바꿀 수 있습니다. 이런 변환을 파이프라인으로 연결할 수도 있습니다.

예를 들어 먼저 이미지를 랜덤하게 잘라 내고 뒤집은 후 마지막으로 원하는 크기에 맞게 변환할 수 있습니다. 이 코드는 다음과 같습니다(랜덤한 동작을 사용하기 때문에 재현 가능하도록 랜덤 시드를 지정합니다).

```
>>> torch.manual_seed(1)
>>> fig = plt.figure(figsize=(14, 12))
>>> for i, (img, attr) in enumerate(celeba_train_dataset):
...     ax = fig.add_subplot(3, 4, i*4+1)
...     ax.imshow(img)
...     if i == 0:
...         ax.set_title('Orig.', size=15)
...
...     ax = fig.add_subplot(3, 4, i*4+2)
...     img_transform = transforms.Compose([
...         transforms.RandomCrop([178, 178])
...     ])
...     img_cropped = img_transform(img)
...     ax.imshow(img_cropped)
...     if i == 0:
...         ax.set_title('Step 1: Random crop', size=15)
...
...     ax = fig.add_subplot(3, 4, i*4+3)
...     img_transform = transforms.Compose([
...         transforms.RandomHorizontalFlip()
...     ])
...     img_flip = img_transform(img_cropped)
...     ax.imshow(img_flip)
...     if i == 0:
...         ax.set_title('Step 2: Random flip', size=15)
...
...     ax = fig.add_subplot(3, 4, i*4+4)
...     img_resized = transforms.functional.resize(
...         img_flip, size=(128, 128)
...     )
...     ax.imshow(img_resized)
...     if i == 0:
...         ax.set_title('Step 3: Resize', size=15)
...     if i == 2:
...         break
>>> plt.show()
```

그림 14-16은 세 개의 샘플에 랜덤한 변환을 적용한 결과입니다.

▼ 그림 14-16 랜덤한 이미지 변환

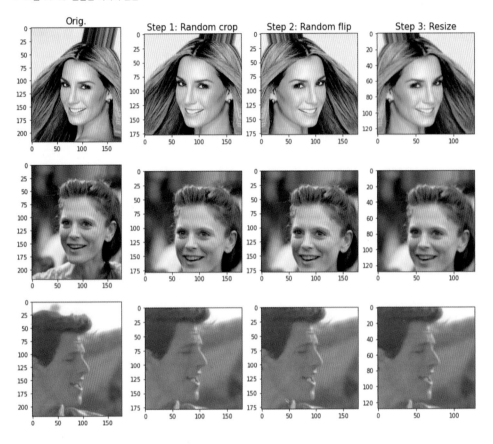

랜덤한 변환이므로 코드를 반복 실행할 때마다 조금씩 다른 이미지가 만들어집니다.

사용하기 쉽게 변환 함수를 정의하여 데이터셋을 로딩하는 동안 데이터 증식에 이 파이프라인을 사용하겠습니다. 다음 코드에서 'attributes' 리스트에서 웃음 레이블을 추출하는 get_smile 함수를 정의합니다.

```
>>> get_smile = lambda attr: attr[31]
```

변환된 이미지를 만드는 transform_train 함수를 만들겠습니다(먼저 랜덤하게 이미지를 자르고 그다음 랜덤하게 뒤집고 마지막으로 64×64 크기로 만듭니다).

```
>>> transform_train = transforms.Compose([
...     transforms.RandomCrop([178, 178]),
...     transforms.RandomHorizontalFlip(),
```

```
...         transforms.Resize([64, 64]),
...         transforms.ToTensor(),
... ])
```

데이터 증식은 훈련 샘플에만 적용하고 검증 샘플과 테스트 샘플에는 적용하지 않습니다. 검증 세트와 테스트 세트를 위한 코드는 다음과 같습니다(먼저 이미지를 자르고 64×64 크기로 만듭니다).

```
>>> transform = transforms.Compose([
...         transforms.CenterCrop([178, 178]),
...         transforms.Resize([64, 64]),
...         transforms.ToTensor(),
... ])
```

데이터 증식이 동작하는지 보기 위해 훈련 데이터셋에 transform_train 함수를 적용하고 다섯 번 반복해 보겠습니다.

```
>>> from torch.utils.data import DataLoader
>>> celeba_train_dataset = torchvision.datasets.CelebA(
...         image_path, split='train',
...         target_type='attr', download=False,
...         transform=transform_train, target_transform=get_smile
... )
>>> torch.manual_seed(1)
>>> data_loader = DataLoader(celeba_train_dataset, batch_size=2)
>>> fig = plt.figure(figsize=(15, 6))
>>> num_epochs = 5
>>> for j in range(num_epochs):
...     img_batch, label_batch = next(iter(data_loader))
...     img = img_batch[0]
...     ax = fig.add_subplot(2, 5, j + 1)
...     ax.set_xticks([])
...     ax.set_yticks([])
...     ax.set_title(f'Epoch {j}:', size=15)
...     ax.imshow(img.permute(1, 2, 0))
...
...     img = img_batch[1]
...     ax = fig.add_subplot(2, 5, j + 6)
...     ax.set_xticks([])
...     ax.set_yticks([])
...     ax.imshow(img.permute(1, 2, 0))
>>> plt.show()
```

그림 14-17은 두 개의 이미지를 데이터 증식으로 다섯 번 변환한 결과를 보여 줍니다.

▼ 그림 14-17 다섯 개의 이미지 변환을 적용한 결과

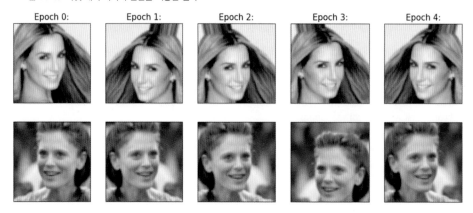

그다음 transform 함수를 검증 데이터셋과 테스트 데이터셋에 적용합니다.

```
>>> celeba_valid_dataset = torchvision.datasets.CelebA(
...     image_path, split='valid',
...     target_type='attr', download=False,
...     transform=transform, target_transform=get_smile
... )
>>> celeba_test_dataset = torchvision.datasets.CelebA(
...     image_path, split='test',
...     target_type='attr', download=False,
...     transform=transform, target_transform=get_smile
... )
```

사용 가능한 모든 훈련 데이터와 검증 데이터를 사용하지 않고 16,000개의 훈련 샘플과 1,000개의 검증 샘플만 사용합니다. 이는 의도적으로 작은 데이터셋으로 모델을 훈련하는 것이 목표이기 때문입니다.

```
>>> from torch.utils.data import Subset
>>> celeba_train_dataset = Subset(celeba_train_dataset,
...                         torch.arange(16000))
>>> celeba_valid_dataset = Subset(celeba_valid_dataset,
...                         torch.arange(1000))
>>> print('테스트 세트:', len(celeba_train_dataset))
테스트 세트: 16000
>>> print('검증 세트:', len(celeba_valid_dataset))
검증 세트: 1000
```

이제 세 개의 데이터셋에 대한 데이터 로더를 만들 수 있습니다.

```
>>> batch_size = 32
>>> torch.manual_seed(1)
>>> train_dl = DataLoader(celeba_train_dataset,
...                       batch_size, shuffle=True)
>>> valid_dl = DataLoader(celeba_valid_dataset,
...                       batch_size, shuffle=False)
>>> test_dl = DataLoader(celeba_test_dataset,
...                      batch_size, shuffle=False)
```

데이터 로더가 준비되었으므로 다음 절에서 CNN 모델을 만들어 훈련하고 평가해 보겠습니다.

14.4.3 CNN 웃는 얼굴 분류기 훈련

이제 torch.nn 모듈로 모델을 만들고 훈련하는 작업이 잘 이해되었을 것입니다. 이 CNN의 구조는 다음과 같습니다. 이 모델은 $3 \times 64 \times 64$ 크기의 입력을 받습니다(컬러 채널 세 개를 가진 이미지입니다).

입력 데이터가 네 개의 합성곱 층을 지나 32개, 64개, 128개, 256개의 특성 맵을 만듭니다. 3×3 크기의 커널을 가진 필터를 사용하고 세임 패딩을 위해 패딩을 1로 지정합니다. 처음 세 개의 합성곱 층 다음에는 최대 풀링 $P_{2 \times 2}$가 뒤따릅니다. 두 개의 드롭아웃 층이 규제를 위해 포함됩니다.

```
>>> model = nn.Sequential()
>>> model.add_module(
...     'conv1',
...     nn.Conv2d(
...         in_channels=3, out_channels=32,
...         kernel_size=3, padding=1
...     )
... )
>>> model.add_module('relu1', nn.ReLU())
>>> model.add_module('pool1', nn.MaxPool2d(kernel_size=2))
>>> model.add_module('dropout1', nn.Dropout(p=0.5))
>>>
>>> model.add_module(
...     'conv2',
...     nn.Conv2d(
...         in_channels=32, out_channels=64,
```

```
...             kernel_size=3, padding=1
...         )
... )
>>> model.add_module('relu2', nn.ReLU())
>>> model.add_module('pool2', nn.MaxPool2d(kernel_size=2))
>>> model.add_module('dropout2', nn.Dropout(p=0.5))
>>>
>>> model.add_module(
...     'conv3',
...     nn.Conv2d(
...         in_channels=64, out_channels=128,
...         kernel_size=3, padding=1
...     )
... )
>>> model.add_module('relu3', nn.ReLU())
>>> model.add_module('pool3', nn.MaxPool2d(kernel_size=2))
>>>
>>> model.add_module(
...     'conv4',
...     nn.Conv2d(
...         in_channels=128, out_channels=256,
...         kernel_size=3, padding=1
...     )
... )
>>> model.add_module('relu4', nn.ReLU())
```

이렇게 층을 추가한 후 (임의의 이미지 네 개가 담긴) 배치 입력을 사용하여 출력 특성 맵의 크기를 확인해 보겠습니다.

```
>>> x = torch.ones((4, 3, 64, 64))
>>> model(x).shape
torch.Size([4, 256, 8, 8])
```

8×8 크기의 특성 맵(또는 채널) 256개가 출력됩니다. 이제 하나의 유닛을 가진 출력층을 만들기 위해 완전 연결 층을 추가할 수 있습니다. 이 특성 맵을 펼치면 완전 연결 층에 주입되는 입력 유닛의 개수는 $8 \times 8 \times 256 = 16{,}384$가 됩니다. 또는 **전역 평균 풀링**(global average-pooling)이라는 새로운 층을 추가할 수 있습니다. 이 층은 각 특성 맵의 평균을 독립적으로 계산하기 때문에 은닉 유닛이 256개로 줄어듭니다. 그다음 완전 연결 층을 추가할 수 있습니다. 전역 평균 풀링에 대해 따로 설명하지 않았지만 개념적으로 다른 풀링 층과 매우 비슷합니다. 사실 전역 평균 풀링은 풀링 크기가 입력 특성 맵의 크기와 같은 평균 풀링의 특별한 경우로 볼 수 있습니다.

이를 잘 이해하기 위해 그림 14-18에서 [배치 크기×8×64×64] 크기의 특성 맵을 예로 들어 보죠. 채널 번호는 k =0, 1, ..., 7입니다. 전역 평균 풀링은 각 채널의 평균을 계산하기 때문에 출력의 크기가 [배치 크기×8]이 됩니다. 전역 평균 풀링 층은 출력을 자동으로 압축합니다.

출력을 압축하지 않으면 전역 평균 풀링이 64×64의 공간 차원을 1×1로 줄이기 때문에 크기가 [배치 크기×8×1×1]이 됩니다.

▼ 그림 14-18 배치 크기×8×64×64 크기의 특성 맵

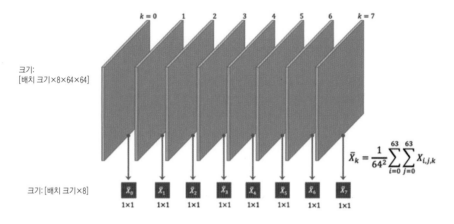

따라서 이 경우 전역 평균 풀링에 전달되는 특성 맵의 크기는 [배치 크기×256×8×8]이므로 256개의 출력을 예상할 수 있습니다. 즉, 출력 크기는 [배치 크기×256]이 됩니다. 이 층을 추가하고 출력 크기가 맞는지 확인해 보죠.

```
>>> model.add_module('pool4', nn.AvgPool2d(kernel_size=8))
>>> model.add_module('flatten', nn.Flatten())
>>> x = torch.ones((4, 3, 64, 64))
>>> model(x).shape
torch.Size([4, 256])
```

마지막으로 출력 유닛이 한 개인 완전 연결 층을 추가합니다. 이 경우에는 활성화 함수를 'sigmoid'로 지정합니다.

```
>>> model.add_module('fc', nn.Linear(256, 1))
>>> model.add_module('sigmoid', nn.Sigmoid())
>>> x = torch.ones((4, 3, 64, 64))
>>> model(x).shape
torch.Size([4, 1])
>>> model
Sequential(
```

```
(conv1): Conv2d(3, 32, kernel_size=(3, 3), stride=(1, 1), padding=(1, 1))
(relu1): ReLU()
(pool1): MaxPool2d(kernel_size=2, stride=2, padding=0, dilation=1, ceil_mode=False)
(dropout1): Dropout(p=0.5, inplace=False)
(conv2): Conv2d(32, 64, kernel_size=(3, 3), stride=(1, 1), padding=(1, 1))
(relu2): ReLU()
(pool2): MaxPool2d(kernel_size=2, stride=2, padding=0, dilation=1, ceil_mode=False)
(dropout2): Dropout(p=0.5, inplace=False)
(conv3): Conv2d(64, 128, kernel_size=(3, 3), stride=(1, 1), padding=(1, 1))
(relu3): ReLU()
(pool3): MaxPool2d(kernel_size=2, stride=2, padding=0, dilation=1, ceil_mode=False)
(conv4): Conv2d(128, 256, kernel_size=(3, 3), stride=(1, 1), padding=(1, 1))
(relu4): ReLU()
(pool4): AvgPool2d(kernel_size=8, stride=8, padding=0)
(flatten): Flatten(start_dim=1, end_dim=-1)
(fc): Linear(in_features=256, out_features=1, bias=True)
(sigmoid): Sigmoid()
)
```

다음 단계로 손실 함수와 옵티마이저(여기에서도 Adam을 사용합니다)를 만듭니다. 하나의 확률 출력이 필요한 이진 분류를 위해 BCELoss를 손실 함수로 사용합니다.

```
>>> loss_fn = nn.BCELoss()
>>> optimizer = torch.optim.Adam(model.parameters(), lr=0.001)
```

이제 모델 훈련을 위한 함수를 정의합니다.

```
>>> def train(model, num_epochs, train_dl, valid_dl):
...     loss_hist_train = [0] * num_epochs
...     accuracy_hist_train = [0] * num_epochs
...     loss_hist_valid = [0] * num_epochs
...     accuracy_hist_valid = [0] * num_epochs
...     for epoch in range(num_epochs):
...         model.train()
...         for x_batch, y_batch in train_dl:
...             pred = model(x_batch)[:, 0]
...             loss = loss_fn(pred, y_batch.float())
...             loss.backward()
...             optimizer.step()
...             optimizer.zero_grad()
...             loss_hist_train[epoch] += loss.item() * y_batch.size(0)
...             is_correct = ((pred>=0.5).float() == y_batch).float()
...             accuracy_hist_train[epoch] += is_correct.sum()
```

```
...             loss_hist_train[epoch] /= len(train_dl.dataset)
...             accuracy_hist_train[epoch] /= len(train_dl.dataset)
...
...             model.eval()
...             with torch.no_grad():
...                 for x_batch, y_batch in valid_dl:
...                     pred = model(x_batch)[:, 0]
...                     loss = loss_fn(pred, y_batch.float())
...                     loss_hist_valid[epoch] += \
...                         loss.item() * y_batch.size(0)
...                     is_correct = \
...                         ((pred>=0.5).float() == y_batch).float()
...                     accuracy_hist_valid[epoch] += is_correct.sum()
...             loss_hist_valid[epoch] /= len(valid_dl.dataset)
...             accuracy_hist_valid[epoch] /= len(valid_dl.dataset)
...
...             print(f'에포크 {epoch+1} 정확도: '
...                   f'{accuracy_hist_train[epoch]:.4f} 검증 정확도: '
...                   f'{accuracy_hist_valid[epoch]:.4f}')
...         return loss_hist_train, loss_hist_valid, \
...                accuracy_hist_train, accuracy_hist_valid
```

그다음 30번의 에포크 동안 이 CNN 모델을 훈련하고 검증 데이터셋을 사용하여 훈련 과정을 모니터링하겠습니다.

```
>>> torch.manual_seed(1)
>>> num_epochs = 30
>>> hist = train(model, num_epochs, train_dl, valid_dl)
에포크 1 정확도: 0.6286 검증 정확도: 0.6540
...
에포크 15 정확도: 0.8544 검증 정확도: 0.8700
...
에포크 30 정확도: 0.8739 검증 정확도: 0.8710
```

이제 학습 곡선을 시각화하고 에포크가 끝날 때마다 기록한 훈련과 검증 세트의 손실과 정확도를 비교해 보죠.

```
>>> x_arr = np.arange(len(hist[0])) + 1
>>> fig = plt.figure(figsize=(12, 4))
>>> ax = fig.add_subplot(1, 2, 1)
>>> ax.plot(x_arr, hist[0], '-o', label='Train loss')
>>> ax.plot(x_arr, hist[1], '--<', label='Validation loss')
```

```
>>> ax.legend(fontsize=15)
...
>>> ax = fig.add_subplot(1, 2, 2)
>>> ax.plot(x_arr, hist[2], '-o', label='Train acc.')
>>> ax.plot(x_arr, hist[3], '--<', label='Validation acc.')
>>> ax.legend(fontsize=15)
>>> ax.set_xlabel('Epoch', size=15)
>>> ax.set_ylabel('Accuracy', size=15)
>>> plt.show()
```

▼ 그림 14-19 훈련 세트와 검증 세트 결과 비교

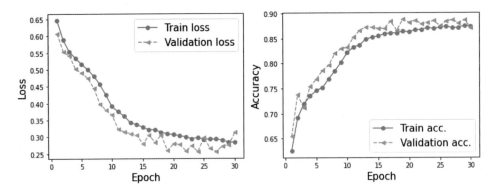

학습 곡선에 만족하면 이 모델을 테스트 데이터셋으로 평가할 수 있습니다.

```
>>> accuracy_test = 0
>>> model.eval()
>>> with torch.no_grad():
...     for x_batch, y_batch in test_dl:
...         pred = model(x_batch)[:, 0]
...         is_correct = ((pred>=0.5).float() == y_batch).float()
...         accuracy_test += is_correct.sum()
>>> accuracy_test /= len(test_dl.dataset)
>>> print(f'테스트 정확도: {accuracy_test:.4f}')
테스트 정확도: 0.8446
```

마지막으로 몇 개의 테스트 샘플에서 예측 결과를 확인해 보겠습니다. 다음 코드에서 전처리된 테스트 데이터셋(test_dl)의 마지막 배치에서 열 개의 샘플을 선택합니다. 그다음 각 샘플이 (CelebA의 레이블에 따라 웃는 얼굴에 해당하는) 클래스 1에 속할 확률을 계산하고 정답 레이블과 예측 확률을 함께 시각화합니다.

```
>>> pred = model(x_batch)[:, 0] * 100
>>> fig = plt.figure(figsize=(15, 7))
>>> for j in range(10, 20):
...     ax = fig.add_subplot(2, 5, j-10+1)
...     ax.set_xticks([]); ax.set_yticks([])
...     ax.imshow(x_batch[j].permute(1, 2, 0))
...     if y_batch[j] == 1:
...         label='Smile'
...     else:
...         label = 'Not Smile'
...     ax.text(
...         0.5, -0.15,
...         f'GT: {label:s}\nPr(Smile)={pred[j]:.0f}%',
...         size=16,
...         horizontalalignment='center',
...         verticalalignment='center',
...         transform=ax.transAxes
...     )
>>> plt.show()
```

그림 14-20에서 샘플 이미지와 정답 레이블, 그리고 웃는 얼굴에 해당하는 클래스 1에 속할 확률을 보여 줍니다.

▼ 그림 14-20 이미지 레이블과 클래스 1에 속할 확률

GT: Not Smile
Pr(Smile)=58%

GT: Not Smile
Pr(Smile)=4%

GT: Not Smile
Pr(Smile)=1%

GT: Smile
Pr(Smile)=98%

GT: Not Smile
Pr(Smile)=24%

GT: Not Smile
Pr(Smile)=13%

GT: Not Smile
Pr(Smile)=15%

GT: Smile
Pr(Smile)=100%

GT: Smile
Pr(Smile)=97%

GT: Smile
Pr(Smile)=93%

클래스 1(즉, CelebA에서 남성)의 확률이 각 이미지 아래 나타나 있습니다. 여기에서 볼 수 있듯이 이 모델은 열 개의 테스트 샘플을 완벽하게 분류했습니다.

추가적인 연습을 위해 여기에서 사용한 작은 데이터셋 말고 전체 훈련 데이터셋으로 모델을 훈련해 보세요. CNN 구조도 바꾸어 보세요. 예를 들어 드롭아웃 확률과 합성곱 층의 필터 개수를 바꿀 수 있습니다. 전역 평균 풀링을 완전 연결 층으로 바꿀 수도 있습니다. 이 장에서 사용한 CNN 구조로 전체 훈련 데이터셋을 사용하면 약 90%의 정확도를 얻을 수 있습니다.

14.5 요약

이 장에서 CNN과 주요 구성 요소를 배웠습니다. 합성곱 연산으로 시작해서 1D와 2D 구현을 살펴보았습니다. 그다음 CNN 구조에서 널리 사용하는 풀링 층이라는 서브샘플링 층을 다루었습니다. 가장 널리 사용하는 두 개의 풀링인 최대 풀링과 평균 풀링에 초점을 맞추어 설명했습니다.

그다음 이런 개별 요소를 합쳐서 텐서플로 torch.nn 모듈을 사용하여 심층 CNN을 구현했습니다. 첫 번째로 구현한 신경망을 익숙한 MNIST 손글씨 숫자 인식 문제에 적용했습니다.

그다음 두 번째 CNN을 구현하여 얼굴 이미지로 구성된 더 복잡한 데이터셋에서 훈련하여 웃는 얼굴을 분류했습니다. 이 과정에서 데이터 증식과 여러 종류의 변환에 대해 배웠습니다. torchvision.transforms 모듈을 사용하여 얼굴 이미지에 이런 변환을 적용할 수 있습니다.

다음 장에서 **순환 신경망**(Recurrent Neural Network, RNN)을 다루겠습니다. RNN은 순차 데이터의 구조를 학습하는 데 사용됩니다. 언어 번역과 이미지 캡셔닝 같은 놀라운 애플리케이션을 만들 수 있습니다.

15장

순환 신경망으로
순차 데이터
모델링

이전 장은 **합성곱 신경망**(CNN)에 초점을 맞추었습니다. CNN의 구성 요소를 다루었고 파이토치로 심층 CNN을 어떻게 구현하는지 설명했습니다. 마지막으로 이미지 분류를 위해 CNN을 사용하는 방법을 배웠습니다. 이 장에서는 **순환 신경망**(Recurrent Neural Network, RNN)과 순차 데이터(sequential data)를 모델링하는 애플리케이션을 살펴보겠습니다.

이 장에서는 다음 주제를 다룹니다.

- 순차 데이터 소개하기
- 시퀀스 모델링을 위한 RNN
- 장·단기 기억(Long Short-Term Memory, LSTM) 네트워크
- T-BPTT(Truncated BackPropagation Through Time)
- 파이토치로 시퀀스 모델링을 위한 다층 RNN 구현하기
- **첫 번째 프로젝트**: IMDb 영화 리뷰 데이터셋을 사용한 감성 분석(sentiment analysis) 수행하기
- **두 번째 프로젝트**: 쥘 베른(Jules Verne)의 〈신비의 섬(The Mysterious Island)〉 소설 텍스트를 바탕으로 LSTM 셀을 사용해서 RNN 글자 단위(character-level) 언어 모델링하기
- 그레이디언트 클리핑(clipping)을 사용하여 그레이디언트 폭주(gradient exploding) 피하기

15.1 / 순차 데이터 소개

시퀀스 데이터 또는 **시퀀스**(sequence)로 불리는 순차 데이터의 특징에 관해 알아보면서 RNN을 소개하겠습니다. 시퀀스에는 다른 종류의 데이터와는 구별되는 독특한 성질이 있습니다. 시퀀스 데이터를 표현하는 방법과 시퀀스 데이터를 위한 여러 가지 모델을 살펴보겠습니다. RNN과 시퀀스 사이의 관계를 이해하는 데 도움이 될 것입니다.

15.1.1 순차 데이터 모델링: 순서를 고려한다

다른 데이터 타입과 다르게 시퀀스는 특별합니다. 시퀀스 원소들은 특정 순서가 있으므로 상호 독립적이지 않기 때문입니다. 일반적으로 지도 학습을 위한 머신 러닝 알고리즘은 입력 데이터가 **독립 동일 분포**(Independent and Identically Distributed, IID)라고 가정합니다. 즉, 훈련 샘플이 상호 독립(mutually independent)적이고 같은 분포에 속한다는 의미입니다. 상호 독립 가정에 기반한다는 점에서 모델에 전달되는 훈련 샘플의 순서는 관계가 없습니다. 예를 들어 n개의 훈련 샘플 $x^{(1)}$, $x^{(2)}$, ..., $x^{(n)}$으로 구성된 데이터셋이 있다면 머신 러닝 알고리즘을 훈련하기 위해 데이터를 사용하는 순서는 중요하지 않습니다. 이런 예로 이전에 사용해 보았던 붓꽃 데이터셋이 있습니다. 붓꽃 데이터셋에서 각 꽃은 개별적으로 측정되었고 한 꽃의 측정값이 다른 꽃의 측정값에 영향을 미치지 않습니다.

하지만 시퀀스를 다룰 때는 이런 가정이 유효하지 않습니다. 시퀀스의 정의가 순서를 고려하기 때문입니다. 특정 주식의 가격을 예측하는 것이 이런 경우에 해당합니다. 예를 들어 n개의 훈련 샘플을 가지고 있다면 각 훈련 샘플은 특정한 날의 이 주식 가격을 나타냅니다. 다음 3일 동안의 주식 가격을 예측하는 작업이라면 훈련 샘플을 랜덤 순서로 사용하는 것이 아니라 날짜 순서대로 정렬된 이전 주식 가격을 고려하여 트렌드를 감지하는 것이 합리적입니다.

15.1.2 순차 데이터 vs 시계열 데이터

시계열(time series) 데이터는 순차 데이터의 특별한 한 종류입니다. 각 샘플이 시간 차원에 연관되어 있습니다. 시계열 데이터에서는 연속적인 타임스탬프를 따라 샘플을 얻습니다. 따라서 시간 차원이 데이터 포인트 사이의 순서를 결정합니다. 예를 들어 주식 가격과 녹화된 음성이나 대화가 시계열 데이터입니다.

모든 순차 데이터가 시간 차원을 가지는 것은 아닙니다. 예를 들어 텍스트 데이터나 DNA 시퀀스는 샘플이 순서를 가지지만 시계열 데이터로 볼 수 없습니다. 이 장에서는 시계열 데이터가 아닌 자연어 처리(Natural Language Processing, NLP)와 텍스트 모델링에 초점을 맞춥니다. RNN을 시계열 데이터에 사용할 수 있지만 이 책에서는 다루지 않습니다.

15.1.3 시퀀스 표현

순차 데이터에서 데이터 포인트 사이의 순서가 중요하다는 것을 이해했습니다. 따라서 머신 러닝 모델에서 이런 순서 정보를 사용할 수 있는 방법을 찾아야 합니다. 이 장에서 시퀀스를 $\langle x^{(1)}, x^{(2)}, ..., x^{(T)} \rangle$로 표현하겠습니다. 위 첨자는 샘플 순서를 나타냅니다. T는 시퀀스 길이입니다. 시퀀스의 좋은 예는 시계열 데이터입니다. 여기에서 각 샘플 포인트 $x^{(t)}$는 특정 시간 t에 속합니다. 그림 15-1은 시계열 데이터 예를 보여 줍니다. 입력 특성(x)과 타깃 레이블(y)은 시간 축을 따라 순서대로 나열되어 있습니다. 따라서 x와 y는 시퀀스 데이터입니다.

▼ 그림 15-1 시계열 데이터 예

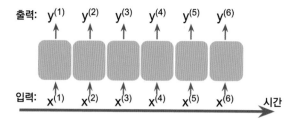

이미 이야기했듯이 다층 퍼셉트론(MLP)이나 이미지 데이터를 위한 CNN과 같이 지금까지 다루었던 일반 신경망 모델은 훈련 샘플이 서로 독립적이어서 순서 정보와 연관이 없다고 가정합니다. 이런 모델은 이전에 본 훈련 샘플을 기억하는 메모리가 없다고 말합니다. 예를 들어 샘플이 정방향 계산과 역전파 단계를 통과하면 가중치는 훈련 샘플의 처리 순서에 상관없이 독립적으로 업데이트됩니다.

이와 대조적으로 RNN은 시퀀스 모델링을 위해 고안되었으며 과거 정보를 기억하고 이에 맞추어 새로운 샘플을 처리할 수 있기 때문에 시퀀스 데이터를 다룰 때 장점을 가집니다.

15.1.4 시퀀스 모델링의 종류

시퀀스 모델링에는 언어 번역(예를 들어 영어 텍스트를 독어로 번역), 이미지 캡셔닝(captioning), 텍스트 생성과 같은 매력적인 애플리케이션이 많습니다. 하지만 적절한 구조와 방법을 찾으려면 여러 종류의 시퀀스 모델링 작업 사이의 차이점을 이해하고 구별할 수 있어야 합니다. 안드레이카패시(Andrej Karpathy)가 훌륭하게 설명한 글[1]을 기반으로 그림 15-2에서는 가장 널리 사용하는 시퀀스 모델링 작업을 입력과 출력 데이터의 관계에 따라 요약하고 있습니다.

▼ 그림 15-2 시퀀스 작업의 종류

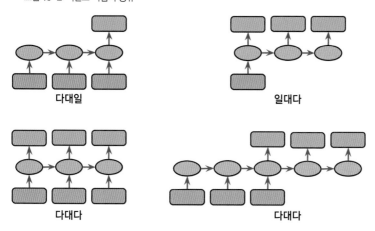

그림 15-2에 나와 있는 입력과 출력 데이터 사이에 나타나는 여러 관계에 대해 자세히 논의해 보죠. 입력과 출력 데이터가 시퀀스로 표현되지 않으면 일반 데이터이므로 간단히 다층 퍼셉트론(또는 이 책에서 이전에 소개한 다른 분류 모델)을 사용할 수 있습니다. 하지만 입력이나 출력 중 하나가 시퀀스라면 이런 모델링 작업은 다음 중 하나에 속할 것입니다.

- **다대일**(many-to-one): 입력 데이터가 시퀀스이지만 출력은 시퀀스가 아니고 고정 크기의 벡터나 스칼라입니다. 예를 들어 감성 분석에서 입력은 텍스트(예를 들어 영화 리뷰)고 출력은 클래스 레이블(예를 들어 리뷰어가 영화를 좋아하는지 나타내는 레이블)입니다.

- **일대다**(one-to-many): 입력 데이터가 시퀀스가 아니라 일반적인 형태고 출력은 시퀀스입니다. 이런 종류의 예로는 이미지 캡셔닝이 있습니다. 입력이 이미지고 출력은 이미지 내용을 요약한 영어 문장입니다.

- **다대다**(many-to-many): 입력과 출력 배열이 모두 시퀀스입니다. 이런 종류는 입력과 출력이 동기적인지에 따라 더 나눌 수 있습니다. 동기적인 다대다 모델링 작업의 예는 각 프레임을 레이블링하는 비디오 분류입니다. 지연이 있는 다대다 모델의 예는 한 언어에서 다른 언어로 번역하는 작업입니다. 예를 들어 독일어로 번역하기 전에 전체 영어 문장을 읽어 처리합니다.

시퀀스 모델링의 종류를 정리했으므로 이제 RNN 구조에 대해 알아보겠습니다.

---

1 The Unreasonable Effectiveness of Recurrent Neural Networks, by Andrej Karpathy
http://karpathy.github.io/2015/05/21/rnn-effectiveness/

15.2 시퀀스 모델링을 위한 RNN

이 절에서 파이토치로 RNN을 구현하기 전에 RNN의 주요 개념을 알아보겠습니다. 먼저 시퀀스 데이터를 모델링하기 위한 재귀적 구성 요소를 가진 전형적인 RNN 구조를 살펴보겠습니다. 이를 통해 RNN 훈련의 어려움을 이해하고 이런 문제를 해결하기 위한 LSTM이나 GRU 같은 기법을 설명하겠습니다.

15.2.1 RNN 반복 구조 이해

RNN 구조부터 설명해 보죠. 그림 15-3에서 일반적인 피드포워드 신경망과 RNN을 비교하기 위해 나란히 놓았습니다.

▼ 그림 15-3 피드포워드 신경망과 순환 신경망의 데이터 흐름

두 네트워크 모두 하나의 은닉층만 있습니다. 그림 15-3에서는 유닛을 표시하지 않았습니다. 입력층(x), 은닉층(h), 출력층(o) 모두 벡터고 여러 개의 유닛이 있다고 가정합니다.[2]

> Note ≡ **RNN의 출력 형태 결정**
>
> 일반적인 RNN 구조는 시퀀스 모델링 중 입력이 시퀀스인 두 경우에 해당됩니다. 전형적으로 순환 층은 시퀀스 출력 $\langle o^{(0)}, o^{(1)}, ..., o^{(T)} \rangle$를 반환하거나 마지막 출력($t=T$일 때, 즉 $o^{(T)}$)을 반환합니다. 따라서 다대다 또는 마지막 원소 $o^{(T)}$만 최종 출력으로 사용할 경우 다대일이 될 수 있습니다.
>
> 나중에 시퀀스 출력과 관련된 순환 층의 동작을 자세히 살펴볼 때 파이토치 torch.nn 모듈에서 이를 어떻게 처리하는지 살펴보겠습니다.

2　**역주** RNN은 일반적으로 그림에 은닉 유닛을 표시하지 않기 때문에 층과 유닛을 혼동하지 않도록 주의하세요. 종종 RNN의 은닉층을 셀(cell) 또는 순환 셀(recurrent cell)이라고 부릅니다.

기본 피드포워드 네트워크에서 정보는 입력에서 은닉층으로 흐른 후 은닉층에서 출력층으로 전달됩니다. 반면 순환 네트워크에서는 은닉층이 현재 타임 스텝(time step)의 입력층과 이전 타임 스텝의 은닉층으로부터 정보를 받습니다.

인접한 타임 스텝의 정보가 은닉층에 흐르기 때문에 네트워크가 이전 이벤트를 기억할 수 있습니다. 이 정보 흐름을 보통 루프(loop)로 표시합니다. 그래프 표기법에서는 **순환 에지**(recurrent edge)라고도 하기 때문에 RNN 구조 이름이 여기에서 유래되었습니다.

다층 퍼셉트론과 비슷하게 RNN은 여러 개의 은닉층으로 구성할 수 있습니다. 하나의 은닉층을 가진 RNN을 관례적으로 단일층 RNN이라고 말합니다. 아달린이나 로지스틱 회귀와 같이 은닉층이 없는 단일층 신경망과 혼동하지 마세요. 그림 15-4는 하나의 은닉층을 가진 RNN(위)과 두 개의 은닉층을 가진 RNN(아래)을 보여 줍니다.

▼ 그림 15-4 하나의 은닉층을 가진 RNN과 두 개의 은닉층을 가진 RNN

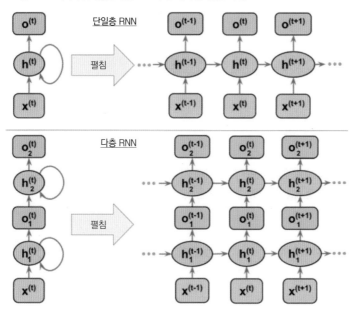

RNN 구조와 정보 흐름을 설명하기 위해 간소하게 표현한 순환 에지를 그림 15-4와 같이 펼쳐서 나타낼 수 있습니다.[3]

---

3 역주 RNN을 시퀀스 처리 순서대로 펼친 그림 15-4에서 각 단계에 사용되는 가중치는 모두 동일한 값입니다. RNN은 일련의 타임 스텝을 처리한 후 가중치를 업데이트합니다.

일반 신경망의 은닉 유닛은 입력층에 연결된 최종 입력 하나만 받습니다. 반면 RNN의 은닉 유닛은 두 개의 다른 입력을 받습니다. 입력층으로부터 받은 입력과 같은 은닉층에서 $t-1$ 타임 스텝의 활성화 출력을 받습니다.

맨 처음 $t=0$에서는 은닉 유닛이 0 또는 작은 난수로 초기화됩니다. t > 0인 타임 스텝에서는 은닉 유닛이 현재 타임 스텝의 데이터 포인트 $x^{(t)}$와 이전 타임 스텝 $t-1$의 은닉 유닛 값 $h^{(t-1)}$을 입력으로 받습니다.

비슷하게 다층 RNN의 정보 흐름을 다음과 같이 요약할 수 있습니다.

- layer = 1: 은닉층의 출력을 $h_1^{(t)}$로 표현합니다. 데이터 포인트 $x^{(t)}$와 이 은닉층의 이전 타임 스텝 출력 $h_1^{(t-1)}$을 입력으로 받습니다.
- layer = 2: 두 번째 은닉층의 $h_2^{(t)}$는 이전 층의 현재 타임 스텝 출력($o_1^{(t)}$)과 이 은닉층의 이전 타임 스텝 출력 $h_2^{(t-1)}$을 입력으로 받습니다.

이 경우 각 은닉층은 시퀀스를 입력으로 받기 때문에 마지막을 제외하고 모든 순환 층은 시퀀스를 출력으로 반환해야 합니다. 마지막 순환 층의 동작은 문제 유형에 따라 결정됩니다.

15.2.2 RNN의 활성화 출력 계산

RNN의 구조와 일반적인 정보 흐름을 이해했습니다. 이제 구체적으로 은닉층과 출력층의 실제 활성화 출력을 계산해 보겠습니다. 간소하게 나타내기 위해 하나의 은닉층만 고려하지만 다층 RNN에도 동일한 개념이 적용됩니다.

그림 15-4에서 유향 에지(directed edge)(층 사이 연결과 순환 연결)는 가중치 행렬과 연관됩니다. 이 가중치는 특정 시간 t에 종속적이지 않고 전체 시간 축에 공유됩니다. 단일층 RNN의 각 가중치는 다음과 같습니다.

- W_{xh}: 입력 $x^{(t)}$와 은닉층 h 사이의 가중치 행렬
- W_{hh}: 순환 에지에 연관된 가중치 행렬
- W_{ho}: 은닉층과 출력층 사이의 가중치 행렬

그림 15-5에 이 가중치를 나타냈습니다.

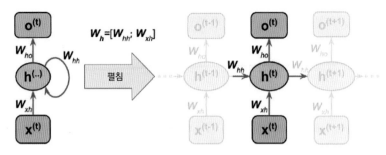

구현에 따라 가중치 행렬 W_{xh}와 W_{hh}를 합쳐 연결된 행렬 $W_h=[W_{xh};W_{hh}]$를 사용합니다. 나중에 이 절에서 이런 표기법을 사용합니다.

활성화 출력의 계산은 기본적인 다층 퍼셉트론이나 다른 피드포워드 신경망과 매우 비슷합니다. 은닉층의 최종 입력 z_h(활성화 함수를 통과하기 전의 값)는 선형 조합으로 계산합니다. 즉, 가중치 행렬과 대응되는 벡터를 곱해서 더한 후 절편 유닛을 더합니다.

$$z_h^{(t)} = W_{xh}x^{(t)} + W_{hh}h^{(t-1)} + b_h$$

그다음 타임 스텝 t에서 은닉층의 활성화를 계산합니다.

$$h^{(t)} = \sigma_h(z_h^{(t)}) = \sigma_h(W_{xh}x^{(t)} + W_{hh}h^{(t-1)} + b_h)$$

여기에서 b_h는 은닉 유닛의 절편 벡터고 $\sigma_h(\cdot)$는 은닉층의 활성화 함수입니다.

가중치 행렬을 $W_h=[W_{xh};W_{hh}]$처럼 연결하면 은닉 유닛의 계산 공식은 다음과 같이 바뀝니다.

$$h^{(t)} = \sigma_h\left([W_{xh};W_{hh}]\begin{bmatrix}x^{(t)}\\h^{(t-1)}\end{bmatrix} + b_h\right)$$

현재 타임 스텝에서 은닉 유닛의 활성화 출력을 계산한 후 출력 유닛의 활성화를 다음과 같이 계산합니다.

$$o^{(t)} = \sigma_o(W_{ho}h^{(t)} + b_o)$$

이해를 돕기 위해 그림 15-6에 두 공식으로 활성화 출력을 계산하는 과정을 나타냈습니다.[4]

4　**역주** 이 그림을 보면 은닉층의 유닛이 다섯 개고 W_{hh}의 크기가 5×5입니다. 즉, 이전 타임 스텝의 은닉층 출력은 현재 타임 스텝의 은닉 유닛에 완전 연결됩니다. 이 때문에 순환 에지를 유닛마다 따로 그리기 어렵습니다.

❤ 그림 15-6 활성화 출력 계산

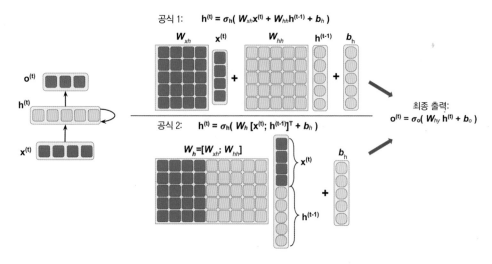

Note ≡ **BPTT(BackPropagation Through Time)로 RNN 훈련하기**

RNN의 학습 알고리즘은 1990년에 소개되었습니다.[5]

그레이디언트 공식 유도가 조금 복잡하지만 기본 아이디어는 다음과 같습니다. 전체 손실 L은 $t=1$에서 $t=T$까지 각 타임 스텝의 모든 손실 함수 합입니다.

$$L = \sum_{t=1}^{T} L^{(t)}$$

타임 스텝 t에서 손실은 모든 이전 타임 스텝 $1{:}t-1$의 은닉 유닛에 의존하기 때문에 그레이디언트는 다음과 같이 계산됩니다.[6]

$$\frac{\partial L^{(t)}}{\partial W_{hh}} = \frac{\partial L^{(t)}}{\partial o^{(t)}} \times \frac{\partial o^{(t)}}{\partial h^{(t)}} \times \left(\sum_{k=1}^{t} \frac{\partial h^{(t)}}{\partial h^{(k)}} \times \frac{\partial h^{(k)}}{\partial W_{hh}} \right)$$

여기에서 $\frac{\partial h^{(t)}}{\partial h^{(k)}}$는 이전 타임 스텝의 곱으로 계산합니다.

$$\frac{\partial h^{(t)}}{\partial h^{(k)}} = \prod_{t=k+1}^{t} \frac{\partial h^{(i)}}{\partial h^{(i-1)}}$$

---

5 Backpropagation Through Time: What It Does and How to Do It (Paul Werbos, Proceedings of IEEE, 78(10): 1550–1560, 1990)

6 역주 순환 층의 역전파 공식 유도는 〈Do It! 딥러닝 입문〉(이지스퍼블리싱, 2019)의 9장을 참고하세요.

15.2.3 은닉 순환과 출력 순환

지금까지 은닉층에 순환 성질이 있는 순환 신경망을 보았습니다. 하지만 출력층에서 오는 순환 연결을 가진 모델도 있습니다. 이런 경우에 이전 타임 스텝의 출력층에서 오는 활성화 o^{t-1}을 추가하는 방법은 다음 둘 중 하나입니다.

- 현재 타임 스텝에서 은닉층 h^t에 추가합니다(그림 15-7의 출력-은닉 순환)
- 현재 타임 스텝에서 출력층 o^t에 추가합니다(그림 15-7의 출력-출력 순환)

▼ 그림 15-7 순환 방식에 따른 RNN

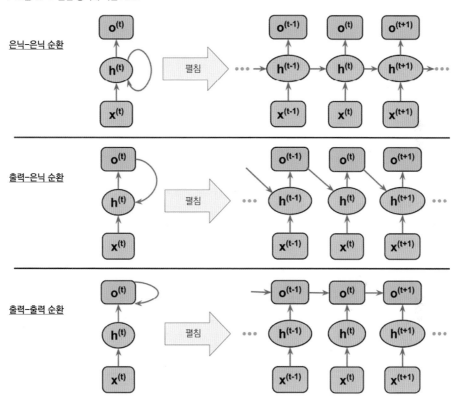

그림 15-7에 있듯이 이런 구조의 차이는 순환 연결에 있습니다. 앞서 사용한 표기법을 따라서 순환 연결에 관련된 가중치는 은닉-은닉 순환의 경우 W_{hh}로, 출력-은닉 순환의 경우 W_{oh}로, 출력-출력 순환의 경우 W_{oo}로 표시합니다. 일부 논문이나 글에서 순환 연결 가중치를 W_{rec}로 표시하기도 합니다.

실제로 어떻게 동작하는지 보기 위해 이 순환 타입 중 하나의 정방향 계산을 수동으로 수행해 보 겠습니다. 파이토치 torch.nn 모듈의 RNN 클래스로 은닉-은닉 순환과 비슷한 순환 층을 정의할 수 있습니다. 다음 코드에서 RNN으로 순환 층을 만들고 길이가 3인 입력 시퀀스에서 정방향 계산을 수행하여 출력을 만듭니다. 또한, 수동으로 정방향 계산을 수행하여 RNN의 결과와 비교해 보겠습 니다.

먼저 층을 만들고 수동 계산을 위해 가중치를 저장합니다.

```
>>> import torch
>>> import torch.nn as nn
>>> torch.manual_seed(1)
>>> rnn_layer = nn.RNN(input_size=5, hidden_size=2,
...                    num_layers=1, batch_first=True)
>>> w_xh = rnn_layer.weight_ih_l0
>>> w_hh = rnn_layer.weight_hh_l0
>>> b_xh = rnn_layer.bias_ih_l0
>>> b_hh = rnn_layer.bias_hh_l0
>>> print('W_xh 크기:', w_xh.shape)
>>> print('W_hh 크기:', w_hh.shape)
>>> print('b_xh 크기:', b_xh.shape)
>>> print('b_hh 크기:', b_hh.shape)
W_xh 크기: torch.Size([2, 5])
W_hh 크기: torch.Size([2, 2])
b_xh 크기: torch.Size([2])
b_hh 크기: torch.Size([2])
```

이 층의 입력 크기는 (batch_size, sequence_length, 5)입니다. 첫 번째 차원은 배치 차원 (batch_first=True로 지정했기 때문입니다)이고 두 번째 차원은 시퀀스에 해당합니다. 마지막 차 원은 특성에 해당합니다. 길이가 3인 시퀀스를 입력하면 출력 시퀀스 $\langle o^{(0)}, o^{(1)}, o^{(2)} \rangle$가 나옵니다. RNN은 기본적으로 하나의 층을 사용합니다. 여러 개의 RNN 층을 쌓으려면 num_layers 매개변 수를 1 이상으로 지정합니다.

rnn_layer의 정방향 계산을 수행하고 각 타임 스텝에서 수동으로 출력을 계산하여 비교해 보겠습 니다.

```
>>> x_seq = torch.tensor([[1.0]*5, [2.0]*5, [3.0]*5]).float()
>>> ## 간단한 RNN의 출력:
>>> output, hn = rnn_layer(torch.reshape(x_seq, (1, 3, 5)))
>>> ## 수동으로 출력 계산하기:
>>> out_man = []
```

```
>>> for t in range(3):
...     xt = torch.reshape(x_seq[t], (1, 5))
...     print(f'타임 스텝 {t} =>')
...     print('   입력          :', xt.numpy())
...
...     ht = torch.matmul(xt, torch.transpose(w_xh, 0, 1)) + b_xh
...     print('   은닉          :', ht.detach().numpy())
...
...     if t > 0:
...         prev_h = out_man[t-1]
...     else:
...         prev_h = torch.zeros((ht.shape))
...     ot = ht + torch.matmul(prev_h, torch.transpose(w_hh, 0, 1)) \
...             + b_hh
...     ot = torch.tanh(ot)
...     out_man.append(ot)
...     print('   출력 (수동) :', ot.detach().numpy())
...     print('   RNN 출력     :', output[:, t].detach().numpy())
...     print()
타임 스텝 0 =>
   입력          : [[1. 1. 1. 1. 1.]]
   은닉          : [[-0.4701929  0.5863904]]
   출력 (수동) : [[-0.3519801   0.52525216]]
   RNN 출력     : [[-0.3519801   0.52525216]]
타임 스텝 1 =>
   입력          : [[2. 2. 2. 2. 2.]]
   은닉          : [[-0.88883156  1.2364397 ]]
   출력 (수동) : [[-0.68424344  0.76074266]]
   RNN 출력     : [[-0.68424344  0.76074266]]
타임 스텝 2 =>
   입력          : [[3. 3. 3. 3. 3.]]
   은닉          : [[-1.3074701  1.886489 ]]
   출력 (수동) : [[-0.8649416   0.90466356]]
   RNN 출력     : [[-0.8649416   0.90466356]]
```

수동으로 정방향 계산을 할 때 하이퍼볼릭 탄젠트(tanh) 활성화 함수를 사용했습니다. RNN에서 이 함수를 사용하기 때문입니다(활성화 함수 기본값입니다).[7] 출력 결과에서 볼 수 있듯이 수동으로 계산한 것과 RNN 층의 각 타임 스텝 출력이 정확히 동일합니다. 이 예제를 통해 순환 층의 미스테리가 풀렸기를 바랍니다.

---

7 [역주] RNN의 nonlinearity 매개변수로 다른 활성화 함수를 지정할 수 있습니다.

15.2.4 긴 시퀀스 학습의 어려움

앞서 간략히 소개한 BPTT(BackPropagation Through Time)는 새로운 문제를 야기시킵니다. 손실 함수의 그레이디언트를 계산할 때 곱셈 항 $\frac{\partial h^{(t)}}{\partial h^{(k)}}$ 때문에 소위 **그레이디언트 폭주**(exploding gradient) 또는 **그레이디언트 소실**(vanishing gradient) 문제가 발생합니다.

이 문제를 그림 15-8에서 하나의 은닉 유닛이 있는 예를 들어 설명하겠습니다.

❤ 그림 15-8 손실 함수 그레이디언트 계산의 어려움

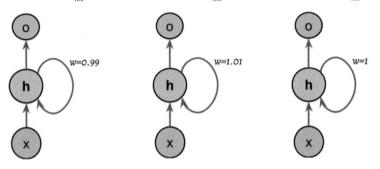

그레이디언트 소실: $|w_{hh}| < 1$　그레이디언트 폭주: $|w_{hh}| > 1$　그레이디언트 유지: $|w_{hh}| = 1$

기본적으로 $\frac{\partial h^{(t)}}{\partial h^{(k)}}$는 $t-k$개의 곱셈으로 이루어집니다. 즉, 가중치 w가 $t-k$번 곱해져 w^{t-k}가 됩니다. 결국 $|w| < 1$이면 $t-k$가 클 때 이 항이 매우 작아집니다. 반면 순환 에지의 가중치 값이 $|w| > 1$이면 $t-k$가 클 때 w^{t-k}가 매우 커집니다. $t-k$ 값이 크다는 것은 긴 시간 의존성을 가진다는 의미입니다. 그레이디언트 소실이나 폭주를 피하는 단순한 방법은 $|w| = 1$이 되도록 만드는 것입니다. 이에 대한 자세한 내용은 관련 논문을 참고하세요.[8]

실전에서 이 문제에 대한 세 가지 해결책은 다음과 같습니다.

- 그레이디언트 클리핑
- TBPTT(Truncated BackPropagation Through Time)
- LSTM(Long Short-Term Memory)

그레이디언트 클리핑을 사용하면 그레이디언트의 임계 값을 지정하고 이 값을 넘어서는 경우 임계 값을 그레이디언트 값으로 사용합니다. 이와 달리 TBPTT는 정방향 계산 후 역전파될 수 있는

---

8 On the difficulty of training recurrent neural networks, by R. Pascanu, T. Mikolov, and Y. Bengio, 2012
　https://arxiv.org/pdf/1211.5063.pdf

타임 스텝의 횟수를 제한합니다. 예를 들어 시퀀스가 100개의 원소 또는 스텝을 가지더라도 가장 최근 20번의 타임 스텝만 역전파할 수 있습니다.

그레이디언트 클리핑과 TBPTT가 그레이디언트 폭주 문제를 해결할 수 있지만 그레이디언트가 시간을 거슬러 적절하게 가중치가 업데이트될 수 있는 스텝을 제한합니다. 다른 방법으로 1997년 호크라이터(Hochreiter)와 슈미트후버(Schmidhuber)가 고안한 LSTM은 메모리 셀을 사용해서 그레이디언트 소실과 폭주 문제를 극복하여 긴 시퀀스를 성공적으로 모델링할 수 있습니다. 다음 절에서 LSTM을 자세히 알아보겠습니다.

15.2.5 LSTM 셀

LSTM은 그레이디언트 소실 문제를 극복하기 위해 처음 소개되었습니다.[9] LSTM의 기본 구성 요소는 일반 RNN의 은닉층을 표현 또는 대체하는 **메모리 셀**(memory cell)입니다.

이전에 언급했듯이 그레이디언트 소실과 폭주 문제를 극복하기 위해 각 메모리 셀에 적절한 가중치 $w=1$을 유지하는 순환 에지가 있습니다. 이 순환 에지의 출력을 **셀 상태**(cell state)라고 합니다.[10] 자세한 LSTM 구조가 그림 15-9에 나타나 있습니다.

❤ 그림 15-9 LSTM 셀

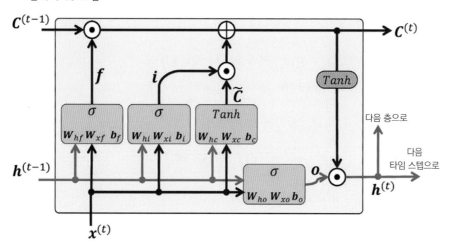

9 Long Short-Term Memory, S. Hochreiter and J. Schmidhuber, Neural Computation, 9(8): 1735-1780, 1997

10 역주 LSTM에서 셀 상태(C)와 은닉 상태(h)가 다음 타임 스텝으로 순환됩니다. 다음 은닉층으로는 은닉 상태(h)만 전달됩니다.

이전 타임 스텝의 셀 상태 $C^{(t-1)}$은 어떤 가중치와도 직접 곱해지지 않고 변경되어 현재 타임 스텝의 셀 상태 $C^{(t)}$을 얻습니다.

메모리 셀의 정보 흐름은 다음에 기술된 몇 개의 연산 유닛(또는 게이트(gate))으로 제어됩니다. 그림 15-9에서 ⊙는 원소별 곱셈(element-wise multiplication)을 의미하고, ⊕는 원소별 덧셈(element-wise addition)을 나타냅니다. 또 $x^{(t)}$은 타임 스텝 t에서 입력 데이터고, $h^{(t-1)}$은 타임 스텝 $t-1$에서 은닉 유닛의 출력입니다. 네 개의 상자는 시그모이드 함수(σ)나 하이퍼볼릭 탄젠트(tanh) 활성화 함수와 일련의 가중치로 표시됩니다. 이 상자는 입력($h^{(t-1)}$과 $x^{(t)}$)에 대해 행렬-벡터 곱셈을 수행한 후 선형 조합됩니다. 시그모이드 함수로 계산하는 유닛을 게이트라고 하며 ⊙를 통해 출력됩니다.

LSTM 셀에는 **삭제 게이트**(forget gate), **입력 게이트**(input gate), **출력 게이트**(output gate)가 있습니다.

- 삭제 게이트(f_t)는 메모리 셀이 무한정 성장하지 않도록 셀 상태를 다시 설정합니다. 사실 삭제 게이트가 통과할 정보와 억제할 정보를 결정합니다. f_t는 다음과 같이 계산합니다.

$$f_t = \sigma\big(W_{xf}x^{(t)} + W_{hf}h^{(t-1)} + b_f\big)$$

  삭제 게이트는 원본 LSTM 셀에 포함되어 있지 않았습니다. 초기 모델을 향상시키기 위해 몇 년 후에 추가되었습니다.[11]

- 입력 게이트(i_t)와 후보 값(candidate value)($\tilde{C}_t$)은 셀 상태를 업데이트하는 역할을 담당하며, 다음과 같이 계산합니다.

$$i_t = \sigma\big(W_{xi}x^{(t)} + W_{hi}h^{(t-1)} + b_i\big)$$
$$\tilde{C}_t = \tanh\big(W_{xc}x^{(t)} + W_{hc}h^{(t-1)} + b_c\big)$$

  타임 스텝 t에서 셀 상태는 다음과 같이 계산합니다.

$$C^{(t)} = \big(C^{(t-1)} \odot f_t\big) \oplus \big(i_t \odot \tilde{C}_t\big)$$

- 출력 게이트(o_t)는 은닉 유닛의 출력 값을 업데이트합니다.

$$o_t = \sigma\big(W_{xo}x^{(t)} + W_{ho}h^{(t-1)} + b_o\big)$$

11 Learning to Forget: Continual Prediction with LSTM, F. Gers, J. Schmidhuber, and F. Cummins, Neural Computation 12, 2451-2471, 2000

- 이를 가지고 현재 타임 스텝에서 은닉 유닛의 출력을 다음과 같이 계산합니다.

$$h^{(t)} = o_t \odot \tanh(C^{(t)})$$

LSTM 셀의 구조와 연산이 매우 복잡하고 구현하기 어려워 보일 수 있습니다. 다행히도 파이토치에 최적화된 래퍼 함수로 이미 모두 구현되어 있어 간단하고 효율적으로 LSTM 셀을 정의할 수 있습니다. 나중에 이 장에서 RNN과 LSTM을 실제 데이터셋에 적용해 보겠습니다.

Note ≡　**다른 고급 RNN 모델**

LSTM은 의존성이 긴 시퀀스를 모델링하는 기본적인 방법을 제공합니다. 하지만 LSTM에는 많은 변종이 있다는 것을 유념하세요.[12] 또한, GRU라는 새로운 방식이 2014년에 소개되었습니다. GRU는 LSTM보다 구조가 단순하므로 계산 효율성이 높습니다. 폴리포닉(polyphonic) 음악 모델링 같은 일부 작업의 성능은 LSTM과 견줄 만합니다. 최신 RNN 구조를 더 알고 싶다면 관련 논문을 참고하세요.[13]

15.3 파이토치로 시퀀스 모델링을 위한 RNN 구현

RNN 이론을 소개했으므로 파이토치를 사용하여 RNN을 구현하는 이 장의 실습 파트로 넘어가 보겠습니다. 이 장 나머지에서 RNN을 다음 두 문제에 적용해 보겠습니다.

1. 감성 분석

2. 언어 모델링

---

12 An Empirical Exploration of Recurrent Network Architectures, Rafal Jozefowicz, Wojciech Zaremba, and Ilya Sutskever, Proceedings of ICML, 2342–2350, 2015

13 Empirical Evaluation of Gated Recurrent Neural Networks on Sequence Modeling, by Junyoung Chung and others, 2014 (https://arxiv.org/pdf/1412.3555v1.pdf)

앞으로 구현할 이 두 프로젝트는 모두 흥미롭지만 복잡하기도 합니다. 모든 코드를 한 번에 드러내지 않고 구현 코드를 몇 단계로 나누어 제시하고 자세히 설명하겠습니다. 설명을 읽기 전에 전체 그림을 조망하고 코드를 한 번에 보고 싶다면 깃허브를 참고하세요.

15.3.1 첫 번째 프로젝트: IMDb 영화 리뷰의 감성 분석

8장에서 설명한 것처럼 감성 분석은 문장이나 텍스트 문서에 표현된 의견을 분석하는 것입니다. 이 절과 이어지는 절에서 감성 분석을 위해 다대일(many-to-one) 구조의 다층 RNN을 구현해 보겠습니다.

다음 절에서는 언어 모델링 애플리케이션을 위한 다대다(many-to-many) RNN을 구현하겠습니다. RNN의 주요 개념을 소개하기 위해 의도적으로 간단한 예를 선택했지만 언어 모델링에는 챗봇(chatbot)처럼 흥미로운 애플리케이션이 굉장히 많습니다. 챗봇은 컴퓨터로 사람과 직접 대화하고 소통하는 애플리케이션입니다.

영화 리뷰 데이터 준비

8장에서 이 리뷰 데이터셋을 전처리하고 정제했습니다. 여기에서도 동일한 작업을 수행하겠습니다. 먼저 필요한 모듈을 임포트하고 다음과 같이 torchtext에서 데이터를 읽습니다. (이 패키지는 pip install torchtext로 설치할 수 있습니다. 2023년 중순 현재 0.15.0 버전입니다.)

```
>>> from torchtext.datasets import IMDB
>>> train_dataset = IMDB(split='train')
>>> test_dataset = IMDB(split='test')
```

각 세트는 25,000개의 샘플을 가지고 있습니다. 이 데이터셋의 각 샘플은 두 개의 원소로 구성됩니다. 예측하려는 타깃을 나타내는 감성 레이블(neg는 부정적인 리뷰고 pos는 긍정적인 리뷰입니다)과 영화 리뷰 텍스트(입력 특성)입니다. 영화 리뷰 텍스트는 단어의 시퀀스입니다. RNN 모델을 만들어서 각 시퀀스를 긍정적(1) 또는 부정적(0)인 리뷰로 분류하겠습니다.

RNN 모델에 데이터를 주입하기 전에 몇 가지 전처리 단계를 적용해야 합니다.

1. 훈련 데이터셋을 훈련, 검증 데이터셋으로 나눕니다.

2. 훈련 데이터셋에 있는 고유한 단어를 찾습니다.

3. 고유한 단어를 고유한 정수로 매핑하고 리뷰 텍스트를 정수(고유 단어의 인덱스) 배열로 인코딩합니다.

4. 모델에 입력하기 위해 데이터셋을 미니 배치로 나눕니다.

첫 번째 단계를 진행해 보죠. 앞서 만든 train_dataset에서 훈련 데이터셋과 검증 데이터셋을 만듭니다.

```
>>> ## 1단계: 데이터셋 만들기
>>> from torch.utils.data.dataset import random_split
>>> torch.manual_seed(1)
>>> train_dataset, valid_dataset = random_split(
...     list(train_dataset), [20000, 5000])
```

원본 훈련 데이터셋은 25,000개의 샘플을 가지고 있습니다. 이 중 훈련을 위해 20,000개, 검증을 위해 5,000개 샘플을 랜덤하게 선택합니다.

신경망의 입력으로 데이터를 준비하기 위해 단계 **2~3**에서 언급했던 것처럼 숫자 값으로 인코딩해야 합니다. 이렇게 하기 위해 먼저 훈련 데이터셋에서 고유한 단어(토큰)를 찾습니다. 데이터셋을 사용하여 고유한 토큰을 찾을 수 있지만 파이썬 표준 라이브러리에 있는 collections 패키지의 Counter 클래스를 사용하는 것이 더 효율적입니다.

다음 코드에서 Counter 객체(token_counts)를 만들어 고유한 단어의 빈도를 수집합니다. 이 애플리케이션에서는 (BoW 모델과 달리) 고유 단어 집합에만 관심이 있고 부수적으로 만들어진 단어 카운트는 필요하지 않습니다. 텍스트를 단어(또는 토큰)로 나누기 위해 8장에서 만든 tokenizer 함수를 사용하겠습니다. 이 함수는 HTML 마크업, 구둣점, 글자 아닌 다른 문자를 제거합니다.

고유 토큰을 수집하는 코드는 다음과 같습니다.

```
>>> ## 2단계: 고유 토큰 (단어) 찾기
>>> import re
>>> from collections import Counter, OrderedDict
>>>
>>> def tokenizer(text):
...     text = re.sub('<[^>]*>', '', text)
...     emoticons = re.findall(
...         '(?::|;|=)(?:-)?(?:\)|\(|D|P)', text.lower()
...     )
...     text = re.sub('[\W]+', ' ', text.lower()) +\
...         ' '.join(emoticons).replace('-', '')
```

```
...         tokenized = text.split()
...         return tokenized
>>>
>>> token_counts = Counter()
>>> for label, line in train_dataset:
...         tokens = tokenizer(line)
...         token_counts.update(tokens)
>>> print('어휘 사전 크기:', len(token_counts))
어휘 사전 크기: 69023
```

Counter 클래스에 대한 더 자세한 정보는 공식 문서(https://docs.python.org/3/library/collections.html#collections.Counter)를 참고하세요.

그다음 각각의 고유 단어를 고유 정수로 매핑하겠습니다. 파이썬 딕셔너리를 사용하여 수동으로 처리할 수 있습니다. 키는 고유 토큰(단어)이고 키에 매핑된 값은 고유한 정수입니다. 하지만 torchtext 패키지는 이런 매핑과 전체 데이터셋을 인코딩할 수 있는 Vocab 클래스를 제공합니다. 먼저 토큰과 빈도를 매핑한 순서가 있는 딕셔너리를 전달하여 vocab 객체를 만듭니다(순서가 있는 딕셔너리는 token_counts를 소팅한 것입니다). 그다음 두 개의 특수 토큰인 패딩과 알려지지 않은 토큰을 어휘 사전에 추가합니다.

```
>>> ## 3단계: 고유 토큰을 정수로 인코딩하기
>>> from torchtext.vocab import vocab
>>> sorted_by_freq_tuples = sorted(
...         token_counts.items(), key=lambda x: x[1], reverse=True
... )
>>> ordered_dict = OrderedDict(sorted_by_freq_tuples)
>>> vocab = vocab(ordered_dict)
>>> vocab.insert_token("<pad>", 0)
>>> vocab.insert_token("<unk>", 1)
>>> vocab.set_default_index(1)
```

vocab 객체 사용 방법을 알아보기 위해 샘플 입력 테스트를 정수 리스트로 변환해 보겠습니다.

```
>>> print([vocab[token] for token in ['this', 'is',
...         'an', 'example']])
[11, 7, 35, 457]
```

검증 데이터와 테스트 데이터에 있는 토큰이 훈련 데이터에 없다면 매핑되지 않을 수 있습니다. q개(Vocab에 전달한 token_counts의 크기, 여기에서는 69,023개)의 토큰이 있고 이전에 본 적이 없으며 token_counts에 포함되지 않은 모든 토큰은 정수 1에 할당됩니다(알려지지 않은 토큰을 위한 플레이스홀더). 다른 말로 하면 인덱스 1이 알려지지 않은 단어를 위해 예약됩니다. 예약된 또 다른 값은 패딩 토큰(padding token)이라고 부르는 정수 0입니다. 시퀀스 길이를 조절하기 위한 용도로 사용됩니다. 나중에 파이토치에서 RNN 모델을 만들 때 이 플레이스홀더 0을 자세히 알아보겠습니다.

데이터셋에 있는 텍스트를 변환하는 text_pipeline 함수와 레이블을 1 또는 0으로 바꾸는 label_pipeline 함수를 정의합니다.

```
>>> ## 단계 3-A: 변환 함수 정의
>>> import torchtext
>>> text_pipeline =\
...     lambda x: [vocab[token] for token in tokenizer(x)]
>>> label_pipeline = lambda x: 1. if x == 'pos' else 0.
```

텍스트 인코딩과 레이블 변환 함수를 collate_batch 함수에 감쌉니다. 그다음 이 함수를 collate_fn 매개변수에 전달하여 만든 DataLoader로 샘플의 배치를 생성하겠습니다.

```
>>> ## 단계 3-B: 인코딩과 변환 함수 감싸기
... def collate_batch(batch):
...     label_list, text_list, lengths = [], [], []
...     for _label, _text in batch:
...         label_list.append(label_pipeline(_label))
...         processed_text = torch.tensor(text_pipeline(_text),
...                                       dtype=torch.int64)
...         text_list.append(processed_text)
...         lengths.append(processed_text.size(0))
...     label_list = torch.tensor(label_list)
...     lengths = torch.tensor(lengths)
...     padded_text_list = nn.utils.rnn.pad_sequence(
...         text_list, batch_first=True)
...     return padded_text_list, label_list, lengths
>>>
>>> ## 배치 만들기
>>> from torch.utils.data import DataLoader
>>> dataloader = DataLoader(train_dataset, batch_size=4,
...                         shuffle=False, collate_fn=collate_batch)
```

지금까지 단어 시퀀스를 정수 시퀀스로 바꾸었고 pos와 neg 레이블을 1 또는 0으로 바꾸었습니다. 하지만 여전히 해결할 문제가 하나 있습니다. 시퀀스 길이가 다릅니다(다음 코드를 실행하여 출력된 네 개의 샘플에서 볼 수 있습니다). 일반적으로 RNN은 다른 길이의 시퀀스를 다룰 수 있지만 미니 배치에 있는 시퀀스는 효율적으로 텐서에 저장하기 위해 동일한 길이가 되어야 합니다.

파이토치는 배치 내의 모든 시퀀스가 동일한 크기가 되도록 플레이스홀더 값(0)으로 자동으로 패딩해 주는 메서드인 pad_sequence()를 제공합니다. 이전 코드에서 훈련 데이터셋에서 작은 배치를 생성하는 데이터 로더를 이미 만들었습니다. 이 데이터 로더에 pad_sequence()를 호출하는 collate_batch 함수를 적용했습니다.

하지만 패딩 작동 방식을 이해하기 위해 첫 번째 배치를 선택하여 미니 배치에 들어가기 전 개별 원소의 크기와 미니 배치의 차원을 출력해 보겠습니다.

```
>>> text_batch, label_batch, length_batch = next(iter(dataloader))
>>> print(text_batch)
tensor([[   35, 1742,    7,  449,  723,    6,  302,    4,
...
    0,    0,    0,    0,    0,    0,    0,    0]],
>>> print(label_batch)
tensor([1., 1., 1., 0.])
>>> print(length_batch)
tensor([165,  86, 218, 145])
>>> print(text_batch.shape)
torch.Size([4, 218])
```

출력된 텐서 크기에서 볼 수 있듯이 첫 번째 배치의 열 개수는 218입니다. 처음 네 개의 샘플이 하나의 배치에 들어가므로 이 샘플 중에 가장 큰 크기가 사용됩니다. 이 배치에 있는 (각각 길이가 165, 86, 145인) 다른 세 개의 샘플은 이 크기에 맞도록 패딩된다는 의미입니다.

마지막으로 세 개의 데이터셋을 배치 크기가 32인 데이터 로더로 만듭니다.

```
>>> batch_size = 32
>>> train_dl = DataLoader(train_dataset, batch_size=batch_size,
...                       shuffle=True, collate_fn=collate_batch)
>>> valid_dl = DataLoader(valid_dataset, batch_size=batch_size,
...                       shuffle=False, collate_fn=collate_batch)
>>> test_dl = DataLoader(test_dataset, batch_size=batch_size,
...                      shuffle=False, collate_fn=collate_batch)
```

이제 데이터가 이어지는 절에서 구현할 RNN 모델에 적합한 포맷이 되었습니다. 그전에 먼저 다음 절에서 특성 **임베딩**(embedding)에 대해 다루어 보겠습니다. 필수적인 것은 아니지만 단어 벡터의 차원을 줄여 주기 때문에 매우 권장되는 전처리 단계입니다.

문장 인코딩을 위한 임베딩 층

이전의 데이터 준비 단계에서 동일한 길이의 시퀀스를 생성했습니다. 이 시퀀스의 원소는 고유한 단어의 인덱스에 해당하는 정수입니다. 이런 단어 인덱스를 입력 특성으로 변환하는 몇 가지 방법이 있습니다. 간단하게 원-핫 인코딩을 적용하여 인덱스를 0 또는 1로 이루어진 벡터로 변환할 수 있습니다. 각 단어는 전체 데이터셋의 고유한 단어의 수에 해당하는 크기를 가진 벡터로 변환됩니다. 고유한 단어의 수(어휘 사전의 크기)가 10^4-10^5 단위가 될 수 있으며 입력 특성의 개수도 마찬가지입니다. 이렇게 많은 특성에서 훈련된 모델은 **차원의 저주**(curse of dimensionality)로 인한 영향을 받습니다. 또한, 하나를 제외하고 모든 원소가 0이므로 특성 벡터가 매우 희소해집니다.

좀 더 고급스러운 방법은 각 단어를 (정수가 아닌) 실수 값을 가진 고정된 길이의 벡터로 변환하는 것입니다. 원-핫 인코딩과 달리 고정된 길이의 벡터를 사용하여 무한히 많은 실수를 표현할 수 있습니다(이론적으로 [-1, 1] 사이에서 무한한 실수를 뽑을 수 있습니다).

임베딩(embedding)이라고 하는 특성 학습 기법을 사용하여 데이터셋에 있는 단어를 표현하는 데 중요한 특성을 자동으로 학습할 수 있습니다. 고유한 단어의 수를 n_{words}라고 하면 고유한 단어의 수보다 훨씬 작게(*embedding_dim* $\langle\langle$ n_{words}) 임베딩 벡터(또는 임베딩 차원) 크기를 선택하여 전체 어휘를 입력 특성으로 나타냅니다.

원-핫 인코딩에 비해 임베딩의 장점은 다음과 같습니다.

- 특성 공간의 차원이 축소되므로 차원의 저주로 인한 영향을 감소시킵니다.
- 신경망에서 임베딩 층이 최적화(학습)되기 때문에 중요한 특성이 추출됩니다.

그림 15-10은 임베딩이 토큰 인덱스를 어떻게 훈련 가능한 임베딩 행렬로 매핑하는지 보여 줍니다.

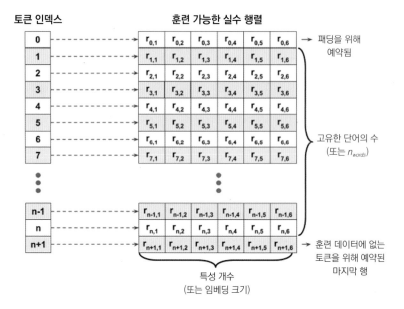

토큰 인덱스　　　　　　　　훈련 가능한 실수 행렬

특성 개수
(또는 임베딩 크기)

$n+2$ 크기(토큰 개수 n에 패딩을 위해 예약된 인덱스 0과 토큰 집합에 없는 단어를 위해 예약된 인덱스 1이 추가)의 토큰 집합이 주어지면 $(n+2) \times embedding\_dim$ 크기의 임베딩 행렬이 만들어집니다. 이 행렬의 행은 토큰에 연관된 수치 특성을 표현합니다. 정수 i가 입력으로 임베딩 층에 주어지면 인덱스 i에 해당하는 행렬의 행을 찾아 이 수치 특성을 반환합니다. 임베딩 행렬은 신경망 모델의 입력층의 역할을 하게 됩니다. 실제로는 nn.Embedding을 사용하여 임베딩 층을 간단히 만들 수 있습니다. 다음 예제에서 임베딩 층을 만들고 두 개의 샘플을 가진 배치를 적용해 보죠.

```
>>> embedding = nn.Embedding(
...      num_embeddings=10,
...      embedding_dim=3,
...      padding_idx=0)
>>> # 네 개의 인덱스를 가진 샘플 두 개로 구성된 배치
>>> text_encoded_input = torch.LongTensor([[1,2,4,5],[4,3,2,0]])
>>> print(embedding(text_encoded_input))
tensor([[[-0.7027,  0.3684, -0.5512],
         [-0.4147,  1.7891, -1.0674],
         [ 1.1400,  0.1595, -1.0167],
         [ 0.0573, -1.7568,  1.9067]],

        [[ 1.1400,  0.1595, -1.0167],
         [-0.8165, -0.0946, -0.1881],
```

```
             [-0.4147,  1.7891, -1.0674],
             [ 0.0000,  0.0000,  0.0000]]], grad_fn=<EmbeddingBackward>)
```

이 모델의 입력(임베딩 층)은 *batchsize*×*input_length* 차원을 가진 랭크 2여야 합니다. 여기에서 *input_length*는 시퀀스 길이입니다(여기에서는 4). 예를 들어 미니 배치에 ⟨1, 5, 9, 2⟩와 같은 입력 시퀀스가 있을 수 있습니다. 이 시퀀스의 각 원소는 고유한 단어의 인덱스입니다. 출력 차원은 *batchsize*×*input_length*×*embedding_dim*입니다. *embedding_dim*은 임베딩 특성의 크기입니다(여기에서는 3). 임베딩 층에 지정한 또 다른 매개변수 num_embeddings는 모델이 입력으로 받을 고유한 정수 값에 해당합니다(예를 들어 *n*+2, 여기에서는 10). 따라서 이 예에서 임베딩 행렬의 크기는 10×6이 됩니다.

padding_idx는 패딩 토큰 인덱스를 지정합니다(여기에서는 0). 이 토큰은 훈련하는 동안 그레이디언트 업데이트에 기여하지 않습니다. 이 예에서는 두 번째 시퀀스의 원래 길이가 3이어서 한 개의 원소가 0으로 패딩되었습니다. 패딩 원소의 임베딩 출력은 [0, 0, 0]입니다.

RNN 모델 만들기

이제 RNN 모델을 만들 준비가 되었습니다. nn.Module 클래스를 사용하여 임베딩 층, RNN 층, 완전 연결 층을 연결하겠습니다. 순환 층에는 다음과 같은 클래스를 사용할 수 있습니다.

- **RNN**: 완전 연결 순환 층인 기본 RNN
- **LSTM**: 긴 의존성을 감지할 수 있는 LSTM RNN
- **GRU**: LSTM의 대안인 GRU 유닛을 사용한 순환 층[14]

이런 순환 층 중 하나를 사용해서 다층 RNN 모델을 만드는 방법을 알아보겠습니다. 다음 예제에서 RNN 클래스를 사용하여 두 개의 층을 쌓은 RNN 모델을 만듭니다. 마지막으로 완전 연결 층을 출력층으로 추가합니다. 이 층은 예측으로 하나의 출력을 반환할 것입니다.

```
>>> class RNN(nn.Module):
...     def __init__(self, input_size, hidden_size):
...         super().__init__()
...         self.rnn = nn.RNN(input_size, hidden_size, num_layers=2,
...                           batch_first=True)
...         # self.rnn = nn.GRU(input_size, hidden_size, num_layers=2,
```

---

14 Learning Phrase Representations Using RNN Encoder–Decoder for Statistical Machine Translation
   https://arxiv.org/abs/1406.1078v3

```
...                    #                    batch_first=True)
...           # self.rnn = nn.LSTM(input_size, hidden_size, num_layers=2,
...                    #                    batch_first=True)
...           self.fc = nn.Linear(hidden_size, 1)
...
...     def forward(self, x):
...           _, hidden = self.rnn(x)
...           out = hidden[-1, :, :] # 마지막 은닉층의 최종 은닉 상태를
...                                  # 완전 연결 층의 입력으로 사용합니다
...           out = self.fc(out)
...           return out
>>>
>>> model = RNN(64, 32)
>>> print(model)
>>> model(torch.randn(5, 3, 64))
RNN(
  (rnn): RNN(64, 32, num_layers=2, batch_first=True)
  (fc): Linear(in_features=32, out_features=1, bias=True)
)
tensor([[ 0.0010],
        [ 0.2478],
        [ 0.0573],
        [ 0.1637],
        [-0.0073]], grad_fn=<AddmmBackward>)
```

여기에서 볼 수 있듯이 순환 층으로 RNN 모델을 매우 쉽게 만들 수 있습니다. 다음 절에서 감성 분석 문제로 돌아가 이를 해결하는 RNN 모델을 만들어 보겠습니다.

감성 분석 작업을 위한 RNN 모델 만들기

시퀀스가 길기 때문에 넓은 범위의 영향을 감지하기 위해 LSTM 층을 사용하겠습니다. 먼저 크기가 20(embed_dim=20)인 단어 임베딩을 만드는 임베딩 층으로 시작하여 감성 분석을 위한 RNN 모델을 만듭니다. 그다음 LSTM 순환 층을 추가합니다. 마지막으로 은닉층으로 완전 연결 층을 추가하고 출력층으로 또 다른 완전 연결 층을 추가합니다. 출력층에는 로지스틱 시그모이드 활성화 함수를 통해 클래스 소속 확률 값 하나를 예측으로 반환합니다.

```
>>> class RNN(nn.Module):
...     def __init__(self, vocab_size, embed_dim, rnn_hidden_size,
...                 fc_hidden_size):
...           super().__init__()
```

```
...             self.embedding = nn.Embedding(vocab_size,
...                                           embed_dim,
...                                           padding_idx=0)
...             self.rnn = nn.LSTM(embed_dim, rnn_hidden_size,
...                                batch_first=True)
...             self.fc1 = nn.Linear(rnn_hidden_size, fc_hidden_size)
...             self.relu = nn.ReLU()
...             self.fc2 = nn.Linear(fc_hidden_size, 1)
...             self.sigmoid = nn.Sigmoid()
...
...         def forward(self, text, lengths):
...             out = self.embedding(text)
...             out = nn.utils.rnn.pack_padded_sequence(
...                 out, lengths.cpu().numpy(), enforce_sorted=False, batch_first=True
...             )
...             out, (hidden, cell) = self.rnn(out)
...             out = hidden[-1, :, :]
...             out = self.fc1(out)
...             out = self.relu(out)
...             out = self.fc2(out)
...             out = self.sigmoid(out)
...             return out
>>>
>>> vocab_size = len(vocab)
>>> embed_dim = 20
>>> rnn_hidden_size = 64
>>> fc_hidden_size = 64
>>> torch.manual_seed(1)
>>> model = RNN(vocab_size, embed_dim,
...             rnn_hidden_size, fc_hidden_size)
>>> model
RNN(
  (embedding): Embedding(69025, 20, padding_idx=0)
  (rnn): LSTM(20, 64, batch_first=True)
  (fc1): Linear(in_features=64, out_features=64, bias=True)
  (relu): ReLU()
  (fc2): Linear(in_features=64, out_features=1, bias=True)
  (sigmoid): Sigmoid()
)
```

이제 한 에포크 동안 주어진 데이터셋에서 모델을 훈련하고 분류 정확도와 손실을 반환하는 train 함수를 만듭니다.

```
>>> def train(dataloader):
...     model.train()
...     total_acc, total_loss = 0, 0
...     for text_batch, label_batch, lengths in dataloader:
...         optimizer.zero_grad()
...         pred = model(text_batch, lengths)[:, 0]
...         loss = loss_fn(pred, label_batch)
...         loss.backward()
...         optimizer.step()
...         total_acc += (
...             (pred >= 0.5).float() == label_batch
...         ).float().sum().item()
...         total_loss += loss.item() * label_batch.size(0)
...     return total_acc/len(dataloader.dataset), \
...            total_loss/len(dataloader.dataset)
```

비슷하게 주어진 데이터셋에서 모델의 성능을 평가하는 evaluate 함수를 만듭니다.

```
>>> def evaluate(dataloader):
...     model.eval()
...     total_acc, total_loss = 0, 0
...     with torch.no_grad():
...         for text_batch, label_batch, lengths in dataloader:
...             pred = model(text_batch, lengths)[:, 0]
...             loss = loss_fn(pred, label_batch)
...             total_acc += (
...                 (pred>=0.5).float() == label_batch
...             ).float().sum().item()
...             total_loss += loss.item() * label_batch.size(0)
...     return total_acc/len(list(dataloader.dataset)), \
...            total_loss/len(list(dataloader.dataset))
```

다음 단계로 손실 함수와 옵티마이저(Adam)를 만듭니다. 하나의 클래스 소속 확률을 출력하는 이진 분류의 경우 이진 크로스 엔트로피 손실(BCELoss)을 손실 함수로 사용합니다.

```
>>> loss_fn = nn.BCELoss()
>>> optimizer = torch.optim.Adam(model.parameters(), lr=0.001)
```

이제 열 번의 에포크 동안 모델을 훈련하고 훈련 및 검증 성능을 표시합니다.

```
>>> num_epochs = 10
>>> torch.manual_seed(1)
>>> for epoch in range(num_epochs):
```

```
...     acc_train, loss_train = train(train_dl)
...     acc_valid, loss_valid = evaluate(valid_dl)
...     print(f'에포크 {epoch} 정확도: {acc_train:.4f}'
...           f' 검증 정확도: {acc_valid:.4f}')
에포크 0 정확도: 0.5843 검증 정확도: 0.6240
에포크 1 정확도: 0.6364 검증 정확도: 0.6870
에포크 2 정확도: 0.8020 검증 정확도: 0.8194
에포크 3 정확도: 0.8730 검증 정확도: 0.8454
에포크 4 정확도: 0.9092 검증 정확도: 0.8598
에포크 5 정확도: 0.9347 검증 정확도: 0.8630
에포크 6 정확도: 0.9507 검증 정확도: 0.8636
에포크 7 정확도: 0.9655 검증 정확도: 0.8654
에포크 8 정확도: 0.9765 검증 정확도: 0.8528
에포크 9 정확도: 0.9839 검증 정확도: 0.8596
```

훈련이 끝난 후 테스트 데이터로 평가합니다.

```
>>> acc_test, _ = evaluate(test_dl)
>>> print(f'테스트 정확도: {acc_test:.4f}')
테스트 정확도: 0.8512
```

결과는 85%의 정확도가 나왔습니다. (이 결과는 IMDb 데이터셋에 사용된 최신 방법과 비교할 때 최고는 아닙니다. 여기에서 목표는 단순히 파이토치에서 RNN이 어떻게 작동하는지 보여 주는 것입니다.)

양방향 RNN

또한, LSTM의 bidirectional 매개변수를 True로 지정하여 순환 층이 입력 시퀀스를 양방향, 즉 시작부터 끝까지 그리고 반대 방향으로 통과시키도록 합니다.

```
>>> class RNN(nn.Module):
...     def __init__(self, vocab_size, embed_dim,
...                  rnn_hidden_size, fc_hidden_size):
...         super().__init__()
...         self.embedding = nn.Embedding(
...             vocab_size, embed_dim, padding_idx=0
...         )
...         self.rnn = nn.LSTM(embed_dim, rnn_hidden_size,
...                            batch_first=True, bidirectional=True)
...         self.fc1 = nn.Linear(rnn_hidden_size*2, fc_hidden_size)
...         self.relu = nn.ReLU()
```

```
...             self.fc2 = nn.Linear(fc_hidden_size, 1)
...             self.sigmoid = nn.Sigmoid()
...
...         def forward(self, text, lengths):
...             out = self.embedding(text)
...             out = nn.utils.rnn.pack_padded_sequence(
...                 out, lengths.cpu().numpy(), enforce_sorted=False, batch_first=True
...             )
...             _, (hidden, cell) = self.rnn(out)
...             out = torch.cat((hidden[-2, :, :],
...                             hidden[-1, :, :]), dim=1)
...             out = self.fc1(out)
...             out = self.relu(out)
...             out = self.fc2(out)
...             out = self.sigmoid(out)
...             return out
>>>
>>> torch.manual_seed(1)
>>> model = RNN(vocab_size, embed_dim,
...             rnn_hidden_size, fc_hidden_size)
>>> model
RNN(
  (embedding): Embedding(69025, 20, padding_idx=0)
  (rnn): LSTM(20, 64, batch_first=True, bidirectional=True)
  (fc1): Linear(in_features=128, out_features=64, bias=True)
  (relu): ReLU()
  (fc2): Linear(in_features=64, out_features=1, bias=True)
  (sigmoid): Sigmoid()
)
```

양방향 RNN 층은 각 입력 시퀀스에 대해 정방향 패스와 역방향 패스라는 두 가지 패스를 수행합니다(역전파의 정방향 및 역방향 계산과 혼동하지 마세요). 이런 정방향 및 역방향 패스의 결과는 일반적으로 하나의 은닉 상태로 연결됩니다. 다른 병합 방식으로는 덧셈, 곱셈(두 패스의 결과를 곱하기), 평균(두 패스의 평균을 취하기) 등이 있습니다.

RNN과 같은 다른 종류의 순환 층을 사용할 수도 있습니다. 확인해 보면 알 수 있지만 일반적인 순환 층으로 만든 모델은 (훈련 데이터에서도) 좋은 예측 성능을 달성하지 못합니다. 예를 들어 이전 코드에서 양방향 LSTM 층을 (nn.LSTM이 아니라) 단방향 nn.RNN 층으로 바꾸고 전체 길이를 사용한 시퀀스로 모델을 훈련하면 훈련하는 동안 손실이 전혀 감소하지 않습니다. 이 데이터셋에 있는 시퀀스가 너무 길기 때문입니다. RNN 층을 사용한 모델은 장기간 의존성을 학습할 수 없고 그레이디언트 감소나 폭주로 인한 영향을 받습니다.

15.3.2 두 번째 프로젝트: 텐서플로로 글자 단위 언어 모델 구현

언어 모델링(language modeling)은 영어 문장 생성처럼 기계가 사람의 언어와 관련된 작업을 수행하도록 만드는 흥미로운 애플리케이션입니다. 이 분야에서 관심을 끄는 결과물 중 하나는 서스키버(Sutskever), 마틴(Martens), 힌튼(Hinton)의 작업입니다.[15]

앞으로 만들 모델의 입력은 텍스트 문서입니다. 입력 문서와 비슷한 스타일로 새로운 텍스트를 생성하는 모델을 만드는 것이 목표입니다. 입력 데이터는 책이나 특정 프로그래밍 언어로 만든 컴퓨터 프로그램일 수 있습니다.

글자 단위 언어 모델링에서 입력은 글자의 시퀀스로 나뉘어 한 번에 글자 하나씩 네트워크에 주입됩니다. 이 네트워크는 지금까지 본 글자와 함께 새로운 글자를 처리하여 다음 글자를 예측합니다.[16]

그림 15-11은 글자 단위 언어 모델링의 예를 보여 줍니다(EOS는 시퀀스의 끝(end of sequence)을 의미합니다).

▼ 그림 15-11 글자 단위 언어 모델링

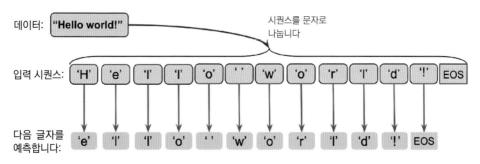

이 구현을 데이터 전처리, RNN 모델 구성, 다음 글자를 예측하고 새로운 텍스트를 생성하는 세 개의 단계로 나누겠습니다.

---

15 Generating Text with Recurrent Neural Networks, Ilya Sutskever, James Martens, and Geoffrey E. Hinton, Proceedings of the 28th International Conference on Machine Learning (ICML-11), 2011
    https://pdfs.semanticscholar.org/93c2/0e38c85b69fc2d2eb314b3c1217913f7db11.pdf

16 역주 즉, 현재 시퀀스의 바로 다음 글자가 타깃 값이 됩니다.

데이터셋 전처리

이 절에서 글자 수준의 언어 모델링을 위한 데이터를 준비합니다.

수천 권의 무료 전자책을 제공하는 구텐베르크(Gutenberg) 프로젝트 웹 사이트(https://www. gutenberg.org/)에서 입력 데이터를 구하겠습니다. 이 예제에서는 쥘 베른(Jules Verne)이 1874년 출간한 〈신비의 섬(The Mysterious Island)〉 책의 텍스트를 사용합니다(http://www. gutenberg.org/files/1268/1268-0.txt).

앞의 링크를 통해 직접 다운로드받거나 macOS나 리눅스 시스템을 사용한다면 터미널에서 다음 명령으로 이 파일을 다운로드받을 수 있습니다.

```
> curl -O http://www.gutenberg.org/files/1268/1268-0.txt
```

이 링크에 접근할 수 없다면 책 코드 저장소의 15장 폴더에 있는 복사본을 사용하세요(https:// github.com/rickiepark/ml-with-pytorch/tree/main/ch15).

이 데이터를 다운로드받으면 보통의 텍스트로 파이썬에서 읽을 수 있습니다. 다음 코드에서 다운로드 파일을 직접 읽어 시작과 끝부분을 삭제합니다(구텐베르크 프로젝트에 대한 설명 부분입니다). 그다음 파이썬 변수 char_set을 만들어 이 텍스트에 있는 고유한 단어 집합을 저장합니다.

```
>>> import numpy as np
>>> ## 텍스트 읽고 전처리하기
>>> with open('1268-0.txt', 'r', encoding='UTF8') as fp:
...     text=fp.read()
>>> start_indx = text.find('THE MYSTERIOUS ISLAND')
>>> end_indx = text.find('End of the Project Gutenberg')
>>> text = text[start_indx:end_indx]
>>> char_set = set(text)
>>> print('전체 길이:', len(text))
전체 길이: 1112350
>>> print('고유한 문자:' len(char_set))
고유한 문자: 80
```

텍스트를 다운로드받고 전처리하여 총 111만 2,350개의 문자와 80개의 고유한 문자로 구성된 시퀀스를 얻었습니다. 하지만 대부분의 신경망 라이브러리와 RNN 구현은 문자열 형태의 입력 데이터를 다룰 수 없습니다. 이 때문에 텍스트 데이터를 숫자 형태로 바꾸어야 합니다. 이를 위해 파이썬 딕셔너리 char2int를 만들어 각 문자를 정수로 매핑하겠습니다. 또한, 모델의 출력 결과를 텍스트로 변환하는 역 매핑도 필요합니다. 정수와 문자를 키와 값으로 연결한 딕셔너리로 역 매핑을 수행할 수도 있지만 인덱스와 고유 문자를 매핑한 넘파이 배열을 사용하는 것이 훨씬 효율적입니다. 그림 15-12는 "Hello"와 "world"를 사용해서 문자를 정수로 변환하고 그 반대로 변환하는 예를 보여 줍니다.

▼ 그림 15-12 문자와 정수 매핑

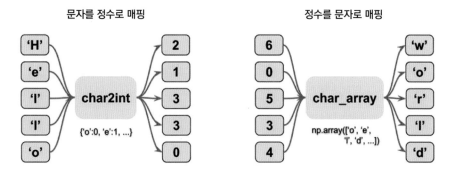

다음 코드는 문자를 정수로 매핑하는 딕셔너리를 만드는 것과 넘파이 배열의 인덱싱을 사용하여 반대로 매핑하는 예를 보여 줍니다.

```
>>> chars_sorted = sorted(char_set)
>>> char2int = {ch:i for i,ch in enumerate(chars_sorted)}
>>> char_array = np.array(chars_sorted)
>>> text_encoded = np.array(
...     [char2int[ch] for ch in text],
...     dtype=np.int32)
>>> print('인코딩된 텍스트 크기: ', text_encoded.shape)
인코딩된 텍스트 크기: (1112350,)
>>> print(text[:15], '    == 인코딩 ==> ', text_encoded[:15])
>>> print(text_encoded[15:21], ' == 디코딩 ==> ',
...     ''.join(char_array[text_encoded[15:21]]))
THE MYSTERIOUS         == 인코딩 ==>  [44 32 29  1 37 48 43 44 29 42 33 39 45 43  1]
[33 43 36 25 38 28]  == 디코딩 ==>  ISLAND
```

넘파이 배열 text_encoded는 텍스트에 있는 모든 문자에 대한 인코딩 값을 담고 있습니다. 이제 이 배열에서 처음 문자 다섯 개의 매핑을 출력하겠습니다.

```
>>> for ex in text_encoded[:5]:
...     print('{} -> {}'.format(ex, char_array[ex]))
44 -> T
32 -> H
```

```
29 -> E
1 ->
37 -> M
```

이제 한걸음 물러서서 앞으로 하려는 일에 대해 큰 그림을 그려 보죠. 텍스트 생성 작업의 경우 이를 분류 작업으로 표현할 수 있습니다.

그림 15-13에서 불완전한 문자 시퀀스 집합이 있다고 가정해 보죠.

▼ 그림 15-13 불완전한 문자 시퀀스 집합 예

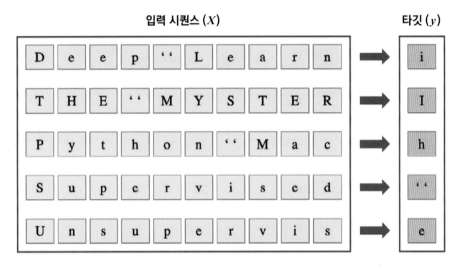

그림 15-13에서 왼쪽 박스에 있는 시퀀스를 입력으로 생각할 수 있습니다. 새로운 텍스트를 생성하기 위해 입력 시퀀스가 주어졌을 때 다음 문자를 예측하는 모델을 만드는 것이 목표입니다. 이 입력 시퀀스는 불완전한 텍스트입니다. 예를 들어 "Deep Learn"을 주입한 후 모델은 다음 문자로 "i"를 예측해야 합니다. 80개의 고유한 문자가 있으므로 이 문제는 다중 분류 작업이 됩니다.

그림 15-14에서 다중 분류 방식을 기반으로 길이 1인 시퀀스(즉, 하나의 글자)로 시작해서 새로운 텍스트를 반복하여 생성할 수 있습니다.

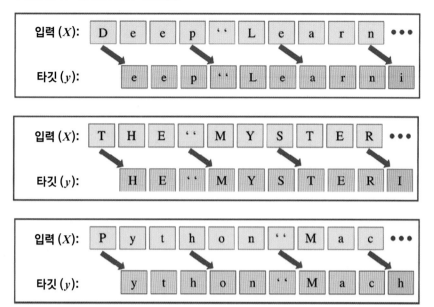

파이토치로 텍스트 생성 모델을 구현하기 위해 먼저 시퀀스 길이를 40으로 자르겠습니다. 즉, 입력 텐서 x가 40개의 토큰으로 구성된다는 의미입니다. 실제로 시퀀스 길이는 생성된 텍스트의 품질에 영향을 미칩니다. 긴 시퀀스가 더 의미 있는 문장을 만들 수 있습니다. 하지만 짧은 시퀀스일 경우 모델이 대부분 문맥을 무시하고 개별 단어를 정확히 감지하는 데 초점을 맞출 수 있습니다. 긴 시퀀스가 보통 더 의미 있는 문장을 만들지만 이전에 언급한 것처럼 긴 시퀀스에서 RNN 모델이 장기간 의존성을 감지하기 어렵습니다. 따라서 실제로 적절한 시퀀스 길이를 찾는 것은 경험적으로 평가해야 하는 하이퍼파라미터 최적화 문제입니다. 여기에서는 적절한 균형을 유지하기 위해 40을 선택했습니다.

그림 15-14에서 볼 수 있듯이 입력 x와 타깃 y는 한 글자씩 어긋나 있습니다. 따라서 텍스트를 41 문자씩 나누겠습니다. 처음부터 40개의 문자는 입력 시퀀스 x가 되고 마지막 40개 문자는 타깃 시퀀스 y가 됩니다.

이미 인코딩된 전체 텍스트를 원래 순서대로 text_encoded에 저장했습니다. 먼저 각각 문자 41개로 구성된 텍스트 청크(chunk)를 생성합니다. 마지막 청크가 41보다 짧으면 마지막 청크를 제거합니다. 따라서 text_chunks 데이터셋에는 항상 크기가 41인 시퀀스가 들어 있습니다. 그런 다음 문자 41개의 청크를 사용하여 시퀀스 x(즉, 입력)와 시퀀스 y(즉, 타깃)를 만듭니다. 이 두 시퀀스에는 모두 40개의 원소가 포함됩니다. 예를 들어 시퀀스 x는 인덱스가 [0, 1, ..., 39]인 원소로 구성됩니다. 또한, 시퀀스 **y**는 **x**로부터 한 위치씩 이동하므로 해당 인덱스는 [1, 2, ..., 40]입니다. 그런 다음 Dataset 클래스의 서브클래스를 만들어 이 결과를 Dataset 객체로 변환합니다.

```
>>> import torch
>>> from torch.utils.data import Dataset
>>> seq_length = 40
>>> chunk_size = seq_length + 1
>>> text_chunks = [text_encoded[i:i+chunk_size]
...                 for i in range(len(text_encoded)-chunk_size+1)]
>>> from torch.utils.data import Dataset
>>> class TextDataset(Dataset):
...     def __init__(self, text_chunks):
...         self.text_chunks = text_chunks
...
...     def __len__(self):
...         return len(self.text_chunks)
...
...     def __getitem__(self, idx):
...         text_chunk = self.text_chunks[idx]
...         return text_chunk[:-1].long(), text_chunk[1:].long()
>>>
>>> seq_dataset = TextDataset(torch.tensor(text_chunks))
```

변환된 데이터셋에서 몇 개의 샘플 시퀀스를 확인해 보죠.

```
>>> for i, (seq, target) in enumerate(seq_dataset):
...     print('입력 (x): ',
...           repr(''.join(char_array[seq])))
...     print('타깃 (y): ',
...           repr(''.join(char_array[target])))
...     print()
...     if i == 1:
...         break
입력 (x):  'THE MYSTERIOUS ISLAND ***\n\n\n\n\nProduced b'
타깃 (y):  'HE MYSTERIOUS ISLAND ***\n\n\n\n\nProduced by'

입력 (x):  'HE MYSTERIOUS ISLAND ***\n\n\n\n\nProduced by'
타깃 (y):  ' E MYSTERIOUS ISLAND ***\n\n\n\n\nProduced by '
```

데이터셋을 준비하는 마지막 단계는 이 데이터셋을 미니 배치로 변환하는 것입니다.

```
>>> from torch.utils.data import DataLoader
>>> batch_size = 64
>>> torch.manual_seed(1)
```

```
>>> seq_dl = DataLoader(seq_dataset, batch_size=batch_size,
...                      shuffle=True, drop_last=True)
```

문자 수준의 RNN 모델 만들기

데이터셋이 준비되었으므로 모델 구축은 비교적 간단합니다.

```
>>> import torch.nn as nn
>>> class RNN(nn.Module):
...     def __init__(self, vocab_size, embed_dim, rnn_hidden_size):
...         super().__init__()
...         self.embedding = nn.Embedding(vocab_size, embed_dim)
...         self.rnn_hidden_size = rnn_hidden_size
...         self.rnn = nn.LSTM(embed_dim, rnn_hidden_size,
...                            batch_first=True)
...         self.fc = nn.Linear(rnn_hidden_size, vocab_size)
...
...     def forward(self, x, hidden, cell):
...         out = self.embedding(x).unsqueeze(1)
...         out, (hidden, cell) = self.rnn(out, (hidden, cell))
...         out = self.fc(out).reshape(out.size(0), -1)
...         return out, hidden, cell
...
...     def init_hidden(self, batch_size):
...         hidden = torch.zeros(1, batch_size, self.rnn_hidden_size)
...         cell = torch.zeros(1, batch_size, self.rnn_hidden_size)
...         return hidden, cell
```

새로운 텍스트를 생성하기 위해 모델 예측에서 샘플링할 수 있도록 모델의 출력으로 로짓이 필요합니다. 나중에 이 샘플링 부분을 다루겠습니다.

그런 다음 모델 파라미터를 지정하고 RNN 모델을 생성할 수 있습니다.

```
>>> vocab_size = len(char_array)
>>> embed_dim = 256
>>> rnn_hidden_size = 512
>>> torch.manual_seed(1)
>>> model = RNN(vocab_size, embed_dim, rnn_hidden_size)
>>> model
RNN(
  (embedding): Embedding(80, 256)
  (rnn): LSTM(256, 512, batch_first=True)
```

```
    (fc): Linear(in_features=512, out_features=80, bias=True)
    (softmax): LogSoftmax(dim=1)
)
```

다음 단계는 손실 함수와 옵티마이저(Adam)를 만드는 것입니다. 타깃 문자마다 하나의 로짓을 출력하는 다중 분류(vocab_size=80개의 클래스)의 경우, 손실 함수로 CrossEntropyLoss를 사용합니다.

```
>>> loss_fn = nn.CrossEntropyLoss()
>>> optimizer = torch.optim.Adam(model.parameters(), lr=0.005)
```

이제 10,000번의 에포크 동안 모델을 훈련합니다. 각 에포크에서 데이터 로더 seq_dl에서 무작위로 선택한 하나의 배치만 사용합니다. 또한, 500번의 에포크마다 훈련 손실을 표시합니다.

```
>>> num_epochs = 10000
>>> torch.manual_seed(1)
>>> for epoch in range(num_epochs):
...     hidden, cell = model.init_hidden(batch_size)
...     seq_batch, target_batch = next(iter(seq_dl))
...     optimizer.zero_grad()
...     loss = 0
...     for c in range(seq_length):
...         pred, hidden, cell = model(seq_batch[:, c], hidden, cell)
...         loss += loss_fn(pred, target_batch[:, c])
...     loss.backward()
...     optimizer.step()
...     loss = loss.item()/seq_length
...     if epoch % 500 == 0:
...         print(f'에포크 {epoch} 손실: {loss:.4f}')
에포크 0 손실: 1.9689
에포크 500 손실: 1.4064
에포크 1000 손실: 1.3155
에포크 1500 손실: 1.2414
에포크 2000 손실: 1.1697
에포크 2500 손실: 1.1840
에포크 3000 손실: 1.1469
에포크 3500 손실: 1.1633
에포크 4000 손실: 1.1788
에포크 4500 손실: 1.0828
에포크 5000 손실: 1.1164
에포크 5500 손실: 1.0821
에포크 6000 손실: 1.0764
에포크 6500 손실: 1.0561
```

```
에포크 7000 손실: 1.0631
에포크 7500 손실: 0.9904
에포크 8000 손실: 1.0053
에포크 8500 손실: 1.0290
에포크 9000 손실: 1.0133
에포크 9500 손실: 1.0047
```

다음으로 주어진 짧은 문자열로 시작되는 새 텍스트를 생성하여 모델을 평가할 수 있습니다. 다음 절에서 훈련된 모델을 평가하는 함수를 정의하겠습니다.

평가 단계: 새로운 텍스트 생성

이전 절에서 훈련한 RNN 모델은 각 문자에 대해 크기 80개의 로짓을 반환합니다. 소프트맥스 함수를 사용해서 이 로짓을 쉽게 확률로 바꿀 수 있습니다. 이 확률을 사용해서 어떤 문자가 다음에 올지 결정합니다. 시퀀스에서 다음 문자를 예측하기 위해 간단히 가장 큰 로짓 값을 가진 원소를 선택할 수 있습니다. 하지만 항상 가장 높은 확률을 가진 문자를 선택하는 대신 출력에서 (랜덤하게) 샘플링하려고 합니다. 이렇게 하지 않으면 모델이 항상 동일한 텍스트를 만듭니다. 파이토치에서 제공하는 torch.distributions.categorical.Categorical 함수를 사용하여 범주형 분포에서 랜덤하게 샘플링할 수 있습니다. 어떻게 사용하는지 보기 위해 입력 로짓이 [1, 1, 1]일 때 세 개의 범주 [0, 1, 2]에서 랜덤하게 샘플링해 보겠습니다.

```
>>> from torch.distributions.categorical import Categorical
>>> torch.manual_seed(1)
>>> logits = torch.tensor([[1.0, 1.0, 1.0]])
>>> print('확률:',
...       nn.functional.softmax(logits, dim=1).numpy()[0])
확률: [0.33333334 0.33333334 0.33333334]
>>> m = Categorical(logits=logits)
>>> samples = m.sample((10,))
>>> print(samples.numpy())
[[0]
 [0]
 [0]
 [0]
 [1]
 [0]
 [1]
 [2]
 [1]
 [1]]
```

여기에서 볼 수 있듯이 로짓이 같으므로 이 범주는 동일한 확률을 가집니다(즉, 범주의 선택 가능성이 동일합니다). 따라서 샘플 크기가 크면(num_samples→∞) 각 범주가 등장할 횟수는 샘플 크기의 ≈1/3에 이를 것으로 기대할 수 있습니다. 로짓을 [1, 1, 3]으로 바꾸면 (그리고 이 로짓 분포에서 샘플링을 많이 수행하면) 범주 2가 더 많이 등장할 것입니다.

```
>>> torch.manual_seed(1)
>>> logits = torch.tensor([[1.0, 1.0, 3.0]])
>>> print('확률:', nn.functional.softmax(logits, dim=1).numpy()[0])
확률: [0.10650698 0.10650698 0.78698605]
>>> m = Categorical(logits=logits)
>>> samples = m.sample((10,))
>>> print(samples.numpy())
[[0]
 [2]
 [2]
 [1]
 [2]
 [1]
 [2]
 [2]
 [2]
 [2]]
```

Categorical을 사용하면 모델이 출력한 로짓을 기반으로 문자를 생성할 수 있습니다.

짧은 시작 문자열 starting_str을 받아 새로운 generated_str을 생성하는 sample() 함수를 정의하겠습니다. generated_str은 초기에 입력 값으로 설정됩니다. starting_str은 정수 시퀀스 encoded_input으로 인코딩됩니다. encoded_input은 RNN 모델로 한번에 한 글자씩 전달되어 은닉 상태를 업데이트합니다. encoded_input의 마지막 문자가 모델에 전달되어 새로운 문자를 생성합니다. 이 RNN 모델의 출력은 다음 문자에 대한 로짓(가능한 문자의 총 개수인 크기가 80인 벡터)입니다.

여기에서 출력 logits의 마지막 원소($o^{(T)}$)만 Categorical 클래스로 전달하여 새로운 샘플을 생성합니다. 새로운 샘플을 문자로 변환하고 생성된 문자열 generated_text 끝에 추가하여 길이를 1만큼 늘립니다. 그다음 이 과정을 반복합니다. 생성된 문자열의 원하는 길이가 될 때까지 이 과정을 반복합니다. 새로운 원소를 만들기 위해 생성된 시퀀스를 입력으로 사용하는 과정을 자기회귀(auto-regression)라고 부릅니다.

sample() 함수의 코드는 다음과 같습니다.

```python
>>> def sample(model, starting_str,
...             len_generated_text=500,
...             scale_factor=1.0):
...     encoded_input = torch.tensor(
...         [char2int[s] for s in starting_str]
...     )
...     encoded_input = torch.reshape(
...         encoded_input, (1, -1)
...     )
...     generated_str = starting_str
...
...     model.eval()
...     hidden, cell = model.init_hidden(1)
...     for c in range(len(starting_str)-1):
...         _, hidden, cell = model(
...             encoded_input[:, c].view(1), hidden, cell
...         )
...
...     last_char = encoded_input[:, -1]
...     for i in range(len_generated_text):
...         logits, hidden, cell = model(
...             last_char.view(1), hidden, cell
...         )
...         logits = torch.squeeze(logits, 0)
...         scaled_logits = logits * scale_factor
...         m = Categorical(logits=scaled_logits)
...         last_char = m.sample()
...         generated_str += str(char_array[last_char])
...
...     return generated_str
```

그럼 이제 새로운 텍스트를 생성해 보죠.

```python
>>> torch.manual_seed(1)
>>> print(sample(model, starting_str='The island'))
The island had been made
and ovylore with think, captain?" asked Neb; "we do."
It was found, they full to time to remove. About this neur prowers, perhaps ended? It
is might be
rather rose?"
"Forward!" exclaimed Pencroft, "they were it? It seems to me?"
```

```
"The dog Top--"
"What can have been struggling sventy."
Pencroft calling, themselves in time to try them what proves that the sailor and Neb
bounded this tenarvan's feelings, and then
still hid head a grand furiously watched to the dorner nor his only
```

결과에서 볼 수 있듯이 이 모델은 거의 정확한 단어를 생성합니다. 몇몇 문장은 부분적으로 의미가 있습니다. 훈련 시 입력 시퀀스, 모델 구조 같은 훈련 파라미터를 더 튜닝해 볼 수 있습니다.

생성된 샘플의 예측 가능성을 조절하기 위해(즉, 생성된 텍스트가 훈련 텍스트에서 학습한 패턴을 따르게 할지 랜덤하게 생성할지 조절하기 위해) RNN이 계산한 로짓을 Categorical로 전달하기 전에 스케일을 조정할 수 있습니다. 스케일링 인자 α를 물리학에 있는 온도의 역수로 해석할 수 있습니다. 온도가 높으면 무작위성이 커지고 온도가 낮으면 예측 가능한 행동을 만듭니다. $\alpha < 1$로 로짓의 스케일을 조정하면 소프트맥스 함수가 계산한 확률은 다음 코드처럼 더 균일해집니다.

```
>>> logits = np.array([[1.0, 1.0, 3.0]])
>>> print('스케일 조정 전의 확률: ',
...       tf.math.softmax(logits).numpy()[0])
>>> print('0.5배 조정 후 확률: ',
...       tf.math.softmax(0.5*logits).numpy()[0])
>>> print('0.1배 조정 후 확률: ',
...       tf.math.softmax(0.1*logits).numpy()[0])
스케일 조정 전의 확률:  [0.10650698 0.10650698 0.78698604]
0.5배 조정 후 확률:  [0.21194156 0.21194156 0.57611688]
0.1배 조정 후 확률:  [0.31042377 0.31042377 0.37915245]
```

여기에서 볼 수 있듯이 $\alpha = 0.1$로 로짓의 스케일을 조정하면 거의 균등한 확률 [0.31, 0.31, 0.38]을 얻습니다.[17] 아래에서 $\alpha = 2.0$과 $\alpha = 0.5$로 생성한 텍스트를 비교해 보겠습니다.

- $\alpha = 2.0 \rightarrow$ 예측 가능성이 높아짐

    ```
    >>> torch.manual_seed(1)
    >>> print(sample(model, starting_str='The island',
    ...       scale_factor=2.0))
    The island is one of the colony?" asked the sailor, "there is not to be able to come
    to the shores of the Pacific."
    "Yes," replied the engineer, "and if it is not the position of the forest, and the
    marshy way have been said, the dog was not first on the shore, and
    found themselves to the corral.
    ```

---

17 **역주** 균등한 분포일수록 더 랜덤하게 샘플링됩니다.

The settlers had the sailor was still from the surface of the sea, they were not received for the sea. The shore was to be able to inspect the windows of Granite House.
The sailor turned the sailor was the hor

- $\alpha = 0.5 \rightarrow$ 무작위성이 높아짐

```
>>> torch.manual_seed(1)
>>> print(sample(model, starting_str='The island',
...        scale_factor=0.5))
The island
deep incomele.
Manyl's', House, won's calcon-sglenderlessly," everful inerioruins., pyra" into
truth. Sometinivabes, iskumar gave-zen."
Bleshed but what cotch quadrap which little cedass
fell oprely
by-andonem. Peditivall--"i dove Gurgeon. What resolt-eartnated to him
ran trail.
Withinhe)tiny turns returned, after owner plan bushelsion lairs; they were
know? Whalerin branch I
pites, Dougg!-iteun," returnwe aid masses atong thoughts! Dak,
Hem-arches yone, Veay wantzer? Woblding,
Herbert, omep
```

$\alpha = 0.5$로 로짓의 스케일을 조정하면 (온도를 높이면) 더 랜덤한 텍스트가 생성됩니다. 올바른 텍스트와 신선한 텍스트 생성 사이에서 절충점을 찾아야 합니다.

이 절에서 시퀀스-투-시퀀스(sequence-to-sequence, seq2seq) 모델링 작업인 문자 수준의 텍스트 생성 문제를 다루었습니다. 이것 자체로는 아주 유용하지는 않지만 이런 종류의 모델에 맞는 애플리케이션이 있습니다. 예를 들어 비슷한 RNN 모델을 훈련하여 간단한 질문에 답변하는 챗봇으로 사용할 수 있습니다.

15.4 요약

이 장에서 먼저 구조적인 데이터나 이미지 같은 데이터와 다른 시퀀스의 성질에 대해 배웠습니다. 그다음 시퀀스 모델링을 위해 RNN의 기초를 다루었습니다. 기본적인 RNN 모델의 동작 방식을 배웠고 시퀀스 데이터의 장기간 의존성 감지에 관한 제약을 설명했습니다. 다음으로 기본 RNN 모델에서 종종 발생하는 그레이디언트 폭주와 소실 영향을 줄이기 위한 게이트(gate) 메커니즘으로 구성된 LSTM 셀을 다루었습니다.

RNN의 주요 개념을 설명한 후 파이토치를 사용하여 여러 가지 순환 층으로 몇 개의 RNN 모델을 구현했습니다. 특히 감성 분석을 위한 RNN 모델과 텍스트 생성을 위한 RNN 모델을 만들었습니다.

다음 장에서는 번역 작업에서 긴거리의 의존성을 모델링하는 데 도움이 되는 어텐션 메커니즘으로 RNN을 보완하는 방법을 살펴보겠습니다. 그런 다음, 최근 자연어 처리 영역에서 최첨단 기술을 더욱 발전시키는 데 사용되고 있는 트랜스포머라는 새로운 딥러닝 아키텍처를 소개합니다.

16^장

트랜스포머:
어텐션 메커니즘을
통한 자연어 처리
성능 향상

이전 장에서 감성 분석 프로젝트를 통해 **순환 신경망**(RNN)과 **자연어 처리**(NLP) 애플리케이션에 대해 알아보았습니다. 하지만 최근 여러 NLP 작업에서 RNN 기반의 **시퀀스-투-시퀀스**(seq2seq) 모델보다 뛰어난 성능을 내는 새로운 아키텍처가 등장했습니다. 바로 **트랜스포머**(transformer)입니다.

트랜스포머는 자연어 처리에 혁명을 일으켰습니다. 자동 언어 번역[1], 단백질 서열의 기본 속성 모델링[2], 코드 작성을 돕는 AI 개발[3]에 이르기까지 인상적인 애플리케이션에 많이 적용되고 있습니다.

이 장에서는 어텐션(attention)과 셀프-어텐션(self-attention)의 기본 메커니즘에 대해 알아보고 원본 트랜스포머 아키텍처에서 어떻게 사용되는지 살펴봅니다. 트랜스포머의 작동 원리를 이해하고 나서 이 아키텍처에서 파생된 가장 영향력 있는 NLP 모델 몇 가지를 살펴보겠습니다. 그다음 파이토치로 대규모 언어 모델인 BERT를 사용하는 방법을 배우겠습니다.

이 장은 다음과 같은 주제를 다룹니다.

- 어텐션 메커니즘을 통한 RNN 성능 향상
- 셀프-어텐션 메커니즘 소개
- 원본 트랜스포머 아키텍처 이해
- 트랜스포머 기반 대규모 언어 모델 비교
- 감성 분석을 위한 BERT 미세 튜닝

16.1 MACHINE LEARNING
어텐션 메커니즘이 추가된 RNN

이 절에서는 예측 모델이 입력 시퀀스의 다른 부분보다 특정 부분에 더 집중하도록 도와주는 **어텐션 메커니즘**(attention mechanism)을 개발하게 된 동기와 이 메커니즘이 RNN 구조에 어떻게 사용되는지 설명합니다. 이 절은 어텐션 메커니즘이 개발된 이유를 역사적 관점에서 설명합니다. 세부

---

1 https://ai.googleblog.com/2020/06/recent-advances-in-google-translate.html
2 https://www.pnas.org/content/118/15/e2016239118.short
3 https://github.blog/2021-06-29-introducing-github-copilot-ai-pair-programmer

적인 수학 내용이 복잡해 보인다면 건너뛰어도 됩니다. 다음 절에서 이 장의 주요 관심사인 트랜스포머를 위한 셀프 어텐션 메커니즘을 설명할 때 필요하지 않기 때문입니다.

16.1.1 RNN의 정보 검색을 돕는 어텐션

어텐션 메커니즘의 개발을 이해하기 위해 그림 16-1에 나오는 언어 번역 같은 seq2seq 작업을 위한 전통적인 RNN 모델을 생각해 보죠. 이런 모델은 번역 문장을 출력하기 전에 전체 입력 시퀀스(**예** 하나 이상의 문장)를 파싱합니다.

❤ 그림 16-1 seq2seq 모델링을 위한 전통적인 RNN 인코더-디코더 아키텍처

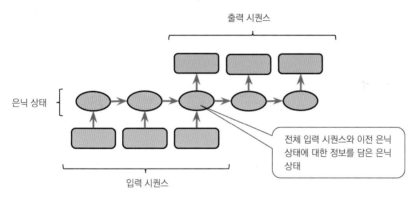

RNN이 첫 번째 출력을 만들기 전에 전체 입력 문장을 파싱하는 이유가 뭘까요? 그림 16-2에 나타난 것처럼 문장을 단어 단위로 번역하면 문법 오류가 발생할 가능성이 높기 때문입니다.

❤ 그림 16-2 단어 단위로 문장을 번역하면 문법 오류가 발생한다

하지만 그림 16-1과 같이 seq2seq 방식의 한 가지 제약 사항은 번역을 하기 전에 하나의 은닉 상태로 전체 입력 문장을 기억해야 하는 것입니다. 특히 긴 문장에서 모든 정보를 하나의 은닉 상태에 압축하면 정보 손실이 발생할 수 있습니다. 따라서 사람이 문장을 번역하는 것처럼 매 타임 스텝마다 전체 입력 문장을 참조하는 것이 도움이 될 수 있습니다.

일반적인 RNN과 달리 어텐션 메커니즘을 사용하면 RNN이 타임 스텝마다 모든 입력 원소를 참조할 수 있습니다. 하지만 타임 스텝마다 모든 입력 시퀀스의 원소를 참조하는 것은 너무 과도한 작업일 수 있습니다. 따라서 RNN이 입력 시퀀스에서 가장 관련이 높은 원소에만 초점을 맞추도록 어텐션 메커니즘이 각 입력 원소에 서로 다른 어텐션 가중치를 할당합니다. 이 어텐션 가중치가 특정 타임 스텝에서 입력 시퀀스에 있는 어떤 원소가 얼마나 중요한지 또는 관련이 높은지를 나타냅니다. 예를 들어 그림 16-2를 다시 보면 단어 "mir, helfen, zu"가 "kannst, du, Satz"보다 단어 "help"를 출력하는 데 더 관련이 높을 것입니다.

다음 절은 언어 번역을 위해 긴 시퀀스를 처리할 수 있도록 어텐션 메커니즘이 추가된 RNN 아키텍처를 소개합니다.

16.1.2 RNN을 위한 원본 어텐션 메커니즘

이 절에서 원래 언어 번역을 위해 개발되어 한 논문[4]에서 소개된 어텐션 메커니즘의 구조를 정리하겠습니다.

입력 시퀀스 $x = (x^{(1)}, x^{(2)}, ..., x^{(T)})$가 주어졌을 때 어텐션 메커니즘은 각 원소 $x^{(i)}$에 (또는 구체적으로 각 원소의 은닉 상태에) 가중치를 할당합니다. 이를 통해 모델이 입력의 어느 부분에 초점을 맞추어야 하는지 식별합니다. 예를 들어 입력이 하나의 문장이고 큰 가중치를 가진 단어가 전체 문장을 이해하는 데 더 많은 기여를 한다고 가정해 보죠. (앞에서 언급한 논문을 참고하여 만든) 그림 16-3에서 어텐션 메커니즘이 추가된 RNN이 두 번째 단어를 생성하는 전반적인 과정을 보여 줍니다.

---

4   Neural Machine Translation by Jointly Learning to Align and Translate by Bahdanau, D., Cho, K., and Bengio, Y., 2014
    https://arxiv.org/abs/1409.0473

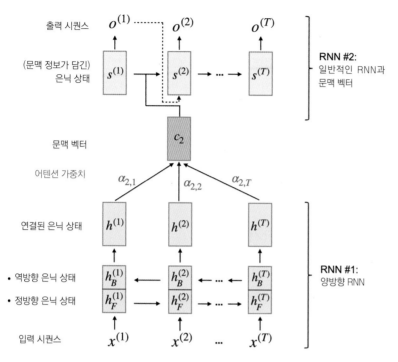

▼ 그림 16-3 어텐션 메커니즘이 추가된 RNN

그림 16-3에 나타난 어텐션 기반 구조는 두 개의 RNN으로 구성됩니다. 다음 절에서 이 두 RNN에 대해 설명하겠습니다.

16.1.3 양방향 RNN으로 입력 처리하기

그림 16-3에 있는 어텐션 기반 RNN의 첫 번째 RNN(RNN #1)은 문맥 벡터 c_i를 생성하는 양방향 RNN입니다. 문맥 벡터를 입력 벡터 $x^{(i)}$의 정제된 버전이라고 생각할 수 있습니다. 다른 말로 하면 c_i는 어텐션 메커니즘을 통해 다른 모든 입력 원소에 대한 정보를 통합합니다. 그림 16-3에서 보듯이 RNN #2는 RNN #1이 만든 문맥 벡터를 사용해서 출력을 생성합니다. 이 절의 나머지 부분에서 RNN #1의 작동 방식을 설명하겠습니다. RNN #2는 다음 절에서 알아보겠습니다.

양방향 RNN #1은 입력 시퀀스 x를 일반적인 정방향$(1...T)$과 역방향$(T...1)$으로 처리합니다. 시퀀스를 역방향으로 파싱하는 것은 원본 입력 시퀀스를 뒤집는 것과 동일한 효과를 냅니다. 거꾸로 문장을 읽는다고 생각하면 됩니다. 이렇게 하는 이유는 현재 입력이 시퀀스의 앞 또는 뒤에 있는 원소에 또는 둘 다에 의존성을 가질 수 있기 때문에 추가적인 정보를 얻기 위해서입니다.

결과적으로 입력 시퀀스를 두 번(즉, 정방향과 역방향으로) 읽으므로 입력 시퀀스의 원소마다 두 개의 은닉 상태가 만들어집니다. 예를 들어 입력 시퀀스의 두 번째 원소 $x^{(2)}$에 대해 정방향 계산에서 은닉 상태 $h_F^{(2)}$를 얻고 역방향 계산에서 은닉 상태 $h_B^{(2)}$를 얻습니다. 그다음 두 개의 은닉 상태가 연결되어 은닉 상태 $h^{(2)}$를 얻습니다. 예를 들어 $h_F^{(2)}$와 $h_B^{(2)}$가 128차원 벡터라면 연결된 은닉 상태 $h^{(2)}$는 256개의 원소로 구성됩니다. 이 연결된 은닉 상태는 두 번째 단어에 대한 양방향 정보를 담고 있으므로 소스(source) 단어의 '어노테이션(annotation)'으로 생각할 수 있습니다.

다음 절에서 두 번째 RNN이 이런 연결된 은닉 상태를 어떻게 처리하여 출력을 생성하는지 알아보겠습니다.

16.1.4 문맥 벡터에서 출력 생성하기

그림 16-3에서 RNN #2를 출력을 생성하는 핵심 RNN으로 생각할 수 있습니다. 은닉 상태 외에 문맥 벡터를 입력으로 받습니다. 문맥 벡터 c_i는 (이전 절의) RNN #1에서 얻은 연결된 은닉 상태 $h^{(1)}...h^{(T)}$에 가중치를 부여한 버전입니다. i번째 입력의 문맥 벡터는 다음과 같은 가중치 합으로 계산합니다.

$$c_i = \sum_{j=1}^{T} \alpha_{ij} h^{(j)}$$

여기에서 α_{ij}는 i번째 입력 시퀀스 원소에서 입력 시퀀스 $j=1...T$에 대한 어텐션 가중치를 나타냅니다. 다음 절에서 어텐션 가중치 α_{ij}를 계산하는 방법에 대해 설명하겠습니다.

이 절의 나머지 부분에서는 이전 그림의 두 번째 RNN(RNN #2)이 문맥 벡터를 사용하는 방법을 소개합니다. 일반적인 RNN과 마찬가지로 RNN #2도 은닉 상태를 사용합니다. 앞에서 언급한 '어노테이션'과 최종 출력 사이에 있는 은닉층의 은닉 상태를 타임 스텝 i일 경우 $s^{(i)}$로 표시하겠습니다. 정리하면 RNN #2는 각 타임 스텝 i에서 앞에서 언급한 문맥 벡터 c_i를 입력으로 받습니다.

그림 16-3에서 은닉 상태 $s^{(i)}$는 이전 은닉 상태 $s^{(i-1)}$, 이전 타깃 단어 $y^{(i-1)}$, 문맥 벡터 $c^{(i)}$에 의존하여 타임 스텝 i에서 타깃 단어 $y^{(i)}$에 대한 출력 $o^{(i)}$를 생성합니다. y는 입력 시퀀스 x의 올바른 번역에 해당하는 시퀀스 벡터이며 훈련하는 동안 제공됩니다. 즉, 훈련 과정 동안 정답 레이블(단어) $y^{(i)}$가 다음 상태 $s^{(i+1)}$로 주입됩니다. 예측(추론)할 때는 정답 레이블 정보가 없기 때문에 앞의 그림처럼 예측한 출력 $o^{(i)}$를 대신 제공합니다.

여기에서 설명한 내용을 정리하면 어텐션 기반 RNN은 두 개의 RNN으로 구성됩니다. RNN #1은 입력 시퀀스 원소에서 문맥 벡터를 만듭니다. RNN #2는 이 문맥 벡터를 입력으로 받습니다. 문맥 벡터는 입력의 가중치 합으로 계산됩니다. 이 가중치가 어텐션 가중치 α_{ij}입니다. 다음 절에서 어텐션 가중치를 계산하는 방법을 설명하겠습니다.

16.1.5 어텐션 가중치 계산하기

이제 마지막 퍼즐인 어텐션 가중치에 대해 알아보죠. 이 가중치는 입력(어노테이션)과 출력(문맥)을 쌍으로 연결하기 때문에 어텐션 가중치 α_{ij}는 두 개의 아래 첨자를 가집니다. j는 입력 인덱스고 i는 출력 인덱스입니다. 어텐션 가중치 α_{ij}는 얼라인먼트 점수(alignment score) e_{ij}의 정규화된 버전입니다. 얼라인먼트 점수는 j 주변의 입력이 출력 i와 얼마나 잘 맞는지 평가합니다. 구체적으로 어텐션 가중치는 다음과 같이 얼라인먼트 점수를 정규화하여 계산합니다.

$$\alpha_{ij} = \frac{\exp(e_{ij})}{\sum_{k=1}^{T} \exp(e_{ik})}$$

이 식은 '12.5.2절 소프트맥스 함수를 사용한 다중 클래스 확률 예측'에서 소개한 소프트맥스 함수와 비슷합니다. 따라서 어텐션 가중치 $\alpha_{i1}...\alpha_{iT}$를 모두 더하면 1이 됩니다.

요약하면 어텐션 기반 RNN 모델은 세 부분으로 구성됩니다. 첫 번째 부분은 입력의 양방향 어노테이션을 계산합니다. 두 번째 부분은 기존 RNN과 매우 비슷한 순환 구조로 구성됩니다. 다만 원본 입력 대신 문맥 벡터를 사용합니다. 마지막 부분은 입력과 출력 원소 사이의 관계를 나타내는 어텐션 가중치와 문맥 벡터 계산을 담당합니다.

트랜스포머 아키텍처도 어텐션 메커니즘을 활용합니다. 하지만 어텐션 기반 RNN과 달리 **셀프 어텐션**(self-attention) 메커니즘만 사용하며 RNN에 있는 순환 구조를 포함하지 않습니다. 즉, 트랜스포머 모델은 입력 시퀀스를 한 번에 한 원소씩 읽고 처리하는 것이 아니라 전체 입력 시퀀스를 한 번에 모두 처리합니다. 다음 절에서 트랜스포머 아키텍처에 대해 더 자세히 설명하기 전에 셀프 어텐션 메커니즘의 기본 형태를 소개하겠습니다.

16.2 셀프 어텐션 메커니즘 소개

이전 절에서 보듯이 긴 시퀀스를 다룰 때 어텐션 메커니즘을 사용하면 RNN이 문맥을 기억하는 데 도움이 될 수 있습니다. 다음 절에서 살펴보겠지만 RNN의 순환 구조를 사용하지 않고 전적으로 어텐션에 기반을 둔 아키텍처가 가능합니다. 이런 어텐션 기반 아키텍처를 **트랜스포머**(transformer)라고 하며, 나중에 자세히 설명하겠습니다.

트랜스포머는 처음 보면 약간 복잡해 보일 수 있습니다. 따라서 다음 절에서 트랜스포머에 대해 설명하기 전에 트랜스포머에 사용되는 **셀프 어텐션** 메커니즘에 대해 먼저 알아보겠습니다. 사실 셀프 어텐션 메커니즘은 이전 절에서 논의한 어텐션 메커니즘의 다른 형태에 지나지 않습니다. 앞서 논의한 어텐션 메커니즘은 두 개의 다른 모듈(즉, RNN의 인코더와 디코더)을 연결하는 연산으로 생각할 수 있습니다. 앞으로 살펴보겠지만 셀프 어텐션은 두 모듈의 연결이 아니라 입력 원소간 의존성을 포착하기 위해 입력에만 초점을 맞춥니다.

다음 절에서는 입력 전처리 단계와 매우 유사한 학습 파라미터가 없는 기본적인 형태의 셀프 어텐션에 대해 소개합니다. 그다음 절에서는 트랜스포머 아키텍처에서 사용되며 학습 가능한 파라미터가 있는 일반적인 버전의 셀프 어텐션에 대해 소개합니다.

16.2.1 기본적인 형태의 셀프 어텐션

셀프 어텐션을 소개하기 위해 길이가 T인 입력 시퀀스 $x^{(1)}, ..., x^{(T)}$와 출력 시퀀스 $z^{(1)}, z^{(2)}, ..., z^{(T)}$가 있다고 가정합니다. 혼동을 피하기 위해 트랜스포머 모델의 최종 출력을 o라고 쓰고 셀프 어텐션 층이 모델의 중간 단계이므로 이 층의 출력을 z라고 하겠습니다.

두 시퀀스의 i번째 원소 $x^{(i)}$와 $z^{(i)}$는 크기가 d인 벡터(즉, $x^{(i)} \in R^d$)로 RNN과 비슷하게 위치 i에 있는 입력의 특성 정보를 나타냅니다. seq2seq 작업을 위해 셀프 어텐션의 목표는 다른 모든 입력 원소에 대한 현재 입력 원소의 의존성을 모델링하는 것입니다. 이를 위해 셀프 어텐션 메커니즘은 세 단계로 구성됩니다. 첫째, 현재 원소와 시퀀스에 있는 다른 모든 원소 사이의 유사도를 기반으로 중요도 가중치를 계산합니다. 둘째, 소프트맥스 함수를 사용해서 이 가중치를 정규화합니다. 셋째, 이렇게 만들어진 가중치와 각 시퀀스 원소를 곱해서 어텐션 값을 계산합니다.

수식으로 표현하면 셀프 어텐션의 출력 $z^{(i)}$는 전체 입력 원소 $x^{(j)}$(여기에서 $j=1...T$)의 가중치 합입니다. 예를 들어 i번째 입력 원소에 대한 출력 값은 다음과 같이 계산됩니다.

$$z^{(i)} = \sum_{j=1}^{T} \alpha_{ij} x^{(j)}$$

어텐션 가중치로 입력 시퀀스의 다른 모든 원소에 가중치가 부여되기 때문에 $z^{(i)}$를 입력 벡터 $x^{(i)}$의 문맥을 고려한 임베딩 벡터라고 생각할 수 있습니다. 어텐션 가중치 α_{ij}는 현재 입력 원소 $x^{(i)}$와 입력 시퀀스에 있는 다른 모든 원소 $x^{(1)}...x^{(T)}$ 사이의 유사도를 기반으로 계산됩니다. 조금 더 구체적으로 이 유사도는 다음 문단에서 설명할 두 단계로 계산됩니다.

먼저 현재 입력 원소 $x^{(i)}$와 입력 시퀀스에 있는 다른 원소 $x^{(j)}$ 사이의 점곱을 계산합니다.

$$\omega_{ij} = x^{(i)\top} x^{(j)}$$

ω_{ij} 값을 정규화하여 어텐션 가중치 a_{ij}를 구하기 전에 코드를 사용하여 ω_{ij} 값을 어떻게 계산하는지 알아보죠. 15장에서 설명한 것처럼 어떤 딕셔너리를 사용하여 정수 표현에 매핑된 "can you help me to translate this sentence" 문장이 있다고 가정해 보겠습니다.

```
>>> import torch
>>> sentence = torch.tensor(
>>>     [0, # can
>>>     7, # you
>>>     1, # help
>>>     2, # me
>>>     5, # to
>>>     6, # translate
>>>     4, # this
>>>     3] # sentence
>>> )
>>> sentence
tensor([0, 7, 1, 2, 5, 6, 4, 3])
```

또한, 임베딩 층을 사용해서 이 문장을 실수 벡터 표현으로 이미 인코딩했다고 가정합니다. 여기에서 임베딩 크기는 16이고 딕셔너리 크기는 10이라고 가정합니다. 다음 코드는 앞에 단어 여덟 개의 임베딩을 만듭니다.

```
>>> torch.manual_seed(123)
>>> embed = torch.nn.Embedding(10, 16)
>>> embedded_sentence = embed(sentence).detach()
```

```
>>> embedded_sentence.shape
torch.Size([8, 16])
```

이제 i번째 단어 임베딩과 j번째 단어 임베딩을 점곱하여 ω_{ij}를 계산할 수 있습니다. 이 계산을 다음과 같이 모든 ω_{ij}에 대해 수행할 수 있습니다.

```
>>> omega = torch.empty(8, 8)
>>> for i, x_i in enumerate(embedded_sentence):
>>>     for j, x_j in enumerate(embedded_sentence):
>>>         omega[i, j] = torch.dot(x_i, x_j)
```

앞의 코드는 읽고 이해하기 쉽지만 for 루프는 효율적이지 않습니다. 따라서 행렬 곱셈을 사용하여 계산해 보죠.

```
>>> omega_mat = embedded_sentence.matmul(embedded_sentence.T)
```

torch.allclose 함수를 사용하여 행렬 곱셈의 결과가 예상대로 나오는지 확인할 수 있습니다. 두 텐서의 값이 동일한 경우 다음과 같이 torch.allclose는 True를 반환합니다.

```
>>> torch.allclose(omega_mat, omega)
True
```

i번째 입력과 시퀀스에 있는 모든 입력($x^{(1)} \sim x^{(T)}$)에 대한 유사도 기반의 "원시" 가중치($\omega_{i1} \sim \omega_{iT}$)를 계산하는 방법을 알았습니다. 어텐션 가중치 α_{ij}는 다음과 같이 소프트맥스 함수를 사용해서 ω_{ij} 값을 정규화하여 구할 수 있습니다.

$$\alpha_{ij} = \frac{\exp(\omega_{ij})}{\sum_{j=1}^{T} \exp(\omega_{ij})} = \text{softmax}\left(\left[\omega_{ij}\right]_{j=1\ldots T}\right)$$

분모는 모든 입력 원소($1\ldots T$)에 대한 합입니다. 따라서 이 소프트맥스 함수를 적용하고 나면 다음과 같이 가중치의 합이 1이 됩니다.

$$\sum_{j=1}^{T} \alpha_{ij} = 1$$

파이토치의 소프트맥스 함수를 사용하여 어텐션 가중치를 계산해 보죠.

```
>>> import torch.nn.functional as F
>>> attention_weights = F.softmax(omega, dim=1)
```

```
>>> attention_weights.shape
torch.Size([8, 8])
```

attention_weights는 8×8 행렬입니다. 이 행렬의 각 원소는 어텐션 가중치 α_{ij}에 해당합니다. 예를 들어 i번째 입력 단어를 처리하면 이 행렬의 i번째 행에 문장 내 모든 단어에 대한 어텐션 가중치가 포함됩니다. 이 어텐션 가중치는 문장의 각 단어가 i번째 단어에 얼마나 관련이 있는지 나타냅니다. 따라서 어텐션 행렬의 각 행을 모두 더하면 1이 됩니다. 다음 코드에서 이를 확인할 수 있습니다.

```
>>> attention_weights.sum(dim=1)
tensor([1.0000, 1.0000, 1.0000, 1.0000, 1.0000, 1.0000, 1.0000, 1.0000])
```

어텐션 가중치를 계산하는 방법을 배웠습니다. 셀프 어텐션 연산의 주요 세 단계를 정리해 보겠습니다.

1. 입력 원소 $x^{(i)}$가 주어지면 집합 $\{1, ..., T\}$에 있는 j번째 원소에 대해 점곱 $x^{(i)T}x^{(j)}$를 계산합니다.

2. 소프트맥스 함수로 이 점곱을 정규화하여 어텐션 가중치 α_{ij}를 구합니다.

3. 전체 입력 시퀀스에 대한 가중치 합 $z^{(i)} = \sum_{j=1}^{T} \alpha_{ij} x^{(j)}$로 출력 $z^{(i)}$를 계산합니다.

이 단계가 그림 16-4에 나타나 있습니다.

▼ 그림 16-4 기본적인 셀프 어텐션 과정

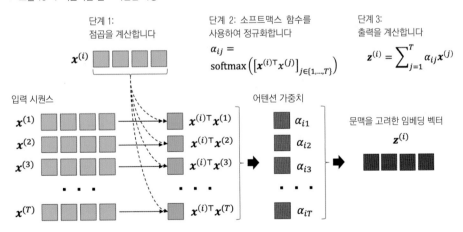

마지막으로 입력의 어텐션 가중치 합(그림 16-4의 단계 3)으로 문맥 벡터 $z^{(i)}$를 계산하는 코드 샘플을 살펴보겠습니다. 두 번째 입력 단어를 위한 문맥 벡터 $z^{(2)}$를 계산한다고 가정해 보겠습니다.

```
>>> x_2 = embedded_sentence[1, :]
>>> context_vec_2 = torch.zeros(x_2.shape)
>>> for j in range(8):
...     x_j = embedded_sentence[j, :]
...     context_vec_2 += attention_weights[1, j] * x_j
>>> context_vec_2
tensor([-9.3975e-01, -4.6856e-01,  1.0311e+00, -2.8192e-01, 4.9373e-01, -1.2896e-02,
        -2.7327e-01, -7.6358e-01, 1.3958e+00, -9.9543e-01, -7.1288e-04, 1.2449e+00,
        -7.8077e-02, 1.2765e+00, -1.4589e+00, -2.1601e+00])
```

이번에도 행렬 곱셈을 사용해서 훨씬 효율적으로 계산할 수 있습니다. 다음 코드에서 여덟 개의 입력 단어 전체에 대해 문맥 벡터를 계산합니다.

```
>>> context_vectors = torch.matmul(
...     attention_weights, embedded_sentence)
```

embedded_sentence에 저장된 입력 단어의 임베딩과 비슷하게 context_vectors 행렬의 차원은 8×16입니다. 이 행렬의 두 번째 행은 두 번째 입력 단어에 대한 문맥 벡터를 담고 있습니다. torch.allclose() 함수를 사용하여 이를 확인할 수 있습니다.

```
>>> torch.allclose(context_vec_2, context_vectors[1])
True
```

여기에서 보듯이 두 번째 문맥 벡터를 위한 for 루프 버전과 행렬 곱셈 버전은 동일한 결과를 만듭니다.

이 절에서 기본적인 형태의 셀프 어텐션을 구현했습니다. 다음 절에서 신경망 훈련으로 최적화할 수 있는 학습 가능한 파라미터 행렬을 사용해서 이 구현을 수정해 보겠습니다.

16.2.2 훈련 가능한 셀프 어텐션 메커니즘: 스케일드 점곱 어텐션

지금까지 셀프 어텐션의 기본 개념을 소개했습니다. 이 절에서는 트랜스포머 아키텍처에서 사용되는 고급 셀프 어텐션 메커니즘인 **스케일드 점곱 어텐션**(scaled dot-product attention)을 설명하겠습니다. 이전 절에서는 출력을 계산할 때 학습 가능한 파라미터를 사용하지 않았습니다. 다른 말로 하면 앞서 소개한 기본 셀프 어텐션 메커니즘을 사용하면 어떤 시퀀스에 대해 모델을 최적화할 때 어텐션 값을 업데이트하거나 변경할 수 있는 방법이 제한적입니다. 어텐션 메커니즘을 유연하게 만들고 모델 최적화에 잘 맞도록 모델 훈련 중에 학습할 수 있는 세 개의 가중치 행렬을 모델 파라미터로 추가하겠습니다. 이 세 개의 가중치 행렬을 $\boldsymbol{U}_q$, $\boldsymbol{U}_k$, $\boldsymbol{U}_v$라고 쓰겠습니다. 이 행렬들을 사용하여 다음과 같이 입력을 쿼리(query), 키(key), 값(value) 시퀀스로 투영합니다.

- **쿼리 시퀀스**: $\boldsymbol{q}^{(i)} = \boldsymbol{U}_q\boldsymbol{x}^{(i)}$, 여기에서 $i \in [1, T]$
- **키 시퀀스**: $\boldsymbol{k}^{(i)} = \boldsymbol{U}_k\boldsymbol{x}^{(i)}$, 여기에서 $i \in [1, T]$
- **값 시퀀스**: $\boldsymbol{v}^{(i)} = \boldsymbol{U}_v\boldsymbol{x}^{(i)}$, 여기에서 $i \in [1, T]$

그림 16-5는 이런 개별 구성 요소를 사용하여 두 번째 입력 원소를 위한 문맥을 고려한 임베딩 벡터를 어떻게 계산하는지 보여 줍니다.

❤ 그림 16-5 두 번째 시퀀스 원소를 위한 문맥 고려 임베딩 벡터 계산

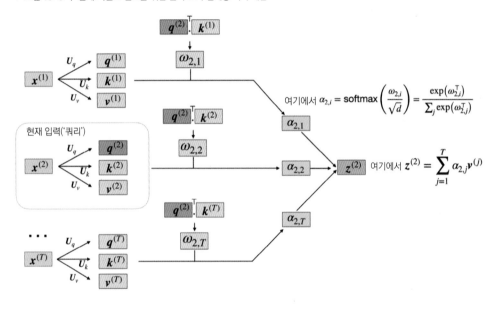

Note ≡ **쿼리, 키, 값**

원본 트랜스포머 논문에서 사용된 쿼리, 키, 값이라는 용어는 정보 검색 시스템과 데이터베이스에서 영감을 얻은 것입니다. 예를 들어 쿼리를 입력하면 키 값과 대조하여 특정 값을 검색합니다.

여기에서 $\boldsymbol{q}^{(i)}$와 $\boldsymbol{k}^{(i)}$는 d_k 크기의 벡터입니다. 따라서 투영 행렬 $\boldsymbol{U}_q$와 $\boldsymbol{U}_k$의 크기는 $d_k \times d$입니다. 반면 $\boldsymbol{U}_v$의 크기는 $d_v \times d$입니다(d는 각 단어 벡터 $\boldsymbol{x}^{(i)}$의 차원입니다). 간단하게 하기 위해 이 벡터의 크기를 동일하게 만들 수 있습니다. 즉 $d_k = d_v = d$입니다. 예시를 위해 다음과 같이 이 투영 행렬을 랜덤하게 초기화합니다.

```
>>> torch.manual_seed(123)
>>> d = embedded_sentence.shape[1]
>>> U_query = torch.rand(d, d)
>>> U_key = torch.rand(d, d)
>>> U_value = torch.rand(d, d)
```

쿼리 투영 행렬을 사용하여 쿼리 시퀀스를 계산할 수 있습니다. 이 예에서는 그림 16-5에서처럼 두 번째 입력 원소 $x^{(2)}$를 쿼리로 생각하겠습니다.

```
>>> x_2 = embedded_sentence[1]
>>> query_2 = U_query.matmul(x_2)
```

비슷하게 키와 값 시퀀스 $k^{(i)}$, $v^{(i)}$를 계산할 수 있습니다.

```
>>> key_2 = U_key.matmul(x_2)
>>> value_2 = U_value.matmul(x_2)
```

하지만 그림 16-5에서 볼 수 있듯이 다른 모든 입력 원소에 대한 키와 값 시퀀스도 필요하며, 이를 다음과 같이 계산할 수 있습니다.

```
>>> keys = U_key.matmul(embedded_sentence.T).T
>>> values = U_value.matmul(embedded_sentence.T).T
```

키 행렬에서 i번째 행은 i번째 입력 원소의 키 시퀀스에 해당합니다. 값 행렬도 동일합니다. torch.allclose()가 True를 반환하는지 확인할 수 있습니다.

```
>>> torch.allclose(key_2, keys[1])
>>> torch.allclose(value_2, values[1])
```

이전 절에서 입력 시퀀스의 원소 $x^{(i)}$와 j번째 원소 $x^{(j)}$ 사이의 점곱으로 정규화되지 않은 가중치 ω_{ij}를 계산했습니다. 파라미터 버전의 셀프 어텐션에서는 쿼리와 키의 점곱으로 ω_{ij}를 계산합니다.

$$\omega_{ij} = q^{(i)\top} k^{(j)}$$

예를 들어 다음 코드는 쿼리와 세 번째 입력 시퀀스 원소 사이의 정규화되지 않은 어텐션 가중치 ω_{23}을 계산합니다.

```
>>> omega_23 = query_2.dot(keys[2])
>>> omega_23
tensor(14.3667)
```

나중을 위해 이 계산을 모든 키에 대해 적용하겠습니다.

```
>>> omega_2 = query_2.matmul(keys.T)
>>> omega_2
tensor([-25.1623,   9.3602,  14.3667,  32.1482,  53.8976,  46.6626,  -1.2131,
        -32.9391])
```

셀프 어텐션의 다음 단계는 정규화되지 않은 어텐션 가중치 ω_{ij}를 소프트맥스 함수를 사용하여 정규화된 가중치 α_{ij}로 바꾸는 것입니다. 소프트맥스 함수로 정규화하기 전에 다음과 같이 추가적으로 $1/\sqrt{m}$을 사용해서 ω_{ij}의 스케일을 조정할 수 있습니다.

$$\alpha_{ij} = \text{softmax}\left(\frac{\omega_{ij}}{\sqrt{m}}\right)$$

$1/\sqrt{m}$으로 ω_{ij}의 스케일을 조정하면(일반적으로 $m=d_k$) 가중치 벡터의 유클리드 길이가 거의 같은 범위가 됩니다.[5]

다음 코드는 이 정규화를 적용하여 쿼리에 해당하는 두 번째 입력 원소에 대한 전체 입력 시퀀스의 어텐션 가중치를 계산합니다.

```
>>> attention_weights_2 = F.softmax(omega_2 / d**0.5, dim=0)
>>> attention_weights_2
tensor([2.2317e-09, 1.2499e-05, 4.3696e-05, 3.7242e-03, 8.5596e-01, 1.4025e-01,
        8.8896e-07, 3.1936e-10])
```

마지막으로 출력은 값 시퀀스에 대한 가중 평균 $\boldsymbol{z}^{(i)} = \sum_{j=1}^{T} \alpha_{ij} \boldsymbol{v}^{(j)}$가 됩니다. 이는 다음과 같이 계산할 수 있습니다.

```
>>> context_vector_2 = attention_weights_2.matmul(values)
>>> context_vector_2
tensor([-1.2226, -3.4387, -4.3928, -5.2125, -1.1249, -3.3041,
        -1.4316, -3.2765, -2.5114, -2.6105, -1.5793, -2.8433, -2.4142,
        -0.3998, -1.9917, -3.3499])
```

이 절에서 학습 가능한 가중치를 가진 셀프 어텐션 메커니즘을 소개했습니다. 이 메커니즘은 어텐션 점수에 따라 가중치가 부여되어 모든 입력 원소에 대한 문맥을 고려한 임베딩 벡터를 계산합니다. 다음 절에서 여기에서 소개한 셀프 어텐션 메커니즘 기반의 신경망인 트랜스포머 아키텍처에 대해 배우겠습니다.

---

5 **역주** 단위 분산을 갖는 $d \times d$ 크기의 행렬인 쿼리와 키를 점곱하면 분산이 d가 되므로 $\sqrt{d}$로 나누어 다시 단위 분산이 되도록 조정한 것입니다.

16.3 어텐션이 필요한 전부다: 원본 트랜스포머 아키텍처

원본 트랜스포머 아키텍처는 앞서 RNN에서 사용했던 어텐션 메커니즘이 바탕이 됩니다. 원래 어텐션 메커니즘을 사용한 의도는 긴 문장에 대한 RNN의 텍스트 생성 능력을 향상하려는 것이었습니다. 하지만 RNN을 위한 어텐션 메커니즘을 도입한 지 몇 년 되지 않아 연구자들은 순환 층을 삭제할 때 어텐션 기반 언어 모델이 더 강력해진다는 것을 발견했습니다. 이를 통해 이 장과 남은 절의 주요 주제인 **트랜스포머 아키텍처**(transformer architecture)의 개발로 이어졌습니다.

트랜스포머 아키텍처는 A. Vaswani와 그의 동료들이 쓴 NeurIPS 2017 논문 "Attention Is All You Need"[6]에서 처음 제안되었습니다. 셀프 어텐션 메커니즘 덕분에 트랜스포머 모델은 입력 시퀀스에 있는 원소 사이에서 긴 범위에 걸친 의존성을 포착할 수 있습니다. 예를 들어 NLP 문제에서 모델이 입력 문장의 의미를 더 잘 이해할 수 있습니다.

트랜스포머 아키텍처는 원래 언어 번역을 위해 설계되었지만 영어 구문 분석(constituency parsing), 텍스트 생성, 텍스트 분류와 같은 다른 작업으로 일반화할 수 있습니다. 나중에 원본 트랜스포머 아키텍처에서 파생된 BERT나 GPT와 같이 널리 사용되는 언어 모델에 대해 설명하겠습니다. 원본 트랜스포머 논문을 참고하여 그린 그림 16-6은 이 절에서 논의할 주요 아키텍처와 구성 요소를 보여 줍니다.

---

6 https://arxiv.org/abs/1706.03762

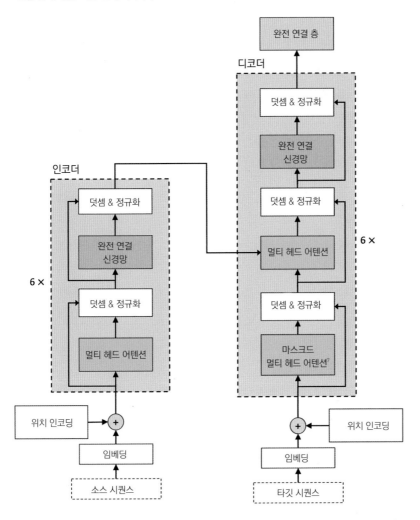

다음 절에서는 원본 트랜스포머 모델을 두 개의 주요 블록인 인코더와 디코더로 나누어 단계별로 살펴봅니다. 인코더는 원본 시퀀스 입력을 받고 멀티 헤드 셀프 어텐션 모듈을 사용하여 임베딩을 인코딩합니다. 디코더는 마스크드 셀프 어텐션(masked self-attention) 모듈을 사용하여 처리된 입력을 받아 결과 시퀀스(예 번역된 문장)를 출력합니다.

---

7   역주 마스크드 셀프 어텐션이 여러 개 모인 것입니다.

16.3.1 멀티 헤드 어텐션으로 문맥 임베딩 인코딩하기

인코더(encoder) 블록의 전반적인 목표는 입력 시퀀스 $X=(x^{(1)}, x^{(2)}, ..., x^{(T)})$를 받아 연속적인 표현 $Z=(z^{(1)}, z^{(2)}, ..., z^{(T)})$로 매핑한 다음 디코더로 전달하는 것입니다.

인코더는 동일한 층 여섯 개를 쌓은 것입니다. 여기에서 6은 마법의 숫자가 아니라 원본 트랜스포머 논문에서 선택한 하이퍼파라미터입니다. 모델 성능에 따라 층의 수를 조정할 수 있습니다. 각 층 내부에는 두 개의 하위 층이 있습니다. 하나는 아래에서 설명할 멀티 헤드 셀프 어텐션을 계산하고, 다른 하나는 이전 장에서 이미 보았던 완전 연결 층입니다.

먼저 이 장의 앞부분에서 다룬 스케일드 점곱 어텐션을 수정한 **멀티 헤드 셀프 어텐션**(multi-head self-attention)에 대해 알아보겠습니다. 스케일드 점곱 어텐션에서는 세 개의 행렬(쿼리, 값, 키에 해당)을 사용하여 입력 시퀀스를 변환했습니다. 멀티 헤드 어텐션에서는 이 세 개의 행렬을 하나의 어텐션 **헤드**(head)라고 생각할 수 있습니다. 이름에서 알 수 있듯이 합성곱 신경망에 여러 개의 커널이 있는 것처럼 멀티 헤드 어텐션에는 이런 헤드(쿼리, 값, 키 행렬의 집합)가 여러 개 있습니다.

h개의 헤드를 가진 멀티 헤드 셀프 어텐션의 개념을 좀 더 자세히 설명하기 위해 다음과 같이 단계적으로 나누어서 설명해 보겠습니다.

먼저 입력 시퀀스 $X=(x^{(1)}, x^{(2)}, ..., x^{(T)})$를 읽습니다. 각 원소는 길이가 d인 벡터로 임베딩되어 있다고 가정합니다. 따라서 전체 입력은 $T \times d$ 크기 행렬로 임베딩될 수 있습니다. 그런 다음 쿼리, 키, 값의 학습 가능한 파라미터 행렬 집합을 h개 생성합니다.

- $U_{q_1}, U_{k_1}, U_{v_1}$
- $U_{q_2}, U_{k_2}, U_{v_2}$

  ...

- $U_{q_h}, U_{k_h}, U_{v_h}$

이 가중치 행렬을 사용하여 각 원소 $x^{(i)}$를 투영할 때 행렬 곱셈에서 필요한 차원을 맞추기 위해 U_{qj}와 U_{kj}의 크기는 모두 $d_k \times d$이며 U_{vj}의 크기는 $d_v \times d$입니다. 결과적으로 쿼리와 키 시퀀스는 모두 길이가 d_k이며, 값 시퀀스는 길이가 d_v입니다. 실제로는 단순하게 만들기 위해 종종 $d_k=d_v=m$으로 설정합니다.

멀티 헤드 셀프 어텐션을 코드로 이해하려면 먼저 이전 '16.2.2절 훈련 가능한 셀프 어텐션 메커니즘: 스케일드 점곱 어텐션'에서 단일 쿼리 투영 행렬을 어떻게 만들었는지 살펴보세요.

```
>>> torch.manual_seed(123)
>>> d = embedded_sentence.shape[1]
>>> one_U_query = torch.rand(d, d)
```

이제 원본 트랜스포머와 비슷한 여덟 개의 어텐션 헤드(즉, $h=8$)가 있다고 가정합니다.

```
>>> h = 8
>>> multihead_U_query = torch.rand(h, d, d)
>>> multihead_U_key = torch.rand(h, d, d)
>>> multihead_U_value = torch.rand(h, d, d)
```

이 코드에서 보듯이 멀티 헤드 어텐션은 차원을 추가하는 것으로 쉽게 만들 수 있습니다.

Note ≡ **멀티 헤드 어텐션으로 데이터 나누기**

실제로 트랜스포머 구현에서는 각 어텐션 헤드에 대해 별도의 행렬을 사용하는 대신 모든 어텐션 헤드에 대해 단일 행렬을 사용합니다. 각 어텐션 헤드는 이 행렬에서 논리적으로 분리된 영역을 차지합니다. 불리언 마스크를 통해 이 영역을 참조할 수 있습니다. 이렇게 하면 여러 개의 행렬 곱셈을 하나의 행렬 곱셈으로 구현할 수 있으므로 멀티 헤드 어텐션을 보다 효율적으로 구현할 수 있습니다. 하지만 간결성을 위해 이 절에서는 이 구현 세부 사항을 생략합니다.

투영 행렬을 초기화한 후, 스케일드 점곱 어텐션과 비슷한 방식으로 투영된 시퀀스를 계산할 수 있습니다. 이제 쿼리, 키, 값 시퀀스 집합 하나를 계산하는 것이 아니라 이 시퀀스들의 h개 집합을 계산해야 합니다. 예를 들어 수식으로 나타내면 j번째 헤드의 i번째 데이터 포인트에 대한 쿼리 투영 계산은 다음과 같습니다.

$$q_j^{(i)} = U_{q_j} x^{(i)}$$

그런 다음 모든 헤드 $j \in \{1, ..., h\}$에 대해 이 계산을 반복합니다.

두 번째 입력 단어를 쿼리로 사용하는 경우 코드는 다음과 같습니다.

```
>>> multihead_query_2 = multihead_U_query.matmul(x_2)
>>> multihead_query_2.shape
torch.Size([8, 16])
```

multihead_query_2 행렬에는 여덟 개의 행이 있으며, 각 행은 j번째 어텐션 헤드에 해당합니다.

마찬가지로 각 헤드에 대한 키와 값 시퀀스를 계산할 수 있습니다.

```
>>> multihead_key_2 = multihead_U_key.matmul(x_2)
>>> multihead_value_2 = multihead_U_value.matmul(x_2)
```

```
>>> multihead_key_2[2]
tensor([-1.9619, -0.7701, -0.7280, -1.6840, -1.0801, -1.6778,  0.6763,  0.6547,
         1.4445, -2.7016, -1.1364, -1.1204, -2.4430, -0.5982, -0.8292, -1.4401])
```

이 코드의 출력은 세 번째 어텐션 헤드를 통과한 두 번째 입력 원소의 키 벡터를 보여 줍니다.

하지만 나중에 셀프 어텐션을 계산하기 위해 x_2뿐만 아니라 모든 입력 시퀀스 원소에 대해 키와 값 계산을 반복해야 합니다. 이를 위한 간단하고 이해하기 쉬운 방법은 입력 시퀀스 임베딩의 첫 번째 차원을 어텐션 헤드의 수인 8로 확장하는 것입니다. 이를 위해 .repeat() 메서드를 사용할 수 있습니다.

```
>>> stacked_inputs = embedded_sentence.T.repeat(8, 1, 1)
>>> stacked_inputs.shape
torch.Size([8, 16, 8])
```

그다음 torch.bmm()으로 어텐션 헤드와 배치 행렬 곱셈을 하여 모든 키를 계산할 수 있습니다.

```
>>> multihead_keys = torch.bmm(multihead_U_key, stacked_inputs)
>>> multihead_keys.shape
torch.Size([8, 16, 8])
```

이 코드에서 만들어진 텐서의 첫 번째 차원은 여덟 개의 어텐션 헤드를 나타냅니다. 두 번째 차원과 세 번째 차원은 각각 임베딩 크기와 단어 수를 나타냅니다. multihead_keys가 좀 더 직관적으로 표현되도록, 즉 원래 입력 시퀀스 embedded_sentence와 동일한 차원을 갖도록 두 번째와 세 번째 차원을 바꾸어 보겠습니다.

```
>>> multihead_keys = multihead_keys.permute(0, 2, 1)
>>> multihead_keys.shape
torch.Size([8, 8, 16])
```

차원을 바꾼 후 다음과 같이 세 번째 어텐션 헤드의 두 번째 키 값에 액세스할 수 있습니다.

```
>>> multihead_keys[2, 1]
tensor([-1.9619, -0.7701, -0.7280, -1.6840, -1.0801, -1.6778,  0.6763,  0.6547,
         1.4445, -2.7016, -1.1364, -1.1204, -2.4430, -0.5982, -0.8292, -1.4401])
```

이 값은 앞서 multihead_key_2[2]를 통해 얻은 키 값과 동일합니다. 이는 복잡한 행렬 조작과 계산이 올바르게 수행되었다는 것을 의미합니다. 이제 값 시퀀스에 대해 이 과정을 반복해 보겠습니다.

```
>>> multihead_values = torch.matmul(
...      multihead_U_value, stacked_inputs)
>>> multihead_values = multihead_values.permute(0, 2, 1)
```

'16.2.2절 훈련 가능한 셀프 어텐션 메커니즘: 스케일드 점곱 어텐션'에 나온 단일 헤드 어텐션 계산 단계를 따라서 문맥 벡터를 계산합니다. 간결성을 위해 중간 단계는 건너뛰고, 쿼리인 두 번째 입력 원소와 여덟 개의 서로 다른 어텐션 헤드로 문맥 벡터를 계산했다고 가정합니다. 실제로는 랜덤한 데이터로 multihead_z_2를 채우겠습니다.

```
>>> multihead_z_2 = torch.rand(8, 16)
```

첫 번째 차원은 여덟 개의 어텐션 헤드를 나타내며, 입력 문장과 마찬가지로 문맥 벡터는 16차원 벡터입니다. 이것이 복잡해 보이면 multihead_z_2를 그림 16-5에 표시된 $z^{(2)}$의 복사본 여덟 개, 즉 여덟 개의 어텐션 헤드 각각에 대해 $z^{(2)}$가 하나씩 있다고 생각하면 됩니다.

그다음 이런 벡터를 길이가 $d_v \times h$인 긴 벡터 하나로 연결하고 선형 투영(완전 연결 층)을 사용하여 길이가 d_v인 벡터로 다시 매핑합니다. 이 과정이 그림 16-7에 설명되어 있습니다.

▼ 그림 16-7 스케일드 점곱 어텐션 벡터를 하나의 벡터로 연결하고 선형 투영하기

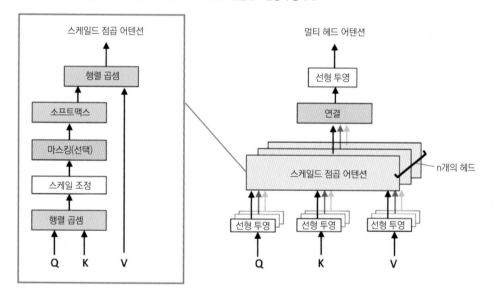

코드에서는 다음과 같이 연결 및 선형 투영을 구현할 수 있습니다.

```
>>> linear = torch.nn.Linear(8*16, 16)
>>> context_vector_2 = linear(multihead_z_2.flatten())
```

```
>>> context_vector_2.shape
torch.Size([16])
```

요약하자면 멀티 헤드 셀프 어텐션은 스케일 점곱 어텐션 계산을 병렬로 여러 번 반복하고 그 결과를 결합한 것입니다. 멀티 헤드는 모델이 입력의 여러 부분에서 정보를 포착하는 데 도움이 되기 때문에 실제로 매우 잘 작동합니다. 이는 합성곱 신경망에서 여러 개의 커널이 생성한 각 채널이 서로 다른 특성 정보를 감지하는 것과 매우 비슷합니다. 마지막으로 멀티 헤드 어텐션은 계산 비용이 많이 드는 것처럼 보이지만 헤드 간에 종속성이 없기 때문에 계산을 모두 병렬로 수행할 수 있습니다.

16.3.2 언어 모델 학습: 디코더와 마스크드 멀티 헤드 어텐션

인코더와 마찬가지로 디코더에도 여러 개의 반복 층이 포함되어 있습니다. 이전 16.3.1절에서 이미 소개한 두 개의 하위 층(멀티 헤드 셀프 어텐션 층과 완전 연결 층) 외에도 반복되는 각 층에는 마스크드 멀티 헤드 어텐션 층도 포함되어 있습니다.

마스크드 어텐션은 원래의 어텐션 메커니즘을 변형한 것으로, 특정 수의 단어를 '마스킹'하여 제한된 입력 시퀀스만 모델에 전달합니다. 예를 들어 레이블이 있는 데이터셋으로 언어 번역 모델을 구축하는 경우, 훈련할 때 시퀀스 위치 i에서는 1, ..., $i-1$ 위치의 단어만 주입합니다. 다른 모든 단어(예 현재 위치 뒤에 오는 단어)는 숨겨져 모델이 '속임수'를 쓰지 못하도록 합니다. 이는 텍스트 생성의 특징과도 일치합니다. 훈련 중에는 정답 번역 단어를 알 수 있지만 실전에서는 정답을 알지 못합니다. 따라서 모델이 이미 위치 i에서 생성한 답만 모델에 제공할 수 있습니다.

그림 16-8은 디코더 블록의 층 배치를 보여 줍니다.

▼ 그림 16-8 디코더의 층 배치

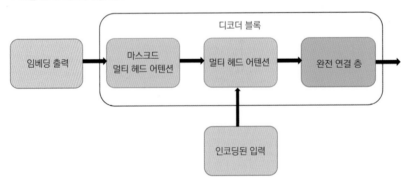

694

먼저 이전에 출력된 단어(임베딩 출력)가 마스크드 멀티 헤드 어텐션 층으로 전달됩니다. 그런 다음 멀티 헤드 어텐션 층은 인코더 블록에서 인코딩된 입력과 마스크드 멀티 헤드 어텐션 층의 출력을 받습니다. 마지막으로 멀티 헤드 어텐션 출력을 전체 모델의 출력, 즉 출력 단어에 해당하는 확률 벡터를 생성하는 완전 연결 층으로 전달합니다.

15장의 순환 신경망에서 사용한 방식과 비슷하게 argmax 함수를 사용하여 이런 단어 확률에서 예측 단어를 얻을 수 있습니다.

디코더와 인코더 블록을 비교한 가장 큰 차이점은 모델이 주목할 수 있는 시퀀스 원소의 범위입니다. 인코더는 주어진 각 단어에서 문장의 모든 단어에 대한 어텐션을 계산합니다. 이를 입력을 양방향으로 구문 분석한다고 볼 수 있습니다. 디코더도 인코더로부터 양방향으로 구문 분석된 입력을 받습니다. 하지만 출력 시퀀스를 만들 때 디코더는 현재 입력 위치 앞에 있는 원소만 고려하므로 단방향 입력 구문 분석의 한 형태로 해석할 수 있습니다.

16.3.3 구현 세부 사항: 위치 인코딩 및 층 정규화

이 절에서는 지금까지 간단히 살펴보았지만 추가로 언급할 가치가 있는 트랜스포머의 구현 세부 사항에 대해 설명합니다.

먼저 그림 16-6의 원본 트랜스포머 아키텍처에 있는 **위치 인코딩**(positional encoding)을 살펴보겠습니다. 위치 인코딩은 입력 시퀀스의 순서에 대한 정보를 감지하는 데 도움이 됩니다. 스케일드 점곱 어텐션 층과 완전 연결 층 모두 순서를 고려하지 않기 때문에 트랜스포머에서 중요한 부분입니다. 즉, 위치 인코딩이 없으면 단어 순서가 무시되고 어텐션 기반 인코딩에 아무런 차이가 없습니다. 하지만 단어 순서는 문장을 이해하는 데 필수적이라는 것을 알고 있습니다. 예를 들어 다음 두 문장을 생각해 보세요.

1. Mary gives John a flower

2. John gives Mary a flower

두 문장에 등장하는 단어는 정확히 같지만 의미는 매우 다릅니다.

트랜스포머는 인코더와 디코더 블록이 시작될 때 입력 임베딩에 작은 값의 벡터를 추가하여 서로 다른 위치의 동일한 단어가 약간 다른 인코딩을 가질 수 있도록 합니다. 원본 트랜스포머 아키텍처는 사인파 인코딩(sinusoidal encoding)을 사용합니다.

$$PE_{(i,2k)} = \sin(pos/10000^{2k/d_{\mathrm{model}}})$$

$$PE_{(i,2k+1)} = \cos(pos/10000^{2k/d_{\mathrm{model}}})$$

여기에서 i는 단어의 위치고 k는 인코딩 벡터의 길이를 나타냅니다. 위치 인코딩과 단어 임베딩을 더할 수 있도록 입력된 단어 임베딩과 동일한 차원으로 k를 선택합니다. 사인파 함수를 사용하여 위치 인코딩이 너무 커지는 것을 방지합니다. 예를 들어 절대 위치 1, 2, 3, ..., n을 위치 인코딩으로 사용하면 위치 인코딩이 단어 인코딩을 지배하여 단어 임베딩 값을 무시하게 만듭니다.

일반적으로 위치 인코딩에는 (이전 공식과 같은) 절대 인코딩과 상대 인코딩의 두 가지 유형이 있습니다. 전자는 단어의 절대 위치를 기록하며 문장에서의 단어 이동에 민감합니다. 즉, 절대 위치 인코딩은 주어진 각 위치에 대해 고정된 벡터입니다. 반면 상대 인코딩은 단어의 상대적 위치만 담고 있으며 문장 이동에 영향을 받지 않습니다.

다음으로 2016년에 J. Ba, J. R. Kiros, G. E. Hinton의 논문인 "Layer Normalization"(https://arxiv.org/abs/1607.06450)에서 처음 소개한 **층 정규화**(layer normalization) 메커니즘을 살펴보겠습니다. 17장에서 자세히 설명할 배치 정규화는 컴퓨터 비전에서 널리 사용되는 방법이지만, 문장 길이가 다양할 수 있는 NLP에서는 층 정규화가 선호됩니다. 그림 16-9는 층 정규화와 배치 정규화의 주요 차이점을 보여 줍니다.

❤ 그림 16-9 배치 정규화와 층 정규화 비교

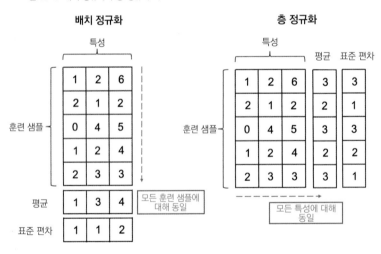

층 정규화는 일반적으로 각 훈련 샘플에 대해 독립적으로 모든 특성 값에 걸쳐 수행됩니다. 하지만 트랜스포머에서 사용되는 층 정규화는 이 개념을 확장하여 각 특성에 독립적으로 특성에 있는 모든 원소에 걸쳐 정규화 통계 값을 계산합니다.

층 정규화는 각 훈련 샘플에 대한 평균과 표준 편차를 계산하므로 미니 배치 크기에 따른 제약이나 의존성을 완화합니다. 따라서 배치 정규화와 달리 층 정규화는 미니 배치 크기가 작고 길이가 다양한 데이터로부터 학습할 수 있습니다. 하지만 원본 트랜스포머 아키텍처에는 다양한 길이의 입력이 없으며(필요할 때 문장에 패딩이 추가됩니다), RNN과 달리 모델에 순환 구조가 없습니다. 그렇다면 배치 정규화보다 층 정규화를 사용하는 것을 어떻게 정당화할 수 있을까요? 트랜스포머는 일반적으로 병렬 계산이 필요한 매우 큰 텍스트 말뭉치에 대해 훈련되는데, 훈련 샘플 간에 종속성이 있는 배치 정규화로는 이를 달성하기 어려울 수 있습니다. 층 정규화는 이런 종속성이 없으므로 트랜스포머에 더 자연스러운 선택입니다.

16.4 MACHINE LEARNING
레이블이 없는 데이터를 활용하여 대규모 언어 모델 구축

이 절에서는 원본 트랜스포머로부터 발전된 인기 있는 대규모 트랜스포머 모델에 대해 설명합니다. 이런 트랜스포머의 한 가지 공통점은 레이블이 없는 대규모 데이터셋에 대해 사전 훈련한 다음 각각의 목표 작업에 맞게 미세 튜닝된다는 점입니다. 먼저 트랜스포머 기반 모델의 일반적인 훈련 절차를 소개하고 원본 트랜스포머와 어떻게 다른지 설명합니다. 그런 다음 GPT(Generative Pre-trained Transformer), BERT(Bidirectional Encoder Representations from Transformers), BART(Bidirectional and Auto-Regressive Transformers) 등 널리 사용되는 대규모 언어 모델에 대해 집중적으로 살펴보겠습니다.

16.4.1 트랜스포머 모델 사전 훈련 및 미세 튜닝

이전 절에서 원본 트랜스포머 아키텍처를 언어 번역에 어떻게 사용할 수 있는지 설명했습니다. 언어 번역은 지도 학습 작업이며 레이블이 있는 데이터셋이 필요합니다. 이런 데이터셋을 구하는 데 비용이 매우 많이 들 수 있습니다. 레이블이 있는 대규모 데이터셋의 부족은 딥러닝, 특히 훨씬 많은 데이터를 필요로 하는 트랜스포머와 같은 모델에서 오랫동안 지속되어 온 문제입니다. 하지만 매일 대량의 텍스트(책, 웹 사이트, 소셜 미디어 게시물)가 생성됩니다. 이런 레이블이 없는 데이터를 어떻게 모델 훈련을 개선하는 데 사용할 수 있을까요?

트랜스포머에서 레이블이 없는 데이터를 활용할 수 있는지에 대한 답은 '예'입니다. 그 비결은 **자기 지도 학습**(self-supervised learning)이라는 프로세스를 통해 일반 텍스트 자체에서 지도 학습을 위한 '레이블'을 생성하는 것입니다. 예를 들어 레이블이 없는 대규모 텍스트 말뭉치가 주어지면 **다음 단어 예측**(next-word prediction)을 수행하도록 모델을 훈련시켜 모델이 단어의 확률 분포를 학습할 수 있게 하고 강력한 언어 모델이 되기 위한 기반을 마련할 수 있습니다.

자기 지도 학습은 전통적으로 **비지도 사전 훈련**(unsupervised pre-training)이라고도 하며 최신 트랜스포머 기반 모델의 성공에 필수적입니다. 비지도 사전 훈련에서 '비지도'는 레이블이 없는 데이터를 사용한다는 사실을 의미하지만, 데이터의 구조를 사용하여 레이블을 생성(**CAU** 앞서 언급한 다음 단어 예측 작업)하기 때문에 여전히 지도 학습 프로세스입니다.

비지도 사전 훈련과 다음 단어 예측이 어떻게 작동하는지 좀 더 자세히 설명해 보죠. n개의 단어가 포함된 문장이 있는 경우 사전 훈련 절차는 다음 세 단계로 나눌 수 있습니다.

1. 타임 스텝 i에서 훈련 데이터의 단어 1, ..., i-1을 입력합니다.

2. 모델에 위치 i에 있는 단어를 예측하도록 요청하고 이를 정답 단어 i와 비교합니다.

3. 모델과 타임 스텝을 업데이트합니다($i := i$+1). 단계 **1**로 돌아가서 모든 단어가 처리될 때까지 반복합니다.

다음 반복에서는 모델이 이전 반복에서 생성한 단어 대신 항상 실제 (올바른) 단어를 모델에 공급해야 합니다.

사전 훈련의 주요 아이디어는 일반 텍스트를 활용한 다음 모델을 (더 작은) 레이블이 있는 데이터셋에 미세 튜닝하여 특정 작업을 수행하도록 만드는 것입니다. 현재 다양한 유형의 사전 훈련 기법이 있습니다. 예를 들어 앞서 언급한 다음 단어 예측 작업은 단방향 사전 훈련 접근 방식으로 간주할 수 있습니다. 나중에 다양한 언어 모델에서 여러 기능을 구현하기 위해 활용되는 사전 훈련 기법을 추가적으로 소개하겠습니다.

트랜스포머 기반 모델의 전체 훈련 절차는 (1) 레이블이 없는 대규모 데이터셋에 대한 사전 훈련과 (2) 레이블이 있는 데이터셋을 사용하여 특정 후속 작업에 대한 모델 훈련(즉, 미세 튜닝)의 두 부분으로 구성됩니다. 첫 번째 단계에서는 사전 훈련된 모델이 특정 작업을 위해 설계되지 않고 "일반" 언어 모델로 훈련됩니다. 그 후 두 번째 단계를 통해 레이블이 있는 데이터셋에서 일반적인 지도 학습을 통해 다양한 사용자 정의 작업에 일반화할 수 있습니다.

사전 훈련된 모델에서 얻을 수 있는 표현을 사용하여 모델을 특정 작업에 전이(transfer)하고 적용하기 위한 두 가지 전략이 있습니다[8](여기에서 말하는 표현을 모델의 마지막 층의 활성화로 생각할 수 있습니다). (1) 특성 기반 접근 방식(feature-based approach)과 (2) 미세 튜닝 접근 방식(fine-tuning approach)입니다.

특성 기반 접근 방식은 사전 훈련된 표현을 레이블이 있는 데이터셋의 추가 특성으로 사용합니다. 이를 위해서 사전 훈련된 모델로부터 문장 특성을 추출할 수 있어야 합니다. 이런 특성 추출 방식으로 잘 알려진 초기 모델은 2018년 Peters와 동료들이 쓴 논문 "Deep Contextualized Word Representations"(https://arxiv.org/abs/1802.05365)에서 제안한 ELMo(Embeddings from Language Models)입니다. ELMo는 사전 훈련된 양방향 언어 모델로, 특정 비율로 단어를 마스킹합니다. 사전 훈련 과정에서 입력 단어의 15%를 무작위로 마스킹하고 모델링 작업은 이 빈칸을 채우는 것, 즉 누락된 (마스킹된) 단어를 예측하는 것입니다. 이는 앞서 소개한 단방향 접근 방식과 다른데, 단방향 마스킹은 타임 스텝 i에서 미래의 모든 단어를 숨깁니다. 양방향 마스킹을 사용하면 모델이 양쪽 끝에서 학습할 수 있으므로 문장에 대한 보다 전반적인 정보를 포착할 수 있습니다. 사전 훈련된 ELMo 모델은 고품질의 문장 표현을 생성할 수 있으며, 나중에 후속 작업을 위한 입력 특성으로 사용될 수 있습니다. 다시 말해, 특성 기반 접근 방식은 5장에서 다룬 주성분 분석과 유사한 모델 기반 특성 추출 기법이라고 생각할 수 있습니다.

반면에 미세 튜닝 접근 방식은 역전파를 통해 일반적인 지도 학습 방식으로 사전 훈련된 모델의 파라미터를 업데이트합니다. 특성 기반 방법과 달리, 일반적으로 분류와 같은 특정 작업을 수행하기 위해 사전 훈련된 모델에 완전 연결 층 또는 다른 층을 추가한 다음 레이블이 있는 훈련 세트의 예측 성능을 기반으로 전체 모델을 업데이트합니다. 이 접근 방식을 따르는 인기 있는 모델 중 하나는 양방향 언어 모델로 사전 훈련된 대규모 트랜스포머 모델인 BERT입니다. 다음 절에서 BERT에 대해 더 자세히 설명하겠습니다. 또한, 이 장의 마지막 절에서는 8장과 15장에서 다룬 영화 리뷰 데이터셋을 사용하여 감성 분류를 위해 사전 훈련된 BERT 모델을 미세 튜닝하는 코드 예제를 살펴보겠습니다.

다음 절로 넘어가 널리 사용되는 트랜스포머 기반 언어 모델에 대한 논의를 시작하기 전에 그림 16-10에서 트랜스포머 모델 훈련의 두 단계를 요약하고 특성 기반 접근 방식과 미세 튜닝 접근 방식의 차이점을 보여 줍니다.

트랜스포머: 어텐션 메커니즘을 통한 자연어 처리 성능 향상

8 　역주 이렇게 한 작업을 위해 훈련된 모델을 다른 작업에 활용하는 기법을 전이 학습(transfer learning)이라고 부릅니다.

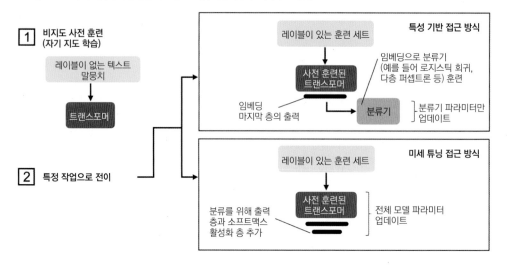

▼ 그림 16-10 후속 작업에 사전 훈련된 트랜스포머를 적용하는 두 가지 주요 방법

16.4.2 GPT로 레이블이 없는 데이터 활용하기

GPT는 OpenAI에서 개발한 텍스트 생성을 위한 인기 있는 대규모 언어 모델 시리즈입니다. 2020년 5월에 출시된 가장 최신 모델인 GPT-3[9]는 놀라운 결과를 내고 있습니다. GPT-3가 생성한 텍스트 품질은 사람이 생성한 텍스트와 구별하기가 매우 어렵습니다. 이 절에서는 GPT 모델이 고수준에서 어떻게 작동하는지, 그리고 수년에 걸쳐 어떻게 발전해 왔는지에 대해 설명하겠습니다.

표 16-1에 나와 있듯이 GPT 모델 시리즈에서 한 가지 분명한 변화는 파라미터의 개수입니다.

---

9   Tom B. Brown 외, Language Models are Few-Shot Learners
     2020, https://arxiv.org/abs/2005.14165

▼ 표 16-1 GPT 모델 개요

모델	출시 연도	매개변수 수	논문 제목	논문 링크
GPT-1	2018	1억 1,000만	Improving Language Understanding by Generative Pre-Training	https://www.cs.ubc.ca/~amuham01/LING530/papers/radford2018improving.pdf
GPT-2	2019	15억	Language Models are Unsupervised Multitask Learners	https:// www.semanticscholar.org/paper/Language-Models-are-Unsupervised-Multitask-Learners-Radford-Wu/9405cc0d6169988371b2755e573cc28650d14dfe
GPT-3	2020	1,750억	Language Models are Few-Shot Learners	https://arxiv.org/pdf/2005.14165.pdf

먼저 2018년에 출시된 GPT-1 모델을 자세히 살펴보겠습니다. 훈련 절차를 두 단계로 나눌 수 있습니다.

1. 레이블이 없는 대량의 텍스트에서 사전 훈련
2. 지도 학습 방식의 미세 튜닝

그림 16-11(GPT-1 논문에서 발췌)에서 볼 수 있듯이 GPT-1은 (1) 디코더(인코더 블록이 없음)와 (2) 특정 작업 수행을 위해 미세 튜닝되는 추가 층으로 구성된 트랜스포머로 생각할 수 있습니다.

▼ 그림 16-11 GPT-1 트랜스포머

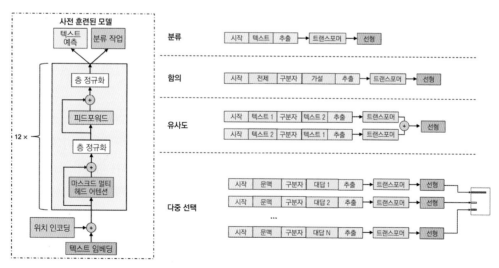

그림 16-11에서 (다음 단어를 예측하는) 텍스트 예측 작업의 경우 사전 훈련 단계가 끝나면 모델이 준비됩니다. 그렇지 않은 경우, 예를 들어 분류 또는 회귀와 관련된 작업이라면 지도 학습 미세 튜닝이 필요합니다.

GPT-1은 사전 훈련에 트랜스포머 디코더 구조를 활용합니다. 디코더는 주어진 단어 위치에서 다음 단어를 예측할 때 앞 단어에만 의존합니다. GPT-1은 분류보다는 텍스트 생성에 초점을 맞추기 때문에 (이 장의 뒷부분에서 다루게 될) BERT와 같은 양방향 메커니즘이 아닌 단방향 셀프 어텐션 메커니즘을 사용합니다. 텍스트를 생성하는 동안 왼쪽에서 오른쪽으로 자연스러운 방향으로 단어를 하나씩 생성합니다. 여기에서 강조할 만한 또 다른 측면이 하나 더 있습니다. 훈련 과정에서는 각 위치에 대해 항상 이전 위치의 올바른 단어를 모델에 제공합니다. 하지만 추론 과정에서는 모델이 생성한 단어를 주입하여 새로운 텍스트를 생성합니다.

사전 훈련된 모델(그림 16-11에서 트랜스포머로 표시된 블록)을 얻은 후 입력 전처리 블록과 선형 층 사이에 삽입하면 선형 층이 (이 책의 앞부분에서 설명한 심층 신경망 모델과 유사한) 출력 층 역할을 합니다. 분류 작업의 경우 미세 튜닝은 간단합니다. 먼저 입력을 토큰화한 다음 사전 훈련된 모델과 새로 추가된 선형 층에 통과시키고 그다음 소프트맥스 활성화 함수를 적용합니다. 하지만 질문 답변(question answering)과 같은 더 복잡한 작업의 경우 입력의 포맷이 사전 훈련된 모델과 일치하지 않으므로 각각의 작업에 맞는 추가 처리 단계가 필요합니다. 구체적인 수정 사항에 관심이 있는 독자는 GPT-1 논문에서 자세한 내용을 확인하세요(논문 주소는 이전 표에 있습니다).

GPT-1은 또한 **제로 샷 작업**(zero-shot task)에서 놀라울 정도로 우수한 성능을 발휘합니다. 이는 작업별 미세 튜닝을 최소화하므로 다양한 작업에 맞추어 커스터마이징할 수 있는 범용 언어 모델로서의 능력을 보여 줍니다. 제로 샷 학습은 머신 러닝에서 테스트 및 추론 도중 모델이 훈련 중에 만난 적 없는 클래스의 샘플을 분류해야 하는 특별한 상황을 말합니다. GPT의 제로 샷 설정은 만난 적 없는 작업을 의미합니다.

GPT의 적응성은 연구원들이 작업별 입력 및 모델 설정을 없애도록 했으며 GPT-2의 개발로 이어졌습니다. 이전 버전과 달리 GPT-2는 입력 또는 미세 튜닝 단계에서 더 이상 추가 수정이 필요하지 않습니다. 필요한 형식에 맞게 시퀀스를 재배열하는 대신, GPT-2는 다양한 유형의 입력을 구분하고 소위 "문맥"이라고 하는 사소한 힌트를 통해 후속 작업을 수행할 수 있습니다. 이는 입력에 대해서만 조건이 적용되는 것이 아니라 입력과 작업 유형 모두에 조건이 적용되는 출력 확률을 모델링 $p(output|input, task)$함으로써 달성됩니다. 예를 들어 문맥에 translate to French, english-text, french-text가 포함된 경우 모델은 번역 작업으로 인식할 것입니다.

이는 GPT-1보다 훨씬 더 '인공 지능적'인 것처럼 들리며 실제로 모델 크기 외에 가장 눈에 띄는 개선 사항입니다. 해당 논문 제목에서 알 수 있듯이 비지도 언어 모델은 제로 샷 학습의 핵심일 수 있으며, GPT-2는 제로 샷 작업 전이를 최대한 활용하여 다중 작업 학습 모델을 만듭니다.

GPT-2에 비해 GPT-3는 제로 샷에서 원 샷(one-shot)으로, 그리고 인-컨텍스트(in-context) 학습을 통한 **퓨 샷 학습**(few-shot learning)으로 초점을 이동한다는 점에서 오히려 소심해졌습니다. 사실 작업별 훈련 샘플을 제공하지 않는 것은 너무 엄격해 보입니다. 사람은 일반적으로 새로운 작업을 학습하기 위해 몇 가지 샘플을 봐야 하기 때문에 퓨 샷 학습이 더 현실적일 뿐만 아니라 인간과 더 유사합니다. 이름에서 알 수 있듯이 원 샷 학습이 정확히 하나의 샘플로 제한되는 반면, 퓨 샷 학습은 모델이 몇 가지 작업의 샘플을 본다는 것을 의미합니다.

그림 16-12는 제로 샷, 원 샷, 퓨 샷 및 미세 튜닝 절차의 차이점을 보여 줍니다.

▼ 그림 16-12 제로 샷, 원 샷 및 퓨 샷 학습의 비교

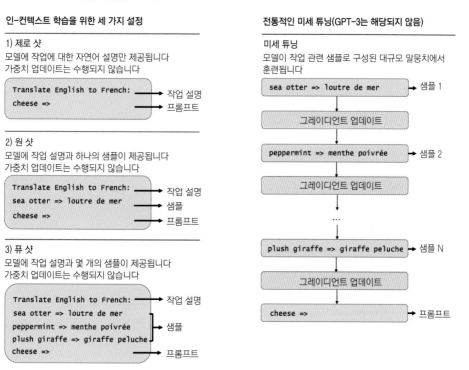

GPT-3의 모델 아키텍처는 파라미터 크기가 100배 증가하고 희소 트랜스포머(sparse transformer)를 사용한다는 점을 제외하면 GPT-2와 거의 동일합니다. 앞서 설명한 원래의 (조밀한) 어텐션 메커니즘에서는 각 원소가 입력의 다른 모든 원소에 주의를 기울이며, 이는 $O(n^2)$ 복잡도를 가집니다. **희소 어텐션**(sparse attention)은 일반적으로 $n^{1/p}$에 비례하는 제한된 크기의 원소 집합에만 주의

를 기울임으로써 효율성을 높입니다. 관심 있는 독자는 희소 트랜스포머 논문[10]에서 구체적인 하위 집합 선택에 대해 자세히 알아볼 수 있습니다.

16.4.3 GPT-2를 사용하여 새로운 텍스트 생성

다음 트랜스포머 아키텍처로 넘어가기 전에 최신 GPT 모델을 사용하여 새로운 텍스트를 생성하는 방법을 살펴보겠습니다. GPT-3는 아직 비교적 새로운 기술이며 현재 OpenAI API(https://openai.com/blog/openai-api/)를 통해서만 제공됩니다. 여기에서는 유명한 자연어 처리 및 머신 러닝 회사인 허깅 페이스(Hugging Face)(http://huggingface.co)에서 제공되는 GPT-2의 구현을 사용하겠습니다.

사전 훈련 및 미세 튜닝을 위한 다양한 트랜스포머 기반 모델을 제공하는 허깅 페이스에서 만든 파이썬 라이브러리인 transformers를 통해 GPT-2를 사용해 보겠습니다. 포럼에서 커스터마이징 모델에 대해 토론하고 공유할 수도 있습니다. 관심이 있다면 커뮤니티(https://discuss.huggingface.co)에 방문해서 자유롭게 토론하고 참여해 보세요.

> Note ☰ **트랜스포머 4.9.1 버전 설치하기**
>
> 이 패키지는 빠르게 발전하고 있으므로 다음 절과 동일한 결과를 얻지 못할 수도 있습니다. 참고로 이 책에서는 2021년 6월에 출시된 4.9.1 버전을 사용합니다.[11] 이 책에서 사용한 버전을 설치하려면 터미널에서 다음 명령을 실행하여 PyPI에서 설치할 수 있습니다.
>
> ```
> > pip install transformers==4.9.1
> ```
>
> 또한, 공식 설치 페이지에서 최신 지침을 확인하는 것이 좋습니다.
>
> https://huggingface.co/transformers/installation.html

transformers 라이브러리를 설치한 후 다음 코드를 실행하여 새로운 텍스트를 생성할 수 있는 사전 훈련된 GPT 모델을 가져올 수 있습니다.

```
>>> from transformers import pipeline, set_seed
>>> generator = pipeline('text-generation', model='gpt2')
```

---

10 Rewon Child 외, Generating Long Sequences with Sparse Transformers, 2019
　　https://arxiv.org/abs/1904.10509
11 역주 번역 시점의 버전은 4.32.1입니다. 번역서 깃허브에서 최신 버전을 사용한 코드를 확인할 수 있습니다.

그런 다음 모델에 텍스트 프롬프트를 제공하고 해당 입력 프롬프트를 기반으로 새 텍스트를 생성하도록 요청합니다.

```
>>> set_seed(123)
>>> generator("Hey readers, today is",
...             max_length=20,
...             num_return_sequences=3)
[{'generated_text': "Hey readers, today is not the last time we'll be seeing one of our
favorite indie rock bands"},
 {'generated_text': "Hey readers, today is Christmas. This is not Christmas, because
Christmas is so long and I hope"},
 {'generated_text': "Hey readers, today is CTA Day!\n\nWe're proud to be hosting a
special event"}]
```

결과에서 볼 수 있듯이 이 모델은 텍스트 프롬프트를 기반으로 세 개의 합리적인 문장을 생성했습니다. 더 많은 예시를 살펴보고 싶다면 랜덤 시드와 최대 시퀀스 길이를 자유롭게 변경해 보세요.

또한, 앞서 그림 16-10에서 설명한 것처럼 트랜스포머 모델을 사용하여 다른 모델을 훈련하기 위한 특성을 만들 수 있습니다. 다음 코드는 GPT-2를 사용하여 입력 텍스트를 기반으로 특성을 생성하는 방법을 보여 줍니다.

```
>>> from transformers import GPT2Tokenizer
>>> tokenizer = GPT2Tokenizer.from_pretrained('gpt2')
>>> text = "Let us encode this sentence"
>>> encoded_input = tokenizer(text, return_tensors='pt')
>>> encoded_input
{'input_ids': tensor([[ 5756,   514, 37773,   428,  6827]]), 'attention_mask':
tensor([[1, 1, 1, 1, 1]])}
```

이 코드는 입력 텍스트를 GPT-2 모델을 위해 토큰화된 포맷으로 인코딩합니다. 문자열을 정수 표현으로 매핑하고 어텐션 마스크를 모두 1로 설정합니다. 이는 인코딩된 입력을 모델에 전달할 때 모든 단어가 처리된다는 의미입니다.

```
>>> from transformers import GPT2Model
>>> model = GPT2Model.from_pretrained('gpt2')
>>> output = model(**encoded_input)
```

output 변수에는 마지막 은닉 상태, 즉 입력 문장의 GPT-2 기반 특성이 저장됩니다.

```
>>> output['last_hidden_state'].shape
torch.Size([1, 5, 768])
```

간단하게 텐서 크기만 출력했습니다. 텐서의 첫 번째 차원은 배치 크기(입력 텍스트가 하나입니다)이며, 그다음에는 문장 길이와 특성 인코딩의 크기입니다. 여기에서는 다섯 개의 단어가 각각 768차원 벡터로 인코딩되었습니다.

이제 이 특성 인코딩을 주어진 데이터셋에 적용하고 8장의 BoW 모델을 사용하는 대신 GPT-2 기반 특성 표현을 기반으로 분류기를 훈련할 수 있습니다.

또한, 앞서 설명한 것처럼 사전 훈련된 대규모 언어 모델을 사용하는 또 다른 접근 방식은 미세 튜닝입니다. 이 장의 뒷부분에서 미세 튜닝의 예를 살펴보겠습니다.

GPT-2 사용에 대한 자세한 내용이 궁금하다면 다음 문서를 참고하세요.

- https://huggingface.co/gpt2
- https://huggingface.co/docs/transformers/model_doc/gpt2

16.4.4 BERT를 통한 양방향 사전 훈련

BERT[12]는 2018년 Google 연구 팀이 만들었습니다. GPT와 BERT는 아키텍처가 다르기 때문에 직접 비교할 수는 없지만 BERT는 3억 4,500만 개의 파라미터를 가지고 있습니다(GPT-1보다는 약간 더 크고 GPT-2의 1/5에 해당합니다).

BERT는 양방향 훈련 절차를 활용하는 트랜스포머 인코더 기반 모델 구조를 가지고 있습니다(또는 더 정확하게는 모든 입력 원소를 한꺼번에 읽어 들이기 때문에 BERT는 '비방향성' 훈련을 사용한다고 생각할 수 있습니다). 이 설정에서 특정 단어의 인코딩은 앞 단어와 뒤 단어 모두에 따라 달라집니다. GPT에서는 입력 원소가 왼쪽에서 오른쪽으로 자연스러운 순서로 읽히므로 강력한 생성 언어 모델을 형성하는 데 도움이 됩니다. 양방향 훈련 때문에 BERT가 단어 단위로 문장을 생성할 수 없지만, 모델이 양방향으로 정보를 처리할 수 있으므로 분류와 같은 다른 작업에 더 높은 품질의 입력 인코딩을 제공합니다.

트랜스포머 인코더에서 토큰 인코딩은 위치 인코딩과 토큰 임베딩을 더한 것입니다. BERT 인코더에는 이 토큰이 어느 세그먼트(segment)에 속하는지를 나타내는 추가 세그먼트 임베딩이 있습니다. 따라서 그림 16-13에서 볼 수 있듯이 각 토큰 표현에는 세 가지 원소가 포함됩니다.

---

12 J. Devlin 외, BERT: Pre-training of Deep Bidirectional Transformers for Language Understanding, 2018
https://arxiv.org/abs/1810.04805

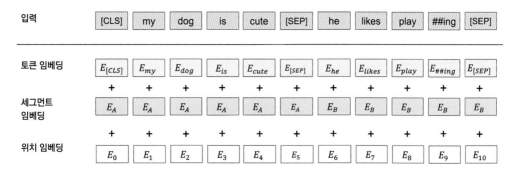

▼ 그림 16-13 BERT 인코더용 입력 준비하기

BERT에 추가적인 세그먼트 정보가 필요한 이유가 무엇일까요? 다음 문장 예측(next-sentence prediction)이라는 BERT의 특별한 사전 훈련 작업 때문입니다. 이 사전 훈련 작업에서 각 학습 샘플에는 두 개의 문장이 포함되므로 첫 번째 문장에 속하는지 두 번째 문장에 속하는지를 나타내기 위해 특별한 세그먼트 표기가 필요합니다.

이제 BERT의 사전 훈련 작업에 대해 좀 더 자세히 살펴보겠습니다. 다른 모든 트랜스포머 기반 언어 모델과 마찬가지로 BERT에는 사전 훈련과 미세 튜닝이라는 두 가지 학습 단계가 있습니다. 그리고 사전 훈련에는 마스크드 언어 모델링(masked language modeling)과 다음 문장 예측이라는 두 가지 비지도 작업이 포함됩니다.

마스크 언어 모델(MLM)에서는 토큰이 마스크 토큰인 [MASK]로 무작위로 바뀝니다. 모델은 이런 숨겨진 단어를 예측해야 합니다. GPT의 다음 단어 예측과 비교할 때 BERT의 MLM은 모델이 문장의 (마스킹된 토큰을 제외한) 모든 토큰에 관심을 기울일 수 있기 때문에 "빈칸 채우기"에 더 가깝습니다. 하지만 일반 텍스트에는 [MASK] 토큰이 등장하지 않기 때문에 단순하게 단어를 마스킹하면 사전 훈련과 미세 튜닝 간에 불일치가 발생할 수 있습니다. 이를 완화하기 위해 마스킹을 위해 선택된 단어에 추가 수정이 이루어집니다. BERT에서는 단어의 15%가 마스킹용으로 표시됩니다. 랜덤하게 선택된 이 15%의 단어는 다음과 같은 처리 과정이 추가됩니다.

1. 10%는 단어를 바꾸지 않고 유지합니다.

2. 10%는 원본 단어 토큰을 임의의 단어로 바꿉니다.

3. 80%는 원본 단어 토큰을 마스크 토큰인 [MASK]로 바꿉니다.

16

트랜스포머: 어텐션 메커니즘을 통한 자연어 처리 성능 향상

707

[MASK] 토큰을 학습 과정에 도입할 때 이런 수정을 통해 앞서 언급한 사전 훈련과 미세 튜닝 간 불일치를 방지하는 것 외에도 또 다른 이점이 있습니다. 첫째, 변경되지 않은 단어는 원래 토큰의 정보를 유지할 수 있는 가능성이 있습니다. 그렇지 않으면 모델은 문맥에서만 학습할 수 있고 마스킹된 단어에서는 아무것도 학습할 수 없습니다. 둘째, 10%의 랜덤한 단어는 모델이 입력을 그대로 반환하는 등 게으르게 학습하는 것을 방지합니다. 마스킹, 랜덤 교체, 단어를 그대로 두는 확률은 제거 연구(ablation study)(GPT-2 논문 참고)를 통해 선택되었습니다. 저자들은 다양한 설정을 테스트한 결과 이 조합이 가장 효과적이라는 사실을 발견했습니다.

그림 16-14는 fox라는 난어가 마스킹되어 있는 예시를 보여 줍니다. 일정 확률로 변경되지 않거나 [MASK] 또는 coffee로 대체됩니다. 그런 다음 모델은 마스킹된(강조 표시된) 단어가 무엇인지 예측해야 합니다.

❤ 그림 16-14 MLM의 예시

입력 문장 : **A quick brown** fox **jumps over a lazy dog.**

출력 문장 :
- 80% 마스크 토큰: fox를 [MASK]로 교체
- 10% 랜덤 토큰: fox를 coffee로 교체
- 10% 바꾸지 않음: fox 유지

BERT의 양방향 인코딩을 고려하면 다음 문장 예측은 다음 단어 예측 작업의 자연스러운 변형입니다. 실제로 질문 답변과 같은 많은 중요한 자연어 처리 작업은 문서 내 두 문장의 관계에 의존합니다. 다음 단어 예측 훈련은 일반적으로 입력 길이 제약으로 인해 한 문장 내에서 이루어지기 때문에 이런 종류의 관계는 일반 언어 모델로는 포착하기 어렵습니다.

다음 문장 예측 작업에서는 모델에 다음 형식의 두 문장, A와 B가 주어집니다.

[CLS] A [SEP] B [SEP]

[CLS]는 분류 토큰입니다. 디코더 출력에 있는 예측 레이블의 플레이스홀더(placeholder) 역할과 문장의 시작을 나타내는 토큰 역할을 합니다. 반면에 [SEP] 토큰은 각 문장의 끝을 나타내기 위해 추가됩니다. 그런 다음 모델은 B가 A의 다음 문장("IsNext")인지 아닌지를 분류해야 합니다. 모델에 균형 잡힌 데이터셋을 제공하기 위해 샘플의 50%는 "IsNext" 레이블을 가지고 있고 나머지 샘플은 "NotNext" 레이블을 가집니다.

BERT는 마스킹된 문장과 다음 문장 예측이라는 두 가지 작업에 대해 동시에 사전 훈련을 합니다. 여기에서 BERT의 훈련 목표는 두 작업에 대해 합쳐진 손실 함수를 최소화하는 것입니다.

사전 훈련된 모델을 사용하는 미세 튜닝 단계에서 다양한 후속 작업을 위해 특별한 수정이 필요합니다. 각 입력 샘플은 특정 포맷에 맞아야 합니다. 예를 들어 [CLS] 토큰으로 시작하고 두 개 이상의 문장으로 구성된 경우 [SEP] 토큰을 사용하여 구분해야 합니다.

대략적으로 말하면, BERT는 (a) 문장 쌍 분류, (b) 단일 문장 분류, (c) 질문 답변, (d) 단일 문장 태깅 등 네 종류의 작업에 대해 미세 튜닝할 수 있습니다.

이 중 (a)와 (b)는 시퀀스 수준 분류 작업으로, [CLS] 토큰의 출력 표현에 소프트맥스 층 하나만 추가하면 됩니다. 반면에 (c)와 (d)는 토큰 수준 분류 작업입니다. 즉, 모델은 관련된 모든 토큰의 출력 표현을 소프트맥스 층으로 전달하여 개별 토큰의 클래스 레이블을 예측합니다.

> **Note ☰ 질문 답변**
>
> 작업 (c) 질문 답변은 감성 분류나 음성 태깅과 같은 다른 인기 있는 분류 작업에 비해 덜 자주 논의됩니다. 질문 답변에서 각 입력 샘플은 질문과 질문에 대한 답변을 돕는 단락 두 부분으로 나눌 수 있습니다. 모델은 질문에 대한 적절한 답변을 구성하는 단락의 시작 토큰과 종료 토큰을 모두 가리켜야 합니다. 즉, 모델은 단락의 모든 개별 토큰에 대해 이 토큰이 시작 토큰인지 종료 토큰인지 또는 둘 다 아닌지를 나타내는 태그를 생성해야 합니다. 출력에서 종료 토큰이 시작 토큰 앞에 나타날 수 있어 답을 생성할 때 충돌이 일어납니다. 이런 종류의 출력은 질문에 대한 '정답 없음'으로 간주됩니다.

그림 16-15에서 볼 수 있듯이 이 모델의 미세 튜닝 설정은 매우 간단한 구조를 가집니다. 입력 인코더가 사전 훈련된 BERT에 연결되고 분류를 위해 소프트맥스 층이 추가됩니다. 모델이 준비되면 학습 프로세스를 따라 모든 파라미터가 조정됩니다.

트랜스포머: 어텐션 메커니즘을 통한 자연어 처리 성능 향상

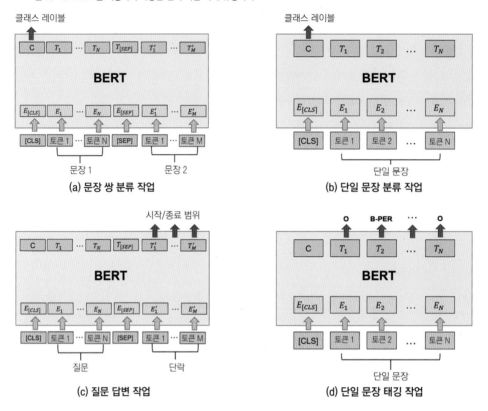

▼ 그림 16-15 BERT를 사용하여 다양한 언어 작업 미세 튜닝하기

(a) 문장 쌍 분류 작업

(b) 단일 문장 분류 작업

(c) 질문 답변 작업

(d) 단일 문장 태깅 작업

16.4.5 두 장점을 합친 BART

BART[13]는 2019년 페이스북 AI Research의 연구원들이 개발했습니다. 이전 절에서 GPT는 트랜스포머의 디코더 구조를 활용하는 반면, BERT는 트랜스포머의 인코더 구조를 활용한다고 설명했습니다. 따라서 이 두 모델은 서로 다른 작업을 잘 수행할 수 있습니다. GPT는 텍스트 생성에 특화되어 있는 반면, BERT는 분류 작업에서 더 나은 성능을 발휘합니다. BART는 GPT와 BERT를 일반화한 것으로 볼 수 있습니다. 이 절의 제목에서 알 수 있듯이 BART는 텍스트 생성 및 분류라는 두 가지 작업을 모두 수행할 수 있습니다. 두 가지 작업을 모두 잘 처리할 수 있는 이유는 이 모델에 양방향 인코더와 왼쪽에서 오른쪽으로 자기회귀하는 디코더가 함께 있기 때문입니다.

---

13 Mike Lewis 외, BART: Denoising Sequence-to-Sequence Pre-training for Natural Language Generation, Translation, and Comprehension, 2019, https://arxiv.org/abs/1910.13461

기존 트랜스포머와 어떻게 다른지 궁금할 수 있습니다. 활성화 함수 선택과 같은 몇 가지 사소한 변경 사항과 함께 모델 크기에 몇 가지 변경 사항이 있습니다. 하지만 더 흥미로운 변화 중 하나는 BART의 입력이 다르다는 것입니다. 원래 트랜스포머 모델은 언어 번역용으로 설계되었기 때문에 인코더에는 번역할 텍스트(소스 시퀀스)와 디코더에는 번역(대상 시퀀스)의 두 가지 입력이 있습니다. 또한, 디코더는 그림 16-6의 앞부분에서 설명한 것처럼 인코딩된 소스 시퀀스도 받습니다. 하지만 BART에서는 소스 시퀀스만 입력으로 사용하도록 입력 포맷이 일반화되었습니다. BART는 언어 번역을 포함하여 더 다양한 작업을 수행할 수 있습니다. 손실을 계산하고 모델을 미세 튜닝하기 위해 여전히 타깃 시퀀스가 필요하지만 디코더에 직접 공급할 필요가 없습니다.

이제 BART의 모델 구조를 자세히 살펴보겠습니다. 앞서 언급했듯이 BART는 양방향 인코더와 자기회귀 디코더로 구성됩니다. 훈련 샘플을 일반 텍스트로 받으면 먼저 입력을 오염시킨 다음 인코더에 의해 인코딩됩니다. 그다음 디코더는 이전에 생성한 토큰과 인코더가 만든 입력 인코딩을 사용합니다. 디코더 출력과 원본 텍스트 사이의 교차 엔트로피 손실이 계산된 다음 학습 과정을 통해 최적화됩니다. 번역할 초기 텍스트(소스 텍스트)와 타깃 언어로 생성된 텍스트, 서로 다른 언어로 된 두 개의 텍스트가 디코더에 입력되는 트랜스포머를 생각해 보세요. BART는 전자를 손상된 텍스트로 바꾸고 후자를 입력 텍스트 자체로 바꾸는 것으로 이해할 수 있습니다.

▼ 그림 16-16 BART의 모델 구조

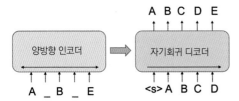

오염 단계를 좀 더 자세히 설명하기 위해, BERT와 GPT는 마스킹된 단어를 재구성하여 사전 훈련된다는 점을 기억하세요. BERT는 '빈칸 채우기'를, GPT는 '다음 단어 예측'을 수행합니다. 단어 마스킹은 문장을 오염시키는 한 가지 방법이기 때문에 이런 사전 훈련 작업은 오염된 문장을 재구성하는 것으로 생각할 수도 있습니다. BART는 깨끗한 텍스트에 적용할 수 있는 다음과 같은 오염 방법을 사용합니다.

- 토큰 마스킹
- 토큰 삭제
- 텍스트 채우기

- 문장 섞기
- 문서 회전[14]

위에 나열된 기술 중 하나 이상을 같은 문장에 적용할 수 있습니다. 최악의 경우 모든 정보가 오염 되고 손상되면 텍스트가 쓸모없게 됩니다. 따라서 인코더의 활용도는 제한적이며 디코더 모듈만 제대로 작동하면 본질적으로 단방향 언어 모델과 더 유사해집니다.

BART는 (a) 시퀀스 분류, (b) 토큰 분류, (c) 시퀀스 생성, (d) 기계 번역을 포함한 광범위한 후속 작업에서 미세 튜닝할 수 있습니다. BERT와 마찬가지로 다른 작업을 수행하려면 입력을 약간 변 경해야 합니다.

시퀀스 분류 작업에서는 생성된 레이블 토큰으로 사용하기 위해 입력에 추가 토큰을 첨부해야 하 며, 이는 BERT의 [CLS] 토큰과 유사합니다. 또한, 입력을 방해하는 대신 손상되지 않은 입력을 인코더와 디코더에 모두 공급하여 모델이 입력을 최대한 활용할 수 있도록 합니다.

토큰 분류의 경우 추가 토큰이 불필요합니다. 모델은 분류를 위해 각 토큰에 대해 생성된 표현을 바로 사용할 수 있습니다.

BART의 시퀀스 생성은 인코더가 있어 GPT와 약간 다릅니다. BART를 통한 시퀀스 생성 작업은 텍스트를 처음부터 생성하는 대신 모델에 문맥 말뭉치가 주어지고 특정 질문에 대한 요약 또는 추 상적인 답변을 생성하도록 요청하는 요약과 더 비슷합니다. 이를 위해 전체 입력 시퀀스가 인코더 에 공급되고 디코더는 자기회귀적으로 출력을 생성합니다.

마지막으로 BART와 원본 트랜스포머 간 유사성을 고려하면 기계 번역을 수행할 수 있는 것은 당 연합니다. 하지만 연구자들은 원본 트랜스포머를 훈련할 때와 똑같은 절차를 따르는 대신 전체 BART 모델을 사전 훈련된 디코더로 통합할 수 있는 가능성을 고려했습니다. 번역 모델을 완성하 기 위해 랜덤하게 초기화된 인코더가 추가됩니다. 그런 다음 두 단계로 미세 튜닝 단계를 수행할 수 있습니다.

1. 먼저 인코더를 제외한 모든 파라미터를 동결합니다.
2. 그다음 모델의 모든 파라미터를 업데이트합니다.

BART는 다양한 작업에 대한 여러 벤치마크 데이터셋에서 평가되었으며, BERT와 같은 다른 유명 언어 모델과 비교하여 매우 경쟁력 있는 결과를 얻었습니다. 특히 추상적인 질문 답변, 대화 응답 (dialogue response), 요약 작업 등을 포함한 생성 작업에서 BART는 최상의 결과를 달성했습니다.

---

14 역주 문서 회전은 랜덤하게 한 토큰을 선택하여 문서의 시작 위치를 바꾸는 방법입니다.

16.5 파이토치에서 BERT 모델 미세 튜닝하기

이제 필요한 모든 개념과 원본 트랜스포머와 널리 사용되는 트랜스포머 기반 모델에 대한 이론을 소개하고 논의했으니, 이제 실용적인 부분을 살펴볼 차례입니다! 이 절에서는 파이토치에서 감성 분류를 위해 BERT 모델을 미세 튜닝하는 방법을 배우겠습니다.

선택할 수 있는 다른 트랜스포머 기반 모델도 많지만, BERT는 인기 있는 모델 중에서 적절한 모델 크기를 가지고 있습니다. 특히 단일 GPU에서 미세 튜닝할 수 있습니다. 또한, 허깅 페이스의 transformers 파이썬 패키지는 미세 튜닝이 가능한 사전 훈련된 여러 모델을 제공합니다. 따라서 BERT를 처음부터 사전 훈련하는 것은 번거롭고 불필요한 작업입니다.

다음 절에서는 IMDb 영화 리뷰 데이터셋을 준비하여 토큰화하고, DistilBERT 모델을 미세 튜닝하여 감성 분류를 수행하는 방법을 살펴봅니다. 언어 모델의 다른 흥미로운 적용 사례도 많은데, 의도적으로 단순하지만 고전적인 예로 감성 분류를 선택했습니다. 또한, 친숙한 IMDb 영화 리뷰 데이터셋을 사용하여 8장의 로지스틱 회귀 모델과 15장의 RNN과 비교함으로써 BERT 모델의 예측 성능에 대한 좋은 아이디어를 얻을 수 있습니다.

16.5.1 IMDb 영화 리뷰 데이터셋 로드

이 절에서는 필요한 패키지를 로드하고 데이터셋을 훈련, 검증 및 테스트 세트로 나누는 것으로 시작하겠습니다.

이 튜토리얼의 BERT 관련 부분에서는 이전 절에서 설치한 허깅 페이스에서 만든 오픈 소스 transformers 라이브러리(https://huggingface.co/transformers/)를 주로 사용하겠습니다.

이 장에서 사용하는 DistilBERT 모델은 사전 훈련된 BERT 베이스(base) 모델을 증류하여 만든 경량 트랜스포머 모델입니다. 대·소문자를 구분하지 않은 원래 BERT 베이스 모델의 파라미터 개수는 1억 1,000만 개가 넘습니다. 하지만 DistilBERT의 파라미터 개수는 40% 더 적습니다. 또한, DistilBERT는 60% 더 빠르게 실행되며 GLUE 언어 이해(language understanding) 벤치마크에서 BERT 성능의 95%를 유지합니다.

다음 코드는 데이터를 준비하고 DistilBERT 모델을 미세 튜닝하기 위해 사용할 모든 패키지를 임포트합니다.

```
>>> import gzip
>>> import shutil
>>> import time
>>> import pandas as pd
>>> import requests
>>> import torch
>>> import torch.nn.functional as F
>>> import torchtext
>>> import transformers
>>> from transformers import DistilBertTokenizerFast
>>> from transformers import DistilBertForSequenceClassification
```

다음으로 신경망을 훈련할 에포크 수, 디바이스, 랜덤 시드를 포함한 몇 가지 일반적인 설정을 지정합니다. 동일한 결과를 재현하려면 123과 같은 특정 랜덤 시드를 설정해야 합니다.

```
>>> torch.backends.cudnn.deterministic = True
>>> RANDOM_SEED = 123
>>> torch.manual_seed(RANDOM_SEED)
>>> DEVICE = torch.device('cuda' if torch.cuda.is_available() else 'cpu')
>>> NUM_EPOCHS = 3
```

여기에서는 이미 8장과 15장에서 살펴본 IMDb 영화 리뷰 데이터셋을 사용합니다. 다음 코드는 압축된 데이터셋을 다운로드하고 압축을 해제합니다.

```
>>> url = ("https://github.com/rasbt/"
...        "machine-learning-book/raw/"
...        "main/ch08/movie_data.csv.gz")
>>> filename = url.split("/")[-1]
>>> with open(filename, "wb") as f:
...     r = requests.get(url)
...     f.write(r.content)
>>> with gzip.open('movie_data.csv.gz', 'rb') as f_in:
...     with open('movie_data.csv', 'wb') as f_out:
...         shutil.copyfileobj(f_in, f_out)
```

8장의 movie_data.csv 파일이 하드 드라이브에 남아 있는 경우 다운로드 및 압축 해제 과정을 건너뛸 수 있습니다.

그런 다음 판다스 DataFrame으로 데이터를 로드하고 올바르게 출력되는지 확인합니다.

```
>>> df = pd.read_csv('movie_data.csv')
>>> df.head(3)
```

▼ 그림 16-17 IMDb 영화 리뷰 데이터셋의 처음 세 개의 행

	review	sentiment
0	In 1974, the teenager Martha Moxley (Maggie Gr...	1
1	OK... so... I really like Kris Kristofferson a...	0
2	***SPOILER*** Do not read this, if you think a...	0

다음 단계는 데이터셋을 별도의 학습, 검증 및 테스트 세트로 분할하는 것입니다. 여기에서는 리뷰의 70%를 훈련 세트에, 10%를 검증 세트에, 나머지 20%를 테스트 세트에 사용합니다.

```
>>> train_texts = df.iloc[:35000]['review'].values
>>> train_labels = df.iloc[:35000]['sentiment'].values
>>> valid_texts = df.iloc[35000:40000]['review'].values
>>> valid_labels = df.iloc[35000:40000]['sentiment'].values
>>> test_texts = df.iloc[40000:]['review'].values
>>> test_labels = df.iloc[40000:]['sentiment'].values
```

16.5.2 데이터셋 토큰화

지금까지 학습, 검증 및 테스트 세트에 대한 텍스트와 레이블을 얻었습니다. 이제 사전 훈련된 모델 클래스와 함께 제공되는 토크나이저(tokenizer)를 사용하여 텍스트를 개별 단어 토큰으로 토큰화하겠습니다.

```
>>> tokenizer = DistilBertTokenizerFast.from_pretrained(
...        'distilbert-base-uncased'
... )
>>> train_encodings = tokenizer(list(train_texts), truncation=True, padding=True)
>>> valid_encodings = tokenizer(list(valid_texts), truncation=True, padding=True)
>>> test_encodings = tokenizer(list(test_texts), truncation=True, padding=True)
```

마지막으로 모든 것을 IMDbDataset 클래스로 감싸고 데이터 로더를 만들겠습니다. 이렇게 사용자
정의 데이터셋 클래스를 사용하면 영화 리뷰 데이터셋을 위한 모든 관련 특성과 기능을 DataFrame
포맷으로 커스터마이징할 수 있습니다.

```
>>> class IMDbDataset(torch.utils.data.Dataset):
...     def __init__(self, encodings, labels):
...         self.encodings = encodings
...         self.labels = labels
>>>     def __getitem__(self, idx):
...         item = {key: torch.tensor(val[idx])
...                 for key, val in self.encodings.items()}
...         item['labels'] = torch.tensor(self.labels[idx])
...         return item
>>>     def __len__(self):
...         return len(self.labels)
>>> train_dataset = IMDbDataset(train_encodings, train_labels)
>>> valid_dataset = IMDbDataset(valid_encodings, valid_labels)
>>> test_dataset = IMDbDataset(test_encodings, test_labels)
>>> train_loader = torch.utils.data.DataLoader(
...     train_dataset, batch_size=16, shuffle=True)
>>> valid_loader = torch.utils.data.DataLoader(
...     valid_dataset, batch_size=16, shuffle=False)
>>> test_loader = torch.utils.data.DataLoader(
...     test_dataset, batch_size=16, shuffle=False)
```

전반적인 데이터 로더 설정은 이전 장과 비슷합니다. 한 가지 주목할 만한 세부 사항은
__getitem__ 메서드의 item 변수입니다. 앞서 만든 인코딩에는 토큰화된 텍스트에 대한 많은 정
보가 저장되어 있습니다. 딕셔너리 내포를 통해 가장 관련 있는 정보만 추출하여 item 딕셔너리
로 저장합니다. 예를 들어 결과 딕셔너리 항목에는 input_ids(토큰에 해당하는 어휘의 고유 정수),
labels(클래스 레이블), attention_mask가 포함됩니다. 여기에서 attention_mask는 모델이 어떤

---

15 [역주] DistilBertTokenizerFast는 러스트(Rust) 언어로 구현한 것으로, 파이썬 버전인 DistilBertTokenizer와 같지만 훨씬 빠릅니다.

토큰에 주의를 기울여야 하는지 나타내는 이진 값(0과 1)을 가진 텐서입니다. 특히 0은 시퀀스를 동일한 길이로 패딩하기 위한 토큰으로 모델에서 무시됩니다. 1은 실제 텍스트 토큰에 해당합니다.

16.5.3 사전 훈련된 BERT 모델 로드 및 미세 튜닝하기

데이터를 준비했으므로 이 절에서는 사전 훈련된 DistilBERT 모델을 로드하고 방금 만든 데이터셋을 사용하여 모델을 미세 튜닝하는 방법을 살펴봅니다. 사전 훈련된 모델을 로드하는 코드는 다음과 같습니다.

```
>>> model = DistilBertForSequenceClassification.from_pretrained(
...     'distilbert-base-uncased')
>>> model.to(DEVICE)
>>> model.train()
>>> optim = torch.optim.Adam(model.parameters(), lr=5e-5)
```

DistilBertForSequenceClassification 클래스는 모델을 미세 튜닝할 후속 작업에 특화되어 있습니다. 이 경우 시퀀스 분류입니다. 앞서 언급했듯이 'distilbert-base-uncased'는 수용할 만한 크기와 우수한 성능을 갖춘 대·소문자를 구분하지 않는 BERT 베이스 모델의 경량 버전입니다. "uncased"는 모델이 대문자와 소문자를 구분하지 않는다는 의미입니다.

> Note ≡ **사전 훈련된 다른 트랜스포머 사용하기**
>
> transformers 패키지는 사전 훈련된 다른 많은 모델과 미세 튜닝을 위한 다양한 후속 작업을 지원합니다. https://huggingface.co/transformers/에서 자세한 내용을 확인하세요.

이제 모델을 훈련할 차례입니다. 이를 두 부분으로 나눌 수 있습니다. 먼저 모델 성능을 평가하기 위해 정확도 함수를 정의해야 합니다. 이 정확도 함수는 기존의 분류 정확도를 계산합니다. 왜 이렇게 코드가 장황할까요? 대규모 딥러닝 모델로 작업할 때 RAM 또는 GPU 메모리(VRAM) 부족을 피하기 위해 데이터셋을 배치별로 로드하기 때문입니다.

```
>>> def compute_accuracy(model, data_loader, device):
...     with torch.no_grad():
...         correct_pred, num_examples = 0, 0
...         for batch_idx, batch in enumerate(data_loader):
...             ### 데이터 준비
```

```
...                input_ids = batch['input_ids'].to(device)
...                attention_mask = \
...                    batch['attention_mask'].to(device)
...                labels = batch['labels'].to(device)
...                outputs = model(input_ids,
...                    attention_mask=attention_mask)
...                logits = outputs['logits']
...                predicted_labels = torch.argmax(logits, 1)
...                num_examples += labels.size(0)
...                correct_pred += \
...                    (predicted_labels == labels).sum()
...        return correct_pred.float() / num_examples * 100
```

compute_accuracy 함수에서는 주어진 배치를 로드한 다음 출력으로부터 예측된 레이블을 얻습니다. 이 과정에서 num_examples를 통해 총 샘플 개수를 추적합니다. 마찬가지로 correct_pred 변수를 통해 올바른 예측의 수를 추적합니다. 마지막으로 전체 데이터셋을 반복한 후 올바르게 예측된 레이블의 비율로 정확도를 계산합니다.

compute_accuracy 함수에서 트랜스포머 모델을 사용하여 클래스 레이블을 얻는 전반적인 방법을 엿볼 수 있습니다. 토큰이 실제 텍스트 토큰인지 또는 시퀀스를 동일 길이로 패딩하기 위한 토큰인지를 나타내는 attention_mask 정보와 함께 input_ids를 모델에 제공합니다. 그런 다음 model을 호출하면 출력을 반환하며, 이는 transformers 라이브러리 고유의 SequenceClassifierOutput 객체입니다. 그런 다음 이 객체에서 이전 장에서 수행한 것처럼 로짓을 얻고 argmax 함수를 통해 클래스 레이블로 변환합니다.

마지막으로 핵심 부분인 훈련 (또는 미세 튜닝) 루프에 대해 알아보겠습니다. 여기에서 보듯이 transformers 라이브러리에서 모델을 미세 튜닝하는 것은 순수한 파이토치로 모델을 훈련하는 것과 매우 유사합니다.

```
>>> start_time = time.time()
>>> for epoch in range(NUM_EPOCHS):
...     model.train()
...     for batch_idx, batch in enumerate(train_loader):
...         ### 데이터 준비
...         input_ids = batch['input_ids'].to(DEVICE)
...         attention_mask = batch['attention_mask'].to(DEVICE)
...         labels = batch['labels'].to(DEVICE)
...         ### 정방향 계산
...         outputs = model(input_ids,
```

```
...                          attention_mask=attention_mask,
...                          labels=labels)
...         loss, logits = outputs['loss'], outputs['logits']
...         ### 역전파
...         optim.zero_grad()
...         loss.backward()
...         optim.step()
...         ### 로깅
...         if not batch_idx % 250:
...             print(f'에포크: {epoch+1:04d}/{NUM_EPOCHS:04d}'
...                   f' ┊ 배치'
...                   f'{batch_idx:04d}/'
...                   f'{len(train_loader):04d} ┊ '
...                   f'손실: {loss:.4f}')
...     model.eval()
...     with torch.set_grad_enabled(False):
...         print(f'훈련 정확도: '
...               f'{compute_accuracy(model, train_loader, DEVICE):.2f}%'
...               f'\n검증 정확도: '
...               f'{compute_accuracy(model, valid_loader, DEVICE):.2f}%')
...     print(f'소요 시간: {(time.time() - start_time)/60:.2f} min')
... print(f'총 훈련 시간: {(time.time() - start_time)/60:.2f} min')
... print(f'테스트 정확도: {compute_accuracy(model, test_loader, DEVICE):.2f}%')
```

앞의 코드가 출력한 내용은 다음과 같습니다(이 코드는 완전히 결정론적이지 않으므로 여러분의
결과와 약간 다를 수 있습니다).

```
에포크: 0001/0003 ┊ 배치 0000/2188 ┊ 손실: 0.6771
에포크: 0001/0003 ┊ 배치 0250/2188 ┊ 손실: 0.3006
에포크: 0001/0003 ┊ 배치 0500/2188 ┊ 손실: 0.3678
에포크: 0001/0003 ┊ 배치 0750/2188 ┊ 손실: 0.1487
에포크: 0001/0003 ┊ 배치 1000/2188 ┊ 손실: 0.6674
에포크: 0001/0003 ┊ 배치 1250/2188 ┊ 손실: 0.3264
에포크: 0001/0003 ┊ 배치 1500/2188 ┊ 손실: 0.4358
에포크: 0001/0003 ┊ 배치 1750/2188 ┊ 손실: 0.2579
에포크: 0001/0003 ┊ 배치 2000/2188 ┊ 손실: 0.2474
훈련 정확도: 96.32%
검증 정확도: 92.34%
소요 시간: 20.67 min
에포크: 0002/0003 ┊ 배치 0000/2188 ┊ 손실: 0.0850
에포크: 0002/0003 ┊ 배치 0250/2188 ┊ 손실: 0.3433
```

```
에포크: 0002/0003 ¦ 배치 0500/2188 ¦ 손실: 0.0793
에포크: 0002/0003 ¦ 배치 0750/2188 ¦ 손실: 0.0061
에포크: 0002/0003 ¦ 배치 1000/2188 ¦ 손실: 0.1536
에포크: 0002/0003 ¦ 배치 1250/2188 ¦ 손실: 0.0816
에포크: 0002/0003 ¦ 배치 1500/2188 ¦ 손실: 0.0786
에포크: 0002/0003 ¦ 배치 1750/2188 ¦ 손실: 0.1395
에포크: 0002/0003 ¦ 배치 2000/2188 ¦ 손실: 0.0344
훈련 정확도: 98.35%
검증 정확도: 92.46%
소요 시간: 41.41 min
에포크: 0003/0003 ¦ 배치 0000/2188 ¦ 손실: 0.0403
에포크: 0003/0003 ¦ 배치 0250/2188 ¦ 손실: 0.0036
에포크: 0003/0003 ¦ 배치 0500/2188 ¦ 손실: 0.0156
에포크: 0003/0003 ¦ 배치 0750/2188 ¦ 손실: 0.0114
에포크: 0003/0003 ¦ 배치 1000/2188 ¦ 손실: 0.1227
에포크: 0003/0003 ¦ 배치 1250/2188 ¦ 손실: 0.0125
에포크: 0003/0003 ¦ 배치 1500/2188 ¦ 손실: 0.0074
에포크: 0003/0003 ¦ 배치 1750/2188 ¦ 손실: 0.0202
에포크: 0003/0003 ¦ 배치 2000/2188 ¦ 손실: 0.0746
훈련 정확도: 99.08%
검증 정확도: 91.84%
소요 시간: 62.15 min
총 훈련 시간: 62.15 min
테스트 정확도: 92.50%
```

이 코드에서는 여러 에포크를 반복하며 에포크마다 다음 단계를 수행합니다.

1. 작업 중인 장치(GPU 또는 CPU)에 입력을 로드합니다.

2. 모델 출력과 손실을 계산합니다.

3. 손실을 역전파하여 가중치 파라미터를 조정합니다.

4. 훈련과 검증 세트에서 모델 성능을 평가합니다.

훈련 시간은 장치마다 다를 수 있습니다. 세 번의 에포크 후 테스트 데이터셋의 정확도는 약 93%에 도달했으며, 이는 15장에서 RNN이 달성한 85%의 테스트 정확도에 비해 크게 개선된 수치입니다.

16.5.4 트레이너 API를 사용하여 트랜스포머를 간편하게 미세 튜닝하기

이전 절에서는 트랜스포머 모델을 미세 튜닝하는 것이 RNN 또는 CNN 모델을 처음부터 훈련하는 것과 크게 다르지 않다는 것을 설명하기 위해 파이토치에서 수동으로 훈련 루프를 구현했습니다. 하지만 transformers 라이브러리에는 이 절에서 소개할 트레이너(Trainer) API와 같이 편의를 위한 몇 가지 멋진 추가 기능이 포함되어 있습니다.

허깅 페이스에서 제공하는 트레이너 API는 광범위한 훈련 옵션과 다양한 내장 기능으로 트랜스포머 모델에 최적화되어 있습니다. 트레이너 API를 사용하면 훈련 루프를 직접 작성하는 수고를 덜 수 있으며, 함수 (또는 메서드) 호출만으로 간단하게 트랜스포머 모델을 훈련하거나 미세 튜닝할 수 있습니다. 실제로 어떻게 작동하는지 살펴봅시다.

다음과 같이 사전 훈련된 모델을 로드합니다.

```
>>> model = DistilBertForSequenceClassification.from_pretrained(
...     'distilbert-base-uncased')
>>> model.to(DEVICE)
>>> model.train();
```

그런 다음 이전 절의 훈련 루프를 다음 코드로 대체할 수 있습니다.

```
>>> optim = torch.optim.Adam(model.parameters(), lr=5e-5)
>>> from transformers import Trainer, TrainingArguments
>>> training_args = TrainingArguments(
...     output_dir='./results',
...     num_train_epochs=3,
...     per_device_train_batch_size=16,
...     per_device_eval_batch_size=16,
...     logging_dir='./logs',
...     logging_steps=10,
... )
>>> trainer = Trainer(
...     model=model,
...     args=training_args,
...     train_dataset=train_dataset,
...     optimizers=(optim, None) # 옵티마이저와 학습률 스케줄
... )
```

앞의 코드에서는 먼저 입력, 출력 위치, 에포크 수, 배치 크기와 같이 비교적 설명이 필요 없는 훈련 매개변수를 정의했습니다. 설정을 최대한 단순하게 유지하려고 노력했지만 사용 가능

한 추가 설정이 많으므로 자세한 내용은 TrainingArguments 문서(https://huggingface.co/transformers/main_classes/trainer.html#trainingarguments)를 참고하세요.

그다음 이런 TrainingArguments 설정을 Trainer 클래스에 전달하여 새 trainer 객체를 만듭니다. 설정, 미세 튜닝할 모델, 훈련 및 평가 세트로 trainer를 만든 후 trainer.train() 메서드를 호출하여 모델을 훈련할 수 있습니다(이 메서드는 잠시 후에 사용하겠습니다). 트레이너 API를 사용하는 방법은 앞의 코드와 같이 간단하며 반복되는 상용구 코드가 더 이상 필요하지 않습니다.

하지만 테스트 데이터셋이 이 코드에 포함되지 않았으며 이 절에서 평가 지표를 지정하지 않았다는 것을 눈치챘을지 모르겠습니다. 이는 트레이너 API가 기본적으로 훈련 손실만 표시하고 훈련 프로세스에 따른 모델 평가를 제공하지 않기 때문입니다. 최종 모델 성능을 표시하는 방법은 두 가지가 있습니다.

최종 모델을 평가하는 첫 번째 방법은 또 다른 Trainer 클래스의 compute_metrics 매개변수로 평가 함수를 전달하는 것입니다. compute_metrics에 전달할 함수는 로짓으로 모델의 테스트 예측(모델의 기본 출력)과 테스트 레이블을 사용합니다. 이 함수는 pip install evaluate를 통해 허깅 페이스의 evaluate 라이브러리를 설치한 후 다음과 같이 만들 수 있습니다.

```
>>> import evaluate
>>> import numpy as np
>>> metric = evaluate.load("accuracy")
>>> def compute_metrics(eval_pred):
...     logits, labels = eval_pred
...     # 노트: logits는 파이토치 텐서가 아니라 넘파이 배열입니다
...     predictions = np.argmax(logits, axis=-1)
...     return metric.compute(
...         predictions=predictions, references=labels)
```

(이제 compute_metrics를 포함한) 업데이트된 Trainer 클래스 호출은 다음과 같습니다.

```
>>> trainer = Trainer(
...     model=model,
...     args=training_args,
...     train_dataset=train_dataset,
...     eval_dataset=test_dataset,
...     compute_metrics=compute_metrics,
...     optimizers=(optim, None) # 옵티마이저와 학습률 스케줄
... )
```

이제 모델을 훈련해 보겠습니다(이 코드는 완전히 결정론적이지 않으므로 약간 다른 결과가 나올 수 있습니다).

```
>>> start_time = time.time()
>>> trainer.train()
***** Running training *****
  Num examples = 35000
  Num Epochs = 3
  Instantaneous batch size per device = 16
  Total train batch size (w. parallel, distributed & accumulation) = 16
  Gradient Accumulation steps = 1
  Total optimization steps = 6564
Step    Training Loss
10      0.705800
20      0.684100
30      0.681500
40      0.591600
50      0.328600
60      0.478300
...
>>> print(f'총 훈련 시간: '
...       f'{(time.time() - start_time)/60:.2f} min')
총 훈련 시간: 45.36 min
```

훈련이 완료된 후(GPU에 따라 최대 한 시간까지 소요될 수 있습니다) trainer.evaluate()를 호출하여 테스트 세트에서 모델 성능을 얻을 수 있습니다.

```
>>> print(trainer.evaluate())
***** Running Evaluation *****
Num examples = 10000
Batch size = 16
100%|████████████████████████████████████████|
| 625/625 [10:59<00:00,  1.06s/it]
{'eval_loss': 0.30534815788269043,
 'eval_accuracy': 0.9327,
 'eval_runtime': 87.1161,
 'eval_samples_per_second': 114.789,
 'eval_steps_per_second': 7.174,
 'epoch': 3.0}
```

여기에서 볼 수 있듯이 평가 정확도는 약 94%로 이전의 파이토치 훈련 루프와 유사합니다(이전 trainer.train() 호출로 model이 이미 미세 튜닝되었으므로 훈련 단계를 건너뛰었습니다).

Trainer 클래스는 몇 가지 다른 설정과 추가 설정을 사용하기 때문에 수동 훈련 방식과 Trainer 클래스를 사용하는 것 사이에는 약간의 차이가 있습니다.

최종 테스트 세트 정확도를 계산하기 위해 사용할 수 있는 두 번째 방법은 이전 절에서 정의한 compute_accuracy 함수를 재사용하는 것입니다. 다음 코드를 실행하여 테스트 데이터셋에서 미세 튜닝된 모델의 성능을 직접 평가할 수 있습니다.

```
>>> model.eval()
>>> model.to(DEVICE)
>>> print(f'테스트 정확도: {compute_accuracy(model, test_loader, DEVICE):.2f}%')
테스트 정확도: 93.27%
```

실제로 훈련 중에 모델의 성능을 정기적으로 확인하려면 다음과 같이 훈련 매개변수를 정의하여 모델이 각 에포크 후에 모델 평가를 출력하도록 만들 수 있습니다.

```
>>> from transformers import TrainingArguments
>>> training_args = TrainingArguments("test_trainer",
...     evaluation_strategy="epoch", ...)
```

하지만 하이퍼파라미터를 변경하거나 최적화하고 미세 튜닝 절차를 여러 번 반복할 계획이라면 테스트 세트를 독립적으로 유지하기 위해 검증 세트를 사용하는 것이 좋습니다. valid_dataset을 사용하여 Trainer 객체를 만들면 됩니다.

```
>>> trainer = Trainer(
...     model=model,
...     args=training_args,
...     train_dataset=train_dataset,
...     eval_dataset=valid_dataset,
...     compute_metrics=compute_metrics,
... )
```

이 절에서는 분류를 위해 BERT 모델을 미세 튜닝하는 방법을 살펴보았습니다. 이는 RNN과 같은 다른 딥러닝 아키텍처를 처음부터 훈련하는 것과 다릅니다. 하지만 (매우 비용이 많이 드는) 새로운 트랜스포머 아키텍처를 개발하거나 연구를 수행하는 것이 아니라면 트랜스포머 모델을 사전 훈련할 필요가 없습니다. 트랜스포머 모델은 레이블이 없는 범용 데이터셋에서 훈련되기 때문에 직접 사전 훈련하는 것은 시간과 자원을 낭비할 수 있으므로 미세 튜닝을 사용하는 것이 좋습니다.

16.6 요약

이 장에서는 자연어 처리를 위한 완전히 새로운 모델 아키텍처인 트랜스포머를 소개했습니다. 트랜스포머 아키텍처는 셀프 어텐션이라는 개념을 기반으로 구축되었으며, 먼저 이 개념을 단계별로 소개했습니다. 긴 문장에 대한 번역 기능을 개선하기 위해 어텐션을 갖춘 RNN을 살펴보았습니다. 그런 다음 셀프 어텐션 개념을 소개하고 트랜스포머 내의 멀티 헤드 어텐션 모듈에서 이 개념이 어떻게 사용되는지 설명했습니다.

2017년 최초의 트랜스포머가 발표된 이후 트랜스포머 아키텍처의 다양한 파생 제품이 등장하고 발전해 왔습니다. 이 장에서는 가장 많이 사용되는 몇 가지 모델, 즉 GPT 모델 제품군, BERT 및 BART에 초점을 맞추었습니다. GPT는 단방향 모델로서 특히 새로운 텍스트를 생성하는 데 능숙합니다. BERT는 양방향 접근 방식을 취하므로 분류와 같은 작업에 더 적합합니다. 마지막으로 BART는 BERT의 양방향 인코더와 GPT의 단방향 디코더를 결합한 것입니다. 관심 있는 독자는 다음 두 개의 서베이 논문을 참고하여 추가적인 트랜스포머 기반 아키텍처에 대해 알아볼 수 있습니다.

- Qiu와 동료들의 "Pre-trained Models for Natural Language Processing", 2020, https://arxiv.org/abs/2003.08271
- Kayan과 동료들의 "AMMUS: A Survey of Transformer-based Pretrained Models in Natural Language Processing", 2021, https://arxiv.org/abs/2108.05542

트랜스포머 모델은 일반적으로 RNN보다 데이터를 더 많이 사용하며 사전 훈련을 위해 많은 양의 데이터가 필요합니다. 사전 훈련으로 대량의 레이블이 없는 데이터를 활용하여 일반 언어 모델을 구축한 다음, 레이블이 있는 작은 데이터셋에서 미세 튜닝을 통해 특정 작업에 맞게 조정할 수 있습니다.

실제로 어떻게 작동하는지 알아보기 위해 허깅 페이스 transformers 라이브러리에서 사전 훈련된 BERT 모델을 다운로드하고 IMDb 영화 리뷰 데이터셋의 감성 분류를 위해 미세 튜닝했습니다.

다음 장에서는 생성적 적대 신경망에 대해 설명하겠습니다. 이름에서 알 수 있듯이 생성적 적대 신경망은 이 장에서 설명한 GPT 모델과 유사하게 새로운 데이터를 생성하는 데 사용할 수 있는 모델입니다. 하지만 다음 장에서는 언어 모델링이라는 주제는 뒤로 하고 생성적 적대 신경망의 원래 설계 목적인 컴퓨터 비전과 새로운 이미지 생성이라는 맥락에서 살펴보겠습니다.

17장

새로운 데이터
합성을 위한
생성적 적대 신경망

이전 장에서 언어 모델링을 위해 트랜스포머 아키텍처에 초점을 맞추었습니다. 이 장에서는 새로운 샘플을 합성하는 **생성적 적대 신경망**(Generative Adversarial Network, GAN)과 관련 애플리케이션을 살펴보겠습니다. GAN을 사용하면 컴퓨터가 새로운 데이터(예를 들어 새로운 이미지)를 생성할 수 있기 때문에 딥러닝 분야의 가장 중요한 혁신으로 간주되고 있습니다.

이 장에서는 다음 주제를 다룹니다.

- 새로운 데이터를 합성하기 위한 생성 모델 소개
- 오토인코더(autoencoder), 변이형 오토인코더(Variational AutoEncoder, VAE) 소개 그리고 GAN과의 관계
- GAN의 구성 요소 이해하기
- 손글씨 숫자를 생성하는 간단한 GAN 모델 구현하기
- 전치 합성곱(transposed convolution)과 배치 정규화(Batch Normalization, BatchNorm, BN) 이해하기
- **GAN 성능 향상**: 심층 합성곱 GAN과 바서슈타인 거리(Wasserstein distance)를 사용한 GAN

17.1 / 생성적 적대 신경망 소개

먼저 GAN 모델의 기초가 되는 내용을 살펴보겠습니다. GAN의 주요한 목적은 훈련 데이터셋과 동일한 분포를 가진 새로운 데이터를 합성하는 것입니다. 따라서 GAN의 원본 형태는 레이블 데이터가 필요하지 않으므로 머신 러닝 작업 중 비지도 학습 범주로 간주됩니다. 하지만 원본 GAN을 확장한 것은 비지도 학습과 지도 학습 양쪽으로 모두 볼 수 있습니다.

일반적인 GAN 개념은 이안 굿펠로우(Ian Goodfellow)와 동료들이 심층 신경망을 사용하여 새로운 이미지를 합성하는 방법으로 2014년 처음 발표했습니다.[1] 이 논문에서 제안한 초기 GAN 구조는 다층 퍼셉트론과 비슷한 완전 연결 층을 기반으로 하여 낮은 해상도의 MNIST 손글씨 숫자를 생성하도록 훈련했습니다. 이것만으로도 이 기술의 가능성을 증명하기에는 충분했습니다.

---

1 Goodfellow, I., Pouget-Abadie, J., Mirza, M., Xu, B., Warde-Farley, D., Ozair, S., Courville, A. and Bengio, Y., Generative Adversarial Nets, in Advances in Neural Information Processing Systems, pp. 2672-2680, 2014

처음 소개된 이후 원저자는 물론 많은 연구자가 헤아릴 수 없을 정도로 많은 개선 버전을 제시했고 공학과 과학의 여러 분야에서 다양한 애플리케이션을 만들었습니다. 예를 들어 컴퓨터 비전에서는 이미지-투-이미지 변환(image-to-image translation)(입력 이미지에서 출력 이미지로 매핑하는 방법을 학습), 이미지 초해상도(image super-resolution)(낮은 해상도의 이미지를 높은 해상도의 이미지로 변환), 이미지 인페이팅(image inpainting)(이미지에서 누락된 부분을 재구성하는 방법을 학습) 등 많은 애플리케이션에서 GAN을 사용합니다. 최근 GAN 연구 성과는 새로운 고해상도 얼굴 이미지를 생성할 수 있는 모델을 만들었습니다. GAN이 생성한 고해상도 얼굴 이미지를 https://www.thispersondoesnotexist.com/에서 확인할 수 있습니다.[2]

17.1.1 오토인코더

GAN의 동작 방식을 설명하기 전에 먼저 훈련 데이터를 압축하고 해제할 수 있는 **오토인코더**(autoencoder)를 다루어 보겠습니다. 기본 오토인코더는 새로운 데이터를 생성할 수 없지만 오토인코더를 이해하면 다음 절에서 배울 GAN을 이해하는 데 도움이 됩니다.

오토인코더는 **인코더**(encoder) 신경망과 **디코더**(decoder) 신경망 두 개가 연결되어 구성됩니다. 인코더 신경망은 샘플 x에 연관된 d차원의 입력 특성 벡터(즉, $x \in R^d$)를 받아 p차원의 벡터 z(즉, $z \in R^p$)로 인코딩합니다. 다른 말로 하면 인코더는 $z = f(x)$ 함수를 모델링하는 방법을 배우는 역할을 합니다. 인코딩된 벡터 z를 **잠재 벡터**(latent vector) 또는 잠재 특성 표현이라고도 부릅니다. 일반적으로 잠재 벡터의 차원은 입력 샘플의 차원보다 작습니다. 즉, $p < d$입니다. 따라서 인코더가 데이터 압축 기능을 한다고 말할 수 있습니다. 그다음 디코더는 저차원 잠재 벡터 z에서 $\hat{x}$를 압축 해제합니다. 디코더를 함수 $\hat{x} = g(z)$로 생각할 수 있습니다. 그림 17-1에 간단한 오토인코더 구조가 나타나 있습니다. 이 그림에서 인코더와 디코더는 각각 하나의 완전 연결 층으로만 구성됩니다.

---

2 역주 이 웹 사이트는 NVIDIA 연구원이 개발한 StyleGAN2 모델을 사용하여 이미지를 생성합니다.

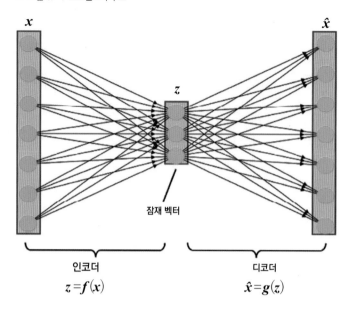

인코더

$$z = f(x)$$

디코더

$$\hat{x} = g(z)$$

> Note ≡ **오토인코더와 차원 축소 사이의 관계**
>
> 5장에서 주성분 분석(PCA)과 선형 판별 분석(LDA) 같은 차원 축소 기법에 대해 배웠습니다. 오토인코더도 차원 축소 기법으로 사용할 수 있습니다. 사실 두 신경망(인코더와 디코더)에 모두 비선형성이 없으면 오토인코더는 거의 PCA와 동일합니다.
>
> (은닉층이 없고 비선형 활성화 함수가 없는) 단일층 인코더의 가중치를 행렬 U라고 표시하면 인코더는 $z = U^T x$를 모델링합니다. 비슷하게 단일층 선형 디코더는 $\hat{x} = Uz$를 모델링합니다. 두 식을 합치면 $\hat{x} = UU^T x$를 얻습니다. PCA가 직교성($UU^T = I_{n \times n}$)을 가진다는 제한을 제외하면 PCA가 하는 일과 정확히 동일합니다.[3]

그림 17-1은 인코더와 디코더 사이에 은닉층이 없는 오토인코더이지만 (다층 신경망처럼) 비선형성을 가진 여러 은닉층을 추가하여 심층 오토인코더를 만들 수 있습니다. 이렇게 하면 더욱 효과적인 데이터 압축과 재구성 함수를 학습할 수 있습니다. 또한, 이 절에서 언급한 오토인코더는 완전 연결 층을 사용합니다. 이미지를 사용할 때는 완전 연결 층을 15장에서 배운 합성곱 층으로 바꿀 수 있습니다.

---

3 역주 PCA에서 주성분을 사용하여 압축한 데이터를 다시 원본 데이터셋의 차원으로 복원할 수 있습니다. 사이킷런에서는 PCA 클래스의 inverse_transform() 메서드를 사용합니다. PCA의 주성분은 서로 직교하는 성질을 가집니다.

> **Note ≡** 잠재 공간의 크기에 기반을 둔 다른 종류의 오토인코더
>
> 앞서 언급했듯이 오토인코더의 잠재 공간(latent space) 차원은 일반적으로 입력 차원보다 작습니다($p < d$). 오토인코더를 차원 축소의 용도로 사용하기 위해서입니다. 이런 이유로 잠재 벡터를 병목(bottleneck)이라고도 부르며 오토인코더의 이런 성질을 **과소완전**(undercomplete)이라고 부릅니다. 하지만 **과대완전**(overcomplete)으로 부르는 다른 종류의 오토인코더도 있습니다. 이 오토인코더의 잠재 벡터 z의 차원은 입력 샘플의 차원보다 큽니다($p > d$).
>
> 과대완전 오토인코더를 훈련할 때 인코더와 디코더가 단순히 입력 특성을 (기억하여) 출력층으로 복사할 수 있습니다. 당연히 이는 유용하지 않습니다. 훈련 과정을 조금 수정하여 과대완전 오토인코더를 잡음 감소(noise reduction) 용도로 사용할 수 있습니다.
>
> 훈련하는 동안 랜덤한 잡음 ϵ을 입력 샘플에 추가하여 신경망이 잡음이 있는 신호 $x + \epsilon$에서 깨끗한 샘플 x를 재구성하는 방법을 배웁니다. 평가할 때는 원래 잡음이 있는 (즉, 이미 잡음을 포함하고 있어 인공적인 잡음 ϵ을 추가하지 않은) 새로운 샘플을 제공하여 이 샘플에 있는 잡음을 제거합니다. 이런 오토인코더 구조와 훈련 방법을 **잡음 제거 오토인코더**(denoising autoencoder)라고 부릅니다.
>
> 잡음 제거 오토인코더에 대한 더 자세한 내용은 관련 논문을 참고하세요.[4]

17.1.2 새로운 데이터 합성을 위한 생성 모델

오토인코더는 결정적인 모델입니다. 즉, 오토인코더가 훈련되고 나면 입력 x에 대해 저차원 공간의 압축된 버전에서 이 입력을 재구성할 수 있습니다. 따라서 압축된 표현을 변환하는 식으로 입력을 재구성하는 것을 넘어서 새로운 데이터를 생성할 수 없습니다.

반면 생성 모델은 (잠재 표현에 해당하는) 랜덤한 벡터 z에서 새로운 샘플 $\tilde{x}$를 생성할 수 있습니다. 생성 모델을 그림으로 표현하면 그림 17-2와 같습니다. 랜덤 벡터 z는 완벽하게 특징을 알고 있는 간단한 분포에서 만들어지기 때문에 쉽게 샘플링할 수 있습니다. 예를 들어 z의 각 원소를 [-1, 1] 범위의 균등 분포($z_i \sim Uniform(-1,1)$로 씁니다) 또는 표준 정규 분포($z_i \sim Normal(\mu = 0, \sigma^2 = 1$로 씁니다)에서 샘플링할 수 있습니다.

4　Stacked denoising autoencoders: Learning useful representations in a deep network with a local denoising criterion by Vincent et al., http://www.jmlr.org/papers/v11/vincent10a.html

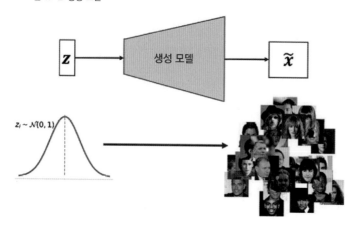

▼ 그림 17-2 생성 모델

오토인코더에서 생성 모델로 시선을 옮기면 오토인코더의 디코더가 생성 모델과 비슷하다는 것을 눈치챌 수 있습니다. 둘 다 잠재 벡터 z를 입력으로 받고 x와 동일한 공간에 있는 출력을 만듭니다 (오토인코더에서 $\tilde{x}$는 입력 x의 재구성이고 생성 모델에서 $\tilde{x}$는 합성된 샘플입니다).

이 두 모델의 큰 차이점은 오토인코더에 있는 z의 분포는 알지 못하지만 생성 모델에서는 z의 분포를 완벽하게 알고 있다는 것입니다. 오토인코더를 생성 모델로 일반화할 수도 있습니다. VAE가 그중 한 가지 방법입니다.

VAE에서는 입력 샘플 x를 받으면 인코더 신경망이 잠재 벡터 분포의 두 요소 평균 μ와 분산 σ^2을 계산합니다. VAE를 훈련하는 동안 이 평균과 분산을 (평균이 0이고 단위 분산인) 표준 정규 분포에 맞추도록 신경망을 조정합니다. VAE 모델을 훈련한 후 인코더는 떼어 내고 디코더 신경망을 사용하여 가우스 분포에서 랜덤하게 샘플링한 z 벡터를 주입해서 새로운 샘플 $\tilde{x}$를 생성합니다.

VAE 외에도 자기회귀 모델(autoregressive model)과 노멀라이징 플로 모델(normalizing flow model)과 같은 다른 종류의 생성 모델이 있습니다. 하지만 이 장에서는 GAN에 초점을 맞추겠습니다. 딥러닝 분야에서 가장 최근에 인기가 많은 생성 모델이기 때문입니다.

> Note ☰ **생성 모델이란?**
>
> 생성 모델은 전통적으로 데이터 입력 분포 $p(x)$ 또는 입력 데이터와 연관된 타깃의 결합 분포(joint distribution) $p(x, y)$를 모델링하는 알고리즘으로 정의합니다. 정의에 따라 이런 모델은 다른 특성 x_j를 조건으로 어떤 특성 x_i를 샘플링할 수 있습니다. 이를 **조건부 추론**(conditional inference)이라고 합니다. 하지만 딥러닝에서 일반적으로 **생성 모델**이라고 함은 진짜처럼 보이는 데이터를 생성하는 모델을 말합니다. 즉, 입력 분포 $p(x)$에서 샘플링할 수 있지만 조건부 추론을 수행할 필요는 없습니다.

17.1.3 GAN으로 새로운 샘플 생성

GAN이 하는 일의 핵심을 이해하기 위해 알려진 분포에서 샘플링한 랜덤 벡터 z를 입력받아 출력 이미지 x를 생성하는 신경망을 가정해 보죠. 이 신경망을 **생성자**(generator)(G)라고 부르며 $\hat{x} = G(z)$는 생성된 출력입니다. 얼굴 이미지, 빌딩 이미지, 동물 이미지, MNIST 같은 손글씨 숫자 이미지를 생성하는 것이 목적이라고 가정해 보죠.

언제나 그렇듯이 신경망을 랜덤한 가중치로 초기화합니다. 따라서 가중치가 학습되기 전에 출력한 이미지는 백색 소음과 비슷할 것입니다. 이미지의 품질을 평가하는 함수가 있다고 가정해 보겠습니다(이를 평가 함수라고 부르겠습니다).

이런 함수에서 피드백을 받아 생성된 이미지의 품질을 높이기 위해 가중치를 수정하도록 생성자 신경망에 알려 줄 수 있습니다. 그리고 이런 식으로 평가 함수의 피드백을 기반으로 생성자를 훈련시킬 수 있습니다. 생성자는 출력을 개선하여 진짜 이미지처럼 보이도록 학습될 것입니다.

앞의 문단에서 언급한 평가 함수가 이미지 생성 작업을 매우 쉽게 만들 수 있지만 이미지 품질을 평가하는 범용적인 함수가 있는지, 있다면 어떻게 정의할 수 있는지가 관건입니다. 사람은 신경망의 출력을 보고 이미지 품질을 쉽게 평가할 수 있습니다. 하지만 뇌에서 만든 결과를 (아직) 신경망으로 역전파할 수 없습니다. 만약 사람의 뇌가 합성 이미지의 품질을 평가할 수 있다면 비슷한 일을 하는 신경망 모델을 만들 수 있을까요? 이것이 바로 GAN의 아이디어입니다.

그림 17-3에 있듯이 GAN 모델은 **판별자**(discriminator)(D)라고 불리는 또 다른 신경망으로 구성되어 있습니다. 판별자는 진짜 이미지 x에서 합성 이미지 $\hat{x}$를 감지하는 법을 학습하는 분류기입니다.

▼ 그림 17-3 판별자는 진짜 이미지와 생성자가 만든 이미지를 구분한다

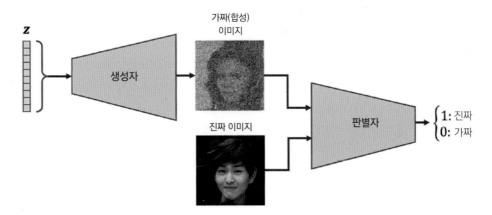

GAN에서 생성자와 판별자 두 신경망이 함께 훈련됩니다. 먼저 모델 가중치를 초기화한 후 생성자가 진짜처럼 보이지 않은 이미지를 만듭니다. 비슷하게 판별자는 진짜 이미지와 생성자가 합성한 가짜 이미지를 구분하는 능력이 형편없습니다. 하지만 시간이 지남에 따라 (즉, 훈련을 통해) 두 신경망이 서로 상호 작용을 하면서 향상됩니다. 두 신경망은 적대적인 게임(adversarial game)을 수행합니다. 생성자는 판별자를 속이기 위해 출력을 향상시키도록 학습됩니다. 동시에 판별자는 합성 이미지를 더 잘 감지하도록 훈련됩니다.

17.1.4 GAN의 생성자와 판별자 손실 함수 이해

원본 논문[5]에 나와 있는 GAN의 목적 함수는 다음과 같습니다.

$$V\big(\theta^{(D)}, \theta^{(G)}\big) = E_{x \sim p_{data}(x)}[\log D(x)] + E_{z \sim p_z(z)}\Big[\log\big(1 - D\big(G(z)\big)\big)\Big]$$

여기에서 $V(\theta^{(D)}, \theta^{(G)})$를 가치 함수(value function)라고 부릅니다. 이를 보상으로 생각할 수 있습니다. 판별자(D)에 대해 이 값을 최대화하고 생성자(G)에 대해서는 이 값을 최소화해야 합니다. 즉, $\min_G \max_D V(\theta^{(D)}, \theta^{(G)})$입니다. $D(x)$는 입력 샘플 x가 진짜인지 가짜(즉, 생성된 것)인지 나타내는 확률입니다. $E_{x \sim p_{data}(x)}[\log D(x)]$는 데이터 분포(진짜 샘플의 분포)에서 온 샘플에 대한 대괄호 안에 있는 식의 기댓값을 나타냅니다. $E_{z \sim p_z(z)}\Big[\log\big(1 - D\big(G(z)\big)\big)\Big]$는 입력 벡터 z에 대한 대괄호 안에 있는 식의 기댓값을 나타냅니다.

이런 가치 함수를 사용한 GAN 모델의 훈련은 두 개의 최적화 단계가 필요합니다. (1) 판별자에 대한 보상을 최대화하고 (2) 생성자에 대한 보상을 최소화합니다. 실용적인 GAN 훈련 방법은 두 최적화 단계를 교대로 수행하는 것입니다. (1) 한 신경망의 가중치를 고정(동결)하고 다른 신경망의 가중치를 최적화합니다. (2) 두 번째 신경망을 고정하고 첫 번째 신경망을 최적화합니다. 훈련 반복마다 이 과정을 반복합니다. 생성자 신경망을 고정하고 판별자를 최적화한다고 가정해 보죠. 가치 함수 $V(\theta^{(D)}, \theta^{(G)})$의 두 항이 모두 판별자를 최적화하는 데 기여합니다. 첫 번째 항은 진짜 샘플에 연관된 손실입니다. 두 번째 항은 가짜 샘플에 대한 손실입니다. 따라서 G를 고정하면 $V(\theta^{(D)}, \theta^{(G)})$를 최대화하는 것이 목적 함수가 됩니다. 즉, 판별자가 진짜와 가짜 이미지를 더 잘 구분하도록 만드는 것입니다.

---

5 Goodfellow et al., Generative Adversarial Net, https://papers.nips.cc/paper/5423-generative-adversarial-nets.pdf

진짜와 가짜 샘플에 대한 손실을 사용하여 판별자를 최적화한 후 판별자를 고정하고 생성자를 최적화합니다. 이 경우 $V(\theta^{(D)}, \theta^{(G)})$에 있는 두 번째 항만 생성자의 그레이디언트에 기여합니다. 결국 D를 고정할 때 $V(\theta^{(D)}, \theta^{(G)})$를 최소화하는 목적 함수는 $\min_{G} E_{z \sim p_z(z)} \left[\log \left(1 - D(G(z)) \right) \right]$로 쓸 수 있습니다. 굿펠로우의 원본 GAN 논문에 따르면 $\log(1-D(G(z)))$ 함수는 초기 훈련 단계에서 그레이디언트 소실 문제가 발생합니다. 이 때문에 훈련 초기에 출력 $G(z)$는 진짜 샘플처럼 전혀 보이지 않습니다. 따라서 $D(G(z))$는 거의 0에 가까워질 것이 확실합니다. 이런 현상을 **포화**(saturation)되었다고 말합니다. 이 문제를 해결하기 위해 최소화하려는 목적 함수 $\min_{G} E_{z \sim p_z(z)} \left[\log \left(1 - D(G(z)) \right) \right]$를 $\max_{G} E_{z \sim p_z(z)} \left[\log \left(D(G(z)) \right) \right]$로 바꾸어 쓸 수 있습니다.

이렇게 식을 바꾸는 것은 생성자 훈련에서 진짜와 가짜 샘플의 이미지를 뒤바꾸고 일반적인 함수 최솟값을 찾는 작업을 수행하는 것을 의미합니다. 다른 말로 하면 생성자가 합성한 샘플이 가짜라서 레이블이 0이더라도 이 샘플의 레이블을 1로 바꿉니다. 그다음 $\max_{G} E_{z \sim p_z(z)} \left[\log \left(D(G(z)) \right) \right]$를 최대화하는 대신 새로운 레이블로 이진 크로스 엔트로피 손실을 최소화할 수 있습니다.[6]

GAN 훈련을 위한 일반적인 최적화 과정을 소개했습니다. GAN을 훈련할 때 사용할 수 있는 데이터 레이블을 살펴보겠습니다. 판별자가 이진 분류기(가짜와 진짜 이미지에 대한 클래스 레이블이 각각 0과 1)이면 이진 크로스 엔트로피 손실 함수를 사용할 수 있습니다. 따라서 판별자 손실을 위한 정답 레이블을 다음과 같이 결정할 수 있습니다.

$$\text{판별자를 위한 정답} \atop \text{레이블} = \begin{cases} 1: \text{진짜 이미지일 때, 즉 } x \\ 0: \text{생성자의 출력일 때, 즉 } G(z) \end{cases}$$

생성자를 훈련하기 위한 레이블은 무엇일까요? 생성자는 진짜 같은 이미지를 합성해야 하기 때문에 판별자가 생성자의 출력을 진짜로 분류하지 않으면 생성자에게 벌칙을 부여할 수 있습니다. 생성자의 손실 함수를 계산할 때 생성자의 출력에 대한 레이블을 1로 가정한다는 의미입니다.

이를 모두 합치면 간단한 GAN 모델에 있는 각 단계를 그림 17-4와 같이 나타낼 수 있습니다.

---

6 **역주** 이진 크로스 엔트로피 손실(로지스틱 손실) 함수에서 타깃 레이블이 1이면 첫 번째 항 $-y \log(a)$만 남습니다. 이 손실을 최소화하는 것은 $\log(a)$를 최대화하는 것과 동일합니다.

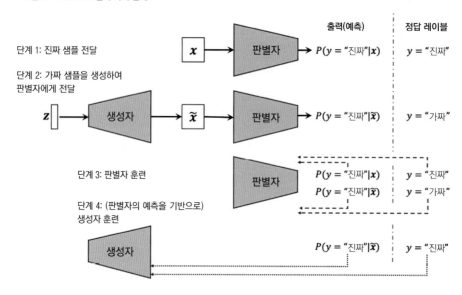

다음 절에서 새로운 손글씨 숫자를 생성하는 GAN 모델을 구현해 보겠습니다.

MACHINE LEARNING

17.2 / 밑바닥부터 GAN 모델 구현

이 절에서 MNIST 숫자와 비슷한 새로운 이미지를 생성하는 GAN 모델을 구현하고 훈련하는 방법을 다룹니다. 평범한 CPU를 사용하여 훈련하면 시간이 오래 걸리기 때문에 다음 절에서 GPU로 계산을 수행할 수 있는 구글 코랩 환경을 어떻게 준비하는지 설명하겠습니다.

17.2.1 구글 코랩에서 GAN 모델 훈련

이 장의 코드 예제는 GPU가 없는 노트북이나 워크스테이션의 컴퓨팅 파워보다 높은 자원을 요구합니다. 이미 NVIDIA GPU를 장착한 컴퓨터가 있고 CUDA와 cuDNN 라이브러리를 설치했다면 이를 사용해서 계산 속도를 높일 수 있습니다.

대부분은 이런 고성능 컴퓨팅 자원이 없기 때문에 여기에서는 무료 클라우드 컴퓨팅 서비스인 구글 코랩(Google Colaboratory) 환경을 사용하겠습니다.

구글 코랩은 클라우드에서 실행하는 주피터 노트북(Jupyter notebook) 인스턴스를 제공합니다. 이 노트북은 구글 드라이브나 깃허브에 저장할 수 있습니다. 코랩은 CPU, GPU 심지어 **TPU**(Tensor Processing Unit)와 같은 여러 가지 컴퓨팅 자원을 제공하지만 실행 시간은 12시간으로 제한됩니다. 따라서 12시간이 넘게 실행되면 노트북이 중지됩니다.

이 장의 코드 예제를 실행하려면 최대 2~3시간이 필요하기 때문에 시간 제한이 문제가 되지는 않습니다. 하지만 12시간 이상 실행되는 프로젝트에 구글 코랩을 사용하려면 체크포인트 파일로 중간 결과를 저장하는 것이 좋습니다.[7]

Note ≡ **주피터 노트북**

주피터 노트북은 인터랙티브하게 코드를 실행하고 텍스트와 그림도 함께 담을 수 있는 그래픽 사용자 인터페이스(GUI)입니다. 기능이 풍부하고 쉽게 사용할 수 있기 때문에 데이터 과학 분야에서 가장 인기 있는 도구 중 하나가 되었습니다.

일반적인 주피터 노트북 GUI에 관한 정보는 공식 문서(https://jupyter-notebook.readthedocs.io/en/stable/)를 참고하세요. 이 책의 모든 코드는 주피터 노트북 형태로 제공됩니다.[8] 첫 번째 장의 코드 디렉터리에 주피터 노트북에 대한 간단한 소개가 있습니다.

마지막으로 애덤 룰(Adam Rule) 등이 과학 연구 프로젝트에 주피터 노트북을 효과적으로 사용하는 방법에 대해 쓴 글을 참고하세요(https://journals.plos.org/ploscompbiol/article?id=10.1371/journal.pcbi.1007007).

구글 코랩을 사용하는 방법은 간단합니다. https://colab.research.google.com을 방문하면 자동으로 어디서 주피터 노트북을 가져올지 묻는 팝업 창이 뜹니다. 이 창에서 그림 17-5와 같이 **Google 드라이브** 탭을 클릭합니다. 이렇게 하면 구글 드라이브에 노트북을 저장할 수 있습니다.

그다음 새 노트북 만들기 팝업 창 아래에 있는 **새 노트** 링크를 클릭하세요.

---

7 [역주] 2020년 초에 코랩의 유료 버전인 코랩 프로(Colab Pro, https://colab.research.google.com/signup)가 출시되었습니다. 더 빠른 GPU를 사용할 수 있고 최대 24시간 동안 실행할 수 있습니다. 현재는 미국과 캐나다 등에서만 가입이 가능합니다.

8 [역주] 번역서 깃허브에 있는 주피터 노트북은 모두 코랩에서 실행할 수 있습니다.

▼ 그림 17-5 코랩에서 새 노트북 만들기

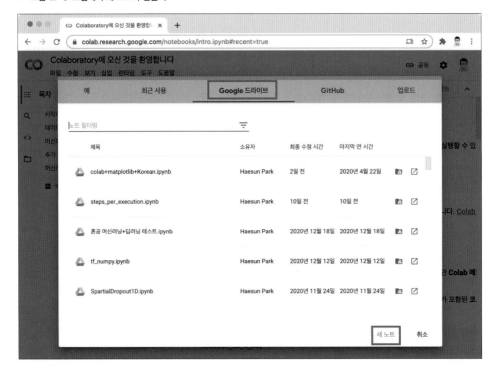

이 링크를 클릭하면 새로운 노트북이 열리게 됩니다. 이 노트북에서 작성하는 모든 코드는 자동으로 저장되고 구글 드라이브의 **Colab Notebooks** 폴더에서 찾을 수 있습니다.

다음 단계로 GPU를 사용하여 노트북의 코드를 실행하는 방법을 알아보죠. 노트북의 메뉴 막대에 있는 **런타임**을 선택하고 **런타임 유형 변경**을 클릭한 후 그림 17-7과 같이 GPU를 선택하세요.

▼ 그림 17-6 런타임 유형 변경 메뉴

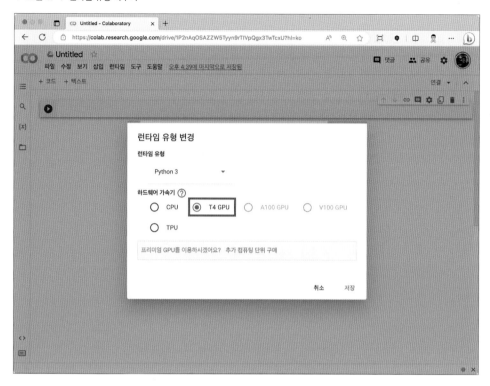

코랩 노트북 환경에는 넘파이, 사이파이(SciPy), 최신 버전의 파이토치 등이 설치되어 있습니다. 이 글을 쓰는 시점에 코랩에 설치된 파이토치 버전은 2.0.1입니다.

다음 코드를 사용하여 설치된 텐서플로 버전과 사용 가능한 GPU를 확인해 보죠.

```
>>> import torch
>>> print(torch.__version__)
1.9.0+cu111
>>> print("GPU 여부:", torch.cuda.is_available())
GPU 여부: True
>>> if torch.cuda.is_available():
...     device = torch.device("cuda:0")
... else:
...     device = "cpu"
>>> print(device)
cuda:0
```

또한, 모델을 구글 드라이브에 저장하거나 다른 파일을 구글 드라이브로 전송하고 싶다면 노트북의 새로운 셀에 다음 명령을 실행하여 구글 드라이브를 마운트하세요.

```
>>> from google.colab import drive
>>> drive.mount('/content/drive/')
```

이 코드를 실행하면 코랩 노트북에서 구글 드라이브에 접근할 수 있는 인증 링크를 제공합니다. 제공된 링크를 클릭하여 받은 인증 코드를 셀 아래 입력 필드에 복사해 넣으세요. 그러면 /content/drive/MyDrive 경로에 구글 드라이브가 마운트됩니다. 또한, 그림 17-8과 같이 GUI 인터페이스를 사용할 수도 있습니다.

▼ 그림 17-8 구글 드라이브 마운팅하기

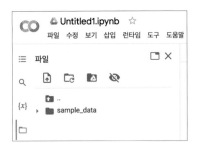

17.2.2 생성자와 판별자 신경망 구현

첫 번째 GAN 모델의 생성자와 판별자를 한 개 또는 그 이상의 은닉층을 가진 완전 연결 신경망으로 구현해 보겠습니다(그림 17-9).

▼ 그림 17-9 두 개의 완전 연결 신경망인 생성자와 판별자로 구성된 GAN 모델

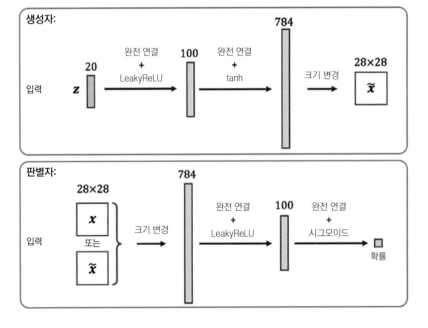

그림 17-9는 완전 연결 층 기반의 원본 GAN 모델을 보여 줍니다. 이를 바닐라(vanilla) GAN이라고 부릅니다.

이 모델의 각 은닉층에는 LeakyReLU 활성화 함수를 사용하겠습니다. 렐루(ReLU)를 사용하면 희소한 그레이디언트가 발생하기 때문에 입력 값 전 범위에 걸쳐 그레이디언트가 필요할 때는 적합하지 않기 때문입니다. 판별자 신경망에서 각 은닉층 다음에는 드롭아웃 층이 뒤따릅니다. 생성자의 출력층은 하이퍼볼릭 탄젠트(tanh) 활성화 함수를 사용합니다(생성자 신경망에 tanh 활성화 함수를 사용하면 학습에 도움이 됩니다).

판별자의 출력층은 로짓을 계산하기 위해 활성화 함수를 가지지 않습니다(즉, 선형 활성화 함수를 사용합니다). 아니면 확률을 출력으로 얻기 위해 시그모이드 활성화 함수를 사용할 수 있습니다.

Note ≡ **LeakyReLU 활성화 함수**

13장에서 신경망 모델에 사용할 수 있는 여러 가지 비선형 활성화 함수를 다루었습니다. 렐루 활성화 함수는 $\sigma(z) = \max(0, z)$로 정의되기 때문에 (활성화 함수에 들어오는) 음수 입력을 버립니다. 즉, 음수 입력은 0으로 설정됩니다. 이로 인해 렐루 활성화 함수는 역전파될 때 희소한 그레이디언트를 만들 수 있습니다. 희소한 그레이디언트가 항상 나쁜 것은 아니며 분류 모델에는 도움이 될 수도 있습니다. 하지만 GAN 같은 일부 애플리케이션에서는 입력 값의 전 범위에 대한 그레이디언트를 사용하는 것이 좋습니다. 음수 값을 조금 출력하도록 렐루 함수를 수정하면 이렇게 만들 수 있습니다. 이런 렐루 함수의 수정된 버전을 LeakyReLU라고 부릅니다. 간단히 요약하면 LeakyReLU 활성화 함수는 음수 입력에서도 0이 아닌 그레이디언트를 만듭니다. 따라서 신경망이 대체적으로 더 많은 것을 표현할 수 있습니다.

LeakyReLU 활성화 함수는 그림 17-10과 같이 정의됩니다.

▼ 그림 17-10 LeakyReLU 활성화 함수

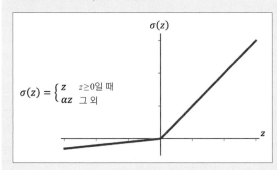

$$\sigma(z) = \begin{cases} z & z \geq 0\text{일 때} \\ \alpha z & \text{그 외} \end{cases}$$

여기에서 α는 (활성화 함수에 들어오는) 음수 입력을 위한 기울기를 결정합니다.

두 신경망을 위해 두 개의 헬퍼 함수를 정의하겠습니다. 이 함수는 파이토치 nn.Sequential 클래스로 모델을 만들고 앞서 언급한 층을 추가합니다. 코드는 다음과 같습니다.

```
>>> import torch.nn as nn
>>> import numpy as np
>>> import matplotlib.pyplot as plt
>>> ## 생성자 함수를 정의합니다:
>>> def make_generator_network(
...         input_size=20,
...         num_hidden_layers=1,
...         num_hidden_units=100,
...         num_output_units=784):
...     model = nn.Sequential()
...     for i in range(num_hidden_layers):
...         model.add_module(f'fc_g{i}',
...                          nn.Linear(input_size, num_hidden_units))
...         model.add_module(f'relu_g{i}', nn.LeakyReLU())
...         input_size = num_hidden_units
...     model.add_module(f'fc_g{num_hidden_layers}',
...                      nn.Linear(input_size, num_output_units))
...     model.add_module('tanh_g', nn.Tanh())
...     return model
>>>
>>> ## 판별자 함수를 정의합니다:
>>> def make_discriminator_network(
...         input_size,
...         num_hidden_layers=1,
...         num_hidden_units=100,
...         num_output_units=1):
...     model = nn.Sequential()
...     for i in range(num_hidden_layers):
...         model.add_module(
...             f'fc_d{i}',
...             nn.Linear(input_size, num_hidden_units, bias=False)
...         )
...         model.add_module(f'relu_d{i}', nn.LeakyReLU())
...         model.add_module('dropout', nn.Dropout(p=0.5))
...         input_size = num_hidden_units
...     model.add_module(f'fc_d{num_hidden_layers}',
...                      nn.Linear(input_size, num_output_units))
...     model.add_module('sigmoid', nn.Sigmoid())
...     return model
```

그다음 모델을 훈련하기 위한 설정을 합니다. 이전 장에서 보았듯이 MNIST 이미지는 28×28 픽셀 크기입니다(MNIST는 흑백 이미지이기 때문에 하나의 컬러 채널만 있습니다). 그다음 입력 벡터 z의 크기를 20으로 지정하고 모델 가중치를 균등 분포로 랜덤하게 초기화하겠습니다. 예를 들기 위해 아주 간단한 GAN 모델을 구현하기 때문에 완전 연결 층을 사용하고 각 신경망마다 100개의 유닛을 가진 하나의 은닉층만 사용하겠습니다. 다음 코드에서 두 신경망을 생성하고 초기화합니다. 그리고 요약 정보를 출력합니다.

```
>>> image_size = (28, 28)
>>> z_size = 20
>>> gen_hidden_layers = 1
>>> gen_hidden_size = 100
>>> disc_hidden_layers = 1
>>> disc_hidden_size = 100
>>> torch.manual_seed(1)
>>> gen_model = make_generator_network(
...     input_size=z_size,
...     num_hidden_layers=gen_hidden_layers,
...     num_hidden_units=gen_hidden_size,
...     num_output_units=np.prod(image_size)
... )
>>> print(gen_model)
Sequential(
  (fc_g0): Linear(in_features=20, out_features=100, bias=False)
  (relu_g0): LeakyReLU(negative_slope=0.01)
  (fc_g1): Linear(in_features=100, out_features=784, bias=True)
  (tanh_g): Tanh()
)
>>> disc_model = make_discriminator_network(
...     input_size=np.prod(image_size),
...     num_hidden_layers=disc_hidden_layers,
...     num_hidden_units=disc_hidden_size
... )
>>> print(disc_model)
Sequential(
  (fc_d0): Linear(in_features=784, out_features=100, bias=False)
  (relu_d0): LeakyReLU(negative_slope=0.01)
  (dropout): Dropout(p=0.5, inplace=False)
  (fc_d1): Linear(in_features=100, out_features=1, bias=True)
  (sigmoid): Sigmoid()
)
```

17.2.3 훈련 데이터셋 정의

다음 단계로 MNIST 데이터셋을 로드하고 필요한 전처리 단계를 적용합니다. 생성자의 출력층이 tanh 활성화 함수를 사용하기 때문에 합성된 이미지가 갖는 픽셀 값의 범위는 (-1, 1)입니다. 하지만 입력되는 MNIST 이미지 픽셀의 범위는 [0, 255]입니다(PIL.Image.Image 데이터 타입입니다). 따라서 전처리 단계에서 torchvision.transforms.ToTensor 함수를 사용해서 입력 이미지 텐서를 텐서로 바꾸겠습니다. 데이터 타입이 바뀌는 것 외에도 이 함수를 호출하면 픽셀 강도의 범위를 [0, 1]로 바꿉니다. 이를 0.5로 나누고 0.5를 빼서 경사 하강법 학습이 잘 되도록 픽셀 강도를 [-1, 1] 범위로 조정하겠습니다.

```
>>> import torchvision
>>> from torchvision import transforms
>>> image_path = './'
>>> transform = transforms.Compose([
...     transforms.ToTensor(),
...     transforms.Normalize(mean=(0.5), std=(0.5)),
... ])
>>> mnist_dataset = torchvision.datasets.MNIST(
...     root=image_path, train=True,
...     transform=transform, download=False
... )
>>> example, label = next(iter(mnist_dataset))
>>> print(f'Min: {example.min()} Max: {example.max()}')
>>> print(example.shape)
Min: -1.0 Max: 1.0
torch.Size([1, 28, 28])
```

또한, 랜덤한 분포(이 코드에서는 일반적으로 널리 사용하는 균등 또는 정규 분포)를 기반으로 랜덤 벡터 z를 만듭니다.

```
>>> def create_noise(batch_size, z_size, mode_z):
...     if mode_z == 'uniform':
...         input_z = torch.rand(batch_size, z_size) * 2 - 1
...     elif mode_z == 'normal':
...         input_z = torch.randn(batch_size, z_size)
...     return input_z
```

앞서 만든 데이터셋 객체를 조사해 보죠. 다음 코드에서 한 개의 배치를 추출하여 입력 벡터와 이미지 배열의 크기를 출력해 보겠습니다. 또한, GAN 모델의 전체 데이터 흐름을 이해하기 위해 생성자와 판별자의 정방향 계산을 실행해 보겠습니다.

먼저 입력 벡터 z의 배치를 생성자에 주입하여 출력 g_output을 얻습니다. 이는 가짜 샘플의 배치입니다. 이 배치를 판별자 모델에 주입하여 가짜 샘플의 배치 확률인 d_proba_fake를 얻습니다. 또한, 데이터셋 객체에서 가져온 전처리된 이미지를 판별자 모델에 주입하여 진짜 이미지에 대한 확률 d_proba_real을 얻습니다. 코드는 다음과 같습니다.

```
>>> from torch.utils.data import DataLoader
>>> batch_size = 32
>>> dataloader = DataLoader(mnist_dataset, batch_size, shuffle=False)
>>> input_real, label = next(iter(dataloader))
>>> input_real = input_real.view(batch_size, -1)
>>> torch.manual_seed(1)
>>> mode_z = 'uniform'  # 'uniform' vs 'normal'
>>> input_z = create_noise(batch_size, z_size, mode_z)
>>> print('input-z -- 크기:', input_z.shape)
>>> print('input-real -- 크기:', input_real.shape)
input-z -- 크기: torch.Size([32, 20])
input-real -- 크기: torch.Size([32, 784])
>>> g_output = gen_model(input_z)
>>> print('생성자 출력 -- 크기:', g_output.shape)
생성자 출력 -- 크기: torch.Size([32, 784])
>>> d_proba_real = disc_model(input_real)
>>> d_proba_fake = disc_model(g_output)
>>> print('판별자 (진짜) -- 크기:', d_proba_real.shape)
>>> print('판별자 (가짜) -- 크기:', d_proba_fake.shape)
판별자 (진짜) -- 크기: torch.Size([32, 1])
판별자 (가짜) -- 크기: torch.Size([32, 1])
```

두 로짓 d_proba_fake와 d_proba_real은 모델을 훈련하는 동안 손실 함수를 계산하는 데 사용됩니다.

17.2.4 GAN 모델 훈련하기

다음 단계로 손실 함수를 위해 nn.BCELoss 객체를 만들어 앞서 처리한 배치에 대해 생성자와 판별자의 이진 크로스 엔트로피 손실을 계산합니다. 이를 위해 각 출력에 대한 정답 레이블이 필요합니다. 생성자를 위해서는 1로 채워진 벡터를 만들겠습니다. 이 벡터의 크기는 생성된 이미지의 로짓 값을 담은 벡터 d_proba_fake와 크기가 같습니다. 판별자는 두 개의 손실이 필요합니다. d_proba_fake를 사용하여 가짜 샘플을 감지하는 손실을 계산하고 d_proba_real을 기반으로 진짜 샘플을 감지하는 손실을 계산합니다.

가짜 샘플을 위한 정답 레이블은 0으로 채워진 벡터로 torch.zeros()(또는 torch.zeros_like()[9]) 함수를 사용하여 만들 수 있습니다. 비슷하게 진짜 이미지를 위한 정답으로 torch.ones()(또는 torch.ones_like()) 함수를 사용하여 1로 채워진 벡터를 만들 수 있습니다.

```
>>> loss_fn = nn.BCELoss()
>>> ## 생성자 손실
>>> g_labels_real = torch.ones_like(d_proba_fake)
>>> g_loss = loss_fn(d_proba_fake, g_labels_real)
>>> print(f'생성자 손실: {g_loss:.4f}')
생성자 손실: 0.6863
>>> ## 판별자 손실
>>> d_labels_real = torch.ones_like(d_proba_real)
>>> d_labels_fake = torch.zeros_like(d_proba_fake)
>>> d_loss_real = loss_fn(d_proba_real, d_labels_real)
>>> d_loss_fake = loss_fn(d_proba_fake, d_labels_fake)
>>> print(f'판별자 손실: 진짜 {d_loss_real:.4f} 가짜 {d_loss_fake:.4f}')
판별자 손실: 진짜 0.6226 가짜 0.7007
```

앞의 코드는 GAN 모델 훈련의 전반적인 개념을 이해하기 위해 여러 손실 항을 단계별로 계산하고 있습니다. 다음 코드에서 GAN 모델을 만들고 훈련 반복을 위해 for 반복문 안에서 이런 계산을 수행하겠습니다.

먼저 진짜 데이터셋을 위한 데이터 로더, 생성자와 판별자 모델을 준비하겠습니다. 또한, 두 모델을 위한 별개의 Adam 옵티마이저를 준비합니다.

```
>>> batch_size = 64
>>> torch.manual_seed(1)
>>> np.random.seed(1)
>>> mnist_dl = DataLoader(mnist_dataset, batch_size=batch_size,
...                       shuffle=True, drop_last=True)
>>> gen_model = make_generator_network(
...     input_size=z_size,
...     num_hidden_layers=gen_hidden_layers,
...     num_hidden_units=gen_hidden_size,
...     num_output_units=np.prod(image_size)
... ).to(device)
>>> disc_model = make_discriminator_network(
...     input_size=np.prod(image_size),
```

---

9   [역주] zeros_like()나 ones_like() 함수는 배열 크기를 명시적으로 지정하는 대신 매개변수로 전달된 배열과 동일한 크기의 배열을 만들고 0이나 1로 채웁니다.

```
...         num_hidden_layers=disc_hidden_layers,
...         num_hidden_units=disc_hidden_size
... ).to(device)
>>> loss_fn = nn.BCELoss()
>>> g_optimizer = torch.optim.Adam(gen_model.parameters())
>>> d_optimizer = torch.optim.Adam(disc_model.parameters())
```

또한, 모델 가중치에 대한 손실의 그레이디언트를 계산하고 두 개의 Adam 옵티마이저를 사용해서 생성자와 판별자의 파라미터를 최적화합니다. 다음과 같이 판별자와 생정자 훈련을 위한 두 개의 함수를 작성하겠습니다.

```
>>> ## 판별자 훈련
>>> def d_train(x):
...     disc_model.zero_grad()
...     # 진짜 배치에서 판별자 훈련
...     batch_size = x.size(0)
...     x = x.view(batch_size, -1).to(device)
...     d_labels_real = torch.ones(batch_size, 1, device=device)
...     d_proba_real = disc_model(x)
...     d_loss_real = loss_fn(d_proba_real, d_labels_real)
...     # 가짜 배치에서 판별자 훈련
...     input_z = create_noise(batch_size, z_size, mode_z).to(device)
...     g_output = gen_model(input_z)
...     d_proba_fake = disc_model(g_output)
...     d_labels_fake = torch.zeros(batch_size, 1, device=device)
...     d_loss_fake = loss_fn(d_proba_fake, d_labels_fake)
...     # 그레이디언트 역전파와 판별자 파라미터 최적화
...     d_loss = d_loss_real + d_loss_fake
...     d_loss.backward()
...     d_optimizer.step()
...     return d_loss.data.item(), d_proba_real.detach(), \
...             d_proba_fake.detach()
>>>
>>> ## 생성자 훈련
>>> def g_train(x):
...     gen_model.zero_grad()
...     batch_size = x.size(0)
...     input_z = create_noise(batch_size, z_size, mode_z).to(device)
...     g_labels_real = torch.ones(batch_size, 1, device=device)
...
...     g_output = gen_model(input_z)
...     d_proba_fake = disc_model(g_output)
```

새로운 데이터 합성을 위한 생성적 적대 신경망

```
...         g_loss = loss_fn(d_proba_fake, g_labels_real)
...         # 그레이디언트 역전파와 생성자 파라미터 최적화
...         g_loss.backward()
...         g_optimizer.step()
...         return g_loss.data.item()
```

그다음 100번의 에포크 동안 생성자와 판별자 훈련을 교대로 수행합니다. 각 에포크에서 생성자
손실과 진짜 데이터와 가짜 데이터에 대한 판별자 손실을 기록합니다. 그리고 에포크가 끝날 때마
다 현재 생성자 모델의 create_samples()를 호출하여 일정한 잡음으로부터 몇 개의 샘플을 생성
합니다. 생성된 이미지를 파이썬 리스트에 저장합니다. 코드는 다음과 같습니다.

```
>>> fixed_z = create_noise(batch_size, z_size, mode_z).to(device)
>>> def create_samples(g_model, input_z):
...     g_output = g_model(input_z)
...     images = torch.reshape(g_output, (batch_size, *image_size))
...     return (images+1) / 2.0
>>>
>>> epoch_samples = []
>>> all_d_losses = []
>>> all_g_losses = []
>>> all_d_real = []
>>> all_d_fake = []
>>> num_epochs = 100
>>>
>>> for epoch in range(1, num_epochs+1):
...     d_losses, g_losses = [], []
...     d_vals_real, d_vals_fake = [], []
...     for i, (x, _) in enumerate(mnist_dl):
...         d_loss, d_proba_real, d_proba_fake = d_train(x)
...         d_losses.append(d_loss)
...         g_losses.append(g_train(x))
...         d_vals_real.append(d_proba_real.mean().cpu())
...         d_vals_fake.append(d_proba_fake.mean().cpu())
...
...     all_d_losses.append(torch.tensor(d_losses).mean())
...     all_g_losses.append(torch.tensor(g_losses).mean())
...     all_d_real.append(torch.tensor(d_vals_real).mean())
...     all_d_fake.append(torch.tensor(d_vals_fake).mean())
...     print(f'에포크 {epoch:03d} | 평균 손실 >>'
...           f' 생성자/판별자 {all_g_losses[-1]:.4f}/{all_d_losses[-1]:.4f}'
...           f' [판별자-진짜: {all_d_real[-1]:.4f}'
...           f' 판별자-가짜: {all_d_fake[-1]:.4f}]')
```

```
...       epoch_samples.append(
...           create_samples(gen_model, fixed_z).detach().cpu().numpy()
...       )
에포크 001 ┆ 평균 손실 >> 생성자/판별자 0.9546/0.8957 [판별자-진짜: 0.8074 판별자-가짜: 0.4687]
에포크 002 ┆ 평균 손실 >> 생성자/판별자 0.9571/1.0841 [판별자-진짜: 0.6346 판별자-가짜: 0.4155]
에포크 ...
에포크 100 ┆ 평균 손실 >> 생성자/판별자 0.8622/1.2878 [판별자-진짜: 0.5488 판별자-가짜: 0.4518]
```

구글 코랩에서 GPU를 사용하면 이전 코드에서 구현한 훈련 과정은 한 시간 안에 완료됩니다(최신 CPU와 GPU가 장착된 컴퓨터에서 실행하면 더 빨리 끝날 수 있습니다). 모델 훈련이 끝난 후 판별자와 생성자 손실을 그래프로 출력하여 두 신경망의 훈련 과정을 분석하고 수렴하는지 평가해 보는 것이 좋습니다.

또한, 반복마다 판별자에서 계산한 진짜 샘플과 가짜 샘플의 평균 확률을 출력하는 것이 도움이 됩니다. 이 확률이 0.5 근처라면 판별자가 진짜와 가짜 이미지를 잘 구분할 수 없다는 것을 의미합니다.

```
>>> fig = plt.figure(figsize=(16, 6))
>>> ## 손실 그래프
>>> ax = fig.add_subplot(1, 2, 1)
>>> plt.plot(all_g_losses, label='Generator loss')
>>> half_d_losses = [all_d_loss/2 for all_d_loss in all_d_losses]
>>> plt.plot(half_d_losses, label='Discriminator loss')
>>> plt.legend(fontsize=20)
>>> ax.set_xlabel('Iteration', size=15)
>>> ax.set_ylabel('Loss', size=15)
>>>
>>> ## 판별자 출력의 그래프
>>> ax = fig.add_subplot(1, 2, 2)
>>> plt.plot(all_d_real, label=r'Real: $D(\mathbf{x})$')
>>> plt.plot(all_d_fake, label=r'Fake: $D(G(\mathbf{z}))$')
>>> plt.legend(fontsize=20)
>>> ax.set_xlabel('Iteration', size=15)
>>> ax.set_ylabel('Discriminator output', size=15)
>>> plt.show()
```

결과 그래프는 그림 17-11과 같습니다.

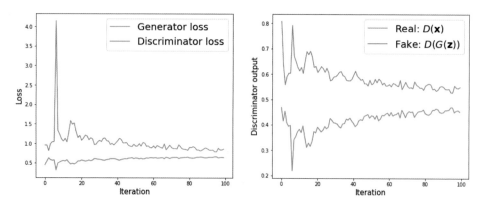

그림 17-11에 있는 판별자 출력을 보면 알 수 있듯이 훈련 초기에는 판별자가 진짜와 가짜 샘플을 매우 정확하게 구별하는 법을 빠르게 배웁니다. 즉, 가짜 샘플의 확률이 0에 가깝습니다. 가짜 샘플이 전혀 진짜 샘플과 닮지 않았기 때문입니다. 따라서 진짜와 가짜 샘플을 구별하는 일은 비교적 쉽습니다. 훈련이 진행되면서 생성자가 더 진짜 같은 이미지를 합성하게 되면 진짜와 가짜 샘플에 대한 확률이 모두 0.5에 가까워집니다.

훈련하는 동안 생성자의 출력, 즉 합성된 이미지가 어떻게 변하는지 확인해 볼 수 있습니다. 다음 코드에서 적절한 에포크 선택을 위해 생성자가 만든 이미지를 그려 보겠습니다.

```
>>> selected_epochs = [1, 2, 4, 10, 50, 100]
>>> fig = plt.figure(figsize=(10, 14))
>>> for i,e in enumerate(selected_epochs):
...     for j in range(5):
...         ax = fig.add_subplot(6, 5, i*5+j+1)
...         ax.set_xticks([])
...         ax.set_yticks([])
...         if j == 0:
...             ax.text(
...                 -0.06, 0.5, 'Epoch {}'.format(e),
...                 rotation=90, size=18, color='red',
...                 horizontalalignment='right',
...                 verticalalignment='center',
...                 transform=ax.transAxes)
...
...         image = epoch_samples[e-1][j]
...         ax.imshow(image, cmap='gray_r')
...
>>> plt.show()
```

출력된 이미지는 그림 17-12와 같습니다.

▼ 그림 17-12 생성자가 만든 이미지

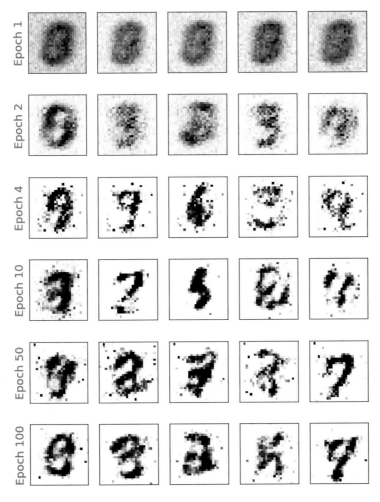

그림 17-12에서 볼 수 있듯이 생성자 신경망은 훈련이 진행될수록 더 실제 같은 이미지를 만듭니다. 하지만 100번째 에포크에서 만들어진 이미지는 MNIST 데이터셋에 있는 손글씨 숫자와 매우 다릅니다.

이 절에서는 생성자와 판별자에 완전 연결 은닉층 하나만 가진 매우 단순한 GAN 모델을 만들었습니다. 이 GAN 모델을 MNIST 데이터셋에서 훈련한 후 아주 만족스럽지는 않지만 가능성이 있어 보이는 새로운 손글씨 숫자를 만들었습니다. 15장에서 배웠듯이 합성곱 층을 사용한 신경망은 이미지 분류에서 완전 연결 층보다 몇 가지 장점이 있습니다. 비슷한 이유로 이미지 데이터를 다루는 GAN 모델에 합성곱 층을 추가하면 더 나은 결과를 얻을 수 있습니다. 다음 절에서 생성자와 판별자 신경망에 합성곱 층을 사용하는 **심층 합성곱 GAN**(Deep Convolutional GAN, DCGAN)을 만들어 보겠습니다.

17.3 합성곱 GAN과 바서슈타인 GAN으로 합성 이미지 품질 높이기

이 절에서 앞서 만든 GAN 예제의 성능을 높이기 위해 DCGAN을 만들어 보겠습니다. 여기에 몇 가지 중요한 기술을 도입하고 **바서슈타인 GAN**(Wasserstein GAN, WGAN)[10]을 구현해 보겠습니다.

이 절에서 다룰 기법은 다음과 같습니다.

- 전치 합성곱
- 배치 정규화
- WGAN

2016년에 소개된 DCGAN[11]은 생성자와 판별자 신경망에 합성곱을 사용합니다. 먼저 DCGAN은 랜덤 벡터 z를 완전 연결 층으로 적당한 크기의 새로운 벡터로 투영합니다. 그다음 합성곱에 사용되는 형태로 크기를 바꿉니다($h \times w \times c$). 이 크기는 출력 이미지 크기보다 작습니다. 그다음 몇 개의 **전치 합성곱**(transposed convolution) 층을 사용하여 이 특성 맵을 원하는 출력 크기까지 업샘플링(upsampling)합니다.

---

10 [역주] 바서슈타인 거리(Wasserstein distance)란 이름은 이 개념을 처음 소개한 러시아 수학자 Leonid Vaseršteĭn의 독일어 철자에서 유래되었습니다.

11 A. Radford, L. Metz, and S. Chintala in their article Unsupervised representation learning with deep convolutional generative adversarial networks, which is freely available at https://arxiv.org/pdf/1511.06434.pdf

17.3.1 전치 합성곱

15장에서 1차원과 2차원 공간의 합성곱 연산에 대해 배웠습니다. 특히 패딩과 스트라이드 선택에 따라 어떻게 출력 특성 맵이 바뀌는지 보았습니다. (예를 들어 스트라이드 2를 사용하거나 합성곱 층 다음에 풀링 층을 사용해서) 합성곱 연산은 보통 특성 맵을 다운샘플링(downsampling)하지만 전치 합성곱 연산은 특성 맵을 업샘플링하는 데 사용합니다.

전치 합성곱 연산을 이해하기 위해 간단한 사고 실험을 해 보죠. $n \times n$ 크기의 입력 특성 맵이 있다고 가정하겠습니다. 그다음 이 $n \times n$ 크기의 입력에 어떤 패딩과 스트라이드로 2D 합성곱 연산을 적용하여 $m \times m$ 크기의 출력 특성 맵을 만듭니다. 입력과 출력의 연결 패턴을 유지하면서 $m \times m$ 크기 출력 특성 맵에서 원래 $n \times n$ 차원 크기의 특성 맵을 얻는 합성곱을 어떻게 적용할 수 있을까요? $n \times n$ 입력 행렬의 크기는 복원되지만 실제 행렬 값은 복원되지 않습니다.

이것이 바로 그림 17-13에 있는 전치 합성곱이 수행하는 일입니다.

▼ 그림 17-13 전치 합성곱

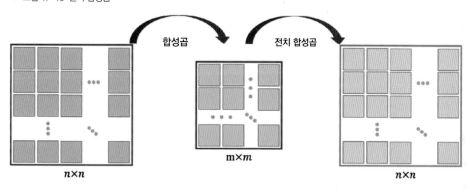

> **Note ≡ 전치 합성곱 vs 역합성곱**
>
> 전치 합성곱은 분할 스트라이드 합성곱(fractionally strided convolution)이라고도 부릅니다.[12] 딥러닝 논문에서 전치 합성곱을 의미할 때 사용하는 또 다른 용어는 역합성곱(deconvolution)입니다. 하지만 역합성곱은 합성곱 연산의 역으로 정의되어 있습니다. 특성 맵 x, 가중치 파라미터 w에서 특성 맵 x'를 만드는 합성곱 연산 f를 $f_w(x) = x'$와 같이 쓸 수 있습니다. 역합성곱 f^{-1}은 $f_w^{-1}(f(x)) = x$와 같이 정의할 수 있습니다. 하지만 전치 합성곱은 단지 특성 공간의 차원을 복원하는 데만 초점을 맞추며 실제 값은 복원하지 않습니다.

---

12 **역주** 또는 discrete convolution이라고도 부릅니다.

전치 합성곱은 입력 특성 맵의 원소 사이에 0을 끼워 넣어 합성곱을 수행하는 식으로 특성 맵을 업샘플링합니다. 그림 17-14는 4×4 크기 입력에 2×2 크기 스트라이드와 2×2 크기 커널로 전치 합성곱을 수행하는 예를 보여 줍니다. 입력 특성 맵에 0을 끼워 넣은 것이 가운데 9×9 크기 행렬입니다. 그다음 2×2 크기 커널과 스트라이드 1로 보통의 합성곱을 수행하여 8×8 크기 출력을 만듭니다. 이 합성곱을 반대 방향으로 검증해 보기 위해 9×9 크기 행렬에 스트라이드 2로 보통 합성곱을 적용하면 원본 입력 크기와 같은 4×4 크기 특성 맵이 출력됩니다.

▼ 그림 17-14 4×4 입력에 전치 합성곱 적용하기

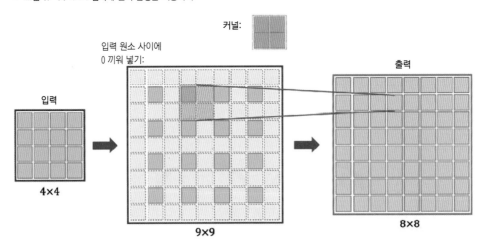

그림 17-14는 전치 합성곱의 일반적인 동작 방식을 보여 줍니다. 입력 크기, 커널 크기, 스트라이드, 패딩 종류에 따라 출력이 바뀔 수 있습니다. 다양한 경우에 대해 자세히 알고 싶다면 합성곱 계산 가이드 논문[13]을 참고하세요.

17.3.2 배치 정규화

배치 정규화(Batch Normalization, BatchNorm, BN)는 2015년 세르게이 이오페(Sergey Ioffe)와 크리스티안 세게디(Christian Szegedy)가 제안했습니다.[14] 배치 정규화의 주요 아이디어 중 하나는 층의 입력을 정규화하고 훈련하는 동안 입력 분포의 변화를 막는 것입니다. 이는 모델을 빠르고 안정적으로 수렴하게 만듭니다.

---

13 A Guide to Convolution Arithmetic for Deep Learning by Vincent Dumoulin and Francesco Visin
   https://arxiv.org/pdf/1603.07285.pdf
   역주 이 논문은 역자의 블로그에 번역되어 있습니다(http://bit.ly/conv_guide).

14 Batch Normalization: Accelerating Deep Network Training by Reducing Internal Covariate Shift
   https://arxiv.org/pdf/1502.03167.pdf

배치 정규화는 계산된 통계 값을 기반으로 미니 배치의 특성을 변환합니다. 합성곱 층과 활성화 함수 사이에 있는[15] 특성 맵이 $[m \times c \times h \times w]$ 크기의 4차원 텐서 $\mathbf{Z}$라고 가정해 보죠. 여기에서 m은 배치에 있는 샘플 개수입니다(즉, 배치 크기). $h \times w$는 특성 맵의 공간 방향 차원입니다. c는 채널 개수입니다. 배치 정규화는 다음과 같이 세 단계로 정리할 수 있습니다.

1. 미니 배치 입력의 평균과 표준 편차를 계산합니다.

$$\boldsymbol{\mu}_B = \frac{1}{m \times h \times w} \sum_{i,j,k} \mathbf{Z}^{[i,j,k,\cdot]} , \quad \boldsymbol{\sigma}_B^2 = \frac{1}{m \times h \times w} \sum_{i,j,k} \left(\mathbf{Z}^{[i,j,k,\cdot]} - \boldsymbol{\mu}_B \right)^2$$

여기에서 $\boldsymbol{\mu}_B$와 $\boldsymbol{\sigma}_B^2$의 크기는 c입니다.

2. 배치에 있는 모든 샘플의 입력을 표준화합니다. $\mathbf{z}_{\text{std}}^{[i]} = \dfrac{\mathbf{Z}^{[i]} - \boldsymbol{\mu}_B}{\boldsymbol{\sigma}_B + \epsilon}$, 여기에서 ϵ은 수치 안정성 (즉, 0 나눗셈 방지)을 위한 작은 값입니다.

3. 정규화된 입력을 학습되는 두 개의 파라미터 벡터 $\boldsymbol{\gamma}$와 $\boldsymbol{\beta}$로 스케일을 조정하고 이동시킵니다. 이 파라미터의 크기는 c(채널 개수)입니다. $\mathbf{A}_{\text{pre}}^{[i]} = \boldsymbol{\gamma} \mathbf{z}_{\text{std}}^{[i]} + \boldsymbol{\beta}$

이 과정이 그림 17-15에 나타나 있습니다.

▼ 그림 17-15 배치 정규화

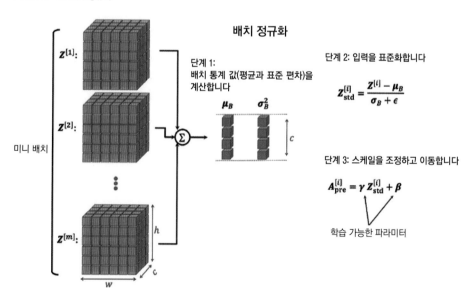

배치 정규화

단계 1:
배치 통계 값(평균과 표준 편차)을 계산합니다

단계 2: 입력을 표준화합니다

$$\mathbf{z}_{\text{std}}^{[i]} = \frac{\mathbf{Z}^{[i]} - \boldsymbol{\mu}_B}{\boldsymbol{\sigma}_B + \epsilon}$$

단계 3: 스케일을 조정하고 이동합니다

$$\mathbf{A}_{\text{pre}}^{[i]} = \boldsymbol{\gamma} \, \mathbf{z}_{\text{std}}^{[i]} + \boldsymbol{\beta}$$

학습 가능한 파라미터

---

15 역주 여기에서는 배치 정규화를 활성화 함수 이전에 적용하지만 종종 활성화 함수 이후에 놓기도 합니다.

배치 정규화의 단계 1에서 미니 배치의 평균 μ_B와 표준 편차 σ_B가 계산됩니다. μ_B와 편차 σ_B는 크기가 c인 벡터입니다(c는 채널 개수입니다).[16] 그다음 단계 2에서 이 통계 값을 사용하여 미니 배치의 샘플을 z 점수 정규화(표준화)로 변환하여 표준화된 입력 $Z_{std}^{[i]}$를 만듭니다. 결국 입력 값은 원점에 맞추어지고 단위 분산을 가지게 됩니다. 이는 경사 하강법 기반의 최적화 방식에 바람직한 성질입니다. 반면 각기 다른 미니 배치에서 동일한 성질을 같도록 항상 입력을 정규화하면 신경망의 표현 능력에 큰 영향을 미칠 수 있습니다. x~N(0, 1)인 특성이 시그모이드 함수 $\sigma(x)$를 통과할 때 0에 가까운 값은 선형적인 영역이기 때문입니다. 따라서 단계 3에서 크기가 c(채널 개수)인 학습 가능한 파라미터 β와 γ를 사용하여 정규화된 특성을 이동시키고 분산시킵니다.

훈련하는 동안 이동 평균 μ_B와 이동 분산 σ_B^2을 계산합니다. 이 값과 튜닝 파라미터 β와 γ를 함께 사용하여 평가 시에 테스트 샘플을 정규화합니다.

Note ≡   **배치 정규화가 최적화에 도움이 되는 이유는 무엇일까?**

초기에 배치 정규화는 내부 공변량 변화(internal covariance shift)를 감소하기 위해 개발되었습니다. 내부 공변량 변화는 신경망이 훈련하는 동안 모델 파라미터가 업데이트되기 때문에 층 활성화의 분산에 변화가 생기는 현상입니다.

간단한 예를 들어 설명해 보죠. 에포크 1에서 고정된 배치를 신경망에 통과시킵니다. 이 배치에 대한 층의 활성화를 기록합니다. 전체 훈련 데이터셋을 반복하고 모델 파라미터를 업데이트한 후 두 번째 에포크를 시작하여 이전의 고정된 배치를 신경망에 통과시킵니다. 그다음 첫 번째와 두 번째 에포크의 층 활성화를 비교합니다. 신경망의 파라미터가 변경되었기 때문에 활성화도 바뀐 것을 관찰할 수 있습니다. 이런 현상을 공변량 변화라고 부르며 신경망 훈련 속도를 늦추는 것으로 알려져 있습니다.

2018년 산투르카르, 치프라스, 일리아스, 매드리는 무엇이 배치 정규화가 효과적으로 만드는지 조사했습니다. 이 연구에서 연구자들은 내부 공변량 변화에 대한 배치 정규화의 효과는 작다는 것을 관찰했습니다. 실험 결과를 바탕으로 배치 정규화의 효과는 손실 함수 표면을 부드럽게 만들기 때문이라고 가정했습니다. 이는 볼록하지 않은 최적화 문제를 안정적으로 만듭니다.

연구 결과에 대해 더 알고 싶다면 해당 논문[17]을 참고하세요.

파이토치 API는 모델을 정의할 때 층처럼 사용할 수 있도록 nn.BatchNorm2d()(1D 입력일 경우 nn.BatchNorm1d()) 클래스를 제공합니다. 이 층은 앞서 설명한 배치 정규화의 모든 단계를 수행합니다. 학습되는 파라미터 γ와 β는 모델이 훈련 상태인지에 따라 업데이트가 결정됩니다. 훈련 중에만 이 파라미터가 업데이트되며 평가 시에는 이 파라미터를 정규화에 사용합니다.

---

16 **역주** 배치 정규화가 합성곱 층 뒤에 놓일 때는 특성 맵별로 통계 값을 계산합니다. 완전 연결 층 뒤에 놓일 때는 특성별로 통계 값을 계산합니다.

17 How Does Batch Normalization Help Optimization?
   http://papers.nips.cc/paper/7515-how-does-batch-normalization-help-optimization.pdf

17.3.3 생성자와 판별자 구현

이제 앞으로 구현할 DCGAN 모델의 주요 구성 요소를 소개하겠습니다. 생성자와 판별자 구조는 그림 17-16에 요약되어 있습니다.

생성자는 크기가 100인 벡터 z를 입력으로 받습니다. 그다음 nn.ConvTranspose2D()를 사용한 전치 합성곱 몇 개를 거치면서 이 특성 맵을 공간 방향의 차원이 28×28이 될 때까지 업샘플링합니다. 전치 합성곱 층을 지나면서 채널 개수는 절반으로 줄어듭니다. 예외적으로 마지막 전치 합성곱은 흑백 이미지를 만들기 위해 하나의 출력 필터만 사용합니다. 전치 합성곱 층 뒤에는 배치 정규화와 LeakyReLU 활성화 함수가 놓입니다. 마지막 전치 합성곱 층에는 (배치 정규화 없이) tanh 활성화 함수를 사용합니다.

생성자 구조는 그림 17-16과 같습니다.

▼ 그림 17-16 생성자 신경망

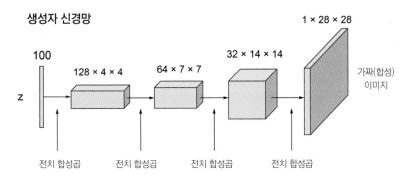

판별자는 28×28×1 크기 이미지를 입력으로 받아 네 개의 합성곱 층을 통과시킵니다. 처음 세 개의 합성곱 층은 공간 차원을 4배로 줄이고 특성 맵의 차원 개수를 늘립니다. 각 합성곱 층 다음에는 배치 정규화와 LeakyReLU 활성화 함수가 뒤따릅니다. 마지막 합성곱 층은 7×7 크기의 커널을 사용하고 하나의 필터를 사용하여 출력 차원을 1×1×1로 줄입니다. 마지막으로 합성곱 출력에 시그모이드 함수를 적용하여 1차원으로 압축합니다.

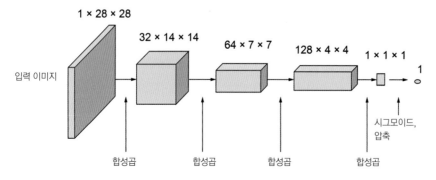

판별자 신경망

Note ≡ **합성곱 GAN의 설계 고려 사항**

생성자와 판별자의 특성 맵은 다른 패턴을 가집니다. 생성자에서는 많은 특성 맵 개수에서 시작해서 마지막 층으로 갈수록 줄어듭니다. 반대로 판별자에서는 작은 채널 개수로 시작해서 마지막 층으로 갈수록 늘어납니다. CNN을 설계할 때 특성 맵의 개수와 특성 맵의 공간 차원 크기가 반대라는 점이 중요합니다. 특성 맵의 공간 크기가 증가할 때 특성 맵의 개수는 줄어듭니다. 또는 그 반대입니다.

또한, 배치 정규화 앞의 층에서는 절편 유닛을 사용하지 않는 것이 보통 권장됩니다. 배치 정규화가 이미 이동 파라미터 β를 가지고 있기 때문에 절편을 사용하는 것은 중복입니다. nn.ConvTranspose2d나 nn.Conv2d에서 bias=False로 설정하여 절편 유닛을 제외할 수 있습니다.

생성자와 판별자 신경망을 만드는 두 헬퍼 함수 코드는 다음과 같습니다.

```
>>> def make_generator_network(input_size, n_filters):
...     model = nn.Sequential(
...         nn.ConvTranspose2d(input_size, n_filters*4, 4,
...                            1, 0, bias=False),
...         nn.BatchNorm2d(n_filters*4),
...         nn.LeakyReLU(0.2),
...         nn.ConvTranspose2d(n_filters*4, n_filters*2,
...                            3, 2, 1, bias=False),
...         nn.BatchNorm2d(n_filters*2),
...         nn.LeakyReLU(0.2),
...         nn.ConvTranspose2d(n_filters*2, n_filters,
...                            4, 2, 1, bias=False),
...         nn.BatchNorm2d(n_filters),
...         nn.LeakyReLU(0.2),
...         nn.ConvTranspose2d(n_filters, 1, 4, 2, 1,
...                            bias=False),
```

```
...             nn.Tanh()
...         )
...     return model
>>>
>>> class Discriminator(nn.Module):
...     def __init__(self, n_filters):
...         super().__init__()
...         self.network = nn.Sequential(
...             nn.Conv2d(1, n_filters, 4, 2, 1, bias=False),
...             nn.LeakyReLU(0.2),
...             nn.Conv2d(n_filters, n_filters*2,
...                       4, 2, 1, bias=False),
...             nn.BatchNorm2d(n_filters*2),
...             nn.LeakyReLU(0.2),
...             nn.Conv2d(n_filters*2, n_filters*4,
...                       3, 2, 1, bias=False),
...             nn.BatchNorm2d(n_filters*4),
...             nn.LeakyReLU(0.2),
...             nn.Conv2d(n_filters*4, 1, 4, 1, 0, bias=False),
...             nn.Sigmoid()
...         )
...
...     def forward(self, input):
...         output = self.network(input)
...         return output.view(-1, 1).squeeze(0)
```

이 두 헬퍼 함수를 사용하여 DCGAN 모델을 만들어 훈련할 수 있습니다. 이전 절에서 간단한 완전 연결 층을 사용한 GAN을 만들 때 준비했던 MNIST 데이터셋 객체를 사용하면 됩니다. 헬퍼 함수를 사용하여 생성자 신경망을 만들고 구조를 출력해 보겠습니다.

이 두 헬퍼 함수를 사용하여 DCGAN 모델을 만들어 훈련할 수 있습니다. 이전 절에서 간단한 완전 연결 층을 사용한 GAN을 만들 때 준비했던 MNIST 데이터셋 객체를 사용하면 됩니다. 헬퍼 함수를 사용하여 생성자 신경망을 만들고 구조를 출력해 보겠습니다.

```
>>> z_size = 100
>>> image_size = (28, 28)
>>> n_filters = 32
>>> gen_model = make_generator_network(z_size, n_filters).to(device)
>>> print(gen_model)
Sequential(
  (0): ConvTranspose2d(100, 128, kernel_size=(4, 4), stride=(1, 1), bias=False)
  (1): BatchNorm2d(128, eps=1e-05, momentum=0.1, affine=True, track_running_stats=True)
  (2): LeakyReLU(negative_slope=0.2)
  (3): ConvTranspose2d(128, 64, kernel_size=(3, 3), stride=(2, 2), padding=(1, 1),
bias=False)
  (4): BatchNorm2d(64, eps=1e-05, momentum=0.1, affine=True, track_running_stats=True)
```

```
    (5): LeakyReLU(negative_slope=0.2)
    (6): ConvTranspose2d(64, 32, kernel_size=(4, 4), stride=(2, 2), padding=(1, 1),
  bias=False)
    (7): BatchNorm2d(32, eps=1e-05, momentum=0.1, affine=True, track_running_stats=True)
    (8): LeakyReLU(negative_slope=0.2)
    (9): ConvTranspose2d(32, 1, kernel_size=(4, 4), stride=(2, 2), padding=(1, 1),
  bias=False)
    (10): Tanh()
  )
```

비슷하게 판별자 신경망을 만들고 구조를 출력합니다.

```
>>> disc_model = Discriminator(n_filters).to(device)
>>> print(disc_model)
Discriminator(
  (network): Sequential(
    (0): Conv2d(1, 32, kernel_size=(4, 4), stride=(2, 2), padding=(1, 1), bias=False)
    (1): LeakyReLU(negative_slope=0.2)
    (2): Conv2d(32, 64, kernel_size=(4, 4), stride=(2, 2), padding=(1, 1), bias=False)
    (3): BatchNorm2d(64, eps=1e-05, momentum=0.1, affine=True, track_running_stats=True)
    (4): LeakyReLU(negative_slope=0.2)
    (5): Conv2d(64, 128, kernel_size=(3, 3), stride=(2, 2), padding=(1, 1), bias=False)
    (6): BatchNorm2d(128, eps=1e-05, momentum=0.1, affine=True, track_running_
  stats=True)
    (7): LeakyReLU(negative_slope=0.2)
    (8): Conv2d(128, 1, kernel_size=(4, 4), stride=(1, 1), bias=False)
    (9): Sigmoid()
  )
)
```

'17.2.4절 GAN 모델 훈련하기'와 동일한 손실 함수와 옵티마이저를 사용할 수도 있습니다.

```
>>> loss_fn = nn.BCELoss()
>>> g_optimizer = torch.optim.Adam(gen_model.parameters(), 0.0003)
>>> d_optimizer = torch.optim.Adam(disc_model.parameters(), 0.0002)
```

훈련 과정에 약간의 변경을 가하겠습니다. 랜덤한 입력을 생성하는 create_noise() 함수의 출력
이 2차원이 아니라 4차원 텐서여야 합니다.

```
>>> def create_noise(batch_size, z_size, mode_z):
...     if mode_z == 'uniform':
...         input_z = torch.rand(batch_size, z_size, 1, 1) * 2 - 1
...     elif mode_z == 'normal':
```

```
...         input_z = torch.randn(batch_size, z_size, 1, 1)
...     return input_z
```

판별자 훈련을 위한 d_train() 함수에서 입력 이미지 크기를 바꿀 필요가 없습니다.

```
>>> def d_train(x):
...     disc_model.zero_grad()
...     # 진짜 배치에서 판별자 훈련
...     batch_size = x.size(0)
...     x = x.to(device)
...     d_labels_real = torch.ones(batch_size, 1, device=device)
...     d_proba_real = disc_model(x)
...     d_loss_real = loss_fn(d_proba_real, d_labels_real)
...     # 가짜 배치에서 판별자 훈련
...     input_z = create_noise(batch_size, z_size, mode_z).to(device)
...     g_output = gen_model(input_z)
...     d_proba_fake = disc_model(g_output)
...     d_labels_fake = torch.zeros(batch_size, 1, device=device)
...     d_loss_fake = loss_fn(d_proba_fake, d_labels_fake)
...     # 그레이디언트 역전파와 판별자 파라미터 최적화
...     d_loss = d_loss_real + d_loss_fake
...     d_loss.backward()
...     d_optimizer.step()
...     return d_loss.data.item(), d_proba_real.detach(), \
...             d_proba_fake.detach()
```

그다음 100번의 에포크 동안 생성자와 판별자를 교대로 훈련합니다. 또한, 에포크가 끝날 때마다 현재 생성자 모델의 create_samples()를 호출하여 일정한 잡음으로부터 몇 개의 샘플을 생성합니다. 생성된 이미지를 파이썬 리스트에 저장합니다. 코드는 다음과 같습니다.

```
>>> fixed_z = create_noise(batch_size, z_size, mode_z).to(device)
>>> epoch_samples = []
>>> torch.manual_seed(1)
>>> for epoch in range(1, num_epochs+1):
...     gen_model.train()
...     for i, (x, _) in enumerate(mnist_dl):
...         d_loss, d_proba_real, d_proba_fake = d_train(x)
...         d_losses.append(d_loss)
...         g_losses.append(g_train(x))
...     print(f'에포크 {epoch:03d} | 평균 손실 >>'
...             f' 생성자/판별자 {torch.FloatTensor(g_losses).mean():.4f}'
...             f'/{torch.FloatTensor(d_losses).mean():.4f}')
```

```
...        gen_model.eval()
...        epoch_samples.append(
...            create_samples(
...                gen_model, fixed_z
...            ).detach().cpu().numpy()
...        )
에포크 001 | 평균 손실 >> 생성자/판별자 4.7016/0.1035
에포크 002 | 평균 손실 >> 생성자/판별자 5.9341/0.0438

...
에포크 099 | 평균 손실 >> 생성자/판별자 4.3753/0.1360
에포크 100 | 평균 손실 >> 생성자/판별자 4.4914/0.1120
```

마지막으로 몇몇 에포크에서 저장된 샘플을 시각화하여 모델이 학습하는 방식과 학습 과정에서 합성된 예제의 품질이 어떻게 변하는지를 확인해 보겠습니다.

```
>>> selected_epochs = [1, 2, 4, 10, 50, 100]
>>> fig = plt.figure(figsize=(10, 14))
>>> for i,e in enumerate(selected_epochs):
...     for j in range(5):
...         ax = fig.add_subplot(6, 5, i*5+j+1)
...         ax.set_xticks([])
...         ax.set_yticks([])
...         if j == 0:
...             ax.text(-0.06, 0.5,  f'Epoch {e}',
...                     rotation=90, size=18, color='red',
...                     horizontalalignment='right',
...                     verticalalignment='center',
...                     transform=ax.transAxes)
...
...         image = epoch_samples[e-1][j]
...         ax.imshow(image, cmap='gray_r')
>>> plt.show()
```

그림 17-18에서 결과를 보여 줍니다.

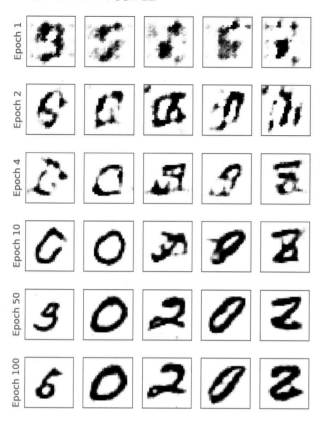

'17.2.4절 GAN 모델 훈련하기'에서와 동일한 코드를 사용하여 결과를 시각화했습니다. 샘플을 비교해 보면 DCGAN이 훨씬 더 높은 품질의 이미지를 생성한다는 것을 알 수 있습니다.

GAN 생성자의 결과를 어떻게 평가할 수 있는지 궁금할 수 있습니다. 가장 간단한 방법은 시각적 평가입니다. 대상 도메인과 프로젝트 목표를 고려하여 합성된 이미지의 품질을 평가하는 것입니다. 도메인 지식의 제한이 적고 덜 주관적인 몇 가지 정교한 평가 방법도 제안되었습니다. 자세한 내용은 "Pros and Cons of GAN Evaluation Measures: New Developments"(https://arxiv.org/abs/2103.09396)를 참고하세요. 이 논문은 생성자에 대한 정성적 및 정량적 평가 방법을 요약합니다.

생성자 훈련은 실제 데이터의 분포와 합성 샘플의 분포 사이에 있는 불일치를 최소화해야 한다는 이론이 있습니다. 따라서 교차 엔트로피를 손실 함수로 사용하는 현재 모델은 그다지 좋은 성능을 발휘하지 못합니다.

다음 절에서 훈련 성능을 높이기 위해 진짜와 가짜 이미지 분포 사이의 바서슈타인-1(Wasserstein-1) 거리(또는 EM(Earth Mover) 거리) 기반의 손실 함수를 사용하는 WGAN을 소개하겠습니다.

17.3.4 두 분포 사이의 거리 측정

먼저 두 분포 사이의 발산을 계산하는 여러 가지 방법을 알아보겠습니다. 그다음 원본 GAN 모델에서 사용하는 측정 방법을 살펴봅니다. 마지막으로 이 측정 방법을 바꾸어 WGAN을 구현해 보겠습니다.

이 장 초반에 언급했듯이 생성자 모델은 훈련 데이터셋과 같은 분포를 가진 새로운 샘플을 합성하는 방법을 배우는 것이 목적입니다. 그림 17-19에서 볼 수 있듯이 $P(x)$와 $Q(x)$가 랜덤 변수 x의 분포를 나타냅니다.

먼저 그림 17-19에서 두 분포 P와 Q 사이의 거리(dissimilarity)를 측정할 수 있는 여러 방법을 알아보겠습니다.

▼ 그림 17-19 P와 Q 분포 사이의 거리 측정 방법

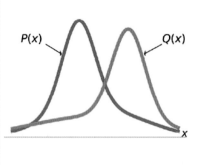

측정 방법	공식
TV(total variation)	$TV(P, Q) = \sup_x \lvert P(x) - Q(x) \rvert$
쿨백–라이블러 (Kullback–Leibler) 발산	$KL(P \lVert Q) = \int P(x) \log \dfrac{P(x)}{Q(x)} dx$
젠슨–섀넌 (Jensen–Shannon) 발산	$JS(P, Q) = \dfrac{1}{2} \left(KL\left(P \lVert \dfrac{P+Q}{2}\right) + KL\left(Q \lVert \dfrac{P+Q}{2}\right) \right)$
EM(Earth Mover) 거리	$EM(P, Q) = \inf_{\gamma \in \Pi(P,Q)} E_{(u,v) \in \gamma}(\lVert u - v \rVert)$

TV 측정 방법에서 사용한 상한 $sup(S)$는 S의 모든 원소보다 큰 가장 작은 값을 의미합니다. 다른 말로 하면 $sup(S)$는 S의 최소 상계(least upper bound)입니다. 반대로 EM 거리에서 사용된 하한 함수 $inf(S)$는 S의 모든 원소보다 작은 가장 큰 값을 의미합니다(최대 하계(greatest lower bound)).

이 방법들이 이루려고 하는 목적을 쉬운 말로 풀어서 이해해 보겠습니다.

- 먼저 TV 거리는 각 포인트에서 두 분산 사이의 가장 큰 차이를 측정합니다.

- EM 거리는 한 분포에서 다른 분포로 변환할 때 필요한 최소의 작업량으로 해석할 수 있습니다. EM 거리의 하한 함수는 주변 확률 분포 P와 Q의 결합 확률 분포 집합인 $\prod(P, Q)$에 대해 계산됩니다. $\gamma(u, v)$는 이동 계획(transfer plan)입니다. 위치 u에서 v로 확률 '흙무더기'를 옮기는 방법을 의미합니다. 옮긴 후 유효한 분포를 유지해야 한다는 몇 가지 조건이 붙습니다. EM 거리를 계산하는 것은 최적의 이동 계획 $\gamma(u, v)$를 찾는 것으로 그 자체가 최적화 문제입니다.

- 쿨백-라이블러(KL)와 젠슨-섀넌(JS) 발산은 정보 이론 분야에서 유래되었습니다. KL 발산은 대칭이 아닙니다. 즉, $KL(P||Q) \neq KL(Q||P)$입니다. 반대로 JS 발산은 대칭입니다.

그림 17-19에 있는 거리 측정 공식은 연속 분포에 대해 정의되지만 이산적인 경우로 확장할 수 있습니다. 간단한 두 개의 이산 분포를 사용하여 몇 가지 거리 측정 공식을 계산하는 예를 그림 17-20에 나타냈습니다.

❤ 그림 17-20 여러 가지 거리 지표를 계산하는 예

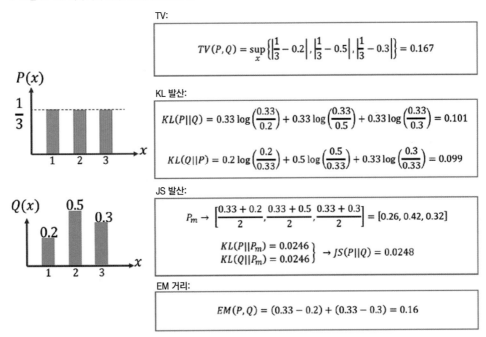

이 예에서 EM 거리의 경우 $x = 2$에서 $Q(x)$가 $0.5 - \frac{1}{3} = 0.166$을 넘습니다. 반면 다른 두 x에서 Q의 값은 1/3 아래입니다. 따라서 최소한의 이동 거리는 그림 17-19에 있듯이 $x = 2$에서 초과된 값을 $x = 1$과 $x = 3$으로 이동하는 것입니다. 간단한 예이기 때문에 이 이동이 모든 가능한 이동 방법 중에 최소라는 것을 쉽게 알 수 있습니다. 하지만 복잡한 문제에서는 이렇게 하기가 불가능합니다.

Note ≡ **KL 발산과 크로스 엔트로피 사이의 관계**

KL 발산 $KL(P\|Q)$는 참조 분포 Q에 대한 분포 P의 상대적인 엔트로피를 측정합니다. KL 발산 공식은 다음과 같이 나누어 쓸 수 있습니다.

$$KL(P\|Q) = -\int P(x)\log(Q(x))\,dx - \left(-\int P(x)\log(P(x))\right)$$

이산 확률 분포일 경우 KL 발산을 다음과 같이 쓸 수 있습니다.

$$KL(P\|Q) = -\sum_i P(x_i)\log\left(\frac{P(x_i)}{Q(x_i)}\right)$$

비슷하게 다음과 같이 나누어 쓸 수 있습니다.

$$KL(P\|Q) = -\sum_i P(x_i)\log(Q(x_i)) - \left(-\sum_i P(x_i)\log(P(x_i))\right)$$

(이산이나 연속 분포에서) 풀어 쓴 공식을 기반으로 KL 발산을 P와 Q 사이의 크로스 엔트로피(앞 식의 첫 번째 항)에서 P 자체의 엔트로피(두 번째 항)를 뺀 것으로 볼 수 있습니다. 즉, $KL(P\|Q) = H(P, Q) - H(P)$입니다.

이제 GAN 이야기로 돌아가서 다른 종류의 거리 측정 방법이 GAN의 손실 함수에 어떻게 연관되어 있는지 알아보죠. 원본 GAN에 있는 손실 함수는 진짜와 가짜 샘플 사이의 JS 발산을 최소화하는 것임을 수학적으로 증명할 수 있습니다. 하지만 한 논문[18]에서 언급했듯이 JS 발산은 GAN 모델 훈련을 할 때 문제가 있습니다. 따라서 훈련 성능을 높이기 위해 연구자들은 EM 거리를 진짜와 가짜 샘플 분포 사이의 거리를 측정하는 데 사용했습니다.

Note ≡ **EM 거리를 사용하는 장점은 무엇인가?**

이 질문에 답을 얻기 위해 WGAN 논문에 나온 예를 생각해 보죠. 쉽게 설명해서 두 개의 평행 선인 확률 분포 P와 Q가 있다고 가정합니다. 한 직선은 $x = 0$에 고정되어 있고 다른 직선은 처음에는 $x = \theta$에 있지만 x축을 따라 움직일 수 있습니다. 여기에서 $\theta > 0$입니다.

이때 KL, TV, JS 거리는 각각 $KL(P\|Q) = +\infty$, $TV(P, Q) = 1$, $JS(P, Q) = log2$입니다. 이 거리 측정 방법은 모두 파라미터 θ의 함수가 아닙니다. 따라서 확률 분포 P와 Q가 서로 비슷해지도록 θ에 대해 미분할 수가 없습니다. 반면 EM 거리는 $EM(P, Q) = |\theta|$라서 θ에 대한 그레이디언트가 존재하고 Q를 P 쪽으로 이동시킬 수 있습니다.

---

18 Martin Arjovsky, Wasserstein Generative Adversarial Networks
    http://proceedings.mlr.press/v70/arjovsky17a/arjovsky17a.pdf

이제 GAN을 훈련하기 위해 EM 거리를 어떻게 사용할 수 있는지 알아보겠습니다. P_r이 진짜 샘플의 분포고 P_g가 가짜 (생성된) 샘플의 분포라고 가정하겠습니다. EM 거리 공식의 P와 Q를 P_r과 P_g로 바꿉니다. 앞서 언급한 것처럼 EM 거리를 계산하는 것은 그 자체가 최적화 문제입니다. 따라서 계산하기 매우 어렵습니다. 특히 GAN 훈련 반복마다 이 계산을 반복해야 할 때입니다. 다행히 EM 거리 계산을 칸토로비치-루빈스타인 쌍대성(Kantorovich-Rubinstein duality) 이론을 사용하여 다음과 같이 단순화할 수 있습니다.

$$W(P_r, P_g) = \sup_{\|f\|_L \leq 1} E_{u \in P_r}[f(u)] - E_{v \in P_g}[f(v)]$$

여기에서 상한은 $\|f\|_L \leq 1$인 1-립시츠(1-Lipschitz) 연속 함수에 대해 적용됩니다.

> Note ≡ **립시츠 연속**
>
> 1-립시츠 연속 함수 f는 다음 성질을 만족해야 합니다.
>
> $$|f(x_1) - f(x_2)| \leq |x_1 - x_2|$$
>
> 또한, 다음 성질을 만족하는 실수 함수(real function) $f: R \to R$을 K-립시츠 연속이라고 부릅니다.
>
> $$|f(x_1) - f(x_2)| \leq K|x_1 - x_2|$$

17.3.5 GAN에 EM 거리 사용

이제 문제는 GAN에서 진짜(P_r)와 가짜(P_g) 샘플 분포 사이의 바서슈타인 거리를 계산하기 위한 1-립시츠 함수를 어떻게 찾느냐는 것입니다. WGAN의 이론 개념이 처음에는 복잡하게 보일 수 있지만 이 질문의 답은 보기보다 간단합니다. 심층 신경망이 어떤 함수도 근사할 수 있다는 것을 기억하세요. 신경망 모델을 훈련하여 바서슈타인 거리 함수를 근사할 수 있다는 의미입니다. 이전 절에서 보았듯이 기본 GAN은 판별자를 분류기 형태로 사용합니다. WGAN에서는 판별자를 바꾸어 확률 점수 대신에 스칼라 점수를 반환하는 비평자(critic)로 바꿀 수 있습니다. (갤러리에 있는 미술품에 점수를 매기는 미술 비평가처럼) 이 점수를 입력 이미지가 얼마나 진짜 같은지 나타내는 정도로 해석할 수 있습니다.

바서슈타인 거리를 사용하여 GAN을 훈련하기 위해 판별자 D와 생성자 G의 손실을 다음과 같이 정의합니다. 비평자(즉, 판별자 신경망)는 진짜 이미지 샘플의 배치와 합성 샘플의 배치에 대한 출력을 반환합니다. 이를 각각 $D(x)$와 $D(G(z))$로 표시합니다.

그러면 손실은 다음과 같이 정의할 수 있습니다.

- **판별자 손실의 진짜 샘플에 대한 항**: $L_{\text{real}}^D = -\dfrac{1}{N}\sum_i D(\boldsymbol{x}_i)$

- **판별자 손실의 가짜 샘플에 대한 항**: $L_{\text{fake}}^D = \dfrac{1}{N}\sum_i D(G(\boldsymbol{z}_i))$

- **생성자 손실**: $L^G = -\dfrac{1}{N}\sum_i D(G(\boldsymbol{z}_i))$

이것이 WGAN에 필요한 전부입니다. 다만 비평자 함수의 1-립시츠 성질을 훈련하는 동안 유지하면 됩니다. 이를 위해 WGAN 논문이 제안하는 방법은 가중치를 작은 범위, 예를 들어 [-0.01, 0.01] 사이로 클리핑(clipping)하는 것입니다.

17.3.6 그레이디언트 페널티

WGAN 논문에서는 판별자(또는 비평자)의 1-립시츠 성질을 위해 가중치 클리핑을 제안했습니다. 하지만 한 논문[19]에서 가중치 클리핑이 그레이디언트 폭주와 소실로 이끈다는 것을 보였습니다. 또한, 가중치 클리핑 때문에 충분한 성능을 내지 못할 수 있습니다. 즉, 비평자 신경망이 복잡하지 않고 간단한 함수만 학습할 수 있습니다. 따라서 가중치 클리핑 대신에 이 논문의 저자들은 다른 대안으로 **그레이디언트 페널티**(Gradient Penalty, GP)를 제안했습니다. 이것이 바로 **WGAN-GP**입니다.

반복마다 더해지는 GP 과정은 다음 단계로 요약할 수 있습니다.

1. 한 배치에서 진짜와 가짜 샘플의 각 쌍$(\boldsymbol{x}^{[i]}, \tilde{\boldsymbol{x}}^{[i]})$에 대해 균등 분포에서 랜덤한 수 $\alpha^{[i]}$를 샘플링합니다. 즉, $\alpha^{[i]} \in U(0, 1)$입니다.

2. 진짜와 가짜 샘플 사이를 $\breve{\boldsymbol{x}}^{[i]} = \alpha\boldsymbol{x}^{[i]} + (1 - \alpha)\tilde{\boldsymbol{x}}^{[i]}$와 같이 보간합니다. 결국 보간된 샘플의 배치가 만들어집니다.

3. 보간된 전체 샘플에 대해 판별자(비평자) 출력 $D(\breve{\boldsymbol{x}}^{[i]})$를 계산합니다.

4. 각 보간된 샘플에 대해 비평자 출력의 그레이디언트 $\nabla_{\breve{\boldsymbol{x}}^{[i]}} D(\breve{\boldsymbol{x}}^{[i]})$를 계산합니다.

5. $L_{gp}^D = \dfrac{1}{N}\sum_i \left(\left\|\nabla_{\breve{\boldsymbol{x}}^{[i]}} D(\breve{\boldsymbol{x}}^{[i]})\right\|_2 - 1\right)^2$과 같이 GP를 계산합니다.

---

19 Ishaan Gulrajani et al., Improved Training of Wasserstein GANs, https://arxiv.org/pdf/1704.00028.pdf

판별자의 총 손실은 다음과 같습니다.

$$L_{\text{total}}^{D} = L_{\text{real}}^{D} + L_{\text{fake}}^{D} + \lambda\, L_{gp}^{D}$$

여기에서 λ는 튜닝 가능한 하이퍼파라미터입니다.

17.3.7 WGAN-GP로 DCGAN 모델 훈련

DCGAN의 생성자와 판별자 신경망을 만드는 헬퍼 함수와 클래스를 앞서 이미 정의했습니다 (make_generator_network()와 Discriminator()). WGAN에는 배치 정규화 대신 층 정규화를 사용하는 것이 권장됩니다. 배치 정규화는 배치 차원에 대해 입력을 정규화하지만 층 정규화는 특성에 대해 입력을 정규화합니다. WGAN 모델을 만드는 코드는 다음과 같습니다.

```
>>> def make_generator_network_wgan(input_size, n_filters):
...     model = nn.Sequential(
...         nn.ConvTranspose2d(input_size, n_filters*4, 4,
...                            1, 0, bias=False),
...         nn.InstanceNorm2d(n_filters*4),
...         nn.LeakyReLU(0.2),
...
...         nn.ConvTranspose2d(n_filters*4, n_filters*2,
...                            3, 2, 1, bias=False),
...         nn.InstanceNorm2d(n_filters*2),
...         nn.LeakyReLU(0.2),
...
...         nn.ConvTranspose2d(n_filters*2, n_filters, 4,
...                            2, 1, bias=False),
...         nn.InstanceNorm2d(n_filters),
...         nn.LeakyReLU(0.2),
...
...         nn.ConvTranspose2d(n_filters, 1, 4, 2, 1, bias=False),
...         nn.Tanh()
...     )
...     return model
>>>
>>> class DiscriminatorWGAN(nn.Module):
...     def __init__(self, n_filters):
...         super().__init__()
...         self.network = nn.Sequential(
```

```
...               nn.Conv2d(1, n_filters, 4, 2, 1, bias=False),
...               nn.LeakyReLU(0.2),
...
...               nn.Conv2d(n_filters, n_filters*2, 4, 2, 1,
...                       bias=False),
...               nn.InstanceNorm2d(n_filters*2),
...               nn.LeakyReLU(0.2),
...
...               nn.Conv2d(n_filters*2, n_filters*4, 3, 2, 1,
...                       bias=False),
...               nn.InstanceNorm2d(n_filters*4),
...               nn.LeakyReLU(0.2),
...
...               nn.Conv2d(n_filters*4, 1, 4, 1, 0, bias=False),
...               nn.Sigmoid()
...          )
...
...      def forward(self, input):
...          output = self.network(input)
...          return output.view(-1, 1).squeeze(0)
```

이제 다음과 같이 신경망과 옵티마이저를 만들 수 있습니다.

```
>>> gen_model = make_generator_network_wgan(
...     z_size, n_filters
... ).to(device)
>>> disc_model = DiscriminatorWGAN(n_filters).to(device)
>>> g_optimizer = torch.optim.Adam(gen_model.parameters(), 0.0002)
>>> d_optimizer = torch.optim.Adam(disc_model.parameters(), 0.0002)
```

그다음 다음과 같이 GP를 계산하는 함수를 정의합니다.

```
>>> from torch.autograd import grad as torch_grad
>>> def gradient_penalty(real_data, generated_data):
...     batch_size = real_data.size(0)
...
...     # 보간 계산
...     alpha = torch.rand(real_data.shape[0], 1, 1, 1,
...                        requires_grad=True, device=device)
...     interpolated = alpha * real_data + \
...                 (1 - alpha) * generated_data
...
...     # 보간 샘플의 확률 계산
```

```
...         proba_interpolated = disc_model(interpolated)
...
...         # 확률의 그레이디언트 계산
...         gradients = torch_grad(
...             outputs=proba_interpolated, inputs=interpolated,
...             grad_outputs=torch.ones(proba_interpolated.size(),
...                                     device=device),
...             create_graph=True, retain_graph=True
...         )[0]
...
...         gradients = gradients.view(batch_size, -1)
...         gradients_norm = gradients.norm(2, dim=1)
...         return lambda_gp * ((gradients_norm-1)**2).mean()
```

WGAN 버전의 판별자와 생성자 훈련 함수는 다음과 같습니다.

```
>>> def d_train_wgan(x):
...     disc_model.zero_grad()
...
...     batch_size = x.size(0)
...     x = x.to(device)
...
...     # 진짜 데이터와 생성 데이터에서 확률 계산
...     d_real = disc_model(x)
...     input_z = create_noise(batch_size, z_size, mode_z).to(device)
...     g_output = gen_model(input_z)
...     d_generated = disc_model(g_output)
...     d_loss = d_generated.mean() - d_real.mean() + \
...             gradient_penalty(x.data, g_output.data)
...     d_loss.backward()
...     d_optimizer.step()
...     return d_loss.data.item()
>>>
>>> def g_train_wgan(x):
...     gen_model.zero_grad()
...
...     batch_size = x.size(0)
...     input_z = create_noise(batch_size, z_size, mode_z).to(device)
...     g_output = gen_model(input_z)
...
...     d_generated = disc_model(g_output)
...     g_loss = -d_generated.mean()
...
```

```
...         # 그레이디언트 역전파와 생성자 파라미터 최적화
...         g_loss.backward()
...         g_optimizer.step()
...         return g_loss.data.item()
```

그다음 100번의 에포크 동안 모델을 훈련하고 고정된 잡음 입력에 대한 생성자의 출력을 기록하겠습니다.

```
>>> epoch_samples_wgan = []
>>> lambda_gp = 10.0
>>> num_epochs = 100
>>> torch.manual_seed(1)
>>> critic_iterations = 5
>>> for epoch in range(1, num_epochs+1):
...     gen_model.train()
...     d_losses, g_losses = [], []
...     for i, (x, _) in enumerate(mnist_dl):
...         for _ in range(critic_iterations):
...             d_loss = d_train_wgan(x)
...         d_losses.append(d_loss)
...         g_losses.append(g_train_wgan(x))
...
...     print(f'에포크 {epoch:03d} | 판별자 손실 >>'
...           f' {torch.FloatTensor(d_losses).mean():.4f}')
...     gen_model.eval()
...     epoch_samples_wgan.append(
...         create_samples(
...             gen_model, fixed_z
...         ).detach().cpu().numpy()
...     )
```

마지막으로 몇몇 에포크에서 WGAN 모델이 저장한 샘플을 그래프로 그려 보겠습니다. 모델이 어떻게 학습하는지와 학습하는 동안에 합성 샘플의 품질이 어떻게 바뀌는지 볼 수 있습니다. 다음 그림 17-21에서 볼 수 있듯이 DCGAN 모델이 생성한 것보다 이미지 품질이 조금 향상되었습니다.

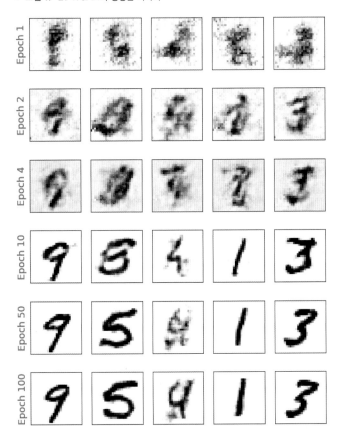

17.3.8 모드 붕괴

GAN은 적대적인 특징 때문에 훈련하기 어렵기로 악명이 높습니다. GAN을 훈련할 때 실패하는 흔한 이유 중 하나는 생성자가 작은 부분 공간에 갇혀 단순한 샘플만 생성하는 것을 학습할 때입니다. 이를 **모드 붕괴**(mode collapse)라고 부릅니다. 이에 대한 예가 그림 17-22에 있습니다.

그림 17-22의 합성 샘플은 특별히 고른 것이 아닙니다. 생성자가 데이터의 전체 분포를 학습하지 못하고 한 부분 공간에 초점을 맞추는 데 그쳤음을 보여 줍니다.

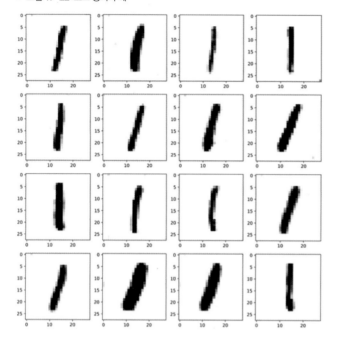

▼ 그림 17-22 모드 붕괴의 예

그레이디언트 폭주와 소멸 문제 외에도 GAN 훈련을 어렵게 만들 수 있는 또 다른 면이 있습니다 (진짜 GAN 훈련은 예술에 가깝습니다). GAN 전문가들이 권장하는 몇 가지 기법이 있습니다.

한 가지 기법은 미니 배치 판별(mini-batch discrimination)입니다. 가짜나 진짜 샘플로만 이루어진 배치를 따로 판별자에게 주입합니다. 미니 배치 판별에서는 판별자가 배치가 진짜인지 가짜인지 판단하기 위해 배치 안의 샘플을 비교합니다. 만약 모델이 모드 붕괴 문제를 겪고 있다면 진짜 샘플로만 구성된 배치가 가짜 배치보다 다양성이 높을 것입니다.

안정적인 GAN 훈련을 위해 널리 사용하는 또 다른 기법은 특성 매칭(feature matching)입니다. 특성 매칭에서는 생성자의 목적 함수를 조금 수정합니다. 판별자의 중간 표현(특성 맵)을 기반으로 원본 이미지와 합성 이미지 간 차이를 최소화하는 추가적인 항을 더합니다. 이 기법에 대해 더 알고 싶다면 논문[20]을 참고하세요.

훈련하는 동안에 GAN이 몇 개의 모드에 갇혀 이 사이를 왔다 갔다 할 수 있습니다. 이런 상황을 피하기 위해 저장된 예전 샘플 일부를 판별자에게 주입하여 생성자가 이전 모드를 다시 생성하지 않도록 방지할 수 있습니다. 이런 기법을 경험 재생(experience replay)이라고 부릅니다. 또한, 랜덤

---

20 Ting-Chun Wang et al., High Resolution Image Synthesis and Semantic Manipulation with Conditional GANs
https://arxiv.org/pdf/1711.11585.pdf

시드(random seed)가 다른 여러 개의 GAN을 훈련하여 단일 모델이 아니라 모델의 조합이 전체 데이터 분포를 대부분 커버하게 만들 수 있습니다.

17.4 다른 GAN 애플리케이션

이 장에서는 GAN을 사용하여 샘플을 생성하는 데 주로 초점을 맞추었고 합성된 샘플의 품질을 향상하기 위한 몇 가지 기법을 알아보았습니다. GAN 애플리케이션은 컴퓨터 비전, 머신 러닝, 과학과 공학 분야로도 빠르게 확장되고 있습니다. 다양한 GAN 모델과 애플리케이션은 https://github.com/hindupuravinash/the-gan-zoo에서 찾을 수 있습니다.

여기에서는 GAN을 비지도 학습의 하나로 다루었습니다. 즉, 이 장에서 소개한 모델은 클래스 레이블 정보를 사용하지 않습니다. 하지만 GAN은 준지도와 지도 학습 작업에도 일반화될 수 있습니다. 예를 들어 cGAN(conditional GAN)[21]은 클래스 레이블을 사용하여 주어진 레이블 조건에 맞는 새로운 이미지 $\tilde{x} = G(z|y)$를 합성합니다. MNIST 데이터셋에 적용하면 0~9 사이의 숫자를 선택하여 이미지를 생성할 수 있습니다. 또한, cGAN은 이미지-투-이미지(image-to-image) 변환을 수행할 수 있습니다. 특정 도메인의 이미지를 다른 도메인으로 변환하는 것을 학습합니다. 이와 관련된 흥미로운 알고리즘은 Pix2Pix입니다.[22] Pix2Pix 알고리즘에서 판별자는 전체 이미지에 대한 하나의 예측을 만드는 것이 아니라 이미지의 패치에 대한 진짜와 가짜 예측을 만듭니다.

CycleGAN[23]은 cGAN을 기반으로 이미지-투-이미지 변환을 위한 흥미로운 GAN 모델입니다. CycleGAN에서는 두 도메인의 훈련 샘플이 짝을 이루지 않습니다. 즉, 입력과 출력 사이에 일대일 관계가 없습니다. 예를 들어 CycleGAN을 사용하면 여름 사진을 겨울 사진으로 바꾸거나 말을 얼룩말로 바꿀 수 있습니다.[24]

---

21 Mehdi Mirza and Simon Osindero, Conditional Generative Adversarial Nets
https://arxiv.org/pdf/1411.1784.pdf

22 Philip Isola et al., Image-to-Image Translation with Conditional Adversarial Networks
https://arxiv.org/pdf/1611.07004.pdf

23 Jun-Yan Zhu et al., Unpaired Image-to-Image Translation Using Cycle-Consistent Adversarial Networks
https://arxiv.org/pdf/1703.10593.pdf

24 역주 〈GAN 인 액션〉(한빛미디어, 2020)에서 cGAN과 CycleGAN의 이론과 구현 예제를 볼 수 있습니다. 〈미술관에 GAN 딥러닝〉(한빛미디어, 2019)에서는 CycleGAN을 사용하여 보통 사진을 모네 화풍으로 변환하는 예제를 볼 수 있습니다.

새로운 데이터 합성을 위한 생성적 적대 신경망

17.5 / 요약

이 장에서 먼저 딥러닝 분야의 생성 모델을 배웠습니다. 생성 모델의 주요 목적은 새로운 데이터를 합성하는 것입니다. 그다음 GAN이 생성자 신경망과 판별자 신경망을 적대적인 훈련하에서 서로 경쟁하게 만들어 어떻게 두 신경망을 향상시키는지 알아보았습니다. 그리고 생성자와 판별자 신경망에 완전 연결 층만을 사용하여 간단한 GAN 모델을 구현했습니다.

또한, GAN 모델을 향상시킬 수 있는 방법을 다루었습니다. 먼저 생성자와 판별자에 심층 합성곱 신경망을 사용한 DCGAN을 보았습니다. 이 과정에서 전치 합성곱(특성 맵의 공간 차원을 업샘플링)과 배치 정규화(훈련 과정의 수렴을 향상시킵니다)라는 새로운 개념을 배웠습니다.

그다음 진짜와 가짜 샘플 분포 사이의 거리를 측정하기 위해 EM 거리를 사용하는 WGAN을 살펴보았습니다. 마지막으로 가중치를 클리핑하는 대신 1-립시츠 속성을 유지하기 위해 GP를 사용한 WGAN에 대해 이야기했습니다.

다음 장에서는 그래프 신경망을 살펴보겠습니다. 지금까지 테이블 형태의 데이터와 이미지 데이터셋에 주로 다루었습니다. 이와 달리 그래프 신경망은 그래프 구조를 갖는 데이터를 위해 고안되었습니다. 사회 과학, 공학, 생물학에서 자주 등장하는 데이터셋을 다룰 수 있습니다. 대표적인 그래프 데이터로는 소셜 네트워크 그래프와 공유 결합(covalent bond)된 원자로 구성된 분자가 있습니다.

18 ^장

그래프 구조
데이터의 의존성
감지를 위한
그래프 신경망

이 장에서는 그래프 데이터에서 작동하는 딥러닝 모델, 즉 **그래프 신경망**(Graph Neural Network, GNN)에 대해 소개합니다. GNN은 최근 몇 년 동안 빠르게 발전하고 있는 분야입니다. 2021년 AI 현황 보고서(https://www.stateof.ai/2021-report-launch.html)에 따르면 GNN은 '틈새 분야 였지만 가장 인기 있는 AI 연구 분야 중 하나'로 성장했습니다.

GNN은 다음과 같은 다양한 영역에 적용됩니다.

- 텍스트 분류(https://arxiv.org/abs/1710.10903)
- 추천 시스템(https://arxiv.org/abs/1704.06803)
- 교통량 예측(https://arxiv.org/abs/1707.01926)
- 신약 개발(https://arxiv.org/abs/1806.02473)

이 분야는 빠르게 발전하기 때문에 새로운 아이디어를 모두 다룰 수는 없지만, GNN의 작동 방식 과 구현 방법을 이해할 수 있는 기초적인 내용을 다루겠습니다. 또한, 그래프 데이터를 관리하기 위한 도구와 딥러닝 모델에 사용할 수 있는 다양한 종류의 그래프 층을 제공하는 **파이토치 지오메 트릭**(Pytorch Geometric) 라이브러리를 소개하겠습니다.

이 장에서 다룰 주제는 다음과 같습니다.

- 그래프 데이터에 대한 소개와 심층 신경망에서 사용하기 위해 그래프 데이터를 표현하는 방법
- 일반적인 GNN의 주요 구성 요소인 그래프 합성곱에 대한 설명
- 파이토치 지오메트릭을 사용하여 분자 속성을 예측하기 위한 GNN을 구현하는 방법
- GNN 분야의 최첨단 기술에 대한 개요

18.1 그래프 데이터 소개

일반적으로 그래프는 데이터의 관계를 설명하고 포착하는 방법을 표현합니다. 그래프는 비선형적 이고 추상적인 데이터 구조입니다. 그래프는 추상적인 객체이기 때문에 그래프 연산을 위해서 구 체적인 표현을 정의해야 합니다. 또한, 추가적인 표현이 필요한 어떤 속성을 갖도록 그래프를 정

의할 수 있습니다. 그림 18-1에는 일반적인 그래프 유형이 요약되어 있으며, 이어지는 절에서 더 자세히 설명하겠습니다.

❤ 그림 18-1 일반적인 그래프 유형

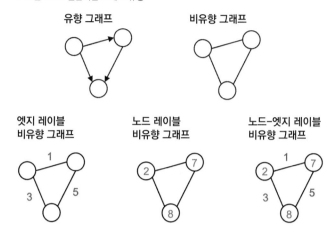

18.1.1 비유향 그래프

비유향 그래프(undirected graph)는 **엣지**(edge)로 연결된 **노드**(node)(그래프 이론에서는 종종 **꼭짓점** (vertex)이라고도 함)로 구성되어 있으며 노드와 연결의 순서는 중요하지 않습니다. 그림 18-2는 비유향 그래프의 대표적인 두 가지 예인 친구 사이를 표현한 그래프와 화학 결합을 가진 원자로 구성된 화학 분자 그래프입니다(이런 분자 그래프에 대해서는 이후 절에서 더 자세히 설명하겠습니다).

❤ 그림 18-2 방향이 없는 그래프의 두 가지 예시

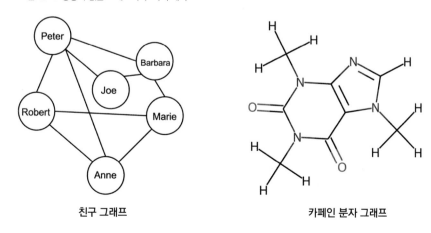

비유향 그래프로 표현할 수 있는 데이터의 다른 일반적인 예로는 이미지, 단백질-단백질 상호 작용 네트워크, 포인트 클라우드(point cloud) 등이 있습니다.

수학적으로 비유향 그래프 G는 (V, E) 쌍입니다. 여기에서 V는 그래프의 노드 집합이고 E는 노드 쌍을 구성하는 에지 집합입니다. 그래프는 $|V| \times |V|$ **인접 행렬**(adjacency matrix) $\boldsymbol{A}$로 인코딩할 수 있습니다. 행렬 $\boldsymbol{A}$의 원소 x_{ij}는 1 또는 0이며, 1은 노드 i와 j 사이에 에지가 있음을 나타냅니다(반대로 0은 에지가 없음을 나타냅니다). 그래프에 방향이 없으므로 $\boldsymbol{A}$는 $x_{ij} = x_{ji}$인 속성을 가집니다.

18.1.2 유향 그래프

유향 그래프(directed graph)는 이전 절에서 설명한 비유향 그래프와는 달리 방향을 가진 에지로 노드를 연결합니다. 수학적으로 비유향 그래프와 동일한 방식으로 정의되지만, 에지 집합인 E가 순서가 있는 쌍의 집합이라는 점이 다릅니다. 따라서 $\boldsymbol{A}$의 원소 x_{ij}는 x_{ji}와 같을 필요가 없습니다.

유향 그래프의 예로는 인용 네트워크가 있습니다. 노드는 하나의 논문이고 노드의 에지는 이 논문이 인용한 다른 논문으로 연결됩니다.

❤ 그림 18-3 유향 그래프의 예시

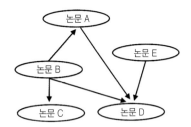

18.1.3 레이블 그래프

많은 그래프에는 노드 및 에지와 관련된 추가 정보가 있습니다. 예를 들어 앞서 나온 카페인 분자를 생각해 보면, 노드가 화학 원소(**예** O, C, N 또는 H 원자)고 에지가 두 노드 사이의 결합 유형(**예** 단일 또는 이중 결합)인 그래프로 분자를 나타낼 수 있습니다. 이런 노드와 에지 특성은 일정한 양으로 인코딩해야 합니다. 노드 집합과 에지 집합의 튜플 (V, E)로 정의된 그래프 G가 주어지면 $|V| \times f_V$인 노드 특성 행렬 $\boldsymbol{X}$를 정의합니다. 여기에서 f_V는 각 노드의 레이블 벡터의 길이입니다. 에지 레이블의 경우, $|E| \times f_E$인 에지 특성 행렬 $\boldsymbol{X}_E$를 정의합니다. 여기에서 f_E는 각 에지의 레이블 벡터 길이입니다.

분자는 레이블 그래프로 표현할 수 있는 데이터의 좋은 예입니다. 이 장 전체에 걸쳐 분자 데이터를 다루므로 다음 절에서 이 표현에 대해 자세히 다루어 보겠습니다.

18.1.4 분자를 그래프로 표현하기

화학적으로 보면 분자는 화학 결합으로 서로 묶여 있는 원자의 그룹으로 생각할 수 있습니다. 예를 들어 탄소(C), 산소(O), 질소(N), 수소(H)와 같이 화학 원소에 따라 서로 다른 원자가 있습니다. 또한, 원자 사이를 연결하는 결합에는 단일 결합 또는 이중 결합과 같은 다양한 종류의 결합이 있습니다.

분자를 노드 레이블 행렬이 있는 비유향 그래프로 나타낼 수 있습니다. 이 행렬의 각 행은 연관된 노드의 원자 유형에 대한 원-핫 인코딩(one-hot encoding)입니다. 또한, 에지 레이블 행렬의 각 행은 연관된 에지의 결합 유형에 대한 원-핫 인코딩입니다. 수소 원자는 기본 화학 규칙으로 위치를 유추할 수 있기 때문에 종종 생략하여 간단하게 표기합니다. 앞서 살펴본 카페인 분자의 경우 수소 원자를 생략한 그래프 표현의 예가 그림 18-4에 나와 있습니다.

❤ 그림 18-4 카페인 분자의 그래프 표현

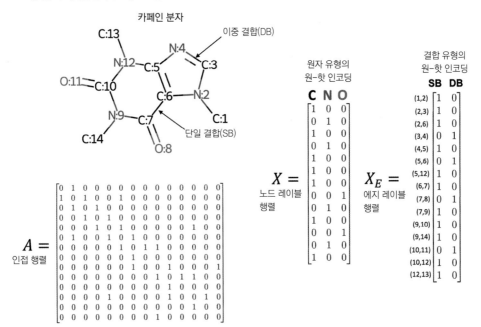

18.2 그래프 합성곱의 이해

이전 절에서는 그래프 데이터를 어떻게 표현할 수 있는지 살펴보았습니다. 다음 단계로 이런 표현을 효과적으로 활용할 수 있는 도구에 대해 논의하겠습니다.

다음 절에서는 GNN을 구축하기 위한 핵심 구성 요소인 그래프 합성곱을 소개합니다. 그리고 그래프에 합성곱을 사용하는 이유를 살펴보고 이런 합성곱에 어떤 특징이 필요한지 논의합니다. 그런 다음 그래프 합성곱의 구현 예제를 다루어 보겠습니다.

18.2.1 그래프 합성곱의 사용 동기

그래프 합성곱에 대한 이해를 돕기 위해 14장에서 설명한 합성곱 신경망(CNN)에서 합성곱이 어떻게 활용되는지 간략하게 정리해 보겠습니다. 이미지의 경우 합성곱은 이미지 위에 합성곱 필터를 슬라이딩하는 과정으로 생각할 수 있습니다. 각 단계에서 필터와 수용장(receptive field)(현재 필터가 있는 이미지의 일부) 사이에 가중치 합이 계산됩니다.

CNN 장에서 설명한 것처럼 필터는 어떤 특성에 대한 감지기로 볼 수 있습니다. 특성 감지를 위한 이 접근 방식은 이미지 데이터에 잘 맞습니다. 예를 들어 이미지 데이터에 다음과 같은 전제 조건을 설정할 수 있습니다.

1. **이동 불변성**: (예를 들어 물체 이동 후) 위치에 관계없이 이미지에 있는 물체를 인식할 수 있습니다. 고양이가 이미지의 왼쪽 위, 오른쪽 아래 또는 다른 부분에 있든 상관없이 고양이를 고양이로 인식할 수 있습니다.

2. **지역성**: 주변 픽셀은 서로 밀접하게 관련되어 있습니다.

3. **층 구조**: 이미지의 큰 부분은 종종 관련된 작은 부분의 조합으로 나눌 수 있습니다. 고양이는 머리와 다리가 있고, 머리에는 눈과 코가 있으며, 눈에는 눈동자와 홍채가 있습니다.

관심 있는 독자는 이런 전제 조건과 GNN이 가정하는 전제 조건에 대한 이론적인 설명을 2019년에 나온 N. Dehmamy, A.-L. Barabasi, R. Yu의 "Understanding the Representation Power of Graph Neural Networks in Learning Graph Topology"(https://arxiv.org/abs/1907.05008) 논문에서 확인할 수 있습니다.

합성곱이 이미지 처리에 적합한 또 다른 이유는 학습 가능한 파라미터의 개수가 입력의 차원에 의존하지 않기 때문입니다. 예를 들어 256×256 또는 9×9 이미지에서 일련의 3×3 합성곱 필터를 훈련할 수 있습니다. (하지만 동일한 이미지가 다른 해상도로 표시되는 경우 수용장과 추출된 특성이 달라집니다. 또한, 고해상도 이미지의 경우 유용한 특성을 효과적으로 추출하기 위해 더 큰 커널을 선택하거나 층을 추가할 수 있습니다.)

이미지와 마찬가지로 그래프에도 합성곱 접근 방식을 정당화하는 자연스러운 전제 조건이 있습니다. 이미지와 그래프 두 종류의 데이터는 모두 지역성 조건이 있습니다. 하지만 지역성을 정의하는 방법이 다릅니다. 이미지에서는 2D 공간에서 지역성에 대한 전제 조건이 있지만, 그래프에서는 구조적 지역성에 대한 전제 조건이 있습니다. 즉, 한 에지만큼 떨어진 노드가 다섯 에지만큼 떨어진 노드보다 연관성이 높다는 것을 의미합니다. 예를 들어 인용 그래프에서 한 에지 거리에서 직접 인용된 논문은 여러 에지 거리에 있는 논문보다 유사한 주제를 다룰 가능성이 더 높습니다.

그래프 데이터에 대한 엄격한 전제 조건은 **순열 불변성**(permutation invariance)입니다. 이는 노드의 순서가 출력에 영향을 미치지 않는다는 것을 의미합니다. 그림 18-5에서 그래프의 노드 순서를 변경해도 그래프의 구조가 변경되지 않습니다.

▼ 그림 18-5 동일한 그래프를 나타내는 서로 다른 인접 행렬

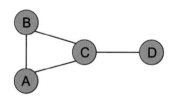

그림 18-5에서 보듯이 동일한 그래프를 여러 인접 행렬로 나타낼 수 있으므로 그래프 합성곱은 순열 불변이어야 합니다.

합성곱 접근법은 다양한 크기의 그래프에 대해 고정된 파라미터 집합으로 작동할 수 있으므로 그래프에도 바람직합니다. 이 속성은 이미지보다 그래프에서 훨씬 더 중요할 수 있습니다. 예를 들어 11장에서 살펴본 것처럼 해상도가 고정된 이미지 데이터셋에는 완전 연결 신경망(예를 들어

다층 퍼셉트론)을 사용할 수 있습니다. 이와는 다르게 대부분의 그래프 데이터셋에 포함된 그래프는 크기가 다양합니다.

이미지 합성곱 연산자는 표준화되어 있지만, 그래프 합성곱에는 다양한 종류가 있으며 새로운 그래프 합성곱의 개발은 매우 활발한 연구 분야입니다. 여기에서는 GNN 사용을 합리적으로 판단할 수 있도록 일반적인 아이디어를 제공하는 데 초점을 맞춥니다. 이를 위해 다음 절에서는 파이토치에서 기본적인 그래프 합성곱을 구현하는 방법을 보여드리겠습니다. 그다음 파이토치에서 간단한 GNN을 처음부터 구성해 보겠습니다.

18.2.2 기본 그래프 합성곱 구현

이 절에서는 기본 그래프 합성곱 함수를 소개하고 이 함수를 그래프에 적용하면 어떻게 되는지 살펴보겠습니다. 그림 18-6과 같은 그래프와 표현을 예로 들어 보죠.

▼ 그림 18-6 그래프 표현

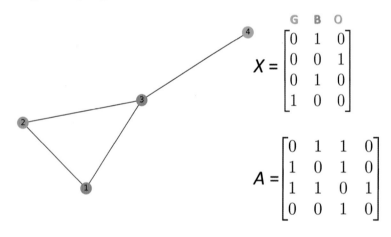

그림 18-6은 $n \times n$ 크기의 인접 행렬 A와 $n \times f_{in}$ 크기의 노드 특성 행렬 X로 지정된 노드 레이블이 있는 비유향 그래프입니다. 여기에서 유일한 특성은 각 노드의 색상인 녹색(G), 파란색(B), 주황색(O)의 원-핫 표현입니다.

그래프 조작 및 시각화를 위한 가장 다재다능한 라이브러리 중 하나는 NetworkX입니다. 이를 사용하여 레이블 행렬 X와 노드 행렬 A로 그래프를 구성하는 방법을 설명하겠습니다.

NetworkX는 편리하게 그래프를 조작하고 시각화할 수 있는 파이썬 라이브러리입니다. pip를 통해 설치할 수 있습니다.

```
> pip install networkx
```

이 장에서는 2.6.2 버전을 사용하여 그래프 시각화를 만들었습니다. 자세한 내용은 공식 웹 사이트(https://networkx.org)를 참고하세요.

NetworkX를 사용하면 그림 18-6에 표시된 그래프를 다음과 같이 구성할 수 있습니다.

```
>>> import numpy as np
>>> import networkx as nx
>>> G = nx.Graph()
... # 그래프를 그리기 위해 색을 16진수 코드로 나타냅니다
>>> blue, orange, green = "#1f77b4", "#ff7f0e", "#2ca02c"
>>> G.add_nodes_from([
...     (1, {"color": blue}),
...     (2, {"color": orange}),
...     (3, {"color": blue}),
...     (4, {"color": green})
... ])
>>> G.add_edges_from([(1,2), (2,3), (1,3), (3,4)])
>>> A = np.asarray(nx.adjacency_matrix(G).todense())
>>> print(A)
[[0 1 1 0]
[1 0 1 0]
[1 1 0 1]
[0 0 1 0]]
>>> def build_graph_color_label_representation(G, mapping_dict):
...     one_hot_idxs = np.array([mapping_dict[v] for v in
...         nx.get_node_attributes(G, 'color').values()])
>>>     one_hot_encoding = np.zeros(
...         (one_hot_idxs.size, len(mapping_dict)))
>>>     one_hot_encoding[
...         np.arange(one_hot_idxs.size), one_hot_idxs] = 1
>>>     return one_hot_encoding
>>> X = build_graph_color_label_representation(
...     G, {green: 0, blue: 1, orange: 2})
>>> print(X)
```

```
[[0., 1., 0.],
 [0., 0., 1.],
 [0., 1., 0.],
 [1., 0., 0.]]
```

앞의 코드에서 생성한 그래프를 그리려면 다음 코드를 사용하면 됩니다.

```
>>> color_map = nx.get_node_attributes(G, 'color').values()
>>> nx.draw(G, with_labels=True, node_color=color_map)
```

앞의 코드 예제는 먼저 NetworkX의 Graph 객체를 만듭니다. 그다음 시각화를 위해 노드 1~4와 함께 색상을 추가했습니다. 노드를 추가한 후 노드의 연결(에지)을 지정했습니다. NetworkX의 adjacency_matrix 생성자를 사용하여 인접 행렬 A를 생성합니다. 사용자 정의 build_graph_color_label_representation 함수는 앞서 Graph 객체에 추가한 정보로 노드 레이블 행렬 X를 생성합니다.

그래프 합성곱을 사용하면 X의 각 행을 노드에 저장된 정보의 임베딩으로 해석할 수 있습니다. 그래프 합성곱은 이웃 노드와 자신의 노드에 대한 임베딩을 기반으로 각 노드의 임베딩을 업데이트합니다. 예제 구현에서 사용하는 그래프 합성곱은 다음과 같은 형태를 띱니다.

$$x'_i = x_i W_1 + \sum_{j \in N(i)} x_j W_2 + b$$

여기에서 x'_i는 노드 i에 대한 업데이트된 임베딩입니다. W_1과 W_2는 학습 가능한 $f_{in} \times f_{out}$ 크기의 필터 가중치 행렬이며, b는 학습 가능한 f_{out} 길이의 편향 벡터입니다.

두 개의 가중치 행렬 W_1과 W_2는 필터 뱅크(filter bank)라고 할 수 있습니다. 이런 행렬의 각 열은 개별 필터입니다. 이 필터 설계는 그래프 데이터에 대한 지역성 조건이 유지될 때 가장 효과적입니다. 한 노드의 값이 여러 에지만큼 떨어진 다른 노드의 값과 상관관계가 높은 경우 단일 합성곱으로는 이런 관계를 포착할 수 없습니다. 그림 18-7에서 보듯이 합성곱을 쌓아 올리면 더 먼 거리의 관계를 포착할 수 있습니다(단순화를 위해 편향을 0으로 설정했습니다).

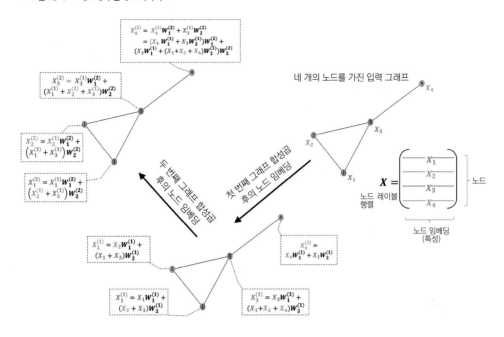

그림 18-7에 설명된 그래프 합성곱의 설계는 그래프 데이터에 대한 전제 조건에 적합하지만 이웃에 대한 합계를 행렬 형태로 구하는 방법이 명확하지 않을 수 있습니다. 여기에서 인접 행렬 A가 활용됩니다. 이 합성곱의 행렬 형태는 $XW_1 + AXW_2$입니다. 여기에서 1과 0으로 구성된 인접 행렬은 노드를 선택하고 원하는 합을 계산하기 위한 마스크 역할을 합니다. 다음과 같이 넘파이로 이 층을 만들고 이전 그래프에 대해 정방향 계산을 수행할 수 있습니다.

```
>>> f_in, f_out = X.shape[1], 6
>>> W_1 = np.random.rand(f_in, f_out)
>>> W_2 = np.random.rand(f_in, f_out)
>>> h = np.dot(X, W_1) + np.dot(np.dot(A,X), W_2)
```

그래프 합성곱의 정방향 계산은 매우 쉽습니다.

궁극적으로 그래프 합성곱 층이 A가 제공한 구조 (연결) 정보를 활용하여 X에 인코딩된 노드 정보의 표현을 업데이트해야 합니다. 이를 위한 방법은 여러 가지가 있으며 지금까지 개발된 그래프 합성곱이 많이 있습니다.

서로 다른 그래프 합성곱에 대해 이야기하려면 일반적으로 통일된 프레임워크가 있으면 좋을 것입니다. 다행히도 이런 프레임워크를 2017년 Justin Gilmer와 동료들이 "Neural Message Passing for Quantum Chemistry"(https://arxiv.org/abs/1704.01212)에서 제시했습니다.

이 **메시지 전달**(message-passing) 프레임워크에서 그래프의 각 노드는 연관된 은닉 상태 $h_i^{(t)}$를 가집니다. 여기에서 i는 타임 스텝 t에서 노드의 인덱스입니다. 초깃값 $h_i^{(0)}$은 노드 i와 연관된 X의 행인 X_i로 정의됩니다.

각 그래프 합성곱을 메시지 전달 단계와 노드 업데이트 단계로 나눌 수 있습니다. 비유향 그래프의 경우 $N(i)$는 노드 i의 이웃 노드 집합이고, 유향 그래프의 경우 $N(i)$는 노드 i와 에지를 공유하는 노드 집합입니다. 메시지 전달 단계를 다음과 같이 쓸 수 있습니다.

$$m_i = \sum_{j \in N(i)} M_t\big(h_i^{(t)}, h_j^{(t)}, e_{ij}\big)$$

여기에서 M_t는 메시지 함수입니다. 예제에서는 이 메시지 함수를 $M_t = h_j^{(t)} W_2$로 정의합니다. 업데이트 함수 U_t를 사용하는 노드 업데이트 단계는 $h_i^{(t+1)} = U_t\big(h_i^{(t)}, m_i\big)$입니다. 예제에서 이 업데이트는 $h_i^{(t+1)} = h_i^{(t)} W_1 + m_i + b$입니다.

그림 18-8은 메시지 전달 아이디어를 시각화하여 앞서 구현한 합성곱을 요약한 것입니다.

❤ 그림 18-8 그래프와 메시지 형태로 구현된 합성곱

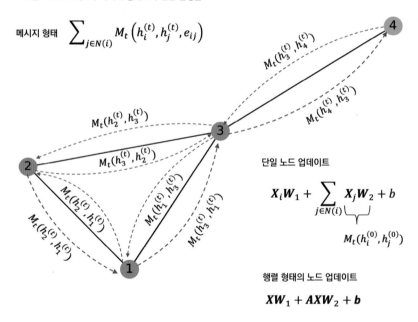

다음 절에서는 이 그래프 합성곱 층을 파이토치로 구현된 GNN 모델에 적용하겠습니다.

18.3 파이토치에서 GNN을 밑바닥부터 구현하기

이전 절에서는 그래프 합성곱 연산을 이해하고 구현하는 데 중점을 두었습니다. 이 절에서는 그래프 신경망의 기본 구현을 통해 이런 도구를 그래프에 적용하는 방법을 설명합니다. 이 방식이 복잡해 보이더라도 걱정하지 마세요. 원래 GNN은 구현하기 비교적 복잡한 모델입니다. 따라서 이후 절에서 그래프 신경망의 구현과 데이터 관리를 위한 도구를 제공하는 파이토치 지오메트릭을 소개하겠습니다.

18.3.1 NodeNetwork 모델 정의하기

이 절은 먼저 파이토치로 처음부터 GNN을 구현해 봅니다. NodeNetwork라는 기본 신경망 모델 클래스부터 시작해서 하향식 접근 방식으로 개별 세부 사항을 채우도록 하겠습니다.

```
import networkx as nx
import torch
from torch.nn.parameter import Parameter
import numpy as np
import math
import torch.nn.functional as F

class NodeNetwork(torch.nn.Module):
    def __init__(self, input_features):
        super().__init__()
        self.conv_1 = BasicGraphConvolutionLayer(
            input_features, 32)
        self.conv_2 = BasicGraphConvolutionLayer(32, 32)
        self.fc_1 = torch.nn.Linear(32, 16)
        self.out_layer = torch.nn.Linear(16, 2)
    def forward(self, X, A, batch_mat):
        x = F.relu(self.conv_1(X, A))
        x = F.relu(self.conv_2(x, A))
        output = global_sum_pool(x, batch_mat)
        output = self.fc_1(output)
```

그래프 구조 데이터의 의존성 감지를 위한 그래프 신경망

```
output = self.out_layer(output)
return F.softmax(output, dim=1)
```

방금 정의한 NodeNetwork 모델은 다음과 같이 요약할 수 있습니다.

1. 두 개의 그래프 합성곱(self.conv_1과 self.conv_2)을 수행합니다.

2. 나중에 정의할 global_sum_pool로 모든 노드 임베딩을 풀링합니다.

3. 풀링된 임베딩을 두 개의 완전 연결 층(self.fc_1과 self.out_layer)에 통과시킵니다.

4. 소프트맥스를 통해 클래스 소속 확률을 출력합니다.

각 층이 수행하는 작업과 네트워크의 구조가 그림 18-9에 나타나 있습니다.

❤ 그림 18-9 신경망 층의 시각화

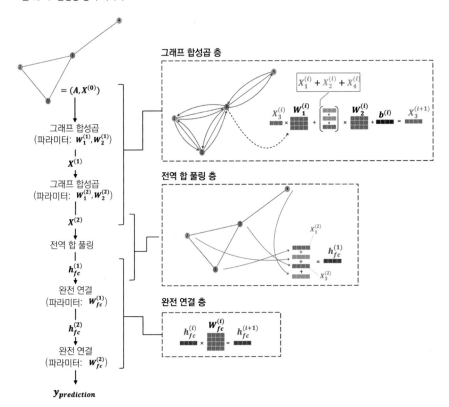

그래프 합성곱 층 및 전역 풀링과 같은 각 부분에 대해서는 다음 절에서 설명합니다.

18.3.2 NodeNetwork의 그래프 합성곱 층 만들기

이제 이전 NodeNetwork 클래스에서 사용된 그래프 합성곱 연산(BasicGraphConvolutionLayer)을 정의해 보겠습니다.

```
class BasicGraphConvolutionLayer(torch.nn.Module):
    def __init__(self, in_channels, out_channels):
        super().__init__()
        self.in_channels = in_channels
        self.out_channels = out_channels
        self.W2 = Parameter(torch.rand(
            (in_channels, out_channels), dtype=torch.float32))
        self.W1 = Parameter(torch.rand(
            (in_channels, out_channels), dtype=torch.float32))

        self.bias = Parameter(torch.zeros(
                out_channels, dtype=torch.float32))
    def forward(self, X, A):
        potential_msgs = torch.mm(X, self.W2)
        propagated_msgs = torch.mm(A, potential_msgs)
        root_update = torch.mm(X, self.W1)
        output = propagated_msgs + root_update + self.bias
        return output
```

완전 연결 층 및 이미지 합성곱 층과 마찬가지로 편향 항을 추가하여 (ReLU와 같은 비선형성을 적용하기 전에) 층 출력에 대한 선형 조합의 편향이 달라질 수 있도록 합니다. forward() 메서드는 편향 항을 포함하여 이전 절에서 설명한 행렬 형태의 정방향 계산을 구현합니다.

BasicGraphConvolutionLayer를 사용해 보기 위해 앞서 '18.2.2절 기본 그래프 합성곱 구현'에서 정의한 그래프와 인접 행렬에 적용해 보겠습니다.

```
>>> print('X.shape:', X.shape)
X.shape: (4, 3)
>>> print('A.shape:', A.shape)
A.shape: (4, 4)
>>> basiclayer = BasicGraphConvolutionLayer(3, 8)
>>> out = basiclayer(
...     X=torch.tensor(X, dtype=torch.float32),
...     A=torch.tensor(A, dtype=torch.float32),
... )
>>> print('출력 크기:', out.shape)
출력 크기: torch.Size([4, 8])
```

그래프 구조 데이터의 의존성 감지를 위한 그래프 신경망

앞의 코드 예시를 보면 BasicGraphConvolutionLayer가 세 개의 특성으로 구성된 네 개의 노드 그래프를 여덟 개의 특성을 가진 표현으로 변환했습니다.

18.3.3 다양한 그래프 크기를 처리하기 위해 전역 풀링 층 추가하기

그다음 NodeNetwork 클래스에서 사용된 global_sum_pool() 함수를 정의합니다. 이 함수는 전역 풀링 층을 구현합니다. 전역 풀링 층은 그래프의 모든 노드 임베딩을 집계하여 고정된 크기의 출력을 만듭니다. 그림 18-9에 표시된 것처럼 global_sum_pool()은 그래프의 모든 노드 임베딩을 더합니다. 이 전역 풀링은 14장에서 살펴본 것처럼 CNN에서 데이터가 완전 연결 층을 통과하기 전에 사용되는 전역 평균 풀링과 비슷합니다.

모든 노드 임베딩을 합산하면 정보 손실이 발생되므로 데이터 구조를 재설정하는 것이 바람직하지만 그래프마다 크기가 다를 수 있으므로 가능하지 않습니다. 전역 풀링은 sum, mex, mean 등 모든 순열 불변인 함수를 사용하여 수행할 수 있습니다. 다음은 global_sum_pool()의 구현입니다.

```
def global_sum_pool(X, batch_mat):
    if batch_mat is None or batch_mat.dim() == 1:
        return torch.sum(X, dim=0).unsqueeze(0)
    else:
        return torch.mm(batch_mat, X)
```

배치 데이터가 아니거나 배치 크기가 1인 경우 이 함수는 현재 노드 임베딩을 합산합니다. 그렇지 않으면 그래프 데이터의 배치 방식에 따라 구조가 결정되는 batch_mat가 임베딩에 곱해집니다.

데이터셋에 있는 모든 데이터의 차원이 동일한 경우 배치 데이터를 만들려면 간단히 데이터를 쌓아 차원을 추가하면 됩니다(참고: 파이토치의 기본 배치 함수에서 호출되는 함수는 말 그대로 stack입니다). 그래프 크기가 다양하기 때문에 패딩을 사용하지 않으면 그래프 데이터에 이 접근 방식을 사용할 수 없습니다. 하지만 그래프 크기가 크게 다른 경우 패딩은 비효율적일 수 있습니다. 일반적으로 다양한 그래프 크기를 처리하는 더 좋은 방법은 각 배치를 단일 그래프로 처리하고 배치의 각 그래프를 나머지 그래프와 연결되지 않은 하위 그래프로 처리하는 것입니다. 이 방식이 그림 18-10에 설명되어 있습니다.

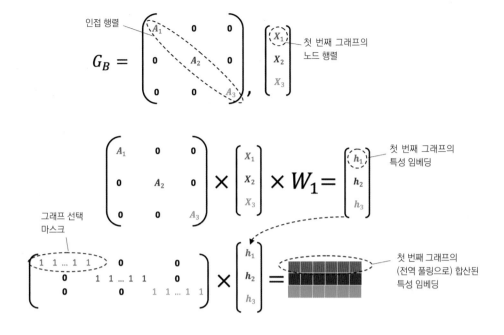

그림 18-10을 좀 더 이론적으로 설명하기 위해 노드당 f개의 특성을 가진 $n_1, ..., n_k$ 크기의 그래프 $G_1, ..., G_k$가 있다고 가정합니다. 또한, 이에 대응하는 인접 행렬 $A_1, ..., A_k$와 특성 행렬 $X_1, ..., X_k$가 주어집니다. 총 노드 수 $N = \sum_{i=1}^{k} n_i$이고, $1 < i \le k$일 때 $s_1=0$, $s_i=s_{i-1}+n_{i-1}$이라고 하겠습니다. 그림 18-10과 같이 $N \times N$ 인접 행렬 A_B와 $N \times f$ 특성 행렬 X_B를 가진 그래프 G_B를 정의합니다. 파이썬 인덱스 표기법을 사용하면 $A_B[s_i:s_i+n_i, s_i+n_i] = A_i$입니다. 이 인덱스 집합 외에 A_B에 있는 다른 모든 원소는 0입니다. 또한 $X_B[s_i:s_i+n_i, :] = X_i$입니다.

설계상 연결이 끊긴 노드는 그래프 합성곱의 동일 수용장에 있지 않습니다. 따라서 그래프 합성곱을 통해 G_B의 그레이디언트를 역전파할 때 배치의 각 그래프에 대한 그레이디언트는 독립적입니다. 즉, 일련의 그래프 합성곱을 함수 f로 취급하면 $h_B=f(X_B, A_B)$이고 $h_i=f(X_i, A_i)$일 때 $h_B[s_i:s_i+n_i, :] = h_i$가 됩니다. 전역 합 풀링이 h_B로부터 각 h_i의 합을 개별 벡터로 추출한다면, 이 벡터의 스택을 완전 연결 층에 전달하여 전체 역전파 동안 배치에 포함된 각 항목의 그레이디언트를 분리된 상태로 유지할 수 있습니다.

이것이 global_sum_pool()에서 batch_mat의 목적입니다. 배치의 그래프를 분리하는 그래프 선택 마스크로 사용됩니다. 다음 코드를 사용하여 $n_1, ..., n_k$ 크기의 그래프에 대해 이 마스크를 생성할 수 있습니다.

```
def get_batch_tensor(graph_sizes):
    starts = [sum(graph_sizes[:idx])
                 for idx in range(len(graph_sizes))]
    stops = [starts[idx] + graph_sizes[idx]
                 for idx in range(len(graph_sizes))]
    tot_len = sum(graph_sizes)
    batch_size = len(graph_sizes)
    batch_mat = torch.zeros([batch_size, tot_len]).float()
    for idx, starts_and_stops in enumerate(zip(starts, stops)):
        start = starts_and_stops[0]
        stop = starts_and_stops[1]
        batch_mat[idx,start:stop] = 1
    return batch_mat
```

따라서 배치 크기 b가 주어지면 batch_mat는 $b \times N$ 행렬로, $1 \le i \le k$일 때 batch_mat$[i-1, s_i{:}s_i +n_i]$ = 1이고 이 인덱스 집합이 아닌 원소는 0입니다. 다음은 일부 G_B의 표현과 해당 배치 행렬을 구성하기 위한 콜레이트 함수(collate function)입니다.

```
# 배치는 그래프 표현과 레이블을 담은 딕셔너리의 리스트입니다
def collate_graphs(batch):
    adj_mats = [graph['A'] for graph in batch]
    sizes = [A.size(0) for A in adj_mats]
    tot_size = sum(sizes)
    # 배치 행렬을 만듭니다
    batch_mat = get_batch_tensor(sizes)
    # 특성 행렬을 연결합니다
    feat_mats = torch.cat([graph['X'] for graph in batch], dim=0)
    # 레이블을 연결합니다
    labels = torch.cat([graph['y'] for graph in batch], dim=0)
    # 인접 행렬을 결합합니다
    batch_adj = torch.zeros([tot_size, tot_size], dtype=torch.float32)
    accum = 0
    for adj in adj_mats:
        g_size = adj.shape[0]
        batch_adj[accum:accum+g_size,accum:accum+g_size] = adj
        accum = accum + g_size
    repr_and_label = {'A': batch_adj,
                      'X': feat_mats, 'y': labels,
                      'batch': batch_mat}
    return repr_and_label
```

18.3.4 데이터 로더 준비

이 절에서는 이전 절의 코드가 모두 어떻게 연결되는지 살펴보겠습니다. 먼저 그래프를 생성하고 파이토치 Dataset에 넣겠습니다. 그다음 GNN을 위한 DataLoader에서 collate 함수를 사용합니다.

하지만 그래프를 정의하기 전에 딕셔너리 표현을 만드는 함수를 구현해 보겠습니다.

```python
def get_graph_dict(G, mapping_dict):
    # 그래프 G의 딕셔너리 표현을 만드는 함수
    A = torch.from_numpy(
        np.asarray(nx.adjacency_matrix(G).todense())).float()
    # build_graph_color_label_representation()은
    # 첫 번째 예제 그래프와 함께 소개했습니다
    X = torch.from_numpy(
      build_graph_color_label_representation(
              G, mapping_dict)).float()
    # 이 예제는 특정 작업이 없습니다
    y = torch.tensor([[1,0]]).float()
    return {'A': A, 'X': X, 'y': y, 'batch': None}
```

이 함수는 NetworkX 그래프를 가져와 인접 행렬 A, 노드 특성 행렬 X, 이진 레이블 y가 포함된 딕셔너리를 반환합니다. 이 모델을 실제로 훈련하지 않기 때문에 레이블을 임의로 설정했습니다. nx.adjacency_matrix()는 NetworkX 그래프를 받아 희소한 표현을 반환하므로 todense()를 사용하여 조밀한 np.array 형식으로 변환합니다.

이제 그래프를 구성하고 get_graph_dict 함수를 사용하여 NetworkX 그래프를 네트워크에서 처리할 수 있는 형식으로 변환해 보겠습니다.

```python
>>> # 하나의 데이터셋으로 다룰 네 개의 그래프를 만듭니다
>>> blue, orange, green = "#1f77b4", "#ff7f0e","#2ca02c"
>>> mapping_dict= {green:0, blue:1, orange:2}
>>> G1 = nx.Graph()
>>> G1.add_nodes_from([
...     (1,{"color": blue}),
...     (2,{"color": orange}),
...     (3,{"color": blue}),
...     (4,{"color": green})
... ])
```

```
>>> G1.add_edges_from([(1, 2), (2, 3), (1, 3), (3, 4)])
>>> G2 = nx.Graph()
>>> G2.add_nodes_from([
...     (1,{"color": green}),
...     (2,{"color": green}),
...     (3,{"color": orange}),
...     (4,{"color": orange}),
...     (5,{"color": blue})
... ])
>>> G2.add_edges_from([(2, 3), (3, 4), (3, 1), (5, 1)])
>>> G3 = nx.Graph()
>>> G3.add_nodes_from([
...     (1,{"color": orange}),
...     (2,{"color": orange}),
...     (3,{"color": green}),
...     (4,{"color": green}),
...     (5,{"color": blue}),
...     (6,{"color": orange})
... ])
>>> G3.add_edges_from([(2,3), (3,4), (3,1), (5,1), (2,5), (6,1)])
>>> G4 = nx.Graph()
>>> G4.add_nodes_from([
...     (1,{"color": blue}),
...     (2,{"color": blue}),
...     (3,{"color": green})
... ])
>>> G4.add_edges_from([(1, 2), (2, 3)])
>>> graph_list = [get_graph_dict(graph, mapping_dict) for graph in
...               [G1, G2, G3, G4]]
```

이 코드에서 생성하는 그래프가 그림 18-11에 시각화되어 있습니다.

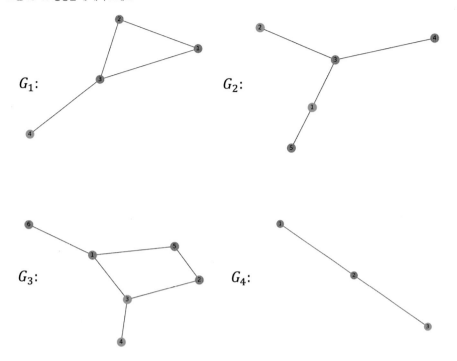

이 코드 블록은 네 개의 NetworkX 그래프를 생성하여 하나의 리스트에 저장합니다. 여기에서 nx.Graph() 생성자는 빈 그래프를 초기화하고, add_nodes_from()은 빈 그래프에 튜플 리스트로 노드를 추가합니다. 각 튜플의 첫 번째 항목은 노드의 이름이고 두 번째 항목은 해당 노드의 속성 딕셔너리입니다.

그래프의 add_edges_from() 메서드는 튜플 리스트를 받습니다. 각 튜플은 원소(노드) 사이의 에지를 정의합니다. 이제 그래프를 위한 파이토치 데이터셋을 구성할 수 있습니다.

```
from torch.utils.data import Dataset

class ExampleDataset(Dataset):
    # 그래프 리스트를 활용하는 간단한 파이토치 데이터셋
    def __init__(self, graph_list):
        self.graphs = graph_list
    def __len__(self):
        return len(self.graphs)
    def __getitem__(self,idx):
        mol_rep = self.graphs[idx]
        return mol_rep
```

사용자 정의 Dataset을 사용하는 것이 불필요한 작업처럼 보이지만, 이를 통해 DataLoader에서 collate_graphs()를 어떻게 사용하는지 알 수 있습니다.

```
>>> from torch.utils.data import DataLoader
>>> dset = ExampleDataset(graph_list)
>>> # 사용자 정의 콜레이트 함수 사용 방법
>>> loader = DataLoader(
...     dset, batch_size=2, shuffle=False,
...     collate_fn=collate_graphs)
```

18.3.5 노드 네트워크를 사용하여 예측하기

필요한 모든 함수를 정의하고 DataLoader를 설정한 후 새로운 NodeNetwork 객체를 초기화하여 그래프 데이터에 적용합니다.

```
>>> node_features = 3
>>> net = NodeNetwork(node_features)
>>> batch_results = []
>>> for b in loader:
...     batch_results.append(
...         net(b['X'], b['A'], b['batch']).detach())
```

간결성을 위해 훈련 루프를 포함하지 않았지만 예측된 클래스 레이블과 실제 클래스 레이블 사이의 손실을 계산하고 .backward()를 통해 손실을 역전파합니다. 그다음 경사 하강법 기반의 옵티마이저로 모델 가중치를 업데이트하여 GNN 모델을 일반적인 방식으로 훈련할 수 있습니다. 이 과정은 독자의 선택 사항으로 남겨 두겠습니다. 다음 절에서는 좀 더 정교한 GNN 코드를 만들 수 있는 파이토치 지오메트릭으로 만든 GNN으로 이를 수행하는 방법을 살펴볼 것입니다.

이전 코드에서 계속 진행하기 위해 DataLoader 없이 모델에 단일 입력 그래프를 직접 제공합니다.

```
>>> G1_rep = dset[1]
>>> G1_single = net(
...     G1_rep['X'], G1_rep['A'], G1_rep['batch']).detach()
```

이제 단일 그래프(G1_single)와 DataLoader의 첫 번째 그래프(shuffle=False로 지정했기 때문에 첫 번째 그래프 G1이 나옵니다)에 GNN을 적용한 결과를 비교하여 배치 로더가 올바르게 작동하는지 다시 확인할 수 있습니다. (반올림 오차를 고려하기 위해) torch.isclose()를 사용하니 결과는 예상했던 대로 동일합니다.

```
>>> G1_batch = batch_results[0][1]
>>> torch.all(torch.isclose(G1_single, G1_batch))
tensor(True)
```

축하합니다! 이제 기본적인 GNN을 구성·설정·실행하는 방법을 이해했습니다. 하지만 이 과정을 통해 그래프 데이터를 관리하고 조작하는 것이 다소 힘들 수 있다는 것을 알게 되었습니다. 또한, 더 복잡한 에지 레이블을 사용하는 그래프 합성곱은 만들지도 않았습니다. 다행히도 이 작업을 훨씬 쉽게 처리할 수 있도록 여러 GNN 층을 제공하는 파이토치 지오메트릭 패키지가 있습니다. 다음 절에서 이 라이브러리를 사용하여 분자 데이터에서 복잡한 GNN을 만들고 훈련하는 엔드 투 엔드 예제를 다루겠습니다.

18.4 파이토치 지오메트릭 라이브러리를 사용하여 GNN 구현하기

이 절에서는 GNN 훈련 과정을 간소화시켜 주는 파이토치 지오메트릭 라이브러리를 사용하여 GNN을 구현하겠습니다. GNN을 분자 데이터셋인 QM9에 적용하여 분자의 전하가 전기장에 의해 왜곡되는 경향을 측정하는 등방성 분극성(isotropic polarizability)을 예측합니다.

> Note ≡ **파이토치 지오메트릭 설치**
>
> 파이토치 지오메트릭은 conda 또는 pip를 이용하여 설치할 수 있습니다. 공식 문서 웹 사이트(https://pytorch-geometric.readthedocs.io/en/latest/notes/installation.html)를 방문하여 사용 중인 운영 체제에서 권장되는 설치 명령을 따르세요. 이 장에서는 pip를 사용하여 2.0.2 버전과 함께 필요한 패키지인 torch-scatter와 torch-sparse를 설치합니다.
>
> ```
> > pip install torch-scatter==2.0.9
> > pip install torch-sparse==0.6.12
> > pip install torch-geometric==2.0.2
> ```

먼저 분자 데이터셋을 로드하고 파이토치 지오메트릭이 데이터를 저장하는 방법을 살펴봅시다.

```
>>> # 이 절의 예제를 위해 필요한 패키지를 임포트합니다
>>> # torch_geometric의 DataLoader를 사용합니다
>>> import torch
>>> from torch_geometric.datasets import QM9
>>> from torch_geometric.loader import DataLoader
>>> from torch_geometric.nn import NNConv, global_add_pool
>>> import torch.nn.functional as F
>>> import torch.nn as nn
>>> import numpy as np
>>> # QM9 분자 데이터셋을 로드합니다
>>> dset = QM9('.')
>>> len(dset)
130831
>>> # 다음과 같이 토치 지오메트릭이 데이터를 감쌉니다
>>> data = dset[0]
>>> data
Data(edge_attr=[8, 4], edge_index=[2, 8], idx=[1], name="gdb_1", pos=[5, 3], x=[5, 11],
y=[1, 19], z=[5])
>>> # 속성에 바로 접근할 수 있습니다
>>> data.z
tensor([6, 1, 1, 1, 1])
>>> # 원자의 번호를 속성에 추가할 수 있습니다
>>> data.new_attribute = torch.tensor([1, 2, 3])
>>> data
Data(edge_attr=[8, 4], edge_index=[2, 8], idx=[1], name="gdb_1", new_attribute=[3],
pos=[5, 3], x=[5, 11], y=[1, 19], z=[5])
>>> # 장치 간에 속성을 이동할 수 있습니다
>>> device = torch.device(
...     "cuda:0" if torch.cuda.is_available() else "cpu"
... )
>>> data.to(device)
>>> data.new_attribute.is_cuda
True
```

Data 객체는 그래프 데이터를 위한 편리하고 유연한 래퍼(wrapper)입니다. 파이토치 지오메트릭은
특정 속성을 사용해서 데이터 객체를 처리합니다. 구체적으로 x에는 노드 특성이 포함되어야 하고,
edge_attr에는 에지 특성이 포함되어야 하며, edge_index에는 에지 리스트가 포함되어야 하고, y에
는 레이블이 포함되어야 합니다. QM9 데이터는 3D 그리드에서 분자의 각 원자 위치인 pos와 분
자에 있는 원자의 원자 번호인 z 등 몇 가지 추가 속성이 포함되어 있습니다. QM9의 레이블은 쌍
극자 모멘트(dipole moment), 자유 에너지, 엔탈피(enthalpy) 또는 등방성 분극성과 같은 분자의 여러
물리적 특성입니다. 여기에서는 GNN을 QM9에서 훈련하여 등방성 분극성을 예측하겠습니다.

분자의 결합 유형이 중요합니다. 즉, 어떤 원자가 특정 결합 유형(예 단일 결합 또는 이중 결합)을 통해 연결되어 있는지가 중요합니다. 따라서 에지 특성을 활용할 수 있는 그래프 합성곱을 사용해야 합니다. 이를 위해 torch_geometric.nn.NNConv 층을 사용하겠습니다(구현 세부 사항이 궁금하다면 소스 코드(https://pytorch-geometric.readthedocs.io/en/latest/_modules/torch_geometric/nn/conv/nn_conv.html#NNConv)를 참고하세요).

NNConv 층에 있는 합성곱은 다음과 같습니다.

$$X_i^{(t)} = W X_i^{(t-1)} + \sum_{j \in N(i)} X_j^{(t-1)} \cdot h_\Theta(e_{i,j})$$

여기에서 h는 가중치 집합 Θ으로 구성된 신경망입니다. W는 노드 레이블의 가중치 행렬입니다. 이 그래프 합성곱은 앞서 처음부터 구현한 것과 매우 비슷합니다.

$$X_i^{(t)} = W_1 X_i^{(t-1)} + \sum_{j \in N(i)} X_j^{(t-1)} W_2$$

유일한 차이점은 W_2에 해당하는 신경망 h가 에지 레이블 기반이기 때문에 에지 레이블에 따라 가중치가 달라질 수 있다는 점입니다. 다음 코드에서 이런 두 개의 그래프 합성곱 층(NNConv)을 활용하여 GNN을 구현합니다.

```python
class ExampleNet(torch.nn.Module):
    def __init__(self, num_node_features, num_edge_features):
        super().__init__()
        conv1_net = nn.Sequential(
            nn.Linear(num_edge_features, 32),
            nn.ReLU(),
            nn.Linear(32, num_node_features*32))
        conv2_net = nn.Sequential(
            nn.Linear(num_edge_features, 32),
            nn.ReLU(),
            nn.Linear(32, 32*16))
        self.conv1 = NNConv(num_node_features, 32, conv1_net)
```

```
        self.conv2 = NNConv(32,16, conv2_net)
        self.fc_1 = nn.Linear(16, 32)
        self.out = nn.Linear(32, 1)
    def forward(self, data):
        batch, x, edge_index, edge_attr = (
            data.batch, data.x, data.edge_index, data.edge_attr)
        # 첫 번째 그래프 합성곱 층
        x = F.relu(self.conv1(x, edge_index, edge_attr))
        # 두 번째 그래프 합성곱 층
        x = F.relu(self.conv2(x, edge_index, edge_attr))
        x = global_add_pool(x,batch)
        x = F.relu(self.fc_1(x))
        output = self.out(x)
        return output
```

외부 전기장에 의해 분자의 전하 분포가 왜곡되는 상대적인 경향을 측정하는 분자의 등방성 분극성을 예측하도록 GNN을 훈련시키겠습니다. QM9 데이터셋을 훈련, 검증, 테스트 세트로 나누고 파이토치 지오메트릭 DataLoader를 사용하겠습니다. 여기에는 특별한 콜레이트 함수가 필요하지 않지만, 적절한 이름의 속성을 가진 Data 객체가 필요합니다.

이제 데이터셋을 분할해 보겠습니다.

```
>>> from torch.utils.data import random_split
>>> train_set, valid_set, test_set = random_split(
...     dset, [110000, 10831, 10000])
>>> trainloader = DataLoader(train_set, batch_size=32, shuffle=True)
>>> validloader = DataLoader(valid_set, batch_size=32, shuffle=True)
>>> testloader = DataLoader(test_set, batch_size=32, shuffle=True)
```

다음 코드는 (사용 가능한 경우) GPU에서 신경망을 초기화하고 훈련합니다.

```
>>> # 신경망을 초기화합니다
>>> qm9_node_feats, qm9_edge_feats = 11, 4
>>> net = ExampleNet(qm9_node_feats, qm9_edge_feats)
>>> # 적절한 매개변수로 옵티마이저를 생성합니다
>>> optimizer = torch.optim.Adam(
...     net.parameters(), lr=0.01)
>>> epochs = 4
>>> target_idx = 1 # 분극성 레이블의 인덱스 위치
>>> device = torch.device("cuda:0" if
...                       torch.cuda.is_available() else "cpu")
>>> net.to(device)
```

다음 코드에 나온 훈련 루프는 이전 파이토치 장에서 보았던 패턴을 따르므로 자세한 설명을 생략하겠습니다. 하지만 한 가지 강조할 만한 세부 사항은 분극성은 클래스 레이블이 아닌 연속적인 타깃이기 때문에 여기에서는 크로스 엔트로피 대신 평균 제곱 오차(MSE) 손실을 계산한다는 점입니다.

```
>>> for total_epochs in range(epochs):
...     epoch_loss = 0
...     total_graphs = 0
...     net.train()
...     for batch in trainloader:
...         batch.to(device)
...         optimizer.zero_grad()
...         output = net(batch)
...         loss = F.mse_loss(
...             output,batch.y[:, target_idx].unsqueeze(1))
...         loss.backward()
...         epoch_loss += loss.item()
...         total_graphs += batch.num_graphs
...         optimizer.step()
...     train_avg_loss = epoch_loss / total_graphs
...     val_loss = 0
...     total_graphs = 0
...     net.eval()
...     for batch in validloader:
...         batch.to(device)
...         output = net(batch)
...         loss = F.mse_loss(
...             output, batch.y[:, target_idx].unsqueeze(1))
...         val_loss += loss.item()
...         total_graphs += batch.num_graphs
...     val_avg_loss = val_loss / total_graphs
...     print(f"에포크: {total_epochs} | "
...         f"훈련 평균 손실: {train_avg_loss:.2f} | "
...         f"검증 평균 손실: {val_avg_loss:.2f}")
에포크: 0 | 훈련 평균 손실: 0.30 | 검증 평균 손실: 0.10
에포크: 1 | 훈련 평균 손실: 0.12 | 검증 평균 손실: 0.07
에포크: 2 | 훈련 평균 손실: 0.10 | 검증 평균 손실: 0.05
에포크: 3 | 훈련 평균 손실: 0.09 | 검증 평균 손실: 0.07
```

처음 네 번의 훈련 에포크 동안 훈련 및 검증 손실이 모두 감소하고 있습니다. 데이터셋이 크고 CPU에서 훈련하려면 시간이 조금 걸릴 수 있으므로 네 번의 에포크 이후에는 훈련을 중단합니다. 하지만 모델을 더 훈련하면 손실이 계속 낮아집니다. 추가적인 에포크에 대해 모델을 훈련하여 성능의 변화를 확인할 수 있습니다.

다음 코드는 테스트 데이터의 값을 예측하고 정답 레이블을 준비합니다.

```
>>> net.eval()
>>> predictions = []
>>> real = []
>>> for batch in testloader:
...     output = net(batch.to(device))
...     predictions.append(output.detach().cpu().numpy())
...     real.append(
...             batch.y[:,target_idx] .detach().cpu().numpy())
>>> real = np.concatenate(real)
>>> predictions = np.concatenate(predictions)
```

이제 테스트 데이터의 일부로 산점도를 만들 수 있습니다. 테스트 데이터셋이 비교적 크기 때문에 (10,000개의 분자) 그래프 결과가 약간 복잡할 수 있습니다. 단순화를 위해 처음 500개의 예측과 타깃만 그래프로 그립니다.

```
>>> import matplotlib.pyplot as plt
>>> plt.scatter(real[:500], predictions[:500])
>>> plt.xlabel('Isotropic polarizability')
>>> plt.ylabel('Predicted isotropic polarizability')
```

결과 그래프는 그림 18-12와 같습니다.

✔ 그림 18-12 예측된 등방성 분극성을 실제 등방성 분극성과 비교한 그래프

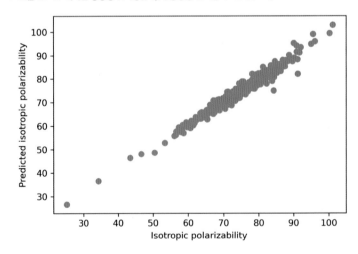

그래프를 보면 점들이 대각선에 비교적 가깝게 위치합니다. 따라서 간단한 GNN이 하이퍼파라미터 튜닝 없이도 등방성 분극성을 예측하는 데 적절한 작업을 수행한 것으로 보입니다.

> Note ≡ **TorchDrug: 신약 개발을 위한 파이토치 기반 라이브러리**
>
> 파이토치 지오메트릭은 이 절에서 살펴본 것처럼 분자를 포함한 그래프 작업을 위한 포괄적인 범용 라이브러리입니다. 좀 더 심층적인 분자 관련 작업 및 신약 개발에 관심이 있다면, 최근에 개발된 분자 작업을 위한 많은 편리한 유틸리티를 제공하는 TorchDrug 라이브러리를 살펴보세요. TorchDrug에 대한 자세한 내용은 https://torchdrug.ai/ 에서 확인할 수 있습니다.

18.5 기타 GNN 층 및 최근 개발 사항

이 절에서는 GNN에서 활용할 수 있는 몇 가지 추가 층을 소개하는 한편, 최근 이 분야의 일부 개발 사항에 대해 소개합니다. 이런 층과 구현에 대한 배경지식을 제공하겠지만, 이런 개념이 수학적으로 다소 복잡할 수 있습니다. 하지만 낙담하지 마세요. 이런 주제는 선택 사항이며 모든 구현의 세부 사항을 파악할 필요는 없습니다. 층 이면의 일반적인 아이디어를 이해하는 것만으로도 파이토치 지오메트릭을 실험하는 데 충분합니다.

다음 절에서는 스펙트럼 그래프 합성곱 층(spectral graph convolution layer), 그래프 풀링 층, 그래프를 위한 정규화 층에 대해 소개합니다. 그리고 마지막 절에서는 몇 가지 고급 그래프 신경망을 간략히 소개합니다.

18.5.1 스펙트럼 그래프 합성곱

지금까지 사용한 그래프 합성곱은 모두 공간 합성곱이었습니다. 즉, 그래프에 연관된 위상 공간을 기반으로 정보를 집계합니다. 이는 공간 합성곱이 노드의 근접 이웃에서 작동한다는 점을 멋지게 표현한 것입니다. 따라서 공간 합성곱을 사용하는 GNN이 그래프 데이터에서 복잡한 전역 패턴을 포착해야 하는 경우, 신경망이 여러 개의 공간 합성곱을 쌓아야 합니다. 이런 전역 패턴이 중요하지만 네트워크 깊이를 제한해야 하는 상황에서는 스펙트럼 그래프 합성곱이 대안으로 고려할 수 있는 합성곱입니다.

스펙트럼 그래프 합성곱은 공간 그래프 합성곱과는 다른 방식으로 작동합니다. 스펙트럼 그래프 합성곱은 그래프의 스펙트럼(고윳값(eigenvalue) 집합)을 활용합니다. 이를 위해 그래프 라플라시안(graph Laplacian)이라고 하는 그래프 인접 행렬의 정규화된 버전에 대한 고윳값 분해(eigendecomposition)를 계산합니다. 마지막 문장이 너무 어렵게 느껴질 수 있으므로 이를 세분화하여 단계별로 살펴보겠습니다.

비유향 그래프의 경우 그래프의 라플라시안 행렬은 $L = D - A$로 정의됩니다. 여기에서 A는 그래프의 인접 행렬이고 D는 차수 행렬(degree matrix)입니다. 차수 행렬은 대각 행렬(diagonal matrix)로, 인덱스가 i인 행의 대각 원소는 인접 행렬의 i번째 행과 연관된 노드로 들어오고 나가는 에지 수입니다.

L은 실수 대칭 행렬(real-valued symmetric matrix)입니다. 실수 대칭 행렬은 $L = Q\Lambda Q^T$로 분해될 수 있습니다. 여기에서 Q는 직교 행렬로, 각 열은 L의 고유 벡터입니다. Λ은 원소가 L의 고윳값인 대각 행렬입니다. Q는 그래프 구조에 대한 표현을 제공한다고 생각할 수 있습니다. A에 의해 정의된 그래프의 근접 이웃을 사용하는 공간 합성곱과 달리 스펙트럼 합성곱은 노드 임베딩을 업데이트하기 위해 Q에서 얻은 구조 표현을 활용합니다.

스펙트럼 합성곱의 예제는 대칭이고 정규화된 그래프 라플라시안의 고윳값 분해를 활용합니다. 이는 그래프에 대해 다음과 같이 정의됩니다.

$$L_{sym} = I - D^{-\frac{1}{2}} A D^{-\frac{1}{2}}$$

여기에서 I는 항등 행렬(identity matrix)입니다. 그래프 라플라시안의 정규화는 특성 표준화와 비슷하게 그레이디언트 기반 훈련 과정을 안정화하는 데 도움이 될 수 있기 때문에 사용합니다.

$Q\Lambda Q^T$가 L_{sym}의 고윳값 분해라면 그래프 합성곱은 다음과 같이 정의됩니다.

$$X' = Q(Q^T X \odot Q^T W)$$

여기에서 W는 훈련 가능한 가중치 행렬입니다. 괄호 안쪽에서 그래프의 구조적 관계를 인코딩하는 행렬을 X와 W에 곱합니다. 여기에서 $\odot$ 연산자는 안쪽 항의 원소별 곱셈을 나타내며, 바깥쪽 Q는 결과를 원본 기저(basis)로 다시 매핑합니다. 이 합성곱에는 몇 가지 바람직하지 않은 속성이 있습니다. 그래프의 고윳값 분해 계산은 $O(n^3)$의 계산 복잡도를 갖기 때문입니다. 즉, 속도가 느리다는 의미입니다. 또한, 구조적이기 때문에 W는 그래프의 크기에 따라 달라집니다. 따라서 스펙트럼 합성곱은 같은 크기의 그래프에만 적용할 수 있습니다. 또한, 이 합성곱의 수용장은 그래프 전체이며, 현재 공식에서는 이를 조정할 수 없습니다. 하지만 이런 문제를 해결하기 위해 다양한 기법과 합성곱이 개발되었습니다.

예를 들어 Bruna와 동료들(https://arxiv.org/abs/1312.6203)은 일련의 함수에 고유한 스칼라 파라미터(α)를 곱해 W를 근사함으로써 크기 의존성을 해결하는 평활화 방법(smoothing method)을 소개했습니다. 즉, 함수 집합 $f_1, ..., f_n$ 이 주어지면 $W \approx \sum \alpha_i f_i$입니다. 함수 집합은 차원이 다를 수 있습니다. 하지만 α는 그대로 스칼라이므로 합성곱 파라미터 공간은 그래프 크기에 독립적일 수 있습니다.

언급할 만한 다른 스펙트럼 합성곱으로는 낮은 시간 복잡도로 원래 스펙트럼 합성곱을 근사하고 다양한 크기의 수용장을 가질 수 있는 체비셰프 그래프 합성곱(Chebyshev graph convolution) (https://arxiv.org/abs/1606.09375)이 있습니다. Kipf와 Welling(https://arxiv.org/abs/1609.02907)은 체비셰프 합성곱과 유사한 성질을 가지지만 파라미터 부담을 줄인 합성곱을 소개했습니다. 이 두 가지의 구현은 파이토치 지오메트릭에서 torch_geometric.nn.ChebConv 및 torch_geometric.nn.GCNConv로 제공하며, 스펙트럼 합성곱을 사용해 보고 싶은 경우 출발점으로 좋습니다.

18.5.2 풀링

그래프를 위해 개발된 몇 가지 풀링 층에 대해 간략히 설명하겠습니다. 풀링 층이 제공하는 다운샘플링은 CNN 아키텍처에서 유용하게 사용되어 왔지만, GNN에서 다운샘플링의 이점은 명확하게 드러나지 않았습니다.

이미지 데이터를 위한 풀링 층은 그래프에는 없는 공간적 국부성을 사용합니다. 그래프에 있는 노드의 군집(clustering)이 주어지면 그래프 풀링 층이 노드를 풀링하는 방법을 정의할 수 있습니다. 하지만 최적의 군집을 정의하는 방법이 불분명하며, 상황에 따라 선호되는 군집 방식이 다를 수 있습니다. 군집이 결정되어도 노드가 다운샘플링되면 나머지 노드를 어떻게 연결해야 하는지 불분명합니다. 이는 아직 미해결된 연구 과제이지만, 몇 가지 그래프 풀링 층을 살펴보고 앞서 언급한 문제에 대한 접근 방식을 짚어 보겠습니다.

CNN과 마찬가지로 GNN에 적용할 수 있는 평균 및 최대 풀링 층이 있습니다. 그림 18-13에서 보듯이 노드의 군집이 주어지면 각 클러스터는 새로운 그래프의 노드가 됩니다.

그래프 구조 데이터의 의존성 감지를 위한 그래프 신경망

❤ 그림 18-13 그래프에 최대 풀링 적용하기

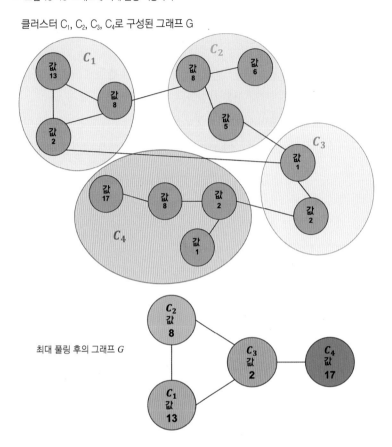

클러스터 C_1, C_2, C_3, C_4로 구성된 그래프 G

최대 풀링 후의 그래프 G

각 클러스터의 임베딩은 클러스터 안에 있는 노드 임베딩의 평균 또는 최댓값과 같습니다. 연결 문제를 해결하기 위해 클러스터 내 모든 에지 인덱스가 할당됩니다. 예를 들어 노드 i, j, k가 클러스터 c_1에 할당된 경우 i, j, k와 에지를 공유하는 노드나 노드를 포함하는 클러스터는 c_1과 에지를 공유하게 됩니다.

더 복잡한 풀링 층인 DiffPool(https://arxiv.org/abs/1806.08804)은 군집과 다운샘플링을 동시에 해결하려고 시도합니다. 이 층은 직접 클러스터 할당 행렬 $S \in \mathbb{R}^{n \times c}$를 학습하여 n개의 노드 임베딩을 c개의 클러스터에 분배합니다(직접 군집과 간접 군집에 대한 자세한 내용은 '10.1.3절 직접 군집 vs 간접 군집'을 참고하세요). 이렇게 하면 X는 $X' = S^T X$로, A는 $A' = S^T A^T S$로 업데이트됩니다. 특히 A'는 더 이상 이산적인 값을 포함하지 않으며 대신 에지 가중치의 행렬로 볼 수 있습니다. 시간이 지남에 따라 DiffPool은 해석 가능한 구조를 가진 간접 군집 할당으로 수렴합니다.

또 다른 풀링 방법인 탑-k(top-k) 풀링은 노드를 집계하는 대신 그래프에서 노드를 삭제하여 군집 및 연결 문제를 피합니다. 이렇게 하면 삭제된 노드의 정보가 손실되는 것처럼 보이지만, 풀링 전에 합성곱을 수행한다면 네트워크가 이를 피하는 방법을 학습할 수 있습니다. 학습 가능한 벡터 p에 대한 투영 점수를 사용하여 삭제할 노드를 선택합니다. 실제 (X', A')를 계산하는 공식은 "Towards Sparse Hierarchical Graph Classifiers"(https://arxiv.org/abs/1811.01287)에 명시된 것처럼 다음과 같습니다.

$$y = \frac{X_p}{\|p\|}, \quad i = \text{top-k}(y, k), \quad X' = (X \odot \tanh(y))_i, \quad A' = A_{ii}$$

여기에서 탑-k는 최상위 k개의 값을 가진 y의 인덱스를 선택합니다. 그다음 인덱스 벡터 i를 사용하여 X와 A의 행을 삭제합니다. 탑-k 풀링은 파이토치 지오메트릭에서 `torch_geometric.nn.TopKPooling`에 구현되어 있습니다. 또한, 최대 풀링과 평균 풀링은 각각 `torch_geometric.nn.max_pool_x`와 `torch_geometric.nn.avg_pool_x`에 구현되어 있습니다.

18.5.3 정규화

정규화 기법은 다양한 종류의 신경망에 활용되며 훈련 과정을 안정화하거나 속도를 높이는 데 도움을 줍니다. 17장에서 설명한 배치 정규화와 같은 여러 방법을 약간만 조정하면 GNN에 쉽게 적용할 수 있습니다. 이 절에서는 그래프 데이터를 위해 특별히 설계된 몇 가지 정규화 층에 대해 간략하게 설명합니다.

정규화에 대해 간단히 살펴보죠. 특성 값 $x_1, ..., x_n$이 주어지면 이를 $\frac{x_i - \mu}{\sigma}$로 업데이트합니다. 여기에서 μ는 평균이고 σ는 표준 편차입니다. 일반적으로 대부분의 신경망 정규화 방법은 $\gamma \frac{x_i - \mu}{\sigma} + \beta$의 형태를 띕니다. 여기에서 γ과 β는 학습 가능한 파라미터입니다. 정규화가 적용되는 특성 집합에 따라 방법 간 차이가 있습니다.

Tianle Cai와 동료들이 소개한 "GraphNorm: A Principled Approach to Accelerating Graph Neural Network Training"(2020, https://arxiv.org/abs/2009.03294)에 따르면 그래프 합성곱에서 집계 후의 평균 통계에는 의미 있는 정보가 포함될 수 있으므로 이를 완전히 폐기하는 것은 바람직하지 않을 수 있습니다. 이 문제를 해결하기 위해 **GraphNorm**을 제안했습니다.

원본 논문의 표기법에 따라서 h를 노드 임베딩의 행렬이라고 하겠습니다. $h_{i,j}$는 노드 v_i의 j번째 특성 값입니다. 여기에서 $i=1, ..., n$이고 $j=1, ..., d$입니다. GraphNorm은 다음과 같습니다.

그래프 구조 데이터의 의존성 감지를 위한 그래프 신경망

$$\gamma_j \frac{h_{i,j} - \alpha_j \cdot \mu_j}{\hat{\sigma}_j} + \beta_j$$

여기에서 $\mu_j = \frac{\sum_{i=1}^{n} h_{i,j}}{n}$이고 $\hat{\sigma}_j = \frac{\sum_{i=1}^{n} (h_{i,j} - \alpha_j \mu_j)^2}{n}$입니다. 주요 변경 사항은 학습 가능한 파라미터인 α로 평균 통계 μ_j를 얼마나 많이 삭제할지 제어합니다.

또 다른 그래프 정규화 기법은 **MsgNorm**으로 Guohao Li와 동료들이 2020년 "DeeperGCN: All You Need to Train Deeper GCNs"(https://arxiv.org/abs/2006.07739) 논문에서 소개했습니다. MsgNorm은 이 장의 앞부분에서 언급한 그래프 합성곱의 메시지 전달 공식에 해당합니다. ('18.2.2절 기본 그래프 합성곱 구현'의 마지막에 정의된) 메시지 전달 네트워크 명명법을 사용하여 그래프 합성곱이 M_t에 대해 합산해서 m_i를 생성하지만 U_t로 노드 임베딩을 업데이트하기 전에 MsgNorm이 다음 공식으로 m_i를 정규화합니다.

$$m_i' = s \cdot \|h_i\|_2 \cdot \frac{m_i}{\|m_i\|_2}$$

여기에서 s는 학습 가능한 스케일링 계수입니다. 이 접근법의 기본 개념은 그래프 합성곱에서 집계된 메시지의 특성을 정규화하는 것입니다. 이 정규화 방식을 뒷받침하는 이론은 없지만 실제로는 잘 작동했습니다.

앞서 설명한 정규화 층은 모두 파이토치 지오메트릭을 통해 BatchNorm, GroupNorm, MessageNorm에 구현되어 있습니다. 자세한 내용은 파이토치 지오메트릭 문서(https://pytorch-geometric. readthedocs.io/en/latest/modules/nn.html#normalization-layers)를 참고하세요.

추가 군집 설정이 필요할 수 있는 그래프 풀링 층과 달리, 그래프 정규화 층은 기존 GNN 모델에 더 쉽게 적용할 수 있습니다. 모델 개발 및 최적화 과정에서 다양한 정규화 방법을 테스트하는 것은 합리적이고 권장되는 접근 방식입니다.

18.5.4 그 외 고급 그래프 신경망

그래프에 초점을 맞춘 딥러닝 분야는 빠르게 발전하고 있으며 많은 방법이 있기 때문에 이 장에서 충분하게 자세히 다루기 어렵습니다. 이 장을 마무리하기 전에 관심 있는 독자들이 이 주제에 대해 더 깊이 연구할 수 있도록 주목할 만한 논문을 몇 가지 소개합니다.

16장에서 보았듯이 어텐션 메커니즘은 추가적인 문맥을 제공하여 모델의 성능을 개선할 수 있습니다. 이와 관련하여 GNN을 위한 다양한 어텐션 방법이 개발되었습니다. 어텐션이 추가된 GNN의 예로는 2017년 Petar Veličković와 동료들의 "Graph Attention Networks"(https://arxiv.org/abs/1710.10903)와 2019년 Dan Busbridge와 동료들의 "Relational Graph Attention Networks"(https://arxiv.org/abs/1904.05811)가 있습니다.

최근에 이런 어텐션 메커니즘은 2020년 윤성준과 동료들이 제안한 "Graph Transformer Networks"(https://arxiv.org/abs/1911.06455)와 2020년 Ziniu Hu와 동료들이 제안한 "Heterogeneous Graph Transformer"(https://arxiv.org/abs/2003.01332)에서도 활용되고 있습니다.

앞서 언급한 그래프 트랜스포머 외에도 그래프를 위해 특별히 개발된 다른 심층 생성 모델도 있습니다. 2016년 Kipf와 Welling의 "Variational Graph Auto-Encoders"(https://arxiv.org/abs/1611.07308), 2018년 Qi Liu와 동료들의 "Constrained Graph Variational Autoencoders for Molecule Design"(https://arxiv.org/abs/1805.09076), 2018년 Simonovsky와 Komodakis의 "GraphVAE: Towards Generation of Small Graphs Using Variational Autoencoders"(https://arxiv.org/abs/1802.03480)와 같은 그래프 변이형 오토인코더가 있습니다. 분자 생성에 적용된 또 다른 주목할 만한 그래프 변이형 오토인코더는 2019년 Wengong Jin과 동료들의 "Junction Tree Variational Autoencoder for Molecular Graph Generation"(https://arxiv.org/abs/1802.04364)입니다.

그래프 데이터를 생성하는 GAN이 있지만 이 글을 쓰는 시점에서 그래프 GAN의 성능은 이미지 분야만큼 유망하지 않습니다. 예를 들어 2017년 Hongwei Wang과 동료들이 작성한 "GraphGAN: Graph Representation Learning with Generative Adversarial Nets"(https://arxiv.org/abs/1711.08267), 2018년 Cao와 Kipf의 "MolGAN: An Implicit Generative Model for Small Molecular Graphs"(https://arxiv.org/abs/1805.11973) 등이 있습니다.

GNN은 심층 강화 학습 모델에도 적용되었습니다. 강화 학습은 다음 장에서 자세히 알아보겠습니다. 예를 들어 2018년 Jiaxuan You와 동료들의 "Graph Convolutional Policy Network for Goal-Directed Molecular Graph Generation"(https://arxiv.org/abs/1806.02473)과 2018년 Zhenpeng Zhou와 동료들의 "Optimization of Molecules via Deep Reinforcement Learning"(https://arxiv.org/abs/1810.08678)에서 제안한 심층 Q-네트워크가 있습니다.

마지막으로 기술적으로 그래프 데이터는 아니지만 3D 포인트 클라우드는 때때로 거리 컷오프(distance cutoff)를 사용하여 에지를 생성합니다. 이런 그래프 네트워크를 적용한 예로는 2020년

Weijing Shi와 동료들의 "Point-GNN: Graph Neural Network for 3D Object Detection in a Point Cloud"(https://arxiv.org/abs/2003.01251)가 LiDAR 포인트 클라우드에서 3D 물체를 감지합니다. 또한, 2019년 Can Chen과 동료들의 "GAPNet: Graph Attention based Point Neural Network for Exploiting Local Feature of Point Cloud"(https://arxiv.org/abs/1905.08705)는 다른 딥러닝 아키텍처에서는 어려웠던 포인트 클라우드 데이터의 국부적인 특성을 감지할 수 있습니다.

18.6 요약

가용한 데이터의 양이 계속 증가함에 따라 데이터 내의 상호 관계를 이해해야 하는 필요성도 증가합니다. 이 작업은 다양한 방법으로 수행되겠지만, 그래프는 이런 관계를 압축적으로 표현할 수 있으므로 그래프 데이터의 양은 계속 늘어날 것입니다.

이 장에서는 그래프 합성곱 층과 GNN을 처음부터 구현해 보면서 그래프 신경망을 설명했습니다. 그래프 데이터의 특성으로 인해 GNN을 구현하는 것은 실제로 상당히 복잡합니다. 따라서 분자의 분극성 예측과 같은 실제 사례에 GNN을 적용하기 위해 필요한 많은 구성 요소를 제공하는 파이토치 지오메트릭 라이브러리를 활용하는 방법을 배웠습니다. 마지막으로 GNN에 대해 좀 더 깊게 살펴보기 위해 주목할 만한 몇 가지 논문을 소개했습니다.

이 장이 그래프 학습에 딥러닝을 어떻게 활용할 수 있는지에 대한 소개가 되었기를 바랍니다. GNN은 현재 뜨거운 연구 분야이며, 앞서 언급한 방법 중 상당수는 지난 몇 년 동안 발표된 것입니다. 이 장을 출발점으로 삼아 이 분야의 다음 발전을 여러분의 몫으로 만들 수 있습니다.

다음 장에서는 지금까지 이 책에서 다룬 것과는 완전히 다른 종류의 머신 러닝인 강화 학습에 대해 살펴보겠습니다.

19^장

강화 학습으로
복잡한 환경에서
의사 결정

이전 장까지 지도 학습과 비지도 학습에 초점을 맞추었습니다. 또한, 인공 신경망과 딥러닝을 사용하여 이런 종류의 머신 러닝 문제를 해결하는 방법을 배웠습니다. 지도 학습은 주어진 입력 특성 벡터에서 범주 레이블이나 연속적인 값을 예측합니다. 비지도 학습은 데이터에서 패턴을 추출하는 데 초점을 맞춥니다. 데이터 압축(5장), 군집(11장) 또는 새로운 데이터를 생성하기 위해 훈련 데이터셋의 분포를 근사(17장)하는 데 사용할 수 있습니다.

이 장에서는 머신 러닝의 또 다른 종류인 **강화 학습**(Reinforcement Learning, RL)을 다룹니다. 강화 학습은 이전에 배웠던 머신 러닝과 다르게 일련의 행동을 학습하여 보상을 최적화하는 데 초점을 맞춥니다. 예를 들어 체스 게임을 승리하는 것입니다. 이 장에서는 다음 주제를 다룹니다.

- 강화 학습의 기본 개념을 배웁니다. 복잡한 환경에서 의사 결정을 내리기 위해 에이전트 (agent)/환경의 상호 작용과 보상 과정이 어떻게 작동하는지 이해합니다.
- 여러 종류의 강화 학습 문제, 모델 기반 학습과 모델 프리(model-free) 학습, 몬테카를로 (Monte Carlo), 시간 차(temporal difference) 학습 알고리즘을 소개합니다.
- 보드 게임을 위한 Q-러닝(Q-learning) 알고리즘을 구현합니다.
- 함수 근사 방식으로 강화 학습 문제를 푸는 방법을 이해하고 강화 학습과 딥러닝을 연결하여 심층 Q-러닝 알고리즘을 구현합니다.

강화 학습은 복잡하고 방대한 연구 분야이기 때문에 여기에서는 기본적인 내용에 초점을 맞추겠습니다. 이 장에서 강화 학습의 기초를 제공하고 중요한 방법과 알고리즘에 초점을 맞추기 위해 간단한 예제로 주요 개념을 설명합니다. 이 장의 끝에서 강화 학습을 위한 딥러닝 구조인 심층 Q-러닝을 사용하여 더 도전적인 예제를 다루어 보겠습니다.

19.1 경험에서 배운다

이 절에서 먼저 머신 러닝의 한 분야로서 강화 학습의 개념을 소개합니다. 이어서 머신 러닝의 다른 분야와 비교되는 주요 차이점을 설명합니다. 그런 후에 강화 학습 시스템의 기본 구성 요소를 다루겠습니다. 그다음 마르코프 결정 과정(Markov decision process) 기반의 강화 학습 공식을 알아보겠습니다.

19.1.1 강화 학습 이해

지금까지 이 책은 주로 지도 학습과 비지도 학습에 초점을 맞추었습니다. 지도 학습은 관리자나 전문가가 제공하는 레이블된 훈련 샘플에 의존합니다. 레이블이 없는 처음 본 테스트 샘플에 잘 일반화되는 모델을 훈련하는 것이 목표입니다. 사람 전문가처럼 지도 학습 모델은 주어진 입력 샘플에 동일한 레이블 또는 값을 할당하는 것을 학습해야 합니다. 반면 비지도 학습에서는 군집이나 차원 축소처럼 데이터셋에 내재된 구조를 학습하거나 감지하는 것이 목적입니다. 또는 훈련 데이터셋과 비슷한 분포를 가지는 새로운 합성 샘플을 생성하는 것이 목적입니다. 강화 학습은 지도 학습이나 비지도 학습과 근본적으로 다릅니다. 따라서 강화 학습을 종종 머신 러닝의 세 번째 부류로 취급합니다.

지도 학습이나 비지도 학습과 같은 머신 러닝의 다른 범주와 강화 학습을 구별하는 핵심 요소는 강화 학습은 상호 작용을 통해 학습한다는 개념입니다. 즉, 강화 학습에서는 모델이 보상 함수를 최대화하기 위해 환경과 상호 작용하면서 학습합니다.

보상 함수 최대화는 지도 학습에서 손실 함수를 최소화하는 개념과 관련이 있지만 강화 학습에서는 일련의 행동을 학습하기 위한 정답 레이블을 모르며 사전에 정의되어 있지 않습니다. 대신 게임 승리처럼 어떤 목표를 달성하기 위해 환경과 상호 작용하면서 학습해야 합니다. 강화 학습에서 모델(또는 **에이전트**(agent))은 환경과 상호 작용하기 위해 일련의 행동을 생성합니다. 이런 상호 작용의 모음을 **에피소드**(episode)라고 부릅니다. 이런 상호 작용을 통해 에이전트는 환경이 제공하는 보상을 모읍니다. 이 보상은 양수 또는 음수일 수 있습니다. 이따금 에피소드가 끝날 때까지 에이전트에 제공되지 않기도 합니다.

예를 들어 컴퓨터에 체스 게임을 가르쳐 사람과 대결하여 승리해야 한다고 가정해 보죠. 컴퓨터가 움직인 체스 기물의 레이블(보상)은 게임이 끝날 때까지 알 수 없습니다. 게임을 하는 동안에는 개별 기물의 움직임으로 인해 게임을 이길지 질지 알지 못하기 때문입니다. 게임이 끝난 후에만 피드백을 받을 수 있습니다. 컴퓨터가 게임에서 이겼다면 에이전트가 원하는 결과를 달성한 것이므로 양의 보상을 받을 것입니다. 반대로 컴퓨터가 게임에서 졌다면 음의 보상을 받을 것입니다.

또한, 체스 게임의 예를 생각했을 때 현재 상황을 입력으로 사용합니다. 예를 들어 체스판 위의 기물들의 위치입니다. 가능한 입력(시스템 상태)의 개수가 많으면 각 상황이나 상태를 양성 또는 음성으로 레이블하기가 불가능합니다. 따라서 학습 과정을 구성하기 위해 원하는 결과를 얻었는지(즉, 게임에서 승리했는지 아닌지) 알 수 있는 게임 종료 후에 보상(또는 페널티)을 제공합니다.

이것이 강화 학습의 핵심입니다. 강화 학습에서는 에이전트, 컴퓨터, 로봇에 무엇을 하라고 가르칠 수 없습니다. 단지 에이전트가 달성해야 할 것을 지정할 수밖에 없습니다. 그다음 시행착오를 통해 얻은 결과를 바탕으로 에이전트의 성공과 실패에 따라 보상을 결정할 수 있습니다. 강화 학습은 복잡한 환경에서 의사 결정할 때 매우 매력적인 방법입니다. 특히 알려지지 않은 일련의 단계가 문제 해결에 필요할 때입니다. 또는 설명하거나 정의하기 어려울 때 그렇습니다.

게임과 로봇 애플리케이션 말고도 강화 학습의 예를 자연에서 찾을 수 있습니다. 예를 들어 개 훈련은 강화 학습과 관련이 있습니다. 원하는 어떤 행동을 수행했을 때 개에게 보상(먹이)을 줍니다. 또는 주인에게 발작 징후를 경고하는 의료견을 생각해 보세요. 개가 발작 징후를 감지하는 정확한 메커니즘은 알지 못합니다.[1] 이런 메커니즘을 정확히 알고 있더라도 발작 감지를 학습하기 위한 일련의 단계를 정의할 수 없습니다. 하지만 이 행동을 강화하기 위해 발작을 성공적으로 감지한 개에게 먹이를 보상으로 줄 수 있습니다!

강화 학습은 특정 목표를 달성하기 위해 일련의 행동을 학습할 수 있는 강력한 프레임워크를 제공합니다. 하지만 강화 학습은 비교적 초기 단계고 풀지 못한 문제가 많아 활발히 연구되는 분야임을 꼭 기억하세요. 강화 학습 모델 훈련을 특히 어렵게 만드는 한 가지는 이전에 선택했던 행동에 따라 모델의 입력이 달라진다는 점입니다. 이로 인해 각종 문제가 발생하고 불안정한 훈련을 야기합니다. 또한, 강화 학습에 있는 이런 시퀀스 의존성은 지연 효과(delayed effect)를 만듭니다. 즉, 타임 스텝 t에 선택한 행동이 언제일지 모르지만 일련의 타임 스텝 뒤에 나타난 미래 보상을 만들어 냅니다.

19.1.2 강화 학습 시스템의 에이전트-환경 인터페이스 정의

모든 강화 학습 예에서 두 개의 객체를 뚜렷하게 구분할 수 있습니다. 바로 에이전트와 환경입니다. 이론적으로 **에이전트**(agent)는 행동을 통해 주변 환경과 상호 작용하고 의사 결정 방법을 배우는 객체로 정의됩니다. 에이전트는 행동의 결과로 환경에서 주는 관측과 보상 신호를 받습니다. **환경**(environment)은 에이전트를 제외한 모든 것입니다. 환경은 에이전트와 통신하고 에이전트의 행동에 대한 보상 신호를 결정하고 관측 내용을 전달합니다.

보상 신호(reward signal)는 에이전트가 환경과 상호 작용하면서 받는 피드백입니다. 보통 스칼라 값으로 제공되고 양수나 음수일 수 있습니다. 보상은 에이전트가 얼마나 잘 수행했는지 알려 주는

---

1   역주 최근 연구 결과에 따르면 개는 후각으로 주인의 발작 징후를 알 수 있다고 합니다.

것이 목적입니다. 에이전트가 보상을 받는 주기는 작업이나 문제에 따라 다릅니다. 예를 들어 체스 게임에서는 모든 기물의 이동이 끝나고 전체 게임이 종료된 후 승리나 패배에 따라 결정될 수 있습니다. 반면 미로 게임은 타임 스텝마다 보상이 결정될 수 있습니다. 이런 미로 게임에서는 에이전트가 에피소드 전체 기간 동안 누적된 보상을 최대화합니다.

그림 19-1은 에이전트와 환경 사이에서 이루어지는 상호 작용과 통신을 보여 줍니다.

▼ 그림 19-1 에이전트와 환경 사이의 상호 작용

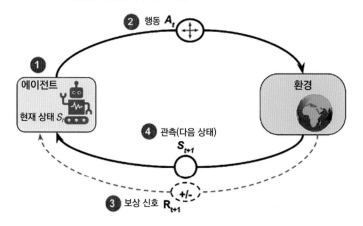

그림 19-1에 나타난 에이전트의 상태(①)는 에이전트의 모든 변수 집합입니다. 예를 들어 로봇 드론의 경우 이 변수는 드론의 현재 위치(경도, 위도, 고도), 드론의 배터리 잔량, 팬 속도 등입니다. 타임 스텝마다 에이전트는 가능한 행동의 집합 A_t(②)를 통해 환경과 상호 작용합니다. 에이전트가 상태 S_t에서 선택한 행동 A_t를 기반으로 에이전트는 보상 신호 R_{t+1}(③)을 받고 에이전트의 상태는 S_{t+1}(④)이 됩니다.

학습 과정 중에서 에이전트는 여러 행동을 시도해 보아야 합니다(**탐험**(exploration)). 점진적으로 에이전트는 총 누적 보상을 최대화하기 위해 더 많이 실행하고 선호하는 행동을 학습합니다(**활용** (exploitation)). 이 개념을 이해하기 위해 간단한 예를 들어 보죠. 소프트웨어 공학을 전공한 컴퓨터 과학과 졸업 학생이 회사에서 일을 시작할지(활용) 또는 데이터 과학이나 머신 러닝을 더 공부하기 위해 석사나 박사 학위에 도전할지(탐험) 고민할 수 있습니다. 일반적으로 활용은 단기간 보상이 큰 행동을 선택하고 탐험은 장기간 실행했을 때 총 보상이 더 많은 결과를 만들 수 있습니다. 탐험과 활용 사이의 트레이드오프는 광범위하게 연구되었지만 아직 이 의사 결정 딜레마에 대한 보편적인 해답은 없습니다.

19.2 / 강화 학습의 기초 이론

이 장 후반부에 실제 예제로 넘어가서 강화 학습 모델을 훈련해 보겠습니다. 그 전에 먼저 강화 학습의 기초 이론을 알아보겠습니다. 이어지는 절들은 마르코프 결정 과정의 수학 공식, 에피소드 작업(episodic task) 대 연속적인 작업(continuing task), 중요한 강화 학습 용어, 벨먼 방정식(Bellman equation)을 사용한 동적 계획법(dynamic programming)을 다룹니다. 먼저 마르코프 결정 과정부터 시작해 보죠.

19.2.1 마르코프 결정 과정

일반적으로 강화 학습이 다루는 문제는 **마르코프 결정 과정**(Markov Decision Processes, MDP)으로 기술할 수 있습니다. MDP 문제를 푸는 기본 방법은 동적 계획법을 사용하는 것입니다. 하지만 강화 학습은 동적 계획법에 비해 몇 가지 장점을 제공합니다.

> Note ≡ **동적 계획법**
>
> 동적 계획법(dynamic programming)은 1950년대 리처드 벨먼(Richard Bellman)이 개발한 컴퓨터 알고리즘과 프로그래밍 방법을 말합니다. 동적 계획법은 재귀적인 문제 해결에 관한 것으로 비교적 복잡한 문제를 작은 하위 문제로 나누어 해결합니다.
>
> 재귀와 동적 계획법의 큰 차이는 동적 계획법이 하위 문제의 결과를 (보통 딕셔너리나 룩업(lookup) 테이블 형태로) 저장하여 미래에 다시 맞닥뜨렸을 때 (다시 계산하지 않고) 일정 시간(constant time) 안에 다시 참조할 수 있다는 것입니다.
>
> 컴퓨터 과학 분야에서 동적 계획법으로 해결하는 유명한 문제로는 서열 정렬(sequence alignment)과 A 지점에서 B 지점까지 최단 경로를 계산하는 것이 있습니다.

하지만 상태 크기(즉, 가능한 상황의 수)가 커지면 동적 계획법은 적용하기 어렵습니다. 이런 경우 강화 학습이 MDP 문제를 푸는 데 훨씬 효과적이고 실용적인 대안이 될 수 있습니다.

19.2.2 마르코프 결정 과정의 수학 공식

타임 스텝 t에서 결정이 그다음 상황에 영향을 미치는 인터랙티브하고 연속적인 의사 결정 과정을 학습해야 하는 문제는 마르코프 결정 과정으로 공식화할 수 있습니다.

강화 학습에 있는 에이전트/환경 상호 작용의 경우 에이전트의 시작 상태를 S_0이라고 하면 에이전트와 환경 사이의 상호 작용은 다음과 같은 시퀀스를 만듭니다.

$$\{S_0, A_0, R_1\}, \quad \{S_1, A_1, R_2\}, \quad \{S_2, A_2, R_3\}, \quad \cdots$$

중괄호는 그냥 구분을 위해 사용했습니다. 여기에서 S_t와 A_t는 타임 스텝 t에서 상태와 선택한 행동입니다. R_{t+1}은 행동 A_t를 수행한 후 환경에서 받은 보상을 나타냅니다. S_t, R_{t+1}, A_t는 시간에 종속적인 확률 변수입니다. 이 변수들은 각각 $s \in \hat{S}$, $r \in \hat{R}$, $a \in \hat{A}$로 사전에 정의된 유한한 집합에서 값을 선택합니다. MDP에서 시간 종속적인 확률 변수 S_{t+1}과 R_{t+1}은 이전 타임 스텝 $t-1$의 값에만 의존하는 확률 분포입니다. $S_{t+1}=s'$이고 $R_{t+1}=r$인 확률 분포는 다음과 같이 이전의 상태(S_t)와 행동(A_t)에 대한 조건부 확률로 쓸 수 있습니다.

$$p(s', r|s, a) \overset{\text{def}}{=} P(S_{t+1} = s', R_{t+1} = r | S_t = s, A_t = a)$$

이 확률 분포는 **환경의 동역학**(dynamics)(또는 환경의 모델)을 완벽하게 정의합니다. 이 분포를 기반으로 모든 환경의 전이 확률(transition probability)을 계산할 수 있기 때문입니다. 따라서 환경 동역학은 여러 강화 학습 방법을 분류하는 핵심 기준입니다. 환경의 모델(즉, 환경 동역학)이 필요하거나 학습하는 강화 학습 방법을 모델 기반(model-based) 방법이라고 하며, 그 반대를 모델 프리(model-free) 방법이라고 합니다.

> Note ≡ **모델 프리와 모델 기반 강화 학습**
>
> 확률 $p(s', r|s, a)$를 알고 있다면 동적 계획법으로 이 학습 문제를 풀 수 있습니다. 실제 세상의 많은 문제처럼 환경 동역학이 알려지지 않았다면 이것 대신 환경과 상호 작용을 통해 많은 수의 샘플을 수집해야 합니다.
>
> 이 문제를 다루는 두 가지 방법은 모델 프리 방법인 몬테카를로(Monte Carlo, MC)와 시간 차(Temporal Difference, TD) 방법입니다. 그림 19-2에서 이 두 방법과 하위 집합을 보여 줍니다.

↻ 계속

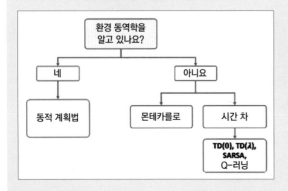

❤ 그림 19-2 환경 동역학에 따라 사용할 수 있는 다양한 모델

이 장에서 여러 가지 접근 방법에 대한 이론과 실제 알고리즘을 다루어 보겠습니다.

주어진 상태에서 특정 행동이 항상 선택되거나 절대 선택되지 않는다면, 즉 $p(s', r \mid s, a) \in \{0, 1\}$ 이라면 환경 동역학은 결정적이라고 생각할 수 있습니다. 그렇지 않으면 일반적으로 환경은 확률적으로 움직입니다.

이런 확률적인 동작을 이해하기 위해 현재 상태 $S_t = s$와 수행한 행동 $A_t = a$에서 미래 상태 $S_{t+1} = s'$를 관측할 확률을 생각해 보죠. 이를 다음과 같이 나타냅니다.

$$p(s' \mid s, a) \stackrel{\text{def}}{=} P(S_{t+1} = s' \mid S_t = s, A_t = a)$$

이는 가능한 모든 보상을 합하는 식으로 주변 확률(marginal probability)로 계산할 수 있습니다.

$$p(s' \mid s, a) \stackrel{\text{def}}{=} \sum_{r \in R} p(s', r \mid s, a)$$

이 확률을 **상태-전이 확률**(state-transition probability)이라고 부릅니다. 상태-전이 확률에 기반을 둔 환경 동역학이 결정적이라면, 에이전트가 상태 $S_t = s$에서 행동 $A_t = a$을 선택할 때 다음 상태 $S_{t+1} = s'$로 전이할 확률은 100%가 됩니다. 즉, $p(s' \mid s, a) = 1$입니다.

마르코프 과정 시각화

마르코프 과정은 **유향 순환 그래프**(directed cyclic graph)로 표현할 수 있습니다. 이 그래프의 노드는 환경의 각 상태를 나타냅니다. 그래프의 에지(edge)(즉, 노드 간 연결)는 상태 간의 전이 확률을 나타냅니다.

예를 들어 세 개의 다른 상황 사이에서 결정해야 하는 학생을 생각해 보죠. (A) 집에서 시험 공부하기, (B) 집에서 비디오 게임하기, (C) 도서관에서 공부하기. 또한, (T) 잠자러 가는 종료 상태도 있습니다. 매시간 결정을 내려야 하고 결정을 내린 후 학생은 한 시간 동안 선택한 상황에 머무릅니다. 집에서 공부할 때(상태 A) 비디오 게임으로 바뀔 확률이 50%라고 가정해 보죠. 학생이 상태 B(비디오 게임하기)일 때는 다음 시간에 계속 비디오 게임을 할 확률이 비교적 높습니다(80%).

그림 19-3에 순환 그래프와 전이 표(transition table)를 포함하여 학생 행동의 동역학을 마르코프 과정으로 나타냈습니다.

▼ 그림 19-3 학생의 마르코프 과정

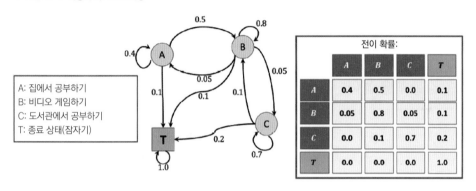

그래프 에지에 있는 값은 학생 행동의 전이 확률을 나타냅니다. 이 값은 오른쪽 표에도 나와 있습니다. 이 표에서 행의 한 상태에서 다른 상태(노드)로 전이할 확률의 합은 항상 1입니다.[2]

에피소드 작업 vs 연속적인 작업

에이전트가 환경과 상호 작용함에 따라 관측이나 상태의 시퀀스는 궤적(trajectory)을 형성합니다. 여기에는 두 종류의 궤적이 있습니다. 에이전트의 궤적을 시간 $t = 0$에서 시작하고 종료 상태 $S_T(t = T)$에서 끝나는 부분 궤적으로 나눌 수 있다면 이 작업을 에피소드 작업(episodic task)이라고 합니다.

반면 종료 상태 없이 끝없이 궤적이 계속되면 이 작업을 연속적인 작업(continuing task)이라고 합니다.

체스 게임을 위한 에이전트를 학습하는 것은 에피소드 작업입니다. 집을 깨끗하게 만드는 청소 로봇은 일반적으로 연속적인 작업을 수행합니다. 이 장에서는 에피소드 작업만 고려하겠습니다.

---

2 역주 즉, 이 표에서 각 행의 합이 1입니다.

에피소드 작업에서 **에피소드**(episode)는 에이전트가 시작 상태 S_0에서 종료 상태 S_T로 가는 시퀀스 또는 궤적입니다.

$$S_0, A_0, R_1, S_1, A_1, R_2, \cdots, S_t, A_t, R_{t+1}, \cdots, S_{T-1}, A_{T-1}, R_T, S_T$$

그림 19-3에 있는 마르코프 과정은 시험 공부를 하는 학생의 작업을 나타냅니다. 여기에서 다음과 같은 세 개의 에피소드를 찾을 수 있습니다.

- **에피소드 1**: BBCCCCBAT → 통과(최종 보상 = +1)
- **에피소드 2**: ABBBBBBBBBT → 실패(최종 보상 = -1)
- **에피소드 3**: BCCCCCT → 통과(최종 보상 = +1)

19.2.3 강화 학습 용어: 대가, 정책, 가치 함수

이 장의 나머지 부분에서 필요한 몇 가지 강화 학습 용어를 추가로 정의해 보겠습니다.

대가

시간 t에서 **대가**(return)는 에피소드 전체 기간을 통해 얻은 누적된 보상입니다. $R_{t+1} = r$은 시간 t에서 행동 A_t를 수행한 후 얻은 즉각적인 보상입니다. 그다음 이어지는 보상은 R_{t+2}, R_{t+3} 등이 됩니다.

시간 t에서 대가는 다음과 같이 즉각적인 보상과 이후의 보상을 합해서 계산할 수 있습니다.

$$G_t \stackrel{\text{def}}{=} R_{t+1} + \gamma R_{t+2} + \gamma^2 R_{t+3} + \cdots = \sum_{k=0} \gamma^k R_{t+k+1}$$

여기에서 γ는 [0, 1] 사이 범위를 갖는 할인 계수(discount factor)입니다. γ는 미래 보상이 현재 시점(시간 t)에서 얼마나 가치 있는지 나타냅니다. $\gamma = 0$으로 설정하면 미래 보상에 관심이 없다는 의미입니다. 이 경우 대가는 $t+1$ 이후의 보상을 무시하기 때문에 즉각적인 보상과 같아집니다. 따라서 에이전트는 현재에만 초점을 맞춥니다. 반면 $\gamma = 1$로 설정하면 대가는 가중치를 적용하지 않고 모든 미래 보상을 더한 값이 됩니다.

또한, 대가를 위한 공식은 재귀적인 표현을 사용하여 다음과 같이 간단하게 쓸 수 있습니다.

$$G_t = R_{t+1} + \gamma G_{t+1} = r + \gamma G_{t+1}$$

이는 시간 t에서 대가가 즉각적인 보상 r과 시간 $t+1$에서 할인된 미래 대가를 더한 것이라는 의미입니다. 이는 대가 계산을 쉽게 만드는 매우 중요한 성질입니다.

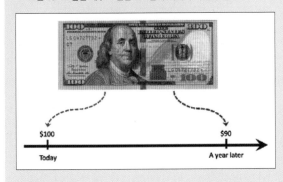
앞서 소개한 학생 예시에서 에피소드의 타임 스텝마다 대가를 계산해 보죠. $\gamma=0.9$로 가정하고 보상은 시험 결과를 기반으로 결정됩니다(시험에 통과하면 +1, 실패하면 -1). 중간 타임 스텝의 보상은 0입니다.

에피소드 1: BBCCCCBAT → 통과(최종 보상 = +1)

- $t=0$: $G_0 = R_1 + \gamma R_2 + \gamma^2 R_3 + \cdots + \gamma^7 R_8$

  →　$G_0 = 0 + 0 \times \gamma + \cdots + 1 \times \gamma^7 = 0.9^7 \approx 0.478$

- $t=1$: $G_1 = 1 \times \gamma^6 = 0.531$

- $t=2$: $G_2 = 1 \times \gamma^5 = 0.590$

　…

- $t=6$: $G_6 = 1 \times \gamma = 0.9$

- $t=7$: $G_7 = 1 = 1$

에피소드 2: ABBBBBBBBBT → 실패(최종 보상 = -1)

- $t=0$: $G_0 = -1 \times \gamma^9 = -0.387$

- $t = 1 : G_1 = -1 \times \gamma^8 = -0.430$

...

- $t = 8 : G_8 = -1 \times \gamma = -0.9$

- $t = 9 : G_9 = -1$

에피소드 3에 대한 보상 계산은 독자들에게 숙제로 남겨 놓겠습니다.

정책

$\pi(a|s)$로 표현되는 **정책**(policy)은 다음에 선택할 행동을 결정하는 함수로 결정적일 수도 있고 (다음 행동을 선택할 때) 확률적일 수도 있습니다. 확률적 정책은 주어진 상태에서 에이전트가 선택할 수 있는 행동에 대한 확률 분포를 가집니다.

$$\pi(a|s) \stackrel{\text{def}}{=} P[A_t = a \,|\, S_t = s]$$

학습 과정 동안 에이전트가 더 많은 경험을 얻으면 정책이 바뀔 수 있습니다. 예를 들어 처음에는 에이전트가 모든 행동의 확률이 균등하게 랜덤한 정책으로 시작할 수 있습니다. 그동안 에이전트는 최적의 정책에 가깝게 되도록 정책을 학습할 것입니다. 최적 정책 $\pi^*(a|s)$는 가장 높은 대가를 만드는 정책입니다.

가치 함수

상태-가치 함수(state-value function)라고도 부르는 **가치 함수**(value function)는 각 상태의 좋음을 측정합니다. 다른 말로 하면 특정 상태가 얼마나 좋은지 또는 나쁜지를 측정합니다. 좋음에 대한 기준은 대가를 기반으로 합니다.

상태 s의 가치 함수를 정책 π를 따른 후 (모든 에피소드에 걸친 평균 대가인) 대가 G_t의 기댓값으로 정의합니다.

$$v_\pi(s) \stackrel{\text{def}}{=} E_\pi[G_t|S_t = s] = E_\pi\left[\sum_{k=0} \gamma^k R_{t+k+1} \,\middle|\, S_t = s\right]$$

실제 구현에서는 일반적으로 룩업 테이블을 사용하여 가치 함수를 추정합니다. 따라서 여러 번 다시 계산할 필요가 없습니다(이것이 동적 계획법의 특징입니다). 예를 들어 실제로 룩업 테이블과 같은 도구로 가치 함수를 추정할 때 모든 상태 가치 $V(s)$를 테이블에 저장합니다. 파이썬으로 구현할 때는 리스트나 넘파이 배열이 될 수 있습니다. 배열의 인덱스는 각기 다른 상태를 나타냅니다. 또는 상태와 해당하는 값을 매핑한 파이썬 딕셔너리가 될 수 있습니다.

상태-행동 쌍에 대해 가치를 정의할 수도 있습니다. 이를 **행동-가치 함수**(action-value function)라고 부르며 $q_\pi(s,a)$로 씁니다. 행동-가치 함수는 에이전트의 상태 $S_t = s$고 선택한 행동 $A_t = a$일 때 기대 대가 G_t를 의미합니다.

상태-가치 함수의 정의를 상태-행동 쌍으로 확장하면 다음을 얻습니다.

$$q_\pi(s, a) \stackrel{\text{def}}{=} E_\pi[G_t | S_t = s, A_t = a] = E_\pi \left[\sum_{k=0} \gamma^{k+1} R_{t+k+1} \middle| S_t = s, A_t = a \right]$$

최적의 정책을 $\pi^*(a|s)$로 나타내는 것처럼 $v^*(s)$와 $q^*(s, a)$는 최적의 상태-가치와 최적의 행동-가치 함수를 의미합니다.

가치 함수를 추정하는 것이 강화 학습 도구들의 핵심 요소입니다. 상태-가치 함수와 행동-가치 함수를 계산하고 추정하는 여러 가지 방법을 이 장에서 다루겠습니다.

> Note ≡ **보상, 대가, 가치 함수**
>
> **보상**은 에이전트가 현재 환경의 상태에서 선택한 행동의 결과물입니다. 다른 말로 하면 보상은 한 상태에서 다음 상태로 전이하기 위해 행동을 수행했을 때 에이전트가 받는 신호입니다. 하지만 모든 행동이 양의 보상이나 음의 보상을 만드는 것은 아닙니다. 체스 게임 예를 생각해 보면 양의 보상은 게임에서 승리했을 때만 받습니다. 중간의 모든 행동에 대한 보상은 0입니다.
>
> 상태 자체는 어떤 값을 가집니다. 이를 통해 얼마나 좋은 상태인지 나쁜 상태인지 측정합니다. 여기에 가치 함수가 필요합니다. 일반적으로 높거나 좋은 가치를 가진 상태는 높은 기대 **대가**를 가진 상태입니다. 특정 정책하에서 높은 보상을 만들 가능성이 많습니다.
>
> 예를 들어 체스 컴퓨터 게임을 다시 생각해 보죠. 컴퓨터가 게임에 이기면 게임 끝에서 양의 보상을 받을 수 있습니다. 컴퓨터가 게임에서 지면 (양의) 보상이 없습니다. 컴퓨터가 아무런 손해를 입지 않고 특정 기물을 움직여 상대의 퀸을 잡았다고 생각해 보죠. 컴퓨터는 게임에서 승리했을 때만 보상을 받기 때문에 상대 퀸을 잡은 이 행동에 대해 즉각적인 보상을 받지 못합니다. 하지만 새로운 상태(퀸을 잡은 후 체스판의 상태)는 높은 **가치**를 가질 수 있습니다. 상대 퀸을 잡은 것과 연관된 높은 가치는 퀸을 잡으면 게임을 이긴다는 결과와 연관됩니다. 따라서 높은 기대 대가 또는 가치를 가집니다. 하지만 상대 퀸을 잡았다고 항상 게임을 이기는 것은 아닙니다. 따라서 에이전트는 양의 보상을 받을 가능성이 있지만 이것이 보장되지는 않습니다.
>
> 간단히 요약하면 **대가**는 전체 에피소드에 대한 **보상**의 가중치 합입니다. 체스 예제에서는 할인된 최종 보상과 같습니다(보상이 하나만 있기 때문입니다). **가치 함수**는 가능한 모든 에피소드에 대한 기대치입니다. 기본적으로 어떤 행동을 수행하는 것이 평균적으로 얼마나 가치 있는지를 계산합니다.

강화 학습 알고리즘으로 바로 들어가기 전에 정책 평가를 구현하는 데 사용할 수 있는 벨먼 방정식을 간단하게 유도해 보겠습니다.

19.2.4 벨먼 방정식을 사용한 동적 계획법

벨먼 방정식은 많은 강화 학습 알고리즘의 핵심 요소 중 하나입니다. 벨먼 방정식은 가치 함수 계산을 단순화합니다. 여러 타임 스텝에 걸쳐 덧셈을 하는 것 대신에 대가 계산과 비슷하게 재귀를 사용합니다.

총 대가 $G_t = r + \gamma G_{t+1}$을 위한 재귀 공식을 기반으로 가치 함수를 다음과 같이 다시 쓸 수 있습니다.

$$
\begin{aligned}
v_\pi(s) &\overset{\text{def}}{=} E_\pi[G_t | S_t = s] \\
&= E_\pi[r + \gamma G_{t+1} | S_t = s] \\
&= r + \gamma E_\pi[G_{t+1} | S_t = s]
\end{aligned}
$$

즉각적인 보상 r은 상수고 시간 t에서 알 수 있는 값이기 때문에 기댓값 밖으로 뺐습니다.

비슷하게 행동-가치 함수를 다음과 같이 쓸 수 있습니다.

$$
\begin{aligned}
q_\pi(s, a) &\overset{\text{def}}{=} E_\pi[G_t | S_t = s, A_t = a] \\
&= E_\pi[r + \gamma G_{t+1} | S_t = s, A_t = a] \\
&= r + \gamma E_\pi[G_{t+1} | S_t = s, A_t = a]
\end{aligned}
$$

환경 동역학을 사용해서 다음 상태 s'와 이에 해당하는 보상 r의 확률을 모두 더해 기대치를 계산할 수 있습니다.[3]

$$
v_\pi(s) = \sum_{a \in \hat{A}} \pi(a|s) \sum_{s' \in \hat{S}, r \in \hat{R}} p(s', r | s, a) \left[r + \gamma E_\pi[G_{t+1} | S_{t+1} = s'] \right]
$$

이제 다음 상태에 대한 대가 기대치 $E_\pi[G_{t+1} | S_{t+1} = s']$는 다음 상태의 상태-가치 함수 $v_\pi(s')$라는 것을 압니다. 따라서 $v_\pi(s)$를 $v_\pi(s')$의 함수로 쓸 수 있습니다.

$$
v_\pi(s) = \sum_{a \in \hat{A}} \pi(a|s) \sum_{s' \in \hat{S}, r \in \hat{R}} p(s', r | s, a) \left[r + \gamma v_\pi(s') \right]
$$

3　**역주** 이 식은 세 변수 a, s', r의 모든 조합에 대한 확률 $\pi(a|s)p(s', r|s, a)$를 대괄호 안의 기대 가치에 곱해 더한 것입니다.

이를 **벨먼 방정식**이라고 부릅니다. 상태 s에 대한 가치 함수는 후속 상태 s'의 가치 함수에 연관됩니다. 시간 축을 따라 반복되는 계산을 없애 주기 때문에 가치 함수의 계산을 크게 단순화시켜 줍니다.

19.3 / 강화 학습 알고리즘

이 절에서는 여러 학습 알고리즘을 다루겠습니다. 전이 동역학(또는 환경 동역학, 즉 $p(s', r|s, a)$)이 알려져 있다고 가정한 동적 계획법을 먼저 다룹니다. 하지만 대부분의 강화 학습 문제는 여기에 속하지 않습니다. 알려지지 않은 환경 동역학을 다루기 위해 환경과 상호 작용을 통해 학습하는 강화 학습 기술들이 개발되었습니다. 이런 기법에는 MC, TD 학습 그리고 아주 유명한 Q-러닝과 심층 Q-러닝이 있습니다.

그림 19-5는 동적 계획법에서 Q-러닝까지 강화 학습 알고리즘의 발전 과정을 보여 줍니다.

▼ 그림 19-5 여러 종류의 강화 학습 알고리즘

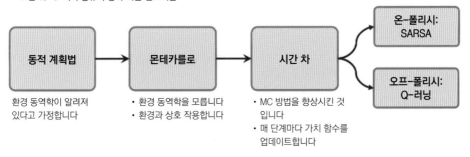

이어지는 절에서 이런 강화 학습 알고리즘을 하나씩 알아보겠습니다. 먼저 동적 계획법으로 시작해서 MC 그리고 마지막에 TD와 온-폴리시(on-policy) 알고리즘인 **SARSA**(State – Action – Reward – State – Action)와 오프-폴리시(off-policy) 알고리즘인 Q-러닝을 다루겠습니다.

19.3.1 동적 계획법

이 절에서는 다음 가정하에서 강화 학습 문제를 푸는 데 집중하겠습니다.

- 환경 동역학에 대해 완벽하게 알고 있습니다. 즉, 모든 전이 확률($s', r|s, a$)을 알 수 있습니다.

- 에이전트의 상태는 마르코프 성질을 가집니다. 다음 행동과 보상은 오직 현재 상태와 현재 타임 스텝에서 선택한 행동에 의해서만 결정됩니다.

마르코프 결정 과정(MDP)을 사용한 강화 학습 문제에 대한 수학 공식은 이 장의 서두에서 소개했습니다. 다시 돌아보려면 '19.2.2절 마르코프 결정 과정의 수학 공식'을 참고하세요. 정책 π를 따르는 가치 함수 $v_\pi(s)$의 공식과 환경 동역학을 사용하여 유도된 벨먼 방정식을 소개했습니다.

동적 계획법은 강화 학습 문제를 풀기 위한 실용적인 방법이 아니라는 것을 유념해야 합니다. 동적 계획법을 사용할 때는 환경 동역학에 대해 완벽히 알고 있다고 가정합니다. 실제 애플리케이션에는 적절하지 않고 비현실적입니다. 하지만 교육적인 관점에서 동적 계획법은 간단한 형태로 강화 학습을 소개하는 데 좋고 더 복잡하고 세련된 강화 학습 알고리즘을 사용하도록 동기를 부여합니다.

다음 절에서 설명할 작업에는 두 개의 목표가 있습니다.

1. 진짜 상태-가치 함수 $v_\pi(s)$를 구하기. 이 작업은 예측 작업이라고도 하며 정책 평가로 구할 수 있습니다.

2. 최적의 가치 함수 $v*(s)$ 찾기. 일반화된 정책 반복을 통해 얻을 수 있습니다.

정책 평가: 동적 계획법으로 가치 함수 예측

환경 동역학이 알려져 있다면 벨먼 방정식을 기반으로 임의의 정책 π를 위한 가치 함수를 동적 계획법으로 계산할 수 있습니다. 가치 함수를 계산하기 위해 $v^{(0)}(s)$에서 시작하는 반복 기법을 사용합니다. 각 상태는 0으로 초기화되어 있습니다. 그다음 각 반복 $i+1$에서 벨먼 방정식을 기반으로 각 상태의 가치를 업데이트합니다. 다음과 같이 이전 반복 i의 상태 가치가 기반이 됩니다.

$$v^{(i+1)}(s) = \sum_a \pi(a|s) \sum_{s' \in \hat{S}, r \in \hat{R}} p(s', r|s, a)\big[r + \gamma v^{(i)}(s')\big]$$

반복이 무한대로 증가하면 $v^{(i)}(s)$는 진짜 상태-가치 함수 $v_\pi(s)$로 수렴합니다.

또한, 환경과 상호 작용이 필요하지 않습니다. 이미 환경 동역학을 정확하게 알고 있기 때문입니다. 따라서 이 정보를 활용하여 가치 함수를 쉽게 추정할 수 있습니다.

가치 함수를 계산한 후 자연스럽게 질문이 생깁니다. 랜덤한 정책을 사용한다면 어떻게 이 가치 함수가 유용할 수 있을까요? 계산된 $v_\pi(s)$를 실제로 사용하여 정책을 향상시킬 수 있기 때문에 가능합니다. 다음 절에서 알아보겠습니다.

추정된 가치 함수로 정책 향상시키기

기존 정책 π를 따르는 가치 함수 $v_\pi(s)$를 계산했습니다. $v_\pi(s)$를 사용해서 기존 정책 π를 향상시키려고 합니다. 이는 각 상태에서 현재 정책 π를 사용할 때보다 더 높거나 최소한 같은 가치를 만드는 새로운 정책 π'를 찾는다는 의미입니다. 향상된 정책 π'의 목표를 다음과 같이 수학적으로 표현할 수 있습니다.

$$v_{\pi'}(s) \geq v_\pi(s) \qquad \forall s \in \hat{S}$$

정책 π는 에이전트가 상태 s에 있을 때 행동 a를 선택할 확률을 결정한다는 것을 기억하세요. 모든 상태에서 항상 더 높거나 같은 가치를 가지는 π'를 찾기 위해 먼저 가치 함수 $v_\pi(s)$로 계산한 상태 가치를 기반으로 상태 s와 행동 a에 대한 행동-가치 함수 $q_\pi(s, a)$를 계산해야 합니다. 모든 상태를 반복하면서 각 상태 s에서 행동 a를 선택했을 때 다음 상태 s'의 가치와 비교합니다.

$q_\pi(s, a)$로 모든 상태-가치 쌍을 계산하여 가장 높은 상태 가치를 얻은 후 현재 정책이 선택한 행동과 비교할 수 있습니다. 현재 정책이 제안한 행동(즉, $\arg\max_a \pi(a|s)$)이 행동-가치 함수(즉, $\arg\max_a q_\pi(s, a)$)로 계산한 행동과 다르면, 가장 높은 행동 가치 $q_\pi(s, a)$를 만드는 행동에 맞도록 행동의 확률을 다시 할당하는 식으로 정책을 업데이트합니다. 이것을 정책 향상(policy improvement) 알고리즘이라고 부릅니다.

정책 반복

이전 절에서 설명한 정책 향상 알고리즘을 사용하면 현재 정책이 이미 최적(즉, 모든 $s \in \hat{s}$에서 $v_\pi(s) = v_{\pi'}(s) = v^*(s)$)이 아닐 경우 정책 향상은 더 나은 정책을 만들 수 있습니다. 따라서 정책 향상 알고리즘을 따라 정책 평가를 반복적으로 수행하면 최적의 정책을 찾을 수 있다는 것이 보장됩니다.

> Note ≡ 이 기법을 **일반화된 정책 반복**(Generalized Policy Iteration, GPI)이라고 하며 많은 강화 학습 기법에서 널리 사용됩니다. 이 장 후반에 MC와 TD 학습 방법을 위해 GPI를 사용해 보겠습니다.

19

강화 학습으로 복잡한 환경에서 의사 결정

가치 반복

($v_\pi(s)$와 $q_\pi(s, a)$를 계산하는) 정책 평가와 ($v_{\pi'}(s) \geq v_\pi(s) \ \forall s \in \hat{S}$인 π'를 찾는) 정책 향상을 반복하여 최적의 정책에 도달할 수 있다는 것을 보았습니다. 하지만 정책 평가와 정책 향상 작업을 하나의 단계로 합치면 훨씬 효율적일 수 있습니다. 다음 공식은 즉각적인 보상과 다음 상태 가치의 가중치 합($r + \gamma v^{\langle i \rangle}(s')$)을 최대화하는 행동을 기반으로 반복 $i+1$에서 가치 함수 $v^{\langle i+1 \rangle}$을 업데이트합니다.

$$v^{\langle i+1 \rangle}(s) = \max_a \sum_{s',r} p(s', r | s, a)\left[r + \gamma v^{\langle i \rangle}(s')\right]$$

이 경우 업데이트된 가치 $v^{\langle i+1 \rangle}(s)$는 가능한 모든 행동 중에서 최선의 행동을 선택하면서 최대화됩니다. 반면 정책 평가에서는 업데이트된 가치가 모든 행동에 대한 가중치 합을 사용합니다.

> Note ≡ **상태 가치와 행동 가치 함수의 테이블 추정 표기법**
>
> 대부분의 강화 학습 논문과 책에서 소문자 v_π와 q_π는 수학 함수로서 각각 진짜 상태–가치와 진짜 행동–가치 함수를 나타냅니다.
>
> 한편 실제 구현에서는 이런 가치 함수는 룩업 테이블로 정의됩니다. 테이블을 사용한 이런 가치 함수의 추정은 $V(S_t = S) \approx v_\pi(s)$와 $Q_\pi(s_t = s, A_t = a) \approx q_\pi(s, a)$로 표시합니다. 이 장에서 이런 표기법을 사용하겠습니다.

19.3.2 몬테카를로를 사용한 강화 학습

이전 절에서 보았듯이 동적 계획법은 환경 동역학이 완전히 알려져 있다고 아주 단순한 가정을 합니다. 동적 계획법에서 벗어나서 환경 동역학에 대한 정보가 전혀 없다는 가정을 해 보죠.

즉, 환경의 상태-전이 확률을 모릅니다. 이제 에이전트는 환경과 상호 작용을 통해서 학습해야 합니다. MC 방법을 사용할 때 학습 과정은 모의 경험(simulated experience)을 기반으로 합니다.

MC 기반의 강화 학습에서는 확률적인 정책 π를 따르는 에이전트 클래스를 정의합니다. 이 정책을 기반으로 에이전트는 매 단계마다 행동을 선택합니다. 이를 통해 모의 에피소드(simulated episode)가 만들어집니다.

앞서 상태에서 얻는 기대 대가를 나타내도록 상태-가치 함수를 정의했습니다. 동적 계획법에서는 이를 환경 동역학에 대한 지식, 즉 $p(s', r | s, a)$를 기반으로 계산합니다.

하지만 이제는 환경 동역학이 필요하지 않는 알고리즘을 개발할 것입니다. MC 기반 방법은 에이전트가 환경과 상호 작용할 모의 에피소드를 생성하여 이 문제를 해결합니다. 이런 모의 에피소드에서 방문한 각 상태의 평균 대가를 계산할 수 있을 것입니다.

MC를 사용한 상태-가치 함수 추정

일련의 에피소드를 생성한 후 상태 s를 지나치는 모든 에피소드가 상태 s의 가치를 계산하는 데 고려됩니다. 가치 함수 $V(S_t = s)$에 대응하는 값을 얻기 위해 룩업 테이블을 사용한다고 가정해 보죠. 가치 함수를 추정하기 위해 MC는 상태 s를 처음 방문했을 때 에피소드에서 얻은 대가를 기반으로 업데이트합니다. 이 알고리즘을 첫-방문 몬테카를로(first-visit Monte Carlo) 가치 예측이라고 합니다.[4]

MC를 사용한 행동-가치 함수 추정

환경 동역학을 알고 있을 때는 '19.3.1절 동적 계획법'에서 보았듯이 먼저 최대 가치를 주는 행동을 찾아서 상태-가치 함수로부터 행동-가치 함수를 추정할 수 있습니다. 하지만 환경 동역학을 알고 있지 못하면 이는 불가능합니다.

이 문제를 해결하기 위해 첫-방문 MC 상태-가치 예측을 추정하는 알고리즘을 확장할 수 있습니다. 예를 들어 행동-가치 함수를 사용하여 상태-행동 쌍에 대한 추정 대가를 계산할 수 있습니다. 추정된 대가를 얻기 위해 각 상태-행동 쌍 (s, a)를 방문합니다. 이는 상태 s를 방문해서 행동 a를 선택하는 것을 의미합니다.

하지만 일부 행동은 전혀 선택되지 않을 수 있기 때문에 문제가 되고 충분한 탐험이 이루어지지 않습니다. 몇 가지 방법으로 이 문제를 해결할 수 있습니다. 가장 간단한 방법은 에피소드가 시작할 때 모든 상태-행동 쌍이 0이 아닌 확률을 가진다고 가정하는 탐험적 시작(exploratory start)입니다.

탐험 부족 이슈를 해결하기 위한 또 다른 방법은 ϵ-그리디(greedy) 정책입니다. 이 방법은 정책 향상을 다루는 절에서 설명하겠습니다.

---

4 [역주] 이와 달리 모든-방문 몬테카를로(every-visit Monte Carlo) 방법은 상태 s에 방문해서 얻은 모든 대가를 평균합니다.

MC 제어를 사용하여 최적의 정책 찾기

MC 제어(control)는 정책을 향상시키기 위한 최적화 과정을 의미합니다. 이전 절(19.3.1절 동적 계획법)의 정책 반복과 비슷하게 최적의 정책에 도달할 때까지 정책 평가와 정책 향상을 교대로 반복할 수 있습니다. 따라서 랜덤한 정책 π_0에서 시작해서 정책 평가와 정책 향상을 교대로 실행하는 과정은 다음과 같이 나타낼 수 있습니다.

$$\pi_0 \xrightarrow{\text{평가}} q_{\pi_0} \xrightarrow{\text{향상}} \pi_1 \xrightarrow{\text{평가}} q_{\pi_1} \xrightarrow{\text{향상}} \pi_2 \quad \dots \quad \xrightarrow{\text{평가}} q_* \xrightarrow{\text{향상}} \pi_*$$

정책 향상: 행동-가치 함수로부터 그리디 정책 계산

행동-가치 함수 $q(s, a)$가 주어지면 다음과 같이 (결정적인) 그리디 정책을 만들 수 있습니다.

$$\pi(s) \stackrel{\text{def}}{=} \arg\max_a q(s, a)$$

탐험 부족 문제를 피하고 앞서 언급한 방문하지 않은 상태-행동 쌍을 고려하기 위해 최적이 아닌 행동에 약간의 선택 기회(ϵ)를 줄 수 있습니다. 이를 ϵ-그리디 정책이라고 합니다. 상태 s에서 최적이 아닌 모든 행동은 (0이 아니라) 적어도 $\frac{\epsilon}{|A(s)|}$의 선택 확률을 가집니다. 최적인 행동은 (1이 아니라) $1 - \frac{(|A(s)| - 1) \times \epsilon}{|A(s)|}$의 확률을 가집니다.

19.3.3 시간 차 학습

지금까지 기초적인 두 개의 RL 기법인 동적 계획법과 MC 기반 학습을 보았습니다. 동적 계획법은 환경 동역학에 대한 완벽하고 정확한 지식에 의존합니다. 한편 MC 기반 방법은 모의 경험을 통해 학습합니다. 이 절에서는 TD 학습이라고 부르는 세 번째 강화 학습 방법을 소개하겠습니다. MC 기반 강화 학습의 향상 또는 확장 버전으로 생각할 수 있습니다.

MC 방법과 비슷하게 TD 학습도 경험을 통해 학습합니다. 따라서 환경 동역학과 전이 확률에 대한 어떤 지식도 필요하지 않습니다. TD와 MC의 주요 차이점은 MC는 총 대가를 계산하기 위해 에피소드가 끝날 때까지 기다려야 하는 것입니다.

그러나 TD 학습에서는 에피소드 끝에 도달하기 전에 몇 가지 학습된 성질을 사용하여 추정된 가치를 업데이트할 수 있습니다. 이를 부트스트래핑(bootstrapping)이라고 합니다(강화 학습의 부트스트래핑을 7장에서 사용한 부트스트랩 추정과 혼동하지 마세요).

동적 계획법이나 MC 기반 학습과 비슷하게 두 개의 작업을 생각해 보겠습니다. 가치 함수 추정(또는 가치 예측이라고도 합니다)과 정책 향상(또는 제어 작업이라고도 합니다)입니다.

TD 예측

먼저 MC의 가치 예측을 다시 생각해 보죠. 각 에피소드 끝에서 각 타임 스텝 t에 대한 대가 G_t를 추정할 수 있습니다. 따라서 방문한 상태의 추정 값을 다음과 같이 업데이트할 수 있습니다.

$$V(S_t) = V(S_t) + \alpha\big(G_t - V(S_t)\big)$$

여기에서 G_t는 추정 가치를 업데이트하기 위해 타깃 대가(target return)로 사용됩니다. $(G_t - V(S_t))$는 현재 가치 추정 $V(S_t)$에 더하는 수정 항(correction term)입니다. α는 학습률 하이퍼파라미터로 학습되는 동안 일정한 값으로 유지됩니다.

MC에서 수정 항은 실제 대가 G_t를 사용합니다. 이 가치는 에피소드가 끝날 때까지 알 수 없습니다. 이를 명확하게 나타내기 위해 실제 대가 G_t를 $G_{t:T}$로 이름을 바꾸겠습니다. 아래 첨자 $t:T$는 타임 스텝 t에서 마지막 타임 스텝 T까지 일어난 모든 이벤트를 고려하여 타임 스텝 t에서 얻은 대가라는 것을 나타냅니다.

TD 학습에서는 실제 대가 $G_{t:T}$를 새로운 타깃 대가 $G_{t:t+1}$로 바꾸어 가치 함수 $V(S_t)$를 위한 업데이트를 크게 단순화시킵니다. TD 학습의 업데이트 공식은 다음과 같습니다.

$$V(S_t) = V(S_t) + \alpha[G_{t:t+1} - V(S_t)]$$

여기에서 타깃 대가 $G_{t:t+1} \overset{\text{def}}{=} R_{t+1} + \gamma V(S_{t+1}) = r + \gamma V(S_{t+1})$은 관측된 보상 R_{t+1}과 바로 다음 타임 스텝의 추정 가치를 사용합니다. MC와 TD의 차이를 정리해 보죠. MC에서는 $G_{t:T}$를 에피소드가 끝날 때까지 알 수 없습니다. 따라서 에피소드가 끝날 때까지 필요한 만큼 많은 단계를 실행해야 합니다. 이와 반대로 TD에서는 타깃 대가를 얻기 위해 한 단계만 앞서 실행하면 됩니다. 이를 TD(0)이라고 합니다.

TD(0) 알고리즘은 더 많은 미래 스텝을 사용하는 n-스텝 TD 알고리즘으로 일반화할 수 있습니다. 더 정확히 말하면 미래 n 스텝의 가중치 합을 사용합니다. $n=1$이면 n-스텝 TD 과정은 이전 문단에서 설명한 TD(0)과 동일합니다. 하지만 $n \to \infty$이면 n-스텝 TD 알고리즘은 MC 알고리즘과 동일합니다. n-스텝 TD의 업데이트 공식은 다음과 같습니다.

$$V(S_t) = V(S_t) + \alpha[G_{t:t+n} - V(S_t)]$$

$G_{t:t+n}$은 다음과 같이 정의됩니다.

$$G_{t:t+n} \overset{\text{def}}{=} \begin{cases} R_{t+1} + \gamma R_{t+2} + \cdots + \gamma^{n-1} R_{t+n} + \gamma^n V(S_{t+n}) & t+n < T \text{ 일 때} \\ G_{t:T} & \text{그 외} \end{cases}$$

> Note ≡ **MC vs TD: 어떤 방법이 더 빠르게 수렴할까?**
>
> 이 질문에 대한 정확한 답은 아직 알려지지 않았지만 실전에서 경험적으로는 TD가 MC보다 빨리 수렴하는 것 같습니다. MC와 TD의 수렴에 대해 더 자세히 알고 싶다면 리처드 서튼(Richard S. Sutton)과 앤드류 바르토(Andrew G. Barto)의 책 〈Reinforcement Learning: An Introduction〉[5]을 참고하세요.

TD 알고리즘을 사용한 예측 작업을 다루었으니 제어 작업으로 넘어가 보겠습니다. TD 제어를 위한 온-폴리시 제어와 오프-폴리시 제어 알고리즘 두 개를 다루겠습니다. 두 경우 모두 동적 계획법과 MC 알고리즘에서 사용한 GPI를 사용합니다. 온-폴리시 TD 제어에서 가치 함수는 에이전트가 따르는 것과 동일한 정책에서 선택한 행동을 기반으로 업데이트됩니다. 반면 오프-폴리시 알고리즘에서는 가치 함수가 현재 정책을 따르지 않는 행동을 기반으로 업데이트됩니다.

온-폴리시 TD 제어(SARSA)

간단하게 설명하기 위해 1-스텝 TD 알고리즘 또는 TD(0)에 대해서만 생각해 보죠. 하지만 온-폴리시 TD 제어 알고리즘은 n-스텝 TD로 쉽게 일반화될 수 있습니다. 먼저 가치 함수를 정의하는 예측 공식을 확장하여 행동-가치 함수를 기술해 보겠습니다. 이렇게 하기 위해 룩업 테이블, 즉 2D 배열 $Q(S_t, A_t)$를 사용하여 각 상태-행동 쌍에 대한 행동-가치 함수를 표현합니다. 이렇게 하면 다음을 얻게 됩니다.

$$Q(S_t, A_t) = Q(S_t, A_t) + \alpha[R_{t+1} + \gamma Q(S_{t+1}, A_{t+1}) - Q(S_t, A_t)]$$

이 알고리즘을 SARSA라고 부릅니다. 업데이트 공식에 사용된 5원소 $(S_t, A_t, R_{t+1}, S_{t+1}, A_{t+1})$을 의미합니다.

동적 계획법과 MC 알고리즘을 설명한 이전 절에서 보았듯이 GPI 프레임워크를 사용할 수 있습니다. 처음에 랜덤한 정책으로 시작해서 반복적으로 현재 정책의 행동-가치 함수를 추정합니다. 그다음 현재의 행동-가치 함수를 기반으로 ϵ-그리디 정책을 사용해서 정책을 최적화할 수 있습니다.

---

5 **역주** 이 책의 번역판은 〈단단한 강화학습〉(제이펍, 2020)입니다.

오프-폴리시 TD 제어(Q-러닝)

앞서 온-폴리시 TD 제어 알고리즘을 사용할 때 모의 에피소드에서 사용한 정책을 기반으로 어떻게 행동-가치 함수를 추정하는지 보았습니다. 행동-가치 함수를 업데이트한 후 정책 향상은 별도의 단계에서 높은 가치를 가진 행동을 선택하는 식으로 수행됩니다.

또 다른 (그리고 더 나은) 방법은 이 두 단계를 연결하는 것입니다. 다른 말로 하면 에이전트가 현재의 전이 5원소 $(S_t, A_t, R_{t+1}, S_{t+1}, A_{t+1})$로 에피소드를 생성하면서 정책 π를 따른다고 가정해 보죠. 에이전트가 선택한 A_{t+1}의 행동 가치를 사용하여 행동-가치 함수를 업데이트하는 대신 현재 정책을 따르는 에이전트가 실제로 선택한 것이 아니더라도 최선의 행동을 찾을 수 있습니다(그래서 오프-폴리시 알고리즘이라고 부릅니다).

이렇게 하기 위해 바로 다음 상태에서 여러 다른 행동에 대한 최대 Q-가치를 고려하도록 업데이트 공식을 수정할 수 있습니다.

$$Q(S_t, A_t) = Q(S_t, A_t) + \alpha \left[R_{t+1} + \gamma \max_a Q(S_{t+1}, a) - Q(S_t, A_t) \right]$$

이 업데이트 공식을 SARSA 알고리즘과 비교해 보세요. 다음 상태 S_{t+1}에서 최선의 행동을 찾고 수정 항에 이를 사용하여 $Q(S_t, A_t)$의 추정을 업데이트합니다.

이런 알고리즘들을 잘 이해하기 위해 다음 절에서 Q-러닝 알고리즘을 구현하여 그리드 월드(grid world) 문제를 푸는 방법을 알아보겠습니다.

19.4 / 첫 번째 강화 학습 알고리즘 구현

MACHINE LEARNING

이 절에서 그리드 월드 문제를 풀기 위한 Q-러닝 알고리즘을 구현해 보겠습니다(그리드 월드는 에이전트가 가능한 한 많은 보상을 수집하기 위해 네 방향으로 이동할 수 있는 2차원 셀 기반 환경입니다). 이를 위해 OpenAI 짐(Gym) 툴킷(toolkit)을 사용합니다.

19.4.1 OpenAI 짐 툴킷 소개

OpenAI 짐은 강화 학습 모델을 개발하기 위한 특수한 툴킷입니다. OpenAI 짐에는 사전에 정의된 환경이 포함되어 있습니다. 기본적인 환경으로는 막대의 균형을 잡는 문제인 CartPole과 자동차를 산 위로 이동시키는 MountainCar입니다. 손을 뻗어 벤치에 있는 물건을 집거나 미는 로봇을 훈련하고 또 블록, 공, 펜의 방향을 바꾸기 위한 로봇 손을 훈련하는 고급 로봇 환경도 많이 있습니다. 또한, OpenAI 짐은 새로운 환경을 만들 수 있도록 편리한 통합 프레임워크를 제공합니다. 더 자세한 내용은 공식 사이트 https://gym.openai.com/을 참고하세요.

다음 절에 있는 OpenAI 짐 코드를 실행하려면 pip 명령을 사용하여 gym 라이브러리를 설치해야 합니다(이 책은 0.20.0 버전을 사용합니다).[6]

> `pip install gym==0.20`

설치에 관한 도움이 필요하면 공식 깃허브에 있는 설치 가이드(https://github.com/openai/gym#installation)를 참고하세요.

OpenAI 짐에 포함된 환경 사용

짐 환경을 다루는 방법을 배우기 위해 OpenAI 짐에 포함된 CartPole-v1 환경을 만들어 보죠. 이 환경에는 그림 19-6과 같이 막대가 세로로 붙어 있는 카트를 수평 방향으로 움직일 수 있습니다.

❤ 그림 19-6 CartPole 환경

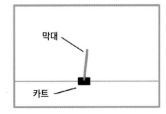 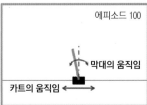 

막대의 움직임은 물리 법칙을 따릅니다. 강화 학습 에이전트는 막대의 균형을 잡아 어느 쪽으로도 넘어지지 않도록 카트를 움직이는 방법을 배우는 것이 목표입니다.

6　역주 19장의 예제는 주피터 노트북이 아니라 로컬 환경에서 실행해야 합니다. 또한, 그래픽 출력을 위해 다음 명령으로 최신 버전의 pyglet 패키지를 설치해 주세요.

> `pip install --upgrade pyglet`

상태(또는 관측) 공간, 행동 공간, 행동 실행 방법 같은 CartPole 환경의 속성을 살펴보겠습니다.

```
>>> import gym
>>> env = gym.make('CartPole-v1')
>>> env.observation_space
Box(-3.4028234663852886e+38, 3.4028234663852886e+38, (4,), float32)
>>> env.action_space
Discrete(2)
```

앞의 코드에서 CartPole 문제를 위한 환경을 만들었습니다. 이 환경의 관측 공간은 Box(4,)입니다(-inf에서 inf까지 실수 값). 네 개의 실수 값으로 표현되는 4차원 공간을 나타냅니다. 각각 카트의 위치, 카트의 속도, 막대의 각도, 막대의 각속도입니다. 행동 공간은 이산적인 공간인 Discrete(2)입니다. 카트를 왼쪽 또는 오른쪽으로 움직이는 두 개의 행동을 선택할 수 있습니다.

gym.make('CartPole-v1')로 만든 환경 객체 env는 에피소드를 시작하기 전에 환경을 초기화할 수 있는 reset() 메서드를 가지고 있습니다. reset() 메서드를 호출하면 막대의 시작 상태(S_0)가 설정됩니다.

```
>>> env.reset()
array([-0.03908273, -0.00837535,  0.03277162, -0.0207195 ])
```

env.reset() 메서드가 반환한 배열 값은 카트의 초기 위치가 -0.039고, 속도는 -0.008, 막대의 각도는 0.033라디안(radian), 막대의 각속도는 -0.021이라는 것을 나타냅니다. reset() 메서드를 호출하면 이 값들은 [-0.05, 0.05] 범위의 균등 분포에서 랜덤하게 초기화됩니다.

환경을 초기화한 후 환경과 상호 작용하려면 행동을 선택하고 step() 메서드에 이 행동을 전달하여 실행합니다.

```
>>> env.step(action=0)
(array([-0.03925023, -0.20395158,  0.03235723,  0.28212046]), 1.0, False, {})
>>> env.step(action=1)
(array([-0.04332927, -0.00930575,  0.03799964, -0.00018409]), 1.0, False, {})
```

앞의 두 명령 env.step(action=0)과 env.step(action=1)은 카트를 왼쪽(action=0)으로 밀고 그다음 오른쪽(action=1)으로 밉니다. 선택한 행동에 따라 카트와 막대는 물리 법칙에 따라 움직입니다. env.step() 메서드를 호출할 때마다 다음 네 개의 원소로 구성된 튜플을 반환합니다.

- 새로운 상태(관측)를 위한 배열
- 보상(float 타입의 스칼라 값)

- 종료 플래그(True 또는 False)

- 부가 정보를 담은 파이썬 딕셔너리

env 객체는 render() 메서드도 가지고 있습니다. 각 단계(또는 일련의 단계)가 끝나고 실행하면 시간의 흐름에 따라 막대와 카트의 움직임과 환경을 시각화할 수 있습니다.

막대의 각도가 수직 축으로부터 (어느 쪽이든지) 12도보다 커지거나 카트의 위치가 중앙 위치에서 2.4보다 멀어지면 에피소드가 종료됩니다. 이 환경에서 정의된 보상은 카트와 막대가 정해진 범위 안에서 균형을 잡고 있는 시간을 최대화하는 것입니다. 다시 말하면 총 보상(즉, 대가)을 최대화하려면 에피소드의 길이를 최대화해야 합니다.

그리드 월드

OpenAI 짐 툴킷을 사용하는 방법을 설명하기 위한 예제로 CartPole 환경을 소개했습니다. 이제 다른 환경을 다루어 보겠습니다. m개의 행과 n개의 열을 가진 간단한 환경인 그리드 월드를 사용하겠습니다. $m=5$, $n=6$이라고 가정하면 그림 19-7과 같은 환경을 그릴 수 있습니다.

▼ 그림 19-7 그리드 월드 환경

이 환경은 30개의 다른 상태가 있습니다. 이 중 네 개의 상태는 종료 상태입니다. 상태 16번에 골드 상태가 있고 상태 10 · 15 · 22번에 세 개의 함정이 있습니다. 네 개의 종료 상태 중 어디에 도착하더라도 에피소드는 끝납니다. 하지만 골드 상태와 함정 상태는 다릅니다. 골드 상태에 도달하면 양수 보상 +1을 받고 함정 상태 중 하나에 에이전트가 도달하면 음수 보상 -1을 받습니다. 그외 다른 상태는 모두 보상 0을 반환합니다. 에이전트는 항상 상태 0에서 시작합니다. 따라서 환경을 초기화할 때마다 에이전트가 상태 0으로 되돌아갈 것입니다. 행동 공간은 위, 아래, 왼쪽, 오른쪽 네 개의 방향 이동으로 구성됩니다.

에이전트가 그리드 경계에 있을 때 그리드를 벗어나는 행동을 선택해도 상태는 바뀌지 않습니다.

이제 OpenAI 짐 패키지를 사용하여 파이썬에서 이 환경을 어떻게 구현하는지 알아보겠습니다.

OpenAI 짐에서 그리드 월드 환경 구현

OpenAI 짐으로 그리드 월드 환경을 만들려면 인터랙티브하게 코드를 실행하는 것보다 스크립트 에디터나 IDE를 사용하는 것이 권장됩니다.

먼저 새로운 파이썬 스크립트 gridworld_env.py를 만들고 필요한 패키지와 이 환경을 출력하기 위해 만든 두 개의 헬퍼 함수를 임포트합니다.

환경을 시각적으로 출력하기 위해 OpenAI 짐 라이브러리는 pyglet 라이브러리를 사용하고 편의를 위해 래퍼(wrapper) 클래스와 함수를 제공합니다. 이런 래퍼 클래스를 사용하여 다음 코드에서 그리드 월드 환경을 시각화하겠습니다. 이 래퍼 클래스에 대한 더 자세한 내용은 다음 주소를 참고하세요.

https://github.com/openai/gym/blob/master/gym/envs/classic_control/rendering.py

다음은 이런 래퍼 클래스를 사용하는 코드 예제입니다.

```python
## 스크립트: gridworld_env.py
import numpy as np
from gym.envs.toy_text import discrete
from collections import defaultdict
import time
import pickle
import os
from gym.envs.classic_control import rendering
CELL_SIZE = 100
MARGIN = 10
def get_coords(row, col, loc='center'):
    xc = (col+1.5) * CELL_SIZE
    yc = (row+1.5) * CELL_SIZE
    if loc == 'center':
        return xc, yc
    elif loc == 'interior_corners':
        half_size = CELL_SIZE//2 - MARGIN
        xl, xr = xc - half_size, xc + half_size
        yt, yb = xc - half_size, xc + half_size
        return [(xl, yt), (xr, yt), (xr, yb), (xl, yb)]
    elif loc == 'interior_triangle':
```

```
        x1, y1 = xc, yc + CELL_SIZE//3
        x2, y2 = xc + CELL_SIZE//3, yc - CELL_SIZE//3
        x3, y3 = xc - CELL_SIZE//3, yc - CELL_SIZE//3
        return [(x1, y1), (x2, y2), (x3, y3)]
    def draw_object(coords_list):
        if len(coords_list) == 1: # -> 원
            obj = rendering.make_circle(int(0.45*CELL_SIZE))
            obj_transform = rendering.Transform()
            obj.add_attr(obj_transform)
            obj_transform.set_translation(*coords_list[0])
            obj.set_color(0.2, 0.2, 0.2) # -> 검정
        elif len(coords_list) == 3: # -> 삼각형
            obj = rendering.FilledPolygon(coords_list)
            obj.set_color(0.9, 0.6, 0.2) # -> 노랑
        elif len(coords_list) > 3: # -> 다각형
            obj = rendering.FilledPolygon(coords_list)
            obj.set_color(0.4, 0.4, 0.8) # -> 파랑
        return obj
```

> **Note =** **대표** **짐 0.22 이상 버전 사용하기**
>
> gym은 현재 내부 구조를 다시 만들고 있습니다. 0.22 버전 이상에서는 (gridworld_env.py에 있는) 코드를 바꾸어야 할 수 있습니다. 첫 번째 코드를 두 번째 코드처럼 바꾸어 주세요.
>
> ```
> from gym.envs.classic_control import rendering
> ```
>
> ---
>
> ```
> from gym.utils import pyglet_rendering
> ```
>
> 더 자세한 내용은 깃허브 코드(https://github.com/rickiepark/ml-with-pytorch/tree/main/ch19)를 참고하세요.

첫 번째 헬퍼 함수 get_coords()는 기하학적 모양을 반환합니다. 이를 사용하여 그리드 월드 환경을 꾸미겠습니다. 예를 들어 삼각형은 골드 상태를 나타내고 원은 함정을 나타냅니다. draw_object()는 전달된 좌표 리스트를 기반으로 원, 삼각형, 다각형을 그립니다.

이제 그리드 월드 환경을 정의할 수 있습니다. 같은 파일(gridworld_env.py)에서 OpenAI 짐의 DiscreteEnv 클래스를 상속한 GridWorldEnv 클래스를 정의합니다. 이 클래스에서 가장 중요한 함수는 생성자 메서드 __init__()입니다. 이 메서드에서 행동 공간을 정의하고 각 행동의 역할을 지정하며 종료 상태(골드 상태와 함정)를 결정합니다.

```python
class GridWorldEnv(discrete.DiscreteEnv):
    def __init__(self, num_rows=4, num_cols=6, delay=0.05):
        self.num_rows = num_rows
        self.num_cols = num_cols
        self.delay = delay
        move_up = lambda row, col: (max(row-1, 0), col)
        move_down = lambda row, col: (min(row+1, num_rows-1), col)
        move_left = lambda row, col: (row, max(col-1, 0))
        move_right = lambda row, col: (row, min(col+1, num_cols-1))
        self.action_defs={0: move_up, 1: move_right,
                          2: move_down, 3: move_left}
        ## 상태와 행동 개수
        nS = num_cols * num_rows
        nA = len(self.action_defs)
        self.grid2state_dict={(s//num_cols, s%num_cols):s
                              for s in range(nS)}
        self.state2grid_dict={s:(s//num_cols, s%num_cols)
                              for s in range(nS)}
        ## 골드 상태
        gold_cell = (num_rows//2, num_cols-2)

        ## 함정 상태
        trap_cells = [((gold_cell[0]+1), gold_cell[1]),
                      (gold_cell[0], gold_cell[1]-1),
                      ((gold_cell[0]-1), gold_cell[1])]
        gold_state = self.grid2state_dict[gold_cell]
        trap_states = [self.grid2state_dict[(r, c)]
                       for (r, c) in trap_cells]
        self.terminal_states = [gold_state] + trap_states
        print(self.terminal_states)
        ## 전이 확률 만들기
        P = defaultdict(dict)
        for s in range(nS):
            row, col = self.state2grid_dict[s]
            P[s] = defaultdict(list)
            for a in range(nA):
                action = self.action_defs[a]
                next_s = self.grid2state_dict[action(row, col)]

                ## 종료 상태
                if self.is_terminal(next_s):
                    r = (1.0 if next_s == self.terminal_states[0]
                         else -1.0)
```

```
                else:
                    r = 0.0
                if self.is_terminal(s):
                    done = True
                    next_s = s
                else:
                    done = False
                P[s][a] = [(1.0, next_s, r, done)]
    ## 초기 상태 배치
    isd = np.zeros(nS)
    isd[0] = 1.0
    super().__init__(nS, nA, P, isd)
    self.viewer = None
    self._build_display(gold_cell, trap_cells)
def is_terminal(self, state):
    return state in self.terminal_states
def _build_display(self, gold_cell, trap_cells):
    screen_width = (self.num_cols+2) * CELL_SIZE
    screen_height = (self.num_rows+2) * CELL_SIZE
    self.viewer = rendering.Viewer(screen_width,
                                   screen_height)

    all_objects = []
    ## 경계 위치 좌표
    bp_list = [
        (CELL_SIZE-MARGIN, CELL_SIZE-MARGIN),
        (screen_width-CELL_SIZE+MARGIN, CELL_SIZE-MARGIN),
        (screen_width-CELL_SIZE+MARGIN, screen_height-CELL_SIZE+MARGIN),
        (CELL_SIZE-MARGIN, screen_height-CELL_SIZE+MARGIN)
    ]
    border = rendering.PolyLine(bp_list, True)
    border.set_linewidth(5)
    all_objects.append(border)
    ## 수직선
    for col in range(self.num_cols+1):
        x1, y1 = (col+1) * CELL_SIZE, CELL_SIZE
        x2, y2 = (col+1) * CELL_SIZE, \
                 (self.num_rows+1) * CELL_SIZE
        line = rendering.PolyLine([(x1, y1), (x2, y2)], False)
        all_objects.append(line)

    ## 수평선
    for row in range(self.num_rows+1):
        x1, y1 = CELL_SIZE, (row+1) * CELL_SIZE
```

```python
        x2, y2 = (self.num_cols+1) * CELL_SIZE, \
                (row+1) * CELL_SIZE
        line=rendering.PolyLine([(x1, y1), (x2, y2)], False)
        all_objects.append(line)


    ## 함정: --> 원
    for cell in trap_cells:
        trap_coords = get_coords(*cell, loc='center')
        all_objects.append(draw_object([trap_coords]))


    ## 골드:  --> 삼각형
    gold_coords = get_coords(*gold_cell,
                            loc='interior_triangle')
    all_objects.append(draw_object(gold_coords))
    ## 에이전트 --> 사각형 또는 로봇
    if (os.path.exists('robot-coordinates.pkl') and
            CELL_SIZE==100):
        agent_coords = pickle.load(
            open('robot-coordinates.pkl', 'rb'))
        starting_coords = get_coords(0, 0, loc='center')
        agent_coords += np.array(starting_coords)
    else:
        agent_coords = get_coords(
            0, 0, loc='interior_corners')
    agent = draw_object(agent_coords)
    self.agent_trans = rendering.Transform()
    agent.add_attr(self.agent_trans)
    all_objects.append(agent)
    for obj in all_objects:
        self.viewer.add_geom(obj)
def render(self, mode='human', done=False):
    if done:
        sleep_time = 1
    else:
        sleep_time = self.delay
    x_coord = self.s % self.num_cols
    y_coord = self.s // self.num_cols
    x_coord = (x_coord+0) * CELL_SIZE
    y_coord = (y_coord+0) * CELL_SIZE
    self.agent_trans.set_translation(x_coord, y_coord)
    rend = self.viewer.render(
        return_rgb_array=(mode=='rgb_array'))
    time.sleep(sleep_time)
```

```
            return rend
    def close(self):
        if self.viewer:
            self.viewer.close()
            self.viewer = None
```

이 코드는 그리드 월드 환경을 구현합니다. 이 클래스로 환경의 인스턴스를 만들 수 있습니다. 그다음 CartPole 예제와 비슷한 방식으로 환경과 상호 작용할 수 있습니다. 여기에서 구현한 GridWorldEnv 클래스는 상태를 재설정하는 reset()과 행동을 실행하는 step() 같은 메서드를 상속합니다. 자세한 구현 내용은 다음과 같습니다.

- 람다(lambda) 함수로 네 개의 행동 move_up(), move_down(), move_left(), move_right()를 정의합니다.

- 넘파이 배열 isd는 시작 상태의 확률을 담고 있어 (부모 클래스의) reset() 메서드가 호출될 때 이 분포를 기반으로 랜덤한 상태가 선택됩니다. 항상 (그리드 월드의 왼쪽 아래 모서리) 상태 0에서 시작하기 때문에 상태 0의 확률을 1.0으로 지정합니다. 나머지 29개의 상태 확률은 0.0입니다.

- 파이썬 딕셔너리 P로 정의되는 전이 확률은 어떤 행동이 선택되었을 때 한 상태에서 다른 상태로 이동할 확률을 결정합니다. 이로 인해 우연에 의한 행동 선택이 다른 결과를 가져올 수 있는 확률적인 환경을 가지게 됩니다. 간단하게 선택한 행동의 방향으로 상태를 바꾸는 출력 하나만 사용합니다. 마지막으로 이 전이 확률은 env.step() 함수가 다음 상태를 결정하기 위해 사용됩니다.

- 또한, _build_display() 함수는 환경의 기본 모습을 시각화합니다. render() 함수는 에이전트의 이동을 보여 줍니다.

> Note ≡ 학습하는 동안 전이 확률에 대해 알지 못합니다. 환경과 상호 작용을 통해 학습하는 것이 목표입니다. 따라서 클래스 밖에서 P를 참조하지 않습니다.

이제 새로운 환경을 만들어 이 구현을 테스트하고 각 상태에서 랜덤한 행동을 선택하여 랜덤한 에피소드를 시각화해 보겠습니다. 동일한 파이썬 스크립트(gridworld_env.py) 끝에 다음 코드를 포함하고 이 스크립트를 실행하세요.

```python
if __name__ == '__main__':
    env = GridWorldEnv(5, 6)
    for i in range(1):
        s = env.reset()
        env.render(mode='human', done=False)
        while True:
            action = np.random.choice(env.nA)
            res = env.step(action)
            print('행동 ', env.s, action, ' -> ', res)
            env.render(mode='human', done=res[2])
            if res[2]:
                break
    env.close()
```

이 스크립트를 실행하면 그림 19-8과 같은 그리드 월드 환경을 볼 수 있습니다.

❤ 그림 19-8 그리드 월드 환경의 시각화

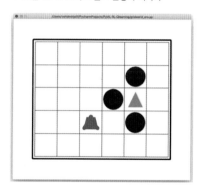

19.4.2 Q-러닝으로 그리드 월드 문제 풀기

강화 학습 알고리즘의 이론과 개발 과정을 소개하고 OpenAI 짐 툴킷으로 환경을 준비했으니 이제 현재 가장 인기 있는 강화 학습 알고리즘인 Q-러닝을 구현해 보겠습니다. gridworld_env.py 스크립트에서 구현한 그리드 월드 환경을 사용하겠습니다.

agent.py라는 새로운 스크립트를 만듭니다. agent.py 스크립트에 다음과 같이 환경과 상호 작용할 에이전트를 정의합니다.

```python
## 스크립트: agent.py
from collections import defaultdict
import numpy as np
```

```
class Agent():
    def __init__(
            self, env,
            learning_rate=0.01,
            discount_factor=0.9,
            epsilon_greedy=0.9,
            epsilon_min=0.1,
            epsilon_decay=0.95):
        self.env = env
        self.lr = learning_rate
        self.gamma = discount_factor
        self.epsilon = epsilon_greedy
        self.epsilon_min = epsilon_min
        self.epsilon_decay = epsilon_decay
        ## q_table 정의
        self.q_table = defaultdict(lambda: np.zeros(self.env.nA))
    def choose_action(self, state):
        if np.random.uniform() < self.epsilon:
            action = np.random.choice(self.env.nA)
        else:
            q_vals = self.q_table[state]
            perm_actions = np.random.permutation(self.env.nA)
            q_vals = [q_vals[a] for a in perm_actions]
            perm_q_argmax = np.argmax(q_vals)
            action = perm_actions[perm_q_argmax]
        return action
    def _learn(self, transition):
        s, a, r, next_s, done = transition
        q_val = self.q_table[s][a]
        if done:
            q_target = r
        else:
            q_target = r + self.gamma * np.max(self.q_table[next_s])
        ## q_table 업데이트
        self.q_table[s][a] += self.lr * (q_target - q_val)
        ## epsilon 조정
        self._adjust_epsilon()
    def _adjust_epsilon(self):
        if self.epsilon > self.epsilon_min:
            self.epsilon *= self.epsilon_decay
```

__init__() 생성자는 학습률, 할인 계수(γ), ϵ-그리드 정책을 위한 파라미터 같은 다양한 하이퍼
파라미터를 선언합니다. 초기에는 높은 값의 ϵ으로 시작하지만 _adjust_epsilon() 메서드가 최솟

값 ϵ_{min}에 도달할 때까지 감소시킵니다. choose_action() 메서드는 ϵ-그리디 정책을 기반으로 행동을 선택합니다. 랜덤한 균등 분포를 사용하여 랜덤한 행동을 선택할지 아니면 행동-가치 함수를 기반으로 선택할지 결정합니다. _learn() 메서드는 Q-러닝 알고리즘의 업데이트 규칙을 구현합니다. 이 메서드는 각 이동에 대해 현재 상태(s), 선택된 행동(a), 관측된 보상(r), 다음 상태(s')를 튜플로 받습니다. 또한, 에피소드의 끝에 도달했는지 나타내는 플래그를 받습니다. 에피소드의 끝이라면 타깃 값은 관측된 보상(r)과 같습니다. 그렇지 않으면 타깃은 $r + \gamma \max_a Q(s', a)$입니다.

마지막 단계로 새로운 스크립트 qlearning.py를 만들어 Q-러닝 알고리즘을 사용하는 에이전트를 훈련합니다.

다음 코드에서 Q-러닝 알고리즘을 구현한 run_qlearning() 함수를 정의합니다. 에이전트의 choose_action() 메서드를 호출하여 에피소드를 테스트하고 환경을 실행합니다. 그다음 전이 정보를 담은 튜플을 에이전트의 _learn() 메서드에 전달하여 상태-가치 함수를 업데이트합니다. 또한, 학습 과정을 모니터링하기 위해 각 에피소드의 최종 보상(-1 또는 +1)과 에피소드 길이(에피소드 시작에서 종료까지 에이전트가 이동한 횟수)를 저장합니다.

보상과 이동 횟수는 plot_learning_history() 함수를 사용하여 그래프로 출력합니다.

```
## 스크립트: qlearning.py
from gridworld_env import GridWorldEnv
from agent import Agent
from collections import namedtuple
import matplotlib.pyplot as plt
import numpy as np
np.random.seed(1)
Transition = namedtuple(
    'Transition', ('state', 'action', 'reward',
                   'next_state', 'done'))
def run_qlearning(agent, env, num_episodes=50):
    history = []
    for episode in range(num_episodes):
        state = env.reset()
        env.render(mode='human')
        final_reward, n_moves = 0.0, 0
        while True:
            action = agent.choose_action(state)
            next_s, reward, done, _ = env.step(action)
            agent._learn(Transition(state, action, reward,
                                    next_s, done))
            env.render(mode='human', done=done)
```

```
                state = next_s
                n_moves += 1
                if done:
                    break
                final_reward = reward
            history.append((n_moves, final_reward))
            print(f'에피소드 {episode}: 보상 {final_reward:.2} '
                  f'#이동 {n_moves}')
        return history
    def plot_learning_history(history):
        fig = plt.figure(1, figsize=(14, 10))
        ax = fig.add_subplot(2, 1, 1)
        episodes = np.arange(len(history))
        moves = np.array([h[0] for h in history])
        plt.plot(episodes, moves, lw=4,
                 marker='o', markersize=10)
        ax.tick_params(axis='both', which='major', labelsize=15)
        plt.xlabel('Episodes', size=20)
        plt.ylabel('# moves', size=20)
        ax = fig.add_subplot(2, 1, 2)
        rewards = np.array([h[1] for h in history])
        plt.step(episodes, rewards, lw=4)
        ax.tick_params(axis='both', which='major', labelsize=15)
        plt.xlabel('Episodes', size=20)
        plt.ylabel('Final rewards', size=20)
        plt.savefig('q-learning-history.png', dpi=300)
        plt.show()
    if __name__ == '__main__':
        env = GridWorldEnv(num_rows=5, num_cols=6)
        agent = Agent(env)
        history = run_qlearning(agent, env)
        env.close()
        plot_learning_history(history)
```

이 스크립트를 실행하면 50번의 에피소드 동안 Q-러닝 알고리즘을 실행합니다. 에이전트의 행동을 시각화해 보면 학습 초기에는 에이전트가 대부분 함정에 빠진다는 것을 볼 수 있습니다. 하지만 시간이 지나면서 실패를 통해 학습하여 결국 골드 상태에 도달합니다(예를 들어 에피소드 7에서 처음 도달합니다). 그림 19-9는 에이전트의 이동 횟수와 보상을 보여 줍니다.

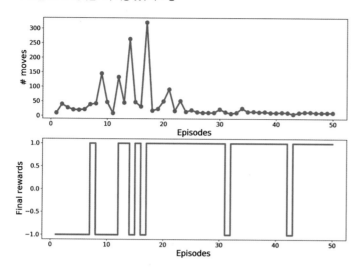
▼ 그림 19-9 에이전트의 이동 횟수와 보상

앞의 그래프에 나타난 학습 과정을 보면 30번째 에포크 이후에 에이전트가 골드 상태에 가는 지름길을 학습한 것으로 보입니다. 30번째 에피소드 이후에는 ϵ-그리디 정책 때문에 약간의 편차가 있지만 에피소드 길이가 거의 동일합니다.

19.5 / 심층 Q-러닝

이전 코드에서 그리디 월드 문제를 위해 잘 알려진 Q-러닝 알고리즘을 구현했습니다. 이 문제는 30개의 이산적인 상태 공간으로 구성되어 있습니다. 그래서 Q-가치를 파이썬 딕셔너리로 저장해도 충분합니다.

하지만 이따금 상태 개수가 매우 클 수 있고 거의 무한하게 클 수도 있다는 점을 기억해야 합니다. 또한, 이산적인 상태가 아니라 연속적인 상태 공간을 다루어야 할 수 있습니다. 어떤 상태는 훈련하는 동안 전혀 방문하지 못해 나중에 에이전트가 이런 상태를 다룰 때 문제가 될 수 있습니다.

이 문제를 해결하기 위해 가치 함수 $V(S_t)$나 행동-가치 함수 $Q(S_t, A_t)$ 같은 테이블 형태의 데이터 포맷으로 가치 함수를 표현하는 대신에 함수 근사 방식(function approximation)을 사용합니다. 여기에서 진짜 가치 함수를 근사하도록 학습할 수 있는 함수 $v_w(x_s)$를 정의합니다. 즉, $v_w(x_s) \approx v_\pi(s)$입니다. 여기에서 x_s는 입력 특성의 집합(또는 특성화된 상태)입니다.

근사 함수 $q_w(x_s, a)$가 심층 신경망일 때 만들어진 모델을 심층 Q-네트워크(DQN)라고 부릅니다. DQN 모델 훈련에서는 가중치가 Q-러닝 알고리즘에 따라 업데이트됩니다. DQN 모델의 예가 그림 19-10에 나와 있습니다. 여기에서 특성으로 표현된 상태가 첫 번째 층에 전달됩니다.

▼ 그림 19-10 심층 Q-네트워크

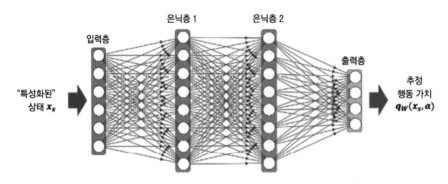

이제 심층 Q-러닝 알고리즘으로 DQN을 어떻게 훈련할 수 있는지 알아보죠. 크게 보았을 때 주된 방법은 보통의 Q-러닝과 매우 비슷합니다. 크게 다른 점은 행동 가치를 계산하는 다층 신경망을 사용하는 것입니다.

19.5.1 Q-러닝 알고리즘에 따라 DQN 모델 훈련

이 절에서 Q-러닝 알고리즘을 사용하여 DQN 모델을 훈련하는 과정을 설명합니다. 심층 Q-러닝을 사용하려면 앞서 구현한 기본 Q-러닝 방식을 수정해야 합니다.

변경 사항 중 하나는 에이전트의 choose_action() 메서드입니다. Q-러닝을 위한 코드에서는 단순히 행동 가치를 참조하여 딕셔너리에 저장했습니다. 이제 이 함수는 행동 가치를 계산하기 위해 신경망 모델의 정방향 계산을 수행하는 것으로 바꾸어야 합니다.

심층 Q-러닝 알고리즘을 위해 필요한 다른 수정 사항은 이어지는 두 절에서 설명합니다.

재생 메모리

Q-러닝을 위한 테이블 방식을 사용하면 다른 값에 영향을 미치지 않고 특정 상태-행동 쌍의 가치를 업데이트할 수 있습니다. 이제는 신경망 모델로 $q(s, a)$를 근사하기 때문에 상태-행동 쌍을 위해 가중치를 업데이트하면 다른 상태의 출력에도 영향을 미칩니다. 또한, 지도 학습 문제(예를 들

어 분류 문제)에서 확률적 경사 하강법으로 신경망을 훈련하려면 모델이 수렴할 때까지 훈련 데이터로 여러 번 에포크를 반복합니다.

에피소드가 훈련하는 동안 변경되고 이로 인해 훈련 초기에 방문했던 일부 상태를 나중에 덜 방문하게 되기 때문에 Q-러닝에 사용하기 매우 어렵습니다.

또한, 신경망을 훈련할 때 훈련 샘플이 독립 동일 분포(Independent and Identically Distributed, IID)라고 가정합니다. 하지만 에이전트의 에피소드에서 얻은 샘플은 연속된 전이를 형성하기 때문에 IID가 아닙니다.

이런 이슈를 해결하기 위해 에이전트가 환경과 상호 작용하고 전이 요소 $q_w(x_s, a)$를 생성할 때 **재생 메모리**(replay memory)라고 부르는 메모리 버퍼에 많은 (그러나 유한한) 횟수의 전이를 저장합니다. 새로운 상호 작용을 수행한 후(즉, 에이전트가 환경에서 행동을 선택하고 실행한 후) 만들어진 새로운 전이 5원소를 메모리에 추가합니다.

메모리 크기를 제한하기 위해 가장 오래된 전이는 메모리에서 삭제합니다(예를 들어 파이썬 리스트라면 pop(0)으로 리스트의 첫 번째 원소를 제거할 수 있습니다). 그다음 재생 버퍼에서 미니 배치 샘플을 랜덤하게 선택하여 손실을 계산하고 신경망의 가중치를 업데이트합니다. 그림 19-11에 이 과정이 나타나 있습니다.

▼ 그림 19-11 재생 메모리

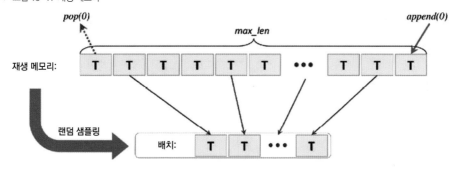

손실 계산을 위해 타깃 가치 결정

테이블 구조를 사용하는 Q-러닝에서 바꾸어야 할 또 다른 점은 DQN 모델 파라미터를 훈련하기 위해 업데이트 규칙을 적용하는 방법입니다. 배치 샘플에 저장된 전이 5원소 T는 $(x_s, q, r, x_{s'}, done)$을 담고 있습니다.

그림 19-12에 있듯이 DQN 모델의 정방향 계산을 두 번 수행합니다. 첫 번째 정방향 계산은 현재 상태(x_s)를 특성으로 사용합니다. 그다음 두 번째 정방향 계산은 다음 상태($x_{s'}$)를 특성으로 사용합니다. 첫 번째 정방향 계산과 두 번째 정방향 계산을 통해 추정 행동 가치 $q_w(x_s,:)$와 $q_w(x_{s'},:)$를 얻습니다(여기에서 $q_w(x_s,:)$는 $\hat{A}$에 있는 모든 행동에 대한 Q-가치 벡터를 의미합니다). 이 전이 5원소로부터 에이전트가 선택한 행동 a를 알 수 있습니다.

Q-러닝 알고리즘에 따라 상태-행동 쌍 (x_s, a)에 해당하는 행동 가치를 스칼라 타깃 가치 $r + \gamma \max\limits_{a' \in \hat{A}} q_w(x_{s'}, a')$로 업데이트해야 합니다. 스칼라 타깃 가치를 만드는 대신 타깃 행동-가치 벡터를 만들어 $a' \neq a$인 다른 행동에 대한 행동 가치를 그대로 사용합니다.

❤ 그림 19-12 DQN을 사용하여 타깃 값 결정하기

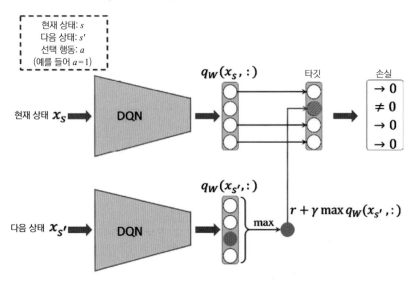

다음 세 개의 값을 사용하여 이를 회귀 문제로 다룹니다.

- 현재 예측 가치 $q_w(x_s,:)$
- 앞서 설명한 타깃 가치 벡터
- 평균 제곱 오차 손실 함수

따라서 a를 제외한 나머지 행동에 대한 손실은 0이 될 것입니다. 마지막으로 계산된 이 손실을 역전파하여 신경망의 파라미터를 업데이트합니다.

19.5.2 심층 Q-러닝 알고리즘 구현

이제 이런 기법을 모두 사용하여 심층 Q-러닝 알고리즘을 구현하겠습니다. 이번에는 앞서 소개한 OpenAI 짐의 CartPole 환경을 사용합니다. CartPole 환경은 크기가 4인 연속적인 상태 공간을 가집니다. 다음 코드에서 DQNAgent 클래스를 정의하여 모델을 만들고 여러 가지 하이퍼파라미터를 지정합니다.

이 클래스는 테이블 형태의 Q-러닝을 구현한 이전 에이전트에 비해 두 개의 메서드가 더 있습니다. remember() 메서드는 새로운 전이 5원소를 메모리 버퍼에 추가합니다. replay() 메서드는 미니배치 샘플 전이를 만들어 _learn() 메서드에 전달하여 신경망의 가중치 파라미터를 업데이트합니다.

```python
import gym
import numpy as np
import torch
import torch.nn as nn
import random
import matplotlib.pyplot as plt
from collections import namedtuple
from collections import deque

np.random.seed(1)
torch.manual_seed(1)
Transition = namedtuple(
            'Transition', ('state', 'action', 'reward',
                           'next_state', 'done'))
class DQNAgent:
    def __init__(
            self, env, discount_factor=0.95,
            epsilon_greedy=1.0, epsilon_min=0.01,
            epsilon_decay=0.995, learning_rate=1e-3,
            max_memory_size=2000):
        self.env = env
        self.state_size = env.observation_space.shape[0]
        self.action_size = env.action_space.n
        self.memory = deque(maxlen=max_memory_size)
```

```python
        self.gamma = discount_factor
        self.epsilon = epsilon_greedy
        self.epsilon_min = epsilon_min
        self.epsilon_decay = epsilon_decay
        self.lr = learning_rate
        self._build_nn_model()
    def _build_nn_model(self):
        self.model = nn.Sequential(nn.Linear(self.state_size, 256),
                                   nn.ReLU(),
                                   nn.Linear(256, 128),
                                   nn.ReLU(),
                                   nn.Linear(128, 64),
                                   nn.ReLU(),
                                   nn.Linear(64, self.action_size))
        self.loss_fn = nn.MSELoss()
        self.optimizer = torch.optim.Adam(
                             self.model.parameters(), self.lr)
    def remember(self, transition):
        self.memory.append(transition)
    def choose_action(self, state):
        if np.random.rand() <= self.epsilon:
            return np.random.choice(self.action_size)
        with torch.no_grad():
            q_values = self.model(torch.tensor(state,
                           dtype=torch.float32))[0]
        return torch.argmax(q_values).item() # 행동을 반환합니다
    def _learn(self, batch_samples):
        batch_states, batch_targets = [], []
        for transition in batch_samples:
            s, a, r, next_s, done = transition
            with torch.no_grad():
                if done:
                    target = r
                else:
                    pred = self.model(torch.tensor(next_s,
                               dtype=torch.float32))[0]
                    target = r + self.gamma * pred.max()
            target_all = self.model(torch.tensor(s,
                               dtype=torch.float32))[0]
            target_all[a] = target
            batch_states.append(s.flatten())
            batch_targets.append(target_all)
        self._adjust_epsilon()
        self.optimizer.zero_grad()
```

```
                    pred = self.model(torch.tensor(batch_states,
                                        dtype=torch.float32))
                    loss = self.loss_fn(pred, torch.stack(batch_targets))
                    loss.backward()
                    self.optimizer.step()
            return loss.item()
        def _adjust_epsilon(self):
            if self.epsilon > self.epsilon_min:
                self.epsilon *= self.epsilon_decay
        def replay(self, batch_size):
            samples = random.sample(self.memory, batch_size)
            return self._learn(samples)
```

마지막으로 다음 코드에서 200번의 에피소드 동안 이 모델을 훈련합니다. 마지막에 plot_learning_history() 함수를 사용하여 학습 이력을 시각화합니다.

```
def plot_learning_history(history):
    fig = plt.figure(1, figsize=(14, 5))
    ax = fig.add_subplot(1, 1, 1)
    episodes = np.arange(len(history)) + 1
    plt.plot(episodes, history, lw=4,
            marker='o', markersize=10)
    ax.tick_params(axis='both', which='major', labelsize=15)
    plt.xlabel('Episodes', size=20)
    plt.ylabel('Total rewards', size=20)
    plt.show()

## 일반 설정
EPISODES = 200
batch_size = 32
init_replay_memory_size = 500
if __name__ == '__main__':
    env = gym.make('CartPole-v1')
    agent = DQNAgent(env)
    state = env.reset()
    state = np.reshape(state, [1, agent.state_size])
    ## 재생 메모리 채우기
    for i in range(init_replay_memory_size):
        action = agent.choose_action(state)
        next_state, reward, done, _ = env.step(action)
        next_state = np.reshape(next_state, [1, agent.state_size])
        agent.remember(Transition(state, action, reward,
                                    next_state, done))
        if done:
```

```
                state = env.reset()
                state = np.reshape(state, [1, agent.state_size])
            else:
                state = next_state
    total_rewards, losses = [], []
    for e in range(EPISODES):
        state = env.reset()
        if e % 10 == 0:
            env.render()
        state = np.reshape(state, [1, agent.state_size])
        for i in range(500):
            action = agent.choose_action(state)
            next_state, reward, done, _ = env.step(action)
            next_state = np.reshape(next_state,
                                    [1, agent.state_size])
            agent.remember(Transition(state, action, reward,
                                      next_state, done))
            state = next_state
            if e % 10 == 0:
                env.render()
            if done:
                total_rewards.append(i)
                print(f'에피소드: {e}/{EPISODES}, 총 보상: {i}')
                break
            loss = agent.replay(batch_size)
            losses.append(loss)
    plot_learning_history(total_rewards)
```

200번의 에피소드 동안 에이전트를 훈련하면 그림 19-13과 같이 시간이 지남에 따라 총 보상을 증가시키기 위해 학습했다는 것을 볼 수 있습니다.

▼ 그림 19-13 시간이 흐름에 따라 증가하는 에이전트의 보상

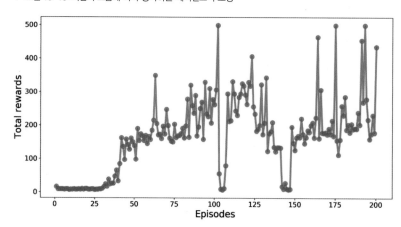

에피소드에서 얻은 총 보상은 에이전트가 막대의 균형을 잡고 있는 총 시간과 같습니다. 그림 19-13에 있는 학습 이력을 보면 30번째 에포크 이후에 에이전트가 막대 균형을 잡는 방법을 배우고 200번 타임 스텝보다 더 오래 유지합니다.

19.6 / 전체 요약

이 장에서 기초적인 것부터 시작해서 강화 학습의 핵심 개념을 다루었고 복잡한 환경에서 강화 학습이 어떻게 의사 결정을 도울 수 있는지 소개했습니다.

에이전트-환경의 상호 작용과 마르코프 결정 과정을 배웠고 강화 학습 문제를 풀기 위한 주요 세 가지 방법인 동적 계획법, MC 학습, TD 학습을 둘러보았습니다. 동적 계획법 알고리즘은 환경 동역학을 완전히 알고 있다고 가정합니다. 이런 가정은 대부분의 실제 문제에서는 맞지 않습니다.

그다음 MC와 TD 기반 알고리즘에서 에이전트가 환경과 상호 작용하여 모의 경험을 생성하면서 학습하는 방법을 알아보았습니다. 이론에 대해 설명한 후 TD 알고리즘의 오프-폴리시 범주에 속하는 Q-러닝 알고리즘을 구현하여 그리드 월드 문제를 풀었습니다. 마지막으로 함수 근사의 개념과 대규모 또는 연속적인 상태 공간을 가진 문제에 사용할 수 있는 심층 Q-러닝을 다루었습니다.

이 책의 마지막 장을 재미있게 보셨나요? 머신 러닝과 딥러닝에 대한 흥미로운 여행이 되었기를 바랍니다. 책을 통해 이 분야에 필요한 핵심적인 주제들을 다루었습니다. 이제 이런 기술들을 사용하여 실전 문제를 해결할 준비가 잘 되었을 것입니다.

1장에서 지도 학습, 강화 학습, 비지도 학습 같은 학습의 종류를 소개하면서 책을 시작했습니다.

2장에서 단일층 신경망부터 시작해서 분류에 사용할 수 있는 몇 가지 학습 알고리즘을 설명했습니다.

계속해서 3장에서 고급 분류 알고리즘을 설명했습니다. 4장과 5장에서는 머신 러닝 파이프라인의 중요한 요소들을 배웠습니다.

가장 뛰어난 알고리즘이더라도 훈련 데이터에서 배울 수 있는 정보는 제한적입니다. 6장에서 예측 모델을 만들고 평가하는 모범 사례를 배웠습니다. 이는 머신 러닝 애플리케이션에서 중요한 또 하나의 요소입니다.

하나의 학습 알고리즘이 만족할 만한 성능에 도달하지 못한다면 이따금 모델을 앙상블하여 예측하는 것이 도움이 됩니다. 7장에서 이를 알아보았습니다.

8장에서는 인터넷 소셜 미디어 플랫폼이 대세인 현대 시대에서 가장 인기 있고 흥미로운 형태의 데이터인 텍스트 데이터를 분석하기 위해 머신 러닝을 적용해 보았습니다.

대부분의 내용이 머신 러닝에서 가장 인기 있는 애플리케이션인 분류 알고리즘에 집중되었습니다. 이것이 끝이 아닙니다! 9장에서 연속적인 출력 값을 예측하는 회귀 분석을 위한 몇 개의 알고리즘을 살펴보았습니다.

머신 러닝에서 또 다른 놀라운 하위 분야는 군집 분석입니다. 훈련 데이터에 학습을 위한 정답이 없더라도 데이터에 있는 내재된 구조를 찾을 수 있습니다. 10장에서 이를 다루었습니다.

그다음으로 머신 러닝 전 분야에서 가장 흥미로운 알고리즘 중 하나인 인공 신경망으로 주제를 옮겼습니다. 11장에서 넘파이를 사용하여 다층 퍼셉트론을 처음부터 구현해 보았습니다.

딥러닝을 위한 파이토치의 능력은 12장에서 볼 수 있습니다. 파이토치를 사용하여 신경망 모델을 만들고 파이토치 Dataset 객체를 다루어 보았습니다. 전처리 단계를 데이터셋에 적용하는 방법도 배웠습니다.

13장에서 파이토치의 메커니즘을 깊게 다루었습니다. 텐서 객체 연산의 그레이디언트 계산, 신경망 모듈인 torch.nn 등 파이토치의 다양한 기능과 메커니즘에 대해 소개했습니다.

14장에서 이미지 분류 작업에서 놀라운 성능을 내기 때문에 현재 컴퓨터 비전 분야에서 널리 사용되는 합성곱 신경망을 배웠습니다.

15장에서 RNN을 사용한 시퀀스 모델링을 배웠습니다.

16장에서는 RNN의 약점 중 하나인 긴 시퀀스를 처리할 때 이전 입력 원소를 기억하는 문제를 해결하기 위한 어텐션 메커니즘을 소개했습니다. 그다음 셀프 어텐션 메커니즘을 중심으로 대규모 언어 모델을 구축하기 위한 최첨단 딥러닝 아키텍처인 다양한 종류의 트랜스포머 구조에 대해 살펴보았습니다.

17장에서 GAN을 사용하여 새로운 이미지를 생성하는 방법을 배웠습니다. 이 과정에서 오토인코더, 배치 정규화, 전치 합성곱, 바서슈타인 GAN도 배웠습니다.

이전 장에서는 테이블 형태의 데이터셋과 텍스트, 이미지 데이터를 중점적으로 다루었습니다. 18장에서는 그래프 구조 데이터를 위한 딥러닝에 초점을 맞추었습니다. 그래프 구조 데이터는 소셜 네트워크와 분자(화합물)에 널리 사용되는 데이터 표현입니다. 또한, 이런 데이터와 호환되는 심층 신경망인 그래프 신경망에 대해서도 알아보았습니다.

마지막으로 이 장에서 완전히 다른 종류의 머신 러닝 작업을 다루었습니다. 환경과 상호 작용하여 보상 과정을 통해 학습하는 알고리즘을 개발하는 방법을 알아보았습니다.

딥러닝 연구는 광범위하기 때문에 이 책에 모두 담을 수 없지만 딥러닝 분야의 가장 최근 발전을 따라가기에 충분한 관심을 끌었기를 바랍니다.

머신 러닝에서 경험을 쌓고 이 분야의 최근 발전을 따라가고 싶다면 최신 논문에 관심을 기울여 살펴보는 것이 좋습니다. 다음은 유용한 정보를 얻을 수 있는 링크입니다.

- 머신 러닝 학습을 중점적으로 다루는 서브레딧: https://www.reddit.com/r/learnmachine learning/
- 아카이브 서버에 올라온 최신 머신러닝 논문 리스트: https://arxiv.org/list/cs.LG/recent
- 아카이브 논문 추천 엔진: http://www.arxiv-sanity.com
- 얀 르쿤(Yann LeCun): http://yann.lecun.com
- 유르겐 슈미트후버(Juergen Schmidhuber): http://people.idsia.ch/~juergen/
- 요슈아 벤지오(Yoshua Bengio): http://www.iro.umontreal.ca/~bengioy/yoshua_en/

여기에서는 겨우 몇 명만 예를 든 것뿐입니다!

마지막으로 저희의 웹 사이트는 다음과 같습니다.

- 세바스찬 라시카: https://sebastianraschka.com
- 헤이든 류: https://www.linkedin.com/in/hayden-liu-80445056/
- 바히드 미자리리: http://vahidmirjalili.com

책에 관한 질문이 있거나 일반적인 머신 러닝 팁이 필요하다면 언제든지 연락주세요.[7]

---

7 **역주** 역자의 블로그는 https://tensorflow.blog/입니다. 번역서에 관한 질문이 있다면 언제든지 연락주세요.

A

ablation study 708
accuracy 052, 100, 569
accuracy_score 100, 187–188, 311, 320
action_space 837
action–value function 825
AdaBoost 314–315
AdaBoostClassifier 320
AdaBoostRegressor 320
AdaGrad 609
Adaline 066, 077, 449
AdalineGD 081
Adam 519, 544, 565, 609, 624, 656
Adaptive Boosting 314
ADAptive LInear NEuron 077
add 537
add_edges_from 797
add_indicator 156
add_module 608
add_nodes_from 797
adjacency matrix 780
adjacency_matrix 786, 795
adversarial attack 542
adversarial game 734
agent 044, 815
AgglomerativeClustering 437, 441
agglomerative hierarchical clustering 430
AI 038, 449
AI 겨울 449
alignment score 679
allclose 682
alpha 401
Ames Housing dataset 377
Anaconda 054
Andrej Karpathy 633
Andrew G. Barto 834
ANN 448
annotation 678
apply 170
arange 500
argmax 116, 292–293, 525, 612
Artificial Intelligence 038, 449
Artificial Neural Network 448
artificial neuron 061
as_frame 154
attention 674

attention mechanism 674
attribute 049
auc 275–277, 300
Austin Appleby 363
autoencoder 047, 728–729
automatic differentiation 477, 540
Auto MPG 데이터셋 558
auto–regression 668
autoregressive model 732
average 293
average linkage 430
average–pooling 592
AvgPool2d 606
avg_pool_x 809
axis 154

B

backfill 159
backpropagation 464
BackPropagation Through Time 638
backward 540, 572, 798
bagging 141, 286, 305
BaggingClassifier 311, 314
Bag–of–Word 344
BART 697, 710
BaseEstimator 293–294
batch 361
batch gradient descent 081
BatchNorm 728, 754, 810
BatchNorm1d 756
BatchNorm2d 756
Batch Normalization 728, 754
batch_size 500
Bayesian inference 366
BayesianRidge 157
BCELoss 544, 602, 624, 656, 745
BCEWithLogitsLoss 602
Bernard Widrow 077
Bernoulli variable 108
BERT 365, 674, 688, 697, 706
best_estimator_ 258
best_params_ 258
best_score_ 258
BFGS 116
bfill 159
bias 118
bidirectional 657

Bidirectional and Auto–Regressive Transformers 697
Bidirectional Encoder Representations from Transformers 697
binary classification 041, 061
binary cross–entropy 601
binary encoding 169
bincount 099, 292
binom.cdf 289
binomial coefficient 288
binomial distribution 288
BLAS 071
bmm 692
BN 728, 754
boosting 141, 286, 314
bootstrap 141, 307, 311
bootstrap aggregating 307
bootstrap_features 311
bootstrapping 832
border point 439
BoW 344, 366, 647
BPTT 638, 642
bucket 560
bucketize 560
build_graph_color_label_ representation 786

C

C 123, 184, 256
calibration 292
CartPole 836, 853
CartPole–v1 836
cat 498
CatBoost 333
Categorical 667
categorical cross–entropy 601
categorical_features 336
categories 166
categories_ 166
category 041
category_encoders 169
CelebA 508
CelebA 데이터 613
CelebA 데이터셋 613
cell 634
cell state 643